UTB 8285

Eine Arbeitsgemeinschaft der Verlage

Böhlau Verlag Köln · Weimar · Wien
Verlag Barbara Budrich Opladen · Farmington Hills
facultas.wuv Wien
Wilhelm Fink München
A. Francke Verlag Tübingen und Basel
Haupt Verlag Bern · Stuttgart · Wien
Julius Klinkhardt Verlagsbuchhandlung Bad Heilbrunn
Lucius & Lucius Verlagsgesellschaft Stuttgart
Mohr Siebeck Tübingen
C. F. Müller Verlag Heidelberg
Orell Füssli Verlag Zürich
Verlag Recht und Wirtschaft Frankfurt am Main
Ernst Reinhardt Verlag München · Basel
Ferdinand Schöningh Paderborn · München · Wien · Zürich
Eugen Ulmer Verlag Stuttgart
UVK Verlagsgesellschaft Konstanz
Vandenhoeck & Ruprecht Göttingen
vdf Hochschulverlag AG an der ETH Zürich

Für
Britta und Lutz (E. G.),
Christian und Eva-Regina (K. R.),
Sebastian, Sofia und Konstantin (F. S.)

Egon Görgens
Karlheinz Ruckriegel
Franz Seitz

Europäische Geldpolitik

Theorie, Empirie, Praxis

5., völlig neu bearbeitete Auflage
mit einem Geleitwort von Jürgen Stark

Lucius & Lucius · Stuttgart

WISU-TEXTE sind die Lehrbuchreihe
der Zeitschrift WISU – DAS WIRTSCHAFTSSTUDIUM
(www.wisu.de)

Anschrift der Autoren

Prof. (em.) Dr. Egon Görgens
Universität Bayreuth, D-95440 Bayreuth
E-Mail: egongoergens@web.de
Homepage: http://www.uni-bayreuth.de/departments/rw/lehrstuehle/vwl2

Prof. Dr. Karlheinz Ruckriegel
Georg-Simon-Ohm-Hochschule Nürnberg
Bahnhofstraße 87, D-90402 Nürnberg
E-Mail: karlheinz.ruckriegel@ohm-hochschule.de
Homepage: http://www.ruckriegel.org

Prof. Dr. Franz Seitz
Hochschule für Angewandte Wissenschaften Amberg-Weiden, WSB Poznan (Polen)
Hetzenrichter Weg 15, D-92637 Weiden
E-Mail: f.seitz@haw-aw.de
Homepage: http://sei.haw-aw.de

Bibliographische Information der Deutschen Bibliothek

Die Deutsche Bibliothek verzeichnet diese Publikation in der Deutschen Nationalbibliographie; detaillierte bibliographische Daten sind im Internet über http://dnb.ddb.de abrufbar

ISBN 978-3-8282-0435-5 (Lucius)
ISBN 978-3-8252-8285-1 (UTB)

© Lucius & Lucius Verlagsgesellschaft mbH · Stuttgart · 2008
Gerokstraße 51 · D-70184 Stuttgart · www.luciusverlag.com

Eine Lange Publikation

Das Werk einschließlich aller seiner Teile ist urheberrechtlich geschützt. Jede Verwertung außerhalb der engen Grenzen des Urheberrechtsgesetzes ist ohne Zustimmung des Verlags unzulässig und strafbar. Das gilt insbesondere für Vervielfältigungen, Übersetzungen, Mikroverfilmungen und die Einspeicherung und Verarbeitung in elektronischen Systemen.

Satz: Sibylle Egger, Stuttgart

Druck und Einband: Friedrich Pustet, Regensburg

Printed in Germany

UTB-Bestellnummer: ISBN 3-8252-8285-6

„Es gibt kein feineres und kein sichereres Mittel, die bestehenden Grundlagen der Gesellschaft umzustürzen, als die Vernichtung der Währung."

John Maynard Keynes 1920[1]

„An economic environment charaterised by low and stable inflation is the best contribution that monetary policy can give to reduce the general level of uncertainty and promote an efficient allocation of resources. In this respect, the maintenance of price stability represents the key contribution of monetary policy to „support the general economic policies in the Community" and it is the best monetary policy can do to foster a high rate of growth of output."

Otmar Issing et al. 2001[2]

„Academic monetary theory and central bank operating doctrines seemed to be further apart at the end of the twentieth century than at any time previously."

Axel Leijonhufvud 2001[3]

„Monetary Policy: Practice Ahead of Theory

... First, expectations are of fundamental importance to monetary policy. Second, the strategy of policy is more important than any of the individual monthly decisions on interest rates. Third, in designing a strategy be aware of the likely role of heuristics in forming expectations, and so keep it simple."

Mervyn King 2006[4]

---

[1] Keynes, J.M., Die wirtschaftlichen Folgen des Friedensvertrages, Duncker & Humblot, München/Leipzig, 1920, S. 192.
[2] Issing, O., Gaspar, V., Angeloni, I., Tristani, O., Monetary Policy in the Euro Area, Cambridge University Press, Cambridge, 2001, S. 67.
[3] Leijonhufvud, A., Introduction, in: Leijonhufvud, A. (Ed.), Monetary Theory and Policy Experience, Palgrave, Basingstoke (UK), 2001, S. XIV.
[4] King, M., Monetary Policy: Practice Ahead of Theory, in: Matthews, K., Booth, P., Issues in Monetary Policy, John Wiley & Sons, Ltd, Chichester (England), 2006, S. 9 und S. 23.

Geleitwort

Im zehnten Jahr der Europäischen Zentralbank (EZB) und des Euro erscheint die *Europäische Geldpolitik* in der 5., völlig neu bearbeiteten Auflage. Das ist ein beachtlicher Erfolg der Autoren. In didaktisch ansprechender und analytisch fundierter Form verstehen sie es, geldpolitische Grundsatzfragen kompetent zu erörtern und die einheitliche Geldpolitik der EZB mit ihren vielfältigen Facetten umfassend darzustellen. Das inzwischen zum Standardwerk avancierte Lehrbuch bietet, wie im Untertitel versprochen, eine gesunde Mischung aus Theorie, Empirie und Praxis. Dabei ist es ein besonderer Vorzug des Buches, dass die Ausführungen auch dort verständlich bleiben, wo komplexe Zusammenhänge herausgearbeitet werden. Daneben ist es vor allem der konkrete Praxisbezug, der das Buch zu einem informativen Vademekum für alle macht, die sich für die Geldpolitik in Europa interessieren.

Der Zusammenschluss von elf Mitgliedstaaten der Europäischen Union (EU) zur Europäischen Wirtschafts- und Währungsunion am 1. Januar 1999 war ein historisches Ereignis. Zum ersten Mal haben sich souveräne Staaten darauf verständigt, ihre nationalen Währungen durch eine gemeinsame, einheitliche Währung – den *Euro* – zu ersetzen und ihre staatliche Hoheit auf dem Gebiet des Geldwesens auf eine neu gegründete, supranationale Institution – die *EZB* – zu übertragen. Heute ist der Euro die gemeinsame Währung von rund 320 Millionen Menschen in 15 Mitgliedstaaten der EU.

Die Wirtschafts- und Währungsunion ist ein anspruchsvolles politisches Regime mit zentralisierter, einheitlicher Geldpolitik und dezentralen, aber eng zu koordinierenden nationalen Wirtschafts- und Fiskalpolitiken. Um ihr reibungsloses Funktionieren zu gewährleisten, legen der Vertrag zur Gründung der Europäischen Gemeinschaften (EG Vertrag) und die ihn ergänzenden Regelungen wie etwa der Stabilitäts- und Wachstumspakt eine klare Aufgabenverteilung zwischen den Politikbereichen fest. Die hierzu erforderlichen Institutionen, Instrumente und Verfahren sind klar formuliert.

Demnach ist es das vorrangige Mandat der EZB, Preisstabilität im Euroraum zu gewährleisten. Dieses eindeutige Mandat beruht auf der theoretisch wie empirisch wohl begründeten Überzeugung, dass Preisstabilität der beste und letztlich auch einzige Beitrag ist, den eine glaubwürdige Geldpolitik zu Wachstum, Beschäftigung und Wohlstand leisten kann. Es ist daher nur konsequent, dass die EZB und die nationalen Notenbanken der am Euroraum teilnehmenden Länder (kurz das *Eurosystem*) mit einem hohen Grad an Unabhängigkeit von politischem Einfluss ausgestattet sind. Wie die Geschichte lehrt, ist eine solche „Entpolitisierung" von Zentralbank und Geldpolitik, eine zentrale Voraussetzung für dauerhafte Preisstabilität.

Was ist nun „europäisch" an der europäischen Geldpolitik? Europäisch ist ganz offensichtlich der institutionelle Rahmen, innerhalb dessen die Geldpolitik operiert, nämlich die Asymmetrie zwischen einheitlicher Notenbank und derzeit 15 nationalen Regierungen. Europäisch sind aber vor allem das schon angesprochene eindeutige Mandat und die von der EZB entwickelte geldpolitische Strategie mit ihrer einzigartigen Zwei-Säulen-Struktur. Zwei Säulen deshalb, weil die Beurteilung der künftigen Preisentwicklung im Euroraum auf einem kombinierten Ansatz aus wirtschaftlicher und monetärer Analyse basiert. Dabei spielt die monetäre Analyse eine hervorgehobene Rolle, um dem Umstand Rechnung zu tragen, dass mittel- bis langfristig ein enger Zusammenhang zwischen Geldmengenwachstum und Inflation besteht. Dadurch wird die mittelfristige Orientierung der Geldpolitik sichergestellt. Mit ihrer Strategiewahl hat die EZB nicht nur an den Erfahrungen und Erfolgen der in der Vergangenheit erfolgreichsten Zentralbanken der teilnehmenden Länder des Euroraums angeknüpft, sondern auch den Besonderheiten in Europa Rechnung getragen.

Inzwischen sind der Euro und die EZB fest etabliert. Mit einer Preissteigerungsrate von knapp über 2% im Jahresdurchschnitt können wir auf ein Jahrzehnt weitgehend stabiler Preise zurückblicken. Auch ist es der EZB gelungen, die langfristigen Inflationserwartungen im Einklang mit ihrem Ziel auf einem Niveau von *unter, aber nahe bei 2%* fest zu verankern. Ein solcher Erfolg wurde von zahlreichen Kritikern der Währungsunion für nicht erreichbar gehalten. Aber auch auf den internationalen Finanzmärkten genießt der Euro hohe Wertschätzung.

Allerdings war der Erfolg des Euro kein Selbstläufer, waren die ersten Jahre der Währungsunion alles andere als eine Schönwetterperiode. Im Gegenteil: Von Anfang an war die EZB mit einer Reihe widriger makroökonomischer Entwicklungen konfrontiert, die außerhalb des Einflussbereichs der Geldpolitik lagen. Hierzu zählen vor allem die weltweite Korrektur auf den Aktienmärkten und die Terroranschläge im Jahr 2001 sowie der nahezu kontinuierliche Ölpreisanstieg und die schwache Produktivitätsentwicklung im Euroraum.

Große Herausforderungen bleiben aber auch für die Zukunft. So gibt es etwa immer wieder Bestrebungen, die EZB durch eine ex ante Koordinierung zwischen einheitlicher Geldpolitik und nationalen Wirtschafts- und Fiskalpolitiken in andere Politikbereiche einzubinden und dadurch ihre Unabhängigkeit zu unterminieren. Der Erfolg der Währungsunion hängt aber entscheidend davon ab, dass die Geldpolitik der EZB durch adäquate Fiskal- und Wirtschaftspolitiken flankiert wird. Hier besteht angesichts der unterschiedlichen Anpassungskapazität der Wirtschaft in den einzelnen Ländern der Währungsunion noch erheblicher Handlungsbedarf. Gleiches gilt auch für diejenigen Länder, die in Zukunft dem Euroraum beitreten wollen. Eine solche Erweiterung setzt aber einen hohen Grad an wirtschaftlicher Konvergenz voraus, deren Nachhaltigkeit anhand der Konvergenzkriterien strikt zu prüfen ist.

Im März 2008   Prof. Dr. Jürgen Stark
Mitglied des Direktoriums der Europäischen Zentralbank

Vorwort zur fünften Auflage

Die Bedeutung von Erwartungen für die Geldpolitik zum einen, nahezu „unausrottbare" Irrungen und Wirrungen im Verständnis des Zusammenhangs von Geldbasis, Geldmenge und Zinssätzen in der Literatur zum anderen, haben uns bewogen, die Struktur der Stoffdarbietung gegenüber der letzten Auflage etwas zu ändern. Kapitel II widmet sich nun ausführlich den institutionellen Grundlagen des Eurosystems. Wir haben uns bemüht, die für die Frage der Erwartungsbildung entscheidenden institutionellen Merkmale vor allem auch im Vergleich zum US-amerikanischen Federal Reserve System klar herauszuarbeiten. In Kapitel III werden die strategischen und operativen Aspekte insbesondere der Politik des Eurosystems vor dem Hintergrund des „Vier-Ebenen-Konzepts" der Geldpolitik behandelt. Die Unterscheidung der verschiedenen Ebenen halten wir für notwendig, da in den meisten makroökonomischen Lehrtexten (und nicht nur dort) eine Vermischung der einzelnen Ebenen stattfindet, was nicht gerade zum Verständnis der tatsächlichen Geldpolitik beiträgt.

Natürlich haben wir auch Änderungen, die sich bei der Umsetzung der Geldpolitik des Eurosystems ergeben haben, und aktuelle Bezüge eingearbeitet – beispielsweise die Reaktionen des Eurosystems auf die Folgen der Subprime-Krise auf dem Interbanken-Geldmarkt. Darüber hinaus haben wir vielfältige Aktualisierungen vorgenommen, die nicht nur die Datenlage möglichst zeitnah abbilden, sondern auch neuen Entwicklungen der theoretischen und empirischen Diskussion etwa zur Transmission geldpolitischer Impulse Rechnung tragen sollen. Neu aufgenommen haben wir einige Boxen wie etwa die zur (für das Verständnis der Geldmengenorientierung der EZB wichtigen) Frage, warum die Poole'sche Alternative „Zins- versus Geldmengensteuerung" in Wirklichkeit keine ist. In Boxen gebündelt wird auch den Fragen nach den Hintergründen der Subprime-Krise und den verbleibenden Aufgaben der Deutschen Bundesbank nachgegangen.

Vielfältige Anregungen haben zu Ergänzungen und klareren Formulierungen in der 5. Auflage beigetragen. Einen besonderen Dank schulden wir U. Bindseil (EZB), H. P. Bisani (FH Deggendorf), C. Burckhardt (Deutsche Bundesbank), J. Clostermann (FH Ingolstadt), B. Hayo (Universität Marburg), C. Knoppik (Universität Regensburg), A. Michler (Universität Düsseldorf), F. Rieger (EZB), G. Rösl (FH Regensburg), J. Ulbrich (Deutsche Bundesbank), K. Walch (Deutsche Bundesbank) und A. Worms (Deutsche Bundesbank), die uns mit Kurzdarstellungen in Boxen, Datenbeschaffungen und der Durchsicht einzelner Abschnitte tatkräftig unterstützt haben. PowerPoint-Folien wurden dankenswerterweise erstellt von Benjamin Auer. Bedanken möchten wir uns auch bei Frau Heidi Frohnhöfer für das Schreiben einzelner Textbausteine und deren Verarbeitung zum Gesamtwerk.

Bayreuth, Nürnberg, Weiden
im Winter 2007/2008

Prof. Dr. Egon Görgens
Prof. Dr. Karlheinz Ruckriegel
Prof. Dr. Franz Seitz

Vorwort zur ersten Auflage

Mit dem 1.1.1999 begann auf dem Gebiet der Geldpolitik in Europa eine neue Zeitrechnung. Zu diesem Zeitpunkt haben die elf Mitgliedsländer der Europäischen Union (Belgien, Deutschland, Finnland, Frankreich, Irland, Italien, Luxemburg, Niederlande, Österreich, Portugal und Spanien), die nach dem Beschluß des EU-Rats die Voraussetzungen für die Währungsunion erfüllten, als gemeinsame Währung den Euro eingeführt. Die Geldpolitik wird seither zentralisiert vom sogenannten Eurosystem, den elf nationalen Zentralbanken und der Europäischen Zentralbank, einheitlich für den neuen Währungsraum durchgeführt. Auf nationale Belange kann keine Rücksicht mehr genommen werden. Zwar existiert der Euro bis 2002 nur im bargeldlosen Zahlungsverkehr. Faktisch sind die elf nationalen Währungen aber nur noch Untereinheiten der neuen europäischen Währung „Euro".

Vor diesem Hintergrund haben Lehrbücher zur Geldpolitik, die die institutionellen Bedingungen bis Ende 1998 zum Gegenstand haben, nur noch eingeschränkten Informationswert. Zwar ändern sich die gesamtwirtschaftlichen Strukturen nicht von heute auf morgen. Auf vielfältigen Gebieten ergeben sich allerdings neue Rahmenbedingungen für die Geldpolitik. Und gerade auf den Finanzmärkten, die bei der Analyse geldpolitischer Effekte eine zentrale Rolle einnehmen, vollziehen sich viele Änderungen recht schnell bzw. sind in den Entscheidungen der Marktteilnehmer bereits vorweggenommen. Diese Änderungen betreffen institutionelle Aspekte, die operative Ebene des Geldmarktes, mögliche Zwischenziele und alternative strategische Ausrichtungen, aber auch die Endzielebene.

Mittlerweile gibt es eine Fülle von Beiträgen, die sich mit speziellen geldpolitischen Problemen der Europäischen Wirtschafts- und Währungsunion beschäftigen. Die nationalen Zentralbanken und insbesondere auch die Europäische Zentralbank haben sich um umfangreiche Aufklärungsarbeit über die zu verfolgende geldpolitische Strategie, Instrumentarium und Steuerungsprobleme bemüht. Dennoch sind im Hochschulbereich gleichermaßen wie in Diskussionen über Probleme europäischer Geldpolitik – von Expertenzirkeln abgesehen – erhebliche Informationsdefizite unverkennbar. Diesen Defiziten durch eine möglichst geschlossene Gesamtdarstellung beizukommen ist das Hauptanliegen des vorliegenden Lehrbuches. Das Buch richtet sich vornehmlich an Studierende an Universitäten und Fachhochschulen mit Grundkenntnissen in makroökonomischer Theorie und Geldtheorie. Doch auch zu geldpolitisch einschlägigen Studienabschnitten an Verwaltungsakademien und verwandten Bildungseinrichtungen dürfte der Text einen geeigneten Zugang ermöglichen. Darüber hinaus wendet es sich an Mitarbeiter von Banken und anderen Finanzinstitutionen, die ihr Wissen über die Europäische Geldpolitik vertiefen möchten.

Zu danken haben wir Frau Dr. Caroline Willeke, Dr. Ulrich Bindseil und Dr. Dieter Gerdesmeier (alle Europäische Zentralbank), Manfred Eder (Landeszentralbank im Freistaat Bayern) sowie den Kollegen Professor Jörg Clostermann (Ingolstadt) und Professor Hans-Eggert Reimers (Wismar), die sich der Mühe unterzogen haben, eine frühere Fassung des Buches kritisch unter die Lupe zu nehmen. Sie haben manche Unklarheiten und Argumentationslücken aufgedeckt. Selbstverständlich gehen verbleibende Fehler und Mängel zu unseren Lasten. Frau Iris Röckelein danken wir für das Schreiben verschiedener Fassungen von Teilstücken und deren Komposition zu einem lesbaren Buch.

Bayreuth, Nürnberg, Weiden
im Sommer 1999

Prof. Dr. Egon Görgens
Prof. Dr. Karlheinz Ruckriegel
Prof. Dr. Franz Seitz

Kurzübersicht

Inhaltsverzeichnis	XV
Nützliche Internet-Adressen	XIX
Boxenverzeichnis	XXI
Abbildungsverzeichnis	XXIII
Tabellenverzeichnis	XXV
Abkürzungsverzeichnis	XXVII
Symbolverzeichnis	XXVIII

Einführung: Problemstellung und Überblick 1

Kapitel I: Auswahl der Teilnehmerstaaten zur Europäischen Währungsunion 5
1 Zur Geschichte der Europäischen Währungsunion: Vom Werner-Plan nach Maastricht 6
2 Zur „politischen" Praxis der Konvergenzprüfung 17
3 Herausforderungen der EWU-Erweiterung 31

Kapitel II: Das Eurosystem als Institution 57
1 Warum staatliche Zentralbanken? 58
2 Zielvorgabe(n) und Unabhängigkeit 72
3 Aufbau und Entscheidungsstruktur 88

Kapitel III: Operative Umsetzung der Geldpolitik des Eurosystems 101
1 Die vier Ebenen der Geldpolitik 102
2 Geldpolitische Strategien und die Europäische Währungsunion 115
3 Geldpolitisches Instrumentarium 208
4 Geldmarktsteuerung 245

Kapitel IV: Transmission geldpolitischer Impulse 287
1 Monetäre Wirkungskanäle 287
2 Transmissionsprobleme in der Europäischen Währungsunion 327

Kapitel V: Mögliche Störpotenziale für die Geldpolitik 369
1 Finanzpolitik 370
2 Lohnpolitik 417
3 Wechselkurspolitik 437

Anhang
Antworten zu den Kontrollfragen 459
Literaturverzeichnis 479
Glossarium 509
Stichwortverzeichnis 555
Die Autoren 561

Inhaltsverzeichnis

Nützliche Internet-Adressen zum Euround zur Währungsunion	XIX
Boxenverzeichnis	XXI
Abbildungsverzeichnis	XXIII
Tabellenverzeichnis	XXV
Abkürzungsverzeichnis	XXVII
Symbolverzeichnis	XXVIII

Einführung: Problemstellung und Überblick		1
Kapitel I:	**Auswahl der Teilnehmerstaaten**	
	zur Europäischen Währungsunion	5
1	Zur Geschichte der Europäischen Währungsunion: Vom Werner-Plan nach Maastricht	6
2	Zur „politischen" Praxis der Konvergenzprüfung	17
2.1	Konvergenzkriterien	17
2.2	Konvergenzprüfungen	19
2.2.1	Prüfung im Jahre 1998	19
2.2.2	Prüfungen ab 2000	27
3	Herausforderungen der EWU-Erweiterung	31
3.1	Kopenhagener Kriterien und EU-Erweiterung	32
3.2	Konvergenzkriterien und EWU-Beitritt	32
3.2.1	Defizit- und Schuldenquoten	33
3.2.2.	Inflationskriterium und Balassa-Samuelson-Effekt	33
3.2.3	Zinskriterium und Erwartungen	43
3.2.4	Wechselkurskriterium und „spekulative" Attacken	44
3.3	Folgen eines zu frühen Beitritts – ein Fazit	50
4	Zusammenfassung	53
Kontrollfragen		54
Weiterführende Literatur		55
Kapitel II:	**Das Eurosystem als Institution**	57
1	Warum staatliche Zentralbanken?	58
1.1	Staatliche Zentralbanken versus Hayek's „Entnationalisierung des Geldes"	59
1.2	Anbindung der Geschäftsbanken an die (staatliche) Zentralbank	66
2	Zielvorgabe(n) und Unabhängigkeit	72
2.1	Zur Bedeutung von Institutionen für die Geldpolitik – Glaubwürdigkeit ist gefragt	72
2.2	Eurosystem und Federal Reserve System im Vergleich	75
2.3	Institutionen ohne Bestandsgarantie	85
3	Aufbau und Entscheidungsstruktur	88
4	Zusammenfassung	97
Kontrollfragen		98
Weiterführende Literatur		99

Kapitel III: Operative Umsetzung der Geldpolitik des Eurosystems . 101
1 Die vier Ebenen der Geldpolitik 102
1.1 Instrumentenebene 102
1.2 Operative Ebene und operatives Ziel 105
1.3 Indikatoren- bzw. Zwischenzielebene 108
1.4 Endzielebene 111
2 Geldpolitische Strategien und
 die Europäische Währungsunion 115
2.1 Anforderungen an eine Strategie 117
2.2 Einstufige versus zweistufige geldpolitische Strategien 118
2.3 Zweistufige Strategien 120
2.3.1 Wechselkursziele 120
2.3.2 Zinsen als geldpolitische Orientierungsgrößen 133
2.3.2.1 Zinsniveaus 133
2.3.2.2 Zinsstruktur 138
2.3.3 Nominelle BIP-Steuerung 143
2.3.4 Geldmengenziele – das Vorbild der Deutschen Bundesbank . . 145
2.3.4.1 Allgemeine Beschreibung 145
2.3.4.2 Die Rolle der Geldnachfrage 150
2.3.4.3 Vorteile einer Geldmengenstrategie 154
2.3.4.4 Probleme einer Geldmengenorientierung 160
2.4 Direkte Inflationssteuerung – ein relativ neues Konzept 161
2.4.1 Die einstufige Strategie 161
2.4.2 Vor- und Nachteile des „direct inflation targeting" 164
2.4.3 Die Inflationsprognose der Zentralbank 166
2.5 Ein Multi-Indikatoren-Ansatz 169
2.6 Die geldpolitische Strategie des Eurosystems 171
2.6.1 Die Ausgangslage 171
2.6.2 Generelle Adäquanz der Strategien 173
2.6.3 Der „Anker": Preisstabilität 175
2.6.4 Die Monetäre (langfristige) Säule: Monetäre Analyse
 und Referenzwert für M3 183
2.6.5 Die Wirtschaftliche (kurzfristige) Säule:
 Eine breit fundierte Beurteilung der Preisperspektiven 196
2.6.6 Kritische Würdigung 200
2.7 Zusammenfassung 203

Kontrollfragen 205
Weiterführende Literatur 206

3 Geldpolitisches Instrumentarium 208
3.1 Anknüpfungspunkte der Geldpolitik 208
3.2 Mindestreserve 211
3.2.1 Ausgestaltung des Mindestreservesystems 211
3.2.2 Geldpolitische Funktionen der Mindestreserve 214
3.2.2.1 Anbindungsfunktion 214
3.2.2.2 Stabilisierungsfunktion 219
3.3. Geldpolitische Operationen 222
3.3.1 Offenmarktgeschäfte 224

3.3.1.1	Arten	224
3.3.1.2	Verfahren	228
3.3.1.2.1	Tenderverfahren: Standardtender versus Schnelltender	229
3.3.1.2.2	Zuteilungsverfahren bei Tendern: Zins- versus Mengentender	231
3.3.2	Ständige Fazilitäten	236
3.3.2.1	Spitzenrefinanzierungsfazilität	237
3.3.2.2	Einlagefazilität	238
3.3.3	Refinanzierungsfähige Sicherheiten	241
3.4	Zusammenfassung	242

Kontrollfragen ... 243
Weiterführende Literatur ... 243

4	Geldmarktsteuerung	245
4.1	Geldmarktabgrenzungen	245
4.2	Tagesgeldsatz als operatives Ziel	249
4.3	Die Taylor-Regel – eine geldpolitische Reaktionsfunktion für die Zinsentscheidungen der Zentralbanken	253
4.4.	Zur Technik der Zinsbildung	257
4.4.1.	Zinsführerschaft am Tagesgeldmarkt	259
4.4.2	Der Zinskorridor	274
4.5	Die Endogenität der Geldmenge im Spiegel der „Monetären Analyse"	279
4.6	Zusammenfassung	284

Kontrollfragen ... 285
Weiterführende Literatur ... 285

Kapitel IV: Transmission geldpolitischer Impulse		287
1	Monetäre Wirkungskanäle	287
1.1	Interdependenz der Zinssätze (Zinsstruktur)	291
1.2	Zins- und Wechselkurskanal	298
1.2.1	Finanzierungskosten (Kapitalkosteneffekt)	298
1.2.2	Substitutionseffekte	302
1.2.3	Einkommens- und Vermögenseffekte	302
1.2.4	Wechselkurseffekte	307
1.3	Kreditkanal	309
1.3.1	Bankenkanal (Bank Lending Channel)	309
1.3.2	Bilanzkanal (Balance Sheet Channel)	313
1.3.3	Reichweite des Kreditkanals	315
1.4	Kostenkanal	320
1.5	Die Bedeutung von Erwartungen	321
2	Transmissionsprobleme in der Europäischen Währungsunion	327
2.1	Unterschiedliche Finanzierungsstrukturen	332
2.2	Konjunkturelle und realstrukturelle Unterschiede	341
2.3	Glaubwürdigkeit des Eurosystems und geldpolitische Effizienz	346
2.3.1	Transparenz der Geldpolitik und Umfeld der Unsicherheit	349
2.3.2	Transparenz, Rechenschaftspflicht und Verantwortlichkeit	356
2.4	Konvergenz in der EWU? – Makroökonomische Indizien	360
3	Zusammenfassung	363

Kontrollfragen 365
Weiterführende Literatur 366

Kapitel V: Mögliche Störpotenziale für die Geldpolitik 369
1 Finanzpolitik 370
1.1 Grundlegende theoretische Zusammenhänge
zwischen Geld- und Fiskalpolitik 370
1.1.1 Staatsverschuldung und Inflation 370
1.1.2 Fristigkeit der Verschuldung 380
1.1.3 Währungsstruktur der öffentlichen Verschuldung 383
1.1.4 Koordinationsprobleme zwischen Geld- und Finanzpolitik ... 384
1.1.5 Spezifika der Währungsunion 389
1.2 Der Stabilitäts- und Wachstumspakt 393
1.2.1 Die Ausgangslage 393
1.2.2 Die Regelungen des Stabilitäts- und Wachstumspaktes 396
1.2.3 Das finanzpolitische Doppelkriterium und die Geldpolitik
des Eurosystems 410
1.3 Zusammenfassung 414

Kontrollfragen 415
Weiterführende Literatur 416

2 Lohnpolitik 417
2.1 Lohnerhöhungsspielräume durch die EWU 417
2.2 Erhöhte Flexibilitätsanforderungen an die Tarifparteien 418
2.3 Lohnpolitische Disziplinierung oder verschärfter Druck
auf das Eurosystem? 423
2.4 Reformbedürftigkeit der Arbeitsmarktinstitutionen 431
2.5 Zusammenfassung 435

Kontrollfragen 436
Weiterführende Literatur 436

3 Wechselkurspolitik 437
3.1 Die Rolle des Eurosystems bei der Festlegung
der Wechselkurspolitik 437
3.2 Devisenmarkt und Wechselkursregime 438
3.3 Wechselkurszielzonen 445
3.4 Wechselkursmechanismus II 454
3.5 Zusammenfassung 456

Kontrollfragen 457
Weiterführende Literatur 457

Anhang 459
Antworten zu den Kontrollfragen 459
Literaturverzeichnis 479
Glossarium 509
Stichwortverzeichnis 555
Die Autoren 561

Nützliche Internet-Adressen zum Euro und zur Währungsunion

http://www.ecb.int
Homepage der EZB mit Links zu allen nationalen EU-Zentralbanken, aktuelle Publikationen (Monatsberichte, Statistiken, Working Papers, Reden, Pressenotizen etc.), EU-Erweiterung und Euro; ausführliches Glossarium zur EZB und Finanzmärkten; Aufnahme in die Mailing List zum kostenlosen Bezug der Publikationen. Verweis auf Konferenzen der EZB, Möglichkeit des Herunterladens von Daten; Spezielle Informationen für Schüler und Studenten; Abbildungen und Beschreibung der Euro-Banknoten und –Münzen; Euro-Konversionskurse.

http://www.bundesbank.de/
Homepage der Deutschen Bundesbank: Publikationen mit Informationen zum Euro und zur EWWU; Informationen der EZB in deutscher Sprache; Zeitreihendatenbank mit Möglichkeit des einfachen Downloads von Daten; Informationen für Schüler und Studenten; spezielle Unterseite zur Bankenaufsicht.

http://www.auswaertiges-amt.de
Die Internetseite des Auswärtigen Amts informiert im Unterpunkt „Europa" aktuell über Neuigkeiten und Neuerungen rund um die EU.

http://www.zei.de
Internet-Seite des Zentrums für Europäische Integrationsforschung in Bonn (politische, wirtschaftliche, europarechtliche, soziale und kulturelle Aspekte der europäischen Integration, Finanzpolitik und Währungsunion, fiskalischer Föderalismus, Erweiterung der EU).

http://de.biz.yahoo.com/pf/gk/euro.html
Aktuelle Nachrichten zum €, Euro-Lexikon, FAQ's zum Euro, Währungsrechner zum Umrechnen von Euro in andere Währungen.

http://europa.eu/index_de.htm
Homepage der EU: EU-Institutionen, Tätigkeitsbereiche der EU, amtliche Dokumente der EU, Informationsquellen zur EU.

http://epp.eurostat.ec.europa.eu
Statistisches Amt der EU mit Daten zum € und zur EU, Euro-Indikatoren mit Euro-Renditenstrukturkurve.

http://ec.europa.eu/enlargement/index_en.htm
Offizielle Informationen zur Erweiterung der EU, auch Länderinformationen.

http://www.ceps.be
Unter „Research Areas – Economic Policy" findet sich die „Macroeconomy Policy Group" des CEPS ("Center for European Policy Studies") in Brüssel. Sie ist eine

der ECB Watcher. Veröffentlichung eines Jahresberichtes zur Lage in der EWU und Publikationen zu aktuellen Themen.

http://www.euroeiiw.de
Euro-Seite des Europäischen Instituts für Internationale Wirtschaftsbeziehungen: Euro und EU-Integration, Euro-Links, Pro und Contra Euro, Euro und Wirtschaftspolitik, Landkarten zur EU mit interaktiven Darstellungen zu bestimmten Themenbereichen.

http://www.eui.eu/RSCAS/Research/Eurohomepage
Euro-Homepage von G. Corsetti: aktuelle und grundlegende Informationen, Artikel und Diskussionspapiere zu den unterschiedlichsten Themen rund um den Euro und die EU; Geschichte des Euros.

http://www.efn.uni-bocconi.it/
„European Forecasting Network" verschiedener europäischer Universitäten und Wirtschaftsforschungsinstitute zur Prognose und Politikanalyse in der EWU; im Frühjahr und Herbst Veröffentlichung eines Berichts zu den wirtschaftlichen Aussichten.

http://www.dbresearch.de
Behandlung von Fragen zur EU und EWU und ihre Auswirkungen auf die Finanzmärkte, Veröffentlichung eines EU-Monitors mit aktuellen Informationen zur EU und EWU (auch länderspezifisch); europäische Integration.

http://www.cesifo-group.de
Unter „European Economic Advisory Group" (EEAG) Veröffentlichung eines jährlichen „Report on the European Economy"; IfO-Datenbank zu institutionellen Vergleichen in Europa (DICE).

http://www.enepri.org
Homepage des „European Network of Economic Policy Research Institutes"; gemeinsame Plattform von 22 europäischen Forschungsinstituten.

http://www.obce.es
„Observatory of the ECB" in Madrid. Forum zum Ideenaustausch über Euro-relevante Themen und Forschung.

http://www.suerf.org
„The European Money and Finance Forum"

Boxenverzeichnis

Kapitel I
Box I.1.1:	Die Hauptorgane der EU	8
Box I.1.2	Ist die EWU ein Optimaler Währungsraum?	12
Box I.2.1:	Kreative Buchführung	24
Box I.3.1:	Der Balassa-Samuelson-Effekt	35
Box I.3.2:	Ursachen für die Inflationsdifferenzen innerhalb der EWU	39
Box I.3.3:	Realer Wechselkurs	46
Box I.3.4:	Vom Goldstandard zum Currency Board	48

Kapitel II
Box II.1.1:	Warum wurde „Geld" erfunden?	60
Box II.1.2:	Herausforderungen dynamischer Finanzmärkte für die Aufsicht	62
Box II.1.3:	Regionalgeldemission in Deutschland	67
Box II.2.1:	Deutsche Bundesbank als starker Partner im Eurosystem	75
Box II.2.2:	Kernelemente der Unabhängigkeit des Eurosystems	81
Box II.2.3:	Folgen mangelnder Unabhängigkeit: Der Fall „Fed"	83
Box II.2.4:	Europäischer Verfassungsvertrag und Unabhängigkeit	85
Box II.3.1:	Das Federal Reserve System: Aufbau und Entscheidungsstruktur	89
Box II.3.2:	Reform des Abstimmungsverfahrens im EZB-Rat	91
Box II.3.3:	Seigniorage	94

Kapitel III
Box III.1.1	„ELAUF" – Eine Vision für die Zukunft der Implementierung von Geldpolitik	103
Box III.1.2	Geldschöpfungsmultiplikator, Geldbasiskonzept und ihre Relevanz für die Geldpolitik	105
Box III.1.3:	Warum die Poole'sche Alternative „Zins- versus Geldmengensteuerung" in Wirklichkeit keine ist	109
Box III.1.4:	Warum ist Preisstabilität wichtig?	112
Box III.2.1:	Die ungedeckte Zinsparität	122
Box III.2.2:	Der internationale Preiszusammenhang	124
Box III.2.3:	Das EWS II (Wechselkursmechanismus II)	128
Box III.2.4:	Der € als internationale Anlage-, Transaktions- und Reservewährung	131
Box III.2.5:	Die Fisher-Gleichung	135
Box III.2.6:	Die Erwartungstheorie der Zinsstruktur	141
Box III.2.7:	Das P-Stern-Konzept	148
Box III.2.8:	Die Rolle der Geldmenge für die Geldpolitik	159
Box III.2.9:	Core Inflation und Headline Inflation	175
Box III.2.10:	Probleme der Inflationsmessung	177
Box III.2.11:	Eine Mindestinflationsrate für die EWU?	179
Box III.2.12:	Die Geldmengenbegriffe im Eurosystem	183
Box III.2.13:	Geldnachfrageschätzung	186
Box III.2.14:	Sollte die Geldpolitik auf Assetpreise reagieren?	197
Box III.3.1:	Gold und Goldverkäufe im Bilanzzusammenhang	209

Box III.3.2: Electronic Money (Elektronisches Geld) und Geldpolitik 216
Box III.3.3: Die Mindestreserve beim Fed und Anreize zur
freiwilligen Reservehaltung bei der Bank of England 221
Box III.3.4: Die technische Abwicklung des Tenderverfahrens
bei liquiditätszuführenden Transaktionen am Beispiel
der Deutschen Bundesbank............................ 229
Box III.3.5: Der Basiszinssatz – Nachfolger des Diskontsatzes 232
Box III.3.6: Geldpolitische Operationen des Fed und der Bank of England. . . 238
Box III.4.1: Das TARGET-System 247
Box III.4.2: Wie entsteht Geschäftbankengeld? 250
Box III.4.3: Neukeynesianische Makromodelle als Reaktion auf
die Endogenität der Geldmenge und die Zinssteuerung
durch die Zentralbanken 253
Box III.4.4: Referenzzinssätze am Euro-Geldmarkt...................... 257
Box III.4.5: Ursachen für die Änderung der Mindestreserve-
Erfüllungsperiode und die Verkürzung der Laufzeit
der Hauptrefinanzierungsgeschäfte ab 2004 260
Box III.4.6: Die Subprime-Krise 266
Box III.4.7: Die Geldmarktsteuerung des Fed und der Bank of England 276
Box III.4.8: Monetäre Finanzinstitute (MFIs) 279

Kapitel IV
Box IV.1.1: Determinanten des langfristigen Nominalzinssatzes 296
Box IV.1.2: Liquiditätsfalle 299
Box IV.1.3: Tobin's q.. 305
Box IV.1.4: Lebenszyklus-Hypothese 306
Box IV.1.5: Moral Hazard 311
Box IV.1.6: Adverse Selektion..................................... 312
Box IV.1.7: Bankaufsichtliche Eigenkapitalanforderungen und Geldpolitik
– Einfluss von Basel II auf die Europäische Geldpolitik – 317
Box IV.1.8: Die Phillips-Kurve 322
Box IV.2.1: Neuere empirische Ergebnisse zur geldpolitischen Transmission
im Euroraum 327
Box IV.2.2: Eine neue Berufsgruppe: Die „ECB Watcher". 348
Box IV.2.3: Transparenz in der Geldpolitik: Internationale Vergleiche....... 357

Kapitel V
Box V.1.1: Unterschiedliche Defizitmaße 372
Box V.1.2: Der Übergang von (6") auf (7)........................... 376
Box V.1.3: Die fiskalische Theorie der Preise 388
Box V.1.4: Der Wirtschafts- und Finanzausschuss 396
Box V.1.5: Das Verfahren gegen Deutschland und Frankreich 400
Box V.1.6: Strukturelle Defizite 406
Box V.2.1: Asymmetrische Schocks................................. 418
Box V.2.2: Produktivitätsorientierte Lohnpolitik 421
Box V.3.1: Die Bestimmungsfaktoren des Wechselkurses................ 440
Box V.3.2: Wechselkurszielzonen 445
Box V.3.3: Grenzen der Interventionsmöglichkeiten von Zentralbanken.... 449
Box V.3.4: Geld- und Fiskalpolitik bei fixen und flexiblen Wechselkursen... 451

Abbildungsverzeichnis

Kapitel I
Abbildung I.3.1: Preis- und Einkommensniveau in den Ländern des Euroraumes: 1995 und 2000 38

Kapitel II
Abbildung II.1.1: Grundstruktur der Zentralbankbilanz 66
Abbildung II.3.1: Das Rotationssystem im EZB-Rat 93

Kapitel III
Abbildung III.2.1: Die Bedeutung einer geldpolitischen Strategie 116
Abbildung III.2.2: Inflation und langfristiger Zins in Deutschland 134
Abbildung III.2.3: Zinsentwicklung in Deutschland und in der EWU 137
Abbildung III.2.4: Zinsspread und Zinsniveau in Deutschland und der EWU . 139
Abbildung III.2.5: Die Umlaufsgeschwindigkeit von M3 in Deutschland..... 152
Abbildung III.2.6: Internationaler Geldmengen-Preis-Zusammenhang 154
Abbildung III.2.7: Geldmengen-Preis-Zusammenhang in Industrieländern und Ländern mit niedrigen Inflationsraten 155
Abbildung III.2.8: Inflationserwartungen und direkte Inflationssteuerung ... 167
Abbildung III.2.9: USA: Umlaufsgeschwindigkeit von M2 und Opportunitätskosten 169
Abbildung III.2.10: Inflation und Definition von Preisstabilität in Euroland 182
Abbildung III.2.11: Wachstumsraten der Geldmengenaggregate im Euro-Währungsgebiet 184
Abbildung III.2.12: Geldmengen-Preis-Zusammenhang für das Euro-Gebiet ... 185
Abbildung III.2.13: Inflation gemessen am HVPI und BIP-Deflator 191
Abbildung III.2.14: Umlaufsgeschwindigkeit von M3. 192
Abbildung III.2.15: Umlaufsgeschwindigkeit von M1. 193
Abbildung III.2.16: Referenzwert und tatsächliche Entwicklung von M3 195
Abbildung III.2.17: Die geldpolitische Strategie des Eurosystems 201
Abbildung III.3.1: Konsolidierte Bilanz des Eurosystems zum 31.12.2006.... 209
Abbildung III.3.2: Bilanz der Deutschen Bundesbank zum 31.12.2006 – vereinfachte Darstellung 210
Abbildung III.3.3: Reservebasis und Mindestreservesätze 212
Abbildung III.3.4: Mindestreserve und Bilanz des Eurosystems 216
Abbildung III.3.5: Die Stabilisierungsfunktion der Durchschnittserfüllung: Der Fall der Schweiz 220
Abbildung III.3.6: Geldpolitische Operationen des Eurosystems........... 223
Abbildung III.3.7: Offenmarktgeschäfte und Bilanz des Eurosystems 226
Abbildung III.3.8: Ständige Fazilitäten und Bilanz des Eurosystems........ 237
Abbildung III.3.9: Hauptkategorien der refinanzierungsfähigen Sicherheiten für die Kreditgeschäfte des Eurosystems............... 241
Abbildung III.4.1: Interbanken-Geldmarkt und Bilanz des Eurosystems..... 246
Abbildung III.4.2: Konsolidierte Bilanz der Geschäftsbanken 251
Abbildung III.4.3: Ein einfaches Kreditmarktmodell 251
Abbildung III.4.4: Beiträge zur Liquidität des Bankensystems 265
Abbildung III.4.5: Arbitrage-Möglichkeiten auf den Finanzmärkten........ 273

Abbildung III.4.6: EZB-Zinssätze und Tagesgeldsatz (EONIA) in der EWU
von 1999-2007 275
Abbildung III.4.7: EZB-Zinssätze und Tagegeldsatz (EONIA)
vor dem Hintergrund der Subprime-Krise 2007 275
Abbildung III.4.8: Federal Funds Rate, Federal Funds Rate Target
und Primary Credit Rate in den USA 277
Abbildung III.4.9: M3 im Bilanzzusammenhang 281
Abbildung IV.1.1: Geldpolitik und Einkommensänderungen 289
Abbildung IV.1.2: Hauptwirkungskanäle des geldpolitischen
Transmissionsprozesses 290
Abbildung IV.1.3: Zinsen in der EWU 292
Abbildung IV.1.4: Umlaufsrendite und Drei-Monats-Satz 294
Abbildung IV.1.5: Inflation und langfristiger Zins in OECD-Ländern
(1993-2006) 297
Abbildung IV.1.6: Langfristzins und Konjunktur in Deutschland 297
Abbildung IV.1.7: Liquiditätsfalle 301
Abbildung IV.1.8: Zinsentwicklung und Aktienmarkt 304
Abbildung IV.1.9: Kreditangebot und Kreditnachfrage 310
Abbildung IV.1.10: Kreditrationierung und Kreditnachfrage 314
Abbildung IV.1.11: Geldpolitik und Kreditkanal 315
Abbildung IV.1.12: Phillips-Kurve 322
Abbildung IV.1.13: Wirkungskanäle der Geldpolitik 326
Abbildung IV.2.1: Dimensionen unterschiedlicher Finanzierungsstrukturen . 333
Abbildung IV.2.2: Kapitalmarktzinsen in den EWU-Ländern 334
Abbildung IV.2.3: Auswirkungen restriktiver geldpolitischer Maßnahmen
auf die Produktion im Euro-Währungsgebiet
in Zeiten eines Konjunkturaufschwungs und
einer Konjunkturabschwächung 342

Kapitel V
Abbildung V.1.1: Langfristige Inflationserwartungen und
tatsächliche Inflation in der EWU 379
Abbildung V.1.2: Zinsstruktur im Euro-Währungsgebiet 382
Abbildung V.1.3: Wachstumsrate des realen BIP und Realzins in der EWU .. 385
Abbildung V.1.4: Schuldenstände und Renditeabstände in der EWU
von 2001-2005 392
Abbildung V.1.5: Renditeabstände zehnjähriger Staatsanleihen gegenüber
Deutschland 393
Abbildung V.1.6: Wirtschaftsabschwung und stilisierte Defizitverläufe 403
Abbildung V.1.7: Die idealtypische Wirkungsweise automatischer
Stabilisatoren während des Konjunkturzyklus 404
Abbildung V.1.8: Konjunkturreagibilität der staatlichen Haushalte
in der EWU 405
Abbildung V.1.9: Konjunkturbereinigter Haushaltssaldo
im Euro-Währungsgebiet 409
Abbildung V.1.10: Das finanzpolitische Doppelkriterium bei einem
nominalen Wachstum von 3% 412
Abbildung V.2.1: Lohnstückkosten und Inflation in den Euroländern
(kumuliert 1999-2006) 426

Abbildung V.3.1:	Devisenmarkt: Angebot und Nachfrage	438
Abbildung V.3.2:	Devisenmarkt: Feste und flexible Wechselkurse	440
Abbildung V.3.3:	€ neigt zur Stärke	447
Abbildung V.3.4:	€ neigt zur Schwäche	447
Abbildung V.3.5:	Devisenmarktinterventionen und Bilanz des Eurosystems	448
Abbildung V.3.6:	Euro-Leitkurse und obligatorische Interventionskurse im WKM II	455

Tabellenverzeichnis

Kapitel I

Tabelle I.1.1:	Berechnung des ECU-Wertes zum 31.12.1998	15
Tabelle I.2.1:	Übersicht über die Konvergenzlage der EU-Staaten, Konvergenzbericht 1998	21
Tabelle I.2.2:	Verbraucherpreise in den EU-Staaten 1992–1997	22
Tabelle I.2.3:	Konvergenz der langfristigen Zinssätze 1991–1997	23
Tabelle I.2.4:	Finanzierungssalden der öffentlichen Haushalte der EU-Staaten 1991–1997	24
Tabelle I.2.5:	Verschuldung der öffentlichen Haushalte der EU-Staaten 1991–1997	26
Tabelle I.2.6:	Übersicht über die Konvergenzlage in Griechenland und Schweden, Konvergenzbericht 2000	28
Tabelle I.2.7:	Übersicht über die Konvergenzlage in Litauen und Slowenien, Konvergenzbericht Mai 2006	29
Tabelle I.2.8:	Übersicht über die Konvergenzlage in Malta und Zypern, Konvergenzbericht Mai 2007	
Tabelle I.3.1:	Inflationsdifferenzen zwischen den EWU-Ländern von 1999 bis 2004	39
Tabelle I.3.2:	Pro-Kopf-BIP in den EU-Ländern (2006)	41

Kapitel III

Tabelle III.2.1:	Euro-Anbindungen europäischer Länder (Stand: Januar 2008)	129
Tabelle III.2.2:	Zusammenhang zwischen Geldmengenwachstum und Inflation	156
Tabelle III.2.3:	Geldmengenziele und ihre Realisierung in Deutschland	158
Tabelle III.2.4:	Grundmerkmale der direkten Inflationssteuerung in ausgewählten europäischen Ländern	163
Tabelle III.2.5:	Ausgewählte EWU-Geldnachfrageschätzungen	189
Tabelle III.2.6:	Makroökonomische Projektionen des Eurosystems	199

Kapitel IV

Tabelle IV.2.1:	Unterschiede in nationalen Finanzstrukturen des privaten Sektors	336
Tabelle IV.2.2:	Produktions- und Preisentwicklung in EU-Aufschwungs- (1999/2000) und EU-Abschwungsjahren (2001/2002) in ausgewählten Ländern	346
Tabelle IV.2.3:	Reales Inlandsprodukt, Verbraucherpreise und Arbeitslosenquote in den EWU-Ländern	362

Kapitel V

Tabelle V.1.1:	Beitrag des Primärsaldos und der Zins-Wachstums-Relation zur Veränderung der Schuldenquote in der EWU	377
Tabelle V.1.2:	Laufzeitstruktur der öffentlichen Gesamtverschuldung im Euro-Währungsgebiet	381
Tabelle V.1.3:	Währungsstruktur der öffentlichen Verschuldung im Euro-Währungsgebiet	384
Tabelle V.1.4:	Ablaufschema des Stabilitäts- und Wachstumspaktes	399
Tabelle V.1.5:	Alte und neue Regelungen im Vergleich	402
Tabelle V.1.6:	Schulden- und Defizitquoten in der EWU	407
Tabelle V.2.1:	Produktivitäts- und Lohnzuwachs in 12 EWU-Staaten 1994-2005	423
Tabelle V.2.2:	Lohnzurückhaltung und Arbeitslosigkeit in 12 EWU-Staaten 1994-2005	428

Abkürzungsverzeichnis

BaFin	Bundesanstalt für Finanzdienstleistungsaufsicht
BIP	Bruttoinlandsprodukt
BIZ	Bank für Internationalen Zahlungsausgleich
bzw.	beziehungsweise
Ecofin-Rat	Ministerrat der EU in der Zusammensetzung der Wirtschafts- und Finanzminister
ECU	European Currency Unit
EG	Europäische Gemeinschaft
ERM	Exchange Rate Mechanism
EP	Europäisches Parlament
EONIA	Euro Overnight Index Average
ER	Europäischer Rat
ESZB	Europäisches System der Zentralbanken
EU	Europäische Union
EURIBOR	Euro Interbank Offered Rate
EWG	Europäische Wirtschaftsgemeinschaft
EWI	Europäisches Währungsinstitut
EWS	Europäisches Währungssystem
EWU	Europäische Währungsunion
EWWU	Europäische Wirtschafts- und Währungsunion
EZB	Europäische Zentralbank
EZB-Rat	Rat der Europäischen Zentralbank
Fed	Federal Reserve System
FOMC	Federal Open Market Committee
FRB	Federal Reserve Bank
HVPI	Harmonisierter Verbraucherpreisindex
IWF	Internationaler Währungsfonds
Kap.	Kapitel
KWG	Gesetz über das Kreditwesen
kfr.; lfr.	kurzfristig; langfristig
MFIs	Monetäre Finanzinstitute
MMDAs	Money Market Deposit Accounts
NZB	Nationale Zentralbank
sog.	so genannt
RPD	Reserve Position Doctrine
TARGET-System	Trans-European Automated Real-Time Gross Settlement Express Transfer System
VGR	Volkswirtschaftliche Gesamtrechnung
WKM	Wechselkursmechanismus
WWU	Wirtschafts- und Währungsunion
z. B.	zum Beispiel
ZBR	Zentralbankrat der Deutschen Bundesbank

Symbolverzeichnis

A	Arbeit
Aj	Arbeitsjahre
a	Reservehaltungskoeffizient
a (als Index)	Ausland
α	Anteil handelbarer Güter am Preisindex
B	realer staatlicher Schuldenstand
B^n	nominaler staatlicher Schuldenstand
b	nominale Schuldenquote
β	Anpassungsgeschwindigkeit der Erwartungen
BG	Bargeld
c	Bargeldhaltungskoeffizient (Bargeldneigung)
C	Konsum
D	staatliches Defizit
d	reale Defizitquote
d^n	nominale Defizitquote
D_N	Einlagen von Nichtbanken
Δ	absolute Veränderung
$\frac{dY}{dA}$	Grenzprodukt der Arbeit
E	Ertrag
E_{t-1}	Erwartungswert bei geg. Informationen der Vorperiode t-1
e	nominaler Wechselkurs
$\bar{e}$	fixer Wechselkurs
e^{erw}	erwarteter Wechselkurs
e^r	realer Wechselkurs
$e^{r,erw}$	erwarteter realer Wechselkurs
e^T	Terminkurs
ε	nicht prognostizierbarer Zufallsfehler
$F^A_{T(N)}$	Grenzprodukt der Arbeit bei Tradables (Non-Tradables)
g	Wachstumsrate des realen BIP
G	Staatsausgaben
γ	Aufschlagssatz auf die Lohnstückkosten
i	inländischer Nominalzins
i^a	ausländischer Nominalzins
i^{Tay}	Taylorzins
IR	Inflationsrisikoprämie
K	Kredite
λ	Arbeitsproduktivität
Lj	Lebensjahre
M	Geldmenge
M^r	reale Geldmenge
$M0$	Zentralbankgeld (Geldbasis)
$m(n)$	Laufzeit m (n) einer Anlageform
m	Geldschöpfungsmultiplikator; logarithmierte Geldmenge
μ	Wachstumsrate der Geldbasis
MWU	Marktwert eines Unternehmens

N	nicht handelbare Güter („non-tradables")
og	Output Gap
P, p	inländisches Preisniveau
P*	gleichgewichtiges Preisniveau
P^a, p^a	ausländisches Preisniveau
p_N	Preise nicht-handelbarer Güter („non-tradables")
p_T	Preise handelbarer Güter („tradables")
pd	Primärdefizitquote
π	inländische Inflationsrate
π^a	ausländische Inflationsrate
π^{erw}	erwartete Inflationsrate
$\pi^{a,erw}$	erwartete ausländische Inflationsrate
π^{Norm}	Inflationsnorm
π^{Ziel}	Inflationsziel
q	Tobin's q
R	Reservehaltung
r_M	Mindestreservesatz
ρ	Risikoprämie
r	inländischer Realzins
r^a	ausländischer Realzins
s	Swapsatz
S	Seigniorage
t	Zeitindex
T	Tradables; Steuerzahlung bzw. Steuereinnahmen
u,v	unabhängig normalverteilte Schockvariablen mit Erwartungswert Null und konstanter Varianz
V	Umlaufsgeschwindigkeit des Geldes
w	inländischer Nominallohn
w^a	ausländischer Nominallohn
WBK	Wiederbeschaffungskosten des Sachkapitals
X	Anlagebetrag
Y	Realeinkommen, reales BIP, reale Produktion
Y^P	Produktionspotenzial
Y^n	Nominaleinkommen, nominales BIP, nominale Produktion
Y^A	Arbeitseinkommen
z	Zwischenzielvariable
*	Gleichgewichtswert
^	Wachstumsrate

EU- und EWU-Länder (Stand 2008)

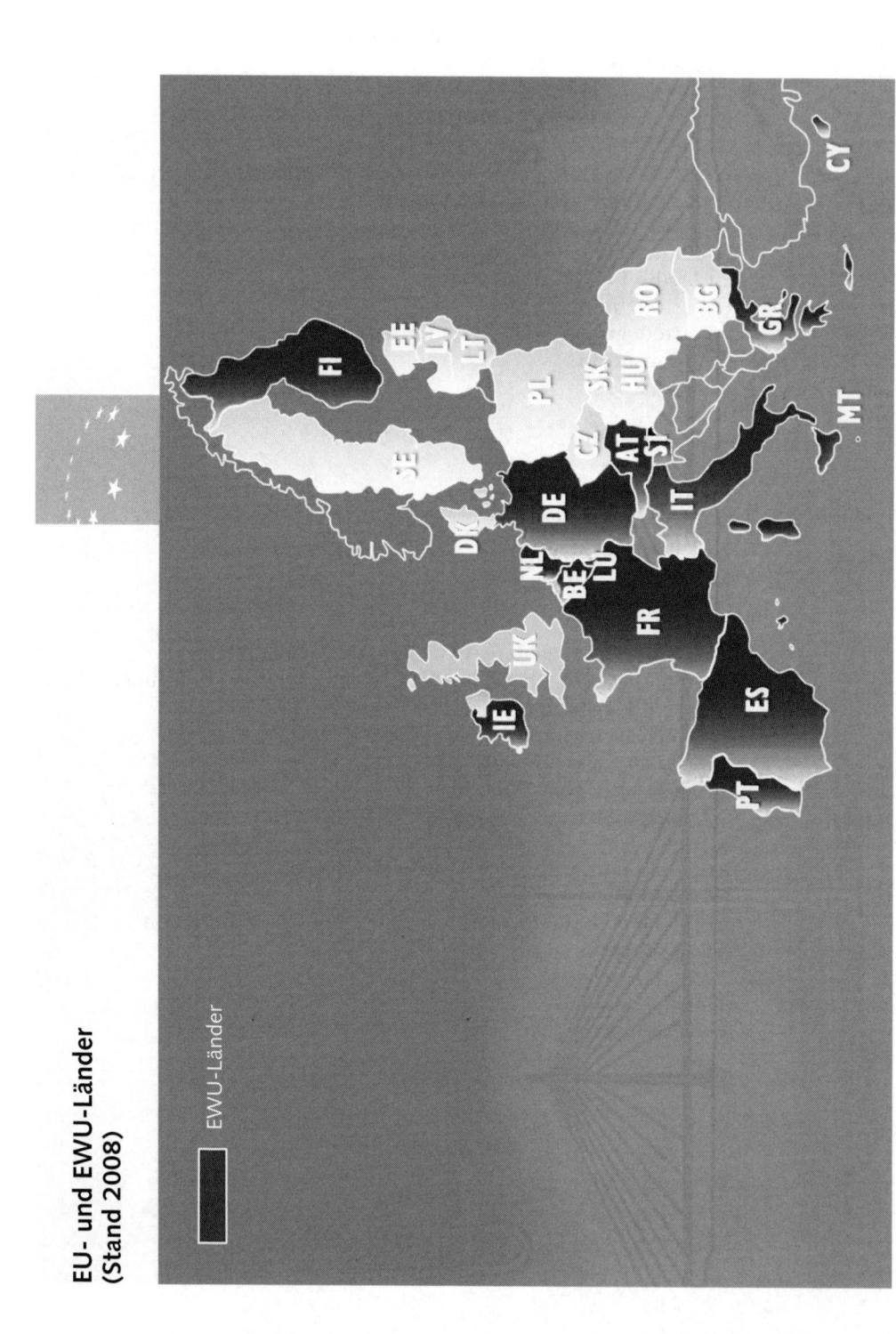

EWU-Länder

Einführung: Problemstellung und Überblick

Das vorliegende Lehrbuch versucht, auf konsequente Weise die seit 1999 beobachtbaren Neuerungen auf dem Gebiet der europäischen Geldpolitik herauszuarbeiten und mit traditionellen Einsichten zu kombinieren. So erfolgt die Diskussion der angemessenen geldpolitischen Strategie und des monetären Transmissionsprozesses vor dem Hintergrund bekannter Alternativen, aber unter Berücksichtigung der veränderten Rahmenbedingungen. Notwendigerweise erfordert die Darstellung des neuen geldpolitischen Regimes immer noch einige spekulative Aussagen, die sich normalerweise nicht in einem Lehrbuch finden, da die Erfahrungen mit der Geldpolitik des Eurosystems immer noch zu kurz sind, um von einer hinreichenden empirischen Basis sprechen zu können.

Kapitel I liefert zunächst einen Überblick über den „Weg zur Währungsunion". Sodann wird dargelegt, warum die Währungsunion zunächst mit 11 Ländern begann. In diesem Zusammenhang muss auch näher auf die Beitrittsbedingungen, die sog. Konvergenzkriterien und ihre bisherige „Umsetzung" in Rahmen der bereits erfolgten Konvergenzprüfungen eingegangen werden. Der bisherige „Umgang" mit den Konvergenzkriterien kann nämlich bei der Beurteilung der Beitrittsreife der neuen EU-Länder nicht außer Acht bleiben. Vor dem Hintergrund der EU-Erweiterung wird diskutiert, inwieweit die Erfüllung der Konvergenzkriterien eine ernste Hürde für den Beitritt der neuen EU-Länder zur Währungsunion darstellt und inwieweit ein möglichst frühzeitiger Beitritt dieser Länder zur EWU wünschenswert ist. In diesem Zusammenhang wird insbesondere die mit dem Balassa-Samuelson-Effekt verbundene Problematik und die möglicherweise mit einem Betritt zum Wechselkursmechanismus II verbundene Gefahr „spekulativer Attacken" erörtert.

Kapitel II behandelt zunächst den institutionellen Rahmen, in dem die einheitliche Geldpolitik operiert. Als erstes wird der Frage nachgegangen, weshalb es staatlicher Zentralbanken bedarf. Im Mittelpunkt dieses Kapitels stehen der Aufbau und die Aufgaben des Eurosystems sowie die Analyse des Unabhängigkeitsaspektes. Für die Frage der Erwartungsbildung entscheidende institutionelle Bedingungen werden vor allem auch im Vergleich zum US-amerikanischen Federal Reserve System herausgearbeitet.

Vor dem Hintergrund verschiedener Ebenen der Geldpolitik werden im zweiten Abschnitt von Kapitel III geldpolitische Strategien und deren Adäquanz für das Eurosystem diskutiert. Unter einer geldpolitischen Strategie versteht man das konzeptionelle Grundgerüst der Geldpolitik zur Erreichung der jeweiligen Ziele. Neben traditionellen zweistufigen Strategien wie etwa die Orientierung an der Geldmengenentwicklung werden beispielsweise auch die Strategie direkter Inflationssteuerung und ein sog. Multi-Indikatoren-Ansatz nach dem Vorbild des Federal Reserve Systems analysiert. Und letztlich erfolgt eine Analyse der vom

Eurosystem eingeschlagenen Zwei-Säulen-Strategie vor dem Hintergrund der Argumente für oder gegen die verschiedenen Alternativen und der spezifischen Bedingungen in der EWU.

Abschnitt 3 setzt sich mit dem geldpolitischen Instrumentarium des Eurosystems auseinander. Damit eine Zentralbank den Tagesgeldsatz kontrollieren kann, muss eine ausreichende Nachfrage nach Guthaben bei der Zentralbank bestehen. Diese Nachfrage kann entweder durch eine mindestreservebedingte Zwangsnachfrage oder/und durch eine freiwillige Nachfrage für Zwecke des Zahlungsverkehrs (sog. Working Balances) erzeugt werden. Im Eurosystem bindet die Mindestreserve. Die Mindestreserve stabilisiert zum anderen durch ihre Ausgestaltung den Tagesgeldsatz. Im Rahmen der Refinanzierung der Kreditinstitute beim Eurosystem kommt dem wöchentlich abgeschlossenen Hauptrefinanzierungsgeschäft dominierende Bedeutung zu. Flankierend wirken die Ständigen Fazilitäten, also die Spitzenrefinanzierungs- und die Einlagefazilität. Die einzelnen Instrumente werden charakterisiert, und ihre Wirkungsweise wird anhand der Konsolidierten Bilanz, dem „Ausweis" des Eurosystems, herausgearbeitet.

Das entscheidende Operationsfeld der Geldpolitik ist der Geldmarkt. Der Zinssatz für das Hauptrefinanzierungsgeschäft stellt hier den Leitzinssatz für den Zins für Tagesgeld dar. Als Monopolanbieter von Zentralbankgeld kann das Eurosystem entweder den Preis (Zins) oder die Menge (Geldbasis) steuern, wobei das Eurosystem – wie weltweit alle maßgebenden Zentralbanken – am Preis (Tagesgeldzins) ansetzt. Die Geldbasis ist also – im Gegensatz zu häufig in der Literatur vorfindbaren Darstellungen – eine endogene Größe. Abschnitt 4 arbeitet vor dem Hintergrund der „Endogenität des Geldes" die Vorteilhaftigkeit einer solchen Preis(Zins-)steuerung heraus und zeigt die Art und Weise, wie diese technisch umgesetzt wird. Der Tagesgeldsatz, der im Konzept des Eurosystems als operatives Ziel fungiert, stellt dann den Ausgangspunkt für den monetären Transmissionsprozess dar.

Gegenstand dieses Transmissionsprozesses ist, wie die geldpolitischen Impulse von einer Änderung der Notenbankzinsen zu den gesamtwirtschaftlichen Endzielen übertragen werden. Er wird im vierten Kapitel behandelt. Dabei muss vor allem auf die Frage eingegangen werden, welche – unter Umständen unterschiedlichen – nationalen Effekte eine einheitliche Geldpolitik auslöst und welche Übertragungskanäle in der Währungsunion eine stärkere bzw. schwächere Bedeutung haben werden. So leuchtet es unmittelbar ein, dass Wechselkursänderungen aufgrund des geringen Offenheitsgrades des Euro-Währungsgebietes nun eine geringere Rolle spielen. Auf der anderen Seite gibt es einige Argumente für eine zunehmende Relevanz eines erwartungsinduzierten Transmissionsprozesses und für eine mögliche Neueinschätzung des Kreditkanals. Darüber hinaus wird die Rolle von Unsicherheit und Transparenz thematisiert. Neben der theoretischen Diskussion wird auch der mittlerweile recht umfangreichen empirischen Literatur zum monetären Transmissionsprozess Rechnung getragen.

Schließlich ist Kapitel V möglichen Störpotenzialen für die einheitliche Geldpolitik des Eurosystems gewidmet. Der erste Abschnitt beschäftigt sich mit den Wechselwirkungen zwischen Geld- und Finanzpolitik. Dabei werden die theoretischen Zusammenhänge vor dem Hintergrund der Vorschriften des EG-Vertrages und des Stabilitäts- und Wachstumspaktes diskutiert. Diese versuchen, das traditionelle Konfliktpotenzial zu entschärfen. Nichtsdestotrotz verbleiben Probleme unkoordinierter Geld- und Fiskalpolitiken, die letztlich in den Anreizen bestehen, sich der Staatsschuldlast durch Inflationierung zu entledigen. Dieser Teil ist aufgrund der Diskussion der letzten Jahre und des Stellenwerts, den die Haushaltspolitik im Maastricht-Vertrag einnimmt, am ausführlichsten gehalten.

Des Weiteren muss auch die ebenfalls in nationalen Händen verbleibende Lohnpolitik die durch die Währungsunion veränderten Bedingungen beachten (Abschnitt 2). Tut sie dies nicht, sind von dieser Seite ebenfalls Probleme für die einheitliche Geldpolitik vorherbestimmt. Durch die einheitliche Geldpolitik und die gemeinsame Währung besteht keine Möglichkeit mehr, sich durch nationale Geldpolitik oder durch Abwertungen innerhalb des EWU-Raumes einen nationalen Wettbewerbsvorteil zu verschaffen. Dementsprechend kommt der Berücksichtigung der jeweiligen Produktivitätsentwicklung bei den Lohnverhandlungen für die Entwicklung auf dem Arbeitsmarkt, speziell den weiteren Fortgang der Arbeitslosigkeit, verstärkte Bedeutung zu. Sollte es nicht gelingen, die Arbeitslosigkeit in den Griff zu bekommen, könnte von dieser Seite das Projekt Währungsunion zunehmend unter Druck geraten und die Forderung nach nationalen und/oder supranationalen (von Seiten der EU) Transferleistungen verstärkt erhoben werden. Bei einer raschen EWU-Erweiterung durch vergleichsweise Niedriglohn-Ökonomien könnte dieser Druck zunehmen.

Als letzter Problembereich ist auf die Interaktion zwischen Geld- und Wechselkurspolitik einzugehen (Abschnitt 3). Letztere liegt in Händen des Ecofin-Rates, an dessen Vorgaben sich das Eurosystem zu orientieren hat. Sollte dieser über ein Wechselkurssystem einen förmlichen Beschluss fassen oder Wechselkurszielzonen einführen, dürfte eine stabilitätsorientierte Geldpolitik über die dadurch ausgelösten Devisenmarktinterventionen in Schwierigkeiten kommen. Diese Problematik wurde bei der Gestaltung der Wechselkursbeziehungen zwischen den Euro-Ländern und den nicht an der EWU teilnehmenden EU-Ländern, dem sog. WKM II (EWS II), von vorneherein entschärft.

Die getroffene inhaltliche Auswahl deckt unseres Erachtens den Kernbereich der Europäischen Geldpolitik ab. Bei einem Lehrbuch, das ein Projekt zum Thema hat, das noch keine lange Historie aufweist und von einer dynamischen Entwicklung gekennzeichnet ist, besteht automatisch die Gefahr, dass man von den aktuellen Ereignissen „überholt" wird. Deshalb haben wir versucht, über die Angabe einiger Internet-Seiten dem Leser die Möglichkeit zu bieten, sich aktuell über die Währungsunion und den € zu informieren.

Jeder Abschnitt endet mit Übungsaufgaben zum Text, deren Beantwortung am Ende des Buches erfolgt, und einer kommentierten weiterführenden Literaturliste zu ausgewählten Aspekten. Am Ende des Buches haben wir zusätzlich noch ein ausführliches Literaturverzeichnis aufgenommen. Um dem interessierten Leser die Literaturbeschaffung zu erleichtern, verweisen wir dabei – wenn möglich – auf Internet-Adressen, unter denen die angegebenen Quellen abgerufen werden können. Ebenfalls aus didaktischen Gründen haben wir versucht, den Text nicht zu überfrachten, damit der „rote Faden" nicht verloren geht. So finden sich in den einzelnen Kapiteln mehrere Boxen, die einen Begriff näher erklären, einen Gedankengang vertiefen oder auch ein spezielles Problem ausführlicher ausleuchten. Daneben haben wir uns zum Ziel gesetzt, theoretische Aussagen mit aktuellen Entwicklungen und Daten zu kombinieren. Dies spiegelt sich in einer Vielzahl von empirisch orientierten Schaubildern und Tabellen wider. Ein Glossarium wichtiger geldpolitischer Begriffe und eine Landkarte mit den EU- und EWU-Ländern runden das Buch in didaktischer Hinsicht ab.

Für Dozenten, die das Buch einsetzen wollen, haben wir zusätzlich eine Internetseite eingerichtet, auf der Powerpointfolien zu jedem Kapitel abgerufen werden können. Diese enthalten den Inhalt und alle wesentlichen Ergebnisse der einzelnen Abschnitte sowie die dazu gehörenden Tabellen und Abbildungen. Die Folien sind so konzipiert, dass sie jederzeit nach individuellen Ansprüchen modifiziert werden können.

Kapitel I: Auswahl der Teilnehmerstaaten zur Europäischen Währungsunion

„Die Errichtung einer Währungsunion bedeutet die unwiderrufliche Fixierung der Wechselkurse zwischen den beteiligten Währungen (mit der Möglichkeit ihrer späteren Ablösung durch eine einheitliche Währung) ... Die teilnehmenden Volkswirtschaften werden so auf Gedeih und Verderb miteinander verbunden."

Stellungnahme der Deutschen Bundesbank zur Errichtung einer
Wirtschafts- und Währungsunion in Europa vom 6. September 1990[1]

---

[1] Deutsche Bundesbank, Informationsbriefe zur Europäischen Wirtschafts- und Währungsunion Nr. 11 (Stellungnahmen der Deutschen Bundesbank zur Europäischen Währungsunion), April 1998, S. 5.

1 Zur Geschichte der Europäischen Währungsunion: Vom Werner-Plan nach Maastricht

„Letztlich scheiterte das damalige WWU-Projekt (der Werner-Plan aus dem Jahre 1970, Anm. der Verfasser) jedoch an grundlegenden Meinungsunterschieden über die mit der WWU zu verfolgenden Ziele. Hinzu kamen unterschiedliche wirtschaftspolitische Reaktionen der Länder auf die erste Ölkrise und die fehlende Bereitschaft, sich einem gemeinsamen Stabilitätsziel zu unterwerfen."

(Deutsche Bundesbank, 2004c, 12)

Bereits im Jahre 1962 machte die Kommission der Europäischen Wirtschaftsgemeinschaft Vorschläge zur Errichtung einer Wirtschafts- und Währungsunion (WWU). Da zur damaligen Zeit zum Einen das *Festkurssystem von Bretton-Woods* noch intakt war, zum Anderen in den Mitgliedstaaten die politische Bereitschaft für ein solches Vorhaben fehlte, wurden die Vorschläge der Kommission nicht umgesetzt. Als es im Verlauf der zweiten Hälfte der 60er Jahre jedoch zu zunehmenden Spannungen im Weltwährungssystem kam, schien eine engere wirtschafts- und währungspolitische Zusammenarbeit immer notwendiger. Im Februar 1969 legte die Kommission deshalb ein Memorandum vor. Darauf aufbauend erarbeitete eine Arbeitsgruppe unter Leitung des damaligen luxemburgischen Ministerpräsidenten Werner einen Plan zur Gründung einer Wirtschafts- und Währungsunion *(Werner-Plan)*. Auf Grundlage des Werner-Plans verabschiedete der Ministerrat 1971 eine Grundsatzentscheidung über die Verwirklichung der Wirtschafts- und Währungsunion in 3 Stufen bis zum Jahr 1980. Da es nach dem Zusammenbruch des *Bretton-Woods-Systems* und vor dem Hintergrund der ersten Ölpreiskrise nicht gelang, einheitliche Zielvorstellungen über eine gemeinsame Stabilitätspolitik zu formulieren, scheiterte aber auch dieser Anlauf zu einer WWU.

Mitte der 80er Jahre erlebte der Gedanke einer WWU eine Renaissance. Vertraglich verankert wurde das Ziel einer schrittweisen Verwirklichung der WWU in der Einheitlichen Europäischen Akte, die am 1. Juli 1987 in Kraft trat. Im darauf folgenden Jahr beauftragte der Europäische Rat eine Arbeitsgruppe unter Vorsitz von Kommissionspräsident Delors, konkrete Schritte zur Umsetzung dieser Union zu prüfen. Auf Basis des erstellten Berichts *(Delors-Bericht)*, der wiederum das Erreichen einer Wirtschafts- und Währungsunion in 3 Stufen vorsah, beschloss der Europäische Rat im Juni 1989, die *Erste Stufe der Wirtschafts- und Währungsunion* am 1. Juli 1990 zu beginnen. Dabei ging es insbesondere um die Einführung einer multilateralen Überwachung der Wirtschafts- und Finanzpolitik, die völlige Liberalisierung des Geld- und Kapitalverkehrs zwischen den Mitgliedstaaten und die Vollendung des Gemeinsamen Binnenmarktes. Darüber hinaus fasste der Europäische Rat 1989 den Beschluss, eine Regierungskonferenz zur Vorbereitung der notwendigen Änderungen des EWG-Vertrags für die weiteren Schritte einzuberufen.[2,3]

Diese Regierungskonferenz erarbeitete 1991 einen Vertragsentwurf, der im Dezember 1991 in Maastricht vom Europäischen Rat gebilligt wurde *(Vertrag von Maastricht)*. Dieser Vertrag trat nach Abschluss des innerstaatlichen Ratifikationsverfahrens am 1. November 1993 in Kraft. Der Maastrichter Vertrag erweiterte die Bestimmungen des EWG-Vertrages um Vorschriften über die stufenweise Weiterentwicklung der Gemeinschaft zu einer Wirtschafts- und Währungsunion und führte zu einer Umbenennung des EWG-Vertrages in einen Vertrag über die Europäische Gemeinschaft *(EG-Vertrag)*. Im *Vertrag von Amsterdam*, der im Oktober 1997 in Amsterdam beschlossen wurde und der zum 1. Mai 1999 in Kraft trat, kam ein Kapitel zur Beschäftigungspolitik hinzu und die Rolle des Europäischen Parlaments wurde gestärkt. Auch wurde der gesamte Vertragstext neu durchstrukturiert.[4] Auf dem Treffen des Europäischen Rats in Nizza (7.-11.12.2000) wurden weitere institutionelle Änderungen vereinbart, um neue Länder aufnehmen zu können. Der „*Vertrag von Nizza*" trat zum 1. Februar 2003 in Kraft. Die wichtigsten institutionellen Änderungen betreffen die Neugewichtung der Stimmen im

---

[2] Ausführliche Darstellungen über Europas Weg zur Währungsunion finden sich etwa bei Arestis et al. (2001), Bonefeld (2001), Dyson (2002), Geigant (2002); Howarth (2001) und Howarth/Loedel (2003). Zu einem breiter angelegten Überblick über den europäischen Einigungsprozess siehe etwa Weidenfeld (2002a, 2002b) sowie Baldwin/Wyplosz (2006, insbes. Teil I). Eine Diskussion der Perspektiven der europäischen Integration vor dem Hintergrund clubtheoretischer Überlegungen findet sich bei Ohr (2003).

[3] „The creation of the internal market in the mid-eighties reinforced the call for a single currency. The otherwise cumbersome process of integration suddenly gained momentum when, in 1989, the fall of the Berlin Wall obliterated the political dichotomy in Europe. France and Germany, which from the outset had been driving forces behind the post-war process of European integration, reached a political compromise in which the unified Germany, in pursuit of more control in the global political arena, met the French desire to curb the Bundesbank's monetary power in the same global arena through the foundation of a supranational European Central Bank." (De Nederlandsche Bank, 2001, 56 siehe hierzu etwa auch Howarth, 2001, 118-120). Zu den politischen Hintergründen siehe auch Bundesministerium des Innern (1998, 596-600, Dokumente Nr. 108 sowie 108a) und Der Spiegel (1998, 108 und 112). Auch in der Vergangenheit waren politische Gründe ausschlaggebend für die Gründung (und für den Zerfall) von Währungsunionen. „The strongest element in the formation of monetary unions in the past has been political. In the main they have been formed to facilitate political unification or in some cases the rationalisation of different currencies after political unification. ... Equally, the principal cause of the break-up of monetary unions ... can also be found in political developments." (Capie/Wood, 2003a, 3).

[4] Als Konsequenz dieser redaktionellen Überarbeitung des EG-Vertragstextes hat sich die Numerierung der einzelnen Artikel in der aktuell gültigen Fassung des EG-Vertrages gegenüber der Fassung nach dem Maastrichter Vertrag geändert. Eine Gegenüberstellung von alter und neuer Numerierung findet sich bei Khan (1998, 181-192).

Rat der EU, die Größe und Neuorganisation der Kommission, den Übergang zu Entscheidungen mit qualifizierter Mehrheit bei einer Reihe von Fragen sowie das Europäische Parlament (Größe und Sitzverteilung). Im Juli 2003 wurde vom Europäischen Konvent ein Entwurf für eine *Europäische Verfassung* vorgelegt. Auf dem EU-Gipfel in Brüssel im Dezember 2003 scheiterten die Gespräche darüber primär an Unstimmigkeiten im Hinblick auf die Frage des Einflusses der einzelnen Mitgliedstaaten auf Mehrheitsentscheidungen im Rat der EU. Nach der EU-Erweiterung um 10 Staaten im Mai 2004 kam es dann im Juni 2004 auf dem EU-Verfassungsgipfel in Brüssel zu einem Kompromiss. Die Europäische Verfassung ist allerdings an der Ratifizierung in einzelnen Mitgliedsstaaten gescheitert. Auf dem EU-Gipfel am 18./19.10.2007 wurde dann ein überarbeiteter Verfassungs-Vertrag von den 27 Staats- und Regierungschefs unterzeichnet. Er muss noch in den einzelnen Ländern ratifiziert werden.

Box I.1.1: Die Hauptorgane der EU[5]

Der Europäische Rat

Der *Europäische Rat* (ER) besteht aus den Staats- und Regierungschefs der Mitgliedstaaten der EU und dem Präsidenten der EU-Kommission. Er legt die allgemeinen politischen Zielvorstellungen für die Entwicklung der EU fest. Er ist in erster Linie ein politisches Entscheidungsorgan und tagt mindestens zwei Mal jährlich (die sog. „Gipfeltreffen"). Zu unterscheiden vom ER ist der Rat der EU in der Zusammensetzung der Staats- und Regierungschefs, dem der Präsident der EU-Kommission nicht angehört. Auch der Zuständigkeitsbereich beider Institutionen ist nicht deckungsgleich. So hatte etwa nach Art. 121 Absatz 4 EG-Vertrag der Rat in der Zusammensetzung der Staats- und Regierungschefs und nicht der ER 1998 die Entscheidung darüber zu treffen, welche Länder die notwendigen Voraussetzungen für den Beitritt in die dritte Stufe der Europäischen Wirtschafts- und Währungsunion erfüllten.

Die EU-Kommission

Die *EU-Kommission* ist das entscheidende Exekutivorgan der Gemeinschaft. Deshalb wird sie auch als „Motor der EU" und „Hüterin der Verträge" bezeichnet. Ihr steht ein Präsident vor. Gemäß Vertrag von Nizza stellt jedes Land ein Kommissionsmitglied. Ab 27 soll die Zahl der Kommissionsmitglieder durch einstimmigen Ratsbeschluss neu festgesetzt werden, wobei die Zahl der Mitglieder der Kommission unter der Zahl der Mitgliedstaaten liegen soll und es soll ein Rotationssystem eingeführt werden. Der Rat der EU in der Zusammensetzung der Staats- und Regierungschefs ernennt mit qualifizierter Mehrheit und nach Zustimmung des Europäischen Parlaments die gesamte Kommission (Kommissionspräsident und Kommissionsmitglieder). Jeder Kommissar ist für einen bestimmten Arbeits-

---

[5] Im Einzelnen siehe hierzu auch Weidenfeld (2002b) sowie Wagener et al. (2006, 165–206).

bereich zuständig. Die Kommission hat Exekutivaufgaben (Durchführung der Gemeinschaftspolitik auf Grundlage der Ratsbeschlüsse oder in direkter Anwendung des EG-Vertrages), Kontrollaufgaben (Einhaltung der Regeln und Grundsätze des Gemeinsamen Marktes), Initiativaufgaben (Unterbreitung von Vorschlägen zur Fortentwicklung der Gemeinschaft; die Kommission hat hier eine Monopolstellung bei der Entwicklung von Beschlussvorlagen für den Rat der EU) und Finanzaufgaben (Führung des Haushalts der EU und Bewirtschaftung der Finanzmittel). Spezielle Befugnisse hat die Kommission im Bereich der Wettbewerbspolitik (Überwachung des Kartellverbots, Missbrauchsaufsicht, Fusionskontrolle, Kontrolle staatlicher Beihilfen).

Der Rat (Ministerrat)

Der Rat besteht aus den Fachministern der nationalen Regierungen (je ein Vertreter pro Land). Seine Mitglieder sind gegenüber ihren nationalen Parlamenten politisch verantwortlich. Er tagt in verschiedenen Zusammensetzungen (z.B. als Rat der Wirtschafts- und Finanzminister, dem sog. *Ecofin-Rat*). Der Vorsitz im Rat wechselt alle sechs Monate nach einer vom Rat einstimmig festgelegten Reihenfolge. Dem Rat ist eine Reihe von Befugnissen zugewiesen. Er ist das gesetzgebende Organ der Gemeinschaft. Im normalen Gesetzgebungsverfahren (Mitentscheidungsverfahren) übt er dieses Recht allerdings gemeinsam mit dem Europäischen Parlament aus. In manchen Bereichen (z.B. bei der Festsetzung der Agrarpreise) hat das Europäische Parlament aber nur die Möglichkeit, eine Stellungnahme abzugeben. Des Weiteren schließt der Rat u. a. Abkommen mit dritten Staaten und internationalen Organisationen ab, bildet gemeinsam mit dem Europäischen Parlament die Haushaltsbehörde der EU und sorgt für die Abstimmung der Wirtschaftspolitik der Mitgliedstaaten.

Eine solche Abstimmung ist angezeigt, da im Gegensatz zur einheitlichen Geldpolitik im Euroraum die anderen Felder der Wirtschaftspolitik, insbesondere die Finanz- und die Lohnpolitik, in nationaler Verantwortung verbleiben. Um der Geldpolitik Flankenschutz zu gewähren, rückt daher die Koordinierung der allgemeinen Wirtschaftspolitik nach Art. 99 EG-Vertrag verstärkt in den Mittelpunkt. Zentrales Gremium hierfür ist der Ecofin-Rat. Zwar gibt es auch informelle Zusammenkünfte der Minister aus den Euro-Ländern *(Eurogruppe)*, allein entscheidungsberechtigtes Gremium bleibt aber der Ecofin-Rat. In der Entschließung des ER vom Dezember 1997 (Luxemburger ER-Entschließung) wird für die dritte Stufe der Wirtschafts- und Währungsunion zwischen dem Ecofin-Rat und der Europäischen Zentralbank unter Wahrung der Unabhängigkeit des Europäischen Systems der Zentralbanken ein „ständiger und fruchtbarer" Dialog für notwendig erachtet. Weder dem Ecofin-Rat noch der Eurogruppe stehen aber Kontrollfunktionen im Hinblick auf das Eurosystem zu. Dies wäre mit dem EG-Vertrag auch nicht vereinbar.[6] Vorbereitet wird dieser Dialog vom *Wirtschafts- und Finanzausschuss,* dem hohe Beamte der nationalen Zentralbanken, der Europäischen Zentralbank (EZB) sowie der Finanzministerien angehören (siehe Box V.1.4.).

Die Entscheidungen im Rat erfordern entweder eine einfache Stimmenmehrheit (jeder Mitgliedstaat hat eine Stimme), eine qualifizierte Mehrheit oder Einstimmigkeit. Bei Abstimmungen mit „qualifizierter Mehrheit" werden die Stimmen der Mitgliedstaaten gewichtet. Nach dem Vertrag von Nizza sind bei Beschlüssen, die eine qualifizierte Mehrheit erfordern, eine Mehrheit der Stimmen (Mindeststimmenzahl) und eine Mehrheit der Mitgliedstaaten sowie – auf Antrag – mindestens 62 % der Gesamtbevölkerung erforderlich (zu den Einzelheiten siehe etwa Weidenfeld, 2002b, 32f.). Nach dem *Luxemburger Kompromiss* vom 18.1.1966 soll in Fragen, in denen ein Staat ein „vitales nationales Interesse" geltend macht, so lange nach einem Kompromiss gesucht werden, bis auch der besonders betroffene Staat zustimmen kann.

Das Europäische Parlament

Die Mitglieder des *Europäischen Parlaments* werden auf 5 Jahre nach mitgliedstaatlichem Wahlrecht direkt gewählt (erste Wahl 1979). Nach dem Vertrag von Nizza liegt die Obergrenze bei 732 Mitgliedern. Die Abgeordneten sind unabhängig und nicht weisungsgebunden. Im EP werden Beschlüsse i. d. R. mit absoluter Mehrheit gefasst. Es fungiert als Kontrollorgan von Rat und Kommission und ist im Gesetzgebungsverfahren eingebunden. Durch den Vertrag von Amsterdam (1997) wurden die demokratischen Kontrollrechte des EP im Gesetzgebungsverfahren spürbar erweitert. So sind jetzt die meisten Gesetzesvorlagen, die von der Kommission und vom Rat ausgearbeitet werden, zustimmungspflichtig. Bei Entscheidungen von „großer" Bedeutung ist ebenfalls die Zustimmung des EP erforderlich (etwa Beitritt neuer Länder zur EU, Besetzung der EU-Kommission). Das EP kann auch eine Untätigkeitsfeststellungsklage gegen Rat bzw. Kommission beim Europäischen Gerichtshof erheben. Insgesamt betrachtet besitzt das EP allerdings keine den nationalen Parlamenten vergleichbaren legislativen Befugnisse.

Im Gegensatz zur Währungsunion, die zu einer Vergemeinschaftung der Geldpolitik führte, basiert die Wirtschaftsunion im Kern auf dem Subsidiaritätsgedanken.[7] Die Zuständigkeiten auf dem Gebiet der Wirtschaftspolitik und der Finanzpolitik verbleiben danach grundsätzlich bei den Mitgliedstaaten. Allerdings ist eine Überwachung durch den Ecofin-Rat vorgesehen. Der *Ecofin-Rat* gibt Empfehlungen zu den Grundzügen der Wirtschaftspolitik der Mitgliedstaaten und überprüft deren Einhaltung. Jedoch sind die Sanktionsmöglichkeiten begrenzt. Der Ecofin-Rat

---

[6] Zum Verhältnis Eurosystem/Ecofin-Rat bzw. Eurogruppe im Einzelnen siehe Deutsche Bundesbank (2001a, 26–32).

[7] Zur Wirtschaftsverfassung der EU unter ökonomischem Blickwinkel siehe etwa Clapham (2004).

kann lediglich das betreffende Land „öffentlich" bitten, seine Politik zu ändern.[8] Neben dieses Überwachungsverfahren trat 1997 noch der sog. Stabilitäts- und Wachstumspakt, der bei einem Verstoß – theoretisch – weitaus schärfere Sanktionsmöglichkeiten vorsieht.

Zum 1. Januar 1994 begann die *Zweite Stufe der Europäischen Wirtschafts- und Währungsunion*. In dieser Stufe ging es insbesondere um das Verbot der Notenbankfinanzierung öffentlicher Haushalte und die Gründung des *Europäischen Währungsinstituts (EWI)* als Vorläuferinstitut der EZB. Es diente zur Intensivierung der geldpolitischen Koordinierung und der Schaffung der technischen Voraussetzungen für den Eintritt in die dritte Stufe der Europäischen Wirtschafts- und Währungsunion.

Spätestens zu Beginn des Jahres 1999 sah der *Vertrag von Maastricht* den Übergang in die *dritte Stufe der Europäischen Wirtschafts- und Währungsunion* vor.[9] An der Währungsunion sollten diejenigen Länder der EU teilnehmen, die bestimmten Eintrittskriterien („Konvergenzkriterien") genügten. Aus ökonomischer Sicht liegt der *Nutzen einer Währungsunion* vor allem in einer Senkung der Transaktionskosten, in einer Verminderung von Wechselkursschwankungen und der damit verbundenen Unsicherheit (Schwankungen des nominalen Wechselkurses innerhalb der Währungsunion entfallen) sowie in einer größeren Preistransparenz, die zu mehr Wettbewerb führt. Die *Kosten einer Währungsunion* liegen in einem Verzicht der einzelnen Mitgliedstaaten auf den autonomen Einsatz der Geld- und Wechselkurspolitik bei asymmetrischen Schocks (siehe hierzu auch die nachfolgende Box I.1.2. und Eijffinger/De Haan, 2000, 16–26).

---

[8] Nach Art. 99 des EG-Vertrags spricht der Ecofin-Rat Empfehlungen zu den Grundzügen der Wirtschaftspolitik der Mitgliedstaaten aus. So hat er der irischen Regierung am 19.6.2000 empfohlen, die Haushaltspolitik einzusetzen, um konjunkturellen Überhitzungserscheinungen entgegenzuwirken. Der Haushaltsplan für das Jahr 2001, den die irische Regierung Anfang Dezember 2000 vorlegte, sah im Gegensatz dazu expansive Maßnahmen vor (insbesondere Senkungen bei den direkten und indirekten Steuern). In seiner Stellungnahme vom 12.2.2001 vertrat der Ecofin-Rat hierzu die Ansicht, „dass bestimmte haushaltspolitische Pläne für 2001 nicht mit den Grundzügen der Wirtschaftspolitik in Bezug auf die Haushaltspolitik übereinstimmen. ... Der Haushalt für 2001 wird die Nachfrage in Irland weiter stark ankurbeln, und seine möglichen Angebotseffekte dürften kurzfristig gering sein. Daher wird er die Überhitzungserscheinungen und den inflationären Druck noch verstärken..." Der Ecofin-Rat hat deshalb der irischen Regierung empfohlen, ihre Haushaltspolitik anzupassen: „Um die mangelnde Übereinstimmung mit den Grundzügen der Wirtschaftspolitik infolge des Haushaltsplanes 2001 zu beseitigen, sollte die irische Regierung während des laufenden Haushaltsjahres haushaltspolitische Gegenmaßnahmen ergreifen." (Ecofin-Rat, 2001, 11-13). Allerdings gibt es über die Veröffentlichung dieser Empfehlungen hinaus keine weiteren Sanktionsmöglichkeiten. Die irische Regierung hat auch die Bitte des Ecofin-Rates zurückgewiesen und eine Änderung der Budgetpläne mit Verweis auf den hohen Budgetüberschuss und die niedrige Staatsverschuldung abgelehnt (Remsperger, 2001a, 6).

[9] Die dritte Stufe der Europäischen Wirtschafts- und Währungsunion (EWWU) wird im Folgenden auch als Währungsunion bezeichnet (kurz: EWU).

Box I.1.2 Ist die EWU ein Optimaler Währungsraum?[10]

Die Frage nach dem *„Optimalen Währungsraum"* ist letztlich die Frage danach, ob es sich für eine Gruppe von Ländern lohnt, sich zu einer Währungsunion zusammenzuschließen. Dies ist dann der Fall, wenn der Nutzen/die Vorteile einer Währungsunion deren Kosten/Nachteile übersteigen.

Vorteile einer Währungsunion:

- Verminderung der Transaktionskosten (z. B. Kosten des Währungsmanagements, Umtausch- und Kurssicherungskosten) durch eine einheitliche Währung.

- Schwankungen des nominalen Wechselkurses und dadurch bedingte Unsicherheiten entfallen.

- Preistransparenz steigt, was zu mehr Wettbewerb und damit zu einem effizienteren Ressourceneinsatz führt.

„Mit der Wirtschafts- und Währungsunion wurden die Voraussetzungen für erhebliche potenzielle Wohlstands- und Wohlfahrtsgewinne der Teilnehmerländer geschaffen. Die Einführung einer gemeinsamen Währung hat vor allem die Wechselkursschwankungen zwischen den Euro-Ländern beseitigt, wodurch die Transaktionskosten gesenkt und die grenzüberschreitende Preistransparenz erhöht wurde; dies fördert den Handel und letztlich eine stärkere wirtschaftliche Integration" (EZBa, 2005, 65).

Kosten einer Währungsunion:

Verzicht der einzelnen Mitgliedstaaten auf einen autonomen Einsatz der Geld- und Wechselkurspolitik.

Inwieweit diese Kosten ins Gewicht fallen, hängt von verschiedenen Faktoren ab. Zunächst kommt hier der Frage, inwieweit angebots- bzw. nachfrageseitige asymmetrische Schocks auftreten, eine entscheidende Rolle zu. Asymmetrische Schocks (siehe hierzu auch Box V.2.1) sind Schocks, die nur einzelne Länder in einer Währungsunion oder die Länder insgesamt unterschiedlich treffen. Je gravierender asymmetrische Schocks sind, umso höher sind ceteris paribus die Kosten, die dadurch entstehen, dass ein Land nicht individuell auf solche Schocks durch den Einsatz der Geld- und Wechselkurspolitik reagieren kann. Die für das gesamte Währungsgebiet zuständige Zentralbank kann nämlich nicht auf die Verhältnisse in einem einzelnen Land Rücksicht nehmen, sondern muss sich stets am gesamten Währungsraum ausrichten.

Die *„Theorie des optimalen Währungsraumes"* hat nun Kriterien herausgearbeitet, anhand deren beurteilt werden kann, wann – bei gegebenem Nutzen – die

---

[10] Vgl. hierzu insbesondere Baldwin/Wyplosz (2006, Kap. 16), ferner De Grauwe (2007, Teil 1), Hitiris (2003, Kap. 6), Krugman/Obstfeld (2006, Kap. 20), Mongelli (2002) und Obstfeld/Rogoff (1996, 632-634).

Bildung einer Währungsunion bzw. ein Beitritt zu einer Währungsunion für ein Land unter Kostengesichtspunkten vertretbar bzw. vorteilhaft ist.

1. Preis- und Lohnflexibilität sowie Faktormobilität

Je höher die Preis- und Lohnflexibilität bzw. die Faktormobilität (insbesondere am Arbeitsmarkt) innerhalb einer Währungsunion ist, um so geringer sind die realen Kosten von negativen asymmetrischen Schocks in Form von Arbeitslosigkeit, da Preis- und Lohnanpassungen bzw. die Wanderung von Arbeitskräften dem entgegenwirken.

2. Diversifikation der Produktion

Je diversifizierter, d. h. je weniger spezialisiert auf nur einige Produkte (z. B. Rohstoffe), und je ähnlicher die Produktionspalette der Länder, die eine Währungsunion bilden, ist, um so geringer ist das Problem negativer gesamtwirtschaftlicher Auswirkungen von (nachfrageseitigen) asymmetrischen Schocks.

3. Offenheitsgrad der Volkswirtschaften

Je offener – etwa gemessen am Anteil der Im- und Exporte am BIP – die zu einer Währungsunion gehörenden Volkswirtschaften sind, umso entbehrlicher werden – bei flexiblen Preisen (!) – nominale Wechselkursanpassungen als Reaktion auf asymmetrische Schocks. Je offener die Volkswirtschaften sind, umso intensiver ist der Handel. Dies heißt aber, dass bei den gehandelten Gütern nur ein Preis gilt. Der Preis in Auslandswährung errechnet sich, indem der Preis in Inlandswährung mit dem nominalen Wechselkurs der Inlandswährung (Mengennotierung) multipliziert wird. Da hier flexible Preise (!) unterstellt werden sind bei offenen, d. h. stark miteinander verflochtenen Volkswirtschaften Wechselkursanpassungen überflüssig, da Wechselkuranpassungen lediglich zu entgegengerichteten Preisanpassungen führen. Unter solchen Annahmen ist eine autonome Wechselkurspolitik verzichtbar, da asymmetrische Schocks über flexible Preise aufgefangen werden. Problematisch ist hier allerdings die Annahme flexibler Preise, die zumindest im Eurowährungsraum etwas realitätsfern erscheint.

4. Homogene Präferenzen, Gemeinsames Interesse

Ein Beitritt zur Währungsunion ist um so eher ins Auge zu fassen, je homogener die Präferenzen der beteiligten Länder sind, auf Schocks in einer bestimmten Weise zu reagieren und je größer die Bereitschaft ist, Kosten für das Gelingen der Währungsunion in Kauf zu nehmen. In der Literatur findet sich daneben häufig das Argument, dass es auch wichtig sei, dass ein Finanzausgleich zwischen den Ländern der Währungsunion existiert, um im Falle von asymmetrischen Schocks die davon betroffenen Länder mit Transferzahlungen zu unterstützen. Die Forderung nach einem solchen Transferzahlungssystem ist jedoch nicht unproblematisch, da die Erfahrungen mit solchen Systemen darauf hindeuten, dass mit Transferzahlungen die Flexibilität von Löhnen und Preisen geringer wird und der Wettbewerb der Regionen sinkt. Je flexibler Individuen und Staaten bzw. Regionen auf Schocks reagieren, desto geringer ist die Anfälligkeit des gesamten Währungsraumes bei asymmetrischen Schocks.

Die empirische Evidenz für die Länder der EWU ist gemischt (vgl. im Einzelnen Mongelli, 2002, 17-27). So ist die Korrelation des Auftretens von Schocks höher bei den Ländern, die in der Mitte bzw. im Kern Europas liegen (Belgien, Frankreich, Österreich, Deutschland, Niederlande, Dänemark und Luxemburg). Innerhalb der EWU sind die Preis- und Lohnflexibilität sowie die Mobilität der Arbeitskräfte gering und ein Finanzausgleich zur Kompensation der Wirkungen von exogenen Schocks existiert (nahezu) nicht. Der Grad der Offenheit sowie die Diversifikation der Produktion ist hingegen hoch und der politische Wille, Fortschritte im europäischen Einigungsprozess zu erzielen, ist ausgeprägt. Inwieweit letztlich Übereinstimmung darüber herrscht, wie die Geldpolitik einzusetzen ist und wie Staatsschulden zu werten sind, wird erst im Laufe der Zeit klar werden. Diese Ergebnisse zeigen, dass die Schaffung der Europäischen Währungsunion weniger ökonomisch geboten, sondern vielmehr politisch gewollt war (siehe hierzu auch Fußnote 3).

Neueste Überlegungen verweisen auf die „Endogenität" optimaler Währungsräume. Danach führt die Teilnahme an einer Währungsunion zu einer Intensivierung des Handels zwischen den Teilnehmerländern, wobei dies – den empirischen Befunden nach – weniger zu einer stärkeren Spezialisierung, sondern tendenziell zu einer stärkeren Diversifizierung der Produktion führt.

In den 90er Jahren des letzten Jahrhunderts haben sich die Angebots- und Nachfrageschocks in den neuen mittel- und osteuropäischen EU-Ländern stark von den Ländern der bisherigen Eurozone unterschieden (Berger, 2004, 26). Im Gegensatz zu Berger (2004), der auch für die Zukunft asymmetrische Schocks als Problem sieht, schätzen Fritz und Wagener (2004, 616) externe asymmetrische Schocks als weniger problematisch ein. Sie argumentieren, dass die industrielle Restrukturierung und die systematische Ausweitung des Dienstleistungssektors im Transformationsprozess zu einer Annäherung der volkswirtschaftlichen Produktionsstrukturen führen. Seinen Niederschlag findet dies in einem steigenden Anteil des intra-industriellen Handels, wodurch externe Schocks eher symmetrischer als asymmetrischer Natur sind. Unabhängig von der Frage der Relevanz exogener asymmetrischer Schocks dürften die neuen EU-Länder aber während des Aufholprozesses – insbesondere bedingt durch den *Balassa-Samuelson-Effekt* – mit speziellen angebotsseitigen (endogenen) Schocks konfrontiert sein, die einen frühen Beitritt zur Währungsunion als riskant erscheinen lassen (siehe hierzu insbesondere I.3.2.2).

Am 31.12.1998 wurden zwischen dem € und den nationalen Währungen der 11 Startländer unwiderruflich feste Umrechnungskurse festgelegt (siehe Tabelle I.1.1). Gemäß den Regelungen des Art. 123 Absatz 4 des EG-Vertrags musste

Tabelle I.1.1: Berechnung des ECU-Wertes zum 31.12.1998

Währung	Betrag der im ECU-Währungskorb enthaltenen nationalen Währungseinheiten (a)	Wechselkurse gegenüber dem US-Dollar am 31. Dezember 1998 (b)	Gegenwert des nationalen Währungsbetrags in US-Dollar (c) = (a) ÷ (b)	ECU-Wechselkurse (d) = (USD/ECU) x (b)
DEM	0,6242	1,6763000000	0,3723677	1,95583
BEF	3,301	34,574525650	0,0954749	40,3399
LUF	0,13	34,574525650	0,0037600	40,3399
NLG	0,2198	1,8887542620	0,1163730	2,20371
DKK	0,1976	6,3842	0,0309514	7,44878
GRD	1,44	282,57	0,0050961	329,689
ITL	151,8	1659,5403526	0,0914711	1936,27
ESP	6,885	142,60652886	0,0482797	166,386
PTE	1,393	171,82913150	0,0081069	200,482
FRF	1,332	5,6220755180	0,2369232	6,55957
GBP[a]	0,08784	1,6539	0,1452786	0,705455
IEP[a]	0,008552	1,4814687984	0,0126695	0,787564
	USD/ECU[b] = 1,1667512			
FIM		5,0959687630		5,94573
ATS		11,793642176		13,7603
SEK		8,1320		9,48803

Quelle: EZB, 1999d, 75.

Anmerkungen:
[a] Der Wechselkurs des US-Dollar in Spalte (b) zum Pfund Sterling und zum irischen Pfund wird von Haus aus gemäß der Mengennotierung als US-Dollar-Gegenwert pro Währungseinheit und nicht als Währungseinheit pro US-Dollar (Preisnotierung) wie bei den anderen Währungen angegeben. Der für diese beiden Währungen jeweils in Spalte (c) angegebene Betrag ergibt sich daher aus der Multiplikation des Betrags in Spalte (a) mit dem Kurs in Spalte (b), während sich der jeweils in Spalte (d) angegebene Kurs aus der Division des US-Dollar-Gegenwerts der ECU (d. h. USD/ECU) durch den in Spalte (b) angegebenen Kurs ergibt.
[b] Der Kurs der ECU gegenüber dem US-Dollar ist auf sieben Dezimalstellen gerundet angegeben, bei der Berechnung wurde aber ein höherer Genauigkeitsgrad gewählt.

der Wert des € in US-$ zum 1.1.1999 dem des ECU-Korbs am 31.12.1998 entsprechen. Der US-$-Wert des ECU-Korbes errechnete sich, indem die einzelnen nationalen Währungsbeträge des ECU-Korbs zum 31.12.1998 in US-$ umgerechnet wurden (ausgehend vom Währungsbeitrag der DM im ECU-Korb, also 0,6242 DM, errechnete sich ein US-$-Wert von 0,6242 DM · 0,59655193 US-$/DM = 0,3723677 US-$). Die Addition der Gegenwerte der nationalen Währungsbeträge in US-$ ergaben den US-$-Wert des ECU-Korbs (1,1667521 US-$/ECU), der zugleich dem Startwert des € entsprach. Der Wert einer jeden nationalen Währung in € errechnete sich, indem der US-$ Wert des € (1,1667521 US-$/€) mit dem Wechselkurs der nationalen Währung gegenüber dem US-$ am 31.12.1998 (1,6763 DM/US-$) multipliziert wurde (1,1667521 US-$/€ · 1,6763 DM/US-$ = 1,95583 DM/€).

Während einer dreijährigen Übergangsfrist, also bis zum 31.12.2001, war der Euro nur als Buchgeld verfügbar. Zu Beginn des Jahres 2002 wurde er dann auch als Bargeld (Banknoten und Münzen) eingeführt.[11]

---

[11] Die Deutsche Bundesbank tauscht zeitlich unbefristet und betragsmäßig unbeschränkt auf DM lautende Banknoten zum festen Umtauschkurs (1,95583 DM je €) in Euro um.

2 Zur „politischen" Praxis der Konvergenzprüfung

„Für den Gesamterfolg der angestrebten Wirtschafts- und Währungsunion wird es von zentraler Bedeutung sein, dass bei den 1996 beziehungsweise 1998 anstehenden Gemeinschaftsentscheidungen über die Auswahl der für die Teilnahme an der WWU in Frage kommenden Länder allein auf die stabilitätspolitische Leistungsfähigkeit abgestellt wird."

Stellungnahme des Zentralbankrates der Deutschen Bundesbank
vom 23. Januar 1992
(Deutsche Bundesbank, 1998f, 13)

2.1 Konvergenzkriterien

Jedes Land, welches der Währungsunion beitreten will, muss nach EG-Vertrag – geregelt in Art. 121 in Verbindung mit den dem Vertrag beigefügten Protokollen über die *Konvergenzkriterien* und über das Verfahren bei übermäßigen Haushaltsdefiziten – bestimmte Eintrittsbedingungen erfüllen. Im Einzelnen ergeben sich aus der Anwendung des Vertrages folgende Eintrittsbedingungen:

1. Die durchschnittliche jährliche **Inflationsrate** eines Landes darf um nicht mehr als eineinhalb Prozentpunkte über dem ungewogenen arithmetischen Mittel der Inflationsrate der drei preisstabilsten Mitgliedstaaten der EU liegen *(Inflationskriterium)*.[12] Ermittelt wird die Inflationsrate eines Landes auf der Grundlage Harmonisierter Verbraucherpreisindizes (HVPIs). Der Referenzzeitraum entspricht i. d. R. nicht dem Kalenderjahr.

2. Der **langfristige Zinssatz**, gemessen am durchschnittlichen Nominalzinssatz für langfristige (10-jährige) Staatsschuldverschreibungen oder vergleichbare Wertpapiere, darf im Verlaufe des Jahres vor der Konvergenzprüfung einen bestimmten Referenzwert nicht übersteigen. Dieser Referenzwert liegt um 2 Prozentpunkte über dem ungewogenen arithmetischen Mittel der langfristigen Zinssätze der drei preisstabilsten Länder *(Zinskriterium)*. Der Zinssatz für ein Land ergibt sich als arithmetisches Mittel der letzten zwölf Monate. Der Referenzzeitraum ist mit dem bei der Ermittlung der Inflationsrate identisch. Mithilfe dieses Kriteriums soll die Einschätzung der Märkte Eingang in die Konvergenzprüfung finden. Ein hoher langfristiger Nominalzinssatz lässt vermuten, dass das Vertrauen der Märkte in die Stabilitätspolitik eines Landes noch wenig ausgeprägt ist, sodass für langfristige Geldanlagen eine hohe Inflationsprämie verlangt wird.

---

[12] Diese vor Beginn der EWU durchaus sinnvolle Formulierung des Kriteriums sollte inzwischen ersetzt werden durch einen an der EWU-Inflationsrate orientierten Referenzwert. Ansonsten würde nämlich der Durchschnitt der drei preisstabilsten Länder aus den 27 – inzwischen recht heterogenen – EU-Ländern berechnet werden.

3. Eine **spannungsfreie Teilnahme am EWS-Wechselkursmechanismus** bzw. (nach Beginn der Währungsunion zum 1.1.1999) am **Wechselkursmechanismus II** innerhalb der letzten zwei Jahre vor der Konvergenzprüfung *(Wechselkurskriterium)*.

4. Besondere Bedeutung kommt dem Kriterium einer **auf Dauer tragbaren Finanzlage der öffentlichen Hand** zu. Dauerhaft bedeutet, dass über eine längere Zeit eine entsprechende Haushaltsdisziplin erkennbar ist. Um diese zu beurteilen, werden zum einen die jährlichen Haushaltsdefizite *(Finanzierungssalden)*, zum anderen die Staatsschulden *(Schuldenstände)* herangezogen.[13] So sollte der jährliche *Finanzierungsfehlbetrag* der öffentlichen Haushalte nicht mehr als 3% des nominalen Bruttoinlandsprodukts (BIP) betragen (die sog. *Defizitquote*) und der öffentliche Bruttoschuldenstand 60% des nominalen BIP nicht übersteigen (die sog. *Schuldenquote*).[14] Allerdings lassen die Vertragsbestimmungen einen gewissen Interpretationsspielraum zu. So genügt es, wenn das Defizit erheblich und laufend zurückgegangen ist und einen Wert in der Nähe des Referenzwertes erreicht. Ein höheres Defizit bleibt zudem unbeanstandet, wenn der Referenzwert nur ausnahmsweise und vorübergehend überschritten wird und in der Nähe des Referenzwertes bleibt. Beim öffentlichen Schuldenstand reicht es aus, wenn er hinreichend rückläufig ist und sich rasch genug dem Referenzwert nähert.

Im EG-Vertrag sind auch noch weitere Kriterien genannt, die allerdings nicht quantifiziert wurden. Im Einzelnen wird dabei u. a. auf die Ergebnisse bei der Integration der Märkte, den Stand und die Entwicklung der Leistungsbilanz sowie auf die Entwicklung der Lohnstückkosten und andere Preisindizes verwiesen. Letztere könnten bei der Konvergenzprüfung im Zuge der bevorstehenden Erweiterung des Euro-Währungsraums nach der Vergrößerung der EU eine stärkere Rolle spielen (siehe hierzu insbesondere I.3).

Die *Konvergenzkriterien* sollen sicherstellen, dass nur solche Länder an der Währungsunion teilnehmen, die bereits vorher ihre stabilitätspolitische Leistungsfähigkeit nachgewiesen haben, sodass gewährleistet ist, dass die Teilnehmerländer eine einigermaßen homogene Stabilitätsgemeinschaft bilden.[15] Der

---

[13] Die Ermittlung des Finanzierungssaldos sowie des Bruttoinlandsprodukts erfolgen auf der Grundlage des „Europäischen Systems Volkswirtschaftlicher Gesamtrechnungen (ESVG 1995)". Zum „ESVG 1995" siehe etwa Görgens/Ruckriegel (2007, Kapitel II).

[14] Im Jahre 1991 lag die (ungewichtete) durchschnittliche Schuldenquote aller EU-Länder bei knapp 62% (siehe hierzu auch Tabelle I.2.5). Die Vorgabe von 60% war – zumindest bezogen auf den EU-Durchschnitt – also nicht sehr ehrgeizig. Ausgehend von der Annahme eines jährlichen Wachstums des nominalen Bruttoinlandsprodukts von 5% ergab sich eine maximale jährliche Defizitquote von 3%, wollte man auf Dauer die 60% nicht überschreiten.

[15] An diesen Kriterien wurde vielfältige Kritik geübt, auf die an dieser Stelle nicht nochmals eingegangen werden soll. Siehe dazu stellvertretend Buiter et al. (1992), Klein (1993), Schmidt/Straubhaar (1995), Spahn (1997), McKay (1997). Nichtsdestotrotz wird den Konvergenzkriterien eine wichtige Rolle auf dem Weg zu einer einheitlichen Währung zugeschrieben.

Maastricht-Vertrag stellt dabei unzweideutig auf eine **dauerhafte und nachhaltige** Erfüllung der Konvergenzkriterien ab. Die EU-Kommission und die EZB (im Jahre 1998 noch das EWI) haben nach Art. 121.1 EG-Vertrag zu prüfen, „ob ein hoher Grad an **dauerhafter Konvergenz** erreicht ist" (Hervorhebungen der Verfasser). In der Literatur werden die obigen Konvergenzkriterien auch als *nominale Konvergenzkriterien* und der Weg zu Erfüllung dieser Konvergenzkriterien wird als *nominale Konvergenz* bezeichnet. Im Gegensatz dazu ist mit *realer Konvergenz* die Angleichung der realwirtschaftlichen Strukturen (Fortführung von strukturellen Reformen und Deregulierungen, Aufbau moderner Finanzmärkte etc.) und die des Lebensstandards – i. d. R. gemessen am BIP pro Kopf – an den EU-Durchschnitt gemeint.

2.2 Konvergenzprüfungen

Die erste Konvergenzprüfung wurde im April/Mai 1998 auf der Grundlage der Konvergenzberichte der EU-Kommission und des EWI vorgenommen. Zu prüfen war hierbei auch, ob die nationalen Zentralbanken den rechtlichen Anforderungen (Unabhängigkeit der nationalen Zentralbanken; rechtliche Integration der nationalen Zentralbanken in das Europäische System der Zentralbanken) genügen. Gemäß EG-Vertrag findet eine solche Prüfung alle zwei Jahre oder auf Antrag eines Mitgliedstaates statt, wobei letztlich der *Ecofin-Rat* mit qualifizierter Mehrheit auf Vorschlag der EU-Kommission entscheidet, ob ein Land aufgenommen wird.[16] Vor diesem Beschluss wird das Europäische Parlament angehört, und im Rat in der Zusammensetzung der Staats- und Regierungschefs findet eine Aussprache statt.

2.2.1 Prüfung im Jahre 1998

Ende März 1998 legten die EU-Kommission und das EWI ihre Konvergenzberichte vor. Verschiedene Regierungschefs baten darüber hinaus ihre Zentralbanken um eine Stellungnahme zur Konvergenzlage. Die EU-Kommission empfahl, 11 Staaten in die Währungsunion aufzunehmen. Die rechtlichen Anforderungen an die Unabhängigkeit der nationalen Zentralbanken waren in diesen Ländern geschaffen bzw. auf dem Weg der Gesetzgebung. Dänemark und das Vereinigte Königreich hatten zuvor auf der Grundlage der ihnen vertraglich zugestandenen Sonderregelungen erklärt,[17] dass sie zum 1.1.1999 noch nicht teilnehmen woll-

---

[16] Während bei der Auswahl der Teilnehmerstaaten für den Beginn der Währungsunion zum 1.1.1999 die Entscheidung im Rat in der Zusammensetzung der Staats- und Regierungschefs getroffen wurde (Art. 121 Absatz 4 EG-Vertrag), ist mit Beginn der Währungsunion diese Entscheidung auf den Ecofin-Rat übergegangen (Art. 122 Absatz 2 EG-Vertrag).

[17] Im Vertrag von Maastricht haben sich diese beiden Länder eine sog. „*Opting-Out-Klausel*" ausbedungen (Protokoll Nr. 16 und Nr. 17 zum Vertrag), nach der sie auch bei Erfüllung der Konvergenzkriterien wählen können, ob sie der Währungsunion beitreten.

ten. Griechenland und Schweden – letzteres im Wesentlichen wegen Nichteinhaltung einer mindestens zweijährigen Teilnahme am EWS-Wechselkursmechanismus und unvollständiger rechtlicher Konvergenz[18,19] – hingegen erfüllten die Voraussetzungen nicht. Die politische Entscheidung über den Teilnehmerkreis der Währungsunion wurde durch den Rat in der Zusammensetzung der Staats- und Regierungschefs am 2. Mai 1998 getroffen. Der Beschluss folgte der Empfehlung der EU-Kommission und des Ecofin-Rates.

Sowohl das Inflations- als auch das Zinskriterium wurden bis auf Griechenland im relevanten Referenzzeitraum von allen EU-Mitgliedstaaten erreicht. Die niedrigen Inflationsraten im Jahre 1997 sind allerdings auch vor dem Hintergrund eines zunehmenden Wettbewerbs sowie einer gedämpften Nachfrage in Europa zu sehen. Sie waren nicht nur auf eine verstärkte Stabilitätsorientierung der Geldpolitik zurückzuführen.

---

[18] Eine interessante Würdigung des Verhaltens Schwedens aus rechtlicher Sicht liefert Häde (1998, 1092): „Formal kann sich Schweden darauf berufen, dass es die zwei genannten Voraussetzungen nicht erfüllt. Allerdings gibt es im Anhang zum EGV(EG-Vertrag, die Verfasser) ein Protokoll über den Übergang zur dritten Stufe der Wirtschafts- und Währungsunion. Dieses Protokoll steht rechtlich auf der gleichen Stufe wie die Vorschriften des EGV, ist also auch verbindlich. Es verpflichtet die Mitgliedstaaten, alle vorbereitenden Arbeiten so zu beschleunigen, dass die einheitliche Währung 1999 eingeführt werden kann. Zumindest gegen diese Pflicht in Verbindung mit Art. 5 EGV (neu Art. 10, die Verf.) sowie gegen Art. 108 EGV (neu Art. 109, die Verf.) hat Schweden verstoßen, weil es bewusst die Voraussetzungen für die Teilnahme an der Währungsunion nicht erfüllt hat."

[19] „Die Europäische Währungsunion wurde auf der Konferenz von Maastricht, auf der sie beschlossen wurde, von einigen Mitgliedstaaten nur bedingt akzeptiert. Während das Maastrichter Vertragswerk den automatischen Eintritt in die dritte Stufe der Währungsunion für den Fall vorsah, dass der Rat in der Zusammensetzung der Staats- und Regierungschefs die Erfüllung der sog. Konvergenzkriterien als erfüllt erachtet, haben sich Großbritannien und Dänemark die freie Entscheidung über ihre Teilnahme an der Währungsunion zu gegebener Zeit vorbehalten. Schweden nimmt für sich den gleichen Sonderstatus in Anspruch. An sich haben Österreich, Finnland und Schweden anlässlich ihres Beitritts zur Europäischen Union 1995 die Regelungen der Maastrichter Währungsunion in der Ausgestaltung übernommen, wie diese für die Mehrzahl der Mitgliedstaaten vereinbart wurden. Bei der Ratifizierung des Beitrittsvertrags hat sich jedoch der schwedische Reichstag die freie Entscheidung über die Teilnahme Schwedens zur Währungsunion auch für den Fall vorbehalten, dass Schweden die Beitrittsvoraussetzungen erfüllt. Während in Deutschland einem ähnlichen Vorbehalt des Bundestages und des Bundesrates anlässlich der Ratifizierung des Maastrichter Vertrages, der für den schwedischen Reichstag als Vorbild diente, lediglich intern die Wirkung beigemessen wurde, dass er die Bundesregierung hinsichtlich ihrer bei den Schlussverhandlungen im Rat einzunehmenden Haltung bindet, betrachtet die schwedische Regierung den Vorbehalt ihres Parlamentes – vergleichbar dem vertragsrechtlichen Sonderstatus Großbritanniens und Dänemarks – als einen echten völkerrechtlich relevanten Vorbehalt, der über die interne Bindung hinausreicht. Schweden wird zum gegebenen Zeitpunkt dem entsprechend ungeachtet seiner Beitrittsreife, die an sich zur Teilnahme verpflichtet, den Eintritt in die Währungsunion von dem Ausgang eines Referendums abhängig machen." (Seidel, 2000, 861f.). In einem Referendum, das im September 2003 stattgefunden hat, stimmten die Schweden mehrheitlich gegen eine Einführung des Euro.

Tabelle I.2.1: *Übersicht über die Konvergenzlage der EU-Staaten, Konvergenzbericht 1998*

Land	Inflationsrate	Langfristiger Zinssatz	Öffentlicher Finanzierungssaldo[a]	Öffentliche Verschuldung
	in %		in % des BIP	
	Referenzzeitraum:			
	Feb. 1997 bis Jan. 1998		1997	
Belgien	1,4	5,7	−2,1	122,2
Dänemark	1,9	6,2	0,7	65,1
Deutschland	1,4	5,6	−2,7	61,3
Finnland	1,3	5,9	−0,9	55,8
Frankreich	1,2	5,5	−3,0	58,0
Griechenland	5,2	9,8	−4,0	108,7
Irland	1,2	6,2	0,9	66,3
Italien	1,8	6,7	−2,7	121,6
Luxemburg	1,4	5,6	1,7	6,7
Niederlande	1,8	5,5	−1,4	72,1
Österreich	1,1	5,6	−2,5	66,1
Portugal	1,8	6,2	−2,5	62,0
Schweden	1,9	6,5	−0,8	76,6
Spanien	1,8	6,3	−2,6	68,8
Vereinigtes Königreich	1,8	7,0	−1,9	53,4
Referenzwert	2,7[b]	7,8[c]	−3,0	60,0

Quelle: Deutsche Bundesbank 1998d, 23.

Anmerkungen:
[a] − = Defizit   + = Überschuss.
[b] Berechnet als ungewogenes arithmetisches Mittel der jährlichen Inflationsraten Österreichs, Irlands und Frankreichs plus 1,5 Prozentpunkte.
[c] Berechnet als ungewogenes arithmetisches Mittel der langfristigen Zinssätze Österreichs, Irlands und Frankreichs plus 2 Prozentpunkte.

Tabelle I.2.2: Verbraucherpreise in den EU-Staaten 1992–1997

	auf Basis des...					
	... nationalen Index				... harmonisierten Index	
Land	1992	1993	1994	1995	1996	1997
Belgien	2,4	2,8	2,4	1,5	1,8	1,5
Dänemark	2,1	1,2	2,0	2,1	2,1	1,9
Deutschland	5,1	4,5	2,7	1,8	1,2	1,5
Finnland	2,9	2,2	1,1	1,0	1,1	1,2
Frankreich	2,4	2,1	1,7	1,8	2,1	1,3
Griechenland	15,9	14,4	10,9	8,9	7,9	5,4
Irland	3,0	1,5	2,4	2,5	2,2	1,2
Italien	5,4	4,2	3,9	5,4	4,0	1,9
Luxemburg	3,2	3,6	2,2	1,9	1,2	1,4
Niederlande	3,2	2,6	2,8	1,9	1,4	1,9
Österreich	4,1	3,6	3,0	2,2	1,8	1,2
Portugal	8,9	6,5	5,2	4,1	2,9	1,9
Schweden	2,6	4,7	2,4	2,8	0,8	1,8
Spanien	5,9	4,6	4,7	4,7	3,6	1,9
Vereinigtes Königreich	4,7	3,0	2,3	2,9	2,5	1,8

Quelle: Deutsche Bundesbank, 1998d, 24.

Der in manchen Ländern im Jahr 1997 beobachtbare starke Rückgang der langfristigen Zinsen ging neben eigenen Anstrengungen (Verbesserung der Fundamentalfaktoren: Beruhigung des Preisauftriebs, gesunkene Staatsdefizite) auch auf den internationalen Zinstrend sowie auf eine Vorwegnahme der Teilnahme an der Währungsunion durch die Finanzmärkte zurück. Besonders profitiert davon haben Italien, Portugal und Spanien (zur Entwicklung der langfristigen Zinssätze im Vorfeld der Währungsunion siehe auch Abbildung IV.2.2).

Auf dem Gebiet der Wechselkursentwicklung wurde zunehmende Konvergenz erreicht, d. h. die am Wechselkursmechanismus des EWS teilnehmenden Währungen bewegten sich relativ nahe am jeweiligen Leitkurs. Allerdings hatten die italienische Lira und die Finnmark das Erfordernis der zweijährigen Mitgliedschaft vor Konvergenzprüfung nicht voll erfüllt (Eintritt Finnland: 14.10.1996; Eintritt Italien: 25.11.1996).

Tabelle I.2.3: Konvergenz der langfristigen Zinssätze 1991–1997

Land	1991	1992	1993	1994	1995	1996	1997
Belgien	9,3	8,6	7,2	7,8	7,5	6,5	5,8
Dänemark	9,3	9,0	7,3	7,8	8,3	7,2	6,3
Deutschland	8,5	7,9	6,5	6,9	6,9	6,2	5,6
Finnland	11,7	12,0	8,8	9,0	8,8	7,1	6,0
Frankreich	9,0	8,6	6,8	7,2	7,5	6,3	5,6
Griechenland	–	–	23,3	20,8	17,4	14,4	9,9
Irland	9,2	9,1	7,7	7,9	8,3	7,3	6,3
Italien	13,3	13,3	11,2	10,5	12,2	9,4	6,9
Luxemburg	8,2	7,9	6,9	7,2	7,2	6,3	5,6
Niederlande	8,7	8,1	6,4	6,9	6,9	6,2	5,6
Österreich	8,6	8,2	6,7	7,0	7,1	6,3	5,7
Portugal	14,5	13,8	11,2	10,5	11,5	8,6	6,4
Schweden	10,7	10,0	8,5	9,7	10,2	8,0	6,6
Spanien	12,4	11,8	10,2	10,0	11,3	8,7	6,4
Vereinigtes Königreich	10,1	9,1	7,5	8,2	8,3	7,9	7,1

Quelle: Deutsche Bundesbank, 1998d, 25.

Problematischer war die Beurteilung des Kriteriums einer auf Dauer tragbaren Finanzlage der öffentlichen Hand. So wurde die *Defizitquote* einer Reihe von Mitgliedstaaten 1997 durch Maßnahmen mit zeitlich begrenzter Wirkung beeinflusst, die z. B in Italien insgesamt 1%-Punkt, in Frankreich 0,6%-Punkte des BIP ausmachten.[20] Man sprach hier von *kreativer Buchführung* (siehe Box I.2.1).

---

[20] Zu den Ländern im Einzelnen siehe Deutsche Bundesbank (1998d, 32).

Tabelle I.2.4: Finanzierungssalden der öffentlichen Haushalte der EU-Staaten 1991–1997

Land	1991	1992	1993	1994	1995	1996	1997
Belgien	–6,3	–6,9	–7,1	–4,9	–3,9	–3,2	–2,1
Dänemark	–2,1	–2,1	–2,8	–2,8	–2,4	–0,7	0,7
Deutschland	–3,1	–2,6	–3,2	–2,4	–3,3	–3,4	–2,7
Finnland	–1,5	–5,9	–8,0	–6,4	–4,7	–3,3	–0,9
Frankreich	–2,1	–3,9	–5,8	–5,8	–4,9	–4,1	–3,0
Griechenland	–11,5	–12,8	–13,8	–10,0	–10,3	–7,5	–4,0
Irland	–2,3	–2,5	–2,7	–1,7	–2,2	–0,4	0,9
Italien	–10,1	–9,6	–9,5	–9,2	–7,7	–6,7	–2,7
Luxemburg	1,9	0,8	1,7	2,8	1,9	2,5	1,7
Niederlande	–2,9	–3,9	–3,2	–3,8	–4,0	–2,3	–1,4
Österreich	–3,0	–2,0	–4,2	–5,0	–5,2	–4,0	–2,5
Portugal	–6,0	–3,0	–6,1	–6,0	–5,7	–3,2	–2,5
Schweden	–1,1	–7,7	–12,2	–10,3	–6,9	–3,5	–0,8
Spanien	–4,2	–3,8	–6,9	–6,3	–7,3	–4,6	–2,6
Vereinigtes Königreich	–2,3	–6,2	–7,9	–6,8	–5,5	–4,8	–1,9

Quelle: Deutsche Bundesbank, 1998d, 31.
Anmerkung: – = Defizit, + = Überschuss.

Box I.2.1: Kreative Buchführung

„1997 haben viele Mitgliedstaaten ihre Haushaltsausgaben so weit gedrosselt und ihre Einnahmen so stark ausgeschöpft, dass das bis vor kurzem für viele unerreichbar scheinende Defizitkriterium von 3,0 Prozent erreicht oder sogar unterschritten wurde. Die öffentliche Diskussion hat sich auf das Kriterium für die laufende Verschuldung („Le Drei-Komma-Null") konzentriert. Dabei ist diese Größe nur eine Momentaufnahme und kann sogar den Blick für zukünftige Entwicklungen versperren. ... Erfüllung des Defizitkriteriums kann also bedeuten, dass man sich von einer auf Nachhaltigkeit und Beständigkeit ausgerichteten Budgetpolitik weiter entfernt hat. Drei viel diskutierte und umstrittene Fälle belegen das.

Die einmalige Zahlung der France Télécom an den Staatshaushalt in Höhe von 37,5 Mrd. Franc als Gegenleistung für die Übernahme von Pensionsverpflichtungen durch den französischen Staat entspricht einer Reduzierung des staatlichen Defizits von 1997 um etwa 0,5 Prozentpunkte. Der (damalige, Anm. die Verf.) Chefvolkswirt der BHF-Bank, Hermann Remsperger, kommentierte diesen Vorgang wie folgt: „Das Ergebnis dieser kreativen Budgetierung führt die Intention der Maastricht-Fiskalkriterien ad absurdum: Obwohl die Vereinbarung mit der

> Télécom insgesamt eine Verschlechterung der französischen Haushaltslage bedeutet, kann für das die WWU-Teilnahme entscheidende Jahr 1997 einmalig eine niedrigere Quote ausgewiesen werden." Der SPD-Bundestagsabgeordnete Norbert Wieczorek hoffte, dieser schwere Sündenfall werde von der französischen Regierung noch korrigiert. Diese Hoffnung blieb unerfüllt. Sollte Frankreich das Defizitkriterium formal realisieren, dann ist Nachhaltigkeit dadurch nicht gesichert.
>
> Italien hat u. a. eine weitgehend rückzahlbare Euro-Steuer erhoben, die in 1997 das Haushaltsdefizit von 3,6 Prozent auf genau 3,0 Prozent reduzierte. Auch diese Maßnahme war – zurückhaltend formuliert – umstritten. Der (damalige, Anm. der Verf.) Ministerpräsident Prodi kommentierte dies wie folgt: „Am Anfang haben alle deswegen über mich gelacht. Aber ich war sicher, dass es keine großen Widerstände geben würde. Es hat sich gezeigt, dass eine Steuer für Europa anders bewertet wird." Freilich ist auch dies kein Ausweis von Nachhaltigkeit. Ministerpräsident Prodi gibt dies selbst zu: „Jetzt müssen wir beweisen, dass wir nicht nur zu einer einmaligen Anstrengung fähig sind, sondern einen langen Atem haben."
>
> Deutschland ist ebenfalls der Versuchung manipulativer Methoden erlegen. Besonders der von der Deutschen Bundesbank mit Hilfe der Öffentlichkeit abgewehrte Angriff des Finanzministers auf ihre Unabhängigkeit, indem sie gezwungen werden sollte, die Goldreserven neu (höher, Anmerk. der Verf.) zu bewerten und als Buchgewinn an die Bundesregierung auszuschütten,[21] hat das Ansehen der Bundesregierung und ihr Eintreten für eine unabhängige Zentralbank in Misskredit gebracht. Der Tenor in der Auslandspresse war allgemein, dass Deutschland nach seinem ordnungspolitischen Sündenfall nicht mehr die Rolle eines für manche Partner unerträglichen Lehrmeisters spielen könne."

Quelle: Hankel et al., 1998, 76f.

Hinzu kam, dass die Rückführung der Defizitquoten 1997 durch sinkende lang- und kurzfristige Zinsen begünstigt wurde. Profitiert haben davon insbesondere die Mitgliedstaaten, deren Zinsniveau durch die von den Märkten erwartete sofortige Teilnahme an der Währungsunion überdurchschnittlich zurückging (insbesondere Italien, Portugal und Spanien). Zu berücksichtigen ist auch, dass die Haushalte einiger Mitgliedstaaten erhebliche Nettozahlungen aus dem EU-Haushalt empfangen haben (Griechenland, Irland, Portugal und Spanien).

---

[21] Im Einzelnen siehe hierzu Ruckriegel (1997).

Tabelle I.2.5: Verschuldung der öffentlichen Haushalte der EU-Staaten 1991–1997

Land	1991	1992	1993	1994	1995	1996	1997
Belgien	127,5	129,0	135,2	133,5	131,3	126,9	122,2
Dänemark	65,5	69,7	81,6	78,1	73,3	70,6	65,1
Deutschland	41,5	44,1	48,0	50,2	58,0	60,4	61,3
Finnland	23,0	41,5	58,0	59,6	58,1	57,6	55,8
Frankreich	35,8	39,8	45,3	48,5	52,7	55,7	58,0
Griechenland	92,3	98,8	111,6	109,3	110,1	111,6	108,7
Irland	95,3	92,3	96,3	89,1	82,3	72,7	66,3
Italien	101,5	108,7	119,1	124,9	124,2	124,0	121,6
Luxemburg	4,2	5,1	6,1	5,7	5,9	6,6	6,7
Niederlande	79,0	80,0	81,2	77,9	79,1	77,2	72,1
Österreich	58,1	58,0	62,7	65,4	69,2	69,5	66,1
Portugal	67,3	60,1	63,1	63,8	65,9	65,0	62,0
Schweden	52,8	66,8	75,8	79,0	77,6	76,7	76,6
Spanien	45,5	48,0	60,0	62,6	65,5	70,1	68,8
Vereinigtes Königreich	35,6	41,8	48,5	50,5	53,9	54,7	53,4

Quelle: Deutsche Bundesbank, 1998d, 33.

Von größerer Bedeutung für die nachhaltige Tragbarkeit der öffentlichen Finanzen in den einzelnen Mitgliedstaaten ist allerdings die *Schuldenquote*. Ein übermäßiger Schuldenstand beeinträchtigt den künftigen Handlungsspielraum der Finanzpolitik, was angesichts der längerfristig zu erwartenden starken Belastungen aufgrund der demographischen Entwicklung besonders schwer wiegt. Ein übermäßiger Schuldenstand gerät auch leicht in Konflikt mit der Geldpolitik, wobei das Konfliktpotenzial mit zunehmendem Anteil von kurzfristigen bzw. variabel verzinsten Krediten zunimmt.[22] Die Zentralbank gerät dann politisch leicht unter Druck, wenn sie den Zinssatz erhöhen will, da dies umso stärker auf das Haushaltsdefizit durchschlägt, je höher die Staatsverschuldung ist (vgl. ausführlich Kapitel V.1). In einigen Mitgliedstaaten stellt die hohe Staatsverschuldung eine große Belastung dar. In Belgien, Griechenland und Italien wurde der Referenzwert besonders deutlich überschritten. Im Falle dieser drei Länder konnte - etwa im Gegensatz zu Irland - auch nicht davon gesprochen werden, dass die öffent-

---

[22] So weist etwa De Grauwe (2007, 29f.) angesichts des hohen Anteils der kurzfristigen Staatsverschuldung auf die große Bedeutung des kurzfristigen Zinssatzes für den italienischen Staatshaushalt vor Beginn der Währungsunion hin.

liche Schuldenquote über die Jahre hinweg hinreichend rückläufig war und sich rasch dem Referenzwert näherte.

Bei Italien und Belgien (Griechenland wurde von der EU-Kommission nicht vorgeschlagen) sahen sich z. B. die Deutsche Bundesbank und das EWI daher auch veranlasst, Zweifel an einer auf Dauer tragbaren Finanzlage der öffentlichen Hand zum Ausdruck zu bringen.[23]

2.2.2 Prüfungen ab 2000

Gemäß EU-Vertrag wurde in den Jahren 2000, 2002, 2004 und 2006 turnusgemäß geprüft, inwieweit EU-Mitgliedstaaten, die noch nicht der Währungsunion beigetreten waren, „bei der Verwirklichung der Wirtschafts- und Währungsunion ihren Verpflichtungen bereits nachgekommen sind" (EZB, 2000f, 2). Nicht in diese automatische Prüfung einbezogen wurden Dänemark und das Vereinigte Königreich, für die bekanntlich eine Sonderregelung gilt. Konvergenzberichte für diese Länder müssen nur auf deren Antrag vorgelegt werden. Ein solcher Antrag lag nicht vor. Die Konvergenzberichte erstreckten sich im Jahr 2000 auf Griechenland und Schweden, wobei Griechenland bereits von sich aus im März 2000 einen Antrag auf Beitritt zur Währungsunion gestellt hat, und im Jahr 2002 nur noch auf Schweden.

Mit Blick auf Griechenland ist festzuhalten, dass bei der Konvergenzprüfung im Jahr 2000 der Schuldenstand mit 104% deutlich über dem Referenzwert lag. Parallelen zu Belgien und Italien sind hier unverkennbar. Bemerkenswert ist auch, dass die Absenkung der griechischen Inflationsrate auf 2,0% durch Einmalmaßnahmen (Senkung indirekter Steuern) beeinflusst wurde.[24] Im Nachhinein (2005) mussten zudem der Wert für das Haushaltsdefizit für das Jahr 2000 auf 3,4% deutlich nach oben korrigiert werden, was auch für die an *Eurostat,* dem Statistischen Amt der EU, gemeldeten Defizitzahlen für die Jahre 2001 bis 2003 galt. Schweden erfüllte sowohl die Kriterien hinsichtlich der Finanzlage

---

[23] „ernsthafte Besorgnisse" (Italien und Belgien), Deutsche Bundesbank (1998d, 39); „muss man nach wie vor besorgt sein" (Italien), EWI (1998, 175); „besteht offensichtlich nach wie vor Besorgnis" (Belgien), EWI (1998, 48). Zur Problematik aus rechtlicher Sicht siehe etwa Häde (1998, 1091): Die „Prüfung hätten Belgien und Italien nicht bestehen dürfen, weil sie Zweifel an der dauerhaften Tragbarkeit ihrer Finanzlage nicht ausräumen konnten. Ihre Zulassung zur dritten Stufe lässt sich nur als politisch motiviert verstehen und verstößt deshalb gegen Gemeinschaftsrecht."

[24] „Für die künftige Preisentwicklung in Griechenland bestehen einige Aufwärtsrisiken. 2000 und 2001 werden die Inflationsraten unter Aufwärtsdruck geraten, wenn der Einfluss der jüngsten Senkungen indirekter Steuern nicht mehr wirksam ist. ... Trotz der Bemühungen, die Haushaltssituation zu verbessern, und der dabei bereits erzielten erheblichen Fortschritte besteht nach wie vor Anlass zur Sorge, ob das Verhältnis des öffentlichen Schuldenstands zum BIP „hinreichend rückläufig ist und sich rasch genug dem Referenzwert nähert" und ob bereits eine auf Dauer tragbare Finanzlage erreicht wurde." (EZB, 2000f, 26). In den Jahren 2000 – 2002 lag die Inflationsrate in Griechenland dem entsprechend auch deutlich über dem EWU-Durchschnitt (siehe hierzu Tabelle I.3.1).

Tabelle I.2.6: Übersicht über die Konvergenzlage in Griechenland und Schweden, Konvergenzbericht 2000

Land	Inflationsrate	Langfristiger Zinssatz	Öffentlicher Finanzierungssaldo[a)]	Öffentliche Verschuldung
	in %		in % des BIP	
	Referenzzeitraum:			
	April 1999 bis März 2000		1999	
Griechenland	2,0	6,4	−1,6	104,4
Schweden	0,8	5,4	1,9	65,5
Referenzwert	2,4[b)]	7,2[c)]	−3,0	60,0

Quelle: EZB, 2000f.

Anmerkungen:
[a)] − = Defizit   + = Überschuss.
[b)] Berechnet als ungewogenes arithmetisches Mittel der jährlichen Inflationsraten Schwedens, Österreichs und Frankreichs plus 1,5 Prozentpunkte.
[c)] Berechnet als ungewogenes arithmetisches Mittel der langfristigen Zinssätze Schwedens, Österreichs und Frankreichs plus 2 Prozentpunkte.

der öffentlichen Hand als auch bezüglich der Inflationsrate und des langfristigen Zinssatzes. Allerdings war Schweden zum Zeitpunkt der Konvergenzprüfung noch nicht dem Wechselkursmechanismus II beigetreten. Auch hatte Schweden die rechtlichen Anpassungserfordernisse noch nicht zur Gänze umgesetzt.[25] Aufgrund dieser Hinderungsgründe – die auch bei der Prüfung im Jahr 2002 einer Aufnahme Schwedens in die Währungsunion entgegenstanden – wurde von der EU-Kommission nur Griechenland für einen Beitritt in die EWU zum 1.1.2001 vorgeschlagen. Der Ecofin-Rat folgte diesem Vorschlag.

Ab 2004 wurden auch die neuen EU-Mitgliedsstaaten in die Prüfung einbezogen. Im Mai 2006 kam es zu einer außerplanmäßigen Prüfung aufgrund eines Beitrittsantrags von Slowenien und von Litauen. Im Mai 2007 fand eine solche aufgrund des Beitrittsantrags von Malta und Zypern statt. Im Dezember 2006 erfolgte die im zweijährigen Rhythmus vorgesehene Routineprüfung. Während Slowenien zum 1.1.2007 und Malta und Zypern zum 1.1.2008 in die Eurozone

---

[25] „Schweden nimmt nicht am WKM II teil. Schweden ... wurde keine Klausel eingeräumt, die es erlaubt, nicht zur dritten Stufe der WWU überzugehen. Schweden ist somit nach dem EG-Vertrag verpflichtet, den Euro einzuführen, was bedeutet, dass es sich bemühen muss, alle Konvergenzkriterien einschließlich des Wechselkurskriteriums zu erfüllen. ... Die schwedischen Rechtsvorschriften, insbesondere das Gesetz über die Sveriges Riksbank, sehen die rechtliche Integration der schwedischen Zentralbank in das ESZB nicht vor, obwohl Schweden kein Mitglied mit Sonderstatus ist und daher allen Anpassungsanforderungen nach Artikel 109 des EG-Vertrages nachzukommen hat." (EZB, 2000f, 5f., siehe hierzu auch EZB, 2002d, 3f.).

Tabelle I.2.7: Übersicht über die Konvergenzlage in Litauen und Slowenien, Konvergenzbericht Mai 2006

	Inflationsrate	Langfristiger Zinssatz	Öffentlicher Finanzierungssaldo[a]	Öffentliche Verschuldung
	in %		in % des BIP	
	Referenzzeitraum:			
Land	April 2005 bis März 2006		2006	
Litauen	2,7	3,7	–0,6	18,9
Slowenien	2,3	3,8	–1,9	29,9
Referenzwert	2,6[b]	5,9[c]	–3,0	60,0
Euro-Währungsgebiet[d]	2,3	3,4		

Quelle: EZB, 2006b.

Anmerkungen:
[a] – = Defizit   + = Überschuss.
[b] Berechnet als ungewogenes arithmetisches Mittel der jährlichen Inflationsraten Polens, Finnlands und Schwedens plus 1,5 Prozentpunkte.
[c] Berechnet als ungewogenes arithmetisches Mittel der langfristigen Zinssätze Polens, Finnlands und Schwedens plus 2 Prozentpunkte.
[d] Die Angaben zum Euro-Währungsgebiet dienen nur zur Information.

aufgenommen wurde, wurde der Beitrittsantrag von Litauen mit dem Argument angelehnt, dass das Inflationskriterium nicht nachhaltig erfüllt sei. Zwar lag die beim Vergleich mit dem Referenzwert (2,6 %) relevante Inflationsrate Litauens mit 2,7 % nur ganz knapp über dem Referenzwert. Allerdings wurde hier auf Inflationsprognosen verwiesen, die einen Anstieg der Inflationsrate erwarten ließen, der dann in den Jahren 2006 und 2007 auch eintrat. Damit wurde erstmals einem EU-Land, das Mitglied in der Währungsunion werden wollte, der Beitritt verweigert. Bisher haben vier neue EU-Länder einen Antrag auf Mitgliedschaft in der Währungsunion gestellt. Auffallend ist, dass sich darunter die drei Länder befanden, die in der realen Konvergenz – gemessen am BIP pro Kopf – am weitesten fortgeschritten sind: Malta, Slowenien und Zypern. Gemessen am EU-Durchschnitt lagen die Werte für das Jahr 2005 bei 70, 82 bzw. 89 %. Der Antrag von Litauen hingegen wurde mit dem Verweis auf eine nicht nachhaltige Entwicklung bei der Inflationsrate sowie auf die sonstigen Kriterien, z. B. die hohen Leistungsbilanzdefizite, abgelehnt. Der entsprechende Wert des BIP pro Kopf für Litauen lag bei 52 %. Interessant ist, dass bei Litauen die im Vertrag geforderte Nachhaltigkeit, damit aber auch die Frage der realen Konvergenz, eine entscheidende Rolle spielte.

Tabelle I.2.8: Übersicht über die Konvergenzlage in Malta und Zypern, Konvergenzbericht Mai 2007

Land	Inflationsrate	Langfristiger Zinssatz	Öffentlicher Finanzierungssaldo[a]	Öffentliche Verschuldung
	in %		in % des BIP	
	Referenzzeitraum:			
	April 2006 bis März 2007		2007	
Malta	2,2	4,3	−2,1	65,9
Zypern	2,0	4,2	−1,4	61,1
Referenzwert	3,0[b]	6,4[c]	−3,0	60,0
Euro-Währungsgebiet[d]	2,1	4,0		

Quelle: EZB, 2007b

Anmerkungen:
[a] − = Defizit   + = Überschuss.
[b] Berechnet als ungewogenes arithmetisches Mittel der jährlichen Inflationsraten Polens, Finnlands und Schwedens plus 1,5 Prozentpunkte.
[c] Berechnet als ungewogenes arithmetisches Mittel der langfristigen Zinssätze Polens, Finnlands und Schwedens plus 2 Prozentpunkte.
[d] Die Angaben zum Euro–Währungsgebiet dienen nur zur Information.

3 Herausforderungen der EWU-Erweiterung

Die acht mittel- und osteuropäischen Länder, die im Mai 2004 neue EU-Mitglieder wurden, „sollten keine Maßnahmen aus politischen Gründen ergreifen, die sich gegen ihre eigenen wirtschaftlichen Interessen richten. ... Für diese Länder wird es wirtschaftlich nicht sinnvoll sein, den gleichen Zinssatz wie Deutschland oder Frankreich schnell einzuführen. Von gleicher Bedeutung ist der Verlust der Möglichkeit von Wechselkursbewegungen."

(Václav Klaus, Präsident der Tschechischen Republik, 2004)

„Ein verfrühter Beitritt eines Landes zum Euro wäre natürlich nicht im Interesse der Währungsunion, und er läge schon gar nicht im Interesse des betreffenden Landes."

(Otmar Issing, 2004, 4)

„Die meisten beitretenden Länder haben bereits erklärt, dass sie sich so bald wie möglich nach ihrem Beitritt zur EU am Wechselkursmechanismus beteiligen wollen. ... Die beitretenden Länder befinden sich in einem komplexen Transformations- und Anpassungsprozess, der durch ein hohes Maß an Wechselkursflexibilität leichter bewältigt werden kann. ... Der Zeitpunkt des Beitritts zum WKM II sollte daher gut überlegt sein. Zunächst sollten weitere Fortschritte bei der wirtschaftlichen Konvergenz und der Wechselkursstabilisierung erreicht werden."

(Deutsche Bundesbank, 2003a, 19f.)

„Es ist vollkommen klar, dass Beitrittsländer mit niedrigem Pro-Kopf-Einkommen einen Aufholprozess durchlaufen, währenddessen es unweigerlich zu höheren Inflationsraten kommt. Wir empfehlen diesen Ländern daher, diesen Aufholprozess vor Eintritt der Währungsunion zu durchlaufen. Erst wenn dieses Länder dauerhaft die Stabilitätskriterien erfüllen können, ist der Zeitpunkt für einen Beitritt gekommen."

(Axel A. Weber, 2008, 6)

Zum 1. Mai 2004 sind zehn neue Länder in die EU aufgenommen worden. Dabei handelt es sich um Estland, Lettland, Litauen, Malta, Polen, Slowenien, die Slowakei, Tschechien, Ungarn und Zypern. Der Beitritt von Bulgarien und Rumänien fand 2007 statt.

3.1 Kopenhagener Kriterien und EU-Erweiterung

Für einen Beitritt zur EU entscheidend ist die Erfüllung der sog. **Kopenhagener Kriterien**, die in drei Bereiche untergliedert sind. Das *politische Kriterium* erfordert die Existenz institutioneller Stabilität als Garantie für eine demokratische und rechtsstaatliche Ordnung, die Wahrung der Menschenrechte sowie die Achtung und den Schutz von Minderheiten. Das *wirtschaftliche Kriterium* bezieht sich darauf, dass ein Beitrittsland eine funktionsfähige Marktwirtschaft aufweisen soll sowie die Fähigkeit, dem Wettbewerb und den Marktkräften innerhalb der Union standzuhalten. Schließlich berücksichtigt das *Kriterium der Übernahme des gemeinsamen Besitzstandes* (des sog. „Acquis Communautaire") die Fähigkeit eines Landes, die aus der Mitgliedschaft erwachsenden Verpflichtungen zu übernehmen und sich die Ziele der politischen Union sowie der Währungsunion zu eigen zu machen (Deutsche Bundesbank, 2001c, 17).

3.2 Konvergenzkriterien und EWU-Beitritt

Da es für die neuen Mitgliedstaaten keine **Opting-Out-Klauseln** gibt (EZB, 2000a, 48), verpflichteten sich diese Länder mit dem Beitritt zur EU, zu einem späteren Zeitpunkt den Euro einzuführen. Die Teilnahme an der Währungsunion setzt allerdings die Erfüllung der (nominalen) Konvergenzkriterien des EG-Vertrages voraus. Die Anpassung der nationalen Zentralbankgesetzgebung an die Anforderungen des Eurosystems (Unabhängigkeit der nationalen Zentralbanken; Integration der nationalen Zentralbanken in das Europäische System der Zentralbanken) war bereits für den EU-Beitritt erforderlich.

Im offiziellen Schlussprotokoll des Wiener Seminars zum EU-Beitrittsprozess (14.–15.12.2000) wurde ausdrücklich nochmals auf die Teilnahmebedingungen für die dritte Stufe der Europäischen Währungsunion Bezug genommen. Es wurde folgende Schlussfolgerung gezogen: „Voraussetzung für den Beitritt zum Euroraum wird die Erfüllung der *Konvergenzkriterien* sein. Der Vertrag zur Gründung der Europäischen Gemeinschaft verlangt die strikte und nachhaltige Erfüllung dieser Kriterien; hierbei werden für künftige Mitglieder des Euroraumes dieselben Maßstäbe angelegt werden wie für die Staaten, die dem Euroraum bereits angehören." (EZB, 2001i, 117). Bis zur Entscheidung über den Beitritt von Litauen im Jahr 2006 ließen die Erfahrungen mit der Konvergenzprüfung allerdings erhebliche Zweifel an der These einer „strikten und nachhaltigen Erfüllung" der Konvergenzkriterien als Voraussetzung für einen Beitritt zur Währungsunion aufkommen.[26]

---

[26] „Bei der Aufnahme der zwölf Mitgliedstaaten, die derzeit der Währungsunion angehören, sind in drei Fällen, nämlich im Falle Belgiens, Italiens und Griechenlands die Aufnahmekriterien, deren strikte Einhaltung vor der europäischen, namentlich der deutschen Öffentlichkeit, um Ängste zu beschwichtigen, beschworen worden war, so angewandt worden, dass sie einer ge-

3.2.1 Defizit- und Schuldenquoten

Beobachtbar ist, dass sich in den letzten Jahren das Haushaltsdefizit in den neuen EU-Mitgliedstaaten meist deutlich verringert hat. 2006 lagen lediglich Ungarn (-9,6%), Polen (-3,9%) und die Slowakei (-3,4%) über der 3%-Marke. Auch sind die Schuldenquoten – gemessen an den Maastricht-Kriterien – unproblematisch. Lediglich Ungarn zeigt hier – als Folge der hohen Defizitquoten in den letzten Jahren – eine deutlich steigende Tendenz (2003: 58,0%; 2006: 66,0%).[27]

3.2.2. Inflationskriterium und Balassa-Samuelson-Effekt

Problematischer stellt sich die Situation beim *Inflationskriterium* dar. Die **Inflationsraten** dürften in den nächsten Jahren strukturell bedingt deutlich über dem Durchschnitt des bisherigen Euro-Währungsraums liegen. Zum einen wird sich der Transformationsprozess in Richtung Marktwirtschaft verstärken, was eine weitere Liberalisierung administrierter Preise und eine Erhöhung indirekter zugunsten einer Senkung von direkten Steuern (z. B. Einkommensteuer), d. h. i. d. R. Preiserhöhungen zur Folge haben wird. Zum anderen ist der sog. *Balassa-Samuelson-Effekt* ins Kalkül zu ziehen (zu einem einfachen Modell des Balassa-Samuelson-Effekts siehe Box I.3.1).

„Das Ausmaß des Balassa-Samuelson-Effekts in den Ländern, die derzeit dem Euroraum angehören, dürfte mit der Zeit abnehmen, weil es beim Pro-Kopf-BIP bereits eine substanzielle Konvergenz zwischen diesen Ländern gibt. Gleichzeitig könnte ein solcher Effekt in einigen der neuen Mitgliedstaaten, die den Euro einführen wollen, aufgrund ihres niedrigeren Ausgangsniveaus bei den Einkommen und Preisen stärker zu dauerhaftem Inflationsdruck beitragen." (EZB, 2005a, 71)

Ausgangspunkt beim Balassa-Samuelson-Effekt ist die Beobachtung, dass bei *nicht-handelbaren Gütern* (im Wesentlichen Dienstleistungen und Immobilien) die Preise von Land zu Land stark voneinander abweichen. Nicht-handelbare Güter sind Güter, die aufgrund der damit verbundenen Transaktionskosten nicht grenzüberschreitend gehandelt werden (können).

Ursache der Preisunterschiede sind hauptsächlich unterschiedliche wirtschaftliche Entwicklungsstände. In wirtschaftlich entwickelten Ländern sind die Preise für nicht-handelbare Güter tendenziell höher. Der hohe Lebensstandard beruht dabei auf einem hohen Produktivitätsniveau im Sektor der handelbaren Güter (vor allem Verarbeitendes Gewerbe). Bei integrierten nationalen Arbeitsmärkten führt ein produktivitätsbedingt hohes Lohnniveau im Sektor der *handelbaren Güter* auch zu hohen Löhnen im Sektor der nicht-handelbaren Güter, da ansons-

---

richtlichen Überprüfung, falls diese stattgefunden hätte, nur schwer standgehalten hätten." (Seidel, 2003, 2). (Martin Seidel war Rechtsberater für Europarecht im Bundesministerium für Wirtschaft und langjähriger Bevollmächtigter der Bundesregierung in Verfahren vor dem Europäischen Gerichtshof).

[27] Die entsprechenden Zahlen finden sich in ECB, Statistics Pocket Book, Oktober 2007.

ten die Arbeitskräfte abwandern würden und ein zu hoher Lohnabstand mit Fairness- bzw. Gerechtigkeitsvorstellungen kollidieren würde (ECE, 2001, 231).[28] Zu über dem Produktivitätsfortschritt liegenden Lohnerhöhungen kommt es bei nicht-handelbaren Gütern aber nicht nur deshalb, weil es sonst zunehmend schwieriger würde, Arbeitskräfte zu finden, sondern auch deshalb, weil die Einkommenselastizität für nicht-handelbare Güter (Dienstleistungen) besonders hoch ist und so von der Nachfrageseite auch eher die Möglichkeit gegeben ist, die mit den Lohnsteigerungen verbundenen Lohnstückkostenerhöhungen über entsprechende Preisanhebungen weiterzuwälzen (zu diesen Überlegungen vgl. etwa auch Caves et al., 2002, 373).

Betrachtet man Länder mit unterschiedlichem Entwicklungsstand und auch unterschiedlichen Produktivitätsniveaus, so kommt es bei einer Angleichung des Lebensstandards in Ländern mit Produktivitätsrückstand im Sektor der handelbaren Güter zu ansteigender Produktivität, da nur bereits vorhandenes „Knowhow" transferiert werden muss. Die damit verbundenen Ertragsverbesserungen schlagen sich i. d. R. aber nicht in Preissenkungen nieder, da die Preise sich am Weltmarktpreis der jeweiligen Güter orientieren. Dadurch entstehen Spielräume für Lohnerhöhungen, die auch entsprechend starke Lohnforderungen im Sektor der nicht-handelbaren Güter nach sich ziehen. Während der Lohnkostenanstieg im Sektor der handelbaren Güter aber durch den Produktivitätsanstieg gedeckt ist, somit die *Lohnstückkosten* unverändert bleiben, gehen die Lohnerhöhungen im Sektor der nicht-handelbaren Güter über die Produktivitätserhöhungen hinaus. In diesem Sektor, der stärker arbeitsintensiv und weniger dem Wettbewerb ausgesetzt ist, sind die Produktivitätsfortschritte gering und die internationalen Unterschiede im Produktivitätsniveau fallen weniger ins Gewicht, sodass es bei diesen Gütern zu einem Anstieg der Lohnstückkosten und damit der Preise kommt.

Im Zuge des wirtschaftlichen Aufholprozesses kommt es somit zu einer Angleichung der Produktivitätsniveaus bei handelbaren Gütern und der Preise für nicht-handelbare Güter. Ausgelöst durch den Anstieg der Preise nicht-handelbarer Güter weisen die weniger entwickelten Länder während dieses Aufholprozesses folglich auch eine höhere Inflationsrate auf. Anders formuliert: Mit steigendem Produktivitätsniveau (Lebensstandard oder Einkommensniveau) steigt auch das Preisniveau in einem Land. Dabei wird ein reines Gleichgewichtsphänomen be-

---

[28] „Vermutlich haben die Menschen Fairness über Millionen Jahre hinweg in kleinen Gruppen entwickelt. Die entsprechenden Emotionen fördern ein Verhalten, das der Gruppe und somit auf lange Sicht auch dem Einzelnen Vorteile bringt." (Sigmund/Fehr/Nowak, 2006, 56). „Dass wir Menschen bedingt kooperieren und altruistisch strafen, sollte uns nicht überraschen. ... Unsere tief verwurzelten Verhaltensweisen, die Kooperation belohnen und Egoismus bestrafen, haben also ihre Berechtigung. Wenngleich einige Ökonomen sie als irrational bezeichnen, bilden sie ... das Fundament für eben jene gesellschaftliche Kooperation, ohne die sich kein Wohlstand entwickeln kann." (Beinhocker, 2007, 144).

schrieben, das einem wirtschaftlichen Aufholprozess inhärent ist.[29] Dieser Effekt ist dabei umso stärker, je größer der Anteil der nicht-handelbaren Güter ist. Das Gewicht nicht-handelbarer Güter hängt dabei eng mit dem Grad der wirtschaftlichen Entwicklung und den Präferenzen der Haushalte zusammen. Allgemein nehmen die Ausgaben der Haushalte für Dienstleistungen mit steigendem BIP pro Kopf zu. Im Euroraum etwa stieg der Anteil der Dienstleistungen zwischen 1995 und 2002 von 33 % auf 40 % (Égert et al., 2002, 69).[30]

Box I.3.1: Der Balassa-Samuelson-Effekt[31]

Wenn alle Waren und Dienstleistungen über die Grenzen hinweg frei gehandelt werden können, würde der ökonomischen Theorie zufolge Arbitrage zu einer Situation führen, in der das Preisniveau in den verschiedenen Ländern (ausgedrückt in einer gemeinsamen Währung) gleich wäre und strikte Kaufkraftparität herrschen würde. In der Praxis ist dies jedoch selten der Fall, und eine Reihe von Studien haben nachgewiesen, dass das Preisniveau von Land zu Land erheblich differiert. Diese Unterschiede sind häufig nicht durch Transportkosten, Steuern, Zölle oder ähnliches zu erklären. Vielmehr sind die Preise in ärmeren Ländern typischer Weise niedriger als in reicheren Ländern. Dies ist auf Unterschiede bei den Preisen für „nicht-gehandelte" Güter und Dienstleistungen zurückzuführen. Außerdem sind in Ländern mit einem kräftigeren Produktivitätswachstum und damit auch einer stärkeren Verbesserung des Lebensstandards tendenziell höhere Preissteigerungsraten zu verzeichnen. Der Balassa-Samuelson-Effekt erklärt diese Differenzen, indem er einen Zusammenhang zwischen der Entwicklung der Preise der nicht-gehandelten Güter und dem Produktivitätswachstum herstellt.

Im Folgenden sollen zwei Länder A und B betrachtet werden, die Teil einer Währungsunion sind. Zunächst beschränkt sich die Darstellung auf ein Land (A). Zur Vereinfachung wird angenommen, es handle sich um eine Volkswirtschaft mit zwei Gütern (einem gehandelten und einem nicht-gehandelten Gut), zwei Produktionsfaktoren (Kapital und Arbeit) und freiem Wettbewerb. Auf der Grundlage dieser Annahmen kann gezeigt werden, dass für die Preissteigerungsrate der nicht-gehandelten Güter im Vergleich zu den gehandelten Gütern in jedem der beiden Länder gilt:

---

[29] „The higher rate of inflation in a catching-up economy may in no way be linked to lax policy; it simply reflects and registers the fact that productivity convergence brings about convergence in wage and price levels as well." (Dobrinsky, 2003, 330). „However, if real convergence between regions in a currency union is incomplete, structural inflation differentials across the regions comprising the union may arise. ... Given the existence of such **unavoidable inflation differences** (Hervorhebung, die Verf.) ..." (EZB, 2004a, 53f.).

[30] Dies bedeutet aber auch, dass im Zuge der wirtschaftlichen Konvergenz der Anteil der Dienstleistungen, d. h. der nicht-handelbaren Güter, an den Konsumausgaben in den neuen mittel- und osteuropäischen EU-Ländern zunehmen wird, wodurch der Balassa-Samuelson-Effekt an Bedeutung gewinnen wird.

[31] In Anlehnung an EZB (1999h, 45f.).

(B1) $$\Delta(P_N - P_T) = \frac{SL_N}{SL_T} \Delta PROD_T - \Delta PROD_N$$

wobei ΔP_N und ΔP_T die Änderungsraten der Preise bei nicht-gehandelten bzw. gehandelten Gütern, $\Delta PROD_N$ und $\Delta PROD_T$ die Produktivitätswachstumsraten in den beiden Sektoren und SL_N und SL_T die Anteile der Arbeit an der Wertschöpfung in den beiden Sektoren sind. Da die Produktion nicht-gehandelter Güter (z.B. Dienstleistungen) arbeitsintensiver ist als die Produktion gehandelter Güter (z.B. im Verarbeitenden Gewerbe), ist normaler Weise $SL_N/SL_T > 1$. Zur Vereinfachung wird dieser Wert jedoch gleich eins gesetzt, woraus folgt:

(B2) $$\Delta(P_N - P_T) = \Delta PROD_T - \Delta PROD_N$$

Diese Gleichung besagt, dass die Preise für nicht-gehandelte Güter tendenziell schneller steigen als die Preise für gehandelte Güter, wenn im Bereich der gehandelten Güter ein höheres Produktivitätswachstum zu verzeichnen ist als bei den nicht-gehandelten Gütern. Dahinter steht der im Text beschriebene Mechanismus.[32]

Die Veränderungsrate des Verbraucherpreisindex insgesamt (ΔP) ergibt sich als gewogener Durchschnitt der Preissteigerungsraten für gehandelte und nicht-gehandelte Güter:

(B3) $$\Delta P = \alpha \Delta P_T + (1-\alpha) \Delta P_N$$

bzw. unter Berücksichtigung von (B2)

(B3') $$\Delta P = \Delta P_T + (1-\alpha)(\Delta PROD_T - \Delta PROD_N)$$

Dabei ist α der Anteil der gehandelten Güter am Verbrauch. Somit hängt der Anstieg des Verbraucherpreisindex insgesamt von der Preissteigerung bei den gehandelten Gütern, vom Anteil der gehandelten Güter und von der Differenz zwischen den Raten des Produktivitätswachstums in den beiden Sektoren ab. Je größer der Produktivitätsvorsprung bei gehandelten Gütern gegenüber nicht-gehandelten Gütern ist, desto höher ist der Anstieg der Verbraucherpreise, d. h. die gesamtwirtschaftliche Inflationsrate.

Für Land B lassen sich ähnliche Zusammenhänge ableiten. Definitionsgemäß ist die Preissteigerungsrate für gehandelte Güter in beiden Ländern gleich hoch. Zur Vereinfachung sollen zwei weitere Annahmen getroffen werden: Erstens sei die Produktivitätssteigerung bei den nicht-gehandelten Gütern in den beiden Ländern gleich, und zweitens sei der Anteil der gehandelten Güter am Verbrauch ebenfalls in beiden Ländern gleich. Dann gilt für die Differenz zwischen den Steigerungsraten der Verbraucherpreise in Land A und B:

---

[32] Entscheidend für den Balassa-Samuelson-Effekt ist, dass der Produktivitätsanstieg bei handelbaren Gütern über dem Produktivitätsanstieg bei nicht-handelbaren liegt. Der Balassa-Samuelson-Effekt greift also etwa auch, wenn es in einem bereits hoch entwickelten Land, z.B. aufgrund einer Wirtschaftspolitik, die zu technischen Innovationen führt, zu einem hohen Produktivitätswachstum im Sektor der handelbaren Güter kommt (vgl. hierzu auch EZB, 2003f, 33).

(B4) $$\Delta P - \Delta P^B = (1-\alpha)(\Delta PROD_T - \Delta PROD_T^B)$$

Somit hängt die Inflationsdifferenz zwischen den beiden Ländern hauptsächlich von der Differenz zwischen den Produktivitätswachstumsraten bei den gehandelten Gütern in den beiden Ländern ab. Ist das Produktivitätswachstum für gehandelte Güter in Land A höher, steigen dort die Löhne stärker, und die Preise für nicht-gehandelte Güter steigen aus den oben genannten Gründen schneller. Folglich ist die Teuerungsrate insgesamt in Land A höher als in Land B.

In der in Box I.3.1 beschriebenen Modellwelt fußt der Balassa-Samuelson-Effekt auf dem „*Gesetz des einheitlichen Preises*" bei handelbaren Gütern, wonach der Preis für ein homogenes Gut von Ort zu Ort nicht unterschiedlich sein kann, da ansonsten Arbitragebewegungen einsetzen würden, die die Preisgleichheit wieder herstellen würden. In der Realität sind die Preise für *Tradables* (handelbare Güter) sowohl zwischen den Ländern der EWU als auch innerhalb dieser Länder unterschiedlich. Auch ist eine eindeutige positive Korrelation zwischen dem Preisniveau für handelbare Güter und dem für nichthandelbare Güter zu beobachten (EZB, 2003f, 30). Preisunterschiede bei handelbaren Gütern werden unter anderem auf ein unterschiedliches Preissetzungsverhalten, auf eine intrasektoral differenzierte Lohnpolitik, auf unterschiedliche Steuern und Regulierungen sowie auf differenzierte Nachfragepräferenzen zurückgeführt (siehe hierzu etwa Schäfer, 2003, 97). Die Grundaussagen des Balassa-Samuelson-Effekts werden aber auch vor diesem Hintergrund empirisch durchwegs bestätigt (Dobrinsky, 2003, 306f.; EZB, 2003f, 31f.).

Aus Abbildung I.3.1 wird ersichtlich, dass die relativen Veränderungen des Preis- und Einkommensniveaus in den Ländern des Euroraumes zwischen 1995 und 2000 im Großen und Ganzen mit den Aussagen des Balassa-Samuelson-Effekts übereinstimmen.[33]

---

[33] „Im europäischen Kontext (gemeint sind hier die 15 EU-Länder, Anm. der Verf.) ergibt sich daraus, dass ein Prozess, durch den Differenzen im Produktivitätsniveau und Lebensstandard im Zeitverlauf verringert werden, die Preise für nicht-gehandelte Güter in denjenigen Ländern, die sich im Aufholprozess befinden, rascher ansteigen und gegen die Niveaus in den weiter fortgeschrittenen Volkswirtschaften konvergieren lässt. Die Erfahrung der letzten 20 Jahre zeigt eindeutig, dass ein solcher Aufholprozess in der EWU im Gange ist ..." (EZB, 1999h, 44); eine Übersicht über empirische Ergebnisse findet sich etwa bei Ègert et al. (2004, 67) und Sachverständigenrat (2001, 277).

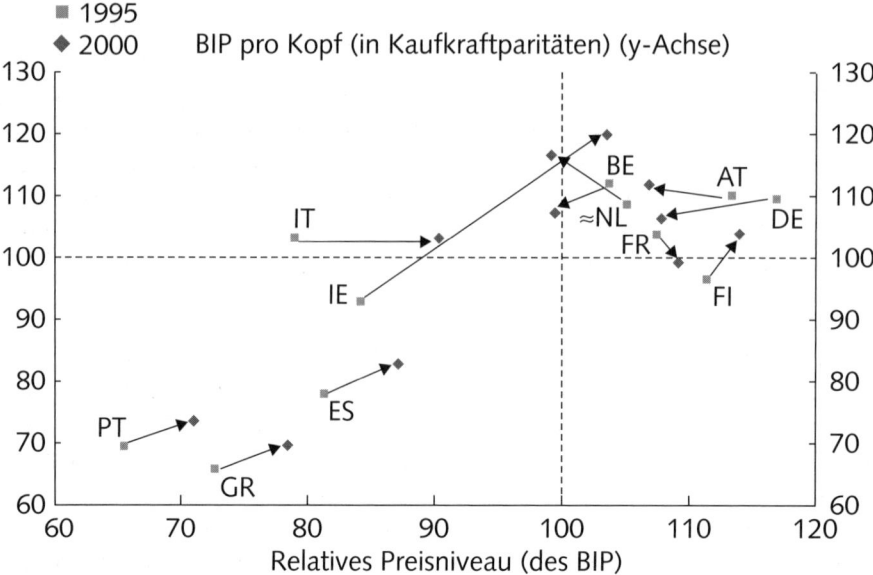

Abbildung I.3.1: Preis- und Einkommensniveau in den Ländern des Euroraumes: 1995 und 2000

Box I.3.2 beschäftigt sich mit den Inflationsunterschieden in der EWU seit 1999 und geht dabei auch der Frage nach, inwieweit der Balassa-Samuelson-Effekt hier eine Rolle spielte.

Box I.3.2: Ursachen für die Inflationsdifferenzen innerhalb der EWU

Seit Beginn der Währungsunion sind spürbare Inflationsunterschiede zwischen den Ländern der EWU beobachtbar (siehe Tabelle I.3.1). Das Ausmaß der Inflationsdifferenzen ist zwar nicht merklich höher als innerhalb der USA. Aber es ist persistenter und größer als beobachtbare Inflationsdifferenzen innerhalb der einzelnen EWU-Länder. Insbesondere eine Gruppe von fünf Ländern (Griechenland, Irland, Niederlande, Portugal und Spanien) weist relativ hohe, über dem EWU-Durchschnitt liegende Inflationsraten auf. Auf der anderen Seite stehen Deutschland, Frankreich und Österreich mit relativ niedrigen, d. h. unter dem EWU-Durchschnitt liegenden Inflationsraten.

Tabelle I.3.1: Inflationsdifferenzen zwischen den EWU–Ländern von 1999 bis 2004[a)]
(Jahresdurchschnitte in Prozentpunkten)

Land	1999	2000	2001	2002	2003	2004
Belgien	0,0	0,6	0,1	–0,7	–0,6	–0,3
Deutschland	–0,5	–0,7	–0,4	–0,9	–1,0	–0,4
Finnland	0,2	0,8	0,3	–0,2	–0,8	–2,0
Frankreich	–0,6	–0,3	–0,6	–0,3	0,1	0,2
Griechenland	1,0	0,8	1,3	1,7	1,4	0,9
Irland	1,3	3,2	1,6	2,5	1,9	0,2
Italien	0,5	0,5	0,0	0,3	0,7	0,1
Luxemburg	–0,1	1,7	0,1	–0,2	0,5	1,1
Niederlande	0,9	0,2	2,8	1,6	0,2	–0,8
Österreich	–0,6	–0,1	0,0	–0,6	–0,8	–0,2
Portugal	1,0	0,7	2,1	1,4	1,2	0,4
Spanien	1,1	1,4	0,5	1,3	1,0	0,9

Quelle: EZB 2005a, 67.

Anmerkung: [a)] Abweichungen gegenüber dem EWU–Durchschnitt.

Als mögliche Ursachen für diese Inflationsdifferenzen werden in der Literatur im Wesentlichen folgende Gründe verantwortlich gemacht (im Einzelnen hierzu: EZB, 2003f, 23–42 sowie EZB, 2005a, 70–76):

- Die Schwäche des Euro in den ersten Jahren der Währungsunion, die gemäß den Unterschieden in den Außenhandelsbeziehungen gegenüber Nicht-Euro-Ländern in den Preisen mehr oder weniger ihren Niederschlag fand (Honohan/Lane, 2003). Besonders auffällig war dabei die Situation in Irland mit dem stärksten Anteil an Importen aus Nicht-EWU-Ländern (knapp 60% gemessen am BIP). Die Euro-Schwäche schlug in Irland über die Importpreise stark auf das Preisniveau und damit auf die Inflationsrate durch.

- Der Dienstleistungssektor, der die Preisentwicklung der nicht handelbaren Güter am stärksten bestimmt, hat einen erheblichen Beitrag zur gesamten Preissteigerung geleistet. Bei Dienstleistungen entfällt ein Großteil der Wertschöpfung auf Arbeitnehmerentgelte. Nach der EZB könnte daher dauerhafte Divergenz der Preisentwicklungen „im Wesentlichen auf unterschiedliche Lohnentwicklungen und Lohnfindungsmechanismen in den einzelnen Euro-Ländern (und die in einigen Ländern praktizierte automatische Bindung der Nominallöhne an die Preise) zurückgehen" (EZB, 2005a, 73).

- Unterschiedliche Konjunkturverläufe in den einzelnen Ländern der Eurozone.
- Der EWU-weite Rückgang der Realzinsen, der in Ländern mit relativ hohen Inflationsraten aufgrund der Angleichung der Nominalzinsen im Euroraum besonders zu Buche schlug und für sich genommen expansiv wirkte. Allerdings stand diesem Effekt in den betreffenden Ländern eine reale Aufwertung gegenüber, die die internationale Wettbewerbsfähigkeit dieser Länder beeinträchtigte.
- Die relativ hohen Inflationsraten in Griechenland, Irland, Portugal und Spanien bzw. die relativ niedrigen in Deutschland werden von der EZB (2003f, 34) zum Teil auf den Balassa-Samuelson-Effekt zurückgeführt. Allerdings sind die Inflationsdifferenzen insgesamt zu groß, um sie mit dem Balassa-Samuelson-Effekt alleine erklären zu können.

Gemessen am BIP pro Kopf besteht in allen Beitrittsländern ein mehr oder minder deutlicher Rückstand zum EU-Durchschnitt, d. h. ein entsprechendes Potenzial zum Wirksamwerden des Balassa-Samuelson-Effekts.

Die entscheidenden Impulse für das Wirtschaftswachstum sind hier weniger von einer Ausweitung des Faktoreinsatzes, sondern vielmehr von einer Erhöhung der Faktorproduktivität zu erwarten (Dobrinsky, 2003, 314). Die Angleichung des Lebensstandards ist auch ein Ziel des EU-Beitritts, welches mit Hilfe verschiedenster Maßnahmen erreicht werden soll. Handelsliberalisierung, steigender Wettbewerbsdruck, know-how-Transfer über *Direktinvestitionen* – höhere Rechtssicherheit, größere Verfahrenskompetenz und Effizienz der Behörden dürften hier beschleunigend wirken – sowie öffentliche Transferleistungen – die Zuweisungen aus den Struktur- und Kohäsionsfonds der EU an die einzelnen Beitrittsländer können bis zu 4% des BIP des jeweiligen Landes ausmachen (ohne Zahlungen aus dem Agrarhaushalt) – sollen über einen forcierten Ausbau der Infrastruktur den Aufholprozess vorantreiben.

Untersuchungen, die sich mit der Bedeutung des Balassa-Samuelson-Effekt in den neuen EU-Ländern beschäftigen, kommen auf eine 1–3%-Punkte höhere Inflationsrate in diesen Ländern pro Jahr aufgrund des Balassa-Samuelson-Effekts (EZB, 2003f, 34; Feuerstein et al., 2003, 171; Honohan/Lane, 2003, 387, Berger, 2004, 25).[34] Empirische Untersuchungen zum Balassa-Samuelson-Effekt stehen allerdings vor dem Problem der schlechten Qualität der Dienstleistungs- und Produktivitätsstatistiken, was im Besonderen für die Situation in den neuen EU-Ländern gilt.

Ausgangspunkt für die Ermittlung des Referenzwertes für die Inflationsrate ist das ungewogene arithmetische Mittel der Inflationsraten in den drei EU-Mit-

---

[34] Eine Übersicht über empirische Ergebnisse findet sich bei Égert et al. (2004, 67).

Tabelle I.3.2: Pro-Kopf-BIP in den EU-Ländern (2006)

Land	Bruttoinlandsprodukt (BIP)			BIP unter Berücksichtigung der Kaufkraft	
	insgesamt	Veränderung zum Vorjahr (real)[1]	pro Kopf	insgesamt	pro Kopf
	Mrd. EUR	%	EUR	Mrd. KKS[2]	KKS[2]
Deutschland	2 309,1	+ 2,8	28 030	2 231,2	27 090
Belgien	314,1	+ 3,2	29 780	305,3	28 950
Bulgarien	25,1	+ 6,1	3 270	66,0	8 600
Dänemark	219,5	+ 3,2	40 380	163,1	30 000
Estland	13,1	+ 11,4	9 720	21,5	15 980
Finnland	167,9	+ 5,5	31 890	146,3	27 780
Frankreich	1 792,0	+ 2,0	28 360	1 663,4	26 320
Griechenland	195,2	+ 4,3	17 560	232,7	20 930
Irland	175,8	+ 6,0	41 330	146,1	34 360
Italien	1 475,4	+ 1,9	25 070	1 438,7	24 440
Lettland	16,2	+ 11,9	7 070	30,0	13 090
Litauen	23,7	+ 7,5	7 000	45,7	13 480
Luxemburg	33,1	+ 6,2	71 550	29,2	63 170
Malta	5,1	+ 3,3	12 550	7,4	18 280
Niederlande	527,9	+ 2,9	32 310	504,2	30 850
Österreich	256,4	+ 3,1	31 030	249,5	30 200
Polen	269,7	+ 5,8	7 070	480,4	12 600
Portugal	155,3	+ 1,3	14 670	183,3	17 310
Rumänien	97,1	+ 7,7	4 500	190,6	8 830
Schweden	306,0	+ 4,2	33 700	258,4	28 460
Slowakei	43,9	+ 8,3	8 150	79,7	14 790
Slowenien	29,7	+ 5,2	14 810	41,3	20 540
Spanien	976,2	+ 3,9	22 150	1 056,4	23 970
Tschechische Republik	113,1	+ 6,1	11 020	191,3	18 660
Ungarn	89,2	+ 4,0	8 850	155,7	15 460
Vereinigte Königreich	1 892,2	+ 2,8	31 260	1 741,6	28 770
Zypern	14,5	+ 3,8	18 860	16,7	21 730
Europäische Union (EU-27)	11 536,5	+ 3,0	23 370	11 536,5[3]	23 370
Europäische Union (EU-15)	10 796,1	+ 2,8	27 660	10 349,3	26 510
Nachrichtlich: Beitrittskandidaten zur EU					
Kroatien	34,2	+ 4,8	7 700	54,0	12 160
Mazedonien	5,0	+ 3,1	2 430	13,0	6 390
Türkei	309,2	+ 6,1	4 230	504,3	6 900

Quelle: Statistisches Bundesamt, Zahlenkompass 2007.

[1] Errechnet aus Angaben in Landeswährung. – [2] „Kaufkraftstandards": Durch die Darstellung in Kaufkraftstandards werden Preisniveauunterschiede zwischen den einzelnen Ländern ausgeschaltet. – [3] Einschl. einer statistischen Differenz.

gliedsländern, die die niedrigste Preissteigerungsrate aufweisen. Der Referenzwert liegt um 1,5%-Punkte über diesem Drei-Länder-Wert. Da es sich bei den drei Ländern mit den niedrigsten Inflationsraten im Normalfall um Länder mit einem relativ hohen Lebensstandard handeln dürfte, dürfte bei Beitrittsländern, bei denen der Lebensstandard deutlich darunter liegt, der Balassa-Samuelson-Effekt voll zu Buche schlagen. Angesichts der bisher vorliegenden empirischen Befunde ist es mehr als fraglich, ob eine Marge von 1,5%-Punkten ausreicht, diese strukturellen Inflationsunterschiede abzudecken. Zwar ist es denkbar, dass es einem Land mithilfe von Einmaleffekten oder einer besonders restriktiven Geldpolitik gelingt, das *Inflationskriterium* zum Zeitpunkt der Konvergenzprüfung zu erfüllen. Strukturelle Inflationsunterschiede leben jedoch nach Beitritt in die Währungsunion wieder auf. Da aber nach Beitritt die Möglichkeiten einer eigenständigen Geldpolitik wegfallen, haben es die jeweiligen Länder nicht mehr in der Hand, Zweitrundeneffekte geldpolitisch unter Kontrolle zu halten. Dadurch dürften sich die Inflationsunterschiede innerhalb der Währungsunion noch verstärken. Zwar beeinträchtigen Preissteigerungen bei nicht-handelbaren Gütern nicht unmittelbar die internationale Wettbewerbsfähigkeit eines Landes. Jedoch haben sie – über Substitutionsprozesse und da der Dienstleistungssektor Vorleistungen für die Industrieproduktion erbringt – mittelbar Einfluss und wirken auch dort kosten- und somit preiserhöhend. Der Balassa-Samuelson-Effekt hat somit auch Konsequenzen für die internationale Wettbewerbsfähigkeit eines Landes: Eine höhere Inflationsrate bei nicht-handelbaren Gütern wirkt nämlich über den Kosteneffekt auf die Preise von handelbaren Gütern und führt so zu einer Beeinträchtigung der internationalen Wettbewerbsfähigkeit. Oder anders ausgedrückt: Es kommt zu einer realen Aufwertung. Da dies entwicklungsimmanent ist, bleibt als Möglichkeit des Gegensteuerns im Wesentlichen nur eine nominale Abwertung, um keine Verschlechterung der Wettbewerbsfähigkeit hinnehmen zu müssen. Ist ein Land allerdings bereits in der Währungsunion, scheidet diese Möglichkeit aus.[35]

---

[35] „... the nominal exchange rate is a key variable that can and does absorb the required adjustments and hence in this period it is essential that there be sufficient nominal exchange rate flexibility. In turn, the exchange rate regime is the key policy instrument for this purpose, and provides policy options that could allow the economy to undergo more smoothly the required adjustments. In this sense, the prolonged sticking to a fixed exchange rate (not to speak of premature elimination of exchange rate mechanism as a policy instrument) entails certain drawbacks regarding the capacity to accommodate the accompanying real appreciation." (Dobrinsky, 2003, 331). „Of course, an appreciation of the real exchange rate could, in principle, be accomplished through domestic price changes alone. This may, however, be a very difficult path to follow. It may actually be much easier, and preferable, to plan a longer stay in ERM II to be able, if necessary, to realign the central rate." (Padoa-Schioppa, 2004, 5). „While under flexible exchange rates competitiveness can be restored by devaluation without harm (with the exception of cumulative devaluations) with a fixed peg it can only be improved through the painful process of deflation." (Aschinger, 2002, 114).

Mit einer Um- oder Wegdefinition des *Inflationskriteriums*,[36] um einen frühzeitigen Beitritt zu erleichtern bzw. erst zu ermöglichen, lässt sich das Problem also keineswegs lösen. Im Gegenteil: Es wird dadurch nur noch verschärft.

3.2.3 Zinskriterium und Erwartungen

Im Rahmen der Konvergenzprüfung kann sich auch das *Zinskriterium* als nicht ganz unproblematisch erweisen. Bei Märkten mit freiem Kapitalverkehr spiegeln Unterschiede in den langfristigen Zinsen in erster Linie die Erwartungen über die Entwicklung von Inflationsraten, öffentlichen Finanzen, Risikoprämien und Wechselkursen wider. So gesehen liefert das Zinskriterium eine Einschätzung der Märkte darüber, ob die Konvergenzfortschritte langfristig aufrechterhalten werden können. Eine Angleichung der Nominalzinssätze wird als Zeichen einer zunehmenden Marktintegration bewertet. Problematisch ist dieses Kriterium aber insofern, als bereits die Erwartungen der Marktakteure im Hinblick auf den wahrscheinlichen Beitritt eines Landes zur Währungsunion über sinkende Risikoprämien und die Übernahme der gemeinsamen Geldpolitik eine Zinskonvergenz bewirken können. Das Kriterium wäre somit endogen. Dieser Effekt dürfte etwa im Falle von Italien, Portugal und Spanien eine Rolle gespielt haben.

Der langfristige Nominalzins enthält unter anderem eine Inflationsrisikoprämie, deren Höhe sich nach den Inflationserwartungen richtet. Entwicklungsbedingt hohe Inflationsraten dürften so auch in den langfristigen Zinssätzen ihren Niederschlag finden und die Erfüllung des Zinskriteriums erschweren. Hinzu kommt, dass gegenwärtig in einigen der neuen EU-Länder die Märkte für langfristige (Staats-)Papiere noch nicht oder erst seit kurzer Zeit existieren und noch unterentwickelt sind. So gab es Ende 2002 in einigen Ländern noch keine 10-jährigen Staatsanleihen (EZB, 2004j, 27). Dies mag zum einen daran liegen, dass sich der Kapitalmarkt in den betreffenden Ländern erst im Aufbau befindet bzw. bisher keine Notwendigkeit zur Emission langfristiger Wertpapiere gesehen wurde.[37] Eine geringe Bedeutung oder das Nichtvorhandensein von langfristigen (Staats-)Papieren könnte aber auch darauf hinweisen, dass es Anlegern einfach zu risikoreich ist, Mittel langfristig anzulegen, weil ihnen das Vertrauen in eine solide Wirtschaftspolitik fehlt und Unsicherheiten im Hinblick auf die künftige Inflations- und Wechselkursentwicklung bestehen.[38] Da über das Zinskriterium

---

[36] Damit „die Aussicht auf eine vollständige Mitgliedschaft in der EWU erhalten bleibt" muss insbesondere „eine vernünftige Interpretation des Inflationskriteriums gefunden werden" (Feuerstein et al., 2003, 180).

[37] Im Falle Estlands gibt es z.B. aufgrund der sehr geringen Staatsverschuldung keine langfristigen Staatsschuldverschreibungen mit 10-jähriger Laufzeit.

[38] Ähnlich argumentiert De Grauwe im Falle Italiens vor der Währungsunion. Er führt die stark kurzfristig ausgerichtete Staatsverschuldung Italiens auf ein inflationäres Umfeld zurück, was die Anleger vor einem langfristigen Engagement zurückschrecken ließ (De Grauwe, 2007, 31f.). Aufgrund des großen Vertrauens in die Stabilität der DM, damit in die Stabilitätspolitik der Deutschen Bundesbank, war im Gegensatz dazu in Deutschland die langfristige Verschuldung

aber gerade die Einschätzung der Märkte Eingang in die Konvergenzprüfung finden soll, könnte eine geringe Bedeutung oder ein Nichtvorhandensein von langfristigen (Staats-)Papieren (zum Zeitpunkt der Konvergenzprüfung) auch ein Indikator für mangelndes Vertrauen der Märkte sein und somit ähnlich wie ein Überschreiten des Referenzwertes (eigentlich) als ein Ausschlusskriterium für die Währungsunion gewertet werden. Es wäre also auf jeden Fall zu prüfen, ob der Markt für diese Papiere breit genug ist (Liquidität, Fungibilität, Marktteilnehmer). Denn nur in einem solchen Fall kommt den Zinssätzen ein hinreichender Informationswert zu.

3.2.4 Wechselkurskriterium und „spekulative" Attacken

Die gängige Interpretation des Wechselkurskriteriums sieht vor, dass ein Land nach Beitritt zur EU mindestens zwei Jahre spannungsfrei, d. h. ohne Abwertungen, am Wechselkursmechanismus II (WKM II) teilnehmen muss, bevor eine Konvergenzprüfung erfolgen kann. Bei Abwertungen beginnt die „Zwei-Jahresfrist" von neuem.

In der Literatur wird häufig die Befürchtung geäußert, dass ein Beitritt zum WKM II erhöhte Risiken nach sich ziehen würde. „... two or more years in ERM II after accession could expose these countries to major currency and financial instabilities." (EEAG, 2004, 130; ähnlich Belke et al., 2003, 430f. und Fritz/Wagener, 2004, 621). Hinter solchen Befürchtungen steht die Überlegung, dass Spekulanten (ständig) versuchen würden, die Bereitschaft der Zentralbanken zu testen, ihre Währungen zu verteidigen.[39] Auslöser ist, dass eine Währung unter Abwertungsverdacht gerät. Ein Spekulant nimmt dann einen Kredit in dieser Währung auf (bzw. geht „short") und tauscht die Währung (eines neuen EU-Landes) sofort in Euro. Ist der Kredit groß genug bzw. schließen sich viele Spekulanten an, so kommt die Währung des neuen EU-Landes tatsächlich unter Druck und die Zentralbanken müssen intervenieren. Die Frage ist nun, wer länger durchhält: die Spekulanten oder die Zentralbanken (zur Problematik von Devisenmarktinterventionen aus Sicht einer Zentralbank siehe im Einzelnen V.3). Setzen sich die Spekulanten durch und kommt es zu einer Abwertung, so können sie den Kredit, der auf die Währung des Beitrittslandes lautet, mit weniger Euro zurückzahlen als sie ursprünglich bekommen haben (vgl. hierzu auch Sinn, 2004, 78).

Um solche *spekulativen Attacken* auszulösen, muss zunächst ein „Abwertungsverdacht" vorliegen bzw. entstehen. Um dem Entstehen solcher Verdachtsmomente von vornherein entgegenzuwirken, sollte daher die Wahl des Beitrittszeitpunkts zum WKM II an (reale) Konvergenzfortschritte und eine konsistente Wirt-

---

dominierend. Empirisch gesichert ist die Erkenntnis, dass Länder mit hohen und schwankenden Inflationsraten kurzfristigere Finanzkontrakte ausweisen (Angeloni/Ehrmann, 2003, 481).

[39] Dies könnte z.B. dadurch abgeschwächt werden, dass keine fixen Interventionspunkte vorgegeben werden, sondern nur ad-hoc interveniert wird.

schaftspolitik in den neuen EU-Ländern geknüpft werden.[40] Ein aus politischen Gründen überstürzter Beitritt hingegen birgt gerade die Gefahr des Entstehens von Abwertungserwartungen in sich.[41] Die EZB wird in diesem Zusammenhang deutlich: Die neuen EU-Länder werden in Betracht ziehen müssen „in welchem Maß der Reformprozess und der Fortschritt bei der Angleichung der Realeinkommen den gewünschten Flexibilitätsgrad ihrer Wechselkurse beeinflussen könnten. Angesichts der mit einer vorzeitigen Starrheit des Wechselkurses verbundenen Risiken könnte es für einige neue Mitgliedstaaten angebracht sein, die Teilnahme am WKM II erst anzustreben, wenn ein höherer Konvergenzgrad erreicht ist. Dies ist insbesondere ratsam, wenn eine frühe Rigidität des Wechselkurses abrupte Leitkursanpassungen mit möglicherweise negativen Folgen, auch für die Glaubwürdigkeit des Wechselkursmechanismus insgesamt, herbeiführen könnte" (EZB, 2003g, 6).

Werden diese Überlegungen bei der Wahl des Beitrittszeitpunktes berücksichtigt, so dürften auch keine Zweifel am Willen der beteiligten Zentralbanken (Zentralbank des neuen EU-Landes und das Eurosystem) bestehen, den Wechselkurs gegen *spekulative Attacken* zu verteidigen. Hier ist ins Auge zu fassen, dass es sich beim WKM II nicht um eine unilaterale Währungsanbindung handelt, sondern um ein multilaterales System mit gegenseitigen Interventionsverpflichtungen (siehe hierzu im Einzelnen V.3.4). Hier tritt mit der EZB ein international glaubwürdiger Akteur auf. „Die Erfahrung lehrt, dass sich der Markt in schwierigen Zeiten vor allem von der Haltung der „starken" Zentralbank leiten lässt. Wenn diese signalisiert, dass sie die Paritäten für fundamental tragfähig hält, dürften die Anreize für spekulative Attacken deutlich abnehmen." (Deutsche Bank Research, 2004b, 23). Praktisch dürfte – bei (realen) Konvergenzfortschritten und einer konsistenten Wirtschaftspolitik – die Gefahr spekulativer Attacken im Wechselkursmechanismus II daher eher gering sein.

Unabhängig von konkreten Beitrittszeitpunkten zur Währungsunion soll der WKM II aber auch dazu dienen, dass Beeinträchtigungen des EU-Binnenmarktes durch übermäßige Schwankungen des nominalen Wechselkurses der beteiligten Währungen verhindert bzw. begrenzt werden (Deutsche Bundesbank, 2002b, 80). Ein Beispiel hierfür ist etwa die Teilnahme Dänemarks.

Eine Teilnahme am WKM II kann bei Vorliegen von (realen) Konvergenzfortschritten und einer konsistenten Wirtschaftspolitik also auch als Instrument zur Stabilisierung des nominalen Wechselkurses wirken. Kommt man aber weg von

---

[40] „If policy consistency of participating countries is ensured and fundamentals are solid, the risk of destabilising speculations against currencies of ERM II participants should not be overplayed. More generally, the view of markets as mainly acting in a destabilising manner is to my mind a biased one." (Padoa-Schioppa, 2004, 6).

[41] „When speculators sense that a fixed parity is tightly constrained by other policy goals, that parity may be prone to attack. ...We note, however, that the speculative attacks we understand least well occur in foreign exchange markets that we understand equally poorly." (Flood/Marion, 2001, 236).

einer rein „beitrittsbezogenen Sichtweise", so kann eine Teilnahme am WKM II nicht nur stabilisierend wirken, sondern lässt auch entwicklungsbedingt notwendige Anpassungen (Abwertungen) des nominalen Wechselkurses zu, um die internationale Wettbewerbsfähigkeit aufrechtzuerhalten. Andererseits werden Leitkursanpassungen notwendig, wenn sich in einem Umfeld realer Konvergenz, bei Veränderungen der internationalen Wettbewerbsfähigkeit oder bei einer inkonsistenten makroökonomischen Politik im Laufe der Zeit der Gleichgewichtswechselkurs verändert (EZB, 2003g, 4f.). Anders formuliert: Kommt es etwa entwicklungsbedingt zu einem Anstieg des Preisniveaus in den Beitrittsländern, so kann im WKM II über eine Abwertung des nominalen Wechselkurses eine Beeinträchtigung der internationalen Wettbewerbsfähigkeit vermieden werden (siehe hierzu auch Box I.3.3).

Box I.3.3: Realer Wechselkurs

Unter dem *realen Wechselkurs* einer Währung (e^r) versteht man den um das Preisverhältnis zwischen Inlands- und Auslandsgütern (P/P^a) bereinigten *nominalen Wechselkurs*. Er ist definiert als

$$e^r = \frac{eP}{P^a} = \left[\frac{\$/€ \cdot €/Stck.(EWU)}{\$/Stck.(USA)}\right] = \frac{Stck.(USA)}{Stck.(EWU)},$$

wobei e den nominalen Wechselkurs der betreffenden Währung (hier des €) in Mengennotierung, P den Inlandspreis eines Gutes und P^a den Auslandspreis eines Gutes bezeichnen.

Während der nominale Wechselkurs angibt, wie viel eine Inlandswährungseinheit in Auslandswährungseinheiten wert ist (z.B. x $/€), drückt der reale Wechselkurs das Preisverhältnis zwischen Inlands- und Auslands**gütern** aus. Der €-Preis (P) von Gütern im Inland wird nämlich über den nominalen Wechselkurs (e) in einen $-Preis umgerechnet und mit dem gegebenen $-Preis amerikanischer Güter (P^a) verglichen. Der reale Wechselkurs stellt somit den relativen Preis zweier Güter(körbe), nicht zweier Währungen dar.

Die *Kaufkraftparitätentheorie* ist dann erfüllt, wenn Veränderungen im Preisverhältnis zwischen Inlands- und Auslandsgütern durch entsprechende Anpassungen des nominalen Wechselkurses (e) kompensiert werden, also der reale Wechselkurs unverändert bleibt. Verhält sich der nominale Wechselkurs nicht gemäß der Kaufkraftparitätentheorie, kommt es zu einer Veränderung des realen Wechselkurses, wodurch (wechselkursbedingt) die preisliche Wettbewerbsfähigkeit der inländischen Produzenten verändert wird.

Beispiel:

Ausgangssituation: $P = 1$ €; $P^a = 1$ $; $e = 1$ $/€ , also $e^r = 1$

Datenänderung: P^a steigt auf 1,10 $

Es ergeben sich folgende Möglichkeiten:

- e steigt auf 1,1 $/€, also e^r = 1,1 $/€ · 1 € / 1,1 $ = 1;
  Folge: preisliche Wettbewerbsfähigkeit der inländischen Produzenten bleibt unberührt (Kaufkraftparitätentheorie ist erfüllt).
- e < 1,1 $/€, also e^r < 1, d. h. es kommt zu einer realen Abwertung des €;
  Folge: preisliche Wettbewerbsfähigkeit der inländischen Produzenten steigt.
- e > 1,1 $/€, also e^r > 1, d. h. es kommt zu einer realen Aufwertung des €;
  Folge: preisliche Wettbewerbsfähigkeit der inländischen Produzenten sinkt.

Wenn es also in einem neuen EU-Land aufgrund des *Balassa-Samuelson-Effekts* zu einer höheren Inflationsrate als im EWU-Durchschnitt kommt, so führt dies ceteris paribus zu einer realen Abwertung des € (P^a ist in diesem Fall das Preisniveau im betreffenden neuen EU-Land gemessen in der Währung dieses Landes und es gilt: P^a steigt schneller als P) bzw. spiegelbildlich zu einer entsprechenden realen Aufwertung der Währung des neuen EU-Landes. Dies hat zur Folge, dass die preisliche Wettbewerbsfähigkeit der Produzenten im Euro-Währungsraum gegenüber dem neuen EU-Land steigt. Oder anders ausgedrückt: Das neue EU-Land verliert an Wettbewerbsfähigkeit. Im Wesentlichen bleibt dem neuen EU-Land hier nur die Möglichkeit, seine Währung gegenüber dem € nominal abzuwerten, um den entwicklungsbedingten Nachteil für seine Wettbewerbsfähigkeit auszugleichen. Die stärkere Erhöhung des Preisniveaus im neuen EU-Land muss also durch eine nominale Abwertung der Währung des Beitrittslandes gegenüber dem € kompensiert werden, sodass der reale Wechselkurs unverändert bleibt. Nur in diesem Fall ist sichergestellt, dass sich die preisliche Wettbewerbsfähigkeit des neuen EU-Landes gegenüber den EWU-Ländern nicht verschlechtert. Die Überlegungen zum realen Wechselkurs lassen sich analog auf die Länder, die einer Währungsunion angehören, übertragen. Da hier definitionsgemäß kein nominaler Wechselkurs mehr existiert, muss e einfach nur 1 gesetzt werden. Man vergleicht dann die Preisniveaus zweier EWU-Länder. Da in beiden Ländern die Preise in € denominiert sind, erübrigt sich auch der nominale Wechselkurs, der ja nur notwendig ist, um die Preise auf eine einheitliche Währung umzurechnen und damit vergleichbar zu machen. Wenn also beispielsweise ein neues EU-Land der Währungsunion beitritt und in diesem Land die Preise schneller steigen als im Rest der Währungsunion, kommt es in dem neuen EU-Land sukzessive zu einer Verschlechterung der Wettbewerbsposition gegenüber den anderen Ländern der Währungsunion. Die Möglichkeit des Gegensteuerns über eine nominale Abwertung besteht hier allerdings nicht mehr.

Auch ein *Currency-Board-System* kann gegebenenfalls („diese Frage wird von Fall zu Fall entschieden", EZB, 2002f, 120) akzeptiert werden (zum Currency-Board-System siehe Box I.3.4). Currency Boards werden von der EZB zwar nicht als Ersatz für die Teilnahme am WKM II betrachtet. Allerdings kann bei Ländern mit einem als „tragfähig" eingestuften Currency Board auf Euro-Basis von einem zweifachen Wechsel ihrer Wechselkurssystems („double regime shift") abgesehen werden. Solche Länder müssen also nicht von einem bestehenden Currency Board in den WKM II wechseln, ihre Währung dort schwanken lassen, um dann schließlich der Europäischen Währungsunion beitreten zu können. Vielmehr können diese Länder ihr Currency Board als einseitige Bindung innerhalb des WKM II beibehalten. In der EU haben Bulgarien, Estland, und Litauen ein Currency Board zum Euro (siehe Tabelle III.2.1). Zum 28.6.2004 sind Estland und Litauen mit ihrem Currency Board in den WKM II aufgenommen worden. Estland und Litauen haben dabei wegen ihres Currency Boards von sich aus auf die Schwankungsmöglichkeiten im WKM II verzichtet. Zusätzliche Verpflichtungen erwachsen der EZB aus diesen freiwilligen und einseitigen Bindungen nicht.

Box I.3.4: Vom Goldstandard zum Currency Board

In der zweiten Hälfte des 19. Jahrhunderts kam ein internationaler *Goldstandard* dadurch zustande, dass einzelne Länder eine Parität ihrer Währung zum Gold herstellten. Zu dieser Parität mussten die jeweiligen Zentralbanken Gold gegen ihre heimische Währung eintauschen. Das Deutsche Reich schloss sich anfangs der 70er Jahre des 19. Jahrhunderts diesem System an. Im Reichsbankgesetz von 1875 wurde die neugegründete Reichsbank verpflichtet, von ihr ausgegebene Banknoten gegen Gold zum festgelegten Kurs umzutauschen. Daneben bestand für sie die Pflicht, die ausgegebenen Banknoten zu einem Drittel in Gold und Reichskassenscheinen, die ihrerseits in Gold umtauschbar waren, zu decken. Dabei handelte es sich um eine sog. *Goldumlaufwährung*, da als Geld neben Banknoten auch Goldmünzen umliefen. Banknoten stellten zur damaligen Zeit allerdings noch kein gesetzliches Zahlungsmittel dar.

International waren über die *Kreuzparitäten*, d.h. über die Paritäten der einzelnen Währungen zum Gold, die einzelnen Währungen zu einem Festkurssystem verbunden. Lediglich innerhalb der sog. *Goldpunkte*, die im Wesentlichen durch die Transportkosten des Goldes bestimmt waren und nach deren Unter- bzw. Überschreitung es zu Arbitragebewegungen (Goldexporte bzw. -importe) kam, konnten die Wechselkurse schwanken, ohne Anpassungsreaktionen auszulösen. Kam es etwa zu einer Abwertung der heimischen Währung, die über den unteren Goldpunkt hinausging, führte dies dazu, dass der inländischen Zentralbank die heimische Währung gegen Gold verkauft wurde. Das Gold wurde ins Ausland transportiert (exportiert) und der dortigen Zentralbank gegen deren Währung verkauft. Somit konnte die ausländische Währung günstiger als zum herrschenden Wechselkurs am Markt beschafft werden. Dieses Arbitragegeschäft hatte zum einen zur Folge, dass der Abwertungsdruck nachließ, zum anderen wurden aber auch weitere Anpassungsreaktionen der Zentralbanken induziert. Da nämlich ein bestimmter Bruchteil des Banknotenumlaufs durch Gold gedeckt war, musste entsprechend der Goldabflüsse der Banknotenumlauf reduziert werden. Die inländische Zentralbank erreichte dies dadurch, dass sie den Diskontsatz erhöhte, wodurch die gesamtwirtschaftliche Nachfrage gedämpft wurde und das inländische Preisniveau nachgab. Sinkende Preise im Inland führten zu einem Anstieg der Exporte, die Importe hingegen gingen zurück. Andererseits induzierten die Zinserhöhungen im Inland zusätzliche Kapitalimporte. Beides bewirkte eine Aufwertung der heimischen Währung, wodurch die Goldabflüsse nachließen bzw. ganz zum Stillstand kamen. Unterstützt wurde dies durch gegenläufige Bewegungen im Ausland.

Dieser Mechanismus, der auch als *„Goldautomatismus"* bezeichnet wird, setzte allerdings vollkommen flexible Löhne und Preise voraus. Eine Starrheit der Nominallöhne nach unten hätte bei sinkenden Preisen über steigende Reallöhne unweigerlich zu Arbeitslosigkeit geführt. Zum anderen machte man sich in der Geldpolitik abhängig von den Zufälligkeiten des Goldmarktes. Nachfrage- bzw. Angebotsschwankungen fanden über Goldan- bzw. Goldverkäufe unmittelbaren Niederschlag in der Geldpolitik.

Das *Currency Board* ist dem Goldstandard nachgebildet. Die Währung eines Landes wird hier an die Währung eines Ankerlandes gebunden. Die Zentralbank wird durch eine Währungsbehörde („Currency Board") ersetzt. Es besteht ein fester Wechselkurs zur Währung des Ankerlandes sowie vollkommene In- und Ausländerkonvertibilität, d. h. zum festen Wechselkurs ist jederzeit und unbeschränkt ein Tausch der beiden Währungen möglich. Allerdings garantiert die Währungsbehörde nur den Umtausch von Zentralbankgeld in die Ankerwährung. Für den Umtausch von Bankeinlagen sind die Geschäftbanken verantwortlich. Zu einer Änderung der Geldbasis (Zentralbankgeld) kommt es, wenn die Währungsbehörde die Währung des Ankerlandes an- oder verkauft, wobei die Währungsbehörde Erträge durch die verzinste Anlage der Währungsreserven erzielt. Für eine nationale Geldpolitik besteht kein Spielraum mehr. Die Renaissance des Currency Boards in den 90er Jahren ist dabei vor dem Hintergrund zu sehen, dass in den Ländern, die das Currency Board einführten, Hyperinflation herrschte.[42] Durch die Anbindung an

---

[42] Im 19. Jahrhundert kam dem Currency Board in den britischen und französischen Kolonien eine große Bedeutung zu. Der Vorteil eines Currency Boards gegenüber einer unmittelbaren Nutzung der Währung des „Mutterlandes" in den Kolonien bestand in Seigniorage-Gewinnen (siehe hierzu auch Box II.3.3). Während bei einem Umlauf der Währung des Mutterlandes in den Kolonien die Seigniorage-Einnahmen der Zentralbank des Mutterlandes, z.B. der Bank of England, zuflossen, kamen bei einen Currency Board System diese Einnahmen den Kolonien direkt zugute, da der Currency Board einen Großteil der Währungsreserven in zinstragenden Papieren anlegen konnte. Im Zuge der Unabhängigkeit der Kolonien in den 50er und 60er Jahren des letzten Jahrhunderts wurden dann die Currency Boards abgeschafft und durch nationale

eine stabile Ankerwährung wollte man über einen Rückgang der Inflationserwartungen die Inflation zu beseitigen und Vertrauen in die Geldpolitik schaffen. „The countries that adopted currency boards in the 1990s were able to adjust to low inflation levels as rapidly, or more rapidly and lastingly, than other countries in similar situations." (de Haan/Berger, 2003, 157).

Eine unilaterale Einführung des Euro als gesetzliches Zahlungsmittel (*Euroisierung*) entspräche hingegen (offiziell) nicht dem im EG-Vertrag vorgesehenen Weg zur Teilnahme an der Währungsunion und ist aus Sicht der EU und der EZB unerwünscht (EZB, 2002f, 120; EZB, 2003g, 1). Bei der einseitigen Euroisierung würde seitens des Beitrittslandes ein Umstellungskurs festgelegt.

Diese „harten Formen" der Wechselkursanbindung (Currency-Board-System bzw. Euroisierung) zwingen allerdings zu einer völligen Aufgabe einer eigenständigen Geldpolitik bereits im Vorfeld des Beitritts zur Währungsunion. Im Falle des Currency Boards stehen dem Land jedoch noch die Seigniorage-Einnahmen zu (zu den Quellen der Seigniorage-Einnahmen einer Zentralbank siehe Box II.3.3). Verschärfend kommt hinzu, dass hier im Gegensatz zum WKM II ein „Realignment" (Wechselkursanpassung) schwer (Currency Board) oder gar nicht mehr (Euroisierung) möglich ist.

3.3 Folgen eines zu frühen Beitritts – ein Fazit

Bis zur Entscheidung über die Ablehnung des Beitrittsantrags von Litauen schien es aufgrund des bisherigen „Umgangs" mit den Konvergenzkriterien mehr als fraglich, ob bei beitrittswilligen Ländern eine Einhaltung der (nominalen) Konvergenzkriterien durchgesetzt werden kann bzw. wird und ob die reale Konvergenz Beachtung findet.[43] Unabhängig davon stellt sich allerdings die entscheidende Frage, ob ein möglichst baldiger Beitritt der neuen EU-Mitgliedstaaten in die Währungsunion überhaupt wünschenswert ist. Oder anders formuliert: Mit welchen Konsequenzen ist zu rechnen, wenn die neuen EU-Länder zu früh der Währungsunion beitreten?

Zentralbanken ersetzt, die abhängig von der jeweiligen Regierung waren (Walters, 1998, 740). Zu den Erfahrungen mit gegenwärtig in Europa existierenden Currency Boards siehe Kovačević (2004).

[43] „Selbst für den Fall, dass gravierende wirtschaftspolitische Bedenken bestünden und die Kandidatenländer die Voraussetzungen für die Aufnahme in die Währungsunion nicht erfüllen sollten, wird die Europäische Union erfahrungsgemäß den Kandidatenländern die Beitrittsfähigkeit nicht abzusprechen wagen. Sie wird eher großzügig als strikt verfahren, wenn es um die Bewertung der Konvergenz der Wirtschaftsleistungen der Beitrittsländer sowie um die Prüfung gehen wird, ob die Konvergenz- und Haushaltsrisiken des Maastrichter Vertrages eingehalten sind." (Seidel, 2003, 8).

Ausgehend von einem vorgegebenen unionsweiten Stabilitätsziel würden zunächst strukturell bedingt höhere Inflationsraten in den neuen Mitgliedsländern zu einer höheren Inflationsrate im Euroraum insgesamt führen. Allerdings dürfte sich dieser Anstieg nur bedingt in einer restriktiveren Geldpolitik niederschlagen, da sich das Eurosystem an einem gewichteten Durchschnitt der nationalen Inflationsraten orientiert. Gewichtet werden die nationalen Inflationsraten dabei gemäß dem Anteil des jeweiligen Landes am Privaten Verbrauch innerhalb der Währungsunion. Da gegenwärtig das Bruttoinlandsprodukt der neuen EU-Länder insgesamt nur etwa 6 % des Bruttoinlandsprodukts der ersten 12 Euro-Länder ausmacht – dies entspricht in etwa dem Anteil der Niederlande – ist ihr Einfluss auf die gewichtete Inflationsrate des Euro-Raums gering. Bei einer strukturell bedingt um 3 % höheren Inflationsrate in den 10 neuen mittel- und osteuropäischen EU-Ländern entstünde – vereinfacht gerechnet mit BIP-Anteilen – ein aggregierter Inflationsimpuls von etwa 0,2 % im erweiterten Währungsraum (siehe hierzu auch EZB, 2003f, 34).

Ein überhasteter Beitritt zur Währungsunion macht sich zunächst primär in den Beitrittsländern selbst nachteilig bemerkbar, die „einen verfrühten Beitritt zur Währungsunion mit dauerhaften Wettbewerbsnachteilen bezahlen" müssen (Deutsche Bundesbank, 2001f, 29; ähnlich Deutsche Bundesbank, 2002a, 62[44] sowie Fritz/Wagener, 2004, 619 und Schäfer, 2003, 97).

Einige Beitrittsländer drängen zwar auf einen baldige Teilnahme an der Währungsunion, da sie sich neben der symbolträchtigen Euro-Einführung, dem endgültigen Ausschalten von Wechselkursrisiken (bezogen auf den nominalen Wechselkurs) und einer Einsparung von Transaktionskosten insbesondere auch niedrigere Zinsen versprechen. Da sich aber die Geldpolitik des Eurosystems an der Durchschnittsentwicklung im Eurowährungsraum, d. h. an den wirtschaftlich gewichtigeren Altländern orientiert, würden die neuen EU-Länder „in der Folge womöglich die „falsche" Geldpolitik importieren – mit möglicherweise hohen Kosten für Stabilität und Wachstum" (Berger, 2004, 26). Zum anderen sind die Gefahr eines dauerhaften und zunehmenden Verlusts an internationaler Wettbewerbsfähigkeit und damit einhergehend erhebliche Risiken für den Fortgang des realen Aufholprozesses zu berücksichtigen. Höhere Inflationsraten einerseits, sinkende Nominalzinsen andererseits führen zwar zunächst über sinkende Realzinsen zu einem expansiven Impuls. Empirische Studien zeigen aber, dass dieser expansive Impuls i. d. R. ziemlich schnell durch den Verlust an Wettbewerbsfähigkeit überkompensiert wird. Der Befürchtung nominaler Wechselkursschwankungen kann – bei Vorliegen von (realen) Konvergenzfortschritten und einer konsistenten Wirtschaftspolitik – durch einen Beitritt zum WKM II, der zunächst

---

[44] „Ohne die Möglichkeit von Wechselkursanpassungen und der autonomen Bestimmung des geldpolitischen Kurses dieser jungen aufstrebenden Marktwirtschaften wären ... erhebliche Risiken für die internationale Wettbewerbsfähigkeit und den Fortgang des realen Aufholprozesses in den Beitrittsländern verbunden."

primär unter dem Aspekt des Verhinderns übermäßiger Schwankungen erfolgt, entgegengewirkt werden.

Sich aufgrund höherer Inflationsraten verstärkende Wettbewerbsnachteile in den Beitrittsländern könnten dann auch politisch den Druck auf das Eurosystem erhöhen, sein derzeitiges Stabilitätsziel weniger ehrgeizig zu fassen, d. h. das Eurosystem zu einer laxeren Zinspolitik zu veranlassen. Käme es tatsächlich dazu, würde die Glaubwürdigkeit des Eurosystems leiden und so auch zu höheren Inflationserwartungen, höheren Kapitalmarktzinsen, höherer Inflation und damit einem geringerem Wirtschaftswachstum im Euroraum insgesamt führen.

Zudem ist zu berücksichtigen, dass auch innerhalb der „alten" (15) EU-Länder noch Unterschiede im Lebensstandard bestehen. Der Balassa-Samuelson-Effekt wirkt also im Prinzip auch dort. Je mehr Länder in einer erweiterten Union strukturell bedingt Inflationsraten aufweisen, die über die Definition von Preisstabilität des Eurosystems hinausgehen, desto mehr Länder muss es auch geben, die darunter liegen, will man im Durchschnitt das Stabilitätsziel erreichen. Für diese Länder stellen sich dann unter Umständen sogar Deflationsgefahren ein. Dieses Problem wird natürlich verschärft, wenn die Zahl der Länder mit strukturell höheren Inflationsraten steigt. Aufgrund des wirtschaftlich geringen Gewichts der Beitrittsländer hält sich diese Gefahr allerdings in Grenzen

Um die Probleme, die durch einen zu frühen Beitritt der aufholenden Volkswirtschaften in die Währungsunion entstehen können, zu vermeiden, muss deshalb auch Fragen der realen Konvergenz Beachtung geschenkt werden. *Reale Konvergenz* ist wichtig, um die Dauerhaftigkeit der nominalen Konvergenzkriterien zu garantieren. Dies leuchtet unmittelbar ein, da bei hinreichender realer Konvergenz strukturelle Inflationsunterschiede und damit verbunden höhere Inflationsraten sowie die Notwendigkeit einer Abwertung zum Ausgleich einer durch den Balassa-Samuelson-Effekt bedingten Verschlechterung der internationalen Wettbewerbsfähigkeit weitgehend entfallen. Ein Beitritt zur Währungsunion sollte daher im Interesse der neuen EU-Länder erst bei hinreichender realer Konvergenz erfolgen. Ein wichtiger Indikator für die reale Konvergenz ist die Angleichung der Pro-Kopf-Einkommen an den EU-Durchschnitt. Gemessen daran bedarf es bei den meisten neuen EU-Ländern noch eines längeren Aufholprozesses (siehe hierzu Tab. I.3.2). Strukturelle Reformen, etwa im Bereich des Banken- und Finanzsektors in Richtung auf einen hohen Grad an Finanzintermediation, liquide Kapitalmärkte, eine ausreichende Eigenkapitalbasis der Banken, eine funktionierende Banken- und Wertpapieraufsicht und solide Zahlungssysteme, sind hier eine notwendige Voraussetzung, um den *realen Konvergenzprozess* weiter voranzubringen. Vielfältige Untersuchungen weisen dabei darauf hin, dass ein entwickelter Finanzmarktsektor zu einer besseren Wirtschaftsentwicklung führt (siehe z.B. Vollmer, 2003).

Realwirtschaftliche Elemente sind bereits in den Vorschriften zur Konvergenzprüfung im EU-Vertrag verankert. Besonders zu beachten sind hiernach die

Entwicklung der Märkte, der Stand und die Entwicklung der Leistungsbilanzen sowie die Entwicklung bei den Lohnstückkosten und andere Preisindizes (Art. 121.1 EG-Vertrag). Der Entwicklung der Preise für nicht-handelbare Güter sollte dabei ein besonderes Augenmerk gelten. Erst bei hinreichend realer Konvergenz, also nach einem damit verbundenen weitgehenden Auslaufen des Balassa-Samuelson-Effekts und der transformationsbedingten Preisliberalisierungen, kann von einem „hohen Grad an Preisstabilität" im Sinne der Konvergenzkriterien des EG-Vertrages gesprochen werden. Erst dann sind die Gefahren, die große strukturell bedingte Inflationsunterschiede für die Beitrittsländer aber auch für die Währungsunion als Ganzes nach sich ziehen, gebannt.

Gerade im Fall der neuen EU-Mitgliedsstaaten kommt aufgrund der im Vergleich mit den bisherigen EWU-Ländern meist großen Einkommensunterschiede der realen Konvergenz eine wichtige Bedeutung zu. Da ein hinreichendes Maß an realer Konvergenz Voraussetzung für eine dauerhafte und nachhaltige Erfüllung der (nominalen) Konvergenzkriterien ist, sind bei einer Vorgehensweise, die der realen Konvergenz bei der Auswahl der Beitrittsländer zur Währungsunion keine Bedeutung schenkt, insbesondere Probleme für die neuen EU-Mitgliedstaaten zu erwarten. Dass der Antrag von Litauen unter Verweis auf die nicht nachhaltige Entwicklung bei der Inflationsrate abgelehnt wurde, zeigt aber, dass diese Problematik ins Auge gefasst wird.

4 Zusammenfassung

Zum 1.1.1999 begann die Währungsunion mit 11 Ländern. Gemäß dem Vertrag von Maastricht mussten sich diese Länder vorher für den Beitritt qualifizieren, d. h. bestimmten Konvergenzkriterien und rechtlichen Anforderungen genügen. Bei den Konvergenzkriterien lag das Hauptaugenmerk auf der Preisentwicklung, den langfristigen Zinsen, der Teilnahme am Wechselkursmechanismus des EWS sowie auf einer tragbaren Finanzlage der öffentlichen Haushalte. Während eine Reihe von Ländern das Haushaltsdefizit durch Maßnahmen mit einmaligem Charakter unter die 3%-Hürde drückte, haben beim Schuldenkriterium insbesondere Belgien, Griechenland und Italien den Referenzwert deutlich verfehlt.

In den Jahren 2000, 2002, 2004 und 2006 fanden routinemäßige Konvergenzprüfungen statt. Im Falle von Schweden kam ein Beitritt jeweils nicht zustande, weil dieses Land nicht dem Wechselkursmechanismus II beigetreten war und im Rahmen der Zentralbankgesetzgebung nicht alle Voraussetzungen geschaffen hatte. Diese Gründe standen bereits 1998 einem Beitritt zur Währungsunion entgegen. Griechenland hingegen hat die „Konvergenzprüfung" im Jahr 2000 bestanden und ist folglich zum 1.1.2001 in die Währungsunion aufgenommen worden. Bei Griechenland äußerte die EZB aber Bedenken hinsichtlich einer auf Dauer tragbaren Finanzlage der öffentlichen Haushalte. Hinzu kam, dass die Inflationsrate Griechenlands durch Einmalmaßnahmen beeinflusst wurde.

Die Länder, die 2004 in die EU aufgenommen wurden, verpflichteten sich, zu einem späteren Zeitpunkt den Euro als Währung einzuführen. 2007 wurde Slowenien, 2008 Malta und Zypern in die Währungsunion aufgenommen. Der Antrag von Litauen wurde vor allem mit dem Verweis auf mangelnde Nachhaltigkeit beim Inflationskriterium abgelehnt.

Es stellt sich die Frage, ob ein möglichst früher Beitritt zur Währungsunion wünschenswert ist. Bei einer Teilnahme an der Währungsunion entfallen die Möglichkeiten einer autonomen Geld- und Wechselkurspolitik. Insbesondere vor dem Hintergrund der – verglichen mit den ersten EWU-Ländern – wirtschaftlich gänzlich anderen Verhältnisse in den neuen EU-Ländern und dem daher angestrebten wirtschaftlichen Aufholprozess scheint dies äußerst problematisch. Strukturell höhere Inflationsraten infolge des Aufholprozesses bedingen nämlich entsprechende Freiheitsgrade in der Geld- und Wechselkurspolitik. In einer Währungsunion, in der diese Freiheitsgrade nicht mehr gegeben sind, also insbesondere nicht mehr die Möglichkeit einer Abwertung besteht, führen strukturell bedingt höhere Inflationsraten aber zu einer Beeinträchtigung der Wettbewerbsfähigkeit der beitretenden Länder und damit zu einer Beeinträchtigung des Aufholprozesses an sich. Kommt es aber dazu, so kann auch „politischer" Druck hin zu einer Aufweichung des Stabilitätsziels des Eurosystems nicht mehr ausgeschlossen werden.

Kontrollfragen

1. Was ist mit dem Konvergenzkriterium einer auf Dauer tragbaren Finanzlage der öffentlichen Hand gemeint?
2. Wie wurde bis zur Ablehnung des Antrags Litauens im Jahr 2006 mit den Konvergenzkriterien bei der Beschlussfassung über den Kreis der Teilnehmerstaaten an der Währungsunion umgegangen?
3. Erläutern Sie den Balassa-Samuelson-Effekt.
4. Weshalb kommt es aufgrund des Balassa-Samuelson-Effekts zu einer Beeinträchtigung der internationalen Wettbewerbsfähigkeit eines Landes?
5. Warum ist eine Euroisierung problematisch?
6. Welche Probleme zieht ein zu früher Beitritt der neuen EU-Länder in die Währungsunion nach sich?
7. Warum ist reale Konvergenz wichtig?

Weiterführende Literatur

Issing, O., (2006), Der Euro – Geburt, Erfolg, Zukunft, München 2008.

Otmar Issing war eine außergewöhnliche und entscheidende Person bei der Schaffung des Euro, zunächst als Chefvolkswirt und Mitglied des Direktoriums der Deutschen Bundesbank und anschließend – von 1998 bis 2006 – als Chefvolkswirt und Mitglied des Direktoriums der Europäischen Zentralbank. Sein Buch schildert u.a. die Vorgeschichte des Euro und den schweren Abschied der Deutschen von der D-Mark.

Baldwin, R., Wyplosz, C. (2006), The Economics of European Integration, 2.A., London et al.

Wagener, H.-J., Eger, T., Fritz, H. (2006), Europäische Integration – Recht und Ökonomie, Geschichte und Politik, München.

Beide Bücher liefern einen umfassenden Überblick über Geschichte, Institutionen sowie Politikbereiche der EU.

Capie, F. H., Wood, G. E. (Hg.) (2003), Monetary Unions: Theory, History, Public Choice, London.

Die Beiträge in diesem Sammelband beschäftigen sich u. a. mit den theoretischen Fragen, die im Zusammenhang mit Währungsunionen aus ökonomischer Sicht aufgeworfen werden, mit der Geschichte von Währungsunionen im Allgemeinen und im Speziellen (u. a. mit der Währungsunion in den USA).

Europäisches Währungsinstitut (1998), Konvergenzbericht *(http://www.ecb.int)*.

Der Konvergenzbericht beschäftigt sich im ersten Teil ausführlich mit den Konvergenzkriterien sowie mit den prinzipiellen Anforderungen an innerstaatliche Rechtsvorschriften. Im zweiten und dritten Teil werden konkret die einzelnen Länder analysiert.

Europäische Zentralbank, Konvergenzberichte *(http://www.ecb.int)* und

Europäische Kommission, Konvergenzberichte *(http://ec.europa.eu)*.

Für EU-Mitgliedstaaten, die noch nicht der Währungsunion angehören und für die kein Sonderstatus (Dänemark; Vereinigtes Königreich) existiert, findet alle zwei Jahre oder auf Antrag eines Mitgliedstaates eine Konvergenzprüfung sowie eine Prüfung der Vereinbarkeit der innerstaatlichen Rechtsvorschriften mit dem EG-Vertrag statt. Nicht nur von der EZB, sondern auch von der EU-Kommission müssen Konvergenzberichte erstellt werden, wobei die EU-Kommission dem Rat vorschlägt, welche Länder in die Währungsunion aufgenommen werden sollen. Die entsprechenden Prüfungen bzw. Vorschläge finden sich in obigen Berichten.

De Grauwe, P. (2007), Economics of Monetary Union, 7.A., Oxford.

Eijffinger, S. C., De Haan, J. (2000), European Monetary and Fiscal Policy, Oxford.

Baldwin, R., Wyplosz, C. (2006), The Economics of European Integration, 2.A., London et al., Part IV.

Im Teil 1 liefert das Buch von De Grauwe eine breite Diskussion möglicher Nutzen und Kosten einer Währungsunion vor dem Hintergrund der „Theorie optimaler Währungsräume", wobei auch immer wieder konkrete Bezüge zur Europäischen Währungsunion hergestellt werden. Die wichtigsten Aspekte im Hinblick auf die Kosten-/Nutzenüberlegungen werden auch bei Eijffinger/De Haan vorgestellt und diskutiert (S. 14-26). Baldwin/Wyplosz diskutieren in Teil IV Geschichte und Grundlagen der monetären Integration in Europa.

Kapitel II: Das Eurosystem als Institution

„For in every country of the world, I believe, the avarice and injustice of princes and sovereign states abusing the confidence of their subjects, have by degrees diminished the real quality of the metal, which had been originally contained in their coins."

(Adam Smith, 1776)[1]

„... practically all governments of history have used their exclusive power to issue money in order to defraud and plunder the people."

(Friedrich A. von Hayek, 1976)[2]

„Die Verselbständigung der meisten Aufgaben der Währungspolitik bei einer unabhängigen Zentralbank löst staatliche Hoheitsgewalt aus unmittelbarer staatlicher oder supranationaler parlamentarischer Verantwortlichkeit, um das Währungswesen dem Zugriff von Interessengruppen und der an einer Wiederwahl interessierten politischen Mandatsträger zu entziehen."

Bundesverfassungsgericht, Maastricht-Urteil vom 12.10.1993[3]

---

[1] Adam Smith, The Wealth of Nations, 1776, zitiert nach von Hayek (1990, 13).
[2] von Hayek, F.A., Choice in Currency: a Way to Stop Inflation, 1976, zitiert nach O. Issing (2000, 11).
[3] NJW 1993, H. 47, S. 3056. Dieselbe Argumentation findet sich bereits im Regierungsentwurf zum Bundesbankgesetz aus dem Jahre 1956 (Deutscher Bundestag, 1956, 24-26). Eine Untersuchung von de Haan et al. (2002), ergab, dass die Deutsche Bundesbank über die Jahre hinweg politischem Druck nicht nachgegeben hat.

Der Begriff „*Eurosystem*" findet sich nicht im EU-Vertrag. Er wurde vielmehr zu Beginn der (dritten Stufe der) Währungsunion (1.1.1999) vom EZB-Rat eingeführt, um die Teile des Europäischen Systems der Zentralbanken zu bezeichnen, die für Geldpolitik im Euroraum zuständig und verantwortlich sind (Europäische Zentralbank, Monatsbericht Januar 1999, 7).

1 Warum staatliche Zentralbanken?

Die Diskussion über die Notwendigkeit einer (staatlichen) Zentralbank und ihren mehr oder weniger autonomen Handlungsspielraum zur Sicherung der Preisstabilität ist nicht neu. Das Spektrum der Ansichten reicht von rechtlich/politisch abhängiger über rechtlich/politisch autonomer staatlicher Zentralbank bis zur Abschaffung des staatlichen Monopols und Ersetzung durch den wettbewerblichen Ausleseprozess. Vorherrschend ist die Überzeugung, dass die Institution „Zentralbank" benötigt wird, da Geschäftsbanken in marktwirtschaftlichen Systemen mikroökonomisch auf Gewinnerzielung, nicht aber makroökonomisch auf die Aufrechterhaltung von Preisniveaustabilität ausgerichtet sind (siehe hierzu auch White, 1999, 80). Mit der Schaffung einer Zentralbank allein ist es jedoch nicht getan. Vor allem zwischen einem stabilitätspolitischen Wollen von Zentralbanken und ihrem politisch abhängigen Können bestand nicht selten eine große Kluft. Soll diese vermieden werden, müssen der Zentralbank eindeutige und exklusive Zuständigkeiten zugewiesen werden: „After decades of instability, central bankers, governments, and economists have reached a consensus that the appropriate role of a central bank in the prevailing fiat-money regime includes: (1) the clear assignment or the responsibility for inflation to the central bank; (2) agreement that inflation should be low and stable ..." (Wood, 2005, 1). Die Zuweisung der Verantwortung für Preisstabilität an die Zentralbank impliziert allerdings, dass diese sich auch diesem Ziel widmen kann, d. h. in ihren Entscheidungen von der Politik unabhängig ist.

Mit dem Maastrichter Vertrag, der Preisstabilität als oberstes Ziel der Geldpolitik festlegt und den Zentralbanken Autonomie bei der Zielerreichung zuweist, scheint die Diskussion über Aufgabe und Status der Zentralbank in der EU im Sinne von Wood entschieden zu sein. Es mehren sich jedoch Stimmen, die die Unabhängigkeit schwächen wollen. Die ablehnende Haltung gegenüber einer unabhängigen Zentralbank hat in verschiedenen politischen Lagern durchaus Tradition. Die Aushöhlung der Autonomie wird aber auch indirekt betrieben, wenn etwa regelmäßige „Beratungen" zwischen Regierungen und der EZB angeregt werden oder eine demokratische Legitimation des Europäischen Parlaments zur Formulierung eines – den politischen Vorgaben für das Federal Reserve System in den USA entsprechenden und vermeintlich vorbildhaften – Zielspektrums für die EZB (im Widerspruch zum Maastrichter Vertrag!) behauptet wird. Sind Hayeks Befürchtungen und Vorschläge zur Abhilfe wieder aktuell?

1.1 Staatliche Zentralbanken versus Hayek's „Entnationalisierung des Geldes"

Hayek sah in seinem Werk, „Die Verfassung der Freiheit" – das Original erschien 1960 auf Englisch – eine unabhängige Zentralbank zunächst als die beste Lösung an, um Geldwertstabilität zu gewährleisten (von Hayek, 1983, 420). Später gelangte er aber – historisch begründet – zu der Überzeugung, dass Zentralbanken wegen politischen Drucks ihr Hauptziel de facto nicht hinreichend verfolgen würden. Statt von einer Enthaltsamkeit des Staates gegenüber „seiner" Zentralbank sei von einem andauernden Interesse des Staates an einer schuldbefreienden Inflation (Inflationssteuer) auszugehen. Er forderte deshalb eine vollkommene „Entnationalisierung des Geldes" (von Hayek, 1990), deren Konsequenz unter anderem eine Aufgabe der Anbindung der Geschäftsbanken an die (monopolistische) Zentralbank bei der Geldschöpfung wäre. Heutzutage werden diese Überlegungen von der „Free Banking"-Schule vertreten (siehe Dowd, 2003).

Hayek glaubte, das Problem übermäßiger Geldemission und damit inflatorischer Entwicklungen durch Wettbewerb unter den Geldemittenten in Schach halten zu können. Er argumentierte, dass im Wettbewerb nur die Währungen überleben würden, die eine stabile Kaufkraft aufwiesen. Im Lichte dieses Vorschlags muss das, was mit der Einführung der gemeinsamen Währung in der EWU geschah, als geradezu aberwitzig erscheinen: Denn statt der Konkurrenz der Währungen haben wir es beim Euro mit einem wettbewerbsbeschränkenden Zusammenschluss zu tun. Anstatt vorher prinzipiell möglicher Konkurrenz zwischen den nationalen EWU-Währungen gibt es nur noch eine Währung, eine Geldpolitik und eine ausschließlich zuständige Instanz. Zu fragen ist allerdings zum einen, ob die Befürchtungen Hayeks unter den aktuellen institutionellen Bedingungen der EWU noch ihre Berechtigung haben. Zum anderen sind auch die Folgen zu bedenken, die mit der Umsetzung des Hayek-Vorschlags verbunden wären.

Das Vorstellungsbild einer Zentralbank, die dem politischen Willen der nationalen Regierung unterworfen ist, galt bereits in der Vergangenheit nicht uneingeschränkt, sodass – wie etwa im Falle der Deutschen Bundesbank – eine Bezeichnung ihrer Geldpolitik als „staatliche Geldpolitik" zumindest interpretationsbedürftig wäre.[4] Die Übertragbarkeit des Gedankens von der Geldpolitik des Staates auf das Eurosystem unterliegt noch weiteren Einschränkungen schon allein deshalb, weil es in der EWU eine (gegenüber dem Eurosystem oder der EZB möglicherweise

---

[4] Issing erwähnt eingangs seiner Hayek Memorial Lecture (2000, 10) einen diesbezüglichen Dissens mit von Hayek. Er wollte Hayeks Beitrag zur Währungskonkurrenz in einen Readings-Band zur Geldpolitik aufnehmen und dem Text eine deutsche Übersetzung des folgenden Zitats voranstellen: „Inflation is made by government and its agents. Nobody else can do anything about it." Trotz langer Korrespondenz hätten sie sich jedoch nicht über die deutsche Übersetzung für „government" einigen können, sodass es schließlich bei der englischsprachigen Formulierung blieb.

weisungsbefugte) Zentralregierung nicht gibt. Dies schließt freilich nicht aus, dass über verschiedene politische Wirkungskanäle ein Instabilitäts-Bias im Vergleich zur Hayekschen Konkurrenzlösung dennoch erwachsen könnte.

Abgesehen von der Relevanz unter den derzeitigen institutionellen Regeln in der EWU, die Umsetzung des Hayek-Vorschlags wäre zudem mit einer Reihe von Problemen verbunden: Zwar würden im Zuge des Wettbewerbsprozesses „instabile" Währungen ausscheiden. Durch diese instabilen Währungen wäre der Wettbewerbsprozess selbst aber durch Inflation gekennzeichnet. Man hätte es also mit einem langwierigen inflationären Übergangsprozess zum langfristigen Gleichgewicht zu tun. Zudem wäre es keineswegs sichergestellt, dass die Währung(en), die wegen ihrer Kaufkraftstabilität übrig bliebe(n), für alle Zeiten stabil bliebe(n), da alte und neu auftretende Emittenten jederzeit der Versuchung unterliegen könnten, mithilfe übermäßiger, d.h. inflationärer Emission die Seigniorage-Einnahmen zu steigern. Schließlich gäbe es, zumindest während des Wettbewerbsprozesses, eine große Zahl von Währungen, sodass der Nutzen des Geldes als Recheneinheit und zur Einsparung von Transaktions-, speziell Such- und Informationskosten, stark beeinträchtigt würde (zu den Gründen, weshalb Geld erfunden wurde, siehe Box. II.1.1). Gibt es nämlich nicht nur einen Preis für jedes Gut, sondern bei n Währungen n Preise, so kompliziert sich das Preissystem unnötig, wodurch die Transaktionskosten des Tausches steigen, also Effizienzverluste entstehen (siehe hierzu Issing, 2000, 17f.).

Box II.1.1: Warum wurde „Geld" erfunden?

Sowohl die Erfindung der „Schrift" als auch die Erfindung des „Geldes" hatten ihre Ursache in wirtschaftlichen Notwendigkeiten, die sich aus komplexer werdenden Tauschprozessen ergaben. „... some time in the late 4th millennium BC, the complexity of trade and administration in the early cities of Mesopotamia reached a point at which it outstripped the power of memory of the governing elite. To record transactions in a dependable, permanent form became essential." (Robinson, 2001, 11). Während die Schrift also erfunden wurde, weil die Notwendigkeit bestand, über Transaktionen „Buch zu führen", war die Erfindung des „Geldes" Folge des Bemühens, die Informations- und Transaktionskosten des Tausches zu senken. Dadurch konnten die transaktionsbedingt engen Grenzen der Naturaltauschwirtschaft überwunden werden, und es wurden erst die Voraussetzungen für eine hoch arbeitsteilige und spezialisierte Volkswirtschaft mit hoher Produktivität geschaffen. Letztere wiederum ermöglicht ein hohes Maß an Güterversorgung der Bevölkerung und leistet damit einen wesentlichen Beitrag zur materiellen Basis einer Gesellschaft.

Mit Geld hat man ein standardisiertes Gut, mit dem sich die Werte aller anderen Güter ausdrücken lassen (*Rechenfunktion*). Geld als Recheneinheit kann zum Vergleich von ökonomischen Vorkommnissen verwendet werden, die zeitlich eng beieinander liegen (Querschnittanalyse), z. B. Preise unterschiedlicher Waren, Vergleich unterschiedlicher Möglichkeiten der Einkommenserzielung. Geld als Recheneinheit kann aber auch für Vergleiche im Zeitablauf (Längsschnittanalyse) dienen, z. B. Entscheidung über die Durchführung einer Investition durch ein Unternehmen.

Geld kommt des Weiteren eine *Tausch-* bzw. *Zahlungsmittelfunktion* zu. Erst die Zahlungsmittelfunktion des Geldes befreit die Güterzirkulation von der Tauschrestriktion, also der Notwendigkeit, dass ein Güternachfrager nicht nur einen Lieferanten finden muss, sondern darüber hinaus einen solchen Lieferanten, der umgekehrt zugleich Bedarf an den von ihm selbst angebotenen Gütern besitzt (sog. „doppelte Synchronisation der Wünsche"). Geld als allgemein akzeptiertes Zahlungsmittel dient auch der isolierten Weitergabe von Kaufkraft in sog. Verteilungstransaktionen (Primärverteilungstransaktion: z. B. Lohn- oder Zinszahlungen; Umverteilungstransaktionen: z. B. Steuerzahlungen oder Unterstützungszahlungen). Geld als Zahlungsmittel findet ferner in Anlage- oder Kredittransaktionen Verwendung (Geld gegen Forderung). Die Möglichkeit zu Finanzierungsakten stellt eine Voraussetzung für die Entstehung wirklich großer Produktionsstätten dar; denn sie erst schaffen die Vorbedingung dafür, dass man Investitionen durchführen kann, ohne vorher selbst in gleichem Umfang Vermögen gebildet zu haben.

Schließlich ist noch die – von den Klassikern vernachlässigte – *Wertaufbewahrungsfunktion* zu erwähnen, die es erlaubt, die Tauschakte Ware gegen Geld und Geld gegen Ware zeitlich zu trennen. Die Wertaufbewahrungsfunktion kann direkt ausgeübt werden, indem eigentliche Zahlungsmittel (Bargeld, täglich fällige Gelder) gehalten werden. Wohl wichtiger ist allerdings die indirekte Ausübung der Wertaufbewahrungsfunktion durch Geld als Denominationseinheit von Schuldbeziehungen (z.B. auf Euro lautende Staatsanleihen). Die Wirtschaftssubjekte müssen hier darauf vertrauen können, dass die Kaufkraft einer Geldeinheit im Zeitablauf im Wesentlichen erhalten bleibt. Dies zeigt: Funktionsfähiges Geld ist eine entscheidende Vorbedingung für das Ingangkommen der volkswirtschaftlichen Arbeitsteilung.

Vermögengegenstände, die die Geldfunktionen erfüllen, werden als Geld bezeichnet. Im Lauf der Geschichte haben verschiedene „Güter" diese Funktionen erfüllt. Im Wandel von der Naturalwirtschaft zur Geldwirtschaft setzten sich die Geldformen durch, die als Tauschmedien besonders geeignet waren. So wurden solche Geldgüter bevorzugt, die auf kleinem Raum große Werte unterbrachten, also platzsparend, werthaltig, transportabel, teilbar und nicht verderblich waren, was zur Folge hatte, dass sich Edelmetalle dafür besonders eigneten und durchsetzten. Während zu Beginn bei jedem Tauschprozess noch Gewicht und Reinheit des Metalls überprüft wurde, kam es dann zunehmend zur öffentlichen Regulierung und Standardisierung des Geldwesens, um die beim Tausch anfallenden Transaktionskosten zu verringern. Im 7. Jahrhundert vor Christus wurden im lydischen Reich die ersten Münzen von einer Zentralstelle geprägt.

Bei den heute üblichen Geldarten wird nach Zentralbankgeld (*ZBG*) und Geschäftsbankengeld unterschieden. Das *ZBG* besteht aus dem Bargeldbestand der Nichtbanken (*BG*)[5] und den Guthaben (Einlagen, Depositen) der Geschäftsbanken (D_S^{GB}) bei der *Notenbank (Zentralbank)*.[6]

Das gesamte *Zentralbankgeld* wird auch als Geldbasis oder „high powered money" bezeichnet. Definitorisch gilt also:

$$ZBG = BG + D_S^{GB}$$

Unter *Geschäftsbankengeld* versteht man die von den Nichtbanken bei den Geschäftsbanken gehaltenen Guthaben. Über dieses Geld kann mittels Abhebung, Überweisung, Scheckziehung etc. verfügt werden. Das Geschäftsbankengeld wird auch als *Buch-* oder *Giralgeld* bezeichnet.

Im Rahmen geldpolitischer Fragestellungen sind verschiedene, mehr oder minder weite *Geldmengenabgrenzungen* gebräuchlich, und zwar M1, M2 und M3. M1 ergibt sich z.B. aus der Addition des Bargeldbestandes und der täglich fälligen Einlagen von Nichtbanken bei Banken (D_S^{NB}).

$$M1 = BG + D_S^{NB}$$

Bei den weiter gefassten Geldmengenaggregaten M2 und M3 werden zusätzliche Anlageformen einbezogen.

Die im Zuge dieses „Ausleseprozesses" auftretenden Bankenzusammenbrüche könnten zudem zu Panikreaktionen der Bankkunden führen, wodurch die gesamtwirtschaftlichen Wohlfahrtsverluste noch spürbar erhöht würden. Ein weiterer Grund für das Entstehen von staatlichen Zentralbanken war deshalb auch, Panikreaktionen durch ihre Funktion als „lender of last resort" entgegenzuwirken (siehe hierzu auch Gorton/Huang, 2003, 181f. und White, 1999, 74). So wird etwa die Gründung des Federal Reserve Systems in den USA im Jahre 1913 gerade darauf zurückgeführt (Vgl. Board of Governors, 2005, 1f., zu den Motiven, die hinter der Gründung einzelner Zentralbanken standen, siehe Siklos, 2002, 11; zu aktuellen aufsichtsrechtlichen Herausforderungen siehe Box II.1.2).

Box II.1.2: Herausforderungen dynamischer Finanzmärkte für die Aufsicht

Die Globalisierung der Finanz- und Gütermärkte hat dazu beigetragen, dass die einzelnen nationalen Komponenten des globalen Finanzsystems immer enger miteinander verknüpft sind und zunehmend Wechselwirkungen bestehen. Neben der politischen und wirtschaftlichen Deregulierung haben mit Blick auf das Fi-

---

[5] Vom Kassenbestand der Kreditinstitute, welcher natürlich auch Zentralbankgeld darstellt, wird aus Gründen der Vereinfachung abgesehen.
[6] Im Folgenden werden – wie in der Literatur üblich – die Begriffe Notenbank und Zentralbank synonym verwendet.

nanzsystem insbesondere neue Marktteilnehmer (Private Equity Fonds, Hedgefonds) und Produkte (z. B. zum Handel mit Kreditforderungen) stärkere Verbindungen gefördert. Dadurch wurde ein nachhaltiger Wandel innerhalb des deutschen Finanzsystems in Gang gesetzt.

Private Equity

Unter *Private Equity* wird allgemein der Markt der privaten Unternehmensfinanzierungen (Buyout, Venture Capital und Mezzanine-Finanzierungen) im Gegensatz zum öffentlichen Markt (Aktienmarkt) verstanden. Im täglichen Sprachgebrauch verengt sich „Private Equity" aber zunehmend auf Investitionen in späteren Phasen der Unternehmensentwicklung (bspw. zur Finanzierung einer Expansions- und Wachstumsstrategie oder einer Umstrukturierung). Die Private Equity Fonds werben Gelder von Großanlegern ein, um diese unter Einbezug von Fremdkapital gezielt in Unternehmensbeteiligungen – oft erfolgt die vollständige Übernahme der Gesellschafterrechte – anzulegen. Typischerweise verbleibt das Kapital für drei bis sieben Jahre im Zielunternehmen, bevor ein Exit über einen Börsengang oder einen Weiterverkauf angestrebt wird. Das *Transaktionsvolumen* hat national wie international in den vergangenen Jahren stark zugenommen. Parallel hierzu stieg auch der Fremdkapitalanteil bei den einzelnen Transaktionen immer stärker an. In diesem Zusammenhang wird vielfach die Sorge geäußert, dass langfristige strategische Ziele der Unternehmen zu wenig Beachtung fänden. Kurzfristige Renditeziele der Investoren und die Überlebensfähigkeit der Zielunternehmen auch während wirtschaftlicher Schwächephasen stünden in einem Zielkonflikt.[7]

Hedgefonds

Für *Hedgefonds* existiert keine international einheitliche Legaldefinition. Unter diesem Begriff wird vielmehr eine heterogene Gruppe von Investmentgesellschaften zusammengefasst, die von der allgemeinen Marktentwicklung unabhängige absolute Renditeziele verfolgen, die sie unter Einsatz von Fremdkapital (bilanzieller Leverage) und Derivaten (instrumenteller Leverage) zu erreichen suchen und dafür eine erfolgsabhängige Vergütung erhalten. Sie unterliegen hierbei nur sehr geringen Anlagerestriktionen, so dass ihnen ein breites Anlagespektrum unter Einbezug unkonventioneller Märkte und Strategien (z. B. Short-Selling) offen steht.[8] Im Jahr 2007 vereinigten die weltweit rund 10.000 Hedgefonds knapp 2 Bill. Euro an Investorengeldern auf sich; bislang blickt die Branche auf hohe

---

[7] Weiterhin in diesem Zusammenhang wichtige Gesichtspunkte sind möglicher Marktmissbrauch (Insider-Problematik); Reduzierung von Tiefe, Größe und Qualität des Börsenmarktes; Intransparenz des Risikotransfers; Beeinträchtigung der Bonität der Anleihenmärkte; Aufweichung von Financial Covenants (Vertragspflichten und Kontrollrechte im Kreditgeschäft)

[8] Weitere Merkmale sind Sperrfristen für den Abzug von Investorengeldern und die rechtliche Ansiedlung überwiegend in offshore-Bereichen.

jährliche Wachstumsraten sowohl bei Kapitalzuflüssen als auch bei ihrer Anzahl zurück.

Hedgefonds leisten grundsätzlich einen *positiven Beitrag zur Funktionsfähigkeit der Finanzmärkte*. Sie übernehmen gezielt Risiken von anderen Marktteilnehmern und erhöhen somit sowohl die primäre als auch die sekundäre Marktliquidität. Auf diese Weise unterstützen sie den Preisbildungsprozess und die Effizienz der Finanzmärkte. Weiterhin sind sie wichtige Treiber für Innovationen und Risikotransfer; sie dürften so zu einer verbesserten systemweiten Risikodiversifikation beitragen. Allerdings besteht meist wenig Transparenz bzgl. der (gehebelten) Positionen, so dass der Risikogehalt und die taktische Positionierung der betreffenden Fonds oft nur schwer abgeschätzt werden kann. Daraus ergeben sich Risiken für Investoren und Geschäftspartner sowie für das Finanzsystem insgesamt, wenn unerwartet hohe Verluste auftreten oder ein gleichgerichtetes Anlageverhalten der Fonds die Marktliquidität versiegen lässt.

Kreditrisikotransfer

Insbesondere Hedgefonds haben für die Fortentwicklung der Finanzmärkte wichtige Produktinnovationen gefördert, die Finanzmarktteilnehmern den Transfer von Kreditrisiken ermöglichen. So werden vermehrt singuläre Kreditrisiken oder ganze Kredit-Portfolien gezielt gegen Ausfälle versichert (synthetisch) oder gänzlich aus der Bilanz von Banken heraus übertragen (true sale). Banken können so gezielt Risikopositionen veräußern und freie Kapitalreserven für die Neukreditvergabe verwenden. Der Abverkauf oder gezielte Zukauf von Kreditrisiken erlaubt den Banken zudem eine aktive Portfoliosteuerung. Im Ergebnis haben sich komplett neue Geschäftsmodelle entwickelt („originate to distribute").[9] Aus systemischer Sicht ist von Bedeutung, dass durch die zunehmende Diversifikation der Portfolien die Risikoverteilung im Finanzsystem verbessert und damit die Finanzstabilität gefördert werden kann. Dem steht gegenüber, dass die Banken sich auch neuen Gefahren aussetzen, vor allem wenn eine starke Abhängigkeit des Geschäftsmodells von der Funktionsfähigkeit des Risikotransfermarktes besteht.

Auswirkungen auf Banken und Finanzsystem

Die Kreditvergabe an Private-Equity-Fonds und Hedgefonds und daraus gegebenenfalls resultierender Wertberichtigungsbedarf stellt einen wesentlichen Ansteckungskanal für Banken dar. Zwar werden die Kredite an **Private-Equity**-Fonds i. d. R. verbrieft an den Kapitalmarkt weitergereicht; die Banken unterliegen jedoch in der Zeitspanne zwischen Kreditzusage und Weiterverkauf einem Warehousing-Risiko. Auch die Insolvenz eines großen oder mehrerer kleiner **Hedgefonds** kann über Ansteckungseffekte Banken in ihrer Funktion als Handelspartner und Kreditgeber destabilisieren. Zwar werden Kredite an Hedgefonds

---

[9] Daraus können sich Vorteile für weitere Parteien ergeben: für Schuldner (erhöhtes Kreditangebot, verbessertes Pricing, Lockerung von Finanzierungsgrenzen), für Investoren (Diversifikation, neue Risiko- und Ertragskomponenten, höhere Flexibilität)

üblicherweise auf besicherter Basis vergeben; jedoch korreliert der Wert der Sicherheiten oftmals mit der Solvenz des Hedgefonds. Indirekt kann die Werthaltigkeit der Eigenhandelspositionen der Banken in Folge von Marktturbulenzen beeinträchtigt werden, ausgelöst durch den potenziellen Zusammenbruch marktdominanter Hedgefonds oder ein unerwartetes Austrocknen der Marktliquidität durch den Rückzug zentraler Gegenparteien. Sowohl die Prime Brokerage-Dienstleistungen für Hedgefonds als auch das Kredit-Geschäft mit Private-Equity-Fonds haben bei einigen Instituten mittlerweile eine erhebliche Ertragsrelevanz eingenommen. **Verbriefungen** werfen aus systemischer Sicht Fragen auf, da durch die zunehmende Komplexität der Strukturen letztlich nur schwer bestimmbar ist, wer welche Risiken hält und ob bei einzelnen Akteuren Risikokonzentrationen entstanden sind. Zugleich steigen über die Interdependenzen zwischen dem klassischen Kreditgeschäft auf der einen und den internationalen Finanzmärkten auf der anderen Seite die Abhängigkeiten nicht nur zwischen Real- und Finanzwirtschaft, sondern auch zwischen den einzelnen nationalen Märkten. Damit können Schocks beispielsweise vom Finanzmarkt auf die Realwirtschaft (und umgekehrt) oder von einer auf andere Regionen in der Welt überspringen.

Aufsichtliche Reaktion

Die Bankenaufsicht hat mit **Basel II** ein stärker risikosensitives und flexibles Regelwerk installiert. Im Rahmen der sogenannten *ersten Säule* von Basel II wird eine Kapitalunterlegung in enger Verbindung zu den tatsächlichen bilanziellen Kredit- und Marktrisiken angestrebt. Hierbei werden die Aktiva in vorgegebene Risikoklassen, unter Verwendung interner und externer Ratingeinschätzungen oder auf Basis von eigenen Verlustschätzungen, eingruppiert und entsprechend gewichtet mit Eigenkapitalanforderungen belegt. Auch für Verbriefungen gibt es hierbei erstmals spezielle Regelungen. Die *zweite Säule* von Basel II stellt eine der wesentlichen Neuerungen gegenüber Basel I dar. Hierin werden im Rahmen des aufsichtlichen Überprüfungsprozess Anforderungen an die internen Geschäftsprozesse und Steuerungsmethoden formuliert. Es gilt u.a. eine Kapitalunterlegung auch für jene Risiken zu erreichen, die unter der ersten Säule keine (ausreichende) Berücksichtigung finden. Auf Basis dieses Überprüfungsprozesses findet ein intensiver Austausch mit den betreffenden Instituten über deren geschäftstypische Risiken, zum Beispiel aus den Verbindungen zu Private Equity Fonds und Hedgefonds, statt. Schließlich sollen im Rahmen der *dritten Säule* zentrale Risikoinformationen (hierunter auch qualitative und quantitative Informationen zur Banktätigkeit als Originator, Investor oder Sponsor bei Verbriefungstransaktionen) gegenüber dem Markt offengelegt werden. Ziel ist es, dem Markt eine Risikoeinschätzung zu ermöglichen, um mögliches Fehlverhalten zu sanktionieren.

Box erstellt von K. Walch, Deutsche Bundesbank, Frankfurt/Main.

Angesichts der Risiken, die einem Experimentieren mit dem Hayek-Vorschlag anhaften, erscheint es zweckmäßiger, die institutionelle Absicherung der Preisstabilität mit einer staatlichen Zentralbank zu verknüpfen. Dies bedeutet selbstverständlich, dass die Geschäftsbanken an der „Leine" der Zentralbank hängen müssen, eine „Leine", die von Hayek mit seinem Vorschlag kappen wollte.

1.2 Anbindung der Geschäftsbanken an die (staatliche) Zentralbank[10]

Geschäftsbanken fragen Zentralbankgeld in Form von Banknoten und von Guthaben (Einlagen) bei der Zentralbank nach, wobei letztere den geldpolitischen Ansatzpunkt im Rahmen der operativen Umsetzung der Geldpolitik des Eurosystems, der Fed und der Bank of England darstellen. Neben dem Bedarf an Banknoten (Position P.1 in Abb. II.1.1), die aufgrund des Banknotenmonopols der Zentralbank nur von dieser emittiert werden dürfen (zu einer Grauzone in Deutschland siehe Box II.1.3), ziehen die Verpflichtung zur Haltung von Mindestreserven (Position P.2 in Abb. II.1.1) sowie der Wunsch, Guthaben zur Abwicklung des Zahlungsverkehrs (Working Balances) bei der Zentralbank zu halten, eine Nachfrage nach Guthaben bei der Zentralbank seitens der Kreditinstitute nach sich.

Aktiva		Passiva	
A.1:	Währungsreserven	P.1:	Banknotenumlauf[a)]
A.2a:	Forderungen an Kreditinstitute	P.2:	Verbindlichkeiten ggü. Kreditinstituten (Einlagen, Bankreserven, Bankenliquidität)
A.2b:	Bestand an (staatlichen) Wertpapieren		
A.3:	Sonstiges	P.3:	Sonstiges

Abbildung II.1.1 Grundstruktur der Zentralbankbilanz
Anmerkung: [a)] Banknoten außerhalb des Zentralbanksystems.

Zentralbankgeld kann aber nur geschaffen werden, wenn die Kreditinstitute Geschäfte mit der Zentralbank tätigen. Hier kommt die Aktivseite der Zentralbankbilanz ins Spiel. Im Wesentlichen gibt es drei Möglichkeiten für die Bereitstellung von Zentralbankgeld: Entweder die Zentralbank ist bereit, Fremdwährungsforderungen anzukaufen (Position A.1) oder die Kreditinstitute verschulden sich bei der Zentralbank (Position A.2a) oder die Zentralbank kauft von den Kreditinstituten (staatliche) Wertpapiere an (Position A.2b).

---

[10] Wegen der grundlegenden Bedeutung dieses Zusammenhanges für das Verständnis der Geldpolitik wird dieser Gedankengang in Kapitel III.3 unter spezieller Bezugnahme auf das Eurosystem wieder aufgegriffen und wiederholt.

Die Einkünfte des Eurosystems rühren daher, dass die Kreditinstitute für die Kreditaufnahme bei der Zentralbank Zinsen zahlen müssen bzw. daraus, dass die Zentralbank die Fremdwährungsforderungen zinsbringend anlegt. Einkünfte aus Vermögenswerten entstehen darüber hinaus, wenn Bewertungsgewinne durch Veräußerung realisiert werden (Zur Behandlung der Veräußerung von Goldverkäufen siehe Box III.3.1).[11] Beim Fed rühren die Einkünfte hingegen im Wesentlichen aus den Zinserträgen der im Rahmen der Offenmarktgeschäfte angekauften (staatlichen) Wertpapiere her.

Da die Mindestreservehaltung mit dem Zinssatz für das Hauptrefinanzierungsgeschäft verzinst wird, diese Zinszahlungen aber von den monetären Einkünften aus Vermögenswerten abgezogen werden, bleibt als entscheidende Quelle für umverteilungsrelevante Einkünfte nur noch der Banknotenumlauf (außerhalb des Eurosystems befindliche Banknoten) übrig.

Box II.1.3: Regionalgeldemission in Deutschland

Vor allem in den deutschsprachigen Ländern des Euro-Währungsgebiets werden zunehmend so genannte *Regionalwährungen* als lokale Bargeldsubstitute zum Euro ausgegeben (Rösl, 2007a). Die Geldscheine besitzen kleine Nennwerte bis maximal 50 Regionalgeldeinheiten (z. B. „Chiemgauer") und werden in aller Regel von privaten „Vereinen für nachhaltiges Wirtschaften" gegen Ankauf von Euro in Umlauf gebracht. Dabei wählt man meist einen Wechselkurs von 1:1 zum Euro, um den teilnehmenden Unternehmen eine doppelte Preisauszeichnung und den Privatpersonen ein lästiges Umrechnen der Europreise zu ersparen. Auch ist es bei einigen wenigen Regionalgeldanbietern mittlerweile möglich, bargeldlos per Überweisung zu bezahlen. Diese Form von regionalem Buchgeld ist aber noch vergleichsweise wenig entwickelt.

In Deutschland laufen bereits in 20 Regionen Regionalgelder um. Zudem wird in fast 60 weiteren Regionen die Einführung solcher lokaler Zahlungsmittel geplant. Dabei werden diese Gelder als „Schwundgelder" ausgegeben. Diese spezifische

---

[11] Der Konsolidierte Ausweis des Eurosystems zeigt jeweils zum Wochenschluss die Vermögenswerte und die Verbindlichkeiten der EZB und der nationalen EWU-Zentralbanken. Die Vermögenswerte, insbesondere Gold und Fremdwährungsforderungen werden jeweils zum Quartalsende zu Marktpreisen neu bewertet. Während des Quartals werden die Transaktionen des Eurosystems zu Transaktionswerten gebucht. Unrealisierte Bewertungsgewinne stellen keine monetären Einkünfte dar. Sie finden ihren Niederschlag auf der Passivseite unter der Position „Ausgleichsposten aus Neubewertung" – in Abb. II.1.1 unter Sonstiges erfasst. Unrealisierte Bewertungsverluste schlagen sich am Jahresende in der GuV-Rechnung nieder, sofern sie vorangegangene Bewertungsgewinne übersteigen. Die monetären Einkünfte der nationalen Zentralbanken bzw. der Nettogewinn der EZB werden also nur dann berührt, wenn es zu einer Realisierung von Bewertungsgewinnen bzw. -verlusten durch Veräußerung kommt oder wenn Bewertungsverluste am Jahresende nicht mehr durch eine Auflösung des Ausgleichspostens aus Neubewertung für die betreffende Position (z. B. US-$) kompensiert werden können. Dies war etwa im Jahre 2003 der Fall.

Geldform – in der Literatur bekannt auch als „Freigeld" – ist so konstruiert, dass es nach einem im Voraus bekannten Zeitpfad an Wert verliert. Durch diesen bewusst dem Geldhalter auferlegten Wertschwund soll der Geldbesitzer angehalten werden, seine Geldbestände möglichst zügig wieder auszugeben. In Kombination mit der Beschränkung des Zahlungsmittels allein auf die heimische Region erhofft man sich hiervon eine nachhaltige Förderung der regionalen Wirtschaft.

Gegenwärtig sind die Schwundgelder meist als „Markengeld" konstruiert (Rösl, 2006). Hier muss der Besitzer der Geldscheine zum Werterhalt kleine Klebemarken auf den Geldschein anbringen, um so die Gültigkeit des Zahlungsmittels für eine bestimmte Zeitperiode (meist 3 Monate) zu sichern. In der Regel kosten die Marken 2-3% des Nennwerts der Scheine pro Quartal und sind gegen offizielle Währung bei der Emissionsstelle zu erwerben. Hinzu kommt den Vereinsstatuten einiger Regionalgeldemittenten zufolge auch noch eine am Ende der Gesamtlaufzeit der Scheine (1 Jahr) anfallende Um- bzw. Rücktauschgebühr in Höhe von 5% des Nennwerts. Ähnliches gilt auch für das „Tabellengeld", bei dem der Wertschwund des Geldes direkt am Geldschein abgelesen werden kann, sei es über eine auf der Rückseite der Note aufgedruckte Tabelle oder anhand eines Balkendiagramms. Als dritte Schwundgeldvariante wird noch das „Ablaufgeld" ausgegeben. Hier verzichtet man auf einen laufenden Geldschwund. Vielmehr will man allein über eine begrenzte Gültigkeitsdauer der Scheine (bis 1 Jahr) in Kombination mit einer am Ende der Laufzeit drohenden Um- bzw. Rücktauschgebühr die permanente Verausgabung des Regionalgelds sicherstellen.

Gegenwärtig am meisten verbreitet ist der erstmals im Jahre 2003 emittierte „Chiemgauer", der initiiert von Schülern der örtlichen Walldorfschule mit einer derzeitigen Umlaufsumme von fast 100.000 Euro in der Gegend um Prien am Chiemsee zirkuliert. Nach Angaben des ausgebenden Chiemgauer Regionalvereins akzeptieren mittlerweile 750 Unternehmen aus unterschiedlichsten Branchen das örtliche Zahlungsmittel, so dass sich sukzessive ein Geldkreislauf etabliert (www.chiemgauer.info). Der Gesamtumlauf der Regionalwährungen in Deutschland kann gegenwärtig auf einen Eurogegenwert von rund einer halben Million Euro beziffert werden. Trotz der Verfünffachung der Umlaufsumme der Regionalwährungen in den letzten drei Jahren bleibt die gesamtwirtschaftliche Bedeutung der Regionalwährungen jedoch weiterhin sehr klein. Dies zeigt schon der einfache Vergleich mit den in Deutschland zirkulierenden offiziellen Bar- und Buchgeldbeständen, die im Herbst 2007 rund 950 Mrd. Euro betrugen.

Die Regionalgeldherausgeber möchten eine „gesunde" Alternative zum staatlichen Monopolgeld bereitstellen, denn das offizielle Geldsystem sei pervertiert:[12] Erstens wirke Geld wie eine Art Pumpe, die das Kapital aus Regionen, in denen es verdient wird, absauge und in Regionen fließen lasse, in denen die derzeit höchste Rendite erzielt werde. Die Kosten dieses unsolidarischen Gewinnstrebens in

---

[12] Vgl. z. B. Kennedy/Lietaer (2004); kritisch hierzu Rösl (2005).

Form von Arbeitslosigkeit und allgemeinem ökonomischen Niedergang hätten die betroffenen Regionen zu tragen. Die regionale Begrenzung der Einsetzbarkeit der Regionalgelder solle nun sicherstellen, dass die Kaufkraft vor Ort bliebe. Dies käme auch der Umwelt zugute, da nun wegen der verminderten Transportwege für die verkauften Waren auch die natürlichen Ressourcen geschont würden. Zweitens sei das von Profitgier und Wachstumszwang getriebene offizielle Geldsystem undemokratisch und unsolidarisch. Deshalb haben die meisten Regionalgeldinitiativen einen Währungsrat installiert, der nach demokratischer Entscheidungsfindung nicht nur über die ausgegebene Regionalgeldmenge sondern auch über die aufgelaufenen Geldschöpfungsgewinne entscheidet. Auch können oftmals die Regionalgeldhalter selbst bei Erwerb der Geldscheine entscheiden, welche örtliche Einrichtung einen Teil der „Regionalbankeinnahmen" erhält.

Drittens gerate beim offiziellen Geldsystem der Geldkreislauf fast zwangsläufig ins Stocken, da die Geldbesitzer wegen der Wertstabilität des Geldes nicht gezwungen sind, ihr gerade erhaltenes Geld sofort wieder für Güterkäufe auszugeben.[13] Horten die Geldhalter ihre Barbestände, dann entsteht eine strukturelle Nachfragelücke auf den Gütermärkten gefolgt von Arbeitslosigkeit und ökonomischem Niedergang. Legen sie ihr Geld dagegen bei Banken an, dann kehren zwar die durch das Sparen dem Markt entzogenen Gelder über die Kreditvergabe der Banken wieder in den Kreislauf zurück, doch müssen hierfür nun die Geldverwender (Arbeiter) letztlich unnötigerweise Zinszahlungen an die Geldbesitzer (Kapitalisten) leisten. Damit sei der Zins nichts anderes als ein Sondergewinn der Kapitalisten, der allein auf die stoffliche Besonderheit des Geldes als unverderbliches Tauschmittel zurückgeführt werden kann. Denn nur aufgrund dieser stofflichen Überlegenheit des Geldes haben die Geldbesitzer überhaupt die Wahlfreiheit zu entscheiden, ob sie Güterkäufe tätigen oder der Volkswirtschaft durch Kaufabstinenz Schaden zufügen. Deshalb soll Geld – wie alle anderen Güter auch – über die Einführung einer Geldhaltegebühr („Umlaufsicherung") künstlich „rosten" und auf diese Weise Horten und Sparen unattraktiv gemacht werden.

Soweit die konzeptionellen Grundlagen der Schwundgeldbefürworter (Rösl, 2007b). Zunächst ist richtig, dass international gehandelte Währungen wie der Euro und der US-Dollar in ihrer Funktion als internationale Tauschmittel die überregionale Kapitalallokation erheblich erleichtern. Wenn sich nun im Zuge des weltweiten Wettbewerbs um internationale Ersparnisse bestimmte Investitionen in heimischen Regionen nicht rentieren, werden sie aus Sicht der Kapitalgeber (und das sind in der Regel die vielen kleinen Sparer) auch nicht finanziert. Dies ist in einer Marktwirtschaft gar nichts Ungewöhnliches, ja vielmehr Wünschenswertes. Genauso wie sich vergleichsweise schlechte Produkte am Markt nicht absetzen lassen, sorgt auch hier der „Sanktionsmechanismus Markt" für den effizienten Einsatz der Ressourcen.

---

[13] Vgl. Gesell (1949, 181ff. und 235ff.) sowie Gesell (1911).

Zudem lassen sich aller Erfahrung zufolge mit Hilfe der Geldpolitik keine realwirtschaftlichen Strukturprobleme lösen. Von kurzfristigen konjunkturellen Strohfeuern abgesehen kann die Notenbank allein Einfluss auf die Inflation in ihrem Währungsraum nehmen. Inflation als Mittel der Strukturpolitik ist jedoch in jedem Falle schädlich, da hierdurch die für die Funktionsfähigkeit von arbeitsteiligen Volkswirtschaften so überaus wichtige Lenkungs- und Signalfunktion der relativen Preise gestört wird.

Geradezu grotesk ist die gesellianische Interpretation des Zinses als einen letztlich von den Arbeitern finanzierten Sondergewinn der Geldbesitzer (Kapitalisten), der seinen Ursprung findet in der stofflichen Überlegenheit des Geldes gegenüber verderblichen Waren und dem Wunsch der Geldbesitzer, diesen Umstand auszubeuten. Hier soll die Anmerkung genügen, dass der Zins in einer Volkswirtschaft schon allein deshalb seinen Ursprung nicht in der stofflichen Überlegenheit des Geldes haben kann, da es einen Zins als Leihgebühr für die zeitlich befristete Überlassung einer Ressource auch in einer reinen, *geldlosen* Tauschwirtschaft gibt.

Auch die erhoffte *nachhaltige* Regionalförderung durch die künstliche Beschränkung der Regionalgelder auf die Region erweist sich als nicht stichhaltig. Ein solches, letztlich bewusst auf regionale Abschottung zielendes System behindert den überregionalen Handel, ohne den sich eine Region nicht weiterentwickeln kann. Zudem schädigt man durch Abschottung nicht nur sich selbst, sondern auch den potenziellen Handelspartner, dem man ebenfalls Wachstumschancen nimmt. Der ökonomische Grund hierfür liegt im beiderseitigen Verzicht auf eine an komparativen Vorteilen orientierte überregionale Arbeitsteilung und auf integrierte Absatzmärkte, die großvolumiger sind als die Summe der regionalen Einzelmärkte. Zudem sei erwähnt, dass ein gestiegener Umsatz seitens der Unternehmen nicht ohne weiteres mit einem Zuwachs der regionalen Wertschöpfung gleichgesetzt werden kann. Werden nämlich Geldhalter aufgrund des drohenden Geldschwunds faktisch dazu gezwungen, Güter zu kaufen, die sie eigentlich gar nicht haben wollen, deren Nutzen aber immer noch höher ist, als der Verlust aus dem Wertschwund, werden sie diese Transaktion tätigen. Damit steigt zwar der Umsatz bei den Unternehmen, aber die Versorgung der Bürger in der Region mit gewünschten Gütern ist suboptimal.

Die umlaufenden Schwundgelder sind jedoch nicht zuletzt wegen der vergleichsweise hohen Geldhaltungskosten kritisch zu sehen. Diese werden von Seiten der Geldemittenten etwas euphemistisch als „Umlaufsicherung" bezeichnet. So belaufen sich beim Markengeld allein die zusätzlichen Kosten aus dem Markenkauf auf rund 8 % des Nennwerts pro Jahr. Vor diesem Hintergrund überrascht es jedenfalls nicht, dass der überwiegende Teil der Schwundgelder in Gegenden umläuft, die gemessen an den regionalen Arbeitslosenquoten relativ strukturstark sind. Offenbar kann man sich dort den „Luxus" Schwundgeld eher leisten als in vergleichsweise wirtschaftlich weniger potenten Gebieten.

Aber warum nehmen die Regionalgeldhalter überhaupt an einem solchen Schwundgeldsystem teil? Die Gründe hierfür dürften vielschichtig sein. Zum einen bieten diese Geldscheine ihren Besitzern die Möglichkeit, sich demonstrativ zur Region zu bekennen und ein Zeichen gegen die Globalisierung zu setzen („Geld der Anti-Globalisierer"). Auch dürfte die oftmals mit dem Kauf der Regionalgelder einhergehende Spende an örtliche soziale Einrichtungen und Vereine für die Geldhalter einen gewissen Prestigegewinn darstellen. Zudem scheint schon allein der Spaßfaktor, einmal mit Regionalgeld gezahlt zu haben, insbesondere für Touristen eine gewisse Rolle zu spielen. Zuletzt dürften einige Regionalgeldbesitzer auch ohne große ausgeprägte kapitalismuskritische Grundüberzeugung an die Wirksamkeit der Regionalgelder als Beitrag zur lokalen Wirtschaftsförderung glauben oder zumindest den experimentellen Charakter der Schwundgeldemission für unterstützungswürdig erachten.

Aus den genannten Gründen scheint auch auf absehbare Zeit die Nachfrage nach regionalem Geld in Deutschland weiter zuzunehmen. Von Seiten der Anbieter dieser Gelder ist hierbei keine Begrenzung zu erwarten, lässt sich doch auf diese Weise völlig risikolos „Geld verdienen". Verbleibt die Frage, ob nicht irgendwann die staatlichen Behörden gegen diese Initiativen mit rechtlichen Mitteln vorgehen werden. Denn nach § 35 Bundesbankgesetz ist die Ausgabe von Nebengeld verboten, wenn dieses geeignet ist, im Zahlungsverkehr anstelle von gesetzlichen Zahlungsmitteln verwendet zu werden. Aus ökonomischer Sicht stellen diese Regionalgeldemissionen jedenfalls auf absehbare Zeit keine Bedrohung für die erfolgreiche Funktionsfähigkeit der Geldpolitik des Eurosystems dar.

Box erstellt von G. Rösl, Fachhochschule Regensburg.

2 Zielvorgabe(n) und Unabhängigkeit

"Classicals and Keynesians agree that, for disinflation to be achieved without high unemployment costs, reducing the public's expected inflation rate is important. Perhaps the most important factor determining how quickly expected inflation adjusts is the credibility, or believability, of ... the announced disinflationary policy ... a strong and independent central bank, run by someone with well-known anti-inflation views, may have credibility with the public when it announces a disinflationary policy" (Abel/Bernanke, 2005, 462).

Zentralbanken können mit zinspolitischen Maßnahmen nur indirekt auf das Verhalten der wirtschaftlichen Akteure einwirken. Dies macht bereits deutlich, dass die geldpolitische Steuerung nicht eine bloße Technik darstellt, wo mittels einfacher Hebel ein bestimmtes Regelwerk gesteuert wird. Zunehmend wächst zudem die Einsicht, dass neben den traditionellen Zinswirkungen der Erwartungskanal die Wirksamkeit der Geldpolitik maßgeblich bestimmt. Danach kommt es darauf an, dass die Zentralbank die Inflationserwartungen niedrig hält (Weber, 2005, 4, siehe hierzu auch Woodford, 2003, 15). Diese Erwartungen wiederum hängen wesentlich vom institutionellen Zuschnitt der Zentralbank ab, da dieser ihre Handlungsmöglichkeiten entscheidend beeinflusst.

2.1 Zur Bedeutung von Institutionen für die Geldpolitik – Glaubwürdigkeit ist gefragt

Die Bedeutung von Institutionen (wieder) ins Bewusstsein der Theorie der Wirtschaftspolitik gehoben zu haben, ist das Verdienst der Neuen Institutionenökonomik. „Funktionell gesehen, können Institutionen als Einrichtungen verstanden werden, die helfen, die Ungewissheiten des menschlichen Lebens zu verringern, das Treffen von Entscheidungen zu erleichtern und die Zusammenarbeit zwischen den einzelnen zu fördern, sodass im Ergebnis die Kosten der Koordination wirtschaftlicher und anderer Aktivitäten abnehmen" (Richter/Furubotn, 2003, 8). Während bereits von Schmoller (1900, 61) frühzeitig die Bedeutung von Institutionen herausgearbeitet und den Begriff geprägt hat, werden im Rahmen der neoklassischen Theorie Institutionen weithin vernachlässigt (Richter/Furubotn, 2003, 2).[14] Wie wichtig formelle und informelle Regeln als handlungsleitende

---

[14] Die Neoklassik hat allerdings noch ein weitaus größeres Problem: die Homo oeconomicus-Annahme. „Lange Zeit haben Wirtschaftstheoretiker ein Retortenwesen namens Homo oeconomicus zur Grundlage ihrer Überlegungen gemacht ... Diese Kreatur hat sich mittlerweile als unhaltbare Fiktion erwiesen" (Sigmund/Fehr/Nowak, 2006, 56). Im Einzelnen hierzu auch Ruckriegel (2007a und 2007b). Die Kritik am homo oeconomicus geht dabei insbesondere von der Behavioral Economics und der experimentellen Wirtschaftsforschung aus. Daniel Kah-

Institutionen sind, lässt sich beispielsweise an neueren Ansätzen der Wachstumstheorie erkennen. So stellen Hall und Jones (1999) die soziale Infrastruktur, zu der auch die Institutionen gehören, als die entscheidende Bestimmungsgröße für das Wirtschaftswachstum heraus. „The government policies and institutions that make up the social infrastructure of an economy determine investment and productivity, and therefore also determine the wealth of nations." (Jones, 2002, 149; Hall/Jones, 1999; Romer, 2006, 144ff.; Snowdon/Vane, 2005, 635ff. sowie Acemoglu/Johnson/Robinson, 2005). Auch der Internationale Währungsfonds und die Weltbank tragen verstärkt der Bedeutung von Institutionen für wirtschaftliches Wachstum Rechnung (vgl. Stark, 2005, 3).[15]

Erst in jüngerer Zeit sind institutionenökonomische Überlegungen auch für Fragen geldpolitischer Steuerung fruchtbar gemacht und dem institutionellen Design der Zentralbank eine entscheidende Rolle zugewiesen worden: „In der traditionellen Makroökonomik spielen die Institutionen der Geldpolitik keine wesentliche Rolle. Dies änderte sich erst, nachdem die Literatur zur Glaubwürdigkeit von Geldpolitik gezeigt hatte, dass der institutionelle Rahmen potenziell ein wichtiger Faktor zur Beeinflussung der Erwartungen des privaten Sektors ist." (von Hagen et al., 2002, 11). Diese Vernachlässigung bzw. Nichtbeachtung institutioneller Faktoren verwundert allerdings, da es insbesondere seit 1957 mit der Deutschen Bundesbank eine Zentralbank gab, deren Erfolg im Wesentlichen mit den im internationalen Vergleich keineswegs üblichen institutionellen Bedingungen, die ihr weitgehende politische Unabhängigkeit verliehen, verbunden war.[16] Man hätte also leicht feststellen können, dass „institutions matter".

---

neman (2003, 162) verweist hier darauf, dass er seine erste Begegnung mit den „psychological assumptions of economics" Anfang der 70er Jahre hatte, als Bruno Frey in einem Artikel schrieb, dass „the agent of economic theory is rational and selfish, and that his tastes do not change", wobei er als Psychologe davon kein Wort glauben konnte („not to believe a word of it"). Mittlerweile haben die Erkenntnisse der „Behavioral Economics" auch Eingang in die wirtschaftspolitische Politikberatung bzw. bereits unmittelbar in die Wirtschaftspolitik gefunden. So etwa im Gutachten „Psychologie, Wachstum und Reformfähigkeit", das unter Federführung des ZEW (Mannheim) für das Bundesministerium der Finanzen erstellt wurde (März 2007; eine Zusammenfassung der Ergebnisse findet sich bei Heinemann, 2007). Auch die US-Notenbank ist gerade dabei, die Erkenntnisse der Behavioral Economics in ihre Überlegungen einzubeziehen, so Frederic Mishkin, Mitglied des Board of Governor of the Federal Reserve System, auf dem CFSsymposium „The Theory an Practice of Monetary Policy Today" am 4. Oktober in Frankfurt, das anlässlich der Verleihung des „Deutsche Bank Prize in Financial Economics 2007" an Michael Woodford veranstaltet wurde.

[15] Mit diesem Strang der Wachstumsforschung wird freilich kein wirkliches Neuland betreten wie ein Blick auf die Euckensche Ordnungstheorie und daraus abzuleitende Wachstumskonsequenzen ebenso zeigt wie auf einen Teil der (deutschsprachigen) Wachstumsforschung – vor allem unter dem Einfluss von Ernst Dürr. Es dominierten in der Vergangenheit aber freilich von Ordnungsüberlegungen „freie" keynesianische und neoklassische Sichtweisen. Erst mit dem Einfluss der „Neuen Institutionenökonomik" ist die Wachstumsbedeutung von Institutionen nachhaltig in ein breiteres Bewusstsein getragen worden.

[16] Bereits mit dem Autonomiegesetz vom 22.5.1922 und dem Bankgesetz vom 30.8.1924 erlangte die Reichsbank eine von der Reichsregierung unabhängige Stellung: „Die Reichsbank ist eine

Die Forderung nach einer unabhängigen, auf das Ziel der Preisstabilität ausgerichteten Zentralbank geht in der Nachkriegszeit in Deutschland auf den „Ordoliberalismus" zurück. Auch bei dessen Vorschlägen ging es darum, einen monetären Rahmen zu schaffen, um die Erwartungen zu stabilisieren. So führte etwa Röpke hierzu 1953 aus: „Freilich müssen mehrere Voraussetzungen erfüllt sein, wenn die Marktwirtschaft auch befriedigend und ohne ernste Störungen ... funktionieren soll. ... Die erste und auch dem Rang nach oberste ist die Stabilität der Währung. ... Insbesondere ist die Unabhängigkeit der Zentralbank gegenüber allen (insbesondere politischen) Inflationsinteressenten zu sichern." (Röpke, 1997, 50). Im Bundesbankgesetz, welches 1957 in Kraft trat, wurde in § 12 die Unabhängigkeit der Deutschen Bundesbank von Weisungen der Bundesregierung verankert. Die Begründung im Regierungsentwurf entsprach der Röpkes (Deutscher Bundestag, 1956, 24-26).

30 Jahre später wurde diese „Einsicht", von den USA kommend und primär in Folge der von Kydland und Prescott (1977) aufgeworfenen Zeitinkonsistenz-Problematik der Geldpolitik wieder entdeckt und setzte sich in den 90er Jahren nach der Untersuchung von Alesina/Summers (1993) durch: „In the 1990s, a consensus emerged in the academic community that one of the most assured routes to price stability was to grant central banks greater independence from the political authorities, on the grounds that such independence seems to deliver better inflation performance at no cost in terms of real activity." (Kydland/Wynne, 2002, 4).

Bei politisch unabhängigen Zentralbanken tragen die Zentralbanken Verantwortung für die Geldpolitik. In der Literatur lassen sich hier zwei unterschiedliche Ansätze identifizieren: Rogoff (1985) schlägt vor, die Geldpolitik in die Hände von konservativen Zentralbankern, die Inflationsbekämpfung eine herausgehobene Stellung zuweisen, zu legen, nach Walsh (1995) soll ein Vertrag zwischen der Regierung und der Zentralbank das Ziel der Geldwertstabilität festschreiben. Der Vorschlag von Walsh läuft letztlich auch darauf hinaus, dass zwischen der Regierung und dem Vorstand der Zentralbank ein Vertrag geschlossen wird, wonach dessen Bezahlung (und Sanktionen) vom Erreichen der vorgegebenen Inflationsziele abhängig ist. Das Vereinigte Königreich und Neuseeland werden häufig als Beispiele für den Walsh'schen Vetrags-Ansatz – wenn auch nicht hinsichtlich der

---

von der Reichsregierung unabhängige Bank ...", so die eindeutige Formulierung im Bankgesetz. Sie nutzte ihre Unabhängigkeit aber nicht zur Stabilisierung des Geldwerts, sondern finanzierte staatliche Budgetdefizite mit Notenbankkrediten (siehe hierzu Jarchow, 2003, 411f.). Institutionelle Unabhängigkeit einer Zentralbank ist wohl angesichts des politischen Inflationsbias eine notwendige, aber keine hinreichende Bedingung für die Verfolgung von Preisstabilität. Die nach dem II. Weltkrieg gegründeten Landeszentralbanken unterlagen zwar der staatlichen Aufsicht, die Landesregierungen hielten sich aber mit Weisungen zurück. Die 1948 nach dem US-amerikanischen Vorbild eines zweistufigen und dezentralen Zentralbanksystems als Kopfstelle geschaffene Bank deutscher Länder war zwar unabhängig von deutschen Regierungsstellen, nicht aber von der „Alliierten Bankenkommission" (zu den Einzelheiten Zeitler, 2007a).

Bezahlung –, die Deutsche Bundesbank und das Eurosystem als Beispiele für den Rogoff'schen Ansatz angeführt. Während im ersten Fall das Inflationsziel konkret von der Regierung vorgegeben wird, kann im zweiten Fall die Zentralbank das Inflationsziel selbst näher operationalisieren, wobei das Ziel als solches aber von der Politik vorgegeben ist.

2.2 Eurosystem und Federal Reserve System im Vergleich

Da dem institutionellen Design von Zentralbanken bei der Frage der Glaubwürdigkeit der Geldpolitik eine maßgebliche Bedeutung zukommt, erscheint ein Vergleich der beiden weltweit bedeutendsten Zentralbanken unter institutionellen Gesichtspunkten von besonderem Interesse.

Das vorrangige Ziel des Eurosystems ist, Preisstabilität zu gewährleisten, wobei es dem Eurosystem obliegt, dieses Ziel zu operationalisieren (Wahl des Preisindex, quantitative Definition von Preisstabilität, relevanter Zeithorizont). Nur soweit es ohne Beeinträchtigung des Ziels der Preisstabilität möglich ist, soll das Eurosystem die allgemeine Wirtschaftspolitik in der EWU unterstützen. Das Eurosystem besitzt also, ebenso wie das Federal Reserve System (Fed), keine Zielunabhängigkeit.

Box II.2.1: Deutsche Bundesbank als starker Partner im Eurosystem

Die Zentralbanken im Eurosystem erledigen viele ihrer Aufgaben im Team – nicht mehr im Alleingang wie noch vor 1999. In das „Mannschaftsspiel" der Eurosystemmitglieder bringt die Deutsche Bundesbank ihr über 50-jähriges geld- und währungspolitisches Know-how ein, das sie als erfolgreiche unabhängige Zentralbank zunächst mit der D-Mark und dann mit dem Euro gewonnen hat. Hinzu kommt ihre langjährige Expertise als Stabilitätshüterin für den Zahlungsverkehr und das Finanzsystem.

Wenn heute über die europäische Geldpolitik gesprochen wird, ist oft die Rede von der EZB als Hauptakteurin und von „den zinspolitischen Entscheidungen der EZB". Das ist jedoch eine verkürzte Redeweise; sie „unterschlägt", dass die Geldpolitik gemeinschaftlich entschieden und verantwortet wird – von Gouverneuren bzw. Präsidenten der nationalen Zentralbanken und den Mitgliedern des EZB-Direktoriums im Rat der EZB. Die Einheitlichkeit des Eurosystems stellt der Rat durch Richtlinien und Entscheidungen her, die in über 70 Komitees, Arbeitsgruppen und Task Forces des Systems vorbereitet werden. Jedes Jahr fällt der Rat mehr als 300 Entscheidungen mit Relevanz für den gemeinsamen Währungsraum und das eigene Handeln. Davon befassen sich nur 12 Beschlüsse unmittelbar mit dem Leitzins, die restlichen betreffen vor allem operative Bereiche der Zentralbanken und das Zusammenspiel im System.

Bei Diskussion und Entscheidungsfindung in den geldpolitischen Sitzungen stützen sich die Ratsmitglieder auf die Expertise ihrer jeweiligen Zentralbank. Zugleich erarbeiten ausgewiesene Experten aller nationalen Zentralbanken und der EZB im Monetary Policy Committee (MPC) – einem Ausschuss des Eurosystems – gemeinsam Projektionen, Einschätzungen und Studien. Diese zieht der Rat ebenfalls als Entscheidungs- und Positionierungshilfe heran. Das heißt, die Fachleute im Eurosystem kooperieren und sie konkurrieren zugleich um die besten Ideen und Analysen zugunsten einer möglichst effizienten Zentralbankpolitik.

Der Präsident der Bundesbank nutzt für seine Mitwirkung an den Zinsentscheidungen des Rats den Sachverstand von Ökonomen, Statistikern und Währungsfachleuten der Bank. Und was der Rat geldpolitisch beschließt, setzt die Bundesbank in Deutschland um, in der mit Abstand größten Volkswirtschaft Europas. Der Anteil der Bundesbank an der Menge des Geldes, das sich die Kreditinstitute im Euroraum bei den Zentralbanken kurzfristig auf Basis des vom Rat beschlossenen Leitzinses gegen Sicherheiten ausleihen, ist vergleichsweise hoch: Er liegt bei 50%. Und von allen Kreditinstituten, die im Durchschnitt des Jahres 2006 an den so genannten Hauptrefinanzierungsgeschäften des Eurosystems teilnahmen, waren rund zwei Drittel aus Deutschland.

Überdies erläutert die Bundesbank der deutschen Öffentlichkeit die Geldpolitik des Eurosystems – in Auftritten ihrer Führungsspitze, in Publikationen, sowie in Lehrer- und Schülerseminaren und in einem notenbankpolitisch orientierten Geldmuseum. Diese Kommunikation ist doppelt bedeutsam: Indem die Bundesbank über ihr Tun Rechenschaft ablegt, errichtet sie für ihre gesetzliche Unabhängigkeit einen zusätzlichen demokratischen Stützpfeiler. Außerdem fördert sie das Stabilitätsbewusstsein der Bevölkerung und schafft einen Gutteil des Vertrauens, das für den Erfolg der Euro-Stabilitätspolitik notwendig ist.

Das Eurosystem-Mitglied Deutsche Bundesbank trägt also gemäß seinem gesetzlichen Auftrag Mitverantwortung für das im EG-Vertrag verankerte Ziel, die Preisniveaustabilität im Euroraum zu sichern. Deshalb ist für die Bundesbank die Geldpolitik weiterhin ein zentrales Geschäftsfeld wie auch die Stabilität des Finanz- und Währungssystems. Beide Hauptaufgabengebiete erfordern gründliche Analysen, eine langfristige Orientierung und Neutralität gegenüber Einzelinteressen. Das gilt auch für die drei weiteren, stark operativ ausgerichteten Bereiche: die Bankenaufsicht, den unbaren Zahlungsverkehr und das Bargeld. Alle fünf Kerngeschäftsfelder zusammen stehen unter dem obersten Leitsatz: „Stabilität sichern".

Allen Kerngeschäftsfeldern gemeinsam ist eine aktive Mitarbeit in internationalen Organisationen auf den verschiedensten Ebenen und an multinationalen Vereinbarungen zu Fragen des Währungs- und Finanzsystems. Mit dem Zusammenwachsen Europas und den wachsenden globalen Finanzströmen sind die zu lösenden Probleme und Diskussionen internationaler und komplexer geworden, mithin auch die Tätigkeiten der Bundesbank. Vor allem deshalb baut sie in allen Kerngeschäftsfeldern die Forschung aus, muss sie doch ihre Kompetenz im Wettbewerb der Ideen beweisen. Diese Kompetenz, ob für die geldpolitische Entscheidungsfindung des Eurosystems oder für internationale Debatten über die Stabilität des Finanzsystems, kann sie nur durch Forschung, Analyse, Personalentwicklung und Mitarbeit in allen relevanten Gremien stärken. In ihrem 2002 errichteten Forschungszentrum untersucht sie nicht nur, aber vor allem die Wirkungsmöglichkeiten der Geldpolitik sowie die Bedingungen und Wirkungen von Finanzsystemstabilität.

Auf dem Kerngeschäftsfeld Finanz- und Währungssystem arbeitet die deutsche Zentralbank daran mit, nationalen und internationalen Finanzkrisen vorzubeugen – auch internationalen Krisen, weil diese auf Deutschland überspringen oder ausstrahlen können. Finanzkrisen, z. B. die Zahlungs- oder Kreditunfähigkeit großen Stils in der Kreditwirtschaft, lassen Wachstum und Beschäftigung einbrechen. Finanzkrisen drohen generell bei zu großer Anhäufung risikoreicher und unzureichend abgesicherter Kredite an den verschiedensten Stellen. Sie behindern überdies die Geldpolitik, denn die Transmission der zinspolitischen Maßnahmen via Kreditwirtschaft kann durch Finanzkrisen verzögert, erschwert oder gar vereitelt werden. Und sie erschüttern am Ende das Vertrauen in die Preisstabilität. Bei Schocks, Ungleichgewichten oder Vertrauenskrisen kann der Liquiditätsbedarf im Bankensektor plötzlich und stark steigen, wie dies während der Finanzmarktturbulenzen im Sommer 2007 infolge der Krise am US-Immobilienmarkt zu beobachten war. Die resultierenden Liquiditätsengpässe können dann unter Umständen zu einer Solvenzkrise führen und letztlich das Finanzsystem als Ganzes gefährden, sofern systemrelevante Marktteilnehmer betroffen sind. Als einziger Quelle für Liquidität, sprich Zentralbankgeld, kann der Zentralbank eine wichtige Rolle bei der Überwindung von Finanzkrisen zukommen. Sofern sie allerdings im Krisenfall Liquiditätshilfen gewährt, die über die Sicherung der Funktionsfähigkeit des Geldmarktes und des Zahlungsverkehrs hinausgehen, droht sie leicht in einen Zielkonflikt zu geraten. Die Zentralbank kann dann die Erwartung wecken, dass sie vorschnell zum „bail-out", zur Unterstützung einzelner Finanzakteure oder des gesamten Finanzsektors bereit sein könnte. Dies würde die Marktdisziplin („hazard"-Problem) und die Neigung der Marktteilnehmer schwächen, Risiken angemessen zu bepreisen.

Gemäß der Devise „Vorsorge ist besser als Nachsorge" ist die Bundesbank bestrebt, mit diversen Analysen und kontinuierlicher Beobachtung der Finanzmärkte dazu beizutragen, Finanzkrisen frühzeitig zu erkennen. Außerdem setzt sie sich in vielen internationalen Gremien dafür ein, Transparenz und Marktdisziplin zu verbessern und den Regulierungsrahmen marktkonform weiterzuentwickeln.

Mit der Bankenaufsicht als einem weiteren Kerngeschäftsfeld erfüllt die Bundesbank eine operativ herausragende Teilaufgabe, die der Sicherung einer finanziell soliden Kreditwirtschaft und so letztlich ebenfalls der Finanzsystemstabilität dient. Wertvolle wechselseitige Erkenntnisse ergeben sich aus der Aufsichtstätigkeit und aus den anderen Notenbankfunktionen, etwa der Finanzstabilitätsanalyse, der Präsenz der Bundesbank an den Geld-, Kapital- oder Devisenmärkten oder der Versorgung der Kreditinstitute mit Liquidität.

Im Rahmen der Zusammenarbeit mit der Bundesanstalt für Finanzdienstleistungsaufsicht ist die Bundesbank für die laufende Überprüfung der über 2.000 Kreditinstitute in Deutschland zuständig, wobei vor allem deren Solvenz, Liquidität und Risikosteuerungssysteme auf dem Prüfstand stehen. Diese laufende Aufsicht umfasst unter anderem: Aufsichtsgespräche, die laufende Auswertung von Meldungen und Prüfungsberichten und bankgeschäftliche Prüfungen, z. B. nach dem Basel-II-Regelwerk. Auch wirkt die Bundesbank auf nationaler und internationaler Ebene an der Weiterentwicklung bankaufsichtlicher Vorschriften mit. So hat sie zur 2004 verabschiedeten internationalen Rahmenvereinbarung des Baseler Ausschusses für die internationalen Eigenkapitalvorschriften („Basel II") vielfältigen Input geleistet.

Seit jeher war die Zentralbank in Deutschland maßgeblich an der Bankenaufsicht beteiligt. Ab 1948 waren es zunächst die Bundesländer, die zusammen mit den Landeszentralbanken (nach dem zweiten Weltkrieg von den westlichen Militärregierungen dezentralisierte) Bankenaufsicht wahrnahmen. Mit dem Erlass des Gesetzes über das Kreditwesen (KWG) vom 10. Juli 1961 wurde am 1. Januar 1962 das Bundesaufsichtsamt für das Kreditwesen errichtet. Seitdem wirken eine zentrale staatliche Aufsichtsbehörde im Geschäftsbereich des Bundesministeriums der Finanzen und die Deutsche Bundesbank bei der Bankenaufsicht zusammen. Mit dem Gesetz über die integrierte Finanzdienstleistungsaufsicht vom 22. April 2002 wurden die bis dahin separaten Bundesaufsichtsämter für das Kreditwesen, das Versicherungswesen und den Wertpapierhandel ähnlich der Financial Services Authority (FSA) zur Bundesanstalt für Finanzdienstleistungsaufsicht (BaFin) zusammengefasst. Anders als im Vereinigten Königreich, wo mit der Schaffung einer Allfinanzaufsicht die Zentralbank ihre Kompetenz in der Bankenaufsicht verlor, stärkte der Gesetzgeber in Deutschland die Rolle der Bundesbank in der Aufsicht über Kreditinstitute und Finanzdienstleistungsinstitute.

Zwischen den Aufgaben der (mikroprudentiellen) Bankenaufsicht einerseits und der (makroprudentiellen) Sorge um die Stabilität des Finanzsystems sowie der Geldpolitik andererseits gibt es vielfältige Querverbindungen und Synergien. Diese können durch die Beteiligung der Zentralbank an der Aufsicht in idealer Weise genützt werden. Schließlich spielt die Robustheit des Bankensystems auch für die Wirksamkeit der Geldpolitik eine zentrale Rolle; geldpolitische Entscheidungen und gesamtwirtschaftliche Entwicklung wiederum haben Einfluss auf Rentabilität und damit Stabilität der Banken. Wie keine andere Institution in Deutschland hat die Bundesbank Einblick in und zugleich Kontakte zu den Banken und Finanzmärkten. Auf ihre Expertise zu verzichten, wäre ein Nachteil für den Banken- und Finanzplatz Deutschland. Die mitunter monierten Doppelarbeiten und Überschneidungen in der praktischen Aufsichtstätigkeit von Bundesbank und BaFin gilt es zu vermeiden. Daran war und ist der Bundesbank auf der Grundlage der Zuständigkeitsverteilung im Kreditwesengesetz gelegen.

Schwerwiegende Auswirkungen auf Banken und Unternehmen können Störungen im unbaren Zahlungsverkehr haben. Deshalb hat die Bundesbank gemäß gesetzlichem Auftrag für die reibungslose Abwicklung des Zahlungsverkehrs im Inland und mit dem Ausland zu sorgen. Sie überwacht die Zahlungsverkehrssysteme, sie betreibt und entwickelt eigene Systeme und versteht sich als Katalysator und Innovationstreiber zugunsten der europäischen Integration in diesem Bereich. Ca. 30–45 % des Abwicklungsvolumens der europäischen Zentralbanken entfallen auf die Bundesbank.

Eilbedürftige Individualzahlungen zwischen den Banken benötigen genauso wie die Abwicklung der geldpolitischen Operationen der Zentralbanken schnelle und sichere Zahlungssysteme. Die Bundesbank hat hier Maßstäbe gesetzt. Denn ihr RTGSplus-System ermöglicht den Banken nicht nur Zahlungen in Echtzeit, sondern hilft ihnen auch, Liquidität zu sparen; so können Banken z. B. gegenläufige Zahlungen als zusätzliche Deckungsmittel nutzen. Zusammen mit anderen Zentralbanken hat die Bundesbank dieses System europaweit fortentwickelt: An die Stelle des Verbundes verschiedener Echtzeit-Zahlungssysteme der europäischen Zentralbanken, TARGET1, an dem RTGSplus seit 1999 teilnimmt, trat im November 2007 TARGET2. Es ist ein Gemeinschaftssystem mit einheitlichen, gerade auch RTGSplus-Elemente widerspiegelnden Leistungsmerkmalen. Mit TARGET2 werden Zahlungen somit über eine einheitliche technische Plattform abgewickelt. Dieses Interbankenzahlungssystem in Zentralbankgeld mit einem arbeitstäglichen Volumen von fast 2,4 Billionen Euro gilt als zentraler Baustein der europäischen Finanzmarktarchitektur. Die Banken wickeln Zahlungen ihrer Kunden an andere Institute, die weniger zeitkritisch sind, großenteils bilateral oder über bankengruppeneigene Systeme ab. Darüber hinaus stellt die Bundesbank mit ihrem „Elektronischen Massenzahlungsverkehr" (EMZ) allen Banken – und daher wettbewerbsneutral – für institutsübergreifende Zahlungen ein ergänzendes System zur Verfügung.

Ab Anfang 2008 entsteht der Einheitliche Euro-Zahlungsverkehrsraum (SEPA), in dem alle Euro-Zahlungen mittels der neuen paneuropäischen Instrumente SEPA-Überweisung, -Lastschrift und -Kartenzahlung ebenso einfach, effizient und sicher abgewickelt werden sollen wie heute im Inland. Die Bundesbank unterstützt SEPA und fungiert als Bindeglied zwischen dem deutschen Kreditgewerbe und dem Eurosystem. Auch passt sie ihre eigenen Zahlungssysteme an die Erfordernisse des SEPA an.

Um das Vertrauen in den Euro zu erhalten, ist es auch wichtig, dass Bargeld stets ausreichend in guter Qualität zur Verfügung steht. Hierzu muss Falschgeld ebenso ausgesondert werden wie jene Münzen und Banknoten, die beschädigt oder abgenutzt sind. So werden mehr als 14 Mrd. Banknoten jährlich in den Filialen der Bundesbank eingezahlt und mit Hochgeschwindigkeitsmaschinen auf Echtheit und Umlauffähigkeit geprüft. Dies sind hoheitliche Aufgaben der Bundesbank im Kerngeschäftsfeld Bargeld. Zwar will die Bundesbank zunehmend eine Bargeldbearbeitung durch private Akteure ermöglichen. Aber um langfristig Qualität und Sicherheit der Versorgung in Notfall- und Krisensituationen – etwa bei streik- oder insolvenzbedingtem Ausfall größerer Gelddienstleister – gewährleisten zu können, muss sie weiter angemessen in den Bargeldkreislauf eingeschaltet sein und an der Banknotenbearbeitung beteiligt bleiben. Der Anteil der Bundesbank an der gesamten Bargeldemission des Eurosystems beträgt gut 40%.

Zu diesen Kerngeschäftsfeldern kommen die Verwaltung der Währungsreserven sowie Aufgaben in der Statistik, die teilweise ebenfalls eng mit den anderen Zentralbanken des Eurosystems abgestimmt werden. Einige andere Aufgaben der Bundesbank haben dagegen mit dem Mannschaftsspiel des Eurosystems kaum oder gar nichts zu tun. Das gilt etwa für die Rolle der Bundesbank als Hausbank des Staates, als „fiscal agent", mitwirkend an der Emission von Bundeswertpapieren, und als Beraterin der Bundesregierung in wirtschafts- und währungspolitischen Fragen. Ungeachtet dessen gilt generell: Wo immer die Mannschaft „Eurosystem" auftritt, ist die Bundesbank als starker Spieler mit von der Partie.

Box erstellt von C. Burckhardt, Deutsche Bundesbank, Frankfurt/Main.

Damit das Eurosystem sein vorrangiges Ziel, die Gewährleistung der Preisstabilität, effektiv durchsetzen kann, sind die EZB und die nationalen Zentralbanken in ihren Entscheidungen von Weisungen der sonstigen Träger der Wirtschaftspolitik auf nationaler wie auch auf EU-Ebene unabhängig. Im Rahmen des ihm vorgegebenen Ziels ist das Eurosystem frei (unabhängig) bei der Wahl der Mittel. Einschränkend ist jedoch zu berücksichtigen, dass nach Art. 105 EG-Vertrag das Eurosystem im Einklang mit den Grundsätzen einer offenen Marktwirtschaft bei freiem Wettbewerb zu handeln hat. Bestimmte Instrumente, etwa quantitative Beschränkungen der Kreditvergabe, dürfen somit nicht eingesetzt werden.

Die Unabhängigkeit des Eurosystems ruht auf vier Säulen: (1) der institutionellen Unabhängigkeit, die die Freiheit der nationalen Zentralbanken sowie der EZB und ihrer Beschlussorgane von Weisungen Dritter verbürgt; (2) der personellen Unabhängigkeit, die lange Vertragslaufzeiten der Entscheidungsträger vorsieht (acht Jahre bei Mitgliedern des EZB-Direktoriums ohne Möglichkeit der Wiederernennung; die Amtszeit der Präsidenten der nationalen Zentralbanken muss mindestens fünf Jahre betragen) (3) der finanziellen Unabhängigkeit und (4) der funktionellen Unabhängigkeit (Ausrichtung auf das Ziel der Preisstabilität, Kontrolle des geldpolitischen Handlungsrahmens, zu den Einzelheiten siehe Box II.2.2).

Box II.2.2: Kernelemente der Unabhängigkeit des Eurosystems

Die Unabhängigkeit des Eurosystems ruht auf vier Säulen:

- **Institutionelle Unabhängigkeit**

Kernstück der institutionellen Unabhängigkeit ist die Freiheit der nationalen Zentralbanken sowie der EZB und ihrer Beschlussorgane von Weisungen Dritter. Folgende Rechte dritter Parteien (z.B. Regierung, Parlament) sind mit der Unabhängigkeit einer Zentralbank unvereinbar: das Weisungsrecht; das Recht, Entscheidungen zu genehmigen, auszusetzen, aufzuheben oder aufzuschieben; das Recht, Entscheidungen aus rechtlichen Gründen zu zensieren; das Recht, in Beschlussorganen einer Zentralbank mit Stimmrecht vertreten zu sein, und das Recht, bei Entscheidungen einer Zentralbank (ex ante) konsultiert zu werden.

- **Personelle Unabhängigkeit**

Die Amtszeit des Präsidenten der EZB beträgt acht Jahre.[17] Von der erstmaligen Ernennung im Jahr 1998, die gestaffelte Vertragslaufzeiten vorsah, um ein gleichzeitiges Ausscheiden aller Direktoriumsmitglieder zu vermeiden, abgesehen, gilt dies auch für die übrigen Mitglieder des Direktoriums der EZB. Um zu verhindern, dass sämtliche Organmitglieder zur selben Zeit ausscheiden, wurden für diese bei der ersten Bestellung zeitlich gestaffelte Amtszeiten festgelegt. Mitglieder des Direktoriums der EZB werden nur für eine Amtszeit ernannt, d.h. eine Wiederernennung ist nicht möglich (Art. 112.2 EG-Vertrag und Art. 50 der Satzung des ESZB und der EZB). Die Amtszeit der Präsidenten der nationalen Zentralbanken sowie der übrigen Mitglieder der Beschlussorgane der nationalen Zentralbanken muss mindestens fünf Jahre betragen. Die Präsidenten der nationalen Zentralbanken werden von den jeweils in den einzelnen Ländern dafür zuständigen Stellen berufen. In Deutschland erfolgt die Ernennung durch den Bundespräsidenten auf Vorschlag der Bundesregierung. Die Mitglieder des EZB-Direktoriums werden durch die Staats- und Regierungschefs der teilnehmenden Mitgliedstaaten einvernehmlich ernannt. Eine vorzeitige Entlassung ist nur in Ausnahmefällen, z.B. aufgrund einer schweren Verfehlung, möglich. Dieser Aspekt der Unabhängigkeit

---

[17] „Diese Vorschriften über die zwingend vorgeschriebene Amtszeit dienen der Gewährleistung der Unabhängigkeit des ESZB. ... Nicht zuletzt auch in Anbetracht dieser Zielsetzung der Vorschriften über die Bestellungsdauer erscheint es gemeinschaftsrechtlich bedenklich, dass – wie bei der erstmaligen Bestellung des EZB-Präsidenten geschehen – eine Ernennung erst nach Maßgabe einer Absichtserklärung über einen vorzeitigen Rücktritt erfolgt" (Schwarze, 2000, 1308). Im Jahr 2003 ist EZB-Präsident W. Duisenberg (dann auch) vorzeitig aus dem Amt ausgeschieden. „Dr. Willem Duisenberg, Präsident der Europäischen Zentralbank (EZB), hat beschlossen, am 9. Juli 2003, seinem 68. Geburtstag, von seinem Amt als Präsident der EZB zurückzutreten. ... Die Entscheidung von Herrn Duisenberg ist vor dem Hintergrund seiner Erklärung anlässlich des Treffen des Europäischen Rates am 2. und 3. Mai 1998 zu sehen. In dieser Erklärung brachte Herr Duisenberg zum Ausdruck, dass er in Anbetracht seines Alters nicht die volle Amtszeit von acht Jahren als Präsident der EZB, die am 1. Juni 1998 begann, ableisten möchte" (EZB, Pressemitteilung vom 7.2.2002).

soll sicherstellen, dass die Organmitglieder nicht über kurze Vertragslaufzeiten bzw. jederzeitige Abberufungen unter Druck gesetzt werden können.

- **Finanzielle Unabhängigkeit**

Die Zentralbanken sollen in der Lage sein, sich selbst mit den erforderlichen Mitteln auszustatten, um die ordnungsgemäße Erfüllung ihrer Aufgaben im Rahmen des Eurosystems sicherzustellen. Andernfalls könnte die Arbeitsfähigkeit des Eurosystems über entsprechend „knappe" Mittelzuweisungen geschwächt und faktische Abhängigkeiten geschaffen werden.

- **Funktionelle Unabhängigkeit**

Die Handlungen der Zentralbanken des Eurosystems sind vorrangig auf das Ziel der Preisstabilität ausgerichtet. Sonstige Funktionen dürfen sie nur insoweit wahrnehmen, als der EZB-Rat sie mit dem Ziel der Preisstabilität für vereinbar hält. Hierzu zählt etwa das Verbot der Kreditgewährung an den Staat sowie die Bestimmung, dass die Ausgabe von Münzen durch die Mitgliedstaaten von der EZB genehmigt werden muss. Die *funktionelle Unabhängigkeit* umfasst aber auch die vollständige Kontrolle sämtlicher geldpolitischer Verfahren und Instrumente durch das Eurosystem. Das Eurosystem kann autonom über den Einsatz seines Handlungsrahmens entscheiden.

Während die Geldpolitik ausschließlich dem Eurosystem zugewiesen wurde, liegen die wechselkurspolitischen Kompetenzen weitestgehend beim Rat der Wirtschafts- und Finanzminister der Europäischen Union, dem sog. *Ecofin-Rat*. Daraus können Probleme für die Unabhängigkeit des Eurosystems und sogar mit der Zielvorgabe des Maastricht-Vertrages resultieren, wenn das Eurosystem aufgrund von wechselkurspolitischen Vorgaben durch den Ecofin-Rat seine Zinspolitik am Wechselkurs ausrichten müsste (im Einzelnen hierzu vgl. V.III).

Verglichen mit anderen großen Zentralbanken besitzt das Eurosystem einen hohen Grad an Unabhängigkeit (Siklos, 2002, 68). Das geldpolitische Ziel des Eurosystems ist klar auf Preisstabilität ausgerichtet, und dem Eurosystem obliegt es auch, dieses Ziel zu operationalisieren. Die mögliche Androhung einer Revision seiner Entscheidungen (z. B. durch das Europäische Parlament, die EU-Kommission oder den Ecofin-Rat) stößt auf hohe Hürden. Die gesetzliche Grundlage bildet der EG-Vertrag. Da es sich hierbei um einen völkerrechtlichen Vertrag zwischen den EU-Mitgliedstaaten handelt, bedarf eine Veränderung des Statuts des Eurosystems der Zustimmung aller EU-Mitgliedstaaten.

Beim *Federal Reserve System* fehlt eine klare Ausrichtung auf das Ziel der Preisstabilität. Im Federal Reserve Reform Act aus dem Jahr 1977 wurde die „Mehrzielorientierung" des Fed bekräftigt: „maximum employment, stable prices, and moderate long-term interest rates" (Board of Governors, 2005, 15). Auch ist die rechtliche Stellung des Fed deutlich schwächer als die des Eurosystems. Die Unabhängigkeit des Fed beruht nur auf dem Verfahren zur Bestellung der Gouverneure und der Präsidenten der Federal Reserve Banks (FRBs) sowie auf der Tatsache, dass das Fed nicht auf finanzielle Zuweisungen aus dem Staatshaushalt angewiesen ist, sondern sich aus seinen Einnahmen finanzieren kann (Federal Reserve Bank of San Francisco, 2004, 1f.). Sie umfasst also nur die finanzielle Unabhängigkeit und Teilaspekte der personellen Unabhängigkeit. Entscheidend bei der Berufung der Gouverneure ist einerseits, dass die Verträge zu unterschiedlichen Terminen auslaufen, sodass ein U.S.-Präsident nur begrenzt die Zusammensetzung des Board of Governors beeinflussen kann, und andererseits, dass die Verträge eine Laufzeit von 14 Jahren haben, also weit über die Legislaturperioden hinausgehen. Die Präsidenten der FRBs hingegen werden von den Direktoren der FRBs nach Zustimmung durch den Board of Governors ernannt.

Im Gegensatz zum Eurosystem, dessen rechtliche Grundlage ein völkerrechtlich verbindlicher Vertrag zwischen den einzelnen Mitgliedstaaten ist, der nur einstimmig geändert werden kann, kann das Fed nie ausschließen, dass der Kongress die rechtliche Grundlage nach seinen Vorstellungen ändert (siehe hierzu etwa auch De Nederlandsche Bank, 2001, 57 und Hafke, 2003, 195f.). Dies hat natürlich auch Konsequenzen für die „alltägliche" Geldpolitik: „One possible factor explaining why the Fed is sometimes slow to increase interest rates and so smooths out their fluctuations is that it wishes to avoid a conflict with the president and Congress over increases in interest rates. The desire to avoid conflict with Congress and the president may also explain why in the past the Fed was not at all transparent about its actions and is still not fully transparent." (Mishkin, 2007, 327).[18] Besonders problematisch wirkt hier die „Mehrzielorientierung" des Fed, da der Kongress insbesondere das Fed mit dem Argument unter Druck setzen kann, es tue zu wenig für Vollbeschäftigung.

Box II.2.3: Folgen mangelnder Unabhängigkeit: Der Fall „Fed"

Wie subtil politische Abhängigkeiten der Notenbank faktisch aussehen können, zeigt folgendes Beispiel: So weist Bindseil (2004b) darauf hin, dass das Fed anfangs der 20er Jahre des letzten Jahrhunderts sogar eine Theorie erfunden hat, um davon abzulenken, dass es aufgrund politischen Drucks nicht in der Lage war (bzw. nicht gewagt hat), die Zinsen zu erhöhen, um Inflation zu verhindern. Das Fed machte für die Inflation nicht die Tatsache verantwortlich, dass sie nicht die kurzfristigen Zinsen erhöht hat, sondern „excessive borrowing by the banks through the discount window, i.e. not the rates were the problem, but quantities" (Bindseil, 2004b, 19). So entstand die „reserve position doctrine" (RPD). Eine Spielart dieser Doktrin ist die „Geldbasissteuerung" (zu den weiteren Einzelheiten siehe Bindseil, 2004b, 12). Dass das Fed im Verlauf des 20. Jahrhunderts

---

[18] Frederic S. Mishkin, früher Columbia University, New York, ist seit September 2006 Mitglied des Board of Govenors of the Federal Reserve System.

immer wieder auf die RPD Bezug nahm, wird in der Literatur häufig damit begründet, dass es damit die „Verantwortung" für von ihr zur Inflationsbekämpfung gewollten Zinserhöhungen dem „Markt" zuschieben konnte. Dadurch kam die Geldpolitik des Fed weniger in die Schusslinie der Politik (siehe hierzu Bindseil, 2004b, 30f. und Ruckriegel/Seitz, 2002, 38 und die dort angegebene Literatur).

Die „Erfindung" der RPD durch das Fed hatte aber auch entscheidenden Einfluss auf die akademische Welt. „It appears that with RPD, academic economists developed theories detached from reality, without resenting or even admitting this detachment" (Bindseil, 2004b, 5). Zusammenfassend kann festgehalten werden: „The endurance of RPD is explained by a symbiosis of central bankers who may have partially sympathised with RPD since it masked their responsibility for short term interest rates, and academics who were too eager to simplify away some key features of money markets and central bank operations." (Bindseil, 2004b, 4).

Ein weiteres Bespiel stammt aus den 80er Jahren. So schob die Fed 1979–1982 Geldmengenziele in den Vordergrund, um dahinter ihre Absicht, die Zinsen zu erhöhen, um die Inflation zu bekämpfen, zu verbergen. Damit wollte sie verhindern, politischem Druck ausgesetzt zu sein "Knowing that this anti-inflation strategy would increase interest rates and wanting to avoid being blamed for the resulting increase, the Fed did not publicly state its objective. Instead it stated in technical terms its intention to focus on monetary aggregates to deflect political criticism of high interest rates during its battle against inflation." (Hubbard, 2004, 491; grundsätzlich Mishkin, 2007, 327).

Vom institutionellen Zuschnitt her ist das Eurosystem also vergleichsweise gut gewappnet, Instabilitätsinteressen zu begegnen. Und wenn im Aufgabenbündel des Fed das Vorbild für eine konzeptionelle Änderung der europäischen Geldpolitik gesehen wird, sollte man sich der damit verbundenen Relativierung des Preisstabilitätsziels bewusst sein. Dieser positiven Einschätzung könnte mit dem Hinweis begegnet werden, dass die vergleichsweise besseren makroökonomischen Ergebnisse in den USA bis 2006 die Relevanz der unterschiedlichen institutionellen Bedingungen in Frage stellten. Hier ist jedoch Vorsicht geboten. Zum einen ist im Lichte von Theorie und Empirie generell fraglich, ob von der Geldpolitik überhaupt andauernde reale Effekte bei Produktion, Beschäftigung und Wirtschaftswachstum ausgehen. Die besseren Resultate in den USA als in Deutschland bzw. der EWU sind eher Ergebnis höherer Flexibilität und intensiveren Wettbewerbs auf den amerikanischen Güter- und Faktormärkten. Zum anderen datieren der Geldpolitik möglicherweise zurechenbare Erfolge in Form niedriger Inflationsraten erst seit den 90er Jahren des letzten Jahrhunderts. Diese Erfolge sind wohl auch der Ausnahmeerscheinung Alan Greenspans zuzuschreiben, dessen hohe Reputation viel dazu beigetragen hat, die Inflationserwartungen niedrig zu halten. Sie diente sozusagen als Ersatz für eine weitgehend fehlende institutionelle Absicherung der Unabhängigkeit des Fed. Der Versuch seines Nachfolgers Ben

Bernanke, auf eine direkte Inflationssteuerung umzuschwenken, um damit Preisstabilität im Zielbündel des Fed höherrangig zu verankern, rief jedenfalls massive Proteste von Kongressmitgliedern hervor. Barney Frank, der Vorsitzende des Finanzausschusses des Repräsentantenhauses, kritisierte, ein solches Inflationsziel gehe auf Kosten der Gleichbehandlung des anderen Hauptziels, nämlich der Beschäftigung (vgl. Guha/Schrörs, 2007, 18).

2.3 Institutionen ohne Bestandsgarantie

Institutionelle Regelungen können prinzipiell – wenn auch im Falle des Eurosystems bei weitem nicht so einfach wie im Falle des Fed – geändert werden. Für die eingangs erwähnte Vermutung, dass institutionelle Regeln zur Vermeidung einer politischen Vereinnahmung der geldpolitischen Entscheidungsträger durchkreuzt werden könnten, sprechen jedoch die Versuche zur Aushöhlung der Unabhängigkeit des Eurosystems im Vorfeld des Europäischen Verfassungsvertrags.

Box II.2.4: Europäischer Verfassungsvertrag und Unabhängigkeit

Bei Ratifikation des Vertrages von Maastricht durch den Deutschen Bundestag und den Bundesrat im Jahr 1992 schien es „undenkbar, dass die institutionellen Grundlagen der Währungsunion aufgebrochen werden könnten. Doch nun geben der vorliegende Entwurf für eine EU-Verfassung ... und der leichtfertige Umgang mit dem Stabilitäts- und Wachstumspakt dem Vorstand der Deutschen Bundesbank Anlass zu großer Sorge" (Deutsche Bundesbank, 2003c, 1).

Der Grund für diese außergewöhnliche und drastische Stellungnahme des Vorstands der Deutschen Bundesbank lag darin, dass der Verfassungsentwurf in entscheidenden Punkten vom Vertrag von Maastricht abwich:

1. im Ziel der Preisstabilität für die gesamte Union,

2. in der Unabhängigkeit der teilnehmenden nationalen Notenbanken,

3. in der Stellung der EZB in der Union.

4. Zudem bestand die Gefahr einer Ermächtigungsklausel für erleichterte Änderungen des EZB-Statutes (Änderungen der Zusammensetzung und der Aufgaben des EZB-Rates und EZB-Direktoriums).

Zu 1: Im EG Vertrag ist in den Art. 2 und 4 „nicht inflationäres Wachstum" bzw. „Preisstabilität" als ein Ziel der EU vorgegeben. Der Verfassungsentwurf sprach im Zielkatalog (Teil I, Art. 3) hingegen nur von „ausgewogenem Wirtschaftswachstum". Welche Inflationsraten tolerabel wären, unterliegt weitem Interpretationsspielraum. „Redaktionelle Unachtsamkeit als Grund für die Abweichung vom EG-Vertrag scheidet aus, denn die Frage ist im Konventspräsidium kontrovers erörtert worden. Nach Ansicht mancher Beobachter steht hinter der weicheren Formulierung des Konvententwurfs die Vorstellung, Stabilität und Wachstum stünden in einem Zielkonflikt, und man könne mit etwas größerer Geldentwertung höhere Wachstumsraten „einkaufen"." (Zeitler, 2003, 54). Die Aufweichung der Preisstabilitätsnorm hätte der bislang erfolgreichen Eindämmung von Inflationserwartungen durch die EZB entgegengewirkt.

Zu 2: Während in Art. 108 EG-Vertrag sowohl die Unabhängigkeit der EZB als auch der nationalen Zentralbanken gesichert ist, wurde im Verfassungsentwurf in Teil I (Art. 29 Abs. 3) nur die Unabhängigkeit der EZB, nicht aber die der nationalen Zentralbanken festgelegt. Die Unabhängigkeit der nationalen Zentralbanken (NZBen) wird erst im operationellen Teil III geregelt. Da die Präsidenten der NZBen im EZB-Rat mitwirken und die NZBen die Geldpolitik operativ umsetzen, ist eine „ungleiche" Behandlung ihrer Unabhängigkeit eher geeignet, die Position der NZBen in ihren jeweiligen Ländern zu schwächen.

Zu 3: Der Vertrag von Maastricht hat auf eine Einordnung der EZB als „Organ" der Gemeinschaft verzichtet und EZB und ESZB als „Institution sui generis" behandelt. Im Verfassungsentwurf hingegen wird die EZB ausdrücklich als „Organ" bezeichnet. Aus der Organstellung der EZB folgt aber die Pflicht zur „loyalen Zusammenarbeit" mit den anderen Organen. Gerade aber der Status der EZB als „Institution sui generis" sollte verhindern, „dass die Notenbank durch die Einbindung in die allgemeine wirtschaftspolitische Koordinierung der Union dazu gezwungen werden kann, ihr vorrangiges Ziel der Preisstabilität zu vernachlässigen." (Deutsche Bundesbank, 2003c, 3).

Zu 4: Hierbei handelt es sich um einen Vorschlag der EU-Kommission, der vorsieht, dass der Europäische Rat einstimmig das EZB-Statut (Art. 10-12 und 43) ändern kann, ohne dass es noch einer Ratifizierung in den einzelnen Staaten bedarf. Unter diese Neuregelung würde etwa auch die Frage der Vertragslaufzeit der Direktoriumsmitglieder, die Frage der Veröffentlichung der Ergebnisse der Beratungen des EZB-Rates usw. fallen. Die institutionellen Rahmenbedingungen der Geldpolitik könnten so verhältnismäßig leicht verändert werden. Die damit bewirkte „grundsätzliche Abänderbarkeit der Währungsordnung würde deren Maastrichter Grundlagen in Frage stellen." (Seidel, 2004, 9).

Die EZB hatte deshalb ersucht, zu den Punkten 1-3 entsprechende Änderungen am Vertragsentwurf vorzunehmen bzw. Punkt 4 nicht in den Vertrag aufzunehmen. Aufgrund schwerwiegender Bedenken des EZB-Rates wurde Punkt 4 dann auch fallen gelassen. Am 30.4.2004 hatte sich der Präsident der EZB nochmals an den Präsidenten des EU-Rats mit der Bitte um Änderungen im Verfassungsentwurf gewandt. Während dem Anliegen des Eurosystems bei Punkt 1 in der Endfassung des Verfassungsvertrages Rechnung getragen wurde, fanden die Änderungswünsche zu den Punkten 2 und 3 keine Berücksichtigung (Zeitler, 2004).

Die Diskussion über den Vertrag zur Europäischen Verfassung bzw. über die Neufassung des Gesetzes über die Deutsche Bundesbank zeigen deutlich, dass die Politik immer wieder versucht, die Zentralbank unter ihren Einfluss zu bringen (vgl. etwa Hafke, 2003, 185 und die dort angegebene Literatur).

Der Stabilitäts- und Wachstumspakt von 1997 ist mit seinen Verschuldungsgrenzen als institutionelle Stütze der stabilitätsorientierten Geldpolitik anzusehen. Der oftmals laxe Umgang einiger Mitgliedsländer der EWU mit diesen Regelungen und das Ausbleiben vertraglich vorgesehener Sanktionen können die auf Preisstabilität ausgerichtete Geldpolitik unter politischen Druck setzen. „Bei hoher staatlicher Verschuldung und einem – gerade in der derzeitigen Situation historischer Niedrigzinsen nicht auszuschließenden – höheren Zinsniveau wächst die Gefahr, die nominale Schuldenlast durch Druck auf die Notenbank, eine lockerere Geldpolitik zu betreiben, zu akkommodieren, also stabilitätspolitisch notwendige Zinserhöhungen zu unterlassen oder hinauszuschieben. Sicherlich wirkt diesem Druck eine glaubwürdige Geldpolitik und die institutionelle Absicherung der Unabhängigkeit der EZB und der nationalen Notenbanken in Artikel 108 des EG-Vertrages entgegen. Der Stabilitätspakt setzt aber nicht an einem bereits eingetretenen Konfliktfall an, sondern will aus weiser politischer Erfahrung heraus bereits das Entstehen eines Konflikts zwischen Finanz- und Geldpolitik vermeiden." (Zeitler, 2005, 4). Gegen das Eintreten der Hayek'schen Befürchtung einer Vereinnahmung der Zentralbank durch „ihre" Regierung spricht zwar, dass es diese (eine) Regierung in Europa (noch) nicht gibt. Allerdings ist die Gefahr, dass die einzelnen (nationalen) Regierungen auch weiterhin gemeinsam politischen Druck ausüben, durchaus nicht von der Hand zu weisen. In diese Richtung könnte z.B. die Lockerung der Vorschriften zum Stabilitäts- und Wachstumspakt im Frühjahr 2005 interpretiert werden (siehe ausführlich Kap. V.1). Das Eurosystem bindende Interventionsmöglichkeiten des Europäischen Parlaments bestehen wegen seiner Unabhängigkeitsposition zwar nicht. Dies schließt jedoch nicht aus, dass – wie im Jahre 2005 – ein politischer Druck durch kritische Resolutionen gegenüber einer stabilitätsorientierten Geldpolitik ausgeübt wird. Auch sollte man die Langzeitwirkung wiederholter Forderungen, die von der EZB zu verfolgenden Ziele der Kontrolle durch das demokratisch legitimierte Europäische Parlament zu unterwerfen, nicht unterschätzen. Irgendwann mag dann die Überzeugung wachsen, der Maastrichter Vertrag sei nicht demokratisch legitimiert.

3 Aufbau und Entscheidungsstruktur

Das *Europäische System der Zentralbanken* (ESZB) besteht aus den rechtlich selbständigen *nationalen Zentralbanken (NZBen)* aller EU-Mitgliedstaaten (aktuell 27) und aus der rechtlich selbständigen *Europäischen Zentralbank (EZB)* (zum Aufbau und zur Entscheidungsstruktur der Fed siehe Box II.3.1). Die EZB wurde am 1. Juni 1998 als gemeinsames Tochterinstitut der nationalen Zentralbanken mit Sitz in Frankfurt/Main errichtet. Sie ist Nachfolgerin des Europäischen Währungsinstituts. Dem *Eurosystem* gehören neben der EZB nur die nationalen Zentralbanken der Länder an, die dem Euro-Währungsraum beigetreten sind (derzeit 15). Das Eurosystem trägt die alleinige Verantwortung für die Geldpolitik in der Währungsunion. Die EZB ist das „Herzstück" des Eurosystems. Sie ist verantwortlich dafür, dass alle Aufgaben des Eurosystems entweder durch ihre eigene Tätigkeit oder durch die nationalen Zentralbanken erfüllt werden. Die nationalen Zentralbanken sind dabei der EZB funktional untergeordnet, „womit sichergestellt wird, dass das Eurosystem mit Blick auf die Umsetzung der Ziele des EG-Vertrages als Einheit effizient agieren kann. (EZB, 1999a, 61).[19]

Für das Eurosystem gilt der Grundsatz „zentrale Entscheidungsfindung – dezentrale Ausführung". Dabei besagt das Dezentralitätsprinzip, dass die Durchführung der Geschäfte bei den nationalen Zentralbanken liegt, soweit dies möglich und sachgerecht ist. Im Gegensatz zur EZB und den NZBen haben das Eurosystem bzw. das ESZB keine eigene Rechtspersönlichkeit und keine eigenen Beschlussorgane. Das Eurosystem bzw. das ESZB werden daher von den Beschlussorganen der EZB geleitet.

Zentrales Entscheidungsorgan des Eurosystems ist der EZB-Rat. Er besteht aus den Mitgliedern des Direktoriums der EZB, also dem Präsidenten und dem Vizepräsidenten der EZB sowie den (vier) weiteren Mitgliedern des Direktoriums der EZB einerseits und den Präsidenten der nationalen Zentralbanken der Staaten, die an der Währungsunion teilnehmen, andererseits. Während die Berufung der Präsidenten der nationalen Zentralbanken bei den einzelnen Mitgliedstaaten liegt, erfolgt die Ernennung der Mitglieder des Direktoriums der EZB einver-

---

[19] Vgl. hierzu auch Art. 14.3 des Protokolls über die Satzung des Europäischen Systems der Zentralbanken und der Europäischen Zentralbank: „Die nationalen Zentralbanken sind integraler Bestandteil des ESZB und handeln gemäß den Richtlinien und Weisungen der EZB." Die Weisungsbefugnis der EZB gegenüber den nationalen Zentralbanken ist aber nur begrenzt wirksam, da die nationalen Zentralbanken der EZB nicht rechtlich untergeordnet sind. Zur effektiven Durchsetzung ihrer Weisungsbefugnis gegenüber den nationalen Zentralbanken steht der EZB nur der Klageweg vor dem Europäischen Gerichtshof offen (Seidel, 2003, 18-20). Die Weisungsstruktur ergibt so ein „ungewöhnliches Bild": „Zwölf Mütter – die nationalen Zentralbanken (NZB) – haben eine gemeinsame Tochter – die Europäische Zentralbank (EZB) – die ihrerseits den einzelnen Müttern Weisungen erteilt, nachdem ein gemeinsamer Rat der Tochter und der Mütter (EZB-Rat, Anmerk. der Verfasser) den Willen der Tochter festgelegt hat." (Johannes Welker, zitiert nach Seidel, 2003, 19f.).

nehmlich durch die Regierungen der Mitgliedstaaten auf der Ebene der Staats- und Regierungschefs. Eine Zustimmung des Direktoriums der EZB ist in beiden Fällen nicht erforderlich.

Beschlüsse des EZB-Rates benötigen die einfache Mehrheit der persönlich anwesenden (stimmberechtigten) Mitglieder. Bei Stimmengleichheit gibt die Stimme des Präsidenten der EZB den Ausschlag. Eine Ausnahme bilden Entscheidungen über das EZB-Kapital, über die Beiträge der nationalen Zentralbanken zu den Währungsreserven der EZB sowie über Fragen der Gewinnverteilung im Eurosystem. Hier werden die Stimmen nach den (voll eingezahlten) Kapitalanteilen gewichtet. Direktoriumsmitglieder sind bei diesen Fragen nicht stimmberechtigt.

Box II.3.1: Das Federal Reserve System: Aufbau und Entscheidungsstruktur

Das *Federal Reserve System* wurde 1913 gegründet. Es besteht aus dem Board of Governors und zwölf regionalen *Federal Reserve Banks (FRBs)*. Bis zum Jahre 1935 lag der maßgebliche geldpolitische Einfluss bei den FRBs. Das entscheidende geldpolitische Instrument zu Beginn waren Diskontgeschäfte (discount window), wobei anfänglich der Diskontsatz von jeder FRB selbständig festgesetzt wurde. In den 20er Jahren wurde dann das Instrument der Offenmarktpolitik eingeführt, von den einzelnen FRBs aber unterschiedlich intensiv genutzt. 1933 wurde das *Federal Open Market Committe (FOMC)* gegründet. Es konnte aber nur Empfehlungen abgeben. Die letzte Entscheidung trafen die einzelnen FRBs. „The decentralized central banking system envisioned in the original Federal Reserve Act of 1913 led to power struggles within the system and offered no mechanism to achieve consensus during the financial crisis of the early 1930s." (Hubbard, 2002, 507). Um die Geldpolitik zu vereinheitlichen und schlagkräftiger zu machen sowie gesamtstaatlich auszurichten, kam es daher bis Mitte der 30er Jahre des letzten Jahrhunderts zu einer grundlegenden Reform des Fed. Die Offenmarktpolitik wurde in die Verantwortung des FOMC gelegt und der Einfluss der FRBs im FOMC beschnitten, sodass die Mitglieder des Board of Governors die Mehrheit hatten.

Dem *Board of Governors* gehören inzwischen sieben Mitglieder an. Sie werden vom Präsidenten der Vereinigten Staaten ernannt. Die Vertragslaufzeit beträgt 14 Jahre. Eine Amtszeit von über 14 Jahren ist nur dann möglich, wenn ein Board-Mitglied zunächst in einen Vertrag eines vor Vertragsende ausgeschiedenen Board-Mitglieds eintritt. So trat etwa Alan Greenspan 1987 in die Restlaufzeit des Vertrags von Paul Volcker ein, die 1992 endete. Danach erhielt er einen 14-Jahresvertrag bis 2006 (Pollard, 2003, 16). Die Gouverneure müssen rein formal aus unterschiedlichen Federal Reserve Distrikten (regionale Zuständigkeitsbereiche der einzelnen FRBs) kommen – faktisch wird dies jedoch äußerst großzügig interpretiert (Pollard, 2003, 14f.). Der/die Vorsitzende des Board of Governors („Chairman of the Board of Governors") wird vom Präsidenten der Vereinigten Staaten aus den sieben Mitgliedern ausgewählt und hat eine Amtsdauer von 4 Jahren. Die Amtszeit kann immer wieder verlängert werden, solange er/sie Mitglied im Board of Governors ist. Die 12 *Federal Reserve Banks* sind jeweils für einen bestimmten Distrikt zuständig. Ursprünglich wiesen die 12 Distrikte ein Bruttoinlandsprodukt vergleichbarer Größenordnung auf. Die Distrikte waren so auch nicht zwangsläufig identisch mit Staatsgrenzen. Die jeweiligen Sitze der FRBs in den einzelnen Distrikten wurden nach der politischen bzw. wirtschaftlichen Bedeutung der einzelnen Städte vergeben. Seit Gründung des Fed haben sich allerdings die einzelnen Distrikte wirtschaftlich unterschiedlich entwickelt. Allerdings ist die Heterogenität weit geringer als in der EWU. Die Präsidenten der FRBs werden von den Direktoren der FRBs ernannt. Hierzu bedarf es der Zustimmung durch das Board of Governors.

Jede FRB hat neun Direktoren, wovon sechs von den Mitgliedsbanken, die formal Eigentümer der FRBs sind, gewählt und drei vom Board of Governors ernannt werden. Von den sechs von den Mitgliedsbanken gewählten Direktoren stammen jeweils drei aus dem Bankenbereich und aus dem Nichtbankenbereich. Die FRBs wickeln das operative Geschäft des Fed ab, analysieren und berichten über die regionale Wirtschaftsentwicklung und erläutern in ihrem Distrikt den Kurs der Geldpolitik. Die FRBs unterliegen der Aufsicht des Board of Governors. Sie sind somit integraler Bestandteil einer der zentralen staatlichen Ebene zugeordneten Organisation (Seidel, 2003, 12).

Das maßgebliche Entscheidungsgremium des Fed ist das *Federal Open Market Committee*. Ihm gehören die sieben Mitglieder des Board of Governors, der Präsident der FRB of New York sowie vier weitere FRB-Präsidenten an, wobei letztere in einjährigem Turnus wechseln. Der Präsident der FRB von New York gehört dem FOMC deshalb als ständiges Mitglied an, weil bis auf die Diskontpolitik nur die Federal Reserve Bank of New York verantwortlich für die Durchführung der geldpolitischen Operationen des Fed (Offenmarktgeschäfte, ggf. Devisenmarktinterventionen) ist. Die jeweils nicht stimmberechtigten FRB-Präsidenten nehmen allerdings an den Diskussionen teil. Insbesondere informieren sie jeweils über die wirtschaftliche Situation in ihren Distrikten. Diese regionalen Wirtschaftsanalysen werden nach den Sitzungen auch veröffentlicht (sog. *„Beige Book"*).

Der EZB-Rat garantiert prinzipiell die erforderliche Einheitlichkeit der Geldpolitik. Die Ausführung der geldpolitischen Beschlüsse liegt bei der EZB im Zusammenwirken mit den nationalen Zentralbanken, deren umfassende Erfahrungen damit genutzt werden können. Dem Direktorium der EZB obliegt die Ausführung der Geldpolitik gemäß den Leitlinien und Entscheidungen des EZB-Rates. Es erteilt hierzu die notwendigen Weisungen an die nationalen Zentralbanken.

Solange nicht alle EU-Mitgliedstaaten der Währungsunion beigetreten sind, fungiert als beratendes Gremium noch ein „Erweiterter Rat", der aus dem Präsidenten und dem Vizepräsidenten der EZB sowie den Präsidenten aller nationalen Zentralbanken der EU besteht. Der Erweiterte Rat verfügt über keine geldpolitischen Kompetenzen, er soll vorrangig die geldpolitische Koordinierung verstärken. Ihm kommt ferner die Aufgabe zu, die Funktionsweise des Wechselkursmechanismus II zu überwachen.

Die EU-Erweiterung wird die wirtschaftlichen Unterschiede zwischen den EU-Ländern noch deutlich verschärfen. Kommt es zu einem (frühen) EWU-Beitritt dieser Länder, so gilt dies auch für die Währungsunion. Gravierende wirtschaftliche Unterschiede zwischen alten und neuen EWU-Ländern, die sich im Aufholprozess befinden, führen aber auch zu unterschiedlichen Interessenlagen. Ohne Reform des EZB-Rates, d. h. wenn alle NZB-Präsidenten nach wie vor mit einer Stimme vertreten wären, käme es – gemessen an der wirtschaftlichen Bedeutung der einzelnen Länder – zu einer „Über-Repräsentation" kleiner Volkswirtschaften. Problematisch wäre dies, wenn gleichzeitig eine „Verzerrung" im Abstimmungsverhalten entstünde, die die Belange kleinerer Volkswirtschaften stärker beachten und sich somit nicht am EWU-Durchschnitt orientieren würde. Bei der Reform des Abstimmungsverfahrens im EZB-Rat blieb zwar ein Übergewicht der stimmberechtigten Präsidenten der NZBen erhalten, es wird aber angesichts einer größer werdenden Währungsunion nach oben begrenzt (max. 15 stimmberechtigte NZB Präsidenten im EZB-Rat bei 6 Direktoriumsmitgliedern mit Dauerstimmrecht). Erreicht wird diese Begrenzung mithilfe eines Rotationsverfahrens unter den Präsidenten der NZBen (siehe hierzu im Einzelnen Box II.3.2).

Box II.3.2: Reform des Abstimmungsverfahrens im EZB-Rat

Die Reform beruht auf einem Vorschlag des EZB-Rates vom Februar 2003. Er wurde als Kompromiss vom EU-Rat in der Zusammensetzung der Staats- und Regierungschefs angenommen und von den Mitgliedstaaten ratifiziert.

Auch künftig besteht der EZB-Rat aus den Mitgliedern des Direktoriums der EZB und den Präsidenten der nationalen Zentralbanken der Staaten, die an der Währungsunion teilnehmen. Wenn allerdings die Zahl der NZB-Präsidenten 15 übersteigt, üben diese ihr Stimmrecht auf der Grundlage eines Rotationssystems aus. Die Mitglieder des Direktoriums der EZB hingegen behalten ihr dauerhaftes Stimmrecht.

Das Rotationssystem soll sicherstellen, dass die NZB-Präsidenten, die jeweils das Stimmrecht ausüben, aus Mitgliedstaaten stammen, die in ihrer Gesamtheit repräsentativ für das Euro-Währungsgebiet sind. Je nach ihrer wirtschaftlichen Bedeutung werden die Länder daher in unterschiedliche Gruppen eingeteilt. Die Ermittlung der Position bzw. der wirtschaftlichen Bedeutung eines Landes erfolgt dabei aufgrund eines „Repräsentativitäts"-Indikators. In diesem Indikator finden das Bruttoinlandsprodukt eines Mitgliedstaates (Gewicht 5/6) sowie die Aktiva der aggregierten Bilanz der monetären Finanzinstitute stellvertretend für die Größe des Finanzmarktes (Gewicht 1/6) Eingang. Die Verwendung des Repräsentativitäts-Indikators kann als ein Ansatz interpretiert werden, um die Geldpolitik an der Durchschnittsentwicklung des Euroraums auszurichten. Die Aktualisierung der Daten erfolgt alle fünf Jahre. Allerdings scheint es nicht unproblematisch, dem Finanzsektor eines Staates ein eigenes Gewicht bei der Ermittlung des Indikators beizumessen. Stellt man auf die Wirkungen geldpolitischer Entscheidungen ab, was die EZB tut (EZB, 2003h, 84), so ist letztlich nur die güterwirtschaftliche Entwicklung eines Landes relevant – der Finanzsektor dient nur als Transmissionsglied –, was das BIP als alleinige Größe nahe legen würde.

Liegt die Zahl der Präsidenten der NZBen über 15, aber unter 22, gibt es ein Übergangssystem mit zwei Gruppen. Die erste Gruppe besteht aus fünf NZB-Präsidenten. Sie stammen aus den fünf Ländern, die gemäß dem Indikator die ersten fünf Plätze belegen. Diese Gruppe hat vier Stimmen, d. h. ein Präsident ist jeweils nicht stimmberechtigt. Die zweite Gruppe umfasst alle anderen NZB-Präsidenten. Sie haben insgesamt elf Stimmen. Wenn im EZB-Rat 16, 17 oder 18 NZB-Präsidenten sitzen, käme es allerdings dazu, dass die Präsidenten der ersten Gruppe weniger häufig stimmberechtigt sind als die der zweiten Gruppe. Deshalb sind in diesem Fall alle Mitglieder der ersten Gruppe stimmberechtigt. Es besteht jedoch die Möglichkeit, dass der EZB-Rat mit einer Mehrheit von zwei Drittel der Mitglieder beschließt, das Rotationssystem erst bei einer Zahl von mehr als 18 NZB-Präsidenten beginnen zu lassen (EZB, 2003h, 84f.).

Ab 22 NZB-Präsidenten sind drei Gruppen vorgesehen (siehe hierzu Abbildung II.3.1): An der ersten Gruppe ändert sich gegenüber der Übergangsregelung nichts. Die zweite Gruppe besteht nun aus der Hälfte aller NZB-Präsidenten (ggf. auf die nächste ganze Zahl aufgerundet). Diese Gruppe der wirtschaftlich (gemäß Indikator) mittelgroßen Länder hat acht Stimmen. Schließlich bleibt die dritte Gruppe in der sich die NZB-Präsidenten der übrigen (kleineren) Länder befinden. Diese Gruppe hat drei Stimmen.

Die Länge der Rotationsperiode wird durch den EZB-Rat noch festgelegt. Allerdings nehmen alle NZB-Präsidenten ständig an den Sitzungen und den Diskussionen des EZB-Rates teil. Dieses Modell ähnelt – bis auf die Häufigkeit des Stimmrechts, die beim Rotationsverfahren des EZB-Rates von der wirtschaftlichen Bedeutung des jeweiligen Landes abhängig ist, dem Modell des Fed.

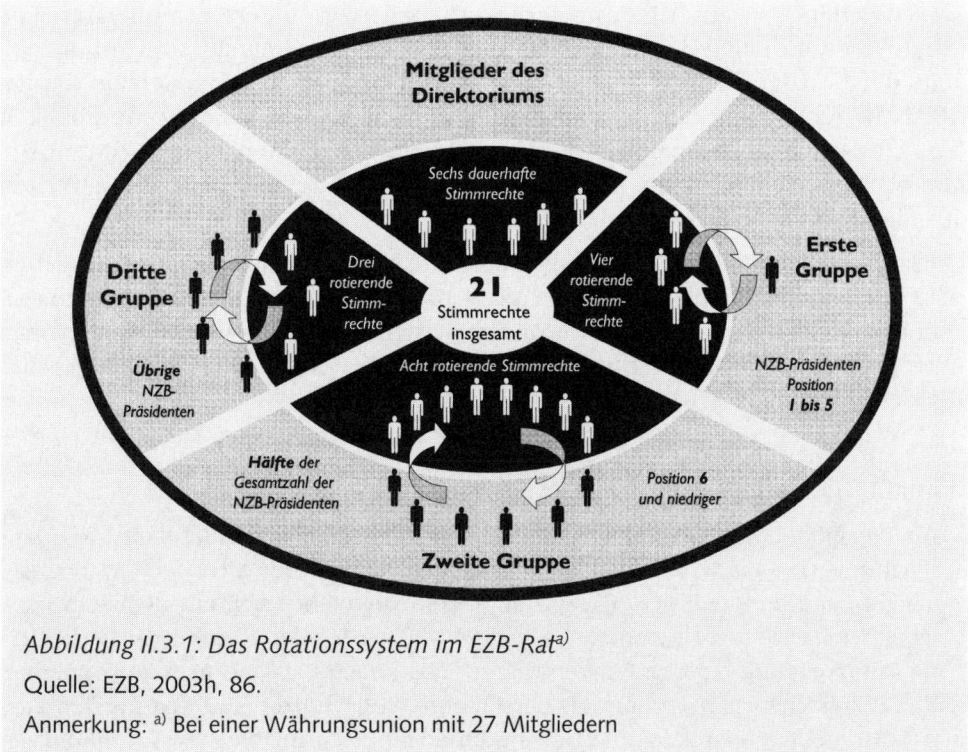

Abbildung II.3.1: Das Rotationssystem im EZB-Rat[a]
Quelle: EZB, 2003h, 86.
Anmerkung: [a] Bei einer Währungsunion mit 27 Mitgliedern

Gemäß Artikel 29 der Satzung des ESZB und der EZB bestimmt sich der Anteil am Kapital der EZB (derzeit nominal knapp 5,8 Mrd. €) der auf die einzelnen nationalen Zentralbanken entfällt, zu je 50 Prozent nach dem Anteil des jeweiligen Mitgliedstaates an der Bevölkerung der Gemeinschaft und dem Anteil des jeweiligen Mitgliedstaates am BIP der Gemeinschaft. Die Gewichtsanteile werden alle fünf Jahre überprüft, sofern nicht bereits zwischenzeitliche Beitritte zur EU eine Revision nötig machen.

Auf der Basis aller 27 EU-Mitgliedsländer entfällt auf die Deutsche Bundesbank danach ein Kapitalanteil von 20,5211 %. Da aber zurzeit nur 15 Länder der Währungsunion und damit dem Eurosystem angehören und nur diese Länder ihren entsprechenden Kapitalanteil am Kapital der EZB voll eingezahlt haben, ist der Anteil der Deutschen Bundesbank am voll eingezahlten Kapital der EZB höher (knapp 29 %).[20]

Wichtig ist der Anteil am voll eingezahlten Kapital unter anderem deshalb, weil sich die Verteilung der um die Zinszahlungen auf Einlagen der Kreditinstitute (im

---

[20] Zum Schüssel für die Zeichnung des Kapitals der EZB sowie zum gezeichneten bzw. eingezahlten Kapital der einzelnen EU-Zentralbanken siehe die Pressenotizen der EZB, die zum Zeitpunkt des Beitritts eines neuen Landes zur EU bzw. zur Währungsunion den neuesten Stand wiedergeben.

Wesentlichen also auf Mindestreserveguthaben) verminderten monetären Einkünfte der nationalen Zentralbanken und des Nettogewinns der EZB auf die einzelnen nationalen Zentralbanken nach den voll eingezahlten Anteilen am Kapital der EZB richtet. Bei den monetären Einkünften der nationalen Zentralbanken handelt es sich um Einnahmen aus Vermögenswerten, die nationale Zentralbanken als Gegenposten zum Banknotenumlauf[21] und zu ihren Verbindlichkeiten aus Einlagen der Kreditinstitute halten.

Den NZBen dienen die Seigniorage-Einkünfte zur Finanzierung ihrer Ausgaben bzw. zur Erzielung eines Gewinnes, der i. d. R. an den staatlichen Eigner ausgeschüttet wird (siehe im Einzelnen hierzu Box II.3.3). Die Deutsche Bundesbank führt ihre Gewinne an den Bund ab. In den USA fließen die Gewinne des Fed der Bundesregierung (US-Treasury) zu.

Box II.3.3: Seigniorage

Für die Einnahmen, die dem Staat aus dem Monopol der Zentralbank bei der Schaffung von Zentralbankgeld zufließen, hat sich in der Literatur der Begriff „Seigniorage" eingebürgert. Der Name *Seigniorage* leitet sich aus dem französischen Wort für Fürst („seigneur") ab. Im Mittelalter lag das ausschließliche Recht auf Münzprägung bei den Fürsten. Unter Seigniorage verstand man dementsprechend zunächst den Gewinn aus der Prägung von Münzen, der den Fürsten zustand. In heutigen Banken- und Geldsystemen gibt es prinzipiell zwei Möglichkeiten, wie dem Staat Seigniorage-Einnahmen zufließen können: Über eine Monetisierung der Staatsschuld oder über Gewinnausschüttungen der Zentralbank.

Eine *Monetisierung der Staatsschuld* bedeutet, dass es zu einer unmittelbaren Verschuldung des Staates bei der Zentralbank kommt (A.3 steigt in unten stehender Abb.). Im Gegenzug schreibt die Zentralbank dem Staat auf seinem Konto

---

[21] In Art. 32.2. der Satzung in der deutschen Fassung wird – im Gegensatz zur richtigen englischen Fassung, in der von „notes in circulation" die Rede ist – fälschlicherweise vom Bargeldumlauf gesprochen. Der Bargeldumlauf setzt sich aus dem *Banknotenumlauf* und dem *Münzumlauf* zusammen. Relevant für die monetären Einkünfte einer nationalen Zentralbank ist allein der Banknotenumlauf, nicht jedoch der Bargeldumlauf insgesamt. Auch in der Währungsunion verbleibt nämlich das Recht der Münzprägung und damit der *Münzgewinn*, der aus der Differenz zwischen Nominalwert und Prägekosten herrührt, bei den nationalen Zentralregierungen. Innerhalb bestimmter Grenzen können die Zentralregierungen Münzen zum Nominalwert an die nationalen Zentralbanken verkaufen, die ihrerseits nach Bedarf diese Münzen an die Kreditinstitute weiterverkaufen. Folglich können dem Teil des Bargeldumlaufs, der aus dem Münzumlauf herrührt, keine Vermögenswerte auf der Aktivseite der Notenbankbilanz gegenüberstehen, da es sich aus Sicht der Notenbankbilanz letztlich nur um einen durchlaufenden Posten handelt. Sieht man von einer vorübergehenden (und der Höhe nach gesetzlich beschränkten) Lagerung der Münzen in den Tresoren der Zentralbank ab, so geht das Inverkehrbringen von Münzen durch die Zentralbank letztlich nur mit einem Passivtausch in der Zentralbankbilanz einher, da die nationale Zentralbank die entsprechenden Beträge den Kreditinstituten belastet und der Zentralregierung gutschreibt.

bei ihr den Gegenwert gut (P.3 Sonstiges – Einlagen von öffentlichen Haushalten steigt). Die Seigniorage-Einnahmen fallen hier auf einmal an. Unerheblich ist, ob der Staat für seine Verschuldung bei der Zentralbank Zinsen zahlen muss, da er die gezahlten Zinsen – nach Abzug der mit der Arbeit der Zentralbank verbundenen Sach- und Personalaufwendungen – in Form von Gewinnausschüttungen wieder zurückerstattet bekommt.

Bilanz (Ausweis) einer Zentralbank – vereinfachte Darstellung –	
Aktiva	Passiva
A.1: Währungsreserven	P.1: Banknotenumlauf
A.2: Forderungen an inl. Kreditinstitute	P.2: Verbindlichkeiten gegenüber inl. Kreditinstituten (KI) darunter: Einlagen der KI
A.3: Forderungen an den Staat	
A.4: Sonstiges darunter: • Bestand an Scheidemünzen	P.3: Sonstiges darunter: • Einlagen von öffentlichen Haushalten

Zentralbankgeld wird durch eine direkte Verschuldung des Staates bei der Zentralbank dann geschaffen, wenn der Staat mithilfe seiner Guthaben bei der Zentralbank seine Ausgaben finanziert, also seine Einlagen bei der Zentralbank den Kreditinstituten zufließen (P.3 – Einlagen von öffentlichen Haushalten sinken, P.2 – Einlagen von Kreditinstituten bei der Zentralbank steigen). Im Gegenzug werden die Kreditinstitute entsprechende Gutschriften auf den Konten ihrer Kunden, die die eigentlichen Empfänger der staatlichen Zahlungen sind, vornehmen. Im Zuge dieses Prozesses erhöhen sich also die Guthaben der Kreditinstitute bei der Zentralbank, wodurch der Bestand an Zentralbankgeld steigt. Diese Möglichkeit der Schaffung von Zentralbankgeld schließt der Vertrag von Maastricht definitiv aus (Verbot von Kreditfazilitäten für öffentliche Einrichtungen gemäß Art. 101 EG-Vertrag).

Zu einer Monetisierung der Staatsschuld kommt es nur noch beim *Münzregal*, da das Recht zur Münzprägung bei den Zentralregierungen (der Münzumlauf stellt eine Verbindlichkeit des Staates dar) liegt. Die Zentralregierungen verkaufen die Münzen zum Nominalwert an das Eurosystem. Es kommt zu einem Münzgewinn, da der Nominalwert der Münzen in der Regel über ihren Prägekosten liegt. Im ersten Schritt kauft die Zentralbank die Münzen zum Nominalwert vom Staat an und schreibt ihm den Gegenwert auf seinem Konto bei ihr gut (A.4 Sonstiges – Bestand an Scheidemünzen und P.3 Sonstiges – Einlagen von öffentlichen Haushalten steigen gleichzeitig). Die Bestände der EZB und der NZBen sind jedoch auf 10% des Münzumlaufs begrenzt (Artikel 6 der Verordnung des Rates Nr. 3603/93 vom 13.12.1993). Fragen die Kreditinstitute Münzen bei der Zentralbank nach, so verkauft diese in einem zweiten Schritt die Münzen an die Kreditinstitute (A.3 Sonstiges – Bestand an Scheidemünzen und P.2 – Einlagen auf Girokonten sinken gleichzeitig). Für die Zentralbank sind Münzen also letztlich nur ein durchlaufender Posten.

Sieht man vom Münzregal ab, kommen zur Erzielung von Seigniorage-Einnahmen im Euroraum nur die Gewinnausschüttungen des Eurosystems in Betracht. Da Zentralbankgeld nicht über eine direkte Verschuldung des Staates bei der Zentralbank geschaffen werden kann, kommt Zentralbankgeld nur ins System, wenn die Geschäftsbanken sich bei der Zentralbank verschulden bzw. Währungsreserven an sie verkaufen (A.2 – Forderungen an inländische Kreditinstitute bzw. A.1 – Währungsreserven und P.2-Einlagen auf Girokonten steigen gleichzeitig; kommt es zu einer Umwandlung von Guthaben bei der Zentralbank in Banknoten, so steigt P.1 – Banknotenumlauf zulasten von P.2 – Einlagen auf Girokonten). Auf der Aktivseite der Zentralbankbilanz stehen also Forderungen an inländische Kreditinstitute bzw. Währungsreserven. Quelle der Seigniorage-Einnahmen des Staates sind hier die Zins-Einnahmen, die die Zentralbank aus diesen Aktiva erzielt.[22] Diese Zinseinnahmen stellen zwar den Ausgangspunkt für die Seigniorage-Einnahmen dar, sind mit ihnen aber nicht identisch. Vielmehr müssen sie um die Zinsausgaben der Notenbank (Verzinsung der Mindestreserve) verringert und um die sonstigen Aufwendungen bzw. Erträge der Notenbank (z. B. Personalkosten, Kosten im Zusammenhang mit dem Druck von Banknoten und der Pflege des Bargeldumlaufs oder Abschreibungen aus Bewertungsverlusten bzw. realisierte Bewertungsgewinne) bereinigt werden. Da im Eurosystem die mindestreservebedingten Guthaben verzinst werden, hängt die Gewinnsituation also im Wesentlichen von der Höhe des Umlaufs an Banknoten ab.

---

[22] Im Falle des Fed rühren die Einnahmen primär aus Zinseinnahmen her, die dem Fed aus seinem Wertpapierportefeuille zufließen.

4 Zusammenfassung

Das Banknotenmonopol sowie die Pflicht, Mindestreserveguthaben zu halten, lösen bei den Kreditinstituten eine (Zwangs-)Nachfrage nach Zentralbankgeld aus, zwingen sie also ins Eurosystem. Zentralbankgeld kann aber nur geschaffen werden, wenn das Eurosystem Geschäfte mit den Kreditinstituten tätigt. Im Wesentlichen wird im Eurosystem Zentralbankgeld durch einen Ankauf von Währungsreserven und durch eine Kreditvergabe an das Bankensystem geschaffen. Dabei ist die Kreditvergabe der geldpolitische Aktionsparameter des Eurosystems, d.h. sie wird aktiv zur Veränderung des Bestandes an Zentralbankgeld eingesetzt. Die Einkünfte, die das Eurosystem aus diesen Aktiva erzielt, sind die wesentlichen Quellen des Notenbankgewinns.

Das Eurosystem setzt sich aus den nationalen Zentralbanken der Teilnehmerländer an der Währungsunion und der Europäischen Zentralbank zusammen. Alle Teile des Eurosystems müssen bestimmten Anforderungen in Hinblick auf ihre funktionelle, personelle, institutionelle und finanzielle Unabhängigkeit genügen.

Eine an makroökonomischen Zielen wie Preisstabilität ausgerichtete Geldpolitik erfordert eine staatliche Zentralbank. Für eine effiziente Geldpolitik, die insbesondere auch auf eine Steuerung der Erwartungen abzielt, ist wiederum die Frage der Glaubwürdigkeit zentral. In diesem Zusammenhang kommt den Unsicherheiten reduzierenden institutionellen Designs einer Zentralbank eine wesentliche Rolle zu. Hierzu gehört die unzweifelhafte Garantie ihrer Unabhängigkeit. Für die Unabhängigkeit des Eurosystems hatte die Deutsche Bundesbank eine gewisse Vorbildfunktion. Verglichen mit dem Fed ist die institutionelle Struktur des Eurosystems überlegen, da nicht nur die Zielvorgabe eindeutig, sondern auch seine unabhängige Stellung rechtlich klar geregelt ist. Im institutionellen Design der Fed ist die Unabhängigkeit weniger ausgeprägt. Hier hängt es viel stärker von Personen ab, welche Freiräume die Zentralbank faktisch hat und welchen Grad an Glaubwürdigkeit die Geldpolitik besitzt. In Deutschland hingegen existierte aufgrund historischer Erfahrungen mit großen inflationsbedingten Vermögensverlusten ein ausgeprägtes Stabilitätsinteresse der Bevölkerung, das die Unabhängigkeit der Deutschen Bundesbank gegen Versuche politischer Einflussnahme verteidigte. Solche gesellschaftlichen Wertvorstellungen schlagen sich schließlich auch im institutionellen Gefüge der Zentralbank nieder, sodass man (bei Austausch von „Inflationsrate" durch „Zentralbank") mit Issing (1992, 8) festhalten kann: „Jede Gesellschaft hat letztlich die Zentralbank, die sie verdient und im Grunde auch will". Ob sich im Euroraum bereits eine europäische Stabilitätskultur gefestigt hat, mit deren Unterstützung die EZB nötigenfalls rechnen kann, bleibt abzuwarten.

Staatliche Zentralbanken waren nicht selten Instrumente ihrer Regierungen für eine schuldbefreiende Inflationspolitik. Andererseits darf nicht übersehen werden, dass staatliche Zentralbanken als „lender of last resort" eine wichtige Rolle zur Bewältigung finanzieller Krisen gespielt haben. Ob die Nachteile der staatlichen Monopollösung vermieden und zugleich deren Vorteile genutzt werden können, ist einmal eine technische Frage, vor allem aber eine des institutionellen Zuschnitts. In technischer Hinsicht muss eine feste Bindung der Geschäftsbanken an die Zentralbank bestehen. In institutioneller Hinsicht benötigen Zentralbanken politische Autonomie bei der Verfolgung ihnen exklusiv vorgegebener Ziele, vor allem Preisstabilität.

Kontrollfragen

1. Warum braucht man staatliche Zentralbanken?
2. Welche Folgen sind mit der Umsetz des Hayek-Vorschlags zur Währungskonkurrenz verbunden?
3. Wie erfolgt die Anbindung der Geschäftsbanken an die (staatliche) Zentralbank?
4. Welche Bedeutung hat das „institutionelle Design" der Zentralbank für die Geldpolitik?
5. Erläutern Sie die Struktur des Eurosystems.
6. Weshalb kommt es bei den nationalen Zentralbanken im Eurosystem zu Einkünften aus Vermögenswerten?

Weiterführende Literatur

Europäische Zentralbank (1999), Der institutionelle Rahmen des Europäischen Systems der Zentralbanken, Monatsbericht Juli, S. 59-67 (http://www.ecb.int).

Europäische Zentralbank (2004), Die europäische Verfassung und die EZB, Monatsbericht August, S. 55-70 (http://www.ecb.int).

Scheller, H.P. (2006), Die Europäische Zentralbank – Geschichte, Rolle und Aufgabe, 2. A., Frankfurt (http://www.ecb.int).

Schwarze, J. (Hg.) (2000), EU-Kommentar, Nomos-Verlagsgesellschaft, Baden-Baden.

Seidel, M. (2003), Die Weisungs- und Herrschaftsmacht der Europäischen Zentralbank im Europäischen System der Zentralbanken – eine rechtliche Analyse, ZEI Policy Paper, B 11 (http://www.zei.de).

Vedder, C., von Heinegg, W.H. (Hg.) (2007), Europäischer Verfassungsvertrag – Handkommentar, Nomos-Verlagsgesellschaft, Baden-Baden.

Die Sonderaufsätze der EZB sowie das Buch von Scheller behandeln ausführlich den institutionellen Rahmen des ESZB. Das von Schwarze herausgegebene Werk kommentiert die für das Eurosystem einschlägigen Artikel des EG-Vertrages; der Kommentar von Vedder und von Heinegg die des Europäischen Verfassungsvertrags. Die Satzung des ESZB und der EZB sind abgedruckt. Seidel beschäftigt sich insbesondere mit der rechtlichen Stellung der EZB im Gefüge des ESZB bzw. des Eurosystems.

Board of Governors of the Federal Reserve System (2005), The Federal Reserve System – Purposes & Functions, Washington, D.C. (http://www.federalreserve.gov).

Mishkin, F.S. (2007), The Economics of Money, Banking and Financial Markets, 8. A., Reading (Massachusetts) et al., Kap. 12.

De Nederlandsche Bank (2001), A Comparative Study of the Federal Reserve System and the ESCB, Quarterly Bulletin, March 2001, S. 55-64 (http://www.dnb.nl).

Ruckriegel, K., Seitz, F. (2002), Zwei Währungsgebiete – Zwei Geldpolitiken? – Ein Vergleich des Eurosystems mit dem Federal Reserve System, Frankfurt.

Apel, E. (2003), Central Banking Systems Compared, London et al.

Gerdesmeier, D., Mongelli, F., Roffia, B. (2007), The Eurosystem, the US-Fed and the Bank of Japan, ECB, Working Paper Nr. 742 (http://www.ecb.int).

Die ersten beiden Arbeiten beschäftigen sich sehr intensiv mit der Struktur und den Aufgaben des Federal Reserve Systems. Mishkin gibt auch Einblicke ins „Innenleben" der Fed („Inside the Fed"). Die Veröffentlichung der Niederländischen Zentralbank sowie die Arbeiten von Ruckriegel/Seitz und Apel liefern einen Vergleich zwischen dem Fed und dem Eurosystem. Gerdesmeier et al. beziehen in den Vergleich auch die Bank of Japan mit ein.

Kapitel III: Operative Umsetzung der Geldpolitik des Eurosystems

„Die Strategie bestimmt, welches Niveau der Geldmarktzinssätze erforderlich ist, um mittelfristig Preisstabilität zu gewährleisten, während der Handlungsrahmen festlegt, wie dieses Zinsniveau mithilfe der zur Verfügung stehenden geldpolitischen Instrumente erreicht werden kann."

(Europäische Zentralbank, 2004a, 75)

Bei der operativen Umsetzung der Geldpolitik hat es in den letzten Jahren international einige Änderungen gegeben. Im Prinzip kam es zu einer Annäherung hin zu einem sog. „channel system", da sich dieses als besonders effizient herausgestellt hat. Das Eurosystem hat bei diesen Umstrukturierungen eine Vorreiterrolle übernommen. Innerhalb dieses Systems wird der Tagesgeldsatz mit Hilfe des geldpolitischen Instrumentariums gesteuert.

1 Die vier Ebenen der Geldpolitik

Die Geldpolitik kann bekanntlich Preisstabilität nicht auf direktem Wege erreichen. Vielmehr durchläuft sie vom Instrumenteneinsatz bis zum Endziel verschiedene Stufen bzw. Ebenen, auf denen Anhaltspunkte zur Beurteilung des richtigen geldpolitischen Kurses gefunden und genutzt werden können. Das zentrale Problem besteht nun darin, die kausalen Verknüpfungen zwischen den Ebenen aufzudecken und nach Möglichkeit den Entscheidungsträgern Regeln an die Hand zu geben, wie die Geldpolitik auf den einzelnen Ebenen im Interesse des Endziels agieren sollte.

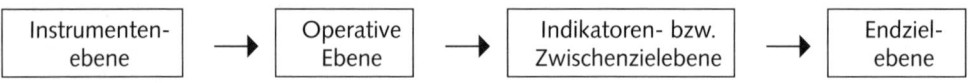

1.1 Instrumentenebene

Auf der Instrumentenebene entscheidet eine Zentralbank über den Einsatz ihrer geldpolitischen Instrumente. Heutzutage handelt es sich dabei um drei Arten von Instrumenten (im Einzelnen hierzu III.3; einen Blick in Zukunft der geldpolitischen Steuerung gibt Box. III.1.1):

(1) Die erste Kategorie, die mindestreservebedingte Nachfrage nach Reserven oder Anreize zur freiwilligen Reservehaltung, stellt grundsätzlich die Nachfrage nach Guthaben bei der Zentralbank durch die Geschäftbanken, d.h. die Anbindung an die Zentralbank, sicher (sog. Anbindungsfunktion). Sie bewirkt i.d.R. auch eine Zinsglättung am Tagesgeldmarkt (sog. Zinsglättungs- bzw. Stabilisierungsfunktion). Damit eine Zentralbank den Tagesgeldsatz kontrollieren kann, muss eine ausreichende Nachfrage nach Guthaben bei der Zentralbank bestehen. Die Nachfrage nach Guthaben bei der Zentralbank stellt gewissermaßen die Grundlage für die Wirksamkeit der Geldpolitik dar.

(2) Die zweite Kategorie von Instrumenten, die sog. Offenmarktgeschäfte, dient der primären Liquiditätsversorgung des Geschäftsbankensystems – also der Versorgung des Bankensystems mit Guthaben (Einlagen) bei der Zentralbank – und der Vorgabe des gewünschten Ziel-Zinssatzes am Tagesgeldmarkt. Zur Ermittlung des angemessenen Zinssatzes dient etwa die Taylor-Regel.

(3) Die dritte Kategorie, die sog. Ständigen Fazilitäten, bestimmt schließlich den Korridor bzw. den Kanal („channel"), in dem sich der Tagesgeldsatz bewegen kann.

Box III. 1.1 „ELAUF" – Eine Vision für die Zukunft der Implementierung von Geldpolitik

Seit spätestens den 1990er Jahren sind die führenden Notenbanken dahin zurückgekehrt, den Tagesgeldsatz als operationales Ziel zu setzen. Kann man daraus schlussfolgern, dass sich heute keine nennenswerten Überreste der *„reserve position doctrine"* mehr in der Praxis der geldpolitischen Implementierung von Notenbanken nachweisen lassen? Erinnern wir uns an die Zeit der Reichsbank vor 1914 – Implementierung von Geldpolitik bestand damals praktisch nur in der Wahl des Diskontsatzes. Die Banken mussten stets große Mengen von Papieren zu diesem Satz diskontieren, wodurch der Geldmarktsatz immer nahe am von der Reichsbank gesetzten Diskontsatz lag. In diesem System braucht man weder Offenmarktgeschäfte noch Mindestreserven, und dennoch konnte die Reichsbank effektiv und effizient den von der Notenbank aufgrund makroökonomischer Erwägungen bestimmten Zielzins als Interbanksatz generieren. Dies legt die kritische Frage nahe, ob nicht Offenmarktgeschäfte und Mindestreserven selbst noch „auszumisten" wären, weil sie als Instrumente nur unter dem inzwischen als falsch erkannten US-amerikanischen „reserve position doctrine" Ansatz wirklich Sinn machen.

Bei der Suche nach einem ELAUF geht es genau darum, nämlich unnötige, historisch entstandene Komplexitäten der bestehenden Implementierungsrahmen zu entlarven. Die Abkürzung *ELAUF* steht für die folgenden Eigenschaften eines modernen Rahmens für die Implementierung der Geldpolitik:

- **Effektiv und Effizient**: Der Rahmen muss sicherstellen, dass der Tagesgeldsatz mit adäquater Präzision kontrolliert werden kann; Effizienz bedeutet, dass der Rahmen geringe Kosten für die Banken und die Zentralbank verursacht.
- **Leicht** (oder im Englischen: Lean = Schlank) soll bedeuten, dass Redundanzen bei den geldpolitischen Instrumenten vermieden werden, und dass Implementierung so einfach und transparent wie möglich ist.
- **Automatisiert**: In der Zeitspanne zwischen den Treffen des geldpolitischen Komitees sollte bei der Implementierung von Geldpolitik jegliche Form von „discretion", also von nicht regelgebundenem Handeln, ausgeschlossen sein.
- **Universell**: Der Rahmen sollte so gestaltet sein, dass er nicht häufiger Veränderungen bedarf, und dass er ohne weiteres in verschiedenen Ländern, trotz unterschiedlicher Finanzsysteme, eingesetzt werden kann.
- **Framework**: Rahmen für die Implementierung von Geldpolitik.

Mindestreserven wären wahrscheinlich das erste „Opfer" eines ELAUFs. Mindestreserven sind komplex für alle beteiligten, und wenn es eine andere, einfachere Methode zur Stabilisierung des Tagesgeldsatzes gibt, wie z.B. über Fazilitäten (die in jedem Fall von der Notenbank anzubieten sind), dann wird es schwer, den zusätzlichen Aufwand zu begründen. Dies setzt natürlich voraus, dass eine hinreichende Nachfrage nach Guthaben bei der Zentralbank auch ohne die Pflicht zur Haltung von Mindestreserven besteht. *Offenmarktgeschäfte* werden wohl auch in einem modernen ELAUF benötigt, allerdings nur solche, bei denen die Zuteilungsprozeduren automatisch sind. Automatische Zuteilungsprozeduren für Offenmarktgeschäfte gibt es in zwei Varianten: Mengentender mit vorher angekündigter 100 % Zuteilung, und Zinstender mit vorher angekündigter Gesamtmenge (so dass sich der marginale Satz automatisch aus dem Schnittpunkt von Angebot und Nachfrage ergibt). Die Volumen von Offenmarktgeschäften werden in einem ELAUF zur Bereitstellung von struktureller Liquidität so festgelegt, dass das verbleibende Defizit (oder der Überschuss) des Bankensystems, das tag-täglich über Fazilitäten reguliert wird, in einer vernünftigen Spanne gehalten wird.

Die tag-tägliche Implementierung von Geldpolitik unter ELAUF würde ausschließlich automatisch über die Nutzung von Fazilitäten erfolgen. Z.B. würde durch strukturelle Offenmarktgeschäfte ein tägliches Liquiditätsdefizit von z.B. 20 bis 40 Milliarden Euro belassen, und für diesen Betrag würden die Banken eine Fazilität zum Tagesgeld-Zielsatz in Anspruch nehmen können. Eine wesentliche Überlegung bei der Steuerung des Liquiditätsdefizits durch strukturelle Offenmarktgeschäfte wäre der Erhalt des Interbankmarktes: ist das Liquiditätsdefizit zu groß, so dass praktisch alle Banken permanent Tagesgeld von der Notenbank benötigen, so würde es keinen Markt für Tagesgeld mehr geben. Ist auf der anderen Seite das Liquiditätsdefizit zu klein, so kann es durch exogene Schocks oder Manipulation durch große Marktteilnehmer leicht in einen Überschuss umschlagen, was zu einem ungewollten Absacken des Tagesgeldsatz führen würde.

Um der Sorge um den Erhalt eines aktiven Interbankmarktes bei einer täglichen fazilitätsbasierten Finanzierung der Banken zum Zielsatz der Notenbank Rechnung zu tragen, können insbesondere die beiden folgenden ELAUF-Varianten erwogen werden:

- ELAUF mit **kontingentiertem** Zugang zur Refinanzierungsfazilität. Jenseits der kontingentierten Fazilität zum Zielsatz bestünde ein Korridor zu Strafsätzen (z.B. +/– 50 Basispunkte). Die Notenbank würde durch strukturelle Offenmarktgeschäfte das Liquiditätsdefizit so steuern, dass **im Aggregat** die Kontingente immer ausreichen würden. Dennoch würden einzelne Banken gezwungen, die entweder einen Liquiditätsüberschuss oder ein über das Kontingent hinausgehendes Defizit aufweisen, sich an den Interbankmarkt zu wenden. Wie man sich klar machen kann, dürfte der kontingentierte ELAUF Ansatz zu einer besseren Stabilität des Tagesgeldsatzes führen, und auch den Markt weniger empfindlich gegenüber Manipulierungsversuchen machen.

- Die Refinanzierungsfazilität zum Zielsatz steht nur einmal am Tag (z.B. um 15 Uhr) zur Verfügung, am Tagesende gibt es nur noch einen symmetrischen Korridor von +/- 50 Basispunkten. Wiederum würde diese Variante mit höherer Sicherheit ausreichende Volumina im Interbankhandel erhalten.

Die Einführung eines ELAUFs ist für das Eurosystem sicherlich keine Dringlichkeit, weil der derzeitige Rahmen zur Implementierung von Geldpolitik ausgezeichnet funktioniert. Dennoch ist es immer von Interesse, nach Vereinfachungen und Fortentwicklungen zu suchen.

Box erstellt von U. Bindseil, Europäische Zentralbank, Frankfurt/Main.

1.2 Operative Ebene und operatives Ziel

Auf der Instrumentenebene legt die Zentralbank die Notenbankzinssätze nach ihren Vorstellungen fest, um damit zunächst das operative Ziel zu erreichen. Als operatives Ziel fungiert der Zinssatz für Tagesgeld am Interbanken-Geldmarkt. Dieser kann auf Tagesbasis im Rahmen des Liquiditätsmanagements der Zentralbank kontrolliert und gesteuert werden (im Einzelnen hierzu III.4). „Monetary policy decision making almost everywhere means a decision about the operating target for an overnight interest rate, and the increased transparency about policy in recent years has almost always meant greater explicitness about the central bank's interest-rate target and the way in which its interest-rate decisions are made. In such a context, it is natural that adoption of a policy rule should mean commitment to a specific procedure for deciding what interest-rate target is appropriate (Woodford, 2003, 24f.).

Die traditionelle *Geldangebotstheorie* hingegen basiert auf dem Geldbasiskonzept und betrachtet die *Geldbasis (Zentralbankgeldmenge)* als operatives Ziel der Geldpolitik (siehe Box III.1.2).

Box III.1.2: Geldschöpfungsmultiplikator, Geldbasiskonzept und ihre Relevanz für die Geldpolitik

Zur Herleitung eines einfachen Geldschöpfungsmultiplikators wird angenommen, dass die geldpolitisch relevante Geldmenge (M) aus dem Bargeldumlauf (BG) und den mindestreservepflichtigen Einlagen der Nichtbanken (D_N) besteht.

(B1) $\quad M = BG + D_N$

Die *Geldbasis* (B) setzt sich aus dem Bargeldumlauf und der Reservehaltung (R) zusammen.

(B2) $\quad B = BG + R$

Im Rahmen des *Geldbasiskonzeptes* werden üblicher Weise die Reservehaltung und der Bargeldumlauf als Größen formuliert, die in einer festen Relation zu den Einlagen D_N stehen.

(B3) $\quad R = a \cdot D_N$

(B4) $\quad BG = c \cdot D_N$

wobei *a* den Reservehaltungskoeffizienten und *c* die Bargeldneigung (Bargeldhaltungskoeffizient) bezeichnen.

Vereinfacht soll hier von einer freiwilligen Reservehaltung der Geschäftsbanken abgesehen werden, sodass der Reservehaltungskoeffizient (*a*) dem *Mindestreservesatz* (r_M) entspricht.

Setzt man (B4) in (B1) ein, gilt:

(B5) $\qquad M = cD_N + D_N = (1+c)D_N$

Berücksichtigt man (B3) und (B4) in (B2) ergibt sich

(B6) $\qquad B = cD_N + r_M D_N = (c + r_M) D_N$

Der (theoretische) *Geldschöpfungsmultiplikator m* gibt das Verhältnis von *Geldmenge* (*M*) zur Geldbasis (*B*) an. Er lautet

(B7) $\qquad m \equiv \dfrac{M}{B} = \dfrac{(1+c)D_N}{(c+r_M)D_N} = \dfrac{1+c}{c+r_M}$

Das *Geldbasiskonzept* ($M = m \cdot B$) lässt zunächst Aussagen über die (theoretisch) maximale *Geldschöpfungsmöglichkeit* des Geschäftsbankensystems zu. Bei gegebener Geldbasis sind die Geldschöpfungsmöglichkeiten umso höher, je geringer *c* und r_M sind. Bei höherer Bargeldquote bzw. höherem Mindestreservesatz wird mehr Zentralbankgeld bei den Nichtbanken (*c*) bzw. der Notenbank (r_M) gebunden und die Geschäftsbanken verlieren zunehmend die Funktion der *multiplen Giralgeldschöpfung*. Die Analyse könnte auch auf unterschiedliche Geldmengenaggregate bzw. unterschiedliche Mindestreservesätze ausgedehnt werden, ohne dass sich an den grundsätzlichen Zusammenhängen etwas ändern würde.

Soll sich die Aussagekraft des Geldbasiskonzepts nicht nur in einer rein logischen Zerlegung der Geldmenge erschöpfen, soll also dieses Konzept auch praktischen Nutzen für die Geldpolitik haben, muss der für das zu steuernde Aggregat relevante Geldschöpfungsmultiplikator hinreichend prognostizierbar und stabil sein (kritisch Bindseil, 2004b, 31f.) und die Zentralbank die Geldbasis auch steuern können bzw. wollen. Zumindest letzteres ist bei allen maßgebenden Zentralbanken **nicht** der Fall, d.h. die Geldbasis ist eine endogene Größe (siehe hierzu auch Walsh, 2003, 17f.). Die Zentralbanken steuern nicht die Menge („Geldbasis"), sondern den Preis des Zentralbankgeldes („Tagesgeldsatz"), was im Übrigen auch der Vorgehensweise der Deutschen Bundesbank vor der Währungsunion entsprach (vgl. Issing, 2007, 92f.; eine historische Betrachtung der Notenbankpraxis im 20. Jh. findet sich bei Bindseil, 2004a, Kap. 7).

„Currently, all the central banks in industrial countries implement monetary policy through market-oriented instruments geared to influencing closely short-term interest rates as operating objectives. ... It is in this relative unglamorous and often obscure corner of the financial markets that the ultimate source of the central banks´ power to influence economic activity resides." (Borio, 2001, 3), ähnlich Woodford (2001, 23): „But neither the size nor even the stability of the overall demand for base money is of relevance to the implementation of monetary policy, unless central banks adopt monetary-base targeting as a policy rule – a proposal found in the academic literature, but seldom attempted in practice. What matters for the effectiveness of monetary policy is central-bank control of overnight interest rates."

Die bei Zentralbanken gängige Praxis der Steuerung des Tagesgeldsatzes steht somit im Gegensatz zu Darstellungen in vielen Texten, die sich aus einer theoretischen Perspektive mit dem *Geldangebotsprozess* beschäftigen.

„In their analysis most economists have assumed that Central Banks „exogenously" set the high-powered monetary base, so that (short-term) interest rates are „endogenously" set in the money market. ... the above analysis is wrong. Central Banks set short-term interest rates according to some „reaction function" and the monetary base is an endogenous variable." (Goodhart, 2001, 1, siehe hierzu auch Goodhart, 2002).

„Generally, montarists, who liked quantities, but tended to dislike the idea of central bank control of (short term) interest rates, broadly supported RPD (reserve position doctrine, Anm. der Verf.), although they were often not so keen on being bothered with a need to split up their most cherished concept of monetary policy implementation, the monetary base, into petty-minded technical concepts like excess reserves, free reserves, borrowed reserves, etc. ... monetarits have insisted on their views on monetary policy implementation until very recently." (Bindseil, 2004b, 24f.).

Sowohl das Eurosystem (als auch das Fed und die Bank of England) betreiben keine Geldbasissteuerung, d.h. sie setzen nicht unmittelbar an einer quantitativen Steuerung des Zentralbankgeldes an. Zentraler Ansatzpunkt, also operatives Ziel ist vielmehr der Zinssatz für Tagesgeld, also der Zinssatz, zu dem Guthaben bei der Zentralbank auf dem Tagesgeldmarkt unter Banken gehandelt werden. „Today, there is consensus among central banks to the effect that the short-term inter-bank interest rate is the appropriate operational target" (Bindseil, 2004a, 8)[1],[2].

---

[1] Ähnlich Bain/Howells (2005, 92f.). Einen Überblick über die Rolle des Zinses, der Geldbasis und der Geldmenge liefern (Görgens/Ruckriegel/Seitz, 2007).

[2] Papadia weist darauf hin, dass in einem Umfeld, in dem es der Zentralbank (noch) nicht gelungen ist, die langfristigen Inflationserwartungen zu verankern, eine Mengensteuerung von Vorteil sein kann, um den Wirtschaftssubjekten von Woche zu Woche immer wieder klar zu signalisieren, dass „ the value of money will be preserved". Als Beispiel führt er die Vorgehensweise des Fed in den USA von 1979-1982 sowie die der Bank of Japan seit 2001 an. Er macht in diesem Zusammenhang aber auch darauf aufmerksam, dass dem „institutionellen Design", also der Frage der Unabhängigkeit der Zentralbank und der Vorgabe der Preisstabilität als Ziel der Geldpolitik eine entscheidende Rolle zukommt, um Inflationserwartungen langfristig zu verankern (vgl. Papadia, 2005, 54-56). Im Falle Japans blieb der Zentralbank keine andere Möglichkeit

Etwas überspitzt Goodhart (1994): „Virtually every monetary economist believes that the CB (central bank) can control the monetary base ... Almost all those who have worked in a CB believe that this view is totally mistaken."[3]

Damit eine Zentralbank allerdings den Tagesgeldsatz kontrollieren kann, muss eine ausreichende Nachfrage nach Guthaben bei der Zentralbank bestehen. Dies wird entweder durch den Zwang zur Haltung von Mindestreserven (Eurosystem und Fed) oder durch Anreize zur freiwilligen Haltung von Working Balances (Fed und Bank of England) erreicht.[4]

1.3 Indikatoren- bzw. Zwischenzielebene

Auf der Indikatorebene geht es um Variablen, die frühzeitig Informationen darüber liefern, wie das operative Ziel anzupassen ist, um das Endziel zu erreichen. Dabei kann es sich um reale oder monetäre Größen handeln. Zu denken ist hier etwa an Realzinsen und den Output Gap einerseits oder an Wechselkurse, die Kredit- und Geldmengenentwicklung andererseits. Fungiert eine derartige Variable sogar als (offizielles) Zwischenziel (wie z.B. die Geldmenge bei der Deutschen Bundesbank bis zum Beginn der Europäischen Währungsunion oder ein bestimmter Wechselkurs gegenüber einer Ankerwährung), sollte sie nicht nur frühzeitig verfügbar sein und einen möglichst stabilen oder zumindest prognostizierbaren Zusammenhang zum Endziel aufweisen, sondern auch hinreichend von der Zentralbank mit Hilfe ihres Instrumentariums (im Falle der Geldmenge über die Beeinflussung der Geldnachfrage) beeinflusst werden können. Zwar haben Zwischenziele inzwischen in der praktischen Geldpolitik an Bedeutung verloren. Die Unterscheidung zwischen der operativen und der Indikatorebene macht aber bereits deutlich, dass eine fehlende Berücksichtigung von „Geld" auf der operativen Ebene nicht zwangsläufig gleichbedeutend mit der Nichtbeachtung von Geldmengenentwicklungen im Allgemeinen ist.

Viel Verwirrung bei der Diskussion um die geldpolitische Rolle des Geldes hat der einflussreiche Artikel von Poole (1970) gestiftet, der aufgrund einer vereinfachenden Annahme die Geldmenge M und die kurzfristigen Zinsen auf die geldpolitisch gleiche – operative – Ebene setzte. Damit verwischte er die Unterscheidung zwischen instrumenteller, operativer und Indikator- bzw. Zwischenzielebene. „In the analysis of this paper policy variables assumed to be controlled without error will be called instruments, and no use will be made of the proximate target concept (dies entspricht dem Zwischenziel, Anmerk. der Verf.)."

---

mehr, als die Guthaben der Banken bei ihr als operatives Ziel heranzuziehen, da der Zinssatz für Guthaben bei der Zentralbank schon bei Null Prozent lag. Siehe hierzu auch Gerdesmeier et al. (2005, 47-50).

[3] Zitiert nach Bain/Howells (2005, 245).

[4] Im Eurosystem ist das Mindestreserve-Soll so hoch, dass damit auch die Nachfrage nach Working Balances abgedeckt ist.

(Poole, 1970, 198). Damit vermischte Poole die ersten beiden Ebenen und definierte die dritte Ebene weg. Obwohl Ende der 60er Jahre die Trennung zwischen operativem Ziel und Zwischenziel in der Literatur bereits eingeführt war und diskutiert wurde, verzichtete Poole also bewusst auf diese Unterscheidung. „However, if as assumed throughout this paper the money stock can be set at exactly the desired level, then the money stock may as well be called an instrument of monetary policy rather than a proximate target ... It is, for example, a straightforward matter to use the approach of this paper to treat the monetary base as an instrument and the money stock as a stochastic function of the monetary base." (Poole, 1970, 198). Die mangelnde Unterscheidung zwischen Geld**basis** und Geld**menge** beruht also auf der Annahme einer exogenen Geldmenge im Sinne der traditionellen Geldangebotstheorie. Damit wird ausgeblendet, dass in der Realität die Geldmengenentwicklung vom Geldnachfrageverhalten der Wirtschaft bestimmt wird, also endogen ist. Papadia (2005, 54) bringt dies auf den Punkt, indem er darauf hinweist, dass bei Poole das Problem im „apparent lack of distinction between base money and the money supply, deriving from the combined behaviour of the central bank and the commercial banks," besteht.

> **Box III.1.3: Warum die Poole'sche Alternative „Zins- versus Geldmengensteuerung" in Wirklichkeit keine ist**
>
> Häufig findet man in makroökonomischen Lehrbüchern die Aussage, dass die Zentralbank entweder die Geldmenge (M) oder den Zinssatz (i) steuert, also beide auf der gleichen Ebene liegen. Implizit steht dahinter die Überlegung, dass ein Monopolist entweder die Menge (Geldmenge) oder den Preis (Zinssatz) festlegen kann. Zudem wird häufig eine Kausalität von der Geldmengen- zur Zinsentwicklung unterstellt. So etwa
>
> - Abel und Bernanke (2005, 539) „At various times the Fed has guided monetary policy by attempting to keep either monetary growth rates or short-term interest rates at or near preestabilshed target ranges ... Note that, although the Fed may be able to stabilize one or the other of these variables, it cannot both simultaneously. ... If it raised the monetary base to raise the money supply, in the short run the increase in money supply would shift the LM curve down and to the right, which would lower rather than raise the Fed funds rate."
> - Blanchard (2005, 75) „ I have described the central bank as choosing the money supply and letting the interest rate determined at the point where money supply equals money demand. Instead, I could have described the central bank as choosing the interest rate and then adjusting the money supply so as to achieve this interest rate. ...Why is it useful to think about choosing the interest rate? Because this is what modern central banks, including the Fed, typically do. They typically think about the interest rate they want to achieve and then move the money supply so as to achieve it. This is why, when you listen to the news, you

do not hear: "The Fed decided to increase the money supply today." Instead you hear: "The Fed decided to decrease the interest rate today." The way the Fed did it was by increasing the money supply appropriately."

- Krugman/Wells (2006, 751) "In fact, the money market works the same way as always: the interest rate is determined by the supply and demand for money. The only difference is that now the Fed adjusts the supply of money to achieve its target interest rate. It's important not to confuse a change in the Fed's operating procedure with a change in the way the economy works."

- Romer (2006, 226f.): "Modern central banks do not target the money supply. Instead, they adjust it to achieve a target for the interest rate, and they adjust their interest-rate target in response to movements in output and inflation."

Der Poole'schen Tradition folgend wird die Geldmenge (money supply bzw. money stock) als operatives Ziel behandelt, also auf dieselbe Ebene mit dem Tagesgeldsatz gestellt und beide werden als gleichrangige Alternativen angesehen. Eine Zentralbank kann demnach entweder die Geldmenge (z.B. M3 im Falle des Eurosystems) oder den Tagesgeldsatz (z.B. gemessen am EONIA im Eurowährungsgebiet oder der Federal Funds Rate in den USA) steuern. Poole (1970) folgend wird eine Zinssteuerung dann empfohlen, wenn die Geldnachfrage sehr volatil ist, also häufig sog. Finanzmarktschocks vorliegen (siehe hierzu etwa Blanchard/Illing, 2006, 741–743.).

Dieses Bild von einer Zentralbank, die entweder die Geldmenge oder den Zinssatz steuern kann, ist allerdings unzutreffend oder zumindest irreführend. Während der Tagesgeldsatz bzw. die Geldbasis auf der operativen Zielebene der Geldpolitik liegen, steht die Geldmenge auf der Zwischenziel- bzw. der Indikatorebene. So kann etwa die Zentralbank über die Steuerung des Tagesgeldsatzes versuchen, das Wachstum der Geldmenge auf einem bestimmten Zielpfad zu halten. Diese Überlegung stand hinter der „Geldmengenpolitik" der Deutschen Bundesbank (siehe hierzu etwa Ruckriegel, 1989, insbes. 25–31 sowie Görgens/Ruckriegel, 1991) und steht (im Prinzip) auch hinter der Idee der Monetären Säule der EZB. Die Zentralbank steuert hier also den Zinssatz nicht deshalb, weil aufgrund von „Finanzmarktschocks" die Geldnachfrage zu volatil oder instabil geworden ist. Vielmehr dient der Tagesgeldsatz gerade als operatives Ziel, um ein bestimmtes Geldmengenwachstum zu erreichen. Es geht hier also gerade nicht um ein „Entweder-Oder", da Zinssatz und Geldmenge nicht auf der gleichen Ebene liegen, somit auch keine Entscheidungsalternativen sind. Die Poole'sche Entscheidungsregel ist also in der Praxis irrelevant.

Die Zentralbank als Monopolist kann entweder den Tagesgeldsatz (Preis) oder (rein theoretisch) die Geld**basis** (Menge an Zentralbankgeld) steuern. Wählt die Zentralbank den Tagesgeldsatz, so wird die Geldbasis endogen. Dies entspricht der heute gängigen Praxis. Die Geldmenge wird über eine endogene Geldbasis und über einen endogenen Geldschöpfungsmultiplikator von der Kredit- und

Geldnachfrage der Nichtbanken im Zusammenwirken mit den Geschäftsbanken bestimmt.

Wählt die Zentralbank die Geldbasis als operative Zielgröße, so bleibt der endogene Multiplikator als Verbindungsglied zur Geldmenge. Auch in diesem (rein theoretischen) Fall ist also die Geldmenge letztlich endogen. Die Geldpolitik wirkt auf den Multiplikator ein, wenn sie die Opportunitätskosten der Geldhaltung verändert. Die Endogenität der Geldmenge wird im Übrigen auch durch die Empirie bestätigt (ein Überblick findet sich etwa bei Howells, 2005; zu einer Bestätigung der Endogenität für Deutschland von 1975–1998, also in einer Phase, die häufig als die der exogenen Geldmengensteuerung verstanden wird, siehe Holtemöller, 2003). Die Fiktion eines gegebenen, d.h. der Zentralbank bekannten Multiplikators und einer von der Zentralbank vorgegebenen Geldbasis, damit eines exogenen Geldangebotes in einem Geldsystem mit Geschäftsbankengeld tragen somit wenig zur Erklärung der Realität bei.

Fazit: Geldmenge und Zinssatz (Tagesgeldsatz) können nicht als alternative operative Ziele der Geldpolitik, damit aber auch nicht als Entscheidungsalternativen im Poole'schen Sinne betrachtet werden. Steuert die Zentralbank den Tagesgeldsatz, so ist zwar das Geldbasisangebot zum jeweils von der Zentralbank gesetzten Tagesgeldsatz vollkommen elastisch. Die Angebotskurve für Zentralbankgeld verliefe horizontal. Die Geldmenge hingegen wird im Zusammenwirken von Kreditvergabe der Geschäftsbanken und der Geldnachfrage der Nichtbanken bestimmt, sie ist also endogen. Will die Zentralbank hierauf Einfluss nehmen, geschieht dies über die Veränderung des Tagesgeldsatzes, was einer Verschiebung der (horizontalen) Angebotskurve für Zentralbankgeld entspräche.

1.4 Endzielebene[5]

Auf der Endzielebene geht es um die letztlich von der Zentralbank anzustrebenden Ziele. Hier hat sich in den letzten beiden Jahrzehnten sowohl in der Theorie als auch in der Praxis als Konsens herausgebildet, dass sich Zentralbanken

---

[5] An dieser Stelle sei allerdings darauf hingewiesen, dass in jüngster Zeit die Frage der Endziele der Wirtschaftspolitik zunehmend problematisiert wird. So wird Wirtschaftswachstum als Ziel, dem ja auch Preisstabilität dienen soll, von der Glücksforschung in Zweifel gezogen (Blanchard/Illing, 2006, 305). Nach den Erkenntnissen der Glücksforschung kommt einem Mehr an materiellen Gütern – nachdem die materiellen Grundbedürfnisse gedeckt sind – eine immer geringere Rolle zu. Vielmehr gewinnen soziale Kontakte und Mitmenschlichkeit, die sog. Beziehungsgüter (relational goods), zunehmend an Bedeutung für unser Wohlbefinden. Das Streben nach Wirtschaftswachstum ist also mehr als fraglich, da es uns letztlich (nachhaltig) nicht mehr Wohlbefinden bringt. Erkenntnisse der Glücksforschung finden – primär ausgehend von den angelsächsischen Ländern – auch bei uns zunehmend Eingang in Politik und Gesellschaft. So hat etwa Bundespräsident Horst Köhler am 1. Oktober seine Berliner Rede 2007 unter das Thema „Das Streben der Menschen nach Glück verändert die Welt" gestellt und die Ergebnisse der Glücksforschung aufgegriffen (im Einzelnen hierzu Ruckriegel, 2007c).

auf die Bekämpfung von Inflation bzw. die Gewährleistung von Preisstabilität konzentrieren sollten. Als Zeithorizont sollte dabei eine mittelfristige Perspektive zugrunde gelegt werden. Alle anderen Ebenen sind letztlich dieser Ebene unterzuordnen. Das Endziel ist den Zentralbanken in der Regel durch ihre Statuten vom Gesetzgeber vorgegeben.

Box III.1.4: Warum ist Preisstabilität wichtig?

Zu den bemerkenswertesten weltwirtschaftlichen Entwicklungen der letzten zwei Jahrzehnte zählt der Rückgang der Inflationsraten in nahezu allen Ländern. Lag die globale Inflation nach Angaben des Internationalen Währungsfonds im Jahr 1992 noch bei annährend 36 %, so unterschritt die jährliche Teuerung in jedem Jahr nach 2002 die 4 %-Marke – und dies in einem Zeitraum, in dem die Energiepreise in einem Ausmaß stiegen, welches dem der Ölpreisschocks in den 70er Jahren in nichts nachstand. Besonders augenfällig war der Rückgang der Inflationsraten in den Schwellen- und Entwicklungsländern; die Industriestaaten verzeichneten zwar ebenfalls ein freundlicheres Preisklima, hier hatte allerdings die Trendwende zu niedrigeren Inflationsraten bereits zu Beginn der 80er Jahre begonnen.

Für die Wende hin zu niedrigeren Teuerungsraten spielt neben den – quantitativ häufig überschätzten – Folgen einer zunehmenden Globalisierung der Gütermärkte vor allem die weltweite Akzeptanz für eine stabilitätsgerechte Geldpolitik die Hauptrolle. Die Vorteile einer primär auf Preisstabilität ausgerichteten Politik waren nach den Erfahrungen mit Hyperinflationsphänomenen in der ersten Hälfte des 20. Jahrhunderts in Deutschland wohl bekannt. Inzwischen sind die Vorteile eines stabilen Geldes weltweit anerkannt. Der Siegeszug der Preisstabilität legt vielmehr die ketzerische Frage nahe, ob denn die Gründe für Preisstabilität überhaupt noch einer Begründung bedürfen. In diesem Zusammenhang gilt es jedoch, nicht in Vergessenheit geraten zu lassen, dass die gegenwärtig niedrigen Inflationsraten keine Garantie für ein auch in Zukunft günstiges Preisumfeld sind. Die Erfolge der letzten zwanzig Jahre sind das Ergebnis eines in nicht wenigen Ländern langwierigen Erkenntnisprozesses, dass Preisstabilität nicht in Gegensatz zu anderen gesamtwirtschaftlichen Zielen – wie beispielsweise angemessenes Wachstum und ein hoher Beschäftigungsstand – steht, sondern eine wesentliche Vorraussetzung zur Erreichung dieser Ziele ist. Erst die Dauerhaftigkeit eines in der Öffentlichkeit verankerten breiten Konsens über die Vorteile von Preisstabilität ermöglicht die Verankerung langfristiger Inflationserwartungen auf einem niedrigen Niveau und verhindert, dass die Sicherung von Preisstabilität durch die Geldpolitik nur über hohe realwirtschaftliche Kosten gewährleistet werden kann.

Der wesentliche Beitrag der Preisstabilität zu einem spannungsfreien realwirtschaftlichen Wachstum besteht darin, dass die wesentliche Signalfunktion der relativen Preise in einer Marktwirtschaft unverzerrt durch Bewegungen des allgemeinen Preisniveaus möglich wird. Einzelne Preisbewegungen signalisieren Knappheiten und lenken die gesamtwirtschaftlichen Ressourcen in die bestmögliche Verwendung. Damit wird ersichtlich, dass der gebräuchliche Begriff der Preisstabilität zur Beschreibung des Ziels der Geldpolitik missverständlich ist. Es kann und sollte nicht Gegenstand einer stabilitätskonformen Politik sein, einzelne Preise stabil zu halten, sondern es kann nur um die Stabilität des Niveaus aller Preise gehen.

Die verbesserte Allokationsfunktion eines stabilitätsgerechten Umfelds umfasst auch – aus Wachstumsgesichtspunkten besonders wichtig – eine Minimierung der intertemporalen Verzerrungen. Erst wenn Sparer darauf vertrauen können, dass ihre naturgemäß langfristigen Entscheidungen nicht durch inflationäre Minderungen ihrer nominalen Anlagebeträge konterkariert werden, entsteht das notwendige Vertrauen in langfristige Finanzbeziehungen, die als unverzichtbarer Motor nachhaltigen Wachstums fungieren.

Höhere Inflationsraten gehen regelmäßig auch mit variableren Inflationsraten einher. In langfristigen Finanzkontrakten schlägt sich diese höhere Volatilität in steigenden Risikoprämien und damit höheren Zinsen nieder. Ein preisstabiles Umfeld verringert hingegen dieses Risiko und ermöglicht ein wachstumsförderliches niedriges Zinsniveau.

Die durch höhere Inflationsraten erzeugten Verzerrungen werden verstärkt durch staatliche Institutionen, die dem Nominalwertprinzip folgen. So steigt die steuerliche Belastung in einem progressiven Einkommensteuersystem, das Nominalwerte besteuert, mit höheren Inflationsraten an. Betroffen sind aber auch Rechnungslegungsvorschriften im Unternehmenssektor: Beispielsweise verringert eine höhere Inflation den Wert von Abschreibungen, die auf historischen Kosten basieren, und erhöht so die Kapitalkosten im Unternehmenssektor.

Aus all diesen vorgenannten Gründen ist es ersichtlich, dass ein preisstabiles Umfeld wichtige Voraussetzungen für ein gedeihliches realwirtschaftliches Wachstumsumfeld und nachhaltig hohe Beschäftigung schafft.

Darüber hinaus kommt es durch Inflation regelmäßig zu willkürlichen Umverteilungen, die auch aus sozialpolitischer Sicht unerwünscht sind. Eine unerwartet höhere Inflation schädigt die Empfänger nominal fixierter Einkommen, beispielsweise Bezieher von Transfereinkommen, und verringert umgekehrt die reale Last von Schuldnern dieser Leistungen.

Schließlich verursacht eine hohe Inflationsrate ökonomische Kosten in Form von rascheren Preisanpassungen (menu costs) beziehungsweise Kosten der Portfolioanpassung unverzinster Aktiva wie Bargeld (shoe leather costs).

Angesichts dieser Nachteile hoher Inflationsraten liegt es nahe, als wünschenswertes Ziel der Geldpolitik die Nullinflation anzusehen, also ein in der Tat stabiles

Preisniveau. Insofern muss es verwundern, dass Notenbanken weltweit regelmäßig nicht die Nullinflation sondern eine niedrige positive Inflationsrate als Ziel definieren. Dies hat unterschiedliche Gründe: Zum einen überschätzt die herkömmliche Preismessung die tatsächliche Teuerung, indem beispielsweise Substitutionseffekte oder Qualitätsverbesserungen nicht hinreichend berücksichtigt werden. Zum anderen wird eine negative Inflation, also eine Deflation, als ebenfalls schädlich angesehen. So erhöht ein fallendes Preisniveau die reale Last von Schuldnern und verringert den Wert ihrer Aktiva. Dies führt zu steigenden Ausfallraten in Kreditbeziehungen und gefährdet unter Umständen die Stabilität des Finanzsystems. Schließlich vergrößert eine Zielinflationsrate von Null mit einem einhergehenden niedrigen Niveau der Kurz- und Langfristzinsen die Wahrscheinlichkeit, dass die Geldpolitik bei adversen Schocks an die Nullzinsgrenze stößt. In diesem Fall würde die Notenbank den Zins zur Abfederung des negativen realwirtschaftlichen Schocks stärker absenken wollen. Dies ist aber nicht möglich, da der kurzfristige Zins bereits auf Null gesunken ist. Eine derartige Situation, in der die herkömmlichen Zinsinstrumente der Geldpolitik versagen, kennzeichnet die Situation in Japan in der letzten Dekade.

In der Abwägung der Vorteile niedriger Inflationsraten und der Risiken, die aus einer deflationären Entwicklung resultieren können, hat sich als Zielmarke der Geldpolitik in zahlreichen Ländern eine niedrige positive Inflationsrate in der Größenordnung von 2 % als Konsensmodell herausgebildet. Dies gilt ebenfalls für die Geldpolitik des Eurosystems, das Preisstabilität als mittelfristigen Anstieg des Harmonisierten Verbraucherpreisindex im Euroraum „unter, aber nahe bei 2 %" definiert.

Box erstellt von J. Ulbrich, Deutsche Bundesbank, Frankfurt/Main.

2 Geldpolitische Strategien und die Europäische Währungsunion

„Clear strategic concepts geared to the goal of stability exercise a positive influence on how the monetary policy course is set internally, because they limit the risk of mismanagement. Owing to its rule-like character, a fully formulated strategy compels monetary policy-makers to act consistently over time. Along with that, it makes ill-founded and arbitrary ad hoc decisions more difficult and guards against the temptation to yield to cyclical policy demands. Overall, the partial „tying of one's hands" associated with a monetary policy strategy should strengthen the continuity of monetary policy and limit the danger of the central bank itself generating destabilising stimuli."

(H. Tietmeyer, 1996, 3)

Die primäre Aufgabe des Eurosystems ist die Gewährleistung von Preisstabilität. Allerdings kann eine Notenbank die Preise nicht direkt kontrollieren, sondern sie versucht, Preisstabilität über eine angemessene *geldpolitische Strategie* zu erreichen. Die geldpolitische Strategie bildet das Grundgerüst für die laufende Geldpolitik. Sie beschreibt die konzeptionelle Vorgehensweise der Zentralbank bei Verfolgung ihrer letztendlichen Ziele. Insofern stellt sie ein **mittel- bis langfristig** ausgerichtetes und konsistentes Verfahren dar, nach dem im Sinne einer Grundsatzentscheidung über den Instrumenteneinsatz zur Erreichung der geldpolitischen Endziele entschieden wird. Die geldpolitische Strategie beinhaltet somit den gesamten Weg von den zur Verfügung stehenden Instrumenten über das operative Ziel bis zu den Endzielen der Geldpolitik (siehe Abb. III.2.1). Darüber hinaus umfasst sie auch den geldpolitischen Entscheidungsprozess innerhalb der Zentralbank als auch die Darstellung und Begründung der Entscheidungen nach außen. Im Kern besteht dabei das strategische Problem einer stabilitätsorientierten Geldpolitik darin, die Inflationserwartungen auf einem mit Preisstabilität zu vereinbarenden Niveau dauerhaft zu stabilisieren.

Der Einsatz einer geldpolitischen Strategie empfiehlt sich wegen der unvollständigen Kenntnis des genauen Transmissionsprozesses der Geldpolitik. Die von Veränderungen der Notenbanksätze ausgehenden Effekte auf die Zielvariablen sind sowohl in ihrer Stärke als auch in ihrer Verteilung über die Zeit variabel. Zudem besteht das Problem, dass die Zielvariablen in der Regel nicht nur von der Geldpolitik allein beeinflusst werden. Folglich sollte eine geldpolitische Strategie den geldpolitischen Entscheidungsträgern die Informationsverarbeitung erleichtern und Hilfestellung bei geldpolitischen Entscheidungen liefern. Durch ein in sich geschlossenes und glaubhaftes Konzept, das der Öffentlichkeit bekannt ist, soll auch eine Verstetigung der Geldpolitik erreicht werden. Und schließlich kann die Strategie als Kommunikationsmedium mit der Öffentlichkeit eingesetzt werden sowie zur Berechenbarkeit von Notenbankaktionen und Reduktion von geldpolitischer Unsicherheit beitragen. Dadurch erhöht sie auch die Transparenz der Geldpolitik.

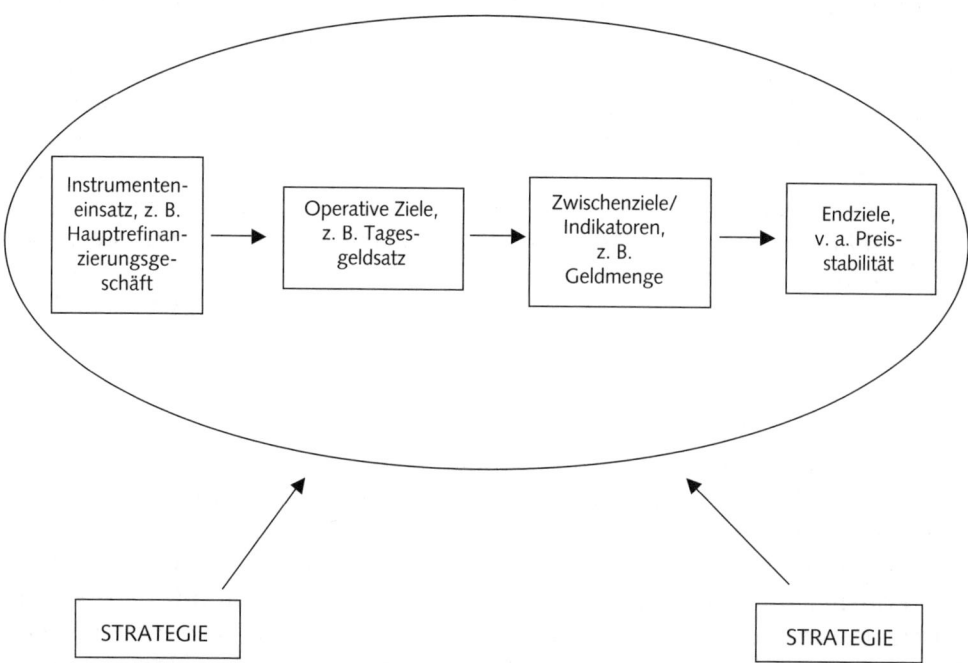

Abbildung III.2.1: Die Bedeutung einer geldpolitischen Strategie

Die optimale Strategiewahl hängt von den Gegebenheiten in dem jeweiligen Währungsgebiet, speziell der Größe, der außenwirtschaftlichen Verflechtung und den Finanzmarktstrukturen ab. Einerseits werden dabei Strategien diskutiert, die sich auf offiziell hervorgehobene geldpolitische Indikatoren oder sogar Zwischenziele stützen (z.B. Geldmengen-, Zins-, oder Wechselkursziele). Sie befinden sich im geldpolitischen Transmissionsprozess zwischen den direkt kontrollierbaren operativen Zielen (z.B. dem Tagesgeldzins) und den gesamtwirtschaftlichen Endzielen, z.B. der Preisstabilität. In der praktischen Geldpolitik fanden in Europa in der Vergangenheit vor allem Geldmengen- und Wechselkursziele Anwendung. Andererseits sind seit den 90er Jahren einige Zentralbanken auf eine Politik mit direkten Inflationszielen übergegangen. Mit dieser sog. einstufigen Strategie wird versucht, das Endziel ohne Verfolgung spezieller Indikatorvariablen zu erreichen. In den USA dagegen wird aktuell weder der eine noch der andere Ansatz verfolgt. Dort orientiert sich die Geldpolitik an einer Strategie ohne explizite nominale Orientierungsgrößen. Sie kann als Multi-Indikatoren-Ansatz im Hinblick auf die

Endziele interpretiert werden. Das Eurosystem steht in diesem Zusammenhang vor dem Problem, dass es bei der Wahl der Strategie nicht nur gewisse Leitlinien beachten, sondern auch das neue und unsicherere geldpolitische Umfeld in seine Überlegungen mit einbeziehen muss.

Im Folgenden sollen einzelne Konzepte vorgestellt, und dann vor dem Hintergrund der Situation in der Währungsunion kritisch diskutiert werden. Dazu muss zunächst geklärt werden, welchen Anforderungen eine geldpolitische Strategie genügen sollte.

2.1 Anforderungen an eine Strategie

Das strategische Problem der Geldpolitik besteht also darin, das Verfahren für den geldpolitischen Instrumenteneinsatz zu liefern, sodass die Zielsetzungen der Geldpolitik bestmöglich erreicht werden. Eine *geldpolitische Strategie* und mithin auch die des Eurosystems sollte dabei folgenden Grundsätzen entsprechen:

1. Ausrichtung auf das Endziel Preisstabilität (notwendige Bedingung) und das Eurosystem in die Lage versetzen, dieses Ziel zu erreichen. Damit verbunden sollte eine klare Zuordnung von Verantwortlichkeiten sein.

2. Publikation der mit der Strategie verbundenen Daten, Verfahren und Ziele. Damit einher gehen eine Rechenschaftspflicht sowie ein Rechtfertigungszwang gegenüber der Öffentlichkeit bei Zielverfehlungen. Dafür muss die Strategie für die Öffentlichkeit verständlich sein. Folglich sollen mit Hilfe der Strategie der Öffentlichkeit die Intentionen der Zentralbank transparent mitgeteilt werden können.

3. Mittel- bis langfristige Ausrichtung, um eine Orientierung für die Erwartungsbildung der privaten Marktteilnehmer, im Besonderen der Inflationserwartungen, zu geben. Kurzfristige Zielabweichungen müssen vereinbar mit der Strategie sein. Sie sollte über einen längeren Zeitraum Bestand haben. Dieser Grundsatz der Kontinuität setzt auch voraus, dass die gewählte Strategie robust gegenüber Änderungen im wirtschaftlichen Umfeld ist.

4. Vereinbarkeit mit der Unabhängigkeit des Eurosystems, da die Strategie ansonsten dem Maastricht-Vertrag widersprechen würde und eine effektive Geldpolitik erschwert.

5. Schnelle und präzise Datenverfügbarkeit: Die ökonomischen Größen, auf die sich die Strategie stützt, müssen ohne große Verzögerungen und mit hinreichender Genauigkeit verfügbar sein.

Vor dem Hintergrund dieser Leitlinien werden im Folgenden verschiedene geldpolitische Strategien diskutiert. Grundsätzlich wird dabei unterstellt, dass primäres Ziel der Zentralbank Inflationsbekämpfung bzw. Sicherung von Preisstabilität ist. Zunächst soll auf den Unterschied zwischen ein- und zweistufigen geldpolitischen Strategien eingegangen werden.

2.2 Einstufige versus zweistufige geldpolitische Strategien

Generell unterscheidet man bei geldpolitischen Strategien zwischen solchen, die sich spezieller *Indikatorvariablen* bedienen bzw. sich ein *Zwischenziel* setzen (eine sog. *zweistufige Strategie*), und solchen, die versuchen, das Endziel Preisstabilität direkt zu steuern (die sog. *einstufige Strategie*). Grundvoraussetzung für eine als Indikator geeignete Größe ist, dass sie möglichst kurzfristig beobachtbar ist und einen im Zeitablauf engen und stabilen Zusammenhang zum Endziel aufweist. Fungiert eine derartige Größe sogar als Zwischenziel, sollte sie zusätzlich von der Zentralbank mit Hilfe ihres Instrumenten-Sets hinreichend genau kontrolliert werden können. Wird keine Variable auf der Indikatorebene speziell hervorgehoben und versucht die Zentralbank stattdessen, das Endziel direkt zu erreichen, spricht man von der sog. direkten Inflationssteuerung. In diesem Zusammenhang gilt es, strikt zwischen der Indikator- bzw. Zwischenzielebene und der Endzielebene zu unterscheiden. **Das Zwischenziel oder herausgestellte Indikatorvariablen sind nur Mittel zum Zweck der Erreichung des Endziels.**

Zunächst soll untersucht werden, ob beide Strategieausrichtungen prinzipiell dazu geeignet sind, Preisstabilität zu erreichen (siehe dazu Neumann, 2000, 1595ff.). Nehmen wir dafür an, die Zielgröße der Geldpolitik sei die Inflationsrate π. Diese sei eine Funktion einer geldpolitisch endogenen Variablen z, einer exogenen Variablen x (z.B. der Ausrichtung der Lohn- und Fiskalpolitik) und eines exogenen stochastischen Schocks v (z.B. eine unerwartete Wechselkurs- oder Rohölpreisentwicklung). Letzterer sei normalverteilt mit Mittelwert Null und konstanter Varianz. Somit gilt unter Berücksichtigung von time-lags zwischen z bzw. x und π

(1) $\quad \pi_{t+1} = z_t + a_1 x_t + v_{t+1}$

Die Inflationsrate in Periode *t+1* hängt also von den Realisationen von z und x (über die partielle Abhängigkeit a_1) in *t* ab. Zudem beeinflusst die Höhe des unerwarteten Schocks v in *t+1* die Inflationsrate.

Die Variable z wird (über den Koeffizienten b_1) bestimmt durch die die Geldpolitik repräsentierende Instrumentvariable, den Geldmarktzins i, und einen unabhängig normalverteilten exogenen Störterm u (z.B. eine unerwartete Veränderung der Geldhaltungsgewohnheiten).

(2) $\quad z_t = b_1 i_t + u_t$

Über die Variable z übt somit die Geldpolitik Einfluss auf die zukünftige Inflationsrate aus. Nach (1) und (2) ist z also grundsätzlich sowohl als Indikatorvariable als auch als Zwischenziel geeignet.

Nehmen wir nun zunächst an, der Geldpolitik wären die beiden Strukturgleichungen (1) und (2) bekannt. Des Weiteren kenne sie die Verteilungen der beiden Schocks u und v. Diese kann sie zwar nicht prognostizieren, aber ohne zeitliche Verzögerung beobachten. Nach Realisationen der exogenen Größe x soll die Zentralbank allerdings nicht in der Lage sein, in derselben Periode noch mit ihrem Instrumenteneinsatz zu reagieren. Der Zielwert für die Inflationsrate soll π^{Ziel} betragen.

Wenn die Variable z tatsächlich als Zwischenziel (z) verwendet wird, ergibt sich unter Berücksichtigung der in $t-1$ verfügbaren Information (E_{t-1}, wobei E für den Erwartungswert steht) aus (1) folgender Zielwert für das Zwischenziel z^*:

(3) $\qquad z_t^* = \pi^{Ziel} - a_1 E_{t-1} x_t$

Dieses Zwischenziel wird publiziert. Es impliziert als Operationsziel für das geldpolitische Instrument i nach (2)

(4) $\qquad i_{z,t}^* = \dfrac{z_t^*}{b_1} = \dfrac{(\pi^{Ziel} - a_1 E_{t-1} x_t)}{b_1}$

Wenn in t durch einen Schock u die tatsächliche Entwicklung von z vom Zwischenzielwert abweicht, muss geldpolitisch reagiert werden. Das heißt, die Instrumentvariable i muss gemäß (5) angepasst werden, um den Einfluss auf die Preisentwicklung π zu kompensieren.

(5) $\qquad i_{z,t} = i_{z,t}^* - \dfrac{u_t}{b_1}$

Je stärker der unerwartete Schock u also ausfällt, desto mehr wird sich i von i^* unterscheiden. Insgesamt ergibt sich dann folgende Inflationsrate in $t+1$

(6) $\qquad \pi_{z,t+1} = \pi^{Ziel} + a_1(x_t - E_{t-1} x_t) + v_{t+1}$

Die Inflationsrate bewegt sich also um ihr Zielniveau in Abhängigkeit von nicht antizipierten Veränderungen der Variablen x in der Periode t, auf die sich das Zwischenziel bezieht, und stochastischen Einflüssen in der Folgeperiode $t+1$.[1]

Wenn die Zentralbank sämtliche Strukturgleichungen kennt und alle Variablen der laufenden Periode t fehlerfrei beobachten kann, könnte sie auch versuchen, ihr Ziel π^{Ziel} direkt anzusteuern (d), d.h. eine Politik ohne Zwischenziel betreiben. Als Inflationsrate ergibt sich ja aus den Zusammenhängen (1) und (2)

(7) $\qquad \pi_{t+1} = a_1 x_t + b_1 i_t + u_t + v_{t+1}$

---

[1] Eine weitere Zwischenzielvariante, in welcher z auch noch von x abhängt, untersucht Neumann (2000, 1596).

Ist der Zentralbank dieser dynamische Zusammenhang bekannt, könnte sie am Ende der Vorperiode *t-1* ihr Operationsziel gemäß (8) festlegen:

(8) $$i^*_{d,t} = \frac{(\pi^{Ziel} - a_1 E_{t-1} x_t)}{b_1}$$

Ergeben sich exogene Schocks *u* und/oder verändert sich *x* unvorhergesehen, kann dieses Operationsziel optimal verändert werden, wie (9) zeigt

(9) $$i_{d,t} = i^*_{d,t} - \frac{u_t + a_1(x_t - E_{t-1} x_t)}{b_1}$$

Durch Einsetzen von (9) in (7) erkennt man, dass sich insgesamt bei einer Politik der direkten Inflationssteuerung folgende Inflationsrate in *t+1* einstellt

(10) $$\pi_{d,t+1} = \pi^{Ziel} + v_{t+1}$$

Wie ein Vergleich von (6), der Inflationsrate bei Verfolgung einer zweistufigen Strategie, und (10) zeigt, sind die Erwartungswerte beider Lösungen identisch. Mit beiden Strategien kann also prinzipiell Preisstabilität erreicht werden. Auch die Schwankungen der Inflationsraten unterscheiden sich nicht. Dementsprechend könnte man also auch auf ein Zwischenziel verzichten.

Allerdings wurde bei der Herleitung unterstellt, dass die Zentralbank die Struktur der Volkswirtschaft vollständig kennt und alle Schocks rechtzeitig und richtig beobachten kann. Unter dieser Informationsverteilung ist es sicherlich überflüssig, auf Variablen zu schauen, die zwischen den operativen Größen und den Endzielen liegen. Dies trifft allerdings in der praktischen Geldpolitik gerade nicht zu. Wie wir in den Abschnitten 2.3 und 2.4 noch im Detail sehen werden, liegen die Unterschiede zwischen einer einstufigen und einer zweistufigen Strategie vor allem in den Informationserfordernissen und in der Beeinflussung der Erwartungen der Marktteilnehmer begründet.

2.3 Zweistufige Strategien

Operiert die Geldpolitik mit einer expliziten Indikatorvariablen oder einem *Zwischenziel*, bezeichnet man dies als *zweistufige Strategie*, da sie sich zur Erreichung des Endziels auf eine weitere Variable konzentriert, auf deren Bewegungen sie eher reagieren kann (siehe auch Abb. III.2.1). Als derartige Variablen kommen mehrere ökonomische Größen in Frage.

2.3.1 Wechselkursziele

Die Wahl eines Wechselkurses gegenüber einer ausgewählten Währung oder einem Währungskorb als Zwischenziel beruht auf der Idee der Kopplung der Inlandswährung an eine als wertstabil anerkannte ausländische Währung. Über die Entscheidung für eine externe Orientierungsgröße soll, so die Idee, Stabilität aus dem Ausland importiert werden. Deshalb bezeichnet man dieses Konzept auch als *„externen nominalen Anker"*. Zudem soll eine derartige Orientierung zu einem Glaubwürdigkeitsimport führen.

Wie lässt sich nun ein Wechselkursziel formulieren? Gehen wir dazu von der Definition des realen Wechselkurses e^r $(= ep/p^a)$ aus (siehe dazu Box I.3.3). Hierbei steht e für den nominalen Wechselkurs (in Mengennotierung), p für das inländische und p^a für das ausländische Preisniveau. Dementsprechend gilt für die Veränderungsrate (∧) des nominalen Wechselkurses in der Periode t

(11) $$\hat{e}_t = \pi_t^a - \pi_t + \hat{e}_t^r$$

π entspricht der Inflationsrate. Der Erwartungswert von (11) zu Ende der Vorperiode $t-1$ (E_{t-1}) ist gegeben durch

(12) $$E_{t-1}\hat{e}_t = E_{t-1}\pi_t^a - E_{t-1}\pi_t + E_{t-1}\hat{e}_t^r$$

Wenn nun die Zentralbank anstatt der erwarteten Inflationsrate $E_{t-1}\pi$ ihr Inflationsziel π^{Ziel} ansetzt, ergibt sich als Wechselkursziel

(13) $$\hat{e}_t^{Ziel} = E_{t-1}\pi_t^a - \pi^{Ziel} + E_{t-1}\hat{e}_t^r$$

Wenn dieses Wechselkursziel eingehalten wird, stellt sich die folgende Inflationsrate ein

(14) $$\pi_t = \pi^{Ziel} + (\pi_t^a - E_{t-1}\pi_t^a) + (\hat{e}_t^r - E_{t-1}\hat{e}_t^r)$$

Der Erfolg der Geldpolitik wird also durch die Prognosefehler der Zentralbank bzgl. der ausländischen Inflationsrate und des realen Wechselkurses bestimmt. Anhand von (14) ist ein weiteres Charakteristikum von Wechselkurszielen erkenntlich: Die inländische Geldpolitik hängt dadurch von der ausländischen Geldpolitik ab. Wenn sich die ausländische Geldpolitik unerwartet verändert, muss also entweder das Wechselkursziel entsprechend angepasst werden, um das Inflationsziel nicht zu gefährden. Oder die ausländische geldpolitische Ausrichtung wird ebenfalls übernommen.

Über welche Mechanismen werden nun diese Prozesse ausgelöst? Typischer Weise kommen Wechselkursziele vor allem für kleine Länder in Frage, die ihre Währung an diejenige eines großen Landes binden. Deshalb gehen wir im Folgenden von einem kleinen Land, das ausländische Variablen nicht beeinflussen kann, und zusätzlich *vollkommener Kapitalmobilität* aus.[2] Für vergleichbare in- und ausländische Finanztitel (*perfekte Substituierbarkeit*) gilt somit die sog. *Ungedeckte Zinsparität* („Uncovered Interest Parity", UIP). Nach dieser müssen sich die erwarteten Erträge einer Anlage in Inlands- bzw. Auslandswährung angleichen (siehe Box III.2.1). Angenähert gilt dann

---

[2] In der EU sind seit der ersten Stufe der EWWU und nach dem Auslaufen einiger Übergangsbestimmungen bei den 15 „alten" EU-Ländern inzwischen alle *Kapitalverkehrsbeschränkungen* abgeschafft. Dies war notwendige Bedingung für die Verwirklichung des *Europäischen Binnenmarktes*. Für die neuen EU-Länder, die noch nicht der EWU beigetreten sind, gelten noch einige wenige Übergangs- und Ausnahmeregelungen.

(15) $$i - i^a \approx \frac{e - e^{erw}}{e^{erw}}$$

In (15) bezeichnen *i* den Inlandszins, *i*^{a} den Auslandszins, *e* den Wechselkurs in *Mengennotierung* (also 1 € = *e* $) und *e*^{erw} den *erwarteten Wechselkurs*. Der Zeithorizont, der den Wechselkurserwartungen *e*^{erw} zugrunde liegt, muss dabei dem Anlagehorizont (für beide Anlageformen) entsprechen. Wenn nun ein Land ein glaubwürdig fixes nominelles *Wechselkursziel* verfolgt, ist die erwartete Wechselkursänderung Null. Folglich muss der ausländische dem inländischen Zins entsprechen. Da der Auslandszins annahmegemäß durch das Inland nicht zu beeinflussen ist, wird er für das Inland zur exogenen Größe. Dies hat zur Konsequenz, dass ökonomische *Schocks* im Ankerwährungsland, die dort zu Zinsbewegungen führen, auf das Inland übertragen werden. Ausländische Zinsänderungen schlagen sich somit letztendlich immer auch in inländischen Zinsänderungen nieder. Daraus entstehen vor allem dann Probleme, wenn das sich ergebende Zinsniveau nicht zur inländischen wirtschaftlichen Lage passt. **Insgesamt ist also mit einem Wechselkursziel immer auch ein Verlust an *geldpolitischer Autonomie* verbunden** (siehe dazu auch die Ausführungen in V.3).

Box III.2.1: Die ungedeckte Zinsparität

Ein (inländischer) Anleger steht vor der Entscheidung einer Anlage in inländischer oder ausländischer Währung. Es bestehe vollkommene *Kapitalmobilität* und perfekte *Substituierbarkeit* beider Anlageformen. Der Ertrag der Inlandsanlage E_I wird durch den Zinssatz *i* bestimmt. Bei einer einjährigen Anlage von *X* € resultiert ein Ertrag E_I von

(B1) $$E_I = X \cdot (1+i)$$

Wird der Betrag *X* in Auslandswährung (z.B. US-$) angelegt, muss der Anlagebetrag zuerst zum Wechselkurs *e* in $ umgetauscht werden. Darauf bekommt man den Auslandszins *i*^{a}. Am Ende der Anlagedauer wird dann der resultierende Ertrag mit dem erwarteten Wechselkurs *e*^{erw} wieder in € umgerechnet. Als erwarteter Ertrag E_A in € ergibt sich somit

(B2) $$E_A = \frac{X \cdot e \cdot (1+i^a)}{e^{erw}}$$

Solange $E_I \neq E_A$ kommt es zu Arbitrageoperationen, die zu einer Angleichung der Erträge führen. Im *Arbitragegleichgewicht* gilt somit

(B3) $$(1+i) = \frac{e \cdot (1+i^a)}{e^{erw}}$$

Wenn man (B3) durch *(1+i*^{a}*)* dividiert und auf beiden Seiten 1 (= e^{erw}/e^{erw} = (1+i^a)/(1+i^a)) subtrahiert, kann man dafür alternativ auch schreiben

(B4) $$\frac{i - i^a}{1 + i^a} = \frac{e - e^{eru}}{e^{erw}}$$

Bei kleinen Werten von i^a wird dafür aus Vereinfachungsgründen häufig folgender Ausdruck verwendet

(B5) $\quad i - i^a \approx \dfrac{e - e^{erw}}{e^{erw}}$

Die nominelle Zinsdifferenz zwischen In- und Ausland $(i - i^a)$ entspricht also der erwarteten Wechselkursänderung $(e\text{-}e^{erw}/e^{erw})$. Bei Existenz von Risikoprämien müsste (B5) entsprechend modifiziert werden. Besteht z.B. eine Risikoprämie ρ für die Inlandswährung, gilt

(B5') $\quad i - i^a \approx \dfrac{e - e^{erw}}{e^{erw}} + \rho$

Damit ein Wechselkurs eine sinnvolle Orientierungsgröße ist, müssen mehrere Bedingungen erfüllt sein:

Zunächst einmal ist diese Konzeption nur dann praktikabel, wenn es ein *Ankerland* gibt, an dessen Währung man die eigene Währung anbinden kann. Dafür sollte das Ankerwährungsland hinreichend groß sein und über eine hohe *Glaubwürdigkeit* und *Reputation* in der Öffentlichkeit verfügen. Auch sollte ein bedeutender Teil des Außenhandels mit dem Ankerwährungsland oder zumindest in dessen Währung abgewickelt werden. Nur dann können die Bedingungen im Ankerwährungsland über Güterarbitrage und den internationalen Preiszusammenhang (siehe Box III.2.2) Auswirkungen auf das Inland haben. Und schließlich muss natürlich der Wechselkurs mit Hilfe des geldpolitischen Instrumentariums auch kontrolliert werden können.

Die Notenbank richtet bei einem Wechselkursziel ihre geldpolitischen Entscheidungen im Extremfall alleine an der festen *Wechselkursparität* aus: Wertet sich die Inlandswährung tendenziell ab, ist ein restriktiverer geldpolitischer Kurs, also eine Zinserhöhungspolitik einzuschlagen. Eine expansivere Ausrichtung (zinssenkende Maßnahmen) dagegen ist angezeigt, wenn ein Aufwertungsdruck herrscht. Dadurch wird die entgegengesetzte Wechselkursentwicklung ausgelöst und die fixe Parität bleibt erhalten.

Ob die Zinspolitik eines Landes einem Wechselkursziel angemessen ist, kann an der Entwicklung der marktmäßigen Wechselkurse und dem Bestand an Währungsreserven abgelesen werden. Entstehen Zweifel an der Aufrechterhaltung der fixen Parität, wird es zu entsprechenden Wechselkursbewegungen kommen. Gerät die Währung unter Abwertungsdruck, d.h. $((e\text{-}e^{erw})/e^{erw}) > 0$, müssen die inländischen Zinsen erhöht werden. Gelingt dies (kurzfristig) nicht, kommt es zu einer Abnahme der offiziellen Währungsreserven. Am Devisenmarkt wird dann nämlich von der Zentralbank die inländische Währung gegen Devisen aufgekauft (*Devisenmarktintervention*), um den fixen Wechselkurs aufrecht zu erhalten. Dies entspricht einer restriktiven Geldpolitik, da die Bankenliquidität bzw. der Bestand an Zentralbankgeld abnimmt.

An diesen Überlegungen wird ein großer Vorteil von Wechselkurszielen offensichtlich. Es handelt sich um eine einfache und klare Regel, die automatisch zu einer Anpassung des geldpolitischen Kurses führt. Die Adäquanz der Geldpolitik kann im Prinzip sowohl von der Notenbank als auch von der Öffentlichkeit kontinuierlich anhand der Marktkurse abgelesen werden. Durch das Wechselkursziel und den *internationalen Preiszusammenhang* (siehe Box III.2.2) erfolgt darüber hinaus eine Orientierung an der (unterstellten) preisstabilen Ausrichtung des Auslands. Auf Wettbewerbsmärkten, bei vernachlässigbaren Transportkosten, fehlenden Handelsbeschränkungen und keinem *pricing-to-market*[3] müssen sich nämlich die Preise *handelbarer Güter* („*Tradables*") im In- und Ausland, in einheitlicher Währung gerechnet, entsprechen.

(16) $$P_T = \frac{P_T^a}{e}$$

P_T entspricht dem Inlandspreis, P_T^a dem Auslandspreis. Bei (glaubhaft) festen Wechselkursen gilt dann für die inflationäre Entwicklung bei Tradables

(17) $$\pi_T = \pi_T^a$$

Es besteht also eine Tendenz zur Angleichung der Inflationsraten handelbarer Güter zwischen dem Inland (π_T) und dem Ausland (π_T^a). Bei einem hohen Anteil handelbarer Güter – die typische Situation kleiner Länder – wird dadurch auch die allgemeine Preisentwicklung bestimmt.[4]

Box III.2.2: Der internationale Preiszusammenhang

Der internationale Preiszusammenhang beruht auf dem *„Gesetz des einheitlichen Preises"* (*„Law of one Price"*). Dieses besagt, dass bei freiem internationalen Güterhandel auf Wettbewerbsmärkten die Inlandspreise *handelbarer Güter* (*internationale Güter*, *„Tradables"*) P_T den Auslandspreisen P_T^a (in einer Währung gerechnet) entsprechen müssen. Diese Tradables bestehen aus im In- und Ausland abgesetzten Exportgütern, importierten Produkten und den unmittelbar mit Importgütern konkurrierenden Gütern des Inlands. In Inlandswährung gilt (mit *e* als Wechselkurs in Mengennotierung)

---

[3] Bei pricing-to-market-Verhalten geht es darum, dass bei Wechselkursänderungen die Exportpreise entsprechend angepasst werden, um den Einfluss auf die Preise, die von Importeuren bezahlt werden müssen, zu begrenzen. Wenn z.B. der € gegenüber dem $ aufwertet, würden sich eigentlich unsere Waren für die US-Importeure verteuern. Exporteure aus der EWU könnten diesen „pass-through" in Richtung höherer Preise beschränken, indem sie den $-Preis ihrer Produkte senken. Sie sichern damit Marktanteile zu Lasten der Gewinnmargen.

[4] Über Lohnverhandlungen und Substitutionsbeziehungen wird dieser Prozess auch auf den Sektor der nicht-handelbaren Güter („Non-Tradables") ausstrahlen (siehe auch Box III.2.2).

(B1) $$P_T = \frac{P_T^a}{e}$$

Dieser Zusammenhang wird durch die Existenz von Transportkosten, pricing-to-market, tarifären und nicht-tarifären Handelshemmnissen und sonstigen Restriktionen sowie der nicht vollkommenen Substituierbarkeit von in- und ausländischen Produkten gelockert. Solange diese aber keinen zu starken Schwankungen im Zeitablauf unterliegen und das Wechselkursziel glaubhaft ist, steht zumindest die Veränderung der In- und Auslandspreise handelbarer Güter, d.h. die Inflationsrate handelbarer Güter, in einer direkten Beziehung zueinander. Diese wird umso stärker auf die allgemeine Preisentwicklung im Inland durchschlagen, je größer der Anteil handelbarer Güter im Preisindex ist. Das ist vor allem in kleinen Ländern der Fall. Ist dagegen der Anteil *nicht-handelbarer Güter (nationale Güter;* „*Non-Tradables*"), wie z.B. vieler Dienstleistungen, hoch, wird die Verbindung lockerer. Des Weiteren spielt auch der Anteil des Außenhandels, der in der Währung des „Anbindungslandes" abgewickelt wird, eine wichtige Rolle.

Der Preiszusammenhang bleibt jedoch im Normalfall nicht auf den Bereich handelbarer Güter beschränkt. Wenn Importgüter als Vorprodukte in der Produktion benötigt werden, gehen sie in die Kostenrechnung der heimischen Güter ein. Auch wird die Gewinnsituation bei den handelbare Güter anbietenden Unternehmen Auswirkungen auf die vorgelagerten Faktormärkte (z.B. über eine veränderte Arbeitsnachfrage) haben, die dann auch andere Unternehmen in der Volkswirtschaft betreffen. Auf den Arbeitsmärkten können sich auch erwartungsinduzierte Preiszusammenhänge einstellen, wenn die Tarifparteien sich an der Lohnentwicklung des Ankerwährungslandes orientieren. Und solange handelbare und nicht-handelbare Güter in gewissem Umfang substituierbar sind, werden auch die Nachfrager auf unterschiedliche Preisentwicklungen reagieren, d.h. die eher billigeren Produkte verstärkt nachfragen. Auch daraus resultiert ein Preisübertragungseffekt.

Ein Stabilitätsimport durch eine Wechselkursanbindung kann auch indirekt über einen *Drittlandeffekt* stattfinden. So können z.B. enge Handelsbeziehungen mit einem Land bestehen, das seinerseits einen festen Wechselkurs zu einem stabilen und großen Ankerwährungsland unterhält, mit dem es einen hohen Anteil seines Außenhandels abwickelt. In diesem Fall würde das kleine Land Stabilität über die Vermittlungsfunktion des Drittlandes importieren. Als Alternative zur Bindung an eine einzelne Währung besteht die Möglichkeit der Bindung an einen *Währungskorb*. Die darin enthaltenen Währungen sollten sich sinnvoller Weise auf die der wichtigsten Handelspartner beschränken.

Generell wird also bei Wechselkurszielen die heimische Preisentwicklung mit der ausländischen verknüpft. Gemäß der *Quantitätsgleichung* gilt per Definition, dass der Wert der Güterproduktion (Preis *P* multipliziert mit der realen Gütermenge Y) gleich dem Produkt aus Geldmenge M und Umlaufsgeschwindigkeit V ist.[5] Bezogen auf das Ausland (mit dem Index „a") bedeutet dies

(18) $\qquad M^a \cdot V^a \equiv P^a \cdot Y^a$

In Wachstumsraten („∧") ergibt sich

(19) $\qquad \hat{M}^a + \hat{V}^a \equiv \pi^a + \hat{Y}^a$

Das um die Veränderung der *Umlaufsgeschwindigkeit* korrigierte Geldmengenwachstum muss also dem Wachstum des nominalen BIP (stellvertretend für den Wert der Güterproduktion) entsprechen. Wechselkursziele können dann so interpretiert werden, dass über den internationalen Preiszusammenhang die ausländische Quantitätsgleichung „importiert" wird. Es gilt nämlich unter Berücksichtigung von (17) und (19) für die allgemeine Preisentwicklung in inländischer Währung (angenähert)

(20) $\qquad \pi = \hat{M}^a + \hat{V}^a - \hat{Y}^a$

Ist das Wechselkursziel glaubwürdig, bietet es eine Orientierungsgröße („Anker") für die Erwartungsbildung der Öffentlichkeit. Speziell die *Inflationserwartungen* dürften sich dann an der Inflationsrate des Ankerwährungslandes orientieren. Gibt es allerdings andauernde Glaubwürdigkeitsprobleme, kommt es früher oder später zu einer Abwertung. Die Konsequenz hiervon wäre zumindest eine vorübergehende Abkehr vom Wechselkurs als Zwischenziel.

Allerdings gerät bei Wechselkurszielen die Geldpolitik leicht ins „Schlepptau" der *Fiskalpolitik*. Eine expansive Fiskalpolitik führt in der Regel zu steigenden Zinsen. Um dem dadurch entstehenden Aufwertungsdruck auf die inländische Währung zu begegnen, muss die Zentralbank Devisen gegen Inlandswährung aufkaufen. Dies entspricht einer expansiv ausgerichteten Geldpolitik. Zunehmende öffentliche Haushaltsdefizite hätten also eine expansive Geldpolitik zur Folge (siehe auch Box V.3.4).

Ein weiterer mit den beiden vorherigen Punkten zusammenhängender Nachteil von Wechselkurszielen ist die Gefahr *spekulativer Attacken* und der damit verbundene Verlust an Währungsreserven der Zentralbanken. Beispielsweise führten die im Gefolge der deutschen Wiedervereinigung von der Bundesbank 1990 - 1992 vorgenommenen Zinserhöhungen in den EWS-Partnerländern ebenfalls zu einem Zinsanstieg. Die EWS-Partner-Zentralbanken hielten zunächst an der damals vorherrschenden DM-Orientierung fest. Auf den Finanzmärkten entstanden aber zunehmend Zweifel an der Fähigkeit, den fixen Wechselkurs zu halten, da die Gefahr bestand, mit den hohen Zinsen die Konjunktur abzuwürgen. In einer derartigen Situation sahen sich die Spekulanten einer *risikolosen Einbahnspekulation* gegenüber: Sie gingen davon aus, dass die entsprechenden Währungen abgewertet werden und kauften DM (gegen die abwertungsverdächtigen Währungen) bzw. gingen short in Schwachwährungen, um einen Aufwertungsgewinn

---

[5] Y steht stellvertretend für das gesamtwirtschaftliche Transaktionsvolumen.

(der DM) einzufahren. Dadurch entstand weiterer Druck auf die Währungen und die Währungsreserven nahmen zunehmend ab. Eine Aufwertung der ausländischen Währungen ist in einer solchen Situation ausgeschlossen, sodass die Spekulation praktisch risikolos ist. Als dann die Währungen tatsächlich abwerteten und allgemein auf eine erweiterte Bandbreite von ± 15 % übergegangen wurde, wurde der Spekulationsgewinn realisiert.

Vor Beginn der Währungsunion dienten in Europa vor allem die DM, der Französische Franc (für die 14 afrikanischen Staaten, die den *CFA-Franc*[6] verwenden) und der US-Dollar als derartige Ankerwährungen. Die Anbindung kann entweder freiwillig in Form einer Selbstbindung (wie z.B. im EWS II die Bindung an den €) oder durch vertragliche Vereinbarungen (wie z.B. im Rahmen des früheren Europäischen Währungssystems (EWS)) geschehen.

Das sogenannte *EWS II* (oder *Wechselkursmechanismus II*) existiert seit Beginn der 3. Stufe der EWWU 1999 (siehe Box III.2.3). Es verbindet auf **freiwilliger** Basis den € mit den Währungen der nicht partizipierenden EU-Länder (*„pre-ins"*). Dabei fungiert der Wechselkurs zum € als Leitlinie und damit faktisch auch als geldpolitisches *Zwischenziel* für diese Länder. Erstens soll damit den Märkten ein stabilitätspolitisches Signal gegeben werden. Es wird verdeutlicht, dass auch diese Länder dem im Maastricht-Vertrag festgeschriebenen Ziel der Preisstabilität oberste Priorität einräumen. Zweitens soll damit auch die enge Kooperation mit der EZB bzw. dem Eurosystem und die Absicht des zukünftigen Beitritts zur Währungsunion signalisiert werden. Das EWS II darf allerdings nicht dahingehend missverstanden werden, der EZB wäre ein Wechselkursziel exogen vorgegeben. Der Wechselkurs fungiert vielmehr nur für die nicht an der Währungsunion teilnehmenden EU-Länder als Zwischenziel, d.h. aktuell potenziell für 12 EU-Länder.[7] Die teilnehmenden Notenbanken, im Speziellen auch die EZB, sind zur Einhaltung der „Regeln" des EWS II nur verpflichtet, insoweit ihr Ziel der Preisstabilität dadurch nicht gefährdet ist. Insbesondere brauchen sie keine unfreiwilligen *Interventionen* vorzunehmen. Auch können sie ein Verfahren zur Überprüfung der bilateralen Leitkurse einleiten.

---

[6] Franc de la Communauté Financière de l'Afrique. Der CFA-Franc wurde 1948 eingeführt. Bis Ende 1998 stand er in einer fixen Wechselkursbeziehung zum Französischen Franc (FF). Ab 1999 trat der € an die Stelle des FF. Der fixe Wechselkurs kann gemeinsam von der französischen Regierung und den CFA-Staaten (Benin, Burkina Faso, Kamerun, Zentralafrikanische Republik, Tschad, Kongo, Elfenbeinküste, Äquatorial-Guinea, Gabun, Mali, Niger, Senegal, Togo und Komoren) neu festgesetzt werden. Das französische Finanzministerium garantiert den Umtausch des CFA-Franc in € zum fixen Wechselkurs. Negative geldpolitische Konsequenzen für den Euroraum werden in diesen Vorschriften nicht gesehen.

[7] Zurzeit (Januar 2008) nehmen Dänemark (mit einer Schwankungsbreite von ± 2,25 %), Estland, Lettland, Litauen und die Slowakei (jeweils mit einer Schwankungsbreite von ± 15 %) am EWS II teil. Nach allgemeiner Auffassung (siehe auch Art. 121 EG-Vertrag) ist die Teilnahme am EWS II Voraussetzung für eine Aufnahme in die Währungsunion (Deutsche Bundesbank, 1998e, 21).

Box III.2.3: Das EWS II (Wechselkursmechanismus II)

Der Europäische Rat einigte sich auf dem Gipfeltreffen Ende 1996 in Dublin auf ein reformiertes Nachfolgesystem für das Europäische Währungssystem (EWS). Ziel dieses *EWS II* ist die reibungslose Vorbereitung der Aufnahme der nicht an Stufe 3 (der EWU) teilnehmenden Länder („*pre-ins*") in den Euro-Raum durch Sicherung stabiler Währungsverhältnisse. Die Mitgliedschaft im EWS II ist freiwillig. Es ist allerdings zu erwarten, dass Länder, die an der Währungsunion teilnehmen wollen, zuvor dem EWS II beitreten. Die Teilnahme am EWS II kann nämlich im Analogieschluss als ein Konvergenzkriterium aufgefasst werden.

Dieses Wechselkursarrangement soll einen Anreiz für die „pre-ins" schaffen, ihre Wirtschafts- und Währungspolitik am stabilitätsorientierten Euro-Raum auszurichten. Die auf diese Weise geförderte Konvergenz der wirtschaftlichen Rahmendaten in der gesamten EU ist Voraussetzung für dauerhaft stabile Wechselkursbeziehungen zwischen dem € und den restlichen EU-Währungen. Darüber hinaus soll es einen wesentlichen Beitrag zur Eingliederung der noch „außen vor stehenden" Länder leisten.

Das EWS II ist um den € konzipiert (sog. *„Nabe-und-Speichen-Modell"*). Er ist sowohl Bezugsgröße als auch Recheneinheit des Mechanismus. Die Währungen sind auf bilateraler Basis mit dem € verbunden. Die Leitkurse werden durch ein Abkommen zwischen den Wirtschafts- und Finanzministern der am EWS II teilnehmenden Länder, der EZB und den Notenbanken der teilnehmenden „pre-ins" festgelegt. Im Vorfeld wird auch die EU-Kommission gehört. Um die festgelegten bilateralen Leitkurse können die Wechselkurse in einem Band von generell ±15 % schwanken. Aufgrund des unterschiedlichen Konvergenzfortschrittes der am EWS II potenziell teilnehmenden Länder und der Abwehr spekulativer Attacken boten sich diese weiten Bandbreiten an. Es besteht allerdings die Möglichkeit der Vereinbarung einer weitergehenden wechselkurspolitischen Zusammenarbeit mit der EZB, einschließlich engerer Bandbreiten. Davon hat z.B. Dänemark Gebrauch gemacht. Die Bandbreiten betragen hier ±2,25 %. Der *Erweiterte Rat* der EZB ist für das tägliche Management des Systems zuständig.

Bei Erreichen der oberen und unteren *Interventionspunkte* sind automatisch *Devisenmarktinterventionen* in unbegrenzter Höhe zur Aufrechterhaltung der bilateralen Paritäten vorgesehen. Sie gelten als „Ultima Ratio" und sollen erst dann ergriffen werden, wenn nationale wirtschaftspolitische Maßnahmen zur Förderung der Konvergenz nicht mehr ausreichen. Koordinierte *intramarginale Interventionen* vor Erreichen der „Grenzen" des Systems sind ebenfalls möglich. Im Gegensatz zum EWS I haben jedoch sowohl die EZB als auch die am Wechselkursmechanismus beteiligten Zentralbanken das Recht, Interventionen und Interventionsfinanzierungen zu verweigern, wenn diese die Einhaltung des Ziels der Preisstabilität gefährden. Zudem wird den beteiligten Währungsbehörden das Recht zugestanden, ein vertrauliches Verfahren zur Überprüfung der Leitkurse einzuleiten. *Leitkursanpassungen*, sog. *Realignments*, sind also nicht ausgeschlossen, sondern Systembestandteil. Die Hauptanpassungslast bei Spannungen liegt somit eindeutig bei den Schwachwährungsländern. Insofern ist das EWS II von seiner Struktur her asymmetrisch konzipiert.

Für die osteuropäischen Länder, die nicht der EU angehören, bietet sich ebenfalls eine Orientierung am € an (z.B. Kroatien, Serbien). Aktuell ist der € die wichtigste externe Orientierungsgröße für diese Staaten (siehe auch Tabelle III.2.1). Darüber kann die Übereinstimmung mit der Stabilitätsauffassung des ESZB verdeutlicht werden.

Die Wahl des Wechselkurses als dominanter Indikator oder *Zwischenziel* ist somit differenziert zu beurteilen. Innerhalb des EWS II ist der Wechselkurs zum € zwangsläufig für zwei Jahre das Zwischenziel. Auch für potenzielle EU-Beitrittskandidaten ist eine Orientierung am € empfehlenswert. Sie würde auf alle Fälle einen Glaubwürdigkeitsgewinn bedeuten und wäre ein eindeutiges Signal an die Märkte für eine stabilitätspolitische Ausrichtung. Die Gefahr spekulativer Attacken ist allerdings potenziell vorhanden. Im EWS II relativiert sie sich jedoch, da die generelle Schwankungsbreite auf ± 15% festgelegt ist. Eine Wechselkursorientierung führt jedoch nicht zwangsläufig zu positiven Ergebnissen. So müssen die ökonomischen Gegebenheiten im Inland auch zu dem festgelegten Wechsel-

Tabelle III.2.1: Euro-Anbindungen europäischer Länder (Stand: April 2008)

Dänemark[a]
Estland[a,b]
Lettland[a,c]
Litauen[a,b]
Slowakei[a]
Tschechien[d]
Bulgarien[b]
Rumänien[d]
Bosnien Herzegowina[b]
Kroatien
Kosovo[e]
Mazedonien
Montenegro[e]
Russland[f]

Quelle: EZB, nationale Notenbanken, eigene Ergänzungen.
Anmerkungen: a) EWS II. b) Currency Board. c) unilaterales Wechselkursband von ± 1 % zum €. d) Managed Floating mit € als Referenzwährung. e) unilaterale Euroisierung. f) Orientierung an Wechselkurs gemessen an handelsgewichtetem Währungskorb, in dem der € einen Anteil von 45 % hat.

kurs passen. Und auf alle Fälle muss Preisstabilität oberstes Ziel der Geldpolitik sein, der Notenbank *Unabhängigkeit* gewährt werden und eine monetäre Finanzierung von staatlichen Defiziten ausgeschlossen sein.

Kleinere EU-Länder haben mit einem Wechselkurs (zur DM bzw. zum €) als Zwischenziel in der Vergangenheit durchaus positive Erfahrungen gemacht (z.B. Niederlande, Österreich, Belgien vor dem Beitritt zur Währungsunion, aber auch Estland und Litauen). Für das Euro-Gebiet insgesamt dagegen ist eine derartige Konzeption abzulehnen. Im Euro-Raum werden ca. 15 % des weltweiten BIP erwirtschaftet. Der Anteil handelbarer Güter bzw. der Offenheitsgrad des Euro-Raumes (gemessen als Anteil der Exporte von Gütern und Dienstleistungen am BIP des Euro-Raums) beträgt nur etwa 21 %.[8] Und der Außenhandel wird nicht von einer ausländischen Währung extrem dominiert. Dementsprechend wäre überhaupt nach der Währung zu fragen, an die man den € anbinden sollte. Der Euro-15-Raum ist von der Bevölkerungszahl größer als die USA (320 Mio. gegenüber 300 Mio.) und von der Wirtschaftskraft her gesehen das zweitgrößte Währungsgebiet nach den USA. Der Wechselkurs dürfte deshalb für die Wirtschaftsentwicklung im Euro-Währungsgebiet nur eine untergeordnete Rolle spielen. Entscheidend für die Preisentwicklung sind vielmehr die binnenwirtschaftlichen Gegebenheiten. Der € etablierte sich im Zeitablauf zudem weltweit als eigenständige Anlage-, Transaktions- und Reservewährung (siehe Box III.2.4). Auch hat sich ein großer Euro-Finanzmarkt mit umfangreichen Kapitalbewegungen und -beständen entwickelt. Ein beträchtlicher Anteil der Euro-Finanztitel dürfte sich dabei in Händen institutioneller Investoren in den USA und Asien befinden. Angesichts dieser Fakten würde eine Anbindung des € an eine Währung, z.B. den US-Dollar, eine potenzielle Gefahr für eine stabilitätsorientierte Geldpolitik bedeuten. So sind umfangreiche internationale Umschichtungen auf den Finanzmärkten mit entsprechenden Konsequenzen für Wechselkurse und unter Umständen dann auch Devisenmarktinterventionen nicht auszuschließen. Letztlich spricht also auch das primäre Ziel des Eurosystems, die Gewährleistung von Preisstabilität, gegen ein *Wechselkursziel*.[9] Auch ergäbe sich das Problem, wie man denn die *Zielwerte* überhaupt festlegen wollte. Sowohl die Berechnung von Kaufkraftparitäten als auch sonstiger Fundamentalfaktoren des Euro-Raumes sind aufgrund der neuen Situation ab 1999 äußerst schwierig und unsicher.

---

[8] Damit ist Euroland allerdings „offener" als die USA und Japan. Dort betragen die entsprechenden Zahlen 11 % bzw. 17 % (Stand 2007).
[9] Aus diesen Gründen scheidet auch eine Orientierung an einem sog. „*Monetary Conditions Index*", in welchen neben einem Wechselkurs noch (kurzfristige) Zinsen eingehen, aus (Deutsche Bundesbank, 1999b, 61).

Box III.2.4: Der € als internationale Anlage-, Transaktions- und Reservewährung

Die Einführung des € stellte die weitest gehende Veränderung des Weltwährungsgefüges der letzten Jahrzehnte dar. Die Rolle, die der € in Zukunft in diesem Gefüge, vor allem im Verhältnis zum US-Dollar und japanischen Yen, spielen kann, hängt eng damit zusammen, inwieweit er die *Geldfunktionen* übernehmen kann. Dabei geht es im speziellen um die Transaktions-, Wertaufbewahrungs- und Recheneinheitsfunktion. Während für Private die Verwendung des € als Anlage-/Emissionswährung, als Fakturierungs-/Vehikelwährung und als Medium für Preis- und Kursangaben im Vordergrund steht, ist für die Notenbanken der € als Reserve-, als Interventions- und als Ankerwährung für Währungsarrangements von Interesse, wobei diese Funktionen in den meisten Fällen eng verknüpft sind.

Laut Angaben des Internationalen Währungsfonds wurden Ende 2006 die weltweiten *Währungsreserven* von Zentralbanken zu 64,7% in US-Dollar gehalten. Die Währungsreserven in Euro betragen 25,8%. Dabei nahm der € von 1999 bis 2006 um 7,9 Prozentpunkte zu, während der US-Dollar im gleichen Zeitraum 6,3 Prozentpunkte verlor. Allerdings dürfte sich die Rolle des € als Reservewährung in Zukunft nur langsam verändern, da Zentralbanken in der Regel nicht abrupt die Zusammensetzung ihrer Devisenreserven variieren. Wenn allerdings verstärkt Drittländer ihre Währungen an den € binden (€ als *Ankerwährung*), dürfte die Nachfrage nach Euro-Reserven für Interventionszwecke ansteigen. In diesem Zusammenhang sind das *EWS II* (siehe Box III.2.3), europäische Länder, die nicht der EU angehören sowie Mitglieder der CFA-Franc-Zone zu nennen. Asiatische Länder, die aktuell einen Großteil der offiziellen weltweiten Währungsreserven halten, werden sich dagegen voraussichtlich weiterhin am US-Dollar orientieren. In den letzten Jahren stellte man auch fest, dass die Zentralbanken ihr Währungsportfolio zunehmend diversifizieren. Letztlich werden die Anlageentscheidungen der Zentralbanken aber entscheidend von der relativen Stabilität der Währungen abhängen.

Auch als internationale *Anlagewährung* dominiert der US-Dollar. In der Statistik ist hier die sogenannte „enge" Definition gebräuchlich, nach der eine Emission als international bezeichnet wird, wenn der Emittent das Wertpapier nicht in seiner Heimatwährung nominiert. (EZB, 2007c, 14ff.). So gerechnet beträgt das gesamte internationale, in € nominierte Angebot an Schuldverschreibungen 31,4% des Weltvolumens, für den Dollar beträgt dieser Wert 44,1% (Stand: Dezember 2006). 1999 betrugen die Werte für den € noch gut 20%, für den Dollar nahezu 50%. Durch die Verschmelzung der EWU-Teilnehmerwährungen zum € ist ein großer EWU-Finanzmarkt entstanden, der auf Dauer die bisher in Europa eher unterrepräsentierten amerikanischen und japanischen institutionellen Anleger anzieht. Die währungsbedingte Segmentation der Märkte ist beseitigt, und das Spektrum der verfügbaren Anlagemöglichkeiten ist breiter geworden. Allerdings gibt es jüngst Zeichen, dass dieser Trend der zunehmenden Euroverwendung als internationale Anlagewährung vor allem bei den langfristigen Schuldverschreibungen gestoppt ist und der Dollar wieder Boden gutmacht. Im Zeitraum von Juli 2005 bis Dezember 2006 belief sich der Anteil der in € denominierten Nettoneuemissionen für langfristige (kurzfristige) Schuldverschreibungen auf 27,6 % (36,2 %). Die entsprechenden Werte für den US-Dollar waren 47,9 % und 38,5 %.

Die internationale Rolle des € wird auch davon bestimmt, inwieweit er sich zu einer *Transaktions- und Vehikelwährung* im grenzüberschreitenden Zahlungsverkehr außerhalb des Euro-Währungsgebietes entwickelt. Die derzeit wichtigste Währung in dieser Beziehung ist wiederum der US-Dollar (sowohl gemessen am Anteil an den Devisentransaktionen als auch an den weltweiten Exporten). Durch die Einführung des € kam es zunächst „automatisch" zu einer Rückführung des Anteils der Euro-Währungen an den Devisentransaktionen und dem Außenhandel, da der Handel innerhalb des Euro-Währungsgebietes nur mehr in € abgewickelt wird und der Anteil des Intra-EWU-Außenhandels der 15 EWU-Länder ca. 60 % ausmacht. Allerdings dürften im Zeitablauf der Handel der EWU-Länder mit anderen Staaten und auch die in € abgewickelten Transaktionen von Drittländern zunehmen. So haben z.B. einige Unternehmen in Dänemark, Schweden, Großbritannien und der Schweiz ihre Geschäftätigkeit auf € umgestellt. Derzeit werden ca. 50 % des Euroland-Außenhandels mit Nicht-Euroländern in Euro fakturiert. Die Herausbildung einer Transaktionswährung hängt eng mit den Vorteilen der Verwendung einer einzigen Standardwährung zusammen. Diese Rolle hat sich der US-Dollar über Jahrzehnte erworben. Inzwischen beläuft sich der Gesamtwert des in Dollar abgewickelten internationalen Handels auf etwa das Vierfache der Exporte der USA. Diese Stellung als Vehikelwährung wird der US-Dollar auch nicht von heute auf morgen verlieren.

Die Bedeutung des € im Devisenhandel wird entscheidend von seinen Marktanteilen als Anlage- und Reservewährung sowie seiner Rolle als möglicher Ankerwährung in Europa abhängen. Sollte er sich in diesen Bereichen durchsetzen, dann hat er durchaus das Potenzial zu einer bedeutenden Transaktionswährung im Devisenhandel, ohne allerdings kurzfristig dem Dollar nennenswerte Marktanteile abnehmen zu können. Grundvoraussetzung dafür ist jedoch die Stabilität des € und eine stabilitätsorientierte Geldpolitik des Eurosystems. Ein weiterer wichtiger Bestimmungsgrund sind effiziente (hohe Produktvielfalt und Marktliquidität, breites Laufzeitenspektrum) und offene Finanzmärkte.

Box erstellt von J. Clostermann (Hochschule für Angewandte Wissenschaften Ingolstadt).

2.3.2 Zinsen als geldpolitische Orientierungsgrößen

Mit Hilfe ihrer Instrumente übt die Geldpolitik Wirkungen über veränderte Zinsen aus. Anhand der Diskussion des geldpolitischen Transmissionsprozesses wird deutlich (siehe Kapitel IV), dass diese Änderungen Auswirkungen auf das gesamtwirtschaftliche Umfeld haben. Dementsprechend könnten auch Zinsgrößen als geldpolitische Indikatoren oder Zwischenziele dienen. Dies wurde in der einschlägigen Literatur immer wieder diskutiert. Dabei gilt es, zwei grundlegende Alternativen zu unterscheiden:

- Zinsniveaus (*Nominal-* und *Realzinsen* am Geld- und Kapitalmarkt)
- *Zinsdifferenzen* oder *Zinsstruktur*

Zinsvariablen haben den Vorteil, dass sie täglich auf den Finanzmärkten verfügbar sind und keinen statistischen Revisionen unterliegen.

2.3.2.1 Zinsniveaus

Unter dem Aspekt der Kontrollierbarkeit bieten sich **nominelle Geldmarktzinsen** (z.B. der Dreimonatssatz) sogar als Zwischenziel an. Mit ihrer Monopolstellung auf dem Markt für *Zentralbankgeld* strebt die EZB als operatives Ziel ein bestimmtes Niveau des Tagesgeldsatzes an (siehe Kap. III.3.3). Über Arbitragebeziehungen ergeben sich dann auch recht direkte Effekte auf die längerfristigen Geldmarktzinsen. Diese enge Verbindung der Geldmarktzinsen mit Aktionen der Zentralbank lässt diese jedoch gleichzeitig als Frühindikator ausscheiden. Sie sind dadurch zwar sehr gut kontrollierbar, können aber für die Zentralbank keine verlässlichen Hinweise mehr über die angemessene geldpolitische Ausrichtung geben. In vielen Ländern (z.B. in Deutschland) weisen die Kurzfristzinsen zudem nur einen losen Zusammenhang zur gesamtwirtschaftlichen Nachfrage und zur Preisentwicklung auf. Insgesamt sind Geldmarktzinsen daher eher als Indikator der Reaktionen der Zentralbank auf bestimmte Variablen, z.B. der inflationären Entwicklung (siehe die Ausführungen zur Taylor-Regel in Kapitel III.4.3), oder als operatives Ziel der Geldpolitik geeignet.

Kapitalmarktzinsen (Renditen langfristiger Wertpapiere) weisen eine enge Korrelation mit der Inflation auf (siehe Abb. III.2.2 für den Fall Deutschlands). Sie setzen sich zusammen aus dem Realzins, Inflationserwartungen und unter Umständen *Risikoprämien* für das Inflationsrisiko und für politische sowie Konkursrisiken.[10] Im *Realzins* spiegelt sich die *Grenzleistungsfähigkeit* bzw. Grenzproduktivität *des Kapitals* wider.[11] Variationen der Kapitalmarktzinsen können folglich auch auf veränderte konjunkturelle Aussichten und damit Gewinnerwartungen von Unternehmen zurückzuführen sein. Dies sollte jedoch nicht als Anzeichen einer veränderten Geldpolitik gewertet werden. Auch ist daraus nicht

---

[10] Wenn es um die Renditen von Staatspapieren der EWU-Länder geht, sind letztere vernachlässigbar.
[11] Daneben spielt auch die Zeitpräferenzrate der Wirtschaftssubjekte eine wichtige Rolle.

der Schluss zu ziehen, dass eine geldpolitische Kursänderung erforderlich wäre. Die *Inflationserwartungen* hängen üblicher Weise mit der vergangenen Inflationsentwicklung und damit der in der Vergangenheit praktizierten Geldpolitik zusammen. Im Falle einer Veränderung des geldpolitischen Umfeldes, wie dies durch die Einführung der einheitlichen Geldpolitik der Fall war, ist es allerdings sinnvoll, verstärkt eine zukunftsgerichtete Erwartungsbildung (*„rationale Erwartungen"*) an den Tag zu legen. Letztlich sind somit die Inflationserwartungen immer auch geldpolitisch determiniert.

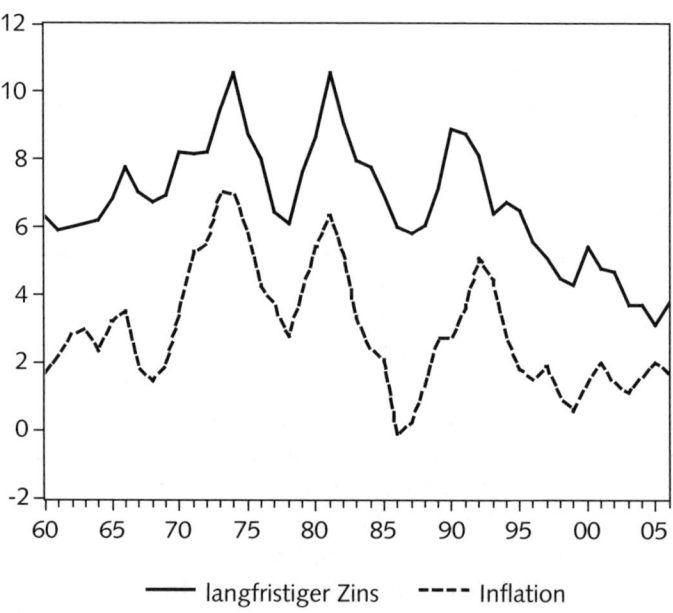

Abb. III.2.2: Inflation und langfristiger Zins in Deutschland (in %)
Quelle: Deutsche Bundesbank.
Anmerkungen: Inflationsrate gemessen am Preisindex der Lebenshaltung; langfristiger Zins: Umlaufsrendite festverzinslicher Wertpapiere inländischer Emittenten.

Es ist bereits theoretisch schwierig, ein geeignetes Indikatorkonzept für den Kapitalmarktzins zu entwickeln. Um dies zu veranschaulichen, gehen wir von der Fisher Relation (siehe Box III.2.5) aus, nach der sich der Nominalzins i aus dem Realzins r und der erwarteten Inflationsrate π^{erw} zusammen setzt.

(21) $\qquad i = r + \pi^{erw}$

Rein formal betrachtet könnte die Zentralbank unter Berücksichtigung ihres Inflationsziels π^{Ziel} und des Erwartungswertes (E) bzgl. des Realzinses ein Zinsziel für die Periode t setzen.

(22) $\qquad i_t^{Ziel} = E_{t-1} r_t + \pi^{Ziel}$

Allerdings mangelt es an einer geeigneten Bestimmungsgleichung für den erwarteten Realzins. Zudem ist zu berücksichtigen, dass der Realzins eine nicht beobachtbare Größe und dem entsprechend zu schätzen ist.

Box III.2.5: Die Fisher-Gleichung

Eine relativ einfache Herleitung der *Fisher-Gleichung* (21) im Haupttext resultiert aus folgenden Überlegungen:

Aus einer Anlage von 1 € zum Nominalzins *i* erhält man nach einer Periode *(1+i)* €. Der Nominalwert nimmt also um den Faktor *(1+i)* zu. Was geschieht nun mit dem Realwert der Aktiva? Bei konstantem Preisniveau nimmt dieser genau wie der Nominalwert zu. Der Nominalzins entspricht dann dem Realzins. Realistischer Weise ist aber von einer positiven Inflationsrate π und damit auch positiven Inflationserwartungen π^{erw} auszugehen. Die Inflationsrate in Periode *t* ist definiert durch

(B1) $$\pi_t = \frac{P_{t+1} - P_t}{P_t}$$

Das Preisniveau in Periode *t+1* (P_{t+1}) ist dementsprechend um den Faktor *(1+π_t)* höher als das Preisniveau in *t* (P_t).

(B2) $$P_{t+1} = (1+\pi_t) \cdot P_t$$

Der reale Wert des angelegten Geldbetrages steigt somit nicht um den Faktor *(1+i)*, sondern nur um *(1+i)/(1+π)*. Dieser Faktor wird als *Realzinsfaktor (1+r)* bezeichnet

(B3) $$(1+r_t) = \frac{(1+i_t)}{(1+\pi_t)}$$

Gleichung (B3) gibt darüber Auskunft, wie viel zusätzlichen Konsum die Wirtschaftssubjekte in *t+1* erhalten, wenn sie in *t* auf eine Konsumeinheit verzichten. Als Ausdruck für den Realzins ergibt sich dann

(B4) $$r_t = i_t - \pi_t - \pi_t \cdot r_t$$

Bei geringen Inflationsraten und Realzinsen kann der Term $\pi_t r_t$ vernachlässigt werden. Allerdings muss anstatt mit tatsächlichen mit erwarteten Inflationsraten gerechnet werden. Dann ergibt sich die üblicherweise verwendete Form der Fisher-Gleichung (siehe Gleichung (21) im Haupttext)

(B5) $$r_t = i_t - \pi_t^{erw}$$

Bei Berücksichtigung von Unsicherheit muss diese Grundgleichung um eine *Inflationsrisikoprämie IR* ergänzt werden (Shen, 1998), sodass gilt

(B6) $$i_t = r_t + \pi_t^{erw} + IR_t$$

Zudem stehen die längerfristigen Zinsen nur in einem lockeren Zusammenhang zu geldpolitischen Maßnahmen. Änderungen der Notenbankzinsen rufen nämlich keine einheitlichen Veränderungen der Kapitalmarktzinsen hervor. Selbst die Richtung der Änderung ist nicht immer eindeutig. Auch wenn die Inflationserwartungen langfristig hauptsächlich monetär determiniert sind, überlagern doch z.B. Schwankungen der Wirtschaftsaktivität (z.B. durch die noch fehlende Synchronisation der Konjunkturverläufe im Euro-Raum), fiskalpolitische Schocks (durch die fehlende Vergemeinschaftung der Fiskalpolitik) und der internationale Zinsverbund (z.B. wegen des schärferen Wettbewerbs zwischen den Finanzmärkten durch die Währungsunion) die geldpolitischen Faktoren und konterkarieren sie nicht selten (siehe dazu auch Box IV.2). Dabei handelt es sich um Einflüsse, die speziell für die EWU von Bedeutung sind. So waren steigende Inflationserwartungen in der Anfangsphase der EWU und damit ein erhöhter Kapitalmarktzins nicht unbedingt ein Indiz für eine lockere Geldpolitik. Eher stand dahinter ein mit der Einführung des € verbundenes Unsicherheitsmoment und – darauf zurückführend – eine steigende Inflationsrisikoprämie. Aber auch die im Verlauf der Jahre 2004/05 auf historische Tiefststände gefallenen langfristigen Zinsen (siehe Abb. III.2.2) konnten nicht alleine mit einer expansiven geldpolitischen Ausrichtung erklärt werden. Vielmehr dürfte sich hier der weltweite Spar-Investitions-Überschuss niedergeschlagen haben (sog. Savings-Glut-Argument). Grundsätzlich können somit von Änderungen der Kapitalmarktzinsen uneindeutige Signale über den geldpolitischen Kurs und für die Geldpolitik ausgehen. Von einer eindeutigen Zuordnung von Verantwortlichkeiten kann jedenfalls nicht gesprochen werden. Keines der EU-Länder hat in der Vergangenheit auch eine derartige Orientierung betrieben.

Die Kapitalmarktzinsen können jedoch als Indiz für die *Glaubwürdigkeit* und *Reputation* der Geldpolitik dienen, wenn sie relativ wenig schwanken. Dann ist nämlich davon auszugehen, dass die Inflationsunsicherheit und damit die Inflationsrisikoprämie, die maßgeblich vom Kurs der Geldpolitik bestimmt werden, relativ niedrig ist. So betrug z.B. die Standardabweichung der Umlaufsrendite in Deutschland von 1980 bis 1998 1,57, die von Geldmarktzinsen 2,57. Die entsprechenden Werte für die EWU von 1999 bis 2007 sind 0,65 und 0,94 (siehe auch Abb. III.2.3). Wie die Deutsche Bundesbank vor 1999 scheint also auch die EZB ein relativ hohes Maß an Glaubwürdigkeit und Reputation auf den Finanzmärkten zu besitzen.

Von einigen Seiten wird vorgeschlagen, Zentralbanken sollten die (**kurzfristigen**) **Realzinsen** verstärkt in ihr Kalkül miteinbeziehen. Darauf verwies z.B. der ehemalige Fed-Gouverneur Alan Greenspan in einer Rede vor dem US-Repräsentantenhaus im Jahre 1993: „One important guidepost is real interest rates, which have a key bearing on longer-run spending decisions and inflation prospects. In assessing real rates, the central issue is their relationship to an equilibrium interest rate, specifically the real rate level that, if maintained, would keep the economy at its production potential over time." (Greenspan, 1993).

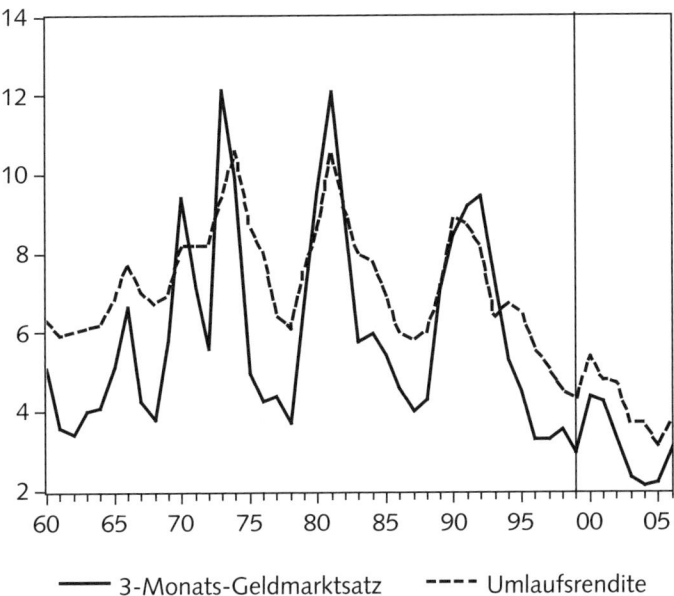

Abbildung III.2.3: Zinsentwicklung in Deutschland und in der EWU (in %)
Quelle: Deutsche Bundesbank, EZB.
Anmerkungen: Bis Ende 1998 Deutschland, ab 1999 EWU. 3-Monatssatz: Geldmarktsatz; Umlaufsrendite: Umlaufsrendite festverzinslicher Wertpapiere inländischer Emittenten (bis 1998) bzw. Rendite 10-jähriger Staatsanleihen im Euro-Währungsgebiet (ab 1999).

Die dahinter stehende Theorie lässt sich relativ einfach darstellen. Alan Greenspan verwies in seiner Aussage auf einen Vergleich des gleichgewichtigen (oder natürlichen) Realzinses mit dem aktuell vorherrschenden Realzins. Unter dem *gleichgewichtigen Realzins* versteht man dasjenige Niveau, bei dem die Volkswirtschaft voll ausgelastet ist und das Inflationsziel eingehalten wird.[12] Über dieses Niveau hinausgehende Realzinsen sind verbunden mit einer schwachen Konjunktur und Disinflation (oder sogar Deflation). Niedrigere Realzinsen dagegen signalisieren zukünftige Inflationsprobleme und konjunkturelle Überhitzungserscheinungen. Optimaler Weise sollte der Realzins durch geldpolitische Maßnahmen auf seinem gleichgewichtigen Wert gehalten werden. Bezogen auf eine Zentralbank mit dem Endziel „Preisstabilität" bedeutet dies: Entspricht die Inflationsprognose dem Inflationsziel, sollte (bei Vollauslastung) der kurzfristige Realzins auf seinem gegenwärtigen und zugleich gleichgewichtigen Niveau gehalten werden. Liegt die prognostizierte Inflationsrate dagegen über dem Zielwert, muss der kurzfristige Realzins über einen restriktiveren Kurs der Geldpolitik angehoben werden und umgekehrt.

---

[12] Dieses Konzept ist eng verwandt mit dem „natürlichen Zins" von Wicksell, siehe Wicksell (1898); für die EWU siehe dazu EZB (2004c).

Das entscheidende Problem dieses Ansatzes ist wiederum die empirische Ermittlung des gleichgewichtigen realen Zinssatzes.[13] Auch ist anzuzweifeln, dass eine Zentralbank den Realzins dauerhaft beeinflussen kann. Dieser hängt hauptsächlich von realwirtschaftlichen Faktoren, wie z.B. der (Grenz-) Produktivitätsentwicklung oder den Präferenzen für Gegenwarts- und Zukunftskonsum ab. Die Geldpolitik spielt dafür nur eine untergeordnete Rolle. Zu fragen wäre auch nach der Relevanz des kurzfristigen Realzinses für die konjunkturelle Situation und die Preisentwicklung. In einer Vielzahl von EU-Ländern spielt z.B. der langfristige Zins eine wichtigere Rolle im Transmissionsprozess, da die Wirtschaft vor allem auf langfristige Finanzierungen und Anlageformen zurückgreift. Die Unbestimmtheiten des Ansatzes können bei der praktischen Implementierung der Geldpolitik Probleme schaffen. Er sorgt weder für eine eindeutige Abgrenzung von Verantwortlichkeiten noch für Transparenz der Geldpolitik.

Bei einer Zinsorientierung ergibt sich auch ein mehr grundsätzliches Problem. So wirkt zwar eine expansive Geldpolitik über den *Liquiditätseffekt* („Liquidity effect") zunächst zinssenkend und damit auch konjunkturstimulierend. Im Zeitablauf kommen dazu aber noch potenziell Einkommens-, Preisniveau- und Inflationseffekte. Die kurzfristig sich einstellende Zinssenkung kann dadurch mittel- bis langfristig überkompensiert werden. Wie schnell diese konterkarierenden Effekte ablaufen, hängt vor allem von der Anpassungsgeschwindigkeit der Inflationserwartungen ab.

2.3.2.2 Zinsstruktur

In der Realität gibt es nicht nur einen Zins, sondern eine Vielzahl von Zinssätzen. Aufgrund der interpretativen Mehrdeutigkeit von nominalen und realen Zinsänderungen wurde deshalb auf die Zinsstruktur als mögliche geldpolitische Orientierungsgröße verwiesen. Üblicherweise versteht man unter der *Zinsstruktur* die Fristigkeitsstruktur („*term structure*") der (nominalen) Zinssätze bzw. Renditen. Das heißt, es geht um Zinssätze von (vergleichbaren) Anlageformen, die sich nur in der Restlaufzeit unterscheiden. Aus Vereinfachungsgründen beschränkt man sich häufig auf die Differenz zwischen einem langfristigen (z.B. dem Zins 10-jähriger Staatsanleihen) und einem kurzfristigen Zins (z.B. dem 3-Monatszins), der sog. *Zinsdifferenz* oder dem *Zinsspread*. Man spricht von einer *normalen Zinsstruktur*, wenn die langfristigen Zinsen über den kurzfristigen liegen. Im umgekehrten Fall liegt eine *inverse Zinsstruktur* vor. Anhand Abb. III.2.4 ist erkenntlich, dass inverse Zinsstrukturen eher der Ausnahmefall sind und in der Regel mit hohen kurzfristigen Zinsniveaus einhergehen.

---

[13] Siehe z.B. Benati und Vitale (2007), die speziell auf hohe Volatilität der Schätzungen für das Euro-Währungsgebiet verweisen. Giammarioli und Valla (2003) analysieren den Gap zwischen gleichgewichtigem und tatsächlichem Realzins. Sie arbeiten heraus, dass dieser Gap in der EWU einen gewissen Informationsgehalt für die zukünftige Preisentwicklung besitzt.

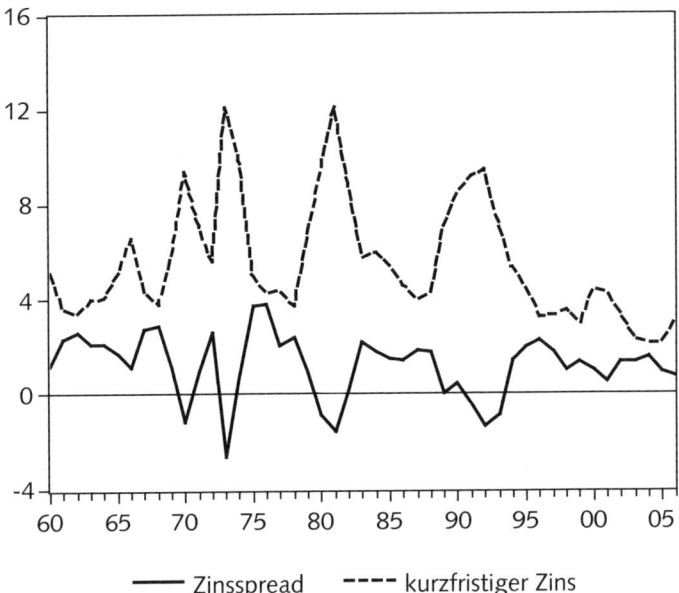

Abbildung III.2.4: Zinsspread und Zinsniveau in Deutschland und der EWU
Quelle: Deutsche Bundesbank, EZB.
Anmerkungen: Zinsspread: langfristiger minus kurzfristiger Zins. Bis Ende 1998 Deutschland, ab 1999 EWU (siehe auch Anmerkungen zu Abb. III.2.3).

Die theoretischen Zusammenhänge zwischen Geldpolitik und Zinsstruktur auf der einen Seite und Zinsstruktur und realer Aktivität sowie Preisentwicklung auf der anderen Seite werden in der Literatur kontrovers diskutiert. Vor allem besteht Uneinigkeit darüber, welche über Zinsniveaus hinausgehende Informationen die Zinsstruktur liefern sollte. In der Regel wird von folgenden Zusammenhängen ausgegangen: Eine glaubhaft durchgeführte restriktive Geldpolitik führt zu einer Erhöhung der Geldmarktzinsen und über eine Senkung der Inflationserwartungen (und unter Umständen einer konjunkturellen Abkühlung) zu sinkenden Kapitalmarktzinsen. Der „Spread" zwischen lang- und kurzfristigen Zinsen wird also geringer. Unter Umständen kommt es sogar zu einer Inversion der Zinsstruktur. Die glaubhafte Ankündigung einer derartigen Politik würde ebenfalls zu diesem Ergebnis führen – allerdings nur über den Erwartungseffekt auf die langfristigen Zinsen. Anhand der *Fisher-Gleichung* kann dann ein Zusammenhang mit der inflationären Entwicklung hergestellt werden. Nach dieser Beziehung (siehe Box III.2.5) gilt (angenähert), dass sich der Nominalzins i für ein Wertpapier (ohne Inflations-, Konkurs- und politische Risiken) mit einer bestimmten Laufzeit in den Realzins r und die Inflationserwartungen π^{erw} aufspalten lässt.

(23) $\qquad i = r + \pi^{erw}$ bzw. $\pi^{erw} = i - r$

Bei *rationalen Erwartungen* unterscheidet sich die tatsächliche zukünftige von der erwarteten Inflation nur durch einen nicht prognostizierbaren Zufallsfehler ε. Es werden folglich keine systematischen Erwartungsfehler begangen. Zum Prognosezeitpunkt werden alle relevanten verfügbaren Informationen ausgewertet, um eine „optimale" Prognose zu bilden. Erwartungsfehler resultieren aber z.B. durch nach dem Entscheidungszeitpunkt neu auftretende Informationen („*News*"). Somit gilt

(24) $\quad \pi = \pi^{erw} + \varepsilon$

Setzt man (23) in (24) ein, kann die Inflationsrate für einen beliebigen Zeitraum bestimmt werden. Für zwei unterschiedliche Zeiträume (Laufzeiten) m und n ($m > n$) ergibt sich dann als Differenz

(25) $\quad \pi_t^m - \pi_t^n = -(r_t^m - r_t^n) + (i_t^m - i_t^n) + (\varepsilon_t^m - \varepsilon_t^n)$

Gleichung (25) liefert einen Ausdruck für die Veränderung der tatsächlichen Inflationsrate zwischen den Zeiträumen m und n. Wenn m = 2 Jahre und n = 1 Jahr, besagt (25), dass die nominale Zinsdifferenz zwischen einem zweijährigen und einem einjährigen Papier (i^2-i^1) (bei konstanten Realzinsen) die Veränderung der Inflationsrate im nächsten Jahr (π^2-π^1) prognostiziert. Ein zunehmender Spread würde dabei steigende Preistendenzen signalisieren. Die Genauigkeit dieser Prognose hängt allerdings von den Schwankungen der Realzinsen, die sich in (r^2-r^1) widerspiegeln, und von der Art der Prognosefehler ab, die sich in den ε's niederschlagen. Da diese in der Realität üblicher Weise nicht unbedeutend sind, ist es nicht verwunderlich, dass die Indikatorqualität der Zinsstruktur für die Preisentwicklung recht unsicher und schwach ausgeprägt ist.[14] Vor allem bei kürzeren Zeithorizonten wird die Varianz der Inflation(serwartungen) von Schwankungen der realen Zinsstruktur dominiert (Berk/Bergeijk, 2001).

Die Nominalzinsen von Papieren verschieden langer Fristigkeiten unterscheiden sich nach der *Erwartungstheorie der Zinsstruktur* (siehe Box III.2.6) hauptsächlich durch unterschiedliche Erwartungen über den weiteren Zinsfortgang am kurzen Ende. Dies ist leicht anhand Gleichung (B3) der Box nachzuvollziehen, wenn für i_{lfr} unterschiedliche Laufzeiten eingesetzt werden. Folglich könnte eine erfolgreiche Implementierung der Zinsstruktur als Indikator, unter Umständen sogar die Vorgabe eines konkreten Wertes für ein Zinsstrukturziel, möglicher Weise zur Stabilisierung dieser Zinserwartungen beitragen. Und dadurch könnte man über die *Fisher-Beziehung* auch eine Stabilisierung der Inflationserwartungen erreichen.

---

[14] Der Zusammenhang zur realen Entwicklung, speziell dem realen BIP, hat sich dagegen in vielen Ländern als vor allem kurzfristig relativ eng erwiesen (siehe stellvertretend für die USA Estrella/Trubin, 2006, für die EWU Duarte et al., 2005). Brand et al. (2004) zeigen allerdings, dass in der EWU der Zusammenhang zwischen dem Zinsspread und dem BIP-Wachstum nicht robust gegenüber der Aufnahme weiterer Indikatoren, speziell eines engen Geldmengenaggregats, ist.

Box III.2.6: Die Erwartungstheorie der Zinsstruktur

Die Erwartungstheorie der Zinsstruktur beruht auf Arbitrageüberlegungen. Die dahinter stehende Idee ist, dass eine Geldanlage für einen bestimmten Zeitraum den gleichen Ertrag erbringen muss, unabhängig davon, ob sie über mehrere kurzfristige Anlagen oder einmalig in einem längerfristigen Papier erfolgt.

An einem einfachen Beispiel können diese Überlegungen dargestellt werden. Unterstellen wir als langfristige Anlage ein 3-Jahres-Papier zum Zins i_{lfr} und vergleichen diese mit einer 3-maligen einjährigen Anlage. Zusätzlich soll Risikoneutralität herrschen. Aus dem langfristigen Engagement erzielt man den Ertrag E_{lfr}:

(B1) $E_{lfr} = (1+i_{lfr})^3$

Alternativ könnte der Geldbetrag jetzt zum einjährigen Zins i_1, E_1 zum erwarteten Zins i_2^{erw} und für das 3. Jahr E_2 zum erwarteten Zins i_3^{erw} angelegt werden. Als (erwarteter) Ertrag E_{kfr} dieser Anlageform resultiert

(B2) $E_{kfr} = (1+i_1)(1+i_2^{erw})(1+i_3^{erw})$

Wenn $E_{kfr} > E_{lfr}$ lohnt sich die sukzessive kurzfristige Anlage, wodurch der kurzfristige Zins sinkt, der langfristige Zins steigt. Ist dagegen $E_{kfr} < E_{lfr}$ sollte langfristig angelegt werden. In diesem Fall würden Arbitrageure kurzfristige Papiere verkaufen und langfristig anlegen, wodurch der Kurzfristzins steigt und der Langfristzins sinkt. Insgesamt kommt es somit zu einer Angleichung der Erträge durch *Arbitrage*, und es gilt:

(B3) $(1+i_{lfr})^3 = (1+i_1)(1+i_2^{erw})(1+i_3^{erw})$ bzw. $i_{lfr} = \sqrt[3]{(1+i_1)(1+i_2^{erw})(1+i_3^{erw})} - 1$

Der langfristige Zins entspricht also dem (um Eins verminderten) geometrischen Mittel der kurzfristigen Zinsen. Wird keine Zinsänderung erwartet, gilt also $i_1 = i_2^{erw} = i_3^{erw}$, entspricht der langfristige dem kurzfristigen Zins. Wird ein Anstieg des kurzfristigen Zinses erwartet ($i_1 < i_2^{erw} \leq i_3^{erw}$), ist der langfristige Zins größer als der kurzfristige Zins (Bei 2 Perioden mit $i_1 = 4\%$ und $i_2^{erw} = 6\%$ ergäbe sich: $i_{lfr} = (1{,}04 \cdot 1{,}06)^{1/2} - 1 = 0{,}05$, d.h. $i_{lfr} > i_1$). Im umgekehrten Fall resultiert $i_{lfr} < i_1$. Anders ausgedrückt: Eine steigende Zinsstrukturkurve ($i_{lfr} > i_1$) deutet darauf hin, dass die Finanzmärkte steigende kurzfristige Zinsen erwarten. Eine fallende Zinsstrukturkurve ($i_{lfr} < i_1$) dagegen signalisiert sinkende Zinserwartungen am kurzen Ende.

Zu Veränderungen des langfristigen Zinssatzes kann es also durch Veränderungen des kurzfristigen Zinses und der Zinserwartungen kommen. Entscheidend ist dabei, ob zukünftige geldpolitische Maßnahmen, die direkt auf die kurzfristigen Zinsen wirken, korrekt antizipiert werden. Bei sowohl vom Ausmaß als auch vom Zeitpunkt überraschenden geldpolitischen Aktionen ist eine relativ starke Auswirkung auf den Langfristzins zu erwarten, da die Zinserwartungen am kurzen Ende angepasst werden müssen.

Gibt man die Annahme der Risikoneutralität auf und unterstellt stattdessen Risikoaversion, ist (B3) um eine Risikoprämie $\rho > 0$ zu ergänzen, die laufzeit- und zeitabhängig sein kann. Um ρ wäre dann der langfristige Zins höher. Die empirische Evidenz bzgl. der Erwartungstheorie ist nicht eindeutig. Für Deutschland und die EWU erzielte man allerdings bisher eher positive Ergebnisse (Durré et al., 2003). Wenn die Erwartungstheorie nicht gelten sollte, weil die Finanzmarktteilnehmer die kurzfristigen Zinsen nicht richtig prognostizieren können und/oder, weil die Risikoprämie zeitvariabel ist, ist es schwierig, sich vorzustellen, wie die Geldpolitik über Setzung der Kurzfristzinsen die längerfristigen Zinsen beeinflussen sollte.

Insgesamt ist eine Orientierung an der Zinsstruktur aber mit einigen Nachteilen verbunden. So zeigt allein schon die Zusammensetzung des Spreads aus dem kurzfristigen und langfristigen Zins, dass er als Inflationsindikator und Zwischenziel unbrauchbar ist. Eine Zentralbank würde sich dann einerseits an Geldmarktzinsen orientieren, die sie zu einem großen Teil selbst bestimmt, andererseits am Kapitalmarktzins, der vor allem von Zins- und Inflationserwartungen bestimmt ist. Zudem ergibt sich erneut das Problem der Ermittlung des Realzinses. Gleichung (26) veranschaulicht diese Zusammenhänge für die Differenz zwischen einem lang- (i_{lfr}) und einem kurzfristigen (i_{kfr}) Zins unter Berücksichtigung der Fisher-Gleichung für den langfristigen Zins.

(26) $\qquad i_{lfr} - i_{kfr} = r_{lfr} + \pi_{lfr}^{erw} - i_{kfr}$

Auch ist nicht klar, ob z.B. eine steilere Zinsstruktur einen Vertrauensverlust der Zentralbank indiziert, der sich in gestiegenen Inflationserwartungen manifestiert oder die Markterwartung einer restriktiveren Geldpolitik, d.h. höhere kurzfristige Zinsen in der Zukunft, anzeigt. Es gibt darüber hinaus keine fundierte theoretische Begründung des Geldpolitik-Zinsstruktur-Inflation-Zusammenhangs. Noch nicht einmal die Richtung der ökonomischen Kausalität ist eindeutig.

Vielfach wird zudem übersehen, dass auch eine an der Zinsstruktur orientierte Geldpolitik letztlich eines **nominalen Ankers** bedarf, damit die Entwicklung des Preisniveaus nicht indeterminiert oder zumindest destabilisiert wird. So ist z.B. eine ansteigende Zinsstrukturkurve grundsätzlich sowohl mit Preisstabilität als auch mit zweistelligen Inflationsraten vereinbar (siehe auch Abb. III.2.4). Und eine als optimal angesehene Zinsdifferenz kann mit jeglicher Höhe der kurz- und langfristigen Zinsen in Einklang stehen. Auch ist die Tatsache, dass sich die Geldpolitik bei Orientierung an der Zinsstruktur von Markterwartungen, vor allem Zins- und Inflationserwartungen, leiten lässt, problematisch. Diese sind letztlich zu einem großen Teil Erwartungen über das Verhalten der Zentralbank selbst. Eine inverse Zinsstruktur, die sich aufgrund einer glaubhaften Restriktion der Geldpolitik einstellt, liefert aber für eine Notenbank keine darüber hinausgehenden Informationen mehr. Gerade wegen der fehlenden Bindung der Markterwartungen und der Handlungen der Notenbank scheidet die Zinsstruktur als sinnvolle Orientierungsgröße der Geldpolitik aus.

Unter Berücksichtigung von Erwartungseffekten und der recht komplexen und nicht eindeutigen Zusammenhänge zwischen den Zinsvariablen und dem Endziel Preisstabilität geht die augenscheinliche Attraktivität von Zinsen als Indikatoren und Zwischenziele verloren. Auch wäre zu berücksichtigen, dass öffentlich bekannt gegebene Zinsziele unerwünschte Ankündigungseffekte auslösen können. So würde eine am Anfang des Jahres öffentlich angekündigte Zinssenkung unter Umständen zu einem Aufschub von Konsum- und Investitionsentscheidungen führen. Dies würde aber der Verstetigungsabsicht einer geldpolitischen Strategie widersprechen. Auf der anderen Seite würde ein Verzicht auf die Vorankündigung die Transparenz der Geldpolitik schwächen und den Marktteilnehmern keinen Orientierungsrahmen für ihre Erwartungen bieten.

2.3.3 Nominelle BIP-Steuerung

Nachdem die Zentralbanken einiger Länder aufgrund der Entwicklung auf den Finanzmärkten (Stichworte: Finanzinnovationen, Deregulierung, Disintermediation) von traditionellen geldpolitischen Strategien Abschied nahmen, wurde vor allem von wissenschaftlicher Seite eine nominelle BIP-Steuerung vorgeschlagen. Im Folgenden soll deshalb eine Steuerung des nominellen BIP als Zwischenzielgröße (nicht als Alternative zum Endziel) diskutiert werden.

Die Idee der *nominellen BIP-Steuerung* kann einfach anhand der in Veränderungsraten ausgedrückten Quantitätsgleichung (27) dargestellt werden.

(27) $$\hat{M} + \hat{V} \equiv \pi + \hat{Y} \equiv \hat{Y}^n$$

Hierbei bezeichnet $\hat{Y}^n$ die Wachstumsrate des nominellen BIP. Die Konzeption setzt somit an der rechten Seite der Quantitätsgleichung an. Es handelt sich im Prinzip um eine Strategie, die zwei Endziele, die Preisentwicklung (π) und das reale Wirtschaftswachstum ($\hat{Y}$) miteinander kombiniert. Dabei sind beide Ziele gleich gewichtet.

Bei der Kontrolle des nominalen BIP-Wachstums orientiert sich die Zentralbank also an Abweichungen zwischen diesem Wachstum und einer Zielwachstumsrate. Das nominelle Wachstumsziel besteht aus einer Inflationskomponente bzw. dem *Inflationsziel* π^{Ziel} und einer realen Wachstumskomponente $\hat{Y}^*$. $\hat{Y}^*$ könnte z.B. das Wachstum bei Vollauslastung der Produktionskapazitäten (Potenzialwachstum) sein. Folglich gilt für die gesamte Zielabweichung ($\hat{Y}^n - \hat{Y}^{*n}$)

(28) $$\hat{Y}^n - \hat{Y}^{*n} = (\pi - \pi^{Ziel}) + (\hat{Y} - \hat{Y}^*)$$

Die Zentralbank wird bei diesem Konzept somit die Zinsen verändern, wenn es zu Abweichungen vom Inflationsziel ($\pi - \pi^{Ziel}$) kommt oder es Unterschiede zwischen dem tatsächlichen und dem Potenzialwachstum gibt ($\hat{Y} - \hat{Y}^*$).[15] Die Zinsreaktion kann entweder erfolgen, wenn die aktuelle Entwicklung vom Ziel abweicht („verzögerte Anpassung") oder wenn der Prognosewert sich vom Ziel

---
[15] Letzteres entspricht im Prinzip dem Wachstum des Output Gap.

unterscheidet („vorausschauende Anpassung"). Ist eine (nominale) Wachstumsstimulierung beabsichtigt, müssen die Zinsen gesenkt werden. Dadurch wird, so die Idealvorstellung, das reale BIP-Wachstum angeregt und die Preise steigen tendenziell. Wird das Ziel eingehalten, d.h. $(\hat{Y}^n - \hat{Y}^{*n}) = 0$, resultiert als Inflationsrate

(29) $\quad \pi_t = \pi^{Ziel} + E_{t-1}(\hat{Y}^* - \hat{Y})_t$

Es wird also entscheidend determiniert von der Prognose des Wachstums des Output Gaps. Diese wiederum setzt eine Einschätzung der tatsächlichen und der potenziellen BIP-Entwicklung voraus.

Neben dem Vorteil der engen Verbindung mit anerkannten gesamtwirtschaftlichen Zielen, schreiben Befürworter der nominellen BIP-Steuerung dieser die Fähigkeit zur *Schockabsorption* zu. Stellen wir uns dafür einen exogenen Nachfragerückgang (z.B. durch verschlechtertes Investitionsklima oder sinkende Exporte) vor, der das reale und folglich auch das nominale Wirtschaftswachstum (kurzfristig) verlangsamt.[16] Eine nominelle BIP-Regel würde dann eine Lockerung der Geldpolitik erfordern, um auf den Zielpfad zurückzukehren. Über die Zinssenkung würden die aggregierte Nachfrage und das reale Wachstum ansteigen. Aber auch bei einer aggregierten Angebotsstörung zeigen sich die positiven Eigenschaften der nominellen BIP-Orientierung. Ein adverser Angebotsschock (z.B. durch steigende Rohstoffpreise), der das reale BIP-Wachstum sinken lässt und zu steigender Inflation führt (sog. *Stagflation*), stellt die Geldpolitik nämlich vor ein „Dilemma": Wird sie expansiv tätig, stabilisiert sie das reale BIP, sorgt aber für weiterhin steigende Preise. Wird sie restriktiv tätig, wird die Preisentwicklung bei einem weiteren Rückgang des realen BIP stabilisiert. Eine nominelle BIP-Orientierung löst dieses Dilemma, indem sie auf die Kombination beider Ziele ihr Augenmerk lenkt.[17]

Zur Entfaltung dieser positiven Eigenschaften ist allerdings Voraussetzung, dass das Wachstum des nominellen BIP von der Zentralbank gesteuert werden kann. Aufgrund der langfristigen Geldneutralität sind beim realen Wirtschaftswachstum auf Dauer hier berechtigte Zweifel angebracht. Wenn zudem nur ein Endziel, realistischer Weise Preisstabilität, angestrebt wird, gilt auch bei vollkommener Kontrollierbarkeit des nominalen BIP-Wachstums die Vorteilhaftigkeit der nominalen BIP-Regel nicht mehr uneingeschränkt. Man kann bei angebotsseitigen Störungen nämlich nur den Preiseffekt oder den Outputeffekt kompensieren.

Ein gravierender Nachteil der nominellen BIP-Orientierung ist zudem die Datenverfügbarkeit. Die Datenquelle für das reale BIP ist die *Volkswirtschaftliche Gesamtrechnung* (VGR), die erst mit einer Zeitverzögerung von etlichen Monaten

---

[16] Kurzfristig sind die Güterpreise relativ starr.
[17] Dies erklärt auch, warum der Vorschlag einer nominellen BIP-Orientierung vor allem aus den USA kommt. Der Fed sind nämlich neben der Verfolgung von Preisstabilität auch die Förderung des Wirtschaftswachstums und der Beschäftigung als Ziele vorgegeben (im Einzelnen hierzu Kap. II.2.2).

und höchstens auf Quartalsbasis zur Verfügung steht. Zudem unterliegen die Daten der VGR häufig noch späteren, teilweise deutlichen Revisionen. Auch wäre zu fragen, ob die Verfolgung von Konjunktur- und Wachstumszielen neben dem Ziel der Inflationsbekämpfung eine Zentralbank nicht überfordert. Vielmehr lässt sich argumentieren, die Gewährleistung von Preisstabilität ist der beste Beitrag der Geldpolitik für die reale Entwicklung. Darüber hinaus ist das Konzept „Nominales BIP" in der Öffentlichkeit wenig bekannt und könnte leicht mit der realen BIP-Entwicklung verwechselt werden. Die *Transparenz* der Geldpolitik und die Kommunikation mit den Märkten und der allgemeinen Öffentlichkeit wird dadurch nicht unwesentlich erschwert.

Des Weiteren können die Vorteile des nominalen BIP als Zwischenziel nur ausgeschöpft werden, wenn der *Transmissionsprozess* vom Ergreifen einer geldpolitischen Maßnahme bis zur Beeinflussung der aggregierten Nachfrage und des nominalen Einkommens bekannt ist. Es ist nun aber gerade ein Charakteristikum dieses Übertragungsweges, dass er recht komplex, zeitlich variabel und in seinen Einzelheiten nicht bekannt ist. Dieses Informationsproblem tritt gerade in der Währungsunion verstärkt zu Tage. Der Transmissionsprozess läuft (zumindest bisher) nicht einheitlich ab. In welche Richtung dabei eine Vereinheitlichung abläuft und wie lange diese dauern wird, ist nicht absehbar.

Bisher ist noch keine Zentralbank explizit und offiziell auf eine derartige Politik übergegangen. Es fehlen somit praktische Erfahrungen. Des Weiteren würde ein nominelles BIP-Zwischenziel den Eindruck erwecken, die Zentralbank alleine wäre für die Stabilisierung des Nominaleinkommens verantwortlich. Vor dem Hintergrund weiterer Einflussfaktoren (z.B. außenwirtschaftliche Entwicklungen, fiskalpolitische Maßnahmen, Lohnpolitik) ist dies nicht unproblematisch. Letztlich könnte eine nominale BIP-Orientierung auch zu Fehlinterpretationen des vorrangigen Endziels der Preisstabilität führen. Im Prinzip sind die geldpolitischen Maßnahmen auf dieses Ziel hin auszurichten. Über eine nominelle BIP-Steuerung würde die Zentralbank eine Konjunkturverantwortung bekommen, die nicht ihrem primären Auftrag entspricht. Wie die Diskussion von Angebotsschocks zudem gezeigt hat, kann eine Orientierung am nominellen BIP, also der Kombination aus eigentlich zwei Endzielen, zu uneindeutigen Handlungsanweisungen führen.

2.3.4 Geldmengenziele – das Vorbild der Deutschen Bundesbank

Als letzte explizite zweistufige Strategie soll nun auf eine Politik mit vorangekündigten *Geldmengenzielen* eingegangen werden. Als Anschauungsbeispiel dient dabei die von der Deutschen Bundesbank praktizierte Geldmengenstrategie.

2.3.4.1 Allgemeine Beschreibung

Eine Politik mit Geldmengenzielen wie sie die Deutsche Bundesbank von 1975 bis 1998 betrieben hat, bedient sich im Sinne einer zweistufigen Strategie des

Indikators „Geldmenge", mit Hilfe dessen versucht wird, das eigentliche Endziel „Preisstabilität" zu erreichen. Bei der „Geldmenge" handelt es sich um die Wachstumsrate eines **sinnvoll abgegrenzten Geldmengenaggregates**. „Sinnvoll" bedeutet, sie sollte auf alle Fälle einen voraussehbaren engen und längerfristigen Zusammenhang zur Preisentwicklung aufweisen. Fungiert sie sogar als Zwischenziel, wie früher bei der Bundesbank, sollte sie darüber hinaus hinreichend über die Zinspolitik kontrollierbar sein. Angesichts der langen und variablen Zeitverzögerungen zwischen dem Einsatz des geldpolitischen Instrumentariums und der Wirkung auf die Preisentwicklung sowie der Unsicherheiten im Transmissionsprozess erlaubt eine derartige Orientierung eine frühzeitige Reaktion auf sich abzeichnende Inflationsgefahren.

Die Logik von Geldmengenzielen und deren Ableitung kann wiederum anhand der *Quantitätsgleichung* (siehe (27)) verdeutlicht werden. Gegeben die Informationen der Zentralbank zum Ende der Periode *t-1*, lautet diese Gleichung in Erwartungswerten ausgedrückt:

(30) $$E_{t-1}\hat{M}_t + E_{t-1}\hat{V}_t = E_{t-1}\pi_t + E_{t-1}\hat{Y}_t$$

Ersetzt man die erwartete Inflationsrate durch das Inflationsziel π^{Ziel}, ergibt sich die Zielrate für die Geldmengenentwicklung $\hat{M}^{Ziel}$ aus dem prognostizierten realen Wachstum der Volkswirtschaft $E_{t-1}\hat{Y}$, dem angestrebten Inflationsziel π^{Ziel} und der erwarteten Entwicklung der Umlaufsgeschwindigkeit des Geldes $E_{t-1}\hat{V}$.

(31) $$\hat{M}_t^{Ziel} = \pi^{Ziel} + E_{t-1}\hat{Y}_t - E_{t-1}\hat{V}_t$$

Gelingt es der Zentralbank, die Geldmenge über eine Anpassung der Notenbankzinsen so zu beeinflussen, dass das Geldmengenziel eingehalten wird, ist die Inflationsrate gegeben durch

(32) $$\pi_t = \pi^{Ziel} - (\hat{Y}_t - E_{t-1}\hat{Y}_t) + (\hat{V}_t - E_{t-1}\hat{V}_t)$$

In Abhängigkeit von unerwarteten konjunkturellen Entwicklungen $(\hat{Y} - E_{t-1}\hat{Y})$ und unerwarteten Bewegungen der Umlaufsgeschwindigkeit $(\hat{V} - E_{t-1}\hat{V})$ weicht die tatsächliche Inflationsrate π von der gewünschten Rate π^{Ziel} ab. Wird das Wirtschaftswachstum überschätzt und/oder die Umlaufsgeschwindigkeit unterschätzt, wird sich eine im Vergleich zum Inflationsziel zu hohe Inflationsrate einstellen. Solange allerdings keine anhaltenden systematischen Fehlprognosen gemacht werden, sollte sich das Inflationsziel längerfristig als Orientierungsgröße bzw. Anker für die Erwartungen etablieren. Die Fehleinschätzungen werden sich dann in Grenzen halten, wenn das Outputwachstum und die Entwicklung der Umlaufsgeschwindigkeit stabilen empirischen Zusammenhängen folgen. Dies dürfte eher über einen längerfristigen Zeitraum der Fall sein. Über längerfristige Zusammenhänge (sog. Steady-state-Zustände oder Gleichgewichtswerte) liefert aber auch die ökonomische Theorie sinnvolle Anhaltspunkte.

Die Deutsche Bundesbank verwendete bei der Ableitung ihrer Geldmengenziele für π^{Ziel} eine sog. Preisnorm bzw. mittelfristige Preisannahme π^{Norm} von maximal 2 %. Für die reale BIP-Entwicklung setzte sie einen prognostizierten längerfristigen Wachstumstrend $\hat{Y}*$ an. Und auch für die Wachstumsrate der Umlaufsgeschwindigkeit wurde nicht die Entwicklung im nächsten Jahr herangezogen, sondern ein geschätzter Trendwert $\hat{V}*$. Somit ergibt sich für das deutsche Geldmengenziel in der Vergangenheit

(33) $\hat{M}^{Ziel} = \pi^{Norm} + \hat{Y}* - \hat{V}*$

Ausgangspunkt der Zielableitung war zunächst das erwartete Wirtschaftswachstum. Entsprechend der mittelfristigen Ausrichtung einer Geldmengenpolitik handelt es sich dabei nicht um die Entwicklung im nächsten Jahr, sondern um einen Trendwert ($Y*$). Die Bundesbank bestimmte diesen anhand der Wachstumsrate des realen *Produktionspotenzials*. Darunter versteht man im Sinne eines potenziellen BIP die gesamtwirtschaftliche Produktion, die sich unter Berücksichtigung des technischen Fortschritts mit den jeweils verfügbaren Produktionsfaktoren Arbeit und Sachkapital bei normaler Auslastung erstellen lässt. Eine Expansion der Geldmenge im Ausmaß des Wachstums des Produktionspotenzials (oder einer anderen Trendgröße) ist notwendig, um einen ausreichenden Finanzierungsspielraum für das zur Ausschöpfung der Angebotsmöglichkeiten benötigte Ausgabenwachstum zu sichern. Dadurch ist auch eine implizite antizyklische Komponente enthalten. Bei unterausgelasteten Kapazitäten fällt das Geldmengenziel nämlich durch die Potenzialorientierung stärker aus als bei einer Orientierung am tatsächlichen BIP. Umgekehrt wird in Jahren, in denen eine konjunkturelle Überhitzung droht, weil das Wirtschaftswachstum die Ausweitung des Produktionspotenzials übersteigt, die Expansion der Geldmenge geringer ausfallen. Dies trägt in der Tendenz zu einer *Verstetigung* des Wirtschaftsablaufs bei.

Als nächstes ist es nötig, das reale Wachstum über eine Preisvariable in eine nominale Größe zu transformieren. Auch hier kann nicht die aktuelle Preisentwicklung herangezogen werden, sondern es muss um eine Orientierung an den längerfristigen Stabilitätsvorstellungen gehen. Die Bundesbank setzte sich eine *Preisnorm* von etwa 2 %, die als maximal zu tolerierende Inflationsrate aufzufassen war.

Als letzte grundlegende Determinante des Geldmengenziels ist der Trend in der *Umlaufsgeschwindigkeit* des Geldes zu berücksichtigen. Diese definierte die Bundesbank als das Verhältnis von nominalem Produktionspotenzial zu der entsprechenden Geldmengengröße. Bei einem anhaltenden trendmäßigen Rückgang der Umlaufsgeschwindigkeit, wie er in Deutschland auszumachen war (siehe Abb. III.2.5), steigt die Geldhaltung im Verhältnis zum BIP. Deshalb muss das Geldmengenwachstum entsprechend kräftiger ausfallen als das Potenzialwachstum, wenn ein deflatorischer Druck vermieden werden soll. Umgekehrt entstünde allerdings ein inflatorischer Geldüberhang, wenn die Zentralbank aufgrund eines nur vorübergehenden Rückgangs der Umlaufsgeschwindigkeit eine höhere Wachstumsrate der Geldmenge anstreben würde. Gründe für den fallenden Trend im Zeitablauf können in der Rolle des Geldes als Transaktionsmittel (Erhöhung des Verhältnisses von Transaktionsvolumen zu Bruttoinlandsprodukt) und als Wertaufbewahrungsmittel (Senkung der Relation von Einkommen zu Vermögen) liegen.

Entwickelt sich die Volkswirtschaft tatsächlich nach den bei der Ableitung des Geldmengenziels zugrunde gelegten Determinanten, wird von der monetären Seite der Finanzierungsspielraum zur Verfügung gestellt, der für ein stetiges und inflationsfreies Wirtschaftswachstum benötigt wird. Abweichungen vom Geldmengenziel zeigen sich zunächst in der Geldhaltung und führen erst mit einiger Verzögerung zu einer veränderten Güternachfrage und veränderten Preisen. Dadurch wirkt eine Geldmengenpolitik zwangsläufig vorausschauend, da sie aktiv wird, bevor sich inflationäre Prozesse auszubreiten beginnen.

Der theoretische und empirische Zusammenhang zur Inflationsentwicklung ergibt sich aus dem sog. *P-Stern-*("P-Star"-)Konzept (siehe Box III.2.7). Daran wird nochmals deutlich, dass Geldmengenziele nur Mittel zum Zweck der Inflationsbekämpfung bzw. der Erreichung von Preisstabilität sind. Sie haben keinen Selbstzweck, sondern stellen ein über Liquiditäts- und Output-Lücke hinausgehendes zusätzliches Informationsmedium zur Beurteilung der Preisentwicklung zur Verfügung (siehe (B5) in Box III.2.7). Wenn die tatsächliche Geldmengenentwicklung dem Geldmengenziel entspricht ($\hat{M}^{Ziel} = \hat{M}$), zeigt der P-Stern-Ansatz auch, dass dann die gleichgewichtige Inflationsrate π^* dem Inflationsziel π^{Ziel} entspricht ($\pi^* = \pi^{Ziel}$). Nach der *Quantitätsgleichung* und der Definition von P-Stern gilt nämlich (siehe auch (B1) und (B4) in Box III.2.7)

(34) $$\pi^* = \hat{M} + \hat{V}^* - \hat{Y}^*$$

Da sich bei Stabilität die tatsächliche Preisentwicklung im Zeitablauf an die gleichgewichtige anpasst, gilt langfristig auch $\pi = \pi^{Ziel}$.

Box III.2.7: Das P-Stern-Konzept

Ende der 80er Jahre wurde von Mitarbeitern des Federal Reserve Board der Indikator P-Stern („*P-Star*", P^*) entwickelt, der zur theoretischen und empirischen Fundierung des Geldmengen-Preis-Zusammenhangs beitragen sollte.

Der Grundgedanke des Ansatzes ist denkbar einfach: Eine Ausweitung der Geldmenge führt langfristig dann zu höheren Preisen, sofern sie nicht durch eine zunehmende Güterproduktion oder eine höhere Geldhaltung (geringere *Umlaufsgeschwindigkeit*) absorbiert wird. Ausgehend von der Quantitätsgleichung wird dasjenige Preisniveau als gleichgewichtig (= P^*) bezeichnet, das sich bei einem gegebenen Geldmengenbestand M und normal ausgelasteter Kapazitäten Y^* sowie einer gleichgewichtigen Umlaufsgeschwindigkeit V^* einstellen würde (dabei bezeichnen Kleinbuchstaben logarithmierte Größen):

(B1) $$P^* = \frac{M \cdot V^*}{Y^*} \text{ bzw. } p^* = m + v^* - y^*$$

Für das tatsächliche Preisniveau P (p) dagegen gilt

(B2) $\qquad P = \dfrac{M \cdot V}{Y}$ bzw. $p = m + v - y$

Der Unterschied zwischen den tatsächlichen und den gleichgewichtigen Preisen, die sog. *Preislücke* (in logarithmischer Form) ist also gegeben durch

(B3) $\qquad (p - p^*) = (v - v^*) + (y^* - y)$

Die Preislücke (p-p^*) setzt sich zusammen aus der *Liquiditätslücke* (v-v^*) und der Kapazitätsauslastung bzw. dem *Output Gap* (y^*-y). Wenn nun stabile Zusammenhänge in dem Sinne vorherrschen, dass die tatsächliche Preisentwicklung im Zeitablauf gegen die gleichgewichtige konvergiert, kann diese Preislücke als Inflationsindikator verwendet werden. Nach (B3) ist dann bei einer positiven Preislücke mit zukünftig niedrigeren Inflationsraten zu rechnen. Dies ist der Fall bei unterausgelasteten Produktionskapazitäten ($y^* > y$) und/oder bei höherer Umlaufsgeschwindigkeit (niedrigerer Geldhaltung) als im langfristigen Gleichgewicht ($v > v^*$). Die Preislücke erfasst damit das Inflationspotenzial bereits realisierter Güternachfrage (Nachfrageüberhang) als auch potenzieller Nachfrage (Liquiditätsüberhang). Für die Preislücke (p-p^*) wird häufig auch geschrieben

(B3') $\qquad (p - p^*) = -(m_r - m_r^*)$.

Dabei entspricht $m_r \equiv (m\text{-}p)$ der (logarithmierten) realen Geldmenge und $m_r^* \equiv (m\text{-}p^*)$ der (logarithmierten) gleichgewichtigen realen Geldmenge. Der Ausdruck (m_r-m_r^*) wird als reale *Geldlücke* („real money gap") bezeichnet, sodass die Preislücke der negativen realen Geldlücke entspricht.[18]

Das P-Stern-Modell besitzt empirische Relevanz, wenn die langfristige Geldnachfrage (bzw. die langfristige Umlaufsgeschwindigkeit) stabil ist und die Inflation durch die Preislücke (mit) bestimmt wird. Im Falle Deutschlands erzielte man mit dem P-Stern-Modell gute empirische Ergebnisse (siehe Tödter/Reimers, 1994; Clostermann/Seitz, 2002). Dabei spielte allerdings die Wahl der Geldmengengröße eine entscheidende Rolle. Die positiven Resultate beziehen sich nahezu ausschließlich auf M3, nicht auf enge Geldmengenaggregate wie z.B. M1. Die Wahl der Preisgröße (Preisindex der Lebenshaltung, BIP-Deflator etc.) hatte dagegen keinen bedeutenden Einfluss. Herwartz und Reimers (2001) finden eine Bestätigung für das P-Stern-Modell im Rahmen eines umfassenden Datensatzes für 110 Länder von 1960 bis 1999. Das Konzept wurde auch erfolgreich auf den Fall der EWU angewendet (Nicoletti-Altimari, 2001; Gerlach/Svensson, 2003).

Der Zusammenhang mit Geldmengenzielen ergibt sich, indem man eine weitere Quantitätsgleichung (in Logarithmen) für Zielgrößen aufstellt (Δ steht für den Differenzenoperator).

---

[18] Eine Einbettung des P-Star-Konzepts in ein kleines Makro-Modell findet sich in Rösl et al. (2005).

(B4) $p^{Ziel} \equiv m^{Ziel} - y^* + v^*$ bzw. $\Delta p^{Ziel} \equiv \Delta m^{Ziel} - \Delta y^* + \Delta v^*$

Nach (B4) ergibt sich das Inflationsziel Δp^{Ziel} aus dem Geldmengenziel Δm^{Ziel} abzüglich des Wachstums des realen (gleichgewichtigen) Produktionspotenzials Δy^* und korrigiert um Veränderungen der gleichgewichtigen Umlaufsgeschwindigkeit Δv^*. Die Abweichungen vom Inflationsziel ($\Delta p - \Delta p^{Ziel}$) ergeben sich aus einer Kombination von (B4) mit (B2)

(B5) $\quad \Delta p - \Delta p^{Ziel} \equiv (\Delta m - \Delta m^{Ziel}) + (\Delta v - \Delta v^*) + (\Delta y^* - \Delta y)$
$\quad\quad\quad\quad = (\Delta m - \Delta m^{Ziel}) + (\Delta p - \Delta p^*)$

(B5) besagt, dass eine Zentralbank, die eine Geldmengenstrategie zur Erreichung von Preisstabilität verfolgt, auch dann reagieren muss, wenn die Geldmenge sich zielgerecht verhält. Die *„Inflationsziellücke"* ($\Delta p - \Delta p^{Ziel}$) setzt sich aus Abweichungen vom Geldmengenziel ($\Delta m - \Delta m^{Ziel}$) ergänzt um die Veränderung der *Preislücke* ($\Delta p - \Delta p^*$) zusammen. Nur wenn letztere Null ist, ist allein die Geldmengenentwicklung für die Inflationsziellücke relevant. Diese Zusammenhänge werden i.d.R. bei der Festlegung von Geldmengenzielen berücksichtigt.

Nach der Quantitätsgleichung könnte man den Eindruck gewinnen, die Geldmengenstrategie sei im Prinzip identisch mit der nominalen BIP-Steuerung und setze nur an einem anderen Punkt der Gleichung an. Während jedoch die *Geldmengenstrategie* eine mittelfristige Verstetigung der Geldmengenentwicklung beabsichtigt, führt die nominelle BIP-Steuerung zu antizyklischen Schwankungen der monetären Entwicklung. Der entscheidende Unterschied bezieht sich dabei auf die Behandlung der *Umlaufsgeschwindigkeit*. Während bei der nominellen BIP-Steuerung mit dem prognostizierten Wert für die Zielperiode gearbeitet wird, verwendet man im Rahmen der Geldmengenorientierung einen längerfristigen Trendwert.[19] Da sich der Wert der Umlaufsgeschwindigkeit in der Regel im Konjunkturzyklus verändert, implizieren die Geldmengen- und die nominelle BIP-Orientierung unterschiedliche Zielwerte für das Geldmengenwachstum. In Boomphasen steigt üblicherweise die Umlaufsgeschwindigkeit an, d.h. die reale Geldnachfrage nimmt nicht so stark zu wie das reale BIP. Bei einer nominellen BIP-Orientierung fällt dadurch der (implizite) Zielwert für das Geldmengenwachstum (gemäß der Quantitätsgleichung) geringer aus. Umgekehrtes gilt für Rezessionsphasen.

2.3.4.2 Die Rolle der Geldnachfrage

Das Verhalten der Geldnachfrage bzw. der Umlaufsgeschwindigkeit spielt für das Konzept mit Geldmengenzielen die entscheidende Rolle. Die Theorie der Geldnachfrage beschäftigt sich mit den Motiven der Wirtschaftssubjekte zur Geldhal-

---

[19] Die Deutsche Bundesbank setzte hier zuletzt die durchschnittliche Entwicklung im Zeitraum 1975 bis 1998 an.

tung. Nach Keynes wird ein Transaktions-, ein Spekulations- und ein Vorsichtsmotiv unterschieden. Entscheidend für unsere Fragestellung ist in diesem Zusammenhang die Summe der individuellen Geldnachfragen, d.h. die aggregierte (gesamtwirtschaftliche) Geldnachfrage.

Die Geldnachfragetheorie versucht die reale Geldnachfrage zu erklären.[20] Entscheidend sind die realen Geldbestände M/P, da die Halter von Geld die Kaufkraft einer gegebenen nominalen Geldeinheit interessiert. Üblicherweise begründet man im Rahmen der Geldnachfragetheorien eine Abhängigkeit der realen Geldnachfrage L („*Liquiditätspräferenz*") von einer *Transaktionsgröße* und einer Opportunitätskostenvariablen oc. Da über das aggregierte Transaktionsvolumen der Wirtschaftssubjekte keine statistischen Informationen vorliegen, verwendet man dafür stellvertretend in Geldnachfragefunktionen eine gesamtwirtschaftliche Einkommensgröße. Dafür kommt z.B. das reale BIP Y in Frage. Die reale Geldnachfragebeziehung lautet somit in kompakter Form

$$(35) \qquad \frac{M}{P} = L(\underset{+}{Y}, \underset{-}{oc})$$

Die Zeichen „+" und „–" unter den Determinanten stehen für die partiellen Abhängigkeiten.

Welche Opportunitätskosten Verwendung finden, hängt davon ab, was als Alternativen zur Geldhaltung betrachtet wird. Bei unverzinsten Geldaggregaten (wie z.B. zu einem großen Teil $M1$) kommen dafür (nominale) Zinsniveaus in Frage. Damit ist in der Regel auch die erwartete Inflationsrate mit erfasst, da sich nach der Fisher-Gleichung (siehe Box III.2.5) der Nominalzins aus dem Realzins und einer erwarteten Inflationskomponente zusammensetzt. Handelt es sich dagegen um ein umfassendes Geldmengenaggregat (z.B. $M3$), das auch zinstragende kurzfristige Anlageformen enthält, wäre die Differenz zwischen der Rendite einer Alternative zur Geldhaltung (z.B. einer längerfristigen festverzinslichen Anlage) und der *Eigenverzinsung* des Geldaggregates als Opportunitätskosten anzusetzen. Werden auch risikotragende Anlageformen (z.B. Aktien) ins Kalkül gezogen, sind deren Ertragsraten ebenfalls zu berücksichtigen. Auch nicht-finanzielle Aktiva (z.B. Immobilien) und ausländische Anlagemöglichkeiten sind unter Umständen in Betracht zu ziehen.

Die *Stabilität der Geldnachfrage* ist notwendige Voraussetzung für eine erfolgreiche Geldmengenstrategie. Stabilität der Geldnachfrage und Stabilität der Umlaufsgeschwindigkeit sind dabei zwei Seiten derselben Medaille. Unter Berücksichtigung der Quantitätsgleichung und (35) ergibt sich nämlich für die Umlaufsgeschwindigkeit der folgende Ausdruck

$$(36) \qquad V = \frac{P \cdot Y}{M} = \frac{Y}{M/P} = \frac{Y}{L(Y, oc)}$$

---

[20] Zu einem Überblick über verschiedene Geldnachfragetheorien siehe Serletis (2001), Teil 3.

Instabile Entwicklungen der Umlaufsgeschwindigkeit sind also gleichbedeutend mit einer instabilen Geldnachfrage.

Stabilität impliziert jedoch nicht Konstanz. In vielen Ländern der EWU war z.B. ein fallender Trend in der Umlaufsgeschwindigkeit breiter Geldmengenaggregate festzustellen. In Deutschland konnte dieser als trendstabil betrachtet werden (siehe Abb. III.2.5 für *M3* in Deutschland). Die Bundesbank ging hier in der Regel von einem Rückgang pro Jahr von 0,5 bis einem Prozentpunkt aus. Allgemein bedeutet dies, dass die Geldhaltung in Relation zu den vorgenommenen Transaktionen zunimmt. Zwar spricht der Trend zum bargeldlosen Zahlungsverkehr und die Tendenz zur Ökonomisierung der Geldhaltung („Cash Management") eher für eine steigende Umlaufsgeschwindigkeit. Da es aber neben dem Transaktionsmotiv noch weitere Motive der Geldhaltung gibt (Vermögens- bzw. Anlage- und Vorsichtsmotive bei zinstragenden Teilen, Hortungen von Bargeld, Bargeldhaltung im Ausland) ist ein rückläufiger Trend ökonomisch durchaus begründbar. Dementsprechend kann das stabilitätsgerechte Geldmengenwachstum dann reichlicher ausfallen, ohne Stabilitätsgefahren herauf zu beschwören (siehe (33)).

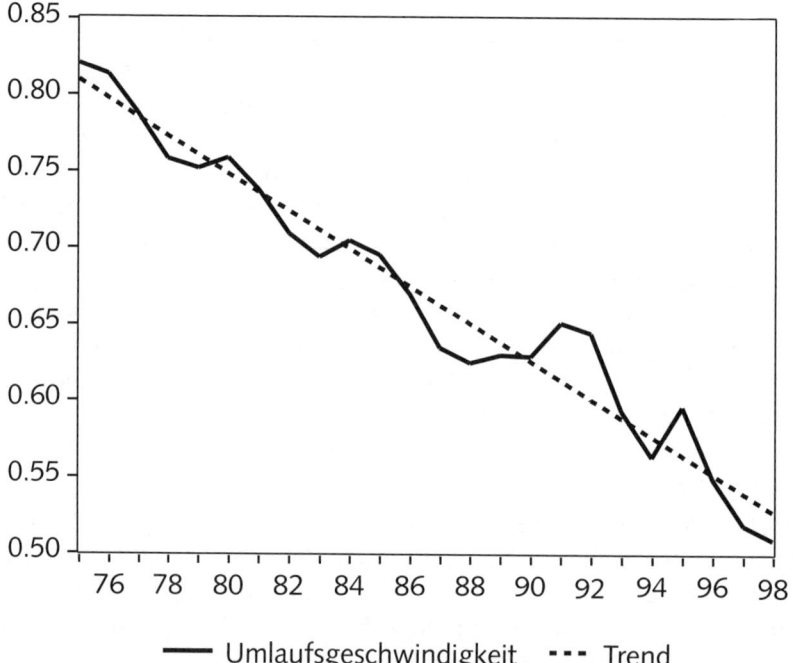

Abb. III.2.5: Die Umlaufsgeschwindigkeit von M3 in Deutschland
Quelle: Deutsche Bundesbank.
Anmerkungen: logarithmischer Maßstab. M3 in Deutschland bis Ende 1998 setzte sich aus Bargeld, Sichteinlagen, Termineinlagen mit einer Laufzeit bis 4 Jahren und Spareinlagen mit dreimonatiger Kündigungsfrist zusammen. Es entspricht somit eher dem heutigen M2.

Stabilität der Geldnachfrage bzw. der Umlaufsgeschwindigkeit bedeutet ganz generell, dass sich die Geldmengenentwicklung durch einige wenige Faktoren erklären lässt und die Zusammenhänge im Zeitablauf nicht zu stark schwanken. Empirisch beinhaltet dies zunächst, dass eine langfristige Geldnachfragefunktion in Abhängigkeit von einigen wenigen Determinanten (z.B. einer Transaktionsgröße und einer Opportunitätskostenvariablen wie in (35)) existiert. Zudem sollten die geschätzten Abhängigkeiten im Zeitablauf einigermaßen stabil sein und mit hinreichender Genauigkeit empirisch geschätzt werden können. Dann lässt sich die Beziehung auch für eine Prognose der Geldmengenentwicklung verwenden. Darüber hinaus bezieht sich Stabilität auf die systematische Beeinflussbarkeit der Geldmengenentwicklung mit Hilfe der Instrumente der Geldpolitik. Und schließlich sollte auch ein Geldmengen-Preis-Zusammenhang feststellbar sein. Für die Geldpolitik ist dabei vor allem die längerfristige Stabilität der Geldnachfrage von Interesse. Die kurzfristige Dynamik gewinnt allerdings dann an Bedeutung, wenn die Anpassung an das langfristige Gleichgewicht relativ langsam abläuft.[21]

Die Frage nach der Stabilität der Geldnachfrage hängt eng mit der Abgrenzung des Geldmengenbegriffes zusammen. Breite Geldmengenaggregate, die auch verzinste kurzfristige Anlageformen enthalten, haben den Vorteil, viele zinsbedingte Umschichtungen, die die volkswirtschaftliche Liquiditätslage insgesamt unverändert lassen, in sich aufzufangen. Andererseits sind sie jedoch weiter entfernt von den direkter kontrollierbaren Größen auf dem Geldmarkt. Enge Geldmengengrößen wie *M1* oder die Geldbasis verlaufen aufgrund des hohen Bargeldanteils und der engen Substitutionsbeziehung zu anderen kurzfristigen Anlageformen dagegen häufig zu erratisch, um als verlässliche geldpolitische Orientierungsgröße zu dienen. Oder anders formuliert: Eng abgegrenzte Geldmengenaggregate haben eine Tendenz zu instabilen Verläufen.

Finanzinnovationen sorgten in vielen Ländern, z.B. in den USA und Großbritannien, dafür, dass die Geldnachfragerelationen instabil wurden. Sie führen zum Auftreten neuer Substitute zur Geldhaltung. Häufige Ursache dafür sind Deregulierungen auf den Finanzmärkten, d.h. letztlich die zuvor existierenden Regulierungen. Wenn das Finanzvermögen aufgrund attraktiver Konditionen verstärkt in diese neuen (kurzfristigen) Anlageformen fließt, die offiziell nicht zur Geldmenge zählen, entsteht das Problem des sog. „missing money". Dadurch werden zuvor festgestellte Zusammenhänge, z.B. zwischen der Geldmengenentwicklung und Zinsen sowie der Inflation, destabilisiert. Unter den Begriff „Finanzinnovationen", die die gesamtwirtschaftliche Liquiditätssituation verändern, fallen auch neue Geschäftsfelder von Banken (z.B. die Transformation illiquider Anlageformen wie Hypotheken zu hoch liquiden und handelbaren „Asset-backed Securities") oder das verstärkte Auftreten neuer Finanzinstitutionen (z.B. Hedgefonds, die üblicher Weise in illiquide Anlageformen investieren, während ihre Verbindlichkeiten eher

---

[21] Letztlich lassen sich Instabilitäten in der Geldnachfrage immer auf die Vernachlässigung wichtiger erklärender Faktoren der Geldhaltung zurückführen.

kurzfristiger Natur sind). Finanzinnovationen und im speziellen die „Zahlungstechnologie" (Bargeld versus Schecks, Geldkarten, Kreditkarten) entwickeln sich dabei endogen aus den Kosten-Nutzen-Überlegungen der Nutzer.[22]

2.3.4.3 Vorteile einer Geldmengenstrategie

Mit einer Geldmengenpolitik verbindet man einige Vorteile:

- Zunächst einmal liegt ihr eine klare und relativ einfache Theorie zugrunde. Diese besagt, dass Inflation auf **Dauer** stets mit einer übermäßigen Ausweitung der Geldmenge einhergeht. Dieser Zusammenhang gilt für unterschiedliche Zeiträume, Länder und über verschiedenartigste monetäre Regime hinweg. Es handelt sich jedoch um keine 1:1-Beziehung, da das Wirtschaftswachstum und der Trend in der Umlaufsgeschwindigkeit den Geldmengen-Preis-Zusammenhang überlagern. Anhand der Abbildungen III.2.6 und III.2.7

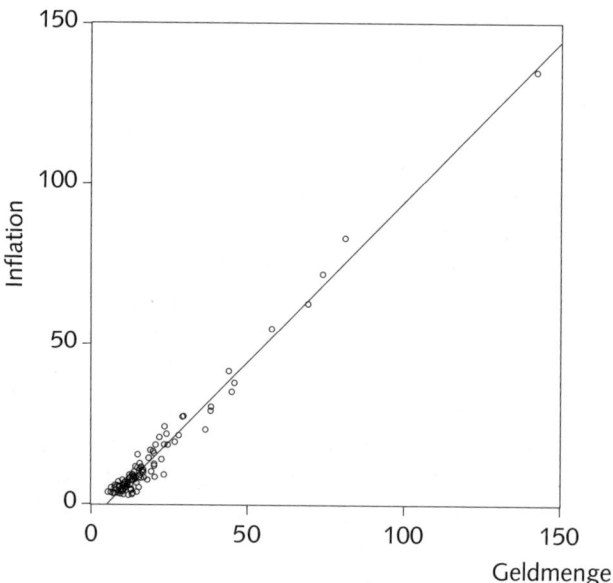

Abb. III.2.6: Internationaler Geldmengen-Preis-Zusammenhang
Quelle: Herwartz/Reimers, 2001.

Anmerkungen: durchschnittliche jährliche Wachstumsraten eines breiten Geldmengenaggregates und des Preisindex der Lebenshaltung von 1960–1999 in 110 Ländern (in %).

---

[22] In Deutschland haben Finanzinnovationen die Strategie der Geldmengensteuerung mit dem breiten Geldmengenaggregat M3 kaum gestört (Scharnagl, 1996). Hauptsächlich zurückzuführen war dies auf die bereits seit Ende der 60er Jahre liberalisierten Finanzmärkte, stabile Finanzmarktstrukturen und den eher konservativen deutschen Anleger. Die Bundesbank hielt selbst nach der deutschen Vereinigung und den EWS-Krisen der Jahre 1992/93 an der Geldmengenstrategie fest, da keine Anzeichen für dauerhafte Instabilitäten im Geldnachfrageverhalten nach M3 vorlagen. Darauf weisen vielfältige Untersuchungen hin (siehe die Übersicht in Funke/Cabos, 2000, 1508 sowie Hubrich, 1999).

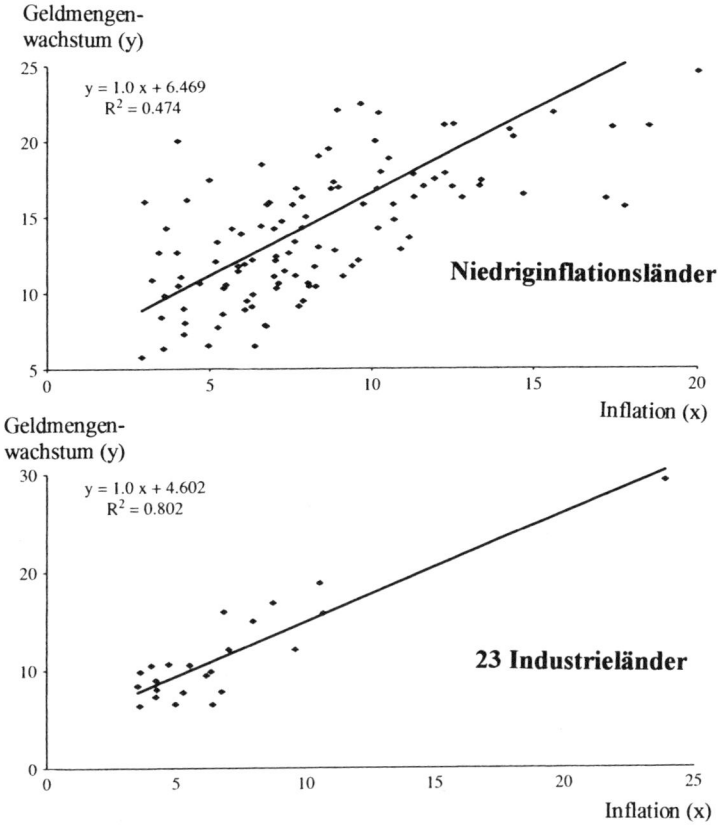

Abb. III.2.7: Geldmengen-Preis-Zusammenhang in Industrieländern und Ländern mit niedrigen Inflationsraten

Quelle: Issing et al., 2001, 11.

Anmerkungen: Industrieländer: 23 OECD-Länder ohne Türkei, Mexiko, Südkorea und die Transformationsländer; Länder mit niedriger Inflation: alle IWF-Länder mit jährlichen Inflationsraten unter 20 %. R^2: Bestimmtheitsmaß.

sowie Tabelle III.2.2 kann dies für unterschiedliche Ländergruppen nachvollzogen werden. Voraussetzung zur Ausnutzung dieser Beziehung ist allerdings die **Stabilität** der entsprechenden Geldnachfrage. Die entscheidende Rolle der Geldpolitik für die Inflationsentwicklung wird vor allem daran deutlich, dass eine übermäßige Ausweitung der Geldmenge ohne Einschaltung der Zentralbank als Monopolanbieterin von Zentralbankgeld **dauerhaft** nicht vorstellbar ist. Neben der Rolle der Geldmenge als Indikator zukünftiger Inflationsgefahren, kann sie noch weitere wichtige Informationen für die geldpolitischen Entscheidungsträger liefern (siehe Box III.2.8).

Tabelle III.2.2: Zusammenhang zwischen Geldmengenwachstum und Inflation

Ländergruppe	Geldmengenaggregat	
	M1	Mb
110 Länder	0,983	0,975
22 OECD-Länder	0,936	0,968
18 lateinamerikanische Länder	0,996	0,995

Quelle: Herwartz/Reimers, 2001.

Anmerkungen: Angegeben ist das Bestimmtheitsmaß einer Regression der Inflationsrate auf eine Konstante und das entsprechende Geldmengenwachstum. Untersuchungszeitraum 1960–1999; Inflation gemessen am Preisindex der Lebenshaltung; Mb: breites Geldmengenaggregat gemäß Definition des IWF, das neben M1 auch Quasi-Geld enthält.

- Aus den drei Bestandteilen Wirtschaftswachstum, Preiskomponente und Umlaufsgeschwindigkeit errechnet sich der stabilitätsgerechte Wert für die Geldmengenausdehnung. Üblicher Weise wird jedoch kein *Punktziel* verfolgt, sondern um diesen Wert eine Bandbreite oder ein *Zielkorridor* gelegt.[23] Dadurch trägt man dem Umstand Rechnung, dass ein kurzfristiges „fine-tuning" nicht möglich ist und Schwankungen der Geldmenge innerhalb einer gewissen, eng bemessenen Bandbreite keine Stabilitätsgefahren und Glaubwürdigkeitsprobleme darstellen. Mit dieser Vorgehensweise geht eine Vergrößerung des Flexibilitätsspielraums der Zentralbank einher.

- Vereinfachung des geldpolitischen Steuerungsprozesses: Die Geldpolitik kann sich auf eine Variable konzentrieren, die (bei Stabilität) einen ausreichend gesicherten Zusammenhang zum Endziel aufweist, **ohne** dass sie den genauen Transmissionsprozess geldpolitischer Entscheidungen kennen muss. Geldmengendaten sind zudem relativ schnell und mit hinreichender Genauigkeit verfügbar.

- Werden Geldmengenziele und die ihr zugrunde liegenden Determinanten auch publiziert, erhöhen sie auch die Transparenz der Notenbankpolitik in der Öffentlichkeit. Sie liefern Informationen über die Absichten der Zentralbank und fungieren dadurch als Richtschnur für die Erwartungsbildung der Märkte. Publizierte Geldmengenziele stellen auch eine Art Selbstbindung der Zentralbank dar. Wenn die Ziele nicht eingehalten werden, steht die Zentralbank nämlich unter Rechtfertigungszwang. Nur wenn sie überzeugend darzulegen weiß, dass solche Abweichungen nicht dem letztendlichen Ziel der Preisstabilität im Wege stehen, sind sie nach außen vertretbar und schaden dem Ansehen nicht.

---

[23] Ab 1979 legte z.B. die Deutsche Bundesbank Zielkorridore für das Geldmengenziel fest.

- Eindeutige Zuordnung von Verantwortlichkeiten, da die Geldmengenentwicklung aufgrund des Geldschöpfungsprozesses im Endeffekt der Notenbank unterliegt.
- Die Bundesbank war mit der Geldmengenorientierung relativ erfolgreich. Zwar verfehlte auch sie in knapp 50% der Fälle ihre Geldmengenziele (siehe Tabelle III.2.3). Dabei ist allerdings zu berücksichtigen, dass ein Großteil der Zielverfehlungen in die Anfangszeit der Geldmengenstrategie fielen, im Zuge der deutschen Wiedervereinigung und der EWS-Krisen (1992/93) auftraten oder durch steuerpolitische Entscheidungen (1995/96) beeinflusst waren. Im Rahmen einer mittelfristig orientierten Strategie spielt die Nicht-Einhaltung von Jahreszielen auch eine nur untergeordnete Rolle. Dies sollte nur der Öffentlichkeit gut kommuniziert werden. Allerdings kann eine mehrjährige Orientierung unter Umständen hilfreich sein, wenn dadurch nicht ständig auf kurzfristig wirkende Sonderfaktoren verwiesen werden muss. Zudem ist der Zwischenzielcharakter der Geldmenge wichtig. Letztlich relevant sind die Endziele. Geldmengenziele sind hierfür nur Mittel zum Zweck. Und bei der Inflationsbekämpfung erzielte die Bundesbank weltweite Spitzenwerte.
- In der geldpolitischen Praxis wird nie eine „strikte" Geldmengenpolitik betrieben. Die Zentralbanken unterwerfen sich zwar der *Regelbindung* der Ziele zu einem großen Teil, verzichten aber nicht auf einen gewissen Flexibilitätsspielraum. Es kann jedenfalls nicht um einen mechanistischen Einsatz des geldpolitischen Instrumentariums gehen. Der Erfolg der von der Bundesbank in den letzten Jahren ihrer Politik mit eigenständigen Geldmengenzielen praktizierten **pragmatischen** Geldmengenpolitik basierte größtenteils auf ihrer hohen Reputation und Glaubwürdigkeit sowie der guten Performance in der Vergangenheit. Die Gewichtung von „rules" und „flexibility" („discretion") wird bei anderen Zentralbanken sicherlich anders ausfallen müssen. Auch bedeutet eine Geldmengenstrategie nicht, Informationen von anderen Variablen außer Acht zu lassen.[24] Das offizielle Geldmengenaggregat nimmt nur eine herausgehobene Stellung ein, kann also als „primus inter pares" bezeichnet werden. Die aktive Nutzung dieses Flexibilitätsgrades, ohne Zweifel an der Stabilitätsorientierung aufkommen zu lassen, ist zwar stets eine Gratwanderung. Bei Erfolg dürfte sie allerdings dem Aufbau bzw. Erhalt von Glaubwürdigkeit auf alle Fälle förderlich sein.

---

[24] Dies verdeutlicht auch das P-Star-Konzept, in welchem neben der Liquiditätslücke der Unterschied zwischen aktuellem und Potenzialwachstum (d.h. die Veränderung des Output Gap) als Inflationsindikator fungiert (siehe Box III.2.7).

Tabelle III.2.3: Geldmengenziele und ihre Realisierung in Deutschland (in %)

Jahr	Ziel: Wachstum der Zentralbankgeldmenge bzw. der Geldmenge M3[a)]			Tatsächliche Entwicklung		Ziel erreicht
	Im Verlauf des Jahres[b)]	im Jahresdurchschnitt	Konkretisierung im Verlauf des Jahres	im Verlauf des Jahres[b)]	im Jahresdurchschnitt	
1975	8	–	–	10	–	nein
1976	–	8	–	–	9	nein
1977	–	8	–	–	9	nein
1978	–	8	–	–	11	nein
1979	6–9	–	Untergrenze	6	–	ja
1980	5–8	–	Untergrenze	5	–	ja
1981	4–7	–	untere Hälfte	4	–	ja
1982	4–7	–	obere Hälfte	6	–	ja
1983	4–7	–	obere Hälfte	7	–	ja
1984	4–6	–	–	5	–	ja
1985	3–5	–	–	5	–	ja
1986	3 ½–5 ½	–	–	8	–	nein
1987	3–6	–	–	8	–	nein
1988	3–6	–	–	7	–	nein
1989	etwa 5	–	–	5	–	ja
1990	4–6	–	–	6	–	ja
1991	3–5[c)]	–	–	5	–	ja
1992	3 ½–5 ½	–	–	9	–	nein
1993	4 ½–6 ½	–	–	7	–	nein
1994	4–6	–	–	6	–	ja
1995	4–6	–	–	2	–	nein
1996	4–7	–	–	8	–	nein
1997	3 ½–6 ½[d)]	–	–	5	–	ja
1998	3–6	–	–	6	–	ja

Quelle: Deutsche Bundesbank.

Anmerkungen: a) Ab 1988 M3; b) Jeweils vom vierten Quartal des Vorjahres bis zum vierten Quartal des laufenden Jahres; 1975: Dezember 1974 bis Dezember 1975; c) Gemäß der Anpassung des Geldmengenziels im Juli 1991; d) Erstmalige Vorgabe eines 2-Jahres-Zieles, nach dem M3 im Verlauf von 1997 und 1998 um jeweils etwa 5 % wachsen soll.

Box III.2.8: Die Rolle der Geldmenge für die Geldpolitik

Wie wir gesehen haben, liefert die Geldmenge nützliche Informationen über mögliche Inflationsgefahren. Dies ist vor allem deshalb von Vorteil, weil Preisstabilität das primäre Endziel von Zentralbanken ist und Geldmengendaten zeitnah und zuverlässig verfügbar sind. Die Beachtung der Geldmenge kann darüber hinaus aber aus weiteren Gründen angezeigt sein.

Speziell enge Geldmengenaggregate mit hohem Liquiditätsgrad (z.B. M1 oder Divisia-Aggregate) können nützliche Informationen über die in naher Zukunft zu erwartende konjunkturelle Entwicklung (z.B. der BIP-Entwicklung) enthalten, da sie in einer engen Beziehung zu den Ausgaben der Wirtschaftssubjekte stehen (Brand et al., 2004). Damit eng zusammen hängt die Signalfunktion der Geldmenge für die vorherrschenden ökonomischen Bedingungen im Allgemeinen. Ein Charakteristikum dieser „Bedingungen" (z.B. des Output Gaps) ist ja gerade, dass sie nicht direkt beobachtbar sind. Über frühzeitig verfügbare Geldmengendaten kann man darüber zusätzliche Informationen bekommen, da die Geldmenge einerseits die Liquiditätsbedingungen abbildet. Andererseits lässt die Geldmenge aber auch Rückschlüsse auf das tatsächliche Transaktionsvolumen zu, da dieses eine wichtige Determinante der Geldnachfrage ist.

Eine Orientierung an der Geldmenge führt dazu, dass die Geldpolitik „träger" (persistenter) in dem Sinne reagiert, dass aktuelle Zinsentscheidungen von der Vergangenheit abhängen („history dependence"). Dies ist in vorausschauenden Modellen unter Robustheitsgesichtspunkten optimal, um die privaten Erwartungen zu stabilisieren (Woodford, 2003, Kap. 8). Der Geldmenge gelingt dies deshalb, weil eine an sie angelehnte Strategie eine Verbindung zwischen dem Geldmengenwachstum, Zinsänderungen, der Preisentwicklung und dem BIP-Wachstum herstellt. Dadurch reagiert die Geldpolitik auch auf vergangene Entwicklungen. Das sieht man sehr deutlich und einfach an Gleichung (35), wenn diese in Veränderungsraten spezifiziert wird, wie dies z.B. bei Geldmengenzielen stets der Fall ist. Eine glaubwürdige derartige Reaktion hat somit über die Stabilisierung der Inflationserwartungen einen positiven Effekt auf die aktuelle Inflationsrate.

Ein Übertragungsweg der Geldpolitik auf die Finanzmärkte und in die Realwirtschaft läuft über die Beeinflussung der Geldmenge und ihres Hauptbilanzgegenpostens, der Kreditgewährung der Banken an private und öffentliche Haushalte und Unternehmen. Zum besseren Verständnis des Transmissionsprozesses bietet es sich deshalb an, die Geldmenge im Bilanzzusammenhang zu analysieren. In diesem Zusammenhang wurde in letzter Zeit vor allem auf die Indikatorqualität der Geldmengen- und Kreditentwicklung für Finanzmarktstörungen und Finanzmarktkrisen hingewiesen. So scheint die Geldmenge die Gefahr von „Financial Bubbles" frühzeitig signalisieren zu können (Borio und Lowe, 2002; 2004). Vor einem Finanzmarkt-Crash wuchs dabei die Geldmenge stets zu stark. Die Geldmengen- und Kreditentwicklung spielt auch wegen Finanzmarktunvollkommenheiten eine wichtige Rolle. Dabei geht es in unserem Zusammenhang hauptsächlich um Kredit- und Liquiditätsbeschränkungen (King, 2002). Deren Wahrscheinlichkeit fällt bei steigender Geldmenge. Folglich können durch Geld Friktionen auf den Finanzmärkten abgeschwächt oder sogar überwunden werden.

Eine Volkswirtschaft ist ständig Güternachfrage-, Inflations- und Geldnachfrageschocks ausgesetzt. Diese Schocks können nur schwer identifiziert und separiert werden. Auf die Geldmenge wirken sich alle diese Schocks aus. Sie dient also als sog. „summary statistic" dieser Schocks (Tödter, 2002). In diesem Sinne sind auch Argumente zu verstehen, die darauf verweisen, dass die Geldnachfrage und die Güternachfrage nicht nur von den Erträgen einer Finanzmarktvariablen, sondern von einer Vielzahl derartiger Opportunitätskosten bestimmt wird. In der Geldmenge spiegeln sich alle möglichen der damit zusammen hängenden Portfolioeffekte wider. Dementsprechend würde man von der Geldmengenentwicklung auf die Veränderung der Güternachfrage schließen können, da diese auch von diesen Finanzmarktvariablen abhängt (Nelson, 2002, 2003).

Aus einer mehr grundsätzlichen Perspektive kann die Geldmenge einen nominalen Anker für eine Ökonomie bilden. Eine Geldpolitik, die auch auf monetäre Entwicklungen reagiert, kann unter Umständen destabilisierende Entwicklungen bei den Inflationserwartungen (von Tarifparteien, fiskalpolitischen Entscheidungsträgern, Finanzmarktteilnehmern etc.) verhindern (Christiano/Rostagno, 2001). Fehlt dieser nominale Anker, kann dies über sich selbst erfüllende Erwartungen negative Konsequenzen für die Wirtschaftsentwicklung haben. Diese Argumentation verweist darauf, dass die alleinige Ankündigung eines Inflationsziels oder der Definition von Preisstabilität durch die Zentralbank nicht ausreicht. Um stabile Ergebnisse zu gewährleisten, muss sie um eine stabilisierende Regel ergänzt werden, die spezifiziert, wie bei Abweichungen vom Ziel (Gleichgewicht) vorgegangen wird. Nur dann ist die Regel glaubwürdig und kann als Orientierung für die Erwartungsbildung der Märkte dienen. Monetäre Aggregate können bei diesem Ansatz als Informationsvariablen, als Handlungsauslöser und als operatives Ziel der Zentralbanken eine Rolle spielen.

2.3.4.4 Probleme einer Geldmengenorientierung

- **Instabilitäten im Geldnachfrageverhalten**

Grundvoraussetzung für eine sinnvolle Anwendung einer Geldmengenstrategie ist die mittel- bis langfristige Stabilität der Geldnachfrage. Vor dem Hintergrund gestiegener gesamtwirtschaftlicher Unsicherheiten, Finanzinnovationen und der zunehmenden Wahrscheinlichkeit von Finanzmarktvolatilitäten incl. Finanzmarktkrisen, die sich durch die Globalisierung und Internationalisierung weltweit auswirken, sind instabile Entwicklungen nicht auszuschließen. Dadurch würden auch zuvor festgestellte Geldmengen-Preis-Zusammenhänge lockerer werden oder sogar zusammen brechen. Die Prognose und Ausnutzung dieses Zusammenhangs für die Geldpolitik wird auf alle Fälle schwieriger. Eine Aufeinanderfolge von Finanzmarktschocks lässt dann auch die kurze Frist bedeutender werden. Ist man dadurch zu permanenten Anpassungen der Geldmengenstrategie (z.B. Wechsel des Geldmengenaggregats oder des Zeithorizonts, auf welchen sich das Geldmengenziel bezieht) „gezwungen", muss schließlich das Konzept aufgegeben werden.

- **Kontrollierbarkeit**

Das Geldmengenziel sollte mit den Instrumenten der Geldpolitik beeinflussbar sein.[25] In der Praxis liegen Geldmengenstrategien üblicher Weise breite Geldmengenaggregate zugrunde. Je umfassender nun aber die Geldmengenaggregate sind, desto weiter entfernt sind sie von den direkt von der Geldpolitik beeinflussbaren operativen Größen am Geldmarkt. Folglich wird der Zusammenhang zwischen den Notenbankzinsen und der Geldmengenentwicklung lockerer, längerfristiger und zeitvariabler. Anders formuliert: Die Geldpolitik muss dann vorausschauender werden. Dadurch entsteht ein zusätzliches Unsicherheitsmoment.

2.4 Direkte Inflationssteuerung – ein relativ neues Konzept

Wie in Abschnitt III.2.2 gezeigt wurde, ist es auch mit einer einstufigen Strategie, die keine Variable auf der Indikatorebene explizit hervorhebt, grundsätzlich möglich, Preisstabilität zu erreichen. Hier soll auf die allgemeinen Charakteristika dieses Ansatzes näher eingegangen werden. Speziell sollen auch die Unterschiede zu einer zweistufigen Strategie herausgearbeitet werden.

2.4.1 Die einstufige Strategie

Die unsteten Entwicklungen auf den Finanzmärkten aufgrund von Finanzinnovationen, Deregulierungen und einer Disintermediation weg vom Bankensektor „zwangen" viele Länder, von der Geldmengenstrategie und/oder Wechselkurszielen Abschied zu nehmen. Auch einige europäische Länder mussten sich neu orientieren, da nach den EWS-Krisen der Jahre 1992/93 die davor geltenden Wechselkursziele bedeutungslos wurden. Auf der Suche nach einer adäquaten geldpolitischen Strategie gingen manche Zentralbanken auf eine Politik der *direkten Inflationssteuerung* über. Diese entspricht einer Strategie ohne traditionelles Zwischenziel und wird dementsprechend als *einstufiges Konzept* bezeichnet. Den Anfang machte Neuseeland 1989. Unter den europäischen Ländern folgten Großbritannien (1992), Schweden (1993), Finnland (1993), Spanien (1994), Nor-

---

[25] Übt die Geldmenge im Rahmen des Konzepts nur eine herausgehobene Indikatorfunktion aus, entfällt das Argument der Kontrollierbarkeit.

wegen (1996), Tschechien (1998), Polen (1999), Island (2001), Ungarn (2001), Rumänien (2005), Serbien (2006) und die Türkei (2006).[26]

Bei den Ländern, die *Inflationsziele* verfolgen, handelt es sich in der Regel um solche, die in der Vergangenheit relativ hohe Inflationsraten aufwiesen. Der Öffentlichkeit sollte durch den Strategiewechsel signalisiert werden, dass in Zukunft die Erreichung von Preisstabilität eindeutig im Zentrum der geldpolitischen Überlegungen steht. Um Glaubwürdigkeit (wieder) zu gewinnen und einen „Anker" für die Erwartungsbildung der Marktteilnehmer zu bieten, enthält eine derartige Strategie, trotz aller Unterschiede im Detail, folgende charakteristische Elemente:

1. Festlegung der zu steuernden Preisgröße (z.B. der Inflation gemessen am Verbraucherpreisindex).

2. Öffentliche Ankündigung eines numerischen mittelfristigen Ziels für die Preisentwicklung.

3. Institutionelle Absicherung des Endziels Preisstabilität bzw. Inflationsbekämpfung (z.B. in Notenbankstatuten).

4. Herausgehobene Stellung einer modellgestützten *Inflationsprognose*, in die mehrere Indikatoren eingehen. Explizite Zwischenziele spielen keine Rolle mehr.

5. Erhöhte Transparenz durch verstärkte Kommunikation mit der Öffentlichkeit und den Märkten über Ziele und Absichten der Notenbank (z.B. über die Publikation eines Inflationsberichtes).

6. Verstärkte Verantwortung der Zentralbank, die Inflationsziele zu erreichen, und *Rechenschaftspflicht* bei Zielverfehlungen.

Einen Überblick über ausgewählte Charakteristika in einzelnen Ländern gibt Tabelle III.2.4.

Um eine Orientierung für die Erwartungsbildung der privaten Marktteilnehmer zu bilden, soll durch die Vorgabe eines veröffentlichten Inflationsziels die Stabilitätsorientierung der Zentralbank verdeutlicht werden. Der Geldmengenstrategie und der Strategie der direkten Inflationssteuerung ist also gemeinsam, dass dasselbe Endziel – Preisstabilität – angestrebt wird. Bei der Inflationssteuerung wird dieses deutlicher herausgestellt, und die Zentralbank gibt dadurch auch öffentlich bekannt, was sie unter Preisstabilität versteht. Üblicher Weise wird allein schon aufgrund von statistischen Messproblemen nicht eine Inflationsrate von Null angestrebt (siehe Tabelle III.2.4).

---

[26] Weltweit sind noch weitere Länder auf dieses Konzept übergegangen, so z.B. Chile (1990), Kanada (1991), Israel (1991), Australien (1994), Brasilien (1999), Thailand (2000) und Südafrika (2000).

Tabelle III.2.4: Grundmerkmale der direkten Inflationssteuerung in ausgewählten europäischen Ländern

	Großbritannien	Schweden	Polen	Tschechien
Beginn der Inflationssteuerung	Oktober 1992	Januar 1993	1999	Januar 1998
Zielvariable	Allgemeiner Verbraucherpreisindex	Allgemeiner Verbraucherpreisindex	Allgemeiner Verbraucherpreisindex	Allgemeiner Verbraucherpreisindex
Letztes Inflationsziel	2 %[a]	2 % ± 1 Prozentpunkt[b]	2,5 % ± 1 Prozentpunkt[c]	3 % ± 1 Prozentpunkt[d]
Verantwortung für Zielsetzung	Regierung	Zentralbank	Zentralbank	Zentralbank
Publizierte Inflationsprognosen	ja	ja	ja	ja
Veröffentlichungen zu Inflationsaussichten	Vierteljährlicher Inflationsbericht	Monetary Policy Report (3x im Jahr)	Vierteljährlicher Inflationsbericht	Vierteljährlicher Inflationsbericht

Quelle: Nationale Zentralbanken.

Anmerkungen: a) Der Gouverneur der Bank of England muss einen offenen Brief an den Kanzler schreiben, wenn die Inflation um mehr als einen Prozentpunkt vom Ziel abweicht. Darin muss auf die Gründe und die beabsichtigten Maßnahmen, um die Situation zu beseitigen, eingegangen werden. b) Korrektur bei Verletzung des Inflationsziels soll spätestens nach 1–2 Jahren erfolgen. c) Mittlerer Wert wird angestrebt. d) Gilt bis Ende 2009; ab 2010 bis zur Euro–Einführung wird eine Inflationsrate von 2 % ± 1 Prozentpunkt angestrebt.

Das **Inflationsziel** wird mit der *Inflationsprognose* der *Zentralbank* verglichen. Typischer Weise gehen Variablen wie Importpreise, Lohnstückkosten und der Output Gap in die Prognose ein. Die Inflationsziele sind in der Regel als Bandbreiten oder Obergrenzen für die Preissteigerung formuliert. Anders als beim Geldmengenziel wird die Einhaltung des Inflationsziels an der offiziell erwarteten Entwicklung, nicht dem tatsächlichen Wert gemessen. Wenn die prognostizierte Inflation über dem Zielwert liegt, muss die Geldpolitik einen restriktiveren Kurs einschlagen, d.h. die Notenbankzinsen anheben. Auf der anderen Seite signalisieren günstigere Inflationsperspektiven als durch das Inflationsziel vorgegeben eine expansivere geldpolitische Ausrichtung in der Zukunft (siehe Abb. III.2.8).

Um allerdings auf Inflationsprognosen zu vertrauen, sollte die ökonomische Struktur des Landes relativ stabil und einfach modellierbar sein. **Stabilität** ist also auch hier wieder ein entscheidender Punkt. Das Inflationsziel sollte in diesem Zusammenhang auf alle Fälle von der Zentralbank gesetzt werden, um Konflikte mit der Unabhängigkeit zu vermeiden. Dies ist z.B. in Großbritannien nicht der Fall (siehe Tabelle III.2.4). Dadurch sind allerdings auch Konflikte programmiert. So muss die Zentralbank innerhalb dieses Ansatzes stets eine Beurteilung des Preiseinflusses der nationalen Haushalts- und Lohnpolitiken und von exogenen Schocks (z.B. unerwarteten Wechselkurs- oder Rohstoffpreisentwicklungen) abgeben. Diese Einschätzung muss sich nicht unbedingt mit derjenigen der Regierungsvertreter decken.

2.4.2 Vor- und Nachteile des „direct inflation targeting"

Die Vorteile, die man sich aus einer derartigen Orientierung verspricht, lassen sich folgender Maßen zusammenfassen: Zunächst einmal wird die Bedeutung von Preisstabilität deutlich herausgestellt und die Handlungen der Zentralbank werden dahingehend ausgerichtet. Dann liegt der Reiz darin, dass alle potenziellen Inflationsindikatoren in die Inflationsprognose eingehen. Zudem wird das Inflationsziel in transparenter Weise der Öffentlichkeit mitgeteilt und erklärt. An dem Vergleich der Inflationsprognose mit dem Ziel kann die Performance der Zentralbank ohne größere Probleme abgelesen werden. Die Verfechter dieses Konzeptes verweisen sogar darauf, dass dies durch die Außerachtlassung der Zwischenzielebene vereinfacht wird.

Für eine Politik der direkten Inflationssteuerung sind „Umlaufgeschwindigkeitsschocks" nur von untergeordneter Bedeutung, da eine stabile Geldnachfrage keine Grundvoraussetzung für die sinnvolle Implementierung ist. Man versucht vielmehr, alle relevanten Indikatoren für die Preisentwicklung zu verwenden. Diese können sich selbstverständlich im Zeitablauf verändern. Allerdings sollte die zur Prognose verwendete Inflationsgleichung stabile Zusammenhänge aufweisen. Wenn auch die technischen Feinheiten der Inflationsprognose der Öffentlichkeit wenig zugänglich sind, so ist doch das grundlegende Konzept einfach: „Vergleiche das Inflationsziel mit der erwarteten Preisentwicklung und handle dementsprechend!" In den meisten Ländern wird zudem über die Publikation eines *Inflationsberichts* die Analyse und Diagnose des Inflationsprozesses der Öffentlichkeit in ausführlicher Weise zugänglich gemacht (siehe Tabelle III.2.4).

Richtiger Weise konzentriert sich das Konzept der direkten Inflationssteuerung auf die letztlich entscheidende Realisation von Preisstabilität. Die Regel beinhaltet ein gewisses Maß an Flexibilität. Dies liegt allein schon darin begründet, dass nicht nur eine einzige Variable zur Inflationsprognose herangezogen wird. Zudem besteht keine Veranlassung, das Ziel zu jedem Zeitpunkt einzuhalten. Außerdem werden in der Regel keine Punktziele für die Inflation, sondern Bandbreiten oder höchst zulässige Raten angegeben. Darüber hinaus erlaubt die Strategie üblicher Weise Zielverfehlungen bei *Angebotsschocks*. So wird z.B. in vielen Ländern die Zentralbank bei Energie- und Rohstoffpreisänderungen, Änderungen indirekter Steuern oder Preiseffekten von Naturkatastrophen nicht zur Rechenschaft gezogen.

Für die Öffentlichkeit wird durch die Inflationsziele ein Erfolgsmaßstab sowie eine Orientierungsgröße für die Handlungen der Zentralbank geliefert. Allerdings gerät eine Notenbank hier leicht in eine Dilemmasituation: Einerseits erfordert

Transparenz und Glaubwürdigkeit eine möglichst genaue Ankündigung des Inflationsziels. Andererseits muss berücksichtigt werden, dass die Geldpolitik allein kurzfristig die Preisentwicklung nicht kontrollieren kann. Analoges gilt für die Inflationsprognosen. Sie sind von der Natur der Sache her unsicher, und zwar umso mehr, je länger der Prognosehorizont ist. Sie müssen aber hinreichend genau sein, um stabilisierend auf die Inflationserwartungen einwirken zu können.

Zwar ist Inflation langfristig ein monetäres Phänomen. Sie liegt also letztendlich in Händen der Notenbank. Die laufende Inflationsrate wird jedoch von einer Vielzahl von Einflussfaktoren überlagert, die nicht dem direkten Verantwortungsbereich der Notenbank unterliegen. So vermag die Notenbank in der kurzen Frist weder den Einfluss der Preise wichtiger Importgüter noch den der Lohnstückkosten auf die allgemeine Preisentwicklung auszuschalten. In noch stärkerem Maße gilt dies für den Kurs der Finanzpolitik im Allgemeinen und für die Änderung indirekter Steuern (z.B. der Mehrwertsteuer) oder staatlich administrierter Verbraucherpreise im Speziellen. Für die Öffentlichkeit ist es jedoch schwierig, geldpolitische Preiseinflüsse von anderen Einflussfaktoren zu unterscheiden. Somit entsteht die Schwierigkeit, zu beurteilen, ob sich die Notenbank stabilitätsgerecht verhält. Zentralbanken mit direkten Inflationszielen stehen folglich vor dem Problem, die Öffentlichkeit davon zu überzeugen, dass es sich bei Zielverfehlungen um solche handelt, die nicht in ihrem Verantwortungsbereich liegen.

Eine Orientierung an einem direkten Inflationsziel ist mit einigen weiteren Nachteilen verbunden. So muss bei ihr im Prinzip der (aktuelle und zukünftige) *Transmissionsprozess* vom Einsatz der geldpolitischen Instrumente bis zum eigentlichen Ziel der Geldpolitik, der Preisstabilität, hinreichend bekannt sein, um eine vorausschauende Geldpolitik zu betreiben. Diese Annahme lag auch der Ableitung des Ergebnisses in Abschnitt III.2.2 zugrunde, dass es sowohl ein- als auch zweistufige Strategien gestatten, Preisstabilität zu erreichen. Konkret wurde dort unterstellt, dass die Zentralbank die gesamte Struktur der Volkswirtschaft vollständig kennt und alle Schocks rechtzeitig und richtig diagnostiziert. Dann wäre es in der Tat unnötig, sich ein Zwischenziel zu setzen. Ein Kennzeichen des Transmissionsprozesses ist aber gerade, dass er nur unvollständig bekannt ist. Die Wirkungskanäle sind im Normalfall lang und variieren im Zeitablauf. Ohne eine hinreichende Kenntnis der Inflationsdeterminanten besteht aber die Gefahr, dass der Versuch einer direkten Zielsteuerung zu einer Fehlsteuerung führt.

Damit sind wir bei dem grundlegenden strategischen Problem einer an Preisstabilität orientierten Geldpolitik angelangt, der dauerhaften Stabilisierung der Inflationserwartungen auf dem Niveau des Inflationsziels. Bei einer Politik der direkten Inflationssteuerung kann die Öffentlichkeit an den veröffentlichten Inflationsprognosen ablesen, ob die Zentralbank mit ihrer Politik richtig liegt. Gerade diese Prognosen sind aber für Außenstehende nur schwer nachvollziehbar, weil die Prognoseverfahren nur in rudimentärer Form veröffentlicht werden. Vor allem ist nicht klar, wie verschiedene der Prognose zugrunde liegende Annahmen (z.B. über die Konjunktur-, Wechselkurs und Lohnentwicklung) zusammen wirken und welche Rolle subjektive Einschätzungen spielen. Diese fehlende Transparenz ist der Glaubwürdigkeit der Geldpolitik nicht förderlich.

Letztlich läuft eine Strategie der direkten Inflationssteuerung in der Praxis auf eine **Inflationserwartungssteuerung** hinaus, ohne allerdings einen soliden Anker für diese Erwartungsbildung zu liefern. Auch bietet sie außer der Festlegung des Endziels keine konkreten Anhaltspunkte für die Praxis der Geldpolitik. Unter Umständen führt eine alleinige Orientierung an diesem Konzept erst dann zu geldpolitischen Aktionen, wenn die Inflation tatsächlich angestiegen ist. Dies ist gerade vor dem Hintergrund der unsicheren und variablen time-lags der Wirkung geldpolitischer Entscheidungen problematisch. Die Transparenz in der Öffentlichkeit, die durch diese Strategie ja gerade gefördert werden sollte, erleidet somit aus dieser Richtung einen Rückschlag. Es ist nicht eindeutig geklärt, auf welche Weise die Notenbank mit einer derartigen Strategie ihr Inflationsziel erreichen will.

Die bisherigen Erfahrungen der Länder mit einer Politik des „direct inflation targeting" sind in einigen Fällen schon über 10 Jahre alt, in anderen dagegen erst kurzfristiger Natur. Gemessen an den Erfolgen bei der Bekämpfung von Inflation, der Verringerung der Schwankungen der Inflation und der Inflationspersistenz sowie der Eindämmung von *Inflationserwartungen* müssen sie insgesamt als erfolgreich bewertet werden. Sie fiel allerdings größtenteils in eine Phase weltweit niedriger bzw. sinkender Inflationsraten. Für die Länder, die auf die Strategie direkter Inflationsziele übergingen, stand zur Verfolgung des Endziels Preisstabilität im Prinzip keine andere Alternative zur Verfügung. Sie muss primär als „aus der Not geboren" denn als Anerkennung einer grundlegenden Überlegenheit betrachtet werden. Eine derartige Orientierung ist demnach eher als eine zweitbeste Lösung in den Fällen zu interpretieren, in denen eine verlässliche einzelne Variable als Indikator bzw. Zwischenziel nicht zur Verfügung steht.

2.4.3 Die Inflationsprognose der Zentralbank

Von einigen Seiten wird angeführt, man könnte im Rahmen der Politik der direkten Inflationssteuerung die Inflationsprognose bzw. die *Inflationserwartungen* der Zentralbank als Zwischenziel verwenden. Dadurch wird noch einmal deutlich die Abhängigkeit der Geldpolitik von der Qualität der Inflationsprognose dokumentiert. Das Konzept wäre somit gar nicht als einstufige Strategie, sondern als implizite oder „verkappte" Zwischenzielstrategie zu interpretieren. Das Verbindungsglied zwischen den geldpolitischen Aktionen und dem Endziel wären die Inflationserwartungen. Die Handlungsempfehlung an die Notenbank leitet sich dann aus dem Schema der Abb. III.2.8 ab.

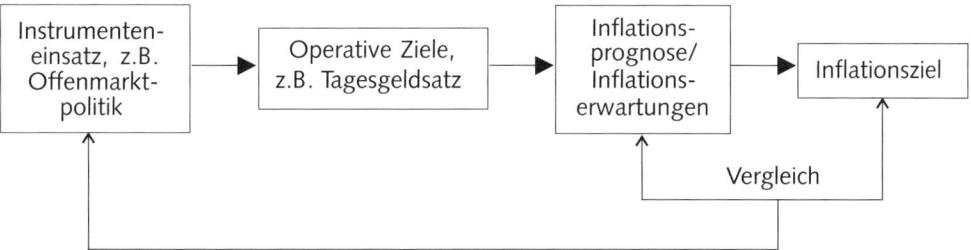

Abbildung III.2.8: Inflationserwartungen und direkte Inflationssteuerung

Die *Inflationserwartungen* wären nach den Verfechtern dieses Vorschlags sogar ein ideales Zwischenziel.[27] Erstens weisen sie eine hohe Korrelation mit der künftigen Inflationsentwicklung auf. Zweitens ist die eigene Inflationsprognose optimal kontrollierbar. Um allerdings größeren Manipulationsmöglichkeiten von vorneherein einen Riegel vorzuschieben und der Kontrolle durch die Öffentlichkeit zu unterliegen, sollten die Inflationsprognosen auf alle Fälle publiziert werden. Drittens ist dieses Zwischenziel aktuell verfügbar, da es nur von Informationen zum Entscheidungszeitpunkt abhängt. Und viertens seien die Schlussfolgerungen aus der Inflationserwartung sehr transparent, da je nach Prognose die Geldpolitik angepasst werden muss. Eine Prognose des künftigen Kurses der Geldpolitik würde dann darauf hinauslaufen, die zukünftige Preisentwicklung adäquat einzuschätzen.

Diese Argumentation lässt jedoch zwei wichtige Gesichtspunkte außer Acht.

So ist eine der Voraussetzungen für ein sinnvolles Zwischenziel ein stabiler Zusammenhang zur Endzielvariablen. Die in der Vergangenheit festgestellten statistischen Zusammenhänge können sich aber z.B. durch einen geldpolitischen Regimewechsel verändern. Die Prognosequalität einer Variablen hängt nämlich auch davon ab, ob eine Zentralbank sich an ihr orientiert oder nicht. Dies gilt insbesondere für Größen, die stark von Inflationserwartungen oder Erwartungen über den zukünftigen Kurs der Geldpolitik bestimmt sind. Das sind insbesondere Finanzmarktpreise wie Zinsen, die Zinsstruktur oder die Preise von Derivaten. Stellen wir uns z.B. vor, eine Zentralbank basiert ihre Inflationsprognose vor allem auf derartige Größen und ihr gelingt eine Stabilisierung der Inflationserwartungen auf dem angestrebten Zielniveau. Ist dies der Fall, liefern die Größen, in der die Inflationserwartungen enthalten sind, keine sinnvollen Informationen über die Inflationsperspektiven. Da keine Inflationserwartungen bestehen, haben die Marktteilnehmer auch keinen Anreiz, sich über die Inflation nähere Gedanken zu machen.

---

[27] Protagonist und vehementester Befürworter dieser Sichtweise aus der Wissenschaft ist Lars Svensson, der inzwischen Mitglied des Zentralbankrats der Schwedischen Reichsbank ist, siehe z.B. Svensson (1997).

Darüber hinaus kann es auch zu instabilen Rückkopplungen vom Instrumenteneinsatz zum Inflationsindikator und sich selbst erfüllenden Inflationserwartungen kommen. Nehmen wir dafür an, die Zentralbank richtet ihre Inflationsprognose wegen der guten Indikatoreigenschaften an einem langfristigen Zins aus. Ein steigender Langfristzins soll dabei wegen der darin enthaltenen Inflationserwartungen eine Erhöhung der Notenbankzinsen nach sich ziehen und umgekehrt. Zusätzlich gehen wir vom Normalfall eines positiven Zusammenhangs zwischen den (erwarteten) künftigen kurzfristigen Zinsen und dem Langfristzins aus, wie er bei einer normalen Zinsstruktur von der *Erwartungstheorie* prognostiziert wird (siehe Box III.2.6). Kommt es in einer derartigen Situation zu einem Rückgang des Zinses am langen Ende, werden daraus verbesserte Preisperspektiven abgeleitet und dem entsprechend die Notenbankzinsen gesenkt. Dadurch gehen auch die kurzfristigen Marktzinsen zurück und über die zinsstrukturtheoretischen Zusammenhänge nochmals die Zinsen am langen Ende. Der Prozess wird erneut angestoßen, ohne Garantie, dass ein neues Gleichgewicht erreicht wird.

Dieser Argumentation folgend, sollte eine Zentralbank die Inflationsindikatoren sorgfältig auswählen und deren Entwicklung eingehend analysieren. „Inflationserwartungslastige" Variablen, die entscheidend vom Kurs der Geldpolitik abhängen, sollten eher eine untergeordnete Rolle spielen. Gerade diese Finanzmarktgrößen sind aber attraktive Variablen, da sie präzise und schnell verfügbar sind. Auch bei Größen wie dem Output Gap, der die konjunkturelle Lage abbilden soll, ist allerdings Vorsicht angebracht. Dessen Abschätzung ist mit mehr oder weniger großen Messfehlern verbunden, da er nicht direkt beobachtbar ist.

Ein bei der Propagierung der Inflationserwartungen als Zwischenziel verharmlostes Problem ist die im Extremfall perfekte Kontrolle der eigenen Inflationsprognose. Kommt es zu einem unerwarteten Anstieg der Inflationsrate, ist entscheidend, ob über die eigene Inflationsprognose ein nennenswerter Einfluss auf die Inflationserwartungen der Öffentlichkeit ausgeübt werden kann. Weist eine Zentralbank eine hohe Glaubwürdigkeit und erfolgreiche Vergangenheit auf, kann man davon ohne weiteres ausgehen. Ansonsten muss ein *„Reputationsgleichgewicht"* erst aufgebaut werden. Und die Marktteilnehmer sind davon zu überzeugen, dass die Zentralbank gewillt und in der Lage ist, die Inflationsgefahren in den Griff zu bekommen. Ein stabilitätsgerechtes Statut ist hier sicherlich hilfreich. Andererseits muss durch entsprechende Maßnahmen aber auch die Ernsthaftigkeit der Absichten signalisiert werden. Dies kann unter Umständen zu einer stark restriktiven Ausrichtung der Geldpolitik führen. Man spricht von einer sog. *„Stabilisierungsrezession"*. Die fehlende Glaubwürdigkeit führt dann dazu, dass niedrigere Inflationsraten langsamer und nur unter Inkaufnahme hoher Outputverluste erreicht werden. Geht die Zentralbank irrtümlicher Weise davon aus, sie verfüge über eine hinreichend hohe Glaubwürdigkeit, kann sogar eine falsche Zinspolitik mit weiteren negativen Rückwirkungen auf die Konjunktur- und Preisentwicklung resultieren.

2.5 Ein Multi-Indikatoren-Ansatz

Die USA waren wegen Instabilitäten im Geldnachfrageverhalten Anfang der 90er Jahre gezwungen, sich nach einem neuen geldpolitischen Konzept umzuschauen. Verantwortlich dafür zeigten sich der Innovationsprozess an den Finanzmärkten, der fortschreitende *Disintermediationsprozess* und – damit zusammenhängend – Verhaltensänderungen der privaten Anleger. So ging die amerikanische Wirtschaft z.B. zunehmend dazu über, ihre Investitionen nicht über den Banken- und Sparkassensektor, sondern direkt an den Finanzmärkten über Aktien und Anleihen zu finanzieren. Die Papiere wurden verstärkt von Nichtbanken (Investmentfonds, Versicherungen, Pensionsfonds, Kleinanleger) erworben. Mit diesem Disintermediations- und Verbriefungsprozess ging zwangsläufig ein Rückgang der Nachfrage nach Bankeinlagen einher. Man sprach vom „missing money". Abb. III.2.9 stellt diese Tatsache dar und veranschaulicht darüber hinaus, dass der Zusammenhang zwischen der Geldnachfrage und den Zinsen in den 90er Jahren zusammenbrach. Die vielfältig vorgenommenen Umdefinitionen der Geldmengen (Anderson/Kavajecz, 1994; Kavajecz, 1994) haben auf lange Sicht wenig Wirkungen gezeigt. Die gesamtwirtschaftlich kaufkraftrelevante Liquidität ließ sich so nicht angemessen abbilden. Oder anders formuliert: Der „richtige" Geldbe-

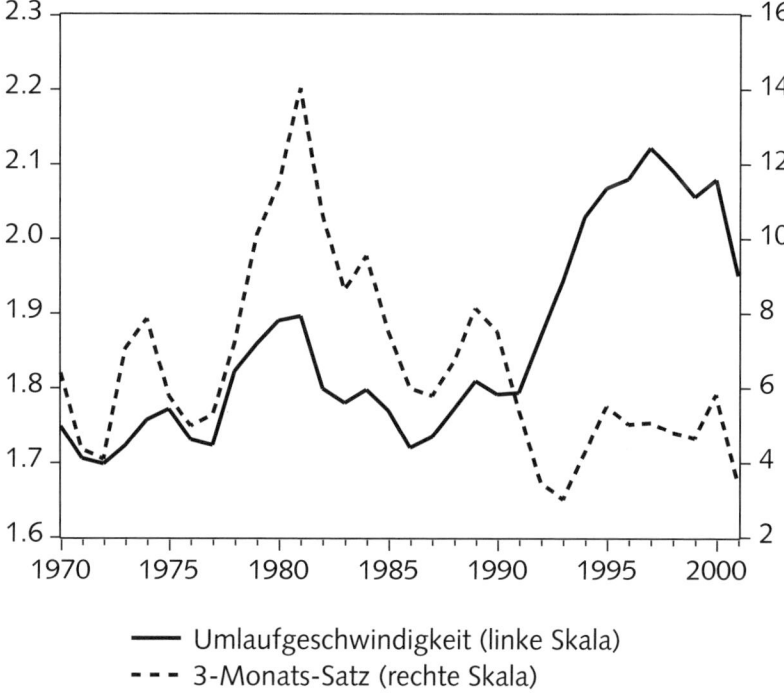

Abb. III.2.9: USA: Umlaufgeschwindigkeit von M2 und Opportunitätskosten
Quelle: http://www.economagic.com.

griff wird durch die oben beschriebenen Erscheinungen immer „undeutlicher". Dies ist auch nicht überraschend: Wenn der Finanzsektor zu Instabilitäten neigt, so wirkt sich dies über kurz oder lang auf alle finanziellen Größen aus. Der nötige geldpolitische Umorientierungsprozess wird durch das rigide Festhalten an einem überkommenen Konzept eher noch hinausgezögert.

Einen Übergang auf eine Strategie der direkten Inflationssteuerung wollte das Federal Reserve System (Fed) bewusst nicht vollziehen. Als entscheidendes Argument betrachtete das Federal Open Market Committee, das zentrale Entscheidungsorgan des Fed, in einer Stellungnahme 1995, dass „close adherence to inflation targets could unduly constrain the Federal Reserve in its efforts to counteract the effects of cyclical shortfalls in the performance of the economy". Diese Beurteilung ist auch vor dem Hintergrund der Tatsache zu sehen, dass dem Federal Reserve System mehrere Endziele vorgegeben sind. So soll das Fed neben Preisstabilität auch das Wirtschaftswachstum und die Vollbeschäftigung im Auge behalten. Im Federal Reserve Act heißt es dazu in Abschnitt 2A.1: „The Board of Governors of the Federal Reserve System and the Federal Open Market Committee shall maintain long run growth of the monetary and credit aggregates commensurate with the country's long run potential to increase production, so as to promote effectively the goals of maximum employment, stable prices and moderate long-term interest rates."

Seither kann die Politik des Fed als ein **Multi-Indikatoren-Ansatz** ohne explizites Zwischenziel bezeichnet werden, in welchem realen Variablen eine herausragende Rolle zukommt. Unter den realen Variablen wird vor allem den (kurzfristigen) *Realzinsen* und der (realen) *Zinsstruktur* Beachtung geschenkt. Sie erreichen jedoch bisher nicht die Rolle eines offiziellen Zwischenziels. Problematisch dabei ist einerseits, dass bei Berechnung des Realzinses als Nominalzins minus erwartete Inflation, letztere nur schwer zu bestimmen ist. Andererseits bereitet auch die Berechnung des gleichgewichtigen (natürlichen) Realzinses, der bei Vollauslastung der Wirtschaft und Potenzialwachstum herrschen würde, Probleme. Dieser wird aber benötigt, um festzustellen, ob der aktuelle Realzins eher expansiv oder kontraktiv wirkt. Nichts desto trotz werden diese beiden Variablen eingebettet in ein Multi-Indikatoren-System zur Prognose der Inflationsentwicklung, d.h. alle verfügbaren Informationen werden herangezogen („looking at everything"). Bernanke et al. (1999) bezeichnen diesen Ansatz als eine „just do it strategy". Mit einer künftig steigenden Inflationsrate rechnet das Fed vor allem bei positiven Wirtschaftsaussichten, die sich unter anderem in einer steigenden Kapazitätsauslastung niederschlagen.

Für das Eurosystem ist dieses Konzept deshalb von Interesse, weil es sich bei den USA im Vergleich zum Euro-Raum von der Größe und Wirtschaftskraft um einen ähnlichen Wirtschaftsraum handelt. Zudem war das Fed mit dieser Ausrichtung relativ erfolgreich: Die Inflationsraten sanken und konnten trotz des lange anhaltenden Booms der amerikanischen Wirtschaft in den 90er Jahren auf einem relativ niedrigen Niveau stabilisiert werden. Dem Fed gelang es dabei, die fehlende Intransparenz des Ansatzes durch eine hohe erfolgsbedingte Glaubwürdigkeit mehr als zu kompensieren. Durch den Erfolg bei der Inflationsbekämpfung hatte das Fed auch Spielraum, ihre weiteren Ziele, z.B. konjunktureller Natur, zu verfolgen.

Ein derartiges Konzept birgt jedoch auch eindeutige Nachteile in sich. Zunächst einmal ist inzwischen fast allen Zentralbanken, speziell denjenigen in der EU, eindeutig ein Endziel, die Gewährung von Preisstabilität vorgegeben. Weitere Ziele sollen in der Regel nur verfolgt werden, soweit das primäre Ziel dadurch nicht gefährdet ist. Ein weiteres Problem dieser Strategie ist das Fehlen eines expliziten nominalen Ankers. Damit mangelt es an einer Orientierungsgröße für die Erwartungen der Öffentlichkeit und für den internen Entscheidungsprozess der Notenbank. Es fehlt sozusagen ein verlässlicher Rückkopplungsmechanismus. Deshalb kann es sein, dass z.B. die Inflationserwartungen zu sensitiv auf exogene Preisschocks (z.B. durch importierte Inflation, übermäßige Lohnsteigerungen, Assetpreisbewegungen) reagieren. Und aufgrund vielfältiger Unsicherheiten und der Tendenz, eher zu vorsichtig zu agieren, reagiert dann die Geldpolitik zu langsam und mit zu kleinen Zinsschritten darauf.

Die nur implizit bestehende Rückkopplung in diesem Strategieansatz ist zudem nicht eindeutig, da das Fed eben neben der Preisstabilität noch gleichberechtigt andere Ziele verfolgt. Auch ist mit ihr ein Element der Intransparenz verbunden. Die Marktteilnehmer sind ständig gezwungen, darüber zu rätseln, an welchen Größen sich die Notenbank denn nun orientiert. Verstärkte Unsicherheit und unnötige Volatilitäten auf den Finanzmärkten sind die Folge. Aber auch die Verantwortlichkeit und Rechenschaftspflicht gegenüber der Öffentlichkeit leiden, da es ja gerade keine Kriterien zur Beurteilung des geldpolitischen Erfolges gibt. Alleine die Verpflichtung auf bestimmte Ziele reicht hier nicht aus. Der Erfolg der Strategie hängt damit stark von glaubwürdigen offiziellen Stellungnahmen zur Geldpolitik ab.

2.6 Die geldpolitische Strategie des Eurosystems

2.6.1 Die Ausgangslage

Ende 1998 hat die EZB die geldpolitische Strategie des Eurosystems bekannt gegeben und im Jahr 2003 einer grundlegenden Überprüfung unterzogen. Sie versucht damit, den spezifischen Gegebenheiten in der EWU Rechnung zu tragen.

Das Eurosystem steht immer noch vor dem Problem einer unsicheren Datenbasis, auf die es seine Analysen stützen muss. Eine Vielzahl von EWU-Daten wird erst mit erheblicher zeitlicher Verzögerung veröffentlicht und unterliegt nicht selten mehreren Revisionen (z.B. Daten zur gesamtwirtschaftlichen Produktion). Manche geldpolitisch relevanten Daten gibt es auf EWU-Ebene noch gar nicht (z.B. eine monatliche Beschäftigungsstatistik), für andere ist keine lange Historie auf konsistenter Basis verfügbar (z.B. der Index der Auftragseingänge, Immobilienpreise oder die Nettoauslandsforderungen der MFI's). Zudem markierte der Regimewechsel hin zu einer einheitlichen Geldpolitik mit dem Jahr 1999 einen Bruch in den Zeitreihen. Auch die Aufnahme neuer Länder in die EWU (so Griechenland 2001, Slowenien 2007, Malta und Zypern 2008) stellt einen weiteren Unsicherheitsbereich in den Daten dar.

Die Währungsunion besteht inzwischen aus 15 Ländern. Trotz der „Erfüllung" der Konvergenzkriterien weisen diese noch beträchtliche Unterschiede in der Realwirtschaft und im Finanzsystem auf. Dies kann zur Folge haben, dass je nach Land unterschiedliche geldpolitische Impulse notwendig sind und diese Impulse dann auch national verschiedene Auswirkungen haben. Eine einheitliche Geldpolitik kann sich jedoch nur um die Situation im gesamten Währungsgebiet kümmern.

Allein der Regimewechsel hin zu einer einheitlichen Geldpolitik kann zu Verhaltensänderungen führen (z.B. Änderungen der Geldhaltungsgewohnheiten), die sich erst im Laufe der Zeit in den Daten niederschlagen. Dies kann auch zur Folge haben, dass in der Vergangenheit festgestellte Zusammenhänge in der Zukunft nicht mehr gelten. Die immer noch kurze Performancezeit der EZB erschwert hier die Beurteilung.

Insgesamt ist durch die Währungsunion sicherlich der geldpolitisch relevante Unsicherheitsbereich angestiegen. Er reicht von der unsicheren Datenbasis über die Beurteilung von Verhaltensänderungen und den Entwicklungen auf den internationalen Finanzmärkten bis zu den schwer abschätzbaren Wirkungen der geldpolitischen Maßnahmen insgesamt und auf einzelne Länder. Die EZB bewegt sich dementsprechend in unruhigerem Fahrwasser als früher die nationalen Zentralbanken. Je nach Art der Unsicherheit kann dies eine vorsichtigere aber auch eine aggressivere Geldpolitik angezeigt erscheinen lassen. Zusätzlich wird diese Unsicherheit überlagert von der (neuen) Dynamik des Wirtschaftsprozesses (Stichworte: New Economy, Finanzkrisen, Globalisierung, gestiegene gesamtwirtschaftliche Unsicherheiten). Im Großen und Ganzen ist also das Umfeld der Geldpolitik schwieriger geworden als in der Vergangenheit auf nationaler Ebene.

Vor diesem Hintergrund kommt der sorgfältigen Auswahl der geldpolitischen Strategie eine entscheidende Bedeutung zu. Sie soll ja gerade den geldpolitischen Entscheidungsträgern und den Marktteilnehmern über die Regelbindung Orientierungshilfe bieten. Dafür muss sie der Situation in der EWU angemessen sein. Aber die neue Situation erfordert auch ein gewisses Maß an Flexibilität, damit neue Erkenntnisse vereinbar mit der Strategie sind. Es wäre fatal, wenn die Strategie häufig geändert, angepasst oder sogar aufgegeben werden müsste. **Robustheit** unter einer Vielzahl von Umweltzuständen sollte deshalb ein wichtiges Ziel sein.

2.6.2 Generelle Adäquanz der Strategien

Wie sind nun die besprochenen geldpolitischen Strategien im Hinblick auf die Situation in der Währungsunion zu beurteilen?

Ein *Wechselkursziel* kann keine sinnvolle Orientierung darstellen, da es in Anbetracht der Größe des Euro-Raumes zu Problemen mit dem internen Ziel der Preisstabilität kommen würde. Zudem wäre überhaupt nach der Währung zu fragen, an die man den € binden sollte. Auch *Zinsen* (egal in welcher Abgrenzung) als herausgehobene Orientierungsgrößen sind ungeeignet, weil es schwierig ist, den Zins zu bestimmen, der mit Preisstabilität vereinbar ist. Eine *nominale BIP-Steuerung* scheidet allein schon wegen der fehlenden praktischen Erfahrung und den Datenproblemen aus. Und dem *Multi-Indikatoren-Ansatz* fehlt ein expliziter nominaler „Anker" und damit die nötige Transparenz, die gerade für das Eurosystem als neue Institution äußerst wichtig ist. Somit verbleiben nur noch die *Geldmengenstrategie* und eine Politik *direkter Inflationsziele* übrig. Nach eingehender Analyse der möglichen Alternativen kam auch das Europäische Währungsinstitut zu dem Schluss, dass sinnvoller Weise nur diese zwei Strategiemöglichkeiten für das Eurosystem in Frage kommen.

In der praktischen Anwendung liegt der Hauptunterschied zwischen diesen beiden Strategien in der Transparenz, im notwendigen Informationsstand der Zentralbank über die Struktur der Volkswirtschaft und in der Rolle der Geldmengenaggregate. Bei einer Geldmengenstrategie orientiert sich eine Notenbank primär an Abweichungen zwischen der Wachstumsrate der Geldmenge und dem Geldmengenziel. Diese Differenz setzt sich nach (31) bzw. (33) wie folgt zusammen

$$(37) \qquad (\hat{M} - \hat{M}^{Ziel}) = (\pi - \pi^{Ziel}) + (\hat{Y} - \hat{Y}^*) + (\hat{V}^* - \hat{V})$$

Bei rationalen Erwartungen orientiert sich eine Notenbank im Falle eines direkten Inflationsziels letztlich am Unterschied zwischen π und π^{Ziel}. Bei einer nominalen BIP-Steuerung reagiert die Zentralbank sowohl auf Abweichungen vom Inflationsziel ($\pi - \pi^{Ziel}$) als auch vom Outputziel ($\hat{Y} - \hat{Y}^*$). Eine *Geldmengenstrategie* dagegen berücksichtigt **zusätzlich** noch die Informationen, die sie aus der Liquiditätslücke ($\hat{V}^* - \hat{V}$) ziehen kann. Damit wird deutlich, dass die Steuerung des nominalen BIP und die Strategie eines direkten Inflationsziels theoretisch Spezialfälle der Geldmengenorientierung sind. Je nach gesamtwirtschaftlichem Umfeld kann die Notenbank dabei die einzelnen Abweichungen unterschiedlich stark gewichten. Dies ist ein nicht zu unterschätzender Flexibilitätsvorteil.

Die Inflationssteuerung passt zu einer Situation, bei der die monetären Beziehungen, die sich in der Umlaufsgeschwindigkeit niederschlagen, instabil geworden sind und zusätzlich auch von der Veränderung des Output-Gap keine verlässlichen Inflationssignale mehr ausgehen. Solange jedoch die Geldnachfrage stabil ist, ist die Verwendung eines Geldmengenziels die erstbeste Lösung. Sie berücksichtigt neben Inflations- und *Outputlücke* auch noch die *Liquiditätslücke*. Zudem lässt sich bei einer Inflationssteuerung nur sehr langfristig überprüfen, ob die Notenbank sich stabilitätsgerecht verhält, da sich geldpolitische Maßnahmen nur mit großer und unsicherer Zeitverzögerung auf die Preisentwicklung auswirken. Darüber hinaus dürften in der Währungsunion die (Inflations-)Erwartungslastigkeit des Ansatzes in Kombination mit dem deutlichen diskretionären Spielraum und der notwendige Informationsstand über den Transmissionsprozess Probleme für die praktische Geldpolitik bereiten.

Vor dem Hintergrund der historischen Erfahrungen in Deutschland, der Anforderungen an geldpolitische Strategien und der Situation in Stufe 3 der EWWU ist dem Eurosystem eine Geldmengenorientierung zu empfehlen, wenn die empirischen Voraussetzungen in Form einer langfristigen Stabilität eines EWU-weiten Geldmengenaggregates gegeben sind. Die bisherigen Studien dazu (siehe Tabelle III.2.5) beziehen sich jedoch notwendigerweise auf einen Zeitraum, während dessen größtenteils die Währungsunion gerade nicht existent war. Sie müssen dementsprechend vor 1999 mit „künstlich generierten" Euro-Daten arbeiten.

Die Qualität des statistischen Datenmaterials ist in der EWU noch mit großen Unsicherheiten behaftet. Zu dieser Datenunsicherheit kommt noch die Modell- und Parameterunsicherheit hinzu. Des Weiteren können größere Schwankungen in der Geldmengenentwicklung und längere nicht zielkonforme Verläufe (siehe z.B. die Situation nach Ende des Aktienbooms und im Zusammenhang mit den gestiegenen gesamtwirtschaftlichen Risiken nach den Terroranschlägen vom 11. September 2001) nicht ausgeschlossen werden. Darüber hinaus sind die Finanzmarktstrukturen in den einzelnen Teilnehmerländern noch recht unterschiedlich. Und schließlich sind auch die generellen Entwicklungen auf den Finanzmärkten mit ihren Rückwirkungen auf die gesamtwirtschaftliche Liquiditätssituation zu berücksichtigen. Von daher können kurzfristige Instabilitäten im Geldnachfrageverhalten nicht ausgeschlossen werden. Diese Probleme lassen es als wünschenswert erscheinen, die Geldmengenstrategie mit Elementen der direkten Inflationssteuerung zu kombinieren. Konkret bedeutet dies, die Geldmengenorientierung im Sinne einer **Mischstrategie** um eine umfassende Inflationsprognose, in die alle inflationsrelevanten Indikatoren (zusätzlich zur Geldmengenentwicklung z.B. der Output Gap, die Entwicklung der Lohnstückkosten und des Außenwerts des €) eingehen, zu ergänzen. Diese Inflationsprognose sollte veröffentlicht und konkret an einer Zahl oder einer Spannbreite festgemacht werden. Die Rate sollte sich auf den Verbraucherpreisindex beziehen, da damit die Öffentlichkeit am besten vertraut ist.

Insgesamt würde damit deutlich dokumentiert, dass die Geldmenge als primäres mittelfristiges Instrument zur Erreichung des Endziels Preisstabilität dient. Nur bei eindeutigen Hinweisen auf Verzerrungen im Geldmengenwachstum sollte die Geldmengenorientierung zugunsten der umfassenden Inflationsprognose zurückgestellt werden. Dadurch könnten dann auch Konflikte mit den nationalen Lohn- und Fiskalpolitiken bei einer reinen Inflationssteuerung eher vermieden werden. Da der geldpolitische Transmissionsprozess in der EWU noch weniger bekannt ist als auf nationaler Ebene, wäre eine direkte Inflationssteuerung allein vor dem Hintergrund des *Regimewechsels* äußerst problematisch.

Die Mischung zwischen Elementen einer Geldmengenstrategie und der Strategie einer direkten Inflationssteuerung wurde auch vom *Eurosystem* eingeschlagen. Auf den Sitzungen des EZB-Rates im Oktober und Dezember 1998 wurden diese Bausteine konkretisiert und im Rahmen einer Überprüfung im Jahr 2003 in den Grundzügen bestätigt, wenn auch in einigen Punkten verändert. Die Strategie umfasst drei Hauptelemente, die im Folgenden ausführlich beschrieben werden:

1. Eine quantitative Definition von Preisstabilität („der Anker").
2. Die Monetäre Analyse und der Referenzwert für M3 („Monetäre oder langfristige Säule").
3. Eine umfassende Beurteilung der Preisperspektiven („Wirtschaftliche oder kurzfristige Säule").

2.6.3 Der „Anker": Preisstabilität

Nach dem EU-Vertrag ist dem Eurosystem als primäres Ziel die Gewährleistung von Preisstabilität vorgegeben. Um dieses Ziel inhaltlich zu konkretisieren, definiert das Eurosystem Preisstabilität als einen **Anstieg des Harmonisierten Verbraucherpreisindex (*HVPI*) in der EWU von unter, aber nahe 2% gegenüber dem Vorjahr**.[28] Preisstabilität soll dabei **mittelfristig** erreicht bzw. eingehalten werden. Temporäre Verfehlungen (z.B. aufgrund von Ölpreis- oder Wechselkursschocks) sind also durchaus vereinbar mit dem Ziel. Die Definition des Eurosystems bezieht sich auf den allgemeinen Verbraucherpreisindex, die sog. „*Headline Inflation*". Es werden nicht bestimmte Teile zur Berechnung einer *Kerninflationsrate* („*Core Inflation*", „*Underlying Inflation*") herausgerechnet (siehe dazu auch Box III.2.9).

> **Box III.2.9: Core Inflation und Headline Inflation**
>
> Die Analyse und Beurteilung der Preisperspektiven ist für eine Zentralbank wie die EZB, die als Hauptaufgabe die Gewährleistung von Preisstabilität hat, von zentraler Bedeutung. Üblicherweise konzentrieren sich dabei die Zentralbanken auf die Preisentwicklung auf der Verbraucherstufe. Auf EWU-Ebene wird diese durch Veränderungen des Harmonisierten Verbraucherpreisindex gemessen. Die Rate, die sich auf die Entwicklung des Index in seiner Gesamtheit bezieht, bezeichnet man als „*Headline Inflation*".
>
> Die Interpretation der Daten zur Teuerung wird allerdings dadurch erschwert, das sie eine hohe Volatilität aufweisen (z.B. verursacht durch saisonale Schwan-

---

[28] Die Klarstellung „nahe 2%" wurde erst durch die Überprüfung der Strategie im Jahr 2003 eingefügt.

kungen, irreguläre Witterungsverhältnisse, Ölpreisschocks, administrierte Preise, indirekte Steuern usw.). Diese kurzfristigen Schwankungen stehen nicht im Zusammenhang mit dem grundlegenden Inflationsprozess und eine vorausschauende und mittelfristig orientierte Geldpolitik sollte sich von ihnen nicht beirren lassen. Vielmehr sollte sie ihr Augenmerk auf den generellen Preistrend richten. Entsprechend wird ein Preisindikator benötigt, der diesen Preistrend anzeigt, also möglichst wenig durch temporäre Schocks beeinträchtigt ist. Für diese Größe hat sich der Begriff *Kerninflation* („Core Inflation") eingebürgert (zu einer Analyse für das Eurowährungsgebiet siehe EZB, 2001f und Vega/Wynne, 2003). Es existiert jedoch keine konkrete und allgemein akzeptierte theoretische Definition der Kerninflation.

Es gibt mehrere Möglichkeiten, Kerninflationsraten zu bestimmen (Deutsche Bundesbank, 2000a). Entweder man rechnet bestimmte volatile Komponenten (z.B. Energiepreise) aus dem gesamten Preisindex heraus oder man versucht, die Rate statistisch-ökonometrisch zu schätzen. Die Trennung (ex-ante) zwischen temporären und permanenten Einflüssen ist allerdings nicht immer einfach. Es ist zudem zu berücksichtigen, dass die Verbraucher sich an der gesamten für sie relevanten Inflation orientieren, da sie ihre Lebenshaltungskosten widerspiegelt. Folglich dürfte diese auch in die Inflationserwartungen der Öffentlichkeit eingehen. So können sich auch vorübergehende Teuerungsimpulse verfestigen, wenn sie z.B. über eine Änderung der Preiserwartungen oder durch Forderung eines vollständigen Inflationsausgleichs in Lohnverhandlungen den Preistrend beeinflussen. Divergenzen zwischen Kernrate und gemessener allgemeiner Inflationsrate können deshalb zu Glaubwürdigkeitsverlusten der Zentralbank führen. Dies ist vor allem dann wahrscheinlich, wenn sich die Geldpolitik auf eine im Durchschnitt zu niedrige Kernrate konzentriert. Insgesamt ist es deshalb nicht ratsam, Kerninflationsraten als alleinige geldpolitische Indikatoren zu verwenden. Sie sollten eher komplementär zur traditionellen Preisanalyse herangezogen werden.

Nach der Definition der EZB fungiert nicht eine gemessene Inflationsrate von Null, sondern eine solche von knapp unter 2% als Zielgröße. Alleine Messfehler bei der Preisentwicklung legen es nahe, nicht eine Inflationsrate von Null anzustreben (siehe Box III.2.10). Je geringer der Preisanstieg ist, desto mehr fallen diese statistischen Messprobleme ins Gewicht. Da sich im Euro-Währungsgebiet die Inflationsraten auf relativ niedrigem Niveau befinden, ist eine Auseinandersetzung mit den Erfassungs- und Messproblemen unverzichtbar. Zusätzlich trägt die Sicherheitsmarge von knapp unter 2% dem Deflationsrisiko und den Auswirkungen von Inflationsunterschieden innerhalb der EWU Rechnung. Letztere stellen dann ein Problem dar, wenn aufgrund höherer Inflationsraten in einigen Ländern andere Länder niedrigere Raten aufweisen müssen, damit im Durchschnitt das Stabilitätsziel erreicht wird. Wird Preisstabilität zu ehrgeizig definiert, können sich in einzelnen Ländern Deflationsgefahren manifestieren (siehe dazu auch Box III.2.11). Das eigentliche ökonomische Kriterium für Preisstabilität muss sein, dass Inflation nicht in das Entscheidungskalkül der Wirtschaftssubjekte eingeht.

Box III.2.10: Probleme der Inflationsmessung

Gemessen wird Inflation anhand von Indizes, wobei der Verbraucherpreisindex (früher Preisindex der Lebenshaltung) der gebräuchlichste Maßstab ist. Er misst die durchschnittliche Preisentwicklung aller Waren und Dienstleistungen, die von privaten Haushalten für Konsumzwecke gekauft werden. Mit diesem Index wird die Veränderung der Preise für Güter des täglichen Bedarfs (z.B. Lebensmittel, Bekleidung), für Mieten, langlebige Gebrauchsgüter (z.B. Kraftfahrzeuge, Kühlschränke) und für Dienstleistungen (z.B. Friseur, Reinigung, Versicherungen) abgebildet. Zwar lässt sich mit diesem Index nur ein Teil der gesamtwirtschaftlichen Preisentwicklung abbilden. Ein solches Vorgehen erscheint jedoch sinnvoll, da die private Bedürfnisbefriedigung als finaler Zweck des Wirtschaftens gilt.

Um den *Verbraucherpreisindex* („*Consumer Price Index*", CPI) zu ermitteln, wird aufgrund von Haushaltsbefragungen ein repräsentativer Warenkorb erstellt. Hierbei gilt es zum einen, die Güter (derzeit erfasst das Statistische Bundesamt zur Berechnung des deutschen CPI rund 750 Positionen, hinter denen 350.000 Einzelpreisreihen stehen), zum anderen die Verbrauchsmengen der einzelnen Güter festzustellen. Die Preise der einzelnen Güter und Dienstleistungen, die in diesem Warenkorb enthalten sind, werden monatlich erfasst (derzeit werden vom Statistischen Bundesamt in 190 Gemeinden bei 40.000 Berichtsstellen Preise erhoben) und mit den jeweiligen Ausgabenanteilen eines Basisjahres gewichtet. Die jährliche Inflationsrate lässt sich errechnen, indem der aktuelle Wert des Warenkorbes mit dem mengenmäßig gleichen (konstante Zusammensetzung des Warenkorbes), jedoch zu Preisen des Basisjahres bewerteten Warenkorb in Beziehung gesetzt wird. Basis ist also ein sog. *Laspeyres-Preisindex*.

Bei diesem Berechnungsverfahren wird insbesondere unterstellt, dass sich die Verbrauchsgewohnheiten der Konsumenten über einen bestimmten Zeitraum nicht verändern. Ein Warenkorb ist bei seiner Einführung normaler Weise bereits drei Jahre, bei seiner Ablösung acht Jahre alt (derzeit wird ein Warenkorb aus dem Jahr 2000 als Basis verwendet). Bei der Inflationsmessung ergibt sich eine Reihe von Unschärfen:

- Relativ teurer gewordene Güter werden von den Haushalten weniger nachgefragt. Dieser Effekt kann mit einem fixen Warenkorb nicht erfasst werden („*Product Substitution Bias*").
- Qualitätsverbesserungen werden nicht adäquat bei der Indexberechnung berücksichtigt („*Quality Change Bias*"). Vor allem bei Dienstleistungen sind

Qualitätsänderungen oft äußerst schwer auszumachen. Aber auch bei gewerblichen Waren, bei denen normalerweise einmal pro Jahr ein Modellwechsel stattfindet, wird eine oft schwierige Verknüpfung der Preisreihen für alte und neue Modelle erforderlich.

- Neue Produkte, deren Preise nach Markteinführung häufig fallen, werden erst mit einiger Verzögerung in die Preisbeobachtung einbezogen (*„New Product Bias"*). Zudem bleibt der Wohlfahrtsgewinn durch neue Produkte bei der Indexberechnung unberücksichtigt. Dies führt dazu, dass die Teuerung tendenziell überzeichnet wird.

- Wenn der Preisindex auf einer festen Auswahl von Berichtsstellen basiert, kommt hinzu, dass Strukturänderungen im Handel, die zu preisgünstigeren Einkaufsmöglichkeiten führen, unzureichend berücksichtigt werden (*„Outlet Substitution Bias"*).

Insgesamt kommt es i.d.R. zu einer systematischen Übertreibung der tatsächlichen Inflationsrate. Untersuchungen für Großbritannien, die USA und Kanada kommen hier auf eine Spanne zwischen einem halben und eineinhalb Prozentpunkten pro Jahr. In Deutschland wird der durchschnittliche „Fehler" bei maximal einem halben Prozentpunkt pro Jahr gesehen. Dabei zeigte sich, dass vor allem Qualitätsänderungen der Produkte und neue Güter Probleme bereiten. Wird aber die Teuerung tendenziell zu hoch ausgewiesen, so hat dies zur Konsequenz, dass das reale Wachstum der Volkswirtschaft insgesamt, aber auch etwa die reale Zunahme der verfügbaren Haushaltseinkommen sowie der Arbeitsproduktivität unterschätzt werden. Aber auch Leistungen, die an den Verbraucherpreisindex gekoppelt sind, fallen „zu großzügig" aus.

Im Eurosystem konzentriert sich das Interesse auf den *Harmonisierten Verbraucherpreisindex* (HVPI), der vom Statistischen Amt der EU (*Eurostat*) berechnet wird (EZB, 2005b). Grundlage dafür sind die auf harmonisierter Basis von den jeweiligen nationalen statistischen Ämtern erhobenen nationalen Preisindices. Die nationalen Indices gehen mit den entsprechenden Gewichten am Privaten Verbrauch in den Gesamtindex ein. Eurostat und die nationalen statistischen Ämter haben in den letzten Jahren eine Reihe von Maßnahmen initiiert, um die Messfehler zu verringern.

Box erstellt unter Mitarbeit von J. Hoffmann (Deutsche Bundesbank).

Die konkrete Formulierung des Ziels durch das Eurosystems hat drei weitere wichtige Implikationen:

Erstens ist die Preisentwicklung im gesamten Euro-Raum relevant, nicht in einzelnen Ländern. Nach dem *Balassa-Samuelson-Effekt* (siehe Box III.2.11 und Box I.3.1) können je nach nationaler Produktivitätsentwicklung im Sektor der handelbaren und nicht-handelbaren Güter mehr oder weniger deutliche Inflationsunterschiede bestehen. Auch konjunkturelle Unterschiede und unterschiedliche nationale Politikausrichtungen (Fiskal- und Lohnpolitik) spielen dabei eine Rolle. Die nationalen Inflationsdifferenzen in der EWU betrugen in den letzten Jahren bis zu vier Prozentpunkte. Die einheitliche Geldpolitik des Eurosystems kann sich jedoch nur auf die Inflationsrate im gesamten Euro-Währungsgebiet konzentrieren. Sie kann nicht zugleich regionale Preisentwicklungen berücksichtigen oder sogar versuchen, diese zu beeinflussen. Solange die nationalen Inflationsraten einiger Länder deutlich über 2% liegen, müssen andere Länder zur Einhaltung der EWU-weiten Stabilitätsnorm von maximal 2% Preissteigerungsraten unter 2% aufweisen. Damit stellt sich die Frage, ob die gemessenen 2% genug Spielraum bieten, um Deflationsgefahren in einzelnen Ländern zu verhindern (siehe dazu ausführlicher Box III.2.11). Wenn größere Inflationsunterschiede anhalten, wäre der EZB ein höherer Wert zu empfehlen als es für einzelne Teilnehmerstaaten optimal wäre. Mit der Konkretisierung „unter, aber nahe 2%" versuchte das Eurosystem, dieses Argument zu berücksichtigen. Auch dürften die Inflationsraten auf Dauer durch die verstärkte Integration der an der EWU teilnehmenden Volkswirtschaften zunehmend konvergieren.

Zweitens wird die Teuerung gemessen auf Verbraucherebene, nicht an anderen Preisgrößen (z.B. den Erzeugerpreisen oder dem BIP-Deflator). Dies ist konsistent mit der mikroökonomischen Theorie und marktwirtschaftlichen Grundlagen, nach denen es letztlich der Konsument ist, der möglichst gut gestellt werden soll. Darüber hinaus ist die Öffentlichkeit mit diesem Index vertraut, der publizierte Wert wird nur selten revidiert, er ist hinreichend aktuell und auf Monatsbasis verfügbar.

Box III.2.11: Eine Mindestinflationsrate für die EWU?

Sollte das Eurosystem bei der Definition von Preisstabilität einfach die Rate zugrunde legen, die auch andere Zentralbanken verfolgen (z.B. die Bank of England oder das Fed) bzw. verfolgt haben (z.B. die Deutsche Bundesbank vor 1999)? Solange zwischen den einzelnen EWU-Ländern Unterschiede in den Lebensstandards und Einkommensniveaus bestehen, könnte dies zu Problemen führen.

Grundlage für diese Argumentation ist der sog. *Balassa-Samuelson-Effekt*. Dieser geht davon aus, dass es handelbare und nicht-handelbare Güter sowie mehr und weniger entwickelte Volkswirtschaften gibt. Nehmen wir an, es geht dabei um die 15 EWU-Länder. Für die Preise handelbarer Güter (p_T) soll die (absolute) Kaufkraftparität gelten, d.h. sie haben überall den gleichen Preis (in €).

(B1) $\qquad p_T^i = p_T \quad \forall\, i = 1,\ldots,15$

Die Preise der Non-Tradables (p_N) können jedoch zwischen den Ländern je nach Produktivitätsentwicklung differieren. Bei intensivem internen Wettbewerb und freien Arbeitskräftewanderungen zwischen dem Sektor der Tradables und Non-

Tradables kann es aber nur einen (nominalen) Lohnsatz w innerhalb eines Landes geben. Unterstellen wir eine Grenzproduktivitätsentlohnung und bezeichnen die entsprechenden Grenzprodukte mit F_T^A und F_N^A, gilt:

(B2) $\qquad F_T^{A,i} p_T^i = w^i = F_N^{A,i} p_N^i$

Durch Kombination von (B1) und (B2) ergibt sich als Inflationsrate der Non-Tradables π_N (∧ bezeichnet Wachstumsraten)

(B3) $\qquad \pi_N^i = \pi_T + \hat{F}_T^{A,i} - \hat{F}_N^{A,i}$

Diese Preissteigerungsrate hängt also von der Erhöhung des gemeinsamen internationalen Preises π_T und der sektoralen Produktivitätswachstumsdifferenz im jeweiligen Land ($\hat{F}_T^A - \hat{F}_N^A$) ab. Empirisch lässt sich feststellen, dass der Sektor handelbarer Güter in den weniger entwickelten Ländern (Land 2, z.B. Irland, Griechenland, Slowenien) aufgrund des Nachholbedarfs und Aufholprozesses ein höheres Produktivitätswachstum aufweist als in den fortgeschritteneren Ländern (Land 1, z.B. Deutschland, Frankreich, Finnland). Folglich werden dort auch die Preissteigerungsraten bei den Non-Trabables und somit auch bei der Preisentwicklung insgesamt stärker ausfallen. Wenn somit in einer Währungsunion in jedem Land eine Deflation verhindert werden soll, muss die aggregierte EWU-Inflationsrate π umso höher ausfallen, je größer die sektoralen Produktivitätsunterschiede ($\hat{F}_T^A - \hat{F}_N^A$) über die Länder hinweg sind.

Definieren wir den Preisindex P^i als (geometrisch) gewichteten Durchschnitt der Preise handelbarer (p_T) und nicht-handelbarer (p_N) Güter. Der Gewichtungsfaktor sei durch α gegeben ($0 \leq \alpha_T, \alpha_N \leq 1, \alpha_T = 1 - \alpha_N$). Dann gilt für die Inflationsrate von Land i, π^i, unter Beachtung von (B3)

(B4) $\qquad \pi^i = (1 - \alpha_N^i) \cdot \pi_T + \alpha_N^i \cdot \pi_N^i = \pi_T + \alpha_N^i \cdot (\hat{F}_T^{A,i} - \hat{F}_N^{A,i})$

Sie wird bestimmt von der Preissteigerung bei Tradables, dem Anteil nicht-handelbarer Güter und dem Produktivitätsvorsprung im Sektor handelbarer Güter gegenüber dem nicht-handelbarer Güter. Soll in keinem Land eine Deflation herrschen, gilt $\pi^i \geq 0 \;\forall\; i=1,...,15$. Dann folgt aus (B4).

(B5) $\qquad \pi_T \geq -\alpha_N^i \cdot (\hat{F}_T^{A,i} - \hat{F}_N^{A,i})$

Welche Implikationen ergeben sich dadurch für die EWU-weite Inflationsrate π? Diese sei gegeben durch

(B6) $\qquad \pi = \sum_{i=1}^{15} \beta^i \pi^i$

Dabei ist β^i das Gewicht eines Landes i, z.B. gemessen am Anteil an den gesamten Konsumausgaben. Es gilt $\sum_i \beta^i = 1$. Nach (B4) resultiert dann

(B7) $\qquad \pi = \pi_T + \sum_{i=1}^{15} \beta^i \alpha_N^i (\hat{F}_T^{A,i} - \hat{F}_N^{A,i})$

Für die minimale Inflationsrate π_{min}, die Deflation in jedem Land verhindert, folgt daraus in Kombination mit Ungleichung (B5)

(B8) $\quad \pi_{min} = \sum_{i=1}^{15} \beta^i \alpha_N^i (\hat{F}_T^{A,i} - \hat{F}_N^{A,i}) - \min_{i=1,\ldots,15} \left[\alpha_N^i (\hat{F}_T^{A,i} - \hat{F}_N^{A,i}) \right]$

Zur Interpretation von (B8) unterstellen wir zunächst eine hoch entwickelte Volkswirtschaft, die keinen Produktivitätsvorsprung bei Tradables im Vergleich zu Non-Tradables aufweist. Die relativen Preise zwischen diesen Sektoren sind also konstant. In allen anderen Ländern sollen dagegen die relativen Preise der Non-Tradables steigen. Wenn der Preis von Tradables dann sinkt, resultiert im hoch entwickelten Land nach (B4) eine Deflation. Nach dem ersten Term von (B8) muss folglich das aggregierte Preisniveau wegen des Produktivitätsvorsprungs der Tradables gegenüber den Non-Tradables in den anderen Ländern steigen, um diese Deflation zu verhindern. Wenn man dagegen annimmt, dass selbst das am weitesten entwickelte Land noch einen Produktivitätsvorsprung bei Tradables hat, können diese Preise sinken, ohne dort eine Deflation auszulösen, da die Preise der nicht-handelbaren Güter steigen. Die Nicht-Deflationsbeschränkung (B5) wird also gelockert. Insgesamt resultiert weniger Inflation als im ersten Fall.

Nach den Berechnungen von Sinn/Reutter (2000) beträgt π_{min} 0,94%. Die größte Deflationsgefahr besteht dabei für Deutschland, da dort die Differenz des intersektoralen Produktivitätswachstums am geringsten ist. Diese Überlegungen gewinnen vor dem Hintergrund des EWU-Beitritts weniger fortgeschrittener Länder weitere Brisanz. Um die Ergebnisse allerdings adäquat beurteilen zu können, müssen auch die Kosten der Inflation (siehe dazu z.B. Feldstein, 1999) sowie die zu erwartende nationale Produktivitätsentwicklung und die weiteren Konvergenzfortschritte in die Analyse aufgenommen werden.

Drittens sind sowohl Preissteigerungen über und deutlich unter 2% als auch Deflation (negative Wachstumsraten des HVPI) unvereinbar mit Preisstabilität. Dadurch wird darauf verwiesen, dass nicht nur übermäßige Preissteigerungsraten sondern auch geringfügig positive Raten und sinkende Preise negative Konsequenzen für die Wirtschaftsentwicklung nach sich ziehen. Allgemeine Preissenkungen sind, soweit sie nachfragebedingt verursacht sind, wegen ihrer schädlichen gesamtwirtschaftlichen Auswirkungen (Kaufzurückhaltung, steigende Realzinsen und Reallöhne, Unternehmens- und Bankenzusammenbrüche, Massenarbeitslosigkeit usw.) unter Umständen sogar gravierender.

Zum Vergleich der tatsächlichen HVPI-Entwicklung mit der Definition von Preisstabilität muss zunächst die Formulierung „unter, aber nahe 2%" operationalisiert werden. In Abb. III.2.10 wird eine Bandbreite zwischen 1,6% und 2% angenommen. Diese Abbildung zeigt deutlich das Überschießen des Ziels im Gefolge der Ölpreiserhöhung und der Abwertung des Euro im Jahr 2000. Seit 2002 schwanken die Raten um 2%. In die unterstellte Bandbreite fallen allerdings nur die wenigsten Beobachtungen. So lag in den Jahren 2000 bis 2006 die jahresdurchschnittliche Preissteigerung zwischen 2,1 % und 2,3 %. Das Ziel wurde also stets verfehlt. Das Eurosystem hat darüber hinaus nicht spezifiziert, wie schnell es bei Verfehlungen des Stabilitätsziels die Inflationsrate wieder mit ihrer Definition von Preisstabilität in Übereinstimmung bringen will. Dieser Zeithorizont sollte um so kürzer ausfallen, je höher die Inflationsaversion der Bevölkerung ist, je größer die Bedeutung vorausschauender Elemente bei der Preis- und Outputbestimmung ist und je geringer die Kosten der Disinflation sind. Die EZB spricht nur davon, mittelfristig Preisstabilität zu gewährleisten. Näher konkretisiert hat sie diese mittlere Frist nicht.

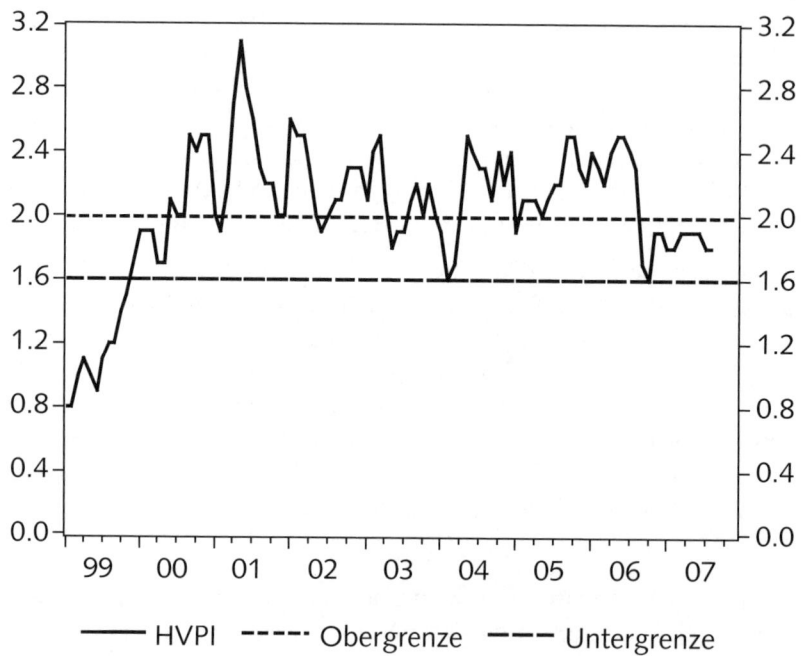

Abb. III.2.10: Inflation und Definition von Preisstabilität in Euroland (in %)
Quelle: EZB.

Nachdem das letztendliche Ziel durch den „Anker" empirisch konkretisiert wurde, geht es bei den nächsten beiden Elementen darum, effiziente Wege zur Gewährleistung von Preisstabilität zu finden.

2.6.4 Die Monetäre (langfristige) Säule: Monetäre Analyse und Referenzwert für M3

Eine geldpolitische Strategie ist mittel- bis langfristig ausgerichtet. Da auf Dauer Inflation auf eine übermäßige Ausweitung der Geldmenge zurückgeführt werden kann, wollte auch das Eurosystem der Geldmenge eine hervorgehobene Stellung unter den Inflationsindikatoren einräumen. Dies findet in der Monetären Säule ihren Niederschlag. Da es dabei um grundlegende Zusammenhänge geht, ist sie eher langfristig ausgerichtet.

Box III.2.12: Die Geldmengenbegriffe im Eurosystem

Im Eurosystem gibt es drei offizielle Geldmengenbegriffe – M1, M2 und M3. Das umfassendste Geldmengenaggregat M3 enthält folgende Komponenten (die Zahlenangaben beziehen sich auf den Stand am Jahresende 2006, Mrd. €):

Bargeldumlauf (592,2),

+ täglich fällige Einlagen (3.164,3),

= **M1** (3.756,5)

+ Einlagen mit einer vereinbarten Laufzeit bis 2 Jahren (1.414,8),

+ Einlagen mit einer vereinbarten Kündigungsfrist von bis zu 3 Monaten (1.557,1),

= **M2** (6.728,4)

+ Repogeschäfte (248,0),

+ Schuldverschreibungen mit einer Laufzeit bis zu 2 Jahren (198,7),

+ Anteile an Geldmarktfonds und Geldmarktpapiere (614,1)

= **M3** (7.789,3)

Beim Bargeld zählt (aus statistischen Gründen) der gesamte Umlauf außerhalb des Euro-Bankensystems zur Geldmenge. Die restlichen Teile des Geldmengenaggregats beziehen sich auf Verbindlichkeiten von im Euro-Währungsgebiet ansässigen „Monetären Finanzinstituten" („Monetary Financial Institutions" *MFI's*), dem sog. „Geldschöpfungssektor", gegenüber Nichtbanken (ohne Zentralregierungen) im Euro-Währungsgebiet. Die Währung, auf die sie lauten, spielt dafür keine Rolle, d.h. es sind auch Fremdwährungseinlagen in den Geldmengen enthalten. Neben den Verbindlichkeiten des Geldschöpfungssektors zählen zu den Geldmengenbegriffen auch die Verbindlichkeiten von Zentralregierungen mit monetärem Charakter. Darunter fallen die Bankeinlagen vergleichbaren Verbindlichkeiten von Post- und Schatzämtern und staatlichen Sparkassen.

Täglich fällige Einlagen sind vergleichbar mit Sichteinlagen, Einlagen mit einer vereinbarten Laufzeit mit Termineinlagen und Einlagen mit einer vereinbarten Kündigungsfrist mit Spareinlagen. Im Unterschied zu M2 sind in M3 auch sog.

„marktfähige Finanzinstrumente" enthalten. Diese umfassen *Repogeschäfte*[29], Schuldverschreibungen mit einer Laufzeit bis zu zwei Jahren, Anteile an Geldmarktfonds und Geldmarktpapiere. Die aufgenommenen Komponenten fassen die wichtigsten kurzfristigen Finanzinstrumente in den Euro-Ländern zusammen.

Zunächst einmal basiert die Monetäre Analyse auf einer Beurteilung der Liquiditätslage entsprechend der Geldmengenaggregate, ihrer Komponenten und Bilanzgegenposten, insbesondere der Kreditgewährung. Die Definitionen und Abgrenzungen sind in Box III.2.12 erläutert. In Abb. III.2.11 sind die jährlichen Wachstumsraten dieser drei Geldmengenaggregate für den Zeitraum 1996 bis 2006 gegenübergestellt. Daran ist erkenntlich, dass seit Mitte der neunziger Jahre die Wachstumsraten von M3 tendenziell ansteigend sind, während M1 wegen der

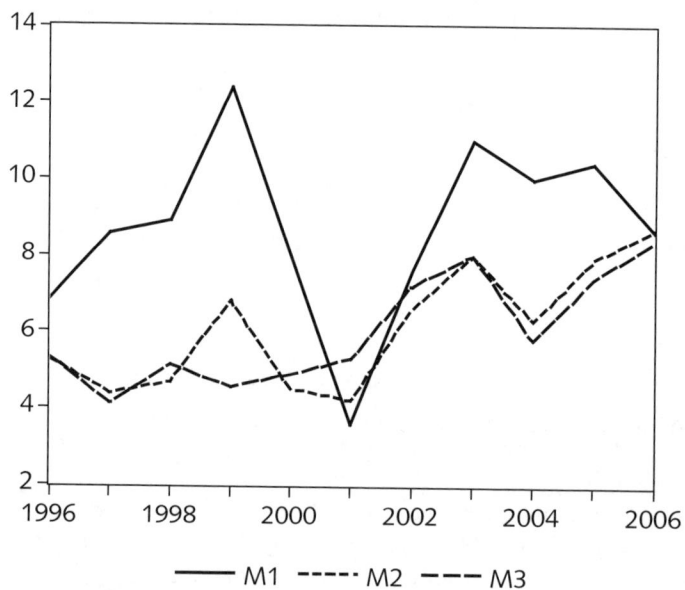

Abb. III.2.11: Wachstumsraten der Geldmengenaggregate im Euro-Währungsgebiet (in %)
Quelle: EZB

---

[29] Bei Repogeschäften handelt es sich um „echte" Pensionsgeschäfte, bei denen Kreditinstitute als Pensionsgeber auftreten. Bei diesen überträgt der Pensionsgeber ihm gehörende Vermögensgegenstände (i. d. R. Wertpapiere) an einen Dritten, dem sog. Pensionsnehmer, gegen Zahlung eines bestimmten Geldbetrags. Gleichzeitig wird vereinbart, dass die Vermögensgegenstände zu einem festgelegten späteren Zeitpunkt an den Pensionsgeber zurückübertragen werden. Die Vermögensgegenstände stehen weiterhin beim Pensionsgeber in der Bilanz. In Höhe des Betrages, den die Kreditinstitute für die befristete Überlassung der Vermögensgegenstände vom Pensionsnehmer erhalten, müssen sie eine Verbindlichkeit gegenüber dem Pensionsnehmer ausweisen. Sofern es sich bei diesem Pensionsnehmer um eine im Euroraum ansässige Nichtbank handelt, wird diese Verbindlichkeit unter der Rubrik „Repogeschäfte" in M3 erfasst. Letztendlich handelt es sich bei den Repogeschäften um besicherte Termineinlagen.

äußerst geringen Verzinsung und des hohen Bargeldanteils am volatilsten war. Seit Beginn der EWU verhalten sich M2 und M3 recht ähnlich. Eine Ausnahme stellt das Jahr 2000 dar, das geprägt war von einer Entwicklung weg von verzinslichen Bankeinlagen.

Für M3 veröffentlicht die EZB einen Referenzwert. Ausschlaggebend für die Entscheidung für M3 war der Zusammenhang zur inflationären Entwicklung (siehe zu letzterem Abb. III.2.12 sowie Nicoletti-Altimari, 2001). Diese Zusammenhänge sollten vor allem über einen längeren Zeitraum stabil sein. Dem entsprechend und vor dem Hintergrund des mittel- bis langfristig ausgerichteten Konzepts liegen dem in Abb. III.2.12 dargestellten Geldmengen-Preis-Zusammenhang für die EWU Trendverläufe der Geldmengen- und Preisentwicklung zugrunde. Es ist auch deutlich erkennbar, dass die Hoch- und Tiefpunkte der Geldmenge stets vor den entsprechenden Werten bei der Inflation lagen. Die Forderung nach Beeinflussbarkeit einerseits und stabiler Beziehung zur Inflationsentwicklung andererseits erzeugen in diesem Zusammenhang eine gewisse Dilemmasituation: Um die erste Voraussetzung zu erfüllen, sollte das Augenmerk auf Größen liegen, die nahe an den geldpolitischen Steuerungsgrößen selbst und damit nahe am Geldmarkt liegen. Für die zweite Bedingung dagegen sprechen eher Aggregate, die näher beim Endziel liegen, und umfassend definiert sind.

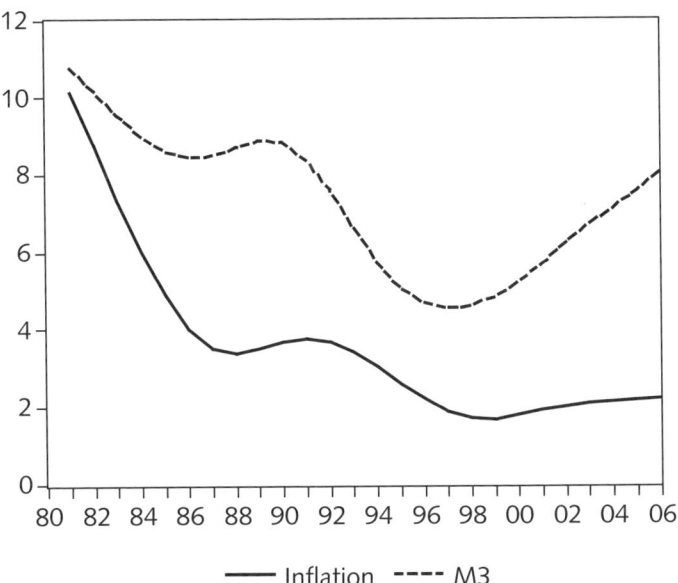

Abb. III.2.12: Geldmengen-Preis-Zusammenhang für das Euro-Gebiet
Quelle: EZB; eigene Berechnungen.
Anmerkungen: mit Hilfe des Hodrick-Prescott-Filters berechnete Trendwachstumsraten; Inflation gemessen an Verbraucherpreisen.

Die bisher mit EWU-weiten Geldmengenaggregaten durchgeführten Stabilitätsanalysen zur langfristigen Geldnachfrage im Rahmen von Geldnachfrageschätzungen (siehe Box III.2.13) erbrachten bei breiten Geldmengendefinitionen fast durchgängig positive Ergebnisse (siehe Tabelle III.2.5). Das ist allein schon wegen der statistischen Durchschnittsbildung, durch die sich viele national bedeutende „Schocks" auf die Geldnachfrage (z.B. durch unterschiedliche Zahlungsgewohnheiten, steuerliche Regelungen) aufheben, zu erwarten. Allerdings könnten die positiven Eigenschaften auch verloren gehen, wenn eine zunehmende Integration der Geld- und Finanzmärkte sowie eine Synchronisation der „Schocks" stattfinden. Für die größere Stabilität eines europaweiten Geldmengenaggregates im Vergleich zu national abgegrenzten Geldmengenbegriffen sprechen aber auch theoretische Argumente. So werden europaweite Geldverlagerungen (die sog. *Währungssubstitution*) innerhalb eines Euro-Aggregats (das ja auch grenzüberschreitende Anlageformen enthält) aufgefangen. Die „Aggregationsgewinne" dürften auch in Zukunft wirken, solange unterschiedliche fiskalpolitische Ausrichtungen, Regulierungen, Finanzmarktstrukturen und konjunkturelle Divergenzen zu unterschiedlichen nationalen Entwicklungen führen.

Die in den letzten Jahren sich vollziehenden Entwicklungen auf den Finanzmärkten mit ihren Rückwirkungen auf die Geldnachfrage sind allerdings sorgfältig zu beobachten. In diesem Zusammenhang sind speziell neu entwickelte Finanzprodukte mit ihren Auswirkungen auf den gesamtwirtschaftlichen Liquiditätsgrad (z.B. Asset-backed-Securities und die generelle Tendenz zur Verbriefung zuvor illiquider Forderungspositionen von Banken) und das Auftreten neuer Finanzinstitutionen (wie Hedgefonds, Private Equity-Gesellschaften) zu nennen. Eine krisenhafte Verschärfung dieser Entwicklungen kann aber wiederum durch eine sorgfältige Monetäre Analyse frühzeitig aufgedeckt werden (siehe dazu Box III.2.8). Darauf deutet z.B. auch der Verlauf der von den USA ausgegangenen Immobilienkrise im Jahr 2007 hin. Die nur bescheidene Rolle von *Finanzinnovationen* in einigen Euro-Ländern, speziell in Deutschland, konnten zur Stabilität des Euro-Aggregats in der Vergangenheit sicherlich beitragen. Einige Argumente sprechen dafür, dass diese stabilitätsfördernden Effekte auch in Zukunft wirken. So ist der Anteil von Aktien und Bonds am Vermögen in der EWU kleiner als in vielen anderen Ländern, vor allem den USA.

Box III.2.13: Geldnachfrageschätzung

Die Prognostizierbarkeit der Geldnachfrage ist eine wichtige Bedingung für eine erfolgreiche Geldmengenstrategie. Die empirische Überprüfung, welche Geldmengendefinition sich am besten als Zwischenziel, Indikatorvariable oder Referenzwert eignet, erfolgt u.a. anhand von *Geldnachfrageschätzungen*. Diese beruhen in den meisten Fällen auf einer einfachen Strukturgleichung, wonach die reale Geldnachfrage eine Funktion des Transaktionsvolumens und der Opportunitätskosten der Geldhaltung ist.

Oft lässt sich schon mit „simplen" *Kleinst-Quadrat-Schätzungen* („*Ordinary Least Squares*") überprüfen, ob eine Geldnachfragefunktion identifizierbar ist:

$$\Delta(m-p)_t = -\alpha[(m-p)_{t-1} - (\beta_1 \cdot y_{t-1} - \beta_2 \cdot oc_{t-1})] + \sum_{i=0}\gamma_{y,i} \cdot \Delta y_{t-i} + \sum_{i=0}\gamma_{oc,i} \cdot \Delta oc_{t-i} + \mu_t$$

Alle Größen sind logarithmiert. „μ" steht für einen normalverteilten, unkorrelierten und homoskedastischen Störterm, „Δ" für die erste Differenz. „m" ist die im Zentrum der Betrachtung stehende Geldmenge. Als Transaktionsvariable „y" dient in vielen Fällen das reale Bruttoinlandsprodukt. Das Preisniveau „p" wird mit Hilfe des BIP-Deflators oder dem Verbraucherpreisindex operationalisiert. Als Opportunitätskostenvariable (*oc*) verwendet man üblicherweise die Differenz zwischen einem langfristigen Zins (z.B. Umlaufsrendite öffentlicher Anleihen) und der Eigenverzinsung des Geldes. Der Ausdruck in der eckigen Klammer ist der sogenannte *Fehlerkorrekturterm*. Er beinhaltet den langfristigen Zusammenhang zwischen der Geldnachfrage und ihren Bestimmungsfaktoren in normalisierter Form (*langfristige Geldnachfrage*). Dementsprechend stehen die β-Koeffizienten für die langfristigen Elastizitäten der Bestimmungsfaktoren der Geldnachfrage. Die γ-Koeffizienten kann man als kurzfristige Elastizitäten interpretieren. Solange die Geldnachfrage ihr Gleichgewicht nicht erreicht hat, d.h. der Klammerausdruck ungleich null ist, passt sich die Geldnachfrage ihrem langfristigen Gleichgewicht an. Aus diesem Grund bezeichnet man den Ausdruck in der eckigen Klammer auch als Fehlerkorrekturterm, da vorhandene „Fehler" (=Abweichungen vom Gleichgewicht) korrigiert werden. Ein Wert für α von 0,15 bedeutet, dass Ungleichgewichte pro Periode um 15% abgebaut werden. Ein signifikant negativer Wert vor der Klammer kann gleichzeitig als Indiz für die langfristige Stabilität der Geldnachfrage gewertet werden.

In der Regel erhält man für die europäische M3-Geldnachfrage eine langfristige Einkommenselastizität (β_1) von über 1 (siehe die Studien in Tabelle III.2.5). Demnach würde eine Erhöhung des realen Bruttoinlandsprodukts um 1% die Geldnachfrage um mehr als 1% erhöhen. Die EZB muss folglich bei der Ableitung des Referenzwertes für M3 eine trendmäßig fallende Umlaufsgeschwindigkeit in Rechnung stellen. Würde also der mittelfristige Wachstumspfad des Euro-Währungsgebiets 2% betragen und nimmt man für β_1 einen Wert von 1,4 an, müsste die EZB die stabilitätsgerechte Geldausweitung zusätzlich um 0,8% ausweiten (2·1,4 – 2). Ist die Geldnachfrage langfristig stabil, kann die Geldmenge für die Prognose und Kontrolle der Preisentwicklung eingesetzt werden.

Box erstellt von J. Clostermann (Hochschule für Angewandte Wissenschaften Ingolstadt).

Die verfügbaren Geldnachfragestudien müssen allerdings vorsichtig interpretiert werden, da sie vor 1999 mit aggregierten Länderdaten arbeiten, die auch das Ergebnis einer gerade nicht vereinheitlichten Geldpolitik waren. So fand mit dem 1.1.1999 ein Regimewechsel statt, der sich wegen seiner unsicheren Auswirkungen in empirischen Analysen ex-ante schwer einfangen lässt. So könnte es z.B. sein, dass die festgestellte Stabilität der europäischen Geldnachfrage die Folge der asymmetrischen Funktionsweise des früheren Europäischen Währungssystems war. In diesem System gab die Deutsche Bundesbank die geldpolitische Ausrichtung vor, und die anderen Mitgliedsländer hielten den Wechselkurs zur DM fix. Dadurch importierten sie sozusagen die geldpolitische Orientierung Deutschlands. Da diese *Asymmetrie* aber mit dem Übergang zu einer einheitlichen Geldpolitik zwangsläufig entfiel, könnten sich auch Instabilitäten einstellen. Zudem können *Geldnachfrageschocks*, die früher die einzelnen Länder unterschiedlich trafen und sich in einer Vielzahl von Fällen im Aggregat aufhoben, in Zukunft positiv miteinander korreliert sein, da sie gemeinsame Ursachen haben (siehe z.B. die Entwicklungen im Zusammenhang mit dem Einbruch der Aktienmärkte nach dem Jahr 2000). Auch herrscht über die zukünftige Geldnachfrage für Transaktionszwecke (abgeleitet aus dem Gütermarkt) und das Portfolioverhalten der privaten Marktteilnehmer (abgeleitet aus dem Vermögensanlagemotiv) Unsicherheit.[30] Darüber hinaus ist überhaupt nicht klar, wie sich der finanzielle Innovationsprozess in Europa weiter entwickelt.

Es ist schlicht auch möglich, dass sich ein vergangenheitsbezogenes europäisches Geldmengenaggregat deshalb als relativ stabil herausstellt, weil es gerade nicht als offizielle Orientierungsgröße diente. Dies wird häufig mit dem Begriff „*Goodhart's Law*" bezeichnet.[31] Folglich würde sich die Summe der nationalen Geldnachfragen vor der Währungsunion von der aggregierten EWU-Geldnachfrage unterscheiden. Deshalb kann nicht zwingend davon ausgegangen werden, dass in der EWU die in der Vergangenheit festgestellten stabilen Zusammenhänge weiter gelten. Diese müssen sich vielmehr erst endogen herausbilden. Dies alles legt eine vorsichtige Geldpolitik nahe, damit nicht die Notenbank selbst zum Störfaktor wird. Dementsprechend würde Kontinuität und Stabilität des Geldangebotsprozesses einer stabilen Geldnachfrage förderlich sein. Für diesen Zusam-

---

[30] Wenn das Portfolioverhalten stärkeren Veränderungen ausgesetzt ist als die Geldnachfrage für Transaktionszwecke, würde man eher für ein enges (z.B. M1) als für ein weites (z.B. M3) Geldmengenaggregat als Orientierungsgröße plädieren. Auf der anderen Seite werden aber auch Bargeld und täglich fällige Gelder nicht nur für offizielle Transaktionen im Inland verwendet, sondern auch für Hortungszwecke gehalten oder - bei Bargeld - vom Ausland nachgefragt (siehe z.B. Fischer/Köhler/Seitz, 2004).

[31] Dieses nach dem britischen Ökonom Charles Goodhart benannte Gesetz besagt, „that any observed statistical regularity will tend to collapse once pressure is placed upon it for control purposes" (Goodhart, 1975, 5). Falls also eine Zentralbank versucht, aufgrund vergangener stabiler Beziehungen zwischen einer bestimmten Geldmengenspezifikation und Zinsen, Inlandsprodukt und Preisen, auf das entsprechende Aggregat verstärkt ihre Aufmerksamkeit zu richten, evtl. sogar eine Geldmengenstrategie darauf aufzubauen, wäre nach Goodhart's Law davon auszugehen, dass es durch eine Änderung der ökonomischen Strukturen zu Instabilitäten und Strukturbrüchen in diesen Beziehungen kommt. Und dadurch würde dieses Aggregat seine positiven Eigenschaften als Informationsvariable verlieren (Seitz, 1998).

Tabelle III.2.5: Ausgewählte EWU–Geldnachfrageschätzungen

Autoren	Zeitraum	Länder	Geldmenge	lfr. Stabilität
Brand/Cassola (2000)	1980–1999	EWU11	M3	stabil
Coenen/Vega (2001)	1980–1998	EWU11	M3	stabil
Funke (2001)	1980–1998	EWU11	M1, M3	M1: instabil; M3 stabil
Müller/Hahn (2001)	1984–1998	EWU11	M3	stabil
Calza/Gerdesmeier/Levy (2001)	1980–1999	EWU11	M3	stabil
Sachverständigenrat (2001)	1980–2000	EWU11	M3	Strukturbruch 1999; Zinsen nicht exogen
Kontolemis (2002)	1980–2001	EWU11	M3	stabil
Stracca (2003)	1980–2000	EWU11	M1	stabil/instabil[a]
Bruggemann et al. (2003), Warne (2006)	1980–2002/4[b]	EWU11/12	M3	stabil
Boone et al. (2004)	1971–2003	EWU11[c]	M3	stabil bei Einbeziehung des Vermögens
Holtemöller (2004)	1984–2001	EWU11/12	M3	stabil
Greiber/Lemke (2005)	1980–2004	EWU11/12	M3	stabil bei Aufnahme von Unsicherheitsvariablen
Banque de France (2006)	1980–2004	EWU12	M3	stabil bei Einbeziehung von Aktienmarktvariablen
Brüggemann/Lütkepohl (2006)	1975–2002	EWU11/12	M3	stabil[d]
Carstensen (2006)	1980–2003	EWU11/12	M3	ab 2001 nur noch stabil unter Einbeziehung des Aktienmarktes
Dreger/Wolters (2006)	1983–2004	EWU11/12	M3	stabil[e]
Calza/Zaghini (2006)	1971–2003	EWU11/12	M1	stabil bei Berücksichtigung von Nicht–Linearitäten
von Landesberger (2007)	1991–2005	EWU12	M3 sektoral[f]	stabil
Bordes et al. (2007)	1980–2006	EWU12	M3	Strukturbruch 2000/2001
Greiber/Setzer (2007)	1981–2006	EWU11/12	M3	stabil bei Berücksichtigung des Immobilienmarktes

Anmerkungen: EWU11: Startländer der EWU; EWU12: EWU11 + Griechenland.

a) Stabilität, wenn der Wert der Zinselastizität der Geldnachfrage als abnehmende Funktion des Zinsniveaus spezifiziert wird; b) Warne (2006) erweitert das Modell von Bruggemann et al. (2003) bis Ende 2004, ohne dass sich die Ergebnisse verändern; c) Ohne Luxemburg und Portugal; d) vor 1999 Verwendung von deutschen Daten; e) Aufnahme eines Impulsdummies für den Zusammenbruch der Aktienmärkte 2001; die Geldmenge und die Inflationsrate werden als I(2)–Variablen modelliert; f) Es werden drei Sektoren unterschieden: private Haushalte, nicht–finanzielle Unternehmen und nicht-monetäre Finanzintermediäre.

menhang wird oftmals der Begriff „*Issing's Law*" gebraucht, benannt nach dem früheren Chefvolkswirt der EZB (Issing, 1997; BHF-Bank, 1996).

Im Bewusstsein all dieser Vorbehalte veröffentlicht die EZB im Rahmen der Monetären Analyse auch einen **Referenzwert** für M3. Dafür spricht, dass sich auf M3 basierende Größen als empirisch besonders gut geeignet erwiesen, Inflationsprognosen über einen Zeitraum von zwei Jahren und darüber hinaus zu erstellen. Die besten Prognosewerte erzielt man bei einem Prognosehorizont von vier bis 10 Quartalen. Mit zunehmendem Prognosehorizont verbessert sich dabei die Aussagekraft von geldmengenbasierten Größen im Verhältnis zu anderen Wirtschaftsindikatoren, die in der Wirtschaftlichen Säule analysiert werden. Zudem soll der Referenzwert als **längerfristiger** Anker für die Inflationserwartungen der Öffentlichkeit dienen. Der Referenzwert wird ausdrücklich nicht als Zwischenziel verstanden, sondern soll eine geringere Bindungsfunktion besitzen.

Die Ableitung des Referenzwertes setzt an den Determinanten reales Wirtschaftswachstum, Preisnorm und Veränderung der Umlaufsgeschwindigkeit an. Dabei bietet es sich aufgrund der mittelfristigen Orientierung der Geldpolitik an, nicht auf die tatsächlichen Werte für das nächste Jahr, sondern auf Trendverläufe zurückzugreifen. Diese Größen müssen normativ gesetzt oder geschätzt werden. Das Eurosystem veröffentlicht nicht nur den Referenzwert, sondern auch die zugrunde liegenden Bestimmungsgrößen. Dies dürfte der Transparenz sicherlich zuträglich sein.

Nach Einschätzung des EZB-Rates liegt das Trendwachstum bzw. das Wachstum des Produktionspotenzials im Euro-Gebiet zwischen 2% und 2,5%. Die EZB räumt jedoch ein, dass in Zukunft das inflationsfreie Wirtschaftswachstum höher ausfallen kann, falls die notwendigen Reformen auf den Arbeits- und Gütermärkten zügig angegangen werden. Die Preiskomponente wird mit höchstens 2% angesetzt. Sie entspricht also der Definition von Preisstabilität anhand des HVPI. Konsistenterweise muss sie sich allerdings auf den BIP-Deflator beziehen, da als Transaktionsgröße das reale BIP Verwendung findet (siehe die Quantitätsgleichung). Die EZB setzt hier dennoch den HVPI an. Dahinter steht die Überlegung, dass mit dem HVPI die Preise der gesamten Transaktionen besser erfasst werden als mit dem BIP-Deflator. Man kann aus dieser gewissen „Inkonsistenz" auch schließen, dass das Eurosystem bei beiden Preisgrößen dieselbe Entwicklung anstrebt. Längerfristig unterscheiden sich diese beiden Inflationsmaße in der Regel auch nicht. In einzelnen Jahren kann es aber durchaus zu deutlichen Abweichungen kommen, da z.B. Importpreise im Verbraucherpreisindex, nicht jedoch im BIP-Deflator enthalten sind. Anhand Abb. III.2.13 ist dies exemplarisch für das Jahr 2000 deutlich erkennbar, in welchem wegen des Ölpreisanstiegs und der Abwertung des € der Preisanstieg gemäß dem HVPI deutlich über demjenigen beim BIP-Deflator lag. Zudem zeigt diese Grafik, dass der inländische Preisdruck, gemessen am BIP-Deflator, seit 2002 rückläufig ist.

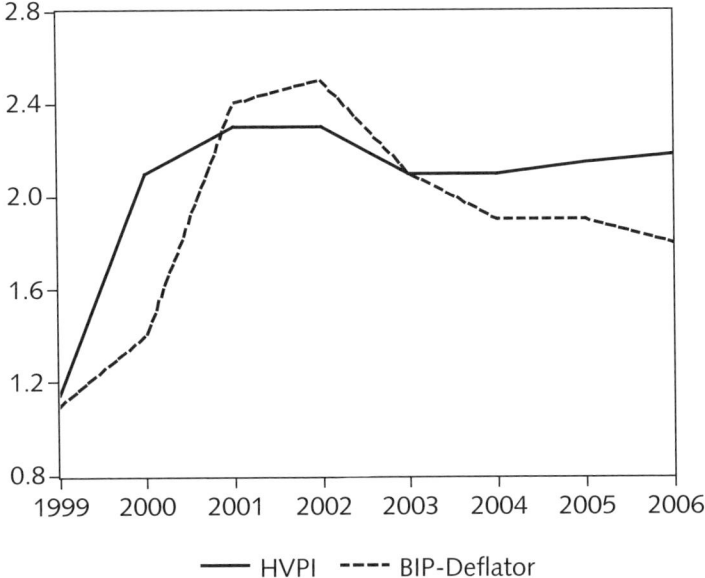

Abb. III.2.13: Inflation gemessen am HVPI und BIP-Deflator (in %)
Quelle: EZB.

Neben der Einschätzung der Wachstumsperspektiven liegt der größte Unsicherheitsbereich in der Abschätzung der Geldhaltungsgewohnheiten von Unternehmen und Privatpersonen. So hat man nur unvollständige Informationen, wie sich Vorsichtsmotive auf die Geldnachfrage im Euro-Raum auswirken. Auch die Einschätzung der Entwicklung der Substitutionsbeziehungen zu Alternativen zur Geldhaltung ist vage. Darüber hinaus erschweren die Hortung von Bargeld und die Verwendung des € im Ausland sowie die zukünftige Entwicklung *elektronischen Geldes* (vorausbezahlte Karten und Netzgeld) und der Finanzmärkte eine Einschätzung der Entwicklung der Geldhaltungsgewohnheiten. All dies schlägt sich in der *Umlaufsgeschwindigkeit* nieder. Berechnungen der EZB zu Folge ist von einem trendstabilen Rückgang der Umlaufsgeschwindigkeit von 0,5 % bis 1 % pro Jahr auszugehen (siehe Abb. III.2.14). Dieser Rückgang wird üblicher Weise mit dem Vermögenscharakter eines Teils der Geldkomponenten (hauptsächlich die zinstragenden Teile), die nicht nur Transaktionszwecken dienen, erklärt. Dadurch wächst M3 im Trend schneller als das BIP. Dementsprechend ist ein Zuschlag beim inflationsfreien Geldmengenwachstum vorzunehmen. Der Trendrückgang scheint sich allerdings in den letzten Jahren verstärkt zu haben. Dies sieht man deutlich daran, weil der konkave quadratische Trend den Verlauf seit Beginn der EWU deutlich besser beschreibt. Man könnte auch von einem Trendbruch sprechen. Schließlich bleibt auch noch festzuhalten, dass die Volatilität der Umlaufsgeschwindigkeit in den letzten 10 Jahren zugenommen hat. In diesen beiden Hinsichten schneidet M1 inzwischen deutlich besser ab (siehe

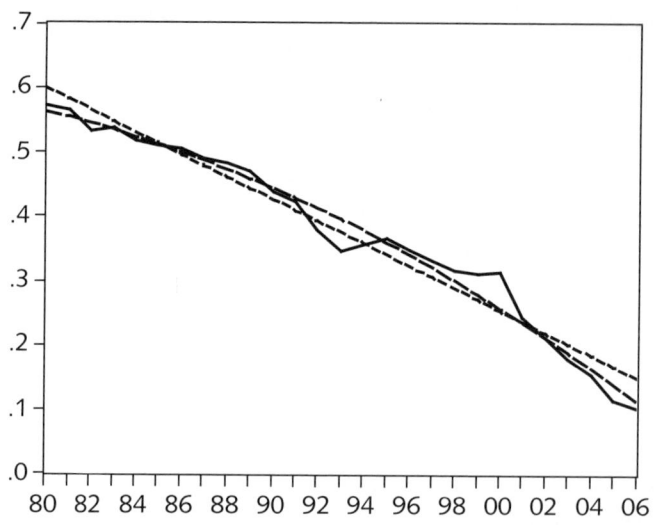

——— Umlaufsgeschwindigkeit ---- linearer Trend --- quadratischer Trend

Abb. III.2.14: Umlaufsgeschwindigkeit von M3
Quelle: EZB; eigene Berechnungen.
Anmerkungen: logarithmischer Maßstab. Umlaufsgeschwindigkeit als Verhältnis des nominalen BIP zu M3.

Abb. III.2.15). Generell sollte in einem Umfeld von Preisstabilität der Rückgang der Umlaufsgeschwindigkeit eigentlich weniger ausgeprägt sein als bei Disinflation und sinkenden Nominalzinsen. Bei rückläufigen Inflationsraten und Nominalzinsen steigt nämlich die Geldnachfrage an und die Umlaufsgeschwindigkeit sinkt folglich im Zeitablauf.

Aus diesen Komponenten errechnet die EZB einen Referenzwert für M3 in Höhe von 4½%, der seit 1999 gilt. Er wird also, anders als bei den deutschen Geldmengenzielen, nicht in Form eines Zielkorridors oder einer Bandbreite festgelegt, sondern als Punktwert bekannt gegeben. Dies ist unverständlich, da gerade die EWU-spezifischen Unsicherheiten es Nahe legen, den Referenzwert als Bandbreite festzulegen. Noch dazu, wo die Bestimmungsgrößen auch als Höchstwerte oder Intervalle angegeben werden. Die Kommunikation des Referenzwertes wird durch die Vorgabe eines Punktwertes sicherlich nicht einfacher. Der Referenzwert ist nicht zeitlich befristet, d.h. es handelt sich um keinen Jahres- oder 2-Jahreswert. Er ist zeitlos und wird in der Regel am Ende eines Jahres überprüft. Der mittelfristigen Orientierung entsprechend ist er als Durchschnittswert zu interpretieren.[32]

---

[32] Der Referenzwert ist konsistent mit den Ergebnissen von Geldnachfrageschätzungen für M3 (siehe die in Tabelle III.2.5 erwähnten Studien). Er lässt sich errechnen, indem man den Wert für die Einkommenselastizität (gemäß den erwähnten Studien ca. 1,4) multipliziert mit dem

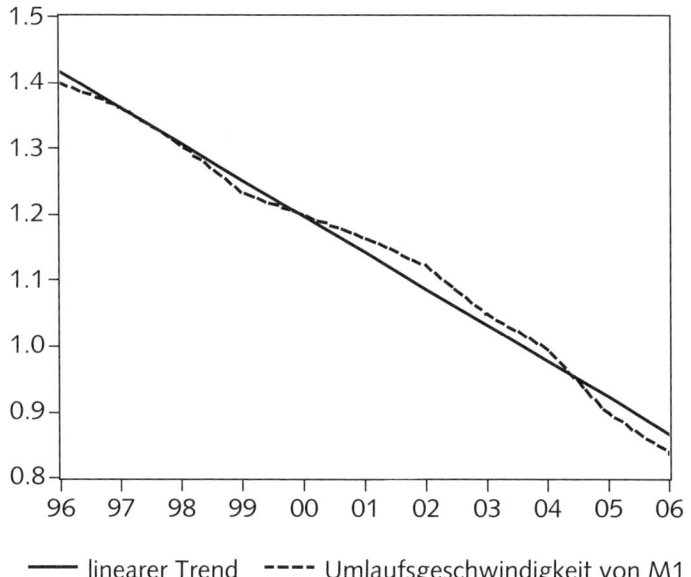

Abb. III.2.15: *Umlaufsgeschwindigkeit von M1*
Quelle: EZB; eigene Berechnungen.
Anmerkungen: logarithmischer Maßstab. Umlaufsgeschwindigkeit als Verhältnis des nominalen BIP zu M1.

Unter normalen Umständen signalisiert eine nicht referenzwert-konforme Geldmengenentwicklung Gefährdungen der Preisstabilität. Allerdings kann es wegen der Langfristigkeit des Konzepts keine direkte Verbindung zwischen kurzfristigen monetären Entwicklungen und geldpolitischen Beschlüssen geben. Dem entsprechend wird das Eurosystem nicht mechanistisch auf „Zielverfehlungen" reagieren, sondern die genauen Ursachen dafür und die Preisrelevanz sorgfältig analysieren und danach handeln. So kann z.B. ein verstärktes Wachstum von M3 auf einem Anstieg der Kreditvergabe infolge weniger restriktiver Rating-Standards der MFI's beruhen. Ein derartiger monetärer Schock dürfte Auswirkungen auf die Preisentwicklung haben. Auf der anderen Seite kann jedoch das erhöhte Geldmengenwachstum auch auf temporäre Sonderfaktoren zurückgehen, die keine Preiswirkungen zeitigen. Darunter fallen z.B. institutionelle Änderungen in der Besteuerung, die bestimmte in M3 enthaltene Anlageformen attraktiver erscheinen lassen oder größere einmalige Transaktionen wie die Finanzierung der deutschen UMTS-Lizenzen im Spätsommer 2000. Auch eine zunehmende Präferenz für kurzfristige Anlageformen (z.B. im Zuge der Aktienmarktzusammenbrüche und der geopolitischen Unsicherheiten Anfang des Jahrhunderts) ist in die-

Trendwachstum des realen BIP (ca. 2%) und dazu die Definition von Preisstabilität addiert (maximal 2%).

sem Zusammenhang sorgfältig zu analysieren. Generell geht es darum, aus den Geldmengendaten den inflationsrelevanten Trend herauszufiltern.

Die EZB vergleicht die aktuelle monetäre Entwicklung mit dem Referenzwert. Zur Berechnung des aktuellen Geldmengenwachstums wird jedoch kein einfacher Vorjahresvergleich vorgenommen, sondern im Sinne einer Glättung der Geldmengenentwicklung ein gleitender 3-Monats-Durchschnitt der monatlichen Jahreswachstumsraten berechnet. Wie Abb. III.2.16 zeigt, wurde der Referenzwert vor allem seit Mitte 2001 ständig und zum Teil deutlich übertroffen. Dafür waren zunächst der Zusammenbruch der Aktienmärkte und die gestiegenen Unsicherheiten nach den Terroranschlägen vom 11. September 2001 verantwortlich. Beides führte dazu, dass verstärkt kurzfristige Anlageformen, die in M3 enthalten sind, präferiert wurden. Deshalb berechnet die EZB auch eine um diese Portfolioeffekte bereinigte Geldmenge M3, die konsequenter Weise niedrigere Wachstumsraten aufweist. Vor dem Hintergrund der überschießenden Geldmengenentwicklung kam die EZB immer wieder in Begründungszwänge der „Sinnhaftigkeit" der Geldmengenorientierung für die Geldpolitik. Eine Bandbreite von z.B. 5 - 7% wäre hier sicherlich hilfreich gewesen. Unter den Haltern haben in den letzten Jahren vor allem die nicht-monetären Finanzintermediäre (darunter fallen z.B. Versicherungs-, Leasing-, Factoring-, Kreditkartengesellschaften, Pensionskassen, Investmentfonds sowie Wertpapier- und Derivatehändler) für eine Vielzahl der Probleme gesorgt. Da deren Geldnachfrage anderen Gesetzmäßigkeiten als die von privaten Haushalten und Unternehmen folgt und auch die Güterpreisrelevanz der Transaktionen anzuzweifeln ist, böte es sich an, diese aus M3 herauszunehmen. An der Abbildung ist der „glattere" Verlauf des gleitenden Durchschnitts im Vergleich zur einfachen Jahreswachstumsrate erkenntlich. Sie veranschaulicht aber trotzdem die Schwierigkeiten der Integration eines derartigen Referenzwertes in ein langfristig angelegtes Geldmengenkonzept.

Zusätzlich zu diesem Vergleich analysiert die EZB im Rahmen der Monetären Säule verschiedene Messgrößen für die existierende Überschussliquidität. Darunter fallen die Entwicklung sog. *„money gaps"* (Geldlücken) in nominaler und realer Form und der Geldüberhang. Unter einer nominalen *Geldlücke* versteht man die kumulierte Differenz zwischen dem M3-Wachstum und dem Referenzwert. Er dient der EZB als ein aus der Monetären Säule der Strategie abgeleiteter Inflationsindikator. Wie man aus Abb. III.2.16 ersehen kann, hat die nominelle Geldlücke seit 2001 stetig zugenommen. Die *reale Geldlücke („real money gap"*, siehe auch Box III.2.7) berücksichtigt zusätzlich noch die Differenz zwischen der tatsächlichen Inflationsrate und der Definition von Preisstabilität. Liegt die HVPI-Inflation über der Definition von Preisstabilität, wie dies von 2000 bis 2006 der Fall war, ist die reale Geldlücke kleiner als die nominale Geldlücke. Seit 2001 ist die reale Geldlücke positiv und weitete sich bis Ende 2006 ständig aus. Und der *Geldüberhang* bzw. –unterhang misst die Abweichung der nominalen Geldmenge von einer mittels eines Modells geschätzten Gleichgewichtsgeldmenge. Letztere errechnet sich, indem die Werte der makroökonomischen Bestimmungs-

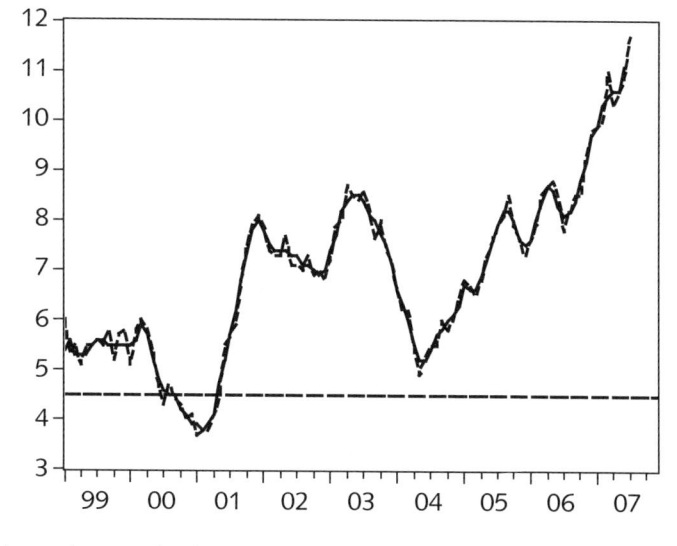

Abb. III.2.16: *Referenzwert und tatsächliche Entwicklung von M3 (in %)*
Quelle: EZB.

gründe der Geldnachfrage in die Gleichung der langfristigen Geldnachfrage eingesetzt werden (siehe Box III.2.13). Der Geldüberhang spiegelt somit den nicht durch die makroökonomischen Variablen erklärten Teil der Geldmengenentwicklung wider.

Daneben erfolgt im Rahmen der Monetären Säule eine Analyse der engeren Geldmengenaggregate M1 und M2 sowie der Einzelkomponenten von M3. Besonderes Augenmerk verdient dabei M1, da es die liquidesten Bestandteile enthält und ein großes Gewicht an M3 besitzt (Ende 2006: 48%). Aber auch eine Betrachtung der *Gegenposten* von M3 im Rahmen der Konsolidierten Bilanz der MFI's (speziell der Kreditgewährung) kann sinnvolle Zusatzinformationen über die Ursachen des Geldmengenwachstums erbringen. Solange die monetäre Entwicklung in den einzelnen Teilnehmerländern der EWU noch recht unterschiedlich verläuft, empfiehlt es sich auch, die nationalen Bewegungen sorgfältig zu analysieren.

All diese Ansätze dienen letztlich dem Ziel, sich ein Urteil über die in der Entwicklung von Geld und Kredit enthaltenen Risiken für die Preisstabilität zu bilden. Ungeachtet der Umsetzungsprobleme geldmengenorientierter Strategien zeigt sich nämlich, dass Zentralbanken, die monetären Entwicklungen ein hohes Gewicht beimessen, besonders erfolgreich bei der Stabilisierung des Binnenwerts ihrer Währung sind.

2.6.5 Die Wirtschaftliche (kurzfristige) Säule: Eine breit fundierte Beurteilung der Preisperspektiven

Aufgrund der unsicheren Entwicklung und Einschätzung der Geldnachfrage baut die Strategie des Eurosystems noch auf einer weiteren Säule auf. Diese beinhaltet eine breit fundierte Beurteilung der Preisperspektiven anhand mehrerer Inflationsindikatoren neben der Geldmenge. Zwar ist Inflation auf Dauer ein monetäres Phänomen. Auf kurze Sicht wird dieser Zusammenhang allerdings von einer Vielzahl von Faktoren überlagert. Und da sich diese Einflüsse verfestigen können, ist diese kurze Frist durchaus geldpolitisch relevant. In diesem Zusammenhang geht es auch um die Analyse von konjunkturellen Schocks, d.h. unerwarteten Ereignissen, und wie sich diese auf die Kosten- und Preisentwicklung in der EWU auswirken.

Um sich ein Gesamtbild der Preisentwicklung zu verschaffen, werden innerhalb dieser Säule zunächst die Preise auf verschiedenen Stufen des Preisbildungsprozesses näher untersucht (Erzeuger-, Vorleistungsgüter-, Investitionsgüter- und verschiedene Konsumgüterpreise). Ansonsten lässt sich bei dem verwendeten Indikatoren-Set eine Dreiteilung vornehmen.

Erstens werden kurzfristige **Konjunkturindikatoren** analysiert. Darunter fallen Variablen, die eine veränderte Grunddynamik der Wirtschaft anzeigen, wie z.B. der Output Gap sowie generell angebots- und nachfrageseitige Einflüsse. Auf der Angebotsseite geht es dabei speziell um die Produktionsfaktoren Arbeit und Kapital, deren Auslastung und Kosten. Die gesamtwirtschaftliche Nachfrage wird unterteilt in ihre Komponenten Konsum, Investitionen, Außenbeitrag und zusammen mit ihren Determinanten beurteilt. Daneben kommen als preisrelevante Konjunkturdaten noch temporäre Faktoren wie Rohstoffpreis- und Wechselkursentwicklungen und die Veränderung indirekter Steuern in Frage. Die Relevanz von Output Gaps bzw. der Kapazitätsauslastung hat sich dabei in der Vergangenheit als umso höher erwiesen, je geringer der Offenheitsgrad einer Volkswirtschaft war. Deshalb dürfte diese Variable für den Euroraum besonders für Preisprognosen geeignet sein. Zu beachten ist dabei allerdings die große Schätzungenauigkeit des Konzepts „Output Gap" (siehe z.B. Gerberding et al., 2005 für den Fall Deutschlands). Als kurzfristige Inflationsindikatoren haben sich empirisch auch Lohnkostenmaße gut bewährt.

Als zweites werden **Finanzmarktindikatoren** näher untersucht. Hierfür analysiert die EZB z.B. Zinsstrukturkurven, nominale und indexierte Renditen von Staatsanleihen, Aktienkursindices und Derivatemärkte (Optionen, Swaps etc.). So enthalten nominale Zinsstrukturkurven und nominale Renditen eine Inflationskomponente. Aktienkurse können aus mehreren Gründen Informationen für die Konjunktur- und damit die Preisentwicklung besitzen: weil sie ein Maß für die Eigenkapitalkosten von Aktiengesellschaften darstellen, weil sie einen Teil des Vermögens der privaten Haushalte repräsentieren, von dem wiederum die Konsumnachfrage abhängt, weil sich in ihnen Erwartungen über die wirtschaftliche

Entwicklung im Allgemeinen widerspiegeln und weil Aktien als Sicherheiten für Kreditgeschäfte dienen. Seit 2003 gibt es in der EWU auch Optionen auf den HVPI. In ihnen spiegeln sich die Markterwartungen hinsichtlich der weiteren HVPI-Entwicklung wider. Gerade in der EWU sind Finanzmarktpreise attraktiv, da es sich um schnell verfügbare und erwartungsorientierte Marktdaten handelt, die nicht wie die Daten der VGR durch Revisionen und aufgrund der Aggregation durch erhöhte statistische Unsicherheiten behaftet sind. Auf der anderen Seite ist jedoch die Eignung von Finanzmarktpreisen wegen der in Kapitel III.2.3.2 beschriebenen Gefahr multipler Gleichgewichte und politik-induzierter Instabilitäten vorsichtig zu beurteilen. Da Finanzmarktpreise nicht nur Variablen im geldpolitischen Transmissionsprozess, sondern zu einem Großteil auch ein Abbild der vorherrschenden Markterwartungen sind, kann es aufgrund von Verhaltensänderungen der privaten Wirtschaftssubjekte leicht zu Fehlinterpretationen kommen. Deshalb muss auch die Forderung, die EZB sollte unabhängig von der Relevanz für die Preisentwicklung auf Assetpreise, vor allem die Aktienkursentwicklung, reagieren, abgelehnt werden (siehe ausführlich Box III.2.14).

Box III.2.14: Sollte die Geldpolitik auf Assetpreise reagieren?

Vor dem Hintergrund der immer wieder auftretenden Turbulenzen auf den Finanzmärkten wird häufig gefordert, die Geldpolitik sollte Assetpreise, und zwar vor allem Aktienkurse, aber auch Immobilienpreise, in ihre Zielfunktion mit aufnehmen (Cecchetti et al., 2000). Assetpreise erscheinen zunächst attraktiv als Orientierungsgrößen, da sie Hinweise auf die Stabilität bzw. Instabilität des Finanzsystems geben, eine wichtige Rolle im Transmissionsprozess der Geldpolitik spielen und als Indikator für Markterwartungen dienen. Von Zentralbanken wird auch stets betont, dass die Entwicklung von Assetpreisen in dem Sinne für die Geldpolitik wichtig ist, wie sie die Inflationsaussichten beeinflussen. Ihre Rolle sollte sich dem entsprechend auf die als Inflationsindikator beschränken. Doch sollte die Geldpolitik auch unabhängig von ihrem Indikatorgehalt für die zukünftige Preisentwicklung auf Bewegungen von Assetpreisen systematisch reagieren?

Ziel dieser Politik müsste es sein, spekulative Blasen auf den Finanzmärkten, nicht jegliche Preisbewegung, zu verhindern. Dafür ist es notwendig, fundamental gerechtfertige Technologieschocks von sog. Bubbleschocks zu unterscheiden (Bernanke/Gertler, 2001). Zudem ist zu klären, ob der zugrunde liegende Schock eher temporärer oder permanenter Natur ist. All dies (das sog. Signal-Extraction-Problem) lässt sich jedoch häufig erst nach einiger Zeit feststellen: sowohl die Dauer als auch der maximale Umfang einer Bubble sind stochastische Größen. Letztlich lässt sich eine spekulative Blase erst identifizieren, wenn sie geplatzt ist. Eine frühzeitige falsche geldpolitische Reaktion kann aber zusätzliche Probleme erzeugen (Alexandre/Bação, 2002). Um eine optimale geldpolitische Reaktion abzuleiten, müsste man auch die genauen stochastischen Eigenschaften der Bubble kennen

(Gruen et al., 2003). Zudem wäre danach fragen, ab wann eine Assetpreisbewegung denn nicht mehr akzeptabel bzw. gerechtfertigt ist. So ist die Definition von Inflation oder Deflation anhand des HVPI „verhältnismäßig" klar. Für Assetpreise dagegen gibt es keine derartige „natürliche" Nulllinie. Auch existiert kein allgemein akzeptiertes theoretisches Modell, nach dem der fundamental gerechtfertigte Assetpreis berechnet werden könnte. Geschweige denn, diesen empirisch zu bestimmen. All dies kann dazu beitragen, dass die geldpolitische Reaktion auf Assetpreise zu spät und dann zu heftig erfolgt, mit eventuell gravierenden (realwirtschaftlichen) Folgen.

Solange also Unsicherheit über die makroökonomische Rolle von Assetpreisen besteht, sollte auf sie vorsichtig im Rahmen ihrer Prognoseeigenschaften für die zukünftige Inflation reagiert werden. Eine stabilitätsorientierte Zentralbank dürfte damit den besten Beitrag zur Stabilität des Finanzsystems leisten.

Den dritten Komplex stellen **Branchen- und Verbraucherumfragen** dar. Diese sollen Preiserwartungen abbilden.[33] So stellt die EU-Kommission monatliche Angaben zu den Verkaufspreiserwartungen für die kommenden Monate im Verarbeitenden Gewerbe und zu der von Konsumenten erwarteten Preisentwicklung in den nächsten 12 Monaten zur Verfügung. Ferner ermittelt die EZB jedes Quartal durch eine Umfrage bei ca. 75 professionellen Prognostikern aus allen EU-Ländern die Erwartungen des Privatsektors in Bezug auf die HVPI-Entwicklung im Euroraum für unterschiedliche Zeithorizonte („survey of professional forecasters", siehe Bowles et al., 2007). Auch die Erwartungsunsicherheit wird abgefragt. Die Qualität dieser direkten Erwartungsgrößen hängt entscheidend von den Annahmen ab, die den Prognosen zugrunde liegen. Deshalb frägt die EZB auch noch die Erwartungen für die reale BIP-Entwicklung und die Arbeitslosenquote ab.

Im Rahmen der Wirtschaftlichen Säule veröffentlicht die EZB seit Dezember 2000 auch eigene Prognosen für die Veränderung des HVPI und das BIP-Wachstum (inkl. der wichtigsten Determinanten Private Konsumausgaben, Staatsverbrauch, Bruttoanlageinvestitionen, Exporte und Importe). Diese Prognosen werden gemeinsam von Experten der EZB und der nationalen Zentralbanken der an der Währungsunion teilnehmenden Länder erstellt. Grundlage bilden sowohl ökonometrische Modelle als auch nicht modellgestützte Expertenurteile (EZB, 2001a). Monetäre Daten gehen darin nicht ein. Es werden somit unter Umständen wertvolle Informationen außer Acht gelassen. Die Projektionen werden mehrmals im Jahr für einen 2-Jahres-Zeitraum erstellt und veröffentlicht.

---

[33] Daneben dienen die Umfragen zum Industrie- und Verbrauchervertrauen auch als konjunktureller Frühindikator.

Tabelle III.2.6: Makroökonomische Projektionen des Eurosystems (in %)

	2007	2008
HVPI	1,9–2,1	1,5–2,5
Reales BIP	2,2–2,8	1,8–2,8
Privater Verbrauch	1,4–1,8	1,5–2,7
Staatsverbrauch	1,3–2,3	1,2–2,2
Bruttoanlageinvestitionen	3,6–5,2	1,4–4,6
Exporte	4,6–7,4	3,9–7,1
Importe	3,7–6,7	3,6–7,0

Quelle: EZB.
Anmerkungen: Stand September 2007.

Die EZB bezeichnet diese Prognosen als gesamtwirtschaftliche *Projektionen*. Dabei handelt es sich um keine „echten" Prognosen (sog. *unbedingte Prognosen*), indem eine möglichst gute Übereinstimmung von Prognose und tatsächlicher Entwicklung angestrebt wird. Vielmehr wird die Projektion unter der Annahme unveränderter Wechselkurse und dass die kurzfristigen Zinsen sich gemäß den Markterwartungen (abgeleitet aus Terminzinsen) entwickeln, getroffen (sog. *bedingte Prognosen*). Dadurch will die EZB verhindern, dass von den Prognosen auf die zukünftige Veränderung der Notenbankzinsen geschlossen wird. Dem entsprechend stellen die Projektionen nicht eine beste Prognose, vor allem über längere Zeiträume, dar, da die Wechselkurse sich bewegen werden und Markterwartungen auch falsch sein können und revidiert werden. Auf der anderen Seite kann allerdings die EZB unter Druck geraten, wenn die von ihr abgegebene bedingte Inflationsprognose nicht mit Preisstabilität vereinbar ist. Dann müssen die Zinsen eigentlich um mehr verändert werden, als in den Zinserwartungen zum Ausdruck kommt. In die Projektionen gehen des Weiteren gewisse Annahmen über das außenwirtschaftliche Umfeld ein (z.B. über das Wachstum außerhalb des Euro-Währungsgebietes und den Ölpreis). Um die Unsicherheit der Projektionen zu betonen, werden diese als Bandbreiten formuliert (siehe Tabelle III.2.6). Dabei gilt als generelle Tendenz, dass sich die Bandbreiten mit der Länge des Prognosezeitraums ausweiten. Dadurch kommt zum Ausdruck, dass das Risiko von Fehlprognosen umso größer wird, je weiter der Prognosehorizont reicht.

Mit der Inflationsprojektion soll eine breite Palette von Einzelinformationen zusammengefasst und verbunden werden. Der Expertenstab trägt die Verantwortung für die Projektionen. Der EZB-Rat dagegen, das Entscheidungsgremium des Eurosystems, soll weder für den Inhalt noch für den Erfolg verantwortlich sein. Vielmehr wird er die Projektionen zusammen mit anderen Vorhersagen und Informationen analysieren.

Die Veröffentlichung bedingter Inflationsprognosen verbesserte die Transparenz der Geldpolitik des Eurosystems in dem Sinne, dass mehr Informationen zur Verfügung stehen. Zugleich fördern sie eine wünschenswerte vorausschauende Diskussion der Geldpolitik. Allerdings üben sie nur eine begrenzte Orientierungsfunktion aus, da sie offiziell nicht die Meinung des EZB-Rats widerspiegeln und eine wichtige Inflationsdeterminante, die Geldmengenentwicklung, außer Acht lassen. Dadurch und vor dem Hintergrund des zinspolitischen Drucks, der entstehen kann, wenn die Prognose nicht mit der Definition von Preisstabilität übereinstimmt, ist die Vorgehensweise der EZB eher kritisch zu beurteilen. Zudem weisen die Projektionen gewisse Inkonsistenzen auf. So werden konstante Wechselkurse unterstellt, während die Zinsen den Markterwartungen folgen sollen. Dies ist in der Regel inkompatibel mit Zinsparitätsbedingungen (siehe Box V.3.1). Zudem wird auch nur ein möglicher Zinspfad angenommen. Die grundlegende Basis für die Prognosen, hinreichend lange verfügbare Zeitreihen, unterlag zudem mit Beginn der Stufe 3 einem Strukturbruch. Und dessen Umfang und Auswirkungen lassen sich auch bisher nur in Ansätzen abschätzen.

2.6.6 Kritische Würdigung

In diesem Kapitel wurden die drei Elemente der geldpolitischen Strategie des Eurosystems beschrieben (siehe auch Abb. III.2.17). Es handelt sich dabei um die Definition von Preisstabilität („der Anker") und die Monetäre sowie die Wirtschaftliche Säule. Die beiden Säulen sind als gleichberechtigte Teile im Versuch der Gewährleistung von Preisstabilität zu betrachten.

Um Deflationsgefahren und Messfehler adäquat zu berücksichtigen, hat die EZB mit der Überprüfung ihrer Strategie die Definition von Preisstabilität geringfügig gelockert, indem sie nun eine Rate von unter, aber nahe 2% anstrebt. In einem nächsten Schritt wurde auf die Rolle monetärer Faktoren zur Erreichung dieses Ziels im Rahmen einer mittelfristig orientierten Geldpolitik eingegangen. Dafür stellt die EZB eine umfassende Monetäre Analyse an. Ausgangspunkt ist dabei die Überzeugung, dass Inflation mittel- bis langfristig immer mit einer übermäßigen Geldmengenausweitung einhergeht. Deshalb wird bei der Beurteilung der Preisentwicklung monetären Faktoren eine hervorgehobene Rolle unter den möglichen Inflationsindikatoren bzw. Informationsvariablen eingeräumt. Durch diese Monetäre Säule wird dem mittelfristigen Charakter einer geldpolitischen Strategie Rechnung getragen.

Gerade wegen der mit der Währungsunion und dem veränderten gesamtwirtschaftlichen Umfeld zusammen hängenden Unsicherheiten soll auf monetäre Entwicklungen allerdings nicht „mechanistisch" reagiert werden. Die Zinspolitik muss sich auf eine sorgfältige und umfassende Ursachenanalyse stützen. Wenn diese auf Sonderentwicklungen, die keine Gefährdung des Ziels der Preisstabilität beinhalten, hindeutet, darf es nicht zu Änderungen des geldpolitischen Kurses kommen. Dafür beurteilt die EZB die Preisperspektiven im Rahmen der

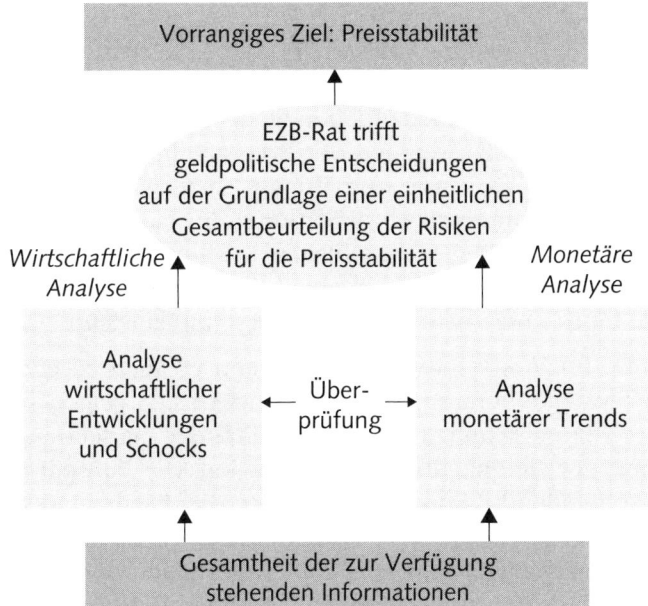

Abb. III.2.17: Die geldpolitische Strategie des Eurosystems
Quelle: EZB (2003c), 102.

Wirtschaftlichen Säule auf Basis einer Vielzahl von Indikatoren, die neben der Geldmenge „gute" Vorlaufeigenschaften für die künftige Preisentwicklung haben.

Die beiden letzten Elemente – die Monetäre und die Wirtschaftliche Säule – bezeichnet man als das „Zwei-Säulen-Konzept" („two-pillars-concept") des Eurosystems. Dieser Terminus soll einerseits auf die spezifischen Eigenheiten des Eurosystems verweisen und ist andererseits als eine bewusste Abgrenzung zu einer Politik mit Geldmengenzielen oder einer direkten Inflationssteuerung zu betrachten. Mit dieser neuen Strategie verbindet das Eurosystem die Erfahrungen der teilnehmenden nationalen Zentralbanken mit der spezifisch neuen Situation der Währungsunion. In diesem Zusammenhang sind hauptsächlich die Verpflichtung auf Preisstabilität, die hervorgehobene Rolle der Geldmenge, die Möglichkeit von Instabilitäten in der Geldnachfrage und die Bedeutung kurzfristiger Abweichungen der Inflation vom Inflationstrend zu nennen. Insgesamt ist es der EZB mit ihrer strategischen Ausrichtung relativ gut gelungen, die Inflationserwartungen auf einem niedrigen Niveau zu stabilisieren.

Dieser auf den ersten Blick generell sinnvollen Vorgehensweise kann jedoch in Zeiten, in denen von den beiden Säulen uneinheitliche Signale ausgehen, die Orientierung für die Inflationserwartungen der Märkte und der Öffentlichkeit verloren gehen. Deshalb sollte eine stärkere Ausdifferenzierung der Strategie erfolgen. Da eine Strategie mittel- bis langfristig ausgerichtet ist und über diesen

Zeithorizont Inflation ohne eine übermäßige Ausweitung der Geldmenge nicht möglich ist, sollte die Monetäre Analyse und die längerfristige Perspektive stärker in den Vordergrund rücken. Voraussetzung wäre allerdings die Stabilität der monetären Beziehungen. Wenn dann bei nicht zielkonformen Entwicklungen vom Eurosystem keine Gefährdungen der Preisstabilität gesehen werden, muss dies den Märkten mit Hilfe einer sorgfältigen Ursachenanalyse vermittelt werden. Durch die vorgenommenen Modifikationen im Jahr 2003 hat die EZB aber gerade den umgekehrten Weg eingeschlagen. Sie hat die Monetäre Säule relativ abgewertet. Der kurzfristigen Säule dagegen wird mehr Beachtung geschenkt. Dadurch wurde einer Kurzfristorientierung Vorschub geleistet.

Durch bestimmte inhärente Entwicklungen kann es auch zu erzwungenen Anpassungen der Strategie kommen. Dafür verantwortlich zeigen sich die Finanzmärkte und ihre Rückwirkungen auf die Stabilität der monetären Relationen im Allgemeinen und der Geldnachfrage im speziellen. Die Europäische Währungsunion hat einschneidende Konsequenzen für die Finanzmärkte der teilnehmenden Länder. Die Marktfähigkeit verschiedener Finanzinstrumente und die Liquidität des Euro-Finanzmarktes ist deutlich gestiegen und wird noch weiter zunehmen. Ein verändertes internationales Umfeld und die Internationalisierung der Finanzmärkte waren aber immer Ursachen von Finanzinnovationen. Mit der Internationalisierung einher geht ein verstärkter Konkurrenzdruck für die Finanzinstitute. Sie werden gezwungen sein, Produkte zu attraktiven Konditionen anzubieten, (z.B. verstärkt zinstragende Girokonten), neue Transaktionstechnologien einführen (z.B. transaktionsfähige Geldmarktkonten) und neue Produkte zu entwickeln (siehe z.B. die Entwicklung bei Asset-backed-Securities).

In einem derartigen Umfeld wird es extrem schwierig, die gesamtwirtschaftliche Liquiditätslage zu beurteilen und ein breit abgegrenztes Geldmengenaggregat, das an Bankbilanzen ansetzt, zu kontrollieren. Man müsste dafür nämlich auch über das Verhalten und die Reaktionen des Banken- und Nichtbankensektors zuverlässige Informationen haben (z.B. wie Banken ihre Konditionen- und Produktgestaltung auf die beschriebenen Entwicklungen hin anpassen oder wie sich das Portfolioverhalten der Nichtbanken verändert). Die zunehmende *Zinssensitivität* der Anleger wird ihr Übriges tun und unter Umständen einen gewissen *Disintermediationsprozess* weg vom Bankensystem auslösen. Dieser wiederum wird den Wettbewerb um Marktanteile weiter intensivieren. Auch für private Haushalte ist inzwischen ein effizientes Cash- und Portfolio-Management aufgrund der modernen Informationstechnologie möglich. Sie werden zudem mit neuen Finanzinstrumenten wie Optionen und Futures immer besser umgehen können.

Betont werden müssen in diesem Zusammenhang die spezielle Rolle und das Marktpotenzial von *Finanzderivaten* und deren Rückwirkungen auf eine an finanziellen Variablen orientierte Geldpolitik. Durch Finanzderivate wird nämlich die Unterscheidbarkeit von Finanzaktiva erschwert: Wird z.B. eine Bundesanleihe durch einen Bund-Future kursrisikogesichert, unterscheidet sie sich vom

Risiko her nicht mehr von einer Termineinlage mit entsprechender Laufzeit. Ein derartig abgesichertes Papier ist zudem aufgrund der hohen Liquidität sowohl am Kassamarkt als auch am Futuresmarkt liquider als die vergleichbare Termineinlage. Auch die Tendenz zur Verbriefung von illiquiden Bilanzpositionen wie Hypotheken erhöht in der Regel den Liquiditätsgrad.

Auf alle Fälle werden die Grenzen zwischen dem, was in offizieller Definition als Geld bzw. Nicht-Geld zählt, zunehmend verwischt. Wegen der damit möglicher Weise einer gehenden Instabilitäten der Geldnachfrage könnte dann ein breites Geldmengenaggregat immer weniger als Indikator zukünftiger Entwicklungen geeignet sein. Insgesamt dürfte also die Geldpolitik des Eurosystems mittel- bis langfristig vor nicht unerhebliche Abgrenzungsprobleme gestellt werden. Unter Umständen waren die Änderungen in der Gewichtung der beiden Säulen im Rahmen der Überprüfung der Strategie bereits eine erste und frühzeitige Reaktion auf diese Entwicklungen.

Sollte dieser Prozess weiter fortschreiten, entsprächen die Euro-Verhältnisse in etwa denen der USA. Der dort verwendete *Multi-Indikatoren-Ansatz* ohne eine spezielle Indikatorvariable oder nominalen Anker mit verstärkter Konzentration auf ausgewählte reale Variablen gewinnt dann an Attraktivität. Falls sich das Eurosystem bis dahin Glaubwürdigkeit und Reputation auf den Märkten erworben hat, könnte dieser Ansatz nach dem Vorbild der amerikanischen Notenbank und nach Anpassung auf die institutionellen Gegebenheiten in der EWU (z.B. Berücksichtigung des primären Ziels der Gewährleistung von Preisstabilität) erfolgreich eingesetzt werden. Die Risiken sind allerdings, wie die Ausführungen zum Multi-Indikatoren-Ansatz in Teil III.2.5 gezeigt haben, nicht unbeträchtlich.

Falls das Wirtschaftswachstum im Euro-Währungsgebiet moderat verläuft, wird auch der Druck auf das Eurosystem zur Berücksichtigung konjunktureller Gesichtspunkte ansteigen. Dies dürfte vor allem dann wahrscheinlich sein, wenn sich die Inflationsraten über Jahre hinweg auf niedrigem Niveau bewegen. Dann wäre diese verstärkte Konjunkturorientierung aber auch konform mit dem Maastricht-Vertrag.

2.7 Zusammenfassung

In diesem Kapitel wurden verschiedene geldpolitische Strategien vorgestellt und im Hinblick auf ihre Eignung für die Geldpolitik des Eurosystems diskutiert. Die Analyse erfolgte vor dem Hintergrund gewisser Anforderungen, die an geldpolitische Konzeptionen zu stellen sind.

Generell gilt es zu unterscheiden zwischen Strategien, die sich bei Verfolgung des Endziels Preisstabilität zusätzlich auf Größen konzentrieren, die zwischen den operativen Variablen und dem Endziel liegen, und solchen, die das Endziel direkt anstreben. Dabei wurde zu Beginn gezeigt, dass es mit beiden Ansätzen theoretisch gleichermaßen möglich ist, dieses Endziel zu erreichen. Daran anschließend wurden ausgewählte geldpolitische Strategien vorgestellt.

Schon aufgrund der Größe des Euro-Raumes scheiden Wechselkurse als Zwischenziele für das Eurosystem aus. Sie können jedoch sinnvolle Orientierungen für die zunächst noch nicht an der Währungsunion teilnehmenden Länder im Rahmen des EWS II sein.

Bei der Zinssteuerung (gleich welcher Art) fehlt letztlich ein nominaler Anker für die Erwartungsbildung der Privaten. Auch bleibt die Preisentwicklung letztlich unbestimmt. Zinsgrößen liefern zwar wichtige Informationen. Diese Funktion können sie aber am besten innerhalb einer anderen geldpolitischen Konzeption erfüllen.

Eine nominale BIP-Steuerung erscheint auf den ersten Blick attraktiv, weil sie auch ein Outputziel enthält und sich nicht nur auf die Inflation alleine konzentriert. Auf der anderen Seite scheidet diese Orientierung aber wegen Datenproblemen, potenziellen Konflikten mit dem im Maastricht-Vertrag formulierten primären Ziel Preisstabilität und fehlenden praktischen Erfahrungen als wirkliche Alternative für das Eurosystem aus.

Eine pragmatische Geldmengenstrategie, wie sie von der Deutschen Bundesbank verfolgt wurde, hat viele Vorteile. Man konzentriert sich auf eine Variable, die einen theoretisch gesicherten Zusammenhang zur Preisentwicklung aufweist, hat eine eindeutige Zuweisung von Verantwortlichkeiten und lässt keine Informationen außer Acht. Voraussetzung für den sinnvollen Einsatz ist allerdings vor allem die Stabilität der Geldnachfrage. Darüber besteht gerade in der Währungsunion Unsicherheit.

Direkte Inflationsziele stellen die Orientierung an der Inflationsbekämpfung deutlicher heraus als eine Geldmengenorientierung. Dies ist gerade für das Eurosystem ein wichtiges Signal für die Märkte und die Öffentlichkeit. Die Bedeutung kurzfristig neben der Geldpolitik wirkender weiterer Einflussfaktoren (z.B. Fiskal- und Lohnpolitik), die Informationserfordernisse seitens der Zentralbank und die langen Verzögerungen zwischen der Diagnose, dem Ergreifen geldpolitischer Maßnahmen und der endgültigen Wirkung auf die Preise mahnen allerdings zur Vorsicht.

Bleibt als letzte Möglichkeit die „just do it"-Strategie der USA, bei der höchstens eine implizite Rückkopplung vom Endziel Preisstabilität besteht. Das Fed hatte bisher damit beträchtliche Erfolge. Für das Eurosystem dürfte sie allerdings wegen der mangelnden Transparenz und des Fehlens eines expliziten nominalen Ankers – zumindest zunächst und ohne Modifikationen – nicht empfehlenswert sein.

Was die adäquate Strategie für das Eurosystem ist, ist je nach Zeithorizont differenziert zu beurteilen. Zunächst bot sich eine Mischstrategie aus Elementen einer Geldmengenorientierung und eines direkten Inflationsziels an, wie sie das Eurosystem auch gewählt hat. Dadurch verfügt das Eurosystem über einen langfristigen nominalen Anker. Die 2-Säulen-Strategie erschwert aber wegen des nur undeutlichen Leitmotivs die Verankerung der Inflationserwartungen. So wurde z.B. schon häufig der Vorwurf geäußert, die EZB suche sich je nach Situation die für sie passenden Variablen heraus. Unter strategischen und damit langfristigen Gesichtspunkten wäre eine deutlichere Herausstellung der Monetären Analyse empfehlenswert. Diesen Weg hat die EZB leider nicht eingeschlagen, sondern kurzfristigen Entwicklungen ein größeres Gewicht zugemessen. Dadurch wird eher diskretionärem Verhalten Vorschub geleistet.

Auf Dauer ist für die Strategiewahl die Entwicklung auf den Finanz- und Gütermärkten aufmerksam zu beobachten. Es könnte sich durchaus eine Situation ergeben, die einen Übergang auf einen Multi-Indikatoren-Ansatz ohne expliziten nominalen Anker erfordert. So könnte es auch in der EWU zu einer „Amerikanisierung der Finanzmärkte" und einer stärkeren Berücksichtigung konjunktureller Gesichtspunkte durch das Eurosystem kommen, die eine Strategie nach dem Vorbild des Fed (unter Beachtung der unterschiedlichen Zielstrukturen) geradezu erzwingen könnte. Eine stärkere Konjunkturorientierung ist vor allem bei weiterhin niedrigen Inflationsraten nicht unwahrscheinlich. Wenn die EZB bis dahin den notwendigen Rückhalt in der Öffentlichkeit und auf den Märkten besitzt, könnte sie mit einem derartigen Strategiewechsel ähnlich erfolgreich wie die amerikanische Notenbank sein. Die damit verbunden Risiken im Sinne des „looking at everything" sind allerdings nicht von der Hand zu weisen.

Kontrollfragen

1. Welche Anforderungen werden an eine geldpolitische Strategie gestellt? Gehen Sie insbesondere darauf ein, wie diese Anforderungen durch die neue Situation der Währungsunion beeinflusst werden!
2. Was sind die Gemeinsamkeiten und Unterschiede der ein- und zweistufigen geldpolitischen Strategien?
3. Warum scheiden Wechselkursziele als Strategie für das Eurosystem aus?
4. Was ist der Unterschied zwischen einer Geldmengenstrategie und einer nominalen BIP-Steuerung?
5. Welche Voraussetzungen müssen für die Eignung der Zinsstruktur als Zwischenziel der Geldpolitik gegeben sein?
6. Inwiefern spielt der Zeithorizont bei der Entscheidung für die angemessene Strategie des Eurosystems eine wichtige Rolle?
7. Wie beurteilen Sie die vom Eurosystem verfolgte Strategie nach der Überprüfung im Jahr 2003 im Hinblick auf die Situation in der Währungsunion und das primäre Ziel des Eurosystems, der Gewährleistung von Preisstabilität?
8. Welche Rolle spielt die Geldnachfrage für eine erfolgreiche Geldmengenstrategie und die Strategie des Eurosystems?

Weiterführende Literatur

Issing, O., Gaspar, V., Angeloni, I., Tristani, O. (2001), Monetary Policy in the Euro Area – Strategy and Decision Making at the European Central Bank, Cambridge University Press, Cambridge.

Analyse der geldpolitischen Strategie des Eurosystems aus der Sicht der EZB. Beschreibung des analytischen Hintergrunds, der Hauptelemente der Strategie, der Implementierungsebene und polit-ökonomischer Aspekte. Dabei wird speziell auf die Situation in der EWU eingegangen.

Bernanke, B.S., Woodford, M. (Hg.) (2004), Inflation Targeting, The University of Chicago Press, Chicago.

Beschreibung der praktischen Erfahrungen verschiedener Länder mit der Strategie der direkten Inflationssteuerung. Vergleich mit den Strategien Deutschlands in der Vergangenheit und der USA. Konkreter Vorschlag für Ausgestaltung eines Inflationssteuerungssystems für das Eurosystem und die USA.

Laidler, D.E.W. (1993) The Demand for Money – Theories, Evidence & Problems, 4.A., Harper Collins College Publishers, New York.

Serletis, A. (2007), The Demand for Money: Theoretical and Empirical Approaches, 2.A., Springer, Berlin et al.

Umfassende Darstellung der Theorie und Empirie der Geldnachfrage.

Auf die Rolle von Datenunsicherheit und Datenrevisionen, speziell bei der BIP-Entwicklung, sowie Schätzunsicherheiten beim Produktionspotenzial und damit beim Output Gap und deren Rückwirkungen auf die Geldpolitik verweisen

Orphanides, A. (2003), The Quest for Prosperity without Inflation, Journal of Monetary Economics, Vol. 50, S. 633-663,

Nelson, E., Nikolov, K. (2003), UK Inflation in the 1970s and 1980s: the role of output gap mismeasurement, Journal of Economics and Business, Vol. 55, S. 353-370,

Ehrmann, M., Smets, F. (2001), Uncertain Potential Output: Implications for Monetary Policy, ECB Working Paper No. 59, April 2001 (http://www.ecb.int) und

Gerberding, C., Seitz, F., Worms, A. (2005), How the Bundesbank *Really* Conducted Monetary Policy, North American Journal of Economics and Finance, Vol. 16, S. 277-292.

Welche Größen die EZB im Rahmen der Monetären Säule untersucht, findet sich allgemein in

Masuch, K., Pill, H., Willeke, C. (2001), Framework and Tools of Monetary Analysis, in: Klöckers, H.-J., Willeke, C. (Hg.), Monetary Analysis: Tools and Applications, S.117-144, speziell auf M3 bezogen in

EZB (2004), Monetäre Analyse in Echtzeit, Monatsbericht Oktober, S. 47–71.

Welchen Informationsgehalt dabei monetäre Größen (Geldmengen- und Kreditaggregate, Geldlücke, P-Star) für die Preisentwicklung im Euro-Währungsgebiet haben, analysiert

Nicoletti-Altimari, S. (2001), Does Money Lead Inflation in the Euro Area, ECB Working Paper No. 63, May 2001 (http://www.ecb.int).

Die Überprüfung der geldpolitischen Strategie beschreibt die EZB in

Europäische Zentralbank (2003), Ergebnis der von der EZB durchgeführten Überprüfung ihrer geldpolitischen Strategie, Monatsbericht Juni 2003, S. 87–102 (http://www.ecb.int).

Die dafür von der EZB ausgewerteten Hintergrundpapiere finden sich in

Issing, O. (Hg.) (2003), Background Studies for the ECB's Evaluation of its Monetary Policy Strategy (http://www.ecb.int).

3 Geldpolitisches Instrumentarium

Das geldpolitische Instrumentarium muss das Eurosystem in die Lage versetzen, den *Tagesgeldsatz (operatives Ziel)* zu steuern und klare geldpolitische Signale zu setzen. Als *Geschäftspartner (counterparty)* für die geldpolitischen Operationen des Eurosystems (Offenmarktgeschäfte und Ständigen Fazilitäten) kommen nur Kreditinstitute in Betracht, die der Mindestreservepflicht unterliegen, die wirtschaftlich gesund sind und die die operationalen Voraussetzungen zur Teilnahme an den jeweiligen Operationen erfüllen. Ende 2006 gab es im Euroraum rd. 6.100 *mindestreservepflichtige Kreditinstitute* (Deutschland: rd. 2.100). Davon waren 1.700 für die *Haupt- und längerfristigen Refinanzierungsgeschäfte* zugelassen, die als Standardtender durchgeführt werden. Für *Feinsteuerungsoperationen*, die das Eurosystem in der Regel als Schnelltender durchführt, sind dagegen nur rd. 130 Geschäftspartner (Deutschland: 40) zugelassen, die die Voraussetzungen für die Teilnahme an Standardtendern erfüllen und die zusätzlich als „geldmarktaktiv" eingestuft werden. Die *Ständigen Fazilitäten* stehen einem wesentlich größeren Kreis offen. Rd. 2.800 Institute sind für die *Einlagefazilität* (Deutschland 1.900) und rd. 2.200 für die *Spitzenrefinanzierungsfazilität* (Deutschland: 1.300) zugelassen. Der Zugang zur Spitzenrefinanzierungsfazilität ist etwas restriktiver als der Zugang zur Einlagefazilität, da eine Inanspruchnahme der Spitzenrefinanzierungsfazilität die Stellung von *Sicherheiten* voraussetzt.

3.1 Anknüpfungspunkte der Geldpolitik

Geschäftsbanken fragen Zentralbankgeld in Form von Banknoten[1] und von Guthaben (Einlagen) beim Eurosystem nach. Letztere stellen den geldpolitischen Ansatzpunkt im Rahmen der operativen Umsetzung der Geldpolitik des Eurosystems dar. Das Banknotenmonopol des Eurosystems führt zu einer Nachfrage nach Banknoten (Position P.1 in Abb. III.3.1). Die Verpflichtung zur Haltung von Mindestreserven sowie der Wunsch, Guthaben zur Abwicklung des Zahlungsverkehrs (Working Balances) bei der Zentralbank zu halten, ziehen eine Nachfrage nach Guthaben bei der Zentralbank (Position P.2) seitens der Kreditinstitute nach sich. Zentralbankgeld kann aber nur geschaffen werden, wenn die Kreditinstitute Geschäfte mit dem Eurosystem tätigen. Hier kommt die Aktivseite der Zentralbankbilanz ins Spiel.

---

[1] Von Münzen sei der Einfachheit halber abgesehen, da diese für die Zentralbank nur einen durchlaufenden Posten darstellen.

Konsolidierte Bilanz des Eurosystems – vereinfachte Darstellung – Zum 31.12.2006 (in Mrd. €)			
Aktiva		Passiva	
A.1: Währungsreserven – Gold – Fremdwährungsforderungen[a]	319,1 176,8 142,3	P.1: Banknotenumlauf	628,2
A.2: Forderungen in € an Kreditinstitute im Euro-Währungsgebiet darunter: – Hauptrefinanzierungsgeschäfte – Längerfr. Refinanzierungsgeschäfte	450,5 330,5 120,0	P.2: Verbindlichkeiten in € gegenüber von Kreditinstituten im Euro-Währungsgebiet darunter: – Einlagen auf Girokonten (Bankenliquidität)	174,1 173,5
A.3: Sonstiges	380,4	P.3: Sonstiges	347,7
Bilanzsumme	1.150,0		1.150,0

Abbildung III.3.1: Konsolidierte Bilanz des Eurosystems zum 31.12.2006
Quelle: EZB, 2007a., 236f.
Anmerkung: Zu einem Vergleich der (Struktur) der Bilanz des Eurosystems mit der des Federal Reserve Systems (Fed) in den USA siehe Ruckriegel/Seitz, 2002, 27–29.
[a] Forderungen in Fremdwährung an Ansässige außerhalb des Euro-Währungsgebiets.

Im Wesentlichen stellt das Eurosystem Zentralbankgeld im Wege der Kreditvergabe an die Geschäftsbanken zur Verfügung (Position A.2). Den Währungsreserven (Position A.1) kommt im Eurosystem keine aktive Rolle bei der Bereitstellung von Zentralbankgeld zu. Die Bestände rühren vielmehr noch aus der Zeit des Festkurssystems von Bretton-Woods her.

Box III.3.1: Gold und Goldverkäufe im Bilanzzusammenhang

Zum 31.12.2006 betrugen die *Goldbestände der Deutschen Bundesbank* 110 Millionen Unzen (3.423 Tonnen) Feingold (ozf). Der Marktpreis betrug 482,688 € je ozf. Ende 1998, als die Goldbestände noch zu Anschaffungskosten bewertet wurden, lag der Wertansatz bei 73,5271 € je ozf. Mit Beginn der Währungsunion ging die Deutsche Bundesbank zu einer Bewertung nach tatsächlichen Marktpreisen über. Die Differenz zwischen den Anschaffungskosten und dem Marktwert wird passivseitig unter der Rubrik „Ausgleichsposten aus Neubewertung" eingestellt (Marktkurs – Anschaffungskosten) x Goldbestand). Ende 2006 betrug der Ausgleichsposten für Gold 45 Mrd. € (siehe Abb. III.3.2).

Die Deutsche Bundesbank gelangte in den Besitz des Goldes, indem sie letztlich Einlagen bei ihr gegen Gold tauschte, es kam also zu einer Bilanzverlängerung (A.1 und P.2 steigen gleichzeitig). Oder anders ausgedrückt: Die Deutsche Bundesbank hat ihre Goldbestände mit eigenen Verbindlichkeiten „bezahlt". Umgekehrt zieht ein Goldverkauf eine Bilanzverkürzung nach sich (A.1 und P.2 sinken gleichzeitig). Da „Gold" mit Zentralbankgeld bezahlt werden muss, vermindern sich die Einlagen (Guthaben) bei der Deutschen Bundesbank entsprechend. Durch den Verkauf werden Bewertungsgewinne realisiert, die an den Bundeshaushalt abzuführen sind. Würden die gesamten Goldbestände der Deutschen Bundesbank zu einem Marktpreis von 482,688 € je ozf verkauft, so könnten bei einem Verkaufserlös von 53,1 Mrd. € (siehe A.1) ein Bewertungsgewinn von 45 Mrd. € (siehe P.3) realisiert werden. Allerdings ist dies rein hypothetisch, da ein solch massiver Goldverkauf den Goldpreis stark unter Druck bringen würde. Um solche Marktstörungen zu verhindern, haben (europäische) Zentralbanken sog. Goldabkommen geschlossen, die regeln, in welcher Zeit sie in welcher Höhe Goldbestände verkaufen können. Das neue *Goldabkommen* erlaubt – beginnend ab September 2004 – der Deutschen Bundesbank über die nächsten fünf Jahre pro Jahr bis zu 120 Tonnen Gold zu verkaufen, sodass pro Jahr bei einem angenommenen Verkaufspreis von 482,688 Euro pro ozf knapp 1,6 Mrd. € an Bewertungsgewinnen realisiert werden könnte. Nur dieser Bewertungsgewinn, nicht hingegen der bloße Rücktausch von Gold gegen Verbindlichkeiten der Deutschen Bundesbank in Höhe von knapp 300 Mio. € (zu diesem Wert hat die Deutsche Bundesbank einstmals Gold gegen Guthaben bei ihr eingetauscht), kann „verteilt" werden.[2]

Bilanz zum 31.12.2006 – in Mrd. €			
Aktiva		Passiva	
A.1: Währungsreserven – Gold – Fremdwährungsforderungen	84,8 53,1 31,7	P.1: Banknotenumlauf	170,9
A.2: Forderungen in € an Kreditinstitute im Euro-Währungsgebiet darunter: – Hauptrefinanzierungsgeschäfte – Längerfr. Refinanzierungsgeschäfte	256,3 173,9 82,3	P.2: Verbindlichkeiten in € gegenüber Kreditinstituten im Euro-Währungsgebiet darunter: – Einlagen auf Girokonten (Bankenliquidität)	48,0 48,0

A.3: Sonstiges	32,4	P.3: Sonstiges
		darunter:
		– Ausgleichsposten aus
		  Neubewertung
		  darunter:
		  – Gold
			154,6
			
			45,9
			
			45,0

Bilanzsumme	373,5		373,5

Abbildung III.3.2: Bilanz der Deutschen Bundesbank zum 31.12.2006 – vereinfachte Darstellung
Quelle: Deutsche Bundesbank, 2007a, 126f. und 145f.

---

[2] Zu den Versuchen der Politik, bereits im Vorfeld der Gründung der Europäischen Währungsunion die Währungsreserven zur Erfüllung der Konvergenzkriterien „nutzbar" zu machen siehe Ruckriegel (1997).

3.2 Mindestreserve

Seit es die Mindestreserveidee gibt und speziell seit „Entdeckung" der Mindestreserve als Instrument der Geldpolitik zu Beginn der 30er Jahre des letzten Jahrhunderts in den USA (Feinman, 1993, 574) wird dieses Instrument sowohl in der Theorie als auch in der Praxis der Zentralbankpolitik kontrovers diskutiert. Auch im Vorfeld der Einführung der einheitlichen europäischen Geldpolitik war die Verwendung dieses Instruments nicht unumstritten. Von Gegnern der Mindestreserve wurden insbesondere zwei Argumente ins Feld geführt: zum einen wurde darauf hingewiesen, dass eine unverzinste Mindestreserve zu Wettbewerbsverzerrungen führt, zum anderen darauf, dass die Mindestreserve schlichtweg überflüssig sei, da andere geldpolitische Instrumente an ihre Stelle treten könnten.[3] Das Problem mindestreservebedingter Wettbewerbsverzerrungen kann durch eine Verzinsung gelöst werden, wie dies z. B. im Euroraum seit Beginn der Europäischen Währungsunion der Fall ist. Das zweite Argument, wonach die Mindestreserve ohne weiteres durch andere geldpolitische Instrumente ersetzt werden könne, beruht hingegen auf einem falschen Rollenverständnis der Mindestreserve im Gesamtgefüge des geldpolitischen Instrumentariums.

3.2.1 Ausgestaltung des Mindestreservesystems

Die *Mindestreserve* verpflichtet die Kreditinstitute, für bestimmte Verbindlichkeiten in Höhe eines bestimmten Prozentsatzes Guthaben beim Eurosystem zu halten (siehe Abbildung III.3.3).

Für die unter A aufgeführten Verbindlichkeiten gilt derzeit ein Reservesatz von 2%, d.h. die Kreditinstitute sind verpflichtet, für diese Verbindlichkeiten Guthaben beim Eurosystem in Höhe von 2% zu unterhalten.[4] Bemerkenswert ist, dass es auch Verbindlichkeiten gibt, die zwar grundsätzlich mindestreservepflichtig sind, für die derzeit aber ein Reservesatz von 0% festgesetzt wurde (siehe Position B). Dahinter steht die Überlegung, dass – falls die Reservebasis, die aus den unter A aufgelisteten Verbindlichkeiten resultiert, zu stark schwinden sollte – ohne größeren Aufwand die Reservebasis um die unter B aufgeführten Verbindlichkeiten erweitert werden kann. Derzeit steht eine solche Erweiterung allerdings nicht zur Debatte.

Grundlage für die Berechnung des *Mindestreserve-Solls*, also der Höhe des bei den nationalen Zentralbanken zu haltenden Guthabens, bilden die Monatsendstände der betreffenden Bilanzpositionen der Kreditinstitute. Das Mindestre-

---

[3] Eine systematisierende Übersicht zur Mindestreserve findet sich bei Bindseil (2004a, Kap. 6). Zur Diskussion um die „Sinnhaftigkeit" der Mindestreserve als geldpolitisches Instrument (vgl. Ruckriegel et al., 2000).

[4] Gemäß Verordnung (EG) Nr. 2531/98 des Rates vom 23. November 1998 über die Auferlegung einer Mindestreservepflicht durch die EZB kann der Mindestreservesatz zwischen 0 und 10% liegen.

Abbildung III.3.3: Reservebasis und Mindestreservesätze

A. In die *Mindestreservebasis* einbezogene Verbindlichkeiten mit positivem Reservesatz
Einlagen • Täglich fällige Einlagen • Einlagen mit vereinbarter Laufzeit von bis zu zwei Jahren • Einlagen mit vereinbarter Kündigungsfrist von bis zu zwei Jahren
Ausgegebene Schuldverschreibungen • Schuldverschreibungen mit vereinbarter Laufzeit von bis zu zwei Jahren
B. In die Mindestreservebasis einbezogene Verbindlichkeiten mit einem Reservesatz von 0 %
Einlagen • Einlagen mit vereinbarter Laufzeit von mehr als zwei Jahren • Einlagen mit vereinbarter Kündigungsfrist von mehr als zwei Jahren • Repogeschäfte
Ausgegebene Schuldverschreibungen • Schuldverschreibungen mit vereinbarter Laufzeit von mehr als zwei Jahren
C. Nicht in die Mindestreservebasis einbezogene Verbindlichkeiten
• Verbindlichkeiten gegenüber Instituten, die selbst den Mindestreservevorschriften des Eurosystems unterliegen • Verbindlichkeiten gegenüber der EZB und den nationalen Zentralbanken

Quelle: EZB, 2006d, 65.

serve-Soll wird durch die Multiplikation der reservepflichtigen Bilanzpositionen mit den *Mindestreservesätzen (reserve ratios)* berechnet. Um kleinere Institute von der Pflicht zur Haltung von Mindestreserven zu befreien, wird vom Mindestreserve-Soll einheitlich ein Freibetrag in Höhe von 100.000 € in Abzug gebracht. Die Meldung des Mindestreserve-Solls an das Eurosystem erfolgt im Rahmen der „Monatlichen Bilanzstatistik". Die *„Monatliche Bilanzstatistik"* wird primär für Zwecke der „Monetären Analyse" (insbes. Beobachtung der Geldmengenentwicklung) erhoben. Eigenständige *Mindestreservemeldungen* werden nicht gefordert. Das Mindestreserve-Soll ist Grundlage für die *Mindestreservehaltung* während der Mindestreserve-Erfüllungsperiode. Im Jahr 2006 lag das Mindestreserve-Soll bei 172,5 Mrd. € (Jahresdurchschnitt).

Ab März 2004 kam es bei der *Mindestreserve-Erfüllungsperiode* zu einer Änderung (zu den Gründen hierfür siehe Box III.4.5). Sie beginnt nun am *Abwicklungstag (Valutierungstag) des Hauptrefinanzierungsgeschäfts*, das auf die erste Sitzung des EZB-Rates in einem Monat folgt und endet am Tag vor dem Abwicklungstag des Hauptrefinanzierungsgeschäfts, das der ersten Sitzung des EZB-Rates im Folgemonat folgt. Die EZB veröffentlicht spätestens drei Monate vor Beginn jedes Jahres einen Kalender der Mindestreserve-Erfüllungsperioden. Grundlage für die Berechnung des Mindestreserve-Solls bilden die Monatsendstände der reservepflichtigen Bilanzpositionen, wobei der vorletzte Monat – gerechnet vom Beginn der Mindestreserveperiode – zugrunde liegt. Beispielsweise dienen für die Erfüllungsperiode, die im März beginnt, die Monatsendstände zum 31.1. als Berechnungsgrundlage für das Mindestreserve-Soll.

Im Durchschnitt der Kalendertagesendstände müssen die Guthaben – genauer die Einlagen auf Girokonten beim Eurosystem (siehe hierzu auch Abbildung III.3.4) – (mindestens) dem Mindestreserve-Soll entsprechen (*Durchschnitts-Mindestreserve*). Dies impliziert, dass Guthaben, die an einem bestimmten Tag der Reserveperiode gehalten werden, Guthaben ersetzen können, die an einem beliebigen anderen Tag der betreffenden Erfüllungsperiode gehalten werden müssten. Damit verknüpft das System der Durchschnittsreserve über das Gewinnmaximierungsverhalten der Geschäftsbanken den gegenwärtigen Tagesgeldsatz mit dem für die Zukunft erwarteten Tagesgeldsatz während der *Mindestreserve-Erfüllungsperiode*.

Um das Instrument der Mindestreserve international wettbewerbsneutral zu gestalten, werden Guthaben bei den nationalen Zentralbanken bis zur Höhe des Mindestreserve-Solls mit einem gewichteten Durchschnittszinssatz der während der Erfüllungsperiode abgeschlossenen Hauptrefinanzierungsgeschäfte verzinst (*Mindestreserveverzinsung*),[5] wobei beim Zinstender der marginale Zinssatz herangezogen wird.[6] Guthaben, die das Mindestreserve-Soll überschreiten (sog. *Überschussreserven*), bleiben unverzinst. Die Überschussreserven konvergierten allerdings nach Anpassungsproblemen zu Beginn des Jahres 1999 mittlerweile (2006) auf ein relativ niedriges Niveau von ca. 0,4 % des Mindestreserve-Solls.[7]

Die vom Eurosystem gewählte Verzinsung der Mindestreserve führt allerdings dazu, dass keine mindestreservebedingten Zentralbankgewinne mehr anfallen. Bei einer unverzinsten Mindestreserve resultieren diese Gewinnbeiträge daraus,

---

[5] Dadurch sind die Kosten der deutschen Kreditinstitute durch die vor 1999 bestehende unverzinste deutsche Mindestreserve in Höhe von 4 bis 6 Basispunkten und zugleich der Wettbewerbsnachteil der deutschen Banken z.B. gegenüber dem Londoner Finanzplatz entfallen. Konsequenter Weise gingen die kurzfristigen Einlagen deutscher Anleger bei Filialen inländischer Kreditinstitute in Großbritannien bis Ende 1999 deutlich, und zwar um knapp 50 % auf ca. 110 Mrd. DM zurück. Die mindestreservebedingten Guthaben beim Eurosystem werden von den Kreditinstituten auch als Arbeitsguthaben („*working balances*") für Zwecke des Zahlungsverkehrs genutzt. Geht man von der realistischen Annahme aus, dass diese Arbeitsguthaben zu einem überwiegenden Teil auch ohne Mindestreservevorschriften von den Kreditinstituten bei der Zentralbank gehalten (und nicht verzinst) werden, stellt eine „verzinste" Mindestreserve sogar einen Wettbewerbsvorteil gegenüber Ländern ohne Mindestreserve dar. Zur Diskussion des Zusammenhangs zwischen Mindestreserve und Arbeitsguthaben (vgl. Ruckriegel, 1989, 114).

[6] In der Regel wird es während einer Mindestreserve-Erfüllungsperiode zu keinen Änderungen des (Mindestbietungs-)Zinssatzes für das Hauptrefinanzierungsgeschäft kommen (siehe hierzu im Einzelnen Box III.4.5). Allerdings gilt dies nicht zwangsläufig für den marginalen Zinssatz beim Zinstender, der maßgeblich auch vom Gebotverhalten der Banken abhängt.

[7] Für eine kleinere Bank kann es durchaus rational sein, in geringem Umfang Überschussreserven zu halten, da der für eine exakte Steuerung der Guthaben bei der Zentralbank notwendige Personalaufwand die durch eine solche Steuerung vermiedenen Zinsentgänge leicht übersteigen kann (siehe hierzu auch Bindseil/Seitz, 2001, 31).

dass die Zentralbank für das Schaffen von unverzinsten Guthaben von den Geschäftsbanken verzinsliche Vermögenswerte (insbes. zinsbringende Kreditforderungen) erhält. Den Zinseinnahmen aus dem Aktivgeschäft der Zentralbank stehen so keine Zinsausgaben aus dem Passivgeschäft gegenüber. Werden die mindestreservebedingten Guthaben bei der Zentralbank mit dem Zinssatz für das maßgebliche Aktivgeschäft verzinst, so ist ein mindestreservebedingter Zentralbankgewinn ausgeschlossen. Verglichen mit der Alternative einer unverzinsten Mindestreserve reduziert sich also der Gewinn des Eurosystems bei einer Mindestreservehaltung von derzeit (Stand Ende September 2007) rd. 193 Mrd. € und bei einem Zinssatz für das Hauptrefinanzierungsgeschäft von etwa 4,00 % um 7,7 Mrd. € pro Jahr.

Bei Nichteinhaltung der Mindestreservepflicht ist eine Reihe von Sanktionen möglich. Diese können je nach Schwere des Verstoßes von unverzinslichen Einlagen über Sonderzinsen auf den Mindestreservefehlbetrag bis zu einer Aussetzung des Zugangs zu den Ständigen Fazilitäten und Offenmarktoperationen reichen. Derzeit werden nur Sonderzinsen erhoben. Dieser Sonderzinssatz liegt 2,5 %-Punkte über dem Spitzenrefinanzierungssatz der jeweiligen Erfüllungsperiode bzw. im Wiederholungsfall (mehr als zwei Fehlbeträge innerhalb von 12 Monaten) 5,0 %-Punkte darüber.[8]

3.2.2 Geldpolitische Funktionen der Mindestreserve

Das Mindestreservesystem des Eurosystems erfüllt im Wesentlichen zwei Funktionen: Es dient zum einen zur Herbeiführung oder Vergrößerung einer strukturellen Liquiditätsknappheit beim Geschäftsbankensystem (sog. Anbindungsfunktion), zum anderen führt es zu einer Stabilisierung der Geldmarktsätze (sog. Stabilisierungsfunktion). Während in den 60er und 70er Jahren des letzten Jahrhunderts die Mindestreserve noch eingesetzt wurde, um über Variationen der Mindestreservesätze die Liquidität des Bankensystems zu beeinflussen, gehört dies im Eurosystem nicht mehr zu den Funktionen der Mindestreserve. Auch die Funktion der Mindestreserve als Einnahmequelle entfällt im Eurosystem infolge der Verzinsung.

3.2.2.1 Anbindungsfunktion

Grundsätzlich gilt: Damit eine Zentralbank den Tagesgeldsatz kontrollieren kann, muss eine ausreichende Nachfrage nach Einlagen (Guthaben) bei der Zentralbank bestehen. Diese Nachfrage kann entweder durch eine mindestreservebedingte Zwangsnachfrage oder/und durch eine (freiwillige) Nachfrage für Zwecke des Zahlungsverkehrs (Clearing über die Konten bei der Zentralbank, sog. Wor-

---

[8] Im Jahre 2006 wurden pro Erfüllungsperiode durchschnittlich 11 sanktionierte Verstöße gezählt (1999: 139). In rund 60 % der Fälle lagen die Strafzinsen unter 500 €. 2006 kam es nur in zwei Fällen zu Strafzinsen von über 10.000 €.

king Balances) erzeugt werden.[9] Im Eurosystem greift („bindet") die mindestreservebedingte Zwangsnachfrage (*Anbindungsfunktion der Mindestreserve*). Es geht hierbei darum, eine gut prognostizierbare Nachfrage nach Guthaben bei der Zentralbank als Grundlage für die Geldmarktsteuerung (Liquiditätssteuerung) zu schaffen.[10] Die *Anbindungsfunktion der Mindestreserve* trägt also dazu bei, dass andere Instrumente der Zentralbank (z. B. die Offenmarktpolitik) greifen können und kann somit nicht ohne Weiteres durch andere geldpolitische Instrumente ersetzt werden.

Im Gegensatz dazu kommt der *Begrenzungsfunktion der Mindestreserve*, die einfachen Multiplikatormodellen zugrunde liegt, für die praktische Geldpolitik keine Bedeutung zu. Diese Multiplikatormodelle unterstellen, die Geschäftsbanken könnten sich nur innerhalb eines von der Zentralbank vorgegebenen Umlaufs an Zentralbankgeld bewegen. Sie messen der Mindestreserve somit in erster Linie eine *Begrenzungsfunktion für die Geldschöpfung* zu, d.h. mithilfe der Mindestreserve soll die Geldmenge begrenzt bzw. gesteuert werden. Beispielhaft hierfür ist Mankiw (2007, 515): „In fact, the Fed controls the money supply indirectly by altering either the monetary base or the reserve-deposit ratio." Ähnlich argumentiert Mankiw (2004, 693f.) in Bezug auf das Eurosystem. Aber weder das Fed noch das Eurosystem haben in den letzten Jahren die Mindestreservesätze verändert. In den USA beträgt der Mindestreservesatz 10% (seit 1992), im Euroraum 2% (seit Beginn der EWU im Jahr 1999). Geldpolitisch spielt die Begrenzungsfunktion keine Rolle, weil die Zentralbanken nicht das Ziel verfolgen, den Wirtschaftssubjekten eine bestimmte Geldmenge exogen vorzugeben (vertiefend hierzu siehe Kap. III.1). Vielmehr entwickelt sich die Geldmenge zunächst endogen aus dem Zusammenspiel der Zentralbank, der Geschäftsbanken und der Nichtbanken. Die Zentralbank befriedigt dann in einem ersten Schritt stets (vollkommen elastisch) den Bedarf der Geschäftsbanken an Zentralbankgeld. Über die Anbindung des Geschäftsbankensektors an die Zentralbank kann die Zentralbank aber im weiteren Verlauf durch eine Änderung der Zinsen, zu denen sie Zentralbankgeld zur Verfügung stellt, auf das Verhalten der Geschäfts- und der Nichtbanken Einfluss nehmen.

In der Konsolidierten Bilanz (Ausweis) des Eurosystems schlägt sich die Mindestreservehaltung der Institute unter P.2 – Einlagen auf Girokonten nieder.

---

[9] Zu einer theoretisch denkbaren weiteren Möglichkeit, wonach die Zentralbanken eine ‚freiwillige' Nachfrage über ‚attraktive' Konditionen herbeiführen können siehe Box III.3.2.

[10] „By making reserve requirements the binding constraint on banks'demand for reserves – that is, by keeping required reserves above the shifting and unpredictable level needed for clearing purposes – the central bank can more accurately determine the banking system's demand for reserves, and eventually better control short term interest rates" (Bindseil, 2004a, 186).

Konsolidierte Bilanz des Eurosystems – vereinfachte Darstellung – Zum 31.12.2006 (in Mrd. €)	
Aktiva	Passiva
A.1: Währungsreserven – Gold – Fremdwährungsforderungen	P.1: Banknotenumlauf
A.2: Forderungen in € an Kreditinstitute im Euro-Währungsgebiet darunter: – Hauptrefinanzierungsgeschäfte – Längerfr. Refinanzierungsgeschäfte	P.2: Verbindlichkeiten in € gegenüber Kreditinstituten im Euro-Währungsgebiet darunter: – **Einlagen auf Girokonten** 173,5 (Bankenliquidität)
A.3 Sonstiges	P.3: Sonstiges

Abbildung III.3.4: Mindestreserve und Bilanz des Eurosystems
Quelle: EZB, 2007a, 237.
Anmerkung: Die Hervorhebungen in der Bilanz des Eurosystems erfolgen, weil diesen Positionen in den nachfolgenden Ausführungen besondere Bedeutung zukommt.

Ein Blick auf Abbildung III.3.4 zeigt, dass der Mindestreservehaltung im Eurosystem eine große Bedeutung zukommt.[11] Vor dem Hintergrund von Neuerungen im Zahlungsverkehr kann das Instrument der Mindestreserve in Zukunft sogar noch an Bedeutung gewinnen (siehe hierzu Box III.3.2).

Box III.3.2: Electronic Money *(Elektronisches Geld)* und Geldpolitik

Electronic Money bezeichnet Geldeinheiten, die auf einem Datenträger, der sich im Besitz des Kunden befindet, gespeichert sind und die dieser für Zahlungszwecke verwenden kann. Der Begriff Electronic Money bezieht sich üblicherweise nur auf multifunktionales elektronisches Geld, nicht hingegen auf einfunktionale elektronische Zahlungsmittel. Während letztere nur vom Emittenten selbst akzeptiert werden (z.B. elektronische Zahlungsmittel, die nur innerhalb eines Verbundes öffentlicher Verkehrsmittel einer Stadt akzeptiert werden oder Telefonkarten), wird ersteres in breitem Umfang für Zahlungen an Unternehmen, die nicht zugleich Emittenten sind, genutzt.

Technisch betrachtet können zwei Arten von *Electronic Money* unterschieden werden, und zwar hardwaregestützte Produkte einerseits und softwaregestützte andererseits. Der Datenträger bei hardwaregestützten Produkten ist üblicher Weise ein Computerchip, der i. d. R. Teil einer Plastikkarte ist (sog. *vorausbezahlte Karten* oder *pre-paid cards*). Der Zugriff auf die Zahlungsmittel ist mittels hardwaregestützter Sicherheitsmerkmale geschützt. Softwaregestützte Produkte arbeiten mit einer speziellen PC-Software. Die elektronischen Werteinheiten wer-

---

[11] Zur Situation beim Fed siehe Ruckriegel/Seitz (2002, 30–34).

den über Telekommunikationsnetze (z.B. das Internet) übertragen (sog. *Netzgeld* oder *Network Money*).

Elektronisches Geld kommt prinzipiell als Instrument des Massenzahlungsverkehrs in Betracht. Entscheidend für den Einsatz sind die damit verbundenen Kosten und Nutzen im Vergleich zu den Kosten und Nutzen alternativer Instrumente für Emittenten, Handel und Nutzer. Insbesondere im Vergleich zu Bargeld können hier Kostenvorteile zum Tragen kommen, da die Notwendigkeit entfällt, das Bargeld zu bearbeiten und spezielle Sicherheitsvorkehrungen zu treffen. Ob elektronisches Geld Bargeld verdrängen kann, wird aber auch von der Frage abhängen, inwieweit in Zukunft Zahlungen mit elektronischem Geld ähnliche Anonymität gewährleisten können wie Zahlungen mit Bargeld. Die Verwendung von elektronischem Geld verursacht derzeit beim Handel noch relativ hohe Fixkosten, ist allerdings mit niedrigen Grenzkosten verbunden. Die „Stückkosten" je Transaktion nehmen also mit steigendem Transaktionsvolumen ab. Ist eine kritische Masse erreicht, so besteht also ein Anreiz zur weiteren Verbreitung. Es kommt so ein *Netzwerkeffekt* zustande.

„Elektronisches Geld in kartenbasierter Form – also die vorausbezahlten Karten – könnte also vor allem Bargeld verdrängen. Netzgeld dagegen stellt einen potenziell relevanten Konkurrenten für die Abrechnungsfunktion der Zentralbank (d.h. für Abwicklung des Interbankenzahlungsverkehrs über die Zentralbank, also für die Nachfrage nach *„Working Balances"*, Anm. der Verf.) dar" (Kotz, 2002, 99).

Derzeit kommt im Euroraum elektronischem Geld noch keine große Bedeutung zu. Ende 2006 machte es lediglich 731 Mio. € aus, was 0,1 % des Banknotenumlaufs bzw. 0,009 % der Geldmenge M3 entsprach. Insbesondere vor dem Hintergrund des technischen Fortschritts hält die EZB aber künftig eine weit verbreitete Nutzung von elektronischem Geld für durchaus möglich. Um entsprechend gewappnet zu sein, wurden deshalb im Jahr 2000 zwei EU-Richtlinien zur Schaffung eines rechtlichen Rahmens für E-Geld-Institute, also reine Emittenten von elektronischem Geld, verabschiedet. Sie sehen unter anderem vor, dass die EZB auch Mindestreservevorschriften für E-Geld-Institute erlassen und so auch Daten über elektronisches Geld bei Emittenten außerhalb des Bereichs der Kreditinstitute erheben kann. Elektronisches Geld, welches von Kreditinstituten ausgegeben und von inländischen Nichtbanken gehalten wird, wird bankstatistisch bereits heute wie täglich fällige Einlagen behandelt. Es unterliegt somit nicht nur der Mindestreserve, sondern ist auch in M3 enthalten

Hätte man nicht das Instrument der *Mindestreserve* zur Verfügung, würde es allerdings problematisch, wenn Neuerungen im Zahlungsverkehr die „Working Balances" stark reduzieren bzw. überflüssig machen würden. „The central bank's ability to influence money market rates rests on its monopoly in the creation of base money. ...The question is, however, whether new payment technologies will reduce the necessity for banks to hold central bank reserves, and in the extreme reduce the demand for base money to zero. In the latter scenario, the central bank would maintain its monopoly, but it would be useless" (Issing, 2000, 12f.). Es stellt sich also die Frage, inwieweit die Zentralbank noch Einfluss auf den Geldmarktzins nehmen kann, wenn ihr die mindestreservebedingte „Zwangsnachfrage" abhanden kommt und auch keine „freiwillige" Nachfrage nach „Working Balances" mehr besteht. In diesem Fall könnte die Zentralbank nur über entsprechend attraktive Konditionen die Geschäftsbanken „freiwillig" an sich binden. Will in einem solchen Umfeld die Zentralbank den Geldmarktzins steuern, so müssen die Geschäfte, die sie den Geschäftsbanken anbietet, für diese also einen Vorteil bringen. So wird eine Geschäftsbank nur dann bereit sein, einen Kredit bei der Zentralbank aufzunehmen, wenn der Zins, der für eine Kreditaufnahme zu zahlen ist, unter dem Zinssatz liegt, den das Kreditinstitut für die Einlage erhält, die die „Gegenleistung" für die Kreditaufnahme darstellt (A.2 und P.2 steigen gleichzeitig, siehe Abbildung III.3.4). Der Kreditzinssatz (Einnahmen der Zentralbank) muss also stets unter dem Zinssatz liegen, den die Zentralbank für Einlagen vergütet (Ausgaben der Zentralbank). Die „zwangsweise" Anbindung über das Banknotenmonopol bzw. die Mindestreserve müsste also durch eine „freiwillige" Anbindung über das Gewinnstreben der Geschäftsbanken ersetzt werden. Der „Preis" einer solchen „freiwilligen" Anbindung läge in ständigen Verlusten bei der Zentralbank, die aus dem allgemeinen Staatshaushalt, d.h. letztlich vom Steuerzahler, zu begleichen wären (siehe hierzu auch Goodhart, 2002, 284-287).

Hat man das Instrument der Mindestreserve, so ist die geldpolitisch notwendige Anbindung gesichert. Es ist auch jederzeit möglich, die mindestreservebedingte Refinanzierungsabhängigkeit auszuweiten. So besteht die Möglichkeit, die bereits gegenwärtig bestehende Verpflichtung zur Haltung von Mindestreserven bei emittierten elektronischen Werteinheiten zu erhöhen.[12] Flankierend hierzu könnten Verbindlichkeiten, die zwar in die Mindestreservebasis einbezogen sind, für die momentan aber ein Reservesatz von 0% gilt, mit einem positiven Reservesatz belegt werden. Das Instrument der Mindestreserve könnte also auch relativ problemlos einen Rückgang beim Banknotenumlauf im Zuge der Verbreitung von „Electronic Money" ausgleichen. Da unverzinste Passiva (Banknotenumlauf) durch verzinste ersetzt würden (Mindestreserveguthaben), käme es in einem solchen Fall allerdings unweigerlich zu einem Rückgang des Zentralbankgewinnes. Dies wäre nur dann zu vermeiden, wenn die Zentralbank selbst (unverzinstes) elektronisches Geld emittieren würde. Sollte elektronisches Geld Banknoten in großem Umfang verdrängen, spricht deshalb einiges dafür, dass das Eurosystem dann auch selbst elektronisches Geld emittiert, um sich die Grundlage für seine finanzielle Unabhängigkeit zu erhalten.

---

[12] Bei pre-paid-cards dienen in den Bankbilanzen die *„Geldkarten-Aufladungsgegenwerte"* als Ansatzpunkt; mindestreservemäßig werden sie wie täglich fällige Gelder behandelt. Die Aufladungsgegenwerte stellen die Verbindlichkeiten der Kreditinstitute aus den umlaufenden Chip-Karten-Guthaben dar. Im Extremfall – nach Zustimmung des Ecofin-Rates – könnte bei elektronischen Werteinheiten (*„pre-paid-cards"*, *Netzgeld*) auch eine Mindestreserve von 100% erhoben werden.

3.2.2.2 Stabilisierungsfunktion

„Die Durchschnittserfüllung ermöglicht es den Instituten, sich Liquiditätsschocks innerhalb einer Reserveerfüllungsperiode anzupassen. Dadurch stabilisieren sich die Geldmarktzinsen."

(EZB, 2006d, 93)

Zentraler Ansatzpunkt für die geldpolitischen Instrumente des Eurosystems ist der Zinssatz am Interbanken-Geldmarkt, speziell der Tagesgeldsatz (zu den Einzelheiten siehe III.4). Auf dem Tagesgeldmarkt handeln die Kreditinstitute untereinander Guthaben bei der Zentralbank (P.2 in Abbildung III.3.4). Die Mindestreserve in der gewählten Ausgestaltung als Durchschnitts-Mindestreserve führt hier zu einer Stabilisierung des Tagesgeldsatzes (*Stabilisierungsfunktion der Mindestreserve*). Die zur Erfüllung der Mindestreservepflicht notwendigen Zentralbankguthaben brauchen nämlich nicht von Tag zu Tag in der von der Mindestreserve geforderten Höhe gehalten zu werden. Sie müssen vielmehr nur im Durchschnitt der Kalendertagesendstände einer Erfüllungsperiode dem Mindestreserve-Soll entsprechen (*Durchschnitts-Mindestreserve*). Dies heißt aber, dass während einer Erfüllungsperiode Mindestreserveunterschreitungen und -überschreitungen miteinander verrechnet werden können. Kurzfristig am Tagesgeldmarkt auftretende Anspannungen bzw. Verflüssigungen können so durch ein vorübergehendes Unterschreiten bzw. Überschreiten des durchschnittlich zu haltenden Mindestreserve-Solls abgefedert werden. Kommt es etwa zu einer plötzlichen Anspannung am Tagesgeldmarkt (Zinsanstieg), kann es für eine einzelne Bank lohnend sein (Tagesgeldsatz > Verzinsung der mindestreservebedingten Guthaben), ihr Mindestreserve-Soll kurzfristig zu unterschreiten, um diese Mittel dann am Tagesgeldmarkt in der Erwartung anzulegen, sich im weiteren Monatsverlauf wieder günstiger refinanzieren zu können. Kommt es hingegen zu einer Verflüssigung des Geldmarktes, d.h. tendiert der Tagesgeldsatz nach unten, weil reichlich Tagesgeld angeboten wird (Tagesgeldsatz < Verzinsung der mindestreservebedingten Guthaben), wird eine Bank eher zu einer Vorauserfüllung (*„front loading"*) des Mindestreserve-Solls tendieren, wodurch das Mittelangebot am Tagesgeldmarkt sinkt. Im ersten Fall wirkt dieses Verhalten der Banken tendenziell einem (weiteren) Anziehen, im zweiten Fall tendenziell einem (weiteren) Absinken des Tagesgeldsatzes entgegen. Unvorhergesehene Schwankungen im Liquiditätsbedarf können so zunächst ohne Interventionen des Eurosystems abgefedert werden, was zu einer Verstetigung der Zinsentwicklung am Tagesgeldmarkt beiträgt. Die Durchschnitts-Mindestreserve fungiert als Liquiditätspuffer. Der Tagesgeldmarkt kann dann sozusagen aus sich heraus ein Gleichgewicht finden, ohne dass die Zinsführerschaft der Zentralbank gefährdet ist oder es zu einer übermäßigen Volatilität des Tagesgeldsatzes kommt. Allerdings kann naturgemäß am letzten Tag der Erfüllungsperiode die Durchschnitts-Mindestreserve nicht mehr stabilisierend wirken, da Reservefehlbeträge bzw. -überschüsse nicht mehr mit künftigen Gegenpositionen verrechnet werden können, was eine höhere Volatilität des Tagesgeldsatzes an diesem Tag zur Folge haben kann. Eine Lösung dieses Problems könnte darin bestehen, einen Übertrag von Reservefehlbeträgen bzw. -überschüssen in die nächste Periode zuzulassen. So lässt etwa das Fed einen solchen Übertrag von bis 4% des Mindestreserve-Solls zu (Grey, 2002, 38f.).[13] Das Eurosystem hat einen anderen Weg gewählt. Seit Herbst 2004 setzt es am Ende der Mindestreserve-Erfüllungsperiode gezielt Feinsteuerungsinstrumente ein, um ein übermäßiges Schwanken des Tagesgeldsatzes zu verhindern (EZB, 2006d).

Diese Stabilisierungsfunktion der Mindestreserve kann anschaulich am Beispiel der Schweiz nachvollzogen werden. Die Schweizerische Nationalbank führte Ende der 80er Jahre eine Durchschnitts-Mindestreserve ein. Wie die nachfolgende Abbildung zeigt, kam es dadurch zu einer deutlichen Senkung der Volatilität des Tagesgeldsatzes.

Eine geringere Volatilität des Tagesgeldsatzes hat für die Geldpolitik auch den großen Vorteil, dass geldpolitisch gewollte Signale nicht von technischen Anpassungen überlagert bzw. verzerrt werden und somit deutlicher zutage treten können (EZB, 1999f, 36).

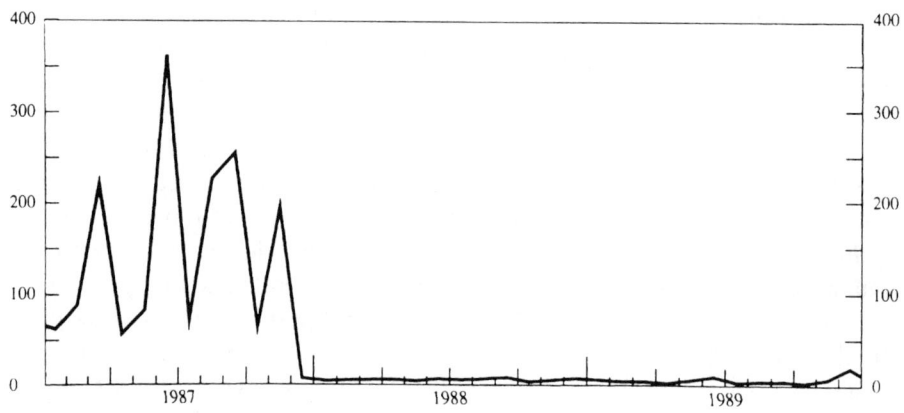

Abbildung III.3.5: Die Stabilisierungsfunktion der Durchschnittserfüllung:a) Der Fall der Schweiz

Anmerkung: a) Gemessen anhand der annualisierten Standardabweichung täglicher Änderungen des Tagesgeldsatzes während eines Kalendermonats.

---

[13] Präziser bezieht sich die Grenze von 4% auf die Summe aus Mindestreserve-Soll und dem „*clearing-balance-contract*". Beim clearing-balance-contract handelt es sich um eine Vereinbarung zwischen den Kreditinstituten und dem Fed, wonach sich die Kreditinstitute verpflichten, über das Mindestreserve-Soll hinaus freiwillig Guthaben beim Fed gegen eine Vergütung zu halten. Die Vergütung wird dabei – da dem Fed bisher eine offene Verzinsung nicht erlaubt ist – nicht bar ausgezahlt, sondern erfolgt in Form von „Gutscheinen" („*earnings credits*"), mit denen Dienstleistungen des Fed bezahlt werden können. Die Höhe der „faktischen" Verzinsung entspricht in etwa der Federal Funds Rate (zu den Einzelheiten siehe Ruckriegel/Seitz, 2002, 32f.).

Box III.3.3: Die Mindestreserve beim Fed und Anreize zur freiwilligen Reservehaltung bei der Bank of England

In den USA unterliegen nur Guthaben auf Transaktionskonten (scheckfähige Konten) der Mindestreserve. Die mindestreservepflichtigen Verbindlichkeiten sind also relativ eng gefasst. Die Mindestreserve ist als Durchschnitts-Mindestreserve ausgestaltet, der Mindestreservesatz beträgt 10% (bei reservepflichtige Verbindlichkeiten bis 45 Mio. US-$ gelten niedrigere Sätze). Im Gegensatz zum Eurosystem rechnet die Fed die Bargeldbestände der Kreditinstitute auf die Mindestreserve an. Anders als beim Eurosystem bleiben die mindestreservebedingten Guthaben beim Fed aber unverzinst.

Die Nichtverzinsung der mindestreservebedingten Guthaben veranlasste die Geschäftsbanken in den USA zu massiven Ausweichreaktionen hin zu mindestreservefreien Anlageformen. Zu massiven Ausweichreaktionen haben seit Mitte der 90er Jahre insbesondere die sog. *„Retail Sweep Programs"* geführt. Damit sind Software-Programme gemeint, die automatisch Umbuchungen von mindestreservepflichtigen Transaktionskonten zu Sparkonten vornehmen. Bei diesen Sparkonten handelt es sich um sog. money market deposit accounts (MMDAs), die nicht der Mindestreservepflicht unterliegen. Der Bankkunde merkt von dieser Umbuchung nichts. Aus Sicht des Bankkunden bleibt das Guthaben auf seinem Transaktionskonto unverändert. Die Umbuchung auf MMDAs dient also lediglich dazu, das Mindestreserve-Soll der Banken zu reduzieren.[14] Die Banken nutzen also geschickt eine Lücke in den Mindestreservevorschriften. Dem Fed blieb daher 1994 auch nichts anderes übrig, als diese Buchungspraxis zu genehmigen. Über die Zuordnung der Guthaben ihrer Kunden zu mindestreservepflichtigen Transaktionskonten bzw. zu nichtmindestreservepflichtigen MMDAs bestimmen die Kreditinstitute also weitgehend selbständig die Höhe ihres Mindestreserve-Solls. In der Konsequenz führt dies dazu, dass bei vielen Geschäftsbanken die mindestreservebedingt zu haltenden Guthaben niedriger sind als die Working Balances. Im Dezember 2006 lag das um die anrechenbaren Bargeldbestände bereinigte Mindestreserve-Soll, also der Betrag, der als Guthaben beim Fed zu halten war, bei 8,4 Mrd. US-$.

Neben der Mindestreserve, die dazu zwingt, Guthaben beim Fed zu halten, gibt es aber auch die Möglichkeit, mit der Fed auf freiwilliger Basis das Halten von Guthaben zu vereinbaren. In dieser Vereinbarung (*„clearing-balance contract"*) verpflichten sich die Kreditinstitute, neben den mindestreservebedingten Guthaben einen bestimmten Betrag auf ihren Konten beim Fed für Zwecke des Zahlungsverkehrs zu halten, die sog. „contractual clearing balances". Diese Guthaben werden indirekt und eng angelehnt an die Federal Funds Rate verzinst. Die Zinsen werden allerdings nicht „direkt" ausbezahlt, sondern in Form von „Gutscheinen" (*„earnings credits"*) vergütet, mit denen Dienstleistungen des Fed „bezahlt"

---

[14] Zu den Einzelheiten siehe Anderson/Rasche (2001, 51-56) sowie Ruckriegel/Seitz (2002, 31f.).

werden können. Der Grund für diese „spezielle" Art der Vergütung ist darin zu sehen, dass die Fed Guthaben offiziell nicht verzinsen darf. Bei Unterschreiten des vereinbarten Betrags ist eine Gebühr an das Fed zu zahlen. Allerdings ist das Volumen dieser „freiwilligen" Reservehaltung naturgemäß begrenzt, da „earnings credits" nur bis zur Höhe der anfallenden Gebühren für Dienstleistungen des Fed angesammelt werden können. Die Inanspruchnahme hängt auch von der Höhe des Zinssatzes ab. Bei niedrigen Zinsen wird das Volumen der freiwilligen Reservehaltung höher sein als bei hohen Zinsen, da eine gegebene Nutzung von Dienstleistungen des Fed nur mit einem größeren Volumen von contractual clearing balances „finanziert" werden kann. Im Dezember 2006 lagen die „contractual clearing balances" bei 8,7 Mrd. US-Dollar (einschließlich Überschussreserven). Sowohl die required reserve balances als auch die contractual clearing balances erfüllen die Anbindungsfunktion, nicht aber die Stabilisierungsfunktion. Da die Guthaben für Zwecke der Abwicklung des Zahlungsverkehrs über das Fed benötigt werden, besteht nämlich wenig Spielraum für ein Unterschreiten bzw. aufgrund der (begrenzten) indirekten Verzinsung auch wenig Anreiz für ein Überschreiten der zahlungsverkehrsbedingten Guthaben beim Fed.

Im Jahr 2006 stellte die Bank of England ihre Geldmarktsteuerung um und änderte ihr geldpolitisches Instrumentarium. Ein wesentliches Element war dabei die Einführung einer freiwilligen Reservehaltung. Die Geschäftsbanken schließen hierbei vor Beginn einer jeden Erfüllungsperiode eine Vereinbarung mit der Bank of England über die Höhe der im Durchschnitt zu haltenden Guthaben ab, die dann mit dem Zinssatz für die wöchentlich stattfindenden Repo-Geschäfte der Bank of England verzinst werden. Liegen die Guthaben unter dem vereinbarten Betrag, sind Strafzinsen zu zahlen. Über die Vereinbarung hinausgehende Beträge werden nicht verzinst. Die Ausgestaltung entspricht also der der Mindestreserve im Eurosystem mit dem Unterschied, dass hier kein staatlicher Zwang, sondern eine freiwillige Vereinbarung zugrunde liegt. Im Prinzip erhalten die Banken also genau den Zinssatz für Guthaben vergütet, den sie für die Aufnahme von Mittel im Rahmen der Repo-Geschäfte zahlen müssen. Der Vorteil liegt darin, dass die Geschäftsbanken diese Guthaben für Zwecke des Zahlungsverkehrs nutzen können.[15] Von den contractual clearing balances der Fed unterscheiden sie sich in der Art der Vergütung.

3.3. Geldpolitische Operationen

Offenmarktgeschäfte und Ständige Fazilitäten (siehe Abbildung III.3.6) dienen dem Eurosystem dazu, über die Zentralbankzinssätze und die *Bankenliquidität* (Einlagen der im Euro-Raum ansässigen Kreditinstitute auf Girokonten beim

---

[15] Zu den Einzelheiten vgl. Bank of England (2005, 8-12).

Geldpolitische Geschäfte	Transaktionsart		Laufzeit	Rhythmus	Verfahren
	Liquiditätsbereitstellung	Liquiditätsabschöpfung			
OFFENMARKTGESCHÄFTE (Initiative geht vom Eurosystem aus)					
Hauptrefinanzierungsgeschäfte	Befristete Transaktionen	–	Eine Woche	Wöchentlich	Standardtender
Längerfristige Refinanzierungsgeschäfte	Befristete Transaktionen	–	Drei Monate	Monatlich	Standardtender
Feinsteuerungsoperationen	Befristete Transaktionen Devisenswaps	Befristete Transaktionen Hereinnahme von Termineinlagen Devisenswaps	Nicht standardisiert	Unregelmäßig	Schnelltender Bilaterale Geschäfte
	Endgültige Käufe	Endgültige Verkäufe	–	Unregelmäßig	Bilaterale Geschäfte
Strukturelle Operationen	Befristete Transaktionen	Emission von Schuldverschreibungen	Standardisiert/ nicht standardisiert	Regelmäßig und unregelmäßig	Standardtender
	Endgültige Käufe	Endgültige Verkäufe	–	Unregelmäßig	Bilaterale Geschäfte
STÄNDIGE FAZILITÄTEN (Initiative geht von den Geschäftspartnern aus)					
Spitzenrefinanzierungsfazilität	Befristete Transaktionen	–	Über Nacht	Inanspruchnahme auf Initiative der Geschäftspartner	
Einlagefazilität	–	Einlagenannahme	Über Nacht	Inanspruchnahme auf Initiative der Geschäftspartner	

Abbildung III.3.6: Geldpolitische Operationen des Eurosystems
Quelle: EZB, 2006d, 10.

Eurosystem) den Tagesgeldsatz zu steuern und Signale über den beabsichtigten geldpolitischen Kurs zu setzen.

3.3.1 Offenmarktgeschäfte

Bei den *Offenmarktgeschäften (open market operations)* handelt es sich um geldpolitische Operationen, **die auf Initiative der Zentralbank** durchgeführt werden. Während ursprünglich unter Offenmarktgeschäften der Kauf und Verkauf von Wertpapieren am offenen Markt verstanden wurde, wird dieser **Begriff vom Eurosystem rein enumerativ gebraucht**, d.h. Offenmarktgeschäfte sind diejenigen Geschäfte, die die Zentralbank als solche bezeichnet, ohne dass es sich dabei um Käufe bzw. Verkäufe von Wertpapieren am offenen Markt handeln muss.[16]

3.3.1.1 Arten

Im Mittelpunkt der offenmarktpolitischen Aktivitäten des Eurosystems stehen zwei Geschäftsarten: die Hauptrefinanzierungsgeschäfte (*„Haupttender"*) und die längerfristigen Refinanzierungsgeschäfte (*„Basistender"*), wobei den Hauptrefinanzierungsgeschäften geldpolitisch die herausragende Bedeutung zukommt.

Als *Hauptrefinanzierungsgeschäfte (main refinancing operations)* fungieren im wöchentlichen Rhythmus angebotene Kredite mit einer Laufzeit von einer Woche.[17] Über dieses Instrument stellt das Eurosystem dem Finanzsektor den größten Teil des Refinanzierungsvolumens zur Verfügung. Der Anteil der Hauptrefinanzierungsgeschäfte an der gesamten Refinanzierung (Anteil an A.2, siehe Abbildung III.3.7) lag 2006 bei gut 70%. Das Volumen der Hauptrefinanzierungsgeschäfte belief sich 2006 im Tagesdurchschnitt auf 307 Mrd. €. Die Hauptrefinanzierungsgeschäfte nehmen eine Schlüsselrolle bei der Steuerung des Tagesgeldsatzes ein, da über sie einerseits die Liquiditätssituation am Geldmarkt maßgeblich bestimmt wird und andererseits die Vorgabe des Zinssatzes (*Mindestbietungssatz*) den geldpolitischen Kurs des Eurosystems signalisiert.

Neben diesen Hauptrefinanzierungsgeschäften gibt es im monatlichen Rhythmus angebotene *längerfristige Refinanzierungsgeschäfte (longer-term refinancing operations)* mit einer dreimonatigen Laufzeit. Im Gegensatz zu den Hauptrefinanzierungsgeschäften verfolgt das Eurosystem bei längerfristigen Refinanzierungsgeschäften nicht die Absicht, dem Markt Zinssignale zu geben.[18] Die länger-

---

[16] Das Fed gebraucht hingegen den Begriff Offenmarktgeschäfte noch in der herkömmlichen Weise, d.h. damit sind nur Käufe und Verkaufe von Wertpapieren gemeint, wobei diese auch in der Form von Repo-Geschäften erfolgen können.

[17] Von 1999 bis 2003 hatten diese Geschäfte eine Laufzeit von zwei Wochen. Zu den Gründen für die Umstellung siehe Box III.4.5.

[18] „Bei einem monatlichen Tender tritt das Eurosystem ... in der Regel als Preisnehmer auf, da es den Zinssatz akzeptiert, der sich aus dem Zinstender ergibt, d.h. den Satz, bei dem die Gebote der Kreditinstitute den vorher angekündigten Zuteilungsbetrag erreichen" (EZB, 1999f, 35).

fristigen Refinanzierungsgeschäfte machten im Jahr 2006 im Tagesdurchschnitt mit ca. 115 Mrd. € gut 20% des gesamten Refinanzierungsvolumens aus.

Bei beiden Geschäften handelt es sich um befristete Transaktionen. Allgemein sind *befristete Transaktionen (reverse transactions)* Geschäfte, bei denen die Zentralbank gemäß einer *Rückkaufsvereinbarung (repurchase agreement)* Vermögenswerte kauft oder verkauft oder befristet Kredite gegen Verpfändung von Sicherheiten (Pfandkredite) gewährt bzw. befristet Einlagen entgegennimmt.

Haupt- und *Basistender* können entweder als Pensionsgeschäfte oder in Form von Pfandkrediten durchgeführt werden. Bei *Pensionsgeschäften (repo operations)* wird das Eigentum an einem Vermögenswert dem Gläubiger übertragen, wobei die Parteien gleichzeitig vereinbaren, die Transaktionen durch eine Rückübertragung des Vermögenswertes zum Ende der Laufzeit des Geschäftes (*Rückkaufstag* bzw. *repurchase date*) umzukehren. Die von der Deutschen Bundesbank früher verwendeten *Wertpapierpensionsgeschäfte* fußten auf diesem Prinzip. Beim *Pfandkredit* hingegen wird dem Gläubiger ein durchsetzbares Sicherungsrecht an den hinterlegten Pfändern eingeräumt, wobei die Sicherheiten im Eigentum des Schuldners verbleiben. Es liegt in der Hand der jeweiligen nationalen Zentralbank, welche Alternative Verwendung findet. Eine entscheidende Rahmenbedingung hierfür stellt das jeweilige nationale Rechtssystem dar. So kennen z.B. nicht alle Mitgliedsländer der Währungsunion das Rechtsinstitut der Verpfändung.

Aus Gründen der Vereinfachung wickelt die Deutsche Bundesbank liquiditätszuführende befristete Transaktionen nicht mehr (wie früher) auf der Basis von Pensionsgeschäften, sondern nur noch gegen Verpfändung von refinanzierungsfähigen Sicherheiten ab. Die *Pfand-Lösung* weist gegenüber der „Repo"-Lösung den Vorteil auf, dass die einzelnen Pfänder nicht einem bestimmten Refinanzierungsgeschäft zugeordnet werden müssen (*Pfandpoolverfahren* bzw. *pooling system*), da eine Vermögensübertragung entfällt. Entscheidend ist der Gesamtbeleihungswert auf dem Pfandkonto. Auf dem Pfandkonto werden alle refinanzierungsfähigen Sicherheiten eines Kreditinstituts eingestellt. Sie dienen „en bloc" der Besicherung aller Arten von Zentralbankkrediten. So können auch die Geschäftspartner über die Sicherheiten flexibel disponieren und sie jederzeit austauschen.

In der Konsolidierten Bilanz des Eurosystems können die Offenmarktgeschäfte entweder auf der Aktiv- oder auf der Passivseite ansetzen.

„Da es nicht als wünschenswert angesehen wurde, dass das Eurosystem die Geldmarktsätze an mehr als einer Stelle des Laufzeitspektrums beeinflusst, wurden die längerfristigen Refinanzierungsgeschäfte so ausgestaltet, dass das Eurosystem bei diesen Geschäften als Preisnehmer auftritt" (EZB, 2004a, 87).

Konsolidierter Bilanz des Eurosystems – vereinfachte Darstellung – zum 31.12.2006 (in Mrd. €)	
Aktiva	Passiva
A.1: Währungsreserven – Gold – **Fremdwährungsforderungen** 142,3	P.1: Banknotenumlauf
A.2: Forderungen in € an Kreditinstitute im Euro-Währungsgebiet darunter: – **Hauptrefinanzierungsgeschäfte** 330,5 – **Längerfristige Refinanzierungsgeschäfte** 120,0 – **Feinsteuerungsoperationen in Form von befristeten Transaktionen** 0 – **Strukturelle Operationen in Form von befristeten Transaktionen** 0 – Spitzenrefinanzierungsfazilität	P.2: Verbindlichkeiten in € gegenüber Kreditinstituten im Euro-Währungsgebiet darunter: – **Einlagen auf Girokonten (Bankenliquidität)** – Einlagefazilität – **Termineinlagen** 0 – **Feinsteuerungsoperationen in Form von befristeten Transaktionen** 0
A.3 **Sonstiges** darunter: – **Bestand an Wertpapieren**[a]	P.3: **Sonstiges** darunter: – **Verbindlichkeiten aus emittierten Wertpapieren**[b]

Abbildung III.3.7: Offenmarktgeschäfte und Bilanz des Eurosystems

Quelle: EZB, 2007a, 236f.

Anmerkungen:
[a] Die von einigen NZBen als Investmentportfolios gehaltenen Wertpapiere werden nicht den geldpolitischen Operationen zugeordnet. Die Zulässigkeit solcher Geschäfte leitet sich aus Art. 14.4. der Satzung des ESZB und der EZB ab.
[b] Die von einigen NZBen begebenen Wertpapiere rühren aus der Zeit vor der Europäischen Währungsunion her und laufen demnächst aus.

Die Hauptrefinanzierungsgeschäfte und die längerfristigen Refinanzierungsgeschäfte finden unter der Position A.2 ihren Niederschlag. Da die Geschäfte **revolvierend** sind, d.h. Neuabschlüsse an die Stelle von auslaufenden Geschäften treten, kommt es nur dann zu einer Veränderung der Bankenliquidität (Position P.2 – Einlagen auf Girokonten), wenn die aus den Neuabschlüssen resultierende Bereitstellung von Zentralbankgeld die Abschöpfung von Zentralbankgeld aus den auslaufenden Geschäften über- oder unterschreitet. Dies sei beispielhaft anhand der Hauptrefinanzierungsgeschäfte verdeutlicht. Wenn der Haupttender nach einer Woche ausläuft, müssen die Kreditinstitute die aus diesem Geschäft herrührende Bankenliquidität an die jeweilige nationale Zentralbank zurückzahlen. Der Betrag wird von ihren Konten beim Eurosystem abgebucht (P.2 – Einlagen auf Girokonten nimmt ab). Zeitgleich aber fließt den Kreditinstituten Liquidität aus dem neu abgeschlossenen Haupttender zu, d.h. das Eurosystem schreibt den Kreditinstituten insgesamt einen Betrag in Höhe der getätigten Neuabschlüsse gut (P.2 – Einlagen auf Girokonten nimmt zu). Die Bankenliquidität (Position P.2 – Einlagen auf Girokonten) wird per Saldo also nur dann verändert, wenn Zufluss und Abfluss an Liquidität betragsmäßig nicht identisch sind.

Zu Offenmarktgeschäften zählen nach der Klassifikation des Eurosystems auch *Feinsteuerungsoperationen (fine-tuning operations)*. Feinsteuerungsoperationen werden ggf. eingesetzt, um unerwarteten Veränderungen bei der Bankenliquidität, die etwa durch vom Eurosystem nicht vorhergesehene Schwankungen bei der Bargeldhaltung der Nichtbanken, bei den Einlagen der öffentlichen Haushalte (beim Eurosystem), dem Mindestreserve-Ultimo oder durch unerwartete Devisenmarktinterventionen des Eurosystems ausgelöst worden sein können, entgegenzuwirken. Der Einsatz dieser Operationen ist beidseitig vorgesehen, d.h. sie können entweder der kurzfristigen Liquiditätsbereitstellung oder der kurzfristigen Liquiditätsabschöpfung dienen. Die Laufzeit bei Feinsteuerungsoperationen ist auf wenige Tage begrenzt, was bei definitiven Verkäufen entsprechende Rückkäufe, bei definitiven Käufen spätere Verkäufe bedingt. Feinsteuerungsoperationen können mit einer Reihe von Instrumenten durchgeführt werden.

Zur kurzfristigen Liquiditätsbereitstellung kommen befristete Transaktionen (Kredite) mit wenigen Tagen Laufzeit (A.2 steigt), definitive Käufe, also Käufe von Wertpapieren oder sonstiger Aktiva (A.3 bzw. A.1 – Fremdwährungsforderungen – steigt) ohne Rückkaufsverpflichtung des Verkäufers (*outright transaction*) sowie *Devisenswaps (foreign exchange swaps)* in Betracht. Bei *Devisenswapgeschäften* kauft das Eurosystem im Falle einer beabsichtigten Liquiditätszuführung Devisen (Fremdwährungsforderungen) von den Kreditinstituten und verkauft sie zugleich per Termin wieder an sie zurück. Bei jedem Devisenswapgeschäft vereinbaren das Eurosystem und die Geschäftspartner den Swapsatz für das Geschäft. Der Swapsatz entspricht der Differenz zwischen dem Terminkurs und dem Kassakurs und stellt damit die Verzinsung des Geschäftes dar. Für die Dauer ihrer Laufzeit schlagen sich alle beschriebenen Geschäfte passivseitig in einer Erhöhung der Bankenliquidität (P.2 – Einlagen auf Girokonten steigt) nieder, wirken also liquiditätserhöhend, d.h. bilanzverlängernd. Bisher (Stand September 2007) wurden liquiditätszuführende Feinsteuerungsoperationen nur in der Form von befristeten Transaktionen (Kredite) durchgeführt.

Feinsteuerungsoperationen können aber auch darauf abzielen, Liquidität abzuschöpfen. Will das Eurosystem dem Markt Liquidität entziehen, kann es von den Kreditinstituten kurzfristig Termineinlagen hereinnehmen (P.2 – Einlagen auf Girokonten sinkt, P.2 – Termineinlagen steigt). Eine andere Möglichkeit, Bankenliquidität abzuschöpfen besteht darin, *Devisenswapgeschäfte* restriktiv einzusetzen und per Kassa Devisen verkaufen (A.1 und P.2 – Einlagen auf Girokonten sinken während der Laufzeit des Geschäftes) bei gleichzeitigem Rückkauf per Termin. Als liquiditätsentziehende Maßnahmen kommen aber auch befristete

Transaktionen in Form von Wertpapierpensionsgeschäften – Verkauf von Wertpapieren aus dem Eigenbestand des Eurosystems bei Rückkauf zu einem späteren Zeitpunkt (P.2 – Einlagen auf Girokonten sinkt, P.2 Feinsteuerungsoperationen in Form befristeter Transaktionen steigt)[19] sowie definitive Verkäufe von Wertpapieren oder sonstiger Aktiva (A.3 bzw. A.1 – Fremdwährungsforderungen - und P.2 – Einlagen auf Girokonten sinken gleichzeitig) in Betracht. Bisher (Stand September 2007) kamen liquiditätsabschöpfende Maßnahmen nur in Form der Hereinnahme von Termineinlagen zum Einsatz.

Ab Ende 2004 setzte die EZB Feinsteuerungsmaßnahmen aktiv ein, um Zinsausschlägen am Tagesgeldmarkt gegen Ende der Mindestreserve-Erfüllungsperiode entgegenzuwirken. Im Sommer/Herbst 2007 kam es infolge der Immobilienkredit-Krise in den USA auch zu einem häufigen und beidseitigen Einsatz von Feinsteuerungsoperationen durch die EZB.

Schließlich gehören zur Klasse der Offenmarktgeschäfte noch die sog. *Strukturellen Operationen* (*structural operations*), die genutzt werden, um die Liquiditätsposition des Finanzsektors gegenüber dem Eurosystem grundsätzlich und dauerhaft zu verändern. Als liquiditätszuführende Transaktionen kommen dabei befristete Kredite und definitive Käufe von Wertpapieren oder sonstiger Aktiva in Frage. Zur Liquiditätsabschöpfung kann die Zentralbank auf definitive Verkäufe von Wertpapieren und sonstiger Aktiva und auf die Emission von Schuldverschreibungen der EZB (A.3 bzw. A1 sinkt bzw. P.3 steigt und P.2 – Einlagen auf Girokonten sinkt) zurückgreifen. Im Gegensatz zu Feinsteuerungsoperationen, die kurzfristigen Charakter (einige Tage) haben, sind Strukturelle Operationen längerfristig angelegt. Die *Mindestreserve* in ihrer Funktion als individueller und genereller Liquiditätspuffer am Geldmarkt dürfte aber bewirken, dass sich der Bedarf an Feinsteuerungsmaßnahmen in engen Grenzen hält, da die Folgen von vorübergehenden Schwankungen der Bankenliquidität für den Tagesgeldsatz aufgrund der *Durchschnitts-Mindestreserve* abgefedert werden. Unter Einbeziehung der Mindestreservepflicht besteht auch eine hinreichende Refinanzierungsabhängigkeit des Bankensystems vom Eurosystem, sodass auf strukturelle Operationen zur Erhöhung des Liquiditätsbedarfs der Banken wohl auf absehbare Zeit, wie schon bisher, verzichtet werden kann.

3.3.1.2 Verfahren

Offenmarktgeschäfte des Eurosystems werden normalerweise in Form von *Tendern (tender procedure)*, also im Wege der Ausschreibung durchgeführt. Im Rahmen von Feinsteuerungsoperationen und Strukturellen Operationen sind allerdings auch *bilaterale Geschäfte* (*bilateral procedure*), also direkte

---

[19] Da es sich hier um ein „echtes" Pensionsgeschäft handelt und deshalb die Wertpapiere nach wie vor als Aktiva bei der Zentralbank bilanziert werden müssen, muss auf der Passivseite ein Ausgleichskonto gebildet werden. Bilanztechnisch kommt es also zu einem Passivtausch.

Geschäftsabschlüsse zwischen dem Eurosystem und ihren Geschäftspartnern ohne Ausschreibung möglich.

3.3.1.2.1 Tenderverfahren: Standardtender versus Schnelltender

Der *Standardtender (standard tender)* ist die Tenderform, die den Hauptrefinanzierungsgeschäften, den längerfristigen Refinanzierungsgeschäften sowie den Strukturellen Operationen in Form von befristeten Transaktionen und der Emission von Schuldverschreibungen zugrunde liegt. Bei Feinsteuerungsmaßnahmen findet der *Schnelltender (quick tender)* Verwendung. Der Schnelltender unterscheidet sich vom Standardtender zum einen durch eine begrenztere Zahl von Geschäftspartnern, zum anderen durch die schnellere Abwicklung. Während bei Standardtendern zwischen der Tenderankündigung und der Abwicklung der Transaktion zwei Tage liegen, verkürzt sich diese Frist bei Schnelltendern auf etwa eine Stunde (siehe Box III.3.4). Normaler Weise wird der Standardtender beim Hauptrefinanzierungsgeschäft an einem Montag ausgeschrieben und am darauffolgenden Mittwoch kontomäßig gebucht, d.h. abgewickelt. Der *Abwicklungstag (Valutierungstag) des Hauptrefinanzierungsgeschäfts* ist i.d.R. also ein Mittwoch.

> **Box III.3.4: Die technische Abwicklung des Tenderverfahrens bei liquiditätszuführenden Transaktionen am Beispiel der Deutschen Bundesbank**
>
> Der Liquiditätsbereitstellung über das Tenderverfahren kommt innerhalb des geldpolitischen Instrumentariums der EZB eine herausragende Bedeutung zu. Vom gesamten Refinanzierungsvolumen von tagesdurchschnittlich 422 Mrd. € im Jahr 2006 stellte die EZB dem Bankensystem nahezu 100% über *Tenderverfahren* zur Verfügung. Andere geldpolitische Instrumente wie die *Spitzenrefinanzierungsfazilität* fallen dagegen kaum ins Gewicht, da sie nur tageweise in Anspruch genommen werden. So betrug die Inanspruchnahme der Spitzenrefinanzierungsfazilität 2006 im Durchschnitt nur 0,126 Mrd. € pro Tag. Der größte Teil der Liquiditätsbereitstellung erfolgt über die wöchentlich angebotenen *Hauptrefinanzierungsgeschäfte* („Main Refinancing Operations", MRO) mit einer Laufzeit von 7 Tagen (bis Februar 2004: 14 Tage) sowie über die monatlich ausgeschriebenen *längerfristigen Refinanzierungsgeschäfte* („Longer Term Refinancing Operations", LTRO) mit rd. dreimonatiger Laufzeit. Beide werden als Standardtender abgewickelt. Normalerweise werden die Hauptrefinanzierungsgeschäfte immer dienstags und die längerfristigen Refinanzierungsgeschäfte am letzten Mittwoch des Monats zugeteilt.
>
> Wegen ihrer herausgehobenen Bedeutung für die laufende Geldmarktsteuerung wird bei der Terminierung dieser Geschäfte darauf geachtet, dass Geschäftspartner aus allen Mitgliedstaaten daran teilnehmen können. Nationale Bankfeiertage wer-

den daher bei der Planung berücksichtigt, auch wenn dies mit der voranschreitenden Erweiterung der EWU zunehmend schwieriger werden wird. Die EZB veröffentlicht bereits im September den Tenderkalender für das kommende Jahr.

Konkret läuft der wöchentliche Standardtender für ein Hauptrefinanzierungsgeschäft wie folgt ab:

- Am Montag um 15.30 Uhr kündigt die EZB auf Reuters, Bloomberg und im Internet das bevorstehende Geschäft an und übermittelt allen NZBen elektronisch die Ankündigung. In Deutschland wird diese Ankündigung von der Deutschen Bundesbank mit dem *„OffenMarkt Tender Operations-System"* („OMTOS"), das am 14. November 2005 das „Automatische Bietungssystem" (ABS) abgelöst hat, an ihre Geschäftspartner weitergeleitet. Die Tenderankündigung informiert über die Konditionen des Geschäfts, d. h. Mengen- oder Zinstender, die Gebotsfrist, den Zuteilungs- und den Valutierungstag sowie die Laufzeit.

- Die deutschen Geschäftspartner müssen bis spätestens Dienstag um 09.30 Uhr ihre Gebote bei der Deutschen Bundesbank einreichen. Der Mindestbietungsbetrag beträgt eine Million Euro, darüber hinaus kann in Schritten von 100.000 € geboten werden. Für das längerfristige Refinanzierungsgeschäft liegt das Mindestgebot dagegen bei 10.000 €, um auch sehr kleinen Kreditinstituten den Zugang zur längerfristigen Notenbankrefinanzierung zu ermöglichen. Im Jahresdurchschnitt 2006 nahmen in der EWU 377 Kreditinstitute an den Hauptrefinanzierungsgeschäften teil, davon zwei Drittel bei der Deutschen Bundesbank. Anschließend werden die Gebote für den gesamten Bundesbankbereich verdichtet und elektronisch an die EZB weitergeleitet. Nach Zusammenstellung der europaweiten Bietungsergebnisse und der Entscheidung über den Zuteilungsbetrag übermittelt die EZB um 11.15 Uhr die Zuteilungsentscheidung an die NZBen und gibt das Ergebnis auf Reuters, Bloomberg und im Internet bekannt. In der Bundesbank errechnet OMTOS auf Basis der Globalzuteilung die individuellen Zuteilungsbeträge für die einzelnen Kreditinstitute. Anschließend werden die Bieter über ihr individuelles Zuteilungsergebnis informiert.

- Am Mittwoch, dem *Valutierungstag (Abwicklungstag)*, sind die Geschäftspartner verpflichtet, bis spätestens 16.00 Uhr Sicherheiten mindestens in Höhe des Zuteilungsbetrags zuzüglich einer Sicherheitsmarge („Haircut") zu stellen. Sobald eine hinreichende Sicherheitendeckung für den Gesamtbetrag besteht, erfolgt die Gutschrift auf dem Girokonto des Geschäftspartners.

Schnelltender werden nur zur Abwicklung von Feinsteuerungsoperationen verwendet. Dabei vergehen von der Ankündigung bis zur Zuteilung maximal 90 Minuten. Um diesen Zeitrahmen einzuhalten, kann ein Schnelltender daher nur mit einer kleineren Gruppe von Geschäftspartnern durchgeführt werden. Dabei handelt es sich um große, geldmarktaktive Kreditinstitute.

Box erstellt von F. Rieger, Europäische Zentralbank, Frankfurt/Main.

3.3.1.2.2 Zuteilungsverfahren bei Tendern: Zins- versus Mengentender

Sowohl der Standard- als auch der Schnelltender können als Mengen- oder als Zinstender ausgeschrieben werden. Beim *Mengentender (fixed rate tender, volume tender)* setzt das Eurosystem vorab den Zinssatz (bei Devisenswapgeschäften den Swapsatz) fest, zu dem es bereit ist, Geschäfte abzuschließen. Übersteigt das Bietungsaufkommen den vom Eurosystem angestrebten Zuteilungsbetrag, werden die Gebote anteilig im Verhältnis des vorgesehenen Zuteilungsbetrages zum Gesamtbietungsaufkommen zugeteilt (sog. *Repartierung*). Für weniger geldmarktaktive Kreditinstitute haben Mengentender den Vorteil, dass kein Informationsbedarf im Hinblick auf „marktgerechte" Gebote besteht. Zur Verdeutlichung sei der Mengentender anhand eines einfachen Beispiels erläutert:

Beispiel für einen Mengentender (liquiditätszuführend)[20]

Die EZB beschließt, dem Markt Liquidität über eine befristete Transaktion in Form eines Mengentenders zuzuführen.

Drei Geschäftspartner geben folgende Gebote ab:

Geschäftspartner	Gebot (Mio. €)
Bank 1	30
Bank 2	40
Bank 3	70
Insgesamt	140

Die EZB beschließt, insgesamt 105 Millionen € zuzuteilen.

Der Prozentsatz der Zuteilung (*Zuteilungs-* oder *Repartierungssatz*) errechnet sich wie folgt:

$$\frac{105}{(30+40+70)} = 75\%$$

Die Zuteilung an die Geschäftspartner beträgt:

Geschäftspartner	Gebot (Mio. €)	Zuteilung (Mio. €)
Bank 1	30	22,5
Bank 2	40	30,0
Bank 3	70	52,5
Insgesamt	140	105,0

Beim Zinstender hingegen müssen die bietenden Kreditinstitute eine eigene Einschätzung der Zinsentwicklung am Geldmarkt vornehmen. Der *Zinstender (variable rate tender)* zeichnet sich nämlich dadurch aus, dass die Kreditinstitute – im Gegensatz zum Mengentender – neben der Betragshöhe auch den

---
[20] Vgl. hierzu EZB (2006d, 72).

Zinssatz nennen müssen, zu dem sie bereit sind, Geschäfte mit dem Eurosystem abzuschließen.[21] Bei Zinstendern kann das Eurosystem die Zuteilung entweder zu einem einheitlichen Zinssatz (*„holländisches" Zuteilungsverfahren, Dutch auction, single rate auction*) oder zu den individuellen Bietungssätzen (*„amerikanisches" Zuteilungsverfahren, American auction, multiple rate auction*) der Geschäftpartner vornehmen. Beim „holländischen Zuteilungsverfahren" werden **alle** akzeptierten Gebote zum niedrigsten vom Eurosystem noch akzeptierten, also dem marginalen Zinssatz abgerechnet.[22] Das Eurosystem verwendet inzwischen das amerikanische Zuteilungsverfahren.[23] Der Vorteil des amerikanischen Verfahrens besteht darin, dass „Mondgebote" vermieden werden können. Beim „holländischen" Verfahren fallen nämlich i.d.R. der Gebotssatz und der marginale Zinssatz auseinander. Banken haben also bei liquiditätszuführenden Operationen einen Anreiz, übersteigert hohe Zinsgebote abzugeben, um eine Zuteilung zu bekommen. Das „holländische" Verfahren führt so tendenziell zu einer Verzerrung des Gebotsverhaltens der Banken.

Box III.3.5: Der Basiszinssatz – Nachfolger des Diskontsatzes

Die Notwendigkeit, ein einheitliches geldpolitisches Instrumentarium für den gesamten Euro-Raum zu schaffen, führte mit Beginn der Europäischen Währungsunion zum 1. Januar 1999 zur Aufgabe des deutschen Diskontkredits. Da der *Diskontsatz* der Deutschen Bundesbank in einer Vielzahl von deutschen Gesetzestexten und Verträgen als Referenzgröße dient, musste eine entsprechende Nachfolgeregelung für den Diskontsatz geschaffen werden. Mit Beginn der Währungsunion wurde der Diskontsatz daher – zunächst entsprechend den Regelungen des *Diskontsatz-Überleitungs-Gesetzes* (DÜG) – durch den so genannten *Basiszinssatz* ersetzt. Dieser Basiszinssatz entsprach zu Beginn der Währungsunion dem Diskontsatz der Deutschen Bundesbank, der am 31.12.1998 galt (2,5%).

---

[21] Bei Devisenswapgeschäften tritt anstelle des Zinssatzes der Swapsatz. Beim Zinstender kann ein Institut bis zu zehn Gebote mit verschiedenen Zinssätzen abgeben, wobei der kleinste Zinsschritt 0,01 Prozentpunkte beträgt.

[22] Diese Aussage bezieht sich auf liquiditätszuführende Transaktionen wie den Haupt- oder Basistender. Bei liquiditätsentziehenden Transaktionen wie z.B. der Emission von Schuldverschreibungen oder der Hereinnahme von Termineinlagen über den Zinstender werden beim holländischen Zuteilungsverfahren alle akzeptierten Gebote zum höchsten vom Eurosystem noch akzeptierten Zinssatz abgerechnet.

[23] Das holländische Verfahren hat der EZB-Rat bei den beiden ersten Basistendern, die am 14. Januar und am 25. Februar 1999 abgewickelt wurden, gewählt. Damit sollten Preisrisiken für die Banken im neuen ungewohnten Umfeld ausgeschaltet werden und so weniger erfahrenen Geschäftspartnern die Teilnahme am Tenderverfahren erleichtert werden. Nach dieser Einführungsphase ist das Eurosystem aber auch bei Basistendern auf das marktorientiertere „amerikanische" Zuteilungsverfahren zu individuellen Bietungssätzen übergegangen.

Die Veränderung des Basiszinssatzes richtete sich bis Anfang 2002 nach der Veränderung des Zinssatzes der längerfristigen Refinanzierungsgeschäfte des Eurosystems (geregelt in der *Basis-Zinssatz-Bezugsgrößenverordnung*).

Mit Inkrafttreten des Gesetzes zur Modernisierung des Schuldrechts zum 1. Januar 2002 änderte sich die Rechtslage. An die Stelle des Basiszinssatzes nach dem DÜG trat der Basiszinssatz des Bürgerlichen Gesetzbuchs (§ 247 BGB, neu). Seither ist der Basiszinssatz nicht mehr an den Satz des längerfristigen Refinanzierungsgeschäfts gekoppelt. Anpassungen des Basiszinssatzes erfolgen jeweils zum 1. Januar und zum 1. Juli eines Jahres. Der Basiszinssatz nach BGB betrug zunächst 3,62% entsprechend dem seit 1. September 2001 geltenden Basiszinssatz nach DÜG und verändert sich seither zu den genannten Anpassungsterminen um die Prozentpunkte, um welche seine Bezugsgröße seit der letzten Veränderung des Basiszinssatzes gestiegen oder gefallen ist. Die Bezugsgröße ist hierbei der Zinssatz für das letzte Hauptrefinanzierungsgeschäft des Eurosystems (marginaler Satz) vor dem ersten Kalendertag des betreffenden Halbjahres. Zum 01. Juli 2007 betrug der Basiszinssatz 3,19%.

Box erstellt von F. Rieger, Europäische Zentralbank, Frankfurt/Main.

Bei liquiditätszuführenden Zinstendern werden, beginnend mit dem höchsten Zinsgebot, in absteigender Reihenfolge alle Gebote zugeteilt, bis der für die Zuführung vorgesehene Gesamtbetrag erreicht ist. Beim marginalen Zinssatz kommt es ggf. zu einer Repartierung. Dies sei anhand eines einfachen Beispiels erläutert:

Beispiel für einen Zinstender (liquiditätszuführend)[24]

Die EZB beschließt, dem Markt Liquidität über Hauptrefinanzierungsgeschäfte in Form eines Zinstenders zuzuführen. Der von der EZB vorgegebene Mindestbietungssatz, d.h. der Zinssatz, den die Geschäftsbanken mindestens bieten müssen, beträgt 3,00%.

Drei Geschäftspartner geben folgende Gebote ab:

---

[24] Vgl. hierzu auch EZB (2006d, 73).

Zinssatz (%)	Beträge in Mio. €				
	Bank 1	Bank 2	Bank 3	Gebote insgesamt (je Zinssatz)	Kumulative Gebote
3,15				0	0
3,10		5	5	10	10
3,09		5	5	10	20
3,08		5	5	10	30
3,07	5	5	10	20	50
3,06	5	10	15	30	80
3,05	10	10	15	35	115
3,04	5	5	5	15	130
3,03	5		10	15	145
Insgesamt	30	45	70	145	

Die EZB beschließt, 94 Millionen € zuzuteilen, sodass sich ein marginaler Zinssatz von 3,05 % ergibt.

Alle Gebote über 3,05 % (bis zu einem kumulativen Betrag von 80 Millionen €) werden voll zugeteilt. Bei 3,05 % ergibt sich folgende prozentuale Zuteilung (*Zuteilungs-* oder *Repartierungssatz*):

$$\frac{94-80}{115-80} = 40\%$$

Die Zuteilung an Bank 1 zum marginalen Zinssatz beträgt zum Beispiel:

$$0,4 \cdot 10 = 4$$

Insgesamt ergibt sich für Bank 1 folgende Zuteilung:

$$5 + 5 + 4 = 14$$

Die Zuteilungsergebnisse lassen sich wie folgt zusammenfassen:

Geschäftspartner	Beträge in Mio. €			
	Bank 1	Bank 2	Bank 3	Insgesamt
Gebote insgesamt	30,0	45,0	70,0	145
Zuteilung insgesamt	14,0	34,0	46,0	94

Wenn die Zuteilung nach dem holländischen Zuteilungsverfahren erfolgt, beträgt der Zinssatz für die den Geschäftspartnern zugeteilten Beträge 3,05 %. Erfolgt die Zuteilung nach dem amerikanischen Zuteilungsverfahren, wird gemäß den individuellen Bietungssätzen abgerechnet: Bank 1 erhält zum Beispiel 5 Millionen € zu 3,07 %, 5 Millionen € zu 3,06 % und 4 Millionen € zu 3,05 %.

Bei liquiditätsabschöpfenden Zinstendern erfolgt die Zuteilung in aufsteigender Reihenfolge der Zinsgebote. Es werden alle Gebote zugeteilt, bis der für die Zuführung vorgesehene Gesamtbetrag erreicht ist. Auch hier kommt es beim marginalen Zinssatz ggf. zu einer Repartierung. Dies sei wiederum anhand eines einfachen Beispiels erläutert:

Beispiel für einen Zinstender (liquiditätsabschöpfend)[25]

Die EZB beschließt, am Markt Liquidität durch die Hereinnahme von Termineinlagen über einen Zinstender abzuschöpfen.

Drei Geschäftspartner geben folgende Gebote ab:

Zinssatz (%)	Beträge in Mio. €				Kumulative Gebote
	Bank 1	Bank 2	Bank 3	Gebote insgesamt (je Zinssatz)	
3,00				0	0
3,01	5		5	10	10
3,02	5	5	5	15	25
3,03	5	5	5	15	40
3,04	10	5	10	25	65
3,05	20	40	10	70	135
3,06	5	10	10	25	160
3,08	5		10	15	175
3,10		5		5	180
Insgesamt	55	70	55	180	

Die EZB beschließt, einen Nominalbetrag von 124,5 Mio. € zuzuteilen, sodass sich ein marginaler Zinssatz von 3,05 % ergibt.

Alle Gebote unter 3,05 % (bis zu einem kumulativen Betrag von 65 Mio. €) werden voll zugeteilt. Bei 3,05 % ergibt sich folgende prozentuale Zuteilung (*Zuteilungs-* oder *Repartierungssatz*):

$$\frac{124{,}5-65}{135-65} = 85\,\%$$

Die Zuteilung an Bank 1 zum marginalen Zinssatz beträgt zum Beispiel:

$$0{,}85 \cdot 20 = 17$$

Insgesamt ergibt sich für Bank 1 folgende Zuteilung:

$$5 + 5 + 5 + 10 + 17 = 42$$

Die Zuteilungsergebnisse lassen sich wie folgt zusammenfassen:

Geschäftspartner	Beträge in Mio. €			
	Bank 1	Bank 2	Bank 3	Insgesamt
Gebote insgesamt	55,0	70,0	55,0	180,0
Zuteilung insgesamt	42,0	49,0	33,5	124,5

Für den Zinstender spricht, dass er dem Wettbewerb unter den Banken mehr Raum gibt und mehr einer Marktorientierung entspricht. Aus Sicht der Zentralbank hat er aber den Nachteil, dass die Erwartungen der Marktteilnehmer Einfluss auf den Zinssatz haben. **Letztlich muss aber die Zentralbank den Zins-**

---
[25] In Anlehnung an EZB (2006d, 74).

satz bestimmen (können), den sie für notwendig erachtet, um ihre Ziele zu erreichen. Dieser Zinssatz muss nicht zwangsläufig deckungsgleich mit dem Zinssatz sein, den die Geschäftsbanken erwarten bzw. wünschen.

Für die Zinspolitik des Eurosystems entscheidend ist der Zinssatz für das Hauptrefinanzierungsgeschäft. Um dem Markt klare Signale über seine Zinsvorstellungen zu geben, hat das Eurosystem von Anfang 1999 bis Ende Juni 2000 diese Geschäfte als Mengentender durchgeführt. Ein Übergang zum Zinstender („amerikanisches Zuteilungsverfahren") erfolgte erst, als massive Überbietungen beim Mengentender eine Reaktion des Eurosystems erforderlich machten und die unsichere Anfangsphase der EWU beendet war. Während der *Repartierungssatz* 1999 noch durchschnittlich 10 % betragen hatte, lag er im ersten Halbjahr 2000 durchschnittlich unter 3 %, bei einzelnen Geschäften sogar unter einem Prozent. Ende Juni 2000 ging das Eurosystem beim Hauptrefinanzierungsgeschäft zum Zinstender über. Allerdings wurde der Zinstender mit einem *Mindestbietungssatz*, d. h. mit einem Zinssatz, den die Geschäftsbanken mindestens bieten müssen, versehen. Der Mindestbietungssatz übernahm dabei „die geldpolitische Signalfunktion, die bislang dem Zinssatz für Mengentender zukam" (EZB, 2000b, 40). Der Mindestbietungssatz dient also als Orientierungspunkt für die Gebote der Kreditinstitute. Im Jahr 2006 lag im Durchschnitt der Geschäfte der marginale Zuteilungssatz um 6 Basispunkte (= 0,06 %-Punkte) über dem Mindestbietungssatz, der gewichtete Durchschnittssatz der Zuteilungen um 7 Basispunkte über dem Mindestbietungssatz. Dies zeigt, dass der Mindestbietungssatz seiner Signalfunktion durchaus gerecht wurde. Bemerkenswert ist, dass sich die Anzahl der Bieter in den letzten Jahren deutlich reduziert hat. Lag die durchschnittliche Anzahl der am Tenderverfahren teilnehmenden Kreditinstitute im ersten Halbjahr 2000 noch bei gut 800, lag sie im Jahr 2006 durchschnittlich bei 377. Im Wesentlichen dürften die Gründe hierfür in einer zunehmenden Bankenkonzentration und in einem effizienteren Interbankenmarkt liegen.

3.3.2 Ständige Fazilitäten

Ständige Fazilitäten (standing facilities) können die Kreditinstitute jederzeit **auf eigene Initiative** in Anspruch nehmen. Sie stehen ihnen an jedem Geschäftstag zur Verfügung. Allerdings sind sie von den Konditionen relativ unattraktiv, sodass die Kreditinstitute nur im Ausnahmefall auf sie zurückgreifen. Je nachdem, ob die Operationen liquiditätszuführend oder liquiditätsentziehend wirken, setzen sie entweder auf der Aktiv- oder Passivseite der Zentralbankbilanz an. Die Inanspruchnahme der Spitzenrefinanzierungsfazilität zur Kreditaufnahme betrug im Jahr 2006 im Kalendertagesdurchschnitt 126 Mio. € (Deutschland: 82 Mio. €), die der Einlagenfazilität zur Mittelanlage 157 Mio. € (Deutschland 80 Mio. €). Ständige Fazilitäten werden im Allgemeinen aus zwei Gründen genutzt: Der erste ist ein generelles *Liquiditätsungleichgewicht*, also eine generelle Liquiditätsüber- oder -unterversorgung des **gesamten** Bankensektors im Verhältnis zum gesamten

Konsolidierte Bilanz des Eurosystems – vereinfachte Darstellung – zum 31.12.2006 (in Mrd. €)	
Aktiva	Passiva
A.1: Währungsreserven - Gold - Fremdwährungsforderungen	P.1: Banknotenumlauf
A.2: Forderungen in € an Kreditinstitute im Euro-Währungsgebiet darunter: - Hauptrefinanzierungsgeschäfte - Längerfr. Refinanzierungsgeschäfte - **Spitzenrefinanzierungsfazilität** 0,088	P.2: Verbindlichkeiten in € gegenüber Kreditinstituten im Euro-Währungsgebiet darunter: - Einlagen auf Girokonten (Bankenliquidität) - **Einlagefazilität** 0,567
A.3 Sonstiges –	P.3: Sonstiges

Abbildung III.3.8: Ständige Fazilitäten und Bilanz des Eurosystems
Quelle: EZB, 2007a, 236f.

Mindestreserve-Soll. Dies kommt normaler Weise nur gegen Ende einer Mindestreserve-Erfüllungsperiode vor. Die Banken müssen dann in großer Zahl auf die Ständigen Fazilitäten zurückgreifen. Ein zweiter Grund für die Inanspruchnahme der Ständigen Fazilitäten liegt in unerwarteten Zahlungsströmen (Zahlungseingängen oder -abflüssen) bei **einzelnen** Instituten gegen Geschäftsschluss, wenn der Geldmarkt nicht mehr liquide ist. In diesem Fall sind die Inanspruchnahmen recht gleichmäßig über die *Mindestreserve-Erfüllungsperiode* verteilt.

3.3.2.1 Spitzenrefinanzierungsfazilität

Die *Spitzenrefinanzierungsfazilität (marginal lending facility)* soll den Geschäftspartnern des Eurosystems die Möglichkeit bieten, sich bis zum nachfolgenden Geschäftstag („über Nacht") Liquidität zu einem vorher festgelegten Zinssatz zu beschaffen. Die nationalen Zentralbanken können hier Liquidität in Form von Übernacht-Pensionsgeschäften oder Übernacht-Pfandkrediten zur Verfügung stellen, wobei die Deutsche Bundesbank auf letztere Alternative zurückgreift. Diese Spitzenrefinanzierungsfazilität soll zur Deckung eines vorübergehenden, („über Nacht") Liquiditätsbedarfs dienen. Für die Inanspruchnahme gibt es keine Höchstgrenze.[26] Allerdings müssen Sicherheiten gestellt werden und der Zinssatz liegt seit Ende Januar 1999 mit 100 Basispunkten deutlich über dem Zinssatz für Hauptrefinanzierungsgeschäfte. Eine Inanspruchnahme der Spitzenrefinanzierungsfazilität seitens der Kreditinstitute führt zu einer Verlängerung der Zentralbankbilanz (A.2 und P.2-Einlagen auf Girokonten steigen im gleichen

---

[26] Die EZB kann allerdings Beschränkungen einführen (EZB, 1999f, 35).

Ausmaß). Während eines Geschäftstages stellt das Eurosystem seinen Geschäftspartnern auf der Grundlage von Sicherheiten zinslose *Innertageskredite* (*intraday credit*) für Zwecke des Zahlungsverkehrs zur Verfügung. Innertageskredite werden im Eurosystem stark genutzt. So lag der durchschnittliche Bestand von Innertageskrediten 2006 bei etwa 260 Mrd., während der bei der Spitzenrefinanzierungsfazilität nur 0,1 Mrd. betrug (EZB, 2007h, 97). Am Ende eines Geschäftstages werden noch in Anspruch genommene Innertageskredite automatisch als Antrag auf eine Inanspruchnahme der Spitzenrefinanzierungsfazilität betrachtet, da eine Kontoüberziehung von einem Geschäftstag zum anderen beim Eurosystem nicht zulässig ist.

3.3.2.2 Einlagefazilität

Auf der anderen Seite ist auch eine *Einlagefazilität* (*deposit facility*) verfügbar, d.h. die Geschäftspartner haben die Möglichkeit, Guthaben bis zum nächsten Geschäftstag („über Nacht") beim Eurosystem zu einem vorher festgesetzten Zinssatz anzulegen (folglich sinken die Einlagen auf Girokonten, die Guthaben auf den Konten für die Einlagefazilität dagegen steigen – es kommt somit zu einer Umbuchung innerhalb von P.2). Dadurch sinkt die Bankenliquidität. Der Zinssatz liegt seit Ende Januar 1999 um 100 Basispunkte unter dem Hauptrefinanzierungssatz.

> **Box III.3.6: Geldpolitische Operationen des Fed und der Bank of England.**
>
> Im Rahmen von Offenmarktgeschäften kauft und verkauft das Fed Wertpapiere des Staates. Da es sich hierbei um einen sehr großen und liquiden Markt handelt, beeinflussen die Transaktionen des Fed kaum die Kurse und Zinssätze dieser Papiere. Dies ist auch gewollt, da das Fed mit seinen Offenmarktgeschäften nur die Liquiditätsausstattung des Bankensystems (Guthaben bei der Zentralbank) verändern und darüber die *Federal Funds Rate*, den Tagesgeldzinssatz unter Banken, steuern will. Offenmarktgeschäfte können in Form von endgültigen Käufen oder Verkäufen (Outright Operations) oder in Form von Geschäften mit Rückkaufsvereinbarung (Repos) abgeschlossen werden.[27] Die Geschäfte werden nur mit ausgewählten Banken als Handelspartnern, den sog. *Primary Dealers* abgewickelt.[28] Die Signalisierungsstrategie der amerikanischen Zentralbank ist in diesem Zusammenhang unmissverständlich. Sie veröffentlicht ein Ziel für den Tagesgeldzinssatz, das sog. *Federal Funds Rate Target*. Das Fed ist i.d.R. einmal pro Tag am Markt

---

[27] "These operations, which are arranged nearly every business day, are designed to bring the supply of Federal Reserve balances in line with the demand for those balances at the FOMCs (Federal Open Market Committee, Anmerk. der Verf.) target rate (dem sog. Federal funds rate target, also dem von der Fed angestrebten Zinssatz am Tagesgeldmarkt, Anmerk. der Verf.)" (Board of Governors, 2005, 35).

[28] Im Einzelnen hierzu Hafer (2005, 308f.).

präsent und versucht mithilfe ihrer Offenmarktoperationen den Tagesgeldsatz auf Höhe des Federal Funds Rate Target zu halten.

Im Rahmen ihrer neuen Geldmarktsteuerung führt die Bank of England wöchentlich ein Offenmarktgeschäft in der Form von Geschäften mit Rückkaufsvereinbarung zum offiziellen Notenbankzinssatz durch. Dieser offizielle Satz hat Signal- bzw. Leitzinsfunktion für den Tagesgeldsatz. Am letzten Tag der Erfüllungsperiode der Reservehaltungsvereinbarung wird zusätzlich ein Offenmarktgeschäft mit eintägiger Laufzeit zur Feinabstimmung angeboten. Diese als Repogeschäft abgeschlossene Transaktion kann sowohl liquiditätszuführend als auch liquiditätsentziehend (Bank of England verkauft Wertpapiere gegen Zentralbankgeld) eingesetzt werden.

Im Rahmen der Diskontpolitik (*Discount Window*) des Fed werden Kredite an Kreditinstitute gewährt. Der Zinssatz, der hierfür in Rechnung gestellt wird, wird traditionell als *Diskontsatz* bezeichnet. Die Möglichkeit der Aufnahme von Diskontkrediten war bis Ende 2002 insbesondere für Kreditinstitute gedacht, die Liquiditätsengpässe hatten. Eine Inanspruchnahme von Diskontkrediten war daher mit einer (verstärken) Bankenaufsicht seitens des Fed verbunden (administrative Auflagen).[29] Wurde unter Marktteilnehmern bekannt, dass ein Institut diese Fazilität nutzt, sank dessen Bonität. Die Aufnahme von Diskontkrediten war deshalb relativ unbedeutend. Anfang 2003 trat eine grundlegende Reform in Kraft, wonach der Diskontkredit (in der Form des "*Adjustment Credit Program*") in eine Spitzenrefinanzierungsfazilität nach dem Muster des Eurosystems (sog. "*Primary Credit Programme*") umgewandelt wurde. Der Zinssatz für die Inanspruchnahme dieses „Primary Credits" liegt um 100 Basispunkte über dem angestrebten Tagesgeldsatz („Federal Funds Rate Target") und es ist jedem Kreditinstitut mit guter Bonität jederzeit ohne weitere Voraussetzungen möglich, auf diesen Kredit zurückzugreifen. Für Banken mit schlechter Bonität ist ein „*Secondary Credit Program*" vorgesehen, dessen Zins um 50 Basispunkte über demjenigen des „Primary Credits" liegt. Banken, die das Secondary Credit Program in Anspruch nehmen, unterliegen einer verstärkten Bankenaufsicht. Eine Einlagefazilität wie beim Eurosystem gibt es zurzeit nicht, da das Fed bisher Einlagen nicht verzinsen darf. Erst ab 2011 wird dies der Fed erlaubt sein. Überschussreserven haben dann dieselbe Funktion, die der Einlagefazilität im Eurosystem zukommt.

Die *Bank of England* führte zwei Standing Facilities ein, die im Prinzip denen des Eurosystems entsprechen („*standing lending facility*" bzw. „*standing deposit facility*"). Der wesentliche Unterschied besteht darin, dass die Zinssätze für beide Fazilitäten beim Eurosystem vom EZB-Rat separat festgelegt werden, wobei der Abstand zum Hauptrefinanzierungssatz bei jeder Neufestsetzung verändert werden kann. Die Bank of England hingegen hat die Zinssätze der Ständigen Fazilitäten von Haus aus an den offiziellen Zinssatz für das Offenmarktgeschäft gekop-

---

[29] Zum historischen Hintergrund dieser Verhaltensweise des Fed siehe Bindseil (2004b, 19f.).

pelt. Eine weitere Besonderheit, der im Steuerungskonzept der Bank of England eine große Bedeutung zukommt, liegt darin, dass der Zinskorridor, also der Abstand der Zinssätze für die Ständigen Fazilitäten vom Zinssatz für das Offenmarktgeschäft, sich am letzten Tag der Erfüllungsperiode von +/- 1 % auf +/- 0,25 % verengt. Damit werden mögliche Zinsausschläge sozusagen automatisch begrenzt.

3.3.3 Refinanzierungsfähige Sicherheiten

Gemäß Art. 18.1 der Satzung des ESZB und der EZB sind für Darlehen ausreichende Sicherheiten zu stellen. Im Tagesdurchschnitt des Jahres 2006 mussten die Geschäftsbanken dem Eurosystem Sicherheiten in Höhe von 682,5 Mrd. € stellen. Darauf entfielen 422,4 Mrd. auf Sicherheiten für befristete Transaktionen, 0,1 Mrd. € auf Sicherheiten für die Inanspruchnahme der Spitzenrefinanzierungsfazilität und 260 Mrd. € für die Besicherung von Innertageskrediten (EZB, 2007h, 97). Die notenbankfähigen Sicherheiten lagen im Jahresdurchschnitt 2006 bei

Zulassungskriterien	Marktfähige Sicherheiten	Nicht marktfähige Sicherheiten	
Art der Sicherheit	EZB-Schuldverschreibungen Sonstige marktfähige Schuldtitel	Kreditforderungen	RMBDs
Bonitäts-anforderungen	Die Sicherheit muss den hohen Bonitätsanforderungen genügen. Die hohen Bonitätsanforderungen werden anhand der ECAF-Regeln für marktfähige Sicherheiten beurteilt.	Der Schuldner/Garant muss den hohen Bonitätsanforderungen genügen. Die Kreditwürdigkeit wird anhand der ECAF-Regeln für Kreditforderungen beurteilt.	
Emissionsort	EWR	Nicht zutreffend	Nicht zutreffend
Abwicklungs-/ Bearbeitungs-verfahren	Abwicklungsort: Euro-Währungsgebiet Die Sicherheiten müssen zentral in girosammelverwahrfähiger Form bei nationalen Zentralbanken oder einem Wertpapierabwicklungssystem hinterlegt werden, das den EZB Mindeststandards entspricht.	Verfahren des Eurosystems	Verfahren des Eurosystems
Art des Emittenten/ Schuldners/ Garanten	Zentralbanken Öffentliche Hand Privater Sektor Internationale und supranationale Organisationen	Öffentliche Hand Nichtfinanzielle Unternehmen Internationale und supranationale Organisationen	Kreditinstitute

Sitz des Emittenten/Schuldners oder Garanten	Emittent: EWR oder G-10-Länder außerhalb des EWR Garant: EWR	Euro-Währungsgebiet	Euro-Währungsgebiet
Zugelassene Märkte	Geregelte Märkte Von der EZB zugelassene nicht geregelte Märkte	Nicht zutreffend	Nicht zutreffend
Währung	Euro	Euro	Euro
Mindestbetrag	Nicht zutreffend	Mindestbetrag zum Zeitpunkt der Einreichung der Kreditforderung 1. Januar 2007 bis 31. Dezember 2011: – Inländische Nutzung: Festlegung durch NZBen – Grenzüberschreitende Nutzung: einheitlicher Mindestbetrag von 500 000 € Ab 1. Januar 2012: Ein heitlicher Mindestbetrag von 500 000 € im gesamten Euro-Währungsgebiet	Nicht zutreffend
Rechtsgrundlage bezüglich Kreditforderungen	Nicht zutreffend	die Kreditforderung und ihre Nutzung als Sicherheit: Bestimmung eines Mitgliedstaats des Euro-Währungsgebiets. Insgesamt darf die Zahl der geltenden Rechtsordnungen für (i) den Geschäftspartner, (ii) den Gläubiger, (iii) den Schuldner, (iv) (ggf.) den Garanten, (v) den Vertrag über die Kreditforderung und (vi) die Vereinbarung zur Nutzung der Kreditforderungen als Sicherheit zwei nicht überschreiten.	Nicht zutreffend
Grenzüberschreitende Nutzung	Ja	Ja	Ja

Abbildung III.3.9: Hauptkategorien der refinanzierungsfähigen Sicherheiten für die Kreditgeschäfte des Eurosystems
Quelle: EZB, 2006d, 44.

10,8 Billionen (10.800 Mrd.) € (EZB, 2007h, 104). Die Besicherung soll auf einfache Weise sicherstellen, dass dem Eurosystem aus der Vergabe von Krediten keine Verluste entstehen (im Einzelnen hierzu vgl. EZB, 2007h, 94). Die Besicherung kann über zwei Arten erfolgen. Die Geschäftspartner des Eurosystems können die Sicherheiten entweder als Pfand hinterlegen oder durch Übertragung des Eigentums an Vermögenswerten im Rahmen von Rückkaufsvereinbarungen (Repogeschäfte) stellen.

Als Sicherheiten können öffentliche und private Schuldtitel einwandfreier Bonität herangezogen werden. Ende 2006 betrug der Gesamtbetrag der vom Eurosystem zur Besicherung von Kreditgeschäften zugelassenen Sicherheiten 9 Billionen €. Davon waren knapp 30% in Deutschland notiert bzw. verwahrt. Sie dienten sowohl als Sicherheiten bei geldpolitischen Geschäften als auch zur Besicherung von Innertageskrediten im Rahmen des Zahlungsverkehrs.

3.4 Zusammenfassung

Das geldpolitische Instrumentarium muss das Eurosystem in die Lage versetzen, den Tagesgeldsatz zu steuern. Ausgangspunkt für die geldpolitischen Aktivitäten des Eurosystems ist die Anbindung der Geschäftsbanken an die Zentralbank, die vom Banknotenmonopol und von der Mindestreservepflicht ausgeht. Beide Faktoren ziehen eine Zwangs-Nachfrage nach Zentralbankgeld nach sich. Die Mindestreserve trägt also dazu bei, dass andere Instrumente der Zentralbank (z.B. die Offenmarktpolitik) greifen können und kann somit nicht ohne Weiteres durch andere geldpolitische Instrumente ersetzt werden. Um sich das benötigte Zentralbankgeld zu beschaffen, müssen die Kreditinstitute Geschäfte mit der Zentralbank abschließen. Das Eurosystem hat es als Monopolanbieter von Zentralbankgeld in der Hand, den Preis, d.h. den Zinssatz für Zentralbankgeld, festzusetzen. Der Zinssatz, den die Zentralbank für den Abschluss dieses Geschäftes von den Kreditinstituten verlangt, ist der entscheidende Referenzsatz für den Tagesgeldsatz unter den Banken. Den Hauptrefinanzierungsgeschäften kommt hier die Schlüsselrolle bei der Steuerung des Tagesgeldsatzes zu, da über sie einerseits die Liquiditätssituation am Geldmarkt maßgeblich bestimmt wird und andererseits die Vorgabe des Zinssatzes den geldpolitischen Kurs des Eurosystems klar signalisiert. Die verbleibenden Offenmarktgeschäfte sowie die Ständigen Fazilitäten wirken flankierend. Eine Veränderung des Zinssatzes für die Hauptrefinanzierungsgeschäfte bewirkt eine entsprechende Anpassung beim Tagesgeldsatz und damit verbunden der kurzfristigen Bankzinsen. Um das Eurosystem vor Ausfällen zu schützen, sind alle Operationen, die dem Bankensystem Liquidität zuführen, mit Sicherheiten, die bestimmte Anforderungen erfüllen müssen, zu unterlegen.

Kontrollfragen:

1. Welche Rolle spielt die Mindestreserve innerhalb des geldpolitischen Instrumentariums des Eurosystems?
2. Was sind Offenmarktgeschäfte aus der Sicht des Eurosystems?
3. Worin besteht der wesentliche Unterschied zwischen Offenmarktgeschäften und Ständigen Fazilitäten?
4. Welche Rolle kommt den Hauptrefinanzierungsgeschäften zu?
5. Warum werden liquiditätszuführende Operationen des Eurosystems (Kredite) mit Sicherheiten unterlegt?

Weiterführende Literatur

Europäische Zentralbank (2006), Durchführung der Geldpolitik im Euro-Währungsraum – Allgemeine Regelungen für die geldpolitischen Instrumente und Verfahren des Eurosystems, September 2006. (http://www.ecb.int)

In dieser Publikation der EZB werden die geldpolitischen Instrumente und deren Handhabung dargelegt. Sie enthält auch eine Reihe von Beispielen.

Bindseil, U. (2004), Monetary Policy Implementation, Theory – Past – Present, Oxford University Press.

Die Arbeit Bindseils liefert einen umfassenden Überblick über die geldpolitischen Instrumente (Geschichte, Funktionen, Verwendung).

Deutsche Bundesbank (1999), Neuere Entwicklungen beim elektronischen Geld, Monatsbericht Juni, 51. Jg., S. 41-58. (http://www.bundesbank.de)

Deutsche Bundesbank (2006), Neuere Entwicklungen bei Zahlungskarten und innovativen elektronischen Bezahlverfahren, Monatsbericht Dezember, S. 93-104. (http://www.bundesbank.de)

Europäische Zentralbank (2000), Fragen rund um den Einsatz von elektronischem Geld, Monatsbericht November 2000, S. 55-67. (http://www.ecb.int)

Issing, O. (2000), New Technologies in Payments – A Challenge to Monetary Policy, Lecture to be delivered at the Center for Financial Studies, Frankfurt am Main, 28. Juni 2000.

Die Sonderaufsätze in den Monatsberichten der EZB bzw. der Deutschen Bundesbank sowie der Beitrag von Issing beschäftigen sich primär mit Erscheinungsformen, mikroökonomischen Nutzen und geldpolitischen Implikationen von elektronischem Geld. Die intensive Beschäftigung des Eurosystems mit diesem Fragenkreis zeigt, dass mit dieser Innovation Herausforderungen für die Geldpolitik verbunden werden.

Europäische Zentralbank (2001), Die Rahmenregelungen für Sicherheiten des Eurosystems, Monatsbericht April, S. 55-70. (http://www.ecb.int)

Europäische Zentralbank (2006), Das einheitliche Verzeichnis im Sicherheitsrahmen des Eurosystems, Monatsbericht Mai, S. 81-95. (http://www.ecb.int)

Europäische Zentralbank (2007), Die Rahmenregelungen für Sicherheiten des US-Zentralbanksystems, der Bank von Japan und des Eurosystems, Monatsbericht Oktober 2007, S. 93-109 (http://www.ecb.int).

Diese Sonderaufsätze der EZB liefern eine Gesamtdarstellung zu den Sicherheiten mit Zahlenmaterial zur Nutzung der einzelnen Arten von Sicherheiten sowie zur Fortentwicklung des Sicherheitsrahmens sowie einen Vergleich zwischen Zentralbanken.

4 Geldmarktsteuerung

„Die Geldpolitik übt einen erheblichen Einfluss auf die kurzfristigen nominalen Marktzinssätze aus. Durch die Festsetzung der Zinssätze beeinflusst die Geldpolitik die Gesamtwirtschaft und letztlich das Preisniveau auf vielfältige Weise."

(Europäische Zentralbank, 2004a, 75)

4.1 Geldmarktabgrenzungen

Am *Geldmarkt* werden kurzfristige Forderungen, also Laufzeiten von einem Tag (über Nacht) bis üblicher Weise einem Jahr, gehandelt. Grundsätzlich dienen Geldmarktgeschäfte dem *Liquiditätsmanagement* der Marktteilnehmer. Zum Kreis der Marktteilnehmer zählen die Zentralbank, Geschäftsbanken, große Unternehmen, öffentliche Stellen und institutionelle Anleger. Die Geldmarktgeschäfte lassen sich unterteilen in solche, bei denen Einlagen bei der Zentralbank und in solche, bei denen Einlagen bei Kreditinstituten (*Bankengiralgeld bzw. -buchgeld*) Handelsobjekt sind. Beide Segmente zusammengenommen bilden den *Geldmarkt im weiteren Sinne*. Den Nichtbanken dienen Geschäfte mit Bankengiralgeld zur Synchronisation ihrer Zahlungsströme. Kreditinstitute benötigen Guthaben bei der Zentralbank, um die Mindestreservepflicht zu erfüllen und um sich Bargeld von der Zentralbank besorgen zu können. Sie verwenden die Guthaben bei der Zentralbank aber auch, um den Zahlungsverkehr untereinander abzuwickeln. Mindestreservebedingte Guthaben können dabei zugleich für Zwecke des Zahlungsverkehrs (*Working Balances*) genutzt werden, da aufgrund der *Durchschnitts-Mindestreserve* bei den einzelnen Instituten ein Schwanken der Guthaben von Tag zu Tag möglich ist. Der Markt, auf dem Guthaben bei der Zentralbank (*Bankenliquidität*) gehandelt werden, wird auch als *Geldmarkt im engeren Sinne* bezeichnet. Dieser ist das eigentliche Operationsfeld für die geldpolitischen Maßnahmen des Eurosystems. Er lässt sich in zwei Teilmärkte aufteilen: den Interbanken- und den Regulierungs-Geldmarkt.

Auf dem *Regulierungs-Geldmarkt* kontrahiert das Eurosystem mit den Kreditinstituten. Hier finden alle Transaktionen statt, die mit dem Instrumenteneinsatz des Eurosystems verbunden sind. **Während Transaktionen zwischen dem Eurosystem und den Kreditinstituten zu einer Veränderung des Bestandes an Bankenliquidität führen, kommt es am Interbankenmarkt nur zu einer Umverteilung dieser Liquidität.** Allerdings schließt nur ein kleiner Teil der rund 6.100 Kreditinstitute im Euroraum (Stand Ende 2006) Geschäfte mit dem Eurosystem ab. Im Jahr 2006 beteiligten sich im Durchschnitt 377 Institute an den als Zinstender ausgeschriebenen *Hauptrefinanzierungsgeschäften* und 162 an den *längerfristigen Refinanzierungsgeschäften* des Eurosystems[1] Rund zwei Drittel davon waren Geschäftspartner der Bundesbank. Da aber alle mindestreservepflichtigen Institute Zentralbankguthaben benötigen, müssen die Institute, die nicht direkte Geschäfte mit dem Eurosystem abschließen, auf andere Institute, d.h. den Interbankengeldmarkt zurückgreifen, falls im Rahmen des Zahlungsverkehrs nicht ausreichend Zentralbankguthaben zufließen.

Konsolidierte Bilanz des Eurosystems – vereinfachte Darstellung – 31.12.2006 in Mrd €		
Aktiva	**Passiva**	
A.1: Währungsreserven	P.1: Banknotenumlauf	
A.2: Forderungen an Kreditinstitute im Euro-Währungsgebiet	P.2: Verbindlichkeiten in Euro gegenüber Kreditinstituten im Euro-Währungsgebiet darunter: – Einlagen auf Girokonten (Bankenliquidität)	173,5
A.3 Sonstiges	P.3: Sonstiges	

Abbildung III.4.1: Interbanken-Geldmarkt und Bilanz des Eurosystems
Quelle: EZB, 2007a, 237.

Auf dem *Interbanken-Geldmarkt* handeln die Kreditinstitute (ohne Zentralbank) untereinander Guthaben bei der Zentralbank (P.2 – Einlagen auf Girokonten in Abb. III.4.1). Solche Transaktionen haben keinen Einfluss auf die Bilanzsumme und die Struktur der Zentralbankbilanz. Es kommt vielmehr nur zu einer Umverteilung des (gesamtwirtschaftlich gegebenen) Bestandes an Bankenliquidität zwischen den einzelnen Kreditinstituten. Für eine schnelle (grenzüberschreitende) Verteilung der Bankenliquidität zwischen den Kreditinstituten bil-

---

[1] Vor allem „kleinere" Institute, die einem Verbund angehören, nehmen nicht direkt an den Geschäften mit dem Eurosystem teil. Dahinter dürfte die Überlegung stehen, dass es sich angesichts eher überschaubarer Größenordnungen beim Mindestreserve-Soll, also beim Bedarf an Zentralbankguthaben, kaum lohnt, die technischen und personellen Voraussetzungen für Geschäfte mit der Zentralbank zu schaffen. Nimmt man etwa ein Institut mit einer Mrd. € Bilanzsumme und geht davon aus, dass Einlagen in Höhe von 500 Mio. € mindestreservepflichtig sind, so ergibt sich ein Mindestreserve-Soll in Höhe von 10 Mio. € (2% aus 500 Mio). Unterstellt man nun, dieses Institut müsste sich diese 10 Mio. € am Geldmarkt besorgen und die Aufschlagsmarge bei einer Mittelaufnahme am Tagesgeldmarkt gegenüber dem Zinssatz, der für Hautrefinanzierungsgeschäfte mit der Zentralbank zu zahlen wäre, läge bei 10 Basispunkten, so ergibt sich p.a. lediglich eine Zinsersparnis von 10.000 € (0,1% aus 10 Mio.). Der Anreiz, unter diesen Umständen direkt Geschäfte mit der Zentralbank zu tätigen, ist also eher gering. Ähnliche Überlegungen werden im Hinblick auf die „Rationalität" von unverzinsten *Überschussreserven* bei Bindseil/Seitz (2001, 31) angeführt.

det zahlungsverkehrstechnisch das europaweite Echtzeit-Brutto-Zahlungssystem, das sog. *TARGET-System* (Trans-European Automated Real-Time Gross Settlement Express Transfer System) des Eurosystems die Grundlage (siehe Box III.4.1). Der Interbanken-Geldmarkt dient den Instituten dazu, einzelwirtschaftliche Liquiditätsüberschüsse bzw. -fehlbeträge untereinander auszugleichen, wobei das zu haltende Mindestreserve-Soll maßgeblich die Nachfrage der Kreditinstitute nach Bankenliquidität (P.2) bestimmt.

Box III.4.1: Das TARGET-System

Da die EZB in der Regel nur einmal wöchentlich im jeweiligen Hauptrefinanzierungsgeschäft in den Euro-Geldmarkt eingreift, kommt dem horizontalen Liquiditätsausgleich zwischen den Banken hohe Bedeutung zu. Damit dieser Ausgleich funktionieren kann, muss eine leistungsfähige Zahlungsverkehrs-Infrastruktur zur Verfügung stehen. Zu Beginn der Währungsunion stellte dies eine besondere Herausforderung dar, weil in den Teilnehmerländern sehr unterschiedliche Zahlungsverkehrssysteme bestanden. Um einen einheitlichen Geldmarkt sicherzustellen, durfte es aber für eine Bank keinen Unterschied machen, ob sich ein Handelspartner im gleichen oder in einem anderen Mitgliedsstaat der EWU befindet.

Daher nahm das Eurosystem mit Beginn der Währungsunion das Zahlungsverkehrssystem **TARGET** („Trans-European Automated Real-time Gross Settlement Express Transfer System", Trans-Europäisches Echtzeit-Bruttozahlungssystem[a]) in Betrieb. TARGET ist dezentral organisiert und besteht aus den **RTGS-Systemen** („Real-time Gross Settlement") der nationalen Zentralbanken des ESZB und dem EPM (European Payment Mechanism) der EZB. Die einzelnen Komponenten sind miteinander verbunden, so dass eine einheitliche Zahlungsverkehrsplattform entsteht, an die 2006 rund 9.300 Banken (einschließlich Filialen und Tochterinstitute, vgl. EZB 2007f, „TARGET Annual Report 2006") direkt angeschlossen sind. TARGET gehört neben dem Fedwire-System in den USA und dem internationalen „Continous Linked Settlement System" zur Abwicklung von Devisentransaktionen zu den drei größten Zahlungsverkehrssystemen der Welt. Täglich werden im Schnitt 326.000 Zahlungen im Wert von zusammen 2,1 Billionen € abgewickelt, davon waren 75.000 Zahlungen im Wert von insgesamt 725 Mrd. € grenzüberschreitende Transaktionen. In 97% der Fälle dauert die Abwicklung einer grenzüberschreitenden Zahlung weniger als fünf Minuten.

Eine Besonderheit des TARGET-Systems besteht darin, dass teilweise auch Systeme nationaler Zentralbanken aus EU-Staaten, die nicht den Euro eingeführt haben, angeschlossen sind. Gegenwärtig sind dies Großbritannien, Dänemark, Polen und Estland. Im Vorfeld der Währungsunion war diese Möglichkeit geschaffen worden, um das TARGET-System aufbauen zu können, noch bevor der endgültige Kreis der Teilnehmerländer der Währungsunion feststand. Heute geschieht der Anschluss an das System von NZBen außerhalb der EWU im Hinblick auf einen späteren Beitritt. Die Gewährung von Innertageskredit in Euro durch die NZBen dieser Länder ist dabei besonderen Regelungen unterworfen, um zu verhindern, dass dieser Innertageskredit zu Übernachtkredit wird (vgl. EZB, 2007f, „TARGET Annual Report 2006", 44). Dennoch ist es ein einmaliger Vorgang, dass eine Zentralbank die Abwicklung von Zahlungen in ihrer Währung durch andere Zentralbanken erlaubt.

Trotz des großen Erfolgs von TARGET wurde bereits 2002 mit der Entwicklung der zweiten Generation des Systems begonnen, da sich die Verbindung einer Vielzahl unterschiedlicher Komponenten längerfristig als technisch problematisch erwies. **TARGET2** wird daher auf einer einheitlichen Gemeinschaftsplattform betrieben werden, der sog. „Single Shared Platform" (SSP). Dies soll die Harmonisierung der angebotenen Zahlungsverkehrs-Dienstleistungen zu einheitlichen Preisen vorantreiben, Kosten senken und insbesondere den Anschluss weiterer NZBen bei der absehbaren Erweiterung der EWU erleichtern. Die Entwicklung und der Betrieb von TARGET2 wird von einer Gruppe von nur noch drei NZBen, nämlich der Deutschen Bundesbank, der Banque de France und der Banca d'Italia im Auftrag des ESZB geleistet werden. Für die Geschäftsabwicklung mit den jeweiligen Kunden bleibt jedoch auch weiterhin jede NZB selbst zuständig. Die Migration von TARGET zu TARGET2 wird voraussichtlich in drei Wellen im November 2007, Februar 2008 und Mai 2008 stattfinden.

Im Juli 2006 hat der EZB-Rat darüber hinaus die Entwicklung einer auf TARGET2 basierenden Plattform für die grenzüberschreitende Abwicklung von Wertpapiertransaktionen in Zentralbankgeld unter dem Namen „TARGET2 Securities" bis 2013 angekündigt. Damit soll die auch acht Jahre nach Beginn der Währungsunion bestehende Zersplitterung der europäischen Abwicklungs-Infrastruktur überwunden werden und die Integration nicht nur des Geldmarkts, sonders auch des Marktes für Wertpapiere weiter vorangetrieben werden.

Box erstellt von F. Rieger, Europäische Zentralbank, Frankfurt/Main.

Anmerkungen:
a) Beim Bruttosystem wird jeder einzelne Zahlungsauftrag bei ausreichender Deckung auf dem Konto ausgeführt, wobei die Deckung mittels eines Kontoguthabens oder durch Inanspruchnahme eines (unverzinslichen) Innertageskredits herbeigeführt werden kann. Die Zahlung ist endgültig, wenn der Betrag auf dem Konto der Empfängerbank gutgeschrieben wurde. Nettosysteme sind im Gegensatz dazu dadurch charakterisiert, dass die Mitglieder des Systems zwar während eines Tages Zahlungen untereinander austauschen, erst der Saldo am Tagesende aber zu einer Belastung oder Gutschrift führt. Nettosysteme sind mit dem Risiko verbunden, dass bei einem der Teilnehmer am Tagesende die Deckung fehlt, so dass der Saldenausgleich nicht zustande kommt.

Der Interbanken-Geldmarkt wiederum gliedert sich in einen unbesicherten und in einen besicherten Teilmarkt. Auf dem unbesicherten Geldmarkt erfolgt eine Kreditvergabe ohne Sicherheiten lediglich auf der Basis von bilateralen Kreditlimiten. Der besicherte Geldmarkt hingegen basiert auf *Repogeschäften*, d.h. die Kreditvergabe wird mit Wertpapieren unterlegt. Während sich der Markt für unbesicherte Einlagen („unbesicherter Geldmarkt") auf sehr kurzfristige Laufzeiten, insbesondere auf Übernachtausleihungen (Tagesgeldmarkt) konzentriert, geht der Repomarkt in Richtung (etwas) längerer Laufzeiten.

Ansatzpunkt für die Geldpolitik ist der Tagesgeldmarkt. Am *Tagesgeldmarkt* haben die Geschäfte entweder von vornherein eine feste Laufzeit von einem Tag („overnight", sog. *Tagesgeld*) oder zunächst eine unbestimmte Laufzeit („bis auf weiteres"), bei der jedoch an jedem Geschäftstag vom Geldnehmer oder Geldgeber mit sofortiger Wirkung gekündigt werden kann (sog. *täglich fälliges Geld*). Während unter deutschen Banken im Handel untereinander täglich fälliges Geld deutlich überwiegt, sind im grenzüberschreitenden Handel reine Übernachtkredite Standard.

Aus Sicht einer einzelnen Bank erfüllen der Regulierungs-Geldmarkt und der Interbanken-Geldmarkt die gleiche Funktion. Beide bieten ihr unter normalen Umständen Rückhalt für einen einzelwirtschaftlichen *Liquiditätsausgleich* und sichern somit ihre geschäftlichen Aktivitäten und ihre Mindestreservedispositionen gegen das Risiko kurzfristiger Liquiditätsschwankungen ab.

Der Geldmarkt i.w.S. steht mit dem Geldmarkt i.e.S. durch Arbitrageaktivitäten in einem engen Zusammenhang. Durch ihre Zinsführerschaft am Geldmarkt i.e.S. und der Konkurrenz unter den Kreditinstituten schlagen sich geldpolitische Maßnahmen des Eurosystems schnell in gleichgerichteten Zinsbewegungen bei den übrigen Geldmarktgeschäften nieder.

4.2 Tagesgeldsatz als operatives Ziel

Zentralbanken betreiben auf der operativen Ebene **keine Geldbasissteuerung,** d.h. sie setzen nicht unmittelbar an einer quantitativen Steuerung des Zentralbankgeldes (Banknotenumlauf, Guthaben bei der Zentralbank) an. Zentraler Ansatzpunkt, also operatives Ziel, ist vielmehr der Zinssatz für Tagesgeld am Interbanken-Geldmarkt.

Sowohl das Eurosystem (EZB, 2004a, 75), das Fed (Board of Governors, 2005, 16) als auch die Bank of England (Bank of England, 2005, 3) steuern den Tagesgeldsatz als operatives Ziel. Die Zentralbanken streben am Tagesgeldmarkt den Zins an, den sie als angemessen ansehen. Dieser Zins ist der Hebel, mit dem die letztendlichen Ziele, vor allem Preisstabilität, erreicht werden sollen. Dementsprechend wird er üblicher Weise als operatives Ziel der Geldpolitik bezeichnet.

Die Zentralbanken steuern mit ihrem geldpolitischen Instrumentarium also nicht die Menge, sondern den Preis des Zentralbankgeldes. Dabei handelt es sich im Ergebnis um den **Zinssatz für Zentralbankguthaben** auf dem Tagesgeldmarkt, den sog. Tagesgeldsatz. Zu diesem Preis wird der – letztlich vom Verhalten der Nichtbanken bestimmte, d.h. endogene – gesamtwirtschaftliche Bedarf an Zentralbankgeld, den die Zentralbanken im Voraus prognostizieren müssen (Banknotenumlauf, Guthaben öffentlicher Haushalte, Working Balances, bzw. Mindestreserve-Soll), zunächst vollständig elastisch befriedigt. Die Zentralbanken stellen mithin die Menge an Zentralbankgeld zur Verfügung, die die Wirtschaftssubjekte gesamtwirtschaftlich benötigen. Wenn etwa die EZB bei einem Mengen- oder Zinstender nicht alle Gebote der Banken zuteilt, dann heißt das nicht, dass sie die Geldbasis einschränken will. Vielmehr prognostiziert die Notenbank den Liquiditätsbedarf der Banken, und teilt dementsprechend **gesamtwirtschaftlich** bedarfsgerecht zu. Es handelt sich dabei um den sog. *„Benchmark-Betrag"*. „Der Benchmark-Betrag ist der Zuteilungsbetrag, der auf der Grundlage aller Liquiditätsschätzungen der EZB normaler Weise erforderlich ist, um am kurzfristigen Geldmarkt ausgeglichene Liquiditätsbedingungen herzustellen" (EZB, 2005d, 70).

Im Bietungsverhalten der Banken spiegelt sich diese gesamtwirtschaftliche Orientierung nicht zwangsläufig wider. Dies ist auch nahe liegend, da sich die Gebote der einzelnen Kreditinstitute am einzelwirtschaftlichen Gewinnkalkül orientieren und nicht am gesamtwirtschaftlichen Bedarf an Zentralbankgeld. „Indeed, in practice monetary policy implementation at the ECB basically means estimating and providing the amount of liquidity which will keep rates stable around the rate decided by the Council ..." (Papadia, 2005, 52, für die Fed siehe analog Woodford, 2003, 26).

Eine Steuerung des Zinses hat den Vorteil, dass erratische Zinsschwankungen am Geldmarkt und dadurch ausgelöste Irritationen an den Finanzmärkten vermieden werden können. Solche Schwankungen sind bei einer **„Mengensteuerung"** allein schon deshalb nicht zu vermeiden, weil in Banken- und Kreditsystemen heutigen Zuschnitts der Geldschöpfungsprozess aus dem Zusammenspiel von Geschäftsbanken und deren Kunden (Nichtbanken) – also zunächst ohne Zutun der Zentralbank – angestoßen wird (siehe hierzu Box III.4.2 sowie III.4.5).

Box III.4.2: Wie entsteht Geschäftbankengeld?

Geschäftsbankengeld entsteht, indem die Geschäftsbanken Forderungen an Nichtbanken erwerben und diese mit *Einlagen* (Verbindlichkeiten gegenüber Nichtbanken) „bezahlen". Deutlich werden diese Zusammenhänge, wenn man die Konsolidierte Bilanz des Geschäftsbankensystems (Kreditinstitute ohne Zentralbank) heranzieht. Im Bilanzzusammenhang resultiert die Einlagenkomponente der Geldmenge – also das Geschäftsbankengeld – als eine der bilanziellen Gegenpositionen zum Kreditvolumen.

Aktiva	Passiva
Kassenbestand und Einlagen bei der Zentralbank	Kurzfristige Verbindlichkeiten gegenüber Nichtbanken (Geschäftsbankengeld)
Forderungen (Kredite) an Nichtbanken – Wertpapiere – Buchforderungen	Längerfristige Verbindlichkeiten gegenüber Nichtbanken (Geldkapital)
	Verbindlichkeiten gegenüber der Zentralbank
	Eigenkapital

Abbildung III.4.2 Konsolidierte Bilanz der Geschäftsbanken

Auf der Aktivseite der Bilanz stehen einerseits der Kassenbestand und die Guthaben bei der Zentralbank, andererseits die verbrieften (*Wertpapiere*) und unverbrieften (*Buchforderungen*) Forderungen („*Kredite*") der Geschäftsbanken an Nichtbanken. Auf der Passivseite werden die kurzfristigen Verbindlichkeiten (*Geschäftsbankengeld*) sowie die langfristigen Verbindlichkeiten (*Geldkapital*) gegenüber Nichtbanken ausgewiesen. Schließlich finden sich auf der Passivseite die Verbindlichkeiten gegenüber der Zentralbank sowie das Eigenkapital des Geschäftsbankensektors.

Die Zusammenhänge lassen sich auch anhand eines einfachen Kreditmarktmodells verdeutlichen. Angenommen, es kommt seitens der Nichtbanken zu einer Erhöhung der Kreditnachfrage ($K_0^D \rightarrow K_1^D$).

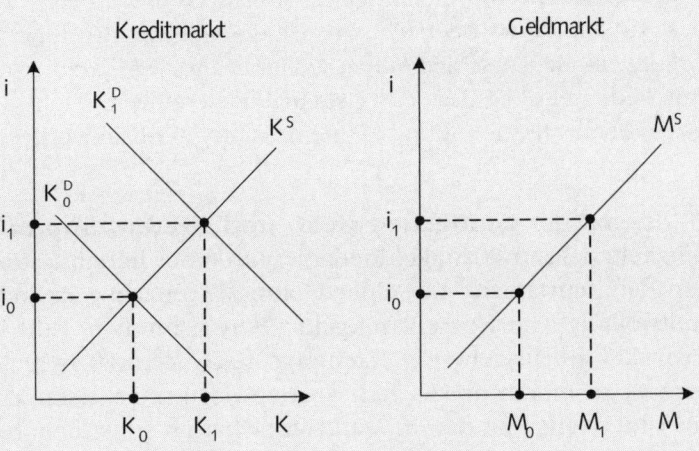

Abbildung III.4.3: Ein einfaches Kreditmarktmodell

Die Erhöhung der Kreditnachfrage wirkt zinserhöhend ($i_0 \to i_1$). Die Kreditinstitute werden daher mit einer Ausweitung der Kreditvergabe reagieren, sofern vom Eigenkapital her noch Spielraum besteht.[2] Eine Zunahme der Kreditvergabe führt über steigende Einlagen und einen steigenden Bargeldbedarf, d.h. über einen Anstieg der Geldmenge ($M_0 \to M_1$), auch zu einer vermehrten Nachfrage nach Zentralbankgeld. Dazu kommt es, weil die Geschäftsbanken sich zum einen zusätzliches Bargeld von der Notenbank besorgen müssen und weil sie zum anderen eine höhere Mindestreserve in Form von zusätzlichen Einlagen bei der Notenbank halten müssen. Die Notenbank wird in einem ersten Schritt zwar stets diesen höheren Bedarf an Zentralbankgeld befriedigen. Sie hat es aber in der Hand, die Zinsen für die Bereitstellung von Zentralbankgeld zu erhöhen. Eine Zinserhöhung seitens der Zentralbank würde einen dämpfenden Einfluss auf die künftige Kreditvergabe der Geschäftsbanken ausüben. Das Kreditangebot der Banken (K^S) würde in diesem Falle sinken (Linksverschiebung von K^S).

Dass eine steigende Kreditvergabe zu einem entsprechenden Anstieg der Geldmenge führt, ist allerdings nicht zwangsläufig. Zwar ist mit der Kreditausweitung kurzfristig eine entsprechende Zunahme der kurzfristigen Einlagen verbunden. Die Nichtbanken können dies aber jederzeit rückgängig machen, indem sie ihre kurzfristig fälligen Einlagen längerfristig anlegen (Umwandlung in Geldkapital). Es kann also jederzeit zu einer „endogenen Geldvernichtung" kommen. Graphisch lässt sich eine solche „endogene Geldvernichtung" durch eine Linksverschiebung der Geldangebotsfunktion (M^S) verdeutlichen. Das aus diesen Vorgängen resultierende Geldangebot entspricht also stets dem Geldbestand (M), also der von den Nichtbanken gewünschten Geldhaltung, sodass $M^S = M$.

Die tatsächlich gehaltene, d.h. die in den Bankbilanzen und im Bargeldumlauf außerhalb des Bankensektors beobachtbare Geldmenge, ist also nicht bloßer Reflex der Kreditvergabe. Entscheidend ist vielmehr die *Geldnachfrage* der Nichtbanken. Das bedeutet aber, dass das Geldangebot endogen, d.h. aus dem Wirtschaftsprozess heraus bestimmt und nicht von der Notenbank vorgegeben wird.

Das Ausmaß des mit der **endogenen Geld- und Kreditschöpfung** einhergehenden zusätzlichen Zentralbankgeldbedarfs würde nur in den seltensten Fällen mit dem von der Zentralbank bei einer Geldbasissteuerung intendierten Pfad für die Bereitstellung von Zentralbankgeld übereinstimmen. Falls die Zentralbank eine darüber hinausgehende Nachfrage nach Zentralbankgeld nicht befriedigt, käme es zu einem drastischen Anstieg der kurzfristigen Zinsen. Diese sind aber im Unterschied zu den in Marktwirtschaften sonst üblichen Preiswirkungen funktionslos, da durch die Zinssteigerung kein zusätzliches Angebot an Zentralbankgeld mobilisiert werden kann. Eine solche Mengensteuerung würde

---

[2] Aus bankaufsichtsrechtlichen Gründen kann eine Geschäftsbank (risikobehaftete) Kredite nur bis zu einem bestimmten Vielfachen ihres Eigenkapitals vergeben.

allerdings dazu führen, dass der Tagesgeldsatz keine Rückschlüsse mehr auf die geldpolitischen Intentionen der Zentralbank zuließe. Mit häufigen und heftigen Schwankungen des Tagesgeldsatzes käme es auch zu einer stärkeren Volatilität der für die Ausgabeentscheidungen der Wirtschaftssubjekte relevanteren mittel- und längerfristigen Zinssätze und damit zu Ineffizienzen (Bindseil, 2004b, 32f.; Issing, 2001, 17f.). Auch das Instrument der Mindestreserve würde in Frage gestellt, da das Bankensystem insgesamt seiner Mindestreservepflicht nicht mehr nachkommen könnte, wenn der Gesamtbedarf an Zentralbankgeld das vorgegebene Angebot seitens der Zentralbank übersteigen würde. Auf der anderen Seite wird allerdings durch die „**Preissteuerung**" die Menge an Zentralbankgeld (kurzfristig) zur endogenen und insoweit nicht steuerbaren Größe. Für die USA hat dies Hetzel (2004, 48) folgendermaßen ausgedrückt: „The central bank engages in whatever open market operations are necessary to achieve a value of the monetary base compatible with the adjustable peg it sets for the rate on lending in the interbank market." Ähnlich argumentiert Papadia (2005, 51) für das Eurosystem: „Of course liquidity changes have an effect on interest rates but the logical flow is not at all changing liquidity conditions to achieve a given change of interest rates, but rather using liquidity supply to stabilise the short-term rate around the level decided by the Council."

4.3 Die Taylor-Regel – eine geldpolitische Reaktionsfunktion für die Zinsentscheidungen der Zentralbanken

Wenn Zentralbanken auf der operativen Ebene ein bestimmtes Niveau des Tagesgeldsatzes anstreben, bleibt die Frage, welche Kriterien dieser Entscheidung zugrunde liegen. Hier gilt es, eine **Verbindung** zwischen dem **operativen Ziel** und den **Endzielen** herzustellen. Technisch gesprochen geht es um die Ableitung einer **geldpolitischen Reaktionsfunktion** für die Zinsen. Notenbanken reagieren bei ihren (systematischen) Zinsentscheidungen auf die wirtschaftliche Entwicklung. Dabei sollte es sich um eine vorausschauende Zinspolitik handeln, d.h. es sollte eine Orientierung an der erwarteten Veränderung der Zielgrößen erfolgen (zur makroökonomischen Theorie siehe Box III.4.3).

> **Box III.4.3: Neukeynesianische Makromodelle als Reaktion auf die Endogenität der Geldmenge und die Zinssteuerung durch die Zentralbanken**
>
> Die Endogenität der Geldmenge zusammen mit dem Faktum, dass auf der operativen Ebene eine Zinssteuerung durch die Zentralbanken betrieben wird und die Geldnachfrage in vielen Ländern instabil wurde, führte zu einem neuen Paradigma in der Makroökonomie, den sog. *neukeynesianischen (NK) Makromodellen* (siehe stellvertretend Clarida, Gali und Gertler, 1999, und Woodford, 2003).

Das – jetzt auch stärker anhand dynamischer allgemeiner Gleichgewichtsmodelle mikroökonomisch fundierte – Standardmodell (in log-linearisierter Form) besteht aus folgenden drei Gleichungen (mit E als dem Erwartungsoperator)

(1) $x_t = \alpha \cdot E_t x_{t+1} - \psi(i_t - E_t \pi_{t+1}) + \varepsilon_t^x$

(2) $\pi_t = \beta E_t \pi_{t+1} + \phi x_t + \varepsilon_t^\pi$

(3) $i_t = r_t^* + \pi^* + \lambda_\pi (E_t \pi_{t+1} - \pi^*) + \lambda_x x_t + \varepsilon_t^i$

(1) stellt eine vorausschauende IS-Kurve dar. Danach hängt der Output Gap $x_t = y_t - y^*$ (mit y^* als Produktionspotenzial) vom erwarteten Output Gap (über das Konsumglättungsmotiv) und negativ vom ex-ante Realzins ab. (2) ist die Inflationsgleichung (AS-, Phillips-Kurve), nach der die Inflationsrate π von der erwarteten Inflationsrate und dem Output Gap bestimmt wird. (3) schließlich repräsentiert die geldpolitische Reaktionsfunktion. Geldpolitik wird also richtiger Weise als Zinspolitik modelliert. Sie entspricht im Prinzip der Taylor-Regel. Die Geldpolitik reagiert also mit Zinserhöhungen bei positivem Inflation Gap ($E\pi - \pi^* > 0$) und/oder positivem Output Gap ($x > 0$). Die ε^n's ($n = x, \pi, i$) stellen Güternachfrage-, Inflations- und Zinsschocks dar. Der geldpolitische Transmissionsprozess vollzieht sich in den neukeynesianischen Modellen folgender Maßen: Senkt die Zentralbank den Geldmarktzins über das „neutrale" Maß hinaus, fällt der Realzins und die Konjunktur wird angeregt, d.h. x steigt (siehe (1)). Darauf hin geht die Inflationsrate nach oben (siehe (2)). Inflation ist also ein rein güterwirtschaftliches Phänomen. Sie wird allein über den Output Gap bestimmt. Die Geldmenge taucht in diesen Modellen überhaupt nicht mehr auf (zur Diskussion dieser Modelle im Einzelnen siehe Görgens et al., 2007).

Spezielle Popularität unter den Reaktionsfunktionen erlangte die sog. **Taylor-Regel** (Taylor, 1993). Taylor's Intention war es, eine normative und einfache Regel zu konzipieren. Sie sollte als Hilfsmittel und zusätzlicher Indikator für die geldpolitischen Entscheidungsträger dienen. Durch einen Vergleich des tatsächlichen kurzfristigen Zinses mit dem nach der Taylor-Regel abgeleiteten Wert sollte der Restriktions- bzw. Expansionsgrad der Geldpolitik bestimmt werden. In diesem Sinne ist der *Taylor-Zins* als ein Wirkungsindikator der Geldpolitik zu interpretieren.

Der Taylor-Zins setzt sich aus vier Komponenten zusammen:

1) der erwarteten Inflationsrate π^{erw},

2) dem kurzfristigen realen Gleichgewichtszins r^*,

3) der „Inflationslücke", d.h. der Abweichung der erwarteten Inflation π^{erw} vom Inflationsziel π^*,

4) dem „Output Gap" als Abweichung der aktuellen realen Produktion y von ihrem Potenzialwert y^*.

Die ersten beiden Faktoren liefern in Anlehnung an die *Fisher-Gleichung* eine Benchmark für den Kurzfristzins, dessen Höhe kompatibel ist mit Erreichung des Inflationsziels ($\pi = \pi^*$) bei Vollauslastung ($y = y^*$). Die Teile 3 und 4 fassen zwei anerkannte gesamtwirtschaftliche Ziele zusammen, Preisstabilität und Konjunkturstabilisierung. Der dritte Faktor erfordert dabei eine Erhöhung des kurzfristigen Zinses über die Benchmark, wenn das Inflationsziel überschritten zu werden droht ($\pi^{erw} > \pi^*$) und umgekehrt. Über den vierten Faktor, der eine Erhöhung des Kurzfristzinses bei überausgelasteten Kapazitäten ($y > y^*$) und eine Senkung bei unterausgelasteten Kapazitäten ($y < y^*$) empfiehlt, werden sowohl konjunkturelle Aspekte als auch Preisperspektiven eingefangen. Letzteres ist darauf zurückzuführen, dass der Output Gap in vielen Fällen ein guter kurzfristiger Indikator der Preisentwicklung ist.

Werden die Gewichte der Inflationslücke und des Output Gap über die Parameter α und β erfasst, ergibt sich für den Taylor-Zins i^{Tay} in kompakter Form folgender Ausdruck:

$$i^{Tay} = \pi^{erw} + r^* + \alpha \cdot (\pi^{erw} - \pi^*) + \beta \cdot (y - y^*) \tag{1}$$

Durch die Verwendung der (erwarteten) Inflation auf der rechten Seite dieser Gleichung wird offensichtlich, dass als geldpolitisches Instrument zwar der nominale Kurzfristzins fungiert, es für die geldpolitischen Effekte aber letztlich um die **Beeinflussung des Realzinses** geht. Die Regel verdeutlicht im Speziellen, dass die Realzinsen über den Gleichgewichtswert steigen werden bzw. sollen, wenn das Inflationsziel überschritten und/oder die Kapazitäten überausgelastet sind. Um das Konzept empirisch umzusetzen, ist es erforderlich, a) die in die Funktion eingehenden Variablen π^{erw}, π^*, r^*, y, y^* präzise zu messen bzw. zu definieren und b) die Werte der Koeffizienten α und β zu bestimmen. Taylor wählte dafür folgenden bewusst einfachen Weg:

Zunächst ersetzte er die erwartete durch die realisierte Jahresinflationsrate π und legte den gleichgewichtigen kurzfristigen Realzins konstant auf 2 % fest. Die Inflationslücke berechnete er als Differenz zwischen aktueller Inflationsrate, gemessen am BIP-Deflator, und einem zeitunabhängigen (impliziten) Inflationsziel des Fed von 2 %. Für das Produktionspotenzial unterstellte er eine jährliche Wachstumsrate von 2 %. Der Output Gap wurde dann als logarithmische Differenz zwischen dem tatsächlichen realen BIP und dem Produktionspotenzial berechnet.

Die Gewichte der Inflationslücke und des Output Gap, die in den Koeffizienten α und β zum Ausdruck kommen, wurden von Taylor nicht ökonometrisch geschätzt, sondern als konstant mit jeweils 0,5 angesetzt. Dadurch sollte zum Ausdruck kommen, dass beide Größen bei geldpolitischen Entscheidungen wichtig sind. Sie implizieren, dass bei einem um einen Prozentpunkt über das Produktionspotenzial hinausgehenden Wachstum des BIP die Realzinsen um 0,5 Prozentpunkte steigen und dass bei einer Überschreitung des Inflationsziels um einen Prozentpunkt der nominale kurzfristige Zins um 1,5 Prozentpunkte und damit der Realzins um 0,5 Prozentpunkte steigen sollen. Mit dieser einfachen Spezifikation konnte überraschender Weise der Verlauf der Federal Funds Rate und der operativen Größe vieler anderer Zentralbanken relativ gut nachvollzogen werden, obwohl das ursprüngliche Konzept eigentlich nur normativ gedacht war

Taylor's Vorschlag, diese Regel als generelle Richtlinie für die Geldpolitik und speziell auch für diejenige des Eurosystems zu verwenden, begründete er damit, dass sie sich in Simulationsstudien als robuste geldpolitische Handlungsanweisung zur Stabilisierung von Inflation und Produktion erwiesen habe. Diese Robustheit gegenüber unterschiedlichen Annahmen ist wegen der herrschenden Unsicherheiten über die „wahre" Struktur einer Volkswirtschaft nicht hoch genug einzuschätzen.

Allerdings ist diese einfache Zinsregel auch vielfacher **Kritik** ausgesetzt. Erstens wird ein Zinsglättungsmotiv überhaupt nicht berücksichtigt. Das **Zinsglättungsmotiv** wird üblicher Weise mit drei Argumenten begründet (Sack/Wieland, 2000; Srour, 2001). Zunächst ist es in einem Umfeld von wirtschaftlicher Unsicherheit im Allgemeinen und über die Wirkungen geldpolitischer Aktionen im Besonderen ratsam, vorsichtig auf Schocks zu reagieren und erst auf mehr und bessere Informationen zu warten. Dann ist es aus Gründen der Finanzmarktstabilität angezeigt, große Zinssprünge zu vermeiden. Und schließlich können bei vorausschauendem Verhalten der privaten Wirtschaftsakteure kleine, aber persistente Zinsschritte effektiver sein als große transitorische Zinsänderungen. Dieser letzte Punkt verweist auf die Glaubwürdigkeit eines zinspolitischen Kurses. Zweitens finden länderspezifische institutionelle Besonderheiten, Zielvorgaben und **unterschiedliche ökonomische Strukturen** keine Beachtung. Drittens ist in der Taylor-Regel außer im Output Gap als Inflationsindikator kein vorausschauendes Element enthalten. Viertens wird die **Messungenauigkeit** in Echtzeit bzgl. des Niveaus des Output Gap (wegen Revisionen des BIPs und Einschätzung des Produktionspotenzials) außer Acht gelassen. Und fünftens bleibt die Rolle der Geldmenge und Liquiditätslage für den geldpolitischen Entscheidungsprozess vollkommen im Dunkeln.

Vor allem die Punkte 3 und 4 führten in den letzten Jahren dazu, als robuste und optimale Zinsregeln sog. *„difference rules"* oder *„speed limit policies"* (Walsh, 2003; Woodford, 2003, Kap. 8) zu empfehlen. Diese sind durch Zinsglättung und eine Reaktion auf die **Veränderung** und nicht auf das Niveau des Output Gaps, also auf die Differenz zwischen dem aktuellen BIP-Wachstum und dem Trendwachstum, gekennzeichnet. Sie weisen damit eine sog. *„history dependence"* auf, ein Charakteristikum, das optimale und robuste Regeln bei vorausschauendem Verhalten des privaten Sektors haben sollten, um die Erwartungen zu stabilisieren. Zudem wird durch diese Regeln die Anfälligkeit gegenüber den persistenten Messfehlern im Niveau des Output Gap vermieden. Eine derartige Regel würde in stilisierter Form und bei vorausschauendem Verhalten der Zentralbank folgendes Aussehen haben (ρ ist der Zinsglättungsparameter, Δ steht für die Wachstumsrate, τ entspricht dem Inflationsprognosehorizont))

$$i_t = (r^* + \pi^* + \alpha(\pi_{t+\tau} - \pi^*_{t+\tau}) + \beta(\Delta y_t - \Delta y^*_t)) + \rho \cdot i_{t-1} \qquad (2)$$

Anwendungen derartiger Regeln auf die USA, Deutschland und die EWU lieferten bisher, vor allem wegen der Unsicherheit bei der Einschätzung des Niveaus des Produktionspotenzials, das in die ursprüngliche Taylor-Regel eingeht, recht gute Ergebnisse (Gerberding et al., 2005; Orphanides/Williams, 2005; Stracca, 2007).

4.4. Zur Technik der Zinsbildung

Bei der Analyse der Zinsbildung am Interbanken-Geldmarkt ist zwischen der Zinsbildung am Tagesgeldmarkt und den Geldmärkten längerer Fristigkeiten (z.B. 1-Monats-, 3-Monats-, 12-Monats-Geldmarkt) zu unterscheiden. **Während beim Tagesgeld das Eurosystem den Zinssatz über seine Operationen unmittelbar steuert**, hat es auf die längerfristigen Geldmarktsätze nur mittelbar Einfluss, und zwar über die Erwartungen der Marktteilnehmer bezüglich der künftigen Bedingungen am Tagesgeldmarkt. Der Einfluss der Zentralbank auf die längerfristigen Geldmarktsätze hängt also im Wesentlichen davon ab, dass sie ihren geldpolitischen Kurs klar signalisiert. Der *Signalisierungsstrategie* der Zentralbank kommt somit im Transmissionsprozess eine entscheidende Rolle zu. Die Signalisierungsstrategie des Fed ist in diesem Zusammenhang unmissverständlich. Sie veröffentlicht sogar ein Ziel für den Tagesgeldzinssatz, das sog. Federal Funds Rate Target.

Box: III.4.4: Referenzzinssätze am Euro-Geldmarkt

Seit Beginn der Währungsunion hat sich am Euro-Interbankengeldmarkt schrittweise eine Familie von Referenzzinssätzen für die verschiedenen Teilbereiche des Euro-Geldmarktes etabliert. Diese Sätze sorgen für Transparenz und werden in Banken häufig für Bewertungszwecke genutzt, dienen aber auch als Bezugsgröße von Derivaten und Finanzprodukten mit variabler Verzinsung. Federführend bei der Einführung und Weiterentwicklung sind verschiedene Organisationen von Marktteilnehmern, vor allem die Europäische Bankenvereinigung (FBE), der internationale Verband der Geld- und Devisenhändler (ACI) und das European Repo Council (ERC). Alle Referenzsätze werden an jedem TARGET-Geschäftstag auf Basis der Euro-Zinsmethode („Actual/360") berechnet und auf Reuters veröffentlicht.

Der Referenzzinssatz für den unbesicherten Euro-Tagesgeldmarkt ist der *EONIA* (Euro Over Night Index Average), der seit dem 4. Januar 1999 ermittelt wird. Er markiert das kurze Ende der Zinsstrukturkurve und ist für die Geldmarktsteuerung der EZB von besonderer Bedeutung. Der EONIA ist als einziger Referenzsatz ein effektiver, d.h. mit den Umsätzen des jeweiligen TARGET-Geschäftstages gewichteter Satz und bezieht sich auf die im Euroraum initiierte Kreditgewährung eines festgelegten Panels von Banken am Interbankenmarkt („Lending rate"). Zum Panel gehören derzeit (Stand September 2007) 47 Banken höchster Bonität, davon 10 aus Deutschland. Der EONIA wird von der EZB berechnet und zwischen 18:45 Uhr und 19:00 Uhr veröffentlicht. Seit dem 3. September 2007 wird der EONIA auf Wunsch der Marktteilnehmer mit drei statt zuvor mit zwei Dezimalstellen angegeben.

Ebenfalls seit Beginn der Währungsunion werden die *EURIBOR* („Euro Interbank Offered Rate")-Zinssätze veröffentlicht. Sie dienen als Referenzsätze für unbesicherte Euro-Termingelder mit Laufzeiten für eine, zwei oder drei Wochen bzw. für einen bis zwölf Monate. Der Laufzeitbeginn liegt dabei zwei TARGET-Geschäftstage nach dem Handelstag („Abwicklung T+2"). Die gleichen Panelbanken wie bei EONIA tragen täglich eine Brief („Offered")-Quotierung bei, die sie für Termingeldgeschäfte zwischen Banken höchster Bonität für repräsentativ erachten. Nach Eliminierung der höchsten und niedrigsten 15% der Quotierungen wird der EURIBOR-Satz als ungewichteter Durchschnitt der verbleibenden Quotierungen berechnet und um 11:00 Uhr veröffentlicht. Anders als beim EONIA muss zum entsprechenden Satz also kein Umsatz stattgefunden haben. Der Dreimonats-EURIBOR wird häufig als repräsentativer Satz für den Geldmarkt insgesamt angesehen. Auf ihn beziehen sich Derivate wie z.B. die Dreimonats-EURIBOR-Futures, die zu Absicherungs- und Spekulationszwecken intensiv genutzt werden.

Am Euro-Geldmarkt hat im Laufe der Zeit der besicherte Geldmarkt gegenüber dem unbesicherten Geldmarkt an Bedeutung gewonnen und hat diesen mittlerweile hinsichtlich des Umsatzes überholt (vgl. EZB, 2007d, Euro Money Market Study, 2006, 40). Im Hinblick auf diese Entwicklung wurde am 4. März 2002 der *EUREPO*-Referenzsatz für besicherte Geldmarktgeschäfte mit Laufzeiten von Tomorrow/Next, ein bis drei Wochen und ein bis drei, sechs, neun und zwölf Monaten eingeführt. Die Sätze beziehen sich auf die Kreditgewährung gegen Stellung von „EUREPO General Collateral", das im Wesentlichen aus Euro-denominierten Staatsanleihen der Euroländer besteht. 37 Panelbanken tragen Quotierungen bei, sechs davon aus Deutschland. Die Art der Berechnung entspricht dem EURIBOR, wobei die Rundung aber auf nur zwei Stellen erfolgt. Der EUREPO wird ebenfalls um 11:00 Uhr veröffentlicht.

Schließlich hat am 20. Juni 2005 der *EONIASWAP INDEX* die Palette der Referenzsätze am Euro-Geldmarkt vervollständigt. Er gibt die vorherrschende „Mid-Rate", d. h. die Mitte zwischen Geld- und Briefsatz an, zu dem Banken erstklassiger Bonität untereinander einen festen Zinssatz gegen den durchschnittlichen EONIA-Satz über die entsprechende Laufzeit austauschen und wird um 16:30 Uhr veröffentlicht. Die Laufzeiten und die Berechnungsmethode entsprechen dem EURIBOR. Gegenwärtig tragen 25 Banken zum EONIASWAP INDEX bei, davon fünf aus Deutschland.

Im Ergebnis gibt es daher heute drei Zinsstrukturkurven für den Euro-Geldmarkt, die aus Referenzzinssätzen berechnet werden: Die Kurve für unbesicherte Geschäfte, beruhend EONIA und EURIBOR, die Kurve für besicherte Geschäfte auf Basis des EUREPO und die Kurve für EONIA-Swaps auf Basis des EONIASWAP INDEX. Auf Grund des höheren Kreditrisikos liegen die EURIBOR-Sätze über den EONIASWAP-Sätzen und diese wiederum leicht über den EUREPO-Sätzen. Im Jahresdurchschnitt 2006 betrug der Abstand zwischen EURIBOR und EUREPO, der als „Depo-Repo-Spread" ein wichtiges Maß für das wahrgenommene Kreditrisiko am Interbankenmarkt ist, im Dreimonatsbereich 13 Basispunkte. Der EONIASWAP lag dagegen nur einen Basispunkt über dem EUREPO.

Box erstellt von F. Rieger, Europäische Zentralbank, Frankfurt/Main.

4.4.1. Zinsführerschaft am Tagesgeldmarkt

Leitzinsfunktion für den Tagesgeldmarkt kommt dem Zinssatz für das Hauptrefinanzierungsgeschäft zu.[3] Seit dem Übergang zum Zinstender im Juni 2000 signalisiert der Mindestbietungssatz den geldpolitischen Kurs (*Signalisierungsfunktion*), eine Funktion, die vorher der Festzinssatz beim Mengentender wahrgenommen hat.

Das Hauptrefinanzierungsgeschäft hatte bis Anfang 2004 eine Laufzeit von zwei Wochen, seitdem eine von 7 Tagen (zu den Gründen für diese Änderung siehe Box III.4.5). Es stellt damit ein nahes Substitut zur Tagesgeldaufnahme am Interbanken-Geldmarkt dar. Kann nämlich eine einzelne Bank von Woche zu Woche entscheiden, ob sie einen Kredit bei der Zentralbank aufnimmt oder sich die benötigten Mittel am Interbanken-Geldmarkt besorgt, so wird sie im Allgemeinen nicht bereit sein, für Interbankengeld (deutlich) mehr zu zahlen als sie bei Abschluss eines Refinanzierungsgeschäftes mit der Zentralbank aufbringen müsste. Das Hauptrefinanzierungsgeschäft stellt allerdings kein vollkommenes Substitut zur Aufnahme von Mitteln am Tagesgeldmarkt dar, da das Eurosystem nicht ständig am Markt präsent ist, d.h. nicht täglich entsprechende Geschäfte mit den Kreditinstituten tätigt. Dies hat zur Folge, dass das Eurosystem nicht zu jedem Zeitpunkt vollständig den Tagesgeldsatz determiniert. In der Zeit zwischen den einzelnen Geschäftsabschlüssen wirken aber die Möglichkeiten der *intertemporalen Arbitrage* stabilisierend. Allerdings kommt auch hier dem Hauptrefinanzierungsgeschäft eine entscheidende Rolle zu, da die mindestreservebedingten Guthaben beim Eurosystem zum Zinssatz der Hauptrefinanzierungsgeschäfte verzinst werden (siehe III.3.2.1).

---

[3] „Die Volumen der wöchentlichen Tender werden so bemessen, dass sie ... die Geldmarktzinsen wirksam steuern" (EZB, 1999f, 42f.); „Bei der Bemessung der Hauptrefinanzierungsgeschäfte war die EZB bestrebt, den Tagesgeldzinssatz in der Nähe des Haupttendersatzes zu führen und seine Volatilität in Grenzen zu halten" (Deutsche Bundesbank, 2001d, 35).

Box III.4.5: Ursachen für die Änderung der Mindestreserve-Erfüllungsperiode und die Verkürzung der Laufzeit der Hauptrefinanzierungsgeschäfte ab 2004

Im November 2001 beschloss der EZB-Rat, die Geldpolitik nur noch in der ersten Sitzung eines Monats zu erörtern, d.h. eine Änderung der Notenbankzinsen erfolgt i. d. R. nur noch in dieser Sitzung. Die *Mindestreserve-Erfüllungsperiode* und die Laufzeit der *Hauptrefinanzierungsgeschäfte* wurden ab Anfang 2004 mit dieser Vorgehensweise synchronisiert. Grundgedanke ist dabei, dass es während einer Mindestreserve-Erfüllungsperiode zu keiner Änderung der Notenbankzinssätze mehr kommt und dass die Laufzeit einzelner Hauptrefinanzierungsgeschäfte nicht über eine Mindestreserve-Erfüllungsperiode hinausreicht. Mit dieser Maßnahme soll verhindert werden, dass innerhalb einer Mindestreserveperiode Zinsänderungserwartungen aufkommen, die das Bietungsverhalten der Kreditinstitute bei den Hauptrefinanzierungsgeschäften beeinflussen. Dadurch können potenzielle Störfaktoren bei der Signalisierung des geldpolitischen Kurses ausgeschaltet werden (EZB, 2003e, 45; 2006e, 91).

Eine Mindestreserve-Erfüllungsperiode beginnt seit März 2004 am *Abwicklungstag* (Valutierungs- bzw. Buchungstag) des Hauptrefinanzierungsgeschäfts, das auf die erste Sitzung des EZB-Rates in einem Monat folgt (erster Tag, an dem ggf. eine Änderung der Notenbankzinssätze wirksam wird) und endet am Tag vor dem Abwicklungstag des Hauptrefinanzierungsgeschäfts, das der ersten Sitzung des EZB-Rates im Folgemonat folgt (letzter Tag, bevor ggf. eine (erneute) Änderung der Notenbankzinssätze wirksam wird). Grundlage für die Berechnung des *Mindestreserve-Solls* bilden nach wie vor die Monatsendstände der reservepflichtigen Bilanzpositionen, wobei in der neuen Regelung der vorletzte Monat (gerechnet vom Beginn der Mindestreserve-Erfüllungsperiode) zugrunde liegt. Beispielsweise dienen für die Erfüllungsperiode, die im März beginnt, die Monatsendstände zum 31.1. als Berechnungsgrundlage für das Mindestreserve-Soll. Die Laufzeit eines Hauptrefinanzierungsgeschäfts beträgt 7 Tage, sodass das letzte in einer Mindestreserve-Erfüllungsperiode abgeschlossene Hauptrefinanzierungsgeschäft am letzten Tag dieser Erfüllungsperiode ausläuft. Durch diese Änderungen werden Über- bzw. Unterbietungen beim Hauptrefinanzierungsgeschäft aufgrund von Zinsänderungserwartungen, die sich auf die Zeit während einer Mindestreserve-Erfüllungsperiode bzw. während der Laufzeit eines Hauptrefinanzierungsgeschäfts beziehen, vermieden.

Bei der früheren Ausgestaltung kam es in Phasen, in denen während der 14-tägigen Laufzeit eines ausgeschriebenen Hauptrefinanzierungsgeschäftes mit einer Senkung der Notenbankzinsen seitens der Geschäftsbanken gerechnet wurde, zu Unterbietungen, d.h. die Geschäftsbanken haben zum gegebenen Mindestbietungssatz weniger Mittel nachgefragt als das Eurosystem zuteilen wollte (zu den Unterbietungen in den Jahren 2001–2003 und deren Konsequenzen für den Tagesgeldsatz im Einzelnen siehe EZB, 2003e, 52-55). Rechnet eine Geschäftsbank nämlich während der Laufzeit des abzuschließenden Hauptrefinanzierungsgeschäfts mit Zinssenkungen, besteht kein Anreiz, sich Mittel teuer bei der Zentralbank zu besorgen. Kommt es tatsächlich zu einer Senkung der Notenbankzinsen durch die Zentralbank, hat die Bank für die Restlaufzeit des Hauptrefinanzierungsgeschäfts nämlich Liquidität, die sie zu teuer eingekauft hat. Wird die Zinssenkung während der laufenden Mindestreserve-Erfüllungsperiode erwartet, kommt noch hinzu, dass die Banken einen Anreiz haben, das Mindestreserve-Soll erst nach der Zinssenkung zu erfüllen, da dann bei gegebenem Ertrag aus der Mindestreservehaltung die Kosten für die Mindestreservehaltung sinken. Dies resultiert schlicht aus dem Verfahren, nach dem die Verzinsung der mindestreservebedingten Guthaben ermittelt wird. Die Verzinsung errechnet sich nämlich aufgrund des Durchschnittszinssatzes der während der Mindestreserve-Erfüllungsperiode abgeschlossenen Hauptrefinanzierungsgeschäfte (marginaler Zinssatz). Rechnen die Banken mit einer Zinssenkung, lohnt es sich für sie, vor der erwarteten Zinssenkung das Mindestreserve-Soll zu unterschreiten, da das Besorgen von Guthaben bei der Zentralbank via Mittelaufnahme bei der Zentralbank (Teilnahme an Hauptrefinanzierungsgeschäften) bzw. via Mittelaufnahme am Tagesgeldmarkt noch verhältnismäßig teuer ist. Nach der Zinssenkung hingegen wird die Beschaffung von Guthaben bei der Zentralbank entsprechend billiger. Während also die Ertragsseite unverändert bleibt – die Berechnung des Durchschnittszinssatzes für die Verzinsung erfolgt unabhängig von der Frage, wann die Guthaben tatsächlich beim Eurosystem gehalten werden; nur die Durchschnittsguthaben werden mit dem Durchschnittszinssatz verzinst – sinken bei der Erfüllung des Mindestreserve-Solls erst nach der Zinssenkung die Kosten der Mittelaufnahme. Bei erwarteten Zinssenkungen während der Laufzeit eines ausgeschriebenen Hauptrefinanzierungsgeschäftes bzw. während einer Mindestreserve-Erfüllungsperiode kam es also unter den früheren Rahmenbedingungen aus dem Gewinnkalkül der Banken heraus zu systematischen Unterbietungen.

Rechnen die Banken während der Laufzeit des abzuschließenden Hauptrefinanzierungsgeschäfts hingegen mit einer Erhöhung der Notenbankzinsen, werden sie versuchen, möglichst viel Liquidität vom Eurosystem zum alten Zinssatz „einzukaufen", um sie am Tagesgeldmarkt zu einem höheren Zins an andere Banken zu verleihen bzw. um das Mindestreserve-Soll zum niedrigen Zinssatz vorauszuerfüllen, wenn die Zinserhöhung noch für die laufende Mindestreserve-Erfüllungsperiode erwartet wird. In diesem Fall wird bereits im Vorfeld einer Zinserhöhung der Tagesgeldsatz ansteigen, da die erwartete Verzinsung der mindestreservebedingten Guthaben steigt und die Banken am Tagesgeldmarkt keine Mittel zu einem Zinssatz anbieten, der unterhalb des Zinssatzes liegt, den sie von der Zentralbank erhalten. Andererseits besteht in einer solchen Situation auch ein Anreiz für Banken, vermehrt Mittel am Tagesgeldmarkt nachzufragen, um das Mindestreserve-Soll zum niedrigen Zinssatz vorauszuerfüllen. Auch dies führt von der Nachfrageseite her zu einem Zinsanstieg am Tagesgeldmarkt.

Sind Veränderungen der Notenbankzinsen während der Mindestreserve-Erfüllungsperiode ausgeschlossen und gibt es keine Hauptrefinanzierungsgeschäfte, die über eine Mindestreserve-Erfüllungsperiode hinausreichen, entfallen diese Über- bzw. Unterbietungen und die asymmetrische Erfüllungsstruktur der Mindestreserve, die auf Zinsänderungserwartungen beruhen. Dies setzt allerdings voraus, dass der EZB-Rat nur einmal im Monat über Zinsänderungen beschließt, und zwar bei der konkreten Ausgestaltung in der ersten Sitzung. In Ausnahmefällen, die Erwartungen über Zinsanpassungen noch während einer Mindestreserve-Erfüllungsperiode auslösen, kann es daher nach wie vor zu erwartungsbedingten Über- bzw. Unterbietungen kommen.

Im Frühjahr 2004 kam es zweimal zu leichten Unterbietungen, die aber nicht erwartungs-, sondern zinsdifferenzbedingt waren. „Derartige Unterbietungen können auftreten, wenn sich der Abstand zwischen den kurzfristigen Geldmarktzinsen und dem marginalen Haupttendersatz soweit verringert hat, dass insbesondere die normalerweise geldmarktaktiven Kreditinstitute ihr Bietungsvolumen deutlich einschränken, da das „Durchhandeln" von Tenderliquidität für sie keine attraktiven Margen mehr bietet" (Deutsche Bundesbank, 2004b, 56).

Die intertemporale Arbitrage fußt auf der Ausgestaltung der Mindestreserve als Durchschnitts-Mindestreserve. Die zur Erfüllung der Mindestreservepflicht notwendigen Zentralbankguthaben brauchen demnach nicht von Tag zu Tag in der von der Mindestreserve geforderten Höhe gehalten zu werden. Sie müssen vielmehr nur im Durchschnitt einer Erfüllungsperiode dem Mindestreserve-Soll entsprechen. Dies heißt, dass während einer Erfüllungsperiode Mindestreserveunterschreitungen und -überschreitungen miteinander verrechnet werden können. Die Wahrnehmung dieser Verrechnungsmöglichkeit zur Erlangung eines Zinsvorteils wird oft auch als *„intertemporale Arbitrage"* bezeichnet. Kurzfristig am Tagesgeldmarkt auftretende Anspannungen bzw. Verflüssigungen aufgrund von unvorhergesehenen Entwicklungen bei den *autonomen (Liquiditäts-) Faktoren*, also Faktoren, die die Guthaben des Bankensystems beim Eurosystem beeinflussen, aber nicht im Einflussbereich des Eurosystems liegen, können so durch ein vorübergehendes Unter- bzw. Überschreiten des Mindestreserve-Solls abgefedert werden. Bei den autonomen Faktoren handelt es sich im Wesentlichen um den Banknotenumlauf, die Einlagen öffentlicher Haushalte beim Eurosystem und die Nettoposition des Eurosystems in Fremdwährung. Nehmen etwa die Einlagen der öffentlichen Haushalte beim Eurosystem unerwartet zu, so sinken die Guthaben der Kreditinstitute auf Girokonten beim Eurosystem (im Ausweis des Eurosystems kommt es zu einer Umbuchung P.2 – Einlagen auf Girokonten sinkt, P.3 – Einlagen von öffentlichen Haushalten steigt, siehe hierzu auch Abbildung III.4.1), d.h. die Bankenliquidität sinkt, wodurch es zu Anspannungen am Tagesgeldmarkt kommt. Zinserhöhungen am Tagesgeldmarkt haben zur Konsequenz, dass es für Banken lohnend ist, ihr *Mindestreserve-Soll* kurzfristig zu unterschreiten (Tagesgeldsatz >

Zinssatz für Hauptrefinanzierungsgeschäfte), um diese Mittel am Tagesgeldmarkt in der Erwartung anzulegen, sich im weiteren Verlauf der *Mindestreserve-Erfüllungsperiode* wieder bei der Zentralbank zu unveränderten Konditionen refinanzieren zu können. Diese Erwartungshaltung wird durch das tatsächliche Verhalten des Eurosystems bestätigt, das den Kreditinstituten **insgesamt** im Verlauf einer Mindestreserve-Erfüllungsperiode stets die Liquidität zu einem fixen Notenbankzinssatz zuteilt, die sie benötigen, um das Mindestreserve-Soll zu erfüllen.[4] Unterschreiten also die durchschnittlichen Guthaben der Kreditinstitute auf Girokonten beim Eurosystem während der laufenden Mindestreserve-Erfüllungsperiode das Mindestreserve-Soll aufgrund von unvorhergesehenen Entwicklungen bei den *autonomen (Liquiditäts-)Faktoren*, wird das Eurosystem beim folgenden Hauptrefinanzierungsgeschäft entsprechend mehr Liquidität zuteilen. Bis zu dieser „Mehrzuteilung", also bis zur Wiederauffüllung der Bankenliquidität, wirkt die Durchschnitts-Mindestreserve stabilisierend auf den Tagesgeldzins (vgl. hierzu EZB, 2006e, 93f.).

Kommt es hingegen zu einer Verflüssigung des Tagesgeldmarktes – etwa in Folge eines unerwarteten Rückflusses an Banknoten (im Ausweis des Eurosystems kommt es zu einer Umbuchung P.2 – Einlagen auf Girokonten steigt, P.1 – Banknotenumlauf sinkt, siehe hierzu auch Abbildung III.4.1) und somit zu einer Zunahme der Bankenliquidität –, d.h. unterschreitet der Tagesgeldsatz den Zinssatz für das Hauptrefinanzierungsgeschäft, werden Banken eher zu einer Vorauserfüllung („*front loading*") des Mindestreserve-Solls tendieren, da die Verzinsung der mindestreservebedingten Guthaben beim Eurosystem über dem Tagesgeldsatz liegt. Dadurch geht aber das Mittelangebot am Tagesgeldmarkt zurück.

Im ersten Fall wirkt dieses Verhalten der Banken also tendenziell einem (weiteren) Anziehen, im zweiten Fall einem (weiteren) Absinken des Tagesgeldsatzes entgegen. Unvorhergesehene Schwankungen im Liquiditätsbedarf der Banken können daher zunächst ohne Interventionen des Eurosystems abgefedert werden. Dies trägt zu einer Verstetigung der Zinsentwicklung am Tagesgeldmarkt bei. Der Tagesgeldmarkt kann dann sozusagen selbständig ein Gleichgewicht finden, ohne dass die Zinsführerschaft der Zentralbank gefährdet ist oder es zu einer übermäßigen Volatilität des Tagesgeldsatzes kommt. Ständige Markteingriffe der Zentralbank sind dafür nicht erforderlich. Allerdings kann naturgemäß am

---

[4] Dies trifft für die Liquiditätsausstattung des **Bankensystems insgesamt** zu. **Eine einzelne Bank** kann sich aber nie ganz sicher sein, ob sie im weiteren Verlauf der Erfüllungsperiode noch ausreichend Zentralbankgeld zum bisherigen Zinssatz von der Zentralbank erhält. Banken, die ein solches Risiko nicht eingehen wollen, werden das Mindestreserve-Soll nicht unterschreiten und deshalb am Tagesgeldmarkt Zentralbankgeld nachfragen, welches risikofreudigere Banken anbieten. Gingen alle Banken davon aus, dass sie ohne weiteres im Verlaufe der Mindestreserve-Erfüllungsperiode die zusätzliche Liquidität zum bisherigen Zinssatz erhalten könnten, käme es von Haus aus zu keinem Anstieg des Tagesgeldsatzes infolge der temporären Liquiditätsverknappung, da alle Banken vorübergehend mit einem Unterschreiten des Mindestreserve-Solls reagieren würden. In einem solchen Fall wäre die Stabilisierungsfunktion der Mindestreserve besonders ausgeprägt.

letzten Tag der Erfüllungsperiode die Durchschnitts-Mindestreserve nicht mehr stabilisierend wirken, da Reservefehlbeträge bzw. -überschüsse nicht mehr mit künftigen Gegenpositionen verrechnet werden können, was eine höhere Volatilität des Tagesgeldsatzes an diesem Tag zur Folge haben kann (siehe auch Abb. III.4.6).

Aber auch während der Mindestreserveerfüllungsperiode kann es zu merklichen Bewegungen beim Tagesgeldsatz kommen, wenn die tagesdurchschnittlichen Guthaben der Kreditinstitute auf Girokonten beim Eurosystem (Position c in Abbildung III.4.4) deutlich vom Mindestreserve-Soll abweichen (Position d in Abbildung III.4.4), sodass die Stabilisierungsfunktion der Durchschnitts-Mindestreserve überfordert wird. Je größer die Differenz zwischen dem Mindestreserve-Soll (Position d in Abbildung III.4.4) und den Guthaben der Kreditinstitute auf Girokonten beim Eurosystem („Bankenliquidität", Position c) ist, umso schwächer wird die Stabilisierungsfunktion der Mindestreserve. Je knapper die Bankenliquidität ist (c<d), umso weniger Kreditinstitute sind nämlich bereit, ihr Mindestreserve-Soll (noch) weiter zu unterschreiten, sodass das Mittelangebot von (risikofreudigeren) Kreditinstituten am Interbanken-Geldmarkt mehr und mehr nachlässt, wodurch der Tagesgeldsatz in Richtung Spitzenrefinanzierungssatz ansteigt. Je reichlicher die Bankenliquidität ist (c>d), umso schneller sind die Möglichkeiten der Vorauserfüllung des Mindestreserve-Solls erschöpft. Je mehr Banken aber ihr Mindestreserve-Soll für die gesamte Mindestreserve-Erfüllungsperiode bereits erfüllt haben, umso mehr „überschüssige" Bankenliquidität wird auf dem Interbanken-Geldmarkt angeboten, sodass der Tagesgeldsatz in Richtung des Zinssatzes für die Einlagefazilität absinkt.

Reicht die *Stabilisierungsfunktion der Mindestreserve* nicht (mehr) aus, um den Einfluss von unerwarteten Liquiditätszu- bzw. -abflüssen auf den Tagesgeldsatz (weitgehend) zu kompensieren, kann die EZB durch Einsatz von Feinsteuerungsoperationen Zinsausschläge jederzeit vermeiden (würde unter Position a – Sonstige Geschäfte in Abbildung III.4.4 erfasst).[5] Seit Herbst 2004 ist die EZB regelmäßig am letzten Tag der Mindestreserve-Erfüllungsperiode am Markt, um übermäßige Schwankungen des Tagesgeldsatzes zu verhindern.

Im Sommer/Herbst 2007 kam es infolge der Subprime-Krise darüber hinaus u. a. zu massiven beidseitigen *Feinsteuerungsoperationen* – beginnend am 9. August mit einer liquiditätszuführenden befristeten Transaktion in Höhe von knapp 95 Mrd. € mit einer eintätigen Laufzeit (Mengentender zum Festzinssatz von 4,00 %) –, um einem „Austrocknen" des Tagesgeld-Marktes, damit einem Zinsanstieg, entgegen zu wirken, da als Folge von Verunsicherungen über die Konsequenzen der Kreditausfälle am US-Immobilienmarkt die Marktteilnehmer sehr zurückhaltend

---

[5] „Aufgrund unvorhersehbarer Entwicklungen enthalten die Prognosen für die verschiedenen Liquiditätsfaktoren zwangsläufig eine Fehlerkomponente. Ex post weicht die tatsächliche Liquiditätsentwicklung – manchmal sogar erheblich – von der Prognose bei der Beschlussfassung über den wöchentlichen Tender ab" (EZB, 1999f, 43).

	Liquiditätszuführend	Liquiditätsabschöpfend	Nettobeitrag
(a) Geldpolitische Geschäfte des Eurosystems	451,3	2,1	+ 449,2
Hauptrefinanzierungsgeschäfte	268,7	–	+ 268,7
Längerfristige Refinanzierungsgeschäfte	171,7	–	+ 171,7
Ständige Fazilitäten	0,2	0,4	– 0,2
Sonstige Geschäfte/Faktoren	10,7	1,7	+ 9,0
(b) Sonstige die Liquidität des Bankensystems beeinflussende Faktoren	435,1	691,5	– 256,4
Banknotenumlauf	–	639,2	– 639,2
Einlagen der öffentlichen Haushalte beim Eurosystem	–	52,3	– 52,3
Nettoposition des Eurosystems in Fremdwährung (einschließlich Gold)	317,3	–	+ 317,3
Sonstige Faktoren (netto)	117,8		+ 117,8
(c) Guthaben der Kreditinstitute auf Girokonten beim Eurosystem (a)+(b)			+ 192,7
(d) Mindestreserve-Soll			191,9

Abbildung III.4.4: Beiträge zur Liquidität des Bankensystems (in Mrd €)
Quelle: EZB 2007i, 9.
Anmerkung: Tagesdurchschnitt während der Mindestreserve-Erfüllungsperiode vom 8. August bis 11. September 2007; Rundungsdifferenzen
Nachrichtlich: In der Mindestreserve-Erfüllungsperiode vom 8. August bis 11. September 2007 lagen die Überschussreserven bei 0,8 Mrd (192,7 – 191,9). Die Verzinsung der Mindestreserveguthaben betrug 4,09 %.

bei der Vergabe von Krediten an andere Banken waren. Dadurch kam es kaum mehr zu einem Ausgleich der Überschuss- und Defizitpositionen einzelner Institute bei der Bankenliquidität über den Geldmarkt (Deutsche Bundesbank, 2007d, 9). „Die durchschnittliche Liquiditätsversorgung wurde durch diese Maßnahmen nicht beeinflusst, da die im Verlaufe der jeweiligen Erfüllungsperioden frühzeitig bereitgestellte zusätzliche Liquidität später durch niedrigere Zuteilungsvolumen bzw. liquiditätsabschöpfende Feinsteuerungsoperationen ausgeglichen wurde (EZB, 2007m, 32; zu den Einzelheiten der geldmarktpolitischen Operationen vom 8. August bis zum 13. November 2007 (vgl. ebenda, 32-36); zum Verhalten des Tagesgeldsatzes während dieses Zeitraumes vgl. Abbildung III.4.7).

Ursächlich beruht die *Subprime-Krise* (im Einzelnen siehe Box III.4.6 sowie Zeitler, 2007b) darauf, dass US-Hypothekenbanken – vermittelt über Makler auf Provisionsbasis – Kredite an Haushalte vergeben haben, von denen man bei Abschluss des Kreditvertrags schon wusste, dass sie den Schuldendienst nicht aufbringen können. Deshalb hat man sie auch mit „künstlich" niedrigen Zinsen geködert.

Eine marktmäßige Anpassung beim Schuldendienst (Zins + Tilgung) war daher erst nach einer bestimmten Frist (i. d. R. nach zwei Jahren) vorgesehen. Dahinter stand die „Hoffnung" bzw. der „Glaube" der Hypothekenbanken an jährliche Immobilienpreissteigerungen, die es ihnen dann natürlich – ohne Rücksicht auf die Folgen für die Kreditnehmer – erlaubt hätten, bei den erwartbaren Zahlungsschwierigkeiten der Kreditnehmer die Immoblien ohne Verlust zu verwerten. Ein Teil dieser Kredite wurde über *„special purpose vehicles"* verbrieft und – versehen mit unrealistisch guten Bewertungen der Ratingagenturen – an Investoren (Banken, Versicherungen, Hedgefonds, …) in der ganzen Welt verkauft. Mitte Dezember 2007 hat daher die Fed erste Schritte eingeleitet, um zu verbieten, dass Kredite vergeben werden, ohne zu berücksichtigen, ob der Darlehensnehmer diese überhaupt zurückzahlen kann. Außerdem sollen die Kreditinstitute künftig die Angaben ihrer Kunden über die Einkommens- und Vermögensverhältnisse überprüfen (siehe im Einzelnen die Press Release der Fed vom 18. 12. 2007).

Box III.4.6: Die Subprime-Krise

Seit Anfang 2007 lässt sich auf dem US-Markt für Hypothekenkredite mit geringer Bonität (*Subprime*) ein drastischer Anstieg von Zahlungsausfällen beobachten, der zu erheblichen Neubewertungen von Krediten, Auflösungen von Kreditportefeuilles, Notfinanzierungen von Spezialinstituten bis hin zum Zusammenbruch von Finanzierungsgesellschaften führte. Da die Refinanzierung der *US-Hypothekenkredite* auf den internationalen Finanzmärkten in Form von Kreditverbriefungen stattfand, erreichte die *Subprime-Krise* spätestens ab dem Sommer 2007 auch die Finanzmärkte anderer Industrieländer.

Die Einstufung als Subprime-Hypothek erfolgt, wenn der Kreditnehmer in der Vergangenheit zahlungsunfähig war, bei ihm eine Zwangsversteigerung dokumentiert wurde oder er mit Kreditraten in Verzug geraten ist. Als Indikatoren für die Subprime-Einstufung werden ferner das Verhältnis zwischen dem Schuldendienst und dem laufenden Einkommen (debt service-to-income ratio; DTI ratio) und das Verhältnis der Kreditsumme zum Wert der Immobilie (mortgage loan-to-value ratio; LTV ratio) herangezogen. Kreditnehmer mit einem geringen „credit score", einem DTI über 55% und/oder einem LTV von über 85% werden dem Subprime-Markt zugeordnet. Neben dem Subprime-Markt existiert das Marktsegment für „Alt A" Kredite. Bei diesen Hypotheken muss kein oder kein vollständiger Einkommensnachweis (low doc /no doc loans) vorliegen.

Motivation für die Nachfrage nach Hypothekenkrediten

Der hohe und seit Mitte der 1990ger Jahre nochmals deutlich gestiegene Anteil von Hauseigentümern an der US-Bevölkerung ist mit dem geringen Angebot an Mietwohnungen erklärbar. Eine flächendeckende Förderung des Mietwohnungsbaus existiert in den USA nicht. Zugleich sind die Rechte von Mietern (beispielsweise Kündigungsregeln) begrenzt, sodass eine mangelnde Planungssicherheit den Wunsch nach der eigenen Immobilie verstärkt. Die Notwendigkeit, den Erwerb privaten Wohneigentums überwiegend mit Krediten zu finanzieren, lässt sich mit der geringen Sparquote in den USA begründen. Neben einer mangelnden Sparfähigkeit von Beziehern niedriger Einkommen dürfte die mangelnde Sparwilligkeit breiter Bevölkerungsschichten ausschlaggebend sein. Die Ersparnisbildung wird von staatlicher Seite nicht wirksam gefördert. Demgegenüber sind Zinszahlungen für (Hypotheken-)Kredite steuerlich abzugsfähig und begünstigen nicht nur die originäre Kreditaufnahme für den Immobilienerwerb sondern auch die Finanzierung des privaten Konsums über Hypothekenkredite.

Eine zunehmend stabilitätsorientierte Geldpolitik führte in den 1980er und 1990er Jahren in den USA zu einem Disinflationsprozess, der nicht nur längerfristig ein Absinken der Nominalzinssätze im Sinne der Fisher-Relation auslöste, sondern – aufgrund sinkender Inflationsrisikoprämien – bis zum Jahr 2005 auch einen spürbaren Rückgang der Realzinssätze bewirkte. Auch die kurzfristigen Refinanzierungsmöglichkeiten für den Immobilienerwerb verbesserten sich zu Beginn dieser Dekade deutlich. Durch die sukzessiven Leitzinssenkungen der US-Notenbank von 6,5 % im Jahr 2000 bis auf 1,0 % für die Fed Funds Target Rate im Jahr 2004, stieg die Attraktivität variabel verzinslicher Hypothekenkredite deutlich an.

Motivation für das Angebot von Hypothekenkrediten

Der signifikante Anstieg der realen Hauspreise in den US-Ballungsgebieten seit Ende der 1990ger Jahre und damit der zunehmende Wert der Kreditsicherheiten war ein Schlüsselfaktor für den Boom auf den US-Hypothekenmärkten. Aus Sicht der Kreditinstitute bestand kein Problem, Kredite auch an solche US-Bürger zu vergeben, deren aktuelle und erwartete Einkommenssituation unzureichend war, um die Zins- und Rückzahlungen auch bei veränderten Zinskonditionen in den Folgejahren zu gewährleisten. Die Möglichkeiten, die als Sicherheit bereitstehenden Immobilien zu verwerten, reichten für die Kreditvergabe aus. Angesichts der im Vergleich zu den langfristigen Hypothekenzinssätzen nochmals deutlich niedrigeren Geldmarktsätze waren viele US-Haushalte zudem bereit, variabel verzinsliche Hypothekenkredite (ARMs = adjustable rate mortgage) aufzunehmen. ARMs sind hybride Produkte, sie kombinieren variable und feste Verzinsungen. Zwei Drittel aller ARMs sind sogenannte „2/28"-Hypotheken. Bei einer Laufzeit des Hypothekenkredits von dreißig Jahren wird für die beiden ersten Jahre ein Festzins vereinbart, der dann in eine variable Verzinsung umgewandelt wird. Die ARMs werden dann monatlich an die Zinsentwicklung auf den Geldmärkten angepasst, wobei unterschiedliche Zinssätze zur Berechnung herangezogen werden können. Der ursprüngliche Festzins lag häufig unter der marktüblichen Verzinsung („teaser rate"). Beim Übergang zur variablen Verzinsung kann – bei zwischenzeitlich veränderten Konditionen auf den Kreditmärkten – ein Zinsschock („reset shock") auftreten, auch wenn in den Kreditverträgen Zinsobergrenzen ("caps") vereinbart wurden, die vor einem zu raschen Zinsanstieg schützen sollten. Die Mehrzahl der hybriden Hypothekenkredite treten in der zweiten Hälfte 2007 und im Jahr 2008 in die Phase der variablen Verzinsung ein.

Zusätzlich wurden Kreditverträge abgeschlossen, bei denen zunächst ausschließlich Zinszahlungen geleistet werden ("interest-only mortgage") bzw. sogar negative Amortisationsraten ("neg-am-loans") auftreten. Im zweiten Fall decken anfängliche Zahlungen der Kreditnehmer nicht einmal die laufenden Kreditzinsen ab, sodass das Kreditvolumen bis zu einer vereinbarten Obergrenze weiter ansteigt. Beim Erreichen des Grenzwertes bzw. fünf Jahre nach Vertragsabschluss beginnen die üblichen Zins- und Rückzahlungen. Zusätzliche Zahlungsoptionen bieten die option ARMs. Die Wahlmöglichkeiten werden bis zu fünf Jahre nach Vertragsabschluss gewährt bzw. laufen aus, wenn zwischenzeitlich eine vereinbarte Verschuldungsobergrenze erreicht wurde (Übersicht bei Kiff / Mills 2007, Box 2, S. 8). Erst nach dem Umwandlungsdatum ("recast date") erfolgen die Rück- und Zinszahlungen. Obwohl option ARMs seit Jahrzehnten existieren, nahm ihre Bereitstellung erst ab 2003 deutlich zu. Die Quote der Zahlungsausfälle ("delinquency rate") blieb im Vergleich zu anderen ARMs bislang niedrig. Diese Situation kann sich deutlich ändern, wenn seit 2003 abgeschlossene Kreditverträge ab dem Jahr 2008 in die Umwandlungsphase eintreten. Im Ergebnis stieß eine zunehmende Nachfrage nach Hypothekenkredite auf ein steigendes Angebot seitens der Kreditinstitute, die die Nachfrage durch "innovative" Kreditkonstruktionen zusätzlich flankierten.

Formen der Kreditverbriefung

Die traditionelle Refinanzierung bzw. Besicherung von Krediten des Subprime-Segments über die Federal Housing Association (FHA) wurde für die Hypothekenbanken zunehmend unattraktiv. FHA-Produkte wurden nicht schnell genug an veränderte Marktbedingungen angepasst, zugleich schrieb die FHA Beleihungsgrenzen vor und die Bearbeitungskosten für FHA-gesicherte Hypotheken senkte die Gewinnmargen. Im Ergebnis erfolgte die Refinanzierung der Hypothekenkredite verstärkt über Investmentbanken, die sich ihrerseits zunehmend über die Verbriefung von Krediten refinanzieren.

Unter *Asset Backed Securities* (ABS) versteht man einen Risikotransfer, bei dem ein Forderungspool verbrieft und das mit dem Pool verbundene Kreditrisiko auf andere Marktteilnehmer übertragen wird. Das Risiko des Forderungsverkäufers (Originator) – beispielsweise einer Investmentbank – wird somit vom Risiko des Forderungspools getrennt. Darüber hinaus werden bislang vergleichsweise illiquide Forderungspositionen – wie einzelne Hypothekenkredite – kapitalmarktfähig gemacht.

Im Fall von True Sale Strukturen verkauft der Originator seinen Forderungspool an eine außerbilanzielle und insolvenzfeste Zweckgesellschaft (SPV = *special purpose vehicle*), sodass diese Forderungen nicht mehr in seiner Bilanz auftreten. Das SPV refinanziert den Kauf durch die Begebung von Anleihen. Die emittierten Anleihen können einzelnen Tranchen – die divergierende Ausfallrisiken bzw. Ratings aufweisen und damit unterschiedliche Risikoprämien beinhalten – zugeordnet werden. Neben gerateten Tranchen gibt es eine nicht bewertete Tranche („equity tranche"), die im Fall von Forderungsausfällen die ersten Verluste („first loss position") übernehmen. Diese Tranche wird häufig vom Originator selbst oder besonders risikobereiten Anlegern wie spezifischen *Hedge Funds* gehalten. Bei umfangreicheren Forderungsausfällen werden die übrigen Tranchen in einer zuvor festgelegten Reihenfolge an den Verlusten beteiligt („waterfall structure").

Bei synthetischen Strukturen verbleiben die Forderungen in der Bilanz des Originators und der Risikotransfer erfolgt durch den Einsatz von *Kreditderivaten* (Credit Default Swaps [CDS] oder Garantien). Im Fall von Forderungsausfällen erhält der ursprüngliche Kreditgeber bei Abschluss eines CDS Kompensationszahlungen seitens des SPV. Im Gegenzug muss er laufende Zahlungen im Sinne einer Versicherungsprämie an die Zweckgesellschaft leisten. Das SPV hat nun zwei Alternativen, die Risiken an Investoren weiterzugeben. Wie bei einem True Sale erfolgt die Risikoübertragung an die Investoren über die Begebung von Wertpapieren („fully funded"). Da das SPV nur Zahlungen im Fall von Leistungsstörungen an den originären Kreditgeber leistet, verfügt das SPV bei erfolgter Anleihenplatzierung über hohe liquide Mittel. Um die Zinszahlungen für die emittierten Anleihen sicherzustellen, wird das SPV diese Mittel wiederum in Wertpapieren mit hoher Bonität reinvestieren. Diese Papiere dienen zugleich als Collateral für den Fall von erforderlichen Zahlungen aus dem CDS. Alternativ erfolgt die Risikoübertragung an die Investoren ebenfalls synthetisch über den Abschluss von CDS („unfunded"). Schließlich sind Kombinationen aus den beiden zuvor beschriebenen Refinanzierungsformen denkbar („partially funded"). Bei Single Loan Transaktionen wird der klassische Fremdkapitalgeber – also in aller Regel ein Kreditinstitut – von vornherein durch die Kreditverbriefung ersetzt. Der Kreditnehmer erhält die Kreditsumme direkt vom SPV und leistet entsprechend Zins- und Rückzahlungen. Die Refinanzierung der Zweckgesellschaft erfolgt durch die Emission von Wertpapieren. Aus Sicht der Kreditinstitute bewirkt der Verzicht auf das Kreditgeschäft zwar einerseits sinkende Zinseinnahmen, andererseits lassen sich zusätzliche Provisionseinnahmen durch die Organisation der Verbriefungsstruktur generieren und zugleich Eigenmittel schonen. Traditionell wurden die Forderungen vom Originator an das SPV im Sinne eines True Sale verkauft. Im Zeitraum von 2002 bis 2004 erfolgte der Risikotransfer in zahlreichen Strukturen verstärkt durch den Einsatz von Kreditderivaten wie CDS oder Garantien. Seit 2005 ist eine Renaissance von True Sale Transaktionen sowie die Zunahme von Single Loan Transaktionen zu beobachten.

Die Existenz von Zweckgesellschaften lässt sich ökonomisch in zweifacher Weise begründen. Ein SPV nimmt eine Restrukturierung von Risiken vor. Für diese Intermediationsleistung (Risikotransformation) erzielen Zweckgesellschaften bzw. die Investoren in der Equity Tranche im Durchschnitt einen positiven

Spread zwischen der Verzinsung des Forderungspools und den auftretenden Refinanzierungskosten. Durch die Ausnutzung unterschiedlicher Kapitalbindungsfristen von Forderungspool und emittierten Refinanzierungsinstrumenten können ein SPV bzw. die Investoren in der *Equity Tranche* ebenfalls positive Spreads generieren. Die Intermediationsleistung besteht in diesem Fall aus einer Fristentransformation im Hinblick auf die Kapitalbindung.. In Abhängigkeit von der Struktur des Forderungspools, der Fristigkeit sowie der Struktur der Refinanzierung lassen sich Vehikel wie Special Investment Vehicles (SIVs), Collateralized Debt Obligations (CDOs) oder Commercial Paper Conduits (CP *Conduits*) differenzieren (Übersicht bei Polizu 2007). Während bei SIVs und CP Conduits die Fristentransformation im Vordergrund steht und die Aktivpositionen zu einem erheblichen Teil über Asset Backed Commercial Paper (ABCP) refinanziert werden, nehmen CDOs eine Risikotransformation vor. SIVs und CDOs weisen im Allgemeinen ein gut strukturiertes Portefeuille auf, wobei CDOs durch ein höheres Durchschnittsrisiko charakterisiert sind. Conduits (= Durchleitung, Röhre, Kanal) können hingegen vollständig in einer Asset-Klasse investiert sein. Während in einem SIV kurz- und mittelfristige Refinanzierungen eingesetzt werden und die durchschnittliche Laufzeit der Verbindlichkeiten drei Monate nicht unterschreitet, bestehen für Conduits keine Begrenzungen, sodass ihr Refinanzierungsrisiko deutlich stärker ausgeprägt ist.

Motivation für die eine zunehmende Verbriefung von Krediten

Die Märkte für *Verbriefungen* waren in den letzten Jahren durch einen enormen Anstieg der Volumina geprägt. Während der Bestand an verbrieften Forderungen in den USA im Jahr 2000 bei ca. 5 Bio. USD lag, ist er bis Ende 2006 auf mehr als 11 Bio. USD angewachsen. Dieser Trend lässt sich sowohl von der Angebots- als auch von der Nachfrageseite begründen. Aus Sicht von originären Kreditgebern weisen Verbriefungen eine Reihe von Vorteilen gegenüber der traditionellen Kreditvergabe auf. Durch die Ausgliederung von Krediten können Banken ihre erforderliche Eigenkapitalausstattung reduzieren bzw. die Eigenkapitalunterlegung verbessern („regulatory arbitrage"). Zudem lassen sich in Abhängigkeit von der verwendeten Verbriefungstechnik Bilanzrelationen bzw. -kennziffern verbessern sowie leichter steuern, die Eigenkapitalrendite erhöhen oder stille Reserven realisieren. Die Verbriefung erlaubt zudem das aktive Management unterschiedlicher Risiken und deren Transfer auf andere Marktteilnehmer. Die Kreditinstitute erhalten Zugang zu bankunabhängigen Finanzierungsquellen sowie Anlegern mit sehr unterschiedlicher Risikobereitschaft und senken durch diese Diversifikationsmöglichkeiten die Risiken und Kosten ihrer Refinanzierung. Insgesamt lassen sich mit Hilfe von Verbriefungen das Bilanzstruktur-, das Risiko- und das Liquiditätsmanagement nachhaltig verbessern.

Aus Sicht potenzieller Anleger weisen verbriefte Kredite ebenfalls Vorteile gegenüber traditionellen Anlageformen auf. ABS-Strukturen erlauben die gezielte

Übernahme von Kreditrisiken; die Anlage kann präzise an das eigene Risikoprofil angepasst werden. Zugleich partizipiert der Investor von der Risikodiversifikation eines gut strukturierten Forderungspools. Bei Einzelengagements müsste er diese Diversifikation selber sicherstellen und dafür entsprechende Ressourcen aufwenden. Angesichts geringer Korrelationen gegenüber traditionellen Asset-Klassen lassen sich zusätzliche Diversifikationseffekte generieren und damit ein verbessertes Rendite/Risiko-Profil realisieren. Zum Ausgleich eventueller Kreditausfälle werden in den Verbriefungsstrukturen zusätzliche Absicherungen („credit enhancements") integriert. Folgerichtig bewirken einzelne Forderungsausfälle noch kein Downgrading bei der Bewertung des Forderungspools. ABS-Transaktionen wiesen deshalb in der Vergangenheit eine höhere Rating-Stabilität und deutlich geringere Ausfallraten als beispielsweise Unternehmensanleihen auf. Sofern die Eigenkapitalausstattung des Investors wiederum von der Bewertung seines Aktiva-Pools abhängt, kann dies zu einer spürbaren Eigenkapitalentlastung beitragen. Im Vergleich mit traditionellen Anlageformen wiesen Wertpapiere aus ABS-Tranchen bei vergleichbaren Ausfallrisiken signifikant höhere Spreads gegenüber den Refinanzierungskosten auf. Zugleich stiegen die Renditeaufschläge („spread pickups") mit der Komplexität der Verbriefungen, sodass im Laufe der Zeit ein zunehmender Anreiz zu immer komplexer werdenden Verbriefungsstrukturen bestand.

Neben einer Vielzahl von Vorteilen lassen sich aber auch gravierende Nachteile von Verbriefungen identifizieren, die eine zusätzliche Begründung für die Subprime-Krise und ihre weitreichenden Auswirkungen liefern. Die Verlagerung der Kreditrisiken auf andere Marktteilnehmer verändert das Risikomanagement der originären Kreditgeber. Der Anreiz, die Qualität der Kreditnehmer detailliert zu prüfen sowie die Kreditvergabemodalitäten adäquat an die Bedürfnisse und die Zahlungsfähigkeit der Kreditnehmer anzupassen, ist deutlich gesunken. Die Bereitschaft von Originators bei der Verbriefungsstruktur auf die besonderen Anlage- bzw. Risikobedürfnisse von Investoren einzugehen („bespoke deals") reduziert den Liquiditätsgrad der emittierten Schuldtitel und damit – insbesondere in Phasen zunehmender Verspannungen auf den Märkten – deren Marktgängigkeit. Starke Wertschwankungen aufgrund von Illiquiditäten behindern eine zuverlässige und zeitnahe Bewertung der Wertpapiere und erzwingen möglicherweise beim Investor erhebliche Abschreibungen, was Vertrauensverluste auf den Finanzmärkten verstärkt. Die zunehmende Komplexität der Verbriefungsstrukturen beeinträchtigt schließlich die Identifikation der inhärenten Risiken eines Investmentvehikels. Die Risikodiversifikationseffekte des Forderungspools werden überschätzt und die Risikovorsorge ist dementsprechend unzureichend. Systematische Risiken, die beispielsweise aus einer geldpolitisch induzierten Liquiditätsverknappung resultieren und eine Vielzahl von Finanzmarktsegmenten treffen, werden in Investmentvehikeln nicht reduziert sondern möglicherweise verstärkt. Das mangelnde Risikobewusstsein beschränkte sich aber nicht nur auf die Marktteilnehmer sondern auch auf die Rating-Agenturen. Sie müssen das Gesamtrisiko des Forderungspools adäquat abschätzen, damit die Höhe der einzelnen, mit unterschiedlichen Ausfallrisiken bewerteten Tranchen zur Refinanzierung bestimmt werden können. Im Ergebnis testierten die Agenturen den Forderungspools als auch den emittierten Schuldverschreibungen Ausfallsicherheiten, die den Annahmen einer Modellwelt und den historischen Erfahrungen genügen, in der Praxis – insbesondere bei stärkeren Verspannungen auf den Märkten – aber nicht haltbar sind. Vor diesem Hintergrund lässt sich auch die Kritik an den *Rating-Agenturen* und die Forderung nach einer wirksamen Kontrolle dieser Institutionen erklären. Die starke Konzentration von SIVs und Conduits auf die Fristentransformation setzt ferner eine hinreichende Liquidität insbesondere auf dem ABCP-Markt voraus. Das *Prolongationsrisiko* wurde von den Marktteilnehmern zwar gesehen; die Gefahr eines „Austrocknens" – angesichts des starken Wachstums des Commercial Paper-Marktes in den letzten Jahren – aber als nicht relevant eingestuft. Zudem wurden zugesagte Kreditlinien der Banken zur Liquiditätssicherung als ausreichend betrachtet, ohne deren eigene Refinanzierungsmöglichkeiten wiederum zu hinterfragen.

Die Rolle der Geldpolitik in der Subprime-Krise

Die Attraktivität strukturierter Kreditprodukte resultierte nicht zuletzt aus der Suche nach zusätzlichen Renditemöglichkeiten. Die erfolgreiche Stabilitätspolitik in den 1980er und 1990er des letzten Jahrhunderts führte in vielen Industrieländern zu einem deutlichen Rückgang der Inflationsraten und der Inflationsvolatilität. In der Folge sanken im Trend nicht nur die Nominalzinssätze aufgrund sinkender Inflationserwartungen sondern auch die Realzinsen aufgrund rückläufiger, volatilitätsbedingter Risikoprämien. Lediglich zum Ende der 1990er Jahre in der Hochphase des Aktienbooms stiegen beispielsweise die langfristigen Zinssätze aufgrund steigender Inflationsgefahren in den USA zeitweilig wieder an. Nach der drastischen Liquiditätsverknappung durch die US-Notenbank zu Beginn des Jahres 2000 und den in der Folgezeit auftretenden Kurseinbrüchen auf den internationalen Aktienmärkten setzten sich die Zinssenkungen auf den Bondmärkten weiter fort. Die nach dem Börsen-Crash einsetzenden Portfolioumschichtungen zugunsten von Anleihen verstärkten den Zinssenkungsdruck zunächst auf den Staatsanleihenmärkten aber auch auf den Märkten für Corporates. Während der Spread zwischen zehnjährigen US-Staatsanleihenrenditen (10Y Treasury) und den Geldmarktsätzen (3M Libor) vollständig verschwand, konnte die Differenz zwischen Unternehmensanleihen (Corp) bzw. verbrieften Krediten (beispielsweise RMBS = Residential Mortgage Backed Securities) und den Geldmarktsätzen auf etwas niedrigerem Niveau weiterhin genutzt werden (siehe Abbildung 1; die Unternehmensanleihen und RMBS-Tranchen weisen ein Baa-Rating im Sinne von Moody's Investors Service auf).

Der erneute geldpolitische Kurswechsel der US-Notenbank seit Ende 2000 führte in der Folgezeit zu einem drastischen Rückgang der Geldmarktsätze, der die Zins-

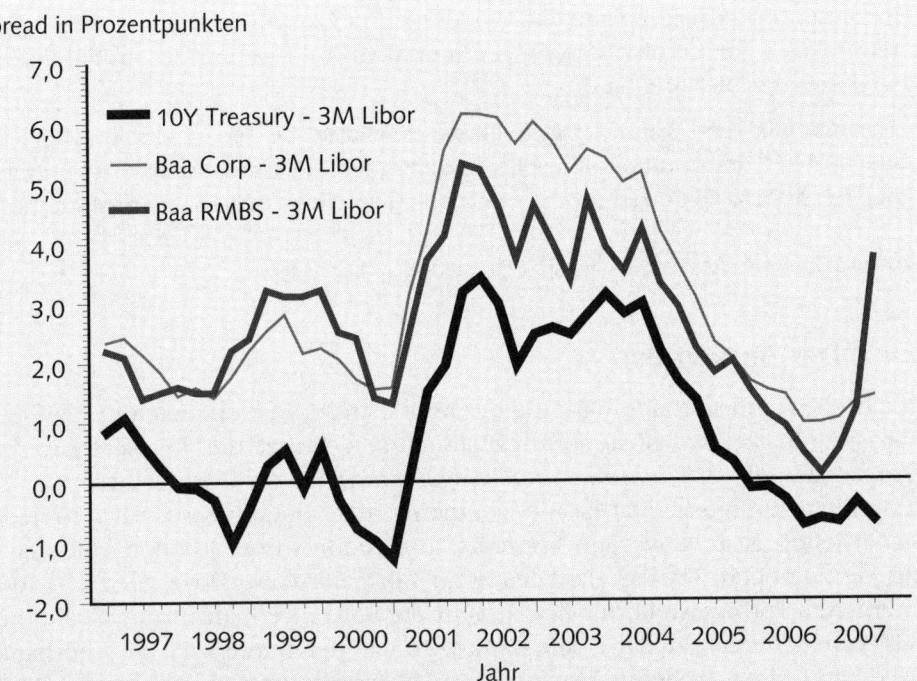

Abbildung III.4.5: Arbitrage-Möglichkeiten auf den Finanzmärkten
Quelle: Thomson Financial Datastream, OECD, eigene Berechnungen.

senkungstendenzen am langen Ende des Laufzeitenbandes deutlich überkompensierte und somit den Laufzeitspread unabhängig von der Bonität der langfristigen Papiere wieder öffnete Die Aussichten auf hohe Renditen und die Bereitstellung ausreichender Liquidität durch die US-Notenbank zu sehr niedrigen Zinsen verstärkte den Trend zu Kreditverbriefungen. In einem solchen Umfeld war nicht mit einem Austrocknen der Geldmärkte zu rechnen. Die expansive Geldpolitik der US-Notenbank beflügelte andererseits die Kreditvergabe im Subprime-Markt, sodass eine ausreichende Zahl an Krediten mit schlechter Bonität zur Verbriefung bereitstand. Der erneute Kurswechsel der Fed ab 2004 ließ die Spreads wieder schrumpfen und zwar in einem bislang nicht bekannten Maß. Während sich die Refinanzierungskonditionen für Investmentvehikel, die auf eine kurzfristige Refinanzierung setzten (SIVs und CP Conduits), deutlich verschlechterte, stiegen zugleich die Leistungsstörungen in den Forderungspools an. Aufgrund der steigenden Kurzfristzinssätze erhöhten sich sukzessive die Forderungsausfälle im Subprime-Segment. Im Ergebnis kamen viele Investmentvehikel somit von zwei Seiten unter Druck. Auf der Aktivseite durch steigende Ausfallrisiken und auf der Passivseite durch steigende Liquiditätsrisiken und Refinanzierungskosten. Der erneute Anstieg des Zinsspreads zwischen den RMBS-Renditen und dem Geldmarktsatz am aktuellen Rand der Abbildung III.4.5, ist der Reflex auf steigende Risikoprämien für Kreditverbriefungen und nicht das Ergebnis des erneuten Kurswechsels der US-Notenbank.

Zusammenfassend kann festgestellt werden, dass heftige geldpolitische Kurswechsel bei einer sich tendenziell verflachenden Zinsstrukturkurve zukünftig erheblich höhere Gefahren für die internationalen Finanzmärkte beinhalten.

Box erstellt von A. Michler, Universität Düsseldorf.

4.4.2 Der Zinskorridor

Reicht die stabilisierende Wirkung der Mindestreserve nicht aus und ergreift das Eurosystem keine Feinsteuerungsmaßnahmen, findet der Tagesgeldsatz beim Zinssatz für die *Spitzenrefinanzierungsfazilität* seine **Obergrenze**. Die Spitzenrefinanzierungsfazilität ist mengenmäßig nicht begrenzt, soweit hinreichend Sicherheiten gestellt werden können. Die Kreditinstitute können von sich aus auf sie zugreifen. Da das Bankensystem normalerweise über ausreichende Sicherheiten verfügt, stellt der Zinssatz für die Spitzenrefinanzierungsfazilität eine wirksame Obergrenze dar. Keine Bank wird nämlich bereit sein, am Interbanken-Geldmarkt einen höheren Zins für eine Mittelaufnahme zu zahlen, als sie dafür bei der Zentralbank bezahlen muss. Als **Untergrenze** fungiert der Zinssatz, den das Eurosystem für Einlagen im Rahmen der *Einlagefazilität* vergütet, da eine einzelne Bank am Interbanken-Geldmarkt Zentralbankguthaben nicht zu einem Zins anlegen wird, der unterhalb des Satzes liegt, den die Zentralbank für eine entsprechende Anlage zu zahlen bereit ist.[6] Somit ergibt sich ein Zinskorridor für den Tagesgeldsatz, festgelegt nach oben durch den Spitzenrefinanzierungssatz, nach unten durch den Einlagesatz.

Wie Abbildung III.4.6 zeigt, bewegte sich der Tagesgeldsatz seit Beginn der Währungsunion im Zinskorridor, wobei der Tagesgeldsatz (EONIA) i. d. R. nahe am Hauptrefinanzierungssatz lag. Für den Beginn der Währungsunion setzte der EZB-Rat den Einlagesatz auf 2,0 %, den Spitzenrefinanzierungssatz auf 4,5 %, fest. Allerdings verengte er für eine Übergangszeit, und zwar vom 4.–21. Januar 1999, den Korridor auf 2,75 %–3,25 %. Der Hauptrefinanzierungssatz (Mengentender) lag bei 3,00 %. Die Wahl dieses engen Korridors sollte gewährleisten, dass sich der Tagesgeldsatz auch in der Anfangsphase der EWU nahe am Hauptrefinanzierungssatz bewegt. Vonseiten des Eurosystems wurde nämlich die Gefahr gese-

---

[6] „Entsprechend der relativ niedrigen Verzinsung wird die Einlagefazilität von den Kreditinstituten nur bei unerwartet auftretenden Liquiditätsüberschüssen in Anspruch genommen, in der Regel am Ende einer Mindestreserveperiode. ... Gelegentlich benutzten einzelne Kreditinstitute die Einlagefazilität aber auch, um für am nächsten Morgen vorgesehene Interbankzahlungen oder für die Abwicklung von Wertpapiergeschäften bereits am Vorabend bereitgestellte Mittel über Nacht anzulegen ..." (Deutsche Bundesbank, 2004a, 139).

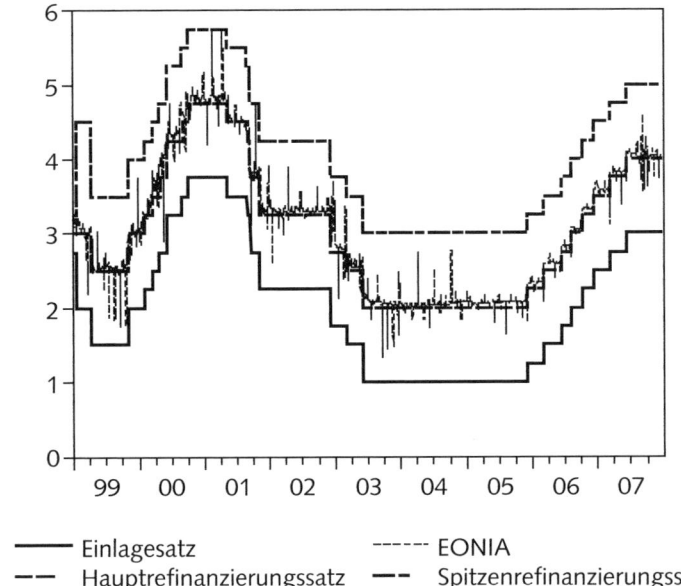

Abbildung III.4.6: EZB-Zinssätze und Tagesgeldsatz (EONIA) in der EWU von 1999–2007

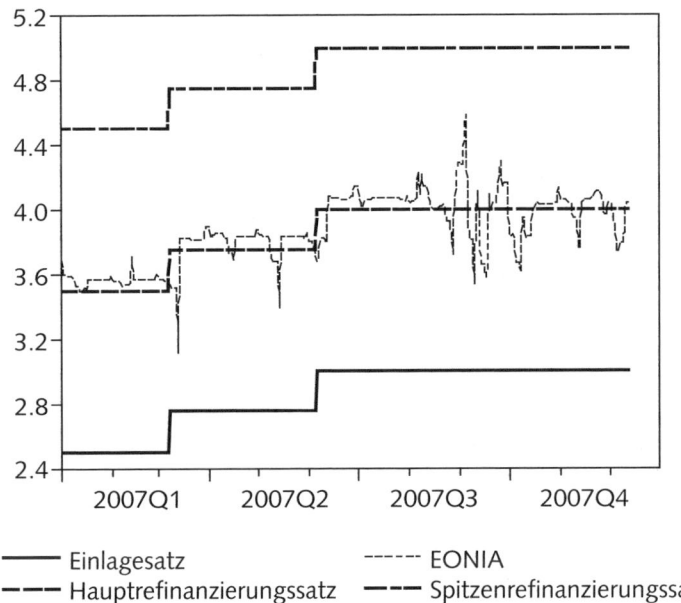

Abbildung III.4.7: EZB-Zinssätze und Tagegeldsatz (EONIA) vor dem Hintergrund der Subprime-Krise 2007

Anmerkungen: Hauptrefinanzierungssatz: einheitlicher Zuteilungssatz (Mengentender) bzw. ab dem 28.6.2000 Mindestbietungssatz (Zinstender).

hen, dass eine Reihe von Kreditinstituten aufgrund technischer Probleme oder unzureichender Informationen nicht in der Lage ist, Gelder aus dem Interbankenmarkt zu erhalten oder dort zu platzieren. Tatsächlich zeigte sich auch, dass während der ersten Tage der Marktausgleich nicht reibungslos funktionierte. So gab es eine Reihe von Kreditinstituten, die die Spitzenrefinanzierungsfazilität in Anspruch nahm, während andere Institute zugleich überschüssiges Geld in der Einlagefazilität platzierten (z.B. betrug am 8. Januar 1999 die Inanspruchnahme der Spitzenrefinanzierungsfazilität 5,4 Mrd. €, die der Einlagefazilität 3,5 Mrd. €). Seit April 1999 liegt der Korridor symmetrisch um +/- 1%-Punkt um den Hauptrefinanzierungssatz.

Box III.4.7 Die Geldmarktsteuerung des Fed und der Bank of England

Federal Reserve System

Zur Steuerung des Tagesgeldzinssatzes (*Federal Funds Rate*) gibt das Fed zunächst ein Ziel für diesen Zinssatz vor (*Federal Funds Rate Target*).[7] Traditionell lautet dabei die Argumentation, dass das Fed die Federal Funds Rate über Offenmarktgeschäfte (open market operations) so steuert, dass sie mit dem Federal Funds Rate Target im Einklang steht. Alternativ dazu finden sich in letzter Zeit aber auch Stimmen, die behaupten, es würde genügen, dass das Fed seine Zielvorstellungen offenbart (open mouth operations), da sich der Markt dann automatisch anpassen würde. Das Fed ist i. d. R. einmal täglich, und zwar vormittags, am Markt aktiv, was mitunter mit einer hohen Volatilität des Tagesgeldsatzes zum Buchungsschluss eines Tages hin verbunden war. Um diesen Ausschlag nach oben zu begrenzen, wurde im Jahr 2003 das „Discount Window" reformiert. Seither stellt der Zinssatz für den „*Primary Credit*" die Obergrenze für den Tagesgeldsatz dar (siehe Abb. III.4.8). Eine Ständige Fazilität für eine Untergrenze gibt es hingegen aufgrund des Verbots einer Verzinsung der Einlagen bei der Fed bisher nicht. Und eine Stabilisierungsfunktion für den Tagesgeldsatz können die Mindestreserve bzw. die „contractual clearing balances" aufgrund des geringen Volumens nicht leisten (siehe auch Box III.3.3).

Bank of England

"The purpose of the Bank's operations in the sterling money markets is to implement the Monetary Policy Committee's (MPC) interest-rate decisions ..." (Bank of England, 2005, 3.) Im Rahmen der neuen Geldmarktsteuerung der Bank of England seit 2006 gibt der Zinssatz für die wöchentlich durchgeführten Offenmarktgeschäfte, der vom *Monetary Policy Committee* (MPC) festgesetzt wird, die Orientierung für den Tagesgeldmarkt vor. Zudem wird die *Bank of England* im Regelfall Zinsänderungen nur zu Beginn einer Erfüllungsperiode vornehmen, da

---

[7] „In February 1994 ... the Fed adopted a new policy procedure. Instead of keeping the federal funds target secret, as it had done previously, the Fed now announced any federal funds rate target change" (Mishkin, 2007, 427).

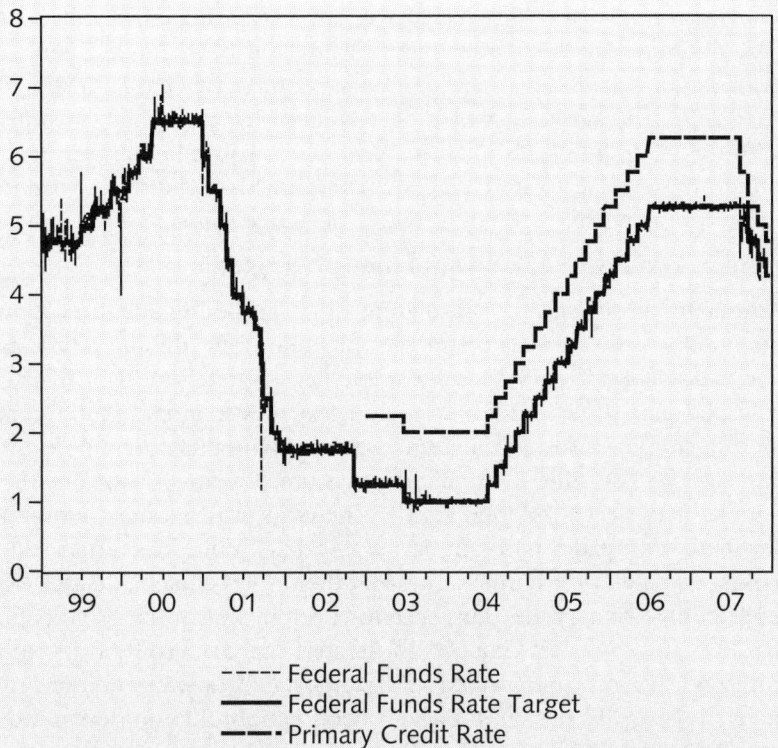

Abbildung III.4.8: Federal Funds Rate, Federal Funds Rate Target und Primary Credit Rate in den USA

die Erfüllungsperiode zwischen den Sitzungen des MPC, in denen Zinsentscheidungen getroffen werden können, liegt. Die **freiwilligen** Reserven, die in Höhe dieses Zinssatzes verzinst werden, wirken in ihrer Zinsglättungsfunktion wie die Mindestreserven im Eurosystem. Während der Erfüllungsperiode sollen sie über die intertemporale Arbitrage sicherstellen, dass sich der Tagesgeldsatz nahe am offiziellen Zinssatz der Bank of England bewegt. Die Zuteilung bei den wöchentlichen Offenmarktgeschäften wird so bemessen, dass der Liquiditätsbedarf der Banken gedeckt ist (siehe Eurosystem). Die Zinssätze für die Ständigen Fazilitäten liegen bis auf den letzten Tag der Erfüllungsperiode um 100 Basispunkte über bzw. unter dem offiziellen Zinssatz, sodass sie nur im Ausnahmefall genutzt werden. Am letzten Tag der Erfüllungsperiode wird zum einen ein Offenmarktgeschäft mit eintägiger Laufzeit zur liquiditätsmäßigen Feinabstimmung abgeschlossen, zum anderen wird die Bandbreite der Zinssätze für die Ständigen Fazilitäten auf +/- 25 Basispunkte um den offiziellen Zinssatz verengt. Letztlich soll damit erreicht werden, dass bereits während der Erfüllungsperiode der Tagesgeldsatz lediglich um +/- 0,25%-Punkte um den Leitzins schwankt, da ein Unter- bzw. Überschreiten der vereinbarten Reservehaltung am letzten Tag der Erfüllungsperiode durch das Offenmarktgeschäft der Bank of England bzw. durch einen Rückgriff auf die Ständigen Fazilitäten ausgeglichen wird bzw. werden kann (sog. *temporäre Arbitrage*). Die Wirkungsweise der „reserve balances" ist sowohl im Hinblick auf ihre Anbindungs- als auch im Hinblick auf ihre Stabilisierungsfunktion mit der der Mindestreserve im Eurosystem vergleichbar. Allerdings wird die Rolle der intertemporalen Arbitrage noch stärker hervorgehoben.

Eurosystem, Fed und Bank of England im Vergleich

Vergleicht man die operative Umsetzung der Geldpolitik der drei Zentralbanken miteinander, zeigt sich als erstes die tragende Rolle, die die Mindestreserve- bzw. eine "freiwillige" Reservehaltung spielt. Dieser Kategorie von Instrumenten kommt im Rahmen einer modernen Geldmarktsteuerung eine Anbindungs- und Stabilisierungsfunktion für den Tagesgeldsatz zu, wobei letztere auf der intertemporalen Arbitrage fußt. Eine Zentralbank muss umso weniger aktiv am Markt sein, je ausgeprägter diese Funktionen sind. Im neuen Verfahren der Geldmarktsteuerung der Bank of England wird auf den ersten Blick eine Weiterentwicklung der Geldmarktsteuerung des Eurosystems deutlich. Die entscheidende Neuerung gegenüber dem Verfahren des Eurosystems besteht hier in einer Verengung des Zinskorridors auf +/- 0,25%-Punkte am letzten Tag der Erfüllungsperiode. Dies führt aufgrund der intertemporalen Arbitrage dazu, dass während der Erfüllungsperiode der Tagesgeldsatz sich in dieser engen Bandbreite um den von der Bank of England festgesetzten Zinssatz für die wöchentlich stattfindenden Offenmarktgeschäfte bewegt. Diese Vorgehensweise der Bank of England hat gegenüber der des Eurosystems zunächst den Vorteil, dass jede Bank die Sicherheit hat, am Ende der Erfüllungsperiode überschüssige bzw. noch benötigte Mittel auf jeden Fall zu Konditionen nahe am Reposatz der Bank of England anlegen bzw. aufnehmen zu können, sodass sich die Zinsschwankungen während der Erfüllungsperiode aufgrund der intertemporalen Arbitrage auch nur in diesem engen Zinskorridor bewegen werden. Da das Eurosystem aber auch seit Ende 2004 bei größeren Liquiditätsungleichgewichten am letzten Tag der Mindestreserve-Erfüllungsperiode mit Feinsteuerungsoperationen am Markt ist und diese Vorgehensweise den Marktteilnehmern auch klar signalisiert wurde, ist aus Sicht der Marktteilnehmer der Unterschied zum Steuerungsverfahren der Bank of England faktisch gering.

Dem Fed ist zwar mit der Reform des Discount Window ein „Einstieg" in die „Ständigen Fazilitäten" gelungen, allerdings fehlt bisher noch eine Einlagefazilität, deren Schaffung eine Verzinsung der Guthaben voraussetzt, wozu die Fed erst 2011 übergehen darf. Zum anderen hat der drastische Rückgang der mindestreservebedingten Guthaben aufgrund ihrer Nichtverzinsung in den 90er Jahren dazu geführt, dass auch unter Einbeziehung der clearing-balance-contracts die Guthaben nicht ausreichen, um die Stabilisierungsfunktion wahrzunehmen. Knackpunkt ist hier eine Verzinsung der Guthaben bei der Zentralbank. Zwar ist eine Verzinsung nicht grundsätzlich Voraussetzung für das Wirken der intertemporalen Arbitrage.[8] Im Falle des Fed führt aber die Nichtverzinsung zusammen mit einem relativ hohen Mindestreservesatz zu starken Ausweichreaktionen, sodass nicht genügend Guthaben für das Wirken der intertemporalen Arbitrage zur Verfügung steht. So lange das Fed Guthaben nicht verzinsen darf, kann es nicht auf die Stabilisierungsfunktion der Mindestreserven zurückgreifen und auch keine Einlagefazilität schaffen. Es muss daher i. d. R. täglich am Markt präsent sein, um den Zinssatz auf dem angestrebten Niveau zu halten, und mangels Einlagefazilität Zinsausreißer nach unten gegen Buchungsschluss hinnehmen.

4.5 Die Endogenität der Geldmenge im Spiegel der „Monetären Analyse"

Die Untersuchung von geldmengenbasierten Größen und Zusammenhängen bezeichnet man als „Monetäre Analyse". Darunter fällt auch die Analyse der Komponenten und Gegenposten von M3 im Bilanzzusammenhang. Diese basiert auf der *Konsolidierten Bilanz der Monetären Finanzinstitute* (*MFIs*), also der zusammengefassten Bilanz des Eurosystems, der gebietsansässigen[9] Kreditinstitute und der sonstigen gebietsansässigen Finanzinstitute, die zu den Monetären Finanzinstituten (MFIs) gezählt werden (siehe Box III.4.8). Die Information über die Aktivitäten der Kreditinstitute und der sonstigen Finanzinstitute entstammen der *monatlichen Bilanzstatistik*, die zum Monatsultimo erhoben wird. Durch die Konsolidierung werden Beziehungen zwischen den Instituten ausgeschaltet.

Box III.4.8: Monetäre Finanzinstitute (MFIs)

Das Konzept der *Monetären Finanzinstitute* (MFIs) wurde vom Europäischen Währungsinstitut (EWI) in Zusammenarbeit mit den nationalen Zentralbanken (NZBen) im Rahmen der Vorbereitungen auf die einheitliche Geldpolitik entwickelt. MFIs umfassen drei Hauptgruppen von Instituten: erstens die nationalen Zentralbanken und die EZB; zweitens gebietsansässige Kreditinstitute. Sie sind definiert als „ein Unternehmen, dessen Tätigkeit darin besteht, Einlagen oder andere rückzahlbare Gelder des Publikums (einschließlich der Erlöse aus dem Verkauf von Bankschuldverschreibungen an das Publikum) entgegenzunehmen und Kredite auf Rechnung zu gewähren." Die dritte Gruppe besteht aus allen sonstigen gebietsansässigen Finanzinstituten, deren wirtschaftliche Tätigkeit darin besteht, Einlagen bzw. Einlagensubstitute im engeren Sinne von anderen Wirtschaftssub-

---

[8] Vor 1999 kam der unverzinsten Mindestreserve auch im Rahmen der Geldmarktsteuerung der Deutschen Bundesbank eine Stabilisierungsfunktion zu (vgl. Ruckriegel, 1989, 116).
[9] Gebietsansässig bezieht sich auf den Euro-Raum.

jekten als MFIs entgegenzunehmen und auf eigene Rechnung (zumindest im wirtschaftlichen Sinne) Kredite zu gewähren und/oder in Wertpapieren zu investieren. Zu dieser Gruppe gehören hauptsächlich Geldmarktfonds.

Zur Identifizierung der dritten Gruppe von MFIs hat das ESZB in Bezug auf die Liquiditätsmerkmale den Begriff *Einlagensubstitute* im engeren Sinne" definiert. In dieser Definition sind die Gesichtspunkte der Übertragbarkeit, Konvertibilität, Sicherheit und Marktfähigkeit berücksichtigt, wie auch gegebenenfalls die Emissionsbedingungen. Konkret wird „Einlagensubstituierbarkeit im engeren Sinne" anhand folgender Kriterien beurteilt:

- „Übertragbarkeit" – bezieht sich auf die Möglichkeit, in Finanzinstrumenten angelegte Gelder unter Nutzung von Zahlungsmöglichkeiten wie z.B. Schecks, Überweisungsaufträge, Lastschriftverkehr oder ähnliches zu mobilisieren.

- „Konvertibilität" – bezieht sich auf die Möglichkeit und die Kosten der Umwandlung von Finanzinstrumenten in Bargeld oder übertragbare Einlagen.

- „Sicherheit" – bedeutet, dass der Veräußerungswert eines Finanzinstruments in der jeweiligen Währung im Voraus genau bekannt ist.

- „Marktfähigkeit" – bezieht sich auf regelmäßig auf einem organisierten Markt notierte und gehandelte Wertpapiere.

Das Eurosystem erstellt und führt für statistische Zwecke ein Verzeichnis von MFIs (abrufbar unter http://www.ecb.int). Der Kreis der MFIs bildet den Berichtskreis für die Aufstellung der Konsolidierten Bilanz des MFI-Sektors für das Euro-Währungsgebiet. Die NZBen dürfen jedoch für kleine MFIs Ausnahmeregelungen treffen, vorausgesetzt, dass die MFIs, die in die monatliche Konsolidierte Bilanz aufgenommen werden, mindestens 95 % der gesamten MFI-Bilanz des jeweiligen teilnehmenden Mitgliedstaates ausmachen.

Quelle: EZB, 1999e, 31.

Aktiva			Passiva		
I.	Kredite an inländische Nichtbanken	13853	III.	Längerfristige finanzielle Verbindlichkeiten	5777
II.	Netto-Forderungen an das Nicht-Euro-Währungsgebiet	675	IV.	Sonstige Gegenposten (einschl. Einlagen der Zentralregierungen)	374
			V.	Geldmenge M3[a)]	8378

Abbildung III.4.9: M3 im Bilanzzusammenhang (Stand Ende September 2007, Mrd €, nicht saisonbereinigt)
Quelle: EZB.
Anmerkung: [a)] Kurzfristige Einlagen (einschließlich marktfähiger Finanzinstrumente) von inländischen Nichtbanken bei den MFIs sowie Bargeld außerhalb des Bankensystems; Rundungsdifferenz. Zur Abgrenzung von M3 im Einzelnen siehe Box III.2.12.

Nach Abbildung III.4.9 gilt für die Geldmenge M3 folgender Bilanzzusammenhang:

$$I + II - III - IV = V \quad \text{(Geldmenge M3)}$$

Zu den Bilanzgegenpositionen und ihrer Wirkung auf M3 im Einzelnen:

I. Kredite an inländische (im Euro-Raum ansässige) Nichtbanken

Gewährt eine Bank einen Kredit, erhält der Schuldner gewissermaßen als Gegenleistung ein Guthaben eingeräumt, über das er verfügen kann. Für sich betrachtet steigt dadurch die Geldmenge M3. Bei der Kreditgewährung handelt es sich gleichsam um die internen Triebkräfte der monetären Expansion. Insbesondere wenn die Zunahme der Geldmenge von einem entsprechenden Wachstum der Kredite begleitet wird, deutet dies auf entsprechende Veränderungen der Ausgaben in Zukunft hin.

II. Netto-Forderungen an das Nicht-Euro-Währungsgebiet[10]

Bei den Netto-Forderungen handelt es sich um eine saldierte Größe, d.h. die Verbindlichkeiten an das Nicht-Euro-Währungsgebiet sind bereits abgezogen. Zu einer Veränderung der Netto-Forderungen kann es daher nur dann kommen, wenn Forderungen und Verbindlichkeiten sich nicht in gleichem Maße verändern. Transaktionen des MFI-Sektors mit dem Nicht-Euro-Währungsgebiet – etwa der Ankauf von Devisen gegen Einräumung von Euro-Guthaben – sind daher geldmengenneutral. Die Geldmenge M3 wächst ceteris paribus nur, wenn die Forderungen bei unveränderten Verbindlichkeiten zunehmen bzw. die Verbindlichkeiten bei unveränderten Forderungen abnehmen. Der erste Fall tritt ein, wenn z.B. inländische Nichtbanken Forderungen an das Nicht-Euro-

---

[10] Diese Position kann natürlich auch aus der Zahlungsbilanz entnommen werden. Eine entsprechende Aufschlüsselung findet sich im Monatsbericht der EZB, Statistischer Teil, Monetäre Darstellung der Zahlungsbilanz.

Währungsgebiet an den MFI-Sektor verkaufen und dafür Einlagen erhalten. Die Forderungen (z.B. Devisen) können etwa aus Exporterlösen oder einem Abbau von Auslandsguthaben herrühren. Zum zweiten Fall kommt es, wenn das Nicht-Euro-Währungsgebiet zu Lasten seiner Guthaben beim MFI-Sektor Zahlungen an inländische Nichtbanken leistet, wodurch die Einlagen der inländischen Nichtbanken beim MFI-Sektor steigen. Anlässe solcher Transaktionen sind etwa die Begleichung von Forderungen von inländischen Nichtbanken aus Exportgeschäften durch Gebietsfremde sowie der Kauf von inländischen Wertpapieren durch Gebietsfremde. Ein solcher Fall kann aber auch eintreten, wenn inländische Nichtbanken sich von ausländischen Wertpapieren trennen. **Eine außenwirtschaftlich bedingte Geldschöpfung kann also auch ohne Zutun des Eurosystems, also ohne dass es eines Devisenankaufs durch die Zentralbank bedarf, erfolgen** (siehe hierzu auch Deutsche Bundesbank, 1993a, 25f.). Es gibt auch Wechselwirkungen zwischen den Positionen I. und II. Es zeigte sich etwa in Deutschland, dass zwischen Bankkrediten – und hier insbesondere kurzfristigen Wirtschaftskrediten – und den Nettoforderungen des Bankensystems an das Ausland Substitutionsbeziehungen bestehen. Fließen den inländischen Unternehmen Mittel aus dem Ausland zu, so nimmt tendenziell der Bedarf an kurzfristigen Wirtschaftskrediten ab und umgekehrt. Ein solcher Vorgang ist aber M3-neutral, da hier die inländischen Nichtbanken den Geldzufluss aus dem Ausland durch einen Abbau der Verschuldung beim MFI-Sektor kompensieren.

III. Längerfristige finanzielle Verbindlichkeiten (*Geldkapital*)

Neben den bei einer Zunahme expansiv wirkenden Positionen Kreditgewährung und Netto-Auslandsforderungen bremsen grundsätzlich die *„Längerfristigen finanziellen Verbindlichkeiten"* als passivische Bilanzposition die Geldmengenausweitung. Dabei handelt es sich um längerfristige Verbindlichkeiten des MFI-Sektors (z.B. Bankschuldverschreibungen mit einer Laufzeit von mehr als zwei Jahren). Da wegen der längeren Bindungsdauer der Geldanlage die Verzinsung bei diesen Einlagen i.d.R. höher ist als bei den zu M3 zählenden Einlagen, werden die Nichtbanken Mittel, die sie längere Zeit nicht für Ausgabenzwecke benötigen, von M3 in längerfristige Vermögenswerte umschichten. Kurzfristig erweist sich diese Position gelegentlich jedoch als störungsanfällig. Bei ausgeprägter allgemeiner Unsicherheit bzw. Zinsunsicherheit im Speziellen oder wenn die Anleger steigende Zinsen erwarten, halten sie sich bei der langfristigen Geldanlage vorübergehend zurück und „parken" ihre Mittel in verzinslichen kurzfristigen Anlageformen, z.B. auf Termingeldkonten. Dies führt dann kurzfristig zu einer Aufblähung des Geldvolumens, ohne dass damit eine höhere Güternachfrage in Zukunft verbunden sein muss. Eine derartige Reaktion kann sich auch bei einer *inversen Zinsstruktur* einstellen, d.h. wenn die kurzfristigen über den langfristigen Zinsen liegen.

IV. Sonstige Gegenposten

Bei den Sonstigen Einflüssen handelt es sich um einen Restposten. Sie umfassen die Einlagen der Zentralregierungen, die erfahrungsgemäß in keinem engen Zusammenhang mit dem Ausgabeverhalten der Zentralregierungen stehen, und den Saldo aus den sonstigen Forderungen und Verbindlichkeiten. Zu letzteren zählt auch der sog. „*Float*" zwischen den Kreditinstituten, der auf unterschiedliche Buchungszeitpunkte im Zahlungsverkehr zurückzuführen ist. Wenn z.B. der Überweisungsverkehr gegenüber dem Scheck- und Lastschriftenverkehr überwiegt, entsteht ein passivischer Float, da die Belastung früher als die Gutschrift erfolgt. Dadurch sinkt M3. In Höhe dieses passivischen Floats werden quasi zu M3 gehörende täglich fällige Gelder „geschluckt".

V. Geldmenge M3

M3 ergibt sich aus dem Zusammenspiel der Bilanzpositionen I–IV. Die Analyse der Gegenposten gibt näheren Aufschluss darüber, welche der verschiedenen Komponenten für die Entwicklung von M3 maßgeblich sind. Das Eurosystem analysiert aber auch die Entwicklung der einzelnen Komponenten von M3. Dem Geldmengenaggregat M1, das die liquidesten M3-Komponenten erfasst (Bargeldumlauf und täglich fällige Gelder) kommt dabei eine besondere Bedeutung zu. Diese enge Abgrenzung spiegelt die Funktion des Geldes als Tausch- und Zahlungsmittel wider und steht deshalb in einem engen Zusammenhang mit den gesamtwirtschaftlichen Ausgaben. Allerdings reagiert M1 stärker auf Zinsänderungen als breitere Aggregate und verläuft deshalb auch volatiler. Zudem enthält es auch den Bargeldbestand im Ausland und das nicht für Transaktionszwecke (Hortung, Illegalität) gehaltene Bargeld. M3, das neben M1 weitere kurzfristige Einlagen und marktfähige Finanzinstrumente umfasst, fängt viele dieser zinsbedingten Schwankungen in sich auf. Allerdings ist es weniger gut steuerbar und ein Großteil der in ihr enthaltenen Anlageformen dient auch der Vermögensanlage. Die Komponenten von M3 außerhalb von M1 spiegeln stärker die Funktion des Geldes als Wertaufbewahrungsmittel wider. Sie sind zwar auch für Tausch- und Zahlungszwecke von Bedeutung, da ein Umtausch in Zahlungsmittel ohne hohe Kosten möglich ist. Allerdings können diese zinstragenden Komponenten bei steigenden Kurzfristzinsen eine unmittelbare Abschwächung des M3-Wachstums verhindern, weil ihre Verzinsung eng an die Entwicklung der Geldmarktzinsen gekoppelt ist. Insbesondere dann, wenn sich die kurzfristigen Zinsen verändern, ist daher eine sorgfältige Analyse der M3-Entwicklung notwendig.

Betrachtet man die Geldmenge *M3 im Bilanzzusammenhang*, lassen sich unterschiedliche Ursachen des Geldmengenwachstums ausmachen. So kann etwa eine Zunahme der Kreditvergabe (I und V steigen gleichzeitig, siehe Abb. III.4.9). Grund für eine steigende Geldmenge sein. Das Wachstum der Geldmenge kann aber auch auf einen Rückgang des Geldkapitals (V steigt, III sinkt) bzw. auf einem geringeren Wachstum des Geldkapitals beruhen. Auch eine Zunahme der Netto-forderungen an das Nicht-Euro-Währungsgebiet, die beispielsweise auf ein geändertes Portfolioverhalten inländischer Nichtbanken zurückgeht, kann ein verstärktes Geldmengenwachstum nach sich ziehen.

Je nachdem mit welchen Gegenposten ein gegebenes Wachstum von M3 verbunden ist (z.B. Zunahme von Krediten im einen Fall, Rückgang der längerfristigen finanziellen Verbindlichkeiten des MFI-Sektors aufgrund zinsbedingter Unsicherheiten andererseits) bzw. wie sich die einzelnen Komponenten von M3 entwickelt haben, birgt eine bestimmte Entwicklung von M3 mehr oder minder (bzw. keine) Gefahren für die Preisstabilität. Die Analyse der Komponenten und Gegenposten von M3 verdeutlicht, dass die Zentralbank durch Gestaltung der monetären Bedingungen auf die Geldmenge zwar Einfluss nehmen, sie jedoch keineswegs beliebig bestimmen oder gar der Wirtschaft vorgeben kann. Letzte Instanz bei der Entscheidung über die Höhe von M3 sind vielmehr die inländischen Nichtbanken mit ihrer Geldnachfrage. Sie haben es in der Hand – etwa durch eine Rückführung ihrer Verschuldung beim MFI-Sektor oder durch Umschichtung von M3-Geldern in längerfristige Anlagen die von ihnen gewünschte M3-Haltung auch zu realisieren. **Die Geldmenge ist also endogen.**

4.6 Zusammenfassung

Der Geldmarkt i.e.S. ist das Operationsfeld für die Geldpolitik. Er lässt sich unterteilen in den Regulierungsgeldmarkt und den Interbanken-Geldmarkt. Während auf dem Regulierungsgeldmarkt das Eurosystem mit den Kreditinstituten Geschäfte abschließt, es somit zu einer Veränderung des Bestandes an Bankenliquidität kommen kann, handeln auf dem Interbanken-Geldmarkt nur die Kreditinstitute untereinander, d.h. ohne Zentralbank. Es findet dementsprechend nur eine Umverteilung von Liquidität statt. Über seine Geschäfte mit den Kreditinstituten setzt das Eurosystem den Referenzsatz für den Zinssatz für Tagesgeld auf dem Interbanken-Geldmarkt. Die Schlüsselfunktion kommt dabei dem Zinssatz für das Hauptrefinanzierungsgeschäft zu. Das Eurosystem betreibt also – wie weltweit alle bedeutenden Zentralbanken – keine Geldbasissteuerung. Dem Instrument der Mindestreserve kommt somit auch nicht die Funktion zu, über den Multiplikator die Geldmenge zu steuern, sondern sie schafft zum einen eine (künstliche) Zwangsnachfrage nach Guthaben beim Eurosystem und damit (erst) einen „Markt" für Zentralbankguthaben und wirkt zum anderen in der Ausprägung als Durchschnitts-Mindestreserve stabilisierend auf den Tagesgeldsatz.

Der Geldschöpfungsprozess erfolgt aus dem Zusammenspiel zwischen Geschäftsbanken und deren Kunden, also zunächst ohne Zutun der Zentralbank. **Geld entsteht endogen aus dem Wirtschaftsprozess** heraus primär im Zusammenhang mit den Kreditvergabeaktivitäten des Geschäftsbankensektors.

Die (nominale) Geldmenge wird also keineswegs von den währungspolitischen Instanzen vorgegeben. Sie resultiert vielmehr aus dem Zusammenspiel zwischen Geschäfts- und Nichtbanken. Es ist von der Geldnachfrage her determiniert. Dies heißt aber auch, dass vom Geldangebot der Zentralbank keine selbständigen inflationären Impulse ausgehen können, da es nur Reflex der gewünschten Geldhaltung ist. Dies hat natürlich auch Konsequenzen für den monetären Transmissionsmechanismus, der ausgeht von einer Veränderung des Tagesgeldsatzes und in dem die Geldmenge M keine kausale Rolle spielt (spielen kann).

Kontrollfragen:

1. Warum kann es durch Transaktionen am Interbanken-Geldmarkt nicht zu einer Veränderung des Bestandes an Zentralbankgeld kommen?
2. Warum steuert das Eurosystem den Tagesgeldsatz und nicht die Menge an Zentralbankgeld?
3. Warum ist die Geldmenge endogen und welche Rolle kommt der Zentralbank im Rahmen des Geldschöpfungsprozesses zu?
4. Wieso hat das Eurosystem die Zinsführerschaft am Tagesgeldmarkt?
5. Warum wirkt das Eurosystem nur mittelbar auf die Entwicklung der Geldmenge M3 ein?

Weiterführende Literatur

Deutsche Bundesbank (2000), Die Integration des deutschen Geldmarkts in den einheitlichen Euro-Geldmarkt, Monatsbericht Januar, 52. Jg., S. 15–32 (http://www.ecb.int).

Europäische Zentralbank (2000), Das Euro-Währungsgebiet ein Jahr nach Einführung des Euro: Wesentliche Merkmale und Veränderungen in der Finanzstruktur, Monatsbericht, Januar, S. 37–54 (http://www.ecb.int).

Europäische Zentralbank (2003), Die Integration der europäischen Finanzmärkte, Monatsbericht Oktober, S. 61–75 (http://www.ecb.int).

Europäische Zentralbank (2007), Euro Money Market Study (http://www.ecb.int).

Europäische Zentralbank (2008), Die Analyse des Euro-Geldmarkts aus geldpolitischer Sicht, Monatsbericht Februar, S. 71–87

Die Sonderaufsätze sowie die jährlich durchgeführte Studie beschäftigen sich mit der Entwicklung hin zu einem europäischen Geldmarkt und zeigen aktuelle Entwicklungslinien auf.

Europäische Zentralbank (1999), Der Handlungsrahmen des Eurosystems: Beschreibung und erste Beurteilung, Monatsbericht Mai, S. 33-48 (http://www.ecb.int).

Europäische Zentralbank (2002), Die Liquiditätssteuerung der EZB, Monatsbericht Mai, S. 45-58 (http://www.ecb.int).

Europäische Zentralbank (2003), Änderungen des geldpolitischen Handlungsrahmens des Eurosystems, Monatsbericht August, S. 45-59 (http://www.ecb.int).

Deutsche Bundesbank (2004), Erste Erfahrungen mit dem neuen geldpolitischen Handlungsrahmen und der Beitrag der Bundesbank zur Liquiditätssteuerung des Eurosystems, Monatsbericht Juli, 56. Jg., S. 51-68 (http://www.bundesbank.int).

Europäische Zentralbank (2005), Erste Erfahrungen mit den Änderungen am geldpolitischen Handlungsrahmen des Eurosystems, Monatsbericht Februar, S. 69-76 (http://www.ecb.int).

Europäische Zentralbank (2006), Erste Erfahrungen des Eurosystems mit Feinsteuerungsoperationen am Ende der Mindestreserve-Erfüllungsperiode, Monatsbericht November, S. 91-100 (http://www.ecb.int).

Bindseil, U., Seitz, F. (2001), The Supply and Demand for Eurosystem Deposits – The First 18 Months, European Central Bank, Working Paper Series, No. 44 (http://www.ecb.int).

Die Sonderaufsätze der EZB (1999 und 2002) liefern einen Überblick über die Geldmarktsteuerung der EZB mit ersten Erfahrungen. Stärker ins Detail geht die Arbeit von Bindseil/Seitz, die sich ausführlich und umfassend mit dem Liquiditätsmanagement und der Geldmarktsteuerung des Eurosystems beschäftigen, wobei sie sich auf die Erfahrungen der Mengentenderperiode (1.1.1999 bis Ende Juni 2000) stützen. Der Sonderaufsatz der EZB aus dem Jahr 2003 stellt die Änderungen im Rahmen der Geldmarktsteuerung, die Anfang 2004 umgesetzt wurden, dar und zeigt die Gründe dafür auf. Die Sonderaufsätze der Deutschen Bundesbank (2004) und der EZB (2005, 2006) beschäftigt sich mit den ersten Erfahrungen damit.

Europäische Zentralbank, (2001), Gestaltungsrahmen und Instrumentarium der monetären Analyse, Monatsbericht Mai, S. 43-63 (http://www.ecb.int).

Europäische Zentralbank (2004), Monetäre Analyse in Echtzeit, Monatbericht Oktober 2004, S. 47-71 (http://www.ecb.int).

Diese Sonderaufsätze beschäftigen sich u.a. mit der Analyse der Komponenten und Gegenposten von M3. Sie legen auch dar, welche Schlüsse aus dieser Analyse in einzelnen gezogen werden können.

Kapitel IV: Transmission geldpolitischer Impulse

„Der geldpolitische Transmissionsmechanismus besteht aus verschiedenen Kanälen, über die geldpolitische Maßnahmen auf die Wirtschaft und insbesondere auf das Preisniveau wirken. Ein gutes Verständnis dieser Übertragungswege ist eine wichtige Voraussetzung für die Umsetzung einer soliden Geldpolitik, da auf diese Weise das Ausmaß und der Zeitpunkt geldpolitischer Beschlüsse so gewählt werden können, dass die Preisstabilität gewahrt wird."

(EZB, 2000c, 45)

Das vorstehende Zitat aus dem Monatsbericht der EZB umreißt grundlegende Informationsanforderungen der Geldpolitik und lässt zugleich Schwierigkeiten erahnen, denen sich die Geldpolitik des Eurosystems bei länderspezifischen Unterschieden in den Übertragungswegen gegenübersieht. Als Voraussetzungen einer erfolgreichen Geldpolitik im gemeinsamen Währungsraum müssten eigentlich einheitliche Übertragungswege geldpolitischer Impulse ebenso vorliegen wie die Einigkeit über die übergeordnete Zielsetzung der Geldpolitik und synchrone Konjunkturverläufe in den Mitgliedsländern. Bevor jedoch die besonderen geldpolitischen Steuerungsprobleme erörtert werden, die sich aus der „Innovation EWU" ergeben, erfolgt zunächst eine theoretische Darstellung der verschiedenen Transmissionsmechanismen.

1 Monetäre Wirkungskanäle

Wenn eine Zentralbank geldpolitische Maßnahmen ergreift, geht sie davon aus, dass dadurch schließlich reale Größen wie Konsum, Investition, Beschäftigung, Produktion, aber auch und vor allem die Preisentwicklung ihren Zielsetzungen entsprechend „gesteuert" werden können. Wie diese Übertragungswege, die Transmissionsmechanismen, zwischen monetären Impulsen und bestimmten realen oder nominalen Größen letztlich genau aussehen und welche zeitlichen Verzögerungen (time lags) bestehen, ist weder theoretisch noch empirisch klar. Die Identifikation des monetären Transmissionsprozesses wird einmal dadurch erschwert, dass wir es nicht allein mit einer einseitigen Wirkungsrichtung von einer geldpolitischen Maßnahme auf das (wichtigste) Endziel Preisniveaustabilität, sondern auch mit Rückwirkungen von der (erwarteten) Entwicklung der Zielgröße auf die (Dosierung der) Instrumentvariablen zu tun haben.

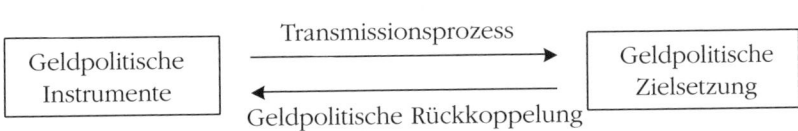

Zudem kann die Entwicklung des Preisniveaus – zumindest auf kurze Sicht – nicht ausschließlich dem Einsatz geldpolitischer Instrumente zugeschrieben werden. Lohnpolitische, fiskalpolitische und außenwirtschaftliche Einflüsse überlagern vielmehr die Geldpolitik und können sie zuweilen sogar dominieren. Auf längere Sicht ist allerdings davon auszugehen, dass die monetären Impulse lediglich auf das Preisniveau durchschlagen, die geldpolitisch erzeugte Änderung realer Größen also vorübergehender Natur ist (sog. *Geldneutralität*). Angesichts vielfältiger und zeitlich wechselnder Einflüsse überrascht es deshalb nicht, dass eine Vielzahl teilweise konkurrierender, überwiegend jedoch sich ergänzender Hypothesen zum *Transmissionsprozess* besteht. Die wesentlichen Verknüpfungen sollen im Folgenden vor dem Hintergrund der Situation im Euro-Währungsgebiet aufgezeigt werden. Die verschiedenen „Kanäle" und „Effekte" erhalten dabei noch eine besondere Note durch mögliche spezielle Komplikationen, die beispielsweise aus der Heterogenität der Finanzmärkte und den tradierten Verhaltensweisen in den Mitgliedsländern der EWU resultieren könnten.

Um die Bedeutung der Kenntnis der Transmissionsprozesse aufzuzeigen, sei von einem geläufigen makroökonomischen Ablaufschema ausgegangen (siehe Abbildung IV.1.1), dem sog. IS-LM-Modell.

Eine expansive Geldpolitik ($LM_1 \rightarrow LM_2$) führt zu einem sinkenden Zinsniveau, dieses zu steigender gesamtwirtschaftlicher Nachfrage. Dadurch steigen Produktion und Einkommen ($Y_1 \rightarrow Y_2$). Ob es sich hierbei um reale oder lediglich um – durch Preissteigerungen bedingte – nominale Produktions- und Einkommenserhöhungen handelt, hängt von der Auslastung des Produktionspotenzials ab. Im IS/LM-Modell wird von unterausgelasteten Kapazitäten ausgegangen, so dass die nominalen zugleich reale Änderungen sind. Die Größenordnung dieser Effekte ist außer von der Stärke des auslösenden Impulses vor allem von der Zinselastizität der Güter- und Geldnachfrage abhängig. Bei niedrigerer Zinselastizität der Investitionen und des Konsums als in der Abbildung angenommen (IS verliefe steiler) wäre die Wirkung geringer. Ebenso bei höherer Zinselastizität der Geldnachfrage (LM verliefe flacher), da der geldpolitische Impuls zu einer geringeren Zinssenkung führen würde.

Das IS/LM-Modell bildet Zusammenhänge im kurzfristigen Rahmen unausgelasteter Kapazitäten ab und informiert nicht über längerfristige Preiseffekte der Geldpolitik.[1] Zudem werden in diesem reduzierten Modell auch die Stationen monetärer und realer Transmission nicht sichtbar gemacht. Die bei der Herleitung der LM-Kurve üblicherweise getroffene Annahme, die nominale Geldmenge werde exogen von der Zentralbank bestimmt, widerspricht der Realität. Vielmehr wirkt die Zentralbank über Veränderung der Notenbankzinsen auf den Kreditmarkt und die Geldnachfrage ein. Das IS/LM-Modell gibt zudem weder Auskunft darü-

---

[1] Zu den im IS/LM-Modell abgebildeten Wirkungszusammenhängen wie auch zu den analytischen Grenzen siehe Görgens/Ruckriegel (2007, 147–177).

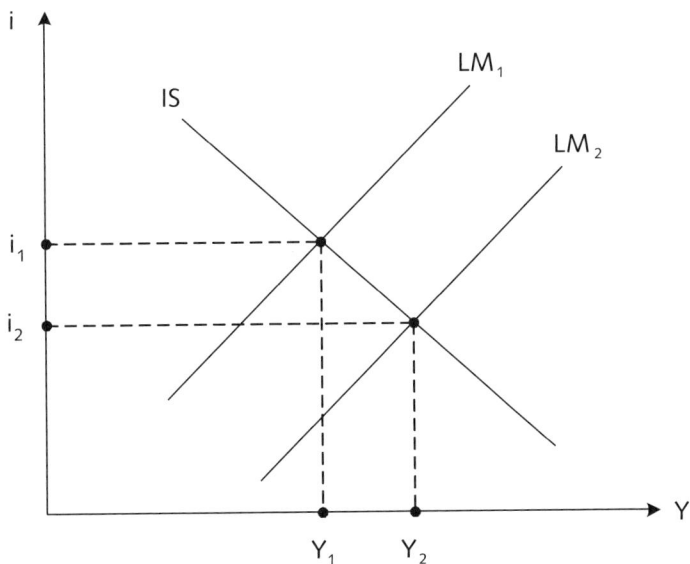

Abbildung IV.1.1: Geldpolitik und Einkommensänderungen

ber, wie geldpolitische Impulse auf entscheidungsrelevante Größen wirken, noch wie diese im Einzelnen auf den realen Sektor durchschlagen. Der konkrete Übertragungskanal bleibt weitgehend eine „black box". So ist beispielsweise unklar, welchen Zinssatz i repräsentieren soll. Bei Abhängigkeit privater Investitionsentscheidungen von langfristigen Zinsen müssten diese von der Zentralbank zur Beeinflussung der Investitionstätigkeit verändert werden. Mit ihrem herkömmlichen Instrumentarium ist sie dazu auf direktem Wege nicht in der Lage. Aber auch wenn man davon ausgeht, dass eine Zentralbank über die Nutzung von *Arbitrageprozessen* und die Beeinflussung der Inflationserwartungen indirekt die langfristigen Zinsen – und weiterreichend über Umschichtungen im realen Sektor die investive und konsumtive Nachfrage – steuern kann, wird dies kaum friktionslos geschehen.

Friktionen sind zum einen in heterogenen Interessen und Verhaltensweisen der Hauptakteure im Transmissionsprozess – Zentralbank, Geschäftsbanken sowie Unternehmen und private Haushalte – begründet. Zum anderen erfordert der Transmissionsprozess Zeit. Analytisch lässt er sich in drei Stufen zerlegen (Berk, 1998, 148f.): (1) Die Auswirkungen geldpolitischer Maßnahmen auf die Finanzierungskosten bzw. Kosten alternativer Finanzierungsarten, (2) der Einfluss der (geänderten) Finanzierungskosten auf die Ausgabenentscheidungen und schließlich (3) die Preis- und/oder Produktionswirkungen der Ausgabenänderungen. Diese grobe Aufteilung darf jedoch nicht über die Verästelung einzelner Wirkungsketten hinwegtäuschen. Zudem ist zu bedenken, dass der Transmissionsmechanismus von Stufe (1) bis (3) zwar als Hauptwirkungsrichtung zu verstehen ist, dass

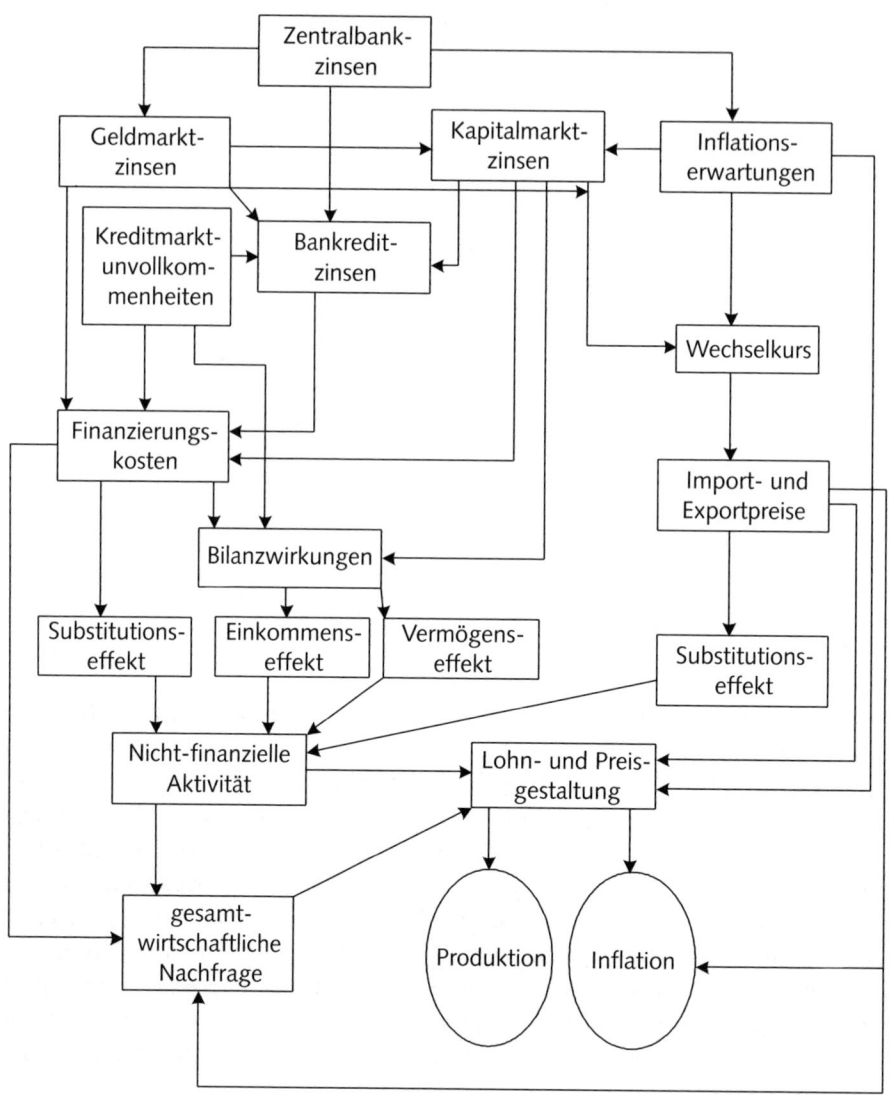

Abbildung IV.1.2: Hauptwirkungskanäle des geldpolitischen Transmissionsprozesses
Quelle: Berk, 1998, 150.

aber durch zirkuläre Verknüpfungen einzelner Wirkungsketten ein interdependentes Geflecht entsteht. Einen Überblick über die Komplexität des Transmissionsprozesses vermittelt Abbildung IV.1.2.[2]

---

[2] Zu einer knappen Übersicht über wichtige Übertragungswege monetärer Impulse einschließlich empirischer Anhaltspunkte für den Euroraum siehe EZB (2004). Zu einer näheren Analyse für Deutschland siehe insbesondere Worms (2004, 163-196).

Für die Analyse des Transmissionsprozesses stehen die Zusammenhänge der Stufen (1) und (2) im Vordergrund. Es geht also um die Frage, wie geldpolitische Impulse auf verschiedene Zinssätze und damit auf die Zinsstruktur wirken (1.1). Im nächsten Schritt geht es sodann um deren direkte oder – über den Umweg z.B. von Substitutions- oder Vermögenseffekten – indirekte güterwirtschaftliche Nachfragewirksamkeit (1.2). Auf die Bedeutung von Unvollkommenheiten auf den Finanzmärkten wird gesondert eingegangen (1.3). Der in jüngerer Zeit diskutierte Kostenkanal und insbesondere der geldpolitisch eminent wichtige Erwartungskanal werden in den Abschnitten 1.4 und 1.5 behandelt.

1.1 Interdependenz der Zinssätze (Zinsstruktur)

Im geldpolitischen Instrumentarium des Eurosystems spielen Hauptrefinanzierungsgeschäfte die herausragende Rolle.[3] Mit diesem Instrument lässt sich der (Tages-) *Geldmarktzins* recht zuverlässig steuern. Veränderungen der Refinanzierungskosten der Geschäftsbanken bei der Zentralbank schlagen rasch auf den *Interbanken-Geldmarkt* durch, also auf die Konditionen, zu denen die Banken untereinander kurzfristige Liquidität handeln. Will die Zentralbank inflationären Tendenzen durch Dämpfung der gesamtwirtschaftlichen Nachfrage entgegenwirken, wird sie die Refinanzierungskosten der Geschäftsbanken erhöhen, wodurch der Tagesgeldmarktsatz steigt. Diese Verteuerung führt zunächst dazu, dass auch die Zinssätze für Geldmarktanlagen mit längerer Laufzeit (über Arbitrageprozesse) und für kurzfristige Termingelder steigen, da für eine einzelne Bank die Einlagen von Nichtbanken ein Substitut zur Aufnahme von Geldmarktmitteln sind. Die Banken werden ihrerseits die Kostensteigerungen in höheren Kreditzinsen weitergeben. Im Einklang mit den Geldmarktsätzen entwickeln sich (verzögert) auch die Sätze für Spareinlagen mit marktmäßiger Verzinsung. Das Anziehen der Einstandskosten für kurzfristige Gelder löst zudem einen Anstieg der Renditen am Rentenmarkt und bei den längerfristigen Bankpassivzinsen aus. Die Banken werden nämlich versuchen, auf die vorläufig noch günstigere Refinanzierung mit längerfristigen Mitteln auszuweichen, also über den Verkauf von festverzinslichen Wertpapieren am Rentenmarkt und über die Refinanzierung durch längerfristige Einlagen Mittel aufzunehmen. Steigen die Renditen für festverzinsliche Wertpapiere, werden diese als Finanzanlagen von Nichtbanken attraktiver, so dass die Nachfrage nach Aktien sinkt. Auch in diesem Segment des Finanzmarktes fallen die Kurse und steigen die Renditen. Unterstützt wird diese Kursbewegung am Aktienmarkt durch eine Verschlechterung der Konjunkturaussichten infolge gestiegener Zinsen.

Die ursprüngliche Erhöhung der kurzfristigen Geldmarktzinsen schlägt mithin über Arbitrageprozesse auch auf die langfristigen Zinssätze und

---
[3] Zu Einzelheiten siehe Kapitel III.3.

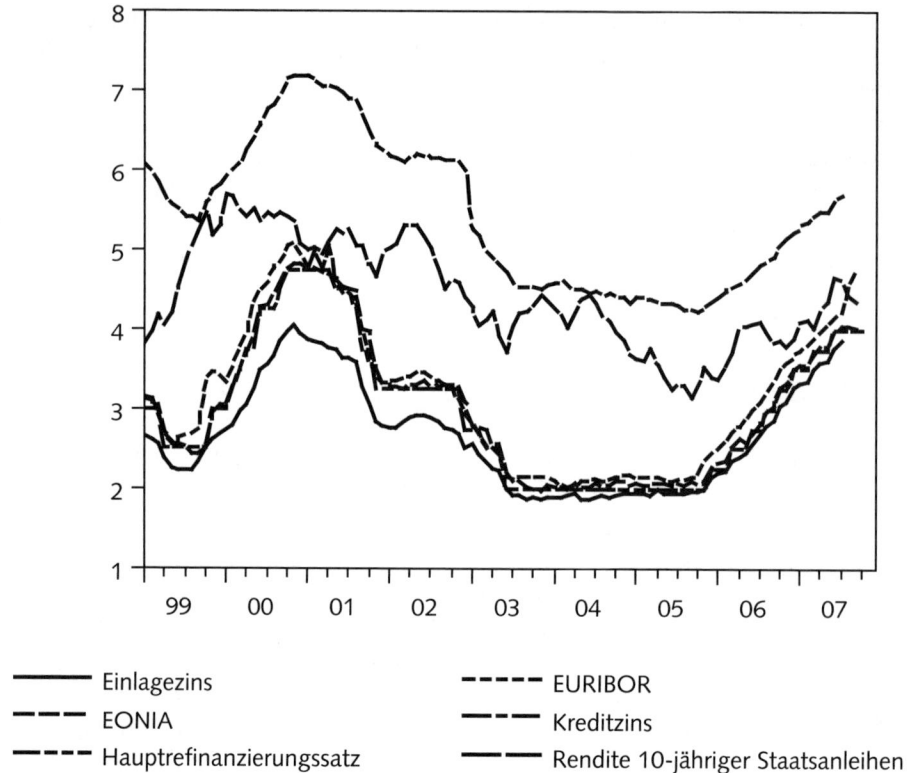

—— Einlagezins	----- EURIBOR
--- EONIA	--- Kreditzins
---- Hauptrefinanzierungssatz	—— Rendite 10-jähriger Staatsanleihen

Abbildung IV.1.3: Zinsen in der EWU
Quelle: EZB.

Anmerkungen: Einlagezins: Zins für Einlagen mit vereinbarter Laufzeit bis zu einem Jahr (bis Ende 2002), ab 2003 Zins für Einlagen von privaten Haushalten mit vereinbarter Laufzeit bis zu einem Jahr (Neugeschäft). Kreditzins: Zins für Unternehmenskredite bis zu einem Jahr (bis Ende 2002), ab 2003 Zins für Kredite nichtfinanzieller Kapitalgesellschaften bis zu einem Jahr (Bestände). Hauptrefinanzierungssatz: einheitlicher Zuteilungssatz beim Mengentender bis Juni 2000, ab diesem Zeitpunkt Mindestbietungssatz beim Zinstender.

die Aktienkurse durch. Normalerweise ist also damit zu rechnen, dass die Zinsen durch *Arbitrageprozesse* gleiche Entwicklungstendenzen aufweisen (siehe Abbildung IV.1.3). In diesem Zusammenhang sind allerdings zwei wichtige Sachverhalte erklärungsbedürftig: Zum einen schwanken die *Geldmarktzinsen* in der Regel stärker und zum anderen sind sie meist niedriger als die *Kapitalmarktzinsen* (siehe auch Abbildung IV.1.4).

Die größere Schwankungsbreite der Zinssätze im kurzfristigen Bereich ergibt sich aufgrund der am Geldmarkt ansetzenden zentralbankpolitischen Maßnahmen, die verzögert und damit sich abschwächend auf die Kapitalmärkte durchwirken. Wären Geldmarktanlagen und Kapitalmarktanlagen perfekte Substitute, würde ein Geldbetrag, beispielsweise für fünf Jahre angelegt, den gleichen Ertrag abwerfen wie eine jährlich wiederkehrende Anlage dieses Geldbetrages. In diesem Falle müssten über den Gesamtzeitraum die durchschnittlichen Zinssätze übereinstimmen. Betrüge beispielsweise im Ausgangsjahr der kurzfristige Zins 3% und würden die Wirtschaftssubjekte in den folgenden vier Jahren einen kontinuierlichen Anstieg um jährlich 0,5%-Punkte auf 5% erwarten, müsste nach dieser sogenannten *Erwartungstheorie* der Zinsstruktur der langfristige Zins 4% betragen.[4] Bezogen auf das Ausgangsjahr bedeutet dies auch, dass bei einem erwarteten Anstieg der kurzfristigen Zinsen der langfristige Zins höher als der kurzfristige Zins (4% gegenüber 3%) ist. Bei der Erwartung sinkender Geldmarktzinsen liegen nach dieser Theorie die Kapitalmarktzinsen unter dem Niveau der aktuellen Geldmarktzinsen.

Mit der Erwartungstheorie sind zwar die in der Realität beobachtbaren gleichgerichteten Entwicklungstendenzen der kurz- und langfristigen Zinsen sowie deren unterschiedliche Schwankungen, nicht aber das Phänomen vereinbar, dass die langfristigen Zinssätze **normalerweise** über den kurzfristigen liegen. Unterstellt man, dass keine institutionellen Barrieren wie Marktsegmentierungen[5] zwischen den finanziellen Teilmärkten die Arbitrageprozesse hemmen, ist für das Erklärungsdefizit der Erwartungstheorie maßgeblich die Annahme verantwortlich, Anlagen verschiedener Fristigkeit seien perfekte Substitute. Tatsächlich bestehen jedoch erhebliche Unterschiede. Kurzfristige Anlagen können vergleichsweise problemlos und ohne Kursrisiken in Liquidität umgewandelt werden. Bei langfristigen Anlagen besteht zwar auch die Möglichkeit der Liquidisierbarkeit. Jedoch wachsen mit zunehmender Fristigkeit der Anlage die Kursrisiken. Hohe Liquidität und geringe Kursrisiken kurzfristiger Anlagen werden mit niedrigen Zinsen „bestraft". Risikofreude und Liquiditätsverzicht bei langfristigen Anlagen werden mit einer Zinsprämie „belohnt" (*Liquiditätsprämientheorie*). Zur Erklärung der *„normalen" Zinsstruktur* ist die Erwartungstheorie daher um einen laufzeitabhängigen Risikozuschlag zu erweitern. Durch diese Modifikation entfällt freilich nicht die für die Geldpolitik wichtige Information der Erwartungstheorie, dass langfristige Zinsen wesentlich von den Erwartungen der Finanzmärkte über die zukünftigen kurzfristigen Zinsen und damit über den Kurs der Geldpolitik beeinflusst werden.

Zu einem der aktuellen Geldmarktzinsentwicklung entsprechenden Verlauf des Kapitalmarktzinssatzes kommt es allerdings dann nicht, wenn die Entwicklung bei den längerfristigen Zinsen durch andere Einflüsse überlagert wird. Zu denken ist hier vor allem an den Einfluss des Auslands und der *Inflationserwar-*

---

[4] Zur genaueren formalen Herleitung siehe Box III.2.6.
[5] Diese werden von der sogenannten *Marktsegmentationstheorie* betont. Zu denken ist etwa an schwerpunktmäßige Anlageaktivitäten institutioneller Anleger wie Banken und Lebensversicherungen im kurz- bzw. langfristigen Bereich. Bei dem breiten Spektrum der Geschäftstätigkeit von Universalbanken ist der Übergang zwischen den finanziellen Teilmärkten jedoch fließend.

tungen. So kann etwa gerade das Hochschleusen des Tagesgeldmarktsatzes als ein entschlossener Schritt einer – glaubwürdigen – Zentralbank zur langfristigen Sicherung des Geldwertes angesehen werden. Dieser führt über einen Rückgang der Inflationserwartungen zu sinkenden Zinsen im längerfristigen Bereich, da bei den Anlegern die Bereitschaft steigt, Mittel längerfristig anzulegen. Während nach den oben skizzierten erwartungstheoretischen Überlegungen die langfristigen Zinsen den kurzfristigen tendenziell folgen würden, wird in diesem Falle die Zinsentwicklung durch die von der Zentralbankpolitik ausgelöste Änderung der Inflationserwartung ins Gegenteil verkehrt.[6] Das Ergebnis ist im Extremfall eine sog. *inverse Zinsstruktur*, bei der die kurzfristigen Zinssätze über den langfristigen liegen, wie dies beispielsweise in Deutschland in den Jahren 1991 bis 1993 der Fall war (siehe Abbildung IV.1.4).

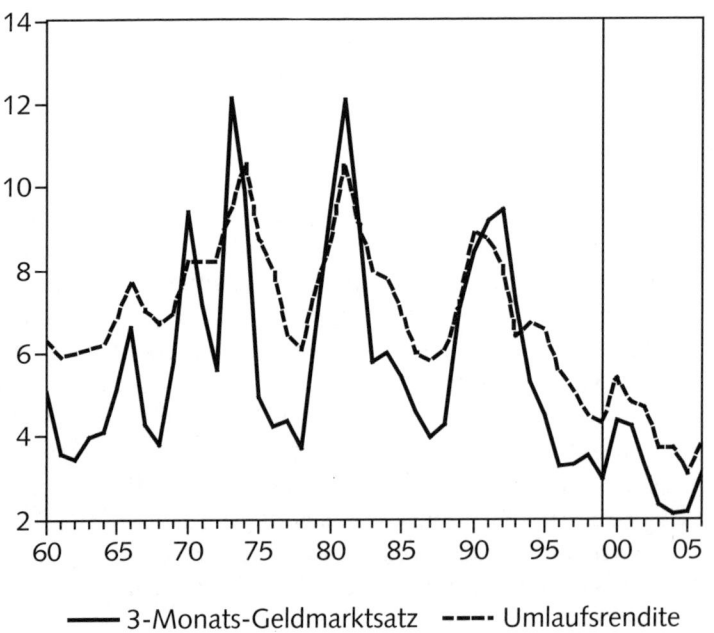

—— 3-Monats-Geldmarktsatz ---- Umlaufsrendite

Abbildung IV.1.4: Umlaufsrendite und Drei-Monats-Satz
Quelle: Deutsche Bundesbank, EZB.
Anmerkungen: Bis einschließlich 1998 Drei-Monats-Geldmarktsatz unter Banken in Deutschland und Umlaufsrendite festverzinslicher Wertpapiere deutscher Emittenten. Ab 1999 Drei-Monats-EURIBOR und Rendite zehnjähriger Staatsanleihen im Euro-Währungsgebiet.

---

[6] Erwartungstheoretisch könnte dies aber auch so interpretiert werden, dass wegen der als erfolgreich eingeschätzten Geldpolitik (wieder) mit sinkenden Geldmarktzinsen gerechnet wird.

Aufwertungserwartungen, die nicht zwangsläufig durch das Verhalten der wirtschaftspolitischen Instanzen im Inland begründet sein müssen, können zudem internationale Anleger zu einem Engagement am Kapitalmarkt bewegen und so entgegen den „normalen" Erwartungen auf die Zinssätze am langen Ende drücken. Da die längerfristigen Bankkredite über die Refinanzierungskonditionen eng mit der Rentenmarktentwicklung verbunden sind, schlägt die Verfassung des Rentenmarktes auch auf die Zinssätze für längerfristige Bankkredite durch. (Zu den Bestimmungsgründen der langfristigen Zinssätze siehe Box IV.1.1).

Werden entgegengerichtete Einflüsse am Kapitalmarkt nicht wirksam, so kommt es gleichsam zu einer „normalen" Reaktion des Kapitalmarktes. Ein Anziehen der Zinsen im längerfristigen Bereich führt dann dazu, dass – mit einiger Verzögerung – die Nachfrage der Nichtbanken nach festverzinslichen Wertpapieren und ihre Geldkapitalbildung bei Kreditinstituten zunimmt, wodurch das Geldmengenwachstum gedämpft wird. Die Geldnachfrage der Nichtbanken geht zurück, da die *Opportunitätskosten* der Geldhaltung gestiegen sind. Als Reaktion auf die Erhöhung ihrer Refinanzierungskosten werden die Banken ihre Soll-Zinsen anheben. Höhere Kreditkosten aber dämpfen nach einiger Zeit die private Kreditnachfrage, was i. d. R. ebenfalls mit einer schwächeren Zunahme der Geldmenge verbunden ist.

Die vorstehenden Ausführungen zeigen die „normalen" Wege von kurzfristigen zu langfristigen Zinssätzen. Wie stark die Impulse sind und welche Verstärker gegebenenfalls hinzukommen, lässt sich nicht generell sagen. Empirischen Untersuchungen zufolge ist das Ausmaß der durch Geldmarktzinserhöhungen bewirkten Erhöhung der Kapitalmarktsätze im internationalen Vergleich sehr verschieden. Dies kann einerseits auf die unterschiedliche Glaubwürdigkeit von Zentralbanken zurückgeführt werden. Eine höhere Glaubwürdigkeit hinsichtlich ihrer Stabilitätspolitik wird i. d. R. mit geringeren Inflationserwartungen einhergehen. Andererseits korrelieren die Reaktionsunterschiede eng und positiv mit den zurückliegenden Inflationsraten. Dem entsprechend kann ein relativ starkes Nachziehen der Kapitalmarktzinsen als Niederschlag – erfahrungsbedingter – hoher Inflationserwartungen interpretiert werden. In einer an Inflation gewöhnten Umwelt kann die Zinserhöhung der Zentralbank als Signal befürchteter Inflationsbeschleunigung verstanden werden, während in einer relativ preisstabilen Umwelt durch diese Maßnahme solche Ängste nicht geschürt werden. Diese Erfahrungen unterstreichen zugleich die Rolle der Glaubwürdigkeit von Zentralbanken für den Transmissionsprozess.

Box IV.1.1: Determinanten des langfristigen Nominalzinssatzes

Die Nominalzinsen werden wie andere Preise durch Angebot und Nachfrage und deren Bestimmungsfaktoren bestimmt. Der Markt, um den es hier geht, ist der Markt für Finanzierungsmittel oder vereinfacht der Wertpapiermarkt. Da Kurse und Zinsen invers zusammenhängen, d.h., steigende Kurse bedeuten sinkende Zinsen, erklärt dieser Ansatz mit den Preisen (Kursen) der Papiere auch die Zinsen. Er wird als „Loanable-Funds-Theorie" bezeichnet. Das Angebot an Wertpapieren entspricht dabei einer Nachfrage nach Finanzierungsmitteln („demand for loanable funds"), die Nachfrage nach Wertpapieren einem Angebot an Finanzierungsmitteln („supply of loanable funds"). Im Folgenden sollen drei wichtige Determinanten der langfristigen Zinsen vorgestellt werden.

Die langfristigen Zinsen hängen zunächst eng mit der erwarteten Preisentwicklung zusammen. Wird mit einer steigenden Inflationsrate gerechnet, geht die Nachfrage nach Wertpapieren zurück, da der erwartete Realzins sinkt. Auf der anderen Seite erhöht sich das Wertapierangebot, da die erwarteten realen Finanzierungskosten sinken. Insgesamt sinken somit die Wertpapierkurse, und die Zinsen steigen an (siehe z.B. Abbildung IV.1.5).

Als weiterer Einflussfaktor auf den langfristigen Zins fungiert die Geldpolitik. Allerdings erfolgt die Beeinflussung des langfristigen Zinses nur indirekt über Arbitrageprozesse, die von den geldpolitischen Veränderungen der kurzfristigen Zinsen angestoßen werden. Die Geldpolitik ist aber selbstverständlich auch ein entscheidender Bestimmungsfaktor der erwarteten Inflation.

Darüber hinaus übt die konjunkturelle Situation einen Einfluss auf den langfristigen Zins aus. In rezessiven Phasen ist die Rentabilität von Investitionen gering. Dementsprechend wird auch die Nachfrage nach langfristigen Finanzierungsmitteln (Angebot an Wertpapieren) niedrig sein. Es dürfte aber auch die Nachfrage nach Wertpapieren aufgrund der verschlechterten Einkommenssituation zurückgehen. Insgesamt ist damit der Einfluss auf den Zins nicht eindeutig, er hängt vom relativen Ausmaß der Nachfrage- und Angebotsänderungen ab. In Deutschland war in der Vergangenheit eher ein positiver Zusammenhang, d.h. ein Sinken des Kapitalmarktzinses im Verlauf der Rezession, festzustellen (siehe Abbildung IV.1.6).

Wenn aufgrund irgendwelcher „exogener" Faktoren die Angebots- und Nachfragekonstellationen beeinflusst werden (z.B. durch eine zunehmende öffentliche Verschuldung oder ein Auslandsengagement auf den inländischen Finanzmärkten), sind damit ebenfalls Zinsbewegungen am langen Ende verbunden. (Zu einer vergleichenden Analyse für Großbritannien, Deutschland und die USA siehe Brooke et al., 2000).

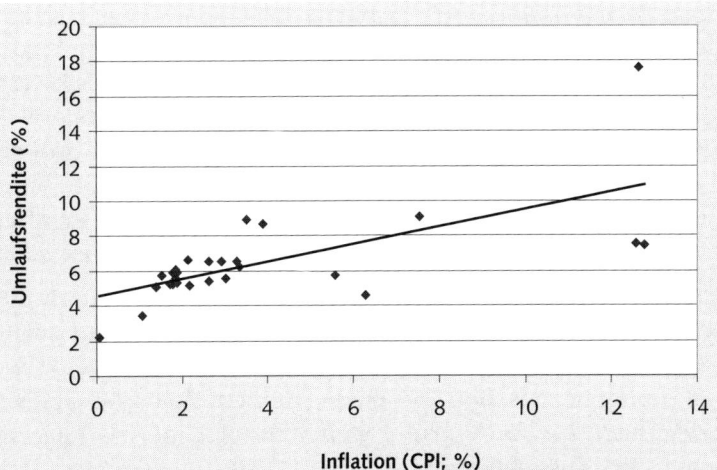

Abbildung IV.1.5: Inflation und langfristiger Zins in OECD-Ländern (1993–2006)
Quelle: OECD; eigene Berechnungen.
Anmerkungen: Umlaufsrendite öffentlicher Anleihen. Bei den dargestellten 28 Ländern handelt es sich um Australien, Österreich, Belgien, Kanada, Tschechien, Dänemark, Finnland, Frankreich, Griechenland, Ungarn, Deutschland, Island, Irland, Italien, Japan, Korea, Mexiko, Niederlande, Neuseeland, Norwegen, Polen, Portugal, Slowakei, Spanien, Schweden, Schweiz, Großbritannien, USA.

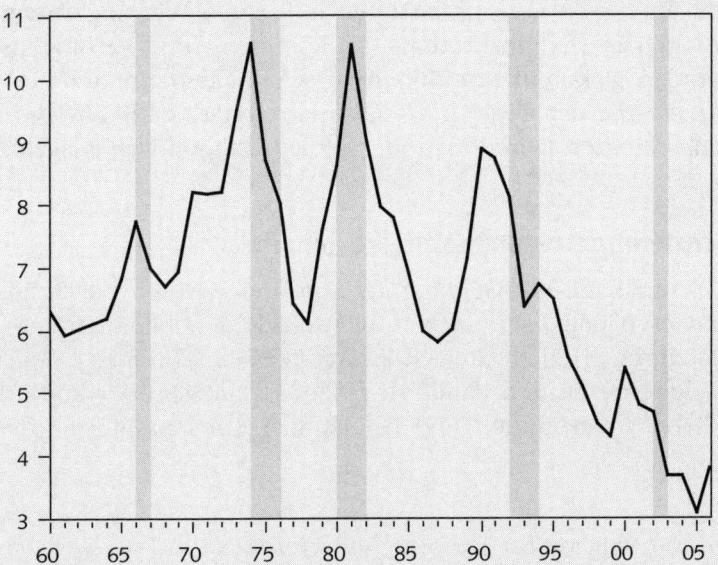

Abbildung IV.1.6: Langfristzins und Konjunktur in Deutschland
Quelle: Deutsche Bundesbank, eigene Ergänzungen.
Anmerkungen: Die grauen Säulen geben Rezessionsphasen an. Langfristzins gemessen anhand der Umlaufsrendite festverzinslicher Wertpapiere.

Der *monetäre Transmissionsprozess* bleibt aber keineswegs auf die finanzielle Sphäre beschränkt. Gleichsam als Gegenstück findet er seinen Niederschlag im realen Sektor. Dabei spielt die Fristigkeit der Verschuldung des privaten und öffentlichen Sektors eine wichtige Rolle. Bei verstärkter kurzfristiger Verschuldung sind die Auswirkungen der Geldpolitik auf die Realwirtschaft größer. Der „realwirtschaftliche" Teil des monetären Transmissionsprozesses beschreibt somit, wie ein geldpolitischer Impuls auf die gesamtwirtschaftliche Nachfrage (z.B. die Investitionstätigkeit oder den Konsum) und die Produktionsentwicklung wirkt.

Im Folgenden werden verschiedene „Kanäle" beschrieben, durch die monetäre Impulse die wirtschaftliche Aktivität beeinflussen. Wenn dies für einzelne Kanäle zunächst isoliert geschieht, soll damit nicht der Eindruck erweckt werden, dass keine Verknüpfungen zwischen diesen bestünden. Während zunächst theoretische Überlegungen im Vordergrund stehen, erfolgt im Anschluss eine Erörterung spezieller EWU-Gesichtspunkte.

1.2 Zins- und Wechselkurskanal

Wenn die Zentralbank über eine Veränderung der Geldmarktzinsen auf die wirtschaftliche Aktivität einwirken will, baut sie auf transmissionstheoretischen Überlegungen auf, bei denen sich zwei Hauptwirkungsstränge unterscheiden lassen: Der eine Wirkungsstrang betrifft die *direkten Zinswirkungen (Kapitalkosteneffekt)*, die von der geldpolitisch bewirkten Zinsänderung ausgehen. Der zweite, komplexere Wirkungsstrang umfasst die indirekten Wirkungszusammenhänge, die schlagwortartig als Substitutions-, Einkommens- und Vermögenseffekte bezeichnet werden. Neben diesen binnenwirtschaftlichen direkten und *indirekten Zinswirkungen*, die der *Zinskanal* beschreibt, zeigt der *Wechselkurskanal* die wechselkursbedingten Reaktionen im Gefolge geldpolitisch ausgelöster Zinsänderungen.

1.2.1 Finanzierungskosten (Kapitalkosteneffekt)[7]

Wenn die Zentralbank die Geldmarktzinsen und dadurch die Refinanzierungskosten der Geschäftsbanken anhebt, werden diese schließlich auch die nominalen Kreditzinsen erhöhen. Steigende Kreditzinsen führen zu einem geringeren Wachstum der Kredite und damit zu einem Nachlassen der kreditfinanzierten Nachfrage[8] (bei Investitionen und langlebigen Konsumgütern sowie im Woh-

---

[7] Den folgenden Ausführungen liegt der – vorherrschende – Fall der Kreditfinanzierung zugrunde. Die Ausführungen gelten sinngemäß ebenso im Falle der Eigenfinanzierung. Bei der Eigenfinanzierung von Investition und Konsum sind statt der Finanzierungskosten allerdings die Opportunitätskosten, die durch Verzicht auf eine Finanzanlage der Eigenmittel entstehen, anzusetzen.

[8] Zu den möglichen preistreibenden Wirkungen erhöhter Kapitalkosten siehe die Ausführungen zum Kostenkanal (IV.1.4).

nungsbau).⁹ Mit der geringeren Kreditvergabe wird auch das Geldmengenwachstum gebremst.

Im Falle einer Senkung der Geldmarktzinsen und damit schließlich der Finanzierungskosten der Nichtbanken sind expansive Ausgabenwirkungen zu erwarten. Allerdings könnte bei einem bereits sehr niedrigen Zinsniveau eine weitere Zinssenkung von anderen Investitionsdeterminanten wie die (erwartete) Nachfrage- und Gewinnentwicklung derart dominiert werden, dass keine Investitionsbelebung eintritt. (Die IS-Kurve würde im unteren Zinsbereich vertikal abknicken.) Eine zinsabhängige Nachfrageexpansion entfällt auch dann, wenn die Geldmarktzinsen nicht (weiter) gesenkt werden können (*Liquiditätsfalle*). Dies gilt spätestens dann, wenn die Nominalzinsen bereits Null sind, wie dies in den 90er Jahren des letzten Jahrhunderts in Japan der Fall war.

Box IV.1.2: Liquiditätsfalle

Ab Mitte der 90er Jahre durchlief die japanische Volkswirtschaft eine beispiellose Schwächephase, deren Nachwirkungen nach wie vor nicht vollständig überwunden sind, siehe z.B. IMF (2007). Während dieser Zeit traten Deflation und kurzfristige Zinsen von Null auf; außerdem war zu beobachten, dass viele der ergriffenen Stabilisierungsmaßnahmen ohne Erfolg blieben. Diese ungewöhnliche Konstellation hat die Aufmerksamkeit vieler Ökonomen auf zwei zusammenhängende, lange Zeit unbeachtete Analysekonzepte gelenkt, nämlich die Untergrenze von Null der Nominalzinsen und die sog. Liquiditätsfalle.

Eine Liquiditätsfalle liegt dann vor, wenn die Zinsen so niedrig sind, dass die Anleger indifferent zwischen dem Halten von festverzinslichen Wertpapieren und dem Halten von Geld werden. Unter normalen Umständen führen ein Überangebot auf dem Geldmarkt und die korrespondierende Wertpapierübernachfrage dazu, dass der Wertpapierkurs steigt und der Zins sinkt. Diese Zinssenkungen erhöhen die zinsabhängige Güternachfrage, wie z.B. die Investitionsnachfrage. Sind die Nominalzinsen jedoch bereits Null, bindet also die Nulluntergrenze der Nominalzinsen, so sind weitere Zinssenkungen nicht mehr möglich. Damit ist einer der zentralen makroökonomischen Anpassungsmechanismen der Ökonomie unterbrochen, und es gehen nach weit verbreiteter Sicht sowohl die Fähigkeit der Volkswirtschaft zur Selbststabilisierung, als auch die Fähigkeit der Geldpolitik zur Stimulierung der Ökonomie verloren.

---

⁹ Empirische Untersuchungen zeigen, dass Änderungen der Geldmarktzinsen durch die Zentralbank auf kurz- und langfristige Kreditzinsen der Geschäftsbanken gleichgerichtet durchwirken, wobei allerdings die Elastizität (Verhältnis der prozentualen Änderungen von Kreditzinsen zu Geldmarktzinsen) generell kleiner als Eins ist und zudem mit zunehmender Fristigkeit abnimmt. Weiterhin werden Erhöhungen von Geldmarktzinsen tendenziell stärker in den Kreditzinsen weitergegeben als Senkungen der Geldmarktzinsen. (Zu den Befunden für Mitgliedsländer der EWU siehe Mojon, 2000, 10 sowie EZB, 2001c, 22-24).

Die wichtigsten Aspekte der Liquiditätsfalle lassen sich bereits in einem leicht modifizierten IS-LM-Modell gut illustrieren, in dem zwischen Real- und Nominalzins unterschieden wird. Die Geldnachfrage hängt vom Nominalzins, die Güternachfrage aber vom Realzins ab. Der Zusammenhang zwischen beiden Zinssätzen wird durch die (Näherungsversion der) Fisher-Gleichung (siehe Box III.2.5) abgebildet, d.h. der Realzins r und der Nominalzins i unterscheiden sich gerade um die erwartete Inflationsrate π^{erw}, $r = i - \pi^{erw}$. In einem Nominalzins-Volkseinkommen-Diagramm ist die erwartete Inflationsrate ein zusätzlicher Lageparameter der IS-Kurve. Eine höhere erwartete Inflation verschiebt die IS-Kurve nach oben rechts. Geht man von einem Vollbeschäftigungsgleichgewicht A ohne Inflation mit dem Vollbeschäftigungseinkommen Y^* aus, so gelangt man durch einen ausreichend starken Nachfragerückgang in eine Unterbeschäftigungssituation B mit einem Nominalzinssatz von Null. Ausgangssituation und Nachfragerückgang sind in Teil a) von Abbildung IV.1.7 dargestellt. Im Normalfall käme es nach einem Nachfrageeinbruch zu sinkenden Preisen, steigender realer Geldmenge, Zinssenkung und Nachfrageexpansion, und somit wieder zu einem Vollbeschäftigungsgleichgewicht. Teil b) von Abbildung IV.1.7 zeigt, dass Probleme auftreten, sobald für das neue Gleichgewicht ein negativer Gleichgewichtsrealzins erforderlich ist, dieser sich aber nicht einstellen kann, weil die Inflationserwartung weiterhin gleich Null ist und der Nominalzins nicht unter Null absinken kann. Damit verhindert die Liquiditätsfalle die Selbststabilisierung. Die zentrale Rolle des Realzinses in diesem Anpassungsproblem erklärt auch die alternative Bezeichnung „Realzinsfalle" für eine solche Situation.

Auf den ersten Blick scheint expansive Geldpolitik in dieser Situation nicht hilfreich zu sein, da auch sie den Nominalzins nicht unter Null senken kann. Expansive Fiskalpolitik dagegen führt zu einer Nachfragesteigerung und damit in Richtung Vollbeschäftigung; sie tut dies allerdings nur so lange, wie tatsächlich höhere Staatsausgaben getätigt werden. Hat die Liquiditätsfalle längere Zeit Bestand, führen die laufenden Budgetdefizite zu einer nicht durchhaltbaren Erhöhung der Staatsverschuldung, so dass auch die Fiskalpolitik keine dauerhafte Lösung bietet. Eine weitere Möglichkeit, einer Liquiditätsfalle zu entkommen, wäre, für eine Abwertung der inländischen Währung zu sorgen (siehe z.B. Svensson, 2002). Dann würde man über eine Stimulierung der Auslandsnachfrage für den entsprechenden nachfrageseitigen Impuls sorgen. Der Geldpolitik steht allerdings noch eine unkonventionelle Strategie zur Verfügung, um die Volkswirtschaft aus der Liquiditätsfalle zu „befreien": Sie kann für positive Inflationserwartungen sorgen, und damit Realzinsen ermöglichen, die unter dem Nominalzins liegen (Krugman, 1998). Teil c) von Abbildung IV.1.7 zeigt die nachfragesteigernde Wirkung einer solchen Maßnahme. Aufgrund der erwarteten Inflation liegt der Realzins soweit unter dem Nominalzins, dass ausreichend Nachfrage induziert wird, um zum Vollbeschäftigungsgleichgewicht C zu gelangen. Dabei hängt die Lage der LM-Kurve deshalb von der Inflationsrate ab, weil in einer inflationären Ökonomie die Höhe der realen Geldmenge von der Höhe der Inflationsrate abhängt. Inflationserwartungen entstehen allerdings nur dann, wenn es glaubhaft ist, dass es zu Inflation kommen wird. Dies ist am ehesten dann der Fall, wenn sich die Zentralbank explizit auf ein Inflationsziel mit einer ausreichend hohen Untergrenze für die Inflationsrate festlegt.

Eine eindeutige Festlegung der Bank of Japan auf ein positives Inflationsziel ist allerdings bislang ausgeblieben, wie IMF (2007) mit Bedauern feststellt. Neben den Erfahrungen in Japan führt auch die Auswertung der Literatur in Yates (2002) nachdrücklich vor Augen, dass ein strikter Nullinflationskurs erhebliche Risiken bergen kann. Mit der zwischenzeitlichen Absenkung der US Zinsen auf ein Rekordtief von nur einem Prozent durch die amerikanische FED und bei der Überprüfung ihrer geldpolitischen Strategie durch die EZB (siehe Kap. III.2.6.3) haben beide Zentralbanken bewiesen, dass sie versuchen entsprechenden Risiken Rechnung zu tragen und nach Möglichkeit schon im Vorfeld das Entstehen einer Liquiditätsfalle zu verhindern. Allerdings sieht sich die Geldpolitik einer Gratwanderung gegenüber, die darin besteht, in gewissem Umfang Inflationserwartungen zu erzeugen, diese jedoch auch nicht zu hoch ausfallen zu lassen.

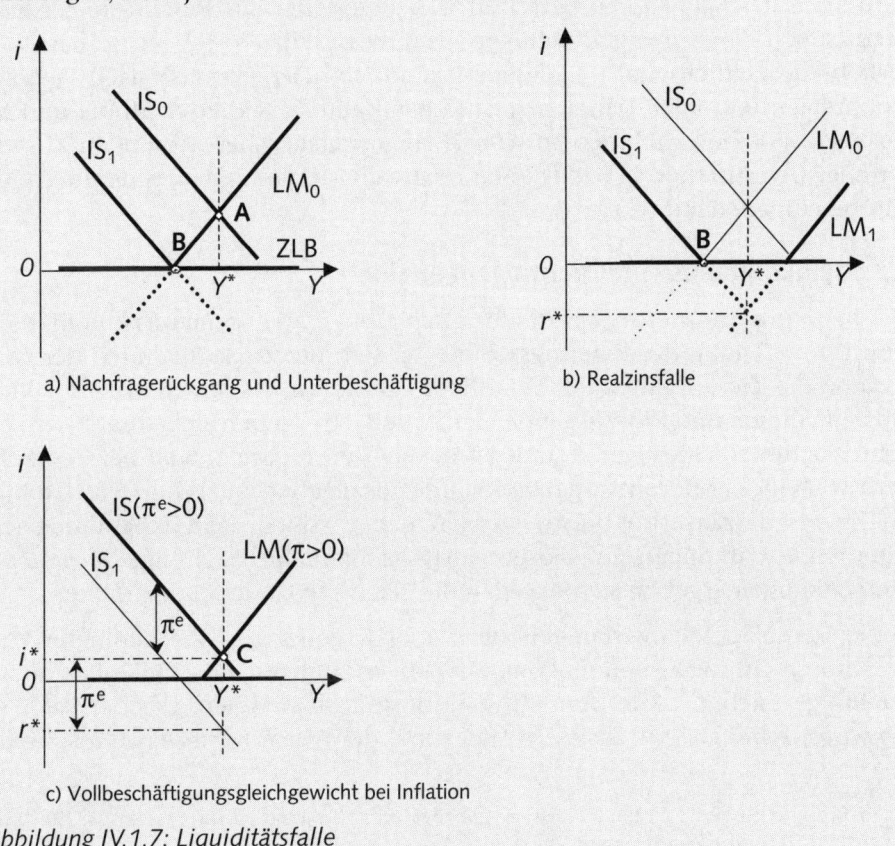

Abbildung IV.1.7: Liquiditätsfalle

Box erstellt von C. Knoppik, Universität Regensburg.

1.2.2 Substitutionseffekte

Bei den indirekten Wirkungsmechanismen stehen traditionell die *Substitutionseffekte* im Mittelpunkt. Sie spielen im Rahmen portfoliotheoretischer Vorstellungen eine wichtige Rolle. Entsprechend dem Rationalkalkül wird davon ausgegangen, dass Banken und Nichtbanken eine rendite-risiko-gesteuerte Zusammensetzung ihres aus Finanz- und Sachaktiva bestehenden Vermögens anstreben. Ermöglichen Umschichtungen zwischen einzelnen Aktiva keine Ertrags-Risiko-Verbesserung des Gesamtvermögens mehr, liegt ein *optimales Portefeuille* vor. Wenn z.B. im Gefolge restriktiver geldpolitischer Maßnahmen der Notenbank die kurzfristigen Zinsen steigen und damit das Verhältnis der Ertragsraten sich ändert, werden die Geschäftsbanken zur Wiederherstellung des Portfoliogleichgewichts (bei gegebenem Risiko) langfristige Wertpapiere verkaufen. Dieses verstärkte Wertpapierangebot wiederum führt über sinkende Wertpapierkurse zu steigenden Kapitalmarktzinsen. Die Nichtbanken werden als Folge der Zinssteigerung eine Umschichtung der finanziellen Mittel hin zu längerfristigen Anlagen (Geldkapital, festverzinsliche Wertpapiere) vornehmen. Diese Umschichtung wird auch das Sachkapital betreffen, das angesichts der Renditesteigerung bei langfristigen Finanzanlagen weniger attraktiv ist. Für die Haushalte hat die Zinserhöhung letztlich eine rückläufige Nachfrage beispielsweise nach Eigentumswohnungen und nach (langlebigen) Konsumgütern wie etwa Möbel und Autos zur Folge. Für Unternehmen gewinnen Finanzanlagen bei steigenden Zinsen gegenüber Investitionen in Sachkapital relativ an Attraktivität, was die Investitionsgüternachfrage dämpft.

1.2.3 Einkommens- und Vermögenseffekte

Zu einem *Einkommenseffekt* (auch „*Cash-Flow-Effekt*" genannt) kommt es über eine Umverteilung der Zahlungsströme, da sich die Zinseinnahmen der Gläubiger und die Zinsausgaben der Schuldner verändern.[10] Auch wenn der Saldo aus Zinseinnahmen und Zinsausgaben gleich Null ist, ergeben sich gesamtwirtschaftliche Nachfragewirkungen. Damit ist deshalb zu rechnen, weil bei den Schuldnern von einer höheren Ausgabenneigung auszugehen ist als bei den Gläubigern. Im Zuge von Zinserhöhungen werden daher von diesem Einkommenseffekt dämpfende Wirkungen auf die gesamtwirtschaftliche Nachfrage ausgehen. Bei Zinssenkungen ergeben sich dagegen die Nachfrage belebende Effekte.

Außer den Nachfragewirkungen steigender Kreditzinsen, zinsbedingter Vermögensumschichtungen und Einkommensumverteilungen, die schließlich auch die Nachfrage nach Konsum- und Investitionsgütern erfassen, ergeben sich noch *Vermögenseffekte*, die aus der Änderung der Vermögenswerte resultieren.[11]

---

[10] In Bezug auf bereits laufende Verträge gilt dies selbstverständlich nur, wenn die Zinsbindung ausläuft, d.h. eine Zinsanpassung ansteht.

[11] Die Nachfragewirkungen dieser Effekte sind allerdings daran gebunden, ob sie als transitorisch oder als permanent interpretiert werden. Im Sinne von Milton Friedmans *permanenter Ein-*

Geldpolitisch ausgelöste Zinssteigerungen führen über Substitutionsprozesse schließlich zu Kursverlusten bei finanziellen Aktiva (festverzinsliche Wertpapiere, Aktien). Wenn geldpolitisch bedingt die Zinsen am Rentenmarkt anziehen, werden die Kurse von festverzinslichen Wertpapieren, die mit niedrigeren Nominalzinsen ausgestattet waren, fallen. Bei attraktiverer Anlage in höher verzinslichen Anleihen sinkt zudem die Nachfrage nach Aktien, wodurch auch hier Kursrückgänge ausgelöst werden.[12] Es ist also mit gegenläufiger Entwicklung der Zinsen und Aktienkurse zu rechnen (siehe Abbildung IV.1.8). Diese Vermögensverluste dämpfen die konsumtive und die investive Nachfrage. Die nachfragesenkenden Effekte strahlen auch auf die Preise für vorhandenes und neu zu schaffendes Sachvermögen wie etwa Immobilien aus.

Wenn expansive geldpolitische Impulse zur Erhöhung von Wertpapierkursen und Immobilienpreisen führen, werden von den erhöhten Vermögenspreisen Nachfragesteigerungen im realen Sektor ausgehen,[13] die wiederum zu erhöhter Kreditnachfrage führen und somit auf die monetären Bedingungen zurückwirken werden. Diese wechselseitigen Verstärkungen werden umso größer sein je höher etwa die Erwartungen weiter steigender Vermögenspreise und je bedeutender Vermögenswerte als Sicherheiten bei der Kreditvergabe sind.[14]

Eine besondere Art geldpolitisch ausgelöster Vermögenseffekte betrifft die Nachfrage nach langlebigen Konsumgütern. Da langlebige Konsumgüter (z.B. PKWs und Haushaltseinrichtungen) im Falle eines kurzfristigen Liquiditätsbedarfs nur mit (erheblichen) Verlusten in Liquidität umgewandelt werden können, wird bei der Befürchtung zunehmender Liquiditätsengpässe die Nachfrage nach langlebigen Konsumgütern sinken.[15] Die Befürchtung von Liquiditätsengpässen und dadurch möglicherweise erforderliche Notverkäufe von langlebigen Konsum-

---

kommenshypothese sind nur als dauerhaft angesehene Einkommens- und Vermögensänderungen entscheidungsrelevant.

[12] Der Zusammenhang zwischen der Zins- und Aktienkursentwicklung lässt sich auch folgendermaßen erklären: Der Aktienkurs kann als abgezinster Wert zukünftiger Dividendenzahlungen betrachtet werden. Diese Erträge werden bei steigendem Zinssatz entsprechend höher abgezinst. Der Gegenwartswert, also der Aktienkurs, sinkt. Analoges gilt für den Gegenwartswert eines Unternehmens.

[13] Untersuchungen des IWF (2001) ergaben statistisch signifikante Vermögenseffekte der Aktienkursentwicklung für Konsum und Investition. Allerdings bestehen bemerkenswerte Bedeutungsunterschiede zwischen verschiedenen Ländergruppen: Eine Erhöhung (Verringerung) des Aktienkursniveaus um einen $ führt für den Durchschnitt der Ländergruppe Kanada, USA und Vereinigtes Königreich zu einer Erhöhung (Verringerung) des Konsums und der Investitionen um jeweils fünf Cents. Für den Durchschnitt der Ländergruppe Deutschland, Frankreich und Niederlande beträgt die Nachfragereaktion nur jeweils einen Cent (IMF, 2001, 62, 65). Bedenkt man die vergleichsweise geringe Bedeutung des Aktienvermögens etwa in Deutschland gegenüber den USA, sind diese unterschiedlichen Befunde nicht überraschend.

[14] Mit besonderem Bezug zur diesbezüglichen Bedeutung der Immobilienpreisentwicklung siehe Goodhart/Hofmann (2007, 20-23) und Greiber/Setzer (2007, 3-7).

[15] Nach den empirischen Untersuchungen Mishkins (1978) spielten diese Zusammenhänge eine wichtige Rolle für die Schärfe der Weltwirtschaftskrise (1929-1933) in den USA.

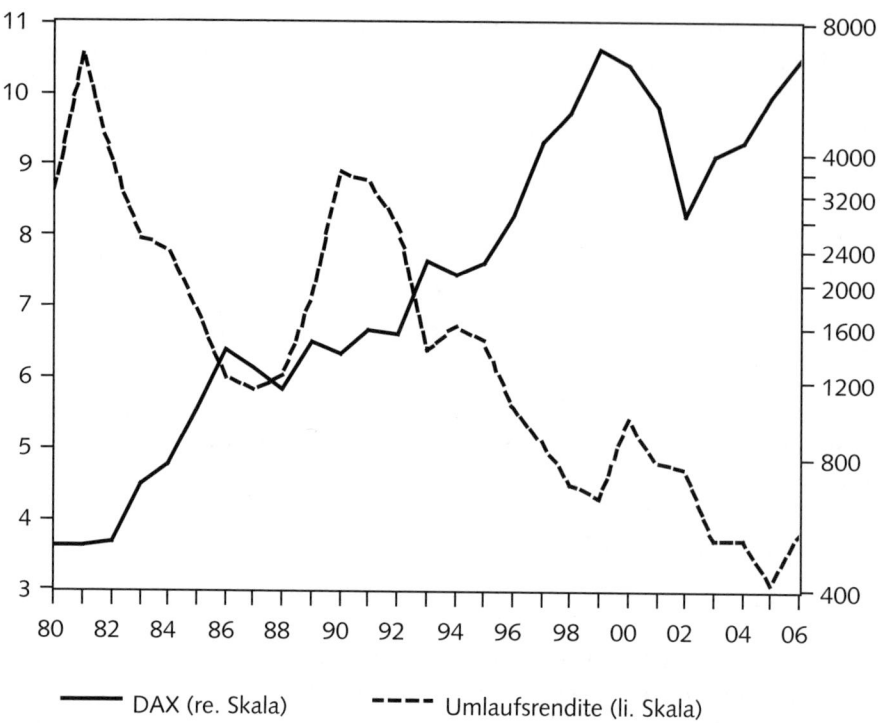

Abbildung IV.1.8: Zinsentwicklung und Aktienmarkt

Anmerkungen: DAX-Performanceindex in Punkten, logarithmische Skala; Umlaufsrendite festverzinslicher Wertpapiere in Deutschland in %.

gütern wird allerdings umso niedriger sein, je höher das Netto-Vermögen ist. Da eine expansive Geldpolitik zu einer Erhöhung dieser Vermögenswerte (von festverzinslichen Wertpapieren, Aktien) führt, sinkt die Gefahr der Illiquidität, so dass die Nachfrage nach langlebigen Konsumgütern – und eventuell auch nach Immobilien – steigt.

Die zuletzt erörterten Transmissionsmechanismen stehen in enger Beziehung zu investitionstheoretischen Hypothesen, wie sie in *Tobin's q* sowie zu konsumtheoretischen Hypothesen, wie sie in Modiglianis *Lebenszyklus-Hypothese* zum Ausdruck kommen. Mit Tobin's q (siehe Box IV.1.3) lässt sich eine Verknüpfung zwischen Geldpolitik und Investitionstätigkeit über die den Unternehmenswert reflektierenden Aktienkurse herstellen. Die Größe q ist der Quotient aus dem Marktwert des Unternehmens und den Wiederbeschaffungskosten der physischen Kapitalgüter dieses Unternehmens. Ein hoher Marktwert relativ zu den Wiederbeschaffungskosten bedeutet, dass der Erwerb von neuem Sachkapital relativ billig ist. Bei hohen Aktienkursen können sich nämlich die Unternehmen über Aktienemissionen relativ günstig finanzielle Mittel besorgen, um neue Investitionsgüter zu finanzieren. Bei niedrigem q, also relativ zu den Kosten neuen

Sachkapitals niedrigen Aktienkursen, unterbleiben hingegen Neuinvestitionen, da der Erwerb von vorhandenem Sachkapital (also die Übernahme eines bestehenden Unternehmens) relativ günstiger ist. Eine expansive Geldpolitik führt im Zuge des monetären Transmissionsprozesses zu einer Umstrukturierung des Portfolios, die sich – bei gegebenen Risiken – schließlich auch in einer verstärkten Nachfrage nach Aktien niederschlägt. Die hierdurch veränderte Relation der Vermögenswerte von bestehendem zu neu zu schaffendem Sachkapital löst die beschriebene Belebung der Nachfrage nach Sachkapital aus.[16]

Box IV.1.3: Tobin's q

Die Übertragung monetärer Impulse in den güterwirtschaftlichen Bereich erfolgt nach James Tobin durch die Veränderung der Relation *(q)* zweier Ertragsraten bzw. der zugehörigen Kapitalwerte. Die Variable q ist definiert als Verhältnis des Marktwertes eines Unternehmens *(MWU)* zu den Wiederbeschaffungskosten des Sachkapitals *(WBK)* dieses Unternehmens.

$$q = \frac{MWU}{WBK}$$

Solange der Marktwert höher ist als die Wiederbeschaffungskosten *(q > 1)*, lohnt sich die Neu-Investition. Bei *q < 1* unterbleiben Neuinvestitionen, und via Abschreibungen ist mit einer Verringerung des Kapitalstocks zu rechnen.

Mit Wiederbeschaffungskosten (Reproduktionskosten) ist der Preis gemeint, der für die Beschaffung des physischen Kapitals eines Unternehmens (Betriebsgelände, Maschinenpark, sonstige Anlagen) zu zahlen wäre. Der Marktwert entspricht dem Gegenwartswert der erwarteten Unternehmenserträge. Anstatt der beiden Vermögenswerte könnten auch Ertragsraten gegenübergestellt werden. Die erwartete Ertragsrate wäre dann mit einer Rendite zu vergleichen, die bei einer alternativen Anlage der Mittel am Kapitalmarkt erzielt worden wäre.

Zum empirischen Test dieser Investitionshypothese wird für die Erfassung der Wiederbeschaffungskosten auf den Preisindex für Erzeugnisse des Investitionsgüter produzierenden Gewerbes *(InvP–Ind)* zurückgegriffen. Als Maß der Unternehmenswerte dient die Entwicklung des Aktienkursindex' *(Ak-Ind)*.

$$q = \frac{Ak - Ind}{InvP - Ind}$$

Dem Rückgriff auf die Aktienkurse liegt die Vorstellung zugrunde, dass sich der Gegenwartswert der erwarteten Erträge in den Kursen niederschlägt und mithin eine durch Kursanstieg bewirkte Erhöhung von q steigende Investitionen erwarten lässt. Zumindest auf kurze Sicht ist hier jedoch Vorsicht geboten. Die in

---

[16] Behr/Bellgart (2002) finden anhand von Daten von über 2300 Unternehmen, dass das Investitionsverhalten deutscher Unternehmen im Zeitraum von 1988-1998 in signifikantem Ausmaß durch die q-Theorie erklärt werden kann.

steigenden Kursen zum Ausdruck kommenden Ertragserwartungen der Anleger müssen sich nicht mit denen der Unternehmensleitungen decken. Letztere sind jedoch nur investitionsrelevant.

Ähnliche Überlegungen gelten für die konsumtive Nachfrage. Nach der *Lebenszyklus-Hypothese* (Box IV.1.4) ist der Konsum nicht vom aktuellen Einkommen abhängig, sondern die finanziellen Möglichkeiten über die gesamte Lebenszeit hinweg bestimmen den (relativ gleichmäßigen) Strom konsumtiver Ausgaben (*Konsumglättungsmotiv*). Da zu den finanziellen Möglichkeiten auch das Finanzvermögen und hierunter auch das Aktienvermögen zählt, hat eine expansive Geldpolitik nach dieser Theorie via Aktienkursanstieg nachfragebelebende Effekte beim Konsum.

Box IV.1.4: Lebenszyklus-Hypothese

Die Lebenszyklus-Hypothese geht davon aus, dass rational handelnde Individuen ihren Konsum nicht einfach am aktuellen Einkommen ausrichten, sondern dass sie ihr Lebenseinkommen relativ gleichmäßig auf die gesamte Lebenszeit verteilen. Sieht man von ererbtem oder zu vererbendem Vermögen ab, bedeutet dies, dass das Lebenseinkommen (einschließlich der Zinseinkommen aus Ersparnis) dem Lebenszeitkonsum entspricht

$$C \cdot Lj = Y \cdot Lj \text{ bzw. } C = Y$$

Der jahresdurchschnittliche Konsum *(C)* multipliziert mit den Lebensjahren *(Lj)* ergibt den Lebenszeitkonsum, das durchschnittliche jährliche Einkommen *(Y)* multipliziert mit den Lebensjahren *(Lj)* das Lebenszeiteinkommen. Bei - angestrebtem - gleichmäßigem Konsum werden die Individuen Teile ihres während der Erwerbsphase erzielten Einkommens zur Rückzahlung von vor der Erwerbsphase aufgenommenen Krediten (z.B. Studenten-Bafög) verwenden sowie zur Vorsorge für das Rentenalter sparen, damit auch in dieser Phase der Konsumstandard aufrechterhalten werden kann. Wird das Lebenszeiteinkommen durch die Zahl der Lebensjahre dividiert, erhält man die durchschnittliche jährliche Konsumsumme. Entsprechend den Einkommensschwankungen in den einzelnen Lebensperioden ergeben sich altersspezifische Konsumquoten.

Haben die Individuen ein Anfangsvermögen, das nicht auf eigener Arbeitsleistung beruht, schlagen sie einen höheren Konsumpfad ein (Vermögenseffekt). Dieser Anstieg entspricht dem auf die (verbleibende) Lebenszeit verteilten Vermögen zuzüglich der aus diesen Vermögensanlagen fließenden Zinserträge.

Hinsichtlich der realen Wirkungen ist allerdings – wie bei allen anderen Transmissionskanälen auch – insoweit Vorsicht am Platze, als die positiven Produktionswirkungen einer expansiven Geldpolitik zwar kurzfristig gelten mögen, langfristig jedoch, d.h. nach Ablauf von Anpassungsprozessen, davon auszugehen ist, dass über die Geldpolitik nicht die Produktion, sondern nur die Preisentwicklung bestimmt wird. Das Produktionspotenzial wird von der Quantität und Qualität der Produktionsfaktoren bestimmt. Durch „Geld" und mithin durch Geldpolitik können die monetären Voraussetzungen geschaffen werden, dass die Ausschöpfung der Produktionsmöglichkeiten nicht an finanziellen Engpässen scheitert. Die realwirtschaftlichen Bedingungen selbst vermag die Geldpolitik nicht zu gestalten (*Geldneutralität*).

1.2.4 Wechselkurseffekte

Die Interdependenz geldpolitisch ausgelöster Transmissionsprozesse wird sehr deutlich bei den Wechselkurswirkungen (*Wechselkurskanal*). Zinserhöhungen führen nämlich über induzierte Kapitalbewegungen tendenziell zu einer Aufwertung, Zinssenkungen zu einer Abwertung der heimischen Währung.[17] Durch solche Wechselkurseffekte, die schon durch erwartete geldpolitische Änderungen ausgelöst werden können, verändern sich die Preise handelbarer Güter: Bei einer Aufwertung werden Exporte teurer und Importe billiger. Die im Inland wirksam werdende Nachfrage schwächt sich ab, was letztlich zu Lasten der heimischen Produktion geht. Nicht zu vernachlässigen ist auch, dass eine Aufwertung der heimischen Währung über sinkende Importpreise die inländische Preisentwicklung dämpft. Schließlich kann es auch zu wechselkursbedingten *Einkommens-* und *Vermögenseffekten* kommen. Nachfragedämpfende Wirkungen erwachsen im Falle einer Aufwertung der heimischen Währung und bei Vorliegen einer Netto-Gläubigerposition gegenüber dem Ausland einmal daraus, dass aus ausländischen Vermögensanlagen fließende Einkommensströme (z.B. Zinszahlungen, Dividenden) sich in inländischer Währung vermindern. Zum anderen sinken – in inländischer Währung gerechnet – die Vermögenswerte der in ausländischer Währung gehaltenen Aktiva. Die eine restriktive Geldpolitik unterstützenden Wechselkurseffekte gelten analog für eine expansive Geldpolitik.

Sowohl die Zinswirkungen der Notenbankpolitik wie auch die Wechselkurswirkungen können allerdings durch gegenläufige Zins- und Wechselkurserwartungen überlagert werden, die die Notenbankpolitik durchkreuzende Kapitalbewegungen auslösen. Wenn geldpolitisch ausgelöste Zinserhöhungen als Ausdruck zunehmender Inflationsbefürchtungen der Notenbank verstanden werden und man der Zentralbank nicht zutraut, die Inflationsgefahren in den Griff zu bekommen, kann dies zu Abwertungserwartungen führen, die durch Kapitalabflüsse bestätigt

---

[17] Sicher sind solche Effekte freilich nicht. Sollte eine Zinssenkung günstige Wachstumserwartungen auslösen, so könnte dies zu wachstumsinduzierten Kapitalbewegungen führen. Die Zinssenkung ginge dann mit einer Aufwertung einher.

werden. Die abwertungsbedingte Begünstigung von Exporten und Hemmung von Importen steht dann der geldpolitisch beabsichtigten Nachfragedämpfung entgegen. Zusätzlich zu solchen Erwartungen können auch aus anderen Gründen gegenläufige Wirkungen entstehen. So kann die geldpolitisch erzeugte Nachfrageexpansion einen höheren transaktionsbedingten Geldbedarf hervorrufen, der seinerseits der vorangegangenen Zinssenkung entgegenwirkt. Eine expansive Geldpolitik kann aber auch in zinstreibende Inflationserwartungen einmünden. Der geldpolitisch beabsichtigten Zinssenkung steht am langen Ende möglicherweise sogar eine Zinserhöhung gegenüber. Vorsicht gegenüber „sicheren" Zusammenhängen ist auch aus internationaler Perspektive angebracht. Gerade Erfahrungen mit internationalen Finanztransaktionen in den letzten Jahren lehren, dass es zu spekulativen, realwirtschaftlich nicht begründbaren Übertreibungen an den internationalen Finanzmärkten kommen kann.

Aber auch der Weg von den monetären zu den realen Größen ist mit Unsicherheiten behaftet. Empirisch können einzelne Effekte oder Teilschritte des Transmissionsweges vielfach nicht nachgezeichnet oder wegen des geringen Gewichts und interdependenter Zusammenhänge nicht identifiziert werden. Man ist deshalb auf die Kontrolle des Zusammenhangs zwischen nahe bei den Impulsgrößen (Zentralbankgeld, Tagesgeldsatz) angesiedelten Variablen einerseits und den Endgrößen andererseits angewiesen. Immerhin scheint für die EWU die Wirkung langfristiger Zinssätze, die ihrerseits wiederum in statistisch zuverlässiger Beziehung zu kurzfristigen Sätzen stehen, auf die Investitionsaktivitäten als signifikant eingestuft werden zu können.[18] Für den privaten Konsum (in Deutschland und der EWU) spielen dagegen Zinsen nur eine sehr untergeordnete Rolle (Angeloni et al., 2003a).

Wenn geldpolitisch bewirkte Erhöhungen der kurzfristigen Zinsen relativ schwache gleichgerichtete Änderungen bei den Kapitalmarktzinsen auslösen, braucht dies nicht im Sinne geringer Wirkung interpretiert zu werden. Dies kann vielmehr Niederschlag hohen Vertrauens in die Stabilitätspolitik der Zentralbank sein, so dass ein Zinsaufschlag für Inflationserwartungen unterbleibt. Auch sind bei hoher Glaubwürdigkeit (und Transparenz) der Zentralbank für das Erreichen bestimmter Wirkungen geringere Zinsschritte erforderlich. Diese Zusammenhänge verdeutlichen den hohen Stellenwert, den eine konsequente stabilitätsorientierte Geldpolitik des Eurosystems für dessen Glaubwürdigkeit und Reputation und darüber auch für die Wirksamkeit der Geldpolitik selbst hat.

---

[18] So erwiesen sich die Kapitalnutzungskosten, auf die (neben Abschreibungen und Kapitalgüterpreisen) die Marktzinsen maßgeblichen Einfluss haben, für die größten EWU-Länder (Deutschland, Frankreich, Italien, Spanien) als von signifikanter Bedeutung für die Investitionstätigkeit (Chatelain et al., 2003a, 144f.; Angeloni et al., 2003a).

1.3 Kreditkanal

Neben den bislang erörterten traditionellen monetären Übertragungswegen gibt es als relativ neuen Ansatz den *Kreditkanal (credit channel)*, der die besondere Rolle der Kreditvergabe der Geschäftsbanken im Transmissionsprozess herausstellt.[19] Er bezieht sich auf restriktive geldpolitische Maßnahmen. Ausgangspunkt bildet die Beobachtung, dass im Gefolge restriktiver Geldpolitik die realen Wirkungen (z.B. Rückgang der Investitionen) häufig stärker ausfallen als aufgrund einer nur mäßigen Veränderung der Notenbank- und Marktzinsen zu erwarten wäre. Als allgemeine Ursache für diesen **„finanziellen Akzelerator"** (Bernanke et al., 1994) lassen sich informationsbedingte Kreditangebotsbeschränkungen ausmachen, die in eine *Kreditselektion* zu Lasten bestimmter Kreditnehmer oder sogar *Kreditrationierung* einmünden. Bei der Analyse des Kreditkanals wurden zwei sich in ihren Wirkungsmechanismen unterscheidende, im Ergebnis aber sehr ähnliche Teilkonzepte entwickelt: *Bankenkanal* und *Bilanzkanal*.

1.3.1 Bankenkanal (Bank Lending Channel)

Unter *Bank Lending Channel* werden in der Literatur zwei Sachverhalte diskutiert. Zunächst einmal das Kreditangebotsverhalten der Banken als Reaktion auf geldpolitische Impulse. So wird von kleinen Banken mit geringer Liquidität bzw. Kapitalausstattung bei restriktiver Geldpolitik eine stärkere Kreditangebotsverknappung vermutet als von Großbanken mit hoher Liquidität bzw. Kapitalausstattung. Ein anderer, damit möglicherweise einhergehender Transmissionsweg des Bankenkanals besteht in selektivem Verhalten der Banken gegenüber bestimmten Kreditnachfragern. Viele potenzielle Schuldner (Unternehmen wie auch Haushalte) sind auf Banken als Kreditgeber angewiesen. Geht das Kreditvolumen der Banken im Zuge einer Zinserhöhung durch die Zentralbank zurück, schlägt sich dies mangels anderweitiger Verschuldungsmöglichkeiten in sinkenden Konsum- und Investitionsausgaben nieder. Außer privaten Haushalten auf der einen Seite sind auf der Unternehmensseite vor allem kleine und mittlere Unternehmen betroffen, da ihnen Aktien- und Wertpapieremissionen als alternative Finanzierungsquellen zur Kreditfinanzierung (bisher) weithin verschlossen sind. Das Kreditangebotsverhalten der Geschäftsbanken als Reaktion auf veränderte Notenbankzinsen wird weiterhin noch dadurch geprägt, dass erfahrungsgemäß bei Zinserhöhungen der Anteil stärker risikobehafteter Kredite am gesamten Kreditvolumen steigt, weil hoch profitable, aber zugleich sehr riskante Investitionsprojekte zunehmen und wenig profitable, aber solide Investitionsprojekte

---

[19] Nach Bernanke/Gertler (1995, 28) ist der **Kreditkanal kein eigenständiger Wirkungsmechanismus**, der parallel zu oder unabhängig von den traditionellen monetären Transmissionsmechanismen auftritt. Letztere würden vielmehr verstärkt.

zurückgestellt werden. Für die Geschäftsbanken kann es daher vorteilhaft sein, auf mögliche Zinserhöhungen in gewissem Umfang zu verzichten.[20]

Anhand der folgenden Abbildung sollen die Zusammenhänge vereinfacht dargestellt werden:

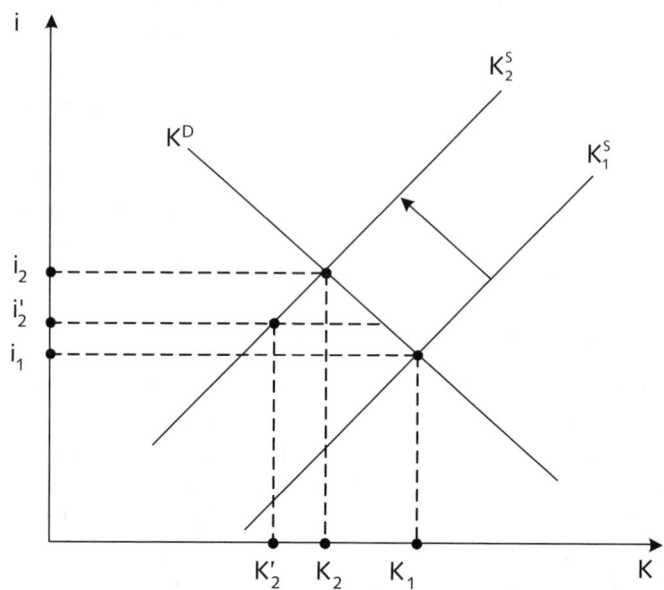

Abbildung IV.1.9: Kreditangebot und Kreditnachfrage

Ausgehend von einer Gleichgewichtssituation am Kreditmarkt (K_1, i_1) möge eine restriktive Geldpolitik schließlich zu einer Einschränkung des Kreditangebots der Banken führen ($K_1^S \to K_2^S$). Bei vollkommenem Kreditmarkt wäre die neue Gleichgewichtssituation (K_2, i_2). Statt dessen rationieren die Geschäftsbanken aber ihr Kreditangebot (beispielsweise) auf K'_2 zum Zinssatz i'_2, wovon vornehmlich der Konsum der Haushalte und die Investitionen kleiner und mittlerer Firmen betroffen sind, da Großunternehmen eher auf den Kapitalmarkt ausweichen können. Dieses Bankenverhalten kann damit erklärt werden, dass sie bei höheren Kreditzinsen und – im Vergleich zu K'_2 – höherem Kreditvolumen (i_2, K_2) zunehmende Risiken befürchten und deshalb die Kreditausfallkosten größer werden könnten als die höheren Erträge aus dem sich ausweitenden Kreditgeschäft. Die Befürchtung zunehmender Risiken kann im *moral hazard* (siehe Box IV.1.5) wie auch in *adverser Selektion* (siehe Box IV.1.6) begründet sein.

---

[20] Eine Variante des Bankenkanals, den sog. *Bankenkapitalkanal*, diskutiert van den Heuvel (2001). Er wirkt über die Existenz von Eigenkapitalrichtlinien und sonstigen Regulierungen, die zu einer vorsichtigen Geschäftspolitik Anlass geben.

Moral Hazard kann sich ergeben, weil für Kreditnehmer bei höheren Kreditzinsen ein Anreiz besteht, riskante Projekte in Angriff zu nehmen und dies gegenüber dem Kreditgeber zu verschleiern. Grundsätzlich sind die Kreditnehmer besser über die Risiken ihrer Investitionsprojekte und über ihre eigenen Charakteristika informiert als die Kreditgeber. Diese *asymmetrische Information* können die Banken (wenn überhaupt) nur mittels hoher Informationskosten beseitigen. Da mit steigendem Kreditzins das „waghalsige" Verhalten zunimmt, erhöhen sich zwar möglicherweise die Gewinnaussichten der Investoren, zugleich aber auch die Risiken und damit die Kreditausfallrisiken der Banken. Die Banken werden auf solche Kreditgeschäfte daher eher verzichten.

Box IV.1.5: Moral Hazard

Grundsätzlich führt das wettbewerbsgesteuerte Preissystem auch bei Risiken und Unsicherheit (durch Einschaltung von Versicherungsmärkten) zu einer optimalen Faktorallokation. Neben den versicherbaren echten Risiken, die auf unkontrollierbare äußere Einflüsse zurückgehen, gibt es aber noch das „moralische Wagnis" (*moral hazard*). Dieses Wagnis entsteht, weil die Versicherungsnehmer die Anspruchsvoraussetzungen bewusst herbeiführen oder ungenügende bis keine Anstrengungen zur Schadensbegrenzung vornehmen. Da die Versicherung aus Gründen mangelnder Information bzw. zu hoher Informationskosten die beiden Schadensursachen (echte und moralische) nicht voneinander trennen kann, besteht für die Versicherungsnehmer kein Risiko, den Versicherungsanspruch zu verlieren. Die Existenz der Versicherung kann daher einen Anreiz zu unvorsichtigem Handeln auslösen, was zu entsprechend höheren Versicherungsprämien führt, wodurch wiederum der Anreiz zur Inanspruchnahme erhöht wird.

Das Problem des moral hazard lässt sich verallgemeinern für Situationen, in denen mangels Informationen und Kontrollmöglichkeiten Risiken auf Andere abgewälzt werden. So ermuntert eine Krankenpflichtversicherung schon durch ihre Existenz zur Inanspruchnahme. Hierbei wird die Mentalität des „Wiedereinholens" von Beitragsleistungen umso stärker ausgeprägt sein, je höher die Beiträge sind.

Auch für die Kreditvergabe von Banken gilt, dass das „moralische Wagnis" um so größer ist, je geringer die Wahrscheinlichkeit der Kontrolle ist, mit der das Fehlverhalten von Kreditnehmern entdeckt wird. Da die Installation eines perfekten Kontrollsystems an prohibitiv hohen Kosten scheitert, entstehen Verhaltensspielräume, die im Sinne des moral hazard kostentreibend genutzt werden. Wegen der begrenzten Überwachungsmöglichkeiten der Kreditverwendung eines Kreditnehmers können bei geldpolitisch bedingten Zinssteigerungen den Banken zusätzliche Kosten durch verstärkten moral hazard erwachsen. Mit steigenden Kreditzinsen nehmen Finanzierungsanträge für waghalsige Projekte zu. Diese Projekte könnten zwar hohe Gewinne abwerfen – die Kreditfinanzierung wäre dann

> kein Problem –, sie bergen aber zugleich hohe Risiken des Scheiterns in sich. Wegen der hohen Kreditausfallrisiken kann es für die Banken deshalb profitabler sein, das Kreditvolumen unter das am Markt mögliche zu begrenzen.

Während „moral hazard" die Kreditverwendung betrifft, spielt sich das Problem der „adverse selection" gewissermaßen im Vorfeld bei der Zusammensetzung der Kreditnehmer ab. Kreditnachfrager mit leichtfertigen Projekten werden versuchen, Kredite „um jeden Preis" zu bekommen, wohl wissend und kalkulierend, dass sie im Extremfall den Kredit nicht zurückzahlen können. Auf der anderen Seite werden Kreditnehmer mit „soliden" Projekten nicht bereit sein, den höheren Zins, der der durchschnittlichen Kreditqualität entspricht, zu zahlen und deshalb als Nachfrager ausscheiden. Es käme also eine negative Auswahl in zweierlei Hinsicht zustande: Der Anteil der „schlechten" Risiken nähme zu, der der „guten" Risiken ginge zurück. Um diese unerwünschten Konsequenzen zu vermeiden, können die Banken auf die am Markt möglichen Zinserhöhungen verzichten und stattdessen eine Krediteinschränkung vornehmen. Es sind also letztlich – von der Geldpolitik unabhängige – Marktunvollkommenheiten (hier eine asymmetrische Informationsverteilung zwischen Banken und Kreditnehmern), die dazu führen, dass die Höhe der Zinsen nicht das einzige Selektionskriterium bildet.

> **Box IV.1.6: Adverse Selektion**
>
> *Adverse Selektion* (Negativauslese) tritt bei asymmetrisch verteilter Information auf. Das generelle Problem lässt sich am anschaulichsten für den Versicherungsmarkt darstellen. Oft kennen die Versicherungsnehmer die möglichen Risiken besser als die Versicherer. Wenn eine Versicherung (z.B. eine Krankenversicherung) eine allgemeine Vollversicherung mit versicherungsmathematisch korrekt kalkulierten Prämien anbietet, wird sie ein schlechtes Geschäft machen. Sie kann diese Prämien wegen der asymmetrischen Informationsverteilung nämlich nur auf Durchschnittskostenbasis bzw. bei durchschnittlichem Risiko berechnen. Diese Versicherung wird folglich überproportional von Personen mit hohem Risiko erworben, während die „guten" Risiken nur unterproportional als Nachfrager auftreten. Da die Versicherung bei Vertragsabschluss die unterschiedlichen Risiken nur unzureichend abschätzen kann, wird sie in ihrem Versicherungsbestand überproportional häufig „schlechte" Risiken haben. Erhöht sie deshalb die Prämien, scheiden noch mehr „gute" Risiken als Nachfrager aus. Die unzureichende Kenntnis von Risiken und ihrer Verteilung führt zu einer negativen Auslese mit der Folge, dass es Personen gibt, die sich auf dem Versicherungsmarkt versichern möchten, es aber – zu marktgerechten Preisen – nicht können (suboptimale Allokation).

> Solche Fehlallokationen aufgrund von Informationsmängeln gibt es auch auf anderen Märkten. Bei steigenden Zinsen ziehen sich „gute Risiken" als Kreditnachfrager zurück. Die negative Selektion kann noch dadurch verschärft werden, dass der Zinsanstieg den kostentreibenden „moral hazard" (siehe Box IV.1.4) verstärkt. Durch den höheren Anteil „schlechter Risiken" kann der bei größerem Kreditvolumen höhere Ertrag durch die Kreditausfallkosten überkompensiert werden.

Entscheidend für das restriktive Kreditangebotsverhalten der Banken im Sinne des Bankenkanals sind Informationsasymmetrien. Diese Asymmetrien wachsen mit der Höhe der Informationskosten für die Evaluierung der Investitionsprojekte und Überwachung des Verhaltens der Kreditnehmer. Informationskostenintensive Firmen werden am ehesten von der Kreditvergabe ausgeschlossen. Informationskostenintensiv sind vor allem (kleine und mittlere) Firmen, die nur über geringe Eigenmittel verfügen und/oder sich noch nicht erfolgreich am Markt etabliert haben und für die kein externes Rating vorliegt. Vergleichsweise wenig informationskostenintensiv sind (große) Firmen mit solider Eigenkapitalbasis und anhaltenden Markterfolgen.

1.3.2 Bilanzkanal (Balance Sheet Channel)

Der *Balance Sheet Channel* hebt die Beeinflussung des Unternehmenswertes und anderer Kreditsicherheiten durch die Zinserhöhungen der Notenbanken hervor. Wenn eine restriktive Geldpolitik zu steigenden Zinsen und in deren Gefolge zu sinkenden Kursen von Rentenpapieren und Aktien sowie infolge erhöhter Zinszahlungen zu einem sinkenden *Cash flow* führt, vermindert sich die Basis für die Besicherung von Krediten bei – wegen des gesunkenen Cash flow – zugleich erhöhtem Kreditbedarf. Die „normalen" Zinswirkungen (siehe 1.2) werden also durch ihren Einfluss auf die Kreditsicherheiten verstärkt. Im Falle einer scharfen Restriktionspolitik, die sogar ein sinkendes Preisniveau zur Folge hätte, käme es zu einem Anstieg der realen Schuldenlast und einem Sinken von Sachvermögenswerten zugleich. Da die Banken sich mit dem gesunkenen realen Reinvermögen einem geringeren Wert ihrer Sicherheiten und außerdem zu deren Ermittlung zunehmenden Informations- und Kontrollkosten gegenübersehen, werden sie eine Fremdfinanzierungsprämie in Form eines Zuschlags bei den Zinsen verlangen oder die Kreditvergabe rationieren. Auch vom Bilanzkanal dürften kleine und mittlere Firmen sowie private Haushalte vorzugsweise betroffen sein. Da ihre Finanzausstattung ohnedies häufig ungünstiger ist als die von Großunternehmen, würden die Verschlechterungen der Bonität diese in der Form höherer Kreditzinsen oder Kreditrationierung besonders treffen.

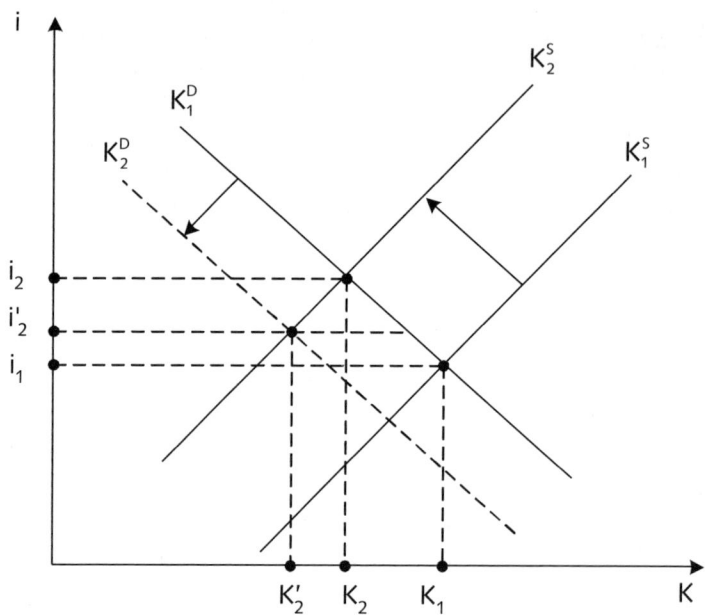

Abbildung IV.1.10: Kreditrationierung und Kreditnachfrage

Die restriktive Geldpolitik würde zu einer Verringerung des Kreditangebots $(K_1^S \to K_2^S)$ und des Kreditvolumens $(K_1 \to K_2)$ bei i_2 führen. Mit der Fixierung des niedrigeren Zinssatzes i'_2 durch die Banken wird eine Kreditrationierung bewirkt, die dazu führt, dass Konsumgüterkäufe teilweise unterbleiben und eigentlich rentable Investitionen nicht durchgeführt werden. Mithin würde sich die Kreditnachfrage (gezwungenermaßen) an das niedrigere Kreditangebot anpassen $(K_1^D \to K_2^D)$, so dass der ursprünglich durch Rationierung bedingte Nachfrageüberhang bei i'_2 verschwindet und ein Rationierungsgleichgewicht entsteht (K_2^D, K_2^S, i'_2).

Im IS/LM-Modell wäre die restriktive Geldpolitik $(LM_0 \to LM_1)$ durch Existenz des Kreditkanals schließlich von einer Verlagerung der IS-Kurve $(IS_0 \to IS_1)$ begleitet, da die Güternachfrage von der Kreditverfügbarkeit abhängt (Abbildung IV.1.11).[21] Die Zinswirkungen fallen schwächer (i_2 im Vergleich zu i_1), die Einkommenswirkungen stärker (Y_2 im Vergleich zu Y_1) aus.

---

[21] Abbildung IV.1.11 gilt gleichermaßen für Bilanz- und Bankenkanal.

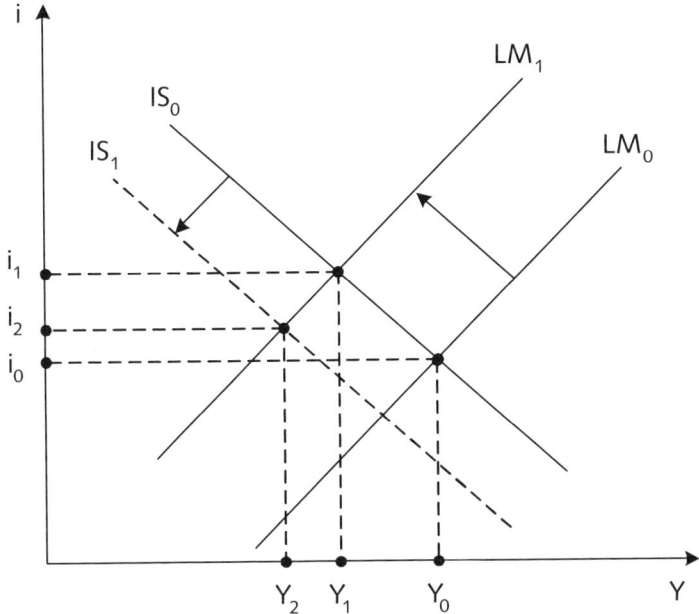

Abbildung IV.1.11: Geldpolitik und Kreditkanal

1.3.3 Reichweite des Kreditkanals

Insgesamt sind die empirischen Befunde zum Kreditkanal uneinheitlich.[22] Eine Liquiditätsbeschränkung des gesamtwirtschaftlichen Konsums im Sinne des Kreditkanals findet de Bondt (2000, 127) für Deutschland, Italien und die Niederlande bestätigt. Für Frankreich, Großbritannien und Belgien hingegen gibt es nach dieser Untersuchung keine diesbezüglichen Anhaltspunkte. Nach Bankenkanal und Bilanzkanal differenzierende Untersuchungen (de Bondt, 2000, 66, 77f.) kommen zu dem Resultat, dass beide in Deutschland eine wichtige Rolle im monetären Transmissionsprozess, in Großbritannien hingegen keine Rolle zu spielen scheinen. Auf der Basis sehr umfangreicher Datensätze finden hingegen Chatelain et al. (2003a, 151, 161) für die vier größten Länder des Euroraums (Deutschland, Frankreich, Italien, Spanien) lediglich im Falle Italiens eine größere Bedeutung des cash flow für das Investitionsverhalten kleiner Unternehmen, was im Sinne des Bilanzkanals interpretiert werden kann. Für die übrigen Länder stellen sie keine signifikanten Transmissionsunterschiede in Bezug auf kleine und große Unternehmen fest.

---

[22] Während auf disaggregierten Daten basierende Untersuchungen in der Lage sind, Marktunvollkommenheiten als Ursachen des Kreditkanals zu verdeutlichen, ist dies bei aggregierten Daten – und damit auch der Nachweis der Existenz des Kreditkanals – weitaus schwieriger. Siehe hierzu Kakes (2000, 27–30).

Besondere Probleme für das Eurosystem könnten sich daraus ergeben, dass die Bedeutung des Kreditkanals von institutionellen Faktoren abhängt, die in den Mitgliedsländern der EU unterschiedlich sind.[23] Die mehr oder weniger enge Verbindung zwischen Bank und Bankkunde könnte ein derartiger Faktor sein. Dessen Ausprägung ist von maßgeblicher Bedeutung für das Ausmaß von „moral hazard" und „adverser Selektion". So wird - im Unterschied z.B. zu de Bondt (2000) - von Stöß (1996, 15-17, 51-53) ein besonderes Bonitäts- und Kreditproblem kleiner und mittlerer Unternehmen für Deutschland in Frage gestellt. Wegen des hier vorherrschenden *Hausbankprinzips* und aufgrund langjähriger Verbindungen bestehen für die Geschäftsbanken keine gravierenden Informationsprobleme. Zudem sind in Deutschland im internationalen Vergleich die Besicherungsmöglichkeiten von Banken sehr hoch, die Risiken bei der Kreditvergabe also vergleichsweise gering.[24] Langjährige Geschäftsverbindungen und hohe Beleihungsmöglichkeiten gelten allerdings im Allgemeinen nicht für Existenzgründer, was die in der Öffentlichkeit häufig beklagte „Zurückhaltung" der Geschäftsbanken bei der Kreditvergabe an diese Firmen zu erklären vermag. Ein indirekter Beleg für diesen Zusammenhang kann auch in den vielfältigen staatlichen Förderprogrammen für Existenzgründer gesehen werden.

Eine auch in Bezug auf die europäische Ebene wichtige institutionelle Relativierung des Hausbankprinzips hebt auf verschiedene Bankengruppen (in Deutschland) ab. Theoretische und empirische Anhaltspunkte sprechen dafür, dass das Hausbankprinzip und das damit einhergehende, restriktive geldpolitische Maßnahmen abpuffernde Kreditvergabeverhalten nicht für Großbanken, sondern (nur) für Sparkassen und Kreditgenossenschaften gilt (Küppers, 2000). Diese regional dezentralisierten kleinen Banken haben einerseits relativ zuverlässige Informationen über ihre meist aus kleineren und mittleren Unternehmen sowie unselbständigen Privatpersonen bestehenden Kreditnehmer.[25] Andererseits bestehen traditionell feste Bindungen zu vor allem risikoaversen Haushalten mit kleinen und mittleren Einkommen. Sie bilden als „stabile" Einleger eine wichtige Refinanzierungsstütze dieser Banken, so dass das Durchschlagen restriktiver Geldpolitik in diesem und durch dieses Bankensegment abgeschwächt wird. Schließlich ist auch noch das Risikoabfederungspotenzial durch die gemein-

---

[23] Neyer (2007) hat jüngst alternativ zu institutionellen Deutungsmustern darauf hingewiesen, dass die Wirksamkeit des Kreditkanals (auch) davon abhängt, welche Gruppe von Kreditnachfragern besonders betroffen ist. A priori sei nicht sicher, ob eher die Gruppe mit riskanten oder die mit sicheren Investitionsprojekten stärker durch die Zinsfestsetzung der Banken beeinträchtigt wird. Da dies offen ist, seien die widersprüchlichen Ergebnisse zur Bedeutung des Kreditkanals nicht erstaunlich.

[24] Es ist naheliegend, dass diese Punkte nicht unabhängig voneinander sind. Der Anreiz zu engen Beziehungen zwischen Banken und Kreditnehmern wird durch „gute" Besicherungsmöglichkeiten nicht unerheblich verstärkt.

[25] Dieser Informationsvorsprung kann zugleich als theoretische Erklärung für die flächendeckende Verbreitung dieser Bankengruppen angesehen werden (siehe hierzu etwa Vollmer, 2000).

samen Dachorganisationen von Sparkassen sowie Volks- und Raiffeisenbanken zu berücksichtigen (Ehrmann/Worms, 2004). Unterschiedliche bankenstrukturelle Bedingungen in Deutschland scheinen mithin dafür verantwortlich zu sein, dass die Ergebnisse US-amerikanischer Transmissions-Studien, die bei restriktiver Geldpolitik eine substanziell stärkere Verknappung des Kreditangebots kleinerer Banken und eine geringere Kreditvergabe an kleine Unternehmen aufzeigen, mit den Ergebnissen für Deutschland kontrastieren (Küppers, 2000, 199).

Die teilweise widersprüchlichen empirischen Befunde zur Reichweite des Kreditkanals sind auch darauf zurückzuführen, dass die Konzentration auf das Merkmal „Unternehmensgröße" eine zu starke Vereinfachung ist. Diese – bereits von Chatelain et al. (2003a, 151) für den Euroraum geäußerte – Vermutung wird durch Untersuchungen von v. Kalckreuth (2003) für Deutschland nachhaltig unterstrichen. Danach begründet nicht (geringe) Größe, sondern (geringe) Kreditwürdigkeit eine Kreditrestriktion im Sinne des Kreditkanals. „Klein" sei aber etwas völlig anderes als geringe Kreditwürdigkeit. Im Lichte dieser Befunde erscheinen auch verbreitete Befürchtungen überzogen, wonach die nach „Basel II" vorgesehene risikoabhängige Unterlegung von Krediten mit Eigenkapital mittelstandsfeindlich sei. Hierbei wird angenommen, dass Kredite an den Mittelstand mit höheren Risiken verbunden seien und diese wegen der Eigenkapitalunterlegung höheren Kosten von den Banken in den Kreditkonditionen weitergegeben werden. Bei restriktiver Geldpolitik würde diese Unternehmensgrößenklasse, die in nicht wenigen EWU-Mitgliedsländern von dominierender Bedeutung ist, mit besonderer Kreditverteuerung bzw. Kreditrestriktion zu rechnen haben. Wenn aber „Klein" nicht systematisch mit geringer Kreditwürdigkeit einhergeht, kann das nun erforderliche unternehmensspezifische Rating für kleinere und mittlere Unternehmen sogar vorteilhaft sein.[26] An der möglichen konjunkturverschärfenden Wirkung von „Basel II" (siehe Box IV.1.7) ändert dies freilich nichts.

Box IV.1.7: Bankaufsichtliche Eigenkapitalanforderungen und Geldpolitik[27]
– Einfluss von Basel II auf die Europäische Geldpolitik –

1. Nach den Eigenkapitalvorschriften von Basel I hatten **alle** Kreditinstitute **alle** nicht besonders besicherten sog. „normalen" Kredite an Unternehmen und Privatpersonen pauschal, d.h. undifferenziert, mit 8 % haftendem Eigenkapital zu unterlegen.[28] Durch den pauschalen und starren Anrechnungssatz war die in der Regel voneinander abweichende Bonität einzelner Kreditnehmer nicht berücksichtigt worden.

2. Mit der Umsetzung von Basel II erfolgte eine Neuregelung der angemessenen Mindesteigenkapitalausstattung bei Kreditinstituten und Wertpapierhäusern. Da-

---

[26] Zudem wurden bei der Eigenkapitalunterlegung eine spezifische Mittelstandskomponente eingeführt und typische Mittelstandskredite in eine bevorzugte Risikoklasse eingestuft.
[27] Europäische Zentralbank (2001g, 65ff.).
[28] D.h. ein Kredit über 100 € bindet bei einem Kreditinstitut 8 € haftendes Eigenkapital.

mit ist seit Anfang 2007 die bankaufsichtliche Anwendung differenzierter Kreditrisikoerfassungs- und Kreditrisikomanagementverfahren ermöglicht worden.[29] Mit diesen Neuregelungen erfolgt vor allem eine genauere Erfassung des Kreditrisikos. Zur Beurteilung des Kreditrisikos hat der Basel II insbesondere folgende gleichberechtigte Verfahren zur Quantifizierung der Kreditrisiken vorgesehen:

- externe Bonitätsurteile (von Ratingagenturen)
- interne Ratingsysteme
  - Basismethode für interne Ratingverfahren, sog. foundation approach
  - Fortgeschrittene Methode für interne Ratingverfahren, sog. advanced approach

Der Baseler Akkord weist in die richtige Richtung, wenn er unternehmensspezifische Ratings fordert, auf deren Grundlage das Kreditinstitut das jeweilige Ausfallrisiko ermitteln und maßgeschneiderte Konditionen bieten kann. Die Höhe der als Kostengröße zu berücksichtigenden Eigenkapitalunterlegung wird sich – insbesondere bei Anwendung interner Ratingverfahren – stärker an der tatsächlichen Bonität des Kreditnehmers orientieren. Kredite an gut geratete Schuldner sind mit geringeren Sätzen als Risikoaktiva in den bankaufsichtlichen Eigenkapitalvorschriften anzurechnen und entsprechend mit weniger Eigenkapital zu unterlegen als Kredite an Schuldner mit schlechter Bonitätseinstufung.

3. Bei vorgegebenem haftendem Eigenkapital und vorgegebenem Risikomessverfahren der Kreditinstitute hat die Bonität ihrer Kreditnehmer erheblichen Einfluss auf die Höhe des maximal möglichen Kreditgewährungsrahmens.

Beispielsweise sind nach dem sog. Standardansatz Kredite an extern geratete Unternehmen – abhängig vom externen Krediturteil – folgendermaßen durch haftendes Eigenkapital der Kreditinstitute zu unterlegen:

Externes Rating (z. B. S&P)	Risikogewichtung in %	Eigenkapitalunterlegung
AAA bis AA–	20	1,6 % des Kreditvolumens
A+ bis A–	50	4,0 % des Kreditvolumens
BBB+ bis BB–	100	8,0 % des Kreditvolumens
B+ bis CCC	150	12,0 % des Kreditvolumens

Bei Verwendung interner Ratingverfahren ist die Anzahl der Risikoklassen noch größer, und die Risikogewichte schwanken wesentlich stärker. Abhängig von der anzuwendenden Risikogewichtungsfunktion kann das Risikogewicht bei schlechter Bonität deutlich über 150 % ansteigen.[30]

---

[29] Daneben ist nunmehr auch die Erfassung und getrennte Eigenkapitalunterlegung von sog. „operationalen" Risiken (z.B. technische Abwicklungsrisiken, vertragliche Risiken usw.) notwendig.
[30] Vgl. Bisani (2004, 105ff.).

⇒ Bei einem für Kreditgewährungen zur Verfügung stehenden haftenden Eigenkapital von z.B. 8 Mio. Euro könnte ein Kreditinstitut bei Anwendung des Standardansatzes maximal 500 Mio. Euro nicht besonders besicherte Kredite an extern geratete Kreditnehmer mit der besten Risikogewichtung (20%) ausreichen. Falls die Bonität seiner Kreditnehmer lediglich in der dritten Bonitätsklasse (BBB+ bis BB-) läge, würde sich der Kreditgewährungsspielraum auf nur noch 100 Mio. Euro verringern. Die Höhe der Eigenkapitalunterlegung wird bei Krediten mit längerer Laufzeit zum Zeitpunkt der Kreditgewährung **nicht** für die gesamte Laufzeit festgelegt. Verändert sich die Bonitätseinstufung eines Schuldners im Zeitablauf, z.B. aufgrund eines turnusgemäß durchgeführten Ratings, so verändert sich durch Basel II die Höhe der Eigenkapitalunterlegung.

An diesem Beispiel wird deutlich: Die **neue Eigenkapitalvereinbarung** des Baseler Ausschusses ist auch für die Geldpolitik relevant. Beispielsweise könnten die nunmehr differenzierten Mindesteigenkapitalanforderungen der Kreditinstitute die konjunkturellen Schwankungen in einem Wirtschaftsraum verstärken. Sie sind somit für die Stabilität des Finanzsektors und der Gesamtwirtschaft von großer Bedeutung. Dies zeigt folgendes Szenario:

In Zeiten einer deutlichen Konjunkturabschwächung verschlechtert sich die Bonität eines größeren Teils der Kreditnehmer und ihre Fähigkeit, aus eigener Kraft Eigen- und Fremdkapital zu bilden, geht zurück. Dies hat wiederum zur Folge:

(1) Die ansteigenden Kreditausfallrisiken beeinträchtigen die Ertragslage der Finanzintermediäre und bremsen somit deren Eigenkapitalbildung durch Gewinnthesaurierung. Schlechtes konjunkturelles Umfeld und Rückgang der Erträge erschweren zudem auch die externe Eigenkapitalbeschaffung (z.B. Aktienemission über die Börse) bzw. den Eigenkapital entlastenden Verkauf von Kreditforderungen am Kapitalmarkt.

(2) Gleichzeitig müssen die Kreditinstitute – aufgrund des schlechteren konjunkturellen Umfeldes[31] – einen größeren Teil ihrer Schuldner bonitätsmäßig schlechter einstufen. Außerdem sinkt in konjunkturell ungünstigen Zeiten der Beleihungswert der von Kreditnehmern bereitstellbaren Kreditsicherheiten. Schlechtere Bonitätseinstufung und höhere Blankoanteile verlangen wiederum, dass diese Kredite – wie obige Übersicht zeigt – mit mehr haftendem Eigenkapital zu unterlegen sind.

Der maximal mögliche **Kreditgewährungsspielraum der Kreditinstitute geht** dadurch **in der Rezession zurück** und könnte bei Kreditinstituten mit knapper Eigenkapitalausstattung im Extremfall zu Kreditkündigungen führen, was wiederum den Konjunkturabschwung verschärfen könnte. Die gleiche prozyklische Wirkung könnte von vorbeugenden geschäftspolitischen Maßnahmen

---

[31] Z.B. ungünstige Unternehmensentwicklung (Umsatzrückgang, Ertragseinbruch…) etc.

der Kreditinstitute ausgehen, die in der Rezession zu einer deutlichen Zurückhaltung bei der Neukreditgewährung führen.

4. Durch die Baseler Eigenkapitalvereinbarung könnten außerdem **langfristig orientierte Kreditbeziehungen benachteiligt** werden. Basel II hat den Gedanken, dass mit zunehmender Kreditlaufzeit auch das Kreditrisiko steigt, aufgegriffen. Auch wenn Laufzeitzuschläge nur für „große" Unternehmen zu berücksichtigen sind, hat die Diskussion die Banken sensibilisiert. Die Folge dürfte eine Zurückhaltung bei Langfristkrediten sein. Allerdings ist nicht zuletzt aus der Asienkrise von 1998/1999 bekannt, dass kurzfristige Kreditbeziehungen die Verletzlichkeit eines Landes in finanziellen Krisensituationen erhöhen, während eine Kultur langfristiger Kreditbeziehungen zwischen Unternehmen und ihren Hausbanken eher stabilisierend wirkt.

5. Auch wenn es bislang keine konkreten Anzeichen für eine allgemeine Kreditverknappung durch Basel II gab, ist die – auch geldpolitisch bedeutsame Gefahr – einer prozyklischen Wirkung der Baseler Eigenkapitalvorschriften nicht zu leugnen.

Box erstellt von H. P. Bisani, Hochschule Deggendorf.

Auch wenn von einer zuverlässigen empirischen Fundierung des Kreditkanals und seiner Unterausprägungen nicht gesprochen werden kann, so bleibt doch der Grundgedanke wichtig, dass institutionell bedingte Informationsasymmetrien den Transmissionsprozess geldpolitischer Impulse beeinflussen. Soweit in den EWU-Ländern abweichende institutionelle Bedingungen im finanziellen Sektor vorliegen und deshalb dem Kreditkanal unterschiedliches Gewicht zukommt, werden divergierende selektive Wirkungen der Geldpolitik auftreten. Die Geldpolitik des Eurosystems zeitigt dann **regionalstrukturelle** Wirkungen – mit entsprechenden politischen Rückwirkungen auf das Eurosystem oder die nationalen Regierungen.

1.4 Kostenkanal

Als weitere Möglichkeit der Transmission geldpolitischer Impulse wird in jüngerer Zeit der sogenannte *Kostenkanal* diskutiert. Bei einer restriktiven Geldpolitik wird üblicherweise davon ausgegangen, dass die Erhöhung der kurzfristigen Zinsen schließlich zu einer Verringerung der Nachfrage im realen Sektor führt, wodurch die Preis- und Produktionsentwicklung gedämpft wird. Gegenüber dieser dominierenden Sicht postuliert der Kostenkanal, dass die geldpolitisch bedingte Zinserhöhung die Kapitalkosten verteuert und darüber zu Preissteigerungen führt. Es könnte sogar sein, dass der preisdämpfende Nachfrageeffekt durch den angebotsseitigen Kosten-Preis-Effekt überkompensiert wird. Eine restriktive Geldpolitik hätte bei Existenz des Kostenkanals eine dämpfende Wirkung auf die

Produktion, würde aber zugleich Preissteigerungen in Gang setzen. Die Schwierigkeiten einer makroökonomischen Stabilisierung sind offenkundig.

Bislang besteht jedoch weder Einigkeit über die Relevanz des Kostenkanals für die Transmission monetärer Impulse noch über die Bedingungen für die Existenz. Chowdhury et al. (2006) finden für den Zeitraum von 1980-1997 einen signifikanten Zusammenhang zwischen den Veränderungen kurzfristiger Zinsen und kurzfristiger Veränderungen der Inflationsraten in Großbritannien, Frankreich, Italien, Kanada und den USA, nicht jedoch in Deutschland und Japan. Während nach Tillmann (2006) der Kostenkanal in Großbritannien, in den USA sowie im Euroraum und nach Gaiotti und Secchi (2006) in Italien insgesamt signifikant zur Inflationserklärung beiträgt, stellen Kaufmann und Scharler (2006) fest, dass der Kostenkanal im Gegensatz zu geldpolitisch ausgelösten Nachfragewirkungen nur eine sehr begrenzte Rolle für die Produktions- und Preisentwicklung spielt.

1.5 Die Bedeutung von Erwartungen

Wie bereits im Zusammenhang mit der Reaktion der Kapitalmarktzinsen auf geldpolitische Maßnahmen erwähnt, ist der Einfluss der Geldpolitik auf die Erwartungsbildung der Wirtschaftssubjekte und der Einfluss der *Erwartungen* wiederum auf die Wirksamkeit geldpolitischer Maßnahmen von erheblicher Bedeutung:

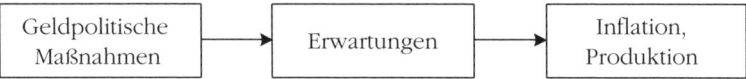

Wirtschaftspolitische Erfahrungen mit (geänderten) Reaktionsweisen der Wirtschaftssubjekte auf monetäre Impulse haben zu neuen Einsichten über die geldpolitische Steuerung geführt. So glaubte man geraume Zeit, mittels expansiver, inflationär wirkender Geldpolitik die Beschäftigung erhöhen und die Konjunktur anregen zu können, was in der (modifizierten bzw. um Erwartungen erweiterten) *Phillips-Kurve* (siehe Box IV.8) zum Ausdruck kommt. Diese Strategie gelang jedoch nicht, weil die implizite Annahme falsch war, die inflationsbedingte Reallohnsenkung werde akzeptiert oder nicht bemerkt (*Geldillusion*). Sobald die Reallohnsenkung erkannt wird, wird sie mittels gestiegener Inflationserwartungen in Lohnverhandlungen rückgängig gemacht, so dass der zeitweilige lohnkostenbedingte Beschäftigungsgewinn wieder verloren geht.

Box IV.1.8: Die Phillips-Kurve

In der ursprünglichen, auf Alban W. Phillips (1958) zurückgehenden Version beschreibt die Phillips-Kurve (PK) eine inverse Beziehung zwischen der Nominallohnzuwachsrate ($\hat{w}$) und der Arbeitslosenquote (u). Diese Beziehung lässt sich kausal derart interpretieren, dass bei einer niedrigen Arbeitslosenquote höhere Nominallohnsteigerungen durchgesetzt werden können (oder dass höhere Nominallöhne zu Arbeitslosigkeit führen).

In der modifizierten PK wird der Arbeitslosenquote anstatt der Nominallohnentwicklung die Inflationsrate gegenübergestellt. Dieser Modifikation liegt folgender Sachverhalt zugrunde: In dem Maße, wie Nominallohnerhöhungen den Arbeitsproduktivitätsfortschritt überschreiten, steigen die Lohnstückkosten. Geht man von einer *Aufschlagskalkulation („mark up pricing")* aus, kann das Preisniveau durch die Lohnstückkosten zuzüglich eines Aufschlags für Nicht-Lohnkosten und Gewinn bestimmt werden. Bei konstantem Aufschlagsatz lässt sich dann die Preisentwicklung bzw. die Inflationsrate π als Differenz zwischen den Zuwachsraten von Nominallöhnen $\hat{w}$ und Arbeitsproduktivität ($\hat{\lambda}$) ermitteln.

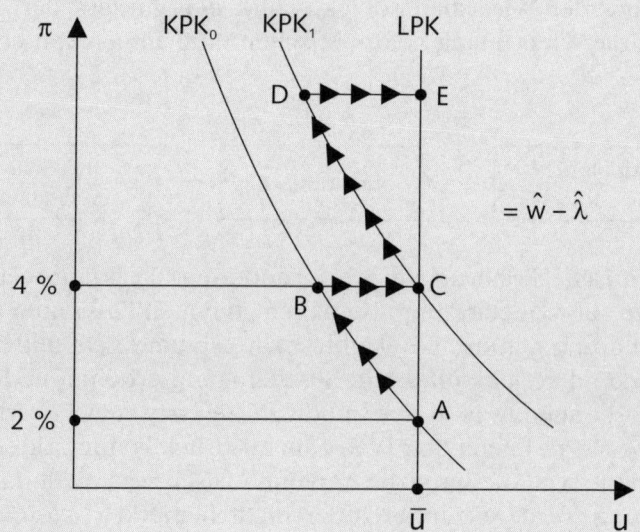

Abbildung IV.1.12: Phillips-Kurve

Die vermeintliche Wahlmöglichkeit („trade off") zwischen mehr oder weniger Arbeitslosigkeit und weniger oder mehr Inflation erwies sich jedoch als trügerisch. Eine inflatorisch wirkende expansive Geldpolitik hat nur kurzfristig positive Beschäftigungseffekte. Auf längere Sicht zeigt sich die Arbeitslosigkeit (u) als inflationsresistent (A → B → C). Die langfristige PK verläuft vertikal.

Erklären lässt sich dieses Phänomen mit unterschiedlichen *Inflationserwartungen*. In der Ausgangssituation mögen die Inflationsrate und die Nominallohnzuwachsrate einheitlich 2% betragen, bei einer Arbeitslosenquote û. Von Produktivitätsänderungen sei zur Vereinfachung abgesehen. Werden nun infolge expansiver Geldpolitik Nominallohnsteigerungen von 3% vereinbart und erhöhen die Unternehmen angesichts der guten Absatzlage den Aufschlagsatz, steigt die Inflationsrate beispielsweise auf 4% und der Reallohn sinkt. Die Nachfrage nach Arbeit steigt. Haben die Arbeitnehmer vergangenheitsorientierte Erwartungen (π^{erw} = 2%), sind aus ihrer Sicht die Reallöhne gestiegen, so dass auch das Arbeitsangebot steigt. Die Arbeitslosigkeit sinkt (A → B). Die kurzfristige Phillips-Kurve (KPK) ist negativ geneigt. Wird im Nachhinein die faktische Reallohnsenkung bemerkt, werden die Arbeitnehmer (mindestens) einen Inflationsausgleich fordern. Es stellt sich wieder das alte Reallohn- und Beschäftigungsniveau ein – bei allerdings höherer Inflationsrate (C). Die langfristige Phillips-Kurve (LPK) ist vertikal. Wie groß die Zeitspanne ist, bis sich die vertikale Phillips-Kurve einstellt, ist umstritten (Abel/Bernanke, 2005, 340).

Wird die beschäftigungsorientierte Geldpolitik aufs Neue betrieben, kann sich der gleiche Prozess wiederholen (KPK_1). Die Arbeitslosigkeit wird wiederum nicht dauerhaft abgebaut. Als längerfristiges Resultat bleibt eine stabile Arbeitslosenquote (*„natürliche Arbeitslosigkeit"*) bei akzelerierender Inflation. Bei häufiger Wiederholung der expansiven Strategie könnten durch Lernprozesse Erwartungsänderungen eintreten *(rationale Erwartungen)*, die die Prozessergebnisse antizipieren. Es gäbe dann auch keinen kurzfristigen Phillips-Kurven-Zusammenhang mehr.

Den zeitweiligen Produktions- und Beschäftigungswirkungen liegen vergangenheitsorientierte (extrapolative oder adaptive) Erwartungen zugrunde – die sich im Nachhinein als falsch herausstellen. Von *extrapolativer Erwartungsbildung* wird gesprochen, wenn die Inflationsentwicklung der jüngsten Vergangenheit (π_{t-1}) die Inflationserwartungen (π_t^{erw}) bestimmt.

$$\pi_t^{erw} = \pi_{t-1} + \alpha(\pi_{t-1} - \pi_{t-2})$$

α gibt die Gewichtung an, mit der die Inflationsdifferenz zu weiter zurück liegenden Perioden (hier vereinfacht durch t-2) in die Inflationserwartung eingeht. Wenn α = 0 (statische Erwartungen) gilt:

$$\pi_t^{erw} = \pi_{t-1}$$

Mit *adaptiver Erwartungsbildung* ist gemeint, dass frühere Erwartungsfehler über den Faktor β (Anpassungsgeschwindigkeit) in die Erwartungsbildung als Korrekturfaktoren eingehen.

$$\pi_t^{erw} = \pi_{t-1} + \beta(\pi_{t-1} - \pi_{t-1}^{erw}), \text{ mit } 0 < \beta < 1$$

In beiden Fällen handelt es sich um eine *vergangenheitsorientierte Erwartungsbildung*, die von der aktuellen Wirtschaftspolitik beziehungsweise Geldpolitik unabhängig ist. Wird die vorstehend skizzierte geldpolitische Strategie jedoch häufig wiederholt, werden die Wirtschaftssubjekte aus diesen Erfahrungen lernen und die inflatorischen Wirkungen der expansiven Geldpolitik zu antizipieren versuchen. Sie gehen also auf eine *zukunftsgerichtete Erwartungsbildung* über. Gelingt ihnen dies, hat die Geldpolitik nicht einmal temporär reale Wirkungen. Auch wenn man diesen Ergebnissen der *Theorie rationaler Erwartungen* angesichts institutioneller Hemmnisse (z.B. längerfristige Verträge, Informationsdefizite und Informationskosten) oder theoretischen Dissens' über Ursache-Wirkungs-Zusammenhänge mit einiger Skepsis begegnen muss, bleibt der Kern zutreffend: **Eine expansive Geldpolitik wird in dem Maß real wirkungslos wie sie Inflationserwartungen erzeugt**.

Geldpolitisch bewirkte *Inflationserwartungen* haben aber nicht nur eine binnenwirtschaftliche Dimension. Insbesondere institutionelle Anleger reagieren rasch mit Kapitalabzügen aus inflationsgefährdeten Ländern. Zinssteigerungen und Abwertungen der heimischen Währung sind die Folge. Um den abwertungsbedingten Einkommens- und Vermögensverlusten bei Auslandsanlagen zu entgehen, kann es leicht zu spekulativen Übersteigerungen kommen, die sich im Nachhinein selbst bestätigen.[32] Umso wichtiger ist, dass eine Zentralbank einen **glaubwürdigen** Stabilitätskurs verfolgt. Wenn die Notenbank auch nicht alle destabilisierenden Einflüsse auf die heimische Währung, insbesondere von Seiten des Auslands, vollends abschirmen kann – keine Währung ist definitiv gegen spekulative Kapitaltransaktionen gefeit –, so muss sie doch stets darauf bedacht sein, das Vertrauen der inländischen wie ausländischen Wirtschaftssubjekte in ihre Geldpolitik zu bewahren. Die mit den geldpolitischen Maßnahmen (Geldmarktsteuerung, Strategiewahl, Instrumentarium etc.) verbundenen Wirkungen auf die Erwartungsbildung der Wirtschaftssubjekte stellen so einen zusätzlichen Transmissionsweg der Geldpolitik dar. Sieht man von institutionellen Beschränkungen wie langfristigen Verträgen ab, hat dieser Wirkungskanal im Gegensatz zu den traditionellen Transmissionskanälen der Geldpolitik kaum eine Zeitverzögerung, da Erwartungsänderungen ziemlich rasch umgesetzt werden.

Hat sich eine Zentralbank über lange Zeit *Reputation* und *Glaubwürdigkeit* erworben, werden sich destabilisierende Finanztransaktionen im Gefolge geldpolitischer Maßnahmen in engen Grenzen halten. Eine Zinssenkung beispielsweise wird dann nicht zu steigenden Inflationserwartungen führen, die ihrerseits eine höhere Inflationsprämie im nominalen Kapitalmarktzins bewirken würden. Ein

---

[32] Eine ausführliche Erörterung spekulativer Verläufe findet sich bei Aschinger (1995, 117–132). Im Zuge solcher spekulativer Entwicklungen kann es zu einer „asset inflation" kommen, d.h. zu starken Preis-(Kurs-)Steigerungen bei Finanzaktiva. Im Falle spekulativer Übersteigerungen sind dann später gravierende Kurseinbrüche und Vermögensverluste zu erwarten, die in eine schwere Rezession einmünden können. Zu den diagnostischen und geldpolitischen Problemen einer „asset inflation" siehe Hesse/Braasch (2000).

solches Glaubwürdigkeitspolster hatte sich die Deutsche Bundesbank wegen ihrer im internationalen Vergleich recht erfolgreichen Stabilitätspolitik über einen langen Zeitraum hinweg erworben. Aktuelle geldpolitische Maßnahmen werden unter solchen Bedingungen von den Wirtschaftssubjekten so lange im Lichte der Erfahrungen der Vergangenheit interpretiert, bis durch eine nicht mehr stabilitätsorientierte Geldpolitik Glaubwürdigkeitsverluste entstehen (sog. *Reputationsgleichgewicht*). Behält die Zentralbank den Stabilitätskurs bei, ist eine vergangenheitsorientierte Erwartungsbildung der Wirtschaftssubjekte durchaus rational. Durch die Erwartungsbildung wird somit die stabilitätsorientierte Geldpolitik unterstützt. Die Stabilitätserwartungen sorgen gewissermaßen für Stabilität.

Schwieriger wird die geldpolitische Steuerung aber bereits in dem Fall, wenn eine Zentralbank zwar in der Vergangenheit durch konsequente Stabilitätspolitik Reputation erworben hat, aber auftretende Schocks (z.B. die Wiedervereinigung in Deutschland, Ölpreiskrisen) für einen Inflationsschub gesorgt haben. Will die Zentralbank ihre Glaubwürdigkeit aufrechterhalten, muss sie (auch) durch ihr Handeln deutlich machen, dass sie die gestiegene Inflationsrate nicht toleriert. Eine restriktive Geldpolitik sorgt dann dafür, dass aufkeimende Inflationserwartungen erstickt werden, allerdings verbunden mit dem Risiko einer rezessiven Entwicklung. Das Risiko einer Stabilisierungskrise ist jedoch umso kleiner, je rascher und entschlossener die Zentralbank handelt und um so mehr die Lohn- und Fiskalpolitik auf einen stabilitätsorientierten Pfad einlenken. Hat die Geldpolitik (zunehmende) Inflationserwartungen einmal zugelassen, muss der später unvermeidliche Restriktionskurs umso schärfer sein.

Am schwierigsten ist die Situation zweifelsohne, wenn durch hohe Inflationsraten in der Vergangenheit entsprechende Inflationserwartungen aufgebaut wurden und nun die Inflation gebremst werden soll. Eine restriktive Geldpolitik bei hoher Inflationserwartung läuft Gefahr, dass das gebremste Geldmengenwachstum durch eine steigende Umlaufgeschwindigkeit konterkariert wird, wodurch eine schärfere Restriktionspolitik erforderlich werden kann. Die Inflationserwartungen können dann auch den Informationswert monetärer Größen, wie etwa den über die Ausgabenrelevanz bestimmter Geldmengenaggregate, derart senken, dass nicht zuletzt im Dienste der Glaubwürdigkeit eine neue Zielvorgabe angezeigt sein kann.[33]

Ohne Berücksichtigung des Kostenkanals und der eingangs aufgezeigten Querverbindungen (Abbildung IV.1.2) sind zur Erleichterung des Überblicks die wesentlichen Transmissionsmechanismen geldpolitischer Impulse im Folgenden nochmals zusammengestellt (Abbildung IV.1.13):

---

[33] Der Übergang zu „Inflationszielen" beispielsweise in Großbritannien sowie – bis zum Beitritt zur EWU – in Spanien und Portugal hat in den hohen Inflationsraten der Vergangenheit eine wesentliche Ursache. Er kann als Versuch verstanden werden, die Oberhand der Geldpolitik über die Inflationserwartungen zu gewinnen und damit wesentliche Wirkungsbeeinträchtigungen der übrigen Transmissionskanäle zu beseitigen.

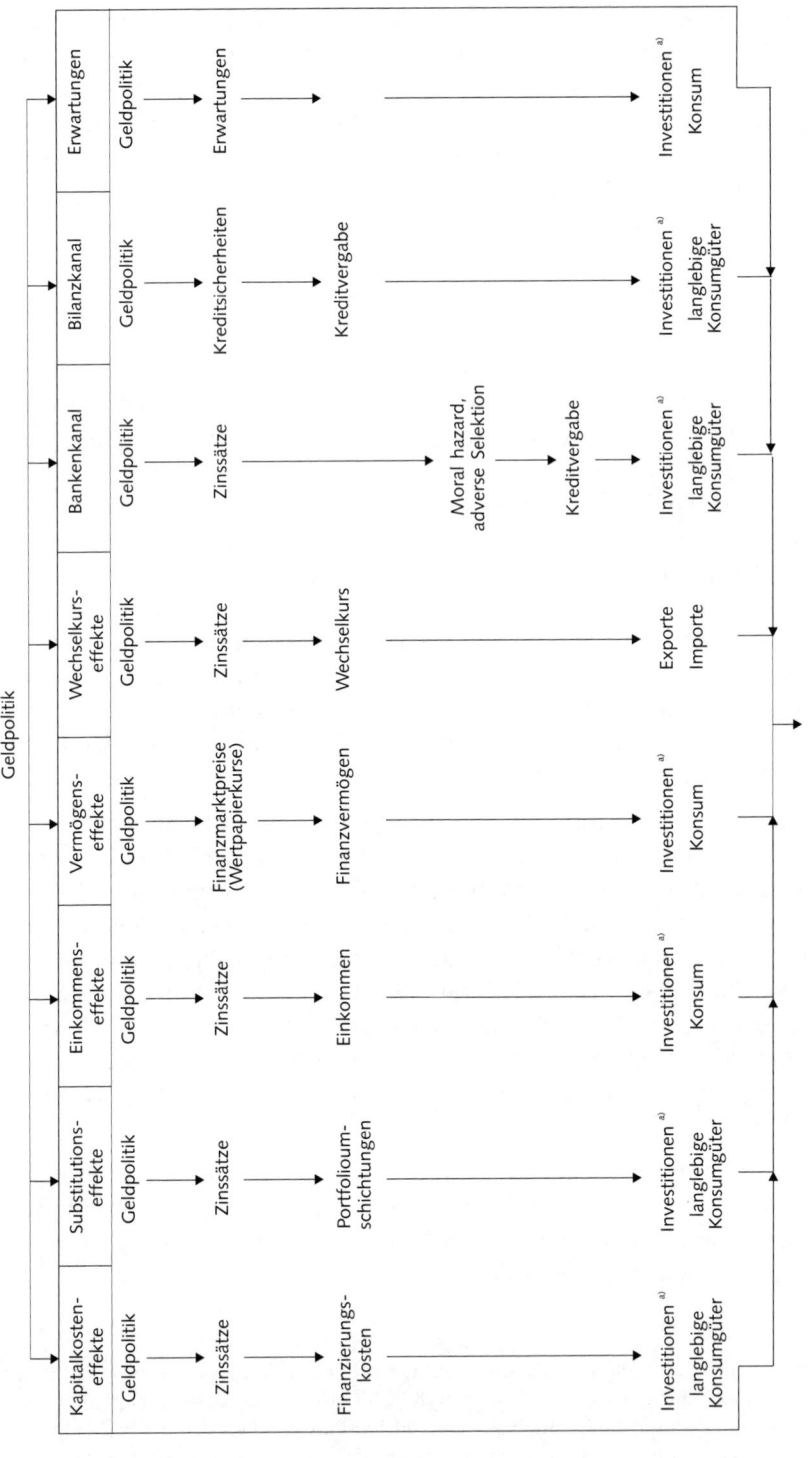

Abbildung IV.1.13: Wirkungskanäle der Geldpolitik
Quelle: In Anlehnung an Mishkin, 2007, 599.
Anmerkung: a) Einschließlich Wohnungsbau.

2 Transmissionsprobleme in der Europäischen Währungsunion

Trotz der vielfältigen Übertragungskanäle monetärer Impulse scheint es zumindest für große Wirtschaftsräume recht ähnliche Reaktionsmuster zu geben. Vergleiche zwischen den USA mit dem Euroraum zeigen trotz wichtiger Unterschiede im Einzelnen bemerkenswerte Ähnlichkeiten in den monetären Wirkungsketten (Zinskanal, Bankenkanal) und den Produktions- und Preiseffekten (siehe Angeloni et al., 2003a, 389). Gleichförmigkeiten auf der hoch aggregierten Ebene schließen jedoch nicht aus, dass die trotz der erheblichen Integrationsfortschritte noch bestehenden Heterogenitäten innerhalb der EWU in den Mitgliedsländern unterschiedliche Wirkungen der einheitlichen Geldpolitik auslösen. Über das Gewicht der nationalen Besonderheiten für Wirkungsrichtung, Stärke und Zeitbedarf der einheitlichen Geldpolitik scheinen angesichts der mittlerweile verfügbaren empirischen Studien immerhin begründete Vermutungen angestellt werden zu können (siehe Box IV.2.1).

Box IV.2.1: Neuere empirische Ergebnisse zur geldpolitischen Transmission im Euroraum

Empirische Arbeiten zur geldpolitischen Transmission sind mit besonderen Problemen behaftet. Zum einen erschwert die Reaktion der Zentralbank auf erwartete oder beobachtete Veränderungen der Zielvariablen die Trennung von Ursache und Wirkung geldpolitischer Maßnahmen. Zum anderen ist die Analyse eines spezifischen Transmissionskanals sehr schwierig, da die für die verschiedenen Transmissionsprozesse zentralen Variablen eng miteinander verflochten sind (Worms, 2004). Verschiedene empirische Arbeiten sind wegen des unterschiedlichen Umgangs mit diesen Schwierigkeiten selten direkt miteinander vergleichbar. Hinzu kommt, dass die auf diesen Schätzungen basierenden Simulationen oft auf unterschiedlichen Prämissen hinsichtlich Dauer und Ausmaß der geldpolitischen Maßnahme beruhen.

Trotz dieser Probleme ist es für eine Zentralbank natürlich wichtig, die Wirkungsweise ihrer Maßnahmen zu kennen. Die Europäische Zentralbank und die nationalen Zentralbanken des Eurosystems haben daher im Rahmen ihres „Monetary Transmission Network" (MTN) eine Reihe von Forschungsarbeiten angefertigt, aus der sich einige „stilisierte Fakten" herausfiltern lassen (die einzelnen Arbeiten finden sich in Angeloni et al., 2003c, für eine kurze Zusammenfassung siehe Ehrmann et al., 2003a).

So untersuchen Peersman/Smets (2003) die Auswirkungen eines unerwarteten Anstiegs des Kurzfristzinses um 100 Basispunkte auf das gesamte Eurogebiet. Nach einer Verzögerung von rund zweieinhalb Jahren ergibt sich hieraus ein signifikanter und dauerhafter Rückgang in den Preisen. Die Zinserhöhung führt zudem zu einem Rückgang des realen BIP, der sich jedoch nach nahezu zwei Jahren wieder abbaut. In einer weiteren Studie finden Peersman/Smets (2002), dass die Auswirkungen geldpolitischer Maßnahmen auf die Wachstumsrate der Industrieproduktion im Euroraum in einer Rezession signifikant größer sind als in einem Boom.

Van Els et al. (2003) verwenden große makroökonomische Modelle der EZB und der nationalen Zentralbanken des Eurosystems, um die Effekte eines Anstiegs des geldpolitischen Zinssatzes um 100 Basispunkte für zwei Jahre zu analysieren. Der sich daraus ergebende Rückgang in der Produktion erreicht ein Maximum in Höhe von 0,4% nach annähernd zwei Jahren, bevor sie wieder auf das Ausgangsniveau zurückkehrt (ähnlich McAdam/Morgan, 2003). Wie bei Peersman/Smets (2003) reagieren die Preise verzögert – nach rund 4 Jahren tritt der Maximaleffekt auf (der ungefähr 0,4% beträgt). Hiernach bleiben die Preise dauerhaft unter dem Ausgangsniveau.

Vergleicht man diese Ergebnisse mit entsprechenden Schätzungen für die USA, dann ist das Gesamtbild alles in allem sehr ähnlich, und zwar sowohl hinsichtlich des zeitlichen Ablaufs als auch bezogen auf die Größenordnungen (Peersman/Smets, 2003). Ein Unterschied besteht aber hinsichtlich der Reaktion der Preise, da diese in den USA bereits nach sechs Quartalen signifikant sinken. Eine Erklärung hierfür könnte sein, dass die Preisflexibilität in den USA höher als im Euroraum ist. Ein weiterer Unterschied besteht darin, dass die Reaktion des Realeinkommens im Eurogebiet im Wesentlichen durch die Investitionen getrieben wird, während in den USA der Konsum eine zentralere Rolle spielt (Angeloni et al., 2003b). Der Grund hierfür dürfte darin bestehen, dass geldpolitisch erzeugte Änderungen in den Vermögenspreisen in den USA einen engeren Bezug zu den Konsumausgaben aufweisen als im Euroraum.

Eine länderweise Analyse der geldpolitischen Transmission für das Eurogebiet ermöglicht einerseits, die oben skizzierten, für den gesamten Euroraum gewonnenen Ergebnisse zu überprüfen, und andererseits zu testen, ob über einzelne Länder hinweg Unterschiede im Transmissionsprozess bestehen. Mojon/Peersman (2003) schätzen ein Modell für jedes Mitgliedsland des Euroraums. Zwar zeigen ihre Punktschätzungen einige Unterschiede zwischen den Ländern auf. Allerdings ist der Unsicherheitsbereich um diese Schätzwerte so groß, dass sich hieraus keine signifikanten Unterschiede über die Länder hinweg ableiten lassen.

Hinsichtlich der verschiedenen Kanäle der geldpolitischen Transmission ist zunächst festzustellen, dass das Eurosystem eine vergleichsweise geschlossene Volkswirtschaft ist. Während somit aus historischer Sicht der Wechselkurskanal für viele Mitgliedsländer des Eurosystems eine gewisse Relevanz besessen haben dürfte, ist seine Bedeutung für das Eurosystem als Ganzes vergleichsweise gering. Aus diesem Grund dürften vor allem „inländische" Übertragungswege wie der Zins- und der Kreditkanal relevant sein. Sie wurden im Rahmen des MTN mit

Einzeldaten von Banken und Unternehmen analysiert (für eine Kurzzusammenfassung der Ergebnisse siehe Chatelain et al., 2003b).

Die Einzel-Unternehmensdaten wurden u. a. dazu verwendet, um in harmonisierten länderweisen Regressionsanalysen den Einfluss verschiedener Größen auf die Investitionsquote (Investitionen dividiert durch Kapitalstock) zu schätzen. Die erste Tabelle fasst die wesentlichen Ergebnisse zusammen.

Langfristkoeffizienten für die Investitionsquote

	Frankreich	Deutschland	Italien	Spanien
Umsatzwachstum	0.12* (0.05)	0.39* (0.08)	0.14* (0.05)	0.02 (0.09)
Änderung der Kapitalnutzungskosten	−0.03 (0.04)	−0.52* (0.15)	−0.20* (0.21)	−0.28 (0.20)
Cash flow	0.20* (0.04)	0.08* (0.03)	0.30* (0.03)	0.15* (0.04)

Quelle: Chatelain et al., 2003b.

Anmerkung: * kennzeichnet Signifikanz auf dem 5%-Niveau. Standardfehler in Klammern. Die Langfristkoeffizienten stellen langfristige Elastizitäten dar.

Die signifikanten langfristigen Elastizitäten der Kapitalnutzungskosten – zu denen auch das Zinsniveau gehört – deuten an, dass der Zinskanal für die geldpolitische Transmission im Eurogebiet eine bedeutende Rolle spielt. Zudem scheint er bei einigen Ländern stärker (z.B. Deutschland) als bei anderen (z.B. Frankreich) zu sein. Dass auch Liquiditätsmaße wie der cash flow einen signifikanten Einfluss ausüben, kann als Hinweis für die Existenz von Finanzmarktunvollkommenheiten interpretiert werden, die die Grundlage für den Kreditkanal bilden.

Anhand der Einzel-Bankdaten wurde abgeschätzt, ob geldpolitische Maßnahmen Kreditangebotseffekte im Sinne des Kreditkanals erzeugen. Der Ansatz basiert auf der Idee, dass Banken mit bestimmten unterschiedlichen Charakteristika auch unterschiedlich mit dem Kreditangebot auf geldpolitische Maßnahmen reagieren. Gemäß Kreditkanal sollte die charakterisierende Variable die Möglichkeiten einer Bank beschreiben, nach einer restriktiven geldpolitischen Maßnahme zusätzliche Mittel zu attrahieren – denn diese determinieren neben anderen Faktoren, wie sehr sie die Effekte der restriktiven geldpolitischen Maßnahme auf ihre Kreditvergabe abfedern kann, d.h. wie sehr sie ihr Kreditangebot anpassen muss. Die entsprechende US-amerikanische Literatur betont hierbei die Bankgröße als entscheidenden Indikator und findet in der Regel auch einen signifikanten Zusammenhang (z.B. Kashyap/Stein, 2000).

Langfristkoeffizienten für das Kreditwachstum

	Frankreich	Deutschland	Italien	Spanien
Änderung des Kurzfristzinses	–1.97** (0.57)	–0.53** (0.20)	–0.83** (0.13)	–1.51** (0.43)
Realeinkommenswachstum	2.98** (0.37)	0.08 (0.14)	1.39** (0.21)	1.70** (0.33)
Inflationsrate	–3.68** (0.51)	1.66** (0.28)	–0.62 (0.39)	–2.07** (0.39)
Interaktion mit Zinsvariable				
Größe	–0.06 (0.22)	–0.04 (0.04)	0.08 (0.05)	–0.21 (0.13)
Liquiditätsgrad	8.11** (1.93)	3.94** (0.88)	2.28** (0.83)	3.99* (1.91)
Eigenkapitalausstattung	2.30 (7.01)	–0.47 (5.34)	3.62 (3.10)	–11.30 (9.11)

Quelle: Chatelain et al., 2003b.

Anmerkung: */** kennzeichnet Signifikanz auf dem 5%/1%-Niveau. Standardfehler in Klammern. Die Langfristkoeffizienten stellen langfristige Elastizitäten dar.

Die zweite Tabelle zeigt zunächst, dass in allen untersuchten Ländern die Kreditvergabe der Banken erwartungsgemäß signifikant negativ vom Kurzfristzins abhängt. Allerdings hängt die Stärke dieser Reaktion nicht von der Größe der Bank ab (siehe insignifikante Koeffizienten der Interaktionsvariablen von Zinssatz und Bankgröße, die erfassen, inwiefern die Reaktion auf die Zinsvariable von der Bankgröße abhängt). Statt dessen spielt über alle betrachteten Länder hinweg der Liquiditätsgrad die entscheidende Rolle: Je größer der Anteil liquider Aktiva (bestehend vor allem aus kurzfristigen Buchforderungen gegenüber Banken, Kassenhaltung, Zentralbankguthaben, Aktien, Schatzwechsel, Schuldverschreibungen u. ä.) an der Aktivsumme einer Bank, um so weniger reduziert sie ihre Kreditvergabe in Reaktion auf einen Zinsanstieg. Dass im Euroraum – im Gegensatz zu den USA – die Bankgröße in diesem Zusammenhang nicht von Bedeutung zu sein scheint, lässt sich mit institutionellen Gegebenheiten erklären. So fördert die historisch vergleichsweise geringe Zahl von Bankinsolvenzen ebenso wie das stärkere staatliche Engagement den Eindruck, dass die Vermögensanlage bei kleinen Banken nicht risikoreicher ist als bei großen. Darüber hinaus sind in einigen Ländern – insbesondere in Deutschland (Ehrmann/Worms, 2004) – die kleinen Banken überwiegend in „Netzwerken" organisiert, zu denen auch große Banken gehören (z.B. in Deutschland die Sparkassen mit den Landesbanken oder die Volks- und Raiffeisenbanken mit einem genossenschaftlichen Dachinstitut). Dies dürfte zur Folge haben, dass ihre Größe nur von untergeordneter Bedeutung für ihren Zugang zu Finanzierungsmitteln ist.

Die empirische Forschung zur geldpolitischen Transmission im Euroraum hat sich in jüngerer Zeit verstärkt auch den Märkten für Vermögensaktiva, d.h. für Immobilien und finanzielle Aktiva (z.B. Aktien) zugewandt. Hintergrund ist dabei zum einen, dass für einige Länder – insbesondere im angloamerikanischen Raum – die empirische Evidenz für das Vermögen als Determinante der Ausgaben stärker geworden ist. Zum anderen waren in einer Reihe von Ländern auffallende Bewegungen von Vermögenspreisen (insbesondere bei Immobilien) zu beobachten, die das Interesse an diesen Zusammenhängen erhöht haben.

Die Frage, inwieweit geldpolitische Maßnahmen über die Vermögensmärkte wirken, lässt sich prinzipiell in zwei Teilfragen aufspalten: (1) Wie wirkt die Geldpolitik auf die verschiedenen Märkte für Vermögensaktiva und (2) welche Wirkungen entfaltet dies auf die Ausgaben von Unternehmen und Haushalten und die Preise? Insbesondere im Hinblick auf die zweite Frage verdeutlicht beispielsweise Altissimo et al. (2005), dass die empirische Literatur über die absolute Stärke der Vermögenseffekte auf die Konsumausgaben ebenso uneinheitliche Ergebnisse liefert, wie über ihre relative Bedeutung im Ländervergleich. Immerhin deuten mehrere Arbeiten darauf hin, dass sich in den USA Schwankungen im Aktienvermögen stärker auf die Konsumausgaben auszuwirken scheinen, als dies im Euroraum der Fall ist.

Wie stark eine geldpolitische Maßnahme über eine Veränderung speziell des Immobilienvermögens auf Ausgaben und Preise wirkt, sollte grundsätzlich von einer Reihe länderspezifischer Faktoren abhängen. Hierzu gehört beispielsweise, wie hoch der Anteil von Mietern, Vermietern und Hausbesitzern (die ihr Haus selbst nutzen) ist, wie hoch die bestehende aggregierte Hypothekenverschuldung ist und wie sie verteilt ist, wie hoch der Fremdkapitalanteil beim Immobilienerwerb sein darf, wie leicht Immobilienpreissteigerungen in höhere Ausgabenspielräume „umgemünzt" werden können und vieles mehr (Hofmann/Worms, 2007). Tatsächlich gibt es im Hinblick auf diese institutionellen Aspekte gravierende Unterschiede zwischen Ländern, auch innerhalb des Euroraums (OECD, 2004). Da für ein einzelnes Land alle diese Faktoren in der Summe nicht immer in die gleiche Richtung deuten, ist allein auf ihrer Basis eine a priori Anordnung von Ländern nach der Bedeutung des Immobilienvermögenskanals schwierig. Aber auch die empirische Evidenz ist hier nicht eindeutig. Während beispielsweise laut Ludwik/Sløk (2004) Hauspreisbewegungen in den Ländern des Euroraums größere Auswirkungen auf die Konsumausgaben haben sollten als in den USA und dem Vereinigten Königreich, deutet die in OECD (2004) wiedergegebene Evidenz genau in die gegenteilige Richtung.

Insgesamt steht also eine abschließende Beurteilung der Bedeutung der geldpolitischen Transmission über Vermögensmärkte im Euroraum noch aus.

Box erstellt von A. Worms, Deutsche Bundesbank, Frankfurt am Main.

Im Vordergrund der Diskussion stehen unterschiedliche *Finanzierungsstrukturen* in den Mitgliedsländern, wie z.B. die Entwicklung der Kreditmärkte, das Vorherrschen kurzer oder langer Zinsbindungsfristen, Zahlungsverkehrsgewohnheiten, Vermögensanlageformen oder die Verschuldung privater Unternehmen und des Staates (siehe etwa Ehrmann et al., 2003). Zu berücksichtigen sind aber auch unterschiedliche Positionen des Geschäftsbankensystems im monetären Geflecht. Als Stichwort sei die sog. *Disintermediation* erwähnt, d.h., Unternehmen und Haushalte klammern bei Finanz- und Anlageentscheidungen Geschäftsbanken als Finanzintermediäre zunehmend aus.[34] Insgesamt ist durch die EWU eine Wettbewerbsintensivierung im finanziellen Sektor eingetreten, die auf nationaler Ebene und vor allem grenzüberschreitend die Verbreitung von Innovationen (z.B. electronic money, neue derivative Finanzprodukte) und attraktiven Konditionen ebenso verstärkt wie den Abbau von Regulierungen. Trotz noch bestehender fiskalischer, rechtlicher und kultureller Unterschiede im Bankensektor des Euroraums wirkt die gemeinsame Währung als Katalysator des strukturellen Wandels in Richtung eines integrierten Finanzmarktes im Euroraum. Organisatorische Veränderungen, neue Produkte und Dienstleistungen, Fusionen, Kooperationsvereinbarungen und strategische Allianzen tragen nach Ansicht der EZB (1999j, 47–60) zur Stabilität des Bankensystems und so zur Verbesserung des geldpolitischen Transmissionsmechanismus bei. Auch auf den Aktienmärkten lässt sich ein Integrationseffekt der EWU feststellen (Fratzscher, 2001). Nicht zuletzt ist als neue Ausgangsbedingung zu berücksichtigen, dass innerhalb des Euro-Währungsgebietes der Wechselkurskanal entfällt. Betroffen von diesen Änderungen sind sowohl die Transmission innerhalb des monetären Sektors als auch die vom monetären in den realen Sektor.

2.1 Unterschiedliche Finanzierungsstrukturen

Schematisch können geldpolitisch bedeutsame Unterschiede in den Finanzierungsstrukturen einmal der Einflussstärke von Finanzunternehmen (Geschäftsbanken vs sonstige Finanzintermediäre) zugeordnet werden. Zum anderen spielt die Stellung der beiden Finanzmarktsegmente (Geldmarkt und Kapitalmarkt) eine wichtige Rolle.

In den Mitgliedsländern der EWU (aber auch in Großbritannien, Dänemark und Schweden als potenzielle Mitglieder)[35] bilden Geldmarktsätze zwar den gemeinsamen geldpolitischen Ansatzpunkt. Für den Transmissionsprozess ist jedoch we-

---

[34] So lässt sich für Deutschland feststellen, dass der Anteil privater Bankeinlagen an der Geldvermögensbildung seit Mitte der 70er Jahre rückläufig ist. Betrug der Anteil 1975 noch 52%, verringerte er sich bis 2006 auf 29% (Deutsche Bundesbank, 1998a, 35 sowie 2007b, 53*; eigene Berechnungen). Auch in der EU wachsen die Bankeinlagen schwächer als die Anlagen bei Nicht-Banken (EZB, 2006c).

[35] Diese Länder werden deshalb in den folgenden Ausführungen „vorsorglich" einbezogen.

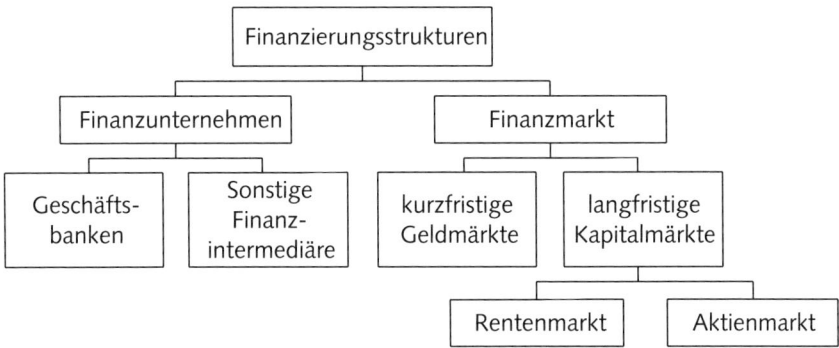

Abbildung IV.2.1: Dimensionen unterschiedlicher Finanzierungsstrukturen
Quelle: In Anlehnung an Gruber, 2000, 50.

sentlich, wie rasch (kurz- und langfristige) Zinsen für Kredite und Anlageformen für Nichtbanken darauf reagieren und welche Ausgabenrelevanz die Zinssätze haben. Frühere empirische Untersuchungen (z.B. de Bondt, 2000) liefern Indizien für eine rasche Reaktion der langfristigen Kapitalmarkt- und Kreditzinsen etwa in den Niederlanden und Großbritannien, während in Deutschland, Frankreich, Italien und Spanien die Reaktion langsamer vor sich ging. Zinsdifferenzen zwischen Geldmarktzinsen und Kapitalmarkt- und Kreditzinsen (relativ gering in Großbritannien, relativ groß in Deutschland, Belgien, Spanien) könnten Niederschlag dieser abweichenden Reaktionsgeschwindigkeiten gewesen sein. Als Gründe für diese Unterschiede kommen durch Marktmacht bedingte Zinsstarrheiten ebenso in Frage wie Kalkulationsverfahren (bestimmte prozentuale Aufschläge auf die Refinanzierungskosten), die Dauerhaftigkeit von Bank-Kunden-Verbindungen und mehr oder weniger stark ausgeprägte Aversionen der Kunden gegenüber variablen Zinszahlungen. Länderindividuelle Besonderheiten ausblendende Untersuchungen für den Euroraum insgesamt (de Bondt, 2005) gelangen zu dem Ergebnis, dass zinspolitische Maßnahmen der EZB rasch und vollständig auf die Zinssätze für Laufzeiten bis drei Monaten durchwirken. Mit zunehmender Laufzeit nimmt dieser Einfluss ab. Das Durchwirken auf die Kreditzinsen der Banken ist kurzfristig unvollständig (50% innerhalb des ersten Monats), hat sich aber seit Existenz der EWU beschleunigt.

Betrachtet man die Entwicklung der Kapitalmarktzinsen in den EWU-Ländern in jüngerer Zeit, so zeigen sich nicht nur sehr einheitliche Tendenzen, sondern auch starke Angleichungen in den Zinsniveaus (Abbildung IV.2.2). Wichtige Ursachen für diese Homogenisierung sind niedrige Inflation(serwartungen), die einheitliche Geldpolitik des Eurosystems, die zu einheitlichen Geldmarktzinsen in der EWU führte, fehlende nationale Wechselkursrisikoprämien und die Wettbewerbsintensivierung im finanziellen Sektor des Euro-Raums zuzuschreiben (Mojon, 2000, 22).

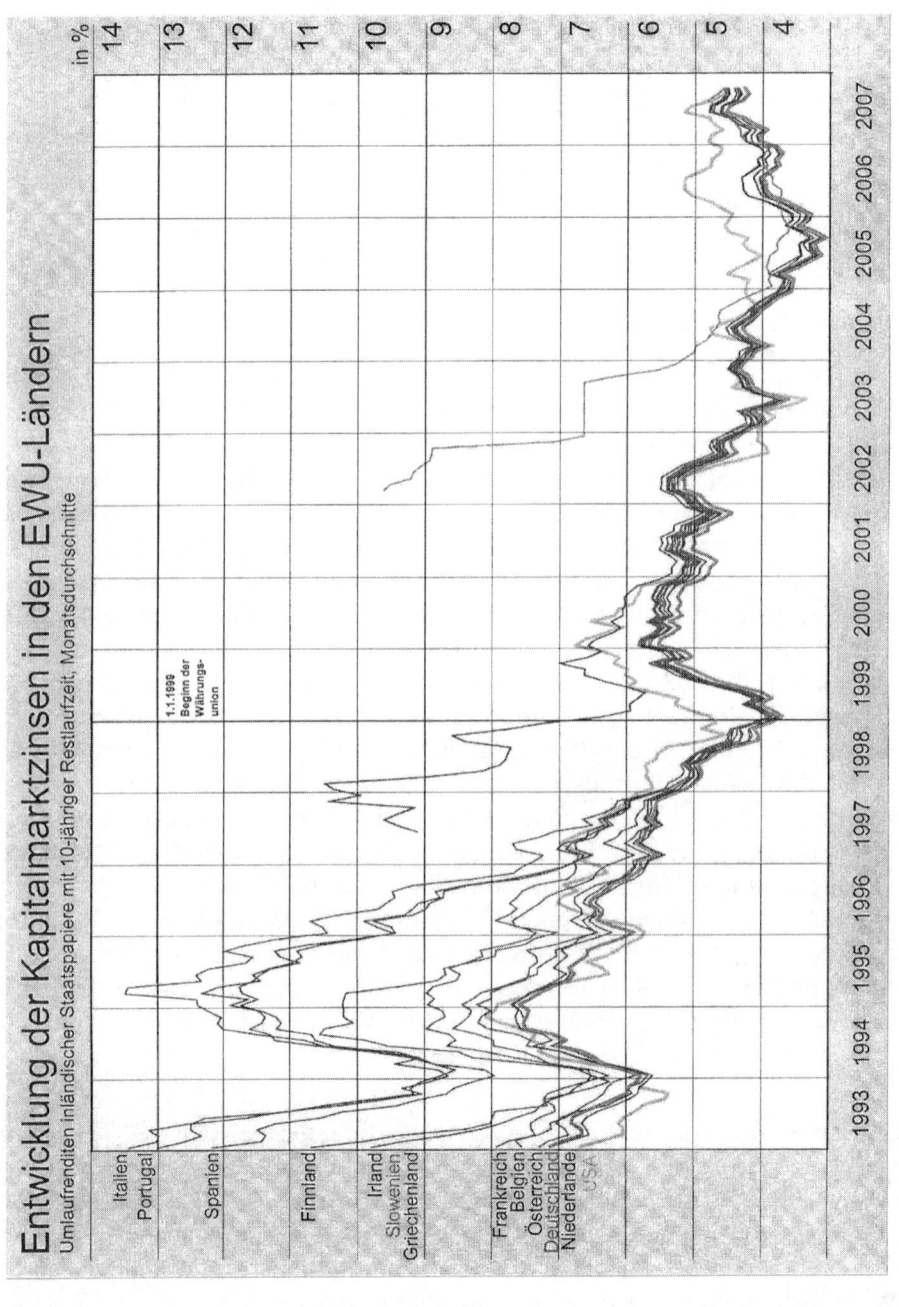

Abbildung IV.2.2: Kapitalmarktzinsen in den EWU-Ländern
Quelle: Deutsche Bundesbank, München.

Die Einflussstärke der Zentralbank ist weiterhin abhängig vom Gewicht längerfristiger gegenüber kurzfristigen Finanzierungs- und Anlageformen. In Deutschland, Frankreich und den Niederlanden herrschen längerfristige Formen vor. Da die Bestände nicht von Zinsänderungen betroffen sind,[36] ist der Transmissionsweg länger, und die monetären Impulse wirken gedämpfter als in Italien, Spanien und Griechenland, wo kurzfristige Kredite gewichtiger sind (Tabelle IV.2.1). Kurze Zinsbindungsfristen kommen in diesen Ländern noch verstärkend hinzu. Da kurzfristige Zinssätze stärker als langfristige dem Einfluss der Zentralbank unterliegen, ergibt sich zum einen eine direktere Beeinflussung des güterwirtschaftlichen Bereichs; zum anderen würde eine vergleichsweise schwächere Dosierung des geldpolitischen Impulses genügen. Diese Unterschiede können verstärkt oder auch verringert werden, je nachdem wie hoch der Anteil der Innenbeziehungsweise der Außenfinanzierung an der Gesamtfinanzierung ist. Bei hoher externer Finanzierung ist die „Anfälligkeit" gegenüber monetären Impulsen größer.[37] Eine andere strukturelle Differenzierung hebt auf das relative Gewicht kleiner und mittlerer Unternehmen (KMU) in der Gesamtwirtschaft und ihre spezielle Finanzierungsstruktur ab. Größl et al. (1999, 32f.) konstatieren für diese Unternehmensgruppe in Deutschland eine Entwicklung der Finanzierungsstruktur in Richtung kürzerer Zinsbindungsfristen und leiten aus der höheren Zinsempfindlichkeit eine Beschränkung des geldpolitischen Handlungsspielraums ab. Derartig verursachte Handlungsbeschränkungen für die (frühere) nationale Geldpolitik könnten sich selbstverständlich auch für das Eurosystem ergeben. Dies wird durch Untersuchungen der EZB (2007e, 83-98) unterstrichen. Wenn auch ländermäßige und sektorale Differenzierungen angebracht sind, so konstatiert die EZB auf der Basis mehrerer Umfragen und ergänzender Analysen doch insgesamt, dass in der EWU, KMU und hier speziell kleine Firmen, im Vergleich zu Großunternehmen größeren Finanzierungsbeschränkungen unterworfen sind.

Gegenüber möglichen asymmetrischen Effekten der einheitlichen Geldpolitik in den einzelnen Ländern der EWU ist jedoch auch hier die Frage des Fortbestandes der Unterschiede in den finanziellen Strukturen zu klären. So hat beispielsweise in Italien mit der Eindämmung der Inflation ein deutlicher Strukturwandel hin zu längerfristigen Anlagen und Zinsbindungsfristen stattgefunden (Mojon, 2000, 18f.). Mit zunehmender Angleichung der finanziellen Strukturen werden national asymmetrische Wirkungen der europäischen Geldpolitik verringert – was nach den Befunden von Angeloni/Ehrmann (2003) auch zu beobachten und nach ihrer Meinung der EWU kausal zuzuordnen ist.

---

[36] Die vergleichsweise dämpfenden Wirkungen langfristiger Finanzierungsformen entfallen dann, wenn die Finanzierungsverträge an kurzfristige Zinsen gebunden sind.

[37] Unterstellt wird bei dieser Argumentation freilich, dass die geldpolitisch ausgelösten Zinsänderungen im Falle der Selbstfinanzierung nicht voll in die Opportunitätskostenkalkulation eingehen.

Tabelle IV.2.1: Unterschiede in nationalen Finanzstrukturen des privaten Sektors

	Kreditlaufzeit		Zinsbindung		Gewicht der Bankenfinanzierung [c]		Bankenkonzentration [d]		Zweigstellennetz [e]	
	kurzfristige Kredite [a]	R	Kredite mit variablen Zinsen [b]	R		R		R		R
Belgien	Mittel	4,5	Hoch	8,5	Hoch	4	82	11	0,54	8
Deutschland	Gering	9	Gering	2	Sehr Hoch	10	20	1	0,62	11
Finnland	Gering	9	Hoch	8,5	Hoch	4	79	10	0,24	1
Frankreich	Gering	9	Mittel	4	Hoch	4	45	4	0,43	5
Griechenland	Hoch	2	Hoch	8,5	Sehr Hoch	10	67	9	0,28	3
Irland	Gering	9	Hoch	8,5	Hoch	4	46	5,5	0,25	2
Italien	Hoch	2	Hoch	8,5	Sehr Hoch	10	31	3	0,52	6,5
Luxemburg	–	(9)	–	(8,5)	Hoch	4	30	2	0,61	10
Niederlande	Gering	9	Gering	2	Hoch	4	83	12	0,31	4
Österreich	Mittel	4,5	Gering	2	Sehr Hoch	10	46	5,5	0,55	9
Portugal	Gering	9	Hoch	8,5	Hoch	4	60	8	0,52	6,5
Spanien	Hoch	2	Hoch	8,5	Sehr Hoch	10	53	7	0,96	12

Quelle: Ehrmann et al., 2003b, 237f.; EZB, 2003l, 23f.
Anmerkungen:
[a] Anteil am gesamten Kreditvolumen < 20% = Gering; > 35% = Hoch.
[b] Anteil der Kredite mit variablen Zinssätzen < 40% = Gering; > 50% = Hoch.
[c] Bankkredite im Verhältnis zu anderen Finanzierungsquellen.
[d] Anteil der Aktiva der fünf größten Kreditinstitute an den gesamten Aktiva der Kreditinstitute im Jahre 2002.
[e] Zahl der Zweigstellen pro 1000 Einwohner im Jahre 2002.

Solange zwischen den EWU-Ländern Unterschiede in den Laufzeiten der Finanzierungs- und Anlageformen bzw. der Zinsbindungsfristen bestehen, wird auch die Stärke von Einkommens-, Vermögens- und Substitutionseffekten divergieren. Bei kurzen Fristen sind die *Einkommenseffekte* wegen der stärkeren und direkteren Wirkung geldpolitischer Maßnahmen auf die kurzfristigen Zinssätze größer als bei längeren Fristen. Unterschiedliche *Vermögenseffekte* innerhalb der EWU sind als geldpolitischer Transmissionskanal nicht zuletzt eine Frage der Vermögensstruktur. Soweit die Anlagen der privaten Wirtschaftssubjekte in öffentlichen Anleihen, Bankeinlagen und Fonds vorherrschen, halten sich infolge von Laufzeitbegrenzungen und Risikoausgleich die zinsbedingten Schwankungen der Vermögenswerte in Grenzen. Anders ist dies hingegen in Ländern, wo Anlagen in Aktien einen relativ hohen Anteil an den Vermögensanlagen ausmachen. Diese Anlagen unterliegen erfahrungsgemäß stärkeren Kursschwankungen, die auch auf geldpolitisch bedingte Zinsänderungen zurückgehen können. Insgesamt gelangt Mojon (2000, 19–21) für die großen Euroländer (Deutschland, Frankreich, Italien, Spanien) zu der Schlussfolgerung, dass angesichts der in den letzten Jahren beobachtbaren Angleichungstendenzen in den Fristigkeits- und Vermögensstrukturen die Wahrscheinlichkeit darauf zurückführender national asymmetrischer Einkommens- und Vermögenseffekte der einheitlichen Geldpolitik recht gering ist.

Ein andersartiger Strukturaspekt betrifft die Stärke der Stellung von Banken im Finanzsystem. In sogenannten bankorientierten Systemen, die durch eine starke Stellung der Banken charakterisiert sind, üben diese (gegenüber ihren Stammkunden) eine gewisse Pufferrolle aus, indem sie geldpolitisch ausgelöste Zinsänderungen nicht sofort weitergeben. Der Transmissionsprozess könnte mithin verzögert werden. Die relative Preisinflexibilität von Banken ist maßgeblich vom Interbankenwettbewerb und von der Wettbewerbsintensität gegenüber anderen Finanzintermediären abhängig. Je leichter die Kreditnachfrager etwa auf andere Finanzierungsinstitutionen als Banken ausweichen können, desto größer ist auch die Preisreagibilität der Banken auf geldpolitische Impulse. Unter den EWU-Ländern gelten Deutschland, Griechenland, Italien, Österreich und Spanien als besonders „*bankorientiert*", während in den übrigen EWU-Ländern konkurrierende Finanzintermediäre eine größere Rolle spielen. Als „*marktorientiert*" werden vor allem Nicht-EWU-Länder wie Großbritannien, Schweden und USA bezeichnet, so dass hier eine raschere Übertragung geldpolitischer Impulse zu erwarten wäre. Diese Unterschiede sind mit der eingangs erwähnten abweichenden Reagibilität der langfristigen Kreditzinsen auf Geldmarktzinsänderungen kompatibel. Wenn das Durchschlagen von Geldmarktzinsänderungen auf die Höhe der Kreditzinsen von den Geschäftsbanken abgefedert wird, muss der Transmissionsprozess jedoch dann nicht unbedingt beeinträchtigt werden, wenn wegen der hohen Glaubwürdigkeit der Zentralbank keine starke Änderung der langfristigen Zinsen „erforderlich" ist.

Es liegt nahe, von diesen institutionellen Unterschieden auf eine differenzierte Wirkung der Geldpolitik über den *Kreditkanal* zu schließen. Es könnte sein, dass die geringere Durchschlagskraft von Zinsänderungen durch eine Mengenrationierung „kompensiert" wird, die realen Auswirkungen restriktiver geldpolitischer Maßnahmen also über den Kreditkanal verstärkt werden. Restriktive geldpolitische Maßnahmen müssten dann in bankorientierten Finanzsystemen die Kreditverfügbarkeit kleiner und mittlerer Unternehmen sowie von privaten Haushalten besonders beeinträchtigen und dort mangels Finanzierungsalternativen zu entsprechend starken Ausgabeneinschränkungen führen. Allerdings ist bei dieser Interpretation Vorsicht geboten, da die Bedeutung des Kreditkanals gerade in Deutschland, das als Paradebeispiel eines bankorientierten Finanzsystems gilt, wegen des Hausbankprinzips und günstiger Besicherungsmöglichkeiten in Frage zu stellen ist. Zudem könnten Restriktionen im Sinne des Kreditkanals auch durch ein umfangreiches Zweigstellennetz (wie es Sparkassen und der genossenschaftliche Banksektor unterhalten), das als Indiz für relativ enge Kunden-Bank-Beziehungen gelten kann, entgegengewirkt werden. Insgesamt dürfte die durch die EWU bedingte Wettbewerbsintensivierung im finanziellen Sektor (zwischen den Banken sowie zwischen den Banken und anderen Finanzintermediären) die Bedeutung von Zinssätzen stärken und die der Kreditverfügbarkeit schwächen (OECD, 1999, 76; EZB, 2000c, 54). Andererseits könnten sich im Zuge des verstärkten Wettbewerbs- und Umstrukturierungsprozesses im finanziellen Sektor traditionelle Bank-Kundenbeziehungen auflösen, die den Kreditkanal in einigen Ländern bislang gedämpft haben.

Mit Unterschieden in den Finanzsystemen werden auch Wirkungsmechanismen im Sinne des *Kostenkanals* in Verbindung gebracht. Nach Chowdhury et al. (2006) führt in marktorientierten Finanzsystemen der intensive Wettbewerb zwischen Finanzintermediären in Frankreich, Großbritannien und Italien zu einer raschen Weitergabe des geldpolitischen Impulses, wodurch ein Kostenkanal begründet werde.[38] In bankorientierten Finanzsystemen wie in Deutschland wäre hingegen das Durchreichen des geldpolitischen Impulses wegen des geringen Wettbewerbs zwischen den Finanzintermediären relativ schwach. Kaufmann und Scharler (2006) finden hingegen keine Anhaltspunkte für eine nennenswerte geldpolitische Bedeutung des Kostenkanals. Darüber hinaus seien die Heterogenitäten in den Finanzsystemen etwa zwischen den USA einerseits und dem Euroraum andererseits zu gering, um unterschiedliche Wirkungen der Geldpolitik im Sinne des Kostenkanals auslösen zu können.

Welche Bedeutung Strukturunterschiede im finanziellen Sektor für die Transmission geldpolitischer Impulse – sei es via Zinskanal, Kostenkanal oder Kreditka-

---

[38] Aussagen über die geldpolitische Bedeutung von Finanzsystemen hängen naturgemäß von der zuverlässigen Zuordnung der einzelnen Länder ab. Im vorliegenden Falle ist die Zuordnung Frankreichs, insbesondere aber Italiens zu den Ländern mit marktorientierten Finanzsystemen angesichts des hohen Gewichts der Bankenfinanzierung überraschend (vgl. Tabelle IV.2.1).

nal – letztendlich haben werden, ist in der Literatur bislang umstritten. Einerseits wird auf „dramatische" Unterschiede in den Finanzsektoren der EU-Länder in Bezug auf Größe, Konzentration, Finanzierungsalternativen und Ertragslage verwiesen und davon entsprechend asymmetrische Preis- und Produktionswirkungen geldpolitischer Maßnahmen erwartet (Cecchetti, 2001, 173, 188). Da diese strukturellen Unterschiede im finanziellen Sektor auf abweichenden gesetzlichen Strukturen basieren, könnten die Asymmetrien nur durch gesetzliche Harmonisierung beseitigt werden. Andererseits wird die Hypothese vertreten, dass sich Unterschiede in den finanziellen Strukturen in ihrer Transmissionsbedeutung auch kompensieren könnten (Schmidt, 2001, 225). So würde der finanzielle Sektor in Deutschland, der von den Geschäftsbanken dominiert wird, auf einen bestimmten (restriktiven) notenbankpolitischen Impuls stärker reagieren als der finanzielle Sektor in Großbritannien (oder in Frankreich und Irland), wo die Bedeutung der Geschäftsbanken geringer und damit das Band zwischen Zentralbank und finanziellem Sektor schwächer ist. Allerdings würden die Geschäftsbanken in Deutschland den notenbankpolitischen Impuls wegen ihrer engeren Beziehung zu den Kunden (Unternehmen und Haushalte) in geringerem Umfang weitergeben als dies in Großbritannien (oder in Frankreich und Irland) der Fall ist, wo Bindungen im Sinne des *Hausbankprinzips* und entsprechende „Rücksichtnahmen" nicht bestehen. Insgesamt würde deshalb in Deutschland im Vergleich zu Großbritannien die Impulsstärke der Notenbank auf den finanziellen Sektor höher, der des finanziellen Sektors auf Unternehmen und Haushalte niedriger sein. Bei Betrachtung des gesamten Transmissionsprozesses sei daher die Bedeutung unterschiedlicher Finanzierungsstrukturen für ungleiche Wirkungen der einheitlichen Geldpolitik des Eurosystems nicht sonderlich groß.

Gegenläufige Effekte könnten auch aus der Ausprägung anderer Strukturmerkmale resultieren. So etwa, wenn – wie in Deutschland – einer stärkeren Durchschlagskraft geldpolitischer Impulse infolge geringer Bankenkonzentration (als Näherungsgröße für die höhere Intensität des Interbankenwettbewerbs) eine schwächere infolge der Dominanz der Banken gegenüber anderen Finanzintermediären gegenübersteht. Tendenziell umgekehrt verhält es sich in Finnland.[39]

Ein gewisser Anhaltspunkt zur Beantwortung der Frage, ob die strukturellen Ausprägungen der verschiedenen Merkmale eine höhere oder geringere Wirksamkeit der Geldpolitik in den einzelnen Ländern erwarten lassen, kann dadurch

---

[39] Wie schwierig allgemeine Aussagen über das Kreditangebotsverhalten der Banken als Reaktion auf geldpolitische Impulse sind, zeigt die Untersuchung von Ehrmann et al. (2003b, 264f.) Zwar sind im Euroraum insgesamt wie auch in den einzelnen Mitgliedsländern signifikante gleichgerichtete Zusammenhänge zwischen geldpolitischem Impuls und Kreditangebot zu beobachten. Das Ausmaß der Reaktion ist jedoch in den untersuchten Ländern (Deutschland, Frankreich, Italien, Spanien) sehr unterschiedlich. Hierfür scheinen allerdings nicht wie in den USA Bankgröße und Eigenkapitalausstattung, sondern die Liquiditätsposition ausschlaggebend zu sein. (Siehe auch die Ausführungen im Kapitel IV.1.3.3 zur Reichweite des Kreditkanals sowie Box IV.2.1).

gewonnen werden, dass man die Konkordanz zwischen den länderweisen Rangordnungen (Tabelle IV.2.1) ermittelt. Der *Konkordanzkoeffizient* misst den Grad der Übereinstimmung in den Merkmalsausprägungen. Die Rangordnung wurde danach gebildet, ob das jeweilige Merkmal eine hohe (Rang 1) oder eine vergleichsweise schwache (Rang 12) Wirkung der Geldpolitik begünstigt. Ein sehr dichtes Zweigstellennetz beispielsweise würde wegen geringerer Informationsasymmetrie den „finanziellen Akzelerator" im Sinne des Kreditkanals abschwächen (Rang 12).

Ein hoher Wert für den Konkordanzkoeffizienten besagt, dass Länder mit kurzfristiger Finanzierung zugleich auch kurze Zinsbindungsfristen, geringes Gewicht der Banken gegenüber anderen Finanzintermediären, geringe Konzentration und ein dünnes Zweigstellennetz haben – und umgekehrt. Die Berechnungen ergeben einen Wert von 0,04. Danach würden sich die unterschiedlichen finanziellen Strukturen in ihrer Bedeutung für die Wirksamkeit der Geldpolitik in den einzelnen Ländern neutralisieren. Ein Abbau unterschiedlicher Wirkungen im finanziellen Sektor dürfte auch dadurch verstärkt werden, dass die Intensivierung des Wettbewerbs innerhalb der EWU und die einheitliche Geldpolitik des Eurosystems eine Tendenz zu einheitlichen Strukturen im finanziellen Sektor auslöst.

Die EWU ist nicht nur ein zeitpunktbezogenes Ereignis, dem bestimmte Angleichungen vorausgingen, sondern auch ein Prozess, in dem für die Herausbildung einheitlicher Bedingungen auf den Finanzmärkten naturgemäß Zeit benötigt wird. Nach Beobachtungen der EZB (2003c, 61-75) war die Entwicklung in einzelnen Marktsegmenten unterschiedlich: nivellierenden Tendenzen bei den Tagesgeldsätzen auf dem Geldmarkt standen geringe Integrationsfortschritte auf den Wertpapiermärkten gegenüber. Neueren Untersuchungen (Angeloni/Ehrmann, 2003) zufolge, sind insgesamt fortschreitende Angleichungsprozesse im finanziellen Sektor festzustellen. Einmal haben wechselseitige grenzüberschreitende Bankenverflechtungen – wenn auch nur allmählich – zugenommen, die als Indiz fortschreitender Finanzmarktintegration angesehen werden können. Zum anderen haben sich die Kreditlaufzeiten angenähert, und die Reaktionen der Bankzinsen auf geldpolitische Impulse sind seit 1999 in den Mitgliedsländern der EWU stärker und zugleich die Unterschiede dieser Wirkungen zwischen den Ländern geringer geworden. Für eine kausale Bedeutung der EWU spricht, dass die Autoren für eine „Kontrollgruppe" (Großbritannien, Japan, Schweden, USA) keinen entsprechenden Zusammenhang in der Zeit nach 1999 finden. Für einen Angleichungsprozess spricht auch, dass die Unterschiede nominaler Zinssätze im Euroraum auf dem Interbanken- und Kapitalmarkt einer weitgehenden Homogenität Platz gemacht haben. Diese Entwicklungen setzten zwar schon vor 1999 ein, sie verstärkten sich aber danach dauerhaft. Hieraus resultieren Angleichungsprozesse in der Bedeutung des Zinskanals.

Die EZB (2007l, 21-32) gelangt zu dem Schluss, dass mit der EWU die finanzielle Integration von Geld- und Kapitalmärkten fortlaufend zugenommen habe und hierdurch Angleichungen des Transmissionsprozesses geldpolitischer Impulse erfolgten. Gleichwohl gebe es weiterhin Heterogenitäten wie etwa unterschiedliche Vermögensstrukturen, die bei einheitlicher Geldpolitik abweichende Vermögens- und darüber Nachfrageeffekte bewirken. Ein anderes Phänomen ist die starke Streuung der Zinsen für Konsumentenkredite, die auf länderindividuelle institutionelle Bedingungen (Wettbewerb, (steuer-)rechtliche Regeln) zurückgehen dürften. Es ist also auch zukünftig nicht auszuschließen, dass die Transmissionswirkungen der einheitlichen Geldpolitik auf Konsum, Investition und Produktion in den Mitgliedsländern differieren. Hinzu kommt noch ein anderer den Transmissionsprozess beeinflussender Komplex, und zwar konjunkturelle und realstrukturelle Unterschiede in den Mitgliedsländern.

2.2 Konjunkturelle und realstrukturelle Unterschiede

Selbst wenn eine geldpolitische Maßnahme des Eurosystems in allen Mitgliedsländern der EWU zeitlich und in der Höhe übereinstimmende Zinswirkungen hätte, können sich die *realwirtschaftlichen Transmissionsprozesse* dennoch in Abhängigkeit der konjunkturellen Ausgangssituation und bestimmter Strukturunterschiede im realen Sektor unterscheiden. Die geldpolitische Relevanz beispielsweise einer konjunkturellen Abschwächung ergibt sich aus der im Vergleich zur Aufschwungsphase ungünstigeren Einkommens- und Vermögensposition privater Haushalte und schlechteren Bilanzen von Unternehmen. Restriktive geldpolitische Impulse werden in einer Rezessionsphase – sei es über den Kapitalkostenkanal, sei es über den Kreditkanal – stärkere Produktionseinschränkungen hervorrufen als in einer Aufschwungsphase. Anhaltspunkte für solche Unterschiede bietet Abbildung IV.2.3, wo anhand eines Simulationsmodells die Reaktion der Industrieproduktion (über 13 Quartale) auf eine Erhöhung der Leitzinsen (um 35 Basispunkte) in Zeiten eines Konjunkturaufschwungs und eines Konjunkturabschwungs verfolgt wird. Die allgemeinen Reaktionsmuster ähneln sich zwar, doch ist das Ausmaß der Reaktion im konjunkturellen Abschwung im Allgemeinen stärker als im Aufschwung. Zudem scheinen zwischen den Ländern – wenn auch nicht gravierend zum Durchschnitt der EWU – temporäre Unterschiede im Ausmaß der Reaktion zu bestehen. Nimmt man noch den möglichen Fall hinzu, dass die Konjunkturentwicklungen in den Mitgliedsländern nicht synchron verlaufen, wird deutlich, dass die Wirkungen des einheitlichen geldpolitischen Impulses durchaus stark streuen können.

Unterschiedliche Reaktionen könnten auch durch Branchenstrukturen bedingt sein, da die Zinsempfindlichkeit der Investitionen etwa nach Kapitalintensitäten und Ausreifungszeiten der Investitionen differiert. Belke und Gros (1998, 280) messen den realen Strukturunterschieden größere Bedeutung für unterschiedliche Wirkungen der einheitlichen Geldpolitik im Euroraum bei als den differierenden finanziellen Strukturen. Begründet wird die Bedeutung realer Strukturen mit der durch die europäische Integration (einschließlich Währungsunion) erhöhten

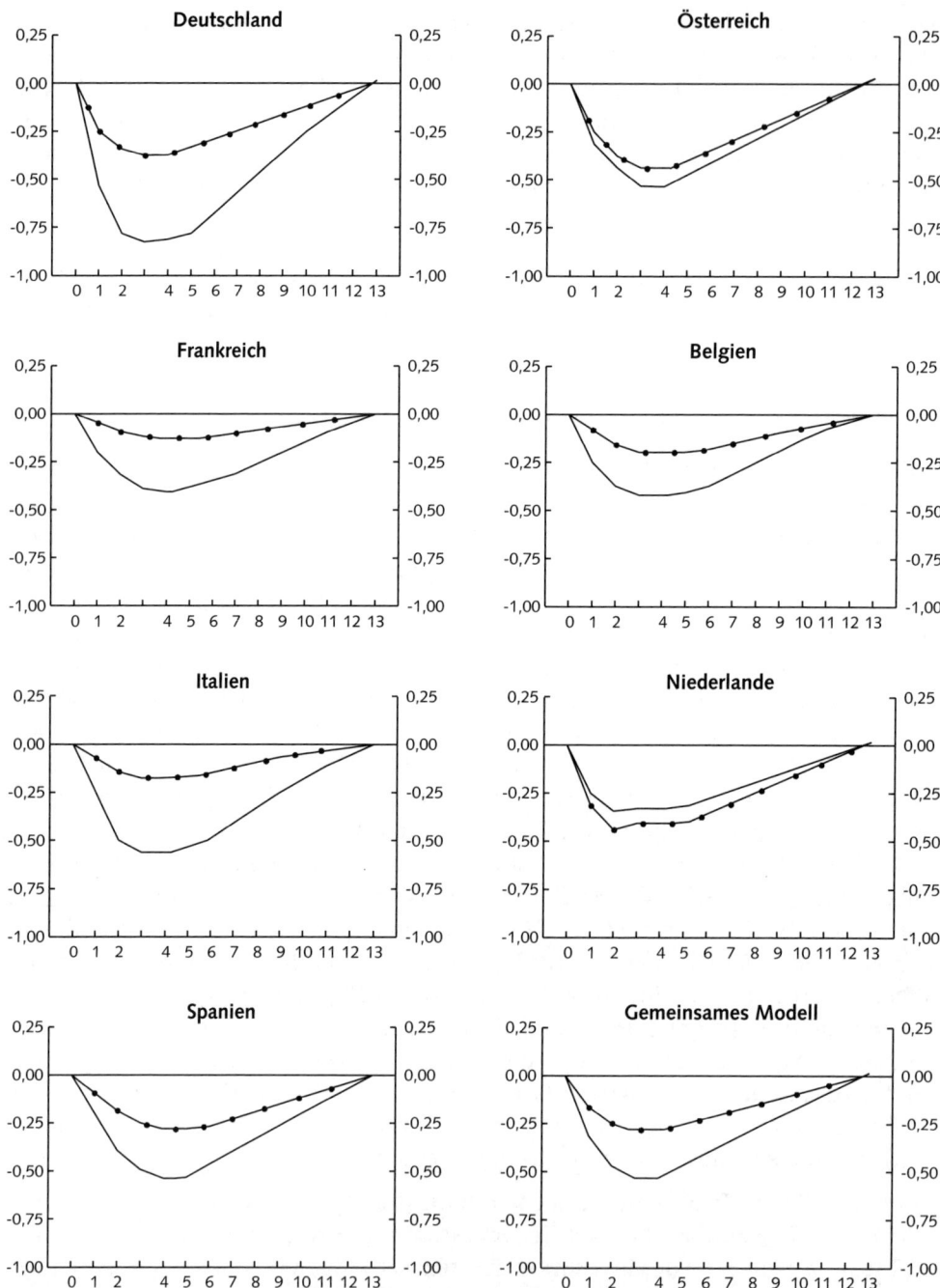

Abbildung IV.2.3: Auswirkungen restriktiver geldpolitischer Maßnahmen auf die Produktion im Euro-Währungsgebiet in Zeiten eines Konjunkturaufschwungs (•–•–•) und einer Konjunkturabschwächung (—)

Kapitalmobilität. Diese hat entsprechend den jeweiligen Faktorausstattungen zu regionalen Agglomerationen spezialisierter Industriezweige geführt (Belke/Gros, 1998, 281; Rübel, 2000, 174). Die hierdurch entstandenen regionalen Heterogenitäten wiederum könnten für national/regional abweichende Reaktionsmuster auf einheitliche geldpolitische Impulse verantwortlich sein. Zwar weist die EZB (2002c, 56; ähnlich Janger/Wagner, 2004, 40, 57) auf den vergleichsweise zu den USA hohen Homogenitätsgrad der EWU-Branchenstrukturen hin, so dass Unterschiede in den Transmissionsprozessen zwischen den Mitgliedsländern keine große Bedeutung haben dürften. Der Vergleich mit den USA kann aber nur als Relativierung des Strukturarguments angesehen werden, denn Untersuchungen der Preis- und Produktionswirkungen der Geldpolitik in Deutschland deuten tatsächlich auf nicht unerhebliche interindustrielle Unterschiede in Ausmaß und zeitlichem Verlauf hin (Hayo/Uhlenbrock, 2000, 138 und 140; Arnold/Vrugt, 2004). Untersuchungen für Wirtschaftszweige innerhalb des Verarbeitenden Gewerbes in OECD-Ländern zeigen ebenfalls signifikant unterschiedliche Wirkungen der Geldpolitik (Dedola/Lippi, 2005). In die gleiche Richtung weisen Befunde von Peersmann und Smets (2002a) für die branchenmäßige Outputreaktion auf geldpolitische Impulse. Für die Zeit von 1980–1998 ergibt der interindustrielle Vergleich von elf Industriezweigen in sieben EWU-Mitgliedsländern (Belgien, Deutschland, Frankreich, Italien, Niederlande, Spanien und Österreich), dass Industriezweige, in denen langlebige Produkte hergestellt werden wie z.B. Metallverarbeitung und Transportausrüstung wesentlich zinsempfindlicher reagieren als etwa die Nahrungsmittel-, Getränke- und Genussmittelindustrie. Unterschiede in den Branchenstrukturen wie auch in den Anteilen von Konsumgüter- und Investitionsgüterindustrien in den Mitgliedsländern könnten deshalb für abweichende gesamtwirtschaftliche Zinselastizitäten verantwortlich sein.[40]

Strukturelle Differenzierungen der Wirkungen monetärer Impulse könnten sich auch durch unterschiedliche Konsumquoten und Staatsquoten ergeben.[41] Da Ausgaben für Konsumgüter und die Ausgaben des Staates relativ zinsrobust sind, ergeben sich bei hohen Anteilen geringere gesamtwirtschaftliche Ausgabenänderungen als Folge zinspolitischer Maßnahmen.

Außer solchen quantitativen Strukturen spielen noch spezifische Bedingungen in Teilbereichen der Wirtschaft eine wichtige Rolle. Dies gilt vor allem für die Arbeitsmärkte, die in den derzeitigen Mitgliedsländern der EWU – wenn auch unterschiedlich – stark reguliert sind.[42] Geldpolitisch bedeutsam sind diese Re-

---

[40] Siehe auch die eingehende Analyse von Arnold, Kool und Raabe (2006), die für Deutschland eine deutlich industriespezifische Kreditvergabe der Banken finden, die jedoch maßgeblich von Preis- und Produktionsentwicklungen in den Kredit nachfragenden Industrien bestimmt wird.
[41] In den EWU-Ländern betrug die durchschnittliche Staatsquote (Gesamtausgaben des Staates in Prozent des BIP) im Jahre 1999 48,4% und im Jahre 2006 47,3%. Zwischen den Mitgliedsländern bewegten sich diese Quoten (2006) zwischen 53,5% (Frankreich) und 34,1% (Irland).
[42] Zu denken ist an Flächentarife, Allgemeinverbindlichkeit von Tarifverträgen, Kündigungsschutz- und Sozialplanvorschriften, Mitbestimmung, Befähigungsnachweise u.a.m.

gulierungen, weil das Durchwirken monetärer Impulse im realen Sektor, also die Veränderung von Produktion und Beschäftigung behindert wird. Allerdings könnte ein länderspezifisches Transmissionsproblem in Zukunft entfallen, wenn der institutionelle Konvergenzprozess in Richtung einheitlicher Rigiditäten und Inflexibilitäten verläuft.

Schließlich können sich aus dem Zusammenspiel von Außenwirtschaftsstruktur und Wechselkurskanal Änderungen im Transmissionsprozess ergeben. Wie bereits dargestellt, wird der *Zinskanal* normalerweise durch den *Wechselkurskanal* verstärkt. Da mit der gemeinsamen Währung der Wechselkurskanal innerhalb der EWU entfällt, fehlt auch dieser Verstärkungseffekt.[43] Es bleibt selbstverständlich der Wechselkurskanal für die Beziehungen außerhalb des gemeinsamen Währungsraumes (zu EU-Ländern, die nicht dem Eurosystem angehören und zu Nicht-EU-Ländern). Da die Außenhandelsverflechtung der Mitgliedsstaaten der EWU mit Drittstaaten stark differiert, könnte aus diesem Grunde auch die Transmission monetärer Impulse über den verbleibenden Wechselkurskanal unterschiedlich ausfallen. Hierbei ist freilich einzuschränken, dass der Hauptanteil der außenwirtschaftlichen Beziehungen auf Transaktionen innerhalb der EWU entfällt.[44] Durch die einheitliche Währung dürfte diese Konzentration auf den innereuropäischen Handel noch verstärkt werden, möglicherweise zusätzlich unterstützt von protektionistischen Maßnahmen gegenüber Drittländern. Die Bedeutung des Wechselkurskanals würde hierdurch weiter abnehmen.

Bei den vorangegangenen Ausführungen zu möglichen realstrukturellen Ursachen länderspezifischer Wirkungen der Geldpolitik ist jedoch einschränkend zu beachten, dass jeweils nur ein Kriterium isoliert in seiner Bedeutung für Transmissionsunterschiede erörtert wurde. In der Realität wirken die Länderspezifika jedoch – ebenso wie die der finanziellen Strukturen – gemeinsam auf den Transmissionsprozess ein – und könnten sich eventuell kompensieren. In diese Richtung lassen sich die Befunde von Dedola und Lippi (2005, 1565) interpretieren. Sie finden zwar signifikante interindustrielle Unterschiede bei der Wirkung monetärer Impulse, für die das branchenmäßig unterschiedliche Gewicht von Kapitalkosten relevant sein dürfte. Auf der gesamtwirtschaftlichen Ebene des Ländervergleichs finden sie hingegen keine signifikanten Transmissionsunterschiede.

Hinzu kommt ein weiteres Problem: Wenn in EWU-Ländern unterschiedliche Effekte monetärer Impulse auf Preisniveau, Produktion und Beschäftigung ermittelt

---

[43] Dies gilt natürlich nur für den nominalen Wechselkurs. Der reale, d.h. preisbereinigte, Wechselkurs ändert sich hingegen bei unterschiedlichen nationalen Inflationsraten innerhalb der EWU.
[44] Die Ausfuhranteile (in % des BIP) der Mitgliedsländer der EWU (einschließlich des Handels innerhalb der EWU) bewegten sich im Jahre 1997 zwischen 19% und 62% bei einer durchschnittlichen Exportquote der EWU von 35% (2002: 36,5%). Ohne Handel innerhalb der EWU betrug der Durchschnittsanteil im Jahre 1997 13,6% und stieg 2006 auf 21,6%. Er übertrifft die entsprechende Quote der USA (11%) beträchtlich.

werden, ist zu bedenken, dass hierfür Heterogenitäten sowohl der Finanzsektor- als auch der Realsektorstrukturen verantwortlich sein können. So könnte eine hohe Zinselastizität der Kreditnachfrage bei Banken darauf zurückgehen, dass einer Kreditverteuerung und Kreditangebotsbeschränkung der Banken im Gefolge einer restriktiven Geldpolitik relativ leicht durch ein Ausweichen auf eine Finanzierung durch Nicht-Banken begegnet werden kann und somit die Investitionstätigkeit wenig beeinträchtigt wird. Eine hohe Zinselastizität dieser Kreditnachfrage kann aber auch realstrukturell durch ein hohes Gewicht zinsempfindlicher (kapitalintensiver) Branchen bedingt sein. Die Kreditnachfrage würde hier durch die Steigerung der Kreditkosten zurückgedrängt. Unterschiede in den Realstrukturen können wiederum durch die einheitliche Geldpolitik mitverursacht werden. Die EZB beeinflusst über ihr geldpolitisches Instrumentarium zunächst die Nominalzinsen, die jedoch angesichts der (noch) stark abweichenden Inflationsraten zwischen den EWU-Ländern (Spannweite zwischen 1,3 % in Finnland und 3,5 % in Spanien im Jahre 2006) entsprechend unterschiedliche Realzinsen bedeuten und – neben Unterschieden auf der globalen Ebene – realstrukturell differenzierte Wirkungen auslösen. Kurzum: Zwischen Finanzsektor- und Realsektorstrukturen sind Wechselwirkungen möglich, die die Heterogenitäten zwischen den Ländern verstärken und darüber eine stabilitätsorientierte Geldpolitik erschweren können.[45]

Der EZB angesichts von Heterogenitäten ein breiteres Zielspektrum vorzugeben, hülfe allerdings nicht weiter. Hierdurch würde eine Fülle ungelöster Probleme aufgeworfen, die bereits bei der Analyse des US-amerikanischen Systems (siehe Kapitel II.2.2) erörtert wurden. Anstatt die Geldpolitik in den Dienst mehrerer Ziele zu stellen, die in den Mitgliedsländern in mehr oder weniger großem Umfang konfligieren können (siehe die sehr unterschiedlichen Entwicklungen beispielsweise in Deutschland und Italien einerseits und Irland und Spanien andererseits, Tabelle IV.2.2), sind konsequent auf makroökonomische Stabilität ausgerichtete Finanz- und Lohnpolitiken zu favorisieren (Kapitel V.1 und 2). Die Verfolgung komplexer Zielbündel ist eher geeignet Transparenz und Glaubwürdigkeit der Geldpolitik und damit auch ihre Effizienz zu unterminieren.

---

[45] Angesichts der (befürchteten) asymmetrischen Wirkungen in den einzelnen Mitgliedsländern plädieren DeGrauwe und Sénégas (2003) für eine Fundierung der einheitlichen Geldpolitik auf nationalen Daten. Die Ausrichtung der Geldpolitik an gewichteten EWU-Aggregaten für Inflationsrate und Arbeitslosenquote solle die EZB durch länderindividuelle Verlustfunktionen (gemessen an den Inflations- und Produktions-/ Beschäftigungsfolgen der Geldpolitik) ersetzen und diese für den gewogenen Durchschnitt der Länder geldpolitisch minimieren.

Tabelle IV.2.2: Produktions- und Preisentwicklung in EU-Aufschwungs- (1999/2000) und EU-Abschwungsjahren (2001/2002) in ausgewählten Ländern

Land	Reales BIP (%)		Inflation (%)	
	1999/2000	2001/2002	1999/2000	2001/2002
Deutschland	2,3	0,5	1,0	1,6
Italien	2,3	1,1	2,1	2,5
Irland	10,0	6,6	3,9	4,4
Spanien	4,1	2,4	2,9	3,2

Quelle: Sachverständigenrat 2000; 2003.

2.3 Glaubwürdigkeit des Eurosystems und geldpolitische Effizienz

Notwendigerweise muss sich eine neue Zentralbank *Glaubwürdigkeit* erst durch eine konsequente Stabilitätspolitik erwerben. Institutionelle, konzeptionelle und personelle Entscheidungen sowie die weltweit niedrigen Inflationsraten haben dazu beigetragen, dass der geldpolitische Start nicht durch hohe und instabile *Inflationserwartungen* belastet war. In institutioneller Hinsicht gehörten hierzu die *Unabhängigkeit des Eurosystems* bei Wahrnehmung seiner Aufgaben und seine vorrangige Verpflichtung auf das Ziel der Preisstabilität.[46] Ein institutionell bedingter Stabilisierungsbeitrag kann auch von der Weiterexistenz der nationalen Zentralbanken - wenn auch in anderer Funktion - im Eurosystem ausgehen.

Konzeptionell sind für die Glaubwürdigkeit *Transparenz und Konsistenz* im geldpolitischen Handeln maßgeblich. Eine für die Öffentlichkeit transparente Geldpolitik trägt nicht nur wegen ihrer Verstehbarkeit und Nachvollziehbarkeit zur Glaubwürdigkeit bei. Glaubwürdigkeit wird auch gestärkt, weil Klarheit für die „Empfänger" für die Notenbank als „Absender" selbstdisziplinierend wirkt, was wiederum Stabilitäts- statt Inflationserwartungen begünstigt. Andererseits ist eine undurchsichtige Geldpolitik der Glaubwürdigkeit abträglich, erzeugt keine Stabilitätserwartungen und ist damit zugleich ein Hindernis für einen angestrebten Stabilitätserfolg. So würden ohnedies unvermeidliche Informationsunvollkommenheiten noch dadurch gesteigert, wenn das Eurosystem etwa statt einer grundsätzlich an Regeln orientierten Geldpolitik einen unvorhersehbaren rein diskretionären Kurs verfolgen würde. Die Unstetigkeit verursacht Misstrauen und Verunsicherung des privaten Sektors und kann deshalb den „norma-

---

[46] Den Stabilitätsbeitrag institutioneller Änderungen verdeutlicht Spiegel (1998). Nach seinen empirischen Analysen hat die im Mai 1997 verkündete Unabhängigkeit der Bank von England eine merkliche Senkung der Inflationserwartungen bewirkt, die sich bei langfristigen Wertpapieren in einer sofortigen Ermäßigung der Zinssätze um 34 Basispunkte und innerhalb einer Zwei-Wochen-Frist um 60 Basispunkte niedergeschlagen habe.

len" Transmissionsprozess monetärer Impulse verzerren. Wenn das Eurosystem z.B. auf kurzfristige Geldmengenänderungen, die aus (verbreiteten) kurzfristigen Schwankungen der Geldnachfrage[47] resultieren, zinspolitisch gegensteuernd reagiert, so wäre dies der Transparenz nicht nur nicht dienlich, sondern könnte selbst Instabilitäten und Instabilitätserwartungen erzeugen, die zur Verfehlung der Preisstabilität führen. Ein Beitrag zur Transparenz der Geldpolitik des Eurosystems und darüber zu seiner Glaubwürdigkeit besteht bereits in der reinen Existenz einer geldpolitischen Strategie. Im Speziellen sind hier z.B. die quantitative Definition von Preisstabilität, die Ankündigung eines Referenzwertes für das Geldmengenwachstum und die gleichzeitige Zusage, die Ursachen möglicher Abweichungen der tatsächlichen Entwicklung in monatlichen Bulletins und Pressekonferenzen zu begründen, zu nennen. Bei den personellen Entscheidungen schließlich vermag die persönliche Unabhängigkeit der Mitglieder des EZB-Rats bereits ein Stück Glaubwürdigkeit ex ante zu begründen. Nicht zu vernachlässigen ist auch eine Kontinuität sichernde Gestaltung der Amtszeit der Mitglieder des EZB-Rats.

Der sehr hohe Stellenwert der Glaubwürdigkeit für eine erfolgreiche Geldpolitik ergibt sich nicht zuletzt aus dem Verhältnis von langfristiger Stabilitätsorientierung und der Beeinflussung kurzfristiger Größen am Geldmarkt. Die EZB kontrolliert die kurzfristigen Zinsen, wirkt aber auf die für Investitionsentscheidungen relevanten langfristigen Zinsen nur indirekt über die Beeinflussung der Inflationserwartungen ein. Verfügt eine Zentralbank über eine hohe Glaubwürdigkeit, dass sie konsequent einen Stabilitätskurs verfolgt, werden sich auf mittlere und längere Sicht keine zinserhöhenden Inflationserwartungen einstellen, die die Preisnorm überschreiten.

Mit den institutionellen, konzeptionellen und personellen Entscheidungen scheinen also wesentliche Vorbedingungen für ein hohes Maß an Glaubwürdigkeit des Eurosystems und insoweit auch eine wichtige Voraussetzung für eine erfolgreiche stabilitätsorientierte Geldpolitik erfüllt zu sein. Gleichwohl zählt zu den häufigsten Kritikpunkten an der EZB die der Glaubwürdigkeit abträgliche unzureichende Transparenz in informationeller und konzeptioneller Hinsicht, aber auch hinsichtlich des Entscheidungsprozesses.[48] Eine prominente Rolle spielen in diesem Zusammenhang auch die „ECB Watcher" (Box IV.2.2).

---

[47] Zu denken ist etwa an zins- und/oder erwartungsinduzierte Portfolioumschichtungen.
[48] Zu der teilweise sehr vehementen Auseinandersetzung siehe etwa die Kritik von Buiter (1999) und die Reaktion von Issing (1999a). Die hinter diesen kontroversen Positionen stehenden unterschiedlichen „Philosophien" der Bank von England einerseits und der Deutschen Bundesbank andererseits analysiert Cukierman (2001, 65f.).

Box IV.2.2: Eine neue Berufsgruppe: Die „ECB Watcher"

Die Gründung der EZB hat auch zur Entstehung einer neuen Zunft von Ökonomen geführt: die ECB Watcher. Die *ECB Watcher* beobachten und kommentieren die europäische Geldpolitik. Im Wesentlichen sind dabei vier Berufsgruppen zu erkennen.

Die erste Gruppe besteht aus ökonomisch gebildeten Journalisten, die bei Wirtschaftszeitungen bzw. -zeitschriften beschäftigt sind. Sie berichten sehr aktuell und regelmäßig über die Geldpolitik des Eurosystems und liefern auch erste Analysen.

Die zweite Gruppe sind bei Finanzinstituten beschäftigte Ökonomen. Sie versuchen, die Konsequenzen von geldpolitischen Entscheidungen auf ihre Arbeitgeber zu ermitteln. Außerdem besteht ihre Aufgabe darin, die Unternehmensstrategien durch eine möglichst genaue Vorhersage der zukünftigen Geldpolitik zu optimieren.

Die dritte Gruppe arbeitet bei internationalen Organisationen, zum Beispiel beim Internationalen Währungsfonds. Hier steht die Aufarbeitung der Konsequenzen der europäischen Geldpolitik für Drittländer und das internationale Geldsystem im Vordergrund. Außerdem verwenden diese Organisationen makroökonometrische Modelle zur Vorhersage und Politikanalyse. Dafür ist die europäische Geldpolitik ein wichtiger Einflussfaktor, der adäquat modelliert werden muss.

Die vierte Gruppe von Ökonomen sieht sich als externe Beobachter und Kommentatoren, die die Geldpolitik des Eurosystems analysieren und interpretieren, mit dem Ziel, eine fundierte Debatte in der Öffentlichkeit zu ermöglichen. Diese Ökonomen kommen verstärkt aus einem akademischen Umfeld. Vier unabhängige derartige „ECB Watcher" haben sich in den vergangenen Jahren herausgebildet.

Der „EMU Monitor" ist 1998 als Erstes an die Öffentlichkeit getreten. Er bestand aus einer kleinen und festen Gruppe von Ökonomen aus mehreren europäischen Ländern und veranstaltete regelmäßige Pressekonferenzen. In den letzten Jahren ist die Gruppe erweitert worden und die Zusammenarbeit hat sich gleichzeitig gelockert. Aktuelle Statements sind unter http://www.eurointelligence.com/EMU-Monitor.634.0.html zu finden.

Das Centre for Economic and Policy Research (CEPR) in London verfolgt mit seinem Programm „Monitoring the European Central Bank" eine andere Strategie. Anstelle von relativ kurzen und aktuellen Pressestatements werden ausführlichere jährliche Berichte in Buchform veröffentlicht (mit halbjährlichem Update). Diese können über das CEPR bezogen werden (http://www.cepr.org/pubs/books/mecb/mecb.asp). Außerdem wechselt die personelle Zusammensetzung der Gruppe je nach Schwerpunkt des Berichts. Der letzte Report der CEPR Gruppe erschien allerdings im Februar 2004, und es ist unklar, ob das CEPR mit diesem Format weitermacht.

Am Centre for European Policy Studies (CEPS) in Brüssel findet ebenfalls „ECB Watching" statt. Die CEPS Macroeconomic Policy Group veröffentlicht längere Berichte, wobei der letzte Report aus dem Jahr 2003 stammt. Nähere Informationen sind unter http://www.ceps.be/Article.php?article_id=8 erhältlich.

Eine rein deutsche Gruppe, die sog. ECB OBSERVER, analysiert die Wirkungen der Geldpolitik des Eurosystems und publiziert ihre Ergebnisse in der Regel einmal pro Jahr (http://www.ecb-observer.com).

Die Empfehlungen und Beobachtungen der unabhängigen ECB Watcher ergänzen sich in vieler Hinsicht. Aber die Gruppen konkurrieren auch mit ihren Empfehlungen untereinander. So hat beispielsweise der EMU Monitor die Festlegung der EZB auf eine Monetäre Säule begrüßt, während die CEPR Gruppe lieber eine Strategie der direkten Inflationsziele gesehen hätte. Diese Kontroversen sind aber durchaus wünschenswert, da sie zu einer informierten öffentlichen Diskussion beitragen und helfen, die spezifischen Probleme der EZB besser zu verstehen. In der vom „Center for Financial Studies" in Frankfurt veranstalteten, jährlichen Konferenz „The ECB and its Watchers" treffen sich Vertreter der EZB und des Eurosystems mit Beobachtern und diskutieren über unterschiedliche Standpunkte zur europäischen Geldpolitik (http://www.ecb.int).

Box erstellt von B. Hayo, Philipps-Universität Marburg.

2.3.1 Transparenz der Geldpolitik und Umfeld der Unsicherheit

Elementare Bestandteile einer transparenten Geldpolitik sind neben der eindeutigen Definition des Endziels Klarheit über die geldpolitische Konzeption bzw. Strategie, Veröffentlichung von entscheidungsrelevanten Informationen und die schlüssige Begründung der Entscheidung (Issing, 2005; EZB, 2007k).[49] Transparenz über die Zielgröße besteht insoweit, als dem Eurosystem die Sicherung der Preisstabilität zweifelsfrei als Primärziel vorgegeben ist. Unklarheiten wegen einer fehlenden Rangordnung von Preisstabilitäts-, Beschäftigungs- und Zinszielen wie in den USA gibt es nicht. Zu einer die Glaubwürdigkeit stärkenden Transparenz zählt allerdings auch, dass diese Zielpriorität und begrenzte Zuständigkeit von der Zentralbank kommuniziert und nicht der Eindruck erweckt wird, sie wolle und könne eine von nicht wenigen Regierungen und Verbänden geforderte unmittelbar wachstums- und beschäftigungsfördernde Geldpolitik betreiben. Der beste Beitrag, den die Geldpolitik dafür liefern kann, ist eine an Preisstabilität orientierte Politik.

---

[49] Zu einem instruktiven Überblick über die theoretische und empirische Literatur zur geldpolitischen Bedeutung dieser und weiterer Kategorien von Transparenz siehe van der Cruijsen/Eijffinger (2007).

Weniger Klarheit besteht hingegen über die Strategie. Dies gilt jedenfalls dann, wenn mit Transparenz die Vorstellung verbunden wird, dass von beobachtbaren Fakten auf die Absichten der Zentralbank geschlossen und damit ihre Politik verstanden werden kann (Faust/Svensson, 1998). So wurde einerseits am ursprünglichen Konzept bemängelt, dass an Stelle eines Geldmengenziels ein weniger bindender Referenzwert bekannt gegeben wird. Andererseits wurde überhaupt die Herausstellung einer Informationsvariablen kritisiert. Durch die *Zwei-Säulen-Strategie* wurde zudem ein Element der Zweideutigkeit eingeführt. Intransparenz kann daraus erwachsen, dass die monetäre und die wirtschaftliche Säule widersprüchliche Signale in sich bergen können. Dass ein Überschreiten des Referenzwertes in einem Falle restriktive geldpolitische Maßnahmen auslöst, in einem anderen Falle aber nicht, ist für die Öffentlichkeit in der Tat schwer nachvollziehbar. Zudem sind für die Öffentlichkeit die Inflationsprojektionen, die dem EZB-Rat mit als Informationsgrundlage dienen, wenig transparent. Diese Projektionen werden von Experten des Eurosystems erstellt und kombinieren ökonometrische Modelle mit nicht modellgestützten Expertenurteilen und Daumenregeln. Mit der Berücksichtigung einer Vielzahl ökonometrischer Modelle, institutioneller Faktoren sowie spezifischer sektoraler oder regionaler Informationen ergibt sich jedoch eine, wenn auch schwerlich vermeidbare, wenig durchschaubare Komplexität. Hinzu kommt die unbestimmte geldpolitische Rolle der Projektionen. Sie sollen „nur" Expertenschätzungen des Eurosystems, nicht aber eine Inflationsprognose des geldpolitisch verantwortlichen Gremiums, also des EZB-Rats sein. Den Modellen und Expertenurteilen liegen unveränderte Wechselkurse, bei den Zinsen dagegen Markterwartungen zugrunde. Die tatsächliche Preisentwicklung, die Gegenstand einer Inflationsprognose wäre, kann aber durch geldpolitische Maßnahmen, die Wechselkurse direkt oder indirekt verändern, einen anderen Verlauf nehmen.[50] Da die Projektionen in der Verantwortlichkeit von Experten des Eurosystems stehen, können sie auch nicht im Sinne eines geldpolitischen Inflationsziels wie im Rahmen der Strategie des „inflation targeting" interpretiert werden. Inwieweit die Projektionen über die Bedeutung einer – neben vielen anderen – Informationsquelle für die geldpolitische Entscheidungsfindung hinausgehen, bleibt jedoch unklar. Dies wird noch dadurch unterstützt, dass in die Inflationsprognose nicht alle Determinanten der Preisentwicklung eingehen, sondern monetäre Größen bewusst „außen vor" bleiben.

Nach dem Konzept der EZB sollen für sich genommen weder die monetäre Entwicklung noch die Beurteilung der Inflationsaussichten anhand der wirtschaftlichen Säule die Geldpolitik bestimmen. Die Geldpolitik soll vielmehr auf der

---

[50] Trotz des methodischen und informationellen Aufwands ist zudem nie auszuschließen, dass die Inflationsprojektion, die möglicherweise als geldpolitische Referenzgröße dient, sich aus anderen als geldpolitischen Gründen (z.B. Lohnabschlüsse, Ölpreisschocks) als falsch herausstellt. Ob sich richtige Schätzungen im Wettbewerb zwischen den Experten des Eurosystems und anderen Institutionen herauskristallisieren werden, ist zumindest ungewiss. Zu einer sehr skeptischen Einschätzung siehe Cecchetti et al. (2000) und Kap. III.2.6.

Gesamtschau beider Säulen beruhen. Aus der Kombination von Monetärer Analyse und breit fundierter Beurteilung der Preisentwicklung ergeben sich naturgemäß Intransparenzen. Befürworter einer monetären Orientierung werden die Hinnahme von Abweichungen vom Referenzwert bei der Zwei-Säulen-Strategie für intransparent halten. Entsprechendes gilt für Anhänger von Inflationszielen, denen deren „inkonsequente" Verfolgung bei der Zwei-Säulen-Strategie als intransparente Geldpolitik erscheint. In Abhängigkeit der jeweils favorisierten Strategie werden die Informationen über die Zwei-Säulen-Strategie einerseits als unzureichend und andererseits als zu komplex kritisiert. Die Klage ist hier letztlich Folge eines Dissens auf der theoretischen Ebene. Die Transparenzproblematik ist damit im Mischkonzept angelegt (ähnlich auch Blinder et al., 2001, 77). Die Vorgabe unterschiedlicher Zeithorizonte für die beiden Säulen – eher langfristig bei der Monetären Säule, eher kurzfristig bei der Wirtschaftlichen Säule – wirkt hier eher noch zusätzlich verwirrend.

Gegen beide Positionen lassen sich aus theoretischer und empirischer Sicht Einwände erheben: Gegen die Transparenzannahme einer Inflationszielstrategie sprechen schon allein die Komplexität der zu berücksichtigenden Variablen und die unzureichend bekannten time-lags geldpolitischer Impulse, so dass diese Strategie für die Öffentlichkeit eher als inhärent intransparent erscheint (siehe Kapitel III.2.4.2). Undurchsichtig muss für die Öffentlichkeit auch bleiben, dass unter Ökonomen unumstritten ist, dass Inflation langfristig von der Geldmengenentwicklung bestimmt wird, diese Größe aber konzeptionell kaum mehr eine Rolle zu spielen scheint. Ein Geldmengenkonzept zeichnet sich hingegen durch theoretische Klarheit aus. Diese Klarheit verliert aber in der Öffentlichkeit an Überzeugungskraft, wenn sie sich in der tatsächlichen Entwicklung der Geldmenge (im Vergleich zum Referenzwert und zur Inflationsrate) nicht widerspiegelt[51] und der Öffentlichkeit die Ursachen hierfür unklar bleiben.

Gegenüber der Kritik mangelnder Transparenz ist allerdings darauf hinzuweisen, dass das Eurosystem seine geldpolitischen Entscheidungen in einem Umfeld erheblicher *Unsicherheit* über die aktuelle und zukünftige Wirtschaftslage und ihrer Wirkungsweise zu treffen hat. Diese Unsicherheiten betreffen

(1) Qualität und Verfügbarkeit von Informationen über die wirtschaftliche Entwicklung (Datenunsicherheit);

(2) die für die Transmissionsmechanismen der Geldpolitik relevanten strukturellen Beziehungen (Modellunsicherheit);

---

[51] Das Eurosystem hätte allerdings Erfahrungen der Deutschen Bundesbank nutzen können, die mit der Einführung des Geldmengenkonzepts im Jahre 1975 für die Geldmenge ein jährliches Punktziel setzte und dieses wegen Zielverfehlungen 1979 zugunsten einer Korridorvorgabe aufgab. Allerdings hätte auch ein relativ breiter Korridor von ± 2 % seit 2005 keine Treffsicherheit herbeigeführt.

(3) die aus den wechselseitigen Beziehungen zwischen Zentralbanken und privaten Akteuren resultierenden Erwartungen und Verhaltensweisen (Parameterunsicherheit).

Angesichts solcher Daten-, Parameter- und Modellunsicherheiten ist festzuhalten, dass die der Intransparenz geziehenen geldpolitischen Handlungsträger offenbar selbst einem Transparenzproblem gegenüberstehen. Das Eurosystem müsste mithin Transparenz für etwas schaffen, was es selbst nur unzureichend kennt.

Es ist jedoch nicht nur fraglich, ob die Forderung nach Transparenz im Sinne präziser Informationen überhaupt eingelöst werden kann. Transparenz mittels Publikation von mehr Informationen durch die Zentralbank kann durchaus auch ein zweischneidiges Schwert sein. Morris und Shin (2002) unterscheiden in diesem Zusammenhang zwei Fälle: Möchte die Zentralbank bestimmte Verhaltensweisen induzieren und ist sie alleinige Quelle der Informationen, wird deren Publikation für die privaten Akteure handlungsleitend sein. Je präziser diese Informationen, desto wirksamer die Geldpolitik. Bestehen jedoch – wie in der realen Welt – mit Finanzmarktanalysten und Wirtschaftskommentatoren auch private Informationsquellen, konkurrieren diese mit den „amtlichen" (der Zentralbank). Möglicherweise werden letztere durch – genauere – private sogar verdrängt. Je besser der private Sektor bereits aus privaten Quellen informiert ist, desto höher sind die Genauigkeitsanforderungen an weitergehende „amtliche" Informationen. Besteht kein Verlass auf höhere Genauigkeit, können weitergehende Informationen durch die Zentralbank kontraproduktiv sein.

Auch Jensen (2001) bezweifelt, dass erhöhte Transparenz schlechthin die Interpretation der Geldpolitik verbessert. Mit Transparenz verbindet er jedoch nicht einfach mehr und präzisere Informationen. Vielmehr versteht er darunter alle institutionellen Merkmale, die die Erwartungsbildung des privaten Sektors über die zukünftige Geldpolitik und damit über die zukünftige wirtschaftliche Entwicklung erleichtert. Je höher die Transparenz in diesem Sinne, desto empfindlicher reagieren erwartungsabhängige Variablen wie beispielsweise Wechselkurse, Aktienkurse, Inflationsraten und Zinsen auf Änderungen der Geldpolitik. Bei geringer Glaubwürdigkeit einer Zentralbank hinsichtlich konsequenter Verfolgung der Preisstabilität ist Transparenz vorteilhaft. Sie wirkt beispielsweise gegenüber zu expansiven geldpolitischen Maßnahmen über steigende Inflationserwartungen – und damit beschleunigter Inflation – quasi im Rückkoppelungsprozess disziplinierend. Bei hoher Glaubwürdigkeit hingegen bedarf es dieser Disziplinierung nicht. Im Falle makroökonomischer Schocks kann Transparenz dergestalt zur Zwangsjacke werden, dass eine angemessene geldpolitische Reaktion zugunsten einer „exzessiven Inflationsabneigung" unterbleibt. Der optimale Grad der Transparenz impliziert deshalb für die Geldpolitik einen trade off zwischen Glaubwürdigkeitsgewinn und Flexibilitätsverlust (ähnlich Cukierman, 2001, 41).

Wenn auch im Regelfall davon ausgegangen werden kann, dass Transparenz als Beitrag zur Glaubwürdigkeit die Effizienz der Geldpolitik erhöht, so zeigen die vorstehenden theoretischen Überlegungen doch, dass dies nicht notwendigerweise der Fall ist. Zudem kann Intransparenz auch von der Zentralbank aus politischen Gründen gewollt sein. So ist Mishkin (2007, 327) der Ansicht, dass das Fed in der Vergangenheit – und teilweise noch immer – bei seinen geldpolitischen Aktionen intransparent war, um Konflikte mit dem Kongress und dem Präsidenten zu vermeiden.

Die Transparenzdiskussion wird weiterhin durch ein sehr heterogenes Transparenzverständnis erschwert. Perfekte Informationen sind nicht möglich und diesbezügliche Transparenzforderungen deshalb nicht einlösbar. Zudem ist zu beachten, dass mehr Information nicht notwendigerweise mehr Transparenz bedeutet. Informationen sind immer zu interpretieren im Lichte bestimmter Theorien. Solange kein Konsens über die „richtige" ökonomische Theorie besteht, sind Informationen immer mehr oder weniger transparent. Mehr Informationen und höherer Präzisierungsgrad garantieren angesichts unterschiedlichen theoretischen Vorverständnisses und unterschiedlicher nationaler Erfahrungen keineswegs ein allgemein besseres Verständnis des Kurses der einheitlichen Geldpolitik. Immerhin deutet die Mehrzahl neuerer theoretischer und empirischer Analysen zur geldpolitischen Bedeutung von Transparenz auf einen eher positiven Einfluss hin (van der Cruijsen/Eijffinger, 2007, 23f.). Transparenz fördert die Vorhersehbarkeit geldpolitischer Entscheidungen, begünstigt die Erwartungsstabilisierung und trägt zu geringerer Volatilität der Zinsen und niedrigerem Zinsniveau bei.

Trotz dieser positiven Tendenzen bleiben Ungewissheiten und es erscheint deshalb sinnvoll, dass die Zentralbank Transparenz in dem Sinne schafft, dass sie das Publikum von der Angemessenheit ihrer Entscheidungen zu überzeugen versucht. Transparenz bezieht sich hier „nur" auf die wirksame Kommunikation über den geldpolitischen Entscheidungsprozess. Ebensowenig wie sich im Detail die Komplexität der Entscheidungsgrundlagen vermitteln lässt, kann auch keine vollständige Transparenz über den geldpolitischen Entscheidungsprozess geschaffen werden. Angesichts der Vielfalt von Daten, Beurteilungen, Präferenzen und Entscheidungsverfahren ist ein Rest von „black box" oder „grey box" unvermeidbar. Dies gilt für das Verstehen durch die Öffentlichkeit gleichermaßen wie für das Entscheiden durch die Zentralbank. Transparenz kann hier als Ergebnis eines Kommunikationsprozesses angesehen werden und meint letztlich „eine gemeinsame Sprache" von Öffentlichkeit und Zentralbank. Klarheit und Ehrlichkeit[52] in der Präsentation und Interpretation von Informationen sind hierzu unerlässlich. Nach eigenem Selbstverständnis hat die EZB (2000d, 51) „die Forderung nach Klarheit und Einfachheit einerseits und nach Offenheit und Ehrlichkeit andererseits in Einklang gebracht". Bei dem sehr unterschiedlichen Verständnis von Transparenz wird dieser Anspruch aber schwerlich allgemeine Zustimmung finden.

---

[52] „Eine Zentralbank sollte sagen, was sie tut, und tun, was sie sagt" (EZB, 2001e, 67).

Ein ähnliches Problem wird aufgeworfen, wenn die Zentralbank Forderungen nach vermehrten Hinweisen über den zukünftigen geldpolitischen Kurs und zugrunde liegende Risikoabschätzungen nachkäme. Auch dies ist ein zweischneidiges Schwert. Den (vermeintlich) verbesserten Entscheidungsgrundlagen für die Marktakteure steht das Glaubwürdigkeitsrisiko gegenüber, wenn angesichts aktueller (etwa konjunktureller) Entwicklungen eine gegenüber den perspektivischen Hinweisen abweichende Kurskorrektur erforderlich wird. Sind die zukunftsbezogenen Hinweise von den Märkten (Finanzmärkte, Devisenmärkte) aber bereits in entsprechende Kursentwicklungen umgesetzt („eingepreist") worden, kann die Korrektur zu erheblicher Verunsicherung beitragen.

Es dürfte kaum möglich sein die für eine erfolgreiche Geldpolitik optimale Transparenz anzugeben. Die Relevanz des Problems wird aber immerhin von empirischen Studien unterstrichen, die zeigen, dass und wie Verlautbarungen der Zentralbank von Finanzmärkten aufgenommen werden. Zugrunde liegen *„Wording-Indikatoren"*, die auf der Basis von sog. Code-Wörtern der monatlichen „Einleitenden Bemerkungen" des Präsidenten der EZB entwickelt und als Richtungssignale (restriktiv, expansiv, neutral) für die zukünftige Geldpolitik interpretiert werden. Heinemann und Ullrich (2005) finden, dass der „Wording-Indikator" die Vorhersagekraft einer Taylor-Rule (siehe Kap. III.4.3) zwar nicht ersetzen kann, seine Einsetzung in die Taylor-Gleichung wohl aber die Vorhersagekraft signifikant erhöht. Auch Lamla und Rupprecht (2006) knüpfen an den monatlichen Verlautbarungen an und fragen nach der Wirkung der darin identifizierten Signale auf die Finanzmärkte. Sie stellen eine den Signalen entsprechende Veränderung der zeitlichen Zinsstruktur für einen Zeithorizont von drei Monaten bis zwei Jahren fest.

Wenn Zentralbanken generell und das Eurosystem angesichts der spezifischen Ausgangsbedingungen im Besonderen in einem Umfeld der Unsicherheit über aktuelle und insbesondere zukünftige Entwicklungen handeln (müssen), stellt sich die Frage nach der unter solchen Bedingungen optimalen Geldpolitik. Empirische Beobachtungen zeigen, dass Zentralbanken bei Zinsänderungen weithin zu vorsichtigem Vorgehen in kleinen Schritten neigen („interest rate smoothing"). Bei Unsicherheit mag ein derartiges Verhalten zwar intuitiv plausibel erscheinen. Theoretische Analysen verdeutlichen jedoch, dass aggressivere anstatt vorsichtig-graduelle Reaktionen der Geldpolitik auf beispielsweise Nachfrageschocks keinen Attentismus aufkommen lassen und deshalb in gewissen Fällen dem Optimalitätsanspruch eher gerecht werden können (siehe etwa Söderström, 2000). Wenn die Zentralbanken gleichwohl den (theoretisch) „suboptimalen" Weg beschreiten, kann hierfür verantwortlich sein, dass zu den Daten-, Modell- und Parameterunsicherheiten noch eine weitere Unsicherheit tritt: die durch die Geldpolitik selbst erzeugte Unsicherheit. Es ist sicher nicht auszuschließen, dass entschlossenere Zinsschritte in bestimmten Situationen (etwa im Falle andauernder Inflationserfahrungen) Unsicherheit über Kurs und Folgen der Geldpolitik besser abzubauen vermögen als vorsichtig-graduelle Zinsänderungen. Aus der

Sicht der Zentralbanken erscheint allerdings die Befürchtung nicht unbegründet, dass aggressiveres Vorgehen mehr zur Verunsicherung beiträgt. Hinzu kommt ein möglicher Glaubwürdigkeitsverlust. Vorsichtig-graduelles Vorgehen kann sich als „zu spät und zu wenig", aggressives Vorgehen als überzogen erweisen. Im ersten Falle müsste in kleinen Schritten „nachgebessert", im zweiten Falle eine Richtungsänderung eingeschlagen werden. (Häufige) Richtungswechsel können von den Marktteilnehmern jedoch als Zeichen verstanden werden, die Zentralbank habe die Geldpolitik nicht unter Kontrolle. Auch an dieser Stelle wird deutlich, wie wichtig die Kommunikation mit der Öffentlichkeit über die Angemessenheit des geldpolitischen Kurses ist.

Zu den angemahnten Defiziten im Kommunikationsprozess gehört auch die (unerfüllte) Forderung nach Veröffentlichung der Protokolle der Ratssitzungen der EZB. Diese Forderung ist auch eine Folge der Unabhängigkeit, die vielen Notenbanken in den letzten Jahren zugestanden wurde. Der EZB-Rat hat hingegen auf die Besonderheiten des Eurosystems als supranationale Notenbank verweisend dagegen entschieden. Diskussionen im EZB-Rat könnten durchaus anders verlaufen, wenn Sitzungsprotokolle veröffentlicht würden. Es wird befürchtet, dass mit der Veröffentlichung des Abstimmungsverhaltens einzelner Mitglieder Interessen einer Renationalisierung der Geldpolitik Vorschub geleistet werden könnte. Die Entscheidungen mancher Mitglieder könnten eher von politischen oder persönlichen anstatt fachlichen Überlegungen geleitet werden. Zudem ist nicht auszuschließen, dass die nationalen Regierungen im Sinne nationaler Interessen Druck auf „ihre" EZB-Ratsmitglieder auszuüben versuchen, was den Unabhängigkeitsstatus in Frage stellen könnte. Ob die Effizienz der Geldpolitik durch die Veröffentlichung der Einzelvoten anstatt des Mehrheitsvotums steigt, ist umstritten. Einerseits wird die individuelle Zuordnung als vorteilhaft herausgestellt, weil in diesem Falle die individuelle geldpolitische Kompetenz deutlich würde. Dies könnte zugleich als Ansporn wirken, da die beruflichen Aussichten nach Ablauf der Amtszeit hierdurch maßgeblich beeinflusst werden. Wettbewerbsdruck durch Veröffentlichung des Abstimmungsverhaltens kann die Kompetenz des Zentralbankrats insgesamt erhöhen. Andererseits ist nicht von der Hand zu weisen, dass sich die öffentliche Diskussion mehr mit dem Entscheidungsverhalten einzelner Mitglieder und deren Nationalität beschäftigt als mit dem Beschluss des EZB-Rats selbst.

Mit der Diskussion der Zweckmäßigkeit oder Notwendigkeit der Veröffentlichung von individuellem anstatt kollektivem Abstimmungsverhalten wird nicht nur die Frage geldpolitischer Effizienz angesprochen, sondern auch die nach der Reichweite von *Rechenschaftspflicht* (accountability) und *Verantwortlichkeit* (responsibility).

2.3.2 Transparenz, Rechenschaftspflicht und Verantwortlichkeit

Beim bislang erörterten Ast der Transparenzdiskussion stand die Effizienz der Geldpolitik im Vordergrund. Ein anderer Strang der Diskussion betrifft die demokratische Rechenschaftslegung, deren Reichweite und die Frage nach der endgültigen Verantwortung für die Geldpolitik. Die Ausprägung der institutionellen Arrangements ist allerdings nicht nur eine Frage des demokratischen Selbstverständnisses, sondern hat ihrerseits wiederum Folgen für die Effizienz der Geldpolitik im Sinne der Erreichung von Preisstabilität.[53]

Mit der Unabhängigkeit der Europäischen Zentralbank und der nationalen Zentralbanken von Weisungen Dritter sehen nicht wenige Kritiker demokratische Prinzipien verletzt. Eijffinger und Hoeberichts (2000, 1) weisen gegen die pauschale Kritik jedoch zu Recht darauf hin, dass die Unvereinbarkeit von Unabhängigkeit und Demokratieprinzip nur dann zuträfe, wenn die Zielbestimmung ins Ermessen des Eurosystems fiele. Mit der politischen Vorgabe des Primärziels der Preisstabilität trifft dies offenkundig nicht zu. Die EZB besitzt Instrumentenunabhängigkeit, nicht Zielunabhängigkeit. Eine demokratische Rechenschaftspflicht hat sich deshalb auf die betriebene und zukünftig zu verfolgende Geldpolitik zu beziehen. Nach der Satzung des Europäischen Systems der Zentralbanken und der Europäischen Zentralbank sind der EZB Informationspflichten auferlegt. Mindestens vierteljährlich hat die EZB Tätigkeitsberichte über ihre Aktivitäten vorzulegen. Adressaten des Berichts sind das Europäische Parlament, die EU-Kommission, der EU-Rat und der Europäische Rat – und mit dieser Breite schließlich die gesamte interessierte Öffentlichkeit.

Allerdings hat die EZB von Anfang an im Interesse größerer Transparenz ihre externe Kommunikation über das rechtlich notwendige Maß ausgedehnt. Sie publiziert anstatt eines Quartalsberichts einen Monatsbericht und gibt zudem regelmäßig Pressekonferenzen. Die Pressekonferenzen finden normalerweise unmittelbar im Anschluss an die erste EZB-Ratssitzung im Monat statt. Zu seinen „Einleitenden Bemerkungen" gibt der EZB-Präsident eine aktuelle und ausführliche Zusammenfassung der geldpolitisch relevanten Beurteilung der wirtschaftlichen Entwicklung durch den EZB-Rat. Sie dienen der direkten Kommunikation mit Medienvertretern.[54] Die über die Rechenschaftspflicht hinausgehende Berichtspraktik soll nach dem Selbstverständnis der EZB (2001e, 68)

(1) „das Vertrauen der Öffentlichkeit in das Eurosystem und seine Maßnahmen in den Teilnehmerländern und darüber hinaus stärken und

(2) einen Beitrag zu einer wirksamen und erfolgreichen Geldpolitik leisten."

---

[53] Siehe hierzu auch Schich/Seitz (2000).
[54] Die Inhalte der Pressekonferenzen werden sofort ins Internet gestellt und sind damit allgemein zugänglich. Zu erwähnen ist hier auch die große Zahl von Daten, Diskussionspapieren und sonstigen Veröffentlichungen, die Interessenten im Internet unentgeltlich zur Verfügung stehen.

Box IV.2.3: Transparenz in der Geldpolitik: Internationale Vergleiche

	U.S. Federal Reserve	Bank of Japan	Eurosystem	Bank of England	nachrichtlich: Bundesbank
Ziele					
Festlegung eines vorrangigen Endziels	Nein	Preisstabilität	Preisstabilität	Preisstabilität	Preisstabilität
Quantifizierung des Endziels	Nein	Nein	Quantitative Definition durch EZB-Rat	Inflationsziel der Regierung	Mittelfristige Preisannahme[a]
Strategie					
Bekanntgabe und Begründung der geldpolitischen Strategie	Nein	Nein	Zwei-Säulen-Strategie	Inflation Targeting	Geldmengenstrategie
Bekanntgabe eines Zwischenziels	Nein	Nein	Nein	Inflationsprognose als Zwischenzielersatz	Geldmengenziel
Bekanntgabe herausgehobener Indikatoren	Nein	Keine spezifischen	Längerfristiger Referenzwert für M3-Wachstum	Keine spezifischen	–
Daten und Prognosen					
Veröffentlichung von Daten über Zwischenziele/Indikatoren	Ja	Nein	Ja	Ja	Ja
Erläuterungen möglicher Abweichungen	Nein	Ja	Nein	Ja	Ja
Veröffentlichung einer Inflationsprognose und Erläuterung von Zielabweichungen	Zweimal im Jahr[b]	Nein	Von Experten des Eurosystems erstellte Projektionen	Vierteljährlich	Nein
Entscheidungen					
Bekanntgabe der geldpolitischen Beschlüsse	Ja	Ja	Ja	Ja	Ja
Richtungsaussagen zur künftigen Zinspolitik	Risikobewertung	Nein	Gelegentlich	Nein	Nein
Kommunikationsmittel					
Parlamentarische Anhörung	Mindestens 2x im Jahr	Mindestens 2x im Jahr	Mindestens 4x im Jahr	Regelmäßig[c]	Nein
Berichte zur Wirtschaftslage und zur Geldpolitik[d]	Halbjahresbericht (Monatsbericht)	Monatsbericht	Monatsbericht	Vierteljährlicher Inflationsbericht	Monatsbericht

Pressekonferenzen zur Wirtschaftslage und zur Geldpolitik	Nein	Monatlich[e]	Monatlich[f]	Vierteljährlich zum Inflationsbericht	Zu bestimmten Anlässen[g]
Publikation der Sitzungsprotokolle	Nach sechs bis acht Wochen	Nach ca. einem Monat	Nein	Nach zwei Wochen	Nein
Publikation des Abstimmungsverhaltens der einzelnen Mitglieder	Nach sechs bis acht Wochen	Nach ca. einem Monat	Nein	Nach zwei Wochen	Nein

Quelle: Deutsche Bundesbank, 2000b; EZB, 2002e, 55, 58; eigene Ergänzungen; Eijffinger/Geraats, 2006.

Anmerkungen:
[a] Im Rahmen der Ableitung des Geldmengenziels.
[b] Im Rahmen der Berichte, die der Präsident des Federal Reserve Board nach dem Humphrey-Hawkins-Act vor dem Kongress abzugeben hat.
[c] Außerdem Rechenschaftspflicht des Zentralbankgouverneurs gegenüber der Regierung, wenn die Inflation das Zielband verlässt.
[d] Alle hier aufgeführten Notenbanken veröffentlichen zudem einen Jahresbericht.
[e] Am zweiten Werktag nach der monatsersten Sitzung des Policy Board.
[f] Unmittelbar im Anschluss an die erste EZB-Ratssitzung des Monats.
[g] Zur Bekanntgabe und Überprüfung des Geldmengenziels sowie nach wichtigen geldpolitischen Beschlüssen.

Zur Stärkung der Glaubwürdigkeit wird es als wünschenswert erachtet, dass über die Geldpolitik im Euroraum „mit einer Stimme" gesprochen wird. Wenn Entscheidungen des EZB-Rats tatsächlich im Konsens getroffen werden, wäre die Veröffentlichung des individuellen Abstimmungsverhaltens natürlich überflüssig. Aber auch einem Konsens gehen in der Regel umfangreiche und teilweise kontroverse Diskussionen voraus. Hierüber würde die Publikation der Sitzungsprotokolle Aufschluss geben. Das Eurosystem lehnt dies – wie im letzten Unterabschnitt bereits ausgeführt (siehe auch Box IV.2.3) – jedoch ab.

Als Komplement demokratischer Rechenschaftspflicht der Zentralbank kann schließlich die letzte Verantwortlichkeit für die Geldpolitik angesehen werden. Hierzu zählen die Beziehungen zum Parlament, Möglichkeiten des Umstoßens geldpolitischer Entscheidungen durch politische Instanzen und die Entlassungsmodalitäten des Zentralbank-Präsidenten. Eine Rechenschaftspflicht (Erläuterung und Rechtfertigung der betriebenen Geldpolitik) der Zentralbank gegenüber dem Parlament kann durchaus als Ausdruck demokratischen Selbstverständnisses angesehen werden. Anders als früher die Deutsche Bundesbank hat die EZB gegenüber dem Parlament Informationspflichten, und zwar in Form der obligatorischen Vorlage des Jahresberichts. Darüber hinaus kann das Europäische Parlament Mitglieder des Direktoriums einbestellen. Zur Berichterstattungpflicht gehört auch, dass der Präsident der EZB einmal im Vierteljahr dem Ausschuss für

Wirtschaft und Währung des Europäischen Parlaments Rede und Antwort steht (zu den Details siehe EZB, 2002e, 57–60).

In demokratisch verfassten Staaten rührt die letzte geldpolitische Verantwortung des Parlaments daher, dass es für die gesetzliche Basis der Zentralbank zuständig ist. Dass demokratisch gewählte Politiker in diesem Sinne die Geldpolitik kontrollieren, gilt allerdings nicht für das Europäische Parlament. Diese Kompetenz liegt auch nicht bei einzelnen nationalen Parlamenten, die zwar im Rahmen des Europarechts über das nationale Zentralbankgesetz, nicht aber über das supranationale der EZB entscheiden können. Auf europäischer Ebene wäre eine Änderung des Gemeinschaftsrechts erforderlich, der alle nationalen EU-Parlamente zustimmen müssten.[55] Wegen der (bislang) begrenzten Kompetenz des Europäischen Parlaments besteht auch keine Möglichkeit politischer Intervention bei erfolgloser Geldpolitik (= mangelnde Zielerreichung). Auch eine vorzeitige Entlassung des EZB-Präsidenten wegen geldpolitischer Erfolglosigkeit[56] ist nicht vorgesehen.

Geht man vom Eigenwert demokratischer Prinzipien aus und zählt man zu diesen Prinzipien Informations- und Rechenschaftspflichten einer Zentralbank gegenüber dem Parlament und der allgemeinen Öffentlichkeit, so sind deutliche Defizite des Eurosystems im Vergleich zu anderen Zentralbanken (z.B. der englischen) vorhanden. Diese Unterschiede werden jedoch minimal, wenn man die freiwilligen Informations- und Rechenschaftsaktivitäten der EZB einbezieht.[57] Ein großer Unterschied bleibt jedoch insoweit, als die Möglichkeit der Einflussnahme von demokratisch legitimierten Instanzen durch Anweisungen oder Gesetzesänderungen auf das Eurosystem beispielsweise im Vergleich zum Federal Reserve sehr gering ist. Dies ist teilweise Folge der noch schwachen politischen Integration in Europa – eine den nationalen Regierungen vergleichbare EU-Regierung gibt es nicht –, teilweise aber auch Folge konfligierender Zielsetzungen zwischen Demokratieprinzip einerseits und Unabhängigkeit der Zentralbank andererseits. Hinter der Entscheidung im EU-Vertrag zugunsten der Unabhängigkeit stehen empirisch begründete Erfahrungen eines positiven Zusammenhangs zwischen Unabhängigkeit von Zentralbanken und stabilitätsorientierter Geldpo-

---

[55] Diese (Un-)Zuständigkeitsregelung könnte ein gewisses Substitut für die von von Hayek (1977) geforderte Währungskonkurrenz sein, um zu vermeiden, dass – wie in der Vergangenheit – nationale Regierungen sich „ihrer" Zentralbank bemächtigen und Staatsinflationen entfachen. (Siehe hierzu Görgens, 2002, 32, 53 sowie Görgens/Ruckriegel, 2007a, 18).

[56] Diese Möglichkeit besteht in Neuseeland, wo der Zentralbank-Gouverneur unter vorab festgelegten Bedingungen wegen unzureichender Zielrealisierung vorzeitig entlassen werden kann.

[57] Vgl. hierzu die tabellarische Übersicht bei Eijffinger/Hoeberichts (2000, 8); Schich/Seitz (2000) sowie Box IV.2.3. Nach einer Zusammenstellung verschiedener Transparenzindikatoren gelangen Gros et al. (2001, 68) zu dem Ergebnis, dass das Eurosystem hinsichtlich der (formalen) Transparenz knapp hinter der Bank of England, aber deutlich vor den Zentralbanken Kanadas, der USA, Deutschlands und Japans rangiert. In einer anderen Gruppierung (Eijffinger/Geraats, 2006, 8f.) rangiert die EZB hinter den Zentralbanken von England, Neuseeland und Schweden, aber vor denen Australiens, Japans, der Schweiz und der USA.

litik. Geht man von diesem empirischen Sachverhalt aus, wären steigende Inflationserwartungen der Preis für stärkere demokratische Einflussnahme. Dies aber würde die Glaubwürdigkeit des Eurosystems möglicherweise mehr beschädigen als der Glaubwürdigkeitsgewinn beträgt, den die EZB durch Informations- und Rechenschaftsbemühungen zu erzielen trachtet.

Eine spezielle Facette der Transparenz- und Erwartungsproblematik kann sich daraus ergeben, dass selbst bei Glaubwürdigkeit des Eurosystems in Bezug auf Verfolgung und Erreichung des Preisstabilitätsziels neue Unsicherheiten für die Wirtschaftssubjekte durch die Währungsunion entstehen. Die EWU stellt für sich eine Innovation dar, deren Funktionsweise und Bedeutung für das Bankensystem (einschließlich Eurosystem) und für viele Konsumenten und Investoren nicht hinreichend klar ist. So können Irritationen dadurch entstehen, dass die Wirtschaftssubjekte gewohnheitsmäßig in nationalen Kategorien denken, das Eurosystem aber in europäischen Kategorien handelt. Unterschiedliche Beeinträchtigungen der Übertragung geldpolitischer Impulse infolge abweichender Einschätzungen und Bewertungen des Neuen können daher nicht ausgeschlossen werden. Wie wahrscheinlich ist es etwa, dass die Öffentlichkeit in Ländern, die in der Vergangenheit relativ hohe Inflationsraten hatten (z.B. Italien, Spanien, Portugal), von einer vergangenheitsorientierten, eher hohe Inflationsraten implizierende, dauerhaft auf eine zukunftsgerichtete, an Preisstabilität bzw. niedrigen Inflationsraten orientierte Erwartungsbildung übergehen? Reichen die Inflationssenkungen der letzten Jahre zur Korrektur der Inflationserwartungen bereits aus? Werden Nicht-Ahndungen der Verletzung des Stabilitäts- und Wachstumspaktes beispielsweise durch Deutschland und Frankreich im Jahre 2003 Instabilitätserwartungen hervorrufen, die in die Preis- und Lohnforderungen eingehen? Das Eurosystem kann solche Unsicherheiten nur begrenzt abbauen. Hinzu kommt schließlich noch die Unsicherheit über die Auswirkungen der Aufnahme neuer Mitgliedsländer in die EU und später in die EWU.

2.4 Konvergenz in der EWU? – Makroökonomische Indizien

Empirische Wirkungsanalysen der einheitlichen Geldpolitik anhand „echter" EWU-Daten sind angesichts des kurzen Beobachtungszeitraums bislang selten. Ableitungen mehr oder weniger unterschiedlicher Transmissionsprozesse bei einheitlichen monetären Impulsen beruhen daher häufig auf Simulationsrechnungen, die für einzelne Länder und für die Zeit vor Einführung der Währungsunion modelliert wurden und deren andauernde Gültigkeit beziehungsweise Angemessenheit für andere Länder oder die neue Ländergruppe offen ist.[58] So rechnen manche Autoren (Hallet/Warmedinger, 1998; Ehrmann, 2000a) mit ver-

---

[58] Dies soll nicht heißen, dass diese Befunde gänzlich irrelevant sind, denn Verhaltensweisen verändern sich erfahrungsgemäß nur allmählich. Aber die Währungsunion der 15 Mitgliedsländer ist nicht die Summe der 15 Länder vor der Währungsunion.

stärkt asymmetrischen Entwicklungen bei Produktion, Beschäftigung und Inflation zwischen den Mitgliedsländern. Die divergierenden Prozesse resultieren beispielsweise daraus, dass in den Wirkungskanälen monetärer Impulse (kurzfristige) Zinssätze und Wechselkurse als nationale Anpassungsvariablen entfallen. Die für alle Mitgliedsländer gleichen Geldmarktsätze beziehungsweise deren Veränderung durch das Eurosystem führen – wenn die „alten Elastizitäten" weiterhin gelten(!)[59] – zu unterschiedlichen Inflationsraten (und damit unterschiedlichen Realzinsen) sowie zu zeitlich und in der Höhe abweichenden Produktions- und Beschäftigungsentwicklungen. So ergab sich beispielsweise bei niedrigeren Geldmarktsätzen in der EWU als vorher im Durchschnitt der Mitgliedsländer ein verstärkter Inflationsdruck in Italien, Spanien und Irland, während in den übrigen Ländern keine nennenswerten Änderungen festzustellen waren. Daraus resultieren unterschiedliche Realzinsen, Veränderungen der internationalen Wettbewerbsfähigkeit über Beeinflussung der realen Wechselkurse und möglicherweise divergierende Entwicklungen bei Produktion und Beschäftigung. Folglich ergäbe sich für die EWU statt erhöhter Konvergenz vermehrte Divergenz mit der Folge national notwendigerweise unterschiedlicher fiskal- und lohnpolitischer Reaktionsmuster oder (wirtschafts-)politischer Pressionen auf das Eurosystem. Skepsis erscheint gegenüber rascher Konvergenz jedenfalls angebracht.

Dass auch mit der EWU Inflationsunterschiede fortbestehen können, zeigen theoretische Überlegungen (*Balassa-Samuelson-Argument*) wie auch empirische Erfahrungen. Die unterschiedlichen Inflationsraten ergeben sich aufgrund von Produktivitätsunterschieden in den Sektoren *handelbarer* und *nicht-handelbarer Güter* (siehe Box I.3.1). Während bei den handelbaren Gütern sich die Inflationsraten innerhalb der EWU angleichen, können bei der anderen Gütergruppe Inflationsdifferenzen bestehen bleiben oder zeitweilig sogar zunehmen. Weitere Ursachen für unterschiedliche Inflationsraten sind in abweichenden Konjunkturverläufen zu sehen, die insbesondere über die nachfragebedingten Preisentwicklungen nicht-gehandelter Güter zu Inflationsdifferenzen führen. Schließlich ist auch zu bedenken, dass zwischen den Ländern des Euro-Raums noch teilweise erhebliche absolute Preisunterschiede bei einzelnen Gütergruppen bestehen bzw. bestanden, die mit ihrem allmählichen Verschwinden im Konvergenzprozess temporär Inflationsunterschiede bewirken. Die EZB (2003f, 8f.) macht weiterhin auf Anpassungen bei den indirekten Steuern in einzelnen Ländern sowie auf unterschiedliche strukturelle Rigiditäten wie Preis- und Lohnstarrheiten oder fehlenden Wettbewerb aufmerksam. Schließlich mag auch eine Rolle spielen, dass nach Erfüllung der Konvergenzbedingungen und Aufnahme in die EWU die Stabilisierungsbemühungen nachließen. Starke empirische Anhaltspunkte sprechen für den Einfluss unterschiedlicher Außenhandelsstrukturen

---

[59] Wenn also die Anpassungsmechanismen weiterhin Bestand haben, die auf Verhaltensweisen und Erwartungen aus der Zeit basieren, in der eine autonome Geldpolitik und Wechselkurskorrekturen noch möglich waren.

Tabelle IV.2.3: Reales Inlandsprodukt, Verbraucherpreise und Arbeitslosenquoten in den EWU-Ländern

	Bruttoinlandsprodukt					Verbraucherpreise[a]					Arbeitslosenquote[b]				
	Veränderungen gegenüber dem Vorjahr in %														
	1996/97	1998/99	2000/01	2002/03	2004/05	1996/97	1998/99	2000/01	2002/03	2004/05	1996/97	1998/99	2000/01	2002/03	2004/05
Belgien	2,4	2,7	2,2	1,3	2,1	1,8	1,0	2,6	1,6	2,2	9,6	9,3	6,8	7,9	8,4
Deutschland	1,1	1,9	1,9	-0,1	1,1	1,5	0,6	1,7	1,2	1,9	9,4	9,1	7,8	8,6	9,5
Finnland	4,9	4,5	3,2	1,7	3,2	0,9	1,4	2,9	1,7	0,5	13,8	10,8	9,5	9,1	8,6
Frankreich	1,7	3,0	3,0	1,1	2,3	1,7	0,7	1,8	2,1	2,1	12,4	11,6	8,9	9,1	9,7
Griechenland	3,0	3,3	4,2	4,3	4,2	6,8	3,4	3,3	3,7	3,3	9,7	11,3	10,7	10,0	10,2
Irland	9,5	9,2	8,2	5,2	4,9	2,6	2,3	4,7	4,4	2,3	10,8	6,7	4,1	4,6	4,4
Italien	1,3	1,5	2,5	0,2	0,6	1,8	1,9	2,5	2,7	2,3	11,7	11,6	9,9	8,5	7,9
Luxemburg	5,1	6,3	5,2	2,6	3,8	1,4	1,0	3,1	2,3	3,5	2,9	2,5	2,2	3,3	3,8
Niederlande	3,5	3,9	2,4	0,2	1,8	2,0	1,9	3,7	3,1	1,5	5,8	3,7	2,6	3,3	4,7
Österreich	1,7	2,8	2,2	1,0	2,2	1,4	0,7	2,2	1,5	2,1	4,4	4,2	3,7	4,3	5,0
Portugal	3,5	3,3	2,7	-0,2	0,8	2,5	2,2	3,6	3,5	2,3	7,1	4,9	4,1	5,7	7,2
Spanien	3,2	4,2	3,5	2,9	3,4	2,8	2,0	3,2	3,4	3,3	21,5	17,4	11,0	11,1	10,0
EWU[c]	2,3	2,6	2,6	0,9	1,7	1,9	1,1	2,3	2,2	2,2	11,6	10,5	8,2	8,5	8,8
Standardabweichung	2,3	2,1	1,8	1,7	1,4	1,5	0,8	0,9	1,0	0,8	4,9	4,1	3,3	2,7	2,4

Quelle: Sachverständigenrat, 2000; 2003 sowie European Commission, 2004.

Anmerkungen: [a] Harmonisierte Verbraucherpreisindizes, [b] Arbeitslose in % der Erwerbspersonen, standardisiert, [c] Bis 2000 ohne Griechenland.

und eines schwankenden Wechselkurses des Euro. Mitgliedsländer der EWU mit hohem Importanteil am BIP aus Nicht-EWU-Ländern sind bei einer Abwertung des Euro besonderem Kosten- und Preisdruck von der Importseite ausgesetzt (importierte Inflation), der sich in divergierenden Inflationsraten niederschlägt.

Eine nähere Auseinandersetzung mit vergangenen Einschätzungen soll hier ebensowenig wie der Versuch unternommen werden, abweichende Entwicklungen den verschiedenen Erklärungen zuzurechnen. Auch eine Aufteilung der abweichenden Entwicklungen auf unterschiedliche finanz- und realstrukturelle Ursachen soll – und kann – hier nicht versucht werden. Als vorläufiger Befund sei nur festgehalten, dass einzelne auf vergangene Entwicklungen gestützte Hypothesen etwa über die Streuung der Inflationsraten von ± 1 % bei einem Mittelwert von 2 % (Alberola-Ila/Tyrväinen, 1998, 46) als empirisch nicht bestätigt anzusehen sind. Wenn auch nicht gleichförmig und bei deutlicher Abweichung einzelner Mitgliedsländer, so können bei wichtigen makroökonomischen Kennziffern doch insgesamt konvergierende Tendenzen festgestellt werden. Sie sind besonders ausgeprägt bei den Arbeitslosenquoten (siehe Tabelle IV.2.3). Inwieweit diese Entwicklung EWU-spezifische Ursachen wie etwa finanzielle Integration, gemeinsame Währung, Wettbewerbsintensivierung hat oder eher Folge der allgemeinen Globalisierung ist, muss vorläufig noch offen bleiben.[60] Schon allein der Erfahrungshorizont ist hierfür noch kurz.

3 Zusammenfassung

Im Instrumentarium des Eurosystems spielen die Hauptrefinanzierungsgeschäfte die entscheidende Rolle. Es steuert hiermit unmittelbar die kurzfristigen Geldmarktsätze. Wie solche bei den Refinanzierungskosten der Geschäftsbanken ansetzenden monetären Impulse schließlich auf längerfristige Zinsen und darüber hinaus auf Konjunktur und Preisentwicklung wirken, ist Gegenstand vielfältiger theoretischer Erklärungsansätze, die unter Transmissionsmechanismen der Geldpolitik zusammengefasst werden. Es lassen sich verschiedene, meist komplementäre Wirkungskanäle unterscheiden:

- Im Mittelpunkt der transmissionstheoretischen Überlegungen stehen die durch Änderungen der Geldmarktsätze ausgelösten Arbitrageprozesse im finanziellen Sektor, die gleichgerichtete Entwicklungen bei den langfristigen Zinssätzen bewirken. Diese „normalen" Zinsbewegungen können allerdings durch Erwartungsänderungen und eine glaubwürdige Restriktionspolitik umgekehrt werden.

---

[60] Zu einer zurückhaltenden Einschätzung möglicher Kausalitäten siehe den Workshopbericht von Mongelli und Vega (2006).

- Neben den direkten Wirkungen, die von den zinsbedingten Änderungen auf die Finanzierungskosten und Ausgabenentscheidungen ausgehen, tragen Substitutions-, Einkommens-, Vermögens- und Wechselkurseffekte ebenfalls diese geldpolitischen Anstöße weiter und lösen Nachfrageveränderungen bei Investition, Konsum und Nettoexporten sowie Preiseffekte aus.

- Zu den traditionellen Transmissionsmechanismen tritt noch der Kreditkanal hinzu, in dem sich mengenmäßige Verstärkungseffekte insbesondere bei restriktiven geldpolitischen Maßnahmen manifestieren. Risiken im Sinne adverser Selektion und moral hazard können die Geschäftsbanken veranlassen, restriktive monetäre Impulse der Zentralbank nur begrenzt in ihren Kreditkonditionen weiterzugeben. Die Folgen sind Kreditrationierung und/oder Kreditselektion, die besonders zu Lasten kleiner und mittlerer Unternehmen sowie privater Haushalte gehen könnten.

- Des Weiteren kann der Transmissionsprozess auch durch Erwartungen erheblich modifiziert oder sogar ins Gegenteil verkehrt werden. Wenn von einer expansiven Geldpolitik ein beschleunigter Preisauftrieb erwartet und dieser ex ante in den Güter- und Faktorpreisen einkalkuliert wird, bleiben die geldpolitisch intendierten Produktions- und Beschäftigungseffekte aus. Ebenso kann eine entschlossene Restriktionspolitik der Zentralbank die Inflationserwartungen derart senken, dass die steigenden Geldmarktzinsen mit sinkenden Kapitalmarktzinsen einhergehen.

- Besondere stabilisierungspolitische Probleme können bei Existenz eines Kostenkanals erwachsen. Bei restriktiver Geldpolitik ist zwar mit „normalen" Produktionseinschränkungen zu rechnen, die Zinserhöhungen könnten jedoch wegen erhöhter Kapitalkosten zu Preissteigerungen führen, die den preisdämpfenden Effekt der geldpolitisch bedingten Nachfrageverringerung dominieren.

Spezielle Transmissionsprobleme könnten sich in der EWU infolge der in den Mitgliedsländern unterschiedlichen Finanzierungs- und realen Strukturen ergeben. Schwer abschätzbar sind mögliche Wirkungsbeeinträchtigungen, die mit dem innovativen Charakter des Eurosystems zusammenhängen. Informationsdefizite der monetären Institutionen ebenso wie die der geldpolitischen Adressaten könnten sich als Störfaktoren für die Geldpolitik erweisen. Dem Eurosystem wird in diesem Zusammenhang nicht selten mangelnde informationelle und konzeptionelle Transparenz und Undurchsichtigkeit des geldpolitischen Entscheidungsprozesses vorgehalten. Hierunter leide die Glaubwürdigkeit und damit letztlich auch die Wirksamkeit der Geldpolitik. Absolute Transparenz im Sinne vollkommener Information über die wirtschaftliche Situation sowie die Grundlagen und Abläufe der geldpolitischen Entscheidungen kann es allerdings nicht geben. Um Glaubwürdigkeit zu gewinnen, muss daher das Eurosystem versuchen, die Öffentlichkeit von der Angemessenheit der Geldpolitik zu überzeugen. Dies ist zugleich auch ein geeignetes Verfahren, um Unsicherheit der Marktteilnehmer zu verringern. Ob die 2003 vorgenommene Akzentverschiebung bei der geldpolitischen Strategie zu Lasten der Monetären Säule hierzu einen Beitrag leistet, erscheint zweifelhaft. Zudem erwachsen der EZB wegen der insbesondere seit 2005 den Referenzwert von 4½ % stark überschreitenden Geldmengenentwicklung zunehmende Erklärungsnotwendigkeiten gegenüber der Öffentlichkeit.

Wie gewichtig unterschiedliche Strukturen und Informationsdefizite für möglicherweise abweichende monetäre Transmissionsmechanismen in den Mitgliedsländern der EWU tatsächlich sind, ist umstritten. Die Ergebnisse ökonometrischer Schätzungen sind mit erheblichen Unsicherheiten behaftet: Sie basieren größtenteils auf „historischen" Verläufen. Zudem sind die ermittelten Transmissionsunterschiede zuweilen derart gering, dass sie im statistischen Unsicherheitsbereich liegen. Manche der bislang identifizierten Probleme mögen zudem zur Kategorie „Übergangsprobleme" gehören und durch Lernprozesse mit der einheitlichen Geldpolitik überwunden werden. In einigen Fällen können sich Effekte tendenziell ausgleichen wie etwa, wenn hohe Zinsreagibilität mit niedriger Verschuldung einhergeht. Wieder andere Probleme wie die sehr unterschiedlichen Finanzierungsfristen scheinen bereits der Vergangenheit anzugehören. Zudem dürfte der zunehmende europäische Wettbewerb weitere Angleichungen in den Finanzierungskonditionen bewirken. Dennoch wird sich das Eurosystem auch weiterhin auf Störfaktoren durch noch bestehende Heterogenitäten im finanziellen und realen Bereich zwischen den Mitgliedsländern der EWU einstellen müssen. Sollte es zu einer raschen Erweiterung der EWU über Slowenien, Malta und Zypern hinaus kommen, könnte allerdings die Bedeutung realer und finanzieller Heterogenitäten für divergierende Wirkungen der einheitlichen Geldpolitik spürbar zunehmen.

Kontrollfragen

1. Wie lässt sich die „normale" zeitliche Zinsstruktur erklären? Was ist eine inverse Zinsstruktur?

2. Wie kommt mittels Kapitalkosten-, Substitutions- und Einkommenseffekten die realwirtschaftliche Transmission geldpolitischer Impulse zustande?

3. Auf welche Weise unterstützt der Wechselkurskanal den Stabilitätskurs der Zentralbank?

4. Der Kreditkanal wird auch als „finanzieller Akzelerator" bezeichnet. Wodurch werden die Verstärkungen bewirkt?

5. Inwieweit können unterschiedliche Finanzierungsstrukturen in den Mitgliedsländern der EWU die Transmission monetärer Impulse beeinträchtigen?

6. Welche Faktoren begünstigen, welche beeinträchtigen die Glaubwürdigkeit des Eurosystems?

7. Was spricht für, was gegen eine Rechenschaftspflicht der Zentralbank gegenüber dem Parlament?

Weiterführende Literatur

Gute Übersichten vor allem über die „traditionellen" monetären Transmissionsmechanismen finden sich in den Lehrbüchern von:

Issing, O. (2007), Einführung in die Geldtheorie, 14.A., Vahlen, München.

Jarchow, H. J. (2003), Theorie und Politik des Geldes I, 11. A., Vandenhoeck & Ruprecht, Göttingen.

Mishkin, F. S. (2007), The Economics of Money, Banking and Financial Markets, 8.A., Addison-Wesley (Pearson International Edition).

Als kurze Überblicksartikel seien empfohlen:

Berk, J. M. (1998), Monetary Transmission: What do we know and how can we use it? Quarterly Review, Banca Nazionale de Lavoro, Nr. 205, S. 145-170.

Worms, A. (2004), Monetary Policy Transmission and the Financial System in Germany, in: Krahnen, J.P., Schmidt, R.H. (Hg.), The German Financial System, Oxford University Press, Oxford, S. 163-196.

Zur theoretischen und empirischen Fundierung des Kreditkanals sei beispielhaft verwiesen auf:

Bernanke, B.S., Gertler, M. (1995), Inside the Black Box: The Credit Channel of Monetary Policy Transmission, The Journal of Economic Perspectives, Vol. 9, S. 27-48.

Küppers, M. (2000), Banken in der geldpolitischen Transmission, Mohr Siebeck, Tübingen.

Speziellen Bezug zu Transmissionsproblemen in der EWU haben die Beiträge anlässlich eines von der Deutschen Bundesbank veranstalteten Symposiums:

Deutsche Bundesbank (Hg.) (2001), The Monetary Transmission Process. Recent Developments and Lessons für Europe, Palgrave, Chippenham.

Ferner seien zu diesem Problemkomplex empfohlen:

Angeloni I., Ehrmann, M. (2003), Monetary Transmission in the Euro Area: Early Evidence, Economic Policy, Vol. 37, S. 469-501.

European Central Bank (2007), Financial Integration in Europe, March 2007, insbesondere Kapitel 2.A, das einen knappen Überblick über Transmissionshypothesen und empirische Befunde gibt.

Zur umfangreichen Diskussion über die geldpolitische Strategie des Eurosystems, Fragen der Transparenz und Glaubwürdigkeit sei (aus Sicht der EZB) hervorgehoben:

Issing, O. (2005), Kommunikation, Transparenz, Rechenschaft – Geldpolitik im 21. Jahrhundert, Perspektiven der Wirtschaftspolitik 6 (4), S. 521-540.

Zur kritischen Auseinandersetzung siehe etwa:

Buiter, W. H. (1999), 'Alice in Euroland', Journal of Common Market Studies, Vol. 37, S. 181-209.

Eine sehr informative Übersicht über die theoretische und empirische „Transparenzliteratur" bieten:

Cruijsen, C. van der, Eijffinger, S. C. W. (2007), The Economic Impact of Central Bank Transparency: A Survey, CentER Discussion Paper 2007-06.

Verschiedene Aspekte der Unsicherheit und deren Rückwirkungen auf die Geldpolitik werden behandelt in:

Angeloni, I., Smets, F., Weber, A. A. (2000), Monetary Policy Making under Uncertainty, EZB und Center for Financial Studies, Frankfurt.

Kapitel V: Mögliche Störpotenziale für die Geldpolitik

„Die Frage, ob eine WWU errichtet werden soll, ist politisch zu entscheiden. Diese Entscheidung liegt in der Kompetenz und Verantwortung von Regierung und Parlament. Im Rahmen ihrer Beratungsaufgabe hat die Bundesbank schon frühzeitig darauf hingewiesen, dass die in einer Währungsunion auf Gemeinschaftsebene betriebene Geld- und Währungspolitik in ihren Wirkungen – insbesondere für den Geldwert – wesentlich von der Wirtschafts- und Finanzpolitik sowie dem Verhalten der Tarifpartner in allen beteiligten Ländern beeinflusst wird."

Stellungnahme des Zentralbankrates der Deutschen Bundesbank vom 23. Januar 1992[1]

„Da es gegenwärtig höchst unwahrscheinlich ist, dass in absehbarer Zeit ein förmliches internationales Wechselkurssystem ... unter Einbeziehung des Euro errichtet wird, hat der ER (der Europäische Rat, Anmerk. der Verf.) in Luxemburg vor allem auch die Frage erörtert, unter welchen Bedingungen allgemeine wechselkurspolitische Orientierungen angebracht sein könnten. Solche Orientierungen könnten sich insofern als problematisch erweisen, als die Wechselkurse in erheblichem Ausmaß von der Geldpolitik und der allgemeinen Wirtschaftspolitik beeinflusst sind und somit nicht als eine gesondert steuerbare Variable zur Verfügung stehen. Mithin dürften quantifizierte Wechselkursziele rasch in Widerspruch zu einer stabilitätsorientierten Zinspolitik geraten; ..."[2]

Eine erfolgreiche Geldpolitik bedarf einer adäquaten Strategie und effizienter Instrumente. Zusätzlich sind eine institutionelle Absicherung der Unabhängigkeit der Zentralbank und des Endziels der Preisstabilität sowie die Unterstützung durch die Bevölkerung nötig. Darüber hinaus erfordert der geldpolitische Erfolg aber auch eine, zumindest implizite, Abstimmung mit anderen Politikbereichen. Für die Situation in der Europäischen Währungsunion sind dabei vor allem die weiterhin in nationalen Händen verbleibenden Fiskal- und Lohnpolitiken sowie das vom EU-Ministerrat nach Art. 109 EG-Vertrag[3] unter Umständen festzulegende Wechselkurssystem für den € relevant. Auf diese Bereiche soll im Folgenden näher eingegangen werden.

---

[1] Deutsche Bundesbank, Informationsbrief zur Europäischen Wirtschafts- und Währungsunion Nr. 11 (Stellungnahmen der Deutschen Bundesbank zur Europäischen Währungsunion), April 1998, 11.
[2] Deutsche Bundesbank, Informationsbrief zur Europäischen Wirtschafts- und Währungsunion, Nr. 10 (Wechselkurspolitische Koordinierung, Wechselkurspolitik), Februar 1998, 11.
[3] Im Folgenden beziehen sich alle Verweise auf Artikel des EG-Vertrages auf seine durch den Vertrag von Amsterdam angepasste Fassung, die am 1. Mai 1999 in Kraft trat.

1 Finanzpolitik

"Eine von der Finanzpolitik unabhängige Geldpolitik ist möglich, solange die Staatsausgaben nur einen verhältnismäßig kleinen Teil aller Ausgaben bilden und die Staatsschulden (und insbesondere die kurzfristigen Verschuldungen) nur einen kleinen Teil aller Kreditmittel ausmachen. Heute ist diese Bedingung nicht mehr gegeben. Infolgedessen kann eine wirksame Geldpolitik nur in Koordination mit der Finanzpolitik der Regierung durchgeführt werden. Koordination bedeutet aber hier unvermeidlich, dass, sofern nominell unabhängige Währungsbehörden noch bestehen, sie ihre Politik tatsächlich der Politik der Regierung anpassen müssen." (Hayek, 1991, 412f.)

Dieses Zitat des Nobelpreisträgers F.A. Hayek legt die Vermutung nahe, dass über die staatliche Haushaltspolitik Interdependenzen zwischen der Fiskal- und der Geldpolitik bestehen. Innerhalb des Euro-Raumes geht es in diesem Zusammenhang sowohl um die nationalen Fiskalpolitiken als auch um die auf EU-Ebene durchgeführten (supranationalen) Maßnahmen. Zunächst werden in diesem Kapitel anhand der theoretischen Zusammenhänge zwischen Geld- und Fiskalpolitik die Grundlagen möglicher Konfliktfelder herausgearbeitet. In einem zweiten Schritt wird dann auf die institutionellen Regelungen des EG-Vertrages und des Stabilitäts- und Wachstumspaktes eingegangen, durch die die nationalen Haushaltspolitiken diszipliniert und die Konflikte abgeschwächt werden sollen. Dabei wird nochmals auf die finanzpolitischen Konvergenzkriterien bzgl. Schulden- und Defizitquote (siehe auch Kap. I.2) eingegangen.

1.1 Grundlegende theoretische Zusammenhänge zwischen Geld- und Fiskalpolitik

1.1.1 Staatsverschuldung und Inflation

Die Spannungen zwischen Geldpolitik und öffentlicher Haushaltspolitik lassen sich in Kurzform folgendermaßen beschreiben: Mit einem steigenden Anteil des Schuldendienstes (Zins- und Tilgungszahlungen) am gesamten Staatshaushalt wird der Handlungsspielraum der staatlichen Entscheidungsträger immer mehr eingeschränkt. Allein durch die Zinszahlungen entsteht eine Ausgabendynamik, die eine Rückführung der Schuldenquote erschwert. Da die Staatsverschuldung in der Regel nominal fixiert ist, entsteht für die Regierung ein Anreiz, sich durch inflationäre Politik dieser zunehmenden Belastung zu entledigen. Dies ließe sich durch eine übermäßig expansiv ausgerichtete Geldpolitik erreichen. Im Detail kommen dafür folgende Überlegungen zum tragen.

Den Ausgangspunkt bildet die *staatliche Budgetrestriktion* (in realer, d.h. preisbereinigter Form). Das reale staatliche *Defizit* in Periode t (D_t) entspricht der Differenz des realen Schuldenstandes B zwischen den Perioden t und $t-1$.

(1) $$D_t = B_t - B_{t-1} = (G_t - T_t) + (i - \pi) B_{t-1} \cdot$$

Ein Defizit in Periode t erhöht den staatlichen Schuldenstand B_t.[4] Der Staat muss folglich bei seiner Haushaltsrechnung beachten, dass er zusätzliche Staatsschuldpapiere ΔB_t ($= B_t - B_{t-1}$) ausgeben muss, wenn das *Primärdefizit* (die Staatsausgaben G ohne den Schuldendienst abzüglich der Staatseinnahmen T) plus die Zinszahlungen auf den Schuldenstand aus der Vergangenheit positiv ist.[5] Über eine Kreditvergabe der Zentralbank an den Staat können sich die staatlichen Wertpapiere B prinzipiell auch in Händen der Zentralbank befinden.

Für die *Tragfähigkeit* (*„sustainability"*) der Staatsverschuldung ist die **reale** Belastung entscheidend. Deshalb ist (1) auch in realen Einheiten formuliert. Ökonomisch richtig wird die Vermögens- oder Schuldensituation in Güter-, nicht in Geldeinheiten gemessen. Es kommt letztlich auf die Kaufkraftwirksamkeit eines gegebenen nominalen Betrages an. Je nach Preisentwicklung muss also eine gegebene nominale Staatsschuld unterschiedlich beurteilt werden: Bei einer positiven Inflationsrate sinkt der Realwert der staatlichen Schulden in Abhängigkeit von der Höhe der Inflation und des anfänglichen Schuldenstandes. Dementsprechend wird die Zinsbelastung auch durch den *(ex-post-)Realzins* $(i-\pi)$ bestimmt. Dabei stellt π die Inflationsrate und i den Nominalzins dar. Die reale Zinsbelastung aus dem in der Vergangenheit angehäuften Schuldenstand beträgt somit $(i-\pi) \cdot B_{t-1}$.[6] Dementsprechend handelt es sich bei B und D in (1) konsequenterweise ebenfalls um reale Variablen.

---

[4] In der Praxis kommt es aus verschiedensten Gründen zu Abweichungen zwischen dem ausgewiesenen Defizit und der Schuldenstandsveränderung. So wird z.B. bei einem gegebenen Defizit durch die Geldvermögensbildung des Staates die Nettoneuverschuldung und auch der Schuldenstand erhöht. Auch sind unterschiedliche Buchungszeitpunkte und transaktionsunabhängige wert- und mengenmäßige Veränderungen des Schuldenstandes zu berücksichtigen (EZB, 2007g). Davon wird im Folgenden abgesehen.
[5] Zur Vereinfachung soll die Vergangenheit der Periode *t-1* entsprechen.
[6] Die offiziellen Defizitmaße beinhalten dagegen die nominale Zinsbelastung und geben so die Veränderung des nominalen Schuldenstandes an. Sie weisen damit das ökonomisch korrekte reale Defizit um den Faktor πB_{t-1} zu hoch aus (siehe Box V.1.1). In dieser Box wird das Preisniveau (aus Vereinfachungsgründen) gleich eins gesetzt, damit weiterhin mit G, T und B argumentiert werden kann.

> **Box V.1.1: Unterschiedliche Defizitmaße**
>
> Die **offiziell** ausgewiesenen Defizitmaße (Def^o) berücksichtigen nur nominale Zinszahlungen. Das bedeutet, sie zählen zu den Staatsausgaben G die nominalen Zinszahlungen auf die bestehende Staatsschuld iB hinzu und ziehen davon die Steuern (abzüglich Transferzahlungen) T ab.[7]
>
> (B1) $\qquad Def^o = (G - T) + iB$
>
> Dieses Maß ist angemessen, wenn man sich für die Veränderung des **nominalen** Schuldenstandes interessiert. Es ist allerdings kein adäquates Maß für die Veränderung des **realen** Schuldenstandes. Wenn z.B. das offizielle Defizit Null wäre und die Inflation 5% beträgt, ist am Ende des Jahres der Realwert der Schulden um 5% gesunken. Mit anderen Worten: Eine **korrekte** Defizitberechnung würde einen öffentlichen Budgetüberschuss von 5%, bezogen auf den anfänglichen Schuldenstand, ausweisen. Das richtige Defizitmaß (Def^k) sollte dementsprechend das offizielle Maß um den Faktor $\pi \cdot B$ korrigieren.
>
> (B2) $\qquad \begin{aligned} Def^k &= (G - T) + iB - \pi B \\ &= (G - T) + (i - \pi) \cdot B \\ &= (G - T) + rB \\ &= Def^o - \pi B \end{aligned}$
>
> Dabei stellt $r = i\text{-}\pi$ den (ex-post-)Realzins dar.

Zusätzlich erzielt der Staat noch Einnahmen aus der Geldschöpfung, indem der Notenbankgewinn an den Staatshaushalt geht.[8] Ökonomisch geht es dabei nicht um den bilanziellen Gewinn, sondern um die tatsächlich entstandenen jährlichen Gesamteinnahmen, unabhängig davon, ob sie dem Staat in der entsprechenden Periode auch zufließen. Diese werden üblicherweise durch die sog. *Seigniorage S* erfasst (siehe dazu auch Box II.10). Somit ergibt sich insgesamt für das Defizit in t

(2) $\qquad D_t = B_t - B_{t-1} = (G_t - T_t) + (i - \pi) B_{t-1} - S_t$

bzw. für den Schuldenstand B_t

(2') $\qquad B_t = (G_t - T_t) + (1 + i - \pi) \cdot B_{t-1} - S_t$

Unter der Seigniorage S_t versteht man die Einnahmen, die der Zentralbank durch das Monopol der Zentralbankgeldschöpfung entstehen. Diese werden letztlich

---

[7] Üblicher Weise werden die Staatsausgaben und die Steuereinnahmen dabei auch nominal angegeben. Dieser Effekt wird hier vernachlässigt.
[8] Die Abführung des Gewinns des Eurosystems an die nationalen Staatshaushalte hat ähnliche Wirkungen wie eine direkte Kreditvergabe an die Regierungen. Die Bankenliquidität erhöht sich und das Eurosystem muss diesen Effekt bei ihren regelmäßigen Refinanzierungsgeschäften mit berücksichtigen.

an den Staat abgeführt.[9] Dahinter steht die Möglichkeit einer Zentralbank, kaufkraftwirksames Zentralbankgeld (Banknoten und Zentralbankeinlagen) von sich aus zu schaffen. Prinzipiell gibt es zwei Arten, wie dem Staat diese Seigniorage-Einnahmen zufließen können.

Die erste Möglichkeit besteht darin, dass es zu einer Monetisierung der Staatsschuld, d.h. zu einer unmittelbaren Verschuldung des Staates bei der Notenbank kommt. Im Gegenzug erhält der Staat Zentralbankguthaben, die er i.d.R. verausgabt. Bilanzmäßig weist die Notenbank in diesem Fall auf der Aktivseite eine Forderung gegen den Staat aus, auf der Passivseite hat sie – nach der Verausgabung der Mittel durch den Staat – Verbindlichkeiten gegenüber Kreditinstituten. Durch die direkte Verschuldung des Staates bei der Notenbank entsteht somit zusätzliches Zentralbankgeld. Diese Möglichkeit schließt der Vertrag von Maastricht allerdings definitiv aus. Zu einer Monetisierung der Staatsschuld kommt es (eingeschränkt) nur noch beim Münzregal.

Es verbleibt allerdings noch eine zweite Möglichkeit. Diese besteht darin, dass Zentralbankgeld auch geschaffen werden kann, wenn die Geschäftsbanken sich bei der Zentralbank verschulden bzw. Devisen an sie verkaufen. Auf der Aktivseite der Notenbankbilanz stehen also Forderungen aus der Kreditvergabe bzw. Forderungen aus Devisenanlagen. Die Seigniorage-Einnahmen des Staates entstehen hierbei aus den daraus resultierenden Zins-Einnahmen, die dem Staat über die Gewinnausschüttung der Notenbank zufließen.[10]

Theoretisch stellt die erste Variante der Seigniorage-Einnahmen (einmaliger Zufluss) nichts anderes dar als die auf die Gegenwart abgezinsten Zinseinnahmen auf den Bestand an Zentralbankgeld ($M0$) nach der zweiten Variante. Im ersten Fall bekommt der Staat diese Einnahmen über Verschuldung bei der Zentralbank in Höhe von $\Delta M0_t$ sofort.[11] Im zweiten Fall fließen sie ihm über zukünftige Zinseinnahmen zu, deren Gegenwartswert wiederum gleich $\Delta M0_t$ (= $i \cdot \Delta M0_t / i$) ist.

Konkret besteht die pro Periode t entstehende Seigniorage somit aus den Zinseinnahmen auf den bestehenden Bestand an Zentralbankgeld ($M0_{t-1}$) und der Veränderung des Bestandes an Zentralbankgeld in t ($\Delta M0_t \equiv M0_t - M0_{t-1}$). Diese Einnahmen fließen letztlich dem Staat aus der Emission von Zentralbankgeld

---

[9] Beim Bargeld bezieht sich diese Aussage nur auf Banknoten. Zusätzlich erzielt der Staat Einnahmen aus dem Münzregal, indem er Münzen an die Zentralbank zum Nominalwert, der über den Prägekosten liegt, verkauft. Allerdings ist im Eurosystem die Münzhaltung der Notenbanken auf 10% des Münzumlaufs beschränkt.

[10] Da im Eurosystem die Mindestreserve zum Satz für die Hauptrefinanzierungsgeschäfte verzinst wird, müssten exakter Weise diese Zinsaufwendungen von den Einnahmen abgezogen werden, um die Seigniorage zu ermitteln. Abgezogen werden müssten auch die Aufwendungen, die dem Eurosystem im Zuge seiner Aufgabenerfüllung entstehen (z.B. Personalaufwand). Die Gewinnschmälerung, die aufgrund der Verzinsung der Mindestreserve eintritt, ist nicht ganz unbedeutend wie die mindestreservebedingten Einlagen von ca. 190 Mrd. € (Stand 2007) zeigen. Aus Vereinfachungsgründen soll davon hier abgesehen werden.

[11] Δ steht für die Veränderung.

durch die Notenbank zu. Sie sind darauf zurückzuführen, dass die Zentralbank verzinste „Assets" in Form von Krediten und/oder ausländischen Wertpapieren hält, das von den Privaten gehaltene *Zentralbankgeld* (die *Geldbasis*) dagegen unverzinst (oder niedrig verzinst) ist. Oder anders ausgedrückt: Zentralbankgeld stellt eine Verbindlichkeit der Zentralbank (und letztlich des Staates) dar, der als Aktivposten zinstragende Positionen in gleicher Höhe gegenüber stehen. Die reale Rendite dieser Papiere beträgt (*i-π*). Ob es sich bei diesen Anlageformen um private oder öffentliche, inländische oder ausländische „Assets" handelt, spielt keine Rolle. Wichtig ist nur, dass es sich um zinstragende Titel handelt. Somit resultieren als reale Seigniorage-Einnahmen pro Periode *t*

(3)
$$S_t = (i-\pi) \cdot \frac{MO_{t-1}}{P_t} + \frac{\Delta MO_t}{P_t}$$
$$= (i-\pi) \cdot \frac{MO_{t-1}}{P_t} + \frac{\Delta MO_t}{MO_{t-1}} \cdot \frac{MO_{t-1}}{P_t}$$
$$= (i-\pi) \cdot \frac{MO_{t-1}}{P_t} + \mu \cdot \frac{MO_{t-1}}{P_t}$$
$$= (\mu + i - \pi) \cdot \frac{MO_{t-1}}{P_t}$$
$$= (\mu + r) \cdot \frac{MO_{t-1}}{P_t}$$

Die Seigniorage entspricht also dem Produkt aus Wachstumsrate der nominalen Geldbasis μ (=Δ*MO*/*MO*) ergänzt um den ex-post-Realzins (*r = i-π*). „Bemessungsgrundlage" der Seigniorage ist die reale Basisgeldhaltung *MO/P*. Sie hängt – wie aus der Geldnachfragetheorie bekannt ist – positiv von einer Transaktionsgröße und aus Opportunitätskostenüberlegungen negativ vom Nominalzins *i* ab. Ein höheres nominales Geldmengenwachstum hat somit zwei gegenläufige Effekte auf S_t: Einerseits erhöht sich S_t direkt (über μ), weil mehr Zentralbankgeld im Umlauf ist. Wenn jedoch das Wachstum der Zentralbankgeldmenge inflationär wirkt, steigt *i*, und die reale Basisgeldnachfrage *MO/P* geht zurück. Dadurch entsteht ein kompensierender Effekt auf S_t. In diesem Sinne gibt es auch eine optimale Wachstumsrate von *MO*, die S_t maximiert (vergleichbar der *Laffer-Kurve* für optimale Steuereinnahmen in Abhängigkeit vom Steuersatz).[12] Wenn inländisches Bargeld nicht nur im Inland, sondern auch im Ausland für Transaktions- und Wertaufbewahrungszwecke gehalten wird (wie das beim € und beim US-$ der Fall ist), fallen die Seigniorage-Einnahmen entsprechend höher aus.

---

[12] In einer detaillierten Analyse müsste auch noch der Einfluss des Mindestreservesatzes auf S_t untersucht werden. Es konnte allerdings gezeigt werden, dass Länder mit hohen Reservesätzen zugleich hohe Wachstumsraten der Geldbasis aufweisen (Haslag, 1998).

Bei diesem Konzept der Seigniorage ist es ökonomisch irrelevant, wann der Zufluss an den Staatshaushalt stattfindet.[13] Wenn die Wachstumsrate von M0 (μ) gleich der Inflationsrate (π) ist, entspricht S_t nach (3) den nominalen Zinseinnahmen auf den realen Bestand an Zentralbankgeld.[14]

(4) $\quad S_t = i \cdot \dfrac{M0_{t-1}}{P_t}$

Die Seigniorage entspräche dann den Zinseinnahmen, die dem Staat aus der Emission von Zentralbankgeld zufließen. Bei Berücksichtigung der konsolidierten Vermögensbilanz des Staates (einschließlich Zentralbank) gilt also, dass die Staatsverschuldung umso geringer ausfällt bzw. ausfallen kann, je höher die Seigniorage ist (siehe (2) bzw. (2')).

Der Nominalzins i setzt sich nun aus dem Realzins r und der erwarteten Inflationsrate π^{erw} zusammen (siehe dazu die Ausführungen zur Fisher-Gleichung in Box III.2.5). Nominelle Zinsänderungen sind für Schuldner und Gläubiger also irrelevant, solange die Inflation korrekt antizipiert wurde. Aus Gleichung (2') wird dann

(5) $\quad B_t = (G_t - T_t) + (1 + r + \pi^{erw} - \pi) \cdot B_{t-1} - S_t$

In einer wachsenden Volkswirtschaft und für einen Vergleich unterschiedlicher Länder bietet es sich an, nicht mit absoluten Größen zu arbeiten, sondern den Schuldenstand bzw. das Defizit auf das (reale) BIP (Y) zu beziehen. Als sog. *Schuldenquote* B_t/Y_t resultiert

(6) $\quad \dfrac{B_t}{Y_t} = \dfrac{(G_t - T_t)}{Y_t} + (1 + r + \pi^{erw} - \pi) \cdot \dfrac{B_{t-1}}{Y_t} - \dfrac{S_t}{Y_t}$

Wird auf der rechten Seite von (6) der zweite Term mit (Y_{t-1}/Y_{t-1}) erweitert, ergibt sich

(6') $\quad \dfrac{B_t}{Y_t} = \dfrac{(G_t - T_t)}{Y_t} + (1 + r + \pi^{erw} - \pi) \cdot \left(\dfrac{Y_{t-1}}{Y_t}\right) \cdot \dfrac{B_{t-1}}{Y_{t-1}} - \dfrac{S_t}{Y_t}$

Wird nun berücksichtigt, dass die Wachstumsrate des BIP (g) definiert ist als ($Y_t - Y_{t-1})/Y_{t-1} = (Y_t/Y_{t-1}) - 1$, folgt: ($Y_{t-1}/Y_t) = 1/(1+g)$. Dann wird (6') zu

(6'') $\quad \dfrac{B_t}{Y_t} = \dfrac{(G_t - T_t)}{Y_t} + \dfrac{(1 + r + \pi^{erw} - \pi)}{(1+g)} \cdot \dfrac{B_{t-1}}{Y_{t-1}} - \dfrac{S_t}{Y_t}$

---

[13] Das Konzept der Seigniorage wird in der Literatur nicht einheitlich definiert. Das hier gewählte Konzept dürfte jedoch das allgemeinste sein, siehe dazu Baltensperger/Jordan (1997) und Illing (1997, 58–60).

[14] Auch dabei wurde eine mögliche Verzinsung der Mindestreserven außer Acht gelassen. Bei Verzinsung wäre die Seigniorage niedriger als bei einer unverzinslichen Mindestreserve.

Für kleine Werte von r und g und keinen zu großen Unterschieden zwischen diesen beiden Größen kann man dafür folgenden approximativ gültigen Ausdruck verwenden (siehe dazu Box V.1.2)

(7) $$\frac{B_t}{Y_t} \approx \frac{(G_t - T_t)}{Y_t} + (1 + r + \pi^{erw} - \pi - g) \cdot \frac{B_{t-1}}{Y_{t-1}} - \frac{S_t}{Y_t}$$

> **Box V.1.2: Der Übergang von (6″) auf (7)**
>
> Zu beweisen ist folgende Beziehung:
>
> (B1) $$\frac{(1 + r + \pi^{erw} - \pi)}{(1 + g)} \approx 1 + r + \pi^{erw} - \pi - g$$
>
> Berücksichtigen wir dafür zunächst, dass sich für das Produkt $(1+r+\pi^{erw}-\pi-g) \cdot (1+g)$ ergibt
>
> (B2) $$(1 + r + \pi^{erw} - \pi - g) \cdot (1 + g) = (1 + r + \pi^{erw} - \pi) + (r + \pi^{erw} - \pi) \cdot g - g^2$$
>
> Wenn $(r + \pi^{erw} - \pi)$ und g klein sind, sind die Produkte $(r + \pi^{erw} - \pi) \cdot g$ und g^2 sehr klein, so dass approximativ gilt
>
> (B3) $$(1 + r + \pi^{erw} - \pi - g) \cdot (1 + g) \approx (1 + r + \pi^{erw} - \pi)$$
>
> Division beider Seiten von (B3) durch $(1+g)$ liefert dann den Beweis für (B1).

Somit ergibt sich für die *Defizitquote* d_t $(= D_t/Y_t)$, d.h. die Differenz zweier aufeinander folgender Schuldenquoten

(8) $$\begin{aligned} d_t &\equiv \frac{B_t}{Y_t} - \frac{B_{t-1}}{Y_{t-1}} \\ &= \frac{(G_t - T_t)}{Y_t} + (r + \pi^{erw} - \pi - g) \cdot \frac{B_{t-1}}{Y_{t-1}} - \frac{S_t}{Y_t} \\ &= \frac{(G_t - T_t)}{Y_t} + (r + \pi^{erw} - \pi - g) \cdot \frac{B_{t-1}}{Y_{t-1}} - \frac{(\mu + r) \cdot (MO_{t-1}/P_t)}{Y_t} \end{aligned}$$

Die Schuldenquote nimmt also zu, wenn die Summe aus Primärdefizitquote und realer Zinsbelastung (unter Berücksichtigung von g) die *Geldschöpfungseinnahmen* übersteigt. Bei der realen Zinsbelastung durch die Schuldenakkumulation aus der Vergangenheit sind Wachstums- und Inflationseffekte zu berücksichtigen. Durch Inflation erleiden die Halter der staatlichen Papiere einen Wertverlust. Folglich sinkt die reale Belastung des Staatshaushalts mit steigender Inflationsrate. Sofern die Inflation jedoch korrekt antizipiert wird, d.h. $\pi^{erw} = \pi$, erhöht sich der Nominalzins entsprechend, und die Anleger werden für diesen Wertverlust gerade kompensiert. Wenn die Wirtschaft wächst ($g > 0$), erhöht sich der staatliche Verschuldungsspielraum, da dadurch die Schuldenquote (ceteris paribus) zurückgeht. Allgemein impliziert der in den Gleichungen (7) und (8) dargestellte Zusammenhang bei *rationalen Erwartungen* (im Durchschnitt gilt $\pi^{erw} = \pi$) eine zunehmende Schuldenquote bei steigendem Realzins, sinkendem Wirtschaftswachstum, höherem Primärdefizit relativ zum BIP, größerer anfänglicher Schuldenquote und abnehmender Seigniorage.

Tabelle V.1.1 zeigt den Beitrag des Primärsaldos und der *Zins-Wachstums-Differenz* zur Veränderung der Schuldenquote in den Jahren 1999 bis 2006 für das Euro-Währungsgebiet. Trotz zum Teil beträchtlicher Primärüberschüsse nahm die Schuldenquote von 1999 bis 2002 aufgrund der ungünstigen Zins-Wachstums-Differenz deutlich weniger ab. 2003 und 2004 stieg sie sogar an. Aufgrund der niedrigen Nominalzinsen und der guten Konjunktur in den Jahren 2005 und 2006 unterstützte die Zins-Wachstums-Differenz erstmalig den Konsolidierungskurs.

Tabelle V.1.1: Beitrag des Primärsaldos und der Zins–Wachstums–Relation zur Veränderung der Schuldenquote in der EWU (nominale Größen, in % des BIP)

	1999	2000	2001	2002	2003	2004	2005	2006
Schuldenquote	71,8	69,3	68,2	68,0	69,2	69,6	70,5	68,8
Veränderung der Schuldenquote	–1,1	–1,5	–1,1	–0,2	+1,2	+0,4	+0,9	–0,7
Primärsaldo	2,7	2,9	1,9	0,9	0,2	0,3	0,4	1,3
Zins–Wachstums–Differenz[a)]	0,3	0,5	1,0	1,5	1,6	0,0	–0,3	–1,1

Quelle: EZB, eigene Berechnungen.

Anmerkungen: Die Summe aus Primärsaldo und Zins–Wachstums–Differenz entspricht wegen Strom-Bestands-Anpassungen nicht der Veränderung der Schuldenquote. a) bezogen auf das nominelle Wirtschaftswachstum, d.h. berechnet anhand des Terms $i-(g+\pi) = (i-\pi)-g$. Zins gemessen anhand der Renditen 10-jähriger Staatsanleihen.

Die traditionellen Konfliktpotenziale zwischen Geld- und Fiskalpolitik sind unmittelbar aus den Gleichungen (6) bis (8) ersichtlich. So reduziert eine *Überraschungsinflation* ($\pi > \pi^{erw}$) den Realwert der staatlichen Nominalverschuldung zu Lasten der Gläubiger. Der Staat profitiert davon, da der Großteil der staatlichen Wertpapiere in Nominaleinheiten und einheimischer Währung ausgedrückt ist.[15] Eine vermehrte Geldschöpfung der Zentralbank führt zu zusätzlichen Staatseinnahmen, sofern die Privaten bereit sind, das zusätzliche Geld auch zu halten. Wenn allerdings die Geldnachfrage aufgrund der durch die vermehrte Geldschöpfung letztlich steigenden Inflation zurückgeht (also sozusagen die Bemes-

---

[15] An einen Preisindex indexierte Staatsanleihen sind in Deutschland erst seit 2005 zugelassen, sind aber z.B. in Großbritannien schon längere Zeit gängige Praxis und wurden im Fiskaljahr 1993/94 auch von Schweden und 1997 von den USA erstmalig begeben. Die erste inflationsindexierte Anleihe im Eurogebiet wurde vom französischen Schatzamt im September 1998 emittiert (die sog. OATi-Anleihe). Im Jahr 2003 folgten Griechenland und Italien. Zur Bedeutung derartiger Anleihen für die Geldpolitik siehe EZB (2007i).

sungsgrundlage der „*Inflationssteuer*" wegbricht), darf man sich davon keine größeren Effekte zur Stabilisierung der Staatsfinanzen versprechen.

Eine Stabilisierung der Schuldenquote ist gleichbedeutend mit

(9) $$\frac{B_t}{Y_t} - \frac{B_{t-1}}{Y_{t-1}} = 0 \Leftrightarrow \frac{(T_t - G_t)}{Y_t} = (r + \pi^{erw} - \pi - g) \cdot \frac{B_{t-1}}{Y_{t-1}} - \frac{S_t}{Y_t}$$

Ist der Ausdruck auf der rechten Seite der Gleichung positiv, ist zur Stabilisierung der Schuldenquote ein Primärüberschuss nötig. Soll eine Senkung der Schuldenquote erreicht werden (wie durch die Konvergenzkriterien des Maastricht-Vertrages für die Länder vorgesehen, die Schuldenquoten über 60 % aufweisen), ist ein höherer Primärüberschuss erforderlich.[16] Allerdings reduziert der *Geldschöpfungsgewinn* den notwendigen Überschuss. Unter Umständen ist deshalb eine Stabilisierung sogar mit einem Primärdefizit vereinbar. In Tabelle V.1.1 ist bei der Zins-Wachstums-Differenz der Inflationseffekt auf die Staatsverschuldung bereits enthalten, da mit dem nominalen BIP-Wachstum gearbeitet wird.

Gleichung (9) kann auch folgendermaßen interpretiert werden: Je mehr die Inflationserwartungen π^{erw} über die tatsächliche Inflation π hinausgehen und je höher die öffentliche Verschuldung bereits ist, desto schwieriger ist eine Stabilisierung der Schuldenquote. Eine Stabilisierung der Inflationserwartungen auf einem niedrigen Niveau wäre dann nicht nur geldpolitisch, sondern auch fiskalpolitisch von Vorteil. An Abb. V.1.1 erkennt man, dass in der EWU die meiste Zeit die langfristigen Inflationserwartungen sogar unter der tatsächlichen Inflationsrate lagen. Zusätzlich zur *Ausgangsverschuldung* und der Differenz zwischen π^{erw} und π spielt dabei im Zeitablauf auch die Geschwindigkeit bzw. Trägheit, mit der sich die *Inflationserwartungen* nach unten anpassen, eine wichtige Rolle. Nach dem von der EZB organisierten „Inflation Persistence Network" ist unter dem gegenwärtigen, durch niedrige Inflationsraten gekennzeichneten, monetären Regime in der EWU der Grad an Inflationspersistenz eher moderat und rückläufig. In einem derartigen Umfeld sollten die Inflationserwartungen auf niedrigem Niveau verankert und weniger von vergangenen Inflationsraten bestimmt sein. Folglich ist auch die tatsächliche Inflation weniger persistent. Im Falle mangelnder *Glaubwürdigkeit* der Geldpolitik dürften die Inflationserwartungen dagegen nur recht langsam nach unten korrigiert werden.

Insgesamt entsteht durch eine *Disinflation* (ein Rückgang der Inflationsraten)[17] eine temporäre Zusatzlast für die Finanzpolitik hoch verschuldeter Länder. In

---

[16] Will man sich von einer hohen Schuldenquote dem 60 %-Wert annähern, hängt die Dauer des Anpassungsprozesses zwangsläufig auch entscheidend von den Wachstums- und Zinsannahmen ab. Bei unterstellten Nominalzinsen von 6 % und einer Ausgangsschuldenquote von 100 % dauert es z.B. bei einem nominalen Wirtschaftswachstum von 3 % und ausgeglichenem Budget (Defizitquote = 0) 17 Jahre, bis man die 60 % erreicht. Beträgt das Wirtschaftswachstum dagegen 5 % reduziert sich die Zeitspanne auf 10 Jahre (European Commission, 2003, 60).

[17] Eine Deflation dagegen bezeichnet eine Situation sinkenden Preisniveaus.

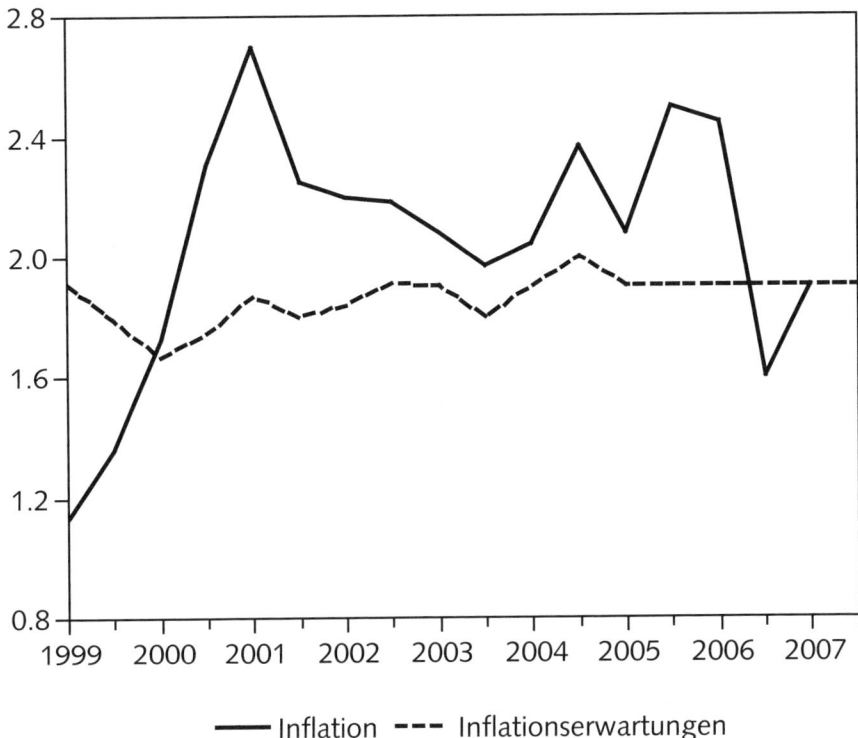

Abbildung V.1.1: Langfristige Inflationserwartungen und tatsächliche Inflation in der EWU
Quelle: Deutsche Bundesbank, Consensus Economics.
Anmerkungen: halbjährlich, jeweils April- und Oktober. Vor 2003 gewichtetes Mittel der 5 größten EWU-Länder, ab 2003 HVPI; Inflationserwartungen: Consensus Forecast für den Zeithorizont von 6 bis 10 Jahren.

der Phase hoher Inflationsraten der Vergangenheit wurde jedoch der finanzpolitische Spielraum durch den Inflationseffekt auch vergrößert. Die Disinflationsphase ist letztlich nichts anderes als eine Rückzahlung der vorher eingenommenen „*Inflationssteuer*". Durch ein Umfeld von Preisstabilität bindet folglich die staatliche Budgetbeschränkung strikter.

Wie sind die bisher geschilderten Zusammenhänge nun vor dem Hintergrund der institutionellen Vorkehrungen des EG-Vertrages zu beurteilen? Den Vertragsparteien des Maastricht-Vertrages waren die potenziellen Gefahren einer unsoliden Haushaltspolitik für die gemeinsame Geldpolitik auch bekannt. Deshalb lassen sich einige der dort getroffenen Regelungen durch die dargestellten Überlegungen begründen.

So gewährt die Satzung des ESZB und der EZB in Art. 7 sowohl der EZB als auch den nationalen Zentralbanken *Unabhängigkeit* von den Weisungen von Organen oder Einrichtungen der EU und Regierungen der Mitgliedstaaten. Dadurch kann sich das Eurosystem ohne staatliche Einmischung auf sein primäres Ziel der Gewährleistung von Preisstabilität konzentrieren. Zudem besteht ein Verbot der monetären Finanzierung von Haushaltsdefiziten (keine Kreditfazilitäten) und des unmittelbaren Erwerbs von Staatsschuldtiteln durch das Eurosystem. Dieses Verbot gilt also für die nationalen Zentralbanken und die EZB. Auch darf öffentlichen Haushalten kein bevorrechtigter Zugang zum Kapitalmarkt verschafft werden. Da die Mindestreserve verzinst wird, entfällt die Möglichkeit, sich mit Hilfe dieses Instruments Seigniorage-Einnahmen zu verschaffen.

Die einzelnen Euro-Länder sehen sich somit „härteren Budgetbeschränkungen" gegenüber als vor der Währungsunion. Dabei ist des Weiteren zu berücksichtigen, dass der Maastricht-Vertrag den Status eines völkerrechtlichen Vertrages besitzt, der nur einstimmig von allen EU-Mitgliedsländern geändert werden kann. Zudem haftet nach Art. 103 EG-Vertrag kein Land für die Verbindlichkeiten eines anderen Landes (die sog. *„no-bail-out-Klausel"*). Zwar kann von politischer Seite Druck auf eine expansivere Ausrichtung der Geldpolitik ausgeübt werden. Auch besteht für die nationalen Regierungen die Möglichkeit, über die Besetzung der Zentralbankpräsidenten und der Direktoriumsmitglieder der EZB indirekt Einfluss auf die Geldpolitik zu nehmen. Und schließlich könnte unter Umständen die Glaubwürdigkeit der Regelungen von den Märkten bezweifelt werden. Aber durch die institutionellen Vorkehrungen ist das Eurosystem dagegen relativ gut abgesichert.[18] Im Folgenden soll noch auf einige weitere Punkte eingegangen werden, die zu Spannungen zwischen der Geld- und Fiskalpolitik führen können und die bisherige Argumentation ergänzen.

1.1.2 Fristigkeit der Verschuldung

Zunächst ist dabei auf das Problem der kurzfristigen Verschuldung des öffentlichen Sektors hinzuweisen. Dadurch gerät der öffentliche Sektor verstärkt ins Fahrwasser der Geldpolitik, da sein Schuldendienst zunehmend von den direkt von der Geldpolitik abhängenden (kurzfristigen) Geldmarktzinsen beeinflusst wird. Deren Auswirkungen schlagen sich in den Gleichungen (6) und (7) direkt im verwendeten Zins $i = r + \pi^{erw}$ nieder. Insbesondere in konjunkturell angespannten Zeiten kann es deshalb zu einem politischen Druck auf die Zentralbank kommen, die Zinsen zu senken, um die Ausgaben für den Schuldendienst zu verringern. Ein Abbau der kurzfristigen Staatsschulden könnte dieses Konfliktpotenzial jedoch entschärfen.

---

[18] Gesetzliche Vorschriften müssen sich allerdings nicht mit dem tatsächlichen Verhalten von Zentralbanken decken.

Tabelle V.1.2: Laufzeitstruktur der öffentlichen Gesamtverschuldung im Euro-Währungsgebiet

	1997	1998	1999	2000	2001	2002	2003	2004	2005	2006
Ursprungslaufzeit										
≤ 1 Jahr	9,4	8,1	7,3	6,5	7,0	7,6	7,8	7,8	7,9	7,5
> 1 Jahr	64,5	64,5	64,5	62,8	61,3	60,4	61,4	61,8	62,5	61,3
darunter: mit variablem Zins	8,4	7,5	6,6	5,8	5,0	5,0	4,9	4,6	4,9	4,6
Restlaufzeit (R)										
≤ 1 Jahr	18,1	15,4	13,6	13,4	13,7	15,3	14,3	14,3	14,4	13,7
1 < R ≤ 5 Jahre	25,3	26,4	27,9	27,9	26,8	25,2	26,1	26,5	26,1	25,1
> 5 Jahre	30,6	30,8	30,4	28,0	27,8	27,5	28,8	28,8	30,0	30,0

Quelle: EZB-Monatsbericht, Tabelle 6.2.
Anmerkung: in % des BIP.

Anhand Tabelle V.1.2 ist erkenntlich, dass der Anteil der kurzfristigen (Ursprungslaufzeit ≤ 1 Jahr) und mit variablem Zins ausgestatteten öffentlichen Verschuldung seit Ende der 90er Jahre rückläufig ist und sich inzwischen bei etwa 12 % eingependelt hat. Dementsprechend würde eine restriktive Geldpolitik, die die kurzfristigen Zinsen um einen Prozentpunkt erhöht, die öffentliche Schuldendienstbelastung in der Währungsunion um etwa 0,12 Prozentpunkte des BIP ansteigen lassen.[19] Dagegen hat sich die längerfristig angelegte öffentliche Verschuldung mit Festzinskonditionen seit Ende der 90er Jahre auf Werte um 56 % des BIP stabilisiert. Bei dieser Entwicklung spielten die generelle Konsolidierung der öffentlichen Finanzen bis zum Jahr 2000 und der Verlauf der Zinsstrukturkurve eine wichtige Rolle. So stellte man z.B. in Deutschland Mitte der 90er Jahre durch die Normalisierung und die zunächst eintretende zunehmende Steilheit der *Zinsstrukturkurve* eine wachsende Neigung zur kürzerfristigen öffentlichen Verschuldung fest.[20] Eine flache (oder sogar inverse) Zinsstruktur, wie tendenzi-

---

[19] Dabei wird der Effekt auf die längerfristigen Zinsen nicht mit berücksichtigt. Da die öffentlichen Instanzen in der EWU in den letzten Jahren verstärkt Zinsswaps zum Schuldenmanagement einsetzten, ist die durchschnittliche Laufzeit immer weniger ein zuverlässiger Indikator der Zinssensitivität der Staatsschulden (Wolswijk/de Haan, 2005).

[20] Man spricht von einer normalen (inversen) Zinsstruktur, wenn die langfristigen Zinsen über (unter) den kurzfristigen liegen. 1996 wurden in Deutschland erstmals unterjährige Staatsschuldtitel, sog. „Bubills", emittiert. Zudem werden bei den Schuldscheindarlehen kurzfristige Laufzeiten, bei Bundesanleihen eine variable Verzinsung („zinsvariable Bundesanleihen") und die Einräumung eines Kündigungsrechts für den Gläubiger stärker bevorzugt. Die Konditionen variabel verzinslicher Anleihen sind dabei ebenso wie diejenigen privater kurzlaufender Schuldverschreibungen (z.B. Commercial Paper) i.d.R. an einen repräsentativen Interbankenzins gekoppelt. Hierfür bietet sich in der Währungsunion der EURIBOR („Euro Interbank Offered Rate") an.

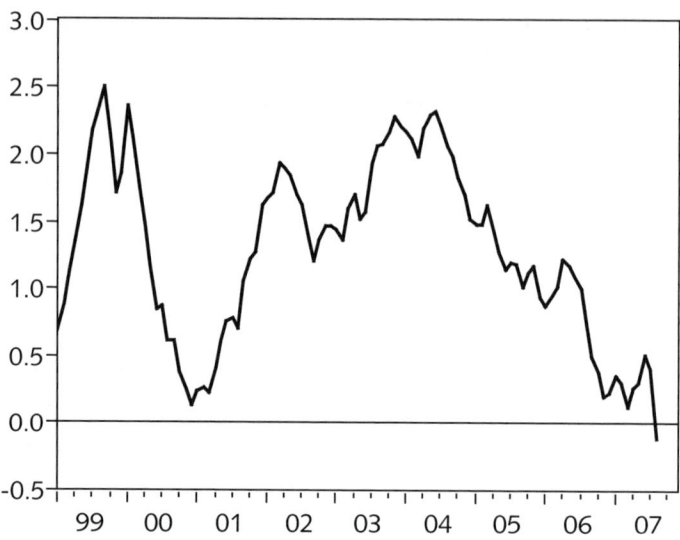

Abb. V.1.2: Zinsstruktur im Euro-Währungsgebiet
Quelle: EZB.
Anmerkung: Differenz zwischen der Rendite von Staatsanleihen mit 10-jähriger Laufzeit und dem 3-Monats-Euribor.

ell um die Jahreswende 2000/2001 und 2006/2007 im Euro-Währungsgebiet auszumachen (siehe Abb. V.1.2), lässt dagegen Portfoliomanager eher längerfristige Finanzierungsformen bevorzugen.[21] Der gestiegene Anteil der Kurzfristverschuldung seit 2001 lässt sich also auch mit der Zinsstruktur begründen.

Der untere Teil von Tabelle V.1.2 zeigt darüber hinaus, dass die längerfristig fälligen Staatsschulden in der EWU (gemessen anhand einer Restlaufzeit über 5 Jahre) seit 2003 wieder angestiegen sind und Werte von 30% des BIP wie Ende der 90er Jahre erreichen. Dabei ist allerdings der hohe Schuldenstand in einigen Ländern, vor allem in Belgien, Griechenland und Italien, zu beachten. Die nationalen öffentlichen Finanzierungssalden können dann doch empfindlich auf Änderungen der Kurzfristzinsen reagieren.

Sollte die kürzerfristige öffentliche Verschuldung in einigen Ländern wieder ansteigen, wäre für die geldpolitische Beurteilung auch die Reaktion der Finanzmärkte zu beachten. So könnte diese Entwicklung vor dem Hintergrund der historischen Erfahrungen, wonach für Länder mit einer laxeren Finanzpolitik die Möglichkeiten einer langfristigen Verschuldung eingeschränkt sind, als Anzeichen einer schwindenden Solidität gedeutet werden. Steigende *Risikoprämien*

---

[21] Eine Analyse der optimalen Laufzeitgestaltung der öffentlichen Verschuldung unter besonderer Berücksichtigung der Lage in der EWU findet sich in Giordano (2001).

für die Zinsen in allen Laufzeitsegmenten wären dann die Folge. Aber auch die Planungssicherheit des Staatshaushalts wird beeinträchtigt, da die Staatsausgaben zunehmend von den größeren Schwankungen der Kurzfristzinsen dominiert sind. Diese Überlegungen zeigen, dass bei einer von den kurzfristigen Zinsen abhängigen Zinslast des Staates der Unabhängigkeit der Notenbank eine wichtige Rolle zukommt.

Die von Nichtbanken erworbenen kurzfristigen staatlichen Wertpapiere fungieren für diese als Substitute zur Geldhaltung. Sie besitzen z.B. eine ähnliche potenzielle Kaufkraftwirksamkeit wie kürzerfristige Termineinlagen. Eine Verkürzung der durchschnittlichen Laufzeit der staatlichen Verschuldung erhöht dementsprechend die gesamtwirtschaftliche *Liquidität*, wenn die kurzfristigen Staatspapiere nicht andere kurzfristige Anlageformen vollkommen substituieren. Unter „Geld" versteht man in der geldpolitischen Praxis stets kurzfristige Anlageformen. Die Entwicklung der Geldmenge wird somit schwieriger zu interpretieren, wenn viele kurzfristige Staatspapiere umlaufen. Wenn nun das Ausgabeverhalten der Nichtbanken vom Liquiditätsgrad ihrer „Assets" mit abhängt, werden positive Nachfrage- und damit auch Preiseffekte ausgelöst. Dies hat eine stabilitätsorientierte Geldpolitik in ihren Analysen mit aufzunehmen.[22]

Auf der anderen Seite sind mit einem breiteren und liquideren Markt für Geldmarktpapiere, speziell z.B. durch staatliche Schatzwechsel, auch Vorteile verbunden. Dadurch wird nämlich die laufende *Geldmarktsteuerung*, die über den Geldmarkt Wirkungen erzielen will, positiv beeinflusst, da diese Papiere in die Offenmarktpolitik (für definitive Käufe) einbezogen werden können. Der Notenbank stehen dann zusätzliche Möglichkeiten offen, die Bankenliquidität zu beeinflussen. Allerdings dürften auch ohne diese kurzfristigen Papiere die Möglichkeiten des Eurosystems ausreichen, die Bankenliquidität und den Tagesgeldmarktsatz adäquat zu steuern (siehe Kap. III.3).

1.1.3 Währungsstruktur der öffentlichen Verschuldung

Ein Teil der Staatsschulden ist regelmäßig auch in ausländischer Währung denominiert. Dieser Teil ist folglich von Wechselkursveränderungen betroffen. Bei einer Aufwertung der ausländischen Währungen steigt somit der Schuldenstand in inländischer Währung. Da geldpolitische Aktionen unmittelbar auch den Wechselkurs beeinflussen, ergeben sich wiederum direkte Auswirkungen auf die öffentliche Haushaltslage. So führt z.B. eine expansive Geldpolitik tendenziell genau zu dieser Aufwertung.

Tabelle V.1.3 stellt den Fremdwährungsanteil in der EWU dem Anteil in Inlandswährung bzw. € von 1997 bis einschließlich 2006 gegenüber. Als Anteil am EWU-

---

[22] Eine antizyklische staatliche Schuldenstrukturpolitik müsste folglich in Rezessionen die Laufzeit verkürzen, in Boomphasen die Laufzeit erhöhen, um stabilisierende Nachfrageeffekte auszulösen.

BIP gemessen hat die öffentliche *Fremdwährungsverschuldung* in diesem Zeitraum von einem niedrigen Ausgangsniveau aus deutlich abgenommen. Am Ende des Beobachtungszeitraums machte sie ca. 1 % des BIP gegenüber einer Verschuldung in € (oder Untereinheiten des €) von knapp 70 % aus.[23] Dementsprechend reagiert der Schuldenstand in der EWU insgesamt kaum auf Wechselkursveränderungen. Von dieser Seite sind also wenig Konflikte zwischen der Geldpolitik des Eurosystems und den nationalen Finanzpolitiken zu erwarten.

Tabelle V.1.3: Währungsstruktur der öffentlichen Verschuldung im Euro-Währungsgebiet

	1997	1998	1999	2000	2001	2002	2003	2004	2005	2006
€ oder nationale Währung eines EWU-Landes	71,9	70,8	69,7	67,3	66,5	66,6	68,0	68,5	69,2	67,9
Sonstige Währungen	2,0	1,8	2,1	1,9	1,7	1,5	1,1	1,1	1,2	0,9

Quelle: EZB-Monatsbericht, Tabelle 6.2.
Anmerkung: in % des BIP.

1.1.4 Koordinationsprobleme zwischen Geld- und Finanzpolitik

Neben den in den bisherigen Abschnitten beschriebenen traditionellen Konfliktpotenzialen besteht ein weiteres Spannungsfeld in der generell unzureichenden bzw. fehlenden *Koordination* zwischen Geld- und Fiskalpolitik. Dabei kommen folgende Zusammenhänge zum Tragen (siehe auch Box V.1.3).

Wenn wir Gleichung (8) nach den Geldschöpfungseinnahmen auflösen, resultiert bei rationalen Erwartungen, d.h. keinen systematischen Erwartungsfehlern ($\pi^{erw} = \pi$)

(10) $$\frac{S_t}{Y_t} = \frac{(G_t - T_t)}{Y_t} + (r - g) \cdot \frac{B_{t-1}}{Y_{t-1}} - d_t$$

Nehmen wir nun zusätzlich an, das Primärdefizit sei im politischen Prozess vorherbestimmt und positiv. Des weiteren soll der Realzins r größer sein als die Wachstumsrate der Volkswirtschaft g. Diese Annahme ist in vielen Ländern erfüllt (siehe für den Fall der EWU seit Anfang der 80er Jahre Abb. V.1.3). In diesem Fall steigt die Staatsverschuldung im Verhältnis zum BIP selbst bei ausgeglichenem Primärsaldo ständig an. Man bezeichnet diese Situation als *staatliche Schuldenfalle*. Die Schuldenquote kann aber nicht unbegrenzt anwachsen. Irgendwann ist

---

[23] In den Niederlanden sind die Staatsschulden sogar ausschließlich in Inlandswährung fakturiert, in Deutschland gibt es Fremdwährungsanleihen erst seit 2005.

die öffentliche Verschuldung nicht mehr tragfähig. Sobald diese obere Grenze in einer Periode τ erreicht wird, weil der Staat nicht durch Schaffung von Primärüberschüssen seine Schuldenlast reduziert hat, kann die Schuldenquote nicht weiter zunehmen. Dann muss für die Defizitquote $d_\tau = 0$ gelten. Dadurch wird Gleichung (10) zu

(11) $$\frac{S_\tau}{Y_\tau} = \frac{(G_\tau - T_\tau)}{Y_\tau} + (r-g) \cdot \frac{B_{\tau-1}}{Y_{\tau-1}} > 0$$

Das Primärdefizit und der Teil des Schuldendienstes, der das Wachstum der Volkswirtschaft übersteigt (jeweils auf Quoten bezogen), müssen folglich monetisiert werden. Oder anders ausgedrückt: Irgendwann führt eine übermäßige Staatsverschuldung zu zusätzlicher Geldschöpfung und damit auch zu höherer Inflation, will man den Staat nicht bankrott gehen lassen. Letzteres wird der Staat zu verhindern wissen, da ihm letztlich die Zentralbank untersteht. So kann er z.B. entsprechende Gesetzesänderungen vornehmen.[24]

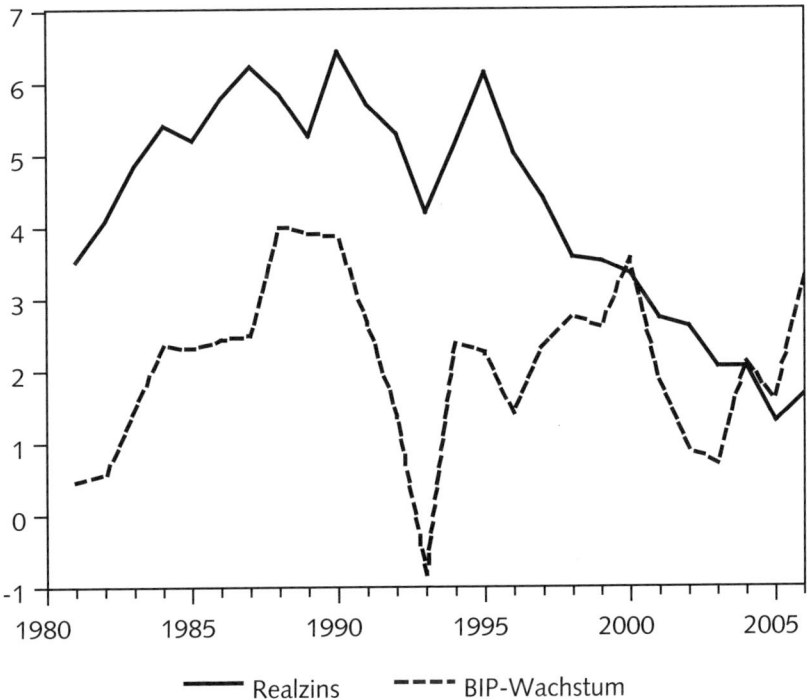

Abb. V.1.3: *Wachstumsrate des realen BIP und Realzins in der EWU (in %)*
Quelle: EZB.
Anmerkung: Realzins: Umlaufsrendite minus aktuelle Inflationsrate.

---

[24] Im Eurosystem wird dies schwieriger, da der Maastricht-Vertrag nur einstimmig geändert werden kann. Allerdings besteht die (theoretische) Möglichkeit des einseitigen Austritts eines Landes aus der Währungsunion in extremen Konfliktfällen.

In den Perioden davor ($t < \tau$) kann dagegen das Wachstum der *Geldbasis* durch die staatliche Verschuldung niedrig gehalten werden. Der Staat ist in dieser Phase sozusagen nicht auf die Seigniorage-Einnahmen angewiesen, da er sich problemlos anderweitig finanzieren kann. Was passiert nun, wenn die Zentralbank in diesen Perioden eine restriktive Geldpolitik durchführt, um Preisstabilität zu gewährleisten. Entweder wird dann die Obergrenze für die Staatsverschuldung eher erreicht, oder der tatsächliche Schuldenstand in τ wird höher ausfallen. Letztlich sind die Effekte die gleichen. Ursächlich dafür ist, dass die reale Staatsschuld durch die höheren Zinsen und die geringere Inflation zunimmt. Nach τ werden jedoch das Geldmengenwachstum und somit auch die Inflation ansteigen. Im ersten Fall erfolgt dies früher, im zweiten Fall wird der Anstieg der Inflationsrate höher ausfallen. Unter Umständen steigt auch bereits die heutige Inflationsrate, da die Inflationserwartungen nach oben angepasst werden.

Die beschriebene Wirkungskette dieses Szenarios stellt sicherlich eine Extremsituation dar. Sie ist dadurch gekennzeichnet, dass sich eine Regierung bereits in einer Situation sich selbst verstärkender Schuldendynamik befindet. In der EWU stellen solche Entwicklungen zurzeit keine unmittelbare Bedrohung dar. Auch Ländern mit extrem hohen Schuldenständen (Italien, Belgien, Griechenland) ist es in den vergangenen Jahren gelungen, ein explosionsartiges Wachstum der Staatsschulden zu vermeiden. Auch sind die Budgetdefizite in der EWU nicht in dem strikten Sinne vorherbestimmt, wie dies oben unterstellt wurde. Gleichwohl verweist diese Analyse auf die prinzipiell schädlichen Konsequenzen **unkoordinierter Wirtschaftspolitiken bei *rationalen Erwartungen*.** Wenn eine monetäre Finanzierung von öffentlichen Haushaltsdefiziten aus irgendwelchen Gründen (z.B. vertraglich) ausgeschlossen ist, ergibt sich aus dem Modellrahmen eindeutig, dass die Defizite untragbar („unsustainable") werden können.[25] Es besteht also ein trade-off zwischen Fiskalpolitiken in unterschiedlichen Perioden: Je höher die Verschuldung in der Gegenwart ausfällt, desto weniger Spielraum besteht in der Zukunft, mit den entsprechenden (potenziellen) Konsequenzen für die Geldpolitik. Entweder muss dann die Geldpolitik expansiver ausfallen (also inflationierend wirken), es müssen Primärüberschüsse erwirtschaftet werden (wie die Ausführungen zu Gleichung (11) zeigen) oder man lässt einen Staatsbankrott zu.

Aus diesen Überlegungen kann auch ein Zusammenhang zwischen einer mangelnden *Koordination* der nationalen Fiskalpolitiken und der Inflationsentwicklung hergestellt werden. So ist es bei dem beschriebenen Szenario für die privaten Marktteilnehmer im Endeffekt rational, bei vorausschauendem Verhalten eine

---

[25] Allgemein bezieht sich Tragfähigkeit auf die strukturelle (langfristige) Schuldenquote. Sie erfordert, dass die effektive reale Zinsbelastung (d.h. unter Berücksichtigung von $r-g$) durch einen Primärüberschuss und die Seigniorage-Einnahmen gedeckt sein muss. Das Konzept der langfristigen Tragfähigkeit der öffentlichen Finanzen wird diskutiert in EZB (2004b) und Sachverständigenrat (2003, 425ff.).

zukünftige Monetisierung der Staatsschuld und damit einen Inflationsanstieg zu erwarten.[26] Um diese Argumentation nachvollziehen zu können, betrachten wir die privaten und staatlichen intertemporalen Budgetbeschränkungen näher.

Im Privatsektor gilt, dass der Gegenwartswert des Nettoeinkommens (Y-T) dem Gegenwartswert der Konsumausgaben C entsprechen muss. Wird also in der Gegenwart mehr konsumiert als an Einkommen zur Verfügung steht, müssen später die Konsummöglichkeiten durch die Begleichung des Schuldendienstes eingeschränkt werden. Formal ergibt sich bei Beschränkung auf zwei Perioden (Gegenwart t_1 und Zukunft t_2)

$$(12) \qquad C_1 + \frac{C_2}{1+r} = (Y_1 - T_1) + \frac{Y_2 - T_2}{1+r}$$

Wenn diese Überlegungen auf staatlicher Seite in dem Sinne nicht greifen, dass Primärdefizite in der Gegenwart nicht (vollkommen) durch Primärüberschüsse in der Zukunft ausgeglichen werden, gilt

$$(13) \qquad G_1 + \frac{G_2}{1+r} > T_1 + \frac{T_2}{1+r} \quad \text{bzw.} \quad (G_1 - T_1) > \frac{(T_2 - G_2)}{1+r}$$

Insgesamt resultiert dann ein Nachfrageüberschuss auf dem Gütermarkt, wie die Zusammenfassung der privaten und staatlichen Budgetbeschränkungen zeigt (siehe Gleichung (14)). Die Steuern T fallen hierbei weg, da die Steuerzahlungen der Privaten gleich den Steuereinnahmen des Staates entsprechen.

$$(14) \qquad (C_1 + G_1) + \frac{(C_2 + G_2)}{1+r} > Y_1 + \frac{Y_2}{1+r}$$

Da das „natürliche" (langfristige) Outputniveau Y (das *Produktionspotenzial*) durch die verfügbare Technologie und die Präferenzen (die sog. realen Fundamentalfaktoren) determiniert ist, bedarf es zur Herstellung eines neuen intertemporalen Gleichgewichts auf dem Gütermarkt und zur Einhaltung der intertemporalen staatlichen Budgetbeschränkung einer Anpassung der Preise und/oder der Realzinsen. Anhand der Beziehung (7) für die Schuldenquote, die hier nochmals aufgeführt wird, lässt sich dies nachvollziehen.

$$(7) \qquad \frac{B_t}{Y_t} \approx \frac{(G_t - T_t)}{Y_t} + (1 + r + \pi^{erw} - \pi - g) \cdot \frac{B_{t-1}}{Y_{t-1}} - \frac{S_t}{Y_t}$$

Die durch den fiskalpolitischen Schock (das Primärdefizit)) ausgelösten unerwarteten Preiserhöhungen verringern die reale staatliche Schuldenlast, da

---

[26] Es kann zwar argumentiert werden, aufgrund der schädlichen ökonomischen und sozialen Wirkungen von Inflation kann der Staat nicht darauf vertrauen, durch wiederholte und beschleunigte Preissteigerungen einen dauerhaften finanziellen Vorteil zu erzielen. Politiker haben jedoch in der Regel aufgrund ihres Interesses an Wiederwahl einen eher kurzfristigen Planungshorizont.

$(\pi^{erw} - \pi) < 0$. Auch eine Senkung des Realzinses r ermöglicht es, dass der staatliche Schuldendienst durch geringere Primärüberschüsse in der Zukunft abgedeckt werden muss. Ist eine hinreichende Senkung des Realzinses wegen der übermäßigen Beanspruchung des Kapitalmarktes durch den Staat nicht möglich, verbleibt nur eine Preisanpassung nach oben, d.h. Inflation. Eine an Preisstabilität orientierte Geldpolitik wäre somit im Endeffekt bei fehlender (expliziter oder impliziter) Koordination zwischen Geld- und Finanzpolitik inkonsistent mit vorgegebenen (exogenen) Fluktuationen des Gegenwartswertes der öffentlichen Haushaltsdefizite. **Preisstabilität kann in diesem Rahmen letztlich nur erreicht werden, wenn die Regierungen dazu verpflichtet werden, jegliche Erhöhung des Budgetdefizits in einem bestimmten Jahr durch entsprechende Verringerungen zukünftiger Primärdefizite zu kompensieren.** Um Otmar Issing (1999c, 13), den Chefvolkswirt der EZB, zu zitieren: „Je höher die Staatsschuld, desto größer das Gefährdungspotenzial, das auf der Stabilität des Landes wie der Geldpolitik lastet. Der Verdacht, zumindest die stille Befürchtung, am Ende könnte doch die Versuchung für die Politik zu groß werden, sich der Schuld „schmerzlos" durch Inflation zu entledigen, wächst quasi proportional zum (relativen) Schuldenstand. Die Unabhängigkeit der Notenbank ist kein ein für allemal wirksames Bollwerk gegen diesen Zusammenhang."

Box V.1.3: Die fiskalische Theorie der Preise

Traditioneller Weise geht man in der ökonomischen Theorie davon aus, dass eine unabhängige Zentralbank, die sich auf das Ziel der Gewährleistung von Preisstabilität konzentriert, hinreichend für die Erreichung von Preisstabilität ist. Eine alternative Sichtweise, die sog. *fiskalische Theorie der Preise (FT)*, behauptet allerdings, dass dafür auch eine adäquate fiskalpolitische Ausrichtung notwendig ist. Diese ist die Grundlage für obige Argumentation.

Ausgangspunkt der FT ist die intertemporale staatliche Budgetbeschränkung. Nach dieser müssen vergangene und laufende Defizite durch zukünftige Überschüsse gedeckt sein. Diese Überschüsse können entweder über Primärüberschüsse oder über Geldschöpfungseinnahmen (Seigniorage) erzielt werden. Durch Geldschöpfung reduziert sich die staatliche Schuldenlast über zwei Effekte: einerseits steigen über den Notenbankgewinn die Staatseinnahmen direkt an, andererseits nehmen die realen Schulden durch die steigenden Preise ab. Langfristig sind somit sowohl die Geld- als auch die Fiskalpolitik durch die staatliche Budgetbeschränkung bestimmt.

Eine erste Version der FT unterstellt die sog. *fiskalische Dominanz*. Diese besagt, dass sich der Staat auf eine gewisse Budgetposition festlegt, während die Geldpolitik über die Seigniorage (erhöhtes Geldmengenwachstum und damit höhere Inflation) für die Zahlungsfähigkeit des öffentlichen Sektors zu sorgen hat. Inflation ist nach dieser Variante zwar ein monetäres Phänomen. Die Geldpolitik ist aber letztendlich bestimmt durch die Fiskalpolitik und kann darauf nur reagieren. In der EWU ist allerdings vertraglich intendiert, dass die Geldpolitik dominant ist, indem sie sich auf die Gewährleistung von Preisstabilität konzentriert und die einzelnen Länder sich mit ihrer Budgetposition daran anpassen.

Die zweite Version der FT geht davon aus, dass die Geldpolitik nicht auf Entwicklungen im Staatshaushalt reagiert. Es herrscht also keine fiskalische Dominanz. Vielmehr konzentriert sich die Zentralbank auf die ihr übertragenen Aufgaben und lässt die geldpolitische Ausrichtung unverändert. Selbst dann wird jedoch die Fiskalpolitik die Preisentwicklung beeinflussen. Realisiert der Staat Haushaltsdefizite, muss das Preisniveau ansteigen, damit die staatliche Budgetbeschränkung bei unveränderten Seigniorage-Einnahmen eingehalten wird. Wie ein Aktienkurs die erwarteten zukünftigen Gewinne des Unternehmens widerspiegelt, passt sich das allgemeine Preisniveau so an, dass die realen öffentlichen Schulden gleich den erwarteten zukünftigen Überschüssen sind, die die aktuelle fiskalpolitische Ausrichtung erfordert. Inflation wäre nach dieser Argumentation nicht notwendiger Weise ein monetäres Phänomen.

Dazu ein kleines Beispiel: Nehmen wir an, der Gegenwartswert der zukünftigen realen Überschüsse betrage 100 Mio. PCs und die aktuelle nominale Staatschuld sei 10 Mrd. €. Gemäß der zweiten Version der FT muss das Preisniveau heute 100 € betragen, sodass der reale Wert der laufenden Staatsschuld 100 Mio. PCs beträgt (10 Mrd./100). Wenn das Preisniveau nur 50 € wäre, würde dieser Wert auf 200 Mio. PCs (10 Mrd./50) ansteigen. Der Staat erzeugt aber nur Überschüsse in Höhe von 100 Mio. PCs. Wenn die Halter der Staatspapiere diese heute verkaufen, können sie sich 200 Mio. PCs leisten. Halten sie die Papiere dagegen und warten, um von den staatlichen Überschüssen zu profitieren, bekommen sie nur 100 Mio. PCs. Folglich wählen sie die erste Möglichkeit. Durch diese Nachfrageerhöhung wird dann ein Druck auf die Preise der PCs nach oben ausgeübt.

Die FT verweist somit letztlich darauf, dass politische und legale Unabhängigkeit nicht hinreichend für eine funktionelle *Unabhängigkeit* einer Zentralbank sind. Dafür muss die Finanzpolitik auf eine dauerhafte Tragfähigkeit der Haushaltslage im Sinne einer Verhinderung einer übermäßigen Verschuldung, die zu Zahlungsunfähigkeit führt, ausgerichtet sein.

1.1.5 Spezifika der Währungsunion

Die bisherige Analyse bezog sich nur auf ein Land. In einer Währungsunion mit mehreren Ländern, einer gemeinsamen Geldpolitik und weiterhin nationalen Fiskalpolitiken ist zu berücksichtigen, dass zunehmende Budgetdefizite eines Landes die Inflationsrate und das Kapitalmarktzinsniveau im gesamten Euro-

Gebiet erhöhen können.[27] Auch konnte empirisch gezeigt werden, dass eine aktivistische Fiskalpolitik zu einer höheren Volatilität der Verbraucherpreis-Inflation führt. Sollte sich das übermäßig verschuldete Land weigern, diese Effekte durch zukünftige Budgetkonsolidierungsmaßnahmen zu kompensieren, müssen entweder andere Länder ihre Budgetdefizite entsprechend nach unten fahren oder durchsetzbare Regelungen zur Defizitbegrenzung jedes einzelnen Landes eingeführt werden. Dementsprechend muss in einer Währungsunion die intertemporale Budgetbeschränkung nicht mehr für jedes Land individuell, sondern nur mehr im Aggregat für alle teilnehmenden Länder gelten. Es geht in der Währungsunion letztlich um die fiskalische Position aller teilnehmenden Länder zusammen. Entstünde also bei einigen Ländern eine Tendenz, sich auf die finanzpolitischen Stabilisierungsanstrengungen anderer zu verlassen (sog. „*free-rider-Verhalten*"), könnte die Funktionsfähigkeit der EWU auf dem Prüfstand stehen. Es gibt somit auch ernst zu nehmende theoretische Gründe, warum sich Länder mit solider Haushaltsführung über unsolide Mitgliedsländer in der Währungsunion Gedanken machen sollten.

Dies gilt umso mehr, als durch die Währungsunion Anreize zu einer Ausweitung der Haushaltsdefizite entstehen. So gibt es die früher aufgrund unterschiedlicher Inflations- und Abwertungsrisiken bestehenden Zinsgefälle zwischen den Ländern nicht mehr. Damit entfällt für Anleger ein Indikator für eine unsolide Haushaltspolitik. Zudem können die öffentlichen Emittenten durch die verstärkte Integration der Finanzmärkte auf einen größeren und liquideren Kapitalmarkt zurückgreifen. Damit kann die Verschuldungsoption für einige Staaten wegen geringerer Risiko- und Liquiditätsprämien eine attraktive Möglichkeit zur Finanzierung staatlicher Ausgaben sein. Wenn sich aber ein Land finanzpolitisch unsolide verhält, hat dies über einen *negativen externen Effekt* auch Auswirkungen auf die anderen Länder der Währungsunion. So dürften sich die langfristigen Zinssätze und damit die Finanzierungskosten nicht nur in dem Land mit zunehmenden Defiziten, sondern auch für die anderen Länder der Währungsunion erhöhen. Dies gilt umso mehr, wie an der Wirksamkeit der no-bail-out-Klausel, d.h. des Haftungsausschlusses der EU insgesamt und einzelner Mitgliedstaaten für die Verbindlichkeiten eines Landes, gezweifelt wird.[28] Die Vorteile der expansiv ausgerichteten Finanzpolitik hätte also das jeweilige Land alleine, die Nachteile wür-

---

[27] Zwar bemessen sich die Seigniorage-Einnahmen eines Landes nach seinem Kapitalanteil an der EZB. Es existiert jedoch unabhängig von der Höhe der einem Land zufallenden Seigniorage ein Anreiz, durch Inflation die reale Schuldenlast zu reduzieren. Dieser Anreiz ist umso stärker ausgeprägt, je höher die Schuldenstände sind.

[28] So könnte z.B. argumentiert werden, dass es nach Art. 105(2) des Maastricht-Vertrages eine der grundlegenden Aufgaben des Eurosystems ist, das reibungslose Funktionieren der Zahlungssysteme zu fördern. Da sich ein Großteil der staatlichen Wertpapiere in Händen von Banken befindet, muss ein bail-out als Schutz vor dem Zusammenbruch des europäischen Bankensystems betrachtet werden (von Hagen, 1998, 279).

den in gewissem Sinne „vergemeinschaftet", weil auch die anderen Teilnehmer der Währungsunion negativ betroffen sind.

Die positiven Auswirkungen staatlicher *Konsolidierungspolitik* nehmen in einer Währungsunion den Charakter eines *öffentlichen Gutes* an.[29] Vom Nutzen dieses Gutes kann kein Mitgliedsland ausgeschlossen werden, auch wenn es keinen Beitrag dazu leistet. Auf die „Disziplinierungsfunktion" einzelner Staaten durch die Finanzmärkte sollte man hier nicht unbedingt vertrauen, da diese den Einfluss nationaler Budgetdefizite auf die finanzielle Stabilität vornehmlich vor dem Hintergrund der Entwicklung im gesamten Währungsgebiet beurteilen. Die von den Finanzmärkten verlangten Risikoprämien wegen einer unsoliden Haushaltspolitik dürften solange gering bleiben, wie das Kreditrisiko eine bestimmte Grenze nicht überschreitet.[30] Diese Grenze ist durch die Tragfähigkeit der öffentlichen Finanzen festgelegt. Die Kapitalmärkte arbeiten dann nicht in dem Sinne effizient, dass sie jedem öffentlichen Schuldner Zinsen gemäß dem Risiko der Staatspapiere zuordnen. Es entsteht für die Währungsunion ein sog. *moral-hazard*-Problem. Allerdings zeigt Abb. V.1.4, dass Länder, die ihre Schuldenquote im Gegensatz zu Deutschland zurückführten, zumindest für den Zeitraum 2001 bis 2005 auch eine Verringerung der Renditeabstände im Vergleich zu denjenigen deutscher Bundesanleihen verzeichneten (und umgekehrt). So hat z.B. Belgien seine Schuldenquote im Zeitraum 2001 bis 2005 um 22 Prozentpunkte stärker gesenkt als Deutschland, während der Renditeabstand belgischer Staatsanleihen gegenüber 10-jährigen Bundesanleihen um etwa 35 Basispunkte sank.[31] Die Renditeabstände betragen jedoch seit 2003 maximal 25 Basispunkte und schwanken relativ wenig (siehe Abb. V.1.5).

Alles in allem sind die Vorschriften des EG-Vertrages zur Defizit- und Schuldenbegrenzung notwendig zum Schutz vor Fehlentwicklungen in den öffentlichen Haushalten. Ohne Regeln zur Sicherung einer soliden Finanzpolitik würde es auch einer unabhängigen Notenbank schwer fallen, eine effiziente Geldpolitik durchzuführen sowie geringe Inflationsraten und eine stabile Währung zu gewährleisten. Demzufolge ist auch davon auszugehen, dass das Eurosystem Konsolidierungsbemühungen insgesamt positiv bei ihrer Geldpolitik berücksichtigen wird (Gatti/van Wijnbergen, 2002).

---

[29] Eine öffentliche Konsolidierungspolitik kann über sinkende Risikoprämien, steigende private Nachfrage, Verbesserung der Wettbewerbsfähigkeit und verstärkte Arbeitsanreize durchaus expansive Effekte auf die Wirtschaftsentwicklung auslösen (siehe Afonso, 2006; EZB, 2004b, 53f.; European Commission, 2003, Part IV). Die empirische Evidenz zeigt dabei, dass vor allem ausgabenseitige Konsolidierungen expansiv wirken (Sachverständigenrat, 2003, Viertes Kapitel, IV).

[30] „Die Tatsache, dass es auch schon zum Zahlungsausfall staatlicher Schuldner gekommen ist, zeigt, dass die Finanzmärkte nicht immer in der Lage gewesen sind, vorbeugend zu wirken" (EZB, 2004b, 58).

[31] Anhand der fiskalischen Ereignisse des Jahres 2002 konnte aber gezeigt werden, dass es häufig zu keiner persistenten und systematischen Reaktion der in den Renditen der Staatsanleihen enthaltenen Risikoprämien kommt (Afonso/Strauch, 2007).

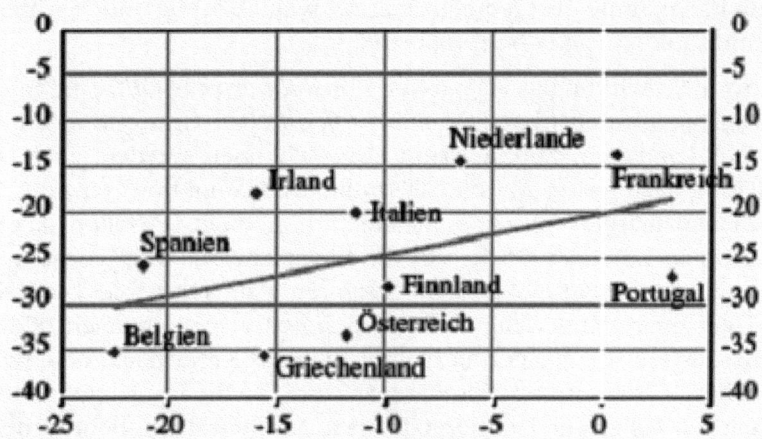

Abb. V.1.4: Schuldenstände und Renditeabstände in der EWU von 2001–2005
Quelle: EZB, 2006a, 86.

Anmerkungen: Abszisse: in Prozentpunkten; Differenz zwischen der Veränderung der Schuldenquote der jeweiligen Länder und derjenigen Deutschlands. Ordinate: in Basispunkten; Veränderung des Renditeabstands gegenüber 10-jährigen deutschen Bundesanleihen.

Um die nationalen Finanzpolitiken aufeinander abzustimmen, wurde die sog. *Euro-Gruppe* als informelles Gremium neben dem *Ecofin-Rat* geschaffen. In ihr sind nur die EWU-Länder durch ihre Wirtschafts- bzw. Finanzminister vertreten. Hinzu kommen der Wirtschafts- und Währungskommissar der Europäischen Kommission und der Präsident der EZB sowie der Vorsitzende des Wirtschafts- und Sozialausschusses. Zudem müssen alle EU-Länder ihre Wirtschaftspolitik als eine Angelegenheit von gemeinsamem Interesse betrachten. Wie die vorstehende Analyse zeigte, ist dies alles ein Weg in die richtige Richtung, da für die Funktionsweise der Währungsunion der adäquate policy-mix mit entscheidend ist. Der adäquate policy-mix wird auch durch Art. 113 EG-Vertrag unterstützt, der gewisse Beratungen und Abstimmungen zwischen Eurosystem und den dezentralisierten Fiskal-, Lohn- und Strukturpolitiken erlaubt. Auf den EU-Haushalt kann man in dieser Hinsicht wegen seines Umfangs und der speziellen Verwendungszwecke der Gelder nicht setzen. Es wird allerdings sicherlich Druck in Richtung EU-Budget entstehen, da der Spielraum der nationalen Finanzpolitiken durch den Maastricht-Vertrag und den Stabilitäts- und Wachstumspakt eingeengt ist.

Man könnte die Vorschriften des EG-Vertrages und des Stabilitäts- und Wachstumspaktes geradezu dahingehend interpretieren, dass versucht wird, die obige Kausalität von einer untragbaren Staatsverschuldung zu einer inflationär wirkenden Geldpolitik umzukehren (siehe auch Box V.1.3). Nach diesen Vorschriften ist nämlich eine an Preisstabilität orientierte, unabhängige Geldpolitik als (exogenes) Datum vorgegeben. Und die Regierungen haben sich mit ihrer Ausgaben-

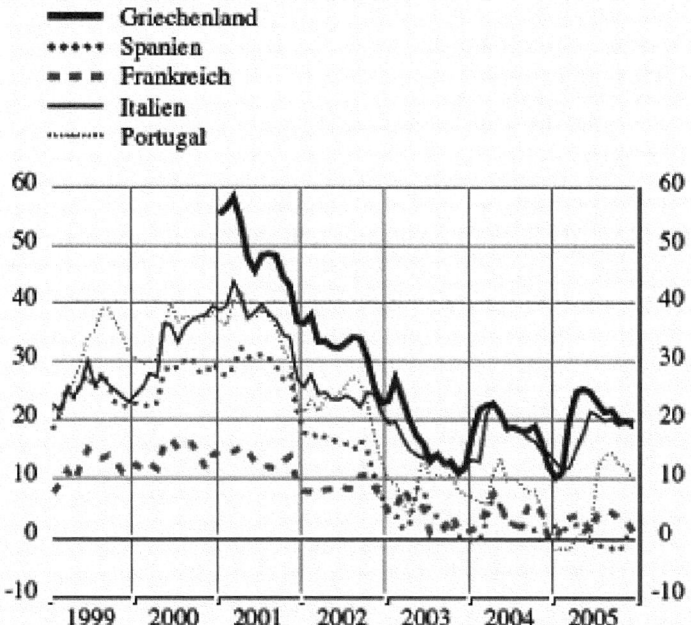

Abb. V.1.5: *Renditeabstände zehnjähriger Staatsanleihen gegenüber Deutschland*
Quelle: EZB, 2006a, 85.
Anmerkungen: in Basispunkten; Monatswerte.

und Einnahmenpolitik über die vorgeschriebenen fiskalpolitischen Regeln daran anzupassen.

1.2 Der Stabilitäts- und Wachstumspakt

1.2.1 Die Ausgangslage

Da die nationalen Haushaltspolitiken in der Währungsunion nicht vergemeinschaftet sind, gilt ihnen das Hauptaugenmerk der wirtschaftspolitischen Koordinierungs- und Überwachungstätigkeit des EU-Rates. Von besonderer Bedeutung sind dabei das Verbot der monetären Finanzierung von Haushaltsdefiziten, der Haftungsausschluss der Gemeinschaft und der Mitgliedstaaten für die öffentlich rechtlichen Verbindlichkeiten anderer Euro-Länder (sog. *no-bail-out-Klausel*) sowie die Verpflichtung, übermäßige staatliche Defizite zu vermeiden. Um letztere Vorschrift zu operationalisieren, wurde zwischen den EWU-Ländern auf den EU-Gipfeln in Dublin und Amsterdam 1996/97 ein *Stabilitäts- und Wachstumspakt* beschlossen, der die Vorschriften des Maastricht-Vertrages ergänzt und konkretisiert. Dieser kann als fiskalische Regel zur Vermeidung übermäßiger staatlicher

Kreditaufnahme und einer staatlichen Zahlungsunfähigkeit interpretiert werden.[32] Im Jahr 2005 hat der Europäische Rat einer Änderung des Stabilitäts- und Wachstumspaktes zugestimmt.

Der Hintergrund und die zugrunde liegende Problematik lassen sich folgendermaßen beschreiben:

Nach Art. 104 EG-Vertrag müssen die Mitgliedstaaten übermäßige öffentliche Defizite vermeiden. Als Referenzwerte gelten dabei 60% für die Schuldenquote und 3% für die Defizitquote.[33] Faktisch verbleibt nur noch die Verfehlung des Defizitkriteriums, da bei den Konvergenzprüfungen das Schuldenkriterium für die an der EWU teilnehmenden Länder als erfüllt betrachtet wurde. Gemäß dem „Protokoll über das Verfahren bei einem übermäßigen Defizit" bedeutet dies, das Verhältnis zwischen dem (geplanten oder tatsächlichen) öffentlichen Defizit und dem BIP zu Marktpreisen soll 3% nicht überschreiten. Es muss also gelten („n" steht für nominal)[34]

$$(15) \qquad \frac{G_t^n - T_t^n}{P_t \cdot Y_t} + i_t \cdot \left(\frac{B_t^n}{P_t \cdot Y_t} \right) \leq 0,03$$

Der Summe aus der nominalen Primärdefizit- und Schuldendienstquote (jeweils bezogen auf das nominale BIP) sind also Restriktionen auferlegt. Die Beziehung (15) kann als *fiskalische Reaktionsfunktion* bezogen auf die Primärdefizitquote interpretiert werden.

Durch diese Vorschrift sollen stabilitätspolitische Konflikte nach Möglichkeit vermieden werden. Vor dem Hintergrund der an (kurzfristig aufeinander folgenden und innerhalb der EU nicht synchronisierten) Wahlterminen orientierten Entscheidungen von Politikern, machen derartige Obergrenzen auch theoretisch und polit-ökonomisch Sinn. Es reicht dann in der Regel nicht mehr nur, eine unabhängige Zentralbank, die sich auf die Erreichung von Preisstabilität konzentriert, zu etablieren. In einer Währungsunion mit vielen „kurzsichtigen" Regierungen tritt dieses Problem verstärkt zu Tage.

Erfüllt ein Mitgliedstaat das Defizitkriterium nicht, so erstellt die EU-Kommission einen Bericht. Darin wird berücksichtigt, ob das öffentliche Defizit die öffentlichen Ausgaben für Investitionen übertrifft. Auch auf die *mittelfristige Wirtschafts- und Haushaltslage* wird Bezug genommen. Auf Empfehlung der Kommission und unter Berücksichtigung der Stellungnahme des betreffenden Landes, entscheidet der Rat nach Prüfung der Gesamtlage mit qualifizierter Mehrheit, ob

---

[32] Zu fiskalischen Regeln im Allgemeinen und in der EWU im Speziellen siehe Banca d'Italia (2001).
[33] Auf die Ausnahmeregelungen des Art. 104 (2) (nur vorübergehende Überschreitung, Überschreitung zurückzuführen auf außergewöhnliches Ereignis) wird an dieser Stelle nicht eingegangen.
[34] Im Schuldenstand B_t sollen die Seigniorage-Einnahmen enthalten sein.

ein *übermäßiges Defizit* vorliegt. Wird dies bejaht, richtet der Rat Empfehlungen an das jeweilige Land mit dem Ziel, dieser Situation innerhalb einer bestimmten Frist abzuhelfen.

Wenn von dem betreffenden Land keine entsprechenden Maßnahmen ergriffen werden, können diese Empfehlungen veröffentlicht werden. Wird daraufhin den Empfehlungen immer noch nicht Folge geleistet, kann dem Land eine Frist gesetzt werden, innerhalb derer die zu einer Sanierung erforderlichen Maßnahmen für einen Defizitabbau getroffen werden müssen. Falls dies nicht befolgt wird, kann man

- verlangen, dass der Mitgliedstaat vor der Emission von Wertpapieren vom EU-Rat näher zu bezeichnende zusätzliche Angaben veröffentlicht,
- die *Europäische Investitionsbank* ersuchen, die Darlehenspolitik gegenüber dem Mitgliedsland zu überprüfen,
- verlangen, dass das Land eine unverzinsliche Einlage in angemessener Höhe hinterlegt bis das übermäßige Defizit korrigiert ist,
- eine Geldbuße in angemessener Höhe verhängen.

Alle nach Feststellung des übermäßigen Defizits zu treffenden Maßnahmen werden mit einer 2/3-Mehrheit der gewichteten Stimmen der EU-Mitgliedstaaten mit Ausnahme der Stimmen des betroffenen Mitgliedslandes beschlossen.

Als problematisch wurden bei diesem Verfahren der zu große Ermessensspielraum des EU-Rates und das Risiko einer politischen Einflussnahme bzw. politisch motivierter Entscheidungen betrachtet. Eine Sanktionsautomatik ist damit praktisch ausgeschlossen. Zugleich würde der Sanktionsprozess zu lange dauern.

Um diesen Kritikpunkten zu begegnen, wurde vom damaligen deutschen Finanzminister Theo Waigel Ende 1995 ein sog. Stabilitätspakt vorgeschlagen, der unter dem Namen „Stabilitäts- und Wachstumspakt" auf dem Gipfeltreffen in Dublin Ende 1996 beschlossen und schließlich auf dem EU-Gipfel in Amsterdam Mitte 1997 verabschiedet wurde. Im Speziellen ging es darum, das Verfahren bei einem übermäßigen Haushaltsdefizit zu beschleunigen und zu präzisieren sowie eine dauerhafte und nachhaltige Haushaltsdisziplin zu institutionalisieren. In diesem Pakt verpflichten sich die Mitgliedstaaten prinzipiell, **mittelfristig** einen ausgeglichenen Haushalt anzustreben.[35] Die Einführung von nicht mehr durch Ratsentscheidungen abhängigen automatischen Sanktionen stieß allerdings an juristische Grenzen des EG-Vertrags.

Auf die Elemente dieses Stabilitäts- und Wachstumspaktes soll nun näher eingegangen werden.

---

[35] „Mittelfristig" bedeutet dabei über einen Konjunkturzyklus hinweg.

1.2.2 Die Regelungen des Stabilitäts- und Wachstumspaktes

Ziel des Stabilitäts- und Wachstumspaktes ist die dauerhafte Übereinstimmung der Finanzpolitik mit den Anforderungen eines soliden öffentlichen Haushalts und die Überwachung der finanzpolitischen Entwicklungen, um frühzeitig Warnsignale bei Fehlverhalten zu bekommen.[36] Es handelt sich dabei um ein mehrstufiges Verfahren.

Durch die Regelungen des Stabilitäts- und Wachstumspaktes erstellt die Kommission einen Bericht, wann immer das tatsächliche öffentliche Defizit den Referenzwert von 3 % überschreitet.[37] Grundlage dafür sind die jährlich von den am Euro-Währungsgebiet teilnehmenden Ländern vorzulegenden *Stabilitätsprogramme*.[38] Diese haben die Funktion eines Frühwarnsystems. Der *Wirtschafts- und Finanzausschuss* (siehe Box V.1.4) gibt dann binnen zwei Wochen eine Stellungnahme zu dem Bericht der Kommission ab. Wenn das Defizit nicht als übermäßig eingestuft wird, weil es sich nur um eine vorübergehende Überschreitung handelt oder diese auf außergewöhnliche Umstände zurückzuführen ist, muss dies von der Kommission schriftlich begründet werden. Wird dagegen auf Empfehlung der Kommission vom Rat ein *übermäßiges Defizit* festgestellt, werden Empfehlungen an den Mitgliedstaat gerichtet, in denen eindeutige Fristen für das Ergreifen wirksamer Maßnahmen (innerhalb von vier Monaten) und für die Korrektur des übermäßigen Defizits festgesetzt werden. Diese Korrektur muss in dem Jahr, das auf die Feststellung des Defizits folgt, vorgenommen werden, sofern nicht besondere Umstände („sonstige Faktoren") vorliegen.[39]

Box V.1.4: Der Wirtschafts- und Finanzausschuss

Der Wirtschafts- und Finanzausschuss existiert seit Beginn der 3. Stufe der EWWU. Seine Aufgaben sind in Art. 114 (2) EG-Vertrag geregelt. Über die Zusammensetzung des Ausschusses beschließt der Ministerrat mit qualifizierter Mehrheit. Jedes EU-Land, die Kommission und die EZB ernennen jeweils höchstens zwei Mitglieder des Ausschusses.

---

[36] Die hier zu beschreibende „Stabilitätsseite" wurde auf Drängen Frankreichs auf dem EU-Gipfel von Amsterdam um eine „Beschäftigungsseite" ergänzt. Dabei ging es im Wesentlichen um politische Aufforderungen an die Mitgliedstaaten und die Organe der Gemeinschaft, die Wirtschafts- und Haushaltspolitik stärker am Ziel der Förderung der Beschäftigung auszurichten.

[37] Bei der Gefahr einer Überschreitung der 3 %-Grenze kann die EU-Kommission einen Bericht erstellen. Bei tatsächlicher Überschreitung ist die Erstellung des Berichtes verpflichtend.

[38] Dabei wird auch darauf eingegangen, inwiefern die dem Programm zugrunde liegenden gesamtwirtschaftlichen Annahmen (z.B. über das Wirtschaftswachstum) realistisch sind. In diesem Zusammenhang zeigte sich, dass von 1998 bis 2002 Deutschland und Portugal ihre Budgetsituation und ihr Wirtschaftswachstum systematisch zu positiv einschätzten (Strauch et al., 2004). Die nicht an der EWU teilnehmenden EU-Länder müssen sogenannte Konvergenzprogramme vorlegen, die allerdings kein Defizitverfahren auslösen.

[39] Dann verlängert sich die Frist um ein weiteres Jahr. Zu diesen sonstigen Faktoren siehe auch Tabelle V.1.5.

Der Wirtschafts- und Finanzausschuss gibt Stellungnahmen an die Kommission und den Ministerrat ab. Er beobachtet die Wirtschafts- und Finanzlage der EU-Länder und der Gemeinschaft und erstattet dem Ministerrat und der Kommission darüber Bericht. Insbesondere wird darin auf die finanziellen Beziehungen zu Drittländern und internationalen Organisationen eingegangen. Zusätzlich unterstützt er den Ministerrat in Fragen der Einführung von Kapitalverkehrskontrollen, der Verhängung von Wirtschaftssanktionen gegenüber Drittländern, der Koordinierung der Wirtschaftspolitik in der EU, der Leistung finanziellen Beistandes für einzelne Länder, der Überwachung des bevorrechtigten Zugangs von Regierungen zu Finanzinstituten, des Haftungsausschlusses der Gemeinschaft und einzelner Länder für die Verbindlichkeiten von EU-Mitgliedstaaten und der Haushaltslage der EU-Länder, der Übertragung bankaufsichtsrechtlicher Aufgaben an die EZB, der Festlegung eines Wechselkurssystems oder allgemeiner Orientierungen für die Wechselkurspolitik gegenüber Drittwährungen, der Unterstützung von EU-Ländern bei Zahlungsbilanzschwierigkeiten und der Bestimmung der EU-Länder, die nicht an der Währungsunion teilnehmen. Und schließlich prüft der Wirtschafts- und Finanzausschuss mindestens einmal jährlich die Lage hinsichtlich des Kapitalverkehrs und der Freiheit des Zahlungsverkehrs innerhalb der EU.

Befolgt das Mitgliedsland die Beschlüsse des Rates nicht, beschließt der Rat Sanktionen, zu denen immer auch eine *unverzinsliche Einlage* gehört. Diese Sanktionen sind innerhalb von zehn Monaten, nachdem die Stabilitätsprogramme vorgelegt worden sind, zu verhängen. Die unverzinsliche Einlage wird nach zwei Jahren in eine Geldbuße umgewandelt, wenn das Haushaltsdefizit weiterhin übermäßig bleibt.[40] Einlage und Geldbuße setzen sich bei der erstmaligen Festsetzung aus einer festen Komponente (0,2 % des BIP) und einer variablen Komponente (10 % des Betrages, um den das Defizit den Referenzwert von 3 % des BIP überschreitet) zusammen. In den Folgejahren fällt nur noch der variable Teil an. Für beide Komponenten zusammen gilt eine jährliche Höchstgrenze von 0,5 % des BIP.[41] Die Einlage wird zurückbezahlt, sobald das Land kein übermäßiges Defizit mehr aufweist. Im Gegensatz dazu werden Geldbußen nicht zurückbezahlt. Die Sanktionserlöse kommen den Mitgliedstaaten ohne übermäßiges Defizit zugute.

Das Verfahren bei einem übermäßigen Defizit wird ausgesetzt, falls die Regierung des betreffenden Landes geeignete Abhilfemaßnahmen verabschiedet. Die

---

[40] Offiziell lautet die Formulierung, der Rat wird „ersucht", im Falle des Art. 104 (11) EG-Vertrag Sanktionen zu verhängen, und „aufgefordert", in diesem Falle stets die Hinterlegung einer unverzinslichen Einlage anzuordnen, die nach zwei Jahren in eine Geldbuße umzuwandeln ist. Es kann also keine rechtliche Verbindlichkeit abgeleitet werden.
[41] Dadurch zieht eine Überschreitung der Defizitquote über 6 % hinaus keine weiteren Sanktionen nach sich.

Kommission und der Rat überwachen dabei so lange die Fortschritte bei der Umsetzung der Maßnahmen, bis der Rat entscheidet, dass das übermäßige Defizit korrigiert ist. Sollten die Maßnahmen nicht durchgeführt werden oder sich als unzureichend erweisen, oder die Daten über die tatsächliche Entwicklung zeigen, dass ein übermäßiges Defizit nicht innerhalb der vorgegebenen Frist korrigiert worden ist, wird das Verfahren unverzüglich an der Stelle wieder aufgenommen, an der es zuvor angehalten wurde.

Das Verfahren konnte somit gestrafft und die Fristen verkürzt werden. Durch die Revision des Paktes 2005 kam es allerdings wieder zu einer Verlängerung (siehe Tabelle V.1.5). Die Beschlüsse über Fristen und Sanktionen werden mit qualifizierter Mehrheit der an der Währungsunion beteiligten Länder, jedoch ohne die Stimme des betreffenden Mitgliedslandes getroffen. Der Stabilitäts- und Wachstumspakt dürfte folglich – wenn die Regelungen glaubwürdig sind und auch durchgesetzt werden – aufgrund der mit ihm verbundenen Sanktionen Anreize zu einer dauerhaft soliden Haushaltsführung setzen.

Tabelle V.1.4 fasst das Ablaufschema anhand des Budgetdefizits für das Jahr 2007 zusammen. Daran ist ersichtlich, dass Sanktionen vermieden werden können, wenn das Defizit alle drei Jahre die 3 %-Marke unterschreitet. Darüber hinaus werden Geldbußen letztlich erst bei einer fünfjährigen Dauer des exzessiven Defizits verhängt. Allerdings wurde im Falle Deutschlands und Frankreichs, bei denen im Jahr 2003 für 2002 ein übermäßiges Defizit festgestellt wurde, auch das Verfahren an den Regelungen des Stabilitäts- und Wachstumspaktes vorbei für eine gewisse Zeit ausgesetzt (siehe Box V.1.5). Insgesamt wurden bisher (Stand 2007) seit Beginn der Währungsunion gegen sechs Länder Verfahren wegen eines übermäßigen Defizits eingeleitet (in chronologischer Reihenfolge Portugal, Frankreich, Deutschland, Niederlande, Griechenland, Italien).[42] Sanktionen wurden bisher noch nicht verhängt.

Die Vorschriften des Stabilitäts- und Wachstumspaktes beinhalten, dass der *Referenzwert* von 3 % normalerweise nicht überschritten werden darf. Eine Überschreitung kann allerdings hingenommen werden, sofern diese nur ausnahmsweise und vorübergehend ist. Dies ist bei außergewöhnlichen Ereignissen der Fall, die sich der Kontrolle des Landes entziehen und die gesamtstaatliche Finanzlage schwerwiegend beeinträchtigen, wie z.B. Naturkatastrophen, die Folgen von Streiks, oder die deutsche Wiedervereinigung. Aber auch ein negatives Wirtschaftswachstum bzw. Wachstumsraten unter dem Potenzialwachstum mit erheblichen kumulativen Produktionseinbußen gelten als ein derartiger Ausnahmetatbestand. Von 1961 bis 2006 gab es unter den 15 „alten" EU-Ländern insgesamt 47 Fälle mit negativen Wachstumsraten. Die meisten fanden in den Rezessionsphasen 1974/75, 1980–1982 und 1991–1993 statt. Jedes Land war zumindest einmal davon betroffen.

---

[42] Gegen Portugal wurde das Defizitverfahren bereits zweimal eröffnet.

Tabelle V.1.4: Ablaufschema des Stabilitäts- und Wachstumspaktes

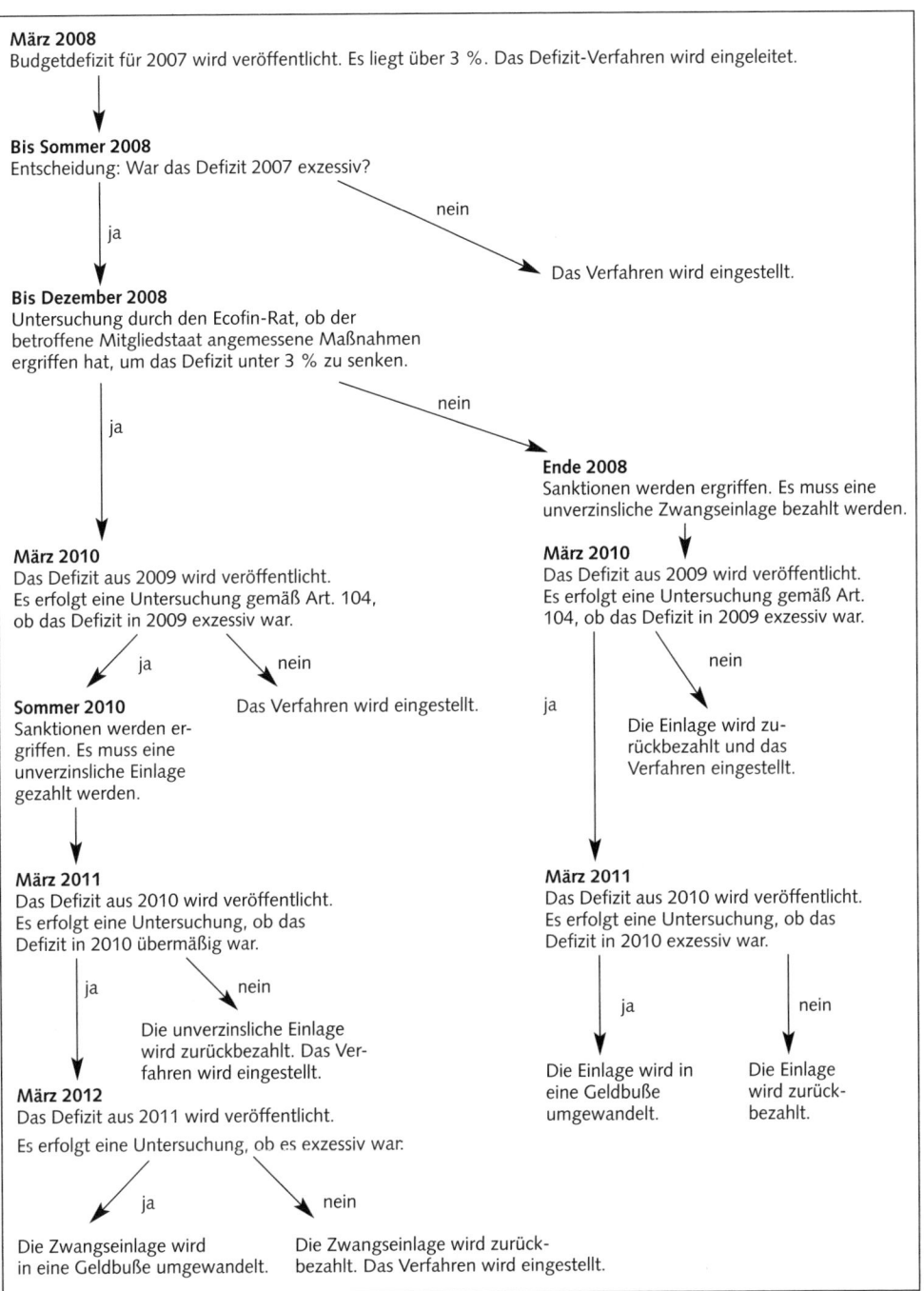

Quelle: Sell, 1998, 236; eigene Ergänzungen.

Box V.1.5: Das Verfahren gegen Deutschland und Frankreich

Sowohl gegenüber Deutschland als auch gegenüber Frankreich hat der Ecofin-Rat auf Vorschlag der EU-Kommission im Jahr 2003 ein Verfahren wegen des Vorliegens eines übermäßigen Defizits eröffnet. Daraufhin wurden im weiteren Verlauf des Jahres 2003 an beide Länder Empfehlungen gerichtet, durch die das übermäßige Defizit innerhalb einer bestimmten Frist zu beseitigen ist. Diese Empfehlungen sollten auch veröffentlicht werden, da in den Augen der EU-Kommission keine wirksamen Maßnahmen zur Beseitigung des übermäßigen Defizits vorgenommen wurden. Zudem wurden auch neue Maßnahmen vorgeschlagen, um diese Situation spätestens bis 2005 zu beseitigen.

Im Ecofin-Rat kam jedoch keine qualifizierte Mehrheit zustande, um diese Vorschläge zu verabschieden und das Verfahren durch In-Verzug-Setzung und Verhängung von Sanktionen weiter voranzutreiben. Für die Annahme der Vorschläge der EU-Kommission sprachen sich nur Belgien, Dänemark, Griechenland, Spanien, die Niederlande, Österreich Finnland und Schweden aus, also vor allem die kleineren Länder. Deutschland und Frankreich verpflichteten sich allerdings auf freiwilliger Basis, ihr Defizit bis 2005 unter die 3 %-Marke zu bringen und über den Fortschritt der Konsolidierungsbestrebungen regelmäßig Bericht zu erstatten. Dies wurde aber nicht erreicht: Das Defizit Deutschland für 2005 betrug 3,4 %, dasjenige Frankreichs 3,0 % (siehe Tabelle V.1.6).

Das Anhalten des Verfahrens im beschriebenen Fall ist jedoch im EG-Vertrag nicht vorgesehen. Sobald ein übermäßiges Defizit bejaht wird, ist das Verfahren nach Art. 104 EG-Vertrag eindeutig festgelegt. Die einzige Möglichkeit für den Ecofin-Rat wäre gewesen, festzustellen, dass das Defizit wegen bestimmter Gründe nicht übermäßig ist. Da dies nicht getan wurde, befand man sich sozusagen in einem rechtsfreien Raum. Deshalb hat die EU-Kommission den Europäischen Gerichtshof zur Klärung der Frage angerufen. Von diesem wurde im Juli 2004 festgestellt, dass der Stopp der Verfahren gegen europäisches Recht verstößt. Sie müssen folglich entsprechend den im Stabilitäts- und Wachstumspakt vorgesehenen Regeln weitergeführt werden.

Dieser Fall führte letztendlich zur Änderung der Regelungen zum Stabilitäts- und Wachstumspakt. Nachdem diese beschlossen und die Fristen zur Defizitkorrektur verlängert wurden, wurden beide Verfahren schließlich 2007 eingestellt.

Im Jahr 2005 wurden Änderungen am Stabilitäts- und Wachstumspakt vorgenommen, die zu einer flexibleren Interpretation sowie einer zunehmenden Bedeutung diskretionärer Entscheidungen und Beachtung länderspezifischer Gegebenheiten führte.[43] Dadurch wurde das Defizitverfahren geschwächt und der Pakt

---

[43] Die davon ausgehenden Vor- und Nachteile werden in einem theoretischen Rahmen analysiert von Beetsma und Debrun (2007).

komplizierter und intransparenter (siehe Tabelle V.1.5). So wurden vor allem sog. „sonstige Faktoren" eingeführt, die bei der Beurteilung der Exzessivität des Defizits neben den oben erwähnten Ausnahmetatbeständen zu berücksichtigen sind. Darunter fallen z.B. Ausgaben für Forschung und Entwicklung, die Tragfähigkeit des Schuldenstandes, öffentliche Investitionen, Belastungen durch den europäischen Einigungsprozess und aus Finanzbeiträgen zu Gunsten der internationalen Solidarität, Rentenreformen und die herrschende Konjunkturlage. Damit wird insgesamt der 3%-Referenzwert de facto in Frage gestellt und die Einleitung eines Defizitverfahrens dürfte sich in Zukunft auf weit gehende Überschreitungen des Limits beschränken.

Unter Berücksichtigung der Ausnahmetatbestände, sonstigen Faktoren und Phasen negativen Wirtschaftswachstums lassen sich fünf stilisierte Defizitszenarien unterscheiden (siehe Abb. V.1.6). Dabei entspricht *(t-1)* dem Jahr vor dem Abschwung, in welchem kein übermäßiges Defizit vorlag, *t* der Abschwungperiode und *(t+1)* dem ersten Jahr nach dem Abschwung. In der problemlosen Situation (1) bleibt trotz des Abschwungs das Defizit unter 3%. Im Fall (2) übersteigt das Defizit zwar die 3%-Marke, bleibt aber in der Nähe des Referenzwertes und unterschreitet diesen nach Beendigung des Abschwungs. Damit sind die Bedingungen des Art. 104 (2a) erfüllt, wonach eine Defizitüberschreitung dann unproblematisch ist, wenn der Referenzwert nur ausnahmsweise und vorübergehend überschritten wird und in der Nähe des Referenzwertes bleibt. Beim Verlauf (3) ist diese „Nähe" zwar nicht mehr gegeben, sodass ein übermäßiges Defizit resultiert. Es werden jedoch keine Sanktionen ausgelöst, da die Überschreitung nur vorübergehend ist bzw. „sonstige Faktoren" in Anspruch genommen werden. In Fall (4) fällt dagegen die temporäre Natur der Überschreitung der 3%-Marke weg. Falls defizitsenkende Maßnahmen unterbleiben und auf keine „sonstigen Faktoren" zurückgegriffen werden kann, kommt es zur Verhängung von Sanktionen. In Situation (5) bleibt man längerfristig und deutlich über dem 3%-Wert. Auch hier können Sanktionen ausgelöst werden.

Der Stabilitäts- und Wachstumspakt beinhaltet im Prinzip das Bekenntnis der EWU-Länder zu einem über einen Konjunkturzyklus betrachtet ausgeglichenen Staatshaushalt. Auf konjunkturelle Schwankungen reagieren natürlich die öffentlichen Defizite. Dies liegt zum einen daran, dass wichtige Teile der Staatseinnahmen (z.B. über die Steuereinnahmen) und Staatsausgaben (z.B. durch arbeitsmarktbezogene Zahlungen) bedingt durch die institutionelle Ausgestaltung des Steuer- und Transfersystems quasi automatisch auf zyklische Veränderungen reagieren. Zum anderen ist es möglich, dass über diese automatischen Stabilisatoren hinaus eine systematisch diskretionäre Finanzpolitik das Defizit in konjunkturellen Abschwungphasen erhöht und in Aufschwungphasen reduziert. Angesichts der vielfältigen Schwierigkeiten einer solchen über den Konjunkturverlauf symmetrisch antizyklischen diskretionären Politik – hier seien nur die zeitlichen Diagnose-, Entscheidungs- und Wirkungsverzögerungen genannt – dürfte der Anteil der Konjunkturreagibilität des Budgets, der auf das Wirken der *automatischen*

Tabelle V.1.5: Alte und neue Regelungen im Vergleich

	alte Regelung	neue Regelung
Mittelfristiges Haushaltsziel		
Definition	Haushaltsausgleich oder -überschuss	Länderspezifische Ziele zwischen −1 % des BIP (bei hohen Wachstumsraten und niedrigem Schuldenstand) und Haushaltsausgleich oder -überschuss.
	Anmerkung: Wegen Messungenauigkeiten werden Abweichungen um 0,5 % des BIP akzeptiert	
Abweichungen	Keine	Abweichungen bei bestimmten Strukturreformen.
Anpassungspfad zum mittelfristigen Haushaltsziel	Im Pakt nicht geregelt, aber Selbstverpflichtungen des Rates	Haushaltskonsolidierung um 0,5 % des BIP, wenn mittelfristiges Ziel nicht erreicht ist. Stärkere Konsolidierung in „guten Zeiten", geringere in „schlechten Zeiten". Abweichungen bei bestimmten Strukturreformen. Keine Sanktionen bei Fehlentwicklungen.
Rechtfertigung einer Überschreitung des 3 %-Referenzwertes		
Außergewöhnliche und vorübergehende Einflüsse	– Naturkatastrophen – BIP-Rückgänge um mindestens 2 % – BIP-Rückgänge zwischen 0,75 % und 2 % im Jahr im Ratsermessen	– Naturkatastrophen – Negative Wachstumsraten – Wachstumsraten unter dem Potenzialwachstum mit erheblichen kumulativen Produktionsverlusten
Sonstige Faktoren	Keine	– Entwicklung des Wachstumspotenzials – Herrschende Konjunkturlage – Umsetzung der Lissabon-Strategie – Ausgaben für Forschung, Entwicklung und Innovation – frühere Haushaltskonsolidierung in „guten Zeiten" – Tragfähigkeit des Schuldenstandes – Öffentliche Investitionen – Qualität der öffentlichen Finanzen – Belastungen aus Finanzbeiträgen zu Gunsten der internationalen Solidarität – Belastungen aus Verwirklichung der Ziele der europäischen Politik, insbesondere dem europäischen Einigungsprozess – Rentenreformen
Fristen für Defizitkorrektur	Im Jahr nach Festlegung, wenn nicht „besondere Umstände" vorliegen	Grundsätzlich im Jahr nach Festliegen. Bei Vorliegen „besonderer Umstände", die durch „sonstige Faktoren" definiert sind, zwei Jahre nach Festlegung
	Anmerkungen: – „Besondere Umstände" sind nicht definiert – Bei Korrekturempfehlungen nach in-Verzug-Setzen ist der Rat frei bei der Fristsetzung	Anmerkung: – Bei Korrekturempfehlungen nach in-Verzug-Setzen dürfte der Rat weiterhin frei sein bei der Fristsetzung
Fristen im Defizitverfahren		
Feststellung eines übermäßigen Defizits	Drei Monate nach halbjährlicher Haushaltsmeldung	Vier Monate nach halbjährlicher Haushaltsmeldung
Ergreifen wirksamer Maßnahmen	Vier Monate	Sechs Monate
In-Verzug-Setzen nach Feststellen unzureichender Maßnahmen	Ein Monat	Zwei Monate
Ergreifen wirksamer Maßnahmen nach in-Verzug-Setzen	Zwei Monate	Vier Monate
Prüfung der Korrekturfristen	Keine	Bei „unerwarteten Ereignissen" Verfahrensschleifen, das heißt Wiederholung der ersten Empfehlungen zur Defizitkorrektur sowie der Empfehlung bei in-Verzug-Setzen

Quelle: Deutsche Bundesbank.

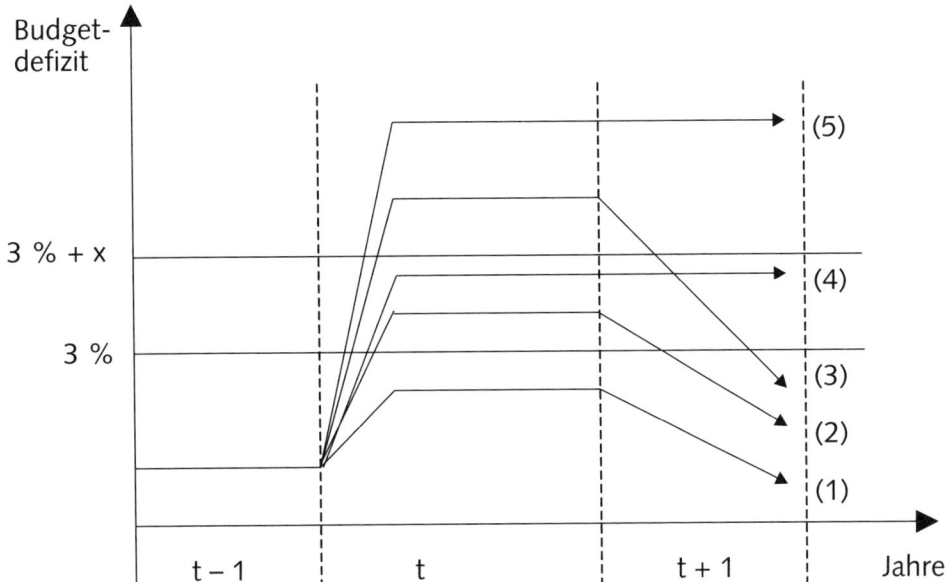

Abb. V.1.6: *Wirtschaftsabschwung und stilisierte Defizitverläufe*
Quelle: European Commission, 1997, 4; eigene Ergänzungen.
Anmerkungen: x: erlaubtes Defizit über 3 % nach Art. 104 (2a) EG-Vertrag; (1), (2): kein übermäßiges Defizit; (3): temporäres übermäßiges Defizit; (4), (5): übermäßiges Defizit und keine „sonstigen Faktoren".

Stabilisatoren zurückgeführt werden kann, weitaus größer sein als der Anteil einer diskretionär antizyklischen Finanzpolitik. Der Vorteil der automatischen Stabilisatoren ist, dass sie symmetrisch während des Konjunkturzyklus und zudem zeitnah und vorhersehbar wirken. Sie führen im optimalen Fall dazu, dass das Verlaufsmuster des Haushaltssaldos dem des Wirtschaftswachstums folgt (siehe Abb. V.1.7).

Interessant ist nun, ob die mit der EWU einhergegangenen Veränderungen in den Rahmenbedingungen für die nationalen Finanzpolitiken in den Ländern des Euro-Raums zu einer Veränderung in der Reagibilität der öffentlichen Haushalte auf konjunkturelle Schwankungen geführt haben. Einerseits hat die nationale Fiskalpolitik an stabilisierungspolitischer Bedeutung gewonnen, da sich die Geldpolitik nur noch an der Situation in der EWU insgesamt orientieren kann. Andererseits könnten die mit dem Maastricht-Vertrag und dem Stabilitäts- und Wachstumspakt erzeugten Konsolidierungserfordernisse über diskretionäre Anpassungen das Wirken der automatischen Stabilisatoren eingeschränkt haben. Das spricht für eine geringere Budgetsensitivität.

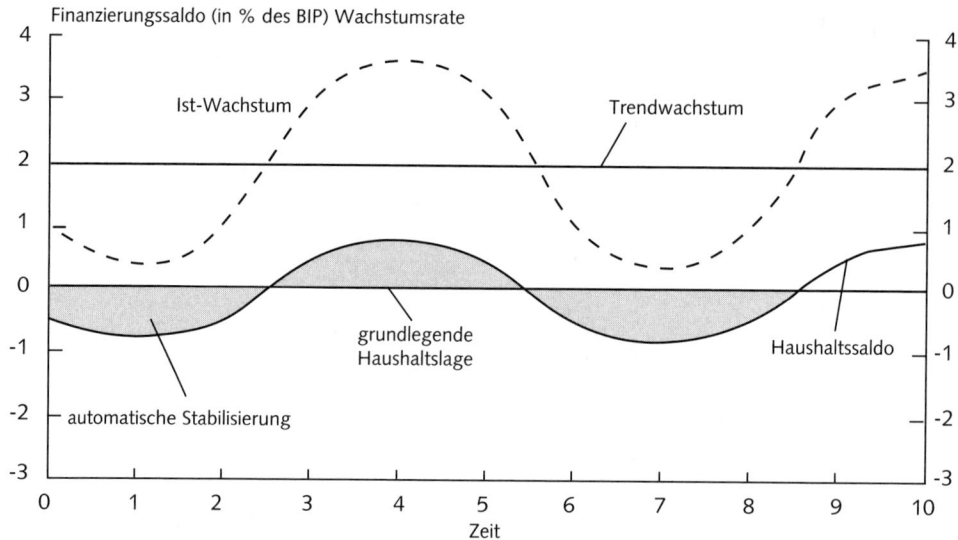

Abb. V.1.7: Die idealtypische Wirkungsweise automatischer Stabilisatoren während des Konjunkturzyklus

Quelle: EZB, 2002b, 37.

In Abb. V.1.8 ist eine Möglichkeit, diese Budgetsensitivität zu messen, dargestellt. Daran ist ersichtlich, dass die These einer verringerten Reaktion des Budgets auf konjunkturelle Entwicklungen nicht bestätigt werden kann. Einzig in Belgien ist die entsprechende Größe ab der zweiten Hälfte der neunziger Jahre gegenüber dem Zeitraum zwischen den Jahren 1970 und 1994 zurückgegangen. In allen anderen Ländern hat sich die Reagibilität erhöht.[44] Diese Ergebnisse deuten vor allem auf die Notwendigkeit der Anpassung in konjunkturell guten Zeiten, d.h. vor Rezessionsperioden hin. Solange nämlich die Budgetpolitik nicht zentralisiert auf EU-Ebene stattfindet,[45] führt ein negativer Nachfrageschock in einem Land zu einer automatischen Verschlechterung der Budgetsituation.

Insgesamt ist nicht klar, wie strikt der EU-Rat die Vorschriften des Stabilitäts- und Wachstumspaktes in der Praxis interpretiert. Zudem können kooperatives Verhalten der Länder bzw. die Bildung von Koalitionen zwecks Vermeidung der Sanktionen nicht ausgeschlossen werden (siehe Box V.1.5).[46]

---

[44] Eine detailliertere Analyse mit analogen Ergebnissen findet sich in Sachverständigenrat (2003, 441ff.).
[45] Weitgehend zentralisiert ist die Budgetpolitik z.B. in den USA.
[46] Um die Unsicherheit über die Anwendung der Sanktionen zu reduzieren und zugleich die spezifische Ländersituation sowie eine Belohnung für eine solide öffentliche Haushaltsführung zu berücksichtigen, schlägt Casella (1999) einen Handel von Defizitrechten vor (in Analogie zum umweltökonomischen Vorschlag der Handelbarkeit von Umweltzertifikaten). Voraussetzung für dessen Funktionsfähigkeit ist die Festlegung des zulässigen Gesamtdefizits und der Anfangsverteilung der Rechte.

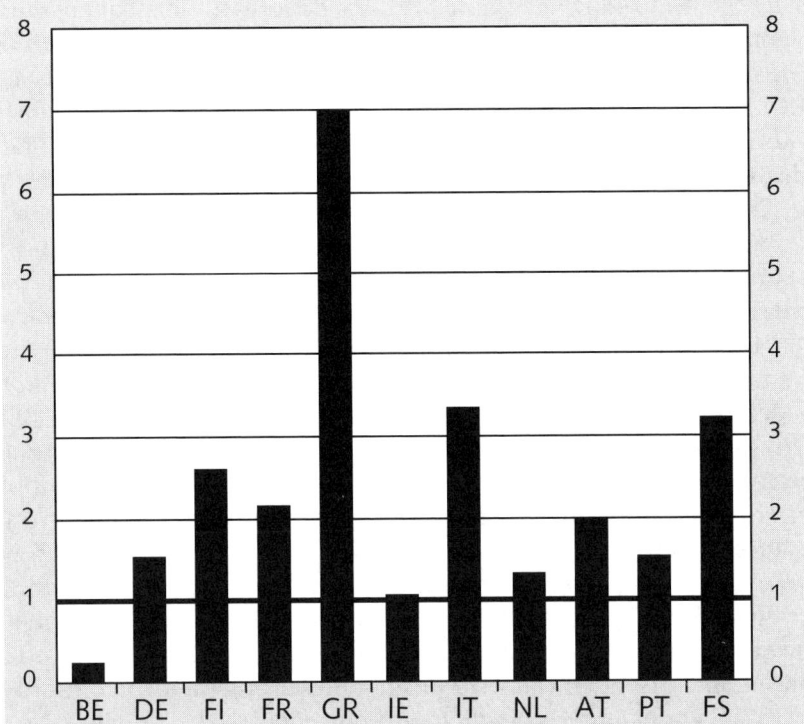

Abb. V.1.8: Konjunkturreagibilität der staatlichen Haushalte in der EWU

Quelle: Sachverständigenrat (2003), 441.

Anmerkungen: Verhältnis der Varianz der Veränderung der Primärsaldenquote zur Varianz der Veränderung des BIP für den Zeitraum 1995 bis 2002 in Relation zum entsprechenden Verhältnis für den Zeitraum 1970 bis 1994. Werte über (unter) eins zeigen eine Zunahme (Abnahme) der Konjunkturreagibilität der staatlichen Haushalte seit Beginn des Maastricht-Konvergenzprozesses an.

Die zentrale Logik der Vorschriften des Stabilitäts- und Wachstumspaktes zielt einerseits darauf ab, die Glaubwürdigkeit des Eurosystems im Sinne der Verwirklichung seines vertraglichen Auftrags zu sichern. Durch die Beschränkungen des fiskalpolitischen Handlungsspielraums soll von der EZB ein möglicher politischer Druck, die Zinsen zu senken, genommen werden („Glaubwürdigkeitsseite", Regelbindung). Durch glaubwürdige Regelungen kann die funktionelle Unabhängigkeit des Eurosystems abgesichert werden. Eine Situation, wie durch die fiskalische Theorie der Preisbestimmung beschrieben (siehe Box V.1.3), wird somit von vorne herein ausgeschaltet.

Auf der anderen Seite sollen die öffentlichen Haushalte dauerhaft in einem Zustand gehalten werden, der auch in konjunkturellen Schwächephasen jederzeit *tragfähig* ist und genügend Spielraum für *antizyklisches Verhalten* lässt („Flexibilitätsseite").[47] Um die Defizitquote von 3 % dauerhaft einzuhalten, dürfte dies allerdings nur der Fall sein, wenn die *strukturellen* (d.h. *zyklisch bereinigten*) *Staatshaushalte* ausgeglichen sind oder sogar Überschüsse aufweisen (siehe Box V.1.6). Es ist ausdrücklich nicht das Ziel, ein Schwanken des Haushaltssaldos im Konjunkturzyklus zu verhindern. Die nationale staatliche Aktivität soll in der Währungsunion ja gerade eine nützliche nachfragestabilisierende Aufgabe durch diskretionäre und automatische Anpassungen erfüllen. Vor allem auf die Auswirkungen automatischer Reaktionen fiskalpolitischer Größen auf zyklische Schwankungen (sog. *„automatische Stabilisatoren"*) wird dabei vertraut. Auf der Einnahmeseite ist hier das progressiv ausgestaltete Einkommensteuersystem zu nennen.[48] Dadurch gehen bei rückläufigem BIP die Steuereinnahmen nicht nur absolut, sondern auch als Anteil am BIP zurück. Auf der Ausgabenseite kommt es in einer derartigen Situation zu einem Anstieg staatlicher Transfers (z.B. Arbeitslosengeld). Insgesamt steigt damit konjunkturbedingt die Defizitquote an. Man kann die fiskalpolitischen Vorschriften in der EWU geradezu als fiskalpolitische Regel interpretieren, die die Tragfähigkeit der öffentlichen Finanzen mit dem Wirken automatischer Stabilisatoren verbindet. Damit diese *automatischen Stabilisatoren* allerdings wirken können, muss genügend Spielraum vorhanden sein, um über einen längeren Zeitraum Schwankungen des Defizits um einen Durchschnittswert zu ermöglichen.[49] Ausgehend von einem ausgeglichenen oder sogar Überschüsse aufweisenden Haushalt besteht dieser Spielraum. In dieser Hinsicht sind die EWU-Länder unterschiedlich zu beurteilen (siehe Tabelle V.1.6). Wenn in konjunkturell guten Zeiten aber nicht die Voraussetzungen dafür geschaffen werden, dass der Stabilitäts- und Wachstumspakt sinnvoll wirken kann, stellt sich in konjunkturell angespannteren Phasen zwangsläufig Kritik an den Vorschriften ein.

Box V.1.6: Strukturelle Defizite

Durch die Vorschriften des Stabilitäts- und Wachstumspaktes ist es erforderlich, zwischen dem gesamten Defizit und der strukturellen Komponente zu unterscheiden. Das *strukturelle Defizit* ist konjunkturunabhängig (konjunkturbereinigt). Es ist jedoch nicht direkt beobachtbar.

---

[47] Gerade vor dem Hintergrund geringer Arbeitskräftemobilität und langsamer relativer Preisanpassungen in der EU sowie der aufgrund der Größe des EU-Budgets nur minimalen interregionalen monetären Transfers ist die Flexibilität der nationalen Fiskalpolitiken notwendig.

[48] Bei Progression steigt der Durchschnittsteuersatz mit der Bemessungsgrundlage an, d.h. der Grenzsteuersatz liegt über dem Durchschnittssteuersatz.

[49] Für Deutschland und einige andere OECD-Länder wurde berechnet, dass im ersten Jahr nach einem Nachfrageschock 15-20 % durch automatische Stabilisatoren ausgeglichen werden (Scharnagl und Tödter, 2004).

Tabelle V.1.6: Schulden- und Defizitquoten in der EWU

	BE	DE	GR	SP	FR	IRL	IT	LU	NL	Ö	PO	FI	SLO
Defizitquote (Defizit (−) / Überschuss (+))													
1999	−0,5	−1,5	−1,9	−1,1	−1,6	2,2	−1,8	3,6	0,7	−2,3	−2,4	1,9	−2,0
2000	0,2	1,3	−2,0	−0,9	−1,4	4,4	−0,6	6,3	2,2	−1,5	−2,8	7,1	−3,9
2001	0,5	−2,8	−1,4	−0,4	−1,5	1,1	−2,6	6,3	0,0	0,2	−4,4	5,2	−4,3
2002	0,1	−3,5	−1,4	0,0	−3,2	−0,2	−2,3	2,7	−1,9	−0,2	−2,7	4,3	−2,7
2003	0,2	−3,9	−3,2	0,3	−4,1	0,2	−2,4	−0,1	−3,2	−1,1	−2,8	2,3	−2,8
2004	0,0	−3,8	−7,9	−0,2	−3,6	1,4	−3,5	−1,2	−1,8	−1,2	−3,3	2,3	−2,3
2005	−2,3	−3,4	−5,5	1,1	−3,0	1,0	−4,2	−0,3	−0,3	−1,6	−6,1	2,7	−1,5
2006	0,2	−1,6	−2,6	1,8	−2,5	2,9	−4,4	0,1	0,6	−1,1	−3,9	3,9	−1,4
Schuldenquote													
1999	114,9	61,2	105,1	63,1	58,5	49,7	114,5	6,0	63,1	64,9	54,4	46,8	24,6
2000	109,1	60,2	106,2	61,2	57,2	38,4	111,2	5,5	55,9	67,0	53,3	44,6	27,6
2001	108,1	59,4	106,9	57,5	56,8	36,1	110,6	5,5	52,9	67,1	55,6	43,9	28,3
2002	105,8	60,8	104,7	54,6	58,6	32,3	108,0	5,7	52,6	66,6	58,1	42,6	29,1
2003	100,5	64,2	103,0	50,8	63,0	32,0	106,2	4,9	54,8	65,0	59,4	45,3	28,5
2004	94,3	65,6	108,5	46,2	64,3	29,7	103,8	6,6	52,6	63,9	58,2	44,1	28,9
2005	93,2	67,8	107,5	43,2	66,2	27,4	106,2	6,1	52,7	63,5	63,6	41,4	28,4
2006	89,1	67,5	104,6	39,9	63,9	24,9	106,8	6,8	48,7	62,2	64,7	39,1	27,8

Quelle: EZB.

Ausgangspunkt der Berechnung einer strukturellen Defizitquote ist die Definition eines *Output Gap*, wie sie z.B. die EU-Kommission verwendet. Danach entspricht der Output Gap (og) der relativen Abweichung des aktuellen vom potenziellen Output (Y^P). Unter letzterem versteht man die gesamtwirtschaftliche Produktion, die sich unter Berücksichtigung des technischen Fortschritts mit den verfügbaren Produktionsfaktoren Arbeit und Sachkapital bei normaler Auslastung erstellen lässt.

(B1) $$og = \frac{Y-Y^P}{Y^P} = \frac{Y}{Y^P} - 1$$

Die strukturelle Defizitquote bezieht das staatliche Defizit D auf das Produktionspotenzial Y^P. Es ergibt sich also

(B2) $$\frac{D}{Y^P} = \frac{D}{Y} \cdot \frac{Y}{Y^P}$$

Aus (B1) und (B2) resultiert dann ein Ausdruck für das strukturelle (bzw. zyklisch bereinigte) Defizit als Funktion des aktuellen Defizits und des Output Gap.

(B3) $$\frac{D}{Y^p} = \frac{D}{Y}(1+og)$$

Allerdings ergeben sich bei der Berechnung struktureller Defizite nicht zu vernachlässigende Schätzprobleme bzgl. der nicht beobachtbaren Größen og bzw. Y^p (siehe z.B. Gerberding et al., 2005).

Da der Stabilitäts- und Wachstumspakt einerseits einen mittelfristig, d.h. über einen Konjunkturzyklus hinweg ausgeglichenen Staatshaushalt anstrebt, andererseits aber eine Überschreitung der 3 %-Marke in bestimmten Fällen zulässt, ist in den Regelungen also implizit die Notwendigkeit der Unterscheidung zwischen *strukturellen* (mittel- bis langfristigen) und *zyklischen Budgetdefiziten* angelegt (siehe Box V.1.6). Das mittelfristige Ziel kann sich nur auf die strukturelle Komponente beziehen. Der kurzfristige fiskalpolitische Impuls muss dann vor dem Hintergrund dieses strukturellen Defizits beurteilt werden. Falls es gelingt, zumindest eine ausgeglichene strukturelle Position zu erreichen, sollte im Normalfall der 3 %-Referenzwert eingehalten werden. Dann besteht auch in Abschwungphasen trotz der Vorschriften des Stabilitäts- und Wachstumspaktes genügend Spielraum für eine expansive fiskalpolitische Ausrichtung. Bei höherem strukturellem Defizit muss die aktuelle Finanzpolitik dagegen restriktiver ausfallen. Abb.V.1.9 zeigt, dass sich dieses strukturelle bzw. *konjunkturbereinigte Defizit* in der zweiten Hälfte der 90er Jahre verbesserte. Ab 2000, also fast zeitgleich mit Beginn der Währungsunion, war allerdings eine Verschlechterung festzustellen, obwohl die Umfeldbedingungen (z.B. die Konjunkturlage) zunächst noch günstig für eine weitere Defizitreduktion waren. Erst ab 2004 verbesserte sich die strukturelle Haushaltslage wieder, blieb allerdings weiterhin defizitär.

Bei der Beurteilung der Budgetsituation ist auch zu berücksichtigen, dass auf die Staaten aufgrund zurückgehender Geburtenraten und einer gestiegenen Lebenserwartung in Form von Rentenzahlungen und Gesundheitsfürsorge steigende Belastungen zukommen. Diese Tatsache würde eigentlich eher einen mittelfristig Überschüsse aufweisenden Staatshaushalt erfordern. 2006 betrug die durchschnittliche Defizitquote in der EWU trotz guter Konjunkturlage noch 1,6 %. Dementsprechend ist die gegenwärtige Finanzpolitik in der EWU unter Berücksichtigung der *„impliziten Staatsschulden"* aus den Ansprüchen künftiger Rentnergenerationen als nicht tragfähig einzustufen. Der Sachverständigenrat berechnete für Deutschland im Jahr 2002 für die Summe aus expliziter (60,8 % laut Tabelle V.1.6) und impliziter Staatsschuld (je nach betrachteten Szenarien) Werte zwischen 156 % und 376 % des BIP (Sachverständigenrat, 2003, 4. Kapitel, Teil III). Zur Beurteilung der Tragfähigkeit der öffentlichen Finanzen ist auf alle Fälle die Gesamtheit aus expliziten und impliziten Schulden relevant.

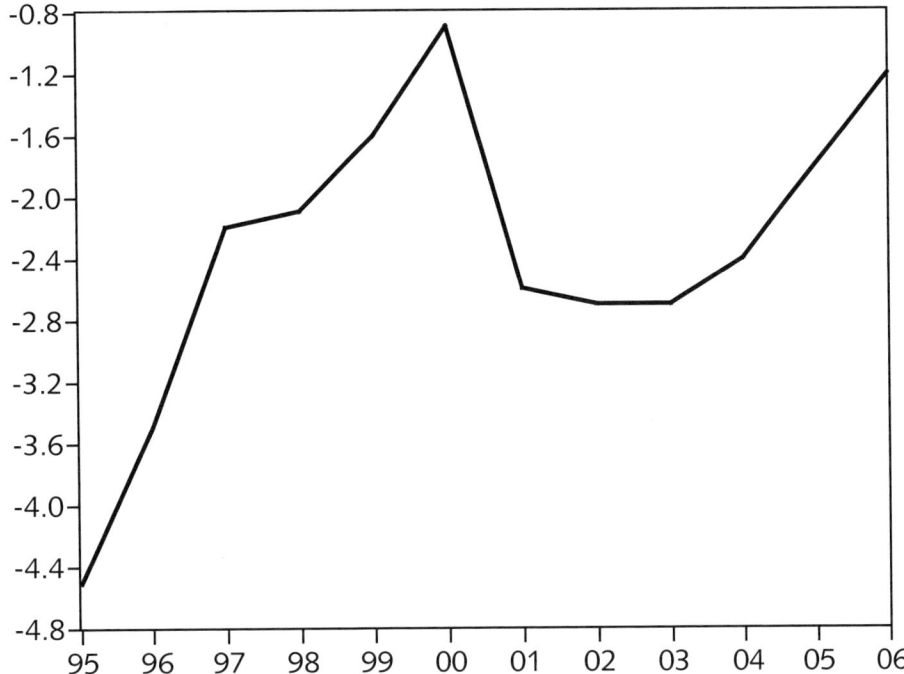

Abb. V.1.9: *Konjunkturbereinigter Haushaltssaldo im Euro-Währungsgebiet*
Quelle: EU-Kommision.
Anmerkung: in % des BIP; (–) entspricht Defizit.

Inwiefern der Stabilitäts- und Wachstumspakt in Zukunft greift, muss die weitere Entwicklung zeigen. Insgesamt muss der Pakt trotz der nicht optimalen Ausgestaltung (vor allem was den Sanktionsautomatismus, die Berücksichtigung von Ausnahmetatbeständen oder die Möglichkeit von Koalitionen von „Defizitsündern" betrifft, die das Zustandekommen der erforderlichen Mehrheiten im Rat verhindern) als weltweit umfassendste Regelung der Sanktionierung unsolider Haushaltsführung betrachtet werden. Auch wenn er nur einen unvollständigen Ersatz für eine explizite Koordination zwischen Geld- und Fiskalpolitik darstellt, kann auf ihn wohl nicht verzichtet werden. Gerade die externe Setzung der nationalen Obergrenzen von der EU dürfte dabei im Sinne einer glaubhaften Regelung von Vorteil sein. Glaubwürdigkeit setzt allerdings auch den Willen zur Durchsetzbarkeit voraus.

1.2.3 Das finanzpolitische Doppelkriterium und die Geldpolitik des Eurosystems

An dem Schulden- und Defizitkriterium wurde vielfältige Kritik geübt. Einig ist sich allerdings die Mehrzahl von Politikern und Ökonomen, dass übermäßige staatliche Defizite die Funktionsfähigkeit einer Währungsunion gefährden. Deshalb soll hier nochmals auf das Koordinationsproblem zwischen Geld- und Fiskalpolitik (siehe die Gleichungen (10) und (11) in Abschnitt 1.1.4) unter spezieller Berücksichtigung des *finanzpolitischen Doppelkriteriums* eingegangen werden. Darunter versteht man die Vorschrift, dass eigentlich sowohl eine Schuldenquote von 60 % als auch eine Defizitquote von 3 % eingehalten (erreicht) werden sollen.

Wichtig für unsere Überlegungen ist hierbei zunächst, dass sowohl das Defizit- als auch das Schuldenkriterium **nominal** fixiert sind. Sie sind nicht, wie es ökonomisch sinnvoll wäre und in der Analyse des Abschnitts V.1.1 auch unterstellt wurde, in realen Einheiten spezifiziert. Für die so modifizierte nominale Schuldenquote b gilt also

$$(16) \qquad b = \frac{B^n}{Y^n} = \frac{B^n}{P \cdot Y}.$$

Dabei stellt B^n den nominalen öffentlichen Schuldenstand, Y^n das nominale BIP und Y das reale BIP dar. Nach (16) sinkt b bei zunehmendem realen Wachstum g und steigender Inflationsrate π. Der exakte Zusammenhang zwischen der Veränderung der Schuldenquote Δb und der nominalen Defizitquote d^n ergibt sich nach totaler Differenzierung von (16) (bzw. Anwendung der Quotientenregel):

$$(17) \qquad \Delta b_t = \frac{\Delta B^n}{P \cdot Y} - \frac{B^n}{P \cdot Y} \cdot \frac{\Delta P}{P} - \frac{B^n}{P \cdot Y} \cdot \frac{\Delta Y}{Y}$$

$$= d_t^n - (g + \pi) \cdot b_{t-1}$$

In (17) wurde berücksichtigt, dass das Verhältnis zwischen der Veränderung des nominalen Schuldenstandes (ΔB^n) und dem nominalen BIP der Defizitquote d^n entspricht und die Wachstumsraten des Preisniveaus P bzw. des realen BIP Y gleich $\Delta P/P$ (= π) bzw. $\Delta Y/Y$ (= g) sind. Je höher also g und π, desto schneller erfolgt ein Abbau der bestehenden Staatsschuldquote. Oder mit anderen Worten: Eine stabile Schuldenquote ($\Delta b = 0$) ist dann mit einem größeren laufenden Defizit (d^n) vereinbar, wenn das nominale Wachstum ($g+\pi$) entsprechend höher ausfällt.

Das finanzpolitische Doppelkriterium bzgl. Defizit- und Schuldenquote erfordert für jedes an der Währungsunion teilnehmende Land im Sinne von *Dauerhaftigkeit* und *Nachhaltigkeit*, dass folgende Bedingung (18) eingehalten wird (die „*"-Größen beziehen sich auf die Referenzwerte von 3 % respektive 60 %).

(18) $$d_t^n \leq \begin{cases} d^* = 0{,}03 & \text{für } b_{t-1} \leq b^* = 0{,}60 \\ min[d^* = 0{,}03; (g+\pi) \cdot b_{t-1}] & \text{für } b_{t-1} > b^* = 0{,}60 \end{cases}$$

Länder, die folglich das Schuldenkriterium erfüllen ($b_{t-1} \leq 0{,}6$), müssen nur das Defizitkriterium ($d_t^n = 0{,}03$) einhalten. Länder, die das Schuldenkriterium dagegen verfehlen ($b_{t-1} > 0{,}6$), müssen eine Defizitquote realisieren, die vom nominalen Wirtschaftswachstum g^n (=$g+\pi$) abhängt.[50] Ziel ist nämlich letztlich, die Schuldenquote auf 60 % zu reduzieren. Damit sich ein Land der 60 %-Marke annähert, darf das jährliche Haushaltsdefizit nicht über $(g+\pi) \cdot b_{t-1}$ hinausgehen. Liegt das nominale Wirtschaftswachstum g^n unter 5 % kann der zweite Teil der Minimumbedingung zum Tragen kommen, da dann (je nachdem, wie weit die Ausgangsschuldenstandsquote b_{t-1} über 60 % hinausgeht) $g^n \cdot b_{t-1} < 0{,}03$ im Bereich des Möglichen liegt. Dies dürfte der relevante Fall für die EWU sein, wenn man von realen Wachstumsraten unter 2,5 % und Inflationsraten von etwa 2 % ausgeht. Für immer noch hochverschuldete Länder wie Griechenland und Italien bedeutet dies, sie müssen ihre Defizitquoten deutlich unter der 3-Prozent-Marke halten. Bei einem realen Wirtschaftswachstum und einer Inflationsrate von jeweils 1,5 % ist z.B. einem Land mit einer Schuldenquote von knapp über 60 % nur eine Defizitquote von 1,8 % erlaubt. Dann gilt $(g+\pi) = 0{,}03$ und somit $g^n \cdot b_{t-1} \approx 0{,}018$.

In Rezessionsphasen gerät damit die Einhaltung des finanzpolitischen Doppelkriteriums von drei Seiten unter Druck: Erstens steigt die zyklische (konjunkturbedingte) Komponente des Defizits an. Zweitens stellt man in Rezessionsphasen typischerweise sinkende Inflationsraten fest. Und drittens sinkt (damit zusammen hängend) die zulässige Defizitobergrenze. Eine steigende Inflationsrate würde genau die gegenteiligen Wirkungen hervorrufen: Das Defizit sinkt und die Defizitobergrenze steigt tendenziell. Der Einfluss von π und g spiegelt die Tatsache wider, dass es das nominale Wirtschaftswachstum ist, welches das Doppelkriterium bestimmt. In wirtschaftlich schwierigen Zeiten kann durch diese Zusammenhänge politischer Druck in Richtung weniger Stabilitätsorientierung der Geldpolitik ausgelöst werden.

Als weitere wichtige Implikation obiger Zusammenhänge ergibt sich, dass der finanzielle Spielraum des Staates bei bestimmten Schulden-Wachstums-Relationen (paradoxerweise) größer wird, wenn die Schuldenquote zunimmt (und umgekehrt): Bei einem nominalen Wachstum von 3 % könnte z.B. bei einer Schuldenquote von 100 % eine Defizitquote von 3 % realisiert werden (0,03·1). Bei einer Schuldenquote von 70 % dagegen nur eine Defizitquote von 2,1 % (0,03·0,7). Abb. V.1.10 veranschaulicht diese Zusammenhänge graphisch für diese Wachstumsannahme.

---

[50] Die Ausnahmeregelungen des Art. 104 (2) bleiben hier außer Betracht. Die grundlegenden Zusammenhänge sind davon unberührt.

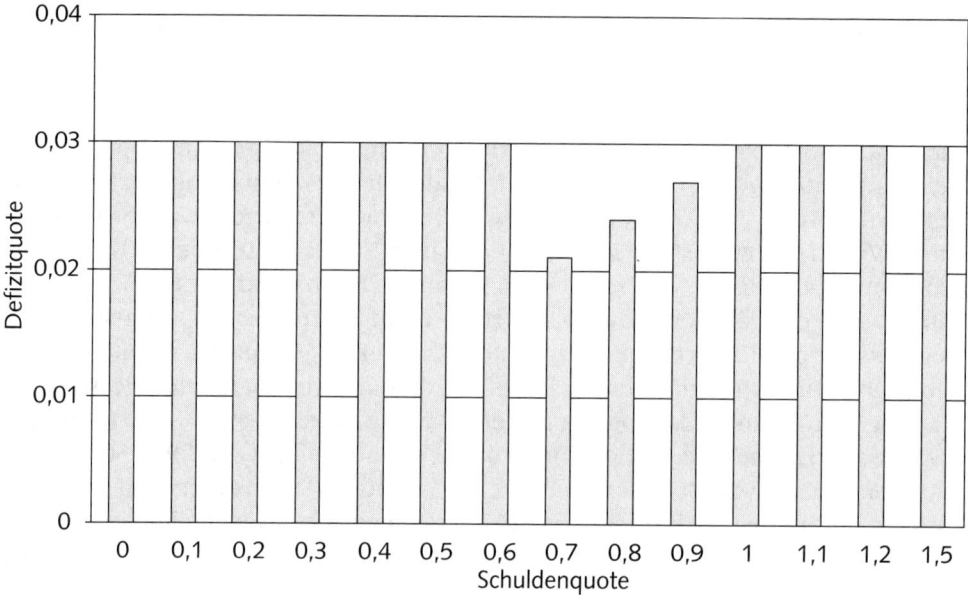

Abb. V.1.10: *Das finanzpolitische Doppelkriterium bei einem nominalen Wachstum von 3 %*

Für „übermäßig" verschuldete Länder hat das Doppelkriterium also folgende problematische Eigenschaften:

1) Bei höheren Inflationsraten entfaltet es schwächere disziplinierende Effekte,

2) seine Wirkung ist umso strenger, je geringer das reale Wirtschaftswachstum ausfällt,

3) es greift (in bestimmten Bereichen) umso schwächer, je höher die Schuldenquote ist.

Weitere Einsichten erbringt die Zerlegung des Gesamtdefizits in *Primärdefizit* und nominale Zinszahlungen auf die bestehende Staatsschuld $i \cdot B_{t-1}$. Das nominale Primärdefizit entspricht der Differenz zwischen den nominalen Staatsausgaben G^n (ohne Zinszahlungen) und den nominalen Steuereinnahmen T^n. Für die unter 60 % verschuldeten Länder impliziert das Defizitkriterium $d^* \leq 0{,}03$ folgende Obergrenze für die Primärdefizitquote pd

(19) $$pd_t \leq d^* - i_t \cdot b_{t-1}$$

Der finanzielle Spielraum der öffentlichen Hand ist also umso größer, je geringer das nominale Zinsniveau i und je niedriger die anfängliche Schuldenquote b_{t-1} ist. Bei einem Zinsniveau von 4 % und einer Schuldenquote von 50 % wäre z.B. ein Primärdefizit von höchstens 1 % des BIP zulässig (0,03 – 0,04 · 0,5). Zinsen in Höhe von 6 % würden bereits einen ausgeglichenen Primärsaldo erfordern (0,03 – 0,06 · 0,5). Auch bei dieser Betrachtungsweise wird der mögliche politische Widerstand gegen eine zu strikte Stabilitätsorientierung des Eurosystems deutlich.

Für die über 60 % verschuldeten Länder ist wiederum eine Fallunterscheidung notwendig. Liegt das nominale Wachstum über 5 %, ist das Defizitkriterium bindend, da $g^n \cdot b_{t-1} > 3\%$. Demzufolge ergeben sich die gleichen Schlussfolgerungen wie bei den unter 60 % verschuldeten Ländern. Die 3 %-Grenze wird relevant und für das Primärdefizit gilt Beziehung (19).

Realistischerweise ist von derartigen Wachstumsraten in der EWU allerdings nicht auszugehen. Somit muss das Gesamtdefizit und damit auch das Primärdefizit geringer ausfallen. Relevant wird jetzt die Höhe des nominalen Wirtschaftswachstums und der Schuldenquote (siehe (18)). Für die Primärdefizitquote bedeutet dies

(20) $$pd_t \leq (g_t + \pi_t - i_t) \cdot b_{t-1}$$

Auch bei Betrachtung des Primärdefizits ergibt sich somit eine prozyklische Abhängigkeit des finanzpolitischen Spielraums vom realen Wachstum g. Eine höhere Inflationsrate π dagegen erhöht diesen Spielraum nur insoweit, als sie nicht bereits im Zinsniveau über die Inflationserwartungen enthalten ist. Zerlegt man den Nominalzins i in den Realzins r, eine „Prämie" ρ für das politische sowie das Konkursrisiko und Inflationserwartungen π^{erw}, wird aus (20)

(20') $$pd_t \leq [(\pi_t - \pi_t^{erw}) + (g_t - r_t - \rho_t)] \cdot b_{t-1}$$

Eine *Überraschungsinflation* ($\pi > \pi^{erw}$) erhöht also das erlaubte primäre Defizit. Dieser Effekt fällt umso größer aus, je höher der Schuldenstand b_{t-1} ist. Somit ergeben sich prinzipiell analoge Effekte wie bei der Betrachtung des Gesamtdefizits. Die Komponenten in der zweiten runden Klammer stellen sog. reale *Fundamentalfaktoren* dar. Inwieweit sie den finanzpolitischen Spielraum erhöhen, hängt vor allem davon ab, wie eine Schuldenkonsolidierung bzw. Schuldenausweitung das reale Wachstum g, die Risikoprämie ρ und den Realzins r beeinflussen. Üblicherweise wird davon ausgegangen, ein Abbau übermäßiger Verschuldung reduziere die Risikoprämie im Nominalzins und entfalte positive Wachstumsbeiträge.

Insgesamt verknüpft das Doppelkriterium die Defizitquote mit im engeren Einflussbereich des Eurosystems stehenden Größen wie Zinsen und Preisentwicklung. Diese Verkettung finanz- und geldpolitischer Aktionsparameter kann eine unabhängige Geldpolitik erschweren. Sie lässt unter Umständen gerade die Konflikte, die das finanzpolitische Konvergenzkriterium von der Intention her vermeiden wollte, neu aufleben. Eine restriktive Geldpolitik könnte dann schnell zum Sündenbock finanzpolitischer Verfehlungen werden.[51]

---

[51] Auch ergibt sich das generelle Problem, dass sich die Vorschriften des Stabilitäts- und Wachstumspaktes (einschließlich der Ausnahmeregelungen) nur auf die Defizitquote beziehen. Wenn

Um diese Verknüpfung mit der Geldpolitik aufzuheben, könnte man das finanzpolitische Doppelkriterium auf die Primärdefizitquote pd beziehen.[52] Vorstellbar wäre z.B. folgende Regelung:

$$(21) \quad pd_t \leq \begin{cases} pd^* & \text{für } b_{t-1} \leq b^* = 0{,}6 \\ pd^* - a & \text{für } b_{t-1} > b^* = 0{,}6 \end{cases}$$

Liegt der Schuldenstand unter 60 % ist das Primärdefizitkriterium pd^* bindend (z.B. 2 %). Liegt die Verschuldung über 60 % ist davon noch ein Abschlag a für die Überschreitung der Schuldengrenze vorzunehmen. Dieses Kriterium weist den Vorteil auf, dass es unabhängig von geldpolitisch beeinflussbaren Größen wie den Zinsen und der Inflationsrate ist. Die Gefahr eines Drucks auf die Geldpolitik zur Einhaltung der finanzpolitischen Kriterien dürfte damit geringer ausfallen. Auch ist es bei dieser Spezifikation nicht mehr so leicht, die Nichteinhaltung der Kriterien mit einer zu restriktiven Geldpolitik zu begründen. Und letztlich wirkt dieses Kriterium weder prozyklisch noch bevorzugt es höher verschuldete Länder. Übrig bleibt bei dieser Spezifikation des finanzpolitischen Doppelkriteriums nur mehr der „normale" Zusammenhang zwischen Geldpolitik, Inflation, Wirtschaftswachstum und öffentlichen Haushaltssalden, wie er in Punkt 1.1 beschrieben wurde.

1.3 Zusammenfassung

Dieses Kapitel analysierte die Interaktionen zwischen der EWU-weiten Geldpolitik und den nationalen Fiskalpolitiken. Im Speziellen standen die Gefahren im Vordergrund, die durch eine unsolide Haushaltsführung für eine stabilitätsorientierte Geldpolitik entstehen können. Dabei zeigte sich, dass bei steigender öffentlicher Verschuldung der Druck auf die Zentralbank zu einer Lockerung der Geldpolitik bzw. letztendlich einer Monetisierung der Staatsschuld ansteigt. Wenn die Primärsalden nicht reagieren, muss aus Tragfähigkeitsgründen letztlich die Geldpolitik angepasst werden. Eine expansivere geldpolitische Ausrichtung entlastet dabei den Staatshaushalt über steigende Inflation und höhere Seigniorage-Einnahmen (sowie eventuell positive konjunkturelle Effekte). Falls anhaltende staatliche Defizite aber zu zunehmenden Inflationserwartungen bzw. einem zunehmenden Preisauftrieb führen, könnte sich eine stabilitätsorientierte

---

das Defizitkriterium eingehalten wird, d.h. dt ≤ 0,03, verbleibt nur mehr das Schuldenkriterium. Für Länder mit Schuldenquoten über 60 % kann dies bedeuten, dass sie unter Umständen in Rezessionsphasen eine zu große fiskalpolitische Zurückhaltung üben müssen (siehe Balassone/Monacelli, 2000 und Bedingung (18)). Die Flexibilitätsseite des Paktes wird somit entwertet.

[52] Weitere Möglichkeiten wären eine reale Spezifikation der Kriterien und ein Einbau von Anreizen zur Reduzierung der Staatsschuldquote, indem z.B. pd* als abnehmende Funktion von b_{t-1} festgelegt wird.

Zentralbank veranlasst sehen, die Notenbankzinsen auf einem höheren Niveau zu halten, als andernfalls angemessen wäre. Die finanzpolitischen Vorschriften des *Maastrichter* und *Amsterdamer Vertrages* versuchen, dieses Problemfeld insgesamt zu entschärfen. Sie kombinieren eine fiskalische Regelbindung mit der Notwendigkeit tragfähiger öffentlicher Finanzen und dem Wirken automatischer Stabilisatoren.

Auch ein formal unabhängiges Zentralbanksystem wie das Eurosystem sollte den Koordinierungsbedarf mit der Fiskalpolitik nicht unterschätzen. Die Anwendung der Regelungen des Stabilitäts- und Wachstumspaktes bedeuteten einen Regimewechsel für die fiskalpolitischen Instanzen. Eine mittelfristig ausgeglichene Budgetsituation dürfte es den EWU-Mitgliedstaaten erlauben, schweren wirtschaftlichen Einbrüchen mit entsprechenden fiskalpolitischen Maßnahmen – diskretionärer und vor allem automatischer Natur – ohne exzessive Defizite zu begegnen. Spezielle Risiken liegen allerdings in längeren Rezessionen, solange noch keine ausgeglichenen Haushaltssalden erreicht sind. Dies ist gerade vor dem Hintergrund eines fehlenden zentralisierten EU-Budgets, mit dem *asymmetrische nationale Schocks* ausgeglichen werden könnten, bedeutsam.

Kontrollfragen

1. Stellen die Vorschriften des Maastricht-Vertrages und des Stabilitäts- und Wachstumspaktes wirksame Vorkehrungen gegenüber den möglichen Störfaktoren dar, die von einer unsoliden staatlichen Haushaltspolitik auf die Geldpolitik des Eurosystems ausgehen können?
2. Welche problematischen Eigenschaften weist das finanzpolitische Doppelkriterium für „übermäßig" verschuldete Länder auf?
3. Warum wurde der Stabilitäts- und Wachstumspakt abgeschlossen, wo doch bereits der Maastricht-Vertrag eindeutig auf Dauerhaftigkeit und Nachhaltigkeit bei der Erfüllung der Konvergenzkriterien abzielt?
4. Was versteht man unter Seigniorage und durch welche Größen wird sie beeinflusst?
5. Begründen Sie folgende Aussage: „Je mehr die Inflationserwartungen über die tatsächliche Inflation hinausgehen und je höher die öffentliche Verschuldung bereits ist, desto schwieriger ist eine Stabilisierung der Schuldenquote!"
6. Wie beurteilen Sie das Verhältnis von Regelbindung und Flexibilität in den Vorschriften des Stabilitäts- und Wachstumspaktes?

Weiterführende Literatur

Eine ausführliche theoretische Analyse der geldpolitischen Probleme bei fehlender Koordination zwischen Geld- und Fiskalpolitik liefern

Sargent, T., Wallace, N. (1981), Some Unpleasant Monetarist Arithmetic, Federal Reserve Bank of Minneapolis Quarterly Review, Vol. 5, No. 4, S. 1-17 (http://research.mpls.frb.fed.us/research/qr/) und

Woodford, M. (2003), Interest & Prices – Foundations of a Theory of Monetary Policy, Princeton University Press, Princeton and Oxford, Kap. 4.4 (Fiscal Requirements for Price Stability).

Auf die fiskalische Theorie der Preise in einer Währungsunion wird eingegangen von

Bergin, P.R. (2000), Fiscal Solvency and Price Level Determination in a Monetary Union, Journal of Monetary Economics, Vol. 45, S. 37-53 und

Andrés, J., Ballabriga, F., Vallés, J. (2000), Monetary Policy and Exchange Rate Behavior in the Fiscal Theory of the Price Level, Banco de España, Documento de Trabajo no. 0004 (http://www.bde.es).

Eine ausführliche Diskussion der Rolle von Fiskalpolitiken in einer Währungsunion (Tragfähigkeit, Bindung an Regeln und fiskalpolitische Disziplinierung, Risiko eines bail-outs, Stabilitäts- und Wachstumspakt) findet sich in

De Grauwe, P. (2007), Economics of Monetary Union, 7. A., Oxford University Press, Oxford, Kap. 10.

Die Rolle von fiskalischen Regeln im allgemeinen und in der EWU im speziellen wird analysiert in

Banca d'Italia (Hg.) (2001), Fiscal Rules, Papers presented at the Bank of Italy Workshop held in Perugia, 1-3 February 2001.

Eine Beschreibung der Wirkungsweise automatischer Stabilisatoren vor dem Hintergrund der Situation in der EWU findet sich in

Europäische Zentralbank (2002), Die Wirkungsweise automatischer fiskalischer Stabilisatoren im Euro-Währungsgebiet, Monatsbericht April 2002, S. 35-50 (http://www.ecb.int).

Ob der Stabilitäts- und Wachstumspakt genügend Flexibiltät besitzt oder die nationalen Fiskalpolitiken übermäßig beschränkt, behandelt

Leeftink, B. (2000), Rules versus Flexibility: Does the Stability Pact Limit Budgetary Stabilisers?, in: Banca d'Italia (Hg.), Fiscal Sustainability, Essays presented at the Bank of Italy Workshop held in Perugia, 20-22 January 2000, S. 653-679.

Analyse und Interpretation der am Stabilitäts- und Wachstumspakt vorgenommenen Änderungen finden sich in

Deutsche Bundesbank (2005), Die Änderungen am Stabilitäts- und Wachstumspakt, Monatsbericht April 2005, S. 15-21 (http://www.bundesbank.de) und

Morris, R. et al. (2006), The Reform and Implementation of the Stability and Growth Pact, ECB Occasional Paper No. 476, Juni 2006 (http://www.ecb.int).

2 Lohnpolitik

Die Lohnpolitik gehört neben der Finanzpolitik zu den wirtschaftspolitischen Aktionsfeldern, die weiterhin in nationaler Kompetenz bleiben.[1] Dies bedeutet freilich nicht, dass die für die Mitgliedsländer der EWU einheitliche Geld- und Währungspolitik nicht auch den Aktionsspielraum der Lohnpolitik der einzelnen Länder beeinflusst. Auf der einen Seite können sich für die Lohn- und/oder Beschäftigungsentwicklung erweiterte Spielräume ergeben. Auf der anderen Seite wird vor allem in den Hochlohnländern eine Einengung der lohnpolitischen Gestaltungsmöglichkeiten befürchtet, mit der Folge einer Verschlechterung der Einkommens- und Beschäftigungssituation der Arbeitnehmer.

2.1 Lohnerhöhungsspielräume durch die EWU

Erweiterte Spielräume werden möglich durch das Wachstumspotenzial, das sich aus den sinkenden *Transaktionskosten* und der durch den größeren Währungsraum zu erwartenden höheren Stabilität des Außenwerts des Euro im Vergleich zu den nationalen Währungen ergeben kann. Sinkende Transaktionskosten resultieren, weil mit der gemeinsamen Währung innerhalb der EWU Kosten der Kurssicherung und mit Einführung des Euro als allgemeines Zahlungsmittel Kosten des Währungstauschs entfallen. Gegenüber Drittwährungen bleiben zwar Wechselkursrisiken bestehen. Doch können sich auch hier Kosteneinsparungen einstellen, wenn die Gemeinschaftswährung geringere Kursschwankungen gegenüber anderen Währungen (etwa US-Dollar, Yen) aufweist als dies bei Währungen einzelner Mitgliedsländer (etwa Lira, Peseta, Franc) der Fall wäre. Solche Kostenvorteile erweitern die Produktionsspielräume und strahlen darüber auch auf die Arbeitsmärkte aus und erlauben Lohn- und/oder Beschäftigungserhöhungen. Positive Wachstumseffekte sind auf Dauer zudem durch den intensivierten Wettbewerb zu erwarten, selbst wenn auf kurze Sicht wegen des Rationalisierungsdrucks die positiven Beschäftigungswirkungen ausbleiben sollten. Die längerfristige Perspektive ist abzuwägen gegen das Drängen von Interessenverbänden und politischen Institutionen auf Wettbewerbsbeschränkungen.

Für Wachstum, Beschäftigung und Löhne positiv einzuschätzen sind insbesondere die Wirkungen, die von der durch das Eurosystem zu verfolgenden Preisstabilität ausgehen. Hierbei ist es nicht allein die Stabilität des Preisniveaus selbst, die, inflationsbedingte Fehlentscheidungen vermeidend, wachstumsgünstig wirkt. Es

---

[1] Lohnpolitik wird hier in einem umfassenden Sinne verstanden und schließt neben den reinen Lohn- und Arbeitszeitvereinbarungen der Arbeitsmarktparteien auch (deren Einfluss auf) die Gestaltung von Arbeitsmarktinstitutionen (z.B. Flächentarife oder betriebliche Vereinbarungen, Kündigungsschutzregelungen, Lohnersatzzahlungen bei Arbeitslosigkeit) ein, da auch diese Arbeitskosten verursachen.

sind vor allem auch die durch eine konsequente Stabilitätspolitik begründeten Stabilitätserwartungen, die Investitionsentscheidungen begünstigen – ein Effekt, der noch dadurch verstärkt werden dürfte, dass mit stark schwankenden Inflationsraten verbundene Inflationsunsicherheiten entfallen und fehlende oder sehr geringe Inflationsbefürchtungen ein sinkendes Zinsniveau am Kapitalmarkt erlauben. Diese Vorteile, die sich mittelfristig für Löhne und Beschäftigung aus der EWU ergeben können, sind allerdings maßgeblich daran gebunden, dass das Eurosystem auftragsgemäß prioritätisch eine stabilitätsorientierte Politik betreibt und nicht etwa durch die Lohnpolitik selbst in nicht zu bewältigende Schwierigkeiten gebracht wird.

2.2 Erhöhte Flexibilitätsanforderungen an die Tarifparteien

Mit der Einführung der EWU ist in den Mitgliedsländern in zwei wichtigen Politikbereichen die nationale Kompetenz entfallen, auf dauerhaft abweichende Wirtschaftsentwicklungen oder auf asymmetrisch wirkende Angebots- und Nachfrageschocks (*asymmetrische Schocks*, siehe Box V.2.1)[2] einzuwirken: in der Geldpolitik und der Wechselkurspolitik.

Box V.2.1: Asymmetrische Schocks

Unerwartete angebots- oder nachfrageseitige Entwicklungen können in den davon betroffenen Ländern abweichende Preis-, Produktions- und Beschäftigungswirkungen auslösen („asymmetrische Schocks"). Massive Verteuerungen von Rohstoffen (z.B. bei Rohöl) werden nicht nur unterschiedliche Produktions- und Beschäftigungseffekte zwischen Export- und Importländern bewirken, sondern auch innerhalb der Ländergruppen. So wird beispielsweise die Rohstoffverteuerung in einem rohstoffarmen Importland andere Wirkungen nach sich ziehen als in einem Land, das bei den relevanten Produkten in gewissem Umfang auf Substitute ausweichen kann. In einem System flexibler Wechselkurse könnte dieser Schock über Änderungen der nominalen Wechselkurse abgefedert werden. Die Währung des preiserhöhenden Rohstofflandes würde gegenüber den Importländern aufgewertet. Die Aufwertung fällt umso höher aus, je größer die Importabhängigkeit der einzelnen Importländer ist. Der Schock würde so über veränderte Wechselkursrelationen zumindest teilweise absorbiert. Analog könnte etwa ein Konjunktureinbruch in den USA je nach Außenhandelsverflechtung unterschied-

---

[2] Ob solche Asymmetrien innerhalb der EWU eher zunehmen – was bei erweitertem Teilnehmerkreis und regionalen Spezialisierungen nicht unwahrscheinlich ist – oder infolge von Konvergenzprozessen zwischen den Mitgliedsländern eher abnehmen werden, lässt sich noch nicht eindeutig beurteilen. (Siehe hierzu etwa Frankel/Rose, 1997, 753–760; OECD, 1999, 113–118; Janger/Wagner, 2004, 40-57). Im Falle einer Abnahme wäre der Verlust nationaler Geld- und Wechselkurspolitik weniger bedeutsam.

liche Nachfrageeinbrüche in den exportierenden Ländern hinterlassen, die wiederum durch Änderung der Wechselkurse oder eine gegensteuernde expansive Geldpolitik gedämpft werden könnten. Da innerhalb der EWU beide Reaktionsmöglichkeiten auf nationaler Ebene entfallen und eine eventuelle Änderung des nominalen Wechselkurses der gemeinsamen Währung die nationale Nachfrage-, Produktions- und Beschäftigungswirkung nur partiell auffangen kann, müssen andere Anpassungsmechanismen aktiviert oder verstärkt werden.

Das Problem unterschiedlicher Wirkungen stellt sich auch innerhalb der EWU infolge eines für alle Mitgliedsländer einheitlichen monetären Anstoßes. Die Erhöhung der kurzfristigen Zinsen durch das Eurosystem könnte beispielsweise wegen unterschiedlicher realwirtschaftlicher Strukturen in den Mitgliedsländern abweichende Produktions- und Beschäftigungseffekte haben. Da nominale Wechselkursänderungen als Puffer entfallen und fiskalpolitische Maßnahmen auf vertraglich vereinbarte Verschuldungsgrenzen stoßen, müssten (nach unten) flexible Preise und Löhne oder Faktorwanderungen als Anpassungsmechanismen fungieren. Diese Schockabsorption ist jedoch angesichts verbreiteter Inflexibilität der Preise nach unten, insbesondere auf den kartellierten (innereuropäischen) Arbeitsmärkten und begrenzter Arbeitskräftemobilität gering zu veranschlagen.

Durch die einheitliche Geldpolitik und die einheitliche Währung können realwirtschaftliche Divergenzen, vor allem Produktivitätsunterschiede, nicht mehr durch nominale Wechselkurs- und Zinsänderungen abgepuffert oder für eine gewisse Zeit überspielt werden. Sollte beispielsweise infolge inflatorischer Entwicklungen die Auslandsnachfrage nach Produkten des inflationierenden Landes spürbar abnehmen, geht auch die Nachfrage nach seiner Währung zurück. Bei *flexiblen Wechselkursen* würde diese Währung tendenziell abgewertet, wodurch der ursprüngliche Nachfrageeinbruch und die nachgelagerten negativen Produktions- und Beschäftigungsfolgen gedämpft werden. In einer Rezession konnte bislang die nationale Zentralbank eine Zinssenkungspolitik betreiben, um – neben der unmittelbaren binnenwirtschaftlichen Ankurbelung – über zinsbedingte Abwertungseffekte die Nachfrage zu stimulieren. Auch im Falle prinzipiell *fester Wechselkurse* hatte ein solches Land faktisch immer die Möglichkeit der Neufestsetzung seiner Währung im Sinne einer Abwertung, um dem Nachfrageeinbruch zu begegnen. Alle diese Möglichkeiten sind innerhalb der EWU ausgeschlossen. Die Geld- und Währungspolitik ist für die nationale Wirtschaftspolitik kein gestaltbarer Aktionsparameter mehr. Die stabilisierungspolitische Bedeutung der Lohnpolitik (und der Finanzpolitik) ist deshalb seit 1999 noch gewichtiger als vorher.

An dieser mit der EWU veränderten Ausgangsbedingung für die nationale Wirtschaftspolitik ändert sich im Kern auch dadurch nichts, dass für die Vergangenheit die gesamtwirtschaftlichen Beschäftigungswirkungen außenwirtschaftlicher

Schocks nach Belke und Gros (1999, 37f.) vernachlässigbar waren. Hieraus zu folgern, dass der Fortfall der dem Wechselkurs zugewiesenen Pufferrolle nicht sonderlich beschäftigungsrelevant wäre, erscheint jedoch problematisch. In der Vergangenheit standen der nationalen Wirtschaftspolitik nämlich Steuerungsgrößen (Geldpolitik, Wechselkurs) zur Verfügung, die mit der EWU entfallen. Zudem sind bei dem für den internationalen Handel wichtigsten Sektor, dem Verarbeitenden Gewerbe, außenwirtschaftlich bedingte Beschäftigungseffekte durchaus häufig beobachtbar. Beschäftigungsrelevante Schocks können schließlich auch binnenwirtschaftlich ausgelöst worden sein. Geht man davon aus, dass der oben erwähnte inflationäre Impuls beispielsweise von den Tarifparteien verursacht worden ist, eine geld- und wechselkurspolitische Abfederung auf nationaler Ebene aber nicht mehr möglich ist, wird die erhöhte beschäftigungspolitische Verantwortung unmittelbar deutlich. Werden die Löhne stärker angehoben als der zu erwartende reale Produktivitätszuwachs, steigen die Lohnstückkosten. Bei fehlender monetärer Alimentation durch das Eurosystem können diese nicht allgemein in den Preisen weitergewälzt werden – jedenfalls nicht über die der Geldpolitik vom EZB-Rat vorgegebene Preisnorm von etwa 2 % hinaus – und werden deshalb zu Arbeitslosigkeit führen, beziehungsweise diese erhöhen.[3]

Die *Produktivitätsorientierung der Lohnpolitik* (siehe Box V.2.2) kann freilich nur als grobe Daumenregel gelten. Neben den notwendigen Abstrichen aufgrund bereits vorhandener Arbeitslosigkeit müssen gegebenenfalls noch wegen des Anstiegs anderer Kosten wie z.B. Kapitalkosten, Lohnnebenkosten, Verbrauchsteuern, staatlich administrierte Preise oder Importgüterpreise Einschränkungen bei den Lohnanhebungen vorgenommen werden. Berücksichtigt werden müsste außerdem der durch die Lohnerhöhung bedingte Produktivitätsanstieg, der sich aus selektiven Entlassungen zu Lasten der unterdurchschnittlich produktiven, weniger qualifizierten Arbeitskräfte ergibt *("Entlassungsproduktivität")*. Diesen Produktivitätsfortschritt in Lohnsteigerungen weiterzugeben, hieße, die lohnpolitisch bedingte Arbeitslosigkeit zu zementieren. Anzusetzen ist also lediglich der (niedrigere) Produktivitätsfortschritt bei Beschäftigungskonstanz bzw. Vollbeschäftigung.[4]

---

[3] Es können allerdings von den EWU-Durchschnittsgrößen zeitweilig nicht unerhebliche Abweichungen in einzelnen Mitgliedsländern vorliegen. So ist die stürmische Wachstumsentwicklung in Irland mit im Vergleich zum EWU-Durchschnitt hohen Inflationsraten verbunden. Für Irland wäre eine restriktivere Geldpolitik angezeigt. Die Geldpolitik des Eurosystems hat sich jedoch an der (niedrigeren) EWU-Inflationsrate zu orientieren.

[4] Aus diesem Grunde sind die verbreiteten internationalen Vergleiche von Lohnstückkosten zur Erfassung lohnkostenabhängiger Arbeitslosigkeit nur begrenzt aussagekräftig. Ein vergleichsweise geringer Anstieg der Lohnstückkosten ist kein verlässlicher Beleg lohnpolitischer Unschuld. Der geringe Anstieg kann auf einer relativ starken entlassungsbedingten Erhöhung der Arbeitsproduktivität beruhen.

Box V.2.2: Produktivitätsorientierte Lohnpolitik

Diese lohnpolitische Regel basiert auf der Aufschlagskalkulation, nach der sich auf makroökonomischer Ebene das Preisniveau *(p)* aus den Lohnstückkosten $w \cdot A/Y$ und einen Aufschlag *(γ)* für die gesamten Nicht-Lohnkosten (einschließlich Gewinn) auf die Lohnstückkosten ergibt:

$$p = (1+\gamma)\frac{w \cdot A}{Y}$$

Das Produkt aus Nominallohnsatz *(w)* und gesamtem Arbeitseinsatz *(A:* Zahl der Arbeitskräfte mal durchschnittliche Arbeitszeit) entspricht den gesamtwirtschaftlichen Lohnkosten; dividiert durch die gesamtwirtschaftliche Produktion *(Y)*, ergeben sich die Lohnstückkosten. Bei konstantem Aufschlagssatz und unter Zugrundelegung von Veränderungsraten folgt

$$\hat{p} \equiv \pi = \hat{w} - \hat{\lambda}$$

Hierbei steht λ für die Arbeitsproduktivität Y/A, $\hat{\lambda}$ entsprechend für das Produktivitätswachstum. Preisstabilität ist also nicht gefährdet (Inflationsrate $\pi = 0$), wenn

$$\hat{w} = \hat{\lambda}$$

Die Brücke zur Beschäftigung lässt sich durch Rückgriff auf die (neoklassische) Theorie der Arbeitsnachfrage schlagen.[5] Danach wird bei gewinnmaximierendem Verhalten die Arbeitsnachfrage ausgedehnt, solange der Nominallohnsatz *(w)* unter dem Wertgrenzprodukt $dY/dA \cdot p$ beziehungsweise der Reallohn w/p unter der Grenzproduktivität *(dY/dA)* liegt. Ausgehend von einer gewinnmaximalen Situation *(w/p = dY/dA)* bleibt die Beschäftigung unverändert, wenn die Reallöhne mit der gleichen Rate wie die Arbeitsproduktivität wachsen. Die Beschäftigung wird ausgedehnt beziehungsweise die Arbeitslosigkeit abgebaut, wenn die Reallohnsteigerung hinter der der Arbeitsproduktivität zurückbleibt. (Selbstverständlich darf die Erhöhung der Arbeitsproduktivität nicht das Ergebnis von Entlassungen sein.) Werden die Nominallöhne über den Arbeitsproduktivitätszuwachs hinaus erhöht und können diese Lohnstückkostensteigerungen nicht in Preissteigerungen weitergegeben werden, steigen also die Reallöhne, so geht die Beschäftigung zurück.

Gerade bei einheitlicher Geldpolitik in einem gemeinsamen Währungsraum und einer auf längere Sicht zu erwartenden annähernd gleichen Preisentwicklung in den einzelnen Ländern muss die nationale Lohnpolitik differenziert werden. Wo niedrige Produktivitätsfortschritte vorliegen, sind niedrige Tarifabschlüsse erfor-

---

[5] Im Folgenden wird unterstellt, dass die Veränderung der durchschnittlichen Arbeitsproduktivität *(Y/A)* der Veränderung der marginalen Arbeitsproduktivität (Grenzproduktivität : dY/dA) entspricht. Dies ist z.B. bei einer Cobb-Douglas-Produktionsfunktion der Fall.

derlich. Andernfalls kommt es auf Dauer zu Entlassungen, sei es direkt als Folge gestiegener Lohnstückkosten oder sei es indirekt als Folge von Substitution zwischen Arbeit und Kapital oder von Betriebsstillegungen bzw. -verlagerungen. Bei Grenzproduktivitätsentlohnung entspricht der Reallohn *(w/p)* der Grenzproduktivität beziehungsweise der Nominallohn der wertmäßigen Grenzproduktivität (Wertgrenzprodukt):

$$\frac{w}{p} = \frac{dY}{dA} \quad bzw. \quad w = \frac{dY}{dA} \cdot p.$$

Diese Beziehung gilt gleichermaßen für das Ausland (Index „*a*")

$$\frac{w^a}{p^a} = \left(\frac{dY}{dA}\right)^a \quad bzw. \quad w^a = \left(\frac{dY}{dA}\right)^a \cdot p^a.$$

Geht man von der vereinfachenden Annahme wettbewerbsbedingter Preisangleichungsprozesse in einer Währungsunion aus, gilt

$$p(=p^a) = \frac{w}{dY/dA} = \frac{w^a}{(dY/dA)^a}.$$

Länder mit geringer (Grenz-)Produktivität müssen Abstriche bei den Löhnen vornehmen, wenn sie lohnstückkostenbedingte Arbeitslosigkeit vermeiden wollen. In den Niedriglohnländern ist eine aufholende Lohnpolitik erst angebracht, wenn die Arbeitslosigkeit deutlich abgebaut ist und eine dauerhafte Beschleunigung des Produktivitätsfortschritts vorliegt. Die weit über den Produktivitätsfortschritt hinausgehenden nominalen Einkommenszuwächse insbesondere in Griechenland und Portugal, in jüngerer Zeit aber auch in Irland, den Niederlanden und Spanien (siehe Tabelle V.2.1) können auf Dauer nicht über Preissteigerungen abgepuffert werden. Auf längere Sicht laufen diese Länder Gefahr, erheblich an internationaler Wettbewerbsfähigkeit zu verlieren.

Wenn auch die Entwicklung der Lohnstückkosten nicht zuverlässig über die bei hoher Arbeitslosigkeit angebrachte Lohnzurückhaltung informiert, so ist ein spürbarer Anstieg gleichwohl ein Indiz verstärkter Belastung der Arbeitsmärkte. Hier muss bedenklich stimmen, dass in den Jahren seit Beginn der EWU die Lohnstückkosten in den Mitgliedsländern deutlich stärker gestiegen sind als in den fünf vorangegangenen Jahren. Es ist zwar damit zu rechnen, dass erhöhte Freizügigkeit auf den Güter-, Finanz- und Arbeitsmärkten und verstärkter Wettbewerb in dem gemeinsamen Wirtschafts- und Währungsraum Produktivitäts- und Einkommensunterschiede zwischen den Mitgliedsländern verringern. Angesichts der noch bestehenden großen Produktivitätsabstände und der diese begründenden Ursachen wie Unterschiede im Humankapital, in der Sachkapitalausstattung, der sektoralen Strukturen und der innovatorischen Aktivitäten steht eine Konvergenz aber noch in weiter Ferne (siehe auch IV.2.).

Tabelle V.2.1: Produktivitäts- und Lohnzuwachs in 12 EWU-Staaten (in vH) 1994–2005

	Lohnzuwachs [a]			Produktivitäts-zuwachs [b]			Lohnstückkosten [c]			
	94–98	99–03	04–05	94–98	99–03	04–05	94–98	99–03	04–05	99–05
Belgien	2,5	3,1	2,2	1,9	1,0	1,3	0,6	2,1	0,9	1,9
Deutschland	1,9	1,7	1,1	1,5	0,9	1,7	0,4	0,8	–0,6	0,6
Finnland	3,2	3,2	3,6	3,1	1,4	2,4	0,1	1,8	1,2	1,7
Frankreich	2,2	2,6	3,1	1,8	0,7	1,6	0,4	1,9	1,5	1,8
Griechenland[d]	5,3	6,7	6,2	2,4	3,7	2,0	2,9	3,0	4,2	3,3
Irland	3,5	6,5	5,8	3,4	3,9	1,1	0,1	2,6	4,7	2,9
Italien	3,2	2,8	3,2	1,9	0,3	0,7	1,2	2,5	2,5	2,5
Luxemburg	2,2	3,6	4,0	1,7	–0,1	1,2	0,5	3,7	2,8	3,5
Niederlande	2,3	4,6	2,7	1,3	0,6	2,6	1,0	4,0	0,1	3,3
Österreich	2,7	2,1	1,7	2,1	1,2	2,6	0,6	0,9	–0,9	0,6
Portugal	5,8	4,9	2,8	2,6	0,8	0,7	3,2	4,1	2,1	3,8
Spanien	3,4	3,6	2,9	1,2	0,5	0,5	2,2	3,1	2,4	3,0
EWU	2,5	2,7	2,3	1,6	0,8	0,9	0,9	1,8	1,4	1,7

Quelle: European Commission, 2004, 2006, eigene Berechnungen.
Anmerkungen:
[a] Durchschnitt der jährlichen Wachstumsraten des nominalen Einkommens aus unselbständiger Arbeit je Arbeitnehmer. [b] Durchschnitt der jährlichen Wachstumsraten des realen BIP je Beschäftigten. [c] Lohnzuwachs ./. Produktivitätszuwachs. [d] Die ersten beiden Perioden jeweils: 1998–2000 und 2001–2003.

2.3 Lohnpolitische Disziplinierung oder verschärfter Druck auf das Eurosystem?

Ob die Sozialpartner diese durch die Restriktion für die Lohnpolitik gestiegene Beschäftigungsverantwortung wahrnehmen und gewissermaßen den (fortgefallenen) *Wechselkurs-* und *Zinspuffer* durch einen *Lohnpuffer* ersetzen, ist umstritten. Optimistische Einschätzungen gehen davon aus, dass angesichts der Stabilitätsfortschritte im Vorfeld der EWU und der Kenntnis der eben skizzierten negativen Beschäftigungsfolgen stabilitätswidriger Verhaltensweisen die Lohnpolitik die erforderliche Zurückhaltung quasi automatisch üben würde. Die Disziplinierungserwartungen gründen vor allem auf eine konsequente Stabilisierungspolitik des Eurosystems und den *Ausschluss innereuropäischer Solidarhaftung für Staatsschulden* („no bail out") sowie das Fehlen eines innereuropäischen Finanzausgleichs. Da die monetären Bedingungen für den gemeinsamen Währungsraum einheitlich sind, werden die beschäftigungspolitischen Verantwortlichkeiten transparenter. Unter solchen Bedingungen können die negativen Beschäftigungsfolgen, die auf überzogene Lohnabschlüsse oder sonstige Arbeitskostenerhöhungen zurückgehen, nicht mehr anderen wirtschaftspolitischen Akteuren wie etwa der nationalen Zentralbank zugewiesen werden. Da die Tarifparteien wissen, dass nominale Wechselkursänderungen zur Kompensation – international wettbewerbsrelevanter – Arbeitskosten entfallen, werden sie von vornherein Zurückhaltung praktizieren. Die Gewerkschaften können bei überzogenen Lohnabschlüssen weder auf abpuffernde Abwertungen hoffen, noch müssen sie bei lohnpolitischer Zurückhaltung kompensierende Aufwertungseffekte befürchten. Zudem werden EWU-weite Substitutionsprozesse durch geringere Transaktionskosten und höhere Preis- und Lohntransparenz infolge der gemeinsamen Währung erleichtert. Verstärkte grenzüberschreitende Substitution der Unternehmen beim Faktoreinsatz schwächt die Macht der Gewerkschaften, das Arbeitsangebot zu monopolisieren. Die Reallohnelastizität der Arbeitsnachfrage steigt. Flexible Lohnstrukturen anstatt Wechselkursflexibilität hätte weiterhin den Vorteil, dass die Lohnentwicklung auf die speziellen Bedingungen einzelner Arbeitsmärkte, also auch auf *strukturelle Arbeitslosigkeit* Rücksicht nehmen könnte, während Wechselkursänderungen nur vergleichsweise globale Wirkungen auf der Export- und Importseite zeitigen. Schließlich werden auch Anreize zu (beschäftigungsstimulierenden) Arbeitsmarktreformen im Sinne vermehrter Flexibilität vermutet: Da in der EWU auf länderspezifische Schocks nicht geldpolitisch reagiert werden kann, wäre mit größeren Beschäftigungsschwankungen zu rechnen. Um dies zu vermeiden, sind in den einzelnen Mitgliedsländern gleichsam aus einem Vorsichtsmotiv heraus verstärkte Arbeitsmarktreformen (Calmfors, 1998b, 3) und mehr Nominallohnflexibilität (Calmfors/Johansson, 2006, 283-308) zu erwarten.

Skeptiker hingegen befürchten, dass die Währungsunion eine Verhaltensänderung im Sinne einer aggressiveren Lohnpolitik der nationalen Gewerkschaften begünstigt und die hieraus resultierende höhere Arbeitslosigkeit den Druck auf die stabilitätsorientierte Geldpolitik erhöht. Auch wenn die nationalen Gewerkschaften relativ große Organisationen bleiben, so haben sie doch, bezogen auf den Eurowährungsraum, kleinere „Marktanteile". Stabilitätswidrige Lohnsteigerungen in einem Land gehen in die gemeinsame Inflationsrate der 15 Mitgliedsländer – und diese ist Richtschnur für die Geldpolitik des Eurosystems – nur entsprechend dem Gewicht des betreffenden Landes ein. Der Inflationseffekt wird also auf EWU-Ebene geringer sein als auf nationaler Ebene. Unterstellt man in langfristiger Perspektive als Folge verstärkten Wettbewerbs und der einheitlichen Geldpolitik Preisangleichungstendenzen innerhalb der EWU, würden die inflationären Effekte aggressiver Lohnpolitik gedämpft. Selbst inflationsaverse Gewerkschaften werden dann wenig Lohnzurückhaltung üben. Die geringere Inflationswirkung bedeutet bei gegebener Nominallohnerhöhung eine höhere Reallohnsteigerung – und damit zunehmende Arbeitslosigkeit. Diese Effekte werden in den einzelnen Mitgliedsländern umso ausgeprägter sein, je geringer die Wettbewerbsintensität auf den nationalen Arbeitsmärkten ist und je weniger inflationsavers die Gewerkschaften sind. Doch auch wenn man nicht von derartigen Modellüberlegungen ausgeht, sondern von der aktuellen Situation, dass die inflationären Folgen stabilitätswidriger Lohnpolitiken zunächst im Entstehungsland durchschlagen, ist zu bedenken, dass die geldpolitische Disziplinierung der Tarifparteien weitgehend unterbleibt, weil als Maßstab für die Zielrealisierung der Geldpolitik die (niedrigere) EWU-Inflationsrate gilt. Wenn die gewogene EWU-Inflationsrate nur geringfügig über dem geldpolitischen Zielwert (knapp unter 2%) liegt, ist eine wesentlich weniger restriktive Geldpolitik erforderlich, als sie für ein einzelnes Land mit einer Inflationsrate von 4% bis 5% angebracht wäre.

Die Relevanz dieser Überlegungen geht aus der Analyse des Zusammenhangs zwischen Lohnpolitik, Lohnstückkosten und Inflation in den Euroländern (1999 – 2006) hervor. Papademos (2007) verweist darauf, dass in den Ländern mit besonders kräftigen Lohnsteigerungen wie Griechenland, Irland, Italien, Spanien und Portugal diese Lohnsteigerungen bei weitem nicht durch Erhöhungen der Arbeitsproduktivität aufgefangen werden konnten, so dass die Lohnstückkosten entsprechend kräftig gestiegen sind. Umgekehrt verhielt es sich in dieser Periode in Deutschland und Österreich. Da die Lohnstückkostenentwicklung wiederum in engem Zusammenhang zur Inflationsrate steht (Abb. V.2.1), änderte sich die internationale Wettbewerbsposition der Länder, was in der erstgenannten Ländergruppe mit teilweise deutlichen Leistungsbilanzdefiziten, in Deutschland und Österreich hingegen mit ebenso deutlichen Leistungsbilanzüberschüssen einherging. Da Leistungsbilanzdefizite auf längere Sicht zu Produktions- und Beschäftigungsrückgängen führen können, mahnt der Vizepräsident der EZB, Lucas Papademos (2007, 7), deshalb für die betroffenen Länder lohnpolitische und fiskalpolitische Reformen zur Wiederherstellung der internationalen Wettbewerbsfähigkeit an. Ein Druck zu derartigen Reformschritten wird jedoch maßgeblich davon abhängen, ob in den Mitgliedsländern mit sinkender Wettbewerbsfähigkeit die konsequente Stabilitätsorientierung der einheitlichen Geldpolitik in Rechnung gestellt wird.

Ein anderer Argumentationsstrang hebt darauf ab, dass die Tarifparteien, vor allem die Gewerkschaften, die Exogenität der Geldpolitik ihren lohnpolitischen Strategien nicht zugrunde legen werden, sondern entweder direkt oder mit Hilfe der Politik Druck auf das Eurosystem auszuüben versuchen, um den vertraglich vorgegebenen Stabilitätskurs zu lockern. Als empirische Stütze hierfür kann gelten, dass selbst die grundsätzlich stabilitätsorientierte Deutsche Bundesbank, die als maßgebliches Vorbild für das Eurosystem gelten kann, Lohnkostensteigerungen monetär alimentierte (Belke, 1996, 198f.). Ein „direkter" Weg von Gewerkschaften zum Eurosystem erscheint zurzeit allerdings wenig wahrscheinlich. Regionale Gewerkschaften (etwa deutsche, belgische oder französische) dürften als Einzelgewerkschaften kaum in der Lage sein, genügend Einfluss auf den Kurs des Eurosystems auszuüben. Für die Gesamtheit der Gewerkschaften der EWU-Mitgliedsländer ist dies schon eher vorstellbar. Die Lohnfindungssysteme,

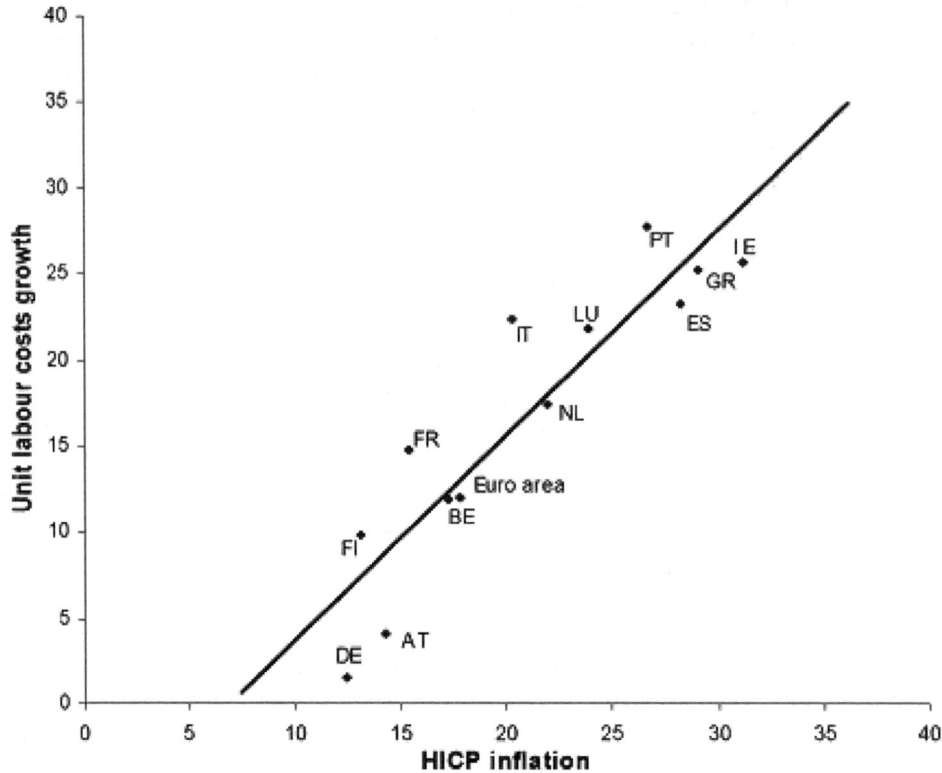

Abbildung V.2.1 Lohnstückkosten und Inflation in den Euroländern (kumuliert 1999–2006)
Quelle: Papademos, 2007.

Handlungsfähigkeiten und die jeweiligen Interessenlagen sind jedoch (noch) zu heterogen, als dass ein vom Europäischen Gewerkschaftsbund getragenes europäisches Lohnkartell absehbar wäre.[6]

Vorläufig gewichtiger könnte die politische Hilfe sein. Auf ihrem Amsterdamer Gipfeltreffen im Juni 1997 haben (auf Druck Frankreichs) die Staats- und Regierungschefs der EU beschlossen, in den EG-Vertrag ein neues Kapitel über Beschäftigungspolitik aufzunehmen. In Artikel 2 des neuen Beschäftigungskapitels heißt es: „Die Mitgliedstaaten betrachten die Förderung der Beschäftigung als Angelegenheit von gemeinsamem Interesse." Art. 3 gibt der EU die Befugnis, die nationalen Beschäftigungspolitiken der Mitgliedsländer zu unterstützen und zu

---

[6] Gleichwohl verwies der Sachverständigenrat (1998, 198f.) schon im Vorfeld der EWU warnend auf beobachtbare Bemühungen um eine Europäisierung der Lohnpolitik (und der Sozialpolitik). Kämen diese Bemühungen zum Tragen, würde der beschäftigungspolitisch notwendigen räumlichen Differenzierung der Lohnstruktur entgegengewirkt.

ergänzen. Diese neue Gemeinschaftskompetenz ermöglicht es, dass die Beschäftigungsverantwortung der Tarifparteien der EU zugewiesen wird. Eine Konditionierung der *Autonomie der Tarifparteien* im Sinne der Berücksichtigung des Beschäftigungsziels findet sich im europäischen Vertragswerk, den Maastrichter Vertrag eingeschlossen, nicht. Die beschäftigungsschädlichen Folgen überhöhter Löhne, inflexibler Lohnstrukturen und sozialpolitisch motivierter Regulierungen am Arbeitsmarkt könnten nun in Richtung EU verlagert werden, was anstatt zu höherer Lohnflexibilität schließlich in „gemeinschaftliche" Forderungen an die EU einmünden kann, um die Finanzierung staatlicher Beschäftigungsprogramme sicherzustellen (Berthold/Fehn, 1998; Feldmann, 1998a). Das Argument steigender Reallohnelastizität der Arbeitsnachfrage verlöre entsprechend an Gewicht.

Der Erfahrungszeitraum ist bislang zu kurz, um ein empirisch hinreichend fundiertes Urteil über den Einfluss der EWU auf die Lohnpolitik fällen zu können. Wählt man in Anlehnung an Lehment (1999) und van Suntum/Lurweg (2007) die Differenz zwischen der Zuwachsrate des nominalen BIP und der Zuwachsrate des nominalen Einkommens aus unselbstständiger Arbeit je Arbeitnehmer als einfaches Maß für Lohnzurückhaltung,[7] so ist angesichts der in vielen Mitgliedsländern hohen Arbeitslosigkeit nur sehr vorsichtiger Optimismus für die Einschätzung der Arbeitsmarktentwicklung am Platze (siehe Tabelle V.2.2).

Über den gesamten Zeitraum von 1994 bis 2005 hinweg blieb die Nominallohnentwicklung mit durchschnittlich 1,6% hinter der des nominalen BIP (4,0%) zurück, und diese Lohnzurückhaltung war auch im Allgemeinen mit rückläufigen Arbeitslosenquoten (-2,2-Prozentpunkte) verbunden.[8] Die Länder mit der stärksten Lohnzurückhaltung waren Irland, Spanien und Finnland und erzielten nahezu spektakuläre Verringerungen der Arbeitslosenquoten. Luxemburg konnte mit seiner ebenfalls hohen Lohnzurückhaltung die Arbeitslosenquote auf einem niedrigen Niveau von durchschnittlich unter 3% halten. Allerdings hat die Lohnzurückhaltung in den ersten fünf Jahren seit Beginn der EWU gegenüber dem entsprechenden Zeitraum davor deutlich abgenommen, so dass die Spielräume für den Abbau der – meistens hohen – Arbeitslosigkeit gesunken sind.

Das Problem einer möglichen Vereinnahmung der EU zur Finanzierung Europäischer Beschäftigungsstrategien bleibt weiterhin akut. Es wird noch dadurch verstärkt, dass nach dem Amsterdamer Vertrag eine europäische Koordination der aktiven Arbeitsmarktpolitik („Förderung der Qualifizierung, Ausbildung und Anpassungsfähigkeit der Arbeitnehmer") in den Vordergrund gerückt wurde. Finanzierungserleichterungen durch das Eurosystem könnten mit der Begründung gefordert werden, dass andernfalls die im europäischen Vertragswerk verankerten

---

[7] Steigen die Löhne weniger stark als das BIP entstehen Spielräume für die Beschäftigung von mehr Arbeitnehmern.
[8] Zum sehr engen positiven Zusammenhang zwischen Lohnzurückhaltung und Erwerbstätigenzuwachs (Korrelationskoeffizient von 0,88) in OECD-Ländern siehe van Suntum/Lurweg (2007, 6f.).

Tabelle V.2.2: Lohnzurückhaltung und Arbeitslosigkeit in 12 EWU–Staaten (in vH) 1994–2005

	BIP-Wachstum[a]			Lohnzuwachs[b]			Lohnzurückhaltung [c]			Änderung der Arbeitslosenquote
	94–98	99–03	04–05	94–98	99–03	04–05	94–98	99–03	04–05	94–05 2004/05 ./. 1994/95
Belgien	3,4	3,3	4,2	2,5	3,1	2,2	0,9	0,2	2,0	0,8	–1,1
Deutschland	3,1	2,1	1,8	1,9	1,7	1,1	1,2	0,4	0,7	0,8	+1,3
Finnland	7,0	4,3	3,8	3,2	3,2	3,6	3,8	1,1	0,2	2,1	–8,0
Frankreich	3,5	3,5	4,0	2,2	2,6	3,1	1,3	0,9	0,9	1,1	–2,3
Griechenland[d]	7,7	8,0	7,7	5,3	6,7	6,2	2,4	1,3	1,5	1,7	+2,4
Irland	12,4	11,6	7,5	3,5	6,5	5,8	8,9	5,1	1,7	6,1	–10,6
Italien	5,9	3,9	3,0	3,2	2,8	3,2	2,7	1,1	–0,2	1,6	–2,9
Luxemburg	7,5	6,4	7,0	2,2	3,6	4,0	5,3	2,4	3,0	3,7	+0,8
Niederlande	5,2	5,1	2,9	2,3	4,6	2,7	2,9	0,5	0,2	1,5	–2,2
Österreich	4,0	3,2	4,0	2,7	2,1	1,7	1,3	0,9	2,3	1,4	+1,1
Portugal	7,9	5,6	3,5	5,8	4,9	2,8	2,1	0,7	0,7	1,3	+0,8
Spanien	6,7	7,0	7,4	3,4	3,6	2,9	3,3	3,4	4,5	3,6	–13,4
EWU	4,5	3,8	3,6	2,5	2,7	2,3	2,0	1,1	1,3	1,6	–2,2

Quelle: European Commission, 2004, 2006, eigene Berechnungen.

Anmerkungen:
[a] Durchschnitt der jährlichen Wachstumsraten des nominalen BIP. [b] Durchschnitt der jährlichen Wachstumsraten des nominalen Einkommens aus unselbständiger Arbeit je Arbeitnehmer. [c] BIP–Wachstum ./. Lohnzuwachs (siehe van Suntum/Lurweg, 2007). [d] Die ersten beiden Perioden jeweils: 1998–2000 und 2001–2003.

staatlichen Verschuldungsbegrenzungen, insbesondere das Defizitkriterium von drei Prozent, die Regierungen „zu einem suboptimalen Angebot aktiver Arbeitsmarktpolitik verleiten" würde (Jochem, 1999, 676). Eine Ausdehnung aktiver Arbeitsmarktpolitik durch großzügige monetäre Alimentierung mittels expansiver Geldpolitik wöge jedoch doppelt schwer: Zum einen würde das Preisstabilitätsziel gefährdet. Zum anderen käme es höchstwahrscheinlich zu einer Verschwendung knapper Mittel, da – abgesehen von sozialpolitisch unabdingbaren Hilfen für bestimmte Problemgruppen am Arbeitsmarkt – jenseits der Vermittlungs- und Beratungsaktivitäten die ökonomische Zweckmäßigkeit der aktiven Arbeitsmarktpolitik sehr in Frage zu stellen ist (Görgens, 1996; Hagen/Steiner, 2000).

Im Anschluss an den Amsterdamer Gipfel sind mehrere Versuche unternommen worden, die gemeinsame Beschäftigungspolitik voranzutreiben. Für die Geldpolitik des Eurosystems von besonderer Relevanz ist der Kölner EU-Gipfel, auf dem beschlossen wurde, einen Makroökonomischen Dialog zwischen Politik, Europäischer Zentralbank und Tarifparteien in Gang zu setzen. Die Beteiligten sollen im Gespräch „am runden Tisch" ihre Politik aufeinander abstimmen. Dass die hierin angelegten Konfliktpotenziale für die europäische Geldpolitik manifest werden und in eine Aushöhlung der Unabhängigkeit des Eurosystems einmünden können, ist zumindest auf mittlere und längere Sicht nicht unwahrscheinlich.[9] Die Wahrscheinlichkeit dieser Entwicklung ist um so größer, je mehr es einzelnen Politikern und Vertretern von Interessengruppen gelingt, weite Teile der Bevölkerung davon zu überzeugen, dass die hohe Arbeitslosigkeit nicht vornehmlich ein institutionelles bzw. strukturelles Problem, nämlich Folge rigider Arbeitsmärkte, sondern (angeblich) der Preis für Preisstabilität und zu niedriger Lohnabschlüsse ist.[10] Ohne Rückhalt in der Bevölkerung aber wird das Eurosystem einen Stabilitätskurs nicht dauerhaft durchhalten können.

Die beschäftigungspolitische Gemeinschaftskompetenz dürfte insbesondere in regionalstruktureller Sicht wirksam werden und auf diesem Wege ein Gefährdungspotenzial für die Geldpolitik des Eurosystems darstellen. Die Transparenz durch den Euro beseitigt vielleicht noch vorhandene Reste an *Wechselkursillusion* und begünstigt *Lohndemonstrationseffekte* (Lohnunterschiede sind unmittelbar zu erkennen), die Angleichungsforderungen zur Folge haben dürften. Hier ergeben sich Allianzen zwischen den Niedriglohn- und den Hochlohnländern. Von vielen Hochlohnländern wird schon seit geraumer Zeit auf Beseitigung des angeblichen *Lohn- und Sozialdumpings* gedrungen. Angleichung der Lohnniveaus nach oben und eine *Sozialunion* sind bekannte Forderungen. Sind solche Angleichungen nicht durch entsprechende Produktivitätsentwicklungen gedeckt – womit auf kürzere und mittlere Sicht nicht zu rechnen ist –, ergeben sich Stückkostenbelastungen, die bei fehlender monetärer Alimentation zu (steigender) Arbeitslosigkeit führen. Wie aus der Theorie optimaler Währungsräume (siehe Box I.1.2) bekannt ist, könnte solchen Beschäftigungskrisen zwar durch eine höhere EWU-weite, Mobilität von Arbeit und Kapital entgegengewirkt werden. Nach den bisherigen Erfahrungen sind Arbeitskräftewanderungen jedoch aufgrund sprachlicher und kultureller Unterschiede sowie divergierender Ausbildungssysteme und nicht zuletzt besonderer institutioneller Bedingungen wie soziale Sicherungssysteme und Arbeitsmarktregulierungen nur schwach ausgeprägt. Und wenn die Wanderung in einzelnen Branchen bedeutsam werden sollte, drohen – wie dies in Deutschland für verschiedene Branchen praktiziert (z.B. Bauwirtschaft, Gebäudereiniger) bzw. angestrebt wird – Entsendegesetze. Alternativ zu Arbeitskräfteabwanderungen könnten Kapitalzuflüsse die Arbeitslosigkeit dämpfen. Doch auch wenn man davon ausgeht, dass die Kapitalmobilität in der EWU

---

[9] Erfahrungen in Deutschland bestätigen nicht, dass durch Gespräche „am runden Tisch" Gewerkschaften zu längerfristiger Lohnzurückhaltung veranlasst werden, sondern dass dies allenfalls auf die Zeit der Gesprächsrunde(n) beschränkt bleibt.

[10] Zu entsprechenden gewerkschaftlichen Vorstellungen mit weitergehenden Forderungen nach Zielerweiterung um Wachstum und Beschäftigung sowie Ernennung und Kontrolle des EZB-Direktoriums durch das Europäische Parlament siehe Hein (2001).

noch über das durch die Freizügigkeit des EU-Binnenmarktes bedingte Maß hinaus zunimmt, kommt sie als Anpassungsmechanismus kaum in Frage. Dass Länder oder Regionen, in denen durch Stückkostenbelastungen (zunehmende) Arbeitslosigkeit verursacht wurde, für private Kapitalzuflüsse attraktiv sein sollten, ist sehr unwahrscheinlich. Dieser Kostennachteil kann auch nicht durch Zinsanreize (über-)kompensiert werden, da innerhalb einer Währungsunion zwischen den Mitgliedsländern kaum Zinsdifferenzen bestehen. Wahrscheinlicher sind deshalb Kapitalabflüsse, wodurch der Problemdruck noch erhöht wird. Gibt das Eurosystem beschäftigungspolitisch motivierten Forderungen nach Lockerungen der Geldpolitik nicht nach, steigen die Ansprüche an Transfers aus *EU-Struktur- und Kohäsionsfonds* oder an die nationalen Finanzpolitiken. Binnenmarkt und Währungsunion werden dann im politisch-ökonomischen Prozess für Angleichungen der Lohn- und Sozialstandards (nach oben) instrumentalisiert.[11] Bei bereits bestehender Arbeitslosigkeit und fehlender realwirtschaftlicher Fundierung wie sie etwa in unzureichenden Wachstumspotenzialen und Defiziten der Infrastrukturausstattung zum Ausdruck kommt, wird als Preis eine Aufstockung der erwähnten Fonds „notwendig".

Beseitigung von „Lohn- und Sozialdumping" beinhaltet im Kern die gleichen Probleme wie Forderungen nach einer Zentralisierung von Tarifverhandlungen auf europäischer Ebene. Wenn Bestrebungen zur Verringerung des Lohngefälles der wirtschaftlichen Situation und Entwicklung in den einzelnen Mitgliedsländern nicht Rechnung tragen, ist ein faktischer Finanzausgleich über Transferströme wahrscheinlich. Hatten die Hochlohnländer die Beseitigung von „Lohn- und Sozialdumping" als Wettbewerbshürde für Niedriglohnländer gedacht, müssen sie diesen Schutz mit höheren Transfers bezahlen, ohne dass bei Empfängern und/oder Zahlern Anreize zur Bekämpfung der eigentlichen Ursachen der Arbeitslosigkeit ausgelöst würden. Zahler sind in gewissem Umfang gegen „Lohn- und Sozialkonkurrenz" geschützt, so dass der Druck zu Arbeitsmarktreformen wie etwa Dezentralisierung von Tarifverhandlungen, Flexibilisierung von Lohnstrukturen und Lockerung von Bestandsschutz- und Mitbestimmungsregelungen, von Vorgaben über Befähigungsnachweise u.a.m. abnimmt. Den Zahlungsempfängern wird nicht nur der Reformdruck zur Flexibilisierung der Arbeits- und Tarifbedingungen genommen, sondern geradezu ein Anreiz geboten, beschäftigungsschädliche Arbeitsmarktordnungen der Hochlohnländer zu übernehmen, da sie von letzteren für die (negativen) Beschäftigungsfolgen finanziell entschädigt werden.

---

[11] Die Einflussmöglichkeiten von Gewerkschaften sind hier durchaus beachtlich, können sie doch laut EG-Vertrag auf die soziale Konvergenz in Europa in verschiedener Weise Einfluss nehmen. So müssen sie bei sozialpolitischen Gesetzen angehört werden und können eigene Gesetzinitiativen in Gang setzen. Sie haben beratende Funktion in Ausschüssen, so etwa bei der Beratung der Mittelvergabe durch die europäischen Strukturfonds (Berthold/Neumann, 2004, 392).

2.4 Reformbedürftigkeit der Arbeitsmarktinstitutionen

Der Amsterdamer Vertrag, der die Beschäftigungspolitik zur Gemeinschaftsaufgabe der EU erklärte, betont die fortbestehende nationale Kompetenz für Gesetze und Regulierungen, die Arbeitsmärkte betreffen. Versuche von Regierungen, Arbeitsmarktrigiditäten abzubauen, werden jedoch auf massiven Widerstand der (beschäftigten) Insider stoßen, die Reallohnsenkungen und verstärkte Beschäftigungsrisiken fürchten. Aber auch – oder gerade – die (arbeitslosen) Outsider werden sich für die Beibehaltung möglichst großzügiger Lohnersatzleistungen energisch einsetzen. Bei diesen Mehrheitsverhältnissen sind Arbeitsmarktreformen für die Regierungen mit hohen politischen Kosten verbunden (Calmfors, 1998a). Diese Kosten wiegen noch umso schwerer, weil durch Lockerungen von Arbeitsmarktrigiditäten kurzfristig keine spektakuläre Verringerung der Arbeitslosigkeit erwartet werden kann.

Es gibt zwar Gründe für einen vorsichtigen „Flexibilitätsoptimismus".[12] Dafür spricht einmal der aus den Wirkungsbedingungen einer stabilitätsorientierten Währungsunion sich ergebende Anpassungsdruck auf den Arbeitsmärkten der EWU-Mitgliedsländer. Zum anderen könnte noch ein verstärkender wettbewerblicher Reformdruck entstehen, wenn Länder wie Niederlande, Österreich, Irland und Großbritannien, deren Arbeitsmarktflexibilität relativ zu den übrigen EU-Ländern hoch ist, sich als Gewinner der Anpassungsprozesse erweisen. Angesichts der hohen strukturellen Arbeitslosigkeit, die mit Nachfragesteuerung nicht behebbar ist, bleibt mehr Flexibilität auf den Arbeitsmärkten unabdingbar.[13] Dies umso mehr als bislang entgegen früheren Erwartungen die Inflationsraten zwischen den Mitgliedsländern der EWU (noch) erheblich streuen und die einheitliche Geldpolitik in manchen Ländern sehr niedrige oder sogar negative Realzinsen (z.B. Griechenland und Spanien), in anderen (Finnland und Niederlande) vergleichsweise hohe positive Realzinsen bewirkt (siehe Kapitel IV.2.2). Bei gegebener Produktivitätsentwicklung ist der lohnpolitische Spielraum bei hohen Kapitalkosten (Realzinsen) entsprechend enger. Dem steht allerdings ein mit den unterdurchschnittlichen Inflationsraten einhergehender Zugewinn an internationaler Wettbewerbsfähigkeit gegenüber. Dass die durch die EWU bedingte In-

---

[12] Dohse et al. (1999, 57, 59) fassen hierunter Lohn(struktur)flexibilität, Arbeitszeitflexibilität sowie räumliche, qualifikatorische und berufliche Mobilität. Zum Flexibilisierungs-Instrumentarium zählen beispielsweise Dezentralisierung von Lohnverhandlungen; sektorale, qualifikatorische und regionale Lohndifferenzierung einschließlich Abbau zu hoher Mindestlöhne und Lohnersatzleistungen; Abbau von Mobilitätshemmnissen wie Bestandsschutzregelungen und Befähigungsnachweise; mehr betriebliche Arbeitszeitflexibilität, Teilzeitarbeit. Cukierman/Lippi (2000, 37) vermuten sogar, dass die wegen der Währungsunion aggressivere Lohnpolitik zwar zu höherer Arbeitslosigkeit führt, diese aber wiederum zurückwirkend den Reformdruck in Richtung Arbeitsmarktflexibilität erhöht.

[13] „The European labour markets are among the most rigid of the world" (Baldwin/Wyplosz, 2004, 427).

tensivierung des Wettbewerbs, der Handelsintegration und der Kapitalmobilität Flexibilität auf den Arbeitsmärkten, speziell Reallohnflexibilität erzwingt und damit der Geldpolitik zu höherer Wirksamkeit verhilft, ist nicht unplausibel. Auf der anderen Seite könnten die „Vergemeinschaftung" der Lohn- und Beschäftigungspolitiken und deren zunehmende supranationale Koordinierung die Arbeitsmarktinflexibilitäten aber auch verstärken.

Inwieweit die EWU Reformen der Güter- und insbesondere der Arbeitsmärkte begünstigt oder beeinträchtigt, ist umstritten.[14] Außer einem verstärkten Anpassungsdruck, der durch die bereits erwähnte erhöhte Transparenz und Kapitalmobilität auch auf die Arbeitsmarktordnung durchwirkt, spielt das Argument TINA (There Is No Alternative) eine prominente Rolle. Da mit der EWU eine nationale Geld- und Wechselkurspolitik entfallen, bleibe bei asymmetrischen Schocks gar nichts anderes übrig, als die Arbeitsmarktinstitutionen in Richtung von mehr Flexibilität zu reformieren. Die Gegenargumente betonen als Hindernis die Nachfrageseite. Zwar werde durch Güter- und Arbeitsmarktreformen das Produktionspotenzial erhöht, es fehle aber mangels nationaler Geldpolitik die Möglichkeit dieses Potenzial auszulasten. Ein anderes Nachfrageargument hebt darauf ab, dass Arbeitsmarktreformen mit Verringerungen von Transferzahlungen einhergehen könnten, was zumindest kurzfristig nachfragedämpfend wirkt. Befürchtete Nachfragedefizite reduzierten aber die Anreize zu Reformen.

Die empirischen Befunde sind uneinheitlich, wobei als genereller Vorbehalt an die noch kurze Zeit der Existenz der EWU zu erinnern ist. Van Poeck und Borghijs (2001) finden in 22 OECD-Ländern, die sie in zwei Gruppen von 12 EWU-Ländern und 10 Nicht-EWU-Ländern aufteilen, im Gruppendurchschnitt jeweils ähnliche Arbeitsmarktflexibilisierungen. Innerhalb der Gruppen bestehen jedoch vergleichsweise deutliche Unterschiede. Während in den Nicht-EWU-Ländern ein enger Zusammenhang zwischen dem durch hohe Arbeitslosigkeit bedingten Flexibilisierungsdruck und Flexibilisierungsbemühungen besteht, fehlt ein derartiger Zusammenhang in den EWU-Ländern vollends. Diese Beobachtungen beziehen sich zwar auf die Zeit vor dem Start der EWU. Wenn jedoch von der EWU ein besonderer Druck zur Arbeitsmarktflexibilisierung ausgehen sollte, hätten in diese Richtung zielende Bemühungen bereits im zeitlichen Vorfeld der EWU nahe gelegen.

Ein differenzierteres Bild ergibt sich nach der Untersuchung von Duval und Elmeskov (2006) in 21 OECD-Ländern für die Zeit von 1985-2003. Günstig für Arbeitsmarktreformen in Richtung höherer Flexibilität sind hohe Arbeitslosigkeit, ökonomische Krisensituationen, allgemeine Reformaktivitäten und gesunde Staatsfinanzen. Die Reformfreudigkeit ist jedoch generell stärker ausgeprägt in

---

[14] Zu einer knappen Gegenüberstellung der konkurrierenden Hypothesen siehe Duval/Elmeskov (2006, 11-14).

kleinen als in großen Ländern und schließlich in Ländern mit geldpolitischer Autonomie.[15]

Wie lassen sich diese Unterschiede ökonomisch deuten? Strukturelle Reformen auf den Güter- und Arbeitsmärkten führen zu einer Erhöhung des Produktionspotenzials, wodurch preisdämpfende Effekte entstehen. Hierdurch entsteht in einem Land mit geldpolitischer Autonomie ein Spielraum für expansive Geldpolitik, die – neben dem Preisdruck – nachfragebelebend wirkt und das Produktionspotenzial auslastet. Produktion und Beschäftigung wachsen. In einem Land ohne geldpolitische Autonomie entfällt der geldpolitische Anstoß. Der preisdämpfende Effekt des höheren Produktionspotenzials verbessert jedoch die internationale Wettbewerbsposition, so dass über einen höheren Außenbeitrag Produktion und Beschäftigung steigen. Da die Außenhandelsverflechtung kleiner Länder im Allgemeinen höher ist als in großen Ländern, sind wegen der besseren Erfolgsaussichten von Reformen die Reformanreize in kleinen Ländern stärker ausgeprägt. Nickell interpretiert in seinem Korreferat zu Duval/Elmeskov (2006, 45) diese Befunde dahingehend, dass durch die EWU insgesamt die Reformanreize eher geschwächt werden.

Wenn die Ausprägung bestimmter Arbeitsmarktinstitutionen wie Lohnersatzleistungen, gewerkschaftlicher Organisationsgrad, Kündigungsschutzregelungen, Zentralität von Lohnfindungsprozessen etc. eine wesentliche Ursache für Arbeitsmarktinflexibilitäten und damit für Arbeitslosigkeit sind,[16] ist zu erwarten, dass sie zugleich auch über den geldpolitischen Transmissionsmechanismus das Problem struktureller Arbeitslosigkeit verschärfen können. So würde eine restriktive Geldpolitik bei institutionell bedingten Inflexibilitäten infolge weitreichenden Kündigungsschutzes, hoher Lohnersatzzahlungen und mächtiger Gewerkschaften die Arbeitslosigkeit stärker erhöhen als bei flexiblen Arbeitsmarktinstitutionen. Bei expansiver Geldpolitik hingegen würde die Arbeitslosigkeit weniger sinken, da etwa hoher Kündigungsschutz Neueinstellungen beeinträchtigt oder Gewerkschaftsmacht bewirkt, dass die erweiterten Beschäftigungsspielräume zugunsten von Lohnerhöhungen der Insider nicht genutzt werden. Das Ergebnis inflexibler Arbeitsmarktinstitutionen ist nicht nur persistente, sondern über den Konjunkturzyklus hinweg steigende strukturelle Arbeitslosigkeit.

---

[15] Im Durchschnitt der EWU-Länder war die Reformintensität in der Zeit von 1994-1998 höher als in der Zeit von 1999–2003. Die Unterschiede in den beiden Subperioden dürften nach Duval/Elmeskov (2006) auf die größeren Reformanstrengungen zur Erfüllung der Konvergenzkriterien zurückgehen.

[16] Eine theoretische Einbettung solcher Variablen in ein AS-AD-Modell findet sich bei Görgens/Ruckriegel (2007) 221ff.). Zu Befragungsergebnissen, die die negativen Beschäftigungswirkungen von Arbeitszeitregulierungen, Kündigungsschutz- und Mindestlohnvorschriften bestätigen, siehe Feldmann (2003). Nach der empirischen Untersuchung von Flaig/Rottmann (2005) für 17 OECD-Länder erhöhen Arbeitsmarktinflexibilitäten, insbesondere in Folge hohen Kündigungsschutzes, signifikant die Beschäftigungsschwelle und damit die Wachstumsrate des BIP, die erforderlich ist, die Beschäftigung konstant zu halten.

Die empirischen Befunde für 19 Industrieländer von Knell und Rumler (2001) weisen in diese Richtung. Für längere Perioden expansiver und restriktiver Geldpolitik untersuchten sie deren Wirkung auf die Arbeitslosigkeit (gemessen an den Abweichungen von der strukturellen Arbeitslosigkeit) unter Berücksichtigung institutioneller Arbeitsmarktbedingungen. Hohe Gewerkschaftsdichte, großzügige Arbeitslosenunterstützungssysteme und hoher Grad der Koordination zwischen Arbeitgeberverbänden und Gewerkschaften verschärfen danach die negativen Beschäftigungseffekte restriktiver Geldpolitik und behindern den Abbau von Arbeitslosigkeit durch expansive Geldpolitik.[17]

Wie die umfangreiche Diskussion zur (modifizierten) *Phillips-Kurve* (siehe Box IV.6) und zur *NAIRU* gezeigt hat,[18] ist zudem ein dauerhafter beschäftigungspolitischer Erfolg einer expansiven Geldpolitik nicht zu erwarten. Eine geldpolitisch erzeugte Überraschungsinflation hat nur temporäre positive Beschäftigungs- und Produktionseffekte,[19] deren Ausmaß zudem an die Flexibilität der Arbeitsmarktinstitutionen gebunden ist. Gelegentliche kausale Zuweisungen der amerikanischen Beschäftigungserfolge zur (angeblich) weniger restriktiven Geldpolitik greifen zu kurz, wenn sie das Umfeld hoher Flexibilität der Wirtschaft, insbesondere der Arbeitsmärkte ausblenden. Die für die Geldpolitik des Eurosystems anzunehmende Konfliktsituation stellt(e) sich für die Geldpolitik der Federal Reserve daher nicht. Ein Einschwenken der nationalen Arbeitsmarktpolitik der Mitgliedsländer der EWU auf den „amerikanischen Weg", um – bildlich gesprochen – eine Linksverschiebung der Phillipskurve zu erreichen, ist jedoch (vorläufig) wenig wahrscheinlich. Vielmehr werden sich geldpolitische Konflikte ergeben, weil in Abhängigkeit der Ausprägung von Arbeitmarktinstitutionen in den EWU-Mitgliedsländern die einheitliche Geldpolitik unterschiedliche Arbeitsmarkteffekte auslösen wird. Dies würde zwar vor allem in den Ländern mit hoher Arbeitslosigkeit den Druck zur Flexibilisierung erhöhen, doch ist eher zu vermuten, dass

---

[17] Aktive Arbeitsmarktpolitik ist nach dieser Untersuchung geeignet, negativen Beschäftigungseffekten entgegenzuwirken. Hier ist jedoch Vorsicht am Platze, da es sich um statistische Artefakte handeln kann. Personen in Arbeitsbeschaffungs- oder Umschulungs- und Fortbildungsmaßnahmen fallen nämlich aus der Arbeitslosenstatistik heraus.

[18] Die NAIRU (Non Accelerating Inflation Rate of Unemployment) beziehungsweise die „inflationsstabile Arbeitslosenquote" beinhaltet die Vorstellung, dass es eine strukturell bedingte Arbeitslosigkeit gibt, die gegenüber expansiven wirtschaftspolitischen Maßnahmen resistent ist. Expansive Maßnahmen hätten von dieser Arbeitslosenquote an nur noch inflationäre Effekte. Nach Befunden der OECD dominiert diese Art der Arbeitslosigkeit in Europa eindeutig. Für Deutschland können 80 bis 85 % der tatsächlichen Arbeitslosenquote in diesem Sinne als strukturell angesehen werden (siehe Eichhorst et al., 2001, 86f.).

[19] In den einschlägigen makroökonomischen Modellen wird der Produktions-Beschäftigungs-Zusammenhang über das *„Okun'sche Gesetz"* hergestellt, wonach eine negative Beziehung zwischen der Veränderung der Arbeitslosenquote und der Veränderung der Wachstumsrate des BIP besteht. Durch Zusammenfügung mit der Philipps-Kurve (negative Beziehung zwischen Arbeitslosenquote und Inflation) kann ein positiver Zusammenhang zwischen konjunktureller Entwicklung und Inflation hergeleitet werden.

dieser Druck an das Eurosystem weitergeleitet wird und in Forderungen nach Lockerungen der Geldpolitik einmündet. Kommt das Eurosystem den Forderungen nicht nach, ist die an der (zunehmenden) Arbeitslosigkeit Schuldige politisch schnell ausgemacht. Hält es dem politischen Druck nicht stand, schürt es die Europaskepsis in den Mitgliedsländern mit ausgeprägtem Stabilitätsbewusstsein der Bevölkerung. Die hohe Arbeitslosigkeit bleibt wohl auch weiterhin eine schwere Hypothek für das Eurosystem.

2.5 Zusammenfassung

Die Erreichung des dem Eurosystem vorrangig vorgegebenen Ziels der Preisstabilität ist zwar langfristig von der Geldpolitik abhängig. Kurz- bis mittelfristig kann der Stabilitätskurs der Geldpolitik jedoch von der Lohnpolitik durchkreuzt und im Extremfall sogar ausgehebelt werden. Zwar ist (vorläufig) nicht damit zu rechnen, dass auf EU-Ebene die Tarifparteien über ein europäisches Lohnkartell das Eurosystem unmittelbar unter Druck setzen. Es gibt jedoch Anzeichen dafür, dass auf politischem Wege anstatt der erforderlichen Lohndifferenzierungen Lohnangleichungstendenzen, die nicht durch entsprechende Produktivitätsentwicklungen gedeckt sind, begünstigt werden. Da mit der Währungsunion der Wechselkurspuffer entfällt, der die negativen Beschäftigungskonsequenzen steigender Lohnstückkosten temporär auffangen könnte, werden Appelle an das Eurosystem zunehmen, den geldpolitischen Stabilitätskurs im Dienste gemeinschaftlicher Beschäftigungspolitik zu lockern. Für diese Entwicklung spricht zum einen, dass in den EG-Vertrag ein Beschäftigungskapitel aufgenommen und die Beschäftigungspolitik zur Angelegenheit „von gemeinsamem Interesse" gemacht wurde. Zum anderen dienen der stark gestiegene Umfang der Struktur- und Kohäsionsfonds zumindest mittelbar der Finanzierung dieser Beschäftigungsziele. Hierdurch werden aber Reformen im Sinne der Flexibilisierung der Arbeitsmärkte hinausgeschoben, so dass der Anpassungsstau steigt. Die Erwartung, dass die Wirkungsmechanismen einer Währungsunion nahezu zwangsläufig in eine Flexibilisierung der Arbeitsmärkte einmünden würde (TINA), hat sich nur in engen Grenzen und in einigen Ländern bestätigt. Inflexible Arbeitsmarktinstitutionen begünstigen jedoch asymmetrische Beschäftigungswirkungen restriktiver und expansiver Geldpolitik, so dass die Beschäftigungsprobleme verschärft werden. Forderungen nach Lockerung der Geldpolitik sind die Folge. Kommt das Eurosystem den Forderungen nicht nach, wird ihm im politisch-ökonomischen Prozess (fälschlicherweise) die Schuld an der Arbeitsmarktmisere zugeschoben.

> **Kontrollfragen**
>
> 1. Inwieweit kann die EWU Lohnerhöhungsspielräume schaffen?
> 2. Warum müsste in der EWU der „Wechselkurspuffer" durch einen „Lohnpuffer" ersetzt werden?
> 3. Über welche politisch-ökonomischen Mechanismen kann die Lohnpolitik den innereuropäischen „Transferbedarf" erhöhen?

Weiterführende Literatur

Beiträge, die sich besonders mit den Konsequenzen der einheitlichen Geldpolitik in der EWU für die Lohnpolitik und deren mögliche Rückwirkungen auf die Geldpolitik befassen:

Belke, A. (1998), Maastricht-Implications of a Centralised Monetary and Currency Policy for Employment in Europe, in: Welfens, P. J. J. (Hg.), European Labour Market and Social Security – Wage Costs, Social Security Financing and Labour Market Reforms in Europe, Springer, Berlin et al., S. 195-246.

Lehment, H. (1998), Geldpolitik und lohnpolitischer Verteilungsspielraum in der Europäischen Währungsunion, Die Weltwirtschaft, S. 72-84.

Beiträge, die besonders auf den Zusammenhang zwischen einheitlicher Geldpolitik, Beschäftigung und Arbeitsmarkt(in)flexibilität abheben:

Berthold, N., Fehn, R. (1998), Does EMU Promote Labor Market Reforms?, Kyklos, Vol. 51, S. 509-536.

Calmfors, L., Johansson, A. (2006), Nominal Wage Flexibility, Wage Indexation and Monetary Union, Economic Journal, Vol. 116, S. 283-308.

Knell, M., Rummler, F. (2001), Transmissionsmechanismus und Arbeitsmarkt – eine länderübergreifende Studie, Österreichische Nationalbank, Berichte und Studien, 3-4, S. 234-252.

Zu einer eingehenden theoretischen Analyse der Bedeutung wettbewerblicher und insbesondere nicht-wettbewerblicher Arbeitsmärkte für die Wirksamkeit der Geldpolitik:

Görgens, E., Ruckriegel, K. (2007): Makroökonomik, 10.Auflage, Lucius & Lucius, Stuttgart, Kap. X-XII.

3 Wechselkurspolitik

"Für die Praxis gibt es ... keine Garantie, dass wechselkurspolitische Entscheidungen des Ecofin-Rates die Geldpolitik der EZB nicht einmal erschweren oder gar unmöglich machen können. So lässt die Entschließung des ER (Europäischer Rat, Anm. der Verf.) beispielsweise offen, was unter „eindeutigen Wechselkursverzerrungen" zu verstehen ist. Außerdem können die Vertragsbestimmungen eine in der Praxis wünschenswerte Zurückhaltung der Eurogruppe und ihrer Mitglieder im Hinblick auf Äußerungen zur Wechselkursentwicklung des Euro nicht sicherstellen."

(Deutsche Bundesbank, 2004c, 75)

3.1 Die Rolle des Eurosystems bei der Festlegung der Wechselkurspolitik

Während die Verantwortung für die Geldpolitik ausschließlich dem Eurosystem zufällt, liegen die wechselkurspolitischen Kompetenzen beim Rat der Wirtschafts- und Finanzminister der Europäischen Union (*Ecofin-Rat*). So kann der Ecofin-Rat etwa auf Empfehlung der EU-Kommission und nach Anhörung der EZB einstimmig förmliche Wechselkursvereinbarungen für den Euro gegenüber Drittwährungen beschließen oder „unter außergewöhnlichen Umständen" bei „eindeutigen Wechselkursverzerrungen" mit qualifizierter Mehrheit allgemeine Orientierungen für die Wechselkurspolitik gegenüber Drittwährungen aufstellen (*Wechselkurszielzonen*). Dadurch können sich Interventionsverpflichtungen des Eurosystems ergeben. Als historische Vorbilder für Wechselkurszielzonen können etwa die Plaza- und Louvre-Vereinbarungen aus den achtziger Jahren des letzten Jahrhunderts über Kurs-Ziele für den US-$ dienen. „Diese allgemeinen Orientierungen sollten stets die Unabhängigkeit des ESZB respektieren und mit dem vorrangigen Ziel des ESZB, die Preisstabilität zu gewährleisten, vereinbar sein" – so die Entschließung des *Europäischen Rates* vom Dezember 1997 (Deutsche Bundesbank, 1998b, 20).[1] Ein Konflikt mit den geldpolitischen Zielsetzungen des Eurosystems ist damit aber noch nicht ausgeschlossen.

---

[1] „Die Mitgliedstaaten haben bei der Währungspolitik in der Tat die Hand am Hebel. Laut Artikel 109 (neu Art. 111, die Verf.) Maastricht-Vertrag liegt die Hoheit der Wechselkurspolitik beim EU-Rat. Wir – die Deutschen – wollten die Kompetenz einschränken. Letztlich gab es aber auch insoweit einen Kompromiss. Der Ministerrat kann mit qualifizierter Mehrheit Zielzonen festlegen. Dieser Beschluss muss dann von dem ESZB ausgeführt werden" (Seidel, 1998, 48). Ähnlich Schwarze (2000, 1305).

Um den Einfluss der wechselkurspolitischen Regelungen (*Wechselkursregime*) auf die Geldpolitik beurteilen zu können, soll zunächst kurz auf die Funktionsweise eines Devisenmarktes eingegangen werden.

3.2 Devisenmarkt und Wechselkursregime

Der *Devisenmarkt* unterscheidet sich nicht von anderen Märkten. Er wird geregelt von Angebot und Nachfrage. Der relevante Preis ist der *nominale Wechselkurs* (e),[2] definiert als x Fremdwährungseinheiten je €, z.B. x US-\$/1 €. Diese so genannte *Mengennotierung des Wechselkurses* löste mit Beginn der Währungsunion die bis dahin gebräuchliche *Preisnotierung des Wechselkurses* (z.B. x DM/1 US-\$) ab. Bei der Mengennotierung sind Handelsobjekt Guthaben in Inlandswährung, wobei deren Preis in Auslandswährung (hier stellvertretend in US-\$) ausgedrückt wird.

In Abbildung V.3.1 wird der Devisenmarkt dargestellt, auf dem €-Guthaben gegen US-\$ gehandelt werden. Im Ausgangsgleichgewicht (e_0, X_0) werden z.B. 100 Mio. € (X_0) zu einem Preis von 1,00 US-\$ je € (e_0) umgesetzt.

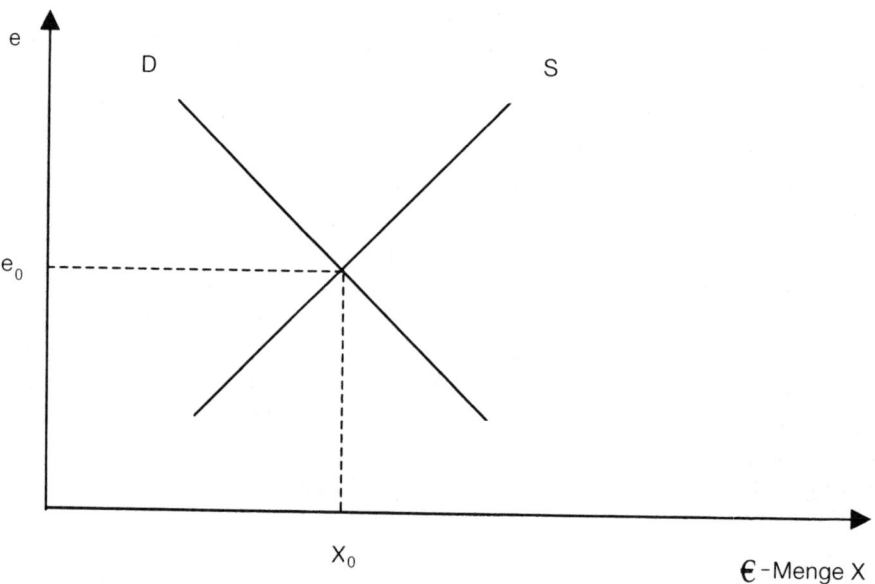

Abbildung V.3.1: Devisenmarkt: Angebot und Nachfrage

---

[2] Im Folgenden wird der nominale Wechselkurs vereinfacht als Wechselkurs bezeichnet.

Zur €-Nachfrage (*D*), also zum Angebot von US-$ (*Devisenangebot*) gegen €, kommt es etwa, weil im Euro-Raum ansässige Exporteure (Exportgutanbieter) letztlich € benötigen, um ihren größtenteils in € denominierten Zahlungsverpflichtungen (Löhne, Material etc.) nachzukommen. Werden die Rechnungen der Exporteure nicht in US-$, sondern in € fakturiert, so müssen bereits die US-amerikanischen Importeure (Exportgutnachfrager) € nachfragen, damit sie ihre auf € lautenden Rechnungen begleichen können. US-$ können aber auch von Kapitalanlegern (Arbitrageuren, Hedgern und Spekulanten) stammen, die von US-$-Anlagen in €-Anlagen wechseln wollen. Analog lässt sich das €-Angebot (*S*), also die Nachfrage nach US-$ (*Devisennachfrage*) gegen €, von der Importseite her erklären. Da die US-amerikanischen Exporteure (Importgutanbieter) letztlich US-$ benötigen, muss sich bei Fakturierung in US-$ ein im Euro-Raum ansässiger Importeur (Importgutnachfrager) US-$ besorgen. Bei Fakturierung in € werden die Importgutanbieter aus den USA selbst die Erlöse in € am Devisenmarkt anbieten. In beiden Fällen kommt es zu einem Angebot an €. Das €-Angebot kann aber auch von Kapitalanlegern gespeist werden, die € besitzen und Fremdwährungsanlagen erwerben wollen.

Stellt man auf Handelsbilanztransaktionen ab,[3] liegen dem €-Angebot Waren- und Dienstleistungsimporte, der €-Nachfrage Waren- und Dienstleistungsexporte des Euro-Raums zugrunde. Eine Euro-Abwertung (sinkender Wechselkurs) führt zu einer Zunahme der €-Nachfrage bzw. einem Rückgang des €-Angebots, weil zum einen Exporte aus dem Euro-Raum in den USA billiger, zum anderen Importe aus den USA im Euro-Raum teurer werden. Eine €-Aufwertung (steigender Wechselkurs) bewirkt einen Rückgang der €-Nachfrage bzw. eine Zunahme des €-Angebots, da Exporte aus dem Euro-Raum in den USA teurer, Importe aus den USA billiger werden.[4]

Nachdem der Devisenmarkt erklärt ist, soll nun auf den Unterschied zwischen festen und flexiblen Wechselkursen eingegangen werden.

In der Ausgangssituation herrsche der Wechselkurs e_0, bei dem die €-Menge X_0 umgesetzt wird. Es sei nun angenommen, die Euro-Nachfrage erhöhe sich von D_0 auf D_1. Beim alten Wechselkurs e_0 ergibt sich somit ein Nachfrageüberschuss in Höhe von $X_2 - X_0$. Bei *flexiblen Wechselkursen* löst dieser Nachfrageüberschuss eine Aufwertung des € aus, bis sich das neue Marktgleichgewicht bei (e_1, X_1) ein-

---

[3] Die Beschränkung auf güterwirtschaftlich bedingte Transaktionen erfolgt aus Gründen der Vereinfachung. Will man anlageinduzierte Transaktionen berücksichtigen, so muss man Wechselkurserwartungen, die Zinsdifferenz zwischen Anlagen in In- und Auslandswährung und weitere Determinanten der Wechselkursentwicklung mit ins Kalkül ziehen (siehe hierzu Box V.3.1).

[4] Da für die Nachfrage nach bzw. für das Angebot an € aus Handelstransaktionen nicht nur die Export- bzw. Importmenge, sondern der Export- bzw. Importwert (Menge mal Preis) entscheidend ist, liegt obigen Aussagen implizit die Gültigkeit der sog. Robinson-Bedingung (bzw. in vereinfachter Form die Gültigkeit der Marshall-Lerner-Bedingung) zugrunde. Diese stellen sicher, dass sich nach einer Abwertung (Aufwertung) der Inlandswährung die Handelsbilanz verbessert (verschlechtert); siehe hierzu ausführlich Jarchow/Rühmann (2000, Kap. III).

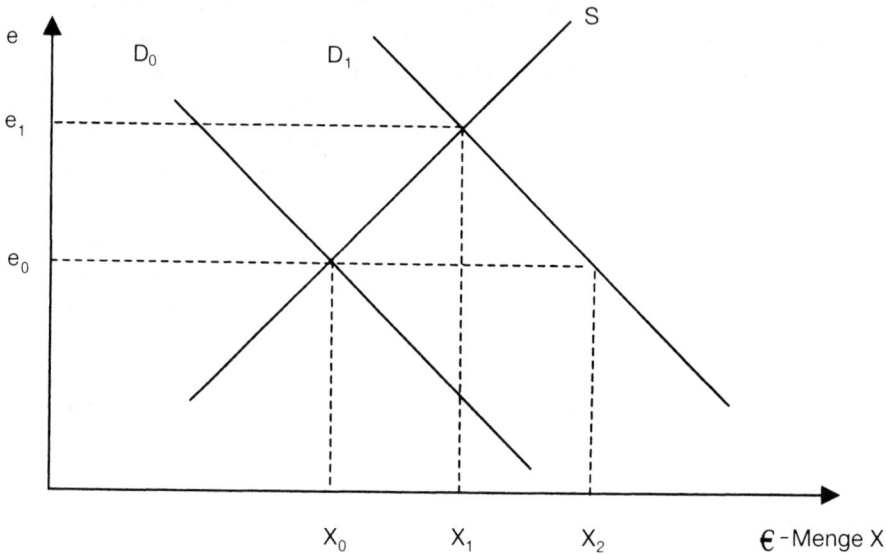

Abbildung V.3.2: Devisenmarkt: Feste und flexible Wechselkurse

spielt (steigender Wechselkurs des €, d.h. Aufwertung des €). Bei *festen Wechselkursen* hingegen, also bei Wechselkursen, zu deren Aufrechterhaltung sich die Regierung bzw. der Ecofin-Rat verpflichtet hat, scheidet diese Wechselkursbewegung aus. Die Zentralbank muss vielmehr sicherstellen, dass beim festgelegten Wechselkurs (z.B. e_0) das Angebot der Nachfrage entspricht, im obigen Fall also € in Höhe von $X_2 - X_0$ (vollkommen elastisch) anbieten bzw. entsprechend US-$ nachfragen.

Grundsätzlich stellt sich bei festen Wechselkursen die Frage nach dem angemessenen Wechselkurs. Wie soll ein solcher Kurs berechnet und festgelegt werden? **Die Frage nach dem „fundamental gerechtfertigten *Gleichgewichtskurs*" lässt sich allerdings weder theoretisch noch empirisch zufrieden stellend beantworten.**

Box V.3.1: Die Bestimmungsfaktoren des Wechselkurses

Auch der Wechselkurs bestimmt sich nach der Angebots- und Nachfragesituation auf dem zugrunde liegenden Markt. Hier geht es um den Devisenmarkt. Das Devisenangebot (die Euronachfrage) stammt von Exporteuren und Kapitalimporteuren, die Devisennachfrage (das Euroangebot) von Importeuren und Kapitalexporteuren. Hinzu kommen jeweils noch die Transaktionen von Zentralbanken, z.B. über Devisenmarktinterventionen. Im Folgenden sollen überblicksartig drei grundlegende Determinanten der mittel- bis langfristigen Wechselkursentwicklung dargestellt werden. Am Ende wird noch auf einen vierten, eher kurzfristig orientierten Erklärungsansatz eingegangen.

a) Kaufkraftparität („Purchasing Power Parity")

Die *Kaufkraftparitätentheorie* führt die langfristige Wechselkursentwicklung auf unterschiedliche nationale Güterpreisbewegungen zurück. In ihrer **absoluten** Form besagt sie, dass der Wechselkurs zwischen zwei Währungen, z.B. US-Dollar und Euro, gleich dem Verhältnis der nationalen Preisniveaus p und p^a entsprechen muss. Bei Mengennotierung des Wechselkurses e gilt also:

(B1)
$$p(\text{€}) = \frac{p^a(\$)}{e(\$/\text{€})} \text{ bzw.}$$

$$e(\$/\text{€}) = \frac{p^a(\$)}{p(\text{€})} \text{ bzw.}$$

$$\frac{p^a(\$)}{e(\$/\text{€}) \cdot p(\text{€})} = 1$$

Dahinter steht die Vorstellung, dass **identische** Güter bzw. gleichartige Warenkörbe denselben Preis haben müssen, unabhängig davon, wo sie verkauft werden. Eine Erhöhung von $p(\text{€})$ würde demzufolge zu einem sinkenden Wechselkurs, d.h. einer Abwertung des Euro führen.

Diese Preisarbitrage kann allerdings durch tarifäre (Zölle und Kontingente) und nicht-tarifäre Handelshemmnisse (z.B. bestimmte Qualitätsvorschriften), Transport- und Informationskosten, die Existenz nicht handelbarer Güter und das sog. Pricing-to-Market (man erhöht nicht die Preise, sondern nimmt aufgrund der Marktlage Gewinneinbußen hin) gestört werden. Deshalb wird die Kaufkraftparität üblicherweise in **relativer** (komparativer) Form formuliert. In dieser Form bezieht sie sich auf Veränderungsraten. Wenn also die Inflationsrate in den USA ($\pi(USA)$) 4 % und im Euro-Währungsgebiet ($\pi(EWU)$) 1 % beträgt, wird nach der relativen Kaufkraftparität mit einer dreiprozentigen Aufwertung des Euro gerechnet. Formal ergibt sich bei Betrachtung der Zeitpunkte t und $t-1$

(B2)
$$\frac{e(\$/\text{€})_t - e(\$/\text{€})_{t-1}}{e(\$/\text{€})_{t-1}} = \pi(USA)_t - \pi(EWU)_t$$

Üblicherweise werden in einem Land handelbare und *nicht-handelbare Güter* produziert und konsumiert. Nicht-handelbare Güter sind Güter, die aufgrund der damit verbundenen Transaktionskosten nicht grenzüberschreitend gehandelt werden können. Streng genommen gilt die Kaufkraftparitätentheorie somit nur für *handelbare Güter*, da nur hier die Preisarbitrage greift, d.h. zu einer Angleichung der Preise führen kann.

b) Produktivitätsentwicklung

Der Sektor handelbarer Güter („*tradables*") weist in der Regel wegen des intensiveren Wettbewerbs und einer höheren Kapitalintensität eine höhere Arbeitsproduktivität als der Sektor der nicht-handelbaren Güter auf.

Ausgangspunkt ist dann die Definition des Preisindex P und P^a als gewichteter Durchschnitt der Preise handelbarer (p_T bzw. $p_T{}^a$) und nicht-handelbarer (p_N bzw. $p_N{}^a$) Güter. Der Gewichtungsfaktor ist durch α bzw. α^* gegeben ($0 \leq \alpha, \alpha^* \leq 1$)

(B3)
$$P = \alpha \cdot p_T + (1-\alpha) \cdot p_N = p_T + (1-\alpha) \cdot (p_N - p_T)$$
$$P^a = \alpha^a \cdot p_T^a + (1-\alpha^a) \cdot p_N^a = p_T^a + (1-\alpha^a) \cdot (p_N^a - p_T^a)$$

Unterstellt man die Gültigkeit der Kaufkraftparität im Sektor handelbarer Güter, gilt

(B4)
$$e = \frac{p_T^a}{p_T}$$

Löst man (B3) nach p_T bzw. $p_T{}^a$ auf und setzt dies in (B4) ein, ergibt sich

(B5)
$$e = \frac{P^a - (1-\alpha^a)(p_N^a - p_T^a)}{P - (1-\alpha)(p_N - p_T)}$$

Zusätzlich zum Verhältnis der generellen Preisentwicklung, die sich in P und P^a zeigt, wird also der Wechselkurs durch die sog. (gewichteten) *internen Preisverhältnisse* ($p_N - p_T$) bzw. ($p_N{}^a - p_T{}^a$) beeinflusst. Werden die Preise in den beiden Sektoren durch einen Aufschlag auf die Lohnstückkosten bestimmt, verhalten sich die Preise der nicht-handelbaren zu den handelbaren Gütern umgekehrt zu ihrer Produktivitätsrelation. Ein Land mit einem im internationalen Vergleich relativ hohen Produktivitätswachstum im Sektor der international handelbaren Güter würde also eine systematische Tendenz zur Aufwertung seiner Währung aufweisen, wenn der starke Produktivitätsanstieg bei den Tradables relativ niedrige Stückkosten und Preise in heimischer Währung bewirkt. Dies muss aber nicht zwangsläufig der Fall sein. Wird der Produktivitätsanstieg voll über Lohnerhöhungen weitergegeben, sinken die Stückkosten nicht. Kommt es z.B. in Folge des *Balassa-Samuelson-Effekts* sogar zu einem Anstieg der Preise für nicht-handelbare Güter (siehe hierzu im Einzelnen Box I.3.1) und somit zu einem Kostenanstieg bei handelbaren Gütern, kann sogar der gegenteilige Effekt auftreten, d.h., es resultiert aufgrund sinkender Wettbewerbsfähigkeit eine Abwertung.

c) Zinsparitäten

Die Wechselkursentwicklung spiegelt auch unterschiedliche Zinsniveaus im In- und Ausland wider. Liegt der ausländische Zins i^a über dem inländischen Zins i, wird es zu einer Anlage in ausländischer Währung kommen, wodurch die ausländische Währung tendenziell aufwertet. Erst wenn die Zinsdifferenz durch eine erwartete Aufwertung der inländischen Währung wieder ausgeglichen wird, besteht kein Anreiz mehr, Mittel in eine Anlage in ausländischer Währung umzuschichten. Es kommt also zu einer Angleichung der Erträge einer Anlage in in- und ausländischer Währung. Dies wird als *ungedeckte (offene) Zinsparität ("Uncovered Interest Parity")* bezeichnet (siehe Box III.2.1). Nach dieser entspricht die Zinsdifferenz zwischen Aus- und Inland ($i^a - i$) der erwarteten Aufwertungsrate.[5] Es gilt

(B6) $$i^a - i = \frac{e^{erw} - e}{e^{erw}}$$

Wird das Wechselkursrisiko über den Terminmarkt abgesichert, wird der erwartete Wechselkurses e^{erw} durch den Terminkurs e^T ersetzt. Es resultiert die *gedeckte Zinsparität ("Covered Interest Parity")*:

(B7) $$i^a - i = \frac{e^T - e}{e^T}$$

Der Term auf der rechten Seite wird üblicherweise als *Swapsatz s* bezeichnet.[a)] Die gedeckte und die ungedeckte Zinsparität können folglich gleichzeitig nur gelten, wenn $e^T = e^{erw}$.

Die *Realzinsparität* schließlich verbindet die Realzinsdifferenz ($r^a - r$) zwischen Aus- und Inland mit der realen Wechselkursentwicklung. Unter dem realen Wechselkurs e^r versteht man den preisbereinigten nominalen Wechselkurs (siehe ausführlich Box I.3.3). Er stellt den relativen Preis zweier Güter(körbe), nicht zweier Währungen dar und ist definiert als

(B8) $$e^r = \frac{e \cdot p}{p^a}$$

Als *Realzinsparität ("Real Interest Parity")* ergibt sich

(B9) $$r^a - r \equiv (i^a - \pi^{a,erw}) - (i - \pi^{erw}) = \frac{e^{r,erw} - e^r}{e^{r,erw}} \equiv \Delta e^{r,erw}$$

---

[5] Empirisch bereitet die ungedeckte Zinsparität allerdings einige Probleme: „Ein Zinsvorsprung amerikanischer Finanzanlagen gegenüber Anlagen am europäischen Markt müsste demnach mit einer erwarteten Aufwertung des Euro im Verhältnis zum US-Dollar verbunden sein. Unterstellt man rationale Erwartungen der Marktteilnehmer und Devisenmarkteffizienz, entspricht die erwartete Wechselkursentwicklung darüber hinaus im Durchschnitt der später tatsächlich eingetretenen; Abweichungen dürften nur rein zufälliger Natur sein. Tatsächlich hat sich der Euro-Dollar-Wechselkurs aber eher entgegengesetzt zur Zinsdifferenz entwickelt: Ein Zinsvorsprung amerikanischer Anlagen gegenüber Anlagen im Euro-Raum beispielsweise war häufig mit einer nachfolgenden Aufwertung des US-Dollar verbunden. Die Wechselkursänderungsrate überstieg darüber hinaus den Zinsabstand im Durchschnitt um ein Vielfaches." (Deutsche Bundesbank, 2005c, 37). Nur wenn man mit einem solchen, den Aussagen der ungedeckten Zinsparität diametral entgegenlaufenden Verhalten rechnet, machen auch die sogenannten „Currency Carry Trade-Strategien", die in den letzten Jahren häufig umgesetzt wurden, Sinn (vgl. ebenda, 43-45).

Die Realzinsparität lässt sich aufspalten in die gedeckte Zinsparität, eine *Wechselkursrisikoprämie*, d.h. inwiefern der Swapsatz von der erwarteten Wechselkursveränderung abweicht, und die erwartete reale Aufwertung.

(B10) $r^a - r = \underbrace{(i^a - i - s)}_{\text{gedeckte Zinsparität}} + \underbrace{(s - \Delta e^{r,erw})}_{\text{Wechselkursrisikoprämie}} + \underbrace{(\Delta e^{r,erw} + \pi^{erw} - \pi^{a,erw})}_{\text{erwartete reale Aufwertung}}$

Eine Berücksichtigung all dieser (und noch weiterer) Faktoren und deren Implikationen für die Entwicklung des Euro findet sich z.B. in Clostermann/Schnatz (2000), Maeso-Fernandez et al. (2002) und Osbat et al. (2003).

d) Behavioural Economics[6]

Im Rahmen der *„Behavioural Economics"* wird versucht, die enge ökonomische Betrachtungsweise der Erklärung des Wechselkurses durch psychologische Elemente zu ergänzen. Das Modell (die Annahme) des *homo oeconomicus* (Rationalität, Willensstärke/Zeitkonsitenz und Egoismus) wird ersetzt durch real beobachtbare Verhaltensweisen. So ziehen viele Leute zur Beurteilung von bestimmten Ereignissen aus Vereinfachungsgründen bzw. als Daumenregel sog. Heuristiken heran (Verfügbarkeits-, Repräsentativitäts-, Verankerungsheuristiken). Dadurch kann es zu einer Übergewichtung von Kursverläufen in der jüngsten Vergangenheit kommen. Auch hat man in Experimenten nachgewiesen, dass Entscheidungen davon abhängen, wie der zugrunde liegende Sachverhalt präsentiert wurde („Framing"). So sind i.d.R. die Leute eher bereit, in eine Währung zu investieren, wenn man ihnen die langfristige Aufwertung (mit Jahresdaten) präsentiert, als wenn ihnen die kurzfristig hohe Volatilität und fallende kurzfristige Trendverläufe (anhand von Tages- oder Monatsdaten) vor Augen geführt werden. In diesem Zusammenhang ist auch der sog. „Confirmation-Bias" zu berücksichtigen, der besagt, dass vor allem Informationen wahrgenommen werden, die eigenen (Vor-)Einstellungen entsprechen oder konsistent mit vorhandenen Hypothesen sind. Wenn man also der Meinung ist, der € ist überbewertet, sucht man besonders nach Fakten bzw. übergewichtet man Faktoren, die diese These bestätigen.

Anmerkung: Δ bezieht sich auf Veränderungen.

a) Die EZB definiert abweichend hiervon den Swapsatz als Differenz zwischen Termin- und Kassakurs.

---

[6] Einführend in die Behavioural Economics siehe z.B. Shleifer (2000), De Grauwe/Grimaldi (2006), Ruckriegel (2007b, 2007c) sowie Shefrin (2007).

3.3 Wechselkurszielzonen

„Wir brauchen eine geordnete, gelenkte Flexibilität – ein System stabiler Wechselkurse, die sich in bestimmten Zielzonen bewegen. Internationale Gremien könnten diese Zielzonen festlegen und das System mehr oder weniger gut lenken. ... das Grundprinzip sollte sein, dass es drei große Blöcke gibt: Euro, Dollar und Yen. Kleine Länder suchen sich eine Leitwährung, an die sie sich ankoppeln" (Flassbeck, 1998, 134).

Werden (harte) Zielzonen für Wechselkurse vereinbart (*Wechselkurszielzonen*), so muss die Zentralbank den Wechselkurs etwa gegenüber dem US-$ innerhalb einer bestimmten Bandbreite halten. Die Folgen für die Geldpolitik sind in einem solchen Falle die gleichen wie bei einem förmlichen internationalen Festkurssystem mit Bandbreiten (*förmliches Festkurssystem*). Die Zentralbank ist nämlich zum Handeln gezwungen, sobald der Wechselkurs an die Grenzen der Zielvorgabe stößt.[7]

> **Box V.3.2: Wechselkurszielzonen**
>
> Der Vorschlag von *Wechselkurszielzonen* geht auf Williamson (1985) zurück. Danach sollen zwischen den weltwirtschaftlich wichtigsten Währungen zunächst relativ weite Schwankungszonen (+/- 10 %) verabredet werden, wobei der Zielbereich im Laufe der Zeit verengt werden soll. Der Ableitung des nominalen Wechselkurszieles liegt ein *realer (Gleichgewichts-)Wechselkurs* als Anker zugrunde. Der mit diesem realen Wechselkurs verbundene nominale Wechselkurs soll dann als Fixpunkt für die Bandbreite dienen. Bei dem angestrebten realen Wechselkurs soll gleichzeitig ein internes Gleichgewicht (niedrige Arbeitslosigkeit bei Preisstabilität) und externes Gleichgewicht (auf Dauer tragbarer Leistungsbilanzsaldo) vorherrschen. Das Konzept sieht eine Anpassung des angestrebten realen Wechselkurses vor, wenn dauerhafte Veränderungen der Fundamentalfaktoren vorliegen, d.h. wenn sich der gleichgewichtige reale Wechselkurs ändert. Bei Erreichen der Grenzen des Schwankungsbereiches des nominalen Wechselkurses sollte ein Zwang zu internationalen Konsultationen und währungspolitischer Kooperation mit der Absicht bestehen, den nominalen Wechselkurs in der Zielzone zu halten, falls eine Veränderung der Zielzonen nicht ins Auge gefasst wird. Um den nominalen Wechselkurs in der Zielzone zu halten, ist als Instrument primär die Geldpolitik vorgesehen.
>
> Das erste grundlegende Problem besteht bei diesem Vorschlag darin, den gleichgewichtigen realen Wechselkurs empirisch zu bestimmen. Verschärft wird dieses Problem auf der politischen Ebene, da Änderungen des Zielkurses eine multilaterale Einigung der beteiligten Regierungen voraussetzen, wodurch sachfremde

---

[7] Zur Technik von Devisenmarktinterventionen im Einzelnen siehe Neely (2001).

politische Erwägungen notwendige Anpassungen verschleppen und verzerren können. Das zweite Problem betrifft die Wechselkursbandbreite. Ein enges Band setzt die Zentralbanken ziemlich schnell spekulativen Attacken aufgrund risikoloser Einbahnspekulationen aus, wenn bei den Marktteilnehmern Zweifel an der Aufrechterhaltung der Bandbreite aufkommen. Problematisch ist in diesem Zusammenhang etwa, Wechselkurszielzonen primär über Devisenmarktinterventionen alleine einhalten zu wollen. Um spekulative Attacken zu vermeiden, muss vielmehr auch die Zinspolitik mit in den Dienst der Aufrechterhaltung von Wechselkurszielzonen gestellt werden. Der Stabilitätsauftrag der Zentralbank kann aber dadurch gefährdet werden. Plädiert man hier, um zu starken Druck von der Zentralbank zu nehmen, für „weiche" Zielzonen, also für Bänder, die im Gegensatz zu „harten" Zielzonen kurzfristig übertreten werden können, können Wechselkurszielzonen kaum mehr stabilisierend wirken, da die vorgegebene Schwankungsbreite für die Marktteilnehmer von vornherein nicht glaubwürdig ist. Breite Bänder hingegen, die allein schon wegen der beträchtlichen Unsicherheiten bei der Bestimmung des Gleichgewichtskurses unverzichtbar wären, führen kaum zu einem nachhaltigen Beitrag zur Wechselkursstabilisierung, da (fast) kein Unterschied mehr zu flexiblen Wechselkursen besteht. Letztlich sind Wechselkurszielzonen also nichts anderes als ein Kurieren an Symptomen. Stabile Wechselkurse bedingen vielmehr konsistente Wirtschaftspolitiken, wobei der Geldpolitik die Aufgabe zukommt, die stabilitätspolitischen Voraussetzungen für wirtschaftliches Wachstum zu schaffen.

Je nachdem, ob der € zur Stärke (Aufwertung) oder zur Schwäche (Abwertung) neigt, kommt es zu unterschiedlichen Konsequenzen für die Geldpolitik.

Angenommen die Zielzone liegt in der Bandbreite zwischen e_0 und e_1. Dies hat für das Eurosystem zur Folge, dass es im Fall eines zur Stärke neigenden € ($e_3 > e_1$, siehe Abbildung V.3.3), selbst geschaffene € in Höhe ($X_2 - X_1$) vollkommen elastisch zum Wechselkurs e_1 anbieten und dafür US-$ ankaufen muss. Die Angebotskurve S wird durch die Intervention der Zentralbank ab e_1 horizontal.

Im Falle eines zur Schwäche neigenden € ($e_3 < e_0$, siehe Abbildung V.3.4) hingegen muss die Zentralbank € vom Markt nehmen ($X_2 - X_1$). Dafür muss sie entsprechend US-$ (vollkommen elastisch) zum Wechselkurs e_0 verkaufen, wodurch sich die Währungsreserven der Zentralbank reduzieren. Die Nachfragekurve D verläuft ab e_0 horizontal.

Die Konsequenzen der Interventionen für die Zentralbank lassen sich anhand der Konsolidierten Bilanz des Eurosystems verdeutlichen (siehe Abbildung V.3.5). Auf der Aktivseite zeigt sich, dass das Eurosystem primär über das Halten von Währungsreserven (Position A.1) und durch ihre Refinanzierungsgeschäfte mit den Kreditinstituten (Position A.2), dem heute typischen Aktionsparameter der Geldpolitik, Bankenliquidität zur Verfügung stellt.

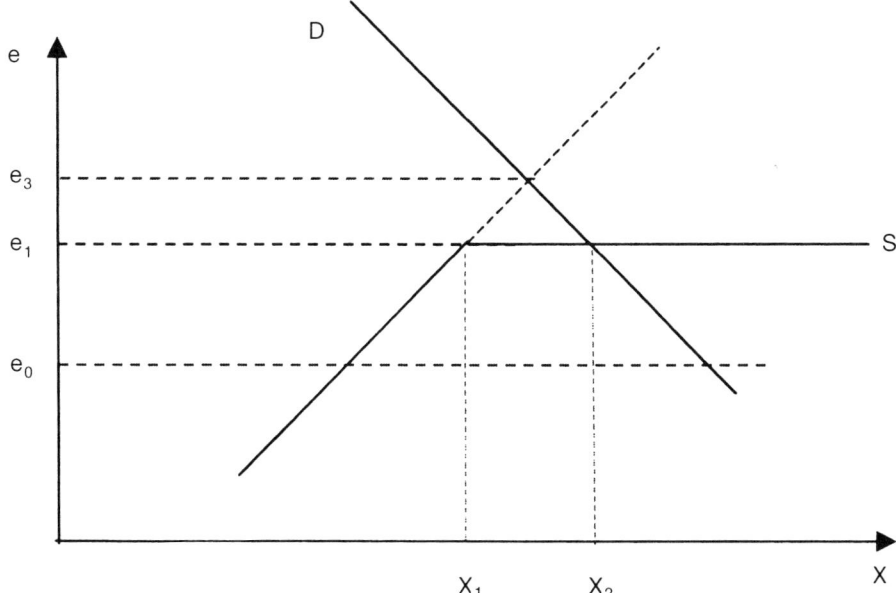

Abbildung V.3.3: € neigt zur Stärke

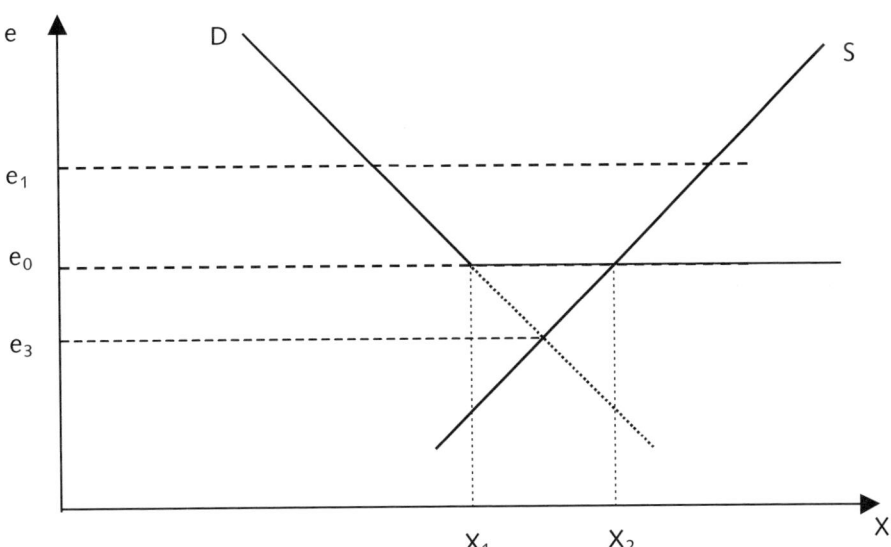

Abbildung V.3.4: € neigt zur Schwäche

Konsolidierte Bilanz des Eurosystems – vereinfachte Darstellung – zum 31. 12. 2006 (Mrd €)	
Aktiva	Passiva
A.1: Währungsreserven – Gold – **Fremdwährungsforderungen** 132	P.1: Banknotenumlauf
A.2: Forderungen in Euro an Kreditinsitute im Euro-Währungsgebiet darunter: – Hauptrefinanzierungsgeschäfte – Längerfr. Refinanzierungsgeschäfte – Befristete Operationen zur Feinsteuerung	P.2: Verbindlichkeiten in Euro gegenüber Kreditinstituten im Euro-Währungsgebiet darunter: – **Einlagen auf Girokonten (Bankenliquidität)** 173 – **Einlagefazilität** 1 – Befristete Operationen zur Feinsteuerung
A.3 Sonstiges	P.3: Sonstiges darunter: – **Ausgleichsposten aus Neubewertung**[a)] 122

Abbildung V.3.5: Devisenmarktinterventionen und Bilanz des Eurosystems
Quelle: EZB, 2007a, 236f.

Anmerkung:
[a)] Der Ausgleichsposten aus Neubewertung rührt im Wesentlichen daher, dass die Fremdwährungs- und Goldbestände des Eurosystems in der Bilanz nicht zu Anschaffungskosten, sondern zu Marktsätzen bewertet werden, so dass auf der Passivseite ggf. ein Gegenposten notwendig ist. In diesem Ausgleichsposten aus Neubewertung schlagen sich somit „unrealisierte Gewinne" nieder.

Im Falle eines zur Stärke neigenden Euro führt ein Ankauf von US-$ über eine Erhöhung der Währungsreserven zu einer Bilanzverlängerung. Passivseitig schlägt sich dies letztlich in einer entsprechenden Erhöhung der Einlagen von inländischen Kreditinstituten nieder (A.1 und P.2-Einlagen auf Girokonten nehmen gleichzeitig zu). Die Zentralbank kauft hier von gebietsansässigen Kreditinstituten US-$-Forderungen und schreibt diesen Instituten den Gegenwert in € auf deren Zentralbankkonten gut. Will die Zentralbank den damit verbundenen expansiven Effekten entgegenwirken, kann sie versuchen, die über den Ankauf von Devisen zusätzlich bereitgestellte Liquidität über eine Rückführung der Kredite an inländische Kreditinstitute zu kompensieren (A.2 wird in dem Maße von der Zentralbank reduziert wie A.1 interventionsbedingt steigt; P.2 bleibt unverändert). Eine derartige Verhaltensweise der Zentralbank bezeichnet man als *Sterilisierungs- bzw. Neutralisierungspolitik*. Angesichts der Höhe eventuell notwendig werdender Interventionen ist dies allerdings ein Unterfangen, welches schnell an seine Grenzen stoßen kann.[8] Auf diese Gefahren weist die Deutsche Bundesbank explizit hin: „...auch könnten mit Wechselkurszielen eventuell verbundene Interventionsverpflichtungen des ESZB die Bankenliquidität in einer Art und Weise beeinflussen, die nicht mehr ohne weiteres mit notenbankpolitischen Instrumenten zu neutralisieren ist." (Deutsche Bundesbank, 1998b, 16). Der Konflikt mit einer stabilitätsorientierten Zinspolitik ist somit programmiert: „Mithin dürften quantifizierte Wechselkursziele rasch in Widerspruch zu einer stabilitätsorientierten Zinspolitik geraten." (Deutsche Bundesbank, 1998b, 16). Letztlich müsste die Zentralbank kapitulieren und ihre Zinspolitik allein auf die Einhaltung der Zielzonen ausrichten, d.h. im Falle eines zur Stärke neigenden Euro die Notenbankzinsen senken, um die Nachfrage nach Euro und damit den Interventionsbedarf einzudämmen.

Box V.3.3: Grenzen der Interventionsmöglichkeiten von Zentralbanken

Bei Zentralbanken, deren Währung zur Schwäche neigt, sind die Grenzen der Interventionsmöglichkeiten (hier: Verkauf von Fremdwährungen) dann erreicht, wenn ihnen die Währungsreserven ausgehen bzw. alle Kreditmöglichkeiten ausgeschöpft sind. Bei Zentralbanken, deren Währung zur Stärke neigt, werden die Grenzen der Interventionsmöglichkeiten (hier: Ankauf von Fremdwährungen) von den Möglichkeiten zur Neutralisierung der Wirkungen dieser Interventionen auf die Bankenliquidität gezogen. Üblicherweise werden auch diese Möglichkeiten als eher begrenzt angesehen (siehe etwa Deutsche Bundesbank, 1998b, 16).

Dieser gängigen Argumentation wird von Bofinger (2000) entgegengehalten, dass die Zentralbank einer zur Stärke neigenden Währung Bankenliquidität (P.2-Einlagen auf Girokonten in Abbildung III.3.5) über zinstragende Einlagen (P.2-Einlagefazilität) abschöpfen könnte, auch wenn aktivseitig bereits alle Sterilisierungsmöglichkeiten ausgeschöpft seien (Bofinger, 2000, 141). Wenn nun jeweils die Zentralbank, deren Währung gerade zur Stärke neigt, die Interventionslast tragen würde, könnten Interventionen unbegrenzt erfolgen, da eine Zentralbank die eigene Währung unbegrenzt schaffen kann. Falls etwa der € zur Stärke neigt, müsste das Eurosystem zugunsten der ausländischen Währung (z.B. des US-$) intervenieren; wenn der € zur Schwäche neigt, müsste die ausländische Zentralbank (im Falle des US-$ also das Fed) zugunsten des € intervenieren. Die intervenierende Zentralbank könnte aber nach wie vor autonom ihren Zinssatz nach stabilitätspolitischen Erfordernissen festsetzen (Bofinger, 2000, 143). Wären auf der Aktivseite

---

[8] So musste etwa die Deutsche Bundesbank während der EWS-Turbulenzen im September 1992 für über 92 Mrd. DM, im Juli 1993 für annähernd 60 Mrd. DM (davon allein am 30. Juli 1993 für knapp 30 Mrd. DM) EWS-Partnerwährungen ankaufen (Deutsche Bundesbank, 1993a, 23; 1993b, 25). Wäre es Anfang August 1993 nicht zu einer Erweiterung der Bandbreiten im EWS (von +/- 2,25 % auf +/- 15 %) gekommen, so wäre die Bundesbank mit ihren Sterilisierungsbemühungen angesichts eines Gesamtrefinanzierungsvolumens der inländischen Kreditinstitute von noch gut 200 Mrd. DM (Ende Juli) ziemlich bald am Ende gewesen.

der Zentralbankbilanz bereits alle Sterilisierungsmöglichkeiten ausgeschöpft (A.2, also die Kreditvergabe des Eurosystems an die Geschäftsbanken läge bei Null), so könnte die Zentralbank über den Zinssatz für die Einlagefazilität den Tagesgeldsatz bestimmen. Keine Bank wäre nämlich bereit, einer anderen Liquidität (Guthaben bei der Zentralbank) zu einem niedrigeren Zinssatz zu verleihen als den, den sie bei der Zentralbank bekommen würde. Andererseits würden Banken, falls der Tagesgeldsatz über den Zinssatz für die Einlagefazilität hinausgehen würde, Einlagen bei der Zentralbank auflösen und am Tagesgeldmarkt anbieten, was einen (deutlichen) Anstieg des Tagesgeldsatzes verhindern würde.

Die Kosten eines solchen Vorgehens für die intervenierende Zentralbank hängen von drei Elementen ab: Dem Zinssatz, zu dem die Devisen angelegt werden können, dem Zinssatz für die Einlagefazilität und den währungsbedingten Bewertungsgewinnen bzw. -verlusten. Unmittelbar einsichtig ist, dass bei der intervenierenden Zentralbank zinsbedingt ein Verlust entsteht, wenn der Zinssatz für die Einlagefazilität, den sie an die Geschäftsbanken zahlen muss, den Zinssatz, den sie bei der Anlage der Währungsreserven vergütet bekommt, übersteigt. Bofinger schlägt für diesen Fall vor, dass die intervenierende Zentralbank ein Abwertungsziel für die eigene Währung verkündet und verfolgt, sodass zinsbedingte Verluste durch eine Aufwertung der Devisenbestände kompensiert werden (Bofinger, 2000, 145). Kritisch an diesem Vorschlag ist allerdings zum einen, dass ein rein „ertragsbedingtes" Wechselkursziel formuliert werden müsste, welches ständig an die sich ändernden Zinsdifferenzen angepasst werden müsste und zudem im Widerspruch zu einer aus anderen Gründen wünschenswerten Wechselkursentwicklung stehen könnte. Zum anderen tragen die intervenierenden Zentralbanken ein hohes Wechselkursrisiko, da der makroökonomisch wünschenswerte Wechselkurs sich im Laufe der Zeit ändern kann. Um dieses Wechselkursrisiko zu begrenzen, sollten – so Bofinger (2000, 148) – die Zentralbanken, die eine Wechselkurszielzone verteidigen wollen, von vornherein währungsbedingte Gewinne und Verluste untereinander aufteilen. Angesichts der mit diesem Vorschlag verbundenen Probleme dürften die Chancen einer praktischen Umsetzung gering sein, sodass bei politisch bedingten Wechselkursvorgaben die Gefahr einer wechselkursgesteuerten Zinspolitik wohl nach wie vor besteht.

Umgekehrt verhält es sich bei einem schwachen Euro. Hier führt ein Verkauf von US-$ über einen Rückgang der Währungsreserven zu einer Bilanzverkürzung, was passivseitig einen Rückgang der Bankenliquidität zur Folge hat (A.1 und P.2 sinken gleichzeitig). Die Zentralbank verkauft also US-$-Forderungen an die Kreditinstitute, und diese zahlen dafür mit Guthaben beim Eurosystem, wodurch deren Einlagen beim Eurosystem abnehmen. Um die damit verbundenen restriktiven Wirkungen zu sterilisieren, kann die Zentralbank zunächst versuchen, die Abflüsse an Bankenliquidität durch vermehrte Kreditgewährung an die inländischen Kreditinstitute auszugleichen (A.2 steigt in dem Maße wie A.1

sinkt, P.2 bleibt folglich unberührt). Eine devisengeschäftsbedingte Abnahme der Guthaben bei der Zentralbank wird also durch eine kreditbedingte Zunahme gerade kompensiert. Dass auch einer solchen Politik schnell Grenzen gesetzt sind, liegt auf der Hand. Bei massivem Interventionsbedarf werden der Zentralbank bald die Währungsreserven ausgehen, sodass letztlich – wenn auch alle Möglichkeiten zur Kreditaufnahme erschöpft sind – nur die Alternative verbleibt, die Notenbankzinssätze zu erhöhen, um die Währung attraktiver zu machen.

Wechselkurszielzonen führen also letztlich dazu, dass die Geldpolitik von der Wechselkursseite her bestimmt wird, d.h. die Zentralbank ist gezwungen, die vorrangige Ausrichtung auf das Ziel der Preisstabilität dem Wechselkursziel unterzuordnen. Oder anders formuliert: **Feste Wechselkurse, freier Kapitalverkehr und autonome Geldpolitik sind auf Dauer unvereinbar** (siehe hierzu auch Box V.3.4).

Box V.3.4: Geld- und Fiskalpolitik bei fixen und flexiblen Wechselkursen

Die makroökonomischen Effekte wirtschaftspolitischer Maßnahmen (Geld- und Fiskalpolitik) lassen sich anhand eines einfachen Modells (*Mundell-Fleming-Modell*) aufzeigen. Hierbei wird davon ausgegangen, dass das betrachtete Land ein **„kleines" Land** in dem Sinne ist, dass es Einkommen, Preise und Zinsen in der übrigen Welt nicht beeinflussen kann.

Die Integration der Außenwirtschaftsbeziehungen lässt sich bewerkstelligen, indem der Gütermarkt um den Saldo zwischen Exporten und Importen (*Außenbeitrag*, *Handelsbilanzsaldo* bzw. *Nettoexporte*) ergänzt wird. Dieser Saldo soll negativ vom Inlandseinkommen Y und dem realen Wechselkurs e^r (in Mengennotierung) und positiv vom Auslandseinkommen Y^a abhängen. Für die Beschreibung des Finanzmarktgleichgewichts ist neben der Entscheidung zwischen inländischer Geld- und Wertpapierhaltung zusätzlich noch die Entscheidung zwischen in- und ausländischen Wertpapieren zu berücksichtigen. Bei dieser Entscheidung wird Risikoneutralität unterstellt, sodass sie sich alleine an Ertragsgesichtspunkten orientiert. Im Gleichgewicht müssen somit beide Anlageformen die gleichen erwarteten Erträge abwerfen. Dies kommt in der *ungedeckten Zinsparität UIP* (siehe auch Box III.2.1) zum Ausdruck, nach der der Inlandszins i (approximativ) dem Auslandszins i^a ergänzt um die erwartete Aufwertung der ausländischen Währung entsprechen muss.

(B1) $$i_t = i_t^a + \frac{e_t - e_{t+1}^{erw}}{e_{t+1}^{erw}}$$

Die Zeitindices werden im Folgenden, wenn keine Missverständnisse auftreten können, weggelassen. Aus (B1) ergibt sich für den nominalen Wechselkurs e

(B2) $$e = e^{erw} \cdot (i - i^a + 1)$$

Bei gegebenen Auslandszinsen und Wechselkurserwartungen führt eine Zinserhöhung im Inland also zu einer Aufwertung der Inlandswährung. Anders formuliert: Entspricht der aktuelle dem erwarteten Wechselkurs, müssen auch der Inlands- und Auslandszins gleich sein.

Das Gesamtmodell lässt sich dann durch die Güter- und Geldmarktgleichgewichte sowie die Zinsparitätsbedingung (B2) beschreiben.

Geld- und Fiskalpolitik bei flexiblen Wechselkursen

Ausgehend von einem simultanen binnen- und außenwirtschaftlichen Gleichgewicht führt bei *flexiblen Wechselkursen* eine defizitfinanzierte expansive Fiskalpolitik zu einem Zinsanstieg im Inland, der seinerseits einen Wechselkursanstieg auslöst. Trotz eines einsetzenden crowding-out-Effektes auf die privaten Investitionen dürften (kurzfristig) die Gesamtnachfrage und – entsprechende Potenziale vorausgesetzt – Inlandsprodukt und Beschäftigung steigen. Die Nettoexporte werden zurückgehen, sodass ein Budgetdefizit mit einem Handelsbilanzdefizit einhergeht.

Eine expansive Geldpolitik führt hingegen zu einer Zinssenkung. Dadurch werden bei gegebenen Wechselkurserwartungen die inländischen Wertpapiere weniger attraktiv und der Wechselkurs sinkt. Insgesamt erfährt die Konjunktur einen stimulierenden Impuls.

Geld- und Fiskalpolitik bei fixen Wechselkursen

Bei vollkommen (und glaubwürdig) *fixen Wechselkursen* (e = ē) und vollkommener Kapitalmobilität reduziert sich die UIP zu

(B3) $$i_t = i_t^a + \frac{e_t - e_{t+1}^{erw}}{e_{t+1}^{erw}} = i^a + \frac{\bar{e} - \bar{e}}{\bar{e}} = i^a$$

Der Inlandszins entspricht also dem Auslandszins. Bei Druck auf Veränderung des Wechselkurses muss nämlich die Zentralbank intervenieren, um den fixen Wechselkurs aufrecht zu erhalten, d.h. sie muss zu e = ē jede beliebige Menge an Fremdwährung gegen heimische Währung kaufen bzw. verkaufen. Zur Aufrechterhaltung der Gleichheit von Inlands- und Auslandszins ($i = i^a$) erfolgt über die Interventionen eine Geldmengenanpassung, und die Zentralbank verliert die Kontrolle über die Geldmengenentwicklung und den Zins.

Bei einer expansiven Fiskalpolitik muss die Zentralbank aufgrund des Aufwertungsdrucks Devisenzuflüsse zu e = ē gegen einheimische Währung aufkaufen. Dies entspricht einer expansiven Geldpolitik und unterstützt den ursprünglich expansiven Effekt der Fiskalpolitik. Zugleich nehmen die Währungsreserven zu.

Eine expansive Geldpolitik ist bei fixen Wechselkursen hingegen vollkommen wirkungslos. Zwar bewirkt sie zunächst ein sinkendes Zinsniveau. Über die Interventionsverpflichtung (Verkauf von Devisen gegen Inlandswährung) wird allerdings dieser ursprüngliche Effekt solange rückgängig gemacht, bis wieder das ursprüngliche Zinsniveau bei $i = i^a$ und damit auch der ursprüngliche Wechselkurs erreicht ist.

Wird eine *Neutralisierungs-* oder *Sterilisierungspolitik* betrieben, kommt es zu einer ständigen Veränderung des Devisenbestandes der Zentralbank. Im Fall der expansiven Fiskalpolitik nehmen die Währungsreserven ständig zu, im Fall der expansiven Geldpolitik ständig ab. Dies ist allerdings keine auf längere Sicht durchhaltbare Situation.

Wird der fixe Wechselkurs von den Finanzmärkten als zunehmend unglaubwürdig angesehen, d. h. gilt $e = \bar{e} \neq e^{erw}$, muss nicht mehr $i = i^a$ gelten. Wird trotzdem an dem fixen Wechselkurs festgehalten, kann dies über Spekulationsgeschäfte enormen Druck auf die entsprechende Währung auslösen.

Die bisherige Analyse hat gezeigt, dass die Unabhängigkeit des Eurosystems, die es in die Lage versetzen soll, eine Geldpolitik zu betreiben, welche sich am Ziel der Preisstabilität ausrichtet, durch eine Vorgabe von Wechselkurszielzonen unterlaufen werden kann. **Die Geldpolitik und damit die Zinspolitik werden letztlich zu vollkommen endogenen Größen.** Der Einfluss des *Ecofin-Rates* auf die Wechselkurspolitik stellt somit eine potenzielle Achillesferse für die Geldpolitik des Eurosystems dar.

Letztlich lassen sich stabile Wechselkurse nicht politisch vorgeben, sondern sie sind das Ergebnis solider ökonomischer Verhältnisse in den jeweiligen Ländern. Ansonsten ergibt sich bei freiem internationalem Kapitalverkehr stets das Problem *risikoloser Einbahnspekulation* auf Kosten der Zentralbanken, wie die EWS-Krisen 1992/93 schmerzvoll lehrten. Wenn sich nämlich der Wechselkurs der einen oder anderen Bandbreite nähert, löst dies zwangsläufig einseitige Spekulationsbewegungen aus. Sind die Zentralbanken in einer solchen Situation aus binnenwirtschaftlichen Gründen nicht zu extremen Zinsanpassungen bereit, setzen sich letztlich die Spekulanten durch und die Zentralbanken (der zur Stärke neigenden Währungen) bleiben auf Verlusten aus entwerteten Währungsreserven sitzen. Bei der Spekulation gegen eine Währung, die unter extremem Abwertungsdruck steht (Verkauf dieser Währung gegen eine andere Währung), besteht kaum ein Verlustrisiko, da in einer derartigen Situation eine Aufwertung praktisch ausgeschlossen ist. Im – aus Sicht der Spekulanten – ungünstigsten Fall verharrt der Wechselkurs der zur Schwäche neigenden Währung am unteren Punkt der Bandbreite (Mengennotierung), sodass kein Kursgewinn anfällt. Anders hingegen ist der Fall bei flexiblen Wechselkursen. Hier können *„Signalinterventionen"* stabilisierend wirken (Tietmeyer, 1989, 495). Gewinnt die Zentralbank den Eindruck, dass der Markt spekulativ übertreibt, können Interventionen nützlich sein, um den Marktteilnehmern die Vorstellungen der Zentralbank zu verdeutlichen.

Zu einer solchen Maßnahme kam es im Herbst 2000 als das Eurosystem,[9] das Fed und die Bank of Japan zugunsten des Euros intervenierten.[10]

Angesichts der hohen Kosten für die Realwirtschaft, die mit Wechselkursschwankungen verbunden sind, und der drastisch gewachsenen internationalen Kapitalmobilität, wird von einigen Seiten eine Besteuerung von Devisengeschäften (*Tobin-Tax*) vorgeschlagen. Schwankungen des Wechselkurses, die durch Portfolioumschichtungen verursacht werden, schlagen über eine Veränderung der Wettbewerbsposition der inländischen Produzenten nämlich unmittelbar auf die Realwirtschaft durch. Um solchen Störungen der Realwirtschaft entgegenzuwirken, sollen die Transaktionskosten bei „spekulativen" Kapitalbewegungen erhöht werden. Sieht man von Umgehungsversuchen ab, zu denen es unweigerlich kommen würde, falls eine solche Steuer nicht weltweit eingeführt würde, stellt sich das Problem, zwischen „guten" und „schlechten" Kapitalbewegungen zu unterscheiden. Auch würde durch eine solche Besteuerung die Sanktionsfunktion der Finanzmärkte für eine unsolide Wirtschaftspolitik (Mittelabzug und Abwertung) beeinträchtigt.

3.4 Wechselkursmechanismus II

Aus geldpolitischer Sicht unproblematisch hingegen ist der *Wechselkursmechanismus II* (WKM II), da die beteiligten Notenbanken es selbst in der Hand haben, Interventionen einzustellen, wenn es zu Konflikten mit dem Ziel der Preisstabilität kommt (siehe auch Box III.2.3). Alle am System beteiligten Parteien – also auch die EZB – können dabei eine Überprüfung und Neufestsetzung der Leitkurse initiieren. So wurde der Leitkurs der slowakischen Währung zum Euro, aufgrund von starkem Marktdruck, der zu mehrfachen Interventionen der slowakischen Zentralbank geführt hat, zum 19. März 2007 um 8,5 % gegenüber dem Euro aufgewertet. Die slowakische Währung nimmt seit dem 28. November 2005 am Wechselkursmechanismus II teil.

Für EU-Mitgliedstaaten, die sich für eine Teilnahme an der Währungsunion noch nicht qualifizieren konnten bzw. noch nicht an der Währungsunion teilnehmen

---

[9] Durchgeführt wurden die Interventionen von den nationalen Zentralbanken (NZBen) im Auftrag der EZB.

[10] „Mit ihrer Intervention zur Stützung des Euro will die Europäische Zentralbank (EZB) nach Aussage ihres Präsidenten Wim Duisenberg vor allem die Marktakteure beeindrucken. Die EZB verfolge kein Wechselkursziel, sagte Duisenberg gestern in Brüssel bei einer turnusmäßigen Anhörung vor dem Wirtschafts- und Währungsausschuss des Europäischen Parlaments. Den Devisenmärkten sollte klargemacht werden, dass sie nicht risikolos auf einen weiteren Verfall des Euro-Kurses im Verhältnis zum Dollar spekulieren könnten. „Es war eines der Hauptziele der Interventionen, diese Marktpsychologie zu brechen", sagte der EZB Präsident. Deshalb werde sich der Erfolg der Interventionsrunden möglicherweise erst nach langer Zeit beurteilen lassen." (Financial Times Deutschland, 2000).

Land und Währung		1 € =
DÄNEMARK: seit 1.1.1999 Dänische Krone	Oberer Kurs Leitkurs Unterer Kurs	7,62824 7,46038 7,29252
ESTLAND seit 28.6.2004 Estnische Krone	Oberer Kurs Leitkurs Unterer Kurs	17,9936 15,6466 13,2996
LETTLAND Seit 2.5.2005 Lettischer Litas	Oberer Kurs Leitkurs Unterer Kurs	0,808225 0,702804 0,597383
LITAUEN seit 28.6.2004 Litauischer Litas	Oberer Kurs Leitkurs Unterer Kurs	3,97072 3,45280 2,93488
SLOWAKEI seit 28.11.2005 Slowakische Krone	Oberer Kurs Leitkurs Unterer Kurs	40,7588 35,4424 (Aufwertung um 8,5% am 19.3.2007) 30,1260

Abbildung V.3.6: Euro-Leitkurse und obligatorische Interventionskurse im WKM II
Quelle: EZB, Pressemitteilungen

wollen, ist die Möglichkeit vorgesehen, ihre Währungen über den WKM II an den € anzubinden. Dabei werden bilaterale Leitkurse gegenüber dem € festgelegt, wobei eine Standard-Bandbreite von ± 15 % vorgesehen ist. Engere Bandbreiten können vereinbart werden. Devisenmarktinterventionen an den Interventionspunkten erfolgen automatisch und in unbegrenzter Höhe.

Seit dem 1.1.1999 nimmt die Dänische Krone mit einer Bandbreite von ± 2,25 % am WKM II teil. Ansonsten sind aktuelle Mitglieder Estland, Lettland, Litauen und die Slowakei (siehe Abbildung V.3.6). Estland und Litauen haben dabei wegen ihres Currency Boards zum € von sich aus auf die Schwankungsmöglichkeiten im WKM II verzichtet. Zusätzliche Verpflichtungen erwachsen der EZB aus diesen freiwilligen und einseitigen Bindungen nicht.

Wenn eine der beteiligten Währungen gegenüber dem € den oberen bzw. unteren Interventionspunkt erreicht, greifen die beteiligten Zentralbanken ein. Die Zentralbank der starken Währung kauft dabei die ihr angebotene schwache Währung. Die Zentralbank, deren Währung am unteren Interventionspunkt notiert, verkauft dagegen die nachgefragte starke Währung. Die Anstöße zu solchen *„obligatorischen" Interventionen* gehen also vom Markt aus, d.h. die Abschlüsse kommen auf Initiative der Marktteilnehmer, nicht der Zentralbanken zustande. Im Fall der sog. *„intramarginalen" Interventionen* werden die Zentralbanken hingegen selbst aktiv. Noch vor Erreichen der Interventionspunkte greifen hier die Zentralbanken von sich aus in das Marktgeschehen ein, um die Kursentwicklung zu beeinflussen. Intramarginale Interventionen müssen unter den Zentralbanken abgestimmt werden, d.h. sie bedürfen der vorherigen Zustimmung der Zentralbank, die die Interventionswährung emittiert. Allerdings wird das Eurosystem nicht intramarginal intervenieren.

Die Finanzierung der Interventionen obliegt der Zentralbank, deren Währung unter Verkaufsdruck steht (also der Schwachwährung). Um sicherzustellen, dass die obligatorischen Interventionen stets finanzierbar sind, haben die Teilnehmer am Wechselkursverbund einen gegenseitigen Beistand in Form der sog. *„sehr kurzfristigen Finanzierung"* vereinbart. Im Rahmen dieser Finanzierung verpflichten sich die teilnehmenden Notenbanken, einer in Not geratenen Partnernotenbank in unbegrenzter Höhe Mittel zur Verfügung zu stellen. Die Laufzeit dieser Kredite beträgt grundsätzlich 3½ Monate, sie ist jedoch innerhalb bestimmter Grenzen um 3 Monate verlängerbar. Die Verzinsung erfolgt mit einem repräsentativen Dreimonats-Geldmarktsatz der Gläubigerwährung.

Wenn die Gefahr besteht, dass durch diese Interventionen das Ziel der Preisstabilität beeinträchtigt wird, können sowohl das Eurosystem als auch die nicht zum Euro-Währungsraum gehörenden teilnehmenden nationalen Zentralbanken die Interventionen und deren Finanzierung aussetzen. Interventionen sind nur als flankierende Maßnahme gedacht. Im Vordergrund der Kursstabilisierung soll vielmehr eine stabilitätsorientierte Geld- und Fiskalpolitik stehen.

3.5 Zusammenfassung

Im Gegensatz zur Geldpolitik liegen bei der Wechselkurspolitik die Kompetenzen nicht beim Eurosystem, sondern weitgehend beim Ecofin-Rat. Es ist also denkbar, dass der Ecofin-Rat mit qualifizierter Mehrheit allgemeine Orientierungen für die Wechselkurspolitik gegenüber bestimmten Drittwährungen aufstellt (Wechselkurszielzonen). Abgesehen vom grundsätzlichen Problem des „richtigen" Wechselkurses, um den die Zielzone gelegt werden soll, hätte dies für die Geldpolitik des Eurosystems zur Konsequenz, dass sich im Zweifelsfall das Ziel der Preisstabilität dem der Stabilisierung des Wechselkurses unterordnen müsste. Letztlich bliebe dem Eurosystem nämlich nichts anderes übrig, als seine Zinspolitik am Wechselkursziel auszurichten. Dies wäre allerdings ein klarer Verstoß gegen das im EG-Vertrag dem Eurosystem eindeutig vorgegebene Ziel der Preisstabilität. Im Gegensatz zu Wechselkurszielzonen oder sogar fixen Wechselkurssystemen gegenüber Drittwährungen ist der WKM II geldpolitisch kaum problematisch, da die beteiligten Zentralbanken die Interventionen jederzeit einstellen können, wenn sie dadurch in eine Konfliktsituation mit dem Ziel der Preisstabilität geraten.

Kontrollfragen

1. Worin besteht der Unterschied zwischen festen und flexiblen Wechselkursen?
2. Worin besteht der Unterschied zwischen einem Festkurssystem und Wechselkurszielzonen?
3. Welche Probleme sind mit Wechselkurszielzonen verbunden?

Weiterführende Literatur

Görgens, E., Ruckriegel, K. (2007), Makroökonomik, 10.A., Stuttgart (UTB), insbesondere Kapitel II.4.3 (Zahlungsbilanz).

Das Lehrbuch von Görgens/Ruckriegel liefert eine praxisnahe Darstellung des Aufbaus und der Zusammenhänge in der Zahlungsbilanz wie sie auf der Grundlage der Vorgaben des Internationalen Währungsfonds aus dem Jahre 1993 von der Deutschen Bundesbank und der Europäischen Zentralbank erstellt wird.

Neely, C.J. (2001), The Practice of Central Bank Intervention: Looking Under the Hood, Federal Reserve Bank of St. Louis, Review, Mai/Juni 2001, S.1-10 (http://www.stls.frb.org/).

Der Beitrag von Neely beschäftigt sich mit der Technik sowie mit den Motiven von Zentralbankinterventionen am Devisenmarkt.

Isard, P. (2003), Exchange Rate Economics, Cambridge University Press, Cambridge; *Krugman, P.R., Obstfeld, M.* (2006), International Economics, 7.A., Addison-Wesley, Reading et al.

Obstfeld, M., Rogoff, K. (1996), Foundations of International Macroeconomics, MIT Press, Cambridge (Mass.) et al.

De Grauwe, P., Grimaldi, M. (2006), The Exchange Rate in a Behavioral Finance Framework, Princeton et al.

Ruckriegel, K. (2007a), Quo vadis, Homo oeconomicus?, WISU, 36. Jg., S. 198-201.

Das Buch von Isard bringt einen breiten Überblick über historische Wechselkursregime und über Modelle zur Bestimmung des Verhaltens von Wechselkursen. Das Lehrbuch von Krugman/Obstfeld liefert in Teil III eine breite Darstellung der Bestimmungsfaktoren des Wechselkurses. Obstfeld/Rogoff beschäftigen sich in Kapitel 8 ausführlich mit Wechselkursregimen, Wechselkurszielzonen und Devisenmarktinterventionen. Der Ansatz der Behavioral Economics zur Wechselkurserklärung findet sich bei DeGrauwe/Grimaldi. Die wesentlichen Grundüberlegungen der Behavioral Economics bzw. zur Kritik am Modell des homo oeconomicus stellt Ruckriegel in seinem Beitrag dar.

Deutsche Bundesbank (1998), Die technische Ausgestaltung des neuen europäischen Wechselkursmechanismus, Monatsbericht Oktober 1998, 50. Jg., S. 19-25 (http://www.bundesbank.de).

In diesem Sonderaufsatz wird die technische Ausgestaltung des WKM II dargelegt.

Anhang

Antworten zu den Kontrollfragen zum Kapitel I:

1. Von einer auf Dauer tragbaren Finanzlage der öffentlichen Hand kann gemäß dem Vertrag von Maastricht gesprochen werden, wenn das jährliche Haushaltsdefizit nicht mehr als 3% und der Bruttoschuldenstand des Staates nicht mehr als 60% des BIP zu Marktpreisen beträgt. Dauerhaft heißt hierbei, dass vor allem beim Haushaltsdefizit über eine längere Zeit eine entsprechende Haushaltsdisziplin erkennbar ist. Allerdings lassen die Vertragsbestimmungen im Hinblick auf die tatsächlich erreichten Prozentsätze einen Interpretationsspielraum zu. So genügt es, wenn das Defizit erheblich und laufend zurückgegangen war und einen Wert in der Nähe des Referenzwertes erreicht. Ein höheres Defizit bleibt zudem unbeanstandet, wenn der Referenzwert nur ausnahmsweise und vorübergehend überschritten wird und das Defizit in der Nähe des Referenzwertes bleibt. Beim öffentlichen Schuldenstand reicht es aus, wenn er hinreichend rückläufig war und sich rasch genug dem Referenzwert nähert.

2. Zum 1.1.1999 begann die Währungsunion mit 11 Ländern. Gemäß dem Vertrag von Maastricht mussten sich diese Länder vorher für den Beitritt qualifizieren, d.h. den Konvergenzkriterien und rechtlichen Anforderungen genügen. Während eine Reihe von Ländern das Haushaltsdefizit durch Maßnahmen mit einmaligem Charakter unter die 3%-Hürde drückte, haben beim Schuldenkriterium insbesondere Belgien, Griechenland (trat erst 2001 bei) und Italien den Referenzwert deutlich verfehlt. Auch wurde im Fall von Finnland und Italien bei der Teilnahme am damaligen Festkurssystem EWS I nicht die „Zwei-Jahresfrist" eingehalten. Im Jahr 2000 fand die erste routinemäßige Konvergenzprüfung statt. Im Falle von Schweden kam ein Beitritt nicht zustande, weil dieses Land nicht dem WKM II beigetreten war und im Rahmen der Zentralbankgesetzgebung nicht alle Voraussetzungen geschaffen hatte. Diese Gründe standen bereits 1998 einem Beitritt in die Währungsunion entgegen. Griechenland hingegen ist zwar zum 1.1.2001 in die Währungsunion aufgenommen worden. Die EZB äußerte aber Bedenken hinsichtlich einer auf Dauer tragbaren Finanzlage der öffentlichen Haushalte. Hinzu kam, dass die Inflationsrate Griechenlands durch Einmalmaßnahmen beeinflusst wurde. Bei der Konvergenzprüfung im Jahre 2002 wurde nur noch die Situation in Schweden durchleuchtet. Der noch immer nicht erfolgte Beitritt zum WKM II und die noch nicht vollständig hergestellte rechtliche Konvergenz, im Speziellen die noch nicht EWU-konforme Regelung der Unabhängigkeit der Schwedischen Reichsbank, standen nach wie vor einem EWU-Beitritt entgegen. Für Schweden gilt jedoch keine Opting-Out-Klausel, d.h. Schweden müsste gemäß EG-Vertrag (eigentlich) alles tun, um einen Beitritt zur Währungsunion herbeizuführen. Aus politischen Gründen will Schweden aber derzeit noch nicht der Währungsunion beitreten. Bis zur Ablehnung des Beitrittsantrags von Litauen deutete also einiges

darauf hin, dass die Konvergenzkriterien eine nicht zu hohe Hürde für einen Beitritt zur Währungsunion darstellten.

3. Ausgangspunkt beim Balassa-Samuelson-Effekt ist die Beobachtung, dass bei nicht-handelbaren Gütern die Preise von Land zu Land stark voneinander abweichen. Grund hierfür ist im Wesentlichen der Stand der wirtschaftlichen Entwicklung. In wirtschaftlich entwickelten Ländern sind die Preise für nicht-handelbare Güter tendenziell höher. Der hohe Lebensstandard beruht dabei vor allem auf einem hohen Produktivitätsniveau im Sektor der handelbaren Güter (z.B. Verarbeitendes Gewerbe). Bei integrierten nationalen Arbeitsmärkten führt ein hohes Lohnniveau im Sektor der handelbaren Güter auch zu hohen Löhnen im Sektor der nicht-handelbaren Güter (z.B. Dienstleistungen und Immobilien), da ansonsten die Arbeitskräfte abwandern würden bzw. dies mit Fairnessüberlegungen nicht vereinbar wäre. Zu über dem Produktivitätsfortschritt liegenden Lohnerhöhungen kommt es bei nicht-handelbaren Gütern aber nicht nur deshalb, weil es sonst zunehmend schwieriger würde, Arbeitskräfte zu finden, sondern auch deshalb, weil die Einkommenselastizität für nicht-handelbare Güter besonders hoch ist und so von der Nachfrageseite auch eher die Möglichkeit gegeben ist, die mit den Lohnerhöhungen verbundenen Lohnstückkostenerhöhungen über entsprechende Preiserhöhungen weiterzuwälzen. Betrachtet man nun Länder mit unterschiedlichem Entwicklungsstand und damit unterschiedlichen Produktivitätsniveaus, so kommt es bei einer Angleichung des Lebensstandards – ein Ziel, welches mit Hilfe verschiedener Maßnahmen innerhalb der EU verfolgt wird – zu folgendem Reaktionsmuster: Handelsliberalisierung, steigender Wettbewerbsdruck, Know-how-Transfer über Direktinvestitionen sowie öffentliche Transferleistungen führen in einem Land mit Produktivitätsrückstand im Sektor der handelbaren Güter zu rasch ansteigender Produktivität. Dies zieht entsprechend starke Lohnerhöhungen nach sich, die aber auch auf den Sektor der nicht-handelbaren Güter überspringen. Während der Lohnkostenanstieg im Sektor der handelbaren Güter aber durch den Produktivitätsanstieg gedeckt ist, somit die Lohnstückkosten unverändert bleiben, gehen die Lohnerhöhungen im Sektor der nicht-handelbaren Güter kaum mit Produktivitätserhöhungen einher, sodass es bei diesen Gütern zu einem Anstieg der Lohnstückkosten und damit der Preise kommt. Im Zuge des wirtschaftlichen Aufholprozesses kommt es also zu einer Angleichung der Produktivitätsniveaus bei handelbaren Gütern und der Preise für nicht-handelbare Güter. Während dieses Aufholprozesses weisen die weniger entwickelten Länder, ausgelöst durch einen starken Anstieg der Preise bei nicht-handelbaren Gütern, somit eine höhere Inflationsrate auf.

4. Zwar beeinträchtigen Preissteigerungen bei nicht-handelbaren Gütern aufgrund des Balassa-Samuelson-Effekts nicht unmittelbar die internationale Wettbewerbsfähigkeit eines Landes. Jedoch haben sie – über Substitutionsprozesse und da der Dienstleistungssektor Vorleistungen für die Industrieproduktion erbringt – mittelbar Einfluss und wirken auch dort kosten- und somit preiserhöhend, was letztlich auf die internationale Wettbewerbsfähigkeit durchschlägt.

5. Bei einer Euroisierung wird der „Umtauschkurs" in den Euro von den jeweiligen Ländern einseitig festgelegt. Die Euroisierung ist vom Ergebnis her gleichzusetzen mit einem sofortigen Beitritt zur Währungsunion. D.h. der einmal gewählte „Umtauschkurs" ist nicht mehr rückgängig zu machen. Folglich besteht auch keine Möglichkeit der Abwertung mehr, um Wettbewerbsnachteile durch die strukturell bedingt höhere Inflation während des Aufholprozesses auszugleichen.

6. Bei einem überstürzten Beitritt zur Währungsunion dürften aufgrund des Balassa-Samuelson-Effekts zwangsläufig stärkere Inflationsunterschiede innerhalb der EWU zutage treten. Zwar beeinträchtigen Preissteigerungen bei nicht-handelbaren Gütern nicht unmittelbar die internationale Wettbewerbsfähigkeit eines Landes. Jedoch haben sie – über Substitutionsprozesse und da der Dienstleistungssektor Vorleistungen für die Industrieproduktion erbringt – mittelbar Einfluss. Ein überhasteter Beitritt zur Währungsunion macht sich dadurch primär in den Beitrittsländern selbst nachteilig bemerkbar, die einen verfrühten Beitritt zur Währungsunion mit dauerhaften Wettbewerbsnachteilen „bezahlen" müssen. Diese ergeben sich daraus, dass die Inflationsraten in den Beitrittsländern (deutlich) über dem Durchschnitt der restlichen EU-Länder liegen dürften und die Möglichkeit einer Abwertung der inländischen Währung zur Wiederherstellung der preislichen Wettbewerbsfähigkeit nicht mehr gegeben ist. Ausgehend von einem vorgegebenen unionsweiten Stabilitätsziel würden strukturell bedingt höhere Inflationsraten in den neuen Mitgliedsländern auch zu einer höheren Inflationsrate im Euroraum insgesamt führen. Allerdings dürfte sich dieser Anstieg nur bedingt in einer restriktiveren Geldpolitik niederschlagen, da sich das Eurosystem an einem gewichteten Durchschnitt der nationalen Inflationsraten orientiert. Gewichtet werden die nationalen Inflationsraten dabei gemäß dem Anteil des jeweiligen Landes am Privaten Verbrauch innerhalb der Währungsunion. Da gegenwärtig der Private Verbrauch der Beitrittsländer nur etwa 5% der Konsumausgaben in der EWU ausmacht, ist ihr Einfluss auf die gewichtete Inflationsrate des Euro-Raums aber gering. Sich aufgrund höherer Inflationsraten verstärkende Wettbewerbsnachteile in den Beitrittsländern könnten politisch den Druck auf das Eurosystem erhöhen, sein derzeitiges Stabilitätsziel weniger ehrgeizig zu fassen, d.h. das Eurosystem zu einer lockereren Zinspolitik zu veranlassen. Eine Aufweichung des Stabilitätsziels könnte aber die Glaubwürdigkeit des Eurosystems gefährden und so zu höheren Inflationserwartungen, höheren Kapitalmarktzinsen und höherer Inflation, letztlich also zu Wachstumsverlusten führen.

7. Um die Probleme, die durch einen zu frühen Beitritt der aufholenden Volkswirtschaften in die Währungsunion entstehen können, zu vermeiden, muss Fragen der realen Konvergenz, d.h. einer Angleichung der realwirtschaftlichen Strukturen in den Beitrittsländern an den EU-Standard, verstärkt Beachtung geschenkt werden. Reale Konvergenz ist wichtig, um die Dauerhaftigkeit der nominalen Konvergenzkriterien des Maastricht-Vertrages zu garantieren. Erst bei hinreichender realer Konvergenz entfallen strukturelle Inflationsunterschiede und damit verbunden höhere Inflationsraten. Ein Beitritt zur Währungsunion sollte daher im wohlver-

standenen Eigeninteresse der Beitrittskandidaten erst bei hinreichender realer Konvergenz erfolgen. Ein wichtiger Indikator für die realwirtschaftliche Konvergenz ist dabei die Angleichung der Pro-Kopf-Einkommen in den Beitrittsländern an den EU-Durchschnitt. Gemessen am BIP pro Kopf in% des EU-Durchschnitts bedarf es bei den meisten Beitrittsländern noch eines längeren Aufholprozesses. Auch sollte den Preisen nicht-handelbarer Güter, wie im EU-Vertrag bereits vorgesehen, und unterschiedlichen Produktivitäten, verstärkt Beachtung geschenkt werden.

Antworten zu den Kontrollfragen zum Kapitel II:

1. Vorherrschend ist die Überzeugung, dass für die Verfolgung des makroökonomischen Ziels „Preisstabilität" die Institution „Zentralbank" benötigt wird, da Geschäftsbanken in marktwirtschaftlichen Systemen mikroökonomisch auf Gewinnerzielung, nicht aber makroökonomisch auf die Aufrechterhaltung von Preisniveaustabilität ausgerichtet sind.

2. Die Umsetzung des Hayek-Vorschlags wäre mit einer Reihe von (gravierenden) Problemen verbunden: Zwar würden im Zuge des Wettbewerbsprozesses „instabile" Währungen ausscheiden. Durch diese instabilen Währungen wäre der Wettbewerbsprozess selbst aber durch Inflation gekennzeichnet. Man hätte es also mit einem langwierigen inflationären Übergangsprozess zum langfristigen Gleichgewicht zu tun. Auch wäre es keineswegs sichergestellt, dass die Währung(en), die wegen ihrer Kaufkraftstabilität übrig bliebe(n), für alle Zeiten stabil bliebe(n), da alte und neu auftretende Emittenten jederzeit der Versuchung unterliegen könnten, mithilfe übermäßiger, d.h. inflationärer Emission die Seigniorage-Einnahmen zu steigern. Schließlich gäbe es, zumindest während des Wettbewerbsprozesses, eine große Zahl von Währungen, sodass der Nutzen des Geldes als Recheneinheit und zur Einsparung von Transaktions-, speziell Suchkosten, stark beeinträchtigt würde. Gibt es nämlich nicht nur einen Preis für jedes Gut, sondern bei n Währungen n Preise, so kompliziert sich das Preissystem unnötig, wodurch die Transaktionskosten des Tausches steigen, also Wohlfahrtsverluste entstehen.

3. Geschäftsbanken fragen Zentralbankgeld in Form von Banknoten und Guthaben (Einlagen) bei der Zentralbank nach, wobei letztere den geldpolitischen Ansatzpunkt im Rahmen der operativen Umsetzung der Geldpolitik des Eurosystems, der Fed und der Bank of England darstellen. Neben der Nachfrage nach Banknoten (Position P.1) ziehen die Verpflichtung zur Haltung von Mindestreserven (Position P.2) sowie der Wunsch, Guthaben zur Abwicklung des Zahlungsverkehrs bei der Zentralbank zu halten, eine Nachfrage nach Guthaben bei der Zentralbank seitens der Kreditinstitute nach sich.

Grundstruktur der Zentralbankbilanz

Aktiva		Passiva	
A.1:	Währungsreserven	P.1:	Banknotenumlauf
A.2a:	Forderungen an Kreditinstitute	P.2:	Verbindlichkeiten ggü. Kreditinstituten (Einlagen, Bankreserven, Bankenliquidität)
A.2b:	Bestand an (staatlichen) Wertpapieren		
A.3:	Sonstiges	P.3:	Sonstiges

Zentralbankgeld kann nur geschaffen werden, wenn die Kreditinstitute Geschäfte mit der Zentralbank tätigen. Hier kommt die Aktivseite der Zentralbankbilanz ins Spiel. Im Wesentlichen gibt es drei Möglichkeiten für die Bereitstellung von Zentralbankgeld: Entweder die Zentralbank ist bereit, Fremdwährungsforderungen anzukaufen (Position A.1) oder die Kreditinstitute verschulden sich bei der Zentralbank (Position A.2a) oder die Zentralbank kauft von den Kreditinstituten (staatliche) Wertpapiere an (Position A.2b).

4. Zunehmend wächst die Einsicht, dass neben den traditionellen Zinswirkungen der Erwartungskanal die Wirksamkeit der Geldpolitik maßgeblich bestimmt. Danach kommt es darauf an, dass die Zentralbank die Inflationserwartungen niedrig hält. Diese Erwartungen wiederum hängen wesentlich vom institutionellen Zuschnitt der Zentralbank ab, da dieser ihre Handlungsmöglichkeiten und ihre Glaubwürdigkeit entscheidend bestimmt.

5. Das Eurosystem besteht aus den rechtlich selbständigen NZBen der an der Währungsunion teilnehmenden Länder und aus der EZB. Die EZB ist zwar rechtlich gesehen eine Tochter der nationalen Zentralbanken, wobei sich die Kapitalanteile der einzelnen NZBen an der EZB nach dem Bevölkerungs- und dem BIP-Anteil richten. Die EZB ist aber das Herzstück des Eurosystems. Sie trägt die Verantwortung dafür, dass alle Aufgaben des Eurosystems entweder durch ihre eigene Tätigkeit oder durch die nationalen Zentralbanken erfüllt werden. Die nationalen Zentralbanken sind dabei der EZB funktional untergeordnet.

6. Bei den nationalen Zentralbanken kommt es zu Einkünften aus Vermögenswerten, weil die Kreditinstitute Geschäfte mit den NZBen tätigen müssen, um Banknoten und Einlagen bei der Zentralbank zu erwerben. Um Zentralbankgeld zu erlangen, müssen die Kreditinstitute entweder Forderungen an die Zentralbank verkaufen oder Kredite bei der Zentralbank aufnehmen, d.h. Verbindlichkeiten eingehen. Dabei stellt die Kreditvergabe den geldpolitischen Aktionsparameter des Eurosystems dar, d.h. sie wird aktiv zur Veränderung des Bestands an Zentralbankgeld eingesetzt. Aus diesen Vermögenswerten erzielen die Zentralbanken Einnahmen, da sie Fremdwährungsforderungen zinsbringend anlegen bzw. für die Kredite, die sie an die Kreditinstitute ausreichen, Zinsen vereinnahmen. Im Gegensatz zum früheren Mindestreservesystem der Deutschen Bundesbank, bei dem die Mindestreserve zinslos zu unterhalten war, fallen allerdings beim Mindestreservesystem

des Eurosystems Kosten in Form von Zinsen an, da die mindestreservebedingten Guthaben in Höhe des Zinssatzes für das Hauptrefinanzierungsgeschäfts verzinst werden.

Antworten zu den Kontrollfragen zum Kapitel III.2:

1. Eine geldpolitische Strategie sollte folgenden Grundsätzen entsprechen:
   - Ausrichtung auf das Endziel Preisstabilität. Das Eurosystem muss in der Lage sein, mit der Strategie dieses Ziel zu erreichen.
   - Klare Zuordnung von Verantwortlichkeiten: Die mit der Strategie verbundenen Ziele sollen publiziert werden und damit eine Rechenschaftspflicht und einen Rechtfertigungszwang gegenüber der Öffentlichkeit bei Zielverfehlungen beinhalten. Dafür muss die Strategie transparent und für die Öffentlichkeit verständlich sein.
   - Eine Strategie sollte mittel- bis langfristig ausgerichtet sein, um eine Orientierung für die Inflationserwartungen der privaten Marktteilnehmer zu bilden. Kurzfristige Zielabweichungen müssen vereinbar mit der Strategie sein. Die gewählte Strategie sollte also robust gegenüber Änderungen im wirtschaftlichen Umfeld sein. Dies ist vor allem vor dem Hintergrund der vielfältigen Unsicherheiten, denen sich das Eurosystem gegenüber sieht (Daten-, Modell-, Parameterunsicherheit), wichtig.
   - Vereinbarkeit mit der Unabhängigkeit des Eurosystems (ansonsten nicht konform mit Maastricht-Vertrag).
   - Schnelle und präzise Datenverfügbarkeit: Die ökonomischen Größen, auf die sich die Strategie stützt, sollten ohne große Verzögerungen und mit hinreichender Genauigkeit verfügbar sein. Dadurch können Fehlentwicklungen frühzeitig erkannt werden, und eine externe Überprüfbarkeit in nicht zu langen Zeitabständen ist gewährleistet.

2. Prinzipiell erlauben es sowohl einstufige als auch zweistufige Strategien, das Ziel Preisstabilität zu erreichen. Beide konzentrieren sich auch auf dieses Endziel. Bei der einstufigen Strategie wird dies deutlicher herausgestellt. Die zweistufige Strategie setzt sich zur Erreichung des Endziels ein Zwischenziel oder eine spezielle Indikatorvariable, wodurch frühzeitige Informationen über mögliche Preisgefahren gewonnen werden sollen. Dafür muss die Größe in einem hinreichend gesicherten und stabilen Zusammenhang zum Endziel stehen. Die Informationserfordernisse sind geringer als bei einstufigen Strategien. Kann eine derartige Indikatorvariable gefunden werden, sollten die Inflationserwartungen über die Regelbindung und die größere Transparenz eine bessere Orientierung haben.

3. Folgende Gründe sprechen gegen Wechselkursziele für das Eurosystem:
   - EWU ist eine relativ geschlossene und große Volkswirtschaft. Dadurch stellt sich die Frage, an welche Währung der € gekoppelt werden sollte. Auch dürfte

die Preisentwicklung hauptsächlich durch EWU-interne Faktoren bestimmt sein.
- Wechselkurs hängt nicht nur von der Geldpolitik ab.
- Wechselkursziel muss glaubwürdig sein. Dies bezieht die glaubwürdige Aufrechterhaltung mit ein. Bei dem Umfang der internationalen Finanztransaktionen und dem freien Kapitalverkehr ist daran zu zweifeln. Die Gefahr spekulativer Attacken ist nicht auszuschließen.
- Wechselkursausrichtung entspricht letztlich Verletzung des Maastricht-Vertrages, da dort explizit Preisstabilität als Ziel vorgegeben ist. Durch Devisenmarktinterventionen zur Aufrechterhaltung des Wechselkursziels können sich unerwünschte Geldmengen- und Preiseffekte einstellen.
- Einschränkung des Autonomiegrades der Geldpolitik des Eurosystems, da man sich letztlich an der Geldpolitik des „Ankerwährungslandes" ausrichten muss.

4. Eine nominale BIP-Steuerung trägt der realen Entwicklung, gemessen am realen BIP, und der Preisentwicklung gleichermaßen Rechnung. Es besteht kein Primat der Preisstabilität. Die Geldmengenstrategie baut auf einfache und quantitätstheoretisch gesicherte Zusammenhänge auf: Längerfristig ist Inflation ein monetäres Phänomen. Sie erweckt nicht den Eindruck, sie wäre für eine Stabilisierung des Nominaleinkommens verantwortlich. Während Geldmengenzahlen ohne größere Verzögerung monatlich verfügbar sind, erscheinen die Zahlen der VGR nur vierteljährlich mit einer zeitlichen Verzögerung von einigen Monaten. Sie unterliegen auch häufigen Revisionen. Die Politik der nominellen BIP-Steuerung baut zudem auf ein der Öffentlichkeit nur unzureichend verständliches Konzept auf. Dies könnte der Transparenz und der Kommunikation mit der Öffentlichkeit hinderlich sein. Auch bzgl. der Behandlung der Umlaufsgeschwindigkeit gibt es Unterschiede zwischen beiden Strategien: Während bei der nominellen BIP-Steuerung mit dem prognostizierten Wert für die Zielperiode gearbeitet wird, verwendet man im Rahmen der Geldmengenstrategie einen längerfristigen Trendwert, der sich aufgrund theoretischer und empirischer Erkenntnisse leichter ermitteln lässt. Für eine erfolgreiche Geldmengenorientierung muss zudem der Transmissionsprozess der Geldpolitik gerade nicht bekannt sein. Bei einer Orientierung am nominalen BIP ist dies jedoch Grundvoraussetzung. Gerade vor dem Hintergrund der unterschiedlichen nationalen Finanzstrukturen in der EWU erscheint dies problematisch.

5. Es müssen folgende Bedingungen erfüllt sein:
   - Gute und prognostizierbare Vorlaufeigenschaften bzgl. der Endziele, vor allem der Preisentwicklung.
   - Geltung der Fisher-Gleichung, d.h. (approximativ) $i = r + \pi^{erw}$
   - Gültigkeit der rationalen Erwartungshypothese bzgl. der Inflation, d. h. es dürfen keine systematischen Erwartungsfehler gemacht werden. Dem entsprechend wird der Zusammenhang eher langfristiger Natur sein.

- Keine zu starken Schwankungen der Realzinsen.

- Geltung der Erwartungstheorie der Zinsstruktur, nach der sich die Nominalzinsen von Wertpapieren verschiedener Fristigkeiten vor allem durch unterschiedliche Erwartungen über die weitere Entwicklung der kurzfristigen Zinsen unterscheiden. Gelingt eine erfolgreiche Orientierung der Geldpolitik an der Zinsstruktur, könnten über die Fisher-Beziehung auch die Inflationserwartungen auf niedrigem Niveau stabilisiert werden.

- Kontrolle der Zinsstruktur durch die Zentralbank. Ein maßgeblicher Einfluss kann bei den kurzfristigen Zinsen vorausgesetzt werden. Bei den längerfristigen Zinsen dagegen ist die Kontrolle nur mehr indirekt über die Beeinflussung von Zins- und Inflationserwartungen gegeben.

- Es sollte eine dominante Kausalität von der Zinsstruktur zur Preisentwicklung vorliegen, nicht umgekehrt. In der Zinsstruktur sind aber Zins- und Inflationserwartungen und damit auch Erwartungen über den zukünftigen Kurs der Geldpolitik enthalten.

- Bei Publikation des Zwischenzielwertes für den Zinsspread sind unter Umständen unerwünschte Ankündigungseffekte zu beachten.

6. Kurz- bis mittelfristig dürfte eine Kombination aus Orientierung an der Geldmenge und umfassender Beurteilung der Preisperspektiven eine empfehlenswerte Strategie sein. Dafür sprechen zunächst, dass Inflation auf Dauer ein monetäres Phänomen ist und das geldpolitische Umfeld für die EZB äußerst unsicher ist. Auch Glaubwürdigkeitsgesichtspunkte sind anzuführen. Langfristig kann es aber aufgrund der Umwälzungen auf den Finanzmärkten (Stichworte: Finanzinnovationen, Disintermediation, Finanzmarktturbulenzen) zu Instabilitäten in der Geldnachfrage kommen, die eine Politik ähnlich der vom Federal Reserve System durchgeführten nahe legt. Als Konsequenz resultiert letztlich eine Strategie ohne explizite Indikatorvariable. Sobald das Eurosystem das nötige Standing auf den Märkten aufgebaut hat, sollte eine derartige Politik – falls nötig und nach Anpassungen – auch erfolgreich implementiert werden können. Die Modifikationen, die anhand der Überprüfung der geldpolitischen Strategie durch die EZB im Jahr 2003 vorgenommen wurden, können als erster Schritt in diese Richtung interpretiert werden.

7. Die geldpolitische Strategie des Eurosystems besteht aus drei Komponenten: der quantitativen Festlegung des vorrangigen Ziels der Preisstabilität (Anstieg des Harmonisierten Verbraucherpreisindex von unter, aber nahe 2%), einer Monetären (langfristigen) Säule, da Inflation langfristig ein monetäres Phänomen ist (umfassende Analyse verschiedener Geldmengenaggregate, ihrer Komponenten und Bilanzgegenposten, verschiedene Geldlückenkonzepte, Bekanntgabe eines Referenzwertes für das Wachstum von M3) und einer auf breiter Grundlage erfolgenden Beurteilung der Preisperspektiven im Euro-Raum aufgrund einer Vielzahl finanzieller und realer Variablen neben der Geldmenge (kurzfristige realwirtschaftliche Säule).

Es erfolgt dadurch eine Definition des Verständnisses des Eurosystems von Preisstabilität. Somit wird eine Orientierungsgröße für die Inflationserwartungen geliefert. Mit der Überprüfung der Strategie wurde wegen Messfehlern beim HVPI, Deflationsgefahren und unterschiedlichen Inflationsraten in den EWU-Ländern die zuvor bestehende Definition von 0%–2% auf unter, aber nahe 2% konkretisiert und damit (begründet) geringfügig gelockert. Durch die Monetäre Säule wird der Tatsache Rechnung getragen, dass Inflation auf Dauer stets mit einer übermäßigen Ausweitung der Geldmenge einhergeht. Es ist allerdings zu berücksichtigen, dass die Analysen zur Stabilität der Geldnachfrage und die vielfältigen EWU-spezifischen Unsicherheiten eine vorsichtige Interpretation der monetären Entwicklungen nahe legen. Deshalb hat es sich angeboten, die langfristige Analyse durch eine Untersuchung der kürzerfristigen Abweichungen der Inflation von ihrem langfristigen Trend zu ergänzen. Dafür wird eine umfassende Beurteilung der Preisperspektiven aufgrund einer Vielzahl von finanziellen und realwirtschaftlichen Variablen neben der Geldmenge im Rahmen der Wirtschaftlichen Säule vorgenommen. Diese Wirtschaftliche Säule wurde durch die Überprüfung eindeutig aufgewertet. Insgesamt fehlt es an einem strikten öffentlichen Leitkonzept für die Inflationserwartungen. Dies könnte sich gerade in schwierigen geldpolitischen Situationen als Nachteil erweisen.

8. Das Verhalten der Geldnachfrage bzw. der Umlaufsgeschwindigkeit spielt für eine Geldmengenstrategie die entscheidende Rolle. Da das Eurosystem im Rahmen der Monetären Säule der Geldmenge eine bedeutende Stellung einräumt, ist auch in diesem Konzept, wenn auch in abgeschwächter Form, die Geldnachfrage wichtig. Die Theorie der Geldnachfrage beschäftigt sich dabei mit den Motiven der Wirtschaftssubjekte zur Geldhaltung. Üblicher Weise wird eine Abhängigkeit der Geldnachfrage von einer Transaktionsgröße und den Opportunitätskosten der Geldhaltung postuliert. Ausschlaggebend für die Strategiewahl ist die Stabilität der Geldnachfrage bzw. der Umlaufsgeschwindigkeit.

Diese Stabilität bedeutet, dass sich die Entwicklung des Geldmengenaggregates durch einige wenige Faktoren erklären lässt und die Zusammenhänge im Zeitablauf nicht zu stark schwanken, sodass sie sich auch für Prognosezwecke ausnutzen lassen. Instabilitäten können sich z.B. durch Finanzinnovationen, die enge Substitute für Geld darstellen und nicht in der Geldmengengröße enthalten sind, aber auch durch Finanzmarktturbulenzen und Unsicherheiten, wie sie nach dem Einbruch der Aktienmärkte festzustellen waren, einstellen. Auch ein Regimewechsel, wie er der Übergang auf eine einheitliche Geldpolitik darstellt, kann zu Instabilitäten in dem Sinne führen, dass die zuvor festgestellten (aus nationalen Zahlen) aggregierten Zusammenhänge für das neue Euro-Aggregat nicht mehr gelten. Wenn die Geldnachfrage instabil wird, ist in der Regel sowohl die Kontrolle der Geldmengenentwicklung durch die Zentralbank beeinträchtigt als auch die Indikatoreigenschaft der Geldmenge für die Preis- und reale Entwicklung in Mitleidenschaft gezogen. Die Frage nach der Stabilität der Geldnachfrage hängt eng mit der Abgrenzung der Geldmenge zusammen und ist je nach Währungsgebiet unterschiedlich zu beantworten.

Antworten zu den Kontrollfragen zum Kapitel III.3:

1. Damit eine Zentralbank den Tagesgeldsatz kontrollieren kann, muss eine ausreichende Nachfrage nach Einlagen (Guthaben) bei der Zentralbank bestehen. Diese Nachfrage kann entweder durch eine mindestreservebedingte Zwangsnachfrage oder/und durch eine (freiwillige) Nachfrage für Zwecke des Zahlungsverkehrs (Clearing über die Konten bei der Zentralbank, sog. Working Balances) erzeugt werden. Im Eurosystem greift die mindestreservebedingte Zwangsnachfrage. Diese führt in der Ausgestaltung als Durchschnitts-Mindestreserve auch zu einer Glättung des Tagesgeldsatzes, da kurzfristig am Tagesgeldmarkt auftretende Anspannungen bzw. Verflüssigungen durch ein vorübergehendes Unter- bzw. Überschreiten des nur durchschnittlich zu haltenden Mindestreserve-Solls abgefedert werden können. Dadurch wirkt die Mindestreserve für die Kreditinstitute wie ein Liquiditätspuffer.

2. Bei den Offenmarktgeschäften handelt es sich um geldpolitische Operationen, die auf Initiative der Zentralbank durchgeführt werden. Während ursprünglich unter Offenmarktgeschäften der Kauf und Verkauf von Wertpapieren am offenen Markt verstanden wurde, wird dieser Begriff vom Eurosystem rein enumerativ gebraucht, d.h. Offenmarktgeschäfte sind diejenigen Geschäfte, die die Zentralbank als solche bezeichnet, ohne dass es sich dabei um Käufe bzw. Verkäufe von Wertpapieren am offenen Markt handeln muss.

3. Offenmarktgeschäfte werden ausschließlich auf Initiative des Eurosystems durchgeführt, d.h. das Eurosystem tritt an die Kreditinstitute heran und bietet entsprechende Geschäfte an. Die Ständigen Fazilitäten stellen hingegen Geschäfte mit dem Eurosystem dar, die auf Initiative der Kreditinstitute zustande kommen. Die Kreditinstitute treten also von sich aus an das Eurosystem heran und suchen entsprechende Geschäftsabschlüsse nach.

4. Als Hauptrefinanzierungsgeschäfte fungieren im Eurosystem im wöchentlichen Rhythmus angebotene Kredite mit einer Laufzeit von einer Woche. Die Hauptrefinanzierungsgeschäfte nehmen eine Schlüsselrolle bei der Steuerung des Tagesgeldsatzes ein, da über sie einerseits die Liquiditätssituation am Geldmarkt maßgeblich bestimmt wird und andererseits über die Vorgabe des Hauptrefinanzierungssatzes der geldpolitische Kurs des Eurosystems klar signalisiert wird.

5. Die Besicherung erfolgt, um die Zentralbank vor möglichen Ausfällen zu schützen.

Antworten zu den Kontrollfragen zum Kapitel III.4:

1. Da am Interbanken-Geldmarkt nur die Kreditinstitute untereinander, d.h. ohne Mitwirkung des Eurosystems, Zentralbankguthaben handeln, kann es nur zu einer Umverteilung eines gegebenen Bestands an Bankenliquidität kommen.

2. Eine Steuerung des Preises („Tagesgeldsatz") hat den Vorteil, dass erratische Zinsschwankungen am Geldmarkt und dadurch ausgelöste Irritationen an den Finanzmärkten vermieden werden können. Solche Schwankungen sind bei einer „Mengensteuerung" allein schon deshalb nicht zu vermeiden, weil in Banken- und Kreditsystemen heutigen Zuschnitts der Geldschöpfungsprozess aus dem Zusammenspiel von Banken und deren Kunden – also zunächst ohne Zutun der Zentralbank – angestoßen wird. Das Ausmaß des damit einhergehenden zusätzlichen Zentralbankgeldbedarfs wird aber nur in den seltensten Fällen mit dem von der Zentralbank vorgegebenen Zielpfad bei der Bereitstellung von Zentralbankgeld übereinstimmen. Da – falls die Zentralbank an ihrem Kurs festhält – eine über das von der Zentralbank vorgesehene Zuteilungsvolumen hinausgehende Nachfrage nach Zentralbankgeld nicht befriedigt werden kann, wird es zu starken Zinssteigerungen kommen. Diese sind aber im Unterschied zu den in Marktwirtschaften sonst üblichen Preiswirkungen funktionslos, da durch die Zinssteigerung kein zusätzliches Angebot an Zentralbankgeld mobilisiert werden kann. Eine solche Mengensteuerung würde dazu führen, dass der Tagesgeldsatz keine Rückschlüsse mehr auf die geldpolitischen Intentionen der Zentralbank zuließe. Mit häufigen und heftigen Schwankungen des Tagesgeldsatzes käme es aber auch zu einer stärkeren Volatilität der für die Ausgabeentscheidungen der Wirtschaftssubjekte relevanteren längerfristigen Zinssätze und damit zu Ineffizienzen. Auch das Instrument der Mindestreserve würde in Frage gestellt, da die Banken gesamtwirtschaftlich ihrer Mindestreservepflicht nicht mehr nachkommen könnten.

3. Der Geldschöpfungsprozess erfolgt in einem ersten Schritt aus dem Zusammenspiel von Geschäftsbanken und deren Kunden – also zunächst ohne Zutun der Zentralbank. Geld entsteht mithin endogen aus dem Wirtschaftsprozess heraus primär im Zusammenhang mit den Kreditvergabeaktivitäten des Geschäftsbankensektors. Die (nominale) Geldmenge „M" wird also keineswegs von den währungspolitischen Instanzen vorgegeben. Sie resultiert vielmehr primär aus dem Zusammenspiel zwischen Geschäfts- und Nichtbanken und ist von der Geldnachfrage her determiniert. Dies heißt aber auch, dass vom Geldangebot der Zentralbank keine selbständigen inflationären Impulse ausgehen können, da das Geldangebot nur Reflex der gewünschten Geldhaltung ist. Daraus sollte allerdings nicht der Schluss gezogen werden, die geldpolitischen Instanzen trügen keine Verantwortung für inflationäre Prozesse. Über die Festlegung der Konditionen, zu denen sich die Geschäftsbanken bei der Notenbank refinanzieren können, vermögen sie letztlich Einfluss auf die Ausgabeentscheidungen der Nichtbanken und damit auch auf die Höhe der Geldnachfrage der Nichtbanken zu nehmen. Drohen beispielsweise die Ausgabeentscheidungen der privaten Wirtschaftssubjekte und

die hierzu erforderliche Geldmenge das Wachstum des realen Produktionspotenzials zu überschreiten, kann die Zentralbank diesem sich abzeichnenden inflationären Druck durch Anhebung der Geldmarktsätze entgegenwirken. Auf der anderen Seite kann die Notenbank einen monetären Nachfragesog erzeugen, indem sie einen bewusst expansiven Kurs fährt, also reichlich Liquidität zu niedrigen Zinssätzen anbietet, damit die Geldmarktsätze nach unten drückt, um schließlich die Ausgabeentscheidungen der Nichtbanken zu beflügeln.

4. Leitzinsfunktion für den Tagesgeldmarkt kommt dem Zinssatz für das Hauptrefinanzierungsgeschäft zu. Da es mit einer Laufzeit von 7 Tagen wöchentlich angeboten wird, stellt es ein nahes Substitut zur Tagesgeldaufnahme am Interbanken-Geldmarkt dar. Kann eine einzelne Bank von Woche zu Woche entscheiden, ob sie einen Kredit bei der Zentralbank aufnimmt oder sich die benötigten Mittel am Interbanken-Geldmarkt besorgt, wird sie im Allgemeinen nicht bereit sein, für Interbankengeld deutlich mehr zu zahlen, als sie bei Abschluss eines Refinanzierungsgeschäftes mit der Zentralbank aufbringen müsste. Das Hauptrefinanzierungsgeschäft stellt allerdings kein vollkommenes Substitut zur Aufnahme von Mitteln am Tagesgeldmarkt dar, da die Zentralbank nicht ständig am Markt präsent ist, d.h. nicht täglich entsprechende Geschäfte mit den Kreditinstituten tätigt. Dies hat zur Folge, dass das Eurosystem nicht zu jedem Zeitpunkt vollständig den Tagesgeldsatz determiniert. In der Zeit zwischen den einzelnen Geschäftsabschlüssen wirkt aber zunächst die Durchschnitts-Mindestreserve stabilisierend. Reicht die Liquiditätspufferfunktion der Mindestreserve nicht aus, kann das Eurosystem kurzfristig auf Feinsteuerungsoperationen zurückgreifen, wenn sie verhindern will, dass Bewegungen beim Tagesgeldsatz aus Sicht der Geldpolitik unerwünschte Erwartungen bei den längerfristigen Zinsen bzw. bei den Wechselkursen auslösen. Ergreift das Eurosystem keine Feinsteuerungsmaßnahmen, so findet der Tagesgeldsatz beim Spitzenrefinanzierungssatz seine Obergrenze. Da das Bankensystem über ausreichend Sicherheiten verfügt, stellt dieser Zinssatz eine wirksame Obergrenze dar. Keine Bank wird am Interbanken-Geldmarkt bereit sein, einen höheren Zins für eine Mittelaufnahme zu zahlen, als sie dafür bei der Zentralbank bezahlen muss. Als Zinsuntergrenze fungiert der Einlagesatz, da eine einzelne Bank am Interbanken-Geldmarkt Zentralbankguthaben nicht zu einem Zins verleihen wird, der unterhalb des Satzes liegt, den die Zentralbank für eine entsprechende Anlage zu vergüten bereit ist.

5. Letztlich wird die Entwicklung der Geldmenge M3 von dem Verhalten der Nichtbanken, genauer von der Geldnachfrage der Nichtbanken bestimmt. Die Zentralbank beobachtet die Entwicklung von M3, die sich monatlich aus der Konsolidierten Bilanz des MFI-Sektors ergibt. Über die Festlegung der Konditionen, zu denen sich die Geschäftsbanken bei der Zentralbank refinanzieren können, vermag die Zentralbank Einfluss auf die Ausgabeentscheidungen der Nichtbanken und damit auch auf die Höhe der Geldnachfrage der Nichtbanken und die Preisentwicklung zu nehmen.

Antworten zu den Kontrollfragen zum Kapitel IV:

1. Die „normale" Zinsstruktur ist in zeitlicher Hinsicht durch übereinstimmende Entwicklungstendenzen von kurzfristigen und langfristigen Zinssätzen bei höherer Schwankungsbreite und im Durchschnitt niedrigerem Niveau der kurzfristigen Zinsen charakterisiert. Die Entwicklung der langfristigen Zinsen lässt sich als Durchschnitt der erwarteten kurzfristigen Zinsen, das überwiegend höhere Niveau der langfristigen Zinsen damit erklären, dass mit zunehmender Fristigkeit der Finanzanlagen Liquiditätseinbußen und Kursrisiken wachsen, die durch einen höheren Zins prämiiert werden. Von inverser Zinsstruktur spricht man, wenn die kurzfristigen die langfristigen Zinsen übersteigen. Dies kann beispielsweise hervorgerufen werden durch eine restriktive Geldpolitik, die die kurzfristigen Zinsen erhöht und gleichzeitig die Inflationserwartungen dämpft, was zu sinkenden Kapitalmarktzinsen führt. Ebenso können durch die restriktive Politik ausgelöste Aufwertungserwartungen internationale Anleger zu einem Engagement am Kapitalmarkt bewegen und so auf die langfristigen Zinssätze drücken.

2. Wenn die Zentralbank die Geldmarktzinsen erhöht oder verringert, ändern sich die Refinanzierungskosten der Geschäftsbanken entsprechend. Da diese Kostenänderungen von den Geschäftsbanken in den Kreditzinsen weitergegeben werden und deshalb gleichgerichtete Kapitalkostenänderungen bei den Nichtbanken verursachen, kommt es „normalerweise" zu gegenläufiger Kreditnachfrage und Geldmengenentwicklung. Substitutionseffekte ergeben sich aus dem Bestreben, ein optimales Portefeuille zu realisieren. Rationale Wirtschaftssubjekte werden eine Zusammensetzung ihres Vermögens aus Finanz- und Sachaktiva derart anstreben, dass – bei gleich bleibenden Risiken – eine Umschichtung zwischen den Aktiva keine Ertragsverbesserung mehr bewirkt. Wenn nun beispielsweise durch eine expansive Geldpolitik die Ertragsraten im finanziellen Sektor gefallen sind, ist die Anlage in realen Aktiva attraktiver, was zu steigender Nachfrage nach (langlebigen) Konsumgütern und Investitionsgütern führt. Einkommenseffekte ergeben sich bei Zinsschwankungen für Gläubiger und Schuldner infolge der variierenden Zinseinnahmen beziehungsweise -ausgaben. Der Saldo ist zwar Null, doch wegen der unterschiedlichen Ausgabenneigungen (bei Schuldnern höher als bei Gläubigern) ist dennoch mit Nachfragewirkungen zu rechnen.

3. Durch eine stabilitätsorientierte Zinsanhebung der Zentralbank kommt es zu einem zinsinduzierten Kapitalimport, was zur Währungsaufwertung führt. Diese Aufwertung beschneidet im Regelfall die inlandswirksame Nachfrage durch sinkende Exporte und verstärkte Importkonkurrenz. Dämpfend wirken auch wechselkursbedingte Einkommens- und Vermögenseffekte, da die Aufwertung die aus dem Ausland zufließenden Einkommen in inländischer Währung ebenso vermindert wie die in ausländischer Währung gehaltenen Vermögenswerte.

4. Geschäftsbanken sind generell mit Informationsproblemen konfrontiert. Deren Reduktion verursacht Kosten, die in die Kreditkosten eingehen. Im Falle restriktiver Geldpolitik könnten potenzielle Kreditnachfrager trotz hoher Bonität wegen

der höheren Kreditzinsen „zurücktreten", so dass die verbleibenden schlechteren Risiken anteilsmäßig zunehmen (adverse selection). Zugleich könnte angesichts höherer Kreditzinsen mancher Kreditnachfrager erhöhte Risiken eingehen (moral hazard). Um diese Wirkungen zu vermeiden, könnten Geschäftsbanken die Zinsanhebung unter dem Gleichgewichtsniveau belassen. Eine derartige Höchstpreisfixierung erfordert jedoch eine Kreditrationierung oder Kreditselektion. Die quantitative Wirkung des ursprünglichen geldpolitischen Impulses auf Kreditvolumen und Güternachfrage wird durch diese Verhaltensweisen mithin verstärkt.

5. Seit dem 1.1.1999 wird durch das Eurosystem eine für alle Mitgliedsländer der EWU einheitliche Geldpolitik betrieben. Die Änderung des kurzfristigen Zinssatzes kann in den einzelnen Ländern jedoch in zeitlicher und intensitätsmäßiger Hinsicht abweichende Effekte auslösen. In Ländern, in denen längerfristige Finanzierungsformen vorherrschen (z.B. Deutschland, Frankreich und den Niederlanden), ist der Transmissionsweg der Geldpolitik länger als in Ländern mit größerer Bedeutung kurzfristiger Finanzierungsformen (z.B. Italien, Spanien und Griechenland). Bei höherem Gewicht kurzfristiger Zinssätze für die Ausgabenentscheidungen könnten in den zuletzt erwähnten Ländern schwächere geldpolitische Dosierungen ausreichen. Entsprechend der Schwankungsbreite verschiedener Zinssätze ergeben sich unterschiedliche Einkommenseffekte und daraus resultierende Nachfragewirkungen. Nachfrageänderungen hängen auch von Vermögenseffekten ab, die wiederum in Abhängigkeit der Vermögensstrukturen (festverzinsliche Wertpapiere oder Aktien) international divergieren. Schließlich ist auch die Bedeutung der Banken im gesamten Finanzsystem relevant. Haben sie dominierendes Gewicht, können sie einerseits eine gewisse Pufferfunktion zwischen Zentralbank und Nichtbanken übernehmen. Andererseits verfügen sie infolge relativ geringer Konkurrenz beim Kreditgeschäft durch andere Finanzintermediäre über ein höheres Selektionspotenzial, das die Wirkungen der Geldpolitik zu verstärken erlaubt.

6. Die Glaubwürdigkeit des Eurosystems wird begünstigt durch den Verzicht auf eine rein diskretionäre Geldpolitik, eindeutigen Vorrang der Preisstabilität und – bei der Erfüllung seiner Aufgaben – Unabhängigkeit von politischen Weisungen. Andererseits werden die Glaubwürdigkeit beeinträchtigende Transparenzdefizite angemahnt. Zwar ist vollkommene Transparenz unerreichbar. Die Zwei-Säulen-Strategie ist jedoch ein Mischkonzept, das wegen der Komplexität der Informationserfordernisse und der im Prinzip nicht ausschließbaren wechselnden Gewichtigkeit der einzelnen Säulen Glaubwürdigkeitsrisiken in sich birgt. Um die Öffentlichkeit von der Angemessenheit der Geldpolitik des Eurosystems zu überzeugen, betreibt die EZB eine Kommunikationspolitik, die deutlich über die gesetzlichen Notwendigkeiten hinausgeht. Der Erwerb von Reputation erfordert allerdings einen langen Atem und vor allem nachhaltige Erfolge der Geldpolitik. Unabdingbar ist hierfür auch, dass die EZB selbst keine Instabilitäten erzeugt.

7. In demokratisch verfassten Staaten rührt die letzte geldpolitische Verantwortung des Parlaments daher, dass es für die gesetzliche Basis der Zentralbank zuständig ist. Dass demokratisch gewählte Politiker in diesem Sinne die Geldpolitik kontrollieren, gilt allerdings nicht für das Europäische Parlament. Diese Kompetenz liegt auch nicht bei einzelnen nationalen Parlamenten, die zwar über das nationale Zentralbankgesetz, nicht aber über das supranationale der EZB entscheiden können. Auf europäischer Ebene wäre eine Änderung des Gemeinschaftsrechts erforderlich, der alle nationalen Parlamente zustimmen müssten. Die Möglichkeit der Einflussnahme von demokratisch legitimierten Instanzen durch Anweisungen oder Gesetzesänderungen auf das Eurosystem sind deshalb beispielsweise im Vergleich zum Federal Reserve sehr System der USA gering. Dies ist teilweise Folge der noch schwachen politischen Integration in Europa – eine den nationalen Regierungen vergleichbare EU-Regierung gibt es nicht –, teilweise aber auch Folge konfligierender Zielsetzungen zwischen Demokratieprinzip einerseits und Unabhängigkeit der Zentralbank andererseits. Hinter der Entscheidung im EU Vertrag zugunsten der Unabhängigkeit stehen empirisch begründete Erfahrungen eines positiven Zusammenhangs zwischen Unabhängigkeit von Zentralbanken und stabilitätsorientierter Geldpolitik. Geht man von diesem empirischen Sachverhalt aus, wären steigende Inflationserwartungen der Preis für stärkere demokratische Einflussnahme. Dies aber würde die Glaubwürdigkeit des Eurosystems möglicherweise mehr beschneiden als der Glaubwürdigkeitsgewinn beträgt, den die EZB durch Informations- und Rechenschaftsbemühungen zu erzielen trachtet.

Antworten zu den Kontrollfragen zum Kapitel V.1:

1. Die traditionellen Konfliktpotenziale zwischen Geld- und Fiskalpolitik sind unmittelbar aus Gleichung (7) im Haupttext ersichtlich.

(7) $$\frac{B_t}{Y_t} \approx \frac{(G_t - T_t)}{Y_t} + (1 + r + \pi^{erw} - \pi - g) \cdot \frac{B_{t-1}}{Y_{t-1}} - \frac{S_t}{Y_t}$$

So reduziert eine Überraschungsinflation ($\pi > \pi^{erw}$) den Realwert der staatlichen Nominalverschuldung zu Lasten der Gläubiger. Der Staat profitiert von dieser „Inflationssteuer", da die staatlichen Schuldpapiere in Nominaleinheiten und einheimischer Währung ausgedrückt sind. Zum anderen führt eine vermehrte Geldschöpfung (Seigniorage) zu zusätzlichen Staatseinnahmen, sofern die Privaten bereit sind, das zusätzliche Geld auch zu halten.

Die Satzung des ESZB und der EZB gewährt sowohl der EZB als auch den nationalen Zentralbanken Unabhängigkeit bei ihren Entscheidungen. Dadurch kann sich die EZB ohne staatliche Einmischung auf ihr Ziel der Gewährleistung von Preisstabilität konzentrieren. Zusätzlich besteht ein Verbot der monetären Finanzierung von Haushaltsdefiziten und des unmittelbaren Erwerbs von Staatsschuldtiteln. Die einzelnen Staaten sehen sich somit „härteren Budgetbeschränkungen" gegenüber, da ihnen eine Monetisierung der Staatsschuld über den Rückgriff auf nationale Zentralbanken nicht mehr offen steht. In diesem Zusammenhang ist auch zu berücksichtigen, dass der Maastricht-Vertrag den Status eines völkerrechtlichen Vertrages besitzt und nur mehr einstimmig von allen EU-Mitgliedsländern geändert werden kann. Zudem haftet (offiziell) kein Land für die Verbindlichkeiten eines anderen Landes (no-bail-out) und die an der Währungsunion teilnehmenden Länder müssen ihre Wirtschaftspolitik als eine Angelegenheit von gemeinsamem Interesse betrachten. Zwar kann von politischer Seite Druck zugunsten einer „laxen" Geldpolitik ausgeübt werden. Auch könnte unter Umständen die Glaubwürdigkeit dieser Regelungen von den Märkten bezweifelt werden. Aber durch die institutionellen Vorkehrungen ist das Eurosystem gegen politischen Druck relativ gut abgesichert. Der Stabilitäts- und Wachstumspakt soll darüber hinaus mittelfristig für einen prinzipiell ausgeglichenen Staatshaushalt sorgen. Er schafft über Sanktionen auch Anreize für eine solide Haushaltsführung.

Allerdings verbleiben folgende Probleme:

- Durch den Anteil der kurzfristigen Verschuldung und den Fremdwährungsanteil der öffentlichen Schulden kommt der öffentliche Sektor verstärkt ins Fahrwasser der von der Geldpolitik direkt beeinflussbaren kurzfristigen Zinsen und Wechselkurse.

- Eine mangelnde Koordination der nationalen (und unter Umständen EU-weiten) Fiskalpolitiken mit der einheitlichen Geldpolitik kann Erwartungen über die zukünftige Ausrichtung der Geldpolitik auslösen. Dies kann schließlich dazu führen, dass eine an Preisstabilität orientierte Geldpolitik nicht mehr aufrecht erhalten werden kann. Auch können Erhöhungen des Budgetdefizits eines Landes Auswirkungen auf alle anderen Länder haben (z.B. die Zinsen EWU-weit erhöhen).

- Das finanzpolitische Doppelkriterium verbindet die Defizitquote mit im engeren Einflussbereich des Eurosystems stehenden Größen wie Zinsen und Inflationsentwicklung.

- Der Stabilitäts- und Wachstumspakt stellt eine Gratwanderung zwischen notwendiger Flexibilität und erforderlicher Regelbindung dar. Der Pakt wurde zudem durch die Änderungen im Jahr 2005 „aufgeweicht".

Insgesamt kann dann trotz der institutionellen Vorschriften eine unabhängige Geldpolitik des Eurosystems erschwert werden.

2. Für „übermäßig" verschuldete Länder hat das nominal fixierte Doppelkriterium folgende negative Eigenschaften: Es reagiert auf unterschiedliche Inflationsraten, seine Wirkung ist umso strenger, je geringer das reale Wirtschaftswachstum ausfällt und es greift (bei bestimmten Konstellationen) umso schwächer, je höher die Schuldenquote ist. So gerät z.B. in Rezessionsphasen die Einhaltung des finanzpolitischen Doppelkriteriums von drei Seiten unter Druck. Die konjunkturelle Komponente des Defizits steigt an, die Inflationsrate geht zurück und die zulässige Defizitobergrenze sinkt. In wirtschaftlich schwierigen Zeiten kann somit durch

diese Zusammenhänge ein politischer Druck in Richtung weniger Stabilitätsorientierung der Geldpolitik ausgelöst werden.

3. Bei dem in Art. 104 EG-Vertrag vorgesehenen Verfahren bei Verletzung der 3%- bzw. 60%-Marke ergab sich ein zu großer Ermessensspielraum des EU-Rates und die Möglichkeit politischer Einflussnahme. Eine Sanktionsautomatik war praktisch ausgeschlossen. Zugleich dauerte der Sanktionsprozess zu lange.

Bei dem Stabilitäts- und Wachstumspakt ging es darum, das Verfahren bei einem übermäßigen Haushaltsdefizit zu beschleunigen und zu präzisieren sowie eine dauerhafte und nachhaltige Haushaltsdisziplin zu institutionalisieren. In diesem Pakt verpflichten sich die Mitgliedsstaaten, mittelfristig im Prinzip einen ausgeglichenen Haushalt anzustreben. Die Einführung von nicht mehr durch Ratsentscheidungen abhängigen automatischen Sanktionen stieß allerdings an juristische Grenzen des EG-Vertrags.

4. Unter Seigniorage (S) versteht man die Einnahmen, die der Zentralbank durch das Monopol der Zentralbankgeldschöpfung entstehen und letztlich an den Staat abgeführt werden. Sie sind darauf zurückzuführen, dass die Zentralbank verzinste „Assets" in Form von Krediten und/oder ausländischen Wertpapieren hält, das von den Privaten gehaltene Zentralbankgeld (die Geldbasis) dagegen unverzinst (oder niedrig verzinst) ist. Die reale Rendite dieser „Assets" beträgt ($i - \pi$). Die Seigniorage würde nach diesem Konzept also aus den Zinseinnahmen bestehen, die letztlich dem Staat aus der Emission von Zentralbankgeld zufließen. Wann der Zufluss stattfindet, ist ökonomisch betrachtet irrelevant. Zusätzlich wäre noch der Zuwachs an Zentralbankgeld zu berücksichtigen, der aus der direkten Verschuldung des Staates bei der Zentralbank entsteht. Diese Möglichkeit ist allerdings durch den Maastricht-Vertrag ausgeschlossen. Somit resultieren als reale Seigniorage-Einnahmen

$$\begin{aligned}
S_t &= (i-\pi) \cdot \frac{MO_{t-1}}{P_t} + \frac{\Delta MO_t}{P_t} \\
&= (i-\pi) \cdot \frac{MO_{t-1}}{P_t} + \frac{\Delta MO_t}{MO_{t-1}} \cdot \frac{MO_{t-1}}{P_t} \\
&= (i-\pi) \cdot \frac{MO_{t-1}}{P_t} + \mu \cdot \frac{MO_{t-1}}{P_t} \\
&= (\mu + i - \pi) \cdot \frac{MO_{t-1}}{P_t} \\
&= (\mu + r) \cdot \frac{MO_{t-1}}{P_t}
\end{aligned}$$

Die Seigniorage entspricht also dem Produkt aus Wachstumsrate der nominalen Geldbasis μ ergänzt um den ex-post-Realzins ($i - \pi$). „Bemessungsgrundlage" der Seigniorage ist die reale Basisgeldhaltung MO/P. Da im Eurosystem die Mindestreserve zum Satz für das Hauptrefinanzierungsinstrument verzinst wird, ist diese Bemessungsgrundlage durch den Banknotenumlauf gegeben.

5. Die Aussage lässt sich unmittelbar an Gleichung (9) des Haupttextes erläutern. Diese gibt die Bedingung für eine Stabilisierung der Schuldenquote an und lautet

$$\frac{B_t}{Y_t} - \frac{B_{t-1}}{Y_{t-1}} = 0 \Leftrightarrow \frac{(T_t - G_t)}{Y_t} = (r + \pi^{erw} - \pi - g) \cdot \frac{B_{t-1}}{Y_{t-1}} - \frac{S_t}{Y_t}$$

Ist der Ausdruck auf der rechten Seite positiv, ist zur Stabilisierung der Schuldenquote ein Primärüberschuss ($T_t > G_t$) nötig. Dieser Fall wird bei $\pi^{erw} > \pi$ und hoher Verschuldung aus der Vergangenheit (B_{t-1}/Y_{t-1}) wahrscheinlicher. Allerdings reduziert der Geldschöpfungsgewinn (S_t) den notwendigen Überschuss. Unter Umständen ist deshalb eine Stabilisierung sogar mit einem Primärdefizit vereinbar. Ein monetärer Regimewechsel in Richtung auf mehr Preisstabilität, wie er seit den 90er Jahren weltweit feststellbar ist, stellt somit eine wichtige Änderung für die Finanzpolitik dar. Zusätzlich spielt dabei auch die Geschwindigkeit bzw. Trägheit, mit der sich die Inflationserwartungen nach unten anpassen, eine Rolle.

6. Die zentrale Logik der Vorschriften des Stabilitäts- und Wachstumspaktes zielt einerseits darauf ab, die Glaubwürdigkeit des Eurosystems im Sinne der Verwirklichung seines vertraglichen Auftrags zu sichern. Durch die Beschränkungen des fiskalpolitischen Handlungsspielraums soll von der EZB ein möglicher politischer Druck, die Zinsen zu senken, genommen werden („Glaubwürdigkeitsseite", Regelbindung). Durch glaubwürdige Regelungen kann die funktionelle Unabhängigkeit des Eurosystems gesichert werden.

Auf der anderen Seite sollen die öffentlichen Haushalte dauerhaft in einem Zustand gehalten werden, der auch in konjunkturellen Schwächephasen jederzeit tragfähig ist und genügend Spielraum für antizyklisches Verhalten lässt („Flexibilitätsseite"). Um die Defizitquote von 3% dauerhaft einzuhalten, dürfte dies allerdings nur der Fall sein, wenn die strukturellen (d.h. zyklisch bereinigten) Staatshaushalte ausgeglichen sind oder sogar Überschüsse aufweisen. Es ist ausdrücklich nicht das Ziel, ein Schwanken des Haushaltssaldos im Konjunkturzyklus zu verhindern. Die nationale staatliche Aktivität soll ja gerade eine nützliche nachfragestabilisierende Aufgabe durch diskretionäre und vor allem automatische Anpassungen erfüllen. Damit diese Stabilisatoren allerdings wirken können, muss genügend Spielraum vorhanden sein, um über einen längeren Zeitraum Schwankungen des Defizits um einen Durchschnittswert zu ermöglichen.

Antworten zu den Kontrollfragen zum Kapitel V.2:

1. Sinkende Transaktionskosten (Kosten des Währungstauschs und der Kurssicherung innerhalb der EWU entfallen), höhere Stabilität des gemeinsamen Euro im Vergleich zu den (früheren) Einzelwährungen gegenüber anderen Währungen (US-Dollar, Yen) sowie ein intensiverer Wettbewerb eröffnen Wachstumspotenziale und damit auch Lohnerhöhungsspielräume. In die gleiche Richtung wirkt

eine konsequent auf Preisniveaustabilität ausgerichtete Geldpolitik des Eurosystems. Die hierdurch begünstigten Stabilitätserwartungen wirken ebenso investitionsbelebend wie das infolge weitgehender Inflationsfreiheit mögliche niedrigere Zinsniveau am Kapitalmarkt.

2. Da innerhalb der EWU die nominalen Wechselkurse fix sind und für den Euro-Raum eine einheitliche Geldpolitik betrieben wird, entfallen bisherige nationale Anpassungsmöglichkeiten in der Form monetärer Alimentation lohnstückkostenbedingten Preisauftriebs und anschließender Währungsabwertung. Um zu vermeiden, dass bei geldpolitischem Stabilitätskurs des Eurosystems Lohnstückkostenerhöhungen negativ auf die Beschäftigung durchschlagen, muss eine zurückhaltende Lohnpolitik die Abfederung übernehmen.

3. Die mit der Währungsunion verbundene Lohntransparenz kann via Lohndemonstrationseffekte in Lohnangleichungsbestrebungen einmünden, die nicht durch entsprechende Produktivitätsentwicklungen gedeckt sind. Rasche Lohnangleichungen nach oben werden nicht nur in den Niedriglohnländern mit Hinweis auf Gerechtigkeitsvorstellungen, sondern auch in den Hochlohnländern, hier mit der Forderung nach Schutz vor sogenanntem Lohn- und Sozialdumping begründet, gefordert werden. Um die negativen Beschäftigungsfolgen in den Niedriglohnländern aufzufangen, werden Transfers aus den Hochlohnländern „erforderlich". Notwendige Arbeitsmarktreformen, die an den Ursachen der Beschäftigungsprobleme ansetzen, werden aufgeschoben, wodurch der „Transferbedarf" weiter verstärkt wird.

Antworten zu den Kontrollfragen zum Kapitel V.3:

1. Bei flexiblen Wechselkursen bildet sich der Wechselkurs am Markt. Bei festen Wechselkursen hingegen müssen die Zentralbanken der beteiligten Länder durch Interventionen bzw. eine entsprechende Zinspolitik eine bestimmte Wechselkursparität aufrechterhalten, wobei sich normalerweise der Wechselkurs innerhalb einer bestimmten Bandbreite bewegen kann. Beispiele für Festkurssysteme sind das Festkurssystem von Bretton-Woods (1945-1973) sowie das Europäische Währungssystem I (1979-1998) und II (seit 1999).

2. Der Unterschied zwischen einem Festkurssystem („förmliche Wechselkursvereinbarung") und (harten) Wechselkurszielzonen („allgemeine Orientierungen für die Wechselkurspolitik") ist rein formaler Natur. Während ein Festkurssystem auf einem förmlichen Vertrag zwischen den beteiligten Ländern beruht – der Ecofin-Rat kann eine förmliche Wechselkursvereinbarung für den Euro gegenüber Drittwährungen nur einstimmig beschließen –, liegen Wechselkurszielzonen, die der Ecofin-Rat mit qualifizierter Mehrheit beschließen kann, formlose Absprachen zwischen den beteiligten Ländern zugrunde. Theoretisch denkbar wäre auch eine einseitige Formulierung von Zielzonen. So könnte etwa der Ecofin-Rat einseitig das Eurosystem darauf festlegen, den Wechselkurs des € zum US-$ in bestimmten Bandbreiten zu stabilisieren, ohne dass die USA ähnlich handeln müssten.

3. Grundsätzlich stellt sich zunächst die Frage nach dem Wechselkurs, um den die Währungen schwanken dürfen. Wie soll ein solcher Kurs berechnet und festgelegt werden? Die Frage nach dem „fundamental gerechtfertigten Gleichgewichtskurs" lässt sich weder theoretisch noch empirisch zufrieden stellend beantworten. Für die Geldpolitik des Eurosystems hätten Wechselkurszielzonen zur Konsequenz, dass sich im Zweifelsfall das Ziel der Preisstabilität im Euro-Raum dem der Stabilisierung des Wechselkurses unterordnen müsste. Letztlich bliebe dem Eurosystem nichts anderes übrig, als seine Zinspolitik an dem Wechselkursziel auszurichten. Dies wäre allerdings ein eindeutiger Verstoß gegen das im Vertrag von Maastricht dem Eurosystem vorgegebene Ziel der Preisstabilität.

Literaturverzeichnis

Abel, A. B., Bernanke, B. S. (2005), Macroecnomics, 5.A., Addison Wesley, Boston et al.

Acemoglu, D., Johnson, S., Robinson, J. A. (2005), Institutions as a Fundamental Cause of Long-Run Growth, in: Aghion, P., Durlauf, S., Handbook of Economic Growth, Volume 1A, Elsevier/North-Holland, Amsterdam et al., S. 385-472.

Addison, J. T., Siebert, W. S. (Hg.) (1997), Labour Markets in Europe: Issues of Harmonization and Regulation, Dryden Press, London.

Afonso, A., (2006), Expansionary Fiscal Consolidations in Europe: New Evidence, ECB Working Paper No. 675, September 2006 (http://www.ecb.int).

Afonso, A., Strauch, R. (2007), Fiscal Policy Events and Interest Rate Swap Spreads: Evidence from the EU, Journal of International Financial Markets, Institutions & Money, Vol. 17, S. 261-276.

Ahearne, A. et al. (2002) Preventing Deflation: Lessons from Japan's Experience in the 1990s, Board of Governors of the Federal Reserve System, International Finance Discussion Papers 729, June, (http://www.federalreserve.gov/pubs).

Alberola-Ila, E., Tyrväinen, T. (1998), Is There Scope for Inflation Differentials in EMU?, Banco de España - Servicio de Estudios, Documento de Trabajo nº 9823.

Alesina, A., Summers, L.H. (1993), Central Bank Independence and Macroeconomic Performance: Some Comparative Evidence, Journal of Money, Credit and Banking, Vol. 25, S. 151-162.

Alexandre, F., Bação, P. (2002), Equity Prices and Monetary Policy: An Overview with an Exploratory Model, NIPE Working Paper No. 1/2002.

Altissimo, F., Georgiou, E., Sastre, T., Valderrama, M.T., Sterne, G., Stocker, M., Weth, M., Whelan, K., Willman, A. (2005): Wealth and Asset price Effects on Economic Activity, ECB Occasional Paper No. 29, June 2005 (http://www.ecb.int).

Anderson, R. G., Kavajecz, K. A. (1994), A Historical Perspective on the Federal Reserve's Monetary Aggregates: Definition, Construction and Targeting, Federal Reserve Bank of St. Louis Review, Vol. 76, No. 2, S. 1-31.

Anderson, R. G., Rasche, R. H. (2001), Retail Sweep Programs and Bank Reserves, 1994-1999, Federal Reserve Bank of St. Louis, Review, January/February 2001, S. 51-72 (http://www.stls.frb.org).

Andrés, J., Ballabriga, F., Vallés, J. (2000), Monetary Policy and Exchange Rate Behavior in the Fiscal Theory of the Price Level, Banco de España, Documento de Trabajo no. 0004 (http://www.bde.es).

Angeloni, I., Ehrmann, M. (2003), Monetary Transmission in the Euro Area: Early Evidence, Economic Policy, Vol. 37, S. 469-501.

Angeloni, I., Kashyap, A. K., Mojon, B., Terlizzese, D. (2003a), Monetary Transmission in the Euro Area: Where do we stand?, in Angeloni, I., Kashyap, A. K., Mojon, B. (Hg), Monetary Policy Transmission in the Euro Area, Cambridge University Press, Cambridge, S. 383-412.

Angeloni, I., Kashyap, A. K., Mojon, B., Terlizzese, D. (2003b), The Output Composition Puzzle: A Difference in the Monetary Transmission Mechanism in the Euro Area and U.S., European Central Bank, Working Paper No. 268, September 2003 (http://www.ecb.int).

Apel, E. (2003), Central Banking Systems Compared, Routledge, London et al.

Arestis, P., Brown, A., Sawyer, M. (2001), The Euro Evolution and Prospects, Edward Elgar, Cheltenham (UK) et al.

Arnold, I. J. M., Kool, C. J. M., Raabe, K. (2006), Industries and the Bank Lending Effects of Bank Credit Demand and Monetary Policy in Germany, Deutsche Bundesbank, Discussion Paper Series 1: Economic Studies, No. 48 (http://www.bundesbank.de).

Arnold, I. J. M., Vrugt, E. B. (2004), Firm Size, Industry Mix and the Regional Transmission of Monetary Policy in Germany, German Economic Review, Vol. 5, Issue 1, S. 35-59.

Aschinger, G. (1995), Börsenkrach und Spekulation, Vahlen, München.

Aschinger, G. (2002), Currency Board, Dollarisation or Flexible Exchange Rates for Emerging Economies? Reflections on Argentinia, in: Intereconomics, March/April 2002, S. 110-115.

Backé, P., Thimann, C., Arratibel, O., Calvo-Gonzalez, O., Mehl, A., Nerlich C. (2004), The Acceding Countries' Strategies Towards ERM II and the Adoption of the Euro: An Analytical Review, Occasional Paper No. 10, Februar 2004 (http://www.ecb.int).

Backhaus, J. (1989), Schmollers Grundriß der Allgemeinen Volkswirtschaftslehre: Ein aktueller Klassiker, in: Backhaus, J., Shionoya, Y., Schefold, B., Gustav von Schmollers Lebenswerk – Eine kritische Analyse aus moderner Sicht, Verlag Wirtschaft und Finanzen, Düsseldorf.

Bain, K., Howells, P. (2005), The Economics of Money, Banking and Finance – A European Text, 3. A., Prentice Hall, London et al.

Balassa, B. (1964), The Purchasing Power Doctrine: A Reappraisal, Journal of Political Economy, Vol. 72, S. 584-596.

Balassone, F., Monacelli, D. (2000), EMU Fiscal Rules: Is there a Gap?, Banca d'Italia, Temi di Discussione del Servizio Studi Nr. 375, July 2000 (http://www.bancaditalia.it).

Baldwin, R., Wyplosz, C. (2006), The Economics of European Integration, 2. A., McGraw Hill, London et al..

Baltensperger, E. (2000), Die Rolle des Geldes im Inflation Targeting, in: Engel, G., Rühmann, P. (Hg.), Geldpolitik und Europäische Währungsunion, Vandenhoeck & Ruprecht, Göttingen.

Baltensperger, E., Jordan, T. J. (1997), Principles of Seigniorage, Schweizerische Zeitschrift für Volkswirtschaft und Statistik, 133. Jg., S. 133-151.

Banca d'Italia (Hg.) (2001), Fiscal Rules, Papers presented at the Bank of Italy Workshop held in Perugia, 1-3 February 2001.

Bank of England, Reform of the Bank of England's Operations in the Sterling Money, April 2005 (http://www.bankofengland.co.uk).

Banque de France (2006), Re-examining the Money Demand Function for the Euro Area, Bulletin Summer 2006, S. 5-28 (http://www.banque-france.fr).

Bartolini, L., Prati, A. (2003), The Execution of Monetary Policy: a tale of two central banks (ECB/US Federal Reserve), Economic Policy, Vol. 37, S. 435-467.

Beetsma, R. M. J. W., Bovenberg, A. L. (1999), Does Monetary Unification Lead to Excessive Debt Accumulation?, Journal of Public Economics, Vol. 74, S. 299-325.

Beetsma, R. M. J. W., Debrun, X. (2007), The New Stability and Growth Pact: A first assessment, European Economic Review, Vol. 51, S. 453-477.

Beetsma, R. M. J. W., Jensen, H. (2003), Contingent Deficit Sanctions and Moral Hazard with a Stability Pact, Journal of International Economics, Vol. 61, S. 187-208.

Beetsma, R. M. J. W., Uhlig, H. (1999), An Analysis of the Stability and Growth Pact, Economic Journal, Vol. 109, S. 546-571.

Behr, A., Bellgart, E. (2002), Dynamic Q-Investment Functions for Germany using Panel Balance Sheet Data and a New Algorithm for the Capital Stock at Replacement Values, Discussion Paper 23/02, Economic Research Centre oft the Deutsche Bundesbank, September 2002 (http://www.bundesbank.de).

Beinhocker, E. (2007), Die Entstehung des Wohlstands – Wie Evolution die Wirtschaft antreibt, mi-Fachverlag, Landsberg/Lech.

Belke, A. (1996), Theorie und Empirie politischer Konjunkturzyklen – Eine kritische Analyse der Zeitreihendynamik in Partisan-Ansätzen, J. C. B. Mohr (Siebeck), Tübingen.

Belke, A. (1998), Maastricht-Implications of a Centralised Monetary and Currency Policy for Employment in Europe, in: Welfens, P. J. J. (Hg.), European Labour Market and Social Security – Wage Costs, Social Security Financing and Labour Market Reforms in Europe, Springer, Berlin et al., S. 195-246.

Belke, A., Baumgärtner, F., Kösters, W. (2004), Was bleibt vom Maastrichter Stabilitätsversprechen?, Wirtschaftsdienst, 84. Jg., S. 22-25.

Belke, A., Gros, D. (1998), Asymmetric Shocks and EMU: Is there a Need for a Stability Fund?, Intereconomics, Vol. 33, Nr. 6, S. 274-288.

Belke, A., Gros, D. (1999), Estimating the Costs and Benefits of EMU: The Impact of External Shocks on Labour Markets, Weltwirtschaftliches Archiv, Bd. 135, S. 1-47.

Belke, A., Hebler, M., Setzer, R. (2003), Euroisierung der mittel- und osteuropäischen Beitrittskandidaten – ein alternativer Weg in die Währungsunion?, Perspektiven der Wirtschaftspolitik, Band 4, S. 425-436.

Benati, L., Vitale, G. (2007), Joint Estimation of the Natural Rate of Interest, the Natural Rate of Unemployment, Expected Inflation and Potential Output, ECB Working Paper No. 797, August 2007 (http://www.ecb.int).

Berger, H. (2004), Die ökonomischen Herausforderungen der EWU-Erweiterung, in: Deutsche Bank Research (2004b), EU-Monitor Beiträge zur europäischen Integration, Nr. 12, März 2004, S. 25-33.

Bergin, P.R. (2000), Fiscal Solvency and Price Level Determination in a Monetary Union, Journal of Monetary Economics, Vol. 45, S. 37-53.

Bergmann, J., Lenz, C. (Hg.) (1998), Der Amsterdamer Vertrag, Omnia.

Berk, J.M. (1998), Monetary Transmission: What do we know and how can we use it? Quarterly Review, Banca Nazionale de Lavoro, Nr. 205, S. 145-170.

Berk, J.M., van Bergeijk, J. (2001), On the Information Content of the Yield Curve: Lessons for the Eurosystem?, Kredit und Kapital, Vol. 34, S. 28-47.

Bernanke, B.S., Gertler, M., Gilchrist, S. (1994), The Financial Accelerator and the Flight to Quality, NBER Working Paper No. 4789.

Bernanke, B.S., Gertler, M. (1995), Inside the Black Box: The Credit Channel of Monetary Policy Transmission, The Journal of Economic Perspectives, Vol. 9, S. 27-48.

Bernanke, B.S., Gertler, M. (2001), Should Central Banks Respond to Movements in Asset Prices?, American Economic Review, Papers & Proceedings, S. 253-257.

Bernanke, B.S., Woodford, M. (Hg.) (2004), Inflation Targeting, The University of Chicago Press, Chicago.

Bernoth, K., von Hagen, J., Schuknecht, L. (2004), Sovereign Risk Premia in the European Government Bond Market, ECB Working Paper No. 369, Juni 2004 (http://www.ecb.int).

Berthold, N., Fehn, R. (1998), Does EMU Promote Labor Market Reforms?, Kyklos, Vol. 51, S. 509-536.

Berthold, N., Neumann, M. (2004), Der gemeinsame Europäische Arbeitsmarkt. Wunschdenken oder Realität? WiSt, 33. Jg., S. 386-393.

Bertola, G., Caballero, R.J. (1992), Target Zones and Realignments, American Economic Review, Vol. 82, S. 520-536.

BHF-Bank (1996), Issing's Law, die Währungsunion und das Bundesbankgesetz, Wirtschaftsdienst Nr. 1807 vom 13. Januar 1996.

Bindseil, U. (2004a), Monetary Policy Implementation, Theory – Past – Present, Oxford University Press, Oxford.

Bindseil, U. (2004b), The Operational Target of Monetary Policy and the Rise and Fall of Reserve Position Doctrine, ECB Working Paper, No. 372, Juni 2004 (http://www.ecb.int).

Bindseil, U., Seitz, F. (2001), The Supply and Demand for Eurosystem Deposits The First 18 Months, European Central Bank, Working Paper, No. 44, Februar 2001 (http://www.ecb.int).

Bisani, H.P. (2004), Entwicklung der Kreditpreise, in: Übelhör, M., Warns, C. (Hg.), Basel II – Auswirkungen auf die Finanzierung – Unternehmen und Banken im Strukturwandel, Heidenau, S. 105 ff.

Blanchard, O. (2005), Macroeconomics, 4.A., Upper Saddle River, New Jersey.

Blanchard, O., Illing, G. (2006), Makroökonomie, 4.A., Pearson, München.

Blinder, A., Goodhart, C., Hildebrand, P., Lipton, D., Wyplosz, C. (2001), How Do Central Banks Talk?, Geneva Reports on the World Economy 3, Geneva.

Blundell-Wignall, A. (2007), Structured products: Implications for financial markets, OECD Financial Market Trends, No. 93, Vol. 2, S. 27–57.

Board of Governors of the Federal Reserve System (2005), The Federal Reserve System – Purposes and Functions, Washington D.C. (http://www.federalreserve.gov/pf/pf.htm).

Bofinger, P. (2000), A Framework for Stabilizing the Euro/Yen/Dollar Triplet, The North American Journal of Economics and Finance, Vol. 11, S. 137–151.

Bonefeld, W. (Hg.) (2001), The Politics of Europe, Palgrave, Basingstoke (GB) et al.

Boone, L., Mikol, F., van den Noord, P. (2004), Wealth Effects on Money Demand in EMU: Econometric Evidence, OECD Economics Department Working Papers No. 411 (http://www.oecd.org).

Bordes, C., Clerc, L., Marimoutou, V. (2007), Is there a Structural Break in Equilibrium Velocity in the Euro Area, Banque de France Working Paper No. 165, February 2007 (http://www.banque-france.fr).

Borio, C. L. (1997), Monetary Policy Operating Procedures in Industrial Countries, BIS Working Paper, Nr. 40, March 1997 (http://www.bis.org/publ/index.htm).

Borio, C. L. (2001), A Hundred Ways to Skin a Cat: Comparing Monetary Policy Operating Procedures in the United States, Japan and the Euro Area, in: BIZ (Hg.), Comparing Monetary Policy Operating Prodcedures across the United States, Japan and the Euro Area, BIS Paper New Series Nr. 9, December 2001, S. 1–22 (http://www.bis.org).

Borio, C. L., Lowe, P. (2002), Asset Prices, Financial and Monetary Stability: Exploring the Nexus, BIS Working Paper No. 114, July 2002 (http://www.bis.org).

Borio, C. L., Lowe, P. (2004), Securing Sustainable Price Stability: Should Credit Come Back from the Wilderness, BIS Working Paper No. 157, July 2004 (http://www.bis.org).

Boskin, M., Dulberger, E., Gordon, J., Griliches, Z., Jorgenson, D. (Advisory Commission To Study The Consumer Price Index) (1996), Toward a More Accurate Measure of the Cost of Living, Washington.

Bowles, C., Friz, R., Genre, V., Kenny, G., Meyler, A., Rautanen, T. (2007), The ECB Survey of Professional Forecasters (SPF): A Review After Eight Years' Experience, ECB Occasional Paper No. 59, April 2007 (http://www.ecb.int).

Braasch, B. (1996), Zur Professionalisierung des Anlageverhaltens und ihren Auswirkungen auf den internationalen Zinszusammenhang und die Geldpolitik, in: Gahlen, B., Hesse, H., Ramser H. J. (Hg.), Finanzmärkte, Mohr Siebeck, Tübingen, S. 331-352.

Brand, C., Cassola, N. (2000), A Money Demand System for Euro Area M3, ECB Working Paper No. 39, November 2000 (http://www.ecb.int).

Brand, C., Reimers, H.-E., Seitz, F. (2004), Narrow Money and the Business Cycle: Theoretical Aspects and Euro Area Evidence, Jahrbuch für Wirtschaftswissenschaften, Vol. 55, S. 246-262.

Breuss, F. (1999), Wozu fiskalische Tragfähigkeit in der Wirtschafts- und Währungsunion der Europäischen Union?, in: Neck, R., Holzmann, R. (Hg.), Was wird aus Euroland?, Manzsche Verlags- und Universitätsbuchhandlung, Wien, S. 97-159.

Brooke, M., Clare A., Lekkos, I. (2000), A Comparison of Long Bond Yields in the United Kingdom, the United States, and Germany, Bank of England Quarterly Bulletin, Vol. 46, S. 150-158.

Bruggemann, A., Donati, P., Warne, A. (2003), Is the Demand for Euro Area M3 Stable?, in: Issing, O. (Hg.), Background Studies for the ECB's Evaluation of its Monetary Policy Strategy, S. 245-300 (http://www.ecb.int).

Brüggemann, R., Lütkepohl, H. (2006), A Small Monetary System for the Euro Area based on German Data, Journal of Applied Econometrics, Vol. 21, S. 683-702.

Brunila, A., Buti, M., Veld, J. (2003), Fiscal Policy in Europe: How Effective are Automatic Stabilisers?, Empirica, Vol. 30, S. 1-24.

Buiter, W. H. (1999), ‚Alice in Euroland', Journal of Common Market Studies, Vol. 37, No. 2, S. 181-209.

Buiter, W. H., Corsetti, G., Roubini, N. (1992), „Excessive Deficits": Sense and Nonsense in the Treaty of Maastricht, CEPR Discussion Paper No. 750.

Bundesministerium des Innern (Hg.) (1998), Deutsche Einheit - Sonderedition aus den Akten des Bundeskanzleramtes 1989/90, Oldenbourg-Verlag, München.

Calmfors, L. (1998a), Macroeconomic Policy, Wage Setting and Employment - What Differences does EMU Make?, Oxford Review of Economic Policy, Vol. 14, S. 125-151.

Calmfors, L. (1998b), Monetary Union and Precautionary Labour-Market Reform, Institute for International Economic Studies, Seminar Paper No. 659. (http://www.iies.su.sel).

Calmfors, L., Johansson, A. (2006), Nominal Wage Flexibility, Wage Indexation and Monetary Union, Economic Journal, Vol. 116, S. 283-308.

Calza, A., Gerdesmeier, D., Levy, J. (2001), Euro Area Money Demand: Measuring the Opportunity Costs Appropriately, IMF Working Paper No. 01/179 (http://www.imf.org).

Calza, A., Zaghini, A. (2006), Non-linear Dynamics in the Euro Area Demand for M1, ECB Working Paper No. 592, Februar 2006 (http://www.ecb.int).

Capie, F. H., Wood, G. E. (2003a), Introduction, in: Capie, F.H., Wood, G. E. (Hg.), Monetary Unions: Theory, History, Public Choice, Routledge, London, S. 1-6.

Capie, F. H., Wood, G. E. (Hg.) (2003b), Monetary Unions, Theory, History, Public Choice, Routledge, London.

Carlstrom, C. T., Fuerst, T. S. (2000), The Fiscal Theory of the Price Level, Federal Reserve Bank of Cleveland Economic Review, Vol. 36, No. 1, S. 22-32 (http://www.clev.frb.org).

Carstensen, K. (2006), Stock Market Downswing and the Stability of European Monetary Union Money Demand, Journal of Business and Economic Statistics, Vol. 25, S. 395-402.

Casella, A. (1999), Tradable Deficit Permits: Efficient Implementation of the Stability Pact in the European Monetary Union, Economic Policy, Nr. 29, S. 321-361.

Caves, R. A., Frankel, J. A., Jones, R. W., (2002), World Trade and Payments, 9. A., Addison Wesley, Boston et al.

Cecchetti, S. G. (2001), Legal Structure, Financial Structure and the Monetary Policy Transmission Mechanism, in: Deutsche Bundesbank (Hg.), The Monetary Transmission Process, Recent Developments and Lessons for Europe, Palgrave, Chippenham, S. 170-194.

Cecchetti, S. G., Chu, R. S., Steindel, C. (2000), The Unreliability of Inflation Indicators, Federal Reserve Bank of New York, Current Issues in Economics and Finance, Vol. 6, No. 4 (http://www.ny.frb.org).

Cecchetti, S. G., Genberg, H., Lipsky, J., Wadhwani, S. (2000), Asset Prices and Central Bank Policy, International Center for Monetary and Banking Studies, London.

Chamberlin, G., Yueh, L (2006), Macroeconomics, Thomson, London.

Chatelain, J.-B., Generale, A., Hernando, I., von Kalckreuth, U., Vermeulen, P. (2003a), Firm Investment and Monetary Policy Transmission in the Euro Area, in: Angeloni, I., Kashyap, A. K., Mojon, B. (Hg.), Monetary Policy Transmission in the Euro Area, Cambridge University Press, S. 133-161.

Chatelain, J.-B., Ehrmann, M., Generale, A., Martínez-Pages, J., Vermeulen, P., Worms, A. (2003b), Monetary Policy Transmission in Euro Area: New Evidence from Micro Data on Firms and Banks, Journal of the European Economic Association, Vol. 1 (2-3), S. 731-742.

Chowdhury, I., Hoffmann, M., Schabert, A. (2006), Inflation Dynamics and the Cost Channel of Monetary Transmission, European Economic Review, Vol. 50, S. 995-1016.

Christiano, L., Rostagno, M. (2001), Money Growth Monitoring and the Taylor Rule, NBER Working Paper No. 8539.

Christiano, L. J., Fitzgerald, T. J. (2000), Understanding the Fiscal Theory of the Price Level, Federal Reserve Bank of Cleveland Economic Review, Vol. 36, No. 2, S. 2-38 (http://www.clev.frb.org).

Ciccarelli, M., Rebucci, A. (2002), The Transmission Mechanism of European Monetary Policy: is there heterogeneity? Is it changing over time?; IMF Working Paper 02154 (http://www.imf.org).

Clapham, R. (2004), Wirtschaftsverfassung für Europa, in: Aus Politik und Zeitgeschichte, Beilage zur Wochenzeitung Das Parlament vom 19. April 2004, B 17/2004, S. 21-28.

Clarida, R., Gali, J., Gertler, M. (1999), The Science of Monetary Policy: A New Keynesian Perspective, Journal of Economic Literature, Vol. 37, S. 1661-1707.

Clausen, V. (2001), Asymmetric Monetary Transmission, Springer, Berlin et al.

Clausen, V., Hayo, B. (2002), Asymmetric Monetary Policy Effects in EMU, ZEI Working Paper B02-04 (http://www.zei.de).

Clostermann, J., Schnatz, B. (2000), The Determinants of the Euro-Dollar Exchange Rate: Synthetic Fundamentals and a Non existing Currency, Konjunkturpolitik, Applied Economics Quaterly, 46. Jg., H. 3, S. 274-302.

Clostermann, J., Seitz, F. (2002), Der Zusammenhang zwischen Geldmenge, Output und Preisen in Deutschland – ein Vektorfehlerkorrektur-P-Star-Ansatz, Jahrbücher für Nationalökonomie und Statistik, Vol. 222, S. 641-655.

Coenen, G., Levin, A., Wieland, V. (2001), Data Uncertainty and the Role of Money as an Information Variable, ECB Working Paper No. 84, November 2001 (http://www.ecb.int).

Coenen, G., Vega, J.-L. (2001), The Demand for M3 in the Euro Area, Journal of Applied Econometrics, Vol. 16, S. 727-748.

Cohen, D., Follette, G. (2000), The Automatic Fiscal Stabilizers: Quietly Doing their Thing, Federal Reserve Bank of New York Economic Policy Review, Vol. 6, No. 1, S. 35-67 (http://www.ny.frb.org)

Cruijsen, C. van der, Eijffinger, S. C. W. (2007), The Economic Impact of Central Bank Transparency: A Survey, CentER Discussion Paper 2007-06, Januar.

Cukierman, A. (2001), Accountability, Credibility, Transparency and Stabilization Policy in the Eurosystem, in Wyplosz, C. (Hg.), The Import of EMU on Europe and the Developing Countries, Oxford University Press, Oxford, S. 40-75.

Cukierman, A., Lippi, F. (2000), Labor Markets and Monetary Union: A Strategic Analysis, Banca d'Italia, Temi di Discussione, No. 365, February 2000 (http://www.bancaditalia.it).

De Bondt, G. J. (2000), Financial Structure and Monetary Transmission in Europe, Edward Elgar, Cheltenham.

De Bondt, G. J. (2005), Interest Rate Pass Through: Empirical Results for the Euro Area, German Economic Review, Vol. 6, S. 37-78.

De Grauwe, P. (2007), Economics of Monetary Union, 7. A., Oxford University Press, Oxford (http://www.cesifo.de).

De Grauwe, P., Grimaldi, M. (2006), The Exchange Rate in a Behavioral Finance Framework, Princeton University Press, Princeton et al.

De Grauwe, P., Sénégas, M.-A. (2003), Monetary Policy in EMU When the Transmission is Asymmetric and Uncertain, CESifo Working Paper No. 891.

De Haan, J., Berger, H. (2003), How to Tie Your Hands: a currency board versus an independent central bank, in: Mullineux, A. W., Murinde, V. (Hg.), Handbook of International Banking, Edward Elgar, Cheltenham (UK) et al., S. 156-172.

De Haan, J., Maier, P., Sturm, J.-E. (2002), Political Pressure on the Bundesbank: an empirical investigation using the Havrilesky approach, in: Journal of Macroeconomics, Vol. 24, S. 103-123.

De Nederlandsche Bank (2001), A Comparative Study of the Federal Reserve System and the ESCB, Quarterly Bulletin, March 2001, S. 55-64 (http://www.dnb.nl).

Dedola, L., Lippi, F. (2005), The Monetary Transmission Mechanism: Evidence from the Industries of Five OECD Countries, European Economic Review, Vol. 49, S. 1543-1569.

Der Spiegel (1998), Abschied von der D-Mark, Nr. 18 vom 27. 4. 1998.

Deutsche Bank Research (2004a), EU Monitor Reports on European integration, No. 11, January 2004 (http://www.dbresearch.com).

Deutsche Bank Research (2004b), EU-Monitor Beiträge zur europäischen Integration, Nr. 12, März 2004 (http://www.dbresearch.com).

Deutsche Bundesbank (1993a), Zum Einfluss von Auslandstransaktionen auf Bankenliquidität, Geldmenge und Bankkredite, Monatsbericht Januar 1993, 45. Jg., S. 19-34.

Deutsche Bundesbank (1993b), Die jüngsten geld- und währungspolitischen Beschlüsse und die Entwicklung im Europäischen Währungssystem, Monatsbericht August 1993, 45. Jg., S. 19-27.

Deutsche Bundesbank (1997a), Informationsbrief zur Europäischen Wirtschafts- und Währungsunion, Nr. 3 (Konvergenzkriterien) (http://www.bundesbank.de).

Deutsche Bundesbank (1997b), Wichtige Elemente des Stabiltäts- und Wachstumspakts, Informationsbrief zur Europäischen Wirtschafts- und Währungsunion, Nr. 6, Mai 1997, S. 3-9 (http://www.bundesbank.de).

Deutsche Bundesbank (1998a), Entwicklung des Bankensektors und Marktstellung der Kreditinstitutsgruppen seit Anfang der neunziger Jahre, Monatsbericht März 1998, 50. Jg., S. 33-64 (http://www.bundesbank.de).

Deutsche Bundesbank (1998b), Informationsbrief zur Europäischen Wirtschafts- und Währungsunion. Nr. 10 (Wirtschaftspolitische Koordinierung, Wechselkurspolitik und Außenvertretung der Europäischen Gemeinschaft in der Endstufe der Wirtschafts- und Währungsunion) (http://www.bundesbank.de).

Deutsche Bundesbank (1998c), Probleme der Inflationsmessung, Monatsbericht Mai 1998, 50. Jg., S. 53-66 (http://www.bundesbank.de).

Deutsche Bundesbank (1998d), Stellungnahme des Zentralbankrates zur Konvergenzlage in der Europäischen Union im Hinblick auf die Dritte Stufe der Wirtschafts- und Währungsunion, Monatsbericht April 1998, 50. Jg., S. 17-40 (http://www.bundesbank.de).

Deutsche Bundesbank (1998e), Die technische Ausgestaltung des neuen europäischen Wechselkursmechanismus, Monatsbericht Oktober 1998, 50. Jg., S. 19-25 (http://www.bundesbank.de).

Deutsche Bundesbank (1998f), Informationsbrief zur Europäischen Wirtschafts- und Währungsunion. Nr. 11 (Stellungnahmen der Deutschen Bundesbank zur Europäischen Währungsunion) (http://www.bundesbank.de).

Deutsche Bundesbank (1998g), Europapolitische Entscheidungen vom 1. Mai bis 3. Mai 1998 machen den Weg frei für den Euro-Start am 1. Januar 1999, Monatsbericht Mai 1998, 50. Jg., S. 17-26 (http://www.bundesbank.de).

Deutsche Bundesbank (1998h), Eine stabilitätsorientierte geldpolitische Strategie für das ESZB, Informationsbrief zur WWU, Nr. 16, 16. November 1998. (http://www.bundesbank.de).

Deutsche Bundesbank (1999a), Neuere Entwicklungen beim elektronischen Geld, Monatsbericht Juni 1999, 51. Jg., S. 41-58 (http://www.bundesbank.de).

Deutsche Bundesbank (1999b), Taylor-Zins und Monetary Conditions Index, Monatsbericht April 1999, 51. Jg., S. 47-63 (http://www.bundesbank.de).

Deutsche Bundesbank (1999c), Entwicklung und Finanzierungsaspekte der öffentlichen Investitionen, Monatsbericht April 1999, 51. Jg., S. 29-46 (http://www.bundesbank.de).

Deutsche Bundesbank (2000a), Kerninflationsraten als Hilfsmittel der Preisanalyse, Monatsbericht April 2000, 52. Jg., S. 49-63 (http://www.bundesbank.de).

Deutsche Bundesbank (2000b), Die Integration des deutschen Geldmarkts in den einheitlichen Euro-Geldmarkt, Monatsbericht Januar 2000, 52. Jg., S. 15-32 (http://www.bundesbank.de).

Deutsche Bundesbank (2001a), Neuere institutionelle Entwicklungen in der wirtschafts- und währungspolitischen Kooperation, Monatsbericht Januar 2001, 53. Jg., S. 15-34 (http://www.bundesbank.de).

Deutsche Bundesbank (2001b), euro 2002, Informationen zur Euro-Bargeldeinführung, Nr. 3, Februar 2001 (http://www.bundesbank.de).

Deutsche Bundesbank (2001c), Perspektiven der EU-Erweiterung nach dem Europäischen Rat von Nizza, Monatsbericht März 2001, 53. Jg., S. 15-18 (http://www.bundesbank.de).

Deutsche Bundesbank (2001d), Geschäftsbericht 2000 (http://www.bundesbank.de).

Deutsche Bundesbank (2001e), How to Pave the Road to E(M)U: the Monetary Side of the Enlargement Process (and its Fiscal Support), Beiträge zu einer gemeinsamen Konferenz der Bundesbank, des Center for Financial Studies und der Nationalbank Ungarns am 26./27. Oktober 2001 in Eltville (http://www.bundesbank.de).

Deutsche Bundesbank (2001f), Währungspolitische Aspekte der EU-Erweiterung, Monatsbericht Oktober 2001, 53. Jg., S. 15-31 (http://www.bundesbank.de).

Deutsche Bundesbank (2001g), Realzinsen: Entwicklung und Determinanten, Monatsbericht Juli 2001, 53 Jg., S. 33-50 (http://www.bundesbank.de).

Deutsche Bundesbank (2002a), Fundamentale Bestimmungsfaktoren der realen Wechselkursentwicklung in den mittel- und osteuropäischen Beitrittsländern, Monatsbericht Oktober 2002, 54. Jg., S. 49-62 (http://www.bundesbank.de).

Deutsche Bundesbank (2002b), Die Europäische Wirtschafts- und Währungsunion (http://www.bundesbank.de).

Deutsche Bundesbank (2002c), Die Europäische Wirtschafts- und Währungsunion, Dezember 2002 (http://www.bundesbank.de).

Deutsche Bundesbank (2003a), Wirtschafts- und währungspolitische Zusammenarbeit der EU mit den beitretenden Ländern nach Unterzeichnung des Beitrittsvertrages, Monatsbericht Juli 2003, 55. Jg., S. 15-20 (http://www.bundesbank.de).

Deutsche Bundesbank (2003b), Zur Währungsverfassung nach dem Entwurf einer Verfassung für die europäische Union, Monatsbericht November 2003, 55. Jg., S. 67-71 (http://www.bundesbank.de).

Deutsche Bundesbank (2003c), Stellungnahme des Vorstands der Deutschen Bundesbank zum Entwurf eines EU-Verfassungsvertrages und zum Stabilitäts- und Wachstumspakt vom 10. 12. 2003 (http://www.bundesbank.de).

Deutsche Bundesbank (2003d), Die Entwicklung der öffentlichen Finanzen in Deutschland nach der Qualifikation für die Europäische Währungsunion, Monatsbericht April 2003, 55. Jg., S. 15-33 (http://www.bundesbank.de).

Deutsche Bundesbank (2004a), Geschäftsbericht 2003 (http://bundesbank.de).

Deutsche Bundesbank (2004b), Erste Erfahrungen mit dem neuen geldpolitischen Handlungsrahmen und der Beitrag der Bundesbank zur Liquiditätssteuerung des Eurosystems, Monatsbericht Juli 2004, 56. Jg., S. 51-68 (http://bundesbank.de).

Deutsche Bundesbank (2004c), Die Europäische Wirtschafts- und Währungsunion, Februar 2004 (http://www.bundesbank.de).

Deutsche Bundesbank (2005a), Der Zusammenhang zwischen Geldmenge und Preisen, Monatsbericht Januar 2005, 57. Jg., S. 15-27 (http://www.bundesbank.de).

Deutsche Bundesbank (2005b), Defizitbegrenzende Haushaltsregeln und nationaler Stabilitätspakt in Deutschland, Monatsbericht April 2005, 57. Jg., S. 23-38 (http://www.bundesbank.de).

Deutsche Bundesbank (2005c), Wechselkurs und Zinsdifferenz: jüngere Entwicklungen seit Einführung des Euro, Monatsbericht Juli 2005, 57. Jg., S. 29-45 (http://www.bundesbank.de).

Deutsche Bundesbank (2005d), Die Änderungen am Stabilitäts- und Wachstumspakt, Monatsbericht April 2005, 57. Jg., S. 15-21 (http://www.bundesbank.de).

Deutsche Bundesbank (2005e), Wechselkurs und Zinsdifferenz: jüngere Entwicklungen seit Einführung des Euro, Monatsbericht Juli 2005, 57. Jg., S. 29-45 (http://www.bundesbank.de).

Deutsche Bundesbank (2006), Zum Informationsgehalt von Umfragedaten über die Inflationserwartungen des privaten Sektors für die Geldpolitik, Monatsbericht Oktober 2006, 58. Jg., S. 15-28 (http://www.bundesbank.de).

Deutsche Bundesbank (2007a), Geschäftsbericht 2006 (http://www.bundesbank.de).

Deutsche Bundesbank (2007b), Monatsbericht September, 59. Jg. (http://www.bundesbank.de).

Deutsche Bundesbank (2007c), Der Zusammenhang zwischen monetärer Entwicklung und Immobilienmarkt, Monatsbericht August 2007, 59. Jg., S. 15-27 (http://www.bundesbank.de).

Deutsche Bundesbank (2007d), Finanzstabilitätsbericht 2007, November 2007.

Deutscher Bundestag (1956), Entwurf eines Gesetzes über die Deutsche Bundesbank vom 18. 10. 1956, Bundestags-Drucksache 2/2781.

Dewald, W.G. (2003), Bond Market Inflation Expectations and Longer-Term Trends in Broad Monetary Growth and Inflation in Industrial Countries, 1880-2001, ECB Working Paper No. 253, September 2003 (http://www.ecb.int).

Dobrinsky, R. (2003), Convergence in Per Capita Income Levels, Productivity Dynamics and Real Exchange Rates in the EU Acceding Countries, Empirica, 30. Jg., S. 305-334.

Dohse, D., Krieger-Boden, C., Soltwedel, R. (1999), Europäische Währungsunion und Arbeitsmarkt, Wirtschaftswissenschaftliches Studium, 28. Jg., S. 54-61.

Dowd, K. (Hg.) (1992), The Experience of Free Banking, Routledge, London et al.

Dowd, K. (2003), Free Banking, in: Mullineuz, A., Murinde, V. (Hg.), Handbook of International Banking, Edward Elgar, Cheltenham (UK) et al., S. 173-190.

Dreger, C., Wolters, J. (2006), Investigating M3 Money Demand in the Euro Area - New Evidence based on Standard Models, DIW Discussion Paper No. 561, March 2006 (http://www.diw.de).

Duarte, A., Venetis, I.A., Paya, I. (2005), Predicting Real Growth and the Probability of Recession in the Euro Area Using the Yield Spread, International Journal of Forecasting, Vol. 21, S. 261-277.

Duval, R., Elmeskov, J. (2006), The Effects of EMU on Structural Reforms in Labour and Product Markets, ECB Working Paper No. 596 (http://www.ecb.int).

Dyson, K. (Hg.) (2002), European States and the Euro, Oxford University Press, Oxford.

ECE (UN - Economic Commission for Europe) (2001), Economic Survey of Europe 2001 No. 1, United Nations New York and Geneva, Kap. 6, S. 227-239.

ECOFIN-Rat (2001), Pressenotiz zur Tagung am 12. 2. 2001 in Brüssel (http://www.europa.eu.int).

EEAG-European Economic Advisory Group at CESifo (2004), Report on the European Economy 2004 (www.cesifo.de).

Égert, B., Ritzberger-Grünwald, D., Silgoner, M.A.(2004), Inflationsdifferenziale in Europa: Erfahrungen der Vergangenheit und Blick in die Zukunft, Österreichische Nationalbank, Geldpolitik und Wirtschaft, 1. Quartal 2004, S. 50-78 (http://www.oenb.at).

Ehrmann, M. (2000a), Comparing Monetary Policy Transmission Across European Contries, Weltwirtschaftliches Archiv, Bd 136, S. 58-83.

Ehrmann, M. (2000b), Firm Size and Monetary Policy Transmission: Evidence from German Business Survey Data, ECB Working Paper No. 21 (http://www.ecb.int).

Ehrmann, M., Gambacorta, L., Martínez-Pages, J., Sevestre, P., Worms, A. (2003a), The Effects of Monetary Policy in the Euro Area, in: Artis, M., Allsopp, C. (Hg.): EMU, four Years On; Oxford Review of Economic Policy, Vol. 19, S. 58-72.

Ehrmann, M., Gambacorta, L., Martínez-Pages, J., Sevestre, P., Worms, A. (2003b), Financial Systems and the Role of Banks in Monetary Policy Transmission in the Euro, in: Angeloni, I., Kashyap, A. K., Mojon, B. (Hg.), Monetary Policy Transmission in the Euro Area, Cambridge University Press, Cambridge, S. 235-269.

Ehrmann, M., Smets, F. (2001), Uncertain Potential Output: Implications for Monetary Policy, ECB Working Paper No. 59, April 2001 (http://www.ecb.int).

Ehrmann, M., Worms, A. (2004), Bank Networks and Monetary Policy Transmission, Journal of the European Economic Association, Vol. 2(6), S. 1148-1171.

Eichhorst, W., Profit, S., Thode, E. (2001), Benchmarking Deutschland: Arbeitsmarkt und Beschäftigung, Springer-Verlag, Berlin et al.

Eijffinger, S. C. W., De Haan, J. (2000), European Monetary and Fiscal Policy, Oxford University Press, Oxford.

Eijffinger, S. C. W., Geraats, P. M. (2006), How Transparent are Central Banks? European Journal of Political Economy, Vol. 22, S. 1-21.

Eijffinger, S. C. W, Hoeberichts, M. M. (2000), Central Bank Accountability and Transparency: Theory and Some Evidence, Discussion paper 6/00, Economic Research Centre of the Deutsche Bundesbank (http://www.bundesbank.de).

Estrella, A., Trubin, M. R. (2006), The Yield Curve as a Leading Indicator: Some practical Issues, Federal Reserve Bank of New York, Current Issues in Economics and Finance, Vol. 12, No. 5, Juli/August 2006 (http://www.ny.frb.org).

Europäische Kommission (1998), EURO 1999: Bericht über den Konvergenzstand mit Empfehlung für den Übergang zur dritten Stufe der Wirtschafts- und Währungsunion, Teil 2: Bericht, Luxemburg.

Europäische Zentralbank (1998a), Die einheitliche Geldpolitik in Stufe 3. Allgemeine Regelungen für die geldpolitischen Instrumente und Verfahren des ESZB, Frankfurt am Main, September 1998 (http://www.ecb.int).

Europäische Zentralbank (1998b), Bericht über elektronisches Geld, Frankfurt/Main (http://www.ecb.int).

Europäische Zentralbank (1999a), Der institutionelle Rahmen des Europäischen Systems der Zentralbanken, Monatsbericht Juli 1999, S. 59-67 (http://www.ecb.int)

Europäische Zentralbank (1999b), Die Rolle kurzfristiger Konjunkturindikatoren bei der Analyse der Preisentwicklung im Euro-Währungsgebiet, Monatsbericht April 1999, S. 31-45 (http://www.ecb.int).

Europäische Zentralbank (1999c), Consolidated Opening Financial Statement of the European System of Central Banks (Eurosystem) as at 1 January 1999, Pressemitteilung vom 5. Januar 1999 (http://www.ecb.int).

Europäische Zentralbank (1999d), Jahresbericht 1998, Frankfurt/Main (http://www.ecb.int).

Europäische Zentralbank (1999e), Monatsbericht Februar 1999, Frankfurt/Main (http://www.ecb.int).

Europäische Zentralbank (1999f), Der Handlungsrahmen des Eurosystems: Beschreibung und erste Beurteilung, Monatsbericht Mai 1999, S. 33-48 (http://www.ecb.int).

Europäische Zentralbank (1999g), Die Umsetzung des Stabilitäts- und Wachstumspakts, Monatsbericht Mai 1999, S. 49-80 (http://www.ecb.int).

Europäische Zentralbank (1999h), Inflationsunterschiede in einer Währungsunion, Monatsbericht Oktober 1999, S. 39-49 (http://www.ecb.int).

Europäische Zentralbank (1999i), TARGET und der Euro-Zahlungsverkehr, Monatsbericht November 1999 (http://www.ecb.int).

Europäische Zentralbank (1999j), Der Bankensektor im Euroraum: strukturelle Merkmale und Entwicklungen, Monatsbericht April 1999 S. 47-60 (http://www.ecb.int).

Europäische Zentralbank (2000a), Das Eurosystem und die EU-Osterweiterung, Monatsbericht Februar 2000, S. 41-54 (http://www.ecb.int).

Europäische Zentralbank (2000b), Die Umstellung auf Zinstender bei den Hauptrefinanzierungsgeschäften, Monatsbericht Juli 2000, S. 39-44 (http://www.ecb.int).

Europäische Zentralbank (2000c), Geldpolitische Transmission im Euro-Währungsgebiet, Monatsbericht Juli 2000, S. 45-62 (http://www.ecb.int).

Europäische Zentralbank (2000d), Die zwei Säulen der geldpolitischen Strategie der EZB, Monatsbericht November 2000, S. 41-53 (http://www.ecb.int).

Europäische Zentralbank (2000e), Fragen rund um den Einsatz von elektronischem Geld, Monatsbericht November 2000, S. 55-67 (http://www.ecb.int).

Europäische Zentralbank (2000f), Konvergenzbericht 2000 (http://www.ecb.int).

Europäische Zentralbank (2000g), Pressemitteilung zum Wiener Seminar zum EU-Beitrittsprozess vom 14.-15. 12. 2000 (http://www.ecb.int).

Europäische Zentralbank (2000h), Die Finanzpolitik im Euro-Währungsgebiet unter den Bedingungen einer alternden Bevölkerung, Monatsbericht Juli 2000, S. 49-80 (http://www.ecb.int).

Europäische Zentralbank (2000i), Das Euro-Währungsgebiet ein Jahr nach Einführung des Euro: Wesentliche Merkmale und Veränderungen in der Finanzstruktur, Monatsbericht Januar 2000, S. 37-54 (http://www.ecb.int).

Europäische Zentralbank (2001a), A Guide to Eurosystem Staff Macroeconomic Projection Exercises, June 2001 (http://www.ecb.int).

Europäische Zentralbank (2001b), Das Euro-Währungsgebiet nach dem Beitritt Griechenlands, Monatsbericht Januar 2001, S. 39-46 (http://www.ecb.int).

Europäische Zentralbank (2001c), Zusammenhang zwischen Zinsen im Kundengeschäft der Banken und den Marktzinsen, Monatsbericht Juni 2001, S. 22-24 (http://www.ecb.int).

Europäische Zentralbank (2001d), Die Einführung der Euro-Banknoten und -Münzen, Monatsbericht April 2001, S. 71-78 (http://www.ecb.int).

Europäische Zentralbank (2001e), Die externe Kommunikation der Europäischen Zentralbank, Monatsbericht Februar 2001, S. 67-74 (http://www.ecb.int).

Europäische Zentralbank (2001f), Indizes zur Messung der Kerninflation im Euro-Währungsgebiet, Monatsbericht Juli 2001, S. 55-66 (http://www.ecb.int).

Europäische Zentralbank (2001g), Die neue Basler Eigenkapitalvereinbarung aus Sicht der EZB, Monatsbericht Mai, S. 65-84 (http://www.ecb.int).

Europäische Zentralbank (2001h), Fragen im Zusammenhang mit geldpolitischen Regeln, Monatsbericht Oktober 2001, S. 43-58 (http://www.ecb.int).

Europäische Zentralbank (2001i), Jahresbericht 2000 (http://www.ecb.int).

Europäische Zentralbank, (2001j), Gestaltungsrahmen und Instrumentarium der monetären Analyse, Monatsbericht Mai 2001, S. 43-63 (http://www.ecb.int).

Europäische Zentralbank (2001k), Die Rahmenregelungen für Sicherheiten des Eurosystems, Monatsbericht April 2001, S. 55-70 (http://www.ecb.int).

Europäische Zentralbank (2002a), Die Liquiditätssteuerung der EZB, Monatsbericht Mai 2002, S. 45-58 (http://www.ecb.int).

Europäische Zentralbank (2002b), Die Wirkungsweise automatischer fiskalischer Stabilisatoren im Euro-Währungsgebiet, Monatsbericht April 2002, S. 35-50 (http://www.ecb.int).

Europäische Zentralbank (2002c), Jüngste Erkenntnisse über die geldpolitische Transmission im Euro-Währungsgebiet, Monatsbericht Oktober, S. 47-59 (http://www.ecb.int).

Europäische Zentralbank (2002d), Konvergenzbericht 2002 (http://www.ecb.int).

Europäische Zentralbank (2002e), Die Rechenschaftspflicht der EZB, Monatsbericht November, S. 49-62 (http://www.ecb.int).

Europäische Zentralbank (2002f), Jahresbericht 2001 (http://www.ecb.int).

Europäische Zentralbank (2002g), Preisniveaukonvergenz und Wettbewerb im Euro-Währungsgebiet, Monatsbericht August 2002, S. 43-54 (http://www.ecb.int).

Europäische Zentralbank (2002h), Aktienmarkt und Geldpolitik, Monatsbericht Februar 2002, S. 43-58 (http://www.ecb.int).

Europäische Zentralbank (2003a), Ergebnis der von der EZB durchgeführten Überprüfung ihrer geldpolitischen Strategie, Monatsbericht Juni 2003, S. 87-102 (http://www.ecb.int).

Europäische Zentralbank (2003b), Der Zusammenhang zwischen Geld- und Finanzpolitik im Euro-Währungsgebiet, Monatsbericht Februar 2003, S. 41-55 (http://www.ecb.int).

Europäische Zentralbank (2003c), Die Integration der europäischen Finanzmärkte, Monatsbericht Oktober, S. 61-75 (http://www.ecb.int).

Europäische Zentralbank (2003d), Elektronisierung des Zahlungsverkehrs in Europa, Monatsbericht Mai 2003, S. 65-78 (http://www.ecb.int).

Europäische Zentralbank (2003e), Änderungen des geldpolitischen Handlungsrahmens des Eurosystems, Monatsbericht August 2003, S. 45-59 (http://www.ecb.int).

Europäische Zentralbank (2003f), Inflation Differentials in the Euro Area: Potential Causes and Policy Implications, September 2003 (http://www.ecb.int).

Europäische Zentralbank (2003g), Grundsatzposition des EZB-Rats zu Wechselkursfragen in Bezug auf die beitretenden Staaten, 18. 12. 2003 (http://www.ecb.int).

Europäische Zentralbank (2003h), Änderungen der Abstimmungsregeln im EZB-Rat, Monatsbericht Mai 2003, S. 79-90 (http://www.ecb.int).

Europäische Zentralbank (2003i), Letter from the ECB President to the President of the Convention regarding the draft Constitutional Treaty vom 8. Mai 2003 (http://www.ecb.int).

Europäische Zentralbank (2003j), Letter from the ECB President to the President of the Convention regarding the draft Constitutional Treaty vom 5. Juni 2003 (http://www.ecb.int).

Europäische Zentralbank (2003k), Jean-Claude Trichet: Letter of 26 November to the President of the Council of the European Union, on the introduction of a new article into the Constitution to allow for the amendment of the ESCB's basic constitutional rules by a simplified procedure (http://www.ecb.int).

Europäische Zenttralbank (2003l), Structural Analysis of the EU Banking Sektor (http://www.ecb.int).

Europäische Zentralbank (2003m), Änderungen des geldpolitischen Handlungsrahmens des Eurosystems, Monatsbericht August 2003, S. 45-59 (http://www.ecb.int).

Europäische Zentralbank (2004a), Die Geldpolitik der EZB (http://www.ecb.int).

Europäische Zentralbank (2004b), Der Einfluss der Finanzpolitik auf die gesamtwirtschaftliche Stabilität und die Preise, Monatsbericht April 2004, S. 49-63 (http://www.ecb.int).

Europäische Zentralbank (2004c), Der natürliche Realzins im Euro-Währungsgebiet, Monatsbericht Mai 2004, S. 61-74 (http://www.ecb.int).

Europäische Zentralbank (2004d), Die Volkswirtschaften der beitretenden Staaten an der Schwelle zur Mitgliedschaft in der Europäischen Union, Monatsbericht Februar 2004, S. 49-62 (http://www.ecb.int).

Europäische Zentralbank (2004e), Monatsbericht März 2004 (http://www.ecb.int).

Europäische Zentralbank (2004f), Monetäre Analyse in Echtzeit, Monatsbericht Oktober 2004, S. 47-71 (http://www.ecb.int).

Europäische Zentralbank (2004g), Zukünftige Entwicklung des TARGET-Systems, Monatsbericht April 2004, S. 65-72 (http://www.ecb.int).

Europäische Zentralbank (2004h), Monatsbericht Mai 2004, Statistischer Teil (http://www.ecb.int).

Europäische Zentralbank (2004i), Measuring Real Interest Rates in the Euro Area Countries (Box 3), Monthly Bulletin September 2004, S. 32-35 (http://www.ecb.int).

Europäische Zentralbank (2005a), Geldpolitik und Inflationsdivergenz in einem heterogenen Währungsraum, in: Monatsbericht Mai 2005, S. 65-82 (http://www.ecb.int).

Europäische Zentralbank (2005b), Harmonisierter Verbraucherpreisindex: Konzept, Eigenschaften und bisherige Erfahrungen, Monatsbericht Juli 2005, S. 61-76 (http://www.ecb.int).

Europäische Zentralbank (2005c), Geldnachfrage und Unsicherheit, Monatsbericht Oktober 2005, S. 61-78 (http://www.ecb.int).

Europäische Zentralbank (2005d), Erste Erfahrungen mit den Änderungen am geldpolitischen Handlungsrahmen des Eurosystems, Monatsbericht Februar 2005, S. 69-76 (http://www.ecb.int).

Europäische Zentralbank (2006a), Finanzpolitik und Finanzmärkte, Monatsbericht Februar 2006, S. 79-94 (http://www.ecb.int).

Europäische Zentralbank (2006b), Konvergenzbericht Mai 2006 (http://www.ecb.int).

Europäische Zentralbank (2006c), Sektorale Geldhaltung: Bestimmungsgrößen und jüngste Entwicklung, Monatsbericht August 2006, S. 65-79 (http://www.ecb.int).

Europäische Zentralbank (2006d), Durchführung der Geldpolitik in Euro-Währungsgebiet – allgemeine Regelungen für die geldpolitischen Instrumente und Verfahren des Eurosystems, September 2006. (http://www.ecb.int).

Europäische Zentralbank (2006e), Erste Erfahrungen des Eurosystems mit Feinsteuerungsoperationen am Ende der Mindestreserve-Erfüllungsperiode, Monatsbericht November 2006, S. 91-100 (http://www.ecb.int).

Europäische Zentralbank (2006f), EU Banking Structures, October 2006 (http://www.ecb.int).

Europäische Zentralbank (2007a), Jahresbericht 2006 (http://www.ecb.int).

Europäische Zentralbank (2007b), Konvergenzbericht Mai 2007 (http://www.ecb.int).

Europäische Zentralbank (2007c), Review of the International Role of the Euro (http://www.ecb.int).

Europäische Zentralbank (2007d), Euro Money Market Study 2006 (http://www.ecb.int).

Europäische Zentralbank (2007e), Finanzierung kleiner und mittlerer Unternehmen im Euro-Währungsgebiet, Monatsbericht August, S. 83-98 (http://www.ecb.int).

Europäische Zentralbank (2007f), TARGET Annual Report 2006 (http://www.ecb.int).

Europäische Zentralbank (2007g), Vom Staatsdefizit zum Schuldenstand – Überbrückung der Lücke, Monatsbericht April 2007, S. 95-102 (http://www.ecb.int).

Europäische Zentralbank (2007h), Die Rahmenregelungen für Sicherheiten des US-Zentralbanksystems, der Bank von Japan und des Eurosystems, Monatsbericht Oktober 2007, S. 93-109 (http://www.ecb.int).

Europäische Zentralbank (2007i), Inflation-Linked Bonds from a Central Bank Perspective, Occasional Paper No. 62, June 2007 (http://www.ecb.int).

Europäische Zentralbank (2007j), Monatsbericht Oktober, Statistischer Teil (http://www.ecb.int).

Europäische Zentralbank (2007k), Die Vermittlung der Geldpolitik an die Finanzmärkte, Monatsbericht April, S. 67-78 (http://www.ecb.int).

Europäische Zentralbank (2007l), Financial Integration in Europe, March 2007 (http://www.ecb.int).

Europäische Zentralbank (2007m), Liquiditätsbedinungen und geldpolitische Geschäfte in der Erfüllungsperiode vom 8. August bis 13. November 2007, Monatsbericht Dezember, S. 32-36 (http://www.ecb.int).

Europäisches Währungsinstitut (1998), Konvergenzbericht, Frankfurt/Main (http://www.ecb.int).

European Commission - Directorate-General for Economic and Financial Affairs (1997), Economic Policy in EMU, Part B: Specific Topics, Economic Papers No. 125, November 1997, Brussels.

European Commission - Directorate-General for Economic and Financial Affairs (2003), Public Finances in EMU 2003, European Economy, No. 3/2003 (http://europa.eu.int/comm/economy_finance/publications/publicfinance_en.htm).

European Commission (2004), The EU Economy: 2003 Review, Brüssel.

European Commission (2004/2006), EUROPEAN Economy, Brüssel.

Fase, M. M. G., Vanthoor, W. F. V. (2000), The Federal Reserve System Discussed: a comparative analysis, De Nederlandsche Bank, Staff Reports 2000, No. 56 (http://www.dnb.nl).

Faust, J., Svensson, L. E. O. (1998), Transparency and Credibility: Monetary Policy with Unobserved Goals, NBER Working Paper No. 6452.

Fecht, F., Illing, G. (2003), The Institutional Design of Central Banks, in: Mullineuz, A., Murinde, V. (Hg.), Handbook of International Banking, Edward Elgar, Cheltenham (UK) et al., S. 671-698.

Federal Reserve Bank of New York (Hg.) (1993), Reduced Reserve Requirements: Alternatives for the Conduct of Monetary Policy and Reserve Managements, April 1993.

Federal Reserve Bank of San Francisco (2004), U.S. Monetary Policy: An Introduction - Part 1: How is the Fed structured and what are its policy tools, in: Federal Reserve Bank of San Francisco, Economic Letter, Number 2004-01 (www.frbsf.org).

Federal Reserve Bank of San Francisco (2005), The Federal Reserve System in Brief - The Nation`s Central Bank, Juni 2005 (www.frbsf.org).

Feinman, J. N. (1993), Reserve Requirements: History, Current Practice, and Potential Reform, Federal Reserve Bulletin, Vol. 79, S. 570-589.

Feldmann, H. (1998a), Die neue gemeinschaftliche Beschäftigungspolitik, Integration, 21. Jg., S. 43-49.

Feldmann, H. (1998b), Europäische Währungsunion und Arbeitsmarktflexibilität, Außenwirtschaft, 53. Jg., S. 53-80.

Feldmann, H. (2003), Labor Market Regulation and Labor Market Performance: Evidence Based on Surveys among Senior Business Executives, Kyklos, Vol. 56, Fasc. 4, S. 509-539.

Feldstein, M. (Hg.) (1999), The Costs and Benefits of Price Stability, The University of Chicago Press, Chicago and London.

Feuerstein, S., Grimm, O., Siebke, J. (2003), Die Osterweiterung der Europäischen Währungsunion, in: Cassel, D., Müller, H., Thieme, H.J. (Hg.), Stabilisierungsprobleme in der Marktwirtschaft - Festschrift für Artur Woll, Verlag Franz Vahlen, München, S. 163-182.

Financial Times Deutschland (2000), Duisenberg verteidigt Euro-Interventionen, Ausgabe vom 24. 11. 2000.

Fischer, B., Köhler, P., Seitz, F. (2004), The Demand for Euro Area Currencies: Past, Present and Future, ECB Working Paper No. 330, April 2004 (http://www.ecb.int).

Flaig, G., Rottmann, H. (2005), Labour Market Institutions and Employment Thresholds. An International Comparison. Ifo Working Paper No. 15, August 2005 (http://www.cesifo-group.de).

Flassbeck, H. (1998), SPIEGEL-Gespräch mit dem DIW-Konjunkturexperten und Lafontaine-Berater Heiner Flassbeck über Spekulanten und neue Spielregeln für das Weltfinanzsystem, Spiegel 42/1998 vom 12.10.1998, S. 132–135.

Flood, R. P., Marion, N. P. (2001), Perspectives on the Recent Currency Crisis Literature, in: Calvo, G.A., Dornbusch, R., Obstfeld, M. (Hg.), Money, Capital Mobility and Trade – Essays in Honor of Robert A. Mundell, The MIT Press, Cambridge (Massachusetts) et al., S. 207–249.

Fontana, G., Palacio-Vera, A., (2003), Modern Theory and Pratice of Central Banking: An Endogenous Money Perspective, in: Rochon, L. P., Rossi, S. (Hg.), Modern Theories of Money, Edward Elgar, Cheltenham (UK) et al., S. 41–66.

Frankel, J.A., Rose, A. K. (1997), Is EMU More Justitiable ex post than ex ante?, European Economic Review, Vol. 41, S. 753–760.

Fratzscher, M. (2001), Financial Market Integration in Europe: On the Effects of EMU on Stock Markets, ECB Working Paper No. 48, March 2001 (http://www.ecb.int).

Freedman, C. (2000), Monetary Policy Implementation: Past, Present and Future – Will the Advent of Electronic Money Lead to the Demise of Central Banking?, Beitrag zur Tagung „Future of Monetary Policy and Banking" der Weltbank am 11. 7. 2000 (http://www.worldbank.org).

Frenkel, J.A., Rose, A. K. (1998), The Endogeneity of the Optimum Currency Area Criteria, The Economic Journal, Vol. 108, S. 1009–1025.

Frisch, H. (1998), The Algebra of Government Debt, Finanzarchiv, N.F., Bd. 54, S. 586–599.

Fritz, H., Wagener, H.-J. (2004), Währungspolitische Optionen für die ostmitteleuropäischen EU-Beitrittskandidaten, in: Deutsche Institut für Wirtschaftsforschung, Vierteljahreshefte zur Wirtschaftsforschung, 72. Jg., Heft 4/2003, S. 611–623.

Fröhlich, H.-P., Klös, H.-P., Kroker, R., Schnabel, C., Schröder, C. (1997), Lohnpolitik in der Europäischen Währungsunion, Beiträge zur Wirtschafts- und Sozialpolitik, Institut der deutschen Wirtschaft Köln, Deutscher Instituts-Verlag, Bd. 234.

Funke, M. (2001), Money Demand in Euroland, Journal of International Money and Finance, Vol. 20, S. 701–713.

Funke, M., Cabos, K. (2000), Theorie und Evidenz der Geldnachfrage, in: Obst, G., Hintner, O., Geld-, Bank- und Börsenwesen, 40.A., hg. von von Hagen, J., von Stein, J. H., Schäffer-Pöschel, Stuttgart, S. 1491–1512.

Gaiotti, E., Secchi, A. (2005), Is there a Cost Channel of Monetary Policy Transmission? An Investigation into the Pricing Behavior of 2000 Firms, Working Paper 525, Bank of Italy (http://www.bancaditalia.it).

Gatti, D., van Wijnbergen, C. (2002), Co-ordinating Fiscal Authorities in the Euro-zone: a key role for the ECB, Oxford Economic Papers, Vol. 54, S. 56–71.

Gebauer, W. (2003), Geld und Währung, Bankakademie-Verlag, Frankfurt/Main.

Geigant, F. (2002), Die Euro-Flagge über der Festung Europa, Duncker & Humblot, Berlin.

Gerberding, C., Seitz, F., Worms (2005), *A.*, How the Bundesbank Really Conducted Monetary Policy, North American Journal of Economics and Finance, Vol. 16, S. 277–292.

Gerdesmeier, D., Lichterberger, J. D., Mongelli, F. P. (2005), A Brief Comparison of the Eurosystem, the US Federal Reserve System, and the Bank of Japan, in: Berg, J., Grande, M., Mongelli, F. P. (Hg.), Elements of the Euro Area,

Gerlach, S., Svensson, L.E.O. (2003), Money and Inflation in the Euro Area: A Case for Monetary Indicators, Journal of Monetary Economics, Vol. 50, S. 1649–1672.

Gesell, S. (1911), Die neue Lehre vom Geld und Zins, Berlin.

Gesell, S. (1949), Die natürliche Wirtschaftsordnung durch Freiland und Freigeld, Zitzmann, Lauf bei Nürnberg.

Giammarioli, N., Valla, N. (2003), The Natural Rate of Interest in the Euro Area, ECB Working Paper No. 233, Mai 2003 (http://www.ecb.int).

González Mínguez, J. M. (1997), The Balance-Sheet Transmission Channel of Monetary Policy: The Cases of Germany and Spain, Banco de España, Servicio de Estudios, Documento de Trabajo, No 9713.

Goodfriend, M. (2000), The Role of a Regional Bank in a System of Central Banks, Federal Reserve Bank of Richmond Economic Quarterly, Vol. 86/1, Winter 2000, S. 7-25 (http://www.rich.frb.org).

Goodhart, C. (1975), Problems of Monetary Management: The UK Experience, Paper presented for the conference in monetary economics, Reserve Bank of Australia.

Goodhart, C. (2001), The Endogeneity of Money, Papier präsentiert auf der Konferenz "Monetary Policy in a World with Endogenous Money and Global Capital", 23.-25. März 2001, veranstaltet vom Stiftungslehrstuhl der Deutschen Bundesbank an der FU Berlin (http://www.wiwiss.fu-berlin.de).

Goodhart, C. (2002a), The Endogeneity of Money, in: Arestis, P., Desai, M., Dow, S., Money, Macroeconomics and Keynes – Essays in honour of Victoria Chick, Vol. One, Routledge, London, S. 14-24.

Goodhart, C. (2002b), Can Central Banking Survive the IT Revolution?, in: Pringle, R., Robinson, M. (Hg.), E-money and Payment Systems Review, Central Banking Publications, London, S. 271-289.

Goodhart, C., Hofmann, B. (2007), House Prices and the Macroeconomy: Implications for Banking and Price Stability, Oxford University Press, Oxford.

Goodhart, C., Whither Central Banking (2003), in: Altig, D., Smith, B. (Hg.), Evolution and Procedures in Central Banking, Cambridge University Press, Cambridge, S. 65-88.

Görgens, E. (1993), Der Arbeitsmarkt im europäischen Integrationsprozess, in: Gröner, H., Schüller, A. (Hg.), Die europäische Integration als ordnungspolitische Aufgabe, Gustav Fischer, Stuttgart-Jena-New York, S. 197-236.

Görgens, E. (1996), Aktive Arbeitsmarktpolitik, Wirtschaftswissenschaftliches Studium, 25. Jg., S. 175-180.

Görgens, E. (2002), Europäische Geldpolitik: Gefährdungspotentiale – Handlungsmöglichkeiten – Glaubwürdigkeit, ORDO, Bd. 53, S. 31-57.

Görgens, E., Ruckriegel, K. (1991), Das geldpolitische Konzept der Deutschen Bundesbank, in: WISU, 20. Jg. (1991), S. 51-56.

Görgens, E., Ruckriegel, K. (2007), Makroökonomik, 10. A., Lucius & Lucius, Stuttgart.

Görgens, E., Ruckriegel, K. (2007), Zentralbanken zwischen staatlichem Machtanspruch und Stabilitätsinteresse, in: ORDO, Bd. 58, S. 17-31.

Görgens, E. Ruckriegel, K., Seitz, F. (2006), Geldbasis, Geldmenge, Zinssatz – Irrungen und Wirrungen, in: WiSt, 35. Jg. (2006), S. 412-414.

Görgens, E., Ruckriegel, K., Seitz, F. (2007), Quo vadis, Geldmenge? Zur Rolle der Geldmenge für eine moderne Geldpolitik, ROME Discussion Paper Series, No. 07-01 – February 2007 (http://rome-net.org).

Gorton, G., Huang, L. (2003), Banking Panics and the Orgin of Central Banking, in: Altig, D., Smith, B. (Hg.), Evolution and Procedures in Central Banking, Cambridge University Press, Cambridge, S. 181-219.

Greenspan, A. (1993), Testimony to the Sub-Committee on Economic Growth and Credit Formation of the Committee on Banking, Finance and Urban Affairs of the US House of Representatives on 20/7/1993.

Greiber, C., Lemke, R. (2005), Money Demand and Macroeconomic Uncertainty, Deutsche Bundesbank, Discussion Paper, Series 1, No. 26/2005 (http://www.bundesbank.de)

Greiber, C., Setzer, R. (2007), Money and Housing – Evidence for the Euro Area and the US, Deutsche Bundesbank, Discussion Paper, Series 1, No. 12/2007 (http://www.bundesbank.de).

Grey, G. B. (2002), The Implementation of Monetary Policy, in: Grey, G. B. (Hg.), Federal Reserve System, Nova Science Publishers, New York, S. 27–41.

Gros, D., Jimeno, J., Monticelli, C., Tabelloni, G., Thygesen, N. (2001), Testing the Speed Limit for Europe, 3RD Annual Report of the CEPS Macroeconomic Policy Group, Brussels (http://www.ceps.be).

Größl, I., Stahlecker, P., Wohlers, E. (1999), Finanzierungsstruktur und Risiken im Unternehmenssektor der Bundesrepublik Deutschland – Eine empirische Bestandsaufnahme, HWWA Discussion Paper 83, Hamburg (http://www.hwwa.de).

Gruber, T. (2000), Unterschiedliche geldpolitische Transmissionsmechanismen und Stabilitätskulturen als mögliche Ursache geldpolitischer Spannungen in der Europäischen Währungsunion, Hohenheimer Volkswirtschaftliche Schriften, Bd. 36, Peter Lang, Frankfurt a. M.

Gruen, D., Plumb, M., Stone, A. (2003), How Should Monetary Policy Respond to Asset-price Bubbles?, in: Federal Reserve Bank of Australia (Hg.), Asset Prices and Monetary Policy, S. 260–280 (http://www.rba.gov.au).

Guha, K., Schrörs, M. (2007), Demokraten warnen US-Notenbank – Finanzausschussvorsitzender Frank lehnt festes Inflationsziel ab – Fed-Chef Bernanke in Bedrängnis, in: Financial Times Deutschland vom 21.2.2007, S. 18.

Häde, U. (1998), Zur Rechtmäßigkeit der Entscheidungen über die Europäische Wirtschafts- und Währungsunion, Juristenzeitung, 53. Jg., S. 1088–1095.

Hafer, R. W. (2005), The Federal Reserve System – An Encyclopedia, Westport, Connecticut u.a.

Hafke, H. (2003), Einige rechtliche Anmerkungen zur Praxis der Autonomie im System der Europäischen Zentralbanken (ESZB), in: Ekkenga, J., Hadding, W., Hammen, H., Bankrecht und Kapitalmarktrecht in der Entwicklung – Festschrift für Siegfried Kümpel zum 70. Geburtstag, Erich Schmidt Verlag, Berlin, S. 185–203.

Hagen, T., Steiner, V. (2000), Aktive Arbeitsmarktpolitik erfolglos?, ZEW news, Juli/August 2000, S. 4 (http://www.zew.de).

Hall, R., Jones, C. (1999), Why Do Some Countries Produce So Much More Output per Worker than Others?, Quarterly Journal of Economics, Vol. 114, S. 83–116.

Hallet, A. J., Warmedinger, T. (1998), On the Asymmetric Impacts of a Common Monetary Policy, Center for European Integration Studies (ZEI), Bonn, Sept. 1998.

Hamburgisches Welt-Wirtschafts-Archiv (2001), INFO 1/2001 (http://www.hwwa.de).

Hankel, W., Nölling, W., Schachtschneider, K. A., Starbatty, J. (1998), Die Euro-Klage, Rowohlt, Reinbek bei Hamburg.

Haslag, J. H. (1998), Seigniorage Revenue and Monetary Policy, Federal Reserve Bank of Dallas Economic Review, 3rd quarter 1998, S. 10–20 (http://www.dallasfed.org).

Hayek, F. A. (1991), Die Verfassung der Freiheit, Mohr, Tübingen.

Hayo, B., Uhlenbrock, B. (2000), Interindustry Effects of Monetary Policy in Germany, in: von Hagen, J., Waller, C. J. (Hg.), Regional Aspects of Monetary Policy in Europe, Kluwer Academic Publishers, Boston/Dordrecht/London, S. 127–158.

Hein, E. (2001), Beschäftigungsorientierte Wirtschaftspolitik in der EWU – Zur Notwendigkeit institutioneller Reformen, WSI-Mitteilungen 7/2001, S. 450-457.

Heinemann, F. (2007), Irrationale Reformwiderstände, Wirtschaftsdienst, 87. Jg., S. 563-567.

Heinemann, F., Ullrich, K. (2005), Does it Pay to Watch Central Banker's Lips? The Information Content of ECB Wording, ZEW Discussion Paper 05-70, September 2005 (http://www.zew.de).

Herrero, A. G., Gaspar, V., Hoogduin, L., Morgan, J., Winkler, B. (Hg.) (2001), Why Price Stability?, First ECB Central Banking Conference, Frankfurt (http://www.ecb.int).

Herwartz, H., Reimers, H.-E. (2001), Long-run Links between Money, Output and Prices: Worldwide Evidence, Discussion paper 14/01, Economic Research Centre of the Deutsche Bundesbank, September (http://www.bundesbank.de).

Hesse, H., Braasch, B. (2000), Aktienkurse in geldpolitischer Sicht, in: Geldpolitik und Europäische Währungsunion, Festschrift für H.J. Jarchow, hg. von G. Engel, P. Rühmann, Vandenhoek & Ruprecht, Göttingen, S. 111-128.

Hetzel, R. L. (2004), How do Central Banks Control Inflation?, Federal Reserve Bank of Richmond Economic Quarterly, Vol. 90(3), S. 47-63 (http://www.rich.frb.org).

Himmelweit, S., Simonetti, R., Trigg, A. (2001), Microeconomics – Neoclassical and Institutionalist Perspectives on Economics Behaviour, Thomson Learning, London.

Hitiris, T. (2003), European Union Economics, 5.A., Prentice Hall, London et al.

Hofmann, B., Worms, A. (2007): Financial Structure and Monetary Transmission in the EMU, in: Freixas, X., Hartmann, P., Mayer, C. (Hg.), Financial Markets and Institutions: A European Perspective, Oxford University Press, Oxford (UK).

Holtemöller, O. (2003), Money Stock, Monetary Base and Bank Behavior in Germany, Jahrbücher für Nationalökonomie und Statistik, Bd. 223/3 (2003), S. 257-278.

Holtemöller, O. (2004), A Monetary Vector Error Correction Model of the Euro Area and Implications for Monetary Policy, Empirical Economics, Vol. 29, S. 553-574.

Honohan, P., Lane, P. (2003), Divergent Inflation Rates in EMU, Economic Policy, 37, S. 357-394.

Howarth, D. (2001), The French Road to European Monetary Union, Palgrave, Basingstoke (GB) et al.

Howarth, D., Loedel, P. (2003), The European Central Bank, Palgrave, Basingstoke (GB) et al.

Howells, P. (2005), The Endogeneity of Money: Empirical Evidence, University of West England, School of Economics, Discussion Paper 0513.

Hubbard, G. (2004), Money, the Financial System, and the Economy, 5.A., Boston et al.

Hubrich, K. (1999), Estimation of a German Money Demand System – A Long-run Analysis, Empirical Economics, Vol. 24, S. 77-99.

Illing, G. (1997), Theorie der Geldpolitik: Einbe spieltheoretische Einführung, Springer, Berlin et al.

IMF (2001), World Economic Outlook. Fiscal Policy and Macroeconomic Stability, Washington D.C (http://www.imf.org).

IMF (2007) Industrial Asia: Deflation is Not Yet Decisively Beaten in Japan, in IMF, World Economic Outlook October 2007 Globalization and Inequality, October, S. 80-83 (http://www.imf.org).

Isard, P. (2003), Exchange Rate Economics, Cambridge University Press, Cambridge.

Issing, O. (1992), Unabhängigkeit der Notenbank und Geldwertstabilität, Deutsche Bundesbank, Auszüge aus Presseartikeln, Nr. 79 vom 10.11.1992, S. 1-8.

Issing, O. (1994) Finanzmärkte und Zentralbankpolitik, Schriftenreihe des Instituts für Kapitalmarktforschung, an der J.W. Goethe-Universität Frankfurt am Main, Kolloquien-Beiträge 38, Frankfurt am Main.

Issing, O. (1997), Monetary Targeting in Germany:The Stability of Monetary Policy and of the Monetary System, Journal of Monetary Economics, Vol. 39, S. 67-79.

Issing, O. (1999a), The Eurosystem:Transparent and Accountable or ‚Willem in Euroland', Journal of Common Market Studies, Vol. 37, S. 503-519.

Issing, O. (1999b), Wechselkursbandbreiten sind eine Einladung für Spekulanten (Gespräch), Frankfurter Allgemeine Zeitung vom 17. Februar 1999.

Issing, O. (1999c), Der Euro und seine Stabilität - Konsequenzen für die Finanzpolitik, Rede anlässlich des Finanzpolitischen Kongresses am 24. 3. 1999 in Frankfurt/Main, abgedruckt in Deutsche Bundesbank (Hg.), Auszüge aus Presseartikeln Nr. 19 vom 25. 3. 1999, S. 10-16.

Issing, O. (2000), New Technologies in Payments - A Challenge to Monetary Policy, Lecture to be delivered at the Center for Financial Studies, Frankfurt am Main, 28. Juni 2000 (http://www.ecb.int).

Issing, O. (2001), Monetary Theory as a Basis for Monetary Policy: Reflections of a Central Banker, in: A. Leijonhufvud (Hg.), Monetary Theory and Policy Experience, Palgrave, Basingstoke (UK), S. 13-24.

Issing, O. (Hg.) (2003), Background Studies for the ECB's Evaluation of its Monetary Policy Strategy (http://www.ecb.int).

Issing, O. (2004), Abwertung des Euro ist keine Lösung, Interview mit Prof. Dr. Otmar Issing, in: Deutsche Bundesbank, Auszüge aus Presseartikeln, Nr. 16 vom 21. 4. 2004, S. 4.

Issing, O. (2005), Kommunikation, Transparenz, Rechenschaft - Geldpolitik im 21. Jahrhundert, Perspektiven der Wirtschaftspolitik, Vol. 6(4), S. 521-540.

Issing, O. (2007), Einführung in die Geldtheorie, 14. A., Vahlen, München.

Issing, O., Gaspar, V., Angeloni, I., Tristani, O. (2001), Monetary Policy in the Euro Area - Strategy and Decision Making at the European Central Bank, Cambridge University Press, Cambridge.

Issing, O., Hayek (2000), Currency Competition and European Monetary Union, Occasional Paper 111,The Institute of Economic Affairs, London.

Janger, J., Wagner, K. (2004), Sektorale Spezialisierung in Österreich und in den EU-15-Ländern, Österreichische Nationalbank, Geldpolitik und Wirtschaft Q 2/04, S. 40-58 (http://www.oenb.at).

Jarchow, H.-J, Rühmann, P. (2000), Monetäre Außenwirtschaft- I. Monetäre Außenwirtschaftstheorie, 5. A., Vandenhoeck & Ruprecht, Göttingen.

Jarchow, H.-J. (2003),Theorie und Politik des Geldes, 11. A., Vandenhoeck & Rupprecht, Göttingen.

Jensen, H. (2001), Optimal Degrees of Transparency in Monetary Policymaking, Discussion Paper 04/01, Economic Research Centre of the Deutsche Bundesbank, Januar 2001 (http://www.bundesbank.de).

Jochem, A. (1999), Erfordert die Europäische Währungsunion die Koordination der aktiven Arbeitsmarktpolitik in den Mitgliedsländern?, Jahrbücher für Nationalökonomie und Statistik, Bd. 219, H. 5 + 6, S. 673-684.

Jones, C. (2002), Introduction to Economic Growth, 2. A., Norton, New York.

Kahneman, D. (2003),A Psychological Perspective on Economics, The American Economic Review, Vol 93, S. 162-68.

Kakes, J. (2000), Monetary Transmission in Europe. The Role of Financial Markets and Credit, Edward Elgar, Cheltenham.

Kashyap, A., Stein, J. (2000), What Do a Million Observations on Banks Say About the Transmission of Monetary Policy? American Economic Review, Vol. 90, S. 407–428.

Kaufmann, S., Scharler, J. (2006), Financial Systems and the Cost Channel Transmission of Monetary Policy Shocks, Österreichische Nationalbank, Working Paper No. 116, Januar 2006 (http://www.oenb.at).

Kavajecz, K. A. (1994), The Evolution of the Federal Reserve's Monetary Aggregates: A Timeline, Federal Reserve Bank of St. Louis Review, Vol. 76, No. 2, S. 32–66.

Kenen, P. (1969), The Theory of Optimum Currency Areas: An Eclectic View, in: Mundell R. A., Swoboda, A. K. (Hg.), Monetary Problems in the International Economy, University of Chicago Press, Chicago.

Kennedy, M., Lietaer, B. (2004), Regionalwährungen. Neue Wege zu nachhaltigem Wohlstand, München.

Ketterer, K.H., Nagel, J. (1998), Die Tobin-Steuer – Ein Instrument zur Stabilisierung des EWS II, in: Lange, C., Rohde, A., Westphal, H.M. (Hg.), Monetäre Aspekte der europäischen Integration, Duncker & Humblot, Berlin, S. 122–138.

Khan, D.-E. (Hg.) (1998), EU-Vertrag – EG-Vertrag in den Fassungen von Maastricht und Amsterdam mit Protokollen, Schlussakten und Erklärungen, 4. A., Deutscher Taschenbuch Verlag (C. H. Beck), München.

Kiff, J., Mills P. (2007), Money for nothing and checks for free: Recent developments in U.S. Subrime Mortgage Markets, IMF Working Paper 07/188, Washington D.C.

King, M. (2002), No Money, no Inflation – the role of money in the economy, Bank of England Quarterly Bulletin, Summer 2002, S. 162–177 (http://www.bankofengland.co.uk).

Klaus, V. (2004), Die Zukunft des Euro: Ansichten eines betroffenen Außenseiters, Rede an der Universität Passau, 7. Feb. 2004 (http://www.klaus.cz).

Klein, M. (1993), Bieten die Konvergenzkriterien von Maastricht die Grundlage für eine stabile europäische Währung?, Ifo-Studien, 39. Jg., S. 1–18.

Knell, M., Rumler, F. (2001), Transmissionsmechanismus und Arbeitsmarkt – eine länderübergreifende Studie, Österreichische Nationalbank, Berichte und Studien 3-4, S. 234–252 (http://www.oenb.at).

Kontolemis, Z. G. (2002), Money Demand in the Euro Area: Where do we stand?, IMF Working Paper 02/185, November 2002 (http://www.imf.org).

Kotz, H.-H. (2002), Die Zukunft des Geldes – Cybermoney und Geldpolitik, in: Wissenschaftsförderung der Sparkassen-Finanzgruppe e.V. (Hg.), Sparkassenhistorisches Symposium 2001: Taler, Mark und Euro – Die Bedeutung der Sparkassen-Finanzgruppe für die Geldwirtschaft, S. 91–102.

Kovaćević, D. (Hg.) (2004), Modern-Day European Currency Boards – Practice and Prospects, Central Bank of Bosnia and Herzegovina, Sarajevo.

Krugman, P.R. (1998) It's Baaack! Japan's Slump and the Return of the Liquidity Trap, Brookings Papers on Economic Activity (2), S. 137–205.

Krugman, P.R., Obstfeld, M. (2006), International Economics, 7. A., Addison-Wesley, Reading et al.

Krugman, P.R, Wells, R. (2006), Economics, Worth, New York.

Küppers, M. (2000), Banken in der geldpolitischen Transmission, Mohr Siebeck, Tübingen.

Kydland, F. E., Prescott, E. (1977), Rules Rather than Discretion: The Inconsistency of Optimal Plans, Journal of Political Economy, Vol. 105, S. 1308–1321.

Kydland, F.E., Wynne, M.A. (2002), Alternative Monetary Constitutions and the Quest for Price Stability, Federal Reserve Bank of Dallas Economic and Financial Policy Review, Vol. 1, S. 1-19 (www.dallasfed.org).

Laidler, D. E. W. (1993), The Demand for Money - Theories, Evidence & Problems, 4.A., Harper Collins College Publishers, New York.

Lamla, M., Rupprecht, S. (2006), The Impact of ECB Communication on Financial Market Expectations, unveröffentlicht, ETH Zürich.

Layard, R., Nickell, S., Jackmann, R. (1997), Unemployment. Macroeconomic Performance and the Labour Market, Oxford University Press, Oxford.

Leeftink, B. (2000), Rules versus Flexibility: Does the Stability Pact Limit Budgetary Stabilisers?, in: Banca d'Italia (Hg.), Fiscal Sustainability, Essays presented at the Bank of Italy Workshop held in Perugia, 20-22 January 2000, S. 653-679.

Lehment, H. (1999), Zur Bestimmung des beschäftigungsneutralen Lohnerhöhungsspielraums, Die Weltwirtschaft, H. 1, S. 79-89.

Ludwig, A., Sløk, T. (2004): The Relationship between Stock Prices, House Prices and Consumption in OECD Countries, Topics in Macroeconomics 4.

Maeso-Fernandez, F., Osbat, C., Schnatz, B. (2002), Determinants of the Euro Real Effective Exchange Rate: a BEER/PEER Approach, Australian Economic Papers, Vol. 41, S. 437-461.

Marín, J. (2002), Sustainability of Public Finances and Automatic Stabilisation under a Rule of Budgetary Discipline, ECB Working Paper No. 193, November 2002 (http://www.ecb.int).

Masuch, K., Pill, H., Willeke, C. (2001), Framework and Tools of Monetary Analysis, in: Klöckers, H.-J., Willeke, C. (Hg.), Monetary Analysis: Tools and Applications, S.117-144 (http://www.ecb.int).

McAdam, P., Morgan, J. (2003), Analysing Monetary Policy Transmission at the Euro Area Level Using Structural Models; in: Angeloni, I. et al. (Hg.), Monetary Policy Transmission in the Euro Area; Cambridge University Press, Cambridge et al., S. 75-90.

McKay, J. E. (1997), Evaluating the EMU Criteria: Theoretical Constructs, Member Compliance and Empirical Testing, Kyklos, Vol. 50., S. 63-82.

McKinnon, R. (1963), Optimum Currency Areas, American Economic Review, Vol. 53, S. 509-517.

Mehrling, P. (2004), Whither Macro, in: Szenberg, M., Ramrattan, L., New Frontiers in Economics, Cambridge (UK), S. 173-184.

Meyer, L.H. (2001), Does Money Matter?, Remarks by Laurence H. Meyer at the 2001 Homer Jones Memorial Lecture, Washington University, St. Louis, Missouri, March 28, 2001 (http://www.federalreserve.gov/boarddocs).

Mishkin, F. S. (1978), The Household Balance Sheet and the Great Depression, Journal of Economic History, Vol. 38, S. 918-937.

Mishkin, F. S. (1995), Symposium of Monetary Transmission Mechanism, The Journal of Economic Perspectives, Vol. 9, S. 3-10.

Mishkin, F.S. (2007), The Economics of Money, Banking and Financial Markets, 8.A., Addison-Wesley, Reading etc.

Mojon, B. (2000), Financial Structure and the Interest Rate Channel of ECB Monetary Policy, European Central Bank Working Paper Series, Working Paper No. 40 (http://www.ecb.int).

Mojon, B., Peersman, G. (2003), A VAR Description of the Effekts of Monetary Policy in Individual Countries of the Euro Area; in: Angeloni, I. et al. (Hg.), Monetary Policy Transmission in the Euro Area, Cambridge University Press, Cambridge et al., S. 36-55.

Mongelli, F. (2002), "New" Views on the Optimum Currency Area Theory: What is EMU telling us?, ECB Working paper, No. 138, April 2002 (http://www.ecb.o.int).

Mongelli, F. P., Vega, J.L. (2006), What Effects is EMU Having on the Euro Area and its Member Countries?, An Overview, Working Paper No. 599, March 2006 (http://www.ecb.int).

Morris, R., Ongena, H., Schuknecht, L. (2006), The Reform ands Implementation of the Stability and Growth Pact, ECB Occasional Paper No. 476, Juni 2006 (http://www.ecb.int).

Morris, S., Shin, H.S. (2002), Social Value of Public Information, The American Economic Review, Vol. 92, S. 1521-1534.

Moutot, P. P. (1997), Monetary Policy in European Monetary Union: Instruments, Strategy and Transmission Mechanisms, in: Oesterreichische Nationalbank (Hg.), Monetary Policy in Transition in East and West: Strategies, Instruments and Transmission Mechanisms, Vienna, S. 82-103.

Mundell, R.A. (1961), A Theory of Optimum Currency Area, The American Economy Review, Vol. 51, S. 657-665.

Nautz, D. (2000), Die Geldmarktsteuerung der Europäischen Zentralbank und das Geldangebot der Banken, Heidelberg.

Neely, C. J. (2001), The Practice of Central Bank Intervention: Looking Under the Hood, Federal Reserve Bank of St. Louis, Review, May/Juni 2001, S. 1-10 (http://www.stls.frb.org/).

Nelson, E. (2002), Direct Effects of Base Money on Aggregate Demand: Theory and Evidence, Journal of Monetary Economics, Vol. 49, S. 687-708.

Nelson, E. (2003), The Future of Monetary Aggregates in Monetary Policy Analysis, Journal of Monetary Economics, Vol. 50, S. 1029-1059.

Nelson, E., Nikolov, K. (2003), UK Inflation in the 1970s and 1980s: the role of output gap mismeasurement, Journal of Economics and Business, Vol. 55, S. 353-370.

Neumann, M. J. M. (2000), Strategien der Geldpolitik, in: Obst, G., Hintner, O., Geld-, Bank- und Börsenwesen, 40.A., hg. von von Hagen, J., von Stein, J.H., Schäffer-Pöschel, Stuttgart, S. 1594-1604.

Neyer, U. (2007), Asymmetric Information and the Transmission Mechanism of Monetary Policy, German Economic Review, Vol. 8, S. 428-446.

Nicoletti-Altimari, S. (2001), Does Money Lead Inflation in the Euro Area, ECB Working Paper No. 63, May 2001 (http://www.ecb.int).

Obstfeld, M., Rogoff, K. (1996), Foundations of International Macroeconomics, The MIT Press, Cambridge/Mass.

OECD (1999), EMU: Facts, Challenges and Policies, Paris.

OECD (1999a), Financial Market Trends 72, Paris, February.

OECD (2004): Housing Markets, Wealth and the Business Cycle, OECD Economic Outlook 75, S. 127-47.

Ohr, R. (2003), Perspektiven der europäischen Integration: Einige clubtheoretische Überlegungen, in: Reitz, S. (Hg.) (2003), Theoretische und wirtschaftspolitische Aspekte der internationalen Integration – Festschrift für Helga Luckenbach zum 68. Geburtstag, Duncker & Humblot, Berlin, S. 119-120.

Orphanides, A. (2003), The Quest for Prosperity without Inflation, Journal of Monetary Economics, Vol. 50, S. 633-663.

Orphanides, A., Williams, J. C. (2005), Monetary Policy with Imperfect Knowledge, Federal Reserve Bank of San Francisco Working Paper 2005-17, October (www.frbsf.org).

Osbat, C., Rüffer, R., Schnatz, B. (2003), The Rise of the Yen vis-a-vis the („Synthetic") Euro: Is it Supported by Economic Fundamentals, ECB Working Paper No. 224, April (http://www.ecb.int).

Padoa-Schioppa, T. (2000), An Institutional Glossary of the Eurosystem, ZEI Policy Paper, B 16, 2000, S. 23-37 (http://www.zei.de).

Padoa-Schioppa, T. (2004), Exchange Rate Issues Relating to the Acceding Countries, Keynote speech at the IMF Conference Euro Adoption in the Accession Countries, Opportunities and Challenges, Prague, 2. February 2004 (http://www.ecb.int).

Papademos, L. (2007), Inflation and Competitiveness Divergences in the Euro Area Countries: Causes, Consequences and Policy Responses, in: ECB, The ECB and its Watchers IX, Frankfurt, September 2007.

Papadia, F. (2005), The Operational Target of Monetary Policy, in: Deville, V., von Landesberger, J., Müller, M., Schobert, F., Worms, A. (Hg.), Issues on Monetary Theory and Policy – Proceedings of a Colloquium in Honour of Wolfgang Gebauer, Frankfurt/Main, S. 49-60.

Peersman, G., Smets, F. (2002), Are the Effects of Monetary Policy in the Euro Area Greater in Recessions than in Booms?, in: Mahadeva, L., Sinclair, P. (Hg.), Monetary Transmission in Diverse Economics Cambridge University Press, Cambridge et al., S. 28-48.

Peersman, G., Smets, F. (2002a), The Industry Effects of Monetary Policy in the Euro Area, European Central Bank, Working Paper No. 165, August 2002 (http://www.ecb.int).

Peersman, G., Smets, F. (2003), The Monetary Transmission Mechanism in the Euro Area: evidence from VAR analysis, in: Angeloni, I. et al. (Hg.), Monetary Policy Transmission in the Euro Area, Cambridge University Press, Cambridge et al., S. 56-74.

Polizu, C. (2007), An overview of structured investment vehicles and other special purpose companies, in: de Servigny, A., Jobst, N. (Hg.), The handbook of structured finance, McGraw Hill, New York, S. 621-674.

Pollard, P. S. (2003), A Look Inside Two Central Banks: The European Central Bank and the Federal Reserve, in: Federal Reserve Bank of St. Louis, Review, January/February 2003, S. 11-30 (http://www.stlouisfed.org).

Poole, W. (1970), Optimal Choice of Monetary Policy Instruments in a Simple Stochastic Macro Model, Quarterly Journal of Economics, Vol. 84, S. 197-216.

Price, R. (1997), The Rationale and Design of Inflation-Indexed Bonds, IMF Working Paper 97/12 (http://www.imf.org).

Remsperger, H. (2001a), Konvergenz und Divergenz in der Europäischen Währungsunion, Deutsche Bundesbank, Auszüge aus Presseartikeln, Nr. 20 vom 27. April 2001, S. 3-7.

Remsperger, H. (2001b), Erweiterung der Europäischen Union und der Währungsunion: Maastricht meets Kopenhagen, Deutsche Bundesbank, Auszüge aus Presseartikeln, Nr. 53 vom 5. Dezember 2001, S. 5-10.

Remsperger, H. (2003a), Inflation Differentials in EMU – causes and implications, The CEPR/ESI Seventh Annual Conference on "The Euro Area as an Economic Entity" in Eltville on 13. 9. 2003 (http://www.bundesbank.de).

Remsperger, H. (2003b), Wechselkursmechanismus fordert und fördert Konvergenz, in: Deutsche Bundesbank, Auszüge aus Presseartikeln, Nr. 53 vom 11. 12. 2003, S. 8.

Remsperger, H. (2004), Wettbewerbsvorteile durch niedrige Inflation, Deutsche Bundesbank, Auszüge aus Pressartikeln, Nr. 34 vom 11. August 2004, S. 3.

Richter, R. (1999), Deutsche Geldpolitik 1948-1998, Mohr Siebeck, Tübingen.

Richter, R., Furubotn, E. (2003), Neue Institutionenökonomie, 3. A., Mohr Siebeck, Tübingen.

Robinson, A., The Story of Writing, London 2001.

Röger, W. (2000), Ageing and Fiscal Sustainability in Europe, in: Banca d'Italia (Hg.), Fiscal Sustainability, Essays presented at the Bank of Italy Workshop held in Perugia, 20-22 January 2000, S. 255-285.

Rogoff, K. (1985), The Optimal Degree of Commitment to an Intermediate Monetary Target, Quarterly Journal of Economics, Vol. 100, S. 1169-1190.

Romer, D. (2006), Advanved Macroeconomics, 3. A., McGraw Hill, Boston et al.

Röpke, W. (1997), Kernfragen der Wirtschaftsordnung, ORDO, Bd. 48, S. 27-64.

Rösl, G. (2005), Regionalwährungen in Deutschland, Wirtschaftsdienst - Zeitschrift für Wirtschaftspolitik, 85. Jg., S. 182-190.

Rösl, G. (2006), Regionalwährungen in Deutschland - Regionale Konkurrenz für den Euro?, Deutsche Bundesbank, Diskussionspapier Reihe 1: Volkswirtschaftliche Studien, Nr. 43/2006.

Rösl, G. (2007a), Inoffizielle Parallelgeldschöpfung in Europa, in: Thieme, Jörg/Michler, Albrecht (Hg.), Schriften zu Ordnungsfragen der Wirtschaft, Systeme monetärer Steuerung, Analyse und Vergleich geldpolitischer Strategien, S. 315-334.

Rösl, G, (2007b), Regionalgeld in Deutschland: Eine große Idee in kleinräumiger Wirkung, in: Ludwig-Erhard-Stiftung (Hg.), Orientierungen zur Wirtschafts- und Gesellschaftspolitik, Heft 111, Bonn, S. 41-45.

Rösl, G., Seitz, F., Tödter, K.-H. (2005), Ein monetäres Makro-Modell für die Lehre, WiSt, Heft 8 (August), S. 446-452.

Rother, P.C. (2004), Fiscal Policy and Inflation Volatility, ECB Working Paper No. 317, März 2004 (http://www.ecb.int).

Rübel, G. (2000), Arbeitsmarktpolitische Implikationen der Europäischen Wirtschafts- und Währungsunion. List Forum für Wirtschafts- und Finanzpolitik, Bd. 26, S. 165-182.

Ruckriegel, K. (1989), Finanzinnovationen und nationale Geldpolitik, P.C.O.-Verlag, Bayreuth.

Ruckriegel, K. (1997), Auf dem Weg zur Europäischen Währungsunion, WISU, 26. Jahrgang, S. 212-214.

Ruckriegel, K. (1997), Zur Neubewertung der Währungsreserven der Deutschen Bundesbank, WISU, 26. Jg., S. 728-730.

Ruckriegel, K. (2007a), Happiness Research (Glücksforschung) - eine Abkehr vom Materialismus, Sonderdruck Nr. 38 der Schriftenreihe der Georg-Simon-Ohm-Hochschule Nürnberg, Mai 2007 (www.ruckriegel.org).

Ruckriegel, K. (2007b), Quo vadis, Home oeconomicus?, WISU, 36. Jg., S. 198-201.

Ruckriegel, K. (2007c), Glücksforschung, WiSt, 36. Jg., S. 515-521.

Ruckriegel, K., Schleicher, B., Seitz, F. (2000): Die Rolle der Mindestreserve im Eurosystem, Wirtschaftsdienst, 80. Jg., S. 314-320.

Ruckriegel, K., Seitz, F. (1998), Wechselkurspolitik in der EWWU: Die Achillesferse der Geldpolitik?, WISU, 27. Jg., S. 1292-1296.

Ruckriegel, K., Seitz, F. (2002), Zwei Währungsgebiete - Zwei Geldpolitiken? Ein Vergleich des Eurosystems mit dem Federal Reserve System, Bankakademie-Verlag, Frankfurt/Main.

Ruckriegel, K., Seitz, F. (2006), Die operative Umsetzung der Geldpolitik: Ein Vergleich zwischen Eurosystem, Fed und Bank of England, Wirtschaftsdienst, 86. Jg., S. 540-548.

Sachverständigenrat zur Begutachtung der gesamtwirtschaftlichen Entwicklung (1998), Jahresgutachten 1998/99, Deutscher Bundestag, Drucksache 14/73 (http://www.sachverstaendigenrat-wirtschaft.de).

Sachverständigenrat zur Begutachtung der gesamtwirtschaftlichen Entwicklung (1999), Jahresgutachten 1999/2000, 2002/2003 Stuttgart (http://www.sachverstaendigenrat-wirtschaft.de).

Sachverständigenrat zur Begutachtung der gesamtwirtschaftlichen Entwicklung (2001), Jahresgutachten 2001/02: Für Stetigkeit – gegen Aktionismus, Metzler-Poeschel, Stuttgart (http://www.sachverstaendigenrat-wirtschaft.de).

Sachverständigenrat zur Begutachtung der gesamtwirtschaftlichen Entwicklung (2003), Jahresgutachten 2003/04: Staatsfinanzen konsolidieren – Steuersystem reformieren, Metzler-Poeschel, Stuttgart (http://www.sachverstaendigenrat-wirtschaft.de).

Sack, B., Wieland, V. (2000), Interest Rate Smoothing and Optimal Monetary Policy: A Review of Recent Empirical Evidence, Journal of Economics and Business, Vol. 52, S. 205–228.

Samuelson, P.A. (1964), Theoretical Notes on Trade Problems, Review of Economics and Statistics, Vol. 23, S. 1–60.

Sargent, T., Wallace, N. (1981), Some Unpleasant Monetarist Arithmetic, Federal Reserve Bank of Minneapolis Quarterly Review, Vol. 5, No. 4, S. 1–17 (http://research.mpls.frb.fed.us/research/qr/).

Schäfer, W. (2003), EU-Erweiterung: Anmerkungen zum Balassa-Samuelson-Effekt, in: Reitz, S. (Hg.) (2003), Theoretische und wirtschaftspolitische Aspekte der internationalen Integration – Festschrift für Helga Luckenbach zum 68. Geburtstag, Duncker & Humblot, Berlin, S. 89–98.

Scharnagl, M. (1996), Geldmengenaggregate unter Berücksichtigung struktureller Veränderungen an den Finanzmärkten, Diskussionspapier 2/96, Volkswirtschaftliche Forschungsgruppe der Deutschen Bundesbank (http://www.bundesbank.de).

Scharnagl, M., Tödter, K-H. (2004), How Effective are Automatic Stabilisers? Theory and Empirical Results for Germany and other OECD Countries, Deutsche Bundesbank, Discussion Paper Series 1, No. 21/2004 (http://www.bundesbank.de).

Scheller, H. P. (2006), Die Europäische Zentralbank – Geschichte, Rolle und Aufgabe, 2. A., Frankfurt (http://www.ecb.int).

Schich, S., Seitz, F. (2000), Overcoming the Inflationary Bias Through Institutional Changes – Experiences of Selected OECD Central Banks, Schmollers Jahrbuch – Zeitschrift für Wirtschaft- und Sozialwissenschaften, 120. Jg., S. 1–24.

Schmidt, C., Straubhaar, T. (1995), Maastricht II: Bedarf es realer Konvergenzkriterien?, Wirtschaftsdienst, 75. Jg., S. 434–442.

Schmidt, R. H. (2001), Differences between Financial Systems in European Countries: Consequences for EMU, in: Deutsche Bundesbank (Hg.), The Monetary Transmission Process, Recent Developments and Lessons for Europe, Palgrave, Chippenham, S. 208–240.

Schnabel, C. (1996), Lohnpolitik und die Europäische Währungsunion: Erfahrungen und Erwartungen in Deutschland, in: Jacobi, O., Pochet, P. (Hg.), Gemeinsamer Währungsraum – Fragmentierter Lohnraum, Hans-Böckler-Stiftung, Düsseldorf, S. 99–11.

Schwarze, J. (Hg.) (2000), EU-Kommentar, Nomos-Verlagsgesellschaft, Baden-Baden.

Seidel, M. (1998), Die Politiker meinen, der Vertrag stehe zu ihrer Disposition, Gespräch, Welt am Sonntag vom 15. Nov. 1998, S. 47f.

Seidel, M. (1998a), Rechtliche und politische Probleme bei Übergang in die Endstufe der Wirtschafts- und Währungsunion, in: Francke, H.-H., Ketzel, E., Kotz, H.-H. (Hg.), Europäische Währungsunion, Duncker & Humblot, Berlin, S. 163–179.

Seidel, M. (2000), Konstitutionelle Schwächen der Währungsunion, Europarecht, 35. Jg., S. 861–878.

Seidel, M. (2003), Die Weisungs- und Herrschaftsmacht der Europäischen Zentralbank im europäischen System der Zentralbanken – eine rechtliche Analyse, ZEI-Policy-Paper, B11 2003 (http://www.zei.de).

Seidel, M. (2004), Die Stellung der Europäischen Zentralbank nach dem Verfassungsvertrag, Vortrag vor der Gesellschaft für Strukturpolitische Fragen am 3.3.2004 in Berlin.

Seitz, F. (1998), Goodhart's Law: Was es für Deutschland und die Europäische Währungsunion bedeutet, WISU, 27. Jg., S. 1407-1410.

Sell, F. L. (1998), Zu den Wirkungen des Stabilitätspaktes in der Europäischen Währungsunion, Ifo-Studien, 44. Jg., S. 233-266.

Sellon, G. H., Weiner, S.E. (1997), Monetary Policy without Reserve Requirements: Case Studies and Options for the United States, Federal Reserve Bank of Kansas City, Economic Review, Second Quarter, S. 5-30 (http//:www.kc.frb.org).

Serletis, A. (2007), The Demand for Money: Theoretical and Empirical Approaches, 2.A., Springer, Berlin et al.

Shefrin, H. (2007), Behavioral Corporate Finance, McGraw-Hill, New York.

Shen, P. (1998), How Important is the Inflation Risk Premium?, Federal Reserve Bank of Kansas City Economic Review, Vol. 83, Nr. 4, S. 35-47 (http://www.kc.frb.org).

Shleifer, A. (2000), Inefficient Markets: An Introduction to Behavioral Finance, Oxford University Press, Oxford.

Sigmund, K., Fehr, E., Nowak, M.(2006), Teilen und Helfen – Ursprünge sozialen Verhaltens, in: Spektrum der Wissenschaft, Dossier 5/2006, Fairness, Kooperation, Demokratie., S. 55-62.

Siklos, P. (2002), The Changing Face of Central Banking – Evolutionary Trends Since World War II., Cambridge University Press, Cambridge.

Sinn, H.-W. (2004), Eile tut Not, Interview, Der Spiegel, 7/2004, S. 78.

Sinn, H.-W., Reutter, M. (2000), The Minimum Inflation Rate for Euroland, CESifo Working Paper No. 377, December 2000 (http://www.cesifo.de).

Smeets, H.-D. (2003a), Währung und Internationale Finanzmärkte, in: Vahlens Kompendium der Wirtschaftstheorie und Wirtschaftspolitik, Band 1, 8.A., S. 265-330.

Smeets, H.-D. (2003b), Die Bedeutung des Wechselkursregimes für die Glaubwürdigkeit der Geldpolitik, in: Cassel, D., Müller, H., Thieme, H.J. (Hg.), Stabilisierungsprobleme in der Marktwirtschaft – Festschrift für Artur Woll, Verlag Franz Vahlen, München, S. 115-135.

Smithin, J. (2003), Controversies in Monetary Economics, Revised Edition, Cheltenham (UK).

Snowdon, B., Vane, H. R. (2005), Modern Macroeconomics – Its Origins, Development and Current State, Edward Elgar, Cheltenham et al.

Söderström, U. (2000), Monetary Policy with Uncertain Parameters, European Central Bank Working Paper Series, Working Paper No. 13, February 2000 (http://www.ecb.int).

Söderström, U. (2005), Targeting Inflation with a Role for Money, Economica, Vol. 72, S. 577-596.

Spahn, H.-P.(1997), Schulden, Defizite und die Maastricht-Kriterien: Eine theoretisch-empirische Bestandsaufnahme, Konjunkturpolitik, 43. Jg., S. 1-15.

Spiegel, M. M. (1998), Central Bank Independence and Inflation Expectations: Evidence from British Index-linked Gilts, Economic Review, Federal Reserve Bank of San Francisco, No. 1, S. 3-14 (http://www.frbsf.org)

Srour, G. (2001), Why do Central Banks Smooth Interest Rates? Bank of Canada Working Paper No. 2001-17, October (http://www.bank-banque-canada.ca).

Starbatty, J. (2002), Ordoliberalismus, in: Issing, O. (Hg.), Geschichte der Nationalökonomie, 4.A., Vahlen-Verlag, München, S. 251-270.

Stark, J. (2005), Zur Bedeutung von Institutionen in der wirtschaftlichen und finanziellen Entwicklung – Institution Building im Finanzsektor, in: Deutsche Bundesbank, Auszüge aus Presseartikeln, Nr. 24 vom 8. Juni 2005, S. 3-9.

Stevens, E. J. (1991), Is there any Rationale for Reserve Requirements?, Federal Reserve Bank of Cleveland, Economic Review, Vol. 27, No. 3, S. 1-17.

Stiglitz, J., Greenwald, B. (2003), Towards a New Paradigm in Monetary Economics, Cambridge University Press, Cambridge (UK).

Stöß, E. (1996), Die Finanzierungsstruktur der Unternehmen und deren Reaktion auf monetäre Impulse, Diskussionspapier 9/96, Volkswirtschaftliche Forschungsgruppe der Deutschen Bundesbank (http://www.bundesbank.de).

Stracca, L. (2007): A Speed Limit Monetary Policy Rule for the Euro Area, International Finance, Vol. 10, S. 21-41.

Strauch R., Hallerberg, M., von Hagen, J. (2004), Budgetary Forecasts in Europe – the Track Record of Stability and Convergence Programmes, ECB Working Paper No. 307, Februar 2004 (http://www.ecb.int).

Svensson, L. E. O. (1997), Inflation Forecast Targeting: Implementing and Monitoring Inflation Targets, European Economic Review, Vol. 41, S. 1111-1146.

Svensson, L. E. O. (2003) Escaping from a Liquidity Trap and Deflation: the Foolproof Way and Others, Journal of Economic Perspectives, Vol. 17(4), S. 145-166.

Taylor, J. B. (1993), Discretion versus Monetary Policy Rules in Practice, Carnegie Rochester Conference Series on Public Policy, Vol. 39, S. 195-214.

Theurl, T., Meyer, E. (2001), Institutionelle Grundlagen der Europäischen Union, in: Ohr, R., Theurl, T. (Hg.), Kompendium Europäische Wirtschaftspolitik, Vahlen, München, S. 41-203.

Tietmeyer, H. (1989), Anmerkungen zu den neuen internationalen Kooperationsbemühungen seit der Plaza-Vereinbarung 1985, in: Bub, N., Duwendag, D., Richter, R. (Hg.) Geldwertsicherung und Wirtschaftsstabilität (Festschrift für Helmut Schlesinger zum 65. Geburtstag), Knapp, Frankfurt/Main, S. 479-497.

Tietmeyer, H. (1996), The Importance of Monetary Policy Strategy in Achieving Price Stability, in: Deutsche Bundesbank (Hg.), Monetary Policy Strategies in Europe, Vahlen, München, S. 1-6.

Tillmann, P. (2006), Does the Cost Channel of Monetary Transmission Explain Inflation Dynamics?, unveröffentlicht, Institute for International Economics, Bonn.

Tödter, K.-H. (2002), Monetäre Indikatoren und geldpolitische Regeln im P-Stern-Modell, Jahrbuch für Wirtschaftswissenschaften, Bd. 53, S. 210-243.

Tödter, K.-H., Reimers, H.-E. (1994), P-Star as a Link Between Money and Prices in Germany, Weltwirtschaftliches Archiv, 130. Jg., S. 273-289.

Van den Heuvel, S. J. (2001), The Bank Capital Channel of Monetary Policy, Vortrag auf der Konferenz „Financial Innovation and Monetary Transmission" bei der Federal Reserve Bank of New York am 5./6. April 2001.

Van Els, P., Locaron, A., Morgan, J., Villetelle, J.-P. (2003), The Effects of Monetary Policy in the Euro Area: evidence from structural macroeconomic models; in: Angeloni, I. et al. (Hg.): Monetary Policy Transmission in the Euro Area, Cambridge University Press, Cambridge et al., S. 91-106.

Van Poeck, A., Borghijs, A. (2001), EMU and Labour Market Reform: Needs, Incentives and Realisations, The World Economy, Vol. 24, Issue 10, S. 1327-1352.

Van Suntum, U., Lurweg, M. (2007), Deutschland im internationalen Vergleich, in: Bertelsmann Stiftung, Standort Check Deutschland, I/2007, Gütersloh.

Vega, J.-L., Wynne, M.A. (2003), An Evaluation of Some Measures of Core Inflation for the Euro-Area, German Economic Review, Vol. 4, S. 269-306.

Vollmer, U. (2000), Warum gibt es (immer noch) Kreditgenossenschaften? Eine institutionenökonomische Analyse, Jahrbücher für Wirtschaftswissenschaften, Vol. 51, S. 53-74.

Vollmer, U. (2003), Finanzintermediation und wirtschaftliche Entwicklung, in: Eger, T. (Hg.), Institutionen und wirtschaftliche Entwicklung, Duncker & Humblot, Berlin, S. 165-181.

Von Hagen, J. (1998), Discussion of Winckler, Hochreiter and Brandner's Paper, in: Calvo, G., King, M. (Hg.), The Debt Burden and its Consequences for Monetary Policy, MacMillan Press, Houndsmills, S. 277-282.

Von Hagen, J., Hayo, B., Fender, I. (2002), Geldtheorie, Geldpolitik und Finanzmärkte, in: Zimmermann, K.F. (Hg.), Neue Entwicklungen in der Wirtschaftswissenschaft, Springer-Verlag, Heidelberg, S. 1-42.

Von Hayek, F.A. (1977), Entnationalisierung des Geldes: Eine Analyse von Theorie und Praxis konkurrierender Umlaufmittel, Tübingen.

Von Hayek, F.A. (1983), Die Verfassung der Freiheit, Mohr, Tübingen.

Von Hayek, F.A. 1990), Denationalisation of Money - The Argument Refined, 3.A., The Institute of Economic Affairs, London.

Von Kalckreuth, U. (2003), Investment and Monetary Transmission in Germany: A Microeconomic Investigation, in: Angeloni, I., Kashyap, A. K., Mojon, B. (Hg.), Monetary Policy Transmission in the Euro Area, Cambridge University Press, S. 173-186.

Von Landesberger, J. (2007), Sectoral Money Demand Models for the Euro Area based on a Common Set of Determinants, ECB Working Paper No. 741, March 2007 (http://www.ecb.int).

Von Schmoller, G. (1900), Grundriß der Allgemeinen Volkswirtschaftlehre, Leipzig.

Wagener, H.-J., Eger, T., Fritz, H. (2006), Europäische Integration - Recht und Ökonomie, Geschichte und Politik, Vahlen, München.

Walsh, C. E. (1995), Optimal Contracts for Central Bankers, American Economic Review, Vol. 85, S. 150-167.

Walsh, C. E. (2003), Monetary Theory and Policy , 2.A., MIT Press, Cambridge (Mass.) et al.

Walters, A. (1998), Currency Boards, The New Palgrave - A Dictionary of Economics, Vol. 1, Macmillan Reference Ltd., S. 740-742.

Warne, A. (2006), Bayesian Inference in Cointegrated VAR Models: with applications to the demand for euro area M3, ECB Working Paper No. 692, November 2006 (http://www.ecb.int).

Weber, A. (2005), Deutschland in der Währungsunion: Geld- und finanzpolitische Rahmenbedingungen, in: Deutsche Bundesbank, Auszüge aus Presseartikeln, Nr. 28 vom 7.7. 2005, S. 3-9.

Weber, A.A. Wir sind bereit, präventiv zu handeln, Interview mit der Börsenzeitung vom 26. Januar 2008, in: Auszüge aus Presseartikeln, Nr. 4 vom 30. Januar 2008, S. 5-7.

Weidenfeld, W. (2002a), Europäische Einigung im historischen Überblick, in: Weidenfeld, W., Wessels, W. (Hg.), Europa von A bis Z, Europa Union Verlag, Bonn, S. 10-50.

Weidenfeld, W. (Hg.) (2002b), Europa-Handbuch, 2.A., Verlag Bertelsmann Stiftung, Gütersloh.

Welsch, H. (2000), Domestic Fiscal Policy in a Monetary Union: What are the Spillovers?, Jahrbücher für Nationalökonomie und Statistik, Bd. 220, S. 327-342.

White, L. H. (1999), The Theory of Monetary Institutions, Blackwell, Malden (USA)/Oxford (UK).

Wicksell, K. (1898), Interest and Prices, MacMillan, London.

Wicksell, K. (1907), The Influence of the Rate of Interest on Prices, Economic Journal, Vol. 17, S. 213-220.

Williamson, J. (1985), The Exchange Rate System, Institute for International Economics, Washington D. C.

Winckler, G., Hochreiter, E., Brandner, P. (1998), Deficits, Debt and European Monetary Union: Some Unpleasant Fiscal Arithmetic, in: Calvo, G., King, M. (Hg.), The Debt Burden and its Consequences for Monetary Policy, St. Martin's Press, New York, S. 254-276.

Winkler, B. (2000), Which Kind of Transparency? On the Need for Clarity in Monetary Policy – Making, European Central Bank Working Paper Series, Working Paper No. 26, August 2000 (http://www.ecb.int).

Wissenschaftlicher Beirat bei Bundesministerium für Wirtschaft und Technologie (1999), Wechselkurszielzonen, Schreiben an den Bundesminister für Wirtschaft und Technologie vom 4.März 1999.

Woll, A. (2001), Geschichte der Geldtheorie im 20. Jahrhundert, in: von Delhaes-Guenther, D., Hartwig, K.-H., Vollmer, U. (Hg.), Monetäre Institutionenökonomik, Lucius & Lucius, Stuttgart, S. 381-400.

Wolswijk, G., de Haan, J. (2005), Government Debt Management in the Euro Area: Recent Theoretical Developüments and Changes in Practices, ECB Occasional Paper No. 25, März 2005 (http://www.ecb.int).

Wood, J.A. (2005), History of Central Banking in Great Britain and the United States, Cambridge University Press, Cambridge.

Woodford, M. (1998), Control of the Public Debt: A Requirement for Price Stability?, in: Calvo, G., King, M. (Hg.), The Debt Burden and its Consequences for Monetary Policy, St. Martin's Press, New York, S. 117-154.

Woodford, M. (2001), Monetary Policy in the Information Economy, NBER Working Paper No. 8674, December (http://www.princeton.edu/~woodford/).

Woodford, M. (2003), Interest & Prices – Foundations of a Theory of Monetary Policy, Princeton University Press, Princeton and Oxford.

Worms, A. (2004), The Financial System and Monetary Transmission in Germany; in: Krahnen, J.-P., Schmidt, R. H. (Hg.), The German Financial System, Kap. 6, Oxford University Press, Oxford (UK), S. 163-196.

Yates, A. (2004) Monetary Policy and the Zero Bound to Interest Rates: a Review, Journal of Economic Surveys, Vol. 18, S. 427-481.

Zeitler, F.-C. (2001), Experiences with the European Monetary Union, Vortrag an der Tel Aviv University am 30.April 2001.

Zeitler, F.-C. (2003), Der Verfassungsentwurf verwässert die europäische Stabilitätsordnung, in: Ludwig-Erhard-Stiftung, Orientierungen zur Wirtschafts- und Gesellschaftspolitik, Nr. 98 (Dezember 2003), S. 53-56.

Zeitler, F.-C. (2004), „Unabhängigkeit ist unteilbar", Deutsche Bundesbank, Auszüge aus Presseartikeln, Nr. 28 vom 7.Juli 2004, S. 11f.

Zeitler, F.-C. (2005), Was bleibt vom Stabilitätspakt und Wachstumspakt?, in: Deutsche Bundesbank, Auszüge aus Presseartikeln, Nr. 36 vom 31.8.2005, S. 3-7.

Zeitler, F.-C. (2007a) Die Unabhängigkeit der Notenbank – Institutionelle Voraussetzungen für Wachstum und Wohlstand, erscheint in der Gedächtnisschrift für Dieter Blumenwitz.

Zeitler, F.-C. (2007b), Finanzierungskultur: Die Lehren des Jahres 2007, in: Deutsche Bundesbank, Auszüge aus Presseartikeln, Nr. 53 vom 19.12.2007, S. 5-7.

Glossarium

Adaptive Erwartungen
Werden Erwartungen aufgrund vergangener Erfahrungen unter zusätzlicher Berücksichtigung früherer Erwartungsfehler gebildet, spricht man von adaptiven Erwartungen.

Adverse Selektion
Wie der Moral Hazard beruht auch die adverse Selektion (Negativauslese) auf asymmetrischer Information. Leistungsfähige, aber am Markt wenig bekannte (junge) Firmen, die noch keine dauerhaften Kreditbeziehungen aufgebaut haben, werden wegen des Informationsdefizits und der Risikoaversion von Banken möglicherweise von der Kreditvergabe ausgeschlossen. Dies bedeutet, dass „gute Risiken" (Zins- und Kreditrückzahlung dieser Firmen wären eigentlich sicher) aussortiert werden und „schlechte Risiken" unter den Kreditnehmern ein größeres Gewicht haben. Verstärkend kommt hinzu, dass sich „gute Risiken" bei steigenden Zinsen zurückziehen.

Ankerwährung
Preisstabile internationale Währung, an die weniger stabile Länder ihre Währungen binden. Als Ankerwährung fungieren vor allem der US-$ und der €.

Antizyklisches Verhalten
Verhalten entgegen dem Konjunkturzyklus, d.h. zunehmende Ausgaben im Konjunkturabschwung (Rezession), vermehrtes Sparen im Konjunkturaufschwung (Boom).

Asset-Backed-Securities (ABS)
Bei einer Asset-Backed-Securities-Transaktion veräußert ein Kreditinstitut Teile seines Forderungsbestandes an eine eigens dafür gegründete Gesellschaft, die sich ihrerseits durch die Emission von Wertpapieren, den Asset-Backed Securities (ABS), refinanziert. Es handelt sich also um forderungsbesicherte Wertpapiere.

Asymmetrische Schocks
Nachhaltige und unerwartete realwirtschaftliche Impulse auf der Angebots- oder Nachfrageseite wie auch nicht-antizipierte finanzielle Impulse können in den davon betroffenen Ländern abweichende Preis-, Produktions- und Beschäftigungswirkungen auslösen („asymmetrische Schocks"). Massive Verteuerungen von Rohstoffen (z.B. bei Rohöl) werden nicht nur unterschiedliche Produktions- und Beschäftigungseffekte zwischen Export- und Importländern bewirken, sondern auch innerhalb der Ländergruppen. So wird beispielsweise die Rohstoffverteuerung in einem rohstoffarmen Land andere Wirkungen nach sich ziehen als in einem Land, das bei den relevanten Produkten in gewissem Umfang auf Substitute ausweichen kann. In einem System flexibler Wechselkurse würde dieser Schock über Änderungen der nominalen Wechselkurse abgefedert. Die Währung des preiserhöhenden Rohstofflandes würde gegenüber den Importländern aufgewertet. Die Aufwertung fällt umso höher aus, je größer die Importabhängigkeit der einzelnen Importländer ist. Analog könnte etwa ein Konjunktureinbruch in den USA je nach Außenhandelsverbunden-

heit unterschiedliche Nachfrageeinbrüche in den exportierenden Ländern hinterlassen, die wiederum durch Änderung der Wechselkurse oder eine gegensteuernde expansive Geldpolitik gedämpft werden könnten. Da innerhalb der EWU beide Reaktionsmöglichkeiten auf nationaler Ebene entfallen und eine eventuelle Änderung des nominalen Wechselkurses der gemeinsamen Währung die nationale Nachfrage-, Produktions- und Beschäftigungswirkung nur partiell auffangen kann, müssen andere Anpassungsmechanismen aktiviert oder verstärkt werden.

Automatische Stabilisatoren
Die nachfragestabilisierende Wirkung durch eine automatische Reaktion fiskalpolitischer Größen auf zyklische Schwankungen. Auf der Einnahmeseite ist hier das progressiv ausgestaltete Einkommensteuersystem zu nennen. Auf der Ausgabenseite kommt es in konjunkturellen Schwächephasen zu einem Anstieg staatlicher Transfers (z.B. des Arbeitslosengeldes). Insgesamt steigt damit konjunkturbedingt die Defizitquote an. Damit diese automatischen Stabilisatoren allerdings wirken können, muss genügend Spielraum vorhanden sein, damit über einen längeren Zeitraum Schwankungen des Defizits um einen angestrebten Durchschnittswert möglich sind.

Bail-out
Nach Art. 103 EG-Vertrag haftet kein Land für die Verbindlichkeiten eines anderen Landes. Dies wird als „no-bail-out-Klausel" bezeichnet.

Balassa-Samuelson-Effekt
In Ländern mit einem höheren Produktivitätswachstum und damit auch mit einer stärkeren Zunahme des Lebensstandards sind tendenziell höhere Inflationsraten zu verzeichnen. Der Balassa-Samuelson-Effekt erklärt diese Differenzen, indem er einen Zusammenhang zwischen der Entwicklung der Preise nicht-handelbarer Güter und dem Produktivitätswachstum herstellt. Danach findet das Produktivitätswachstum primär im Bereich der handelbaren Güter (vor allem im Verarbeitenden Gewerbe) statt. Das starke Produktivitätswachstum in diesem Bereich hat entsprechend starke Lohnerhöhungen zur Folge. Die Lohnerhöhungen im Sektor der handelbaren Güter schlagen aber auch in den Sektor der nicht-handelbaren Güter (vor allem Dienstleistungen) durch. Zu solchen Lohnerhöhungen kommt es zum einen wegen der Konkurrenz um Arbeitskräfte, zum anderen aus Gründen der Fairness. Dass bei den meisten Menschen Fairness einen hohen Stellenwert in ihrem Präferenzsystem hat, zeigen Ergebnisse der experimentellen Wirtschaftsforschung bzw. neuerdings der Neuroökonomie. Da im Sektor der nicht-handelbaren Güter aber niedrigere Produktivitätsfortschritte verzeichnet werden, kommt es zu einem Anstieg der Lohnstückkosten und darüber der Preise für nicht-handelbare Güter, was insgesamt das Preisniveau steigen lässt.

Bankenkanal
Mit dem Begriff Bankenkanal (Bank Lending Channel) sind zwei Sachverhalte angesprochen. Einmal das Kreditverhalten der Banken als Reaktion auf geldpolitische Impulse. So wird von kleinen Banken mit geringer Liquidität und Kapitalausstattung bei restriktiver Geldpolitik eine stärkere Kreditangebotsverknappung vermutet als von

Großbanken mit hoher Liquidität bzw. Kapitalausstattung. Ein anderer, damit möglicherweise einhergehender Transmissionsweg des Bankenkanals besteht in selektivem Verhalten der Banken gegenüber Haushalten und kleineren Unternehmen, da diese mangels Ausweichmöglichkeit auf andere Finanzierungsarten auf Bankkredite angewiesen sind. Die Selektion kann in eine Kreditrationierung einmünden. Banken werden dann auf marktmögliche Zinserhöhungen verzichten, wenn sie das mit der Zinserhöhung einhergehende wachsende Kreditausfallrisiko höher einschätzen als den gestiegenen Zinsertrag. Kreditausfallrisiken wachsen, weil für Kreditnehmer bei höheren Kreditzinsen ein Anreiz besteht, riskante Projekte in Angriff zu nehmen, dies aber gegenüber dem Kreditgeber verschleiern.

Basel II
Hauptziel des sog. Baseler Eigenkapitalakkords ist, die bankaufsichtliche Anwendung differenzierter Kreditrisikoerfassungs- und -managementverfahren zu ermöglichen. Hierdurch können im Unterschied zur vorherigen undifferenzierten Eigenkapitalunterlegung mit 8 % Kreditrisiken genauer erfasst werden.

Basisgeld
Von der EZB definierter Geldbegriff, der neben dem Banknotenumlauf und den Guthaben der Kreditinstitute auf Girokonten beim Eurosystem auch noch die in Anspruch genommene Einlagefazilität umfasst.

Basistender
Siehe längerfristige Refinanzierungsgeschäfte.

Bedingte Prognosen
Prognosen, die auf bestimmten Annahmen (Bedingungen) beruhen. So erstellen z.B. Experten des Eurosystems Inflationsprognosen, denen unveränderte Wechselkurse und bei den Zinsen Markterwartungen zugrunde liegen. Im Gegensatz dazu handelt es sich bei unbedingten Prognosen um „echte" Prognosen in dem Sinne, dass eine möglichst gute Übereinstimmung von Prognose und tatsächlicher Entwicklung angestrebt wird.

Befristete Transaktion
Geschäft (sog. reverse transaction), bei dem das Eurosystem Vermögenswerte auf Basis einer Rückkaufsvereinbarung kauft oder verkauft oder Kredite gegen Verpfändung von Sicherheiten gewährt.

Benchmark-Betrag
Der Benchmark-Betrag ist der Zuteilungsbetrag bei den Offenmarktgeschäften, der auf der Grundlage der Liquiditätsschätzung der EZB normaler Weise erforderlich ist, um am Tagesgeldmarkt ausgeglichene Liquiditätsbedingungen herzustellen.

Bilanz des Eurosystems
Die Konsolidierte Bilanz des Eurosystems (Konsolidierter Ausweis des Eurosystems) wird jeweils zum Wochenschluss (Freitag) erstellt. Der Ausweis gibt Auskunft über den Bedarf an Zentralbankgeld und die Art der Zurverfügungstellung durch die Zentralbank.

Bilanzkanal
Der Bilanzkanal (Balance Sheet Channel) hebt die Beeinflussung des Unternehmenswertes und anderer Kreditsicherheiten durch eine restriktive Geldpolitik hervor. Wenn diese zu steigenden Zinsen und in deren Gefolge zu sinkenden Kursen von Rentenpapieren und Aktien (Vermögenseffekte) sowie infolge erhöhter Zinszahlungen (Einkommenseffekte) zu einem sinkenden Cash Flow führt, vermindert sich die Basis für die Besicherung von Krediten bei – wegen des gesunken Cash Flow – zugleich erhöhtem Kreditbedarf. Die geringeren Vermögenswerte werden die Banken veranlassen, eine Fremdfinanzierungsprämie in Form eines Zuschlags bei den Zinsen zu verlangen oder die Kreditvergabe zu rationieren. Es wird vermutet, dass kleine Firmen und private Haushalte vorzugsweise betroffen sind.

Bilaterale Geschäfte
Verfahren, bei dem das Eurosystem nur mit einem oder wenigen Geschäftspartnern direkt Geschäfte abschließt, ohne Tenderverfahren zu nutzen.

Binnenmarkt
Einheitlicher Markt in der EU, in der der freie Verkehr von Waren, Dienstleistungen, Kapital und Personen herrscht, die sog. vier Grundfreiheiten.

BIP-Deflator
Das Verhältnis von nominalem und realem BIP. Maß für die allgemeine Preisentwicklung in einem Land, in welches alle im Inland produzierten Güter und Dienstleistungen eingehen.

Bubills
Unterjährige Staatsschuldtitel. Sie wurden in Deutschland erstmals 1996 begeben.

Cash-Flow-Effekt
Siehe Einkommenseffekt.

CFA
Communauté Financière de l'Afrique, in der der CFA-Franc umläuft. Der CFA-Franc wurde 1948 eingeführt. Er steht in einer fixen Wechselkursbeziehung zum €. Dieser Wechselkurs kann gemeinsam von der französischen Regierung und den CFA-Staaten (Benin, Burkina Faso, Kamerun, Zentralafrikanische Republik, Tschad, Kongo, Elfenbeinküste, Äquatorial-Guinea, Gabun, Mali, Niger, Senegal, Togo und Komoren) neu festgesetzt werden. Das französische Finanzministerium garantiert den Umtausch des CFA-Franc in den € zum fixen Wechselkurs.

Core Inflation
Siehe Kerninflation.

Covered Interest Parity (CIP)
Siehe Gedeckte Zinsparität.

Currency Board
Währungssystem, bei dem die Geldbasis vollkommen durch Devisen gedeckt ist.

Currency Substitution
Siehe Währungssubstitution.

Defizitquote
Der EG-Vertrag sieht als ein Konvergenzkriterium vor, dass der jährliche Finanzierungsfehlbetrag der öffentlichen Haushalte nicht mehr als 3% des nominalen Bruttoinlandsprodukts betragen soll. Der Vertrag stellt dabei nicht auf eine einmalige, sondern auf eine dauerhafte und nachhaltige Erfüllung ab. Allerdings lassen die Vertragsbestimmungen einen gewissen Interpretationsspielraum zu. So genügt es, wenn das Defizit erheblich und laufend zurückgegangen ist und einen Wert in der Nähe des Referenzwertes erreicht. Ein höheres Defizit ist auch mit dem Vertrag vereinbar, wenn der Referenzwert nur ausnahmsweise und vorübergehend überschritten wird und das Defizit in der Nähe des Referenzwertes bleibt. Auch künftige Beitrittskandidaten zur EWU müssen sich diesem Kriterium stellen.

Deflation
Negative Wachstumsrate der Preise, d.h. absoluter Preisrückgang.

Delors-Bericht
Mitte der 80er Jahre erlebte der Gedanke einer Europäischen Wirtschafts- und Währungsunion eine Renaissance. Vertraglich verankert wurde das Ziel einer schrittweisen Verwirklichung der Wirtschafts- und Währungsunion in der Einheitlichen Europäischen Akte, die am 1. Juli 1987 in Kraft trat. Im darauf folgenden Jahr beauftragte der Europäische Rat eine Arbeitsgruppe unter Vorsitz von Kommissionspräsident J. Delors, konkrete Schritte zur Umsetzung dieser Union zu prüfen. Auf der Grundlage des erstellten Berichts (Delors-Bericht), der das Erreichen einer Wirtschafts- und Währungsunion in 3 Stufen vorsah, beschloss der Europäische Rat im Juni 1989, die erste Stufe der Wirtschafts- und Währungsunion am 1. Juli 1990 zu beginnen.

Derivate
Produkte, die von einem Basiswert (z.B. Aktien) abgeleitet sind. Darunter fallen z.B. Optionen, Futures und Swaps.

Devisenmarktinterventionen
An- bzw. Verkauf von Fremdwährungen durch die Zentralbank, um Einfluss auf den Wechselkurs zu nehmen.

Devisenswapgeschäfte
Bei Devisenswapgeschäften kauft (verkauft) das Eurosystem im Falle einer beabsichtigten Liquiditätszuführung (Liquiditätsabschöpfung) Devisen von den (an die) Kreditinstituten (Kreditinstitute) und verkauft (kauft) sie zugleich wieder per Termin.

Direct Inflation targeting
Siehe direkte Inflationssteuerung.

Direkte Inflationssteuerung
Einstufige geldpolitische Strategie, die auf ein Zwischenziel oder eine herausgehobene Indikatorvariable verzichtet. Sie wird z.B. von der Bank of England verfolgt. Charakteristische Elemente sind 1) die Festlegung der zu steuernden Preisgröße,

2) die öffentliche Ankündigung eines numerischen mittelfristigen Ziels für die Inflationsrate, 3) eine institutionelle Absicherung des Endziels Preisstabilität bzw. der Inflationsbekämpfung, 4) eine herausgehobene Stellung einer modellgestützten Inflationsprognose, in die mehrere Indikatoren eingehen, 5) eine erhöhte Transparenz durch verstärkte Kommunikation mit der Öffentlichkeit und den Märkten über Ziele und Absichten der Notenbank (z.B. über die Publikation eines Inflationsberichtes), 6) eine verstärkte Verantwortung der Zentralbank, die Inflationsziele zu erreichen, und eine Rechenschaftspflicht bei Zielverfehlungen. Die geldpolitische Handlungsempfehlung wird dabei anhand eines Vergleichs der offiziellen Inflationsprognose (der Inflationserwartung der Zentralbank) mit dem Inflationsziel abgeleitet.

Disinflation
Rückgang der Inflationsrate.

Disintermediation
Unter Disintermediation versteht man, dass Unternehmen und Haushalte bei Finanzierungs- und Anlageentscheidungen Geschäftsbanken als Finanzintermediäre zunehmend ausklammern. Insbesondere Großunternehmen greifen zunehmend weniger auf Geschäftsbanken als Kreditgeber zurück. Da geldpolitische Impulse des Eurosystems zunächst auf die Dispositionen der Geschäftsbanken einwirken, wird das rasche Durchschlagen der Geldpolitik mit zunehmender Disintermediation bzw. in EWU-Mitgliedsländern mit überdurchschnittlich fortgeschrittener Disintermediation beeinträchtigt.

Diskretionäre Geldpolitik
Fallweise Anpassung der Geldpolitik ohne geldpolitische Regelbindung.

Divisia-Aggregat
Ein Geldmengenaggregat, bei dem die einzelnen Komponenten nach ihrem Liquiditätsgrad gewichtet werden.

Durchschnittserfüllung (Durchschnitts-Mindestreserve)
Mechanismus, der es den Kreditinstituten erlaubt, ihre Mindestreserven auf Grundlage ihrer durchschnittlichen Reserveguthaben in der Mindestreserve-Erfüllungsperiode zu erfüllen.

ECB Watcher
Mit der Gründung der EZB hat sich eine Zunft von Ökonomen etabliert, die die europäische Geldpolitik beobachtet und kommentiert. Ziel der ECB Watcher ist einmal die Abschätzung von Folgen der europäischen Geldpolitik für Unternehmensstrategien (speziell von Banken) oder für Aktivitäten internationaler Organisationen (etwa des Internationalen Währungsfonds). Ein weiterer Schwerpunkt ist die kritische Analyse der betriebenen Geldpolitik einschließlich ihrer theoretischen Grundlagen sowie die Erarbeitung von Empfehlungen, die in Pressekonferenzen und Publikationen der Öffentlichkeit präsentiert werden.

Ecofin-Rat
Im Gegensatz zur einheitlichen Geldpolitik im Euroraum bleiben die anderen Felder der Wirtschaftspolitik, insbesondere die Finanz- und die Lohnpolitik in nationaler Verantwortung. Um der Geldpolitik Flankenschutz zu gewähren, rückt die Koordinierung der allgemeinen Wirtschaftspolitik verstärkt in den Mittelpunkt. Zentrales Gremium hierfür auf europäischer Ebene ist der Ministerrat in der Zusammensetzung der Wirtschafts- und Finanzminister, der sog. Ecofin-Rat.

ECU
Vor der Einführung des € existierte bereits eine europäische Währungseinheit, der ECU („European Currency Unit"). Der ECU war als (künstlicher) Währungskorb definiert, der sich aus feststehenden Beträgen von 12 der damals 15 EU-Währungen zusammensetzte. Der offizielle ECU fungierte u.a. als Recheneinheit im EWS und als Zahlungsmittel zwischen EU-Zentralbanken sowie als offizielle Reservewährung. Private ECU waren auf ECU lautende Finanztitel. Am 1. 1. 1999 wurde der private ECU im Verhältnis 1:1 durch den € ersetzt. Seither existieren keine offiziellen ECU mehr.

Eigenverzinsung des Geldes
Verzinsung des Geldmengenaggregats. Sie wird errechnet als Summe der anteiligen Verzinsungen der in ihm enthaltenen Komponenten.

Einkommenseffekte
Zu einem Einkommenseffekt (auch Cash-Flow-Effekt genannt) kommt es bei geldpolitischen Maßnahmen über eine Umverteilung der Zahlungsströme, da sich die Zinseinnahmen der Gläubiger und die Zinsausgaben der Schuldner verändern. Da bei Schuldnern von einer höheren Ausgabenneigung auszugehen ist als bei Gläubigern, werden sich auch dann gesamtwirtschaftliche Nachfragewirkungen ergeben, wenn der Saldo aus Zinseinnahmen und Zinsausgaben Null sein sollte. Bei Zinserhöhungen entstehen nachfragedämpfende, bei Zinssenkungen nachfrageerhöhende Effekte.

Einlagefazilität
Durch Rückgriff auf die Einlagefazilität haben die Kreditinstitute jederzeit die Möglichkeit, Guthaben bis zum nächsten Geschäftstag beim Eurosystem zu einem vorher festgesetzten (niedrigen) Zinssatz anzulegen.

Einstufige Strategie
Siehe direkte Inflationssteuerung.

Elektronisches Geld
Unter elektronischem Geld versteht man vorausbezahlte Karten („prepaid cards") und softwaregestützte Systeme, die der Übertragung elektronisch gespeicherter Werteinheiten über Telekommunikationsnetze (z.B. das Internet) dienen und üblicherweise als „Netzgeld" bezeichnet werden.

Endogenität des Geldes
In Banken- und Kreditsystemen heutigen Zuschnitts wird der Geldschöpfungsprozess aus dem Zusammenspiel von Geschäftsbanken und deren Kunden – also zunächst ohne Zutun der Zentralbank – angestoßen. Geld entsteht also endogen aus

dem Wirtschaftsprozess heraus, und zwar primär im Zusammenhang mit den Kreditvergabeaktivitäten des Geschäftsbankensektors.

Endziel
Gemäß dem EG-Vertrag ist dem Eurosystem ein eindeutiges Endziel vorgegeben: die Gewährleistung von Preisstabilität. Nur wenn dieses Ziel nicht gefährdet ist, können weitere Ziele (z.B. konjunktureller Natur) verfolgt werden.

EONIA
Euro Overnight Index Average. Tagesgeld-Referenzzins im Euro-Währungsgebiet, in dessen Berechnung umsatzgewichtete Tagesgeldabschlüsse ausgewählter Kreditinstitute eingehen.

Erwartungskanal
Für die Geldpolitik spielen insbesondere Inflationserwartungen eine wichtige Rolle. Erwartungen können vergangenheitsorientiert (statisch, extrapolativ oder adaptiv) oder auch zukunftsgerichtet gebildet werden. Im letzten Fall, bei sogenannten rationalen Erwartungen, werden die Wirkungen der Geldpolitik von den Wirtschaftssubjekten in ihren Plänen antizipiert. Dies hat zur Folge, dass etwa eine expansive Geldpolitik in dem Maße wirkungslos wird, wie sie Inflationserwartungen erzeugt: Der Versuch, via Senkung der Geldmarktzinsen auch die Kapitalmarktzinsen zu senken, kann misslingen, wenn – erwartungsbedingt – in den Kapitalmarktzins ein (erhöhter) Inflationszuschlag einkalkuliert wird. Geldpolitisch ausgelöste Inflationserwartungen haben weiterhin auch eine außenwirtschaftliche Dimension, indem vor allem institutionelle Anleger mit Kapitalabzügen aus inflationsgefährdeten Ländern reagieren. Zinssteigerungen und Abwertungen (einschließlich der damit verknüpften Einkommens- und Vermögenseffekte) sind die Folge. Da Inflationserwartungen stark von Erfahrungen geprägt werden, muss die Zentralbank über erfahrungsgestützte Glaubwürdigkeit verfügen, dass sie eine konsequente Stabilisierungspolitik verfolgt.

Erwartungstheorie
Nach der Erwartungstheorie der Zinsstruktur ergibt sich der langfristige Zins als Durchschnitt der zukünftig erwarteten kurzfristigen Zinsen.

Erweiterter Rat
Solange nicht alle EU-Mitgliedstaaten der Währungsunion beigetreten sind, fungiert als beratendes Gremium der Erweiterte Rat, der aus dem Präsidenten und dem Vizepräsidenten der EZB sowie den Präsidenten aller nationalen Zentralbanken der EU besteht. Der Erweiterte Rat verfügt über keine geldpolitischen Kompetenzen. Er soll vorrangig die geldpolitische Koordinierung verstärken. Ihm kommt ferner die Aufgabe zu, die Funktionsweise des Wechselkursmechanismus II zu überwachen.

ESZB
Siehe Europäisches System der Zentralbanken.

EURIBOR
Euro Interbank Offered Rate, Geldmarkt-Referenzzins unter Banken im Euro-Währungsgebiet.

Euro (€)
Am 31.12.1998 wurden zwischen dem Euro und den nationalen Währungen des Euro-Währungsraumes unwiderruflich feste Wechselkurse festgelegt. Seit dem 1.1.1999 stellen die einstmals eigenständigen nationalen Währungen rechtlich nur noch Untereinheiten des Euro dar, die jedoch seit Einführung des Euro-Bargeldes zu Beginn des Jahres 2002 keine Bedeutung mehr haben, da sie kein gesetzliches Zahlungsmittel mehr darstellen. Die Deutsche Bundesbank tauscht zeitlich unbefristet und betragsmäßig unbeschränkt auf DM lautende Banknoten und Münzen zum festen Umtauschkurs (1,95583 DM je €) in Euro um.

Eurogruppe
Informelles Zusammentreffen der Finanz- und Wirtschaftsminister aus den Euro-Ländern. Rechtsverbindliche Entscheidungen werden aber nur vom Ecofin-Rat getroffen.

Europäische Investitionsbank (EIB)
Die Europäische Investitionsbank wurde 1958 gegründet. Sie finanziert als Finanzinstitution der EU vor allem (langfristige) Investitionen zur Förderung einer weiteren Integration der EU-Staaten.

Europäisches System Volkswirtschaftlicher Gesamtrechnungen (ESVG)
System einheitlicher statistischer Definitionen und Klassifikationen zur quantitativen Darstellung der EU und ihrer Mitgliedstaaten (z.B. des BIP). Die Definitionen des ESVG dienen u.a. als Grundlage der Berechnung der fiskalpolitischen Konvergenzkriterien Schuldenquote und Defizitquote.

Europäische Zentralbank
Die Europäische Zentralbank (EZB) wurde zum 1. Juni 1998 gegründet. Sie trägt die Gesamtverantwortung dafür, dass alle Aufgaben des Eurosystems entweder durch ihre eigene Tätigkeit oder durch die nationalen Zentralbanken erfüllt werden. Das Direktorium der EZB erteilt hierzu den nationalen Zentralbanken die erforderlichen Weisungen gemäß den Richtlinien und Entscheidungen des EZB-Rates.

Europäisches System der Zentralbanken (ESZB)
Dem ESZB gehören neben der Europäischen Zentralbank die nationalen Zentralbanken aller EU-Mitgliedstaaten (derzeit 27) an.

Europäisches Währungsinstitut (EWI)
Vorgängerinstitut der Europäischen Zentralbank. Es existierte bis zum 31.5.1998 und hatte keine geldpolitischen Kompetenzen.

Eurostat
Statistisches Amt der EU.

Eurosystem
Das Eurosystem setzt sich aus den rechtlich selbständigen nationalen Zentralbanken des Euro-Raumes (derzeit 15) und der rechtlich selbständigen Europäischen Zentralbank, die ihren Sitz in Frankfurt/Main hat, zusammen.

Euro-Währungsraum
Zum Euro-Währungsraum gehören derzeit (Stand 2008) die Länder Belgien, Deutschland, Finnland, Frankreich, Griechenland, Irland, Italien, Luxemburg, Malta, Niederlande, Österreich, Portugal, Slowenien, Spanien, Zypern.

EWS II
Siehe Wechselkursmechanismus II.

EWU
Europäische Währungsunion

EWWU
Europäische Wirtschafts- und Währungsunion.

Externer nominaler Anker
Siehe Wechselkursziel.

Extrapolative Erwartungen
Vergangenheitsorientierte Erwartungsbildung, in die frühere Entwicklungen und Entwicklungsänderungen eingehen.

EZB
Siehe Europäische Zentralbank.

EZB-Rat
Zentrales Entscheidungsorgan des Eurosystems ist der EZB-Rat. Er besteht aus dem Präsidenten und dem Vizepräsidenten der EZB, den (vier) weiteren Mitgliedern des Direktoriums der EZB und den Präsidenten der nationalen Zentralbanken der Staaten, die an der Währungsunion teilnehmen. Während die Berufung der Präsidenten der nationalen Zentralbanken den einzelnen Mitgliedstaaten obliegt, erfolgt die Ernennung der Mitglieder des Direktoriums der EZB einvernehmlich durch die Regierungen der Mitgliedstaaten auf der Ebene der Staats- und Regierungschefs. Beschlüsse des EZB-Rates benötigen die einfache Mehrheit der persönlich anwesenden Mitglieder, wobei jedes (stimmberechtigte) Mitglied über eine Stimme verfügt. Bei Stimmengleichheit gibt die Stimme des Präsidenten der EZB den Ausschlag. Im Zuge der Erweiterung der Währungsunion werden Anpassungen beim Abstimmungsverfahren vorgenommen. Dabei bleibt ein Übergewicht der stimmberechtigten Präsidenten der NZBen erhalten, es wird aber angesichts einer größer werdenden Währungsunion nach oben begrenzt (max. 15 stimmberechtigte NZB-Präsidenten im EZB-Rat bei 6 Direktoriumsmitgliedern mit Dauerstimmrecht). Erreicht wird diese Begrenzung mithilfe eines Rotationsverfahrens. Eine Ausnahme bilden Entscheidungen über das EZB-Kapital, über die Beiträge der nationalen Zentralbanken zu den Währungsreserven der EZB sowie über Fragen der Gewinnverteilung im Eurosys-

tem. Hier werden die Stimmen nach den (voll eingezahlten) Kapitalanteilen gewichtet. Direktoriumsmitglieder sind bei diesen Fragen somit nicht stimmberechtigt.

Fehlerkorrekturterm
Koeffizient in einer Schätzgleichung (z.B. einer Geldnachfragegleichung), der angibt, wie Abweichungen vom Gleichgewicht („Fehler") korrigiert werden.

Feinsteuerungsoperationen
Feinsteuerungsoperationen werden eingesetzt, um unerwarteten Veränderungen der Bankenliquidität (Schwankungen der Einlagen der Kreditinstitute beim Eurosystem) entgegenzuwirken und so zu starke Zinsausschläge am Geldmarkt zu verhindern. Das Eurosystem setzt Feinsteuerungsoperationen seit Ende 2004 regelmäßig gegen Ende einer Mindestreserve-Erfüllungsperiode ein. Im Sommer/Herbst 2007 kamen wegen der Auswirkungen der US-Immobilienmarktkrise Feinsteuerungsoperationen zum Einsatz, um ein „Austrocknen" des Geldmarktes zu verhindern.

Finanzieller Akzelerator
Eine nur mäßige Erhöhung von Notenbank- und Marktzinsen kann zu unerwartet starken Rückgängen der Güternachfrage führen. Dieser finanzielle Akzelerator ist auf informationsbedingte Kreditangebotsbeschränkungen zurückzuführen, die in eine Kreditselektion zu Lasten bestimmter Kreditnehmer oder in eine Kreditrationierung einmünden.

Finanzierungsstrukturen
Unterschiedliche Finanzierungsstrukturen im Euro-Raum gelten als ein gewichtiges Störpotenzial für eine einheitliche Geldpolitik. Die Unterschiede betreffen insbesondere die Bedeutung von Geschäftsbanken gegenüber anderen Finanzierungsinstitutionen sowie die Fristigkeit der Finanzierung (einschließlich der damit einhergehenden Einkommens- und Vermögenseffekte). Je geringer die Rolle von Geschäftsbanken in einzelnen Mitgliedsländern bei Anlage- und Finanzierungsentscheidungen ist, desto größer ist zugleich der Kreis von Finanzierungsinstitutionen, die nicht im direkten Einflussbereich des Eurosystems stehen. Die Fristigkeit der Finanzierung ist für die Durchschlagskraft der Geldpolitik deshalb wichtig, weil die kurzfristigen Geldmarktzinsen den geldpolitischen Anknüpfungspunkt des Eurosystems bilden. Deren Durchwirken auf die Kapitalmarktzinsen kann beispielsweise von Inflationserwartungen durchkreuzt werden, erfordert aber zumindest Zeit. In Ländern mit vorherrschend langfristiger Finanzierung (z.B. Deutschland) wirkt ein bestimmter geldpolitischer Impuls daher verzögert – und möglicherweise schwächer – als in Ländern (z.B. Italien), in denen kurzfristige Finanzierungsformen gewichtiger sind.

Finanzinnovationen
Das Auftreten neuer Finanzprodukte. Finanzinnovationen sorgten in vielen Ländern, z.B. in den USA und Großbritannien, dafür, dass die Geldnachfragerelationen durch das Aufkommen neuer Substitute zur Geldhaltung instabil wurden. Häufige Ursache dafür waren Deregulierungen auf den Finanzmärkten, d.h. letztlich die zuvor existierenden Regulierungen.

Finanzpolitisches Doppelkriterium
Die Vorschrift des EG-Vertrages, wonach in der EWU sowohl eine Schuldenquote von 60% als auch eine Defizitquote von 3% eingehalten (erreicht) werden sollen.

Fisher-Effekt (Fisher-Gleichung)
Behauptung, dass sich langfristig eine zunehmende Inflation(serwartung) eins zu eins in gestiegenen Nominalzinsen niederschlägt.

Fiskalische Dominanz
Eine Version der Fiskalischen Theorie der Preise unterstellt, dass sich der Staat auf eine gewisse Budgetposition festlegt, während die Geldpolitik über die Seigniorage (erhöhtes Geldmengenwachstum und damit höhere Inflation) für die Zahlungsfähigkeit des öffentlichen Sektors zu sorgen hat (fiskalische Dominanz). Inflation ist nach dieser Variante zwar ein monetäres Phänomen. Die Geldpolitik ist aber letztendlich bestimmt durch die Fiskalpolitik und kann darauf nur reagieren. In der EWU ist allerdings vertraglich intendiert, dass die Geldpolitik dominant ist, indem sie sich auf die Gewährleistung von Preisstabilität konzentriert und die einzelnen Länder sich mit ihrer Budgetposition daran anpassen.

Fiskalische Theorie der Preise
Gemäß der sog. Fiskalischen Theorie der Preise ist zur Gewährleistung von Preisstabilität nicht nur eine unabhängige Zentralbank erforderlich. Vielmehr ist dafür auch eine adäquate fiskalpolitische Ausrichtung in dem Sinne notwendig, dass die Finanzpolitik auf eine dauerhafte Tragfähigkeit der Haushaltslage zur Verhinderung einer übermäßigen Verschuldung, die zu Zahlungsunfähigkeit führt, ausgerichtet sein muss.

Frühindikator
Siehe Indikator.

Fundamentalfaktoren
Bestimmungsfaktoren des langfristigen Wirtschaftswachstums. Darunter fallen neben den Präferenzen die Sach- und Humankapitalausstattung, natürliche Ressourcen, technischer Fortschritt, Freiheit des Außenhandels, eine eindeutige Spezifikation der Eigentums- und Verfügungsrechte, politische Stabilität etc.

Futures
Börsengehandelte, standardisierte Termingeschäfte. Als Basiswert kommen z.B. Zinsen (Zinsfutures), Aktienindices (Aktienindexfutures), Fremdwährungen (Devisenfutures) aber auch Waren (z.B. Kaffee) in Frage.

Gedeckte Zinsparität
Nach der gedeckten Zinsparität muss der Ertrag einer Anlage in Inlandswährung dem einer kursgesicherten Anlage in Auslandswährung entsprechen.

Gegenposten
Die Gegenposten zur Geldmenge geben Informationen über die Entstehungsseite der Geldmenge. Sie sind aus der Konsolidierten Bilanz der MFI's ablesbar. Die Hauptkomponenten sind die Kreditgewährung an den privaten und öffentlichen Sektor,

die längerfristigen finanziellen Verbindlichkeiten der MFI's und die Nettoforderungen der MFI's an Ansässige außerhalb des Euro-Währungsgebietes.

Geldbasis
Die Geldbasis setzt sich aus dem Bargeldumlauf (Bestand an Banknoten und Münzen außerhalb der Zentralbank) und den Einlagen der Kreditinstitute bei der Zentralbank (Reservehaltung) zusammen.

Geldfunktionen
Funktion des Geldes als Tausch- und Wertaufbewahrungsmittel sowie Recheneinheit.

Geldillusion
Wahrnehmungsfehler bzgl. der Entwicklung des Geldwerts im Zeitablauf.

Geldlücke
Prozentuale Differenz zwischen der tatsächlichen Geldmengenentwicklung und dem Stand, der durch den Referenzwert oder einem langfristigen Trendwert impliziert wird. Sie wird von der EZB im Rahmen der Monetären Säule ihrer Strategie beobachtet.

Geldmarkt
Am Geldmarkt werden kurzfristige Forderungen, also Laufzeiten von einem Tag (über Nacht) bis – in der Regel – einem Jahr, gehandelt.

Geldmarktfonds
Investmentfonds, die in kurzfristige Anlageformen investieren.

Geldmarktsteuerung
Das Eurosystem steuert mithilfe seines geldpolitischen Instrumentariums den Tagesgeldsatz.

Geldmenge
Im Euro-Währungsgebiet existieren drei offizielle Geldmengenbegriffe. M1 umfasst den Bargeldumlauf und täglich fällige Einlagen. In M2 sind zusätzlich Einlagen mit einer vereinbarten Laufzeit bis zu zwei Jahren und Einlagen mit einer vereinbarten Kündigungsfrist von bis zu drei Monaten enthalten. Das umfassendste Geldmengenaggregat ist M3. In diese Größe gehen auch noch Repogeschäfte, Schuldverschreibungen mit einer Laufzeit bis zu zwei Jahren und Anteile an Geldmarktfonds sowie Geldmarktpapiere ein (sog. marktfähige Instrumente). Beim Bargeld zählt (aus statistischen Gründen) der gesamte Umlauf außerhalb des Euro-Bankensystems zur Geldmenge. Die restlichen Teile des Geldmengenaggregats beziehen sich auf Verbindlichkeiten von im Euro-Währungsgebiet ansässigen „Monetären Finanzinstituten", dem sog. „Geldschöpfungssektor", gegenüber Nichtbanken (ohne Zentralregierungen) im Euro-Währungsgebiet. Die Währung, auf die sie lauten, spielt dafür keine Rolle, d.h. es sind auch Fremdwährungseinlagen in den Geldmengenbegriffen enthalten. Neben den Verbindlichkeiten des Geldschöpfungssektors zählen zu den Geldmengenbegriffen auch die Verbindlichkeiten von Zentralregierungen mit monetärem Charakter. Darunter fallen die Bankeinlagen vergleichbaren Verbindlichkeiten von Post- und Schatzämtern und staatlichen Sparkassen.

Geldmengenstrategie
Siehe Geldmengenziel.

Geldmengenziel
Geldpolitische Strategie, die sich im Sinne einer zweistufigen Strategie des Zwischenziels eines sinnvoll abgegrenzten Geldmengenaggregates bedient, mit Hilfe dessen versucht wird, das Endziel „Preisstabilität" zu erreichen. Dementsprechend sollte die ausgewählte Geldmenge hinreichend über die Zinspolitik kontrollierbar sein und einen voraussehbaren engen und längerfristigen Zusammenhang zum Endziel aufweisen. Die Stabilität der Geldnachfrage ist somit Grundvoraussetzung für einen sinnvollen Einsatz von Geldmengenzielen. Das Eurosystem hat sich kein Geldmengenziel, sondern einen Referenzwert für die Entwicklung von M3 gesetzt. Dadurch soll eine geringere Bindungswirkung zum Ausdruck kommen.

Geldnachfrage
Die Geldnachfrage (Liquiditätspräferenz) bezieht sich auf reale Geldbestände. Sie ist abhängig vom realen Transaktionsvolumen (stellvertretend erfasst z.B. über das reale BIP) und Opportunitätskostenvariablen (z.B. der Differenz zwischen der nominalen Eigenverzinsung des Geldes und dem Ertrag einer alternativen Anlageform).

Geldneutralität
Behauptung, dass eine Erhöhung der Geldmenge auf Dauer keinen Effekt auf den realen Output hat, sondern sich nur in proportionalen Erhöhungen des Preisniveaus niederschlägt.

Geldpolitische Reaktionsfunktion
Systematische Reaktion der Zinspolitik der Zentralbank auf ausgewählte makroökonomische Größen (z.B. die Preisentwicklung).

Geldpolitische Strategie
Unter einer geldpolitischen Strategie versteht man ein mittel- bis langfristig ausgerichtetes und in sich stimmiges Verfahren, nach dem im Sinne einer Grundsatzentscheidung über den Instrumenteneinsatz zur Erreichung der geldpolitischen Endziele entschieden wird. Sie beinhaltet den gesamten Weg vom Instrumenteneinsatz bis zu den Endzielen der Geldpolitik. Der Einsatz einer geldpolitischen Strategie empfiehlt sich wegen der unvollständigen Kenntnis des genauen Transmissionsprozesses der Geldpolitik. Sie soll den geldpolitischen Entscheidungsträgern die Informationsverarbeitung erleichtern und Hilfestellung bei geldpolitischen Entscheidungen liefern. Durch ein in sich geschlossenes und glaubhaftes Konzept, das der Öffentlichkeit bekannt ist, soll auch eine Verstetigung der Geldpolitik erreicht werden. Und darüber hinaus kann sie als Kommunikationsmedium mit der Öffentlichkeit eingesetzt werden und zur Berechenbarkeit von Notenbankaktionen und Reduktion von geldpolitischer Unsicherheit beitragen. Die Strategie des Eurosystems besteht aus drei Elementen, einer quantitativen Definition von Preisstabilität, einer Monetären (langfristigen) Säule und einer Wirtschaftlichen (kurzfristigen) Säule.

Geldschöpfungseinnahmen
Siehe Seigniorage.

Geldschöpfungsmultiplikator
Verhältnis von Geldmenge zu Geldbasis.

Geldüberhang
Positive Abweichung der nominalen Geldmenge von einer mittels eines Modells geschätzten Gleichgewichtsgeldmenge. Analog ist ein Geldunterhang die entsprechende negative Abweichung.

Geldunterhang
Siehe Geldüberhang.

Gesetz des einheitlichen Preises
Nach dem Gesetz des einheitlichen Preises entsprechen sich bei freiem internationalen Güterhandel auf Wettbewerbsmärkten die Inlands- und die Auslandspreise handelbarer Güter in einer Währung ausgedrückt.

Glaubwürdigkeit
Maß, inwiefern die Bevölkerung und die Märkte glauben, dass eine Politikankündigung auch umgesetzt und durchgeführt wird. Glaubwürdigkeit einer auf Preisstabilität ausgerichteten Zentralbank ist Grundvoraussetzung für eine entsprechende Erwartungsbildung. Das Eurosystem musste zwar 1999 als eine Institution ohne Vergangenheit starten und konnte damit (zwangsläufig) nicht auf eine vergangene gute Performance verweisen. Institutionelle, konzeptionelle und personelle Entscheidungen leisteten jedoch einen wichtigen Beitrag zur Glaubwürdigkeit. In institutioneller Sicht gehört hierzu die Unabhängigkeit des Eurosystems bei Wahrnehmung seiner Aufgaben und seine vorrangige Verpflichtung auf das Ziel der Preisstabilität. In konzeptioneller Hinsicht zählt hierzu eine transparente geldpolitische Strategie, die zugleich Unstetigkeiten eines im Grundsatz diskretionären Kurses vermeidet. In personeller Hinsicht vermag die persönliche Unabhängigkeit und eine Kontinuität sichernde Gestaltung der Amtszeit der Mitglieder des EZB-Rats ein Stück Glaubwürdigkeit zu begründen. Einen wichtigen Beitrag zur Glaubwürdigkeit vermag auch die Rechenschaftspflicht (Erläuterung und Rechtfertigung der betriebenen Geldpolitik) zu leisten. Ansonsten ist Glaubwürdigkeit vor allem auf eine erfolgreiche Geldpolitik zurückzuführen.

Gleichgewichtsgeldmenge
Geldmenge, die sich ergibt, indem die Werte der makroökonomischen Bestimmungsgründe der Geldnachfrage in die Gleichung der langfristigen Geldnachfrage eingesetzt werden.

Gleichgewichtiger Realzins
Höhe des Realzinses, bei dem die Volkswirtschaft voll ausgelastet ist und das Inflationsziel eingehalten wird. Über dieses Niveau hinausgehende Realzinsen sind verbunden mit einer schwachen Konjunktur und Disinflation (oder sogar Deflation).

Niedrigere Realzinsen dagegen signalisieren zukünftige Inflationsprobleme und konjunkturelle Überhitzungserscheinungen.

Goodhart's Law
Das nach dem britischen Ökonom Charles Goodhart benannte Gesetz besagt, dass eine festgestellte statistische Beziehung zusammenbricht, wenn diese für Kontrollzwecke ausgenützt werden sollte. Falls also eine Zentralbank versucht, aufgrund vergangener stabiler Beziehungen zwischen einer bestimmten Geldmengenspezifikation und Zinsen, Sozialprodukt und Preisen, auf das entsprechende Aggregat verstärkt ihre Aufmerksamkeit zu richten, evtl. sogar eine Geldmengenstrategie darauf aufzubauen, wäre nach Goodhart's Law davon auszugehen, dass es durch eine Änderung der ökonomischen Strukturen zu Instabilitäten und Strukturbrüchen in diesen Beziehungen kommt. Und dadurch würde dieses Aggregat seine positiven Eigenschaften als Informations- bzw. Zwischenzielvariable verlieren.

Handelbare Güter
Güter, die mit ausländischen Produkten auf Inlands- oder Auslandsmärkten im Wettbewerb stehen.

Harmonisierter Verbraucherpreisindex
Auf harmonisierter Basis errechneter Verbraucherpreisindex für das Euro-Währungsgebiet. Er wird von Eurostat, dem statistischen Amt der EU, veröffentlicht. An ihm beurteilt das Eurosystem die Preisperspektiven und definiert Preisstabilität.

Hauptrefinanzierungsgeschäfte (-instrument)
Im wöchentlichen Rhythmus über das Tenderverfahren angebotene Offenmarktgeschäfte mit einer Laufzeit von einer Woche (Haupttender). Sie können entweder als Pensionsgeschäft oder in Form eines Pfandkredits (Darlehen gegen Verpfändung) abgewickelt werden.

Haupttender
Siehe Hauptrefinanzierungsgeschäft.

Hausbankprinzip
Werden die Finanzierungsangelegenheiten eines nicht-finanziellen Unternehmens dauerhaft und überwiegend von einer Bank abgewickelt, hat sie die Funktion einer Hausbank. Hieraus erwachsen beiderseitige Informationsvorteile, die sich günstig für die Krediterhältlichkeit und die Kreditkonditionen auswirken können.

Headline Inflation
Inflationsrate, die sich auf die Entwicklung des Preisindex in seiner Gesamtheit bezieht.

HVPI
Siehe Harmonisierter Verbraucherpreisindex.

Implizite Staatsschulden
Aufgrund zurückgehender Geburtenraten und einer gestiegenen Lebenserwartung kommen auf den Staat in Form von Rentenzahlungen und Gesundheitsfürsorge stei-

gende Belastungen zu. Diese Ansprüche künftiger Rentnergenerationen werden als implizite Staatsschulden bezeichnet.

Indexierte Anleihen
Bei indexierten Anleihen ist die Verzinsung an einen Preisindex gekoppelt. Dadurch soll ein bestimmter Realzins garantiert werden.

Indikator
Größe (z.B. die Wachstumsrate eines Geldmengenaggregats), die über die Entwicklung einer Zielgröße (z.B. die Preisentwicklung) frühzeitig Informationen liefert. Neben diesen Frühindikatoren gibt es auch sog. Spätindikatoren (z.B. die Arbeitslosenquote für die Wirtschaftsentwicklung).

Inflationsbericht
In den meisten Ländern mit direkten Inflationszielen wird über die Publikation eines Inflationsberichts die Analyse und Diagnose des Inflationsprozesses der Öffentlichkeit in möglichst transparenter und ausführlicher Weise zugänglich gemacht.

Inflationsdifferenzen
Seit Beginn der Währungsunion sind spürbare Inflationsunterschiede zwischen den Ländern der EWU beobachtbar. Das Ausmaß der Inflationsdifferenzen ist zwar nicht merklich höher als innerhalb der USA, aber es ist größer als beobachtbare Inflationsdifferenzen innerhalb der einzelnen EWU-Länder. Im Gegensatz zu den USA oder einzelnen EWU-Ländern sind die Inflationsdifferenzen zwischen den einzelnen EWU-Ländern allerdings persistenter.

Inflationserwartungen
Siehe Erwartungskanal.

Inflationskriterium
Aus der Anwendung des EG-Vertrages ergibt sich als ein Konvergenzkriterium, dass die durchschnittliche Inflationsrate eines Landes, gemessen an einem harmonisierten Verbraucherpreisindex, während des letzten Jahres vor der Konvergenzprüfung um nicht mehr als eineinhalb Prozentpunkte über dem ungewogenen arithmetischen Mittel der Inflationsraten der drei preisstabilsten Mitgliedstaaten der EU liegen darf.

Inflationssteuer
Eine Überraschungsinflation reduziert den Realwert der Nominalverschuldung zu Lasten der Gläubiger. Der Staat profitiert davon, wenn die staatlichen Wertpapiere in Nominaleinheiten und einheimischer Währung ausgedrückt sind. Eine vermehrte Geldschöpfung der Zentralbank führt zu zusätzlichen Staatseinnahmen, sofern die Privaten bereit sind, das zusätzliche Geld auch zu halten. Wenn allerdings die Geldnachfrage aufgrund der durch die vermehrte Geldschöpfung letztlich steigenden Inflation zurückgeht (also sozusagen die Bemessungsgrundlage der „Inflationssteuer" wegbricht), darf man sich davon keine größeren Effekte zur Stabilisierung der Staatsfinanzen versprechen.

Inflationsunsicherheit
Höhere Inflationsraten gehen i.d.R. mit einer höheren Inflationsunsicherheit einher, d.h. die Inflation lässt sich weniger gut prognostizieren. Messen kann man die Inflationsunsicherheit z.B. anhand der Standardabweichung der Inflationsraten.

Inflationsziel
Von der Zentralbank angestrebter Wert für die gemessene Preissteigerung.

Innertageskredite
Während eines Geschäftages stellt das Eurosystem seinen Geschäftspartnern auf der Grundlage von Sicherheiten zinslose Innertageskredite für Zwecke des Zahlungsverkehrs zur Verfügung.

Interbanken-Geldmarkt
Auf dem Interbanken-Geldmarkt handeln die Kreditinstitute (ohne Zentralbank) untereinander Zentralbankguthaben. Im Mittelpunkt des Interbanken-Geldmarktes steht der Markt für Tagesgeld (Tagesgeldmarkt).

Internationale Güter
Siehe handelbare Güter.

Internationaler Preiszusammenhang
Beschreibung der Übertragungskanäle zwischen Inlands- und Auslandspreisen.

Intertemporale Arbitrage
Die intertemporale Arbitrage fußt auf der Ausgestaltung der Mindestreserve als Durchschnitts-Mindestreserve. Die zur Erfüllung der Mindestreservepflicht notwendigen Zentralbankguthaben brauchen demnach nicht von Tag zu Tag in der von der Mindestreserve geforderten Höhe gehalten zu werden. Sie müssen vielmehr nur im Durchschnitt einer Erfüllungsperiode dem Mindestreservesoll entsprechen. Dies heißt, dass während einer Erfüllungsperiode Mindestreserveunterschreitungen und -überschreitungen miteinander verrechnet werden können.

Interventionspunkte
Innerhalb des Wechselkursmechanismus II (EWS II) sind um die bilateralen Paritäten gewisse Schwankungsbreiten zugelassen. Diese betragen im Normalfall ± 15 %. Sobald diese Grenzen erreicht sind, sind automatisch Devisenmarktinterventionen in unbegrenzter Höhe zur Aufrechterhaltung der bilateralen Paritäten vorgesehen. Deshalb bezeichnet man sie als Interventionspunkte.

Intramarginale Interventionen
Freiwillige Devisenmarktinterventionen vor Erreichen der oberen und unteren Interventionspunkte in einem Fixkurssystem. Bei letzteren muss obligatorisch interveniert werden.

Inverse Zinsstruktur
Siehe Zinsstruktur.

Investitionseffekte
Die Übertragung monetärer Impulse in den güterwirtschaftlichen Bereich erfolgt nach James Tobin durch die Veränderung der Relation (q) zweier Ertragsraten bzw. der zugehörigen Kapitalwerte. Die Variable q ist definiert als Verhältnis des Marktwertes eines Unternehmens (*MWU*) zu den Wiederbeschaffungskosten des Sachkapitals (*WBK*) dieses Unternehmens.

$$q = \frac{MWU}{WBK}$$

Solange der Marktwert höher ist als die Wiederbeschaffungskosten ($q > 1$), lohnt sich die Neuinvestition. Bei $q < 1$ unterbleiben Neuinvestitionen, und via Abschreibungen ist mit einer Verringerung des Kapitalstocks zu rechnen. Mit Wiederbeschaffungskosten (Reproduktionskosten) ist der Preis gemeint, der für die Beschaffung des physischen Kapitals eines Unternehmens (Betriebsgelände, Maschinenpark, sonstige Anlagen) zu zahlen wäre. Der Marktwert entspricht dem Gegenwartswert der erwarteten Unternehmenserträge. Anstatt der beiden Vermögenswerte könnten auch Ertragsraten gegenübergestellt werden. Die erwartete Ertragsrate wäre dann mit einem festen Zins (durchschnittliche Rendite am Kapitalmarkt) zu vergleichen, der bei einer alternativen Anlage der Mittel am Kapitalmarkt erzielt worden wäre.

Issing's Law
„Gesetz", nach dem Kontinuität und Stabilität des Geldangebotsprozesses der Stabilität der Geldnachfrage förderlich ist. Es ist benannt nach dem früheren Chefvolkswirt der EZB, Otmar Issing.

Kapital der EZB
Das Kapital der EZB beträgt 5,8 Mrd €. Der Anteil, der auf die einzelnen nationalen Zentralbanken entfällt, bestimmt sich zu je 50 % nach dem Anteil des jeweiligen EU-Mitgliedstaates an der Bevölkerung und dem Anteil des jeweiligen Landes am BIP der EU. Auf der Basis aller 27 EU-Mitgliedsländer entfällt auf die Deutsche Bundesbank ein Kapitalanteil von 21,1364 %. Da z.Z. aber nur 15 Länder der Währungsunion und damit dem Eurosystem angehören und nur diese Länder ihren Kapitalanteil am Grundkapital voll eingezahlt haben, liegt der Anteil der Deutschen Bundesbank am voll eingezahlten Kapital bei knapp 30 %.

Kapitalkosteneffekt
Über eine Anhebung der Geldmarktzinsen erhöht die Zentralbank die Refinanzierungskosten der Geschäftsbanken. Diese werden die Kostensteigerungen schließlich in höheren Kreditzinsen weitergeben, sodass für die Nichtbanken die Finanzierungs- bzw. Kapitalkosten steigen. Dieser Anstieg dämpft die Kreditnachfrage und damit das Geldmengenwachstum. Analoge Effekte mit umgekehrten Vorzeichen stellen sich bei einer Zinssenkung ein.

Kapitalmarkt
Sammelbegriff für alle Märkte, auf denen langfristige (i.d.R. mit Laufzeit über einem Jahr) Wertpapiere/Kredite gehandelt werden.

Kapitalmobilität
Siehe vollkommene Kapitalmobilität.

Kaufkraftparität
Das Verhältnis der mit bestimmten Beträgen verschiedener Währungen (z.B. € und $) erwerbbaren Gütereinheiten. Die Kaufkraftparitätentheorie des Wechselkurses besagt, dass das in nationalen Währungseinheiten ausgedrückte Preisverhältnis für einen bestimmten Warenkorb den Wechselkurs bestimmt (absolute Kaufkraftparität). Wird auf die Relation der Preisveränderungen als Bestimmungsgröße der Wechselkursentwicklung abgehoben, wird von relativer (komparativer) Kaufkraftparität gesprochen. Nach dieser entspricht die Wechselkursänderung der Differenz der Inflationsraten.

Kerninflation
Die Interpretation der Daten zur Teuerung wird dadurch erschwert, das sie eine hohe Volatilität aufweisen (z.B. verursacht durch saisonale Schwankungen, irreguläre Witterungsverhältnisse, Ölpreisschocks, administrierte Preise, indirekte Steuern usw.). Diese kurzfristigen Schwankungen stehen nicht im Zusammenhang mit dem grundlegenden Inflationsprozess, und eine vorausschauende und mittelfristig orientierte Geldpolitik sollte sich von ihnen nicht beirren lassen. Vielmehr sollte sie ihr Augenmerk auf den generellen Preistrend richten. Entsprechend wird ein Preisindikator benötigt, der diesen Preistrend anzeigt, also möglichst wenig durch temporäre Schocks beeinträchtigt ist. Für diese Größe hat sich der Begriff Kerninflation („Core Inflation") eingebürgert. Es existiert jedoch keine konkrete und allgemein akzeptierte Definition der Kerninflation.

Kleinst-Quadrat-Schätzung
Siehe Ordinary Least Squares.

Konjunkturbereinigtes Defizit
Siehe strukturelles Defizit.

Konsumeffekte
Nach der Lebenszyklus-Hypothese Modiglianis ist der Konsum nicht vom (kurzfristigen) aktuellen Einkommen abhängig, sondern die finanziellen Möglichkeiten über die gesamte Lebenszeit hinweg bestimmen den (relativ gleichmäßigen) Strom konsumtiver Ausgaben (Konsumglättungsmotiv). Sieht man von ererbtem oder zu vererbendem Vermögen ab, bedeutet dies, dass das Lebenseinkommen (einschließlich der Zinseinkommen aus Ersparnis) dem Lebenszeitkonsum entspricht. Bei – angestrebtem – gleichmäßigem Konsum werden die Individuen Teile ihres während der Erwerbsphase erzielten Einkommens zur Rückzahlung von vor der Erwerbsphase aufgenommenen Krediten (z.B. Studenten-Bafög) verwenden sowie zur Vorsorge für das Rentenalter sparen, damit auch in dieser Phase der Konsumstandard aufrechterhalten werden kann. Entsprechend den Schwankungen des aktuellen Einkommens in den einzelnen Lebensperioden ergeben sich altersspezifische Konsumquoten. Haben die Wirtschaftssubjekte ein Anfangsvermögen, das nicht auf eigener Arbeitsleistung beruht, schlagen sie einen höheren Konsumpfad ein (Vermögenseffekt). Dieser Anstieg entspricht dem auf die (verbleibende) Lebenszeit verteilten Vermögen zu-

züglich der aus diesen Vermögensanlagen fließenden Zinserträge. Da zu den finanziellen Möglichkeiten auch das Finanzvermögen und hierunter auch das Aktienvermögen zählt, hat eine expansive Geldpolitik nach dieser Theorie via Aktienkursanstieg nachfragebelebende Effekte beim Konsum.

Konvergenzkriterien
Jedes Land, welches der Währungsunion beitreten will, muss nach dem EG-Vertrag bestimmte Eintrittsbedingungen erfüllen. Die Konvergenzkriterien sollen sicherstellen, dass nur solche Länder an der Währungsunion teilnehmen, die bereits vorher ihre stabilitätspolitische Leistungsfähigkeit nachgewiesen haben.

Konvergenzprogramm
Mittelfristige, von nicht an der Währungsunion teilnehmenden EU-Ländern vorgelegte Planungen und Annahmen über die Entwicklung wichtiger ökonomischer Größen im Hinblick auf die Erreichung des im Stabilitäts- und Wachstumspakt festgelegten mittelfristigen Ziels eines nahezu ausgeglichenen öffentlichen Haushalts. Die Konvergenzprogramme sind jährlich zu aktualisieren und werden von der EU-Kommission und dem Wirtschafts- und Finanzausschuss geprüft.

Konvergenzprüfung
Die erste Konvergenzprüfung wurde im April/Mai 1998 auf der Grundlage der Konvergenzberichte der EU-Kommission und des EWI vorgenommen. Zu prüfen war hierbei auch, ob die nationalen Zentralbanken den rechtlichen Anforderungen (Unabhängigkeit der nationalen Zentralbanken; rechtliche Integration der nationalen Zentralbanken in das Europäische System der Zentralbanken) genügen. Gemäß EG-Vertrag findet eine solche Prüfung alle zwei Jahre oder auf Antrag eines Mitgliedstaates statt, wobei letztlich der Ecofin-Rat mit qualifizierter Mehrheit auf Vorschlag der EU-Kommission entscheidet, ob ein Land aufgenommen wird. Vor diesem Beschluss wird das Europäische Parlament angehört, und im Rat in der Zusammensetzung der Staats- und Regierungschefs findet eine Aussprache statt.

Kostenkanal
Eine geldpolitisch bedingte Zinserhöhung verteuert die Kapitalkosten und führt darüber zu Preissteigerungen. Der preisdämpfende Nachfrageeffekt einer restriktiven Geldpolitik könnte durch den angebotsseitigen Kosten-Preis-Effekt des Kostenkanals überkompensiert werden.

Kreative Buchführung
Maßnahmen mit zeitlich begrenzter Wirkung, mit denen man vor Eintritt in die EWU die Defizitquote zu beeinflussen versucht.

Kreditkanal
Mit Kreditkanal (credit channel) wird ein transmissionstheoretischer Ansatz bezeichnet, der die besondere Rolle der Kreditvergabe der Geschäftsbanken im Transmissionsprozess herausstellt. Er bezieht sich vor allem auf restriktive geldpolitische Maßnahmen. Ausgangspunkt bildet die Beobachtung, dass im Gefolge restriktiver Geldpolitik die realen Wirkungen (z.B. Rückgang der Investitionen) stärker ausfallen als

aufgrund einer nur mäßigen Veränderung der Marktzinsen zu erwarten wäre. Als allgemeine Ursache gelten fehlende Beleihungssicherheiten und informationsbedingte Kreditangebotsbeschränkungen der Geschäftsbanken, die in eine Kreditselektion zu Lasten bestimmter Kreditnehmer oder sogar Kreditrationierung einmünden. Üblicherweise werden zwei sich in ihren Wirkungsmechanismen unterscheidende, im Ergebnis aber ähnliche „Kanäle" unterschieden: Bankenkanal und Bilanzkanal.

Geldpolitische Steuerungsprobleme im Euroraum können daraus erwachsen, dass zum einen das Gewicht der Geschäftsbanken im finanziellen Sektor insgesamt unterschiedlich ist und deshalb mehr oder weniger Ausweichmöglichkeiten der Kreditnachfrager bestehen. Zum anderen hängen Informationsasymmetrien auch von der Dauerhaftigkeit der Beziehungen zwischen Geschäftsbanken und Kunden ab. Beim Hausbankprinzip wie in Deutschland ist das Informationsproblem der Geschäftsbanken relativ gering. Für die Bedeutung des Kreditkanals sind schließlich – im Eurosystem divergierende – Möglichkeiten der Besicherung von Krediten von Bedeutung.

Kurzfristorientierung
Eine Kurzfristorientierung im Finanzsektor lässt sich unterteilen in eine kurzfristige Kapitalbindung (Verwendung von Finanzkontrakten mit kurzer Laufzeit), eine kurzfristige Zinsbindung (am Geldmarkt orientierte Verzinsung mit regelmäßiger Zinsanpassung bei längerfristigen Kreditkontrakten) und eine „Kurzatmigkeit" (kurzfristig orientiertes Handeln der Finanzmarktakteure). Dadurch wirken sich geldpolitische Maßnahmen verstärkt und auf direkte Weise aus, da sie auch bestehende Finanzierungsbeziehungen und nicht nur neu abgeschlossene Verträge treffen.

Laffer-Kurve
Kurve, die die Beziehung zwischen Steuersatz und Steuereinnahmen aufzeigt. Wird der Steuersatz, ausgehend von einem Satz von Null, sukzessive erhöht, so steigen auch die Steuereinnahmen, allerdings nur bis zu einem bestimmten Punkt. Wird der Steuersatz über diesen Punkt hinaus weiter in Richtung 100 % erhöht, dann nehmen die Steuereinnahmen wieder ab. Benannt nach Arthur B. Laffer, einem Berater des früheren US-Präsidenten R. Reagan.

Längerfristige Refinanzierungsgeschäfte
Im monatlichen Rhythmus über das Tenderverfahren angebotene Offenmarktgeschäfte mit einer Laufzeit von drei Monaten. Sie können entweder als Pensionsgeschäft oder in Form eines Pfandkredits abgewickelt werden.

Laspeyres-Preisindex
Preisindex, bei dessen Konstruktion von einem konstanten Warenkorb ausgegangen wird (z.B. Verbraucherpreisindices wie der HVPI).

Law of one Price
Siehe Gesetz des einheitlichen Preises

Lebenszyklus-Hypothese
Siehe Konsumeffekte.

Leitkurse
Die im Wechselkursmechanismus II (EWS II) auf freiwilliger Basis festgelegten bilateralen Paritäten zwischen dem € und den nicht an der Währungsunion teilnehmenden EU-Währungen.

Leitkursanpassungen
Den am Wechselkursmechanismus II (EWS II) beteiligten Währungsbehörden steht das Recht zu, ein vertrauliches Verfahren zur Überprüfung der Leitkurse einzuleiten. Leitkursanpassungen, sog. Realignments, dürfen bei offensichtlichen Fehlentwicklungen nicht ausgeschlossen werden.

Leitzinsfunktion
Leitzinsfunktion für den Tagesgeldmarkt kommt dem Zinssatz für das Hauptrefinanzierungsgeschäft (Mindestbietungssatz) zu. Dieses Offenmarktgeschäft hat eine Laufzeit von einer Woche. Es stellt ein nahes Substitut zur Tagesgeldaufnahme am Interbanken-Geldmarkt dar.

Liquiditätseffekt
Tatsache, dass eine expansive Geldpolitik über die Zurverfügungstellung von mehr Liquidität in der Regel zunächst zinssenkend wirkt.

Liquiditätslücke
Die Liquiditätslücke bezeichnet die (logarithmische) Differenz zwischen der tatsächlichen und der gleichgewichtigen Umlaufsgeschwindigkeit (v-v^*).

Liquiditätspräferenz
Siehe Geldnachfrage.

Liquiditätsprämientheorie
Die Erwartungstheorie der Zinsstruktur vermag nicht zu erklären, warum langfristige Zinssätze normalerweise über den kurzfristigen liegen. Die Liquiditätsprämientheorie interpretiert diese Differenz als Prämie für die mit zunehmender Fristigkeit von Finanzanlagen steigenden Kurs- bzw. Zinsrisiken.

LM-Kurven-Problematik
Auf der LM-Kurve spiegeln sich makroökonomische Geldmarktgleichgewichte wider. Zentrale Annahme bei der herkömmlichen Ableitung der LM-Kurve ist, dass die gesamtwirtschaftlich angebotene, nominale Geldmenge als exogene, durch geldpolitische Aktionen der Zentralbank determinierte Variable aufgefasst wird. M.a.W., bei der Herleitung der LM-Kurve wird eine exogene, d.h. von der Zentralbank vorgegebene Geldmenge (Geldangebot) unterstellt. Die Annahme eines exogenen Geldangebots stellt aber die Realität und geldpolitische Praxis auf den Kopf, da die Geldmenge gerade nicht exogen von der Zentralbank vorgegeben, sondern endogen aus dem Wirtschaftsprozess heraus bestimmt wird.

Lohnflexibilität
Bei einer einheitlichen Geldpolitik und dem Fortfall von Wechselkursen innerhalb der Währungsunion können realwirtschaftliche Divergenzen, vor allem Produktivitätsunterschiede, nicht mehr durch Wechselkurs- und Zinsänderungen abgepuffert werden.

Vereinbaren die Tarifparteien eines Mitgliedslandes der EWU etwa über den zu erwartenden realen Produktivitätszuwachs hinausgehende Lohnanhebungen, steigen die Lohnstückkosten. Die dadurch ausgelösten negativen Produktions- und Beschäftigungsfolgen können nicht (mehr) im nationalen geldpolitischen (expansive Geldpolitik) und wechselkurspolitischen (Abwertung der eigenen Währung) Alleingang gedämpft werden; die Kontraktion schlägt mithin auf die nationalen Güter- und Arbeitsmärkte durch. In einer optimistischen Einschätzung wird davon ausgegangen, dass die Tarifparteien in der EWU diese neuen Ausgangsbedingungen respektieren und eine in Bezug auf die realwirtschaftlichen Bedingungen flexible Lohnpolitik betreiben. Die pessimistische Einschätzung geht davon aus, dass die Tarifparteien, speziell die Gewerkschaften, unter Mithilfe der Politik die Beschäftigungsverantwortung auf das Eurosystem zu verlagern versuchen. Unter diesem Druck könnte das Eurosystem auf Dauer keine stabilitätsorientierte Geldpolitik durchhalten. Begründet wird diese Befürchtung mit dem Hinweis auf den Vertrag von Amsterdam, der die Beschäftigungsförderung zur Angelegenheit von gemeinsamem Interesse der EU-Mitgliedsländer erklärte.

Lucas-Kritik
Die vom Nobelpreisträger Robert Lucas formulierte Behauptung, wonach bestehende Relationen zwischen ökonomischen Größen sich aufgrund von Erwartungsanpassungen der Marktakteure verändern, wenn ein Politikwechsel stattfindet.

Marktfähige Finanzinstrumente
Unter marktfähigen Finanzinstrumenten, die in M3 enthalten sind, versteht die EZB Geldmarktpapiere, Geldmarktfondsanteile, Repogeschäfte und Schuldverschreibungen mit einer Ursprungslaufzeit von bis zu zwei Jahren.

M1, M2, M3
Siehe Geldmenge.

Mengennotierung
Mit Beginn der Stufe 3 der Europäischen Währungsunion erfolgte ein Übergang in der Wechselkursnotierung von der bis dahin üblichen Preisnotierung (z.B. 1 $ = x DM) zur sog. Mengennotierung, bei der die inländische Währung Bezugspunkt ist (z.B. 1 € = x $).

Mengentender
Beim Mengentender setzt das Eurosystem vorab den Zinssatz fest, zu dem es bereit ist, Geschäfte abzuschließen. Übersteigt das Bietungsaufkommen den vom Eurosystem angestrebten Zuteilungsbetrag, werden die Gebote anteilig im Verhältnis des vorgesehenen Zuteilungsbetrages zum Gesamtbietungsaufkommen zugeteilt (sog. Repartierung).

MFI
Siehe Monetäre Finanzinstitute.

Mindestbietungssatz
Ende Juni 2000 ist das Eurosystem dazu übergegangen, die Hauptrefinanzierungsgeschäfte als Zinstender unter Vorgabe eines Mindestbietungssatzes auszu-

schreiben. Die Gebote der Kreditinstitute dürfen dabei diesen Mindestbietungssatz nicht unterschreiten. Der Mindestbietungssatz übernahm die geldpolitische Signalfunktion (Leitzinsfunktion) für den Tagesgeldsatz, die bis dahin dem Zinssatz für Mengentender zukam.

Mindestinflationsrate
Die einheitliche Geldpolitik des Eurosystems kann sich nur auf die Inflationsrate im gesamten Euro-Währungsgebiet konzentrieren. Solange die nationalen Inflationsraten einiger Länder deutlich über 2% liegen, müssen somit andere Länder zur Gewährleistung von Preisstabilität in der EWU insgesamt (Anstieg des HVPI von nahe, aber unter 2%) Preissteigerungsraten unter 2% aufweisen. Damit stellt sich die Frage, ob nicht die gemessenen 2% insgesamt zu ehrgeizig gesetzt sind, da sie für einige Länder unter Umständen Deflationsgefahren heraufbeschwören. Nach dieser Argumentation sollte sich die EZB eine Mindestinflationsrate für die EWU setzen, die Deflationsgefahren in einzelnen Ländern verhindert.

Mindestreserve
Die Mindestreserve verpflichtet die Kreditinstitute, für bestimmte Verbindlichkeiten in Höhe eines bestimmten Prozentsatzes (Mindestreservesatz) Guthaben beim Eurosystem zu unterhalten.

Mindestreserve-Erfüllungsperiode
Die Mindestreserve-Erfüllungsperiode beginnt am Abwicklungstag (Valutierungstag) des Hauptrefinanzierungsgeschäfts, das auf die erste Sitzung des EZB-Rates im Monat folgt und endet am Tag vor dem Abwicklungstag des Hauptrefinanzierungsgeschäfts, das der ersten Sitzung des EZB-Rates im Folgemonat folgt. Die Guthaben der Kreditinstitute beim Eurosystem müssen im Kalendertagesdurchschnitt der Mindestreserve-Erfüllungsperiode das Mindestreserve-Soll erreichen (Durchschnittserfüllung).

Mindestreservefunktionen
• Anbindungsfunktion
Grundsätzlich gilt: Damit eine Zentralbank den Tagesgeldsatz kontrollieren kann, muss eine ausreichende Nachfrage nach Einlagen (Guthaben) bei der Zentralbank vorliegen. Diese Nachfrage wird im Eurosystem durch eine mindestreservebedingte Zwangsnachfrage erzeugt. Über diese stabile Nachfrage nach Zentralbankgeld wird auch das Liquiditätsmanagement der Zentralbank erleichtert.

• Stabilisierungsfunktion (Glättungsfunktion, Liquiditätspufferfunktion).
Zum zweiten führt die Mindestreserve in der Ausgestaltung als Durchschnitts-Mindestreserve zu einer Stabilisierung des Tagesgeldsatzes. Die zur Erfüllung der Mindestreservepflicht notwendigen Zentralbankguthaben brauchen nicht von Tag zu Tag in der von der Mindestreserve geforderten Höhe gehalten zu werden. Sie müssen vielmehr nur im Durchschnitt der Kalendertagesendstände einer Erfüllungsperiode dem Mindestreserve-Soll entsprechen. Dies heißt, dass während einer Erfüllungsperiode Mindestreserveunterschreitungen und -überschreitungen miteinander verrechnet werden können. Die Option, Überschussguthaben mit Minderguthaben (jeweils gemessen am Mindestreserve-Soll) während der Erfüllungsperiode zu verrechnen,

wird als „intertemporale Arbitrage" bezeichnet. Kurzfristig am Tagesgeldmarkt auftretende Anspannungen bzw. Verflüssigungen können durch ein vorübergehendes Unterschreiten bzw. Überschreiten des durchschnittlich zu haltenden Mindestreserve-Solls abgefedert werden, was stabilisierend auf den Tagesgeldsatz wirkt. Die Mindestreserve wirkt sozusagen als Liquiditätspuffer.

Mindestreservesatz
Derzeit gibt es im Eurosystem nur einen (positiven) Mindestreservesatz. Er beträgt 2%. Die Kreditinstitute sind also verpflichtet, Guthaben beim Eurosystem in Höhe von 2% bestimmter Verbindlichkeiten zu unterhalten.

Mindestreserve-Soll
Höhe des beim Eurosystem zu haltenden mindestreservebedingten Guthaben. Grundlage für die Berechnung des Mindestreserve-Solls bilden die Monatsendstände der reservepflichtigen Verbindlichkeiten der Kreditinstitute. Das Mindestreserve-Soll wird durch die Multiplikation der reservepflichtigen Bilanzpositionen mit den Mindestreservesätzen ermittelt.

Mindestreserve-Verzinsung
Um das Instrumentarium der Mindestreserve wettbewerbsneutral zu gestalten, werden die Guthaben der Kreditinstitute beim Eurosystem bis zur Höhe des Mindestreserve-Solls zum Durchschnittszinssatz der während der Mindestreserve-Erfüllungsperiode abgeschlossenen Hauptrefinanzierungsgeschäfte (marginaler Zuteilungssatz) verzinst. Guthaben, die das Mindestreserve-Soll überschreiten (sog. Überschussreserven) bleiben unverzinst.

Ministerrat
Der Ministerrat ist wichtigstes Entscheidungsgremium der EU und politisches Entscheidungszentrum. Seine Mitglieder sind Fachminister der nationalen Regierungen (je ein Vertreter pro Land). Er tagt in verschiedenen Zusammensetzungen (z.B. als Rat der Finanz- und Wirtschaftsminister, dem sog. Ecofin-Rat). Die Mitglieder des Rates sind weisungsgebundene Interessenvertreter ihres Landes. Der Vorsitz im Ministerrat wechselt alle 6 Monate nach einer vom Rat einstimmig festgelegten Reihenfolge. Der Ministerrat sorgt für die Abstimmung der Wirtschaftspolitik der Mitgliedstaaten, verabschiedet die von der Kommission vorgelegten Rechtsakte (Richtlinien, Verordnungen), schließt Abkommen mit Dritten Staaten und internationalen Organisationen ab und überträgt die Befugnisse zur Durchführung der Vorschriften, die er erlässt, an die EU-Kommission. Auch die Entscheidung über den Beitritt eines neuen Mitgliedslandes trifft zunächst der Rat (zusätzlich ist die Zustimmung durch das Europäische Parlament erforderlich).

Monetäre Einkünfte
Bei den monetären Einkünften der nationalen Zentralbanken handelt es sich um Einnahmen aus Vermögenswerten, die nationale Zentralbanken als Gegenposten zum Banknotenumlauf und zu ihren Verbindlichkeiten aus Einlagen der Kreditinstitute halten. Nach Art. 32.5 und Art. 33.1 der Satzung des ESZB und der EZB richtet sich die Verteilung der um die Zinszahlungen auf Einlagen der Kreditinstitute (im Wesentlichen also auf Mindestreserveguthaben) verminderten monetären Einkünfte der nationalen

Zentralbanken und des Nettogewinns der EZB (ggf. nach Abzug von Zuführungen zu einem Reservefonds) nach den voll eingezahlten Anteilen am Kapital der EZB.

Monetäre Finanzinstitute
Zu den Monetären Finanzinstituten (MFI's) gehören drei Gruppen: die Zentralbanken, in der EWU ansässige Kreditinstitute und sonstige Finanzinstitute, deren wirtschaftliche Tätigkeit darin besteht, Einlagen bzw. Einlagensubstitute von anderen Wirtschaftssubjekten als MFI's hereinzunehmen und auf eigene Rechnung Kredite zu gewähren und/oder in Wertpapieren zu investieren. Darunter fallen vor allem Geldmarktfonds.

Monetary Conditions Index (MCI)
Indikator für die geldpolitische Ausrichtung, in den i. d. R. ein realer kurzfristiger Zins und die reale Wechselkursentwicklung eingeht.

Moral Hazard
Asymmetrisch verteilte Information kann unerwünschte Verhaltensweisen begünstigen, die als Moral Hazard und adverse Selektion bezeichnet werden. Bei restriktiver Geldpolitik kann die Kreditvergabe deshalb besonders stark eingeschränkt werden, weil hohe Zinsen manche Kreditnehmer zu „waghalsiger" Kreditverwendung veranlassen könnten („Moral Hazard"). Die getätigten Geschäfte können zwar sehr profitabel sein, bergen jedoch auch ein hohes Kreditausfallrisiko in sich. Da die Kreditgeber nur unvollkommene Informationen über die spätere Verwendung des gewährten Kredits haben, werden sie die Kreditvergabe „zur Sicherheit" rationieren.

Multi-Indikatoren-Ansatz
Politik des Fed ohne explizites Zwischenziel oder herausgehobene Indikatorvariable, bei welcher realen Variablen eine besondere Bedeutung zukommt.

Münzregal
Hoheitsrecht, die Münzordnung zu bestimmen. Es umfasst die Bestimmung der Münzen, das Recht zur Münzerzeugung und den Anspruch auf den Gewinn aus der Münzprägung.

Nabe-und-Speichen-Modell
Der Wechselkursmechanismus II (EWS II) ist um den € konzipiert. Dieser ist sowohl Bezugsgröße als auch Recheneinheit des Mechanismus. Die Währungen sind auf bilateraler Basis mit dem € verbunden.

Nationale Güter
Siehe nicht-handelbare Güter.

Natürlicher Realzins
Siehe gleichgewichtiger Realzins.

Nicht-handelbare Güter
Güter, die nicht dem internationalen Wettbewerb ausgesetzt sind und nicht über die nationalen Grenzen hinweg gehandelt werden.

Nominale Konvergenz
Siehe Konvergenzkriterien.

Nominaler Anker
Nominale Orientierungsgröße für die Geldpolitik und die (Inflations-)Erwartungen der privaten Marktteilnehmer.

Nominelle BIP-Steuerung
Geldpolitisches Steuerungsverfahren, das sich als Zwischenziel oder Indikator auf das nominelle BIP stützt.

Non-Tradables
Siehe nicht-handelbare Güter.

Normale Zinsstruktur
Siehe Zinsstruktur.

NZB(en)
Nationale Zentralbank(en).

Offenheitsgrad
Maß für die Bedeutung des Außenhandels für ein Land (z.B. gemessen anhand des Anteils der Exporte und Importe am BIP).

Offenmarktgeschäfte
Bei Offenmarktgeschäften (Hauptrefinanzierungsgeschäfte, Längerfristige Refinanzierungsgeschäfte, Feinsteuerungsoperationen, Strukturelle Operationen) handelt es sich um geldpolitische Operationen, die auf Initiative der Zentralbank durchgeführt werden. Während ursprünglich unter Offenmarktgeschäften der Kauf und Verkauf von Wertpapieren am offenen Markt verstanden wurde, wird im Eurosystem dieser Begriff rein enumerativ gebraucht, d.h., Offenmarktgeschäfte sind diejenigen Geschäfte, die das Eurosystem als solche bezeichnet, ohne dass es sich dabei um Käufe bzw. Verkäufe von Wertpapieren am offenen Markt handeln muss.

Öffentliches Gut
Ein öffentliches Gut ist gekennzeichnet durch die Nicht-Anwendbarkeit des Ausschlussprinzips und die Nicht-Rivalität im Konsum. So nehmen z.B. die positiven Auswirkungen staatlicher Konsolidierungspolitik in einer Währungsunion oder die Gewährleistung von Preisstabilität den Charakter eines öffentlichen Gutes an.

OLS
Siehe Ordinary Least Squares.

Operatives Ziel
Als operatives Ziel streben Zentralbanken (weltweit) durch Einsatz ihrer geldpolitischen Instrumente eine bestimmte, als zielkonform betrachtete, Höhe des Tagesgeldsatzes an. Beim Eurosystem handelt es sich dabei (implizit) um den EONIA, beim Fed um die Federal Funds Rate, für die das Fed sogar ein explizites Ziel angibt (das sog. Federal Funds Rate Target).

Optimaler Währungsraum
Die „Theorie des optimalen Währungsraumes" hat Kriterien herausgearbeitet, anhand deren beurteilt wird, wann – bei gegebenem Nutzen – die Bildung einer Wäh-

rungsunion bzw. ein Beitritt zu einer Währungsunion für ein Land unter Kostengesichtspunkten vertretbar bzw. vorteilhaft ist.

Opting-Out-Klausel
Im Vertrag von Maastricht haben sich Dänemark und Großbritannien eine sog. Opting-Out-Klausel ausbedungen. Nach dieser Klausel können diese beiden Länder auch bei Erfüllung der Konvergenz-Kriterien selbst entscheiden, ob sie der Währungsunion beitreten.

Optionen
Optionen sind bedingte Termingeschäfte. Der Käufer einer Option erwirbt gegen Zahlung einer Optionsprämie das Recht, den Basiswert (z.B. eine Aktie) in einer bestimmten Menge zu einem im voraus vereinbarten Preis (Basispreis) zu kaufen (Kaufoption, Call) oder zu verkaufen (Verkaufsoption, Put). Der Verkäufer der Option (Stillhalter) verpflichtet sich gegen eine Prämie, auf Anforderung des Käufers den vereinbarten Basiswert zu liefern (Kaufoption) oder zu beziehen (Verkaufsoption).

Ordinary Least Squares (OLS)
Ökonometrisches Verfahren zur Bestimmung der besten Schätzung („best fit") des Zusammenhangs zwischen zwei oder mehreren Variablen. Dabei werden die quadrierten Abweichungen zwischen den tatsächlichen und geschätzten Datenpunkten minimiert.

Output Gap
Der Output Gap bezeichnet die (prozentuale) Abweichung des tatsächlichen BIP vom Produktionspotenzial oder gleichgewichtigen BIP.

Outright-Geschäft
Transaktion, bei der das Eurosystem Vermögenswerte definitiv am Markt per Kasse oder Termin kauft oder verkauft.

Pensionsgeschäfte
Bei Pensionsgeschäften wird das Eigentum an einem Vermögenswert dem Gläubiger übertragen, wobei die Parteien gleichzeitig vereinbaren, die Transaktion durch eine Rückübertragung des Vermögenswertes zum Ende der Laufzeit des Geschäfts umzukehren.

Pfandkredit
Beim Pfandkredit wird dem Gläubiger ein durchsetzbares Sicherungsrecht an hinterlegten Pfändern eingeräumt, wobei die Sicherheiten im Eigentum des Schuldners verbleiben (Darlehen gegen Verpfändung).

Phillips-Kurve
Die ursprüngliche Phillips-Kurve beschreibt eine inverse Beziehung zwischen Arbeitslosenquote und Nominallohnänderungsrate. Je höher (niedriger) die Arbeitslosenquote ist, desto geringere (höhere) Nominallohnsteigerungen sind durchsetzbar. In der modifizierten Phillipskurve wurde die Nominallohnänderungsrate in die Inflationsrate überführt. Diese Transformation erfolgt durch Berücksichtigung der Produktivitätsentwicklung, die zur Lohnstückkostenentwicklung führt. Die Preisentwicklung wird so-

dann mittels eines bestimmten Aufschlagssatzes (mark-up) auf die Lohnstückkosten ermittelt. Mit der Gegenüberstellung von Arbeitslosenquote und Inflationsrate schien ein wirtschaftspolitischer Zielkonflikt identifiziert zu sein, wonach geringere Arbeitslosigkeit durch mehr Inflation – und umgekehrt – zu erreichen sei. Empirische Erfahrungen legen jedoch nahe, dass dieser „trade-off" allenfalls kurzfristig besteht, und zwar solange, wie die inflatorische Entwicklung falsch eingeschätzt wird. Erkennen etwa die Arbeitnehmer, dass Nominallohnerhöhungen wegen Inflationsbeschleunigung tatsächlich Reallohnsenkungen waren, werden sie Lohnerhöhungen durchzusetzen versuchen, die im Falle des Erfolgs die Beschäftigungsgewinne wieder rückgängig machen. Die (langfristige) Phillips-Kurve wird vertikal. Sollten die Wirtschaftssubjekte, die inflatorischen Konsequenzen der expansiven (Geld-) Politik von vornherein durchschauen (rationale Erwartungen) und ex ante in die Preis- und Lohnbildung einbeziehen, gibt es nicht einmal einen temporären Effekt.

Potenzielles BIP
Siehe Produktionspotenzial.

Pre-Ins
Nicht an der Währungsunion teilnehmende EU-Länder.

Preislücke
Nach dem P-Stern-Konzept setzt sich die (logarithmische) Differenz zwischen dem tatsächlichen und dem gleichgewichtigen Preisniveau, die sog. Preislücke (p-p^*) zusammen aus der Liquiditätslücke (v-v^*) und der Kapazitätsauslastung bzw. dem Output-Gap (y-y^*).

Preisnorm
Mittelfristig maximal zu tolerierende Inflationsrate. Dieser Wert wurde z.B. von der Deutschen Bundesbank bis zum Beginn der EWU als höchstens 2 % definiert.

Preisnotierung
Wenn beim Wechselkurs die ausländische Währung als Bezugseinheit dient (z.B. 1 \$ = x €), spricht man von der Preisnotierung des Wechselkurses.

Preisstabilität
Unter Preisstabilität versteht das Eurosystem einen Anstieg des Harmonisierten Verbraucherpreisindex (HVPI) im gesamten Euro-Raum von knapp unter 2 % gegenüber dem Vorjahr. Die getroffene Formulierung impliziert, dass sowohl eine Inflation (gemessene Preissteigerungsraten über 2 %) als auch zu geringe Preissteigerungsraten (positive Raten deutlich unter 2 %) und eine Deflation (negative Wachstumsraten des HVPI) unvereinbar mit Preisstabilität sind.

Pricing-to-Market
Bei pricing-to-market-Verhalten geht es darum, dass bei Wechselkursänderungen die Exportpreise entsprechend angepasst werden, um den Einfluss auf die Preise, die von Importeuren bezahlt werden müssen, zu begrenzen. Wenn z.B. der € gegenüber dem \$ aufwertet, würden sich eigentlich unsere Waren für die US-Importeure verteuern. Exporteure aus der EWU könnten diesen „pass-through" Richtung höherer

Preise beschränken, indem sie den €-Preis ihrer Produkte senken. Sie sichern damit Marktanteile zu Lasten der Gewinnmargen.

Primärdefizit
Die Staatsausgaben (ohne Zinszahlungen auf die Staatsschulden) übersteigen die Staatseinnahmen (zinsbereinigtes Defizit).

Private Equity
Eigenkapitalbeteiligung an einem nicht börsennotierten Unternehmen. Das Eigenkapital wird durch Finanzintermediäre zur Verfügung gestellt, ohne dafür Sicherheiten zu verlangen.

Produktionspotenzial
Gesamtwirtschaftliche Produktion, die sich unter Berücksichtigung des technischen Fortschritts mit den jeweils verfügbaren Produktionsfaktoren Arbeit und Sachkapital bei normaler Auslastung erstellen lässt.

Projektionen
Die EZB erstellt mehrmals im Jahr sog. gesamtwirtschaftliche Projektionen. Dabei handelt es sich um bedingte Prognosen der Entwicklung bestimmter gesamtwirtschaftlicher Größen (z.B. der Inflation und des BIP) über einen Zeitraum bis zu zwei Jahren. Sie werden unter der Bedingung unveränderter Wechselkurse und unter Zugrundelegung der Markterwartungen bei den Zinsen abgeleitet.

P-Stern („P-Star")
Ausgehend von der Quantitätsgleichung wird dasjenige Preisniveau als gleichgewichtig (= P-Stern P^*) bezeichnet, das sich bei einem gegebenen Geldmengenbestand M in einer Situation normal ausgelasteter Kapazitäten Y^* und einer gleichgewichtigen Umlaufsgeschwindigkeit V^* einstellen würde

Quantitätsgleichung
Definitorischer Zusammenhang, nach dem der Wert des Transaktionsvolumens in einer Volkswirtschaft der Geldmenge multipliziert mit der Umlaufsgeschwindigkeit des Geldes entsprechen muss.

Rationale Erwartungen
Unter rationalen Erwartungen wird eine zukunftsorientierte Erwartungsbildung verstanden, in die alle zukunftsrelevanten Informationen einbezogen werden. Erwartungsirrtümer entstehen nur rein zufällig oder aufgrund neuer Informationen.

Reale Geldlücke
(Logarithmische) Differenz zwischen der tatsächlichen und gleichgewichtigen realen Geldmenge.

Reale Konvergenz
Mit realer Konvergenz ist die Angleichung der realwirtschaftlichen Strukturen (Fortführung von strukturellen Reformen und Deregulierungen, Aufbau moderner Finanzmärkte etc.) und die des Lebensstandards – i.d.R. gemessen am BIP pro Kopf – an den EU-Durchschnitt gemeint.

Realer Wechselkurs
Der preisbereinigte nominale Wechselkurs. Er entspricht dem relativen Preis ausländischer Güter in Einheiten inländischer Güter.

Realignment
Siehe Leitkursanpassungen.

Real Money Gap
Siehe reale Geldlücke.

Realwirtschaftliche Strukturunterschiede
Unterstellt man, dass eine geldpolitische Maßnahme des Eurosystems in allen Mitgliedsländern der EWU eine zeitlich und in der Höhe übereinstimmende Änderung bei den Zinsen unterschiedlicher Laufzeiten bewirkt, so können sich die realwirtschaftlichen Transmissionsprozesse dennoch in Abhängigkeit bestimmter Strukturunterschiede im realen Sektor unterscheiden. Dies gilt einmal hinsichtlich der Branchenstrukturen, da die Zinsempfindlichkeit der Investitionen etwa nach Kapitalintensitäten und Ausreifungszeiten der Investitionen differiert. Strukturelle Differenzierungen der Wirkungen monetärer Impulse ergeben sich auch durch unterschiedliche Konsum- und Staatsquoten. Da Ausgaben für Konsumgüter und die Ausgaben des Staates relativ zinsrobust sind, ergeben sich bei hohen Anteilen geringere gesamtwirtschaftliche Ausgabenänderungen als Folge zinspolitischer Maßnahmen. Außer solchen quantitativen Strukturen spielen noch spezifische Bedingungen in Teilbereichen der Wirtschaft eine wichtige Rolle. Dies gilt vor allem für die Arbeitsmärkte, die in vielen Fällen stark reguliert sind. Geldpolitisch bedeutsam sind diese Regulierungen, weil das Durchwirken monetärer Impulse im realen Sektor, also die Veränderung von Produktion und Beschäftigung behindert wird. Schließlich können sich aus dem Zusammenspiel von Außenwirtschaftsstruktur und Wechselkurskanal Änderungen im Transmissionsprozess ergeben. Der Zinskanal wird normalerweise durch den Wechselkurskanal verstärkt. Da mit der gemeinsamen Währung der (nominale) Wechselkurskanal innerhalb der EWU entfällt, fehlt auch dieser Verstärkungseffekt. Es bleibt aber selbstverständlich der Wechselkurskanal für die Beziehungen zu EU-Ländern, die nicht dem Eurosystem angehören und zu Nicht-EU-Ländern. Da aber der Grad der Handelsverflechtung mit Nicht EWU-Ländern unterschiedlich ausgeprägt ist, wirken geldpolitisch ausgelöste Veränderungen des Euro-Wechselkurses unterschiedlich von EWU- zu EWU-Land.

Realzins
Ein Realzins ist definiert als ein um die erwartete Inflation korrigierter nominaler Zinssatz (ex-ante Realzins). Er gibt folglich den erwarteten realen Ertrag einer Anlage an. Zunächst ist dabei zu klären, auf welches Inflationsmaß man sich stützen will. Hier kommen z.B. Konsumentenpreise wie der HVPI, der BIP-Deflator oder Erzeugerpreise in Betracht. Um dann in einem zweiten Schritt die Erwartungen abzubilden, kann man sich statistisch-ökonometrischer Verfahren, Umfragedaten oder indexierter Anleihen bedienen. Neben dem ex-ante Realzins gibt es noch den ex-post Realzins. Dabei wird vom Nominalzins einfach die aktuelle Inflationsrate abgezogen.

Rechenschaftspflicht
Entsprechend dem demokratischen Selbstverständnis vom Parlament als höchstem Souverän wird von Kritikern der bestehenden Regelungen eine weitergehende demokratische Rechenschaftspflicht des Eurosystems gefordert. Zugleich wird hierin ein Beitrag zur Erhöhung der Transparenz und Glaubwürdigkeit der Geldpolitik gesehen. Nach den Statuten des Eurosystems hat die EZB Informationspflichten (Jahresbericht, vierteljährliche Tätigkeitsberichte, Berichterstattungspflicht des Präsidenten der EZB vor dem Ausschuss für Wirtschaft und Währung des Europäischen Parlaments einmal im Vierteljahr). Das gesetzliche Mindestmaß wird von der EZB jedoch deutlich überschritten (Monatsbericht anstatt Quartalsbericht, Pressekonferenzen, Pressemitteilungen). Die Veröffentlichung von Protokollen der EZB-Ratssitzungen lehnt das Eurosystem (bislang) mit Verweis auf die Gefahr von Renationalisierungstendenzen der Geldpolitik ab.

Referenzwert
Für das Wachstum von M3 veröffentlichte das Eurosystem bisher jedes Jahr einen (zeitlosen) Referenzwert von 4½ %, der mit einem inflationsfreien Wirtschaftswachstum vereinbar sein soll. Er wird aus den gesamtwirtschaftlichen Bestimmungsgrößen Preisnorm bzw. Definition von Preisstabilität, mittelfristiger Trend im BIP-Wachstum und trendmäßige Veränderung der Umlaufsgeschwindigkeit festgelegt. Um den längerfristigen Charakter des Referenzwertes als Richtwert für die monetäre Entwicklung zu unterstreichen, wird seit 2003 die Überprüfung nicht mehr jährlich vorgenommen.

Regelbindung
Orientierung der Geldpolitik an einer geldpolitischen Regel, z.B. der Vorgabe von Geldmengenzielen.

Rentenmarkt
Sammelbegriff für Märkte, auf denen langfristige (d.h. mit Laufzeit über einem Jahr) Wertpapiere/Kredite gehandelt werden.

Repartierung
Zuteilung des Angebots nach Quoten bei Übernachfrage. So sind z.B. die Gebote bei einem Hauptrefinanzierungsgeschäft in der Regel größer als das vom Eurosystem als bedarfsgerecht bemessene Zuteilungsvolumen, sodass eine Repartierung nötig wird. Beim Mengentender werden alle Gebote zu einem einheitlichen Repartierungssatz zugeteilt. Beim liquiditätszuführenden Einsatz eines Zinstenders (z.B. beim Hauptrefinanzierungsgeschäft) dagegen werden allein die Gebote zum marginalen Zuteilungssatz entsprechend repartiert, alle darüber liegenden Gebote voll zugeteilt. Darunter liegende Gebote werden nicht berücksichtigt.

Repogeschäfte
Bei Repogeschäften, handelt es sich um „echte" Pensionsgeschäfte. Bei echten Pensionsgeschäften überträgt der Pensionsgeber ihm gehörende Vermögensgegenstände (i.d.R. Wertpapiere) an einen Dritten, dem sog. Pensionsnehmer, gegen Zahlung eines bestimmten Betrags. Gleichzeitig wird vereinbart, dass die Vermögensgegenstände

zu einem festgelegten späteren Zeitpunkt an den Pensionsgeber zurückübertragen werden müssen. Die Vermögensgegenstände werden weiterhin beim Pensionsgeber in der Bilanz ausgewiesen. In Höhe des Betrages, den der Pensionsgeber für die befristete Überlassung der Vermögensgegenstände vom Pensionsnehmer erhält, muss er daher eine Verbindlichkeit gegenüber dem Pensionsnehmer ausweisen. Sofern es sich beim Pensionsgeber um ein im Euro-Währungsraum ansässiges Kreditinstitut und beim Pensionsnehmer um eine im Euro-Währungsraum ansässige Nichtbank handelt, wird diese Verbindlichkeit unter der Rubrik „Repogeschäfte" in M3 erfasst. Aus Sicht der Nichtbank handelt es sich dabei faktisch um eine besicherte Termineinlage.

Risikolose Einbahnspekulation
Wenn eine Währung in einem fixen Wechselkurssystem unter deutlichem Abwertungsdruck steht, sehen sich Spekulanten, die gegen diese Währung spekulieren, einem praktisch risikolosen Geschäft gegenüber, da eine Aufwertung in einer derartigen Situation ausgeschlossen ist.

Risikoprämie
Risikoaufschläge auf Zinsen, sog. Risikoprämien, existieren wegen eines Bonitäts-, Liquiditäts-, Inflations-, Wechselkurs- und politischen Risikos.

Rückkaufsvereinbarungen
Siehe Pensionsgeschäfte.

Schnelltender
Siehe Tenderverfahren.

Schock
Unerwartete Veränderung eines auf die aggregierte Nachfrage oder das aggregierte Angebot einwirkenden Faktors.

Schuldenfalle
Wenn der Realzins größer als die Wachstumsrate der Volkswirtschaft ist, steigt die Staatsverschuldung im Verhältnis zum BIP selbst bei ausgeglichenem Primärsaldo ständig an. Man bezeichnet diese Situation als staatliche Schuldenfalle.

Schuldenquote
Der EG-Vertrag sieht als ein Konvergenzkriterium vor, dass der öffentliche Bruttoschuldenstand 60% des nominalen Bruttoinlandsprodukts nicht übersteigen soll. Allerdings lassen die Vertragsbestimmungen einen gewissen Interpretationsspielraum zu. Beim Schuldenstand reicht es auch aus, wenn er hinreichend rückläufig ist und sich rasch genug dem Referenzwert nähert.

Seigniorage
Unter der Seigniorage versteht man die Einnahmen, die der Zentralbank durch das Monopol der Zentralbankgeldschöpfung zufließen und letztlich an den Staat abgeführt werden. Diese Einkünfte sind darauf zurückzuführen, dass die Zentralbank verzinste „Assets" in Form von Krediten und/oder in- bzw. ausländischen Wertpapieren hält, das von den Privaten gehaltene Zentralbankgeld (Geldbasis) dagegen unverzinst

(oder niedrig verzinst) ist. Oder anders ausgedrückt: Zentralbankgeld stellt eine Verbindlichkeit der Zentralbank (und letztlich des Staates) dar, der als Aktivposten zinstragende Positionen in gleicher Höhe gegenüberstehen.

Sicherheiten
Alle liquiditätszuführenden Operationen des Eurosystems sind mit Sicherheiten zu unterlegen. Die Kreditinstitute können die Sicherheiten als Pfand hinterlegen (Pfandkredit) oder durch die Übertragung des Eigentums an Vermögenswerten im Rahmen von Rückkaufsvereinbarungen (Pensionsgeschäfte) stellen, wobei die Deutsche Bundesbank auf Pfandkredite zurückgreift.

Signalisierungsstrategie der Zentralbank
Während beim Tagesgeld das Eurosystem den Zinssatz über seine Operationen unmittelbar steuert, hat es auf die längerfristigen Geldmarktsätze nur mittelbar Einfluss, und zwar über die Erwartungen der Marktteilnehmer bezüglich der künftigen Bedingungen am Tagesgeldmarkt. Der Einfluss der Zentralbank auf die längerfristigen Geldmarktsätze hängt also im Wesentlichen davon ab, dass sie ihren geldpolitischen Kurs klar signalisiert. Der Signalisierungsstrategie der Zentralbank kommt somit im Transmissionsprozess eine wichtige Rolle zu.

Sonderziehungsrecht
Das Sonderziehungsrecht (SZR) ist ein internationales Zahlungsmittel im Verkehr zwischen Zentralbanken, das durch die 1. Ergänzung des Abkommens über den Internationalen Währungsfonds am 28. 7. 1969 geschaffen wurde. Der Wert des SZR bestimmt sich nach den Wechselkursen der wichtigsten internationalen Währungen (US-Dollar, Euro, Japanischer Yen, Pfund Sterling).

Spätindikator
Siehe Indikator.

Spekulative Blasen
Aufgrund optimistischer Erwartungen kann es zu spekulativen Kapitalbewegungen kommen, die in Zuflussländern zu – sich selbst verstärkenden – Wechselkursaufwertungen und Kurssteigerungen bei Wertpapieren („asset inflation") führen. Es bilden sich spekulative Blasen. Werden die spekulativen Übersteigerungen erkannt und/oder nehmen die Inflationserwartungen zu, kommt es zu gegenläufigen Kapitalbewegungen mit entsprechenden Preis-(Kurs)-Einbrüchen. Die Blasen platzen.

Spitzenrefinanzierungsfazilität
Die Spitzenrefinanzierungsfazilität bietet den Kreditinstituten die Möglichkeit, sich über Nacht Liquidität zu einem vorher festgelegten Zinssatz zu beschaffen.

Stabilität der Geldnachfrage
Die Stabilität der Geldnachfrage bzw. der Umlaufsgeschwindigkeit bedeutet, dass sich die Geldmengenentwicklung durch einige wenige Faktoren erklären lässt und die Zusammenhänge im Zeitablauf stabil sind. Empirisch beinhaltet dies zunächst, dass eine langfristige Geldnachfragefunktion existiert. Zudem sollten die geschätzten Koeffizienten nicht zu sehr im Zeitablauf schwanken. Dann lässt sich die Beziehung

auch für eine Prognose der Geldmengenentwicklung verwenden. Darüber hinaus bezieht sich Stabilität auf die systematische Beeinflussbarkeit der Geldmengenentwicklung mit Hilfe der Instrumente der Geldpolitik. Und schließlich sollte auch ein längerfristiger Geldmengen-Preis-Zusammenhang feststellbar sein.

Stabilitätsprogramm
Länder, die an der Währungsunion teilnehmen, müssen jährliche Stabilitätsprogramme vorlegen. In diesen werden Planungen und Annahmen über die Entwicklung wichtiger ökonomischer Größen im Hinblick auf die Erreichung des im Stabilitäts- und Wachstumspakt festgelegten mittelfristigen Ziels eines ausgeglichenen öffentlichen Haushalts dargestellt. Die Stabilitätsprogramme werden von der EU-Kommission und dem Wirtschafts- und Finanzausschuss geprüft.

Stabilitäts- und Wachstumspakt
Der Stabilitäts- und Wachstumspakt wurde vom ehemaligen deutschen Finanzminister Theo Waigel initiiert und auf dem EU-Gipfel in Amsterdam Mitte 1997 verabschiedet. Dabei ging es darum, das Verfahren bei einem übermäßigen Haushaltsdefizit zu beschleunigen und zu präzisieren sowie eine dauerhafte und nachhaltige Haushaltsdisziplin zu institutionalisieren. In diesem Pakt verpflichten sich die EU-Mitgliedsstaaten, mittelfristig zumindest einen ausgeglichenen Haushalt anzustreben. Dadurch sollten potenzielle Konflikte der nationalen Haushaltspolitiken mit der vergemeinschafteten Geldpolitik begrenzt werden. Dafür müssen die EWU-Länder Stabilitätsprogramme vorlegen. Bei Verstößen können für EWU-Länder Sanktionen beschlossen werden (z.B. Geldbußen).

Stagflation
Gleichzeitiges Auftreten von Rezession und Inflation.

Standardtender
Siehe Tenderverfahren.

Ständige Fazilitäten
Ständige Fazilitäten (Einlagefazilität, Spitzenrefinanzierungsfazilität) können die Kreditinstitute jederzeit auf eigene Initiative in Anspruch nehmen. Sie stehen an jedem Geschäftstag zur Verfügung.

Statische Erwartungen
Die Erwartungsbildung wird ausschließlich durch die jüngste Entwicklung bestimmt.

Strukturelles Defizit
Das um konjunkturzyklische Effekte bereinigte staatliche Haushaltsdefizit.

Strukturelle Operationen
Strukturelle Operationen kommen dann zum Einsatz, wenn das Eurosystem die Liquiditätsposition des Finanzsektors gegenüber dem Zentralbanksystem grundsätzlich und dauerhaft verändern will. Strukturelle Operationen kamen bisher noch nicht zum Einsatz.

Substitutionseffekte
Substitutionseffekte stehen im Mittelpunkt der Wirkungsweise des Zinskanals. Will das Eurosystem etwa inflationären Tendenzen begegnen und erhöht deshalb die Refinanzierungskosten der Geschäftsbanken, steigt der Tagesgeldsatz am Interbanken-Geldmarkt. Diese Verteuerung führt zunächst dazu, dass auch die Zinssätze für kurzfristige Termingelder und für Geldmarktanlagen mit längerer Laufzeit (über Arbitrageprozesse) steigen, da für die einzelne Bank die Einlagen von Nichtbanken und längerfristige Geldmarktgeschäfte Substitute zur Aufnahme von Tagesgeldmarktmitteln sind. Im Einklang mit den Geldmarktsätzen entwickeln sich auch die Sätze für Spareinlagen. Das Anziehen der Einstandskosten für kurzfristige Gelder löst einen Anstieg der Renditen am Rentenmarkt und bei den längerfristigen Bankpassivazinsen aus, da die Banken versuchen werden, auf die vorläufig noch günstigere Refinanzierung mit längerfristigen Mitteln, also auf den Verkauf von festverzinslichen Wertpapieren am Rentenmarkt auszuweichen.

Swap
Vertragliche Vereinbarung über den Austausch von Zahlungsströmen auf der Basis eines zugrunde liegenden Nominalbetrages. Verbreitet sind vor allem Zins- und Währungsswaps.

Swapsatz
Differenz zwischen dem Wechselkurs der Termintransaktion und dem der Kassatransaktion bei einem Devisenswapgeschäft.

Tagesgeldmarkt
Am Tagesgeldmarkt haben die Geschäfte entweder von vornherein eine feste Laufzeit von einem Tag („overnight", sog. Tagesgeld) oder zunächst eine unbestimmte Laufzeit („bis auf weiteres"), bei der jedoch an jedem Geschäftstag vom Geldnehmer oder Geldgeber mit sofortiger Wirkung gekündigt werden kann (sog. täglich fälliges Geld). Während unter deutschen Banken im Handel untereinander täglich fälliges Geld deutlich überwiegt, sind im grenzüberschreitenden Handel reine Übernachtkredite Standard.

Tagesgeldsatz
Zentraler Ansatzpunkt für die geldpolitischen Instrumente des Eurosystems ist der Tagesgeldsatz am Interbanken-Geldmarkt (EONIA). Das Eurosystem strebt am Tagesgeldmarkt den Zins an, den es als zielkonform betrachtet. Dieser Zins ist der Hebel, mit dem die letztendlichen Ziele, vor allem Preisstabilität, erreicht werden sollen. Dementsprechend wird er üblicherweise als operatives Ziel der Geldpolitik bezeichnet.

TARGET
Um ein leistungsfähiges Instrument zur operationalen Durchführung der Geldpolitik des Eurosystems, vor allem zur „Verteilung" von Zentralbankgeld über den Euro-Geldmarkt, bereitzustellen und grenzüberschreitende Zahlungen innerhalb der EU effizient und sicher abzuwickeln, wurde ein Trans-Europäisches Echtzeit-Bruttozahlungssystem für den Euro, abgekürzt TARGET (Trans-European Automated Real-Time Gross Settlement Express Transfer System), eingeführt. Es besteht aus den national

eigenständigen Echtzeit-Bruttozahlungssystemen der angeschlossenen nationalen Zentralbanken des ESZB und dem Zahlungsverkehrsmechanismus der EZB (sog. Abwicklungsplattformen), die über eine als Interlinking-System bezeichnete Verbindungskomponente verknüpft sind.

Taylor-Regel

Spezielle Form einer geldpolitischen Reaktionsfunktion. Durch einen Vergleich des tatsächlichen kurzfristigen Zinses mit dem nach der Taylor-Regel abgeleiteten Wert (Taylor-Zins) sollte auch der Restriktions- bzw. Expansionsgrad der Geldpolitik bestimmt werden. Der sog. Taylor-Zins setzt sich üblicherweise aus 4 Komponenten zusammen: der erwarteten Inflationsrate π^{erw}, dem realen Gleichgewichtszins r^*, der „Inflationslücke", d.h. der Abweichung der erwarteten Inflation π^{erw} vom Inflationsziel π^{Ziel} und der „Produktionslücke" bzw. dem „Output Gap" als Abweichung der aktuellen realen Produktionstätigkeit y von ihrem Potenzialwert y^*.

Werden die Gewichte der Inflationslücke und des Output Gap über die Parameter α und β erfasst, ergibt sich für den Taylor-Zins i^{Tay} in kompakter Form folgender Ausdruck

$$i^{Tay} = \pi^{erw} + r^* + \alpha \cdot (\pi^{erw} - \pi^{Ziel}) + \beta \cdot (y - y^*)$$

Nach diesem Konzept sollte die Zentralbank den Zins also über das neutrale Niveau ($\pi^{erw}+r^*$) hinaus erhöhen, wenn Inflationsgefahren bestehen ($\pi^{erw}>\pi^{Ziel}$) und/oder konjunkturelle Überhitzungserscheinungen vorherrschen ($y>y^*$).

Tenderverfahren

Offenmarktgeschäfte des Eurosystems werden normalerweise in Form von Tendern, also im Wege der Ausschreibung durchgeführt. Der Schnelltender unterscheidet sich dabei vom Standardtender zum einen durch eine begrenztere Zahl von Geschäftspartnern, zum anderen durch eine schnellere Abwicklung.

Term Structure
Siehe Zinsstruktur.

Tobin's q
Siehe Investitionseffekte.

Tradables
Siehe handelbare Güter.

Tragfähigkeit

Die Tragfähigkeit der Staatsverschuldung („sustainability") bezieht sich auf die strukturelle (langfristige) Schuldenquote. Sie erfordert, dass die effektive reale Zinsbelastung (d.h. der Realzins abzgl. der Wachstumsrate der Wirtschaft) durch einen Primärüberschuss und die Seigniorage-Einnahmen gedeckt sein muss. Entscheidend ist somit die reale (implizite und explizite) Schuldenlast.

Transmission (monetärer Impulse)

Mit Transmission sind die Wirkungszusammenhänge gemeint, die zwischen vom Eurosystem veränderten Notenbankzinsen (z.B. dem Hauptrefinanzierungssatz) einerseits und anderen finanziellen Variablen wie etwa Zinssätzen unterschiedlicher Fristigkeit sowie realen Größen wie Konsum, Investition, Beschäftigung, Produktion und Preisniveau andererseits bestehen. Mit den geldpolitischen Instrumenten bestimmt das Eurosystem die Refinanzierungskosten der Geschäftsbanken im Euroraum einheitlich. Hierdurch wird der Geldmarktzins recht zuverlässig gesteuert, da die Refinanzierungskosten auf den Interbanken-Geldmarkt durchschlagen, d.h., auf die Konditionen, zu denen die Banken untereinander Liquidität handeln.

Trotz des gleichen monetären Impulses werden bei Unterschieden in den anschließenden Transmissionsprozessen geldpolitische Steuerungsprobleme erwachsen. Dies liegt daran, dass es verschiedene, mehr oder weniger komplementäre Übertragungswege gibt und unterschiedliche Gewichte dieser Übertragungswege zwischen den EWU-Mitgliedsländern existieren. Solange die Bedeutung der verschiedenen „Kanäle" (Erwartungs-, Kredit-, Wechselkurs-, Kosten- und Zinskanal) und „Effekte" (Einkommens-, Kapitalkosten-, Substitutions-, Vermögens-, Wechselkurseffekte) aufgrund länderspezifischer Erfahrungen und institutioneller Bedingungen divergiert, entfaltet die einheitliche Geldpolitik in den EWU-Mitgliedsländern unterschiedliche nominale und reale Wirkungen.

Transparenz der Geldpolitik
Die Transparenz der Geldpolitik ist eine maßgebliche Bedingung für die Glaubwürdigkeit der Zentralbank und damit auch für den Erfolg der Geldpolitik. Elementare Bestandteile einer transparenten Geldpolitik sind neben der eindeutigen Definition des Endziels Klarheit über die geldpolitische Konzeption bzw. Strategie, Veröffentlichung der entscheidungsrelevanten Informationen und die schlüssige Begründung der Entscheidung. Perfekte Transparenz ist weder für eine Zentralbank selbst noch für die Öffentlichkeit möglich. Deshalb ist entscheidend, dass die Zentralbank die Öffentlichkeit in einem fortlaufenden Kommunikationsprozess informiert und von der Angemessenheit ihrer Geldpolitik überzeugt.

Überraschungsinflation
Unerwartete Inflation, d.h. die tatsächliche Inflationsrate liegt über der erwarteten.

Überschussreserven
Das Eurosystem spricht von Überschussreserven, wenn die Durchschnitts-Guthaben der Kreditinstitute am Ende der Erfüllungsperiode das Mindestreserve-Soll überschreiten.

Umlaufsgeschwindigkeit
Verhältnis von nominalem BIP (stellvertretend für das Transaktionsvolumen) und Geldmenge. Ein trendmäßiger Rückgang der Umlaufsgeschwindigkeit, wie er im Euro-Währungsgebiet für M3 auszumachen ist, wird üblicherweise mit dem Vermögenscharakter eines Teils der Geldkomponenten (hauptsächlich der zinstragenden Teile), die nicht nur Transaktionszwecken dienen, erklärt. Dadurch wächst M3 im Trend schneller als das BIP. Dementsprechend ist ein Zuschlag beim inflationsfreien Geldmengenwachstum vorzunehmen, um eine „Geldknappheit" zu vermeiden.

Unabhängigkeit

Das Eurosystem ist unabhängig. Die Unabhängigkeit lässt sich in vier Teilaspekte zerlegen.

Funktionelle Unabhängigkeit: Das Ziel der Gewährleistung der Preisstabilität ist vorrangiges Ziel der Zentralbankpolitik.

Institutionelle Unabhängigkeit: Das Eurosystem ist von Weisungen Dritter unabhängig.

Personelle Unabhängigkeit: Die Verträge der Organmitglieder haben eine lange Laufzeit.

Finanzielle Unabhängigkeit: Das Eurosystem kann sich selbst mit den für seine Arbeit erforderlichen finanziellen Mitteln ausstatten.

Unbedingte Prognosen

Siehe bedingte Prognosen.

Uncovered Interest Parity (UIP)

Siehe Ungedeckte Zinsparität.

Ungedeckte Zinsparität

Nach der Ungedeckten Zinsparität müssen sich die erwarteten Erträge einer Anlage in Inlands- bzw. Auslandswährung angleichen.

Vehikelwährung (Vehicle currency)

Währung, die in internationalen Transaktionen Verwendung findet, obwohl die Transaktionspartner nicht in dem Land wohnen, in dem diese Währung emittiert wird. Als Vehikelwährung fungiert vor allem der US-$.

Verantwortlichkeit

Diese kann sich beziehen auf die Ziele und/oder die Durchführung der Geldpolitik. Das Primärziel Preisstabilität ist dem Eurosystem politisch vorgegeben. Ihm bleibt es allerdings vorbehalten, dieses Ziel inhaltlich auszufüllen. Unabhängigkeit von politischen Weisungen besteht hingegen bei der Durchführung der Geldpolitik. Das Europäische Parlament kann weder geldpolitische Entscheidungen umstoßen noch durch vorzeitige Entlassung des Direktoriums der EZB Einfluss nehmen. Die für demokratisch verfasste Staaten charakteristische Letztverantwortlichkeit des Parlaments besteht im Falle der Geldpolitik des Eurosystems – wie bei der früheren Deutschen Bundesbank – nicht. Diese Beschränkung des Parlaments ist zwar aus demokratietheoretischer Sicht nicht unumstritten, die empirische Erfahrung eines positiven Zusammenhangs zwischen Preisstabilität und Unabhängigkeit der Zentralbank spricht jedoch gegen politische Eingriffe in die Geldpolitik.

Verfassungsvertrag (Europäische Verfassung)

Im Juli 2003 wurde vom Europäischen Konvent ein Entwurf für eine Europäische Verfassung vorgelegt. Auf dem EU-Gipfel in Brüssel im Dezember 2003 scheiterten die Gespräche darüber primär an Unstimmigkeiten im Hinblick auf die Frage des Einflusses der einzelnen Mitgliedstaaten auf Mehrheitsentscheidungen im Rat der

EU. Nach der EU-Erweiterung um 10 Staaten im Mai 2004 kam es dann im Juni 2004 auf dem EU-Verfassungsgipfel in Brüssel zu einem Kompromiss. Die Europäische Verfassung ist allerdings an der Ratifizierung in einzelnen Mitgliedsstaaten gescheitert. Auf dem EU-Gipfel am 18./19. 10. 2007 wurde dann ein überarbeiteter Verfassungs-Vertrag von den 27 Staats- und Regierungschefs unterzeichnet, der noch in den einzelnen Ländern zu ratifizieren ist.

Vermögenseffekte
Vermögenseffekte resultieren aus Änderungen der Vermögenswerte. Geldpolitisch ausgelöste Zinssteigerungen führen über Substitutionsprozesse zu Kursverlusten bei finanziellen Aktiva (festverzinsliche Wertpapiere, Aktien) und sinkenden Preisen bei realen Aktiva (Immobilien). Diese Vermögensverluste dämpfen die investive und die konsumtive Nachfrage.

Vertrag von Amsterdam
Im Vertrag von Amsterdam, der im Oktober 1997 vom Europäischen Rat in Amsterdam beschlossen wurde und der zum 1. Mai 1999 in Kraft trat, wurde der EG-Vertrag um ein Kapitel zur Beschäftigungspolitik ergänzt und die Rolle des Europäischen Parlaments gestärkt. Auch wurde der gesamte Vertragstext des EG-Vertrages neu strukturiert.

Vertrag von Maastricht
Auf der Konferenz in Maastricht im Dezember 1991 wurde der Zeitplan für die Errichtung einer Wirtschafts- und Währungsunion (WWU) in Europa vereinbart. In dem Vertragswerk wurden auch die Konvergenzkriterien festgelegt, die von EU-Ländern erfüllt werden müssen, um an der Währungsunion teilnehmen zu können.

Vertrag von Nizza
Das Treffen des Europäischen Rats in Nizza im Dezember 2000 brachte eine Weiterentwicklung des EG-Vertrages. Es wurden institutionelle Änderungen vereinbart, um neue Länder aufnehmen zu können. Die wichtigsten institutionellen Änderungen betreffen die Neugewichtung der Stimmen im Rat, die Größe und Neuorganisation der Kommission, den Übergang zur Entscheidung mit qualifizierter Mehrheit bei einer Reihe von Fragen sowie das Europäische Parlament (Größe und Sitzverteilung). Der „Vertrag von Nizza" trat zum 1. Februar 2003 in Kraft.

Volkswirtschaftliche Gesamtrechnung (VGR)
Systematische rechnerische Erfassung und Darstellung der Wirtschaftstätigkeiten von inländischen Wirtschaftseinheiten für eine abgelaufene Periode.

Vollkommene Kapitalmobilität
Bei vollkommener Kapitalmobilität bestehen keine Kapitalverkehrsbeschränkungen über die Grenzen hinweg. Dies heißt, es existieren keine Restriktionen für die internationale Mittelaufnahme und Mittelvergabe. In der EU sind seit der ersten Stufe der EWWU und nach dem Auslaufen einiger Übergangsbestimmungen in den 15 „alten" EU-Ländern alle Kapitalverkehrsbeschränkungen abgeschafft. Bei den neuen EU-Ländern bestehen noch einige Ausnahme- und Übergangsregelungen.

Währungsreserven
Gold- und Fremdwährungsbestände des Eurosystems.

Währungssubstitution
Aktives Wechseln zwischen unterschiedlichen Währungen aufgrund veränderter Ertrags-Risiko-Konstellationen.

Wechselkurseffekte
Außer den geldpolitisch ausgelösten internationalen Kapitalbewegungen und den hierdurch wechselkursbedingten Änderungen von Exporten und Importen (Wechselkurskanal) gibt es noch Wechselkurseffekte im Sinne von Einkommens- und Vermögenseffekten. Nachfragedämpfende Wirkungen erwachsen im Falle einer Aufwertung der heimischen Währung und bei Vorliegen einer Netto-Gläubigerposition gegenüber dem Ausland einmal daraus, dass aus ausländischen Vermögensanlagen fließende Einkommensströme (z.B. Zinszahlungen, Dividenden) sich in inländischer Währung vermindern. Zum anderen sinken – in inländischer Währung gerechnet – die Vermögenswerte der in ausländischer Währung gehaltenen Aktiva. Die eine restriktive Geldpolitik unterstützenden Wechselkurseffekte gelten analog für eine expansive Geldpolitik.

Wechselkurskanal
Durch restriktive Geldpolitik ausgelöste Zinserhöhungen führen über induzierte Kapitalbewegungen tendenziell zu einer Aufwertung, durch expansive Geldpolitik ausgelöste Zinssenkungen zu einer Abwertung der heimischen Währung. Hierdurch verändern sich die Preise handelbarer Güter: Bei einer Aufwertung werden Exporte teurer und Importe billiger. Die im Inland wirksam werdende Nachfrage schwächt sich ab. Die restriktive Geldpolitik wird also durch die induzierten Wechselkursänderungen unterstützt. Analoges gilt für eine expansive Geldpolitik. Innerhalb der EWU existiert selbstverständlich kein (nominaler) Wechselkurskanal mehr, gegenüber Drittländern bleibt er gleichwohl relevant. Da die außenwirtschaftliche Verflechtung mit Drittländern zwischen den EWU-Ländern divergiert, werden vom Eurosystem geldpolitisch ausgelöste Wechselkursänderungen unterschiedliche Rückwirkungen auf die Export- und Importströme in den Mitgliedsländern haben.

Wechselkurskriterium
Der EG-Vertrag sieht als ein Konvergenzkriterium eine spannungsfreie Teilnahme am EWS-Wechselkursmechanismus II innerhalb der letzten zwei Jahre vor der Konvergenzprüfung vor.

Wechselkursmechanismus II (EWS II)
Für EU-Mitgliedstaaten, die sich für eine Teilnahme an der Währungsunion noch nicht qualifizieren konnten bzw. noch nicht an der Währungsunion teilnehmen wollen, ist die Möglichkeit vorgesehen, ihre Währungen über den Wechselkursmechanismus II an den € anzubinden.

Wechselkursziel
Geldpolitische Strategie, die über die Wahl eines Wechselkurses gegenüber einer ausgewählten Währung oder einem Währungskorb als Zwischenziel die Inlandswährung an eine als wertstabil anerkannte ausländische Währung koppelt. Über die Entscheidung für eine externe Orientierungsgröße soll damit Stabilität aus dem Ausland importiert werden. Deshalb bezeichnet man sie auch als „externen nominalen Anker".

Wechselkurszielzonen
Werden (harte) Zielzonen für Wechselkurse vereinbart, muss die Zentralbank den Wechselkurs etwa gegenüber dem US-$ innerhalb einer bestimmten Bandbreite halten. Die Folgen für die Geldpolitik sind in einem solchen Falle die gleichen wie bei einem förmlichen internationalen Festkurssystem mit Bandbreiten (förmliches Festkurssystem). Die Zentralbank ist nämlich zum Handeln gezwungen, sobald der Wechselkurs an die Grenzen der Zielvorgabe stößt.

Wertpapierpensionsgeschäfte
Siehe Pensionsgeschäfte.

Werner-Plan
Im Verlauf der zweiten Hälfte der 60er Jahre des letzten Jahrhunderts kam es zu zunehmenden Spannungen im Weltwährungssystem. Deshalb schien eine engere wirtschafts- und währungspolitische Zusammenarbeit immer notwendiger. Im Februar 1969 legte die EU-Kommission deshalb ein Memorandum vor. Darauf aufbauend erarbeitete eine Arbeitsgruppe unter Leitung des damaligen luxemburgischen Ministerpräsidenten Werner einen Plan zur Gründung einer Wirtschafts- und Währungsunion. Auf der Grundlage dieses sog. Werner-Plans verabschiedete der Ministerrat 1971 eine Grundsatzentscheidung über die Verwirklichung der Wirtschafts- und Währungsunion in 3 Stufen bis zum Jahr 1980. Da es nach dem Zusammenbruch des Bretton-Woods-Systems und vor dem Hintergrund der Ölpreiskrise jedoch nicht gelang, einheitliche Zielvorstellungen über eine gemeinsame Stabilitätspolitik zu formulieren, scheiterte dieser Anlauf zu einer Wirtschafts- und Währungsunion.

Wirtschafts- und Finanzausschuss
Beratendes Gremium auf EU-Ebene, das mit Beginn der Währungsunion den zuvor bestehenden Währungsausschuss ablöste. Jeder Mitgliedsstaat sowie die EU-Kommission und die EZB ernennen jeweils höchstens zwei Mitglieder. Seine Aufgaben sind im EG-Vertrag geregelt. Darunter fallen u.a. die Beobachtung der Wirtschafts- und Finanzlage der teilnehmenden Länder.

Wording-Indikatoren
Versuche aus Stellungnahmen der Zentralbank Code-Wörter zu identifizieren, die als Richtungssignale für den zukünftigen geldpolitischen Kurs gelten.

Zentralbankgeld
Summe aus Banknotenumlauf und Einlagen bei der Zentralbank.

Zeitinkonsistenz-Problem
Wenn die Regierung/Zentralbank von einem früher optimalen Plan/Kurs explizit abweicht, um eine „Überraschungsinflation" zu erzeugen, spricht man vom „Zeitinkonsistenz-Problem" der Geldpolitik.

Zielkorridor
Aus den drei Komponenten Wirtschaftswachstum, Preisnorm und Umlaufsgeschwindigkeit errechnete sich das stabilitätsgerechte Geldmengenziel der Bundesbank. Sie verfolgte jedoch kein Punktziel, sondern legte um diesen Wert einen sog. Zielkorridor (z.B. ± 1 Prozentpunkt).

Zinskanal
Mit dem „Zinskanal" werden direkte und indirekte binnenwirtschaftliche Zinswirkungen geldpolitischer Maßnahmen beschrieben. Mit den direkten Zinswirkungen ist der Kapitalkosteneffekt gemeint. Dieser entsteht dadurch, dass sich im Gefolge einer Änderung der Geldmarktzinsen durch die Zentralbank die Kreditzinsen (und damit die Kreditkosten) gleichgerichtet ändern. Im Mittelpunkt der indirekten Zinswirkungen stehen in portfoliotheoretische Vorstellungen eingebettete Substitutionseffekte. Entsprechend dem Rationalkalkül wird davon ausgegangen, dass Banken und Nichtbanken eine rendite-risiko-gesteuerte Zusammensetzung ihres aus Finanz- und Sachaktiva bestehenden Vermögens derart anstreben, dass durch Umschichtungen zwischen den Aktiva keine Ertrags-Risiko-Verbesserung des Gesamtvermögens mehr möglich ist (optimales Portefeuille). Wenn beispielsweise im Gefolge restriktiver geldpolitischer Maßnahmen die kurzfristigen Zinsen steigen und damit das Verhältnis der Ertragsraten sich ändert, werden die Geschäftsbanken zur Wiederherstellung des Portfoliogleichgewichts (bei gegebenem Risiko) langfristige Wertpapiere verkaufen, sodass auch die Kapitalmarktzinsen steigen. Die Nichtbanken werden als Folge der kurzfristigen Zinssteigerungen eine Umschichtung der finanziellen Mittel zu längerfristigen Anlagen (Geldkapital, festverzinsliche Wertpapiere) vornehmen. Die Umschichtungen werden auch auf das Sachkapital übergreifen, das angesichts der Renditesteigerung bei langfristigen Finanzanlagen weniger attraktiv ist. Für die Haushalte hat dies letztlich eine rückläufige Nachfrage beispielsweise nach Eigentumswohnungen und nach langlebigen Konsumgütern wie etwa Möbel und Autos zur Folge. Für die Unternehmen gewinnen Finanzanlagen bei steigenden Zinsen gegenüber Investitionen in Sachkapital relativ an Attraktivität, was die Investitionsgüternachfrage dämpft.

Zinskorridor
Reicht die stabilisierende Wirkung der Mindestreserve (Mindestreservefunktionen) nicht aus und ergreift das Eurosystem keine Feinsteuerungsmaßnahmen, findet der Tagesgeldsatz beim Zinssatz für die Spitzenrefinanzierungsfazilität seine Obergrenze. Die Spitzenrefinanzierungsfazilität ist mengenmäßig nicht begrenzt, soweit hinreichend Sicherheiten gestellt werden können. Die Kreditinstitute können von sich aus auf sie zugreifen. Da das Bankensystem normalerweise über ausreichend Sicherheiten verfügt, stellt der Zinssatz für die Spitzenrefinanzierungsfazilität eine wirk-

same Obergrenze für den Tagesgeldsatz dar. Keine Bank wird nämlich bereit sein, am Interbanken-Geldmarkt einen höheren Zins für eine Mittelaufnahme zu zahlen, als sie dafür bei der Zentralbank bezahlen muss. Als Untergrenze fungiert der Zinssatz, den das Eurosystem für Einlagen im Rahmen der Einlagefazilität vergütet, da eine einzelne Bank am Interbanken-Geldmarkt Zentralbankguthaben nicht zu einem Zins verleihen wird, der unterhalb des Satzes liegt, den die Zentralbank für eine entsprechende Anlage zu zahlen bereit ist. Somit ergibt sich ein Zinskorridor für den Tagesgeldsatz, festgelegt nach oben durch den Spitzenrefinanzierungssatz, nach unten durch den Einlagesatz.

Zinskriterium
Der EG-Vertrag sieht als Konvergenzkriterium vor, dass der langfristige Zinssatz, gemessen am durchschnittlichen Nominalzinssatz für langfristige (10-jährige) Staatsschuldverschreibungen oder vergleichbare Wertpapiere, im Verlauf des Jahres vor der Konvergenzprüfung einen bestimmten Referenzwert nicht übersteigen darf. Dieser Referenzwert liegt um 2 Prozentpunkte über dem ungewogenen arithmetischen Mittel der langfristigen Zinssätze der drei preisstabilsten EU-Mitgliedsländer.

Zinsspread
Differenz zwischen einem lang- und einem kurzfristigen Zins.

Zinsstruktur
Üblicherweise versteht man unter der Zinsstruktur die Fristigkeitsstruktur („term structure") der (nominalen) Zinssätze. Das heißt, es geht um Zinssätze oder Renditen von (vergleichbaren) Anlageformen, die sich nur in der Restlaufzeit unterscheiden. Aus Vereinfachungsgründen beschränkt man sich häufig nur auf die Differenz zwischen einem langfristigen (z.B. dem Zins von 10-jährigen Staatsanleihen) und einem kurzfristigen Zins (z.B. dem 3-Monatszins), der sog. Zinsdifferenz oder dem Zinsspread. Man spricht von einer normalen Zinsstruktur, wenn die langfristigen Zinsen über den kurzfristigen liegen. Im umgekehrten Fall liegt eine inverse Zinsstruktur vor. Die Zinsstruktur kann als Konjunktur-, Inflations- und Glaubwürdigkeitsindikator für die Geldpolitik nützliche Informationen liefern.

Zinstender
Der Zinstender zeichnet sich dadurch aus, dass die Kreditinstitute neben der Betragshöhe auch den Zinssatz nennen müssen, zu dem sie bereit sind, Offenmarktgeschäfte mit dem Eurosystem abzuschließen. Bei Zinstendern kann das Eurosystem die Zuteilung entweder zu einem einheitlichen Satz oder zu den individuellen Bietungssätzen vornehmen.

Zuteilungsverfahren
Erfolgt im Rahmen des Zinstenders die Zuteilung zu den individuellen Bietungssätzen der Kreditinstitute, spricht man vom „amerikanischen Zuteilungsverfahren", erfolgt sie zu einem einheitlichen Satz, handelt es sich um das sog. „holländische Zuteilungsverfahren". Beim holländischen Zuteilungsverfahren werden (bei liquiditätszuführenden Transaktionen) alle akzeptierten Gebote zum niedrigsten vom Eurosystem noch akzeptierten, also dem marginalen Bietungssatz, abgerechnet.

Zwei-Säulen-Konzept
Bis zur Überprüfung durch die EZB im Frühjahr 2003 basierte das Zwei-Säulen-Konzept auf dem publizierten Referenzwert für M3 und der auf breiter Grundlage erfolgenden Beurteilung der Preisperspektiven. Nach der Überprüfung bleibt es zwar bei einem Zwei-Säulen-Konzept, aber die Säulen wurden in ihrer Abfolge getauscht und umbenannt in „Wirtschaftliche (kurzfristige) Säule" und „Monetäre (langfristige) Säule". Die geänderte Reihenfolge kann – in Verbindung mit der nicht mehr jährlichen Überprüfung des Referenzwertes – als eine konzeptionelle Abwertung der Geldmengenentwicklung verstanden werden.

Zweistufige Strategie
Siehe Zwischenziel.

Zwischenziel
Operiert die Geldpolitik mit einem Zwischenziel oder einer herausgehobenen Indikatorvariablen (z.B. in Form eines Referenzwertes für die Geldmengenentwicklung), bezeichnet man dies als zweistufige Strategie, da sie sich zur Erreichung des Endziels auf eine weitere Variable konzentriert. Eine derartige Größe sollte einen im Zeitablauf stabilen Zusammenhang zum Endziel aufweisen. Fungiert sie sogar als Zwischenziel, sollte sie zudem hinreichend kontrollierbar sein.

Zyklisches Defizit
Das aufgrund eines konjunkturellen Abschwungs entstehende staatliche Haushaltsdefizit.

Stichwortverzeichnis

A
Abwicklungstag 260
Acquis Communautaire 32
adaptive Erwartungsbildung 323
adverse Selektion 310, 312
American auction 232
Amsterdamer Vertrag 415
Angebotsschock 164
Ankerland 123
Ankerwährung 131
Anlagewährung 131
antizyklisches Verhalten 405
Arbitrage 141
Arbitragegleichgewicht 122
Arbitrageprozesse 289, 292
Asset Backed Securities 268
Asymmetrie 188
asymmetrische Information 311
asymmetrische nationale Schocks 415, 418
Attacken, spekulative 44, 45
Aufschlagskalkulation 322
Aufwertungserwartungen 295
Ausgangsverschuldung 378
Ausschluss innereuropäischer Solidarhaftung für Staatsschulden 423
Außenbeitrag 451
automatische Stabilisatoren 401, 406
autonome (Liquiditäts-)Faktoren 262, 263
Autonomie der Tarifparteien 427

B
Balance Sheet Channel 313
Balassa-Samuelson-Effekt 14, 33, 47, 178, 179, 361, 442
Bankengiralgeld bzw. -buchgeld 245
Bankenkanal 309
Bankenkapitalkanal 310
Bankenliquidität 222, 245
Bank Lending Channel 309
Banknotenumlauf 94
Bank of England 276
bankorientiert 337
Bargeldumlauf 94
Basis-Zinssatz-Bezugsgrößenverordnung 233
Basistender 224
Basiszinssatz 232
bedingte Prognosen 199
befristete Transaktionen 225
Behavioural Economics 444
Beige Book 90
Benchmark-Betrag 250
Bilanzkanal 309

bilaterale Geschäfte 228
bilateral procedure 228
BIP-Steuerung 143
Board of Governors 89
Bretton-Woods-System 6
Bubills 381
Buchforderungen 251
Buchgeld 62

C
Cash flow 313
Cash-Flow-Effekt 302
CFA-Franc 127
clearing-balance contract 221
Consumer Price Index 177
Core Inflation 175, 176
Covered Interest Parity 443
credit channel 309
Currency-Board-System 48, 49

D
Dauerhaftigkeit 410
Defizit 371
Defizitquote 18, 23, 376
Deflation 378
Delors-Bericht 6
deposit facility 238
Devisenangebot 439
Devisenmarkt 438
Devisenmarktinterventionen 123, 128, 130
Devisennachfrage 439
Devisenswapgeschäfte 227
difference rules 256
direkte Inflationssteuerung 161
direkte Inflationsziele 173
direkte Zinswirkungen 298
Direktinvestitionen 40
Disinflation 378
Disintermediationsprozess 169, 202, 332
Diskontsatz 232
Diskontsatz-Überleitungs-Gesetz 232
dritte Säule 65
dritte Stufe der Europäischen Wirtschafts- und Währungsunion 11
Drittlandeffekt 125
Durchschnitts-Mindestreserve 213, 219, 228, 245
Dutch auction 232

E
earnings credits 221
ECB Watcher 348

Ecofin-Rat 9, 10, 19, 82, 392, 437, 453, 534
EG-Vertrag 7
Eigenverzinsung 151
Einbahnspekulation, risikolose 126
Einkommenseffekte 302, 307, 337
Einlagefazilität 238, 274
Einlagen 250
Einlagensubstitute 280
einstufige Strategie 118
ELAUF 103
elektronisches Geld 191, 216
Endogenität des Geldes 284, 469
Entlassungsproduktivität 420
Equity Tranche 270
erste Säule 65
erste Stufe der Wirtschafts- und Währungsunion 6
erwarteter Wechselkurs 122
Erwartungen 321
Erwartungstheorie 168, 293
Erwartungstheorie der Zinsstruktur 140
Erweiterter Rat 91, 128
EU-Kommission 8
EU-Struktur- und Kohäsionsfonds 430
Euro-Gruppe 9, 392
Euroisierung 50
Europäische Investitionsbank 395
Europäischen Zentralbank (EZB) 88
Europäischer Binnenmarkt 121
Europäischer Rat 8, 437
Europäisches Parlament 10
Europäisches System der Zentralbanken 88
Europäisches Währungsinstitut (EWI) 11
Europäische Verfassung 8
Eurostat 27, 178
Eurosystem 58, 88, 175
EWS II 127, 128, 131, 454
ex-post-Realzins 371
externer nominaler Anker 121
extrapolative Erwartungsbildung 323
EZB-Rat 88

F

Federal Funds Rate 238, 276
Federal Funds Rate Target 276
Federal Open Market Committee (FOMC) 89, 90
Federal Reserve Bank (FRB) 89, 90
Federal Reserve System (FED) 82, 89
Fehlerkorrekturterm 187
Feinsteuerungsoperationen 227, 264
feste Wechselkurse 419, 440
Festkurssystem von Bretton-Woods 6
Finanzderivate 202
Finanzierungsfehlbetrag 18
Finanzierungssalden 18

Finanzierungsstrukturen 332
Finanzinnovationen 153, 186
Finanzinstrumente, marktfähige 184
finanzpolitisches Doppelkriterium 410
fine-tuning operations 227
Fisher-Beziehung 140
Fisher-Gleichung 135, 139, 255
fiskalische Dominanz 388
fiskalische Reaktionsfunktion 394
fiskalische Theorie der Preise (FT) 388
Fiskalpolitik 126
fixed rate tender 231
fixe Wechselkurse 452
flexible Wechselkurse 419, 439, 452
Float 283
foreign exchange swap 227
förmliches Festkurssystem 445, 551
free-rider-Verhalten 390
Fremdwährungsverschuldung 384
front loading 219, 263
Fundamentalfaktoren 413
funktionelle Unabhängigkeit 82

G

gedeckte Zinsparität 443
Gegenposten 195
Geldangebotsprozess 107
Geldangebotstheorie 105
Geldbasis 105, 374, 386
Geldbasiskonzept 105, 106
Geldbasissteuerung 107, 249
Geldfunktionen 131
Geldillusion 321
Geldkapital 251, 282
geldlos 70
Geldlücke 194
Geldmarkt im engeren Sinne 245
Geldmarkt im weiteren Sinne 245
Geldmarktsteuerung 383
Geldmarktzinsen 291, 292
Geldmengenabgrenzungen 62
Geldmengensteuerung 173
Geldmengenstrategie 150, 173
Geldmengenziele 145
Geldnachfrage 252
Geldnachfrage, langfristige 187
Geldnachfrageschätzung 186
Geldnachfrageschocks 188
Geldneutralität 288, 307
geldpolitische Autonomie 122
geldpolitische Strategie 115, 117
Geldschöpfungseinnahmen 376
Geldschöpfungsgewinn 378
Geldschöpfungsmöglichkeit 106
Geldschöpfungsmultiplikator 106
Geldüberhang 194

Geschäftsbankengeld 62, 251
Gesetz des einheitlichen Preises 37, 124
Giralgeld 62
Giralgeldschöpfung, multiple 106
Glaubwürdigkeit 123, 136, 324, 346, 378, 541
gleichgewichtiger Realzins 137
Gleichgewichtskurs 440
Goldautomatismus 49
Goldpunkte 48
Goldstandard 48
Goldumlaufswährung 48
Goodhart's Law 188
Grenzleistungsfähigkeit des Kapitals 133
Güter, handelbare 33
Güter, nicht-handelbare 33

H
handelbare Güter 124, 361, 441
Handelsbilanzsaldo 451
Harmonisierter Verbraucherpreisindex 178
Hauptrefinanzierungsgeschäfte 224, 245, 260
Haupttender 224
Hausbankprinzip 316, 339
Headline Inflation 175
Hedgefonds 63, 269
history dependence 256
homo oeconomicus 444
HVPI 175

I
implizite Staatsschulden 408
indexierte Staatsanleihen 377
Indikatorvariable 118
indirekte Zinswirkungen 298
Inflation 389
Inflationsbericht 164
Inflationserwartungen 126, 134, 166, 167, 294, 323, 324, 346, 378
Inflationskriterium 17, 33, 42, 43
Inflationsmessung 177
Inflationsprognose 162, 163
Inflationsrisikoprämie 135
Inflationssteuer 378, 379
Inflationsziele 143, 162
Inflationsziellücke 150
Innertageskredite 238
institutionelle Unabhängigkeit 81
Interbanken-Geldmarkt 246, 291
internationale Güter 124
internationaler Preiszusammenhang 124
interne Preisverhältnisse 442
intertemporale Arbitrage 259, 262
Interventionen 127
Interventionen, intramarginale 128
Interventionspunkte 128
intraday credit 238

intramarginale Interventionen 455
inverse Zinsstruktur 138, 282, 294
Issing's Law 190

K
Kapital der EZB 93
Kapitalmarktzinsen 292
Kapitalmobilität 122
Kapitalmobilität, vollkommene 121
Kapitalverkehrsbeschränkungen 121
Kaufkraftparitätentheorie 46, 441
Kerninflationsrate 175, 176
Kleinst-Quadrat-Schätzung 187
konjunkturbereinigte Defizit 408
Konkordanzkoeffizient 340
konsolidierte Bilanz der Monetären Finanz-
 institute 279
Konsolidierungspolitik 391
Konsumglättungsmotiv 306
Konvergenzkriterien 17, 18, 32
Konvergenzprogramme 396
Konvergenzprozess, realer 52
Konzept, einstufiges 161
Koordination 384, 386
Kopenhagener Kriterien 32
Kosten einer Währungsunion 11
Kostenkanal 320, 338
kreative Buchführung 23
Kreditderivate 269
Kredite 251
Kreditkanal 309, 338
Kreditrationierung 309
Kreditselektion 309
Kreuzparitäten 48
Kriterium, politisches 32
Kriterium, wirtschaftliches 32
Kriterium der Übernahme des gemeinsamen
 Besitzstandes 32

L
Laffer-Kurve 374
längerfristige finanzielle Verbindlichkeiten 282
längerfristige Refinanzierungsgeschäfte 224
Laspeyres-Preisindex 177
Law of one Price 124
Lebenszyklus-Hypothese 304, 306
Leitkursanpassungen 129
Leitzinsfunktion 259
Liquidität 383
Liquiditätsausgleich 249
Liquiditätseffekt 138
Liquiditätsfalle 299
Liquiditätslücke 149, 173
Liquiditätsmanagement 245
Liquiditätspräferenz 151
Liquiditätsprämientheorie 293

Lohn- und Sozialdumping 429
Lohndemonstrationseffekte 429
Lohnpuffer 423
Lohnstückkosten 34
longer-term refinancing operations 224
Luxemburger Kompromiß 10

M
M3 im Bilanzzusammenhang 283
Maastrichter Vertrag 415
main refinancing operation 224, 468
marginal lending facility 237
marktorientiert 337
Marktsegmentationstheorie 293
mark up pricing 322
Mengennotierung 122, 438
Mengentender 231
MFIs 183, 279
Mindestbietungssatz 236
Mindestreserve 103, 211, 228
Mindestreserve-Erfüllungsperiode 260, 263
Mindestreserve-Soll 211, 260, 262
Mindestreserve-Verzinsung 213
Mindestreservehaltung 212
Mindestreservemeldung 212
Mindestreservesätze 106, 212
mittelfristige Wirtschafts- und Haushaltslage 394
monatliche Bilanzstatistik 212, 279
monetäre Einkünfte 94
monetäre Finanzinstitute 183, 279
monetäre Transmissionsprozesse 298
Monetary Conditions Index 130
Monetary Policy Committee 276
Monetisierung der Staatsschuld 94
money gaps 194
moral hazard 310, 311, 391
Multi-Indikatoren-Ansatz 170, 173, 203
multiple Giralgeldschöpfung 106
multiple rate auction 232
Mundell-Fleming-Modell 451
Münzgewinn 94
Münzregal 95, 373
Münzumlauf 94

N
Nabe-und-Speichen-Modell 128
Nachhaltigkeit 70, 410
NAIRU 434
nationale Güter 125
nationale Zentralbank (NZB) 88
natürliche Arbeitslosigkeit 323
negativer externer Effekt 390
Nettoexporte 451
Network money 217
Netzgeld 217

neukeynesianische (NK) Makromodelle 253
Neutralisierungspolitik 453
New Product Bias 178
nicht-handelbare Güter 125, 361, 441
no-bail-out-Klausel 380, 393
nominale BIP-Steuerung 173
nominale Konvergenz 19
nominaler Wechselkurs 46, 438
Nominalzinsen 133
Non-Tradables 125
normale Zinsstruktur 138, 293
Notenbank 62
Nutzen einer Währungsunion 11

O
obligatorische Interventionen 455
Offenmarktgeschäfte 104, 224
öffentliches Gut 391
Okun'sches Gesetz 434
open market operations 224
open mouth operations 276
operatives Ziel 208, 249, 545
Opportunitätskosten 295
Optimaler Währungsraum 12
optimales Portefeuille 302
Opting-Out-Klausel 19, 32
Ordinary Least Squares 187
Outlet Substitution Bias 178
Output Gap 149, 407
Outputlücke 173
outright transaction 227

P
P-Star 148
Pensionsgeschäfte 225
perfekte Substituierbarkeit 121
permanente Einkommenshypothese 303
Pfandkredit 225
Pfandpoolverfahren 225
Phillips-Kurve 321, 434
pooling system 225
positiver Beitrag zur Funktionsfähigkeit der Finanzmärkte 64
pre-ins 127, 128, 437
pre-paid card 216
Preislücke 149, 150
Preisnorm 147
Preisnotierung des Wechselkurses 438
pricing-to-market 124
Primärdefizit 371, 412
Primary Credit 276
Primary Dealer 238
Private Equity 63
Product Substitution Bias 177
Produktionspotenzial 147, 387
Produktivitätsorientierung der Lohnpolitik 420

Projektionen 199
Prolongationsrisiko 272
Punktziel 156

Q
Quality Change Bias 177
Quantitätsgleichung 125, 146, 148
quick tender 229

R
Rating-Agenturen 272
rationale Erwartungen 134, 140, 323, 377, 386
reale Geldlücke 149, 194
reale Konvergenz 19, 52
realer (Gleichgewichts-)Wechselkurs 445
realer Wechselkurs 46
Realignments 129
Real Interest Parity 443
real money gap 149, 194
realwirtschaftliche Transmissionsprozesse 341
Realzinsen 133, 170
Realzinsfaktor 135
Realzinsparität 443
Rechenfunktion 60
Rechenschaftspflicht 162, 355
Referenzwert 398
Refinanzierungsgeschäfte, längerfristige 246
Regelbindung 157, 541
Regimewechsel 175
Regionalwährungen 67
Regulierungs-Geldmarkt 245
Repartierung 231
Repartierungssatz 231, 234, 235, 236
Repogeschäfte 184, 249
repo operations 225
repurchase agreement 225
repurchase date 225
Reputation 123, 136, 324
Reputationsgleichgewicht 168, 325
reserve position doctrine 103
reserve ratio 212
Retail Sweep Programs 221
reverse transactions 225
revolvierend 226
risikolose Einbahnspekulation 126, 453
Risikoprämien 133, 382
Rückkaufstag 225
Rückkaufsvereinbarung 225

S
Schnelltender 229
Schockabsorption 144
Schocks 122
Schuldenquote 18, 26, 375
Schuldenstände 18
sehr kurzfristige Finanzierung 456

Seigniorage 94, 372
Selektion, adverse 310
Signalinterventionen 453
Signalisierungsfunktion 259
Signalisierungsstrategie 257
single rate auction 232
Sozialunion 429
special purpose vehicles 266
Speculative bubbles 324
speed limit policies 256
spekulative Attacken 126
Spitzenrefinanzierungsfazilität 237, 274
staatliche Budgetrestriktion 371
staatliche Schuldenfalle 384
Stabilisierungsfunktion der Mindestreserve 219, 264
Stabilisierungsrezession 168
Stabilität der Geldnachfrage 151
Stabilitäts- und Wachstumspakt 393
Stabilitätsprogramme 396
Stagflation 144
Standardtender 229
standing facilities 236
Sterilisierungs- bzw. Neutralisierungspolitik 448, 453
structural operations 228
strukturelle Arbeitslosigkeit 424
strukturelle Budgetdefizite 408
strukturelle Operationen 228
strukturelles Defizit 406
Subprime-Krise 265, 266
Substituierbarkeit 121, 122
Substitutionseffekte 302
sustainability 371
Swapsatz 443

T
Tagesgeld 249
Tagesgeldmarkt 249
Tagesgeldsatz 107, 249
täglich fälliges Geld 249
TARGET-System 247
Tauschmittelfunktion 61
Taylor-Regel 254
Taylor-Zins 254
temporäre Arbitrage 278
Tender 228
tender procedure 228
term structure 138
Theorie der Arbeitsnachfrage, neoklassische 421
Theorie des optimalen Währungsraumes 12
Theorie rationaler Erwartungen 324
Tobin's q 304
Tobin-Tax 454
Tradables 37, 124, 442

Tragfähigkeit 371, 405
Transaktionsgröße 151
Transaktionskosten 417
Transaktionsvolumen 63
Transmissionsprozess 145, 165, 288
Transparenz 145
Transparenz und Konsistenz 346
two-pillars-concept 201

U
übermäßiges Defizit 395, 396
Überraschungsinflation 377, 413
Überschussreserven 213, 246
Umlaufsgeschwindigkeit 126, 147, 148, 150, 191
Unabhängigkeit 82, 130, 379, 389
Unabhängigkeit des Eurosystems 346
unbedingte Prognosen 199
Uncovered Interest Parity 121, 443
Underlying Inflation 175
ungedeckte (offene) Zinsparität 121, 443, 451
Unsicherheit 351
unverzinsliche Einlage 397
US-Hypothekenkredite 266

V
variable rate tender 231
vehicle, special purpose 268
Vehikelwährung 132
Verantwortlichkeit 355
Verbraucherpreisindex 177
Verbriefungen 270
vergangenheitsorientierte Erwartungsbildung 324
Vermögenseffekte 302, 307, 337
Verstetigung 147
Vertrag von Amsterdam 7
Vertrag von Maastricht 7, 11
Vertrag von Nizza 7
Volkswirtschaftliche Gesamtrechnung 144
vollkommene Kapitalmobilität 121
volume tender 231
vorausbezahlte Karte 216

W
Währungskorb 125
Währungsreserven 131
Währungssubstitution 186
Wechelkursregime 438

Wechselkursabwertung 439
Wechselkursaufwertung 439
Wechselkursillusion 429
Wechselkurskanal 298, 307, 344
Wechselkurskriterium 18
Wechselkursmechanismus II 127, 454
Wechselkursparität 123
Wechselkurspuffer 423
Wechselkursrisikoprämie 444
Wechselkursziel 122, 130, 173
Wechselkurszielzonen 437, 445, 551
Werner-Plan 6
Wertaufbewahrungsfunktion 61
Wertpapiere 251
Wertpapierpensionsgeschäfte 225
Wirtschafts- und Finanzausschuss 10, 396
WKM II 454
Wording-Indikatoren 354
working balance 245

Z
Zahlungsmittelfunktion 61
Zentralbankgeld 62, 105, 133, 374
Zielkorridor 156
Zielwerte 130
Zins-Wachstums-Differenz 377
Zinsdifferenz 133, 138
Zinsen 173
Zinskanal 298, 344
Zinskriterium 17, 43
Zinspuffer 423
Zinssensitivität 202
Zinsspread 138
Zinsstruktur 133, 138, 170
Zinsstrukturkurve 381
Zinstender 231
zukunftsgerichtete Erwartungsbildung 324
Zuteilungssatz 231, 234, 235
Zuteilungsverfahren 232
Zuteilungsverfahren, holländisches 232
Zwei-Säulen-Konzept 201
Zwei-Säulen-Strategie 350
zweistufige Strategie 118, 120
zweite Säule 65
zweite Stufe der Europäischen Wirtschafts- und Währungsunion 11
Zwischenziel 118, 120, 127, 129
zyklisch bereinigte Staatshaushalte 406
zyklische Budgetdefizite 408

Die Autoren

Prof. (em.) Dr. Egon Görgens lehrte Volkswirtschaftslehre (Wirtschaftspolitik) an der Universität Bayreuth. Vor seiner Berufung nach Bayreuth war er als ordentlicher Professor für Volkswirtschaftslehre an der TU Berlin tätig.

Prof. Dr. Karlheinz Ruckriegel lehrt Volkswirtschaftslehre an der Georg-Simon-Ohm-Hochschule Nürnberg. Er war vor seiner Berufung in der Volkswirtschaftlichen Abteilung der Deutschen Bundesbank (vormals Landeszentralbank im Freistaat Bayern) in München tätig.

Prof. Dr. Franz Seitz lehrt Volkswirtschaftslehre an der Hochschule für Angewandte Wissenschaften Amberg-Weiden. Vor seiner Berufung arbeitete er in der Hauptabteilung Volkswirtschaft der Deutschen Bundesbank, Abteilung Geld, Kredit und Kapitalmarkt, in Frankfurt. Er fungiert auch als Berater (Consultant) der EZB.

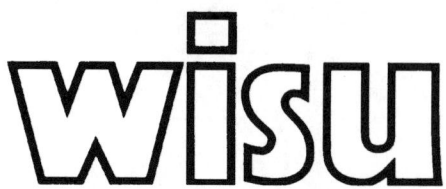

Die Zeitschrift für den Wirtschaftsstudenten

Die Ausbildungszeitschrift, die Sie während Ihres ganzen Studiums begleitet · Speziell für Sie als Wirtschaftsstudent geschrieben · Studienbeiträge aus der BWL, Wirtschaftsinformatik und VWL · Original-Examensklausuren und Fallstudien · WISU-Repetitorium · WISU-Studienblatt · WISU-Lexikon · WISU-Kompakt · WISU-Magazin mit Beiträgen zu aktuellen wirtschaftlichen Themen, zu Berufs- und Ausbildungsfragen · WISU-Firmenguide für Bewerber · WISU-Praktikantenguide · WISU-Diplomarbeitenguide · Stellenanzeigen

Nur als WISU-Abonnent haben Sie Zugang zum umfangreichen WISU-Archiv im Internet.

Erscheint monatlich · Bezugspreis für Studenten halbjährlich 37,80 Euro zzgl. Versandkosten (Stand 2008) · Ein Probeheft erhalten Sie beim Lange Verlag, Poststr. 12, 40213 Düsseldorf.

Lange Verlag · Düsseldorf

 **in der UTB-Reihe**

Betriebswirtschaft

Koppelmann
Marketing
8. Aufl. 2006
212 S., kt. 19,90 €
ISBN 978-3-8252-8320-9

Sieben/Schildbach
Betriebswirtschaftliche Entscheidungstheorie
4. Aufl. 1994
248 S., kt. 19,90 €
ISBN 978-3-8282-4656-7

v. Wysocki/Wohlgemuth
Konzernrechnungslegung
5. Aufl. 2008
in Vorbereitung

Grob
Fallstudien zur Betriebswirtschaftslehre
1993
384 S., kt. 28,- €
ISBN 978-3-8282-4651-6

Kloock/Kuhner
Bilanz- und Erfolgsrechnung
4. Aufl. 2008
in Vorbereitung

Kloock/Sieben/Schildbach/Homburg
Kosten- und Leistungsrechnung
9. Aufl. 2005
340 S., kt. 32,90 €
ISBN 978-3-8252-8312-4

Homburg/Bonenkamp/Lorenz
Übungsbuch Kosten- und Leistungsrechnung
2008
267 S., kt. 19,90 €
ISBN 978-3-8252-8384-1

Nicolai
Personalmanagement
2006
325 S., kt. 25,90 €
ISBN 978-3-8252-8323-0

Volkswirtschaft

Görgens/Ruckriegel/Seitz
Europäische Geldpolitik
5. Aufl. 2008
592 S., Ln. 39,90 €
ISBN 978-3-8252-8285-1

Görgens/Ruckriegel
Makroökonomik
10. Aufl. 2007
325 S., kt. 24,90 €
ISBN 978-3-8252-8350-6

Hoyer/Rettig/Rothe
Grundlagen der mikroökonomischen Theorie
4. Aufl. 2008
in Vorbereitung

Kirsch
Neue Politische Ökonomie
5. Aufl. 2004
446 S., kt. 32,90 €
ISBN 978-3-8252-8272-1

Rettig/Funk/Voggenreiter
Grundlagen der Makroökonomik
8. Aufl. 2008
in Vorbereitung

Koch/Czogalla
Grundlagen der Wirtschaftspolitik
2. Aufl. 2004
447 S., kt. 26,90 €
ISBN 978-3-8252-8265-3

Streit
Theorie der Wirtschaftspolitik
6. Aufl. 2005
457 S., kt. 34,90 €
ISBN 978-3-8252-8298-1

Wagner/Jahn
Neue Arbeitsmarkttheorien
2. Aufl. 2004
432 S., kt. 29,90 €
ISBN 978-3-8252-8258-5

Zerche/Gründger
Sozialpolitik
Einführung in die ökonomische Theorie der Sozialpolitik
2. Aufl. 1996
172 S., kt. 21,- €
ISBN 978-3-8282-4661-3

Rechtswissenschaft

Weimar/Schimikowski
Bürgerliches Recht (I-III)
5. Aufl. 2008
in Vorbereitung

Diederichsen/Tietze
Grundkurs im BGB in Fällen und Fragen
5. Aufl. 2007
120 S., kt. 15,90 €
ISBN 978-3-8252-8322-3

 *Stuttgart*

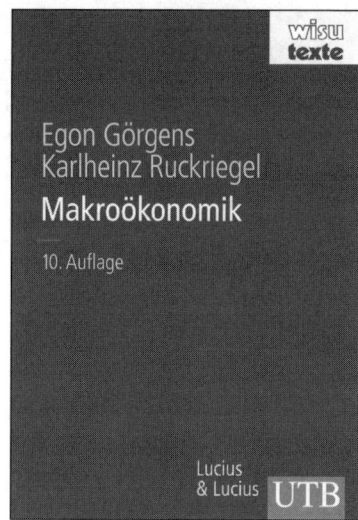

Egon Görgens/Karlheinz Ruckriegel

Makroökonomik

10. Auflage

2007. XVI/325 S., kt. € 24,90
UTB 8350. ISBN 978-3-8252-8350-6

Trotz wesentlicher Änderungen und Ergänzungen des gesamten Lehrbuchs wurde auch bei der zehnten Auflage an der Grundkonzeption eines komprimierten Textes festgehalten. Dies kommt vor allem den Bedürfnissen von Studierenden der Wirtschaftswissenschaften in Bachelor-Studiengängen entgegen, die Lehrveranstaltungen zur Makroökonomik besuchen.

Den Heterogenitäten und Unvollkommenheiten auf den Arbeitsmärkten wurde in einem neuen Kapitel stärker Rechnung getragen. Wir haben die Bedeutung der Preis- und Lohnsetzungsmacht der Marktakteure für Beschäftigung und Inflation verdeutlicht. Die Totalanalyse haben wir daraufhin neu strukturiert. Die Ausführungen zur Geldpolitik wurden stark ausgeweitet bis hin zur Beschäftigung mit der Steuerung des Tagesgeldsatzes am Interbankenmarkt. Grundlegend überarbeitet wurde schließlich das Abschlusskapitel über Konjunktur und Wachstum. Gerade die jüngere Wachstumsforschung verursacht eine lebhafte Diskussion von Grundsatzfragen, die durch die Glücksforschung einerseits und die Renaissance institutionen- und ordnungsökonomischer Analysen befruchtet wird.

Inhaltsübersicht

Kapitel I: Problemstellung der Makroökonomik

Kapitel II: Rechnerische Erfassung makroökonomischer Zusammenhänge in der Volkswirtschaftlichen Gesamtrechnung (VGR)

Kapitel III: Ex-post-Analyse und makroökonomisches Gleichgewicht

Kapitel IV: Bestimmungsgründe des Produktions- und Einkommensniveaus

Kapitel V: Die Rolle des Geldes

Kapitel VI: Das Eurosystem: Aufbau, Strategie und operative Umsetzung der Geldpolitik

Kapitel VII: Simultane Erfassung von Güter- und Geldmarkt

Kapitel VIII: Die gesamtwirtschaftliche Angebotsfunktion

Kapitel IX: Angebot und Nachfrage am Arbeitsmarkt

Kapitel X: Makroökonomische Totalanalyse I: Das klassische Modell

Kapitel XI: Makroökonomische Totalanalyse II: Keynesianische Erklärungen von (andauernder) Arbeitslosigkeit

Kapitel XII: Makroökonomische Totalanalyse III: AS-AD-Modell mit nicht-klassischem Arbeitsmarkt

Kapitel XIII: Inflation

Übungsaufgaben

Stichwortverzeichnis

LUCIUS & LUCIUS *Stuttgart*

Jochen Drukarczyk

Finanzierung

Eine Einführung mit sechs Fallstudien

10., völlig neu bearbeitete Auflage mit 46 Abbildungen und 121 Tabellen
2008. XXVIII/470 Seiten, kt. € 29,90. UTB 1229. ISBN 978-3-8252-1229-2

Diese Einführung in den Problemkreis Finanzierung wendet sich an Studierende der Betriebs- und Volkswirtschaftslehre sowie an angehende Juristen. Die 10. Auflage dieses Lehrbuches wurde vollständig überarbeitet. Das Buch behandelt im ersten Drittel drei wichtige Sachverhalte:
(1) Wie kann die Zahlungsfähigkeit von Unternehmen verlässlich abgebildet und gemessen werden?
(2) Wie kann die Performance eines Unternehmens in einer Periode abgebildet (gemessen) werden?
(3) Wie wirken unterschiedliche Formen der Finanzierung auf die Aufteilung der Zahlungsströme und Rendite und Risiko der Financiers?

Anschließend werden verschiedene Formen der Finanzierung wie Fremdfinanzierung, Leasing, Beteiligungsfinanzierung, Innenfinanzierung und Mezzanin-Finanzierung besprochen.
In den Text sind sechs umfangreiche Fallstudien eingebaut, die die praktische Bedeutung der theoretischen Botschaften eindringlich herausstellen.

Friedrich Sell

Aktuelle Probleme der europäischen Wirtschaftspolitik

2., stark erweiterte Auflage
2007. XII/260 S., € 14,90. UTB 2307. ISBN 978-3-8252-2307-6

Auch die zweite Auflage dieses Buches verfolgt das Ziel, StudentInnen die Gelegenheit zu bieten, aktuelle, teilweise stark kontroverse Themen in der europäischen Wirtschaftspolitik mit dem Rüst- und Werkzeug der Theorie der Wirtschaftspolitik zu analysieren. Die Erfahrung im Hörsaal zeigt immer wieder, dass die Anwendung des Begriff- und Instrumentenapparats der Theorie der Wirtschaftspolitik auf konkrete Konflikte und Entscheidungssituationen in der praktischen Wirtschaftspolitik den Studierenden Mühe macht.

In insgesamt sechs Kapiteln werden Probleme der europäischen Wirtschaftspolitik aus den folgenden Themengebieten diskutiert:
• Arbeitsmarkt- und Sozialpolitik, • Finanzpolitik, • Euro und EZB, • Zahlungsbilanz, Währungen und Wechselkurse, • Globalisierung, • Bildung

Das Buch richtet sich in erster Linie an Studierende wirtschaftswissenschaftlicher Fächer, aber auch an alle, an aktuellen politischen und wirtschaftlichen Entwicklungen in Europa Interessierte.

 Stuttgart

Außenwirtschaft

von Horst Siebert und Oliver Lorz

8., völlig neu bearbeitete Auflage

mit 119 Abbildungen

2006. X/315 S., kt. € 28,90

UTB-8081. ISBN 978-3-8252-8081-9

Das bewährte Lehrbuch behandelt zum einen die Prinzipien der internationalen Arbeitsteilung, ihre Auswirkung auf die Volkswirtschaften, die Hypothesen zur Erklärung von Güterbewegungen und Faktorwanderungen, das Konzept des Handelsgleichgewichts sowie die Gewinne aus Handel und die Folgen der Handelspolitik. Zum anderen werden die makroökonomischen und monetären Aspekte der internationalen Verflechtung erörtert. Dabei geht es um die Zahlungsbilanz, ihre Interpretation als Budgetrestriktion und aus intertemporaler Sicht, den Devisenmarkt und die Bestimmungsgründe des Wechselkurses sowie um Stabilisierungspolitik in offenen Volkswirtschaften.

Entgegen der üblichen Trennung zwischen realer und monetärer Außenwirtschaftstheorie machen die Autoren die Zusammenhänge zwischen beiden Gebieten anhand der verknüpfenden Variablen – Wechselkurs, Güterpreise und Geldmenge – deutlich.

Das Buch wurde für die 8. Auflage durchgreifend überarbeitet und gestrafft und – auch didaktisch – neu gestaltet.

Aus dem Inhalt

1. Problemstellung der Außenwirtschaft
2. Das empirische Bild der internationalen Arbeitsteilung
3. Absolute Preisvorteile, Wechselkurs und relative Preisvorteile
4. Ricardos Theorem der komparativen Kosten
5. Ursachen relativer Preisvorteile: Präferenzen, Technologie und relative Faktorausstattung
6. Erweiterungen
7. Unvollständiger Wettbewerb und Handel
8. Empirische Ansätze zum Außenhandel
9. Internationale Faktorwanderungen
10. Reales Tauschverhältnis und Handelsgleichgewicht
11. Zölle, Handelshemmnisse und Welthandelsordnung
12. Die Zahlungsbilanz
13. Bestimmungsfaktoren des Leistungsbilanzsaldos
14. Wechselkurs und Devisenmarkt
15. Wechselkurs und Kaufkraftparität
16. Geldmarkt, Finanzmarkt und Wechselkurs
17. Spekulative Währungsblasen
18. Stabilisierungspolitik in einem keynesianischen Festpreismodell
19. Stabilisierungspolitik bei langfristig flexiblen Güterpreisen
20. Wechselkurssysteme und Weltwährungsordnung

LUCIUS et LUCIUS Stuttgart